모두의 한국사

모두의 한국사

박현숙 · 권내현 외

모두의 한국사

초판 인쇄 • 2019년 4월 15일
초판 발행 • 2019년 4월 30일

지은이 • 박현숙, 권내현 외
펴낸이 • 한병화
펴낸곳 • 도서출판 예경
디자인 및 총괄 진행 • 김인숙
편집 • 김지은
교정 • 박일귀, 유수민
주소 • 서울시 종로구 평창2길 3
전화 • 02-396-3040~3
팩스 • 02-396-3044
전자우편 • webmaster@yekyong.com
홈페이지 • http://www.yekyong.com

ISBN 978-89-7084-545-6(양장본)

이 도서의 국립중앙도서관 출판예정도서목록(CIP)은 서지정보유통지원시스템 홈페이지(http://seoji.nl.go.kr)와
국가자료종합목록시스템(http://www.nl.go.kr/kolisnet)에서 이용하실 수 있습니다.
(CIP제어번호 : CIP2019014132)

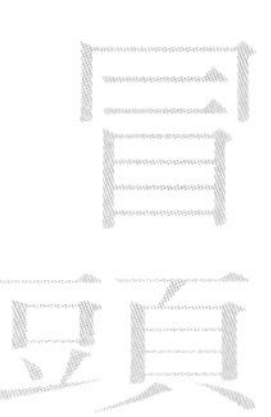

●

한국사에는 우리 모두의 삶이 녹아 있습니다.

한국사는 우리 모두의 발자취로 만들어 가야 할 역사이자,

우리 모두가 지켜 나가야 할 역사입니다.

서 문

중·고등학교에서 교과서로 한국사를 배운 이후에는 한국사 책을 접할 기회가 그리 많지 않습니다. 그러나 우리는 여러 이유로 다시 한국사에 관심을 갖고 한국사 책을 찾기도 합니다. 한국인인 자신의 정체성에 대한 관심에서, 또는 한국사 지식이나 교훈을 얻기 위해서 한국사 책을 찾습니다.

한국인으로서 한국의 역사를 아는 것은 당연하고 상식적이라고 생각해서인지, 여러 시험에서 한국사 능력을 평가하기도 합니다. 그러나 한국사를 다시 공부하고 싶을 때, 어느 수준의 한국사 책을 처음으로 선택해야 할지 결정하는 일은 참 고민스럽습니다. 주변에 한국사 책이 많기 때문에 선택이 더욱 어려운지도 모르겠습니다. 그래서 여러분의 선택에 도움을 주고자 한국사 책을 기획하게 되었습니다.

책의 제목은《모두의 한국사》입니다.

《모두의 한국사》에서 '모두'는 여러 뜻이 있겠지만, 크게 두 가지의 의미를 생각해 보았습니다. 첫째는 '우리 모두(All)'라는 뜻입니다. 한국사에는 우리 모두의 삶이 녹아 있으며, 우리 모두가 써 나가야 할 역사이자 우리 모두가 지켜야 할 역사입니다. 평소에 관심을 가지고 기록하고 기억해야만 잊히지 않고 우리의 역사가 될 수 있습니다. 우리 모두가 한국사에 관심과 애정을 가졌으면 하는 마음에서 우리 《모두의 한국사》라는 제목을 붙였습니다.

두 번째는 말이나 글의 첫머리를 의미하는 '모두(冒頭)'입니다. 모두를 '처음 또는 시작'이라는 의미로 생각해 보았습니다. 사범대학에 재직하면서 대학생들이 한국사 공부를 처음에 어떻게 시작할지, 또 어떤 한국사 교재를 선택할지 고민하는 것을 자주 보았습니다. 학생들이 한국사를 좀 더 쉽고 체계적으로 공부할 수 있도록 도와주고 싶었습니다. 그래서 한국사 공부를 시작하는 사람들이 '처음에' 선택하는 책이라는 의미에서《모두의 한국사》라고 했습니다.

우리《모두의 한국사》가 되기 위해 그동안 많은 고민과 논의가 있었습니다. 그 답은 '편안하게 읽히는 친절한 한국사 책'이었습니다. 그래서 무엇보다 내러티브 방식으로 책을 서술했습니다. 집필진도 대학 교수와 중·고등학교 현직 교사들로 함께 구성했습니다. 역사 전문가인 교수와 교사들이 학생들에게 이야기하듯이 한국사를 전해 주고 싶었습니다. 중·고등학교 시절에 재미없고 어렵게만 느껴졌던 한국사가 아닌, 많은 읽을거리를 통해 우리 역사의 흐름을 쉽고 편안하게 잡아 주는 책을 만들고자 노력했습니다.

서술 체계는 시대사와 분류사 방식으로 구성했습니다. 역사는 시간의 흐름을 기본으로 합니다. 그래서 고대사, 고려시대사, 조선시대사, 개항기·일제시대, 현대사 순으로 서술했습니다. 그리고 각 시대사를 정치사·경제사·사회사·문화사로 나누어, 정치사 위주의 서술을 지양하고 한국사의 다양한 모습을 담으려고 했습니다. 역사가 인간이 살아온 모든 시간이 아니라 기록에 근거한 기억이라고 할 때, 역사 연구에서 사료는 무엇보다 중요합니다. 그래서 자료 편에 해당 시대와 관련된 사료와 설명을 정리했습니다. 연표, 지도, 사진, 삽화 등 다양한 자료도 제시하고 독자의 가독성을 고려해 책을 편집했습니다.

이 책이 말 그대로 〈모두의 한국사〉가 되기 위해 한국사의 새로운 관점이나 낯선 내용은 추가하지 않았습니다. 오히려 기존의 한국사 책들과 교과서 및 다양한 자료 등을 친절하고 편하게 정리해, 술이부작(述而不作) 했다고 할 수 있습니다. 아무쪼록 한국사 공부를 시작하는 분들에게 이 책이 조금이나마 도움이 되었으면 하는 바람입니다. 그리고 이 책을 읽고 한국사에 대한 이해와 관심이 생기기를 바라는 마음입니다. 역사 공부를 통해 지식과 교훈을 배울 뿐만 아니라, 궁극적으로 합리적인 판단력과 역사를 바라보는 안목을 가졌으면 합니다.

모든 일이 그러하듯이, 이 책이 완성되기까지 여러 분들의 노고가 있었습니다. 〈모두의 한국사〉라는 책의 제목처럼, 집필진과 출판사 관계자 모두의 노력으로 책이 만들어졌습니다. 함께 책을 기획하고 집필한 고려대학교 권내현 교수님, 함께 집필해준 주은구·조상혁·장수민·오성찬·김소연 역사 교사, 그리고 책의 교정과 자료 정리 등 수고로운 일을 도와준 고려대학교 조형렬 선생, 대한민국역사박물관 이아름 선생, 고려대학교 대학원 박사과정의 정광필·이제혁 군에게도 이 자리를 빌려서 감사의 마음을 전합니다. 그리고 어려운 출판 상황 속에서도, 좋은 책을 위해 오랜 시간 공들여 책을 출판해 주신 예경 출판사의 한병화 사장님과 실무진에게도 감사의 인사를 드립니다.

2019년 3월 어느 봄날

집필진을 대신하여 박현숙 씀

차 례

1부

선사시대와 고대 국가

선사시대의 전개

선사시대의 한반도

1. 선사시대의 전개
2. 고조선의 건국과 발전
3. 고조선의 뒤를 이은 초기 국가들

선사시대의 한반도

주요 용어

선사시대, 주먹도끼, 슴베찌르개, 농경의 시작, 정착 생활, 움집, 빗살무늬 토기, 애니미즘, 토테미즘, 샤머니즘

1 선사시대의 전개

선사시대란 무엇인가

선사(先史)시대란 역사 기록이 있기 전의 시대를 말합니다. 이 시기는 문자로 남겨진 기록이 없기 때문에 유물과 유적은 그 시대 사람들이 어떻게 살았는지 이해하는 데 중요한 자료가 됩니다. 그렇다면 **선사시대**에 주로 사용했던 유물은 무엇으로 만들어졌을까요. 그것은 주변에서 쉽게 구할 수 있는 돌이었습니다. 그래서 돌을 사용한 시대라는 뜻에서 '석기시대'라고도 합니다. 이 시기는 사용한 도구에 따라 구석기시대(뗀석기 사용)와 신석기시대(간석기 사용)로 구분할 수 있는데, 새로운 석기시대라는 의미의 신석기시대에는 농경이 시작되었습니다.

구석기시대 사람들은 어떻게 살았을까

한반도와 만주 지역에 구석기인이 살기 시작한 것은 약 70만 년 전부터입니다. 구석기인들은 채집과 수렵, 어로 등 경제 활동을 통해 자연에서 식량을 구했습니다. 큰 짐승을 사냥하기 위해 무리를 지어 살았으며(무리 사회), 짐승이나 물고기와 같은 먹을거리를 찾아 이동 생활을 했습니다. 잦은 이동 때문에 주거는 간단히 비바람을 피할 수 있는 동굴이나 바위 그늘 아래에서 주로 이루어졌는데, 후기에는 주변의 나뭇가지 등을 모아 지붕을 올려 막(幕)집을 짓기도 했습니다.

구석기인들이 사냥과 채집을 할 때 사용한 도구는 돌을 쳐서 깨뜨리고 떼어낸 뗀석기입니다. 다양한 뗀석기 중에서 주목되는 것은 연천 전곡리에서 발견된 **주먹도끼**입니다. 이전까지 주먹도끼는 유럽과 아프리

주먹도끼
남구석기 시대의 대표적인 유물, 주먹으로 쥐고 쓸 수 있는 도끼 형태의 도구

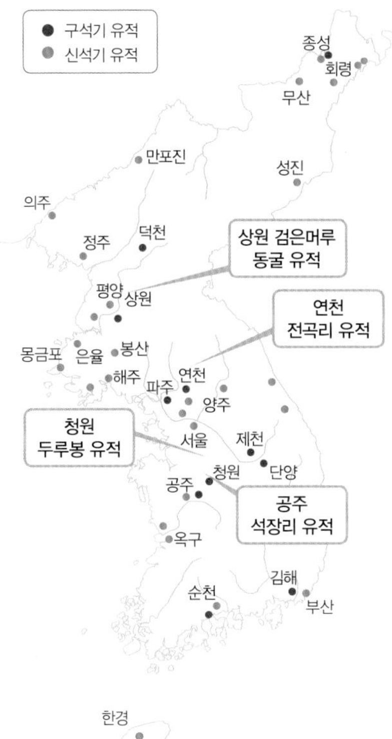

한반도의 구석기와 신석기 유적

카에서만 발견되었을 뿐 아시아권에서 발견된 적이 없었는데, 전곡리에서 주먹도끼가 나오면서 세계 고고학 지도를 바꿔 놓았다는 평가를 받기도 했습니다. 주먹도끼 이후에는 용도에 따른 다양한 석기가 등장하는데, 대표적으로 조리 도구인 찍개, 긁개, 밀개 등이 있습니다.

구석기시대 후기가 되면서 지구 기후가 이전보다 따뜻해졌습니다. 이로 인해 해수면이 상승하고 낮은 지역에 바닷물이 들어왔습니다. 그래서 이전까지 하나의 육지로 연결되었던 중국과 한반도, 일본이 지금과 같은 해안선을 가지게 되었습니다. 아울러 기온이 올라가면서 추운 지역에 사는 큰 짐승들 대신 토끼, 사슴 같이 비교적 작은 동물들이 늘어나게 되었습니다. 환경에 따라 도구도 크기가 작게 변화합니다. 작고 빠른 짐승을 잡기 위해 창과 활 등이 만들어지고 여기에 사용될 이음도구들이 만들어졌습니다. 대표적인 것이 창의 기능을 하는 **슴베찌르개**입니다. 구석기시대 후기에는 도구들이 진화하여 흑요석이나 수정 등을 더욱 다듬어서 작고 가벼운 석기를 만들어 사용했는데, 이를 잔석기라고 합니다.

구석기시대 사람들은 동물을 형상화한 조각을 만들거나 동굴 벽에 사냥감 등을 그려서 수렵의 성공을 기원했습니다. 이 과정에서 예술과 신앙이 발달하게 됩니다. 죽음에 대한 의식도 생겨났습니다. 청원 두루봉 동굴에서 구석기시대 어린아이 유골이 발견되었는데, 주변에 장례식의 흔적이 보였습니다. 발견자의 이름을 따서 '흥수아이'라고 불리는 이 유골은 구석기시대 신앙의 존재를 보여 줍니다.

구석기시대는 1만여 년 전까지 지속되었습니다. 동아시아에서는 약 100만 년 전부터 인류가 살기 시작했는데, 대표적인 인류가 중국의 베이징인입니다. 한반도에서는 웅기 굴포리, 평안도 상원 검은모루 동굴, 평양 대현동 동굴, 청원 두루봉 동굴, 연천 전곡리, 공주 석장리, 단양 금굴, 제주도 사계리 등이 구석기시대 유적지입니다. 이들 유적에서는 석기와 함께 동물 뼈 화석, 동물 뼈로 만든 도구 등이 출토되어 구석기시대의 다양한 생활상을 알 수 있습니다.

슴베찌르개

창 끝부분에 연결하는 일종의 창촉으로, 여기서 '슴베'는 자루 속에 들어박히는 창촉의 뾰족하고 긴 부분을 말한다.

구석기시대에서 신석기시대로 넘어가는 과도기 단계를 중석기시대라 부릅니다. 북한에서는 웅기 부포리와 평양 만달리 유적을 중석기시대 것으로 보기도 하며, 우리나라에서는 통영 상노대도 조개더미의 최하층과 거창 임불리, 홍천 하화계리 유적 등을 중석기시대의 유적으로 보는 연구가 진척되고 있습니다.

충남 공주 석장리 유적

남한 최초의 구석기 발굴 유적. 집터가 발견되었으며, 긁개, 찌르개, 자르개, 주먹도끼 등 많은 유물이 발굴되었다.

움집

신석기시대 사람들이 살았던 반지하 가옥을 말한다. 원형 또는 사각형으로 땅을 파고 둘레에 기둥을 세워 이엉을 덮어 만들었다. 서울 한강변의 암사동 유적지에서 신석기시대의 움집터 20여 기가 확인되었다.

신석기시대에는 어떤 변화가 생겼을까

중국에서는 기원전 8000~6000년경에 신석기시대가 시작되었습니다. 만주와 한반도에서는 기원전 8000년경부터 자연 환경과 기후가 변화하면서 사람들의 생활 모습에 많은 변화가 생겼는데, 이 시대를 구석기시대와 구분하여 신석기시대라고 합니다.

신석기시대의 중요한 특징을 들자면, 간석기와 토기의 사용, 그리고 **농경의 시작**과 정착생활이라고 할 수 있습니다. 이 가운데 가장 중요한 변화는 농경의 시작입니다. 여전히 수렵과 채집이 주요한 경제 활동이었지만, 좀 더 안정적인 식량 확보를 위하여 기원전 4000년경 즈음에 농경을 시작하여 조, 피, 수수 등을 생산하였습니다. 주요 농기구로는 돌괭이, 돌삽, 돌보습, 돌낫 등이 있습니다. 봉산 지탑리와 평양 남경 유적에서 탄화된 곡식이 발견되었으며, 옥천 대천리에서도 탄화된 쌀과 보리 등 다양한 곡식이 출토되었습니다.

신석기시대 사람들은 작물을 재배하면서 점차 이동 생활에서 벗어나 **정착 생활**을 하였고, 거주지 역시 동굴이나 바위 그늘이 아닌 **움집**을 짓고 살았습니다. 움집은 네다섯 명이 함께 살 수 있는 크기로, 15~20여 채가 몰려 있어 당시의 공동체 규모를 짐작할 수 있습니다. 이러한 공동체는 주로 혈연을 기반으로 한 씨족사회였습니다. 씨족들은 점차 다른 씨족과의 혼인을 통해 부족을 이루어 갔습니다. 지배와 피지배 관계는 아직 발생하지 않았으며, 주로 연장자나 경험이 많은 사람이 씨족을 이끄는 평등한 사회였습니다.

이른민무늬토기

단조로운 문양이 가끔 있을 뿐 대체로 무늬가 없고 두꺼운 것이 특징이다. 청동기시대 유적에서 발견되는 민무늬토기와 구별하기 위해 신석기시대의 것을 이른민무늬토기라 한다.

신석기시대의 경제생활과 신앙은 어떠했을까

신석기시대에는 도구 제작 기술이 발전하여 돌을 갈아 만든 간석기를 사용했습니다. 대표적으로 농경에서 돌괭이를 비롯해 갈돌과 갈판처럼 정교한 석제 농기구가 활용됩니다. 간석기와 더불어 신석기시대의 대표 유물은 토기입니다. 신석기시대에 이르러 늘어난 식량을 보관하고 운반하기 위해 토기를 만들었습니다. 토기 사용으로 식량 보관과 음식 조리가 수월해지면서 화덕이나 출입문 주변에 저장

덧무늬토기(융기문토기, 隆起文土器)

그릇의 표면에 띠 모양의 흙을 덧붙여 무늬를 낸 토기로 융기문(隆起文)토기라고도 한다.

눌러찍기무늬 토기(압인문토기, 押捺文土器)

손가락이나 동물뼈·나뭇가지 등으로 무늬를 찍은 신석기시대 토기이다. 한반도의 남해안지역에서 많이 출토되었으며, 주로 신석기시대 전기와 중기에 많이 만들어진 것으로 추정한다.

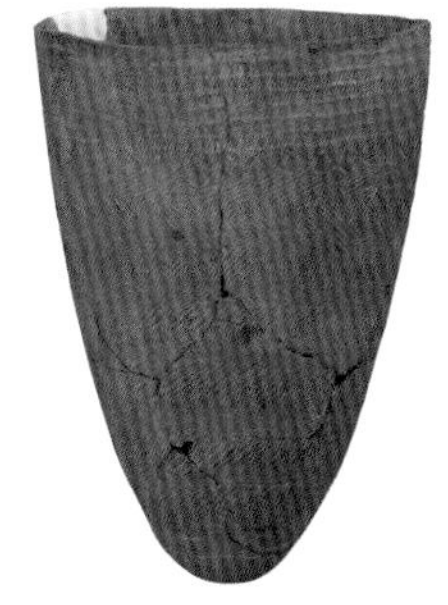

빗살무늬 토기(즐문토기, 櫛文土器)

신석기시대를 대표하는 유물이다. 강가나 바닷가에서 주로 발견된다. 생선뼈 모양의 무늬가 새겨져 있어 빗살무늬 토기라고 한다.

조개껍데기 가면

시설 등을 만들게 되었습니다.

토기는 무늬를 새기는 방법에 따라 명칭을 붙이는데, 신석기시대의 토기로는 이른민무늬 토기, 덧무늬 토기, 눌러찍기 토기 등이 있습니다. 이런 토기는 제주도 한경 고산리, 경남 고성 문암리, 강원 양양 오산리, 부산 동삼동 조개더미 등에서 발견됩니다.

신석기시대의 가장 대표적인 토기는 땅에 꽂아 쓰기 위해 끝을 뾰족하게 만든 **빗살무늬 토기**로, 빗살무늬 토기는 전국 각지에서 널리 출토되고 있습니다. 서울 암사동, 평양 남경, 김해 수가리 등 신석기시대 유적은 대부분 바닷가나 강가에 자리 잡고 있습니다.

이와 같이 신석기시대에는 간석기와 토기 제작과 같은 원시 수공업이 이루어졌습니다. 그리고 식물에서 실을 뽑아 가락바퀴와 뼈바늘 등을 이용해 옷을 만들어 입고, 나무를 깎아서 각종 도구나 배를 만들었습니다.

신석기시대 사람들은 생활에 큰 영향을 주는 자연 환경에 대해 많은 관심을 가졌습니다. 그러면서 자연에 위대한 힘이 있다고 믿는 신앙이 생겨났습니다. 모든 자연물에 영혼이 있다고 믿는 **애니미즘**, 특정 동식물을 숭배하는 **토테미즘**, 하늘과 인간을 연결하는 무당과 주술의 힘을 믿는 **샤머니즘**이 그것입니다.

이 외에도 이 시대에는 조개껍데기 가면이나 얼굴 모양 토제품과 같은 원시 예술품도 만들었습니다. 한편 신석기시대 유적에서는 움무덤, 독무덤, 공동 무덤 등이 발견되고 있는데, 이는 영혼 숭배와 조상 숭배가 나타나 시신을 정성스럽게 묻는 풍습이 생겨났기 때문입니다.

주요 용어

반달 돌칼, 미송리식 토기, 고인돌, 비파형 동검, 고조선, 단군왕검, 군장사회, 위만조선, 한사군, 8조법

2 고조선의 건국과 발전

청동기시대가 되다

기원전 3500년경 서아시아에서 청동기 문화가 등장한 이후, 세계 각지에서는 청동기를 바탕으로 여러 문명이 발생하고 국가가 형성되기 시작했습니다. 인류는 금속인 청동을 새롭게 발견하고 이를 이용한 각종 도구를 제작했는데, 이 시기를 청동기시대라고 합니다. 중국에서는 기원전 2000년경을 전후하여 청동기를 사용하기 시작했습니다. 한반도 지역에서는 기원전 2000년경에서 기원전 1500년경에 청동기시대가 시작됩니다.

만주 일대와 한반도 지역은 청동기시대 이후 농업이 크게 발달했고 민무늬 토기 문화가 정착되었습니다. 그리고 주변 지역과 구별되는 농경 문화권이 형성되었습니다. 청동은 구리와 주석으로 만들어지기 때문에 재료도 구하기 쉽지 않았고 만들기도 어려워 한반도 일대에서도 일부 세력과 집단만이 청동기를 보유하였습니다. 청동기는 주로 무기나 의례 도구, 장신구 등 지배층이 사용하는 도구를 만드는 데 사용되었습니다.

청동기시대에도 농기구는 여전히 단단한 돌로 만들어졌습니다. 대표적인 농기구로는 땅을 깊게 파는 데 사용한 돌괭이, 돌보습과 이삭을 수확할 때 쓰는 **반달 돌칼** 등이 있습니다. 벼농사가 보급되면서 소, 돼지, 말의 가축 사육도 시작되었습니다. 당시 것으로 추정되는 농경문 청동기에는 사람들이 농사짓는 모습이 잘 묘사되어 있습니다.

농경문 청동기

신농경을 하는 모습이 그려져 있는 청동기. 한 사람은 쟁기와 비슷한 농기구인 따비로 밭을 갈고, 다른 사람은 괭이로 땅을 고르는 모습이 새겨져 있다.

주거 환경도 변화하였습니다. 신석기시대와 달리 방어 목적을 위해 앞에는 물이 흐르고 뒤에는 산이 있는(배산임수, 背山臨水) 얕은 구릉에 촌락을 만들었습니다. 식량 생산의 증대로 빈부 격차가 생겨나면서 집의 크기도 달라졌으며, 창고·집회소·수공업 작업장 등 다양한 시설이 생겼습니다. 또한 나무 울타리나 도랑으로 마을을 둘러싸서 적의 침입에 대비하기도 했습니다. 경남 창원 서상동 유적은 청동기시대 후기의 마을 유적으로, 마을을 둘러 도랑을 파서 경계를 표시한 흔적이 남아 있습니다. 집 형태도 둥근 반지하 움집 대신 네모난 지상 가옥을 만들었으며, 화덕

민무늬 토기
청동기시대 대표 토기로 지역에 따라 형태가 약간씩 다르다. 기본적인 형태로는 밑바닥이 편평한 원통 모양의 화분형과 밑바닥이 좁은 팽이형이 있다.

붉은 간토기
신석기시대와 청동기시대에 토기의 표면에 단을 바르고 반들거리게 문질러서 굽거나 적색 안료를 바른 토기이다. 적색마연토기, 홍도라고도 부른다.

미송리식 토기
평안북도 의주의 미송리 동굴에서 처음 발견되었다. 밑이 납작한 항아리 형태이며 표면에 집선(集線) 무늬가 있는 것이 특징이며 주로 청천강 이북과 요령성, 길림성 일대에 분포한다. 이 토기는 고인돌, 거친무늬 거울, 비파형 동검과 함께 고조선의 특징적인 유물로 여겨진다.

은 중앙에서 벽면으로 옮기고 집 밖에는 창고같이 독립된 저장 시설을 따로 만들어 공간 활용도를 높였습니다. 이는 부여 송국리 유적 등을 통해서도 확인할 수 있습니다.

이외에도 다양한 분야에서 새로운 변화가 나타납니다. 토기로는 무늬가 없는 **민무늬** 토기, **붉은 간토기**, 손잡이가 달려 있는 **미송리식 토기** 등이 만들어집니다. 청동기시대의 무덤으로는 지배층의 무덤인 **고인돌**이 대표적이며, 돌로 관을 짜서 만든 **돌널무덤**도 만들어졌습니다. 대형 고인돌은 덮개돌의 무게만도 수십 톤으로 많은 노동력을 동원해야 만들 수 있었습니다. 따라서 고인돌의 존재는 힘을 가진 지배자의 등장을 알려 줍니다. 무덤 내부에서는 동검과 함께 청동 거울과 청동 방울 등의 의례 도구가 출토되었습니다.

청동기 문화를 배경으로 고조선이 세워지다

청동기시대에는 농업생산력이 늘어나면서 잉여 생산물과 사유재산이 등장하고 이를 차지하기 위한 싸움이 치열하게 벌어집니다. 전쟁으로 승패가 갈리고 패자는 승자의 노예가 되면서 지배자와 피지배자의 계급 관계가 나타나게 됩니다.

계급의 등장을 잘 보여주는 유물이 지배자 무덤이자 제단이기도 한 고인돌입니다. 정치권력이나 경제력이 우세한 부족은 **선민사상**(選民思想)을 가지고 청동제 무기를 이용해 주변을 정복하며 지배 영역을 확대해 나갔습니다. 그리고 확대한 영토를 효율적으로 지배하기 위한 제도들을 마련하면서 마침내 초기 국가가 등장합니다. 우리나라 최초의 국가인 고조선도 청동기시대를 배경으로 등장했으며, 고조선의 초기 영역은 고인돌 분포 지역 및 **비파형 동검**의 출토 영역과 대체로 일치합니다.

고조선과 단군에 대한 기록은 주로 신화(115p 참조)의 형태로 전해져 오고 있습니다. 《삼국유사》의 기록에 따르면, 고조선은 기원전 2333년에 **단군왕검**에 의해 건국되었다고 합니다. 하늘의 신인 환인에게 서자 환웅이 있었는데, 인간 세계에 관심이 많았던 환웅은 홍익인간(弘益人間)의 뜻을 가지고 풍백(바람), 우사(비), 운사(구름)를 포함한 무리를 이끌고 태백산에 내려왔습니다. 이때 곰과 호랑이가 사람이 되고자 환웅을 찾아오는데, 그 가운데 곰이 여자가 되어 낳은 아들이 바로 단군왕검입니다.

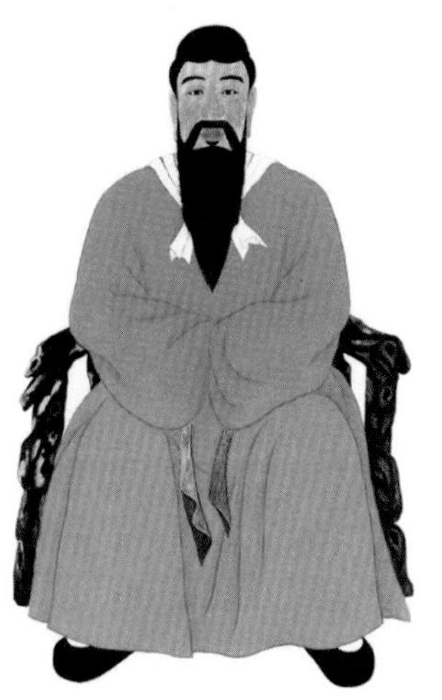

단군 표준 영정

비록 신화로 전해지지만, 신화를 통해 당시 고조선의 사회 모습을 엿볼 수 있습니다. 먼저 환웅이 하늘에서 내려왔다는 내용에는 우리 민족이 하늘의 선택을 받았다는 선민사상이 깃들어 있습니다. 그리고 풍백, 우사, 운사라는 신하를 데려왔다는 점에서 농경이 중시되었음을 알 수 있습니다. 바람, 비, 구름은 농경에 중요한 요소이기 때문입니다. 곰과 호랑이, 환웅의 관계는 곰과 호랑이를 섬기는 부족과 환웅 부족 등 여러 정치 세력이 서로 무력으로 정복하고 통합하는 과정에서 고조선이 건국되었음을 보여 줍니다. 또한 단군왕검이라는 칭호는 제사장을 뜻하는 '단군'과 정치적 지배자를 뜻하는 '왕검'이 결합된 것으로, 고조선이 제정일치(祭政一致)의 사회였음을 알려 줍니다.

고조선의 중심지는 요령 지방과 대동강 유역을 중심으로 독자적인 문화를 이룩하면서 발전하였습니다. 기원전 3세기경에는 부왕, 준왕과 같은 강력한 왕이 등장하여 왕위를 세습했으며, 그 밑에 상 · 대부 · 장군 등의 관직을 두었습니다. 중국의 역사 기록에 따르면, 고조선은 기원전 7세기에 산동 반도의 제나라와 교역하였습니다. 기원전 4세기경에는 요서 지방을 경계로 연나라와 대립하기도 했습니다. 이를 통해 고조선이 중국의 나라들과 활발하게 교류했음을 알 수 있습니다.

고조선의 중심지에 대한 여러 견해

❶ **요동 중심설:** 처음부터 끝까지 고조선의 중심지가 요동 지역에 있었다고 보는 견해

❷ **평양 중심설:** 고조선의 중심지가 대동강 유역에 있었다는 견해

❸ **중심지 이동설:** 처음에는 중심지가 요동에 있었다가 대동강 유역으로 옮겼다는 견해

청동기시대 대표 유물

돌널무덤 | 지하에 판석, 괴석, 강돌 또는 이들을 함께 섞어서 직사각형의 석관 시설을 만들고 시신을 펴서 묻거나 부장품을 함께 넣은 청동기시대의 무덤 형식이다. 청동기시대 전기에서 후기에 걸쳐 많이 조성되었으며, 전국적으로 발견되고 있다. 돌널무덤은 고인돌과 함께 청동기시대를 대표하는 무덤 형식이다.

거친무늬 거울

반달 돌칼

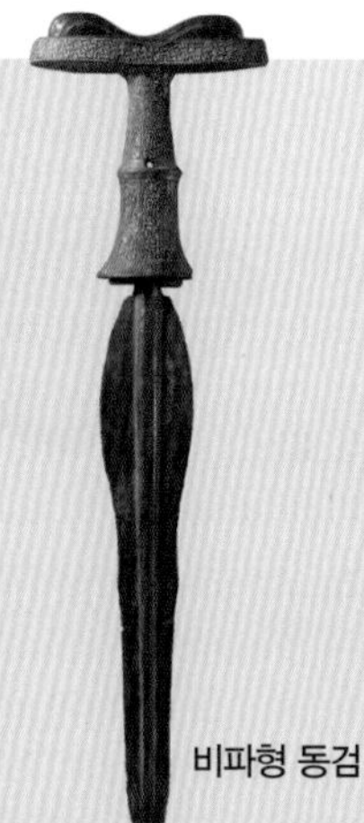

비파형 동검

고인돌 | 고인돌은 거석문화의 산물이다. 대표적으로 이집트의 피라미드, 영국의 스톤헨지 등이 있다. 우리나라에는 세계에서 가장 많은 고인돌이 분포하고 있으며, 형태에 따라 북방식(탁자식)과 남방식(바둑판식)으로 나눌 수 있다. 유네스코 세계위원회는 2000년 12월에 고창, 화순, 강화의 고인돌 유적지를 세계문화유산으로 지정했다.

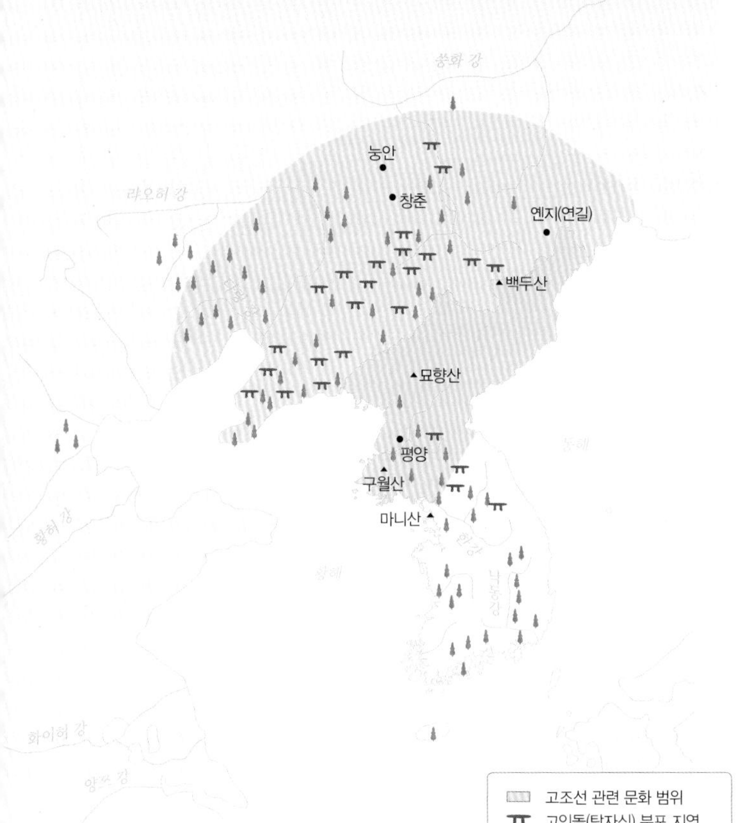

고조선의 청동기 문화

위만조선이 세워지다

고조선은 **군장사회**(君長社會) 단계에서 시작하여 우수한 청동기 문화를 바탕으로 주변 정치 세력을 통합해 나갔습니다. 기원전 5~4세기경에는 중국의 혼란기를 틈타 이동해 온 유이민(流移民)을 통해 철기 등 선진문물을 받아들였고, 기원전 4~3세기 즈음에는 중국 연나라와 대등하게 맞설 정도로 발전합니다. 왕 밑에 상·경·대부·장군 같은 관직을 두면서 고대 국가의 형태를 갖춘 것도 이 무렵입니다.

그러나 중국에서는 전국시대를 통일한 진(秦)나라가 멸망하고 기원전 206년에 한(漢)이 들어서는데, 이때 중국으로부터 많은 유이민들이 고조선 지역으로 이주하게 됩니다. 기원전 2세기에는 연(燕)나라 변방의 사람인 위만이 1000여 명의 무리를 이끌고 고조선으로 망명합니다. 고조선의 준왕은 그를 신임해 서쪽 변방을 맡겼지만, 오히려 위만은 세력을 규합하여 기원전 194년에 준왕을 몰아내고 스스로 왕위에 오릅니다. 새로 왕이 된 위만은 나라 이름을 그대로 '조선'이라고 하였는데, 《삼국유사》에서는 이 시기부터 단군조선과 구분하여 '**위만조선**'이라고 기록하였습니다.

위만조선은 철기 문화를 본격적으로 수용하면서 더욱 발전하게 됩니다. 위만은 정복 활동을 통해 영역을 넓히고 주변 지역에 대한 지배권을 확고히 했습니다. 이를 바탕으로 위만의 손자인 우거왕 때에는 한반도 남쪽의 진국을 비롯하여 동예 등 주변 나라들이 한과 직접 교역하는 것을 금지하고 중계 무역의 이익을 독점했습니다.

그러나 동아시아 강국으로 성장한 한의 무제는 유목 민족인 흉노를 정벌하기 전에, 고조선과 흉노와의 연결을 막기 위해 기원전 109년 5만여 명의 군사를 이끌고 고조선을 침략합니다. 고조선은 1차 접전에서 대승을 거두었고 이후 약 1년여에 걸쳐 항쟁했지만, 오랜 전쟁 끝에 내분이 일어나 우거왕이 시해되었습니다. 결국 기원전 108년에 수도인 왕검성이 함락되고 고조선은 멸망하였습니다.

이후 한은 고조선의 옛 땅과 그 주변 지역에 군현(郡縣)을 설치하고 관리와 군대, 상인들을 이주시켜 통치합니다. '낙랑, 임둔, 진번, 현도' 네 개의 군을 설치했기 때문에 '**한사군**(漢四郡)'이라고도 합니다. 진번군과 임둔군은 얼마 후 폐지되었습니다. 현도군 역시 고구려의 저항으로 폐지되었고, 낙랑군은 313년에 고구려에 병합되었습니다.

고조선의 사회 모습에 대해서는 기록이 많이 남아 있지 않습니다. 다만 중국의 역사서인《한서》에 전해지는 고조선의 **8조법**(115p 참조) 가운데 3개 조항을 통해 짐작할 수 있습니다. '살인자는 사형에 처하고, 상해를 입힌 자는 곡식으로 배상하게 하며, 도둑질을 한 자는 노비로 삼으며 그 죄를 씻고자 할 때에는 50만전을 내야 한다.'는 것이 주요한 내용입니다. 이를 통해 고조선 사회가 개인의 생명과 노동력을 중시했으며, 사유재산을 인정하고 화폐를 사용했음을 알 수 있습니다. 또한 형벌과 노비의 존재도 확인할 수 있습니다. 노비는 주로 형벌이나 대외전쟁을 통해 공급되었습니다.

고조선에서는 지배자가 죽으면 산 사람을 함께 묻는 순장의 풍습이 있었습니다. 요동반도 일대에서 기원전 8~9세기경의 고조선 무덤이 발견되기도 했습니다.

처음에 고조선 사회는 도둑이 거의 없어 백성들이 대문을 닫지 않고 살 정도로 평온한 사회였습니다. 그러나 한사군이 설치된 후에는 민심이 점차 각박해지면서 법이 복잡해져 60여 조항에 이르렀다고 합니다.

주요 용어

세형동검, 거푸집, 명도전, 사출도, 영고, 형사취수제, 동맹, 서옥제, 민며느리제, 책화, 천군, 소도

3 고조선의 뒤를 이은 초기 국가들

철기 문화를 바탕으로 여러 나라들이 등장하다

철기시대 초기에도 청동기가 여전히 사용되었습니다. 청동 주조 기술의 발전으로 청동기시대에 쓰였던 비파형 동검과 거친무늬 거울을 대신해 **세형동검**(細形銅劍)과 잔무늬 거울 같은 청동기가 제작되었습니다. 세형동검을 제작할 때 사용한 **거푸집**이 한반도 전역에서 발견되어 이러한 사실을 뒷받침합니다.

그런데 기원전 5세기경 중국 전국시대의 혼란을 피해서 한반도로 건너온 유이민들에 의해 철기가 점차 전파되기 시작하였습니다. 한나라 초기에 들어온 위만 집단이 중국의 철제 무기를 바탕으로 세력을 키웠지만, 본격적으로 한반도 전역에서 철기가 사용되기 시작한 시기는 기원전 2~1세기 무렵입니다. 한이 낙랑군을 설치하면서 한반도에서는 철기가 본격적으로 생산되었고 일상생활에서도 철기가 사용되었습니다.

중국 전국시대의 화폐인 **명도전**과 한나라 **오수전**·**반량전**이 한반도의 철기시대 유적에서 발견되는데, 이는 철기시대에 우리나라와 중국의 교류가 활발했음을 보여 줍니다. 이외에도 경남 창원 다호리에서 붓과 벼루가 발견되었는데, 이를 통해 우리나라에서 철기시대에 이미 문자생활을 하고 있었음을 알 수 있습니다. 철기시대에는 다양한 분야에서 생활양식에 변화가 나타납니다. 지역 환경에 맞추어 초가집과 귀틀집이 출현했으며 연질토기, 와질토기와 **검은 간토기**가 사용되었습니다. 무덤 양식에서도 변화가 나타나 청동기시대에는 보이지 않았던 나무관인 **널무덤**과 항아리 두 개를 이용한 **독무덤** 등이 만들어졌습니다.

청동기시대와 철기시대 사람들은 사냥과 고기잡이의 성공과 농사의 풍년을 기원하며 바위에 그림을 남겼습니다. 울산 울주 대곡리 반구대의 바위그림에는 고래와 사슴이, 경북 고령 양전동 알터의 바위그림에는 태양을 상징하는 동심원을 비롯해 기하학적 무늬가 새겨져 있습니다.

철제 무기의 사용으로 정복 전쟁이 활발해졌으며, 지역별로 강력한 군

사력을 지닌 새로운 세력들이 등장했습니다. 한편 철제 농기구의 보급은 농업 생산력을 증대시키고, 이에 따른 부의 축적은 종래 군장사회가 더 큰 단위인 국가로 발전해 갈 수 있는 기반을 마련해 주었습니다. 이와 같이 철기의 도입은 고대 국가의 성립과 발전에 중요한 역할을 했습니다.

철기시대로 넘어오면서 비슷한 규모의 군장사회들이 결합된 형태인 초기 국가가 나타납니다. 한반도 지역의 초기 국가로는 부여, 초기 고구려, 옥저, 동예, 삼한의 여러 소국이 있었습니다. 초기 국가 단계에서는 비교적 강한 세력의 군장이 왕이 되지만, 아직 다른 세력을 압도할 만큼 권력의 차이가 나지는 않았기 때문에 군장마다 자기 지역을 독자적으로 통치했습니다. 부여의 **사출도**(四出道)가 대표적인 사례입니다.

사출도
부여에서 중앙을 중심으로 지방을 동, 서, 남, 북의 4개 구역으로 나누었는데 이를 사출도라고 한다.

초기에는 왕권이 미약해서 왕위를 세습하지 못하고 군장들이 모여서 왕을 선출했습니다. 부여, 가야, 초기 고구려의 정치형태가 이러한 모습을 잘 보여 줍니다. 이후 몇몇 국가는 왕권이 집중되고 지방 세력에 대한 통제가 강화되면서 중앙 집권적인 고대국가 단계로 넘어갔습니다. 이러한 과정을 거쳐 고대국가로 성장한 나라가 고구려·백제·신라입니다.

만주 지역에서 부여가 성장하다

기원전 2세기경 부여는 만주 쑹화강 유역의 넓은 평야 지대를 기반으로 성장하였습니다. 《삼국지》 위서 동이전 부여조에서는 '나라의 면적이 사방 2천리요 가호의 수가 8만'이라고 전하고 있습니다. 부여 지역은 비옥한 평야 지대로 일찍부터 청동기 문화가 시작되었는데, 철기 보급 이후 농경과 목축이 더욱 발전하였습니다. 또한 일찍이 한을 비롯한 중국 여러 왕조와 교류하며 국가 체제를 갖추어 갔습니다.

부여의 건국신화로 동명설화(東明說話)가 전해지며, 1세기 초에 이미 왕호를 사용하였습니다. 5부족이 연합하여 성장한 부여는 중앙에 왕이 있었지만, 왕 밑에 마가, 우가, 구가, 저가라는 군장이 사출도를 각기 통치했습니다. 군장의 명칭으로 말(마가), 소(우가), 개(구가), 돼지(저가)를 사용한 것을 통해 부여가 목축을 중시했음을 알 수 있습니다. 왕권이 아직 미약했기 때문에 5부의 군장들이 왕을 추대하기도 했고, 홍수나 가뭄 등으로 흉년이 들면 그 책임을 물어 왕을 폐위시키기도 했습니다.

동명설화
1세기 중국 후한의 왕충이 지은 《논형》이라는 책에 나온다. 동명 설화에 의하면, 탁리국 출신의 동명이 부여로 내려와서 나라를 세웠다고 한다. 고구려 주몽 설화도 내용이 유사하다. 백제에서도 동명 사당을 만들어 제사를 지냈다.

부여는 넓은 평야 지대를 활용하여 밭농사 위주의 농경과 목축을 병행했습니다. 지리적 이점으로 다른 나라에 비해 생산력이 높았던 부여는 비교적 빠르게 성장하여, 한때 아무르강까지 이르는 넓은 지역을 통치했습니다. 하지만 285년에 유목 민족 가운데 하나인 선비족과의 전쟁으로 수도가 함락되면서 세력이 점차 약해졌으며, 결국 410년에 고구려의 광개토대왕에게 공격당하여 494년에는 고구려에게 완전히 병합당하였습니다.

당시 대부분의 나라에는 하늘에 제사를 지내는 제천 행사가 있었습니다. 부여에도 제천 행사인 '**영고**'가 있었는데, 다른 나라에서는 보통 수확이 끝나는 10월에 제천 행사가 열린 반면 부여의 영고는 12월에 열렸습니다. 이는 농경보다는 수렵을 중시하는 유목 민족의 전통을 보여 줍니다.

영고(迎鼓)
초기 부족연맹체 국가인 부여(夫餘)에서 행했던 집단적 제천의식. 추수를 마친 12월에 온 나라의 백성이 한데 모여서 하늘에 감사하는 제사를 지냈다.

부여에는 결혼 풍습으로 **형사취수제**(兄死娶嫂制)가 있었습니다. 형이 죽으면 동생이 형수와 결혼하는 제도인데, 이는 남편 가족들이 재산을 지키기 위한 조치였습니다. 부여의 법(116p 참조)은 엄격했습니다. 바로 1책 12법에 따라, 도둑질을 하면 12배로 갚아야 했습니다. 또한 간음을 한 남녀나 투기가 심한 부인은 사형에 처하는 조항이 있는데, 이는 가부장적인 사회의 모습을 보여 줍니다. 이외에도 왕이 죽으면 사용하던 물건을 함께 묻는 껴묻거리와 주변사람들을 함께 묻는 순장, 그리고 전쟁이 일어나면 소를 죽여 소굽으로 길흉을 점치는 우제점법이라는 풍습이 있었습니다.

부여는 중앙집권국가로 성장하지 못하고 고구려에게 멸망당하였으나 그 역사와 전통은 고구려와 백제에 계승되었습니다.

주몽이 고구려를 세우다

고구려는 압록강 중상류의 산간지대에서 성장하였습니다.《삼국사기》고구려본기의 건국 설화에 따르면, 기원전 37년에 부여에서 내려온 주몽이 졸본을 수도로 고구려를 세웠습니다. 주몽 세력과 토착 세력이 결합하여 세운 고구려도 부여와 마찬가지로 초기에는 대표적인 5부(계루부, 소노부, 절노부, 순노부, 관노부)로 구성되었으며, 계루부 출신의 왕이 대가들과 함께 국가를 운영하였습니다. 왕 아래에는 상가·패자·고추가 등의 관료조직이 있었는데, 이 대가들도 처음에는 사자·조의·선인 등을 거느리고 자신의 영역에서 자치권을 행사했습니다. 그래서 국가의 중요한 일은 왕이 독단적으로 결정하지 않고, 각 부(部)를 이끄는 '가(加)'들이 모이는 제가회의(諸加會議)에서 논의했습니다.

철기시대 여러 국가의 위치

동맹

고구려에서 매년 10월 국중대회(國中大會)를 열고 가진 제천의식. 전 부족이 한자리에 모여 국정을 의논하고 시조인 주몽신(朱蒙神), 즉 동명신(東明神)과 생모 하백녀(河伯女)를 제사 지냈다.

고구려는 수도인 졸본 지역이 산악 지대였기 때문에 농사 짓기에 적당하지 않아, 식량을 자급자족하기 어려웠습니다. 그래서 주로 전쟁을 통해 식량을 확보했습니다. 그래서 고구려에 대한 중국 기록을 보면, "그 나라 사람들 성질은 흉악하고 급하며 노략질하기를 좋아한다."는 표현이 많이 보입니다. 고구려는 일찍부터 영역을 크게 확장하여 서쪽으로는 현도군을 몰아냈으며, 동쪽으로는 동예와 옥저를 복속시켰습니다. 복속한 지역은 토착 세력을 통해 간접 지배를 하였습니다. 이후 고구려는 대외 진출을 위해 평야 지대인 압록 강변의 국내성으로 천도했습니다.

고구려의 풍습은 부여와 비슷한 부분이 많습니다. 고구려에도 부여처럼 형사취수제와 1책 12법이 있었고, '**동맹**(東盟)'이라는 제천 행사를 열었습니다. 고구려의 동맹은 10월에 열렸으며, 제천 행사를 통해 5부의 결속력을 다졌습니다. 결혼 제도로는 고구려만의 독특한 '**서옥제**(壻屋制, 116p 참조)'가 있었습니다. 서옥제는 일종의 데릴사위제로, 혼인한 신랑이 신부의 집에서 마련한 서옥에서 일정 기간 살다가 자식이 크면 남자의 집으로 돌아오는 제도였습니다. 고구려는 이후 꾸준히 발전하여 고대국가로 성장합니다.

옥저와 동예, 고구려에 정복되다

만주에서 부여와 고구려가 성장할 무렵, 함경도와 강원도 북부의 동해안에 위치한 옥저와 동예는 변방에 치우쳐 있어 선진 문화를 늦게 받아들였습니다. 일찍부터 고구려의 잦은 침입으로 강력한 세력을 형성하거나 고대국가로 성장하지 못했습니다.

옥저는 함흥 일대에 위치해 있었으며, 왕은 없고 읍군 · 삼로라고 불리던 군장이 각기 자기 세력을 다스렸습니다. 바다에 가까운 옥저는 소금과 해산물이 풍부해 고구려에 공납으로 해산물을 바쳐야 했습니다. 그러나 옥저는 결국 고구려에 정복당합니다.

옥저는 고구려와 같이 부여족의 한 갈래였으나, 풍속이 달랐으며 독특한 결혼 풍습으로 **민며느리제**가 있었습니다. 장래에 혼인할 것을 약속하면, 여자아이가 어렸을 때 남자의 집에 데려와 키우다가 성인이 되면 여자 집에 돈을 치르고 정식으로 혼인을 하는 제도입니다. 고구려 서옥제가 여자 집에 남자의 노동력을 제공하는 것이라면, 옥저의 민며느리제는 남자가 여성의 노동력을 얻는 대신 양육비를 감당하는 것이었습니다. 그 밖에도 가족이 죽으면 시체를 가매장하였다가 나중에 그 뼈를 모아 가족 공동 무덤인 커다란 목곽에 안치하는 풍습이 있었습니다.

강원도 북부에서 성장한 동예 역시 옥저와 유사한 모습을 보입니다. 동예는 토지가 비옥하고 해산물이 풍부하여 농경과 어로 등 경제생활이 윤택한 편이었습니다. 그러나 옥저와 마찬가지로 왕은 없고 읍군과 삼로가 각기 자기 읍을 다스렸습니다. 동예도 강력한 지배자가 등장하지 못하고 결국 고구려에 통합되었습니다.

동예의 특산물로는 단궁(檀弓)이라는 활과 키가 작은 말이라는 뜻의 과하마(果下馬), 바다사자 가죽인 반어피 등이 유명하였습니다. 동예의 제천 행사로는 매년 10월에 열리는 무천(舞天)이 있었으며, '철(凸)' 자와 '여(呂)' 자 모양의 독특한 집터가 남아 있습니다. 씨족 사회의 전통이 많이 남아 있어서 다른 읍락의 영역을 침범하면 소나 말 등으로 변상하는 **책화**(責禍, 117p 참조)가 있었고, 같은 씨족 내에서 혼인을 하지 않는 족외혼의 풍습이 있었습니다.

책화(責禍)

고대 동예(東濊)지역에서 행해졌다는 법속으로서, 한 부락 사람이 다른 부락의 경계를 침범하면 여러 가지 재물로 배상한다는 내용이다.

삼한 사회의 모습은 어떠했을까

고조선 남쪽의 한반도 중·남부에는 기원전 3~2세기경 수많은 소국이 있었으며 이들 세력을 대표하는 진국이 성장하고 있었습니다. 진국은 기원전 2세기경 고조선의 방해로 중국과의 교통이 차단되기도 했습니다. 위만조선이 멸망한 후에는 고조선의 유이민들이 대거 남하하면서 마한, 진한, 변한의 연맹체들이 나타났습니다. 중국의 《삼국지》 위서 동이전(117p 참조)에 따르면, 한반도 중남부 지역에는 54개의 소국으로 구성된 마한과 12개의 소국으로 각각 구성된 진한과 변한이 있었습니다.

그 가운데 마한 세력이 가장 컸으며, 마한 목지국의 지배자가 마한왕 또는 진왕으로 추대되어 삼한 소국을 대표했습니다. 마한은 현재의 경기·충청·전라도 지방에 위치해 있습니다. 마한은 54개국으로서 10여만 호(戶)로 구성되었으며, 그 가운데 큰 나라는 1만여 호, 작은 나라는 수천 호로 구성되었습니다.

진한은 대구와 경주 지역을 중심으로 발전하여 사로국을 중심으로 신라로 성장합니다. 변한은 김해와 창원 지역을 중심으로 가야 연맹체로

솟대

나무나 돌로 만든 새를 나무 장대나 돌기둥 위에 앉힌 마을의 신앙 대상물.
삼한 사회에서는 천군이 다스리는 신성한 지역을 소도라고 하고 솟대를 세웠다.

군장국가
우리나라 역사에서 처음으로 나타난 국가 형태로, 원시사회에서 고대국가로 전환하는 과도기적인 단계이다.

성장해 나갔습니다. 진한과 변한은 4~5만 호였는데, 그 가운데 큰 나라는 4000~5000호, 작은 나라는 600~700호였습니다.

삼한 사회는 **군장국가**(君長國家) 단계였기 때문에 왕이 없었습니다. 삼한의 지배자 가운데 세력이 큰 경우는 신지와 견지 등으로, 세력이 작은 경우에는 부례나 읍차 등으로 불리며 각기 자신의 지역을 통치했습니다. 삼한에는 **천군**(天君)과 **소도**(蘇塗)가 있었습니다. 천군은 소도에서 종교와 농경에 대한 의례를 주관하는 제사장이었고, 천군이 주관하는 소도는 신지나 읍차 세력이 미치지 못하는 신성한 곳이었습니다. 이러한 제사장의 존재는 삼한 사회가 제정이 분리된 사회였음을 보여 줍니다.

삼한은 철기 문화를 바탕으로 하는 농경 사회로서 일찍이 넓은 평야를 배경으로 벼농사가 발달했습니다. 제천 행사도 씨를 뿌리는 5월(수릿날)과 곡식을 거두는 10월(계절제)에 각각 시행되었습니다. 삼한 가운데 특히 변한 지역에서는 철이 많이 생산되어 덩이쇠 등은 교역에 화폐로 사용되기도 했으며, 낙랑과 왜 등에 철을 수출하기도 했습니다.

철기시대 후기가 되면 삼한 사회에 변동이 일어납니다. 지금의 한강 유역에서는 백제국이 성장하여 마한 지역을 통합해 나갑니다. 그리고 낙동강 유역에서는 변한의 여러 나라가 가야 연맹체를 이루었고, 동쪽의 경주 지방에서는 사로국이 성장하여 신라의 기틀을 마련하게 됩니다.

| 철기시대 대표 유물 |

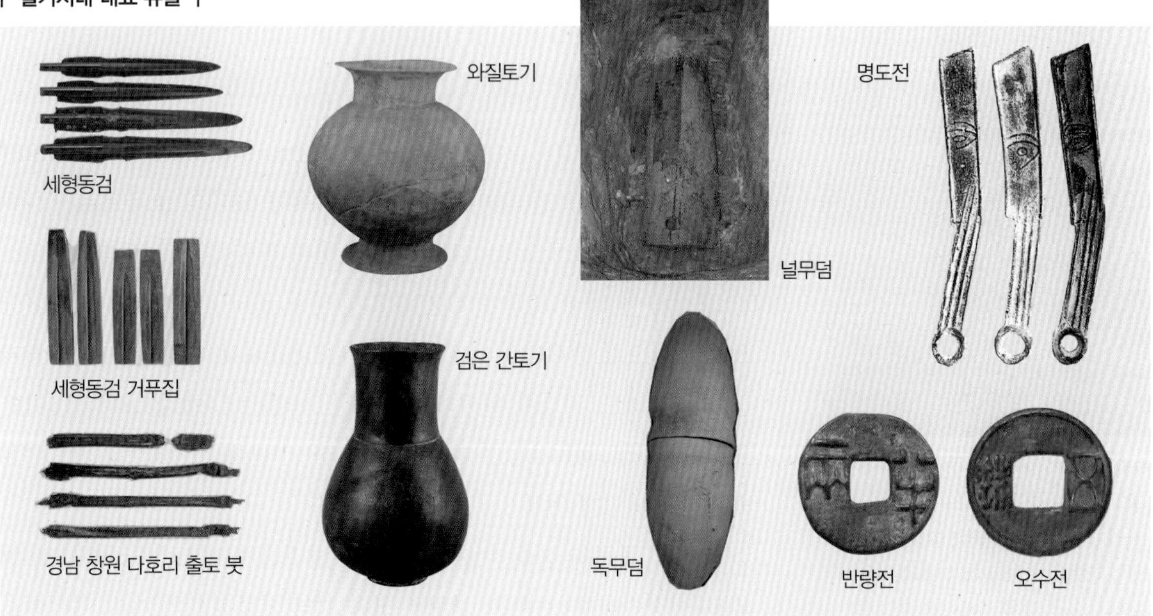

정치사로 읽는 고대

삼국시대의 정치

1. 삼국의 성장과 가야의 성립
2. 삼국의 발전과 항쟁
3. 고구려의 항쟁과 신라의 삼국 통일

남북국시대의 정치

1. 통일 신라의 통치 체제 정비
2. 통일 신라의 동요
3. 발해의 건국과 발전

삼국시대의 정치

주요 용어

율령, 왕즉불사상, 태조왕, 미천왕, 낙랑군, 소수림왕, 관등제, 태학, 경당, 16관등제, 관복제, 근초고왕, 칠지도, 내물마립간, 금관가야

1 삼국의 성장과 가야의 성립

고대국가가 등장하다

초기국가(연맹왕국)와 고대국가의 차이점은 왕권의 중앙집권화와 밀접한 관련이 있습니다. 초기국가 단계에서는 왕권이 다른 군장들의 세력을 압도하지 못했기 때문에, 부여처럼 국가에 재난이 있게 되면 왕에게 그 책임을 물어 죽이는 경우도 있었습니다. 그러나 일부 국가들은 활발한 정복 전쟁 과정에서 왕권이 강화되고 이를 뒷받침하기 위한 다양한 제도와 사상을 도입하였습니다. 그 결과 초기국가보다는 왕권이 강화된 중앙집권 국가가 출현하게 되는데, 이를 고대국가라고 합니다.

초기국가들이 모두 고대국가로 발전하지는 못했습니다. 철기시대 여러 국가 가운데 고구려, 백제, 신라만이 고대국가로 발전합니다. 가야는 삼국의 각축 속에서 중앙집권화를 이루지 못하고 백제와 신라에 흡수·통합됩니다. 삼국 가운데 가장 먼저 고대국가의 기틀을 세운 나라는 중국과 교류가 활발했던 고구려입니다. 이후 마한 소국 가운데 하나였던 백제 역시 고대국가로 발돋움했으며, 진한의 소국이었던 신라도 지리적인 폐쇄성을 극복하고 삼국 가운데 가장 늦게 고대국가로 발전합니다.

고대국가에서 왕권을 강화하기 위한 다양한 수단 가운데 하나는 '**율령**(律令)'의 반포였습니다. 여기서 '율'은 형법을, '령'은 행정법을 의미합니다. '령'에는 중앙 관제를 비롯해 지방 통치 체제, 관등 체제 등 왕을 정점으로 하는 다양한 제도가 포함되어 있습니다. 따라서 '율'을 어길 경우 형벌에 처해졌습니다. 왕의 선출 방식도 바뀝니다. 이제는 강력해진 하나의 세력이 왕족으로서 왕위를 세습합니다.

왕즉불사상

왕이 곧 부처라는 사상. 신라에서 불교는 국왕을 중심으로 백성들을 하나로 묶는 데 기여하였다.

사상적으로도 변화가 나타나 각 부족이 믿는 토착 신앙을 대신하여 외래 종교인 불교를 도입합니다. 체계적인 교리를 갖춘 불교를 통해 토착 신앙을 기반으로 한 지방 세력의 힘을 약화시키고, **왕즉불사상**(王卽佛思想)을 이용하여 왕권을 강화시켜 나갔습니다. 이렇게 제도와 사상 등이 정비되면서 왕을 정점으로 각 세력 간의 질서가 재편되었습니다. 지방 세력들은 중앙으로 이동하여 특권을 세습 받아 귀족으로 자리 잡았고, 이들 사이 서열이 정비되면서 고대의 신분제가 형성되었습니다. 신라의 골품제가 대표적인 사례입니다.

고구려, 고대국가로 성장하다

삼국 가운데 가장 먼저 국가 체제를 정비한 나라는 고구려입니다. 고구려는 기원전 37년에 주몽에 의해 건국되었습니다. 초기 고구려는 왕실인 계루부를 비롯해 절노부(연나부), 순노부(환나부), 소노부(비류부), 관노부(관나부) 등의 5부를 중심으로 운영되었습니다. 주몽의 뒤를 이어 즉위한 유리왕은 수도를 대외 팽창에 유리한 국내성으로 옮기고, 주변 지역을 통합해 나갔습니다.

이후 고구려는 1세기 후반 **태조왕**(118p 참조) 대에 이르러 정복활동을 활발히 전개했습니다. 옥저를 정복하여 동해안으로 진출했으며, 현토군과 낙랑군을 공격하여 영토를 넓혔습니다. 군대를 통솔하고 세력을 확대하는 과정에서 강화된 왕권을 바탕으로 태조왕은 비록 형제 상습이긴 하지만 왕위를 세습합니다. 즉 계루부의 고씨만 왕이 될 수 있었습니다.

2세기 후반 **고국천왕** 때에는 부족적인 전통을 지닌 5부를 행정적 성격의 5부로 개편하고, 왕위 계승도 형제 상속에서 부자 상속으로 바뀌게 됩니다. 그리고 진대법(賑貸法)이라는 빈민 구제 제도를 마련하였습니다. 위나라가 멸망한 뒤 5호16국(伍胡十六國) 시대가 되고, 서진(西晉)이 세워지자 고구려에 대한 견제가 약화되었습니다. 이러한 국제 정세 속에 즉위한 **미천왕**은 고구려 내부를 정비하고 다시금 대외 팽창을 추진합니다. 미천왕은 4세기에 한사군(漢四郡) 가운데 마지막으로 남아 있던 **낙랑군**을 정복하고 평양 일대까지 진출하였습니다.

그러나 얼마 지나지 않아 고구려는 중국 화북 지역을 차지한 전연의 공격을 받아 수도인 국내성을 약탈당합니다. 이 과정에서 전연은 미천왕

5호16국

삼국(위·촉·오)을 통일한 서진(西晉)이 멸망한 후 남북조시대(304~439)에 중국 북부를 중심으로 5호(흉노, 선비, 저, 갈, 강)가 세운 13국과 한족이 세운 3국의 총칭이다.

서진

중국 삼국(위·촉·오) 시대 위나라 뒤를 이어 사마염이 세운 나라(265~316)이다.

한사군

BC108~BC107년 전한의 무제가 위만조선을 멸망시킨 108년에 위만조선 영역과 복속되었던 지역에 설치한 행정구역으로 낙랑, 진번, 임둔, 현도의 4개의 군현을 말한다.

전연(337~370)

중국 5호16국의 하나이다.

관등제

왕을 중심으로 한 일원화된 관료 체계. 고구려는 12관등(官等), 백제는 16관등, 신라는 17관등이 있었으며, 관직은 신분에 따라 한계가 있었다.

태학

372년 고구려에서 설립된 교육기관으로 귀족의 자제를 대상으로 교육하였다. 우리나라 학교 교육의 시초인 셈이다. 태학은 유교적 정치이념에 충실한 인재를 양성하여 중앙집권적 정치제도에 적합한 관리를 양성하였다.

의 시신을 무덤에서 도굴해 갔고, 미천왕의 아들인 **고국원왕**이 전연에 조공을 바치고서야 시신을 돌려 받는 등 국가적인 수모를 겪습니다. 또한 백제 근초고왕이 평양까지 공격해 왔을 때, 고구려 고국원왕이 이 전투에서 전사하는 위기를 맞게 됩니다.

고국원왕 사후에 즉위한 **소수림왕**(371~384)은 백제에 대한 즉각적인 공격보다는 내부적인 안정을 추구합니다. 먼저 율령을 반포하고 **관등제**(官等制)를 마련하여 체제를 정비하였습니다. 아울러 수도에 교육 기관인 **태학**(太學)을 설립하여 유학을 가르치며 인재를 양성하였습니다. 유학을 통해 왕에게 충성하는 신하들을 양성하는 것이 목적이었습니다. 지방에는 **경당**을 세워서 젊은이들에게 독서와 활쏘기를 가르쳤습니다. 이러한 노력을 통해 고구려는 내부적인 안정을 되찾았습니다. 국제 정세도 고구려에 유리해졌는데, 그동안 고구려를 괴롭혔던 전연(前燕)이 멸망하고 **전진**(前秦)이 세워졌습니다. 전진은 고구려에 승려를 보내 불경과 불상을 전하는 등 고구려에 우호적인 외교 정책을 펼쳤습니다. 그 결과 고구려는 중국과 평화로운 관계를 유지할 수 있었습니다.

백제가 건국되고 전성기를 누리다

백제는 고구려에서 이주한 부여계 유이민과 한강 유역의 토착세력이 연합하여 세워졌습니다. 《삼국사기》에 의하면, 백제의 건국 시조는 온조왕입니다. 백제는 기원전 18년에 주몽의 아들인 온조가 남하하여 위례성 일대에서, 지금의 서울인 하남위례성에 왕도를 잡았다고 합니다. 초기 백제는 마한 소국 54개국 가운데 하나로 목지국의 영향력 아래에 있었지만, 차츰 세력을 키워 주변 지역을 통합해 나갔습니다.

목지국

충남 직산(稷山)에 있던 마한의 소국. 《삼국지》 위지동이전에는 '월지국(月支國)'으로 기록되어 있다.

3세기에 이르러 백제는 **고이왕**(118p 참조) 때 목지국(目支國)을 멸망시키고 한반도 남부의 중심 국가로 발전합니다. 《삼국사기》에는 고이왕 대에 6좌평을 두고 **16관등제**(본문 036p 참조)를 시행했으며, 아울러 관등에 따라 관리들이 입는 옷을 규정하는 **관복제**를 실시했다고 합니다. 16관등제가 완비되었다고 보기는 어려우나, 이러한 일련의 정책을 통해 백제의 왕권은 점차 강화되었습니다.

4세기 후반 **근초고왕** 대에 이르러 백제는 전성기를 맞이합니다. 근초고왕은 왕위의 부자상속 등 왕권 강화를 위한 개혁을 통해 내부를 정비

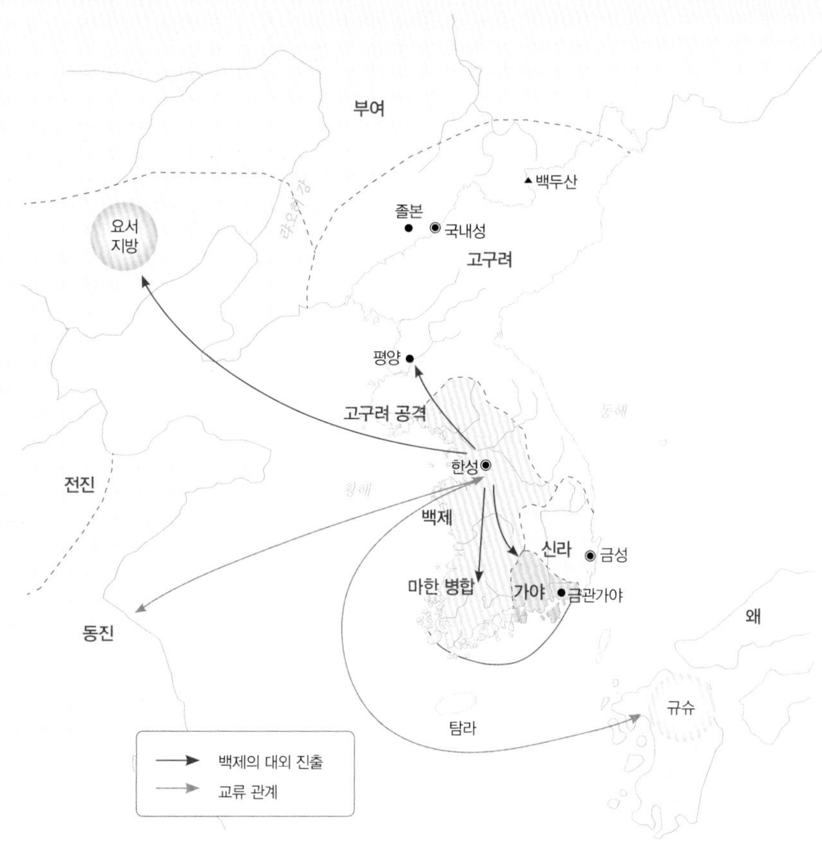

4세기 백제의 전성기

하고, 왕실의 역사를 정리하기 위해 박사 고흥으로 하여금 《서기》를 편찬하게 하였습니다. 강화된 왕권을 배경으로 근초고왕은 적극적으로 대외 팽창을 추진합니다. 신라와 우호 관계를 유지하는 한편, 마한과 고구려 지역을 공략합니다. 중국의 사서인 《송서》와 《양서》 등에서는 백제가 중국의 요서 지방에 진출했다는 기록이 전합니다.

특히, 근초고왕은 전연의 침략으로 혼란한 고구려의 상황을 틈타서 평양성을 공략하여 고국원왕을 전사시키고 삼국 간의 경쟁에서 주도권을 잡습니다. 아울러 외국과의 교류도 활발히 하였습니다. 372년에는 당시 산둥 지역에 있던 동진(東晉)에 사신을 보내어 작호를 받았고, 왜와 교류하면서 **칠지도**와 칠자경, 논어 등을 전해주었습니다. 근초고왕의 뒤를 이어 즉위한 **침류왕**은 동진으로부터 불교를 수용하여 중앙집권국가의 기틀을 다졌습니다.

박혁거세가 신라를 건국하다

《삼국사기》에 따르면, 신라는 기원전 57년에 **박혁거세**가 건국했다고 합니다. 신라는 진한 소국의 하나인 사로국에서 출발하였는데, 경주 지역의 토착민 세력과 유이민 집단의 결합으로 건국되었습니다. 신라 건국 초기에는 왕권이 미약했기 때문에 동해안 지역에서 **석탈해** 집단이 들어

칠지도

현재 일본 나라현 이소노카미 신공에 보관되어 있는 칠지도는 전체 75cm 길이의 칼로 양쪽에 3개씩 칼날 모양의 가지가 있다. 의식용 도구로 사용된 것으로 추정되며 62자의 금으로 상감된 문자가 새겨져 있다. 국내 학계에서는 백제 근초고왕 시기에 제작된 것으로 일본 왜왕에게 하사한 것으로 보고 있으나, 일본에서는 칠지도는 백제가 헌상한 것으로 해석하기도 한다. 아무튼 칠지도는 당시 활발했던 백제와 왜의 교류를 보여주는 유물로 현재 일본의 국보로 지정되어 있다.

오면서 박씨 이외에 석씨와 김씨가 돌아가며 왕위를 이어 갔습니다. 신라는 지리적으로 한반도 동쪽에 치우쳐 있어서 중국 문물의 수입이 원활하지 못했고, 주변 국가인 고구려와 백제의 세력 확장으로 인해 국가 발전이 상대적으로 늦었습니다.

신라에서는 지배자를 부르는 호칭(119p 참조)으로 처음에는 거서간·차차웅·이사금이라는 용어를 썼습니다. 그러나 4세기에 이르러 내물마립간 이후 신라의 상대 왕계는 내물왕 후손으로 이어져 김씨의 왕위 세습이 이루어졌습니다. 그래서 대군장을 지칭하는 '마립간'이라는 용어를 사용하게 되었습니다. **내물마립간**은 낙동강 동쪽의 진한 지역을 정복하여 영토를 확장하면서 고대국가 성립을 위한 토대를 마련하였습니다.

그러나 내물마립간 시기에 왜가 신라 해안에 침입하자, 400년에 고구려 광개토대왕이 군대를 이끌고 낙동강까지 남하하여 왜를 격퇴하였습니다. 이 과정에서 고구려 군대가 신라 영토 내에 머무르게 되었고, 이를 계기로 신라는 고구려의 간섭을 한동안 받기도 하였습니다.

신라 왕호의 변천

왕호	의미	시기
거서간	군장	B.C. 1세기(혁거세 거서간)
차차웅	제사장	1세기(남해 차차웅)
이사금	연장자	1세기(유리 이사금)~4세기(흘해 이사금)
마립간	대군장	4세기(내물마립간)~6세기(소지마립간)
왕	중국식 왕호 (지증왕, 무열왕~경순왕)	6세기(지증왕)~10세기(경순왕)
	불교식 왕호 (법흥왕~진덕여왕)	

전기 가야 연맹체가 형성되다

낙동강 하류의 변한 지역에서도 발달된 철기 문화를 배경으로 크고 작은 정치체(政治體)가 출현하기 시작했습니다. 1세기 무렵에는 이들 세력을 점차 통합하여 금관가야, 아라가야, 대가야, 소가야, 고령가야, 성산가야 등으로 성장했습니다.

처음에는 이들 가운데 변한의 구야국에서 출발한 **금관가야**(120p 참조)

봉황동 유적
(鳳凰洞 遺蹟, 경남 김해)
삼한시대의 패총(조개무지)으로 사적 제2호이다. 금관가야의 중심지로 방어 시설과 더불어 창고, 부두 시설 등이 확인되었다. 출토된 유물로는 이른바 김해토기라고 명명된 토기의 조각들이 가장 많고, 도끼와 손칼과 같은 철기가 발견돼 철기가 이미 일상생활의 도구로서 큰 역할을 담당하고 있었음을 알 수 있다.

대성동 고분군
(大成洞 古墳群, 경남 김해)
3~5세기 무렵 금관가야 시대의 여러 무덤 유적으로 현재 김해시내 중심부에 위치한 낮은 구릉에 형성되어 있다.
사적 제341호.

가 중심이 되어 가야 연맹을 결성했는데, 이를 전기 가야연맹이라고 합니다. 금관가야는 **김수로왕**이 42년 김해 지역을 중심으로 세운 국가입니다. 해상활동에 유리한 조건과 풍부한 철을 기반으로 3세기 중반에 가야 연맹의 중심세력이 되었습니다. 금관가야를 비롯한 가야의 여러 소국들은 일찍부터 농경 문화가 발달했으며, 풍부한 철과 우수한 철기 문화를 바탕으로 낙랑과 왜를 연결하는 중계무역을 통해 발전해 나갔습니다.

그러나 4세기 초부터 백제와 신라의 팽창으로 전기 가야연맹은 약화되기 시작했습니다. 결국 4세기 말~5세기 초 신라를 돕기 위해 낙동강 유역까지 내려온 고구려의 공격을 받아 금관가야는 약화되었고, 가야 세력의 중심은 낙동강 서쪽 연안으로 이동하였습니다.

주요 용어

제가회의, 정사암회의, 화백회의, 광개토대왕, 장수왕, 중원고구려비, 나·제 동맹, 22담로, 무령왕, 성왕, 지증왕, 법흥왕, 진흥왕 순수비

2 삼국의 발전과 항쟁

삼국이 통치체제를 정비하다

삼국 초기에는 고구려와 백제의 5부, 신라 6부의 대표가 중심이 되어 중요한 일들을 결정하는 회의체가 있었습니다. 고구려 **제가회의**, 백제 **정사암회의**, 신라 **화백회의**가 대표적인 귀족 회의체입니다.

그러나 왕권이 강화되면서 각 부(部)는 부족 성격에서 행정적 성격으로 변화하게 됩니다. 삼국은 국가 체제를 정비하는 과정에서 관료들의 관등제를 마련했습니다. 삼국은 신분제 사회였기 때문에 관등제와 관직 체계 역시 신분제의 영향을 받았습니다.

고구려는 4세기경에 관리들의 위계질서인 관등제를 정비하여 10여 관

고구려의 12관등

구분	관등
1관등	대대로 (토졸, 대막리지, 태대막리지)
2관등	태대형(막리지)
3관등	울절(주부)
4관등	태대사자 (알사, 대부사자)
5관등	조의두대형 (중리조의두대형, 위두대형)
6관등	대사자(사자)
7관등	대형(힐지)
8관등	발위사자(유사)
9관등	상위사자 (계달사사자, 을사)
10관등	소형(실지)
11관등	제형 (예속, 이소, 하소환)
12관등	과절

백제의 16관등

관품	명칭	군(群)	복색
1품	내신좌평, 내두좌평, 내법좌평, 위사좌평, 조정좌평, 병관좌평	6좌평	자색
2품	달솔	솔계열	
3품	은솔		
4품	덕솔		
5품	한솔		
6품	내솔		
7품	장덕	덕계열	비색
8품	시덕		
9품	고덕		
10품	계덕		
11품	대덕		
12품	문독	무장계열	청색
13품	무독		
14품	좌군		
15품	진무		
16품	극우		

신라의 관등제

신라의 관직 제도는 법흥왕 때 경위(京位) 17관등과 외위(外位) 11관등으로 구성되었는데, 지방인에게 주는 11위는 통일신라 이후인 674년(문무왕 14년)에 지방 세력가들을 지배체제 속에 포섭하기 위해서 지방 출신에게도 경위를 주게 됨에 따라 자연히 폐지되었다.

등을 두었고, 백제는 고이왕 대에 6좌평제와 16관등제의 기본 틀을 마련했습니다. 신라는 법흥왕 대에 17관등제(본문 076p 참조)를 정비했습니다.

또 왕 아래에 여러 관청과 관직을 두었습니다. 고구려의 대대로·막리지, 백제의 상좌평은 국정을 총괄하는 관직이었습니다. 백제는 6좌평을 두었고, 신라는 병부와 집사부 등의 관서를 차례로 두었습니다. 신라에서는 귀족 세력을 대표하는 상대등이 귀족 회의를 주관하면서 왕권을 견제하기도 했습니다.

삼국의 지방에 대한 통치는 성(城)과 촌(村)을 단위로 했습니다. 삼국은 정복한 지역에 처음에는 지방 토착세력의 자치권을 인정해 주면서 공납을 바치는 간접 지배를 실시했습니다. 그러다가 점차 삼국의 중앙은 지방관을 파견하여 지방을 직접 지배하고자 했습니다. 하지만 삼한 소국을 배경으로 한 토착세력들이 있었기 때문에 전국적으로 직접 지배를 시행하기에는 어려움이 있어 효율적이지 않았습니다. 그래서 중요한 거점을 중심으로 지방관을 파견해 지방을 통치했습니다.

삼국의 지방통치 단위인 성(城)은 행정 조직이자 군사 조직이었습니다. 다시 말해 지방관은 곧 군대의 지휘관이기도 했습니다. 고구려는 대성(大城)과 그 아래의 여러 성(諸城)으로 조직되었으며, 지방관으로 욕살과 처려근지 등을 파견하였습니다. 그리고 백제는 5방(方)-37군(郡)-200여성(城)의 누층적인 통치체제로 구성되었으며, 5방에는 방령을 두고 37군에는 군장을 두었습니다. 5방의 방령은 700~1200명의 군사를 거느렸습니다. 신라의 경우에는 주(州)-군(郡)-성(城)의 제도를 마련하여 군주와 성주 등을 파견하였습니다. 군주는 주(州) 단위로 설치된 부대인 정(停)을 거느렸으며, 정(停) 이외에도 서당(誓幢)이라고 불리는 군대가 있었습니다.

고구려, 영토를 확장하다

소수림왕 대의 대·내외적 안정을 배경으로 등장한 인물이 **광개토대왕**입니다. 정식 왕명은 '국강상광개토경평안호태왕(國岡上廣開土境平安好太王)'으로, 영토를 크게 넓힌 왕이라는 의미를 지니고 있습니다. 광개토대왕은 거란, 숙신, 후연, 동부여 등을 공략해 만주에 대한 지배권을 강화했고, 남으로는 백제를 공격해 백제왕의 항복을 받아 내기도 했습니다. 또

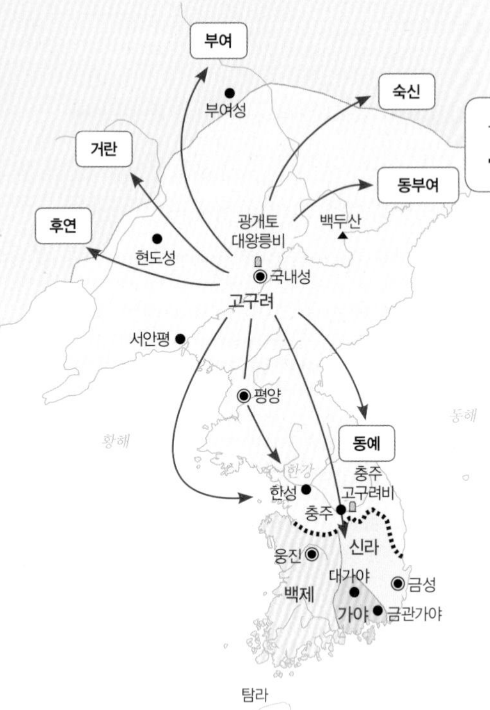

5세기 고구려의 세력 확대

한 가야와 왜가 연합하여 신라를 침략하자, 신라 내물마립간의 요청을 받아들여 5만 군대를 파견하여 왜를 물리치기도 했습니다. 그 결과 신라는 한동안 고구려의 간섭을 받게 되는데, 이는 신라 호우총에서 발견된 호우명 그릇을 통해 알 수 있습니다. 이러한 광개토대왕의 업적은 장수왕이 414년에 세운 광개토대왕릉비에 새겨져 현재까지 전하고 있습니다.

광개토대왕의 뒤를 이어 아들인 **장수왕**이 즉위합니다. 당시 중국은 북조와 남조로 분열되어 대립하고 있었는데, 장수왕은 두 세력 모두와 관계를 맺고 세력 균형을 이용해 그들을 견제했습니다. 이로써 중국 방면의 위험을 차단한 장수왕은 수도를 평양으로 옮기고 본격적인 남진 정책을 전개했습니다. 이에 위기감을 느낀 백제는 신라와 동맹을 체결하고자 했습니다. 신라 역시 내물마립간 이후 고구려의 간섭을 받는 상황이라 눌지마립간이 백제의 제안을 받아들여 나·제 동맹을 체결했습니다.

그러나 고구려의 장수왕은 475년 백제를 침략하여 수도인 한성을 함락하고 한강 유역을 점령했습니다. 이 과정에서 백제는 **개로왕**이 전사하

고구려의 다양한 유적들

광개토대왕릉비 | 높이 6.39미터, 무게 40톤의 비석에 1,775자 가량의 글자가 새겨져 있다. 광개토대왕의 아들인 장수왕이 414년에 지금의 중국 지린성 지안현 통거우에 세웠다. 고구려 제19대 광개토대왕의 업적과 수묘인(무덤을 지키는 사람들)에 대한 내용이 기록되어 있다.

중원고구려비(충북 충주) | 장수왕의 업적을 기록한 것으로 고구려의 남쪽 영역을 알 수 있게 해 준다.

호우명 그릇 | 경주 호우총에서 발견된 그릇으로, 밑바닥에는 '광개토지호 태왕'이라는 글씨가 새겨져 있다. 415년에 만든 이 그릇은, 당시 신라와 고구려의 관계를 알려 준다.

백제의 수도 변천

고 **웅진**(공주)으로 쫓기듯이 천도합니다. 나·제동맹을 맺은 신라는 백제의 요청에 따라 구원군을 파견했지만 이미 개로왕은 전사한 뒤였습니다. 장수왕은 여기서 멈추지 않고 충주 지역까지 남하하여 그곳에 자신의 업적을 새긴 **중원고구려비**를 세우는 등 고구려의 위세를 과시했습니다.

하지만 6세기에 이르러 고구려는 또 한 번 대내적인 위기에 처합니다. 장수왕 사후 귀족 내부에서 평양의 토착세력과 국내성의 이주세력 간의 갈등이 본격화된 것입니다. 이러한 신구세력의 대립과 잦은 정변으로 고구려는 한동안 어려움를 겪게 됩니다.

백제, 한성에서 웅진으로 천도하다

백제는 웅진 천도 초기에 문주왕과 삼근왕이 부하들에 의해 죽임을 당하는 등 한동안 혼란을 겪게 됩니다. 이러한 분위기 속에 등장한 왕이 **동성왕**(479~501)입니다. 동성왕은 **나·제동맹** 강화를 명분으로 신라 왕실과 혼인을 했으며, 귀족 세력을 견제하고 왕권을 강화하고자 했습니다.

동성왕이 백가에게 시해된 뒤 6세기에 **무령왕**(501~523)이 즉위합니다. 무령왕은 체구가 건장하고 성격도 인자하여 백성들의 마음이 그에게로 쏠렸다고《삼국사기》는 기록하고 있습니다. 무령왕 즉위 후 동성왕을 시해한 백가가 다시 가림성에서 반란을 일으키자, 무령왕은 우두성의 한솔 해명을 시켜 반란을 일으킨 백가를 제거함으로써 왕권을 안정시킬 수 있었습니다.

무령왕이 즉위하고 나서 백제는 고구려와 여러 번 충돌했습니다. 그러나 무령왕이 재위 21년(521)에 양나라에 사신을 보내면서 표문을 올려 "여러 번 고구려를 격파하여 비로소 그들과 우호 관계를 맺어서 다시 강국이 되었다."고 하였습니다. 이는 웅진 천도 후의 불안을 어느 정도 수습한 자신에 찬 모습이라고 할 수 있습니다. 이후 무령왕은 양나라로부터 '사지절도독백제제군사영동대장군(使持節都督百濟諸軍事寧東大將軍)'이란 직함을 받습니다. 무령왕이 재위 23년(523) 만에 죽자 시호를 무령이라고 했습니다.

무령왕은 재위 기간 동안 안정적인 왕권 확립을 위해 노력을 기울였는데, 특히 주요 지역에 **22담로**(擔魯)를 두고 왕족을 파견해 지방에 대한 통제력을 강화했습니다. 아울러 중국 남조인 양(梁)나라와 교류하여 왕

무령왕릉

충청남도 공주에 있는 백제 제25대 무령왕과 왕비의 무덤이다. 1971년에 도굴되지 않은 상태로 발굴되었으며, 4,600여 점의 백제 유물이 출토되었다. 지석을 통해 무령왕릉임을 확인할 수 있었다. 백제 무령왕릉은 중국의 전축분 형식을 하고 있어, 양나라와의 교류의 모습을 알려 준다.

실의 권위를 높이고 선진 문물을 들여왔습니다. 무령왕이 죽고 만들어진 무령왕릉도 중국의 영향을 받은 벽돌 무덤(전축분)입니다.

웅진 천도 후 동성왕과 무령왕대의 안정을 바탕으로 무령왕의 아들인 **성왕**(523~554)이 즉위합니다. 고구려의 공격을 피해 비상시에 천도한 웅진은 외부로부터 고립되어 있어 방어하기에는 편리했으나 밖으로 진출하기 어려운 지형이었고, 한 나라의 수도로는 협소했습니다. 그래서 성왕은 백제의 재도약을 위해 다시 수도를 천도하고자 했습니다.

성왕은 고구려에게 빼앗긴 한강 유역을 되찾기 위해 노력을 기울였습니다. 먼저 수도를 웅진에서 대외 진출에 용이한 사비(지금의 부여)로 옮기고 국호를 '남부여'라고 했습니다. 아울러 행정조직을 개편해 중앙에 22부 관부을 두고 중앙을 5부, 지방을 5방으로 구획하는 등 중앙집권 강화를 위한 체제를 정비했습니다. 이러한 정책들이 자리 잡으면서 드디어 백제는 한강 유역을 수복할 수 있는 기반을 마련하였습니다.

신라, 6세기에 전성기를 맞이하다

4세기 내물마립간 시기에 광개토대왕의 도움으로 가야·왜의 연합군을 물리친 후, 신라는 한동안 고구려의 간섭을 받았습니다. 이에 신라는 고구려의 간섭에서 벗어나고자 5세기 **눌지마립간** 때 백제와 **나·제동맹**(羅濟同盟)을 체결하고 고구려의 남하에 대비했습니다. 나·제동맹 후에 신라는 백제를 통해 선진문물을 수용하면서 발전의 토대를 마련했습니다.

6세기에 즉위한 **지증왕**은 마립간 대신 '왕'이라는 칭호를 사용하고, 국호도 사로국·사라 대신에 '신라'로 확정했습니다. 아울러 지방에 주, 군, 현을 설치하고 관리를 파견하여 지방에 대한 통제를 강화하는 등 국가의 기틀을 새롭게 했습니다. 또한 우경(牛耕)을 장려하고 수도에 시장인 동시를 설치하는 등 농업과 상업 발전도 장려했습니다. **이사부**를 보내 지금의 울릉도인 **우산국**(120p 참조)을 정벌한 것도 지증왕 대의 일입니다.

이차돈

신라의 승려로 한국 불교사상 최초의 순교자이다. 순교(殉敎)를 자청하고 나서 만일 부처가 있다면 자기가 죽은 뒤 반드시 이적(異蹟)이 있으리라고 예언하였다. 예언대로 그의 잘린 목에서 흰 피가 나오고 하늘이 컴컴해지더니 꽃비가 내리는 기적이 일어나 신하들도 마음을 돌렸고 마침내 527년 불교를 신라의 국교로 공인하게 되었다.

지증왕의 뒤를 이어 등장한 **법흥왕**(514~540)은 우선 율령을 반포하고 17관등제를 마련했으며, 독자적 연호인 '건원'을 사용했습니다. 아울러 왕권 강화를 목적으로 불교를 공인했습니다. 토착 신앙을 믿던 귀족들이 거세게 반발했지만, **이차돈**(異次頓)의 순교를 통해 불교를 공인할 수

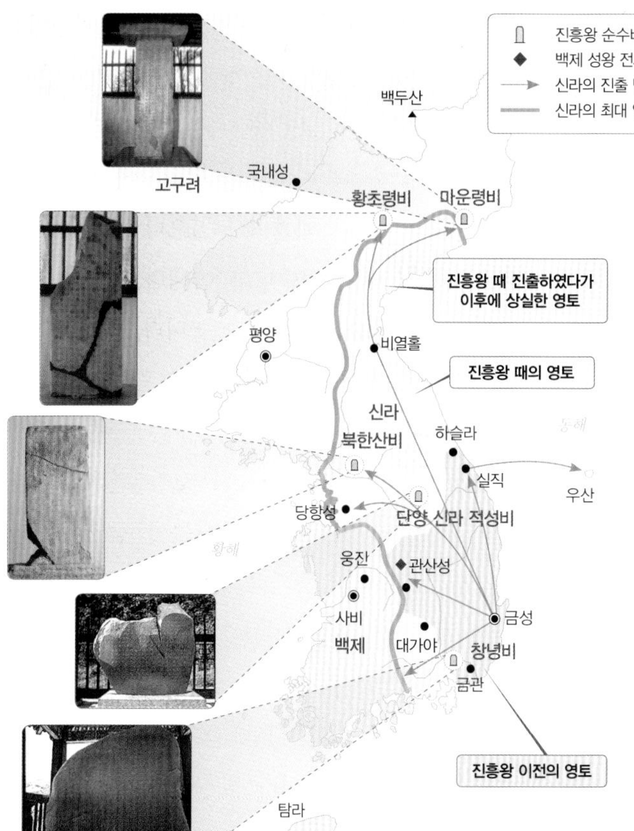

6세기 신라의 영토 확장과 진흥왕 순수비 및 적성비

있었습니다. 법흥왕의 왕호도 불교식으로 '불법을 흥하게 한다.'는 의미를 지닙니다. 또한 대외 팽창에 있어서도 적극적이어서 군사를 담당할 중앙 관청으로 병부를 설치했습니다. 법흥왕은 재위 19년(532년)에 금관가야를 정벌하여 영토를 확장했습니다.

지증왕과 법흥왕 대의 체제 정비를 바탕으로 **진흥왕**대에 이르러 신라의 전성기를 맞이하게 됩니다. 진흥왕은 즉위 후 화랑도를 개편했습니다. 화랑과 그를 따르는 낭도들을 국가 체제 안으로 끌어들임으로써 대외 팽창에 필요한 군사력을 확보하게 되었습니다. 이를 바탕으로 진흥왕은 죽령을 넘어 고구려가 차지하고 있던 남한강 유역을 점령했습니다. **단양신라적성비**(丹陽新羅赤城碑, 551)는 이 승리를 기념하기 위해 세운 기념비입니다.

진흥왕은 한강 유역을 되찾고자 하는 백제 성왕과 함께 고구려를 공격했습니다. 고구려는 내부 갈등으로 이들의 공격에 효율적으로 대처하지 못했고, 결국 551년에 한강 유역을 빼앗기게 됩니다. 그런데 진흥왕은 중국과 직접 교류가 가능한 한강 유역에 욕심을 내서 백제 성왕을 배신하고, 백제군이 주둔하던 한강 하류 지역을 공격하여 차지해 버립니다. 이 소식을 듣고 달려온 성왕은 관산성에 매복하고 있던 신라군에 의해 목숨을 잃게 됩니다.

이후 신라는 562년 고령의 대가야를 정복하고 고구려가 차지하고 있던 함경도 일대까지 진출합니다. 진흥왕은 자신이 점령한 지역에 순수비를 세웁니다. 한강 유역을 차지하고 세운 비석인 북한산비(555), 대가야를 정복하고 세운 비석인 창녕비(561)가 대표적입니다. 함경도 일대에 진출하고 세운 마운령비(568)와 황초령비(568)까지 합하면, 현재 총 4개의 **진흥왕 순수비**가 전해져 오고 있습니다. 이러한 진흥왕 대의 영토 확장으로 신라는 한강 유역을 차지하여 중국과 직접적인 교류가 수월해짐으로써 삼국통일의 기반을 마련하게 됩니다.

단양신라적성비

신라 진흥왕 때 충청북도 단양군 단성면 하방리의 적성(赤城)에 세워진 비석으로 국보 제198호이다.

이 비는 6세기 전반의 신라사에 대한 이해를 심화시키는 데 상당한 기여를 하였다. 전혀 예기치 않았던 지역에서 이 비가 발견됨으로써 신라의 한강유역 진출로를 새롭게 생각할 수 있는 계기가 되었으며, 법흥왕 7년(520)에 반포된 율령의 실상과 내용을 둘러싸고 진행되어 왔던 논란에 종지부를 찍게 되었다. 또한 복속민을 신라의 지방민으로 포섭하는 하나의 방책을 확인함으로써 지방통치의 한 측면을 확인할 수 있었으며, 신라 관등제의 발전과정에 대한 이해가 가능해졌다.

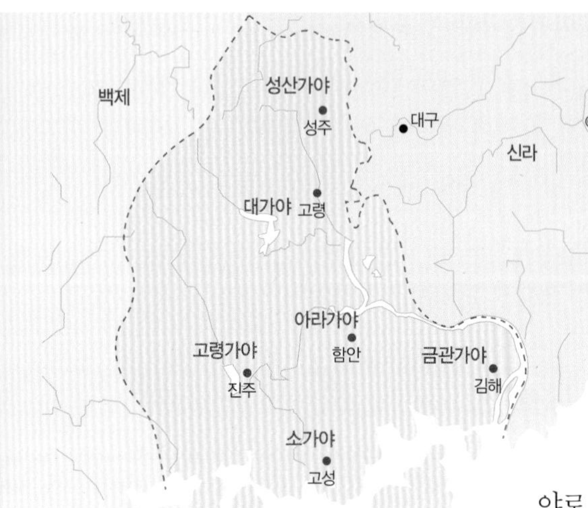

전기 가야연맹과 후기 가야연맹

금동관(경북 고령 지산동 고분군 출토)
후기 가야 연맹을 주도하던 대가야의 위상을 상징적으로 보여 준다.

후기 가야연맹이 형성되다

김해 지역에 위치한 금관가야는 4세기 중반까지 전기 가야연맹을 주도했습니다. 그러나 5세기 초에 큰 변화가 생깁니다. 4세기 말에 가야가 백제·왜와 함께 신라를 공격하자, 400년에 고구려 광개토대왕이 5만의 대군을 이끌고 신라를 구원하기 위해 공격해 왔습니다. 이때 고구려의 공격을 받아 김해와 창원을 중심으로 하는 가야의 동남부 지역 세력이 약화되면서, 결국 금관가야가 쇠퇴하게 됩니다.

이후 가야연맹의 주도권은 전쟁의 피해를 받지 않은 고령의 대가야로 옮겨 갑니다. 대가야(고령)를 중심으로 합천·거창·함양 등지의 가야 세력이 후기 가야연맹을 구성했습니다. 6세기 초 대가야는 신라 법흥왕과 결혼동맹을 맺는 등 국제적 고립에서 벗어나 세력을 유지하기 위해 다양한 노력을 기울였습니다.

그러나 얼마 지나지 않아 세력이 미약했던 금관가야가 532년 신라 법흥왕에게 항복하게 되고, 가야의 남부 지역은 백제와 신라의 영향력 아래에 들어가게 되었습니다. 결국 대가야도 신라 진흥왕의 군대에 의해 562년에 멸망하면서 가야의 다른 소국들도 신라에 병합되었습니다. 그러나 가야 멸망 후에도 많은 가야의 유민들이 신라에서 활약하였습니다. 김유신과 가야금으로 유명한 우륵 등이 가야 출신으로서 신라의 삼국 통일 전쟁에 기여하게 됩니다.

주요 용어

살수대첩, 을지문덕, 연개소문, 안시성 싸움, 김춘추, 황산성 전투, 나·당 동맹, 매소성 전투, 기벌포 전투

3 고구려의 항쟁과 신라의 삼국 통일

고구려, 수·당의 침략을 물리치다

중국에서는 581년에 양견이 북주(北周) 정제의 선양을 받아 장안에 도읍을 정하고 수(隋)를 건국했습니다. 나라를 건국한 수 문제(581~604)는 6세기 말에 남북조로 분열되어 있던 중국을 통일하고 돌궐을 비롯한 주변 민족에 압박을 가했습니다.

이에 고구려는 북쪽의 돌궐과 교류하고, 남으로는 백제·왜와 연합하였습니다. 그러나 돌궐이 수에 의해 멸망하자 위기의식을 느낀 고구려는 요서 지방을 먼저 공격하며 적극적으로 대처했습니다. 이에 분노한 수 문제는 100만 명이 넘는 대규모 병력을 이끌고 고구려 정벌을 시도했습니다. 그러나 고구려는 요하(랴오허 강)를 굳게 지켜 수의 침략을 막아냈습니다.

수의 고구려 침공

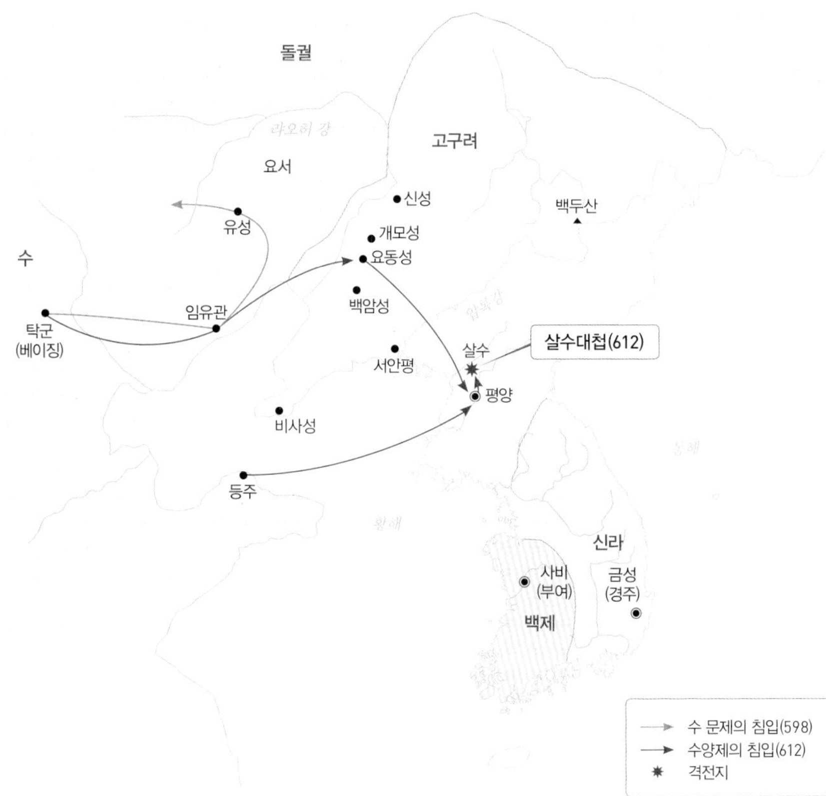

수 문제의 뒤를 이은 수 양제(604~618) 역시 113만의 대군을 동원하여 고구려를 정벌하러 왔습니다. 하지만 수의 대군은 3개월이 넘도록 요동성을 함락하지 못했고, 마음이 급해진 양제는 우중문에게 30만의 별동대로 하여금 요동성을 우회하여 직접 평양성을 공격하게 하였습니다. 그러나 612년 우중문의 군대가 살수에서 **을지문덕**의 유인책에 빠져 크게 패함으로써(**살수대첩**), 수의

군대는 철수하였고 고구려는 수와의 전쟁에서 승리를 거두게 되었습니다. 이후 양제는 두 차례에 걸쳐 고구려를 다시 침략했으나 모두 실패하였습니다. 결국 수는 무리한 고구려 원정과 내란 등으로 결국 멸망하게 되었습니다.

수의 뒤를 이은 당은 건국 초기에는 유화정책(宥和政策)을 실시하였으나, 곧이어 동북지역 방면으로 세력을 뻗어 왔습니다. 수와의 오랜 전쟁으로 지친 고구려는 당과 친선 정책을 펼치는 한편, 부여성에서 발해만에 이르는 천리장성을 쌓아 당의 침략에 대비했습니다. 하지만 그 사이 고구려 내부에서도 변화가 일어납니다. **연개소문**이 정변을 일으켜 친당 정책을 펼치던 **영류왕**을 시해하고, 새로이 **보장왕**을 옹립해 당에 대해 강경정책을 펼쳤습니다. 보장왕 6년(647년)에는 16년에 걸친 천리장성 공사가 완성되었습니다.

고구려 침공 기회를 노리던 당은 이 정변을 명분으로 삼아 645년에 대규모 침략을 감행했습니다. 당의 태종은 직접 수십만 명의 군대를 이끌고 요하를 건너 요동성, 개모성, 비사성 등을 빼앗고 곧이어 안시성을 공격하였습니다. 안시성이 함락될 경우 수도인 평양까지 위험해지기 때문에 고구려에는 커다란 위기였습니다. 그러나 안시성의 군민이 합심하여 당의 대공세에도 끝까지 버텼고(**안시성 싸움**), 그 사이 겨울이 다가오자 당 태종은 결국 철군 명령을 내립니다. 원정 실패 후에 당 태종의 뒤를 이은 고종은 대규모 원정 대신 소규모 군대를 지속적으로 보내어 고구려 군대를 공격하는 지구전으로 전략을 바꿉니다. 고구려가 대규모의 군대를 동원한 수·당 제국과 싸워 이긴 사실은 중국의 한반도 침략을 막아냈다는 점에서 그 의의가 크다고 할 수 있습니다.

나·당 연합군에 의해 백제와 고구려가 멸망하다

고구려와 당이 대립하고 있는 동안 한반도에서도 정세 변화가 일어납니다. 신라에서는 **김춘추**가 **김유신**과 함께 권력을 잡고 집권체제를 강화하였습니다. 백제는 신라의 공격으로 성왕이 관산성 전투에서 전사하자, 고구려와 동맹을 맺고 신라를 압박했습니다. 특히 백제 **의자왕**은 신라를 공격하여 대야성을 비롯해 40여 개 성을 빼앗는 등 신라를 위기로 몰아넣습니다.

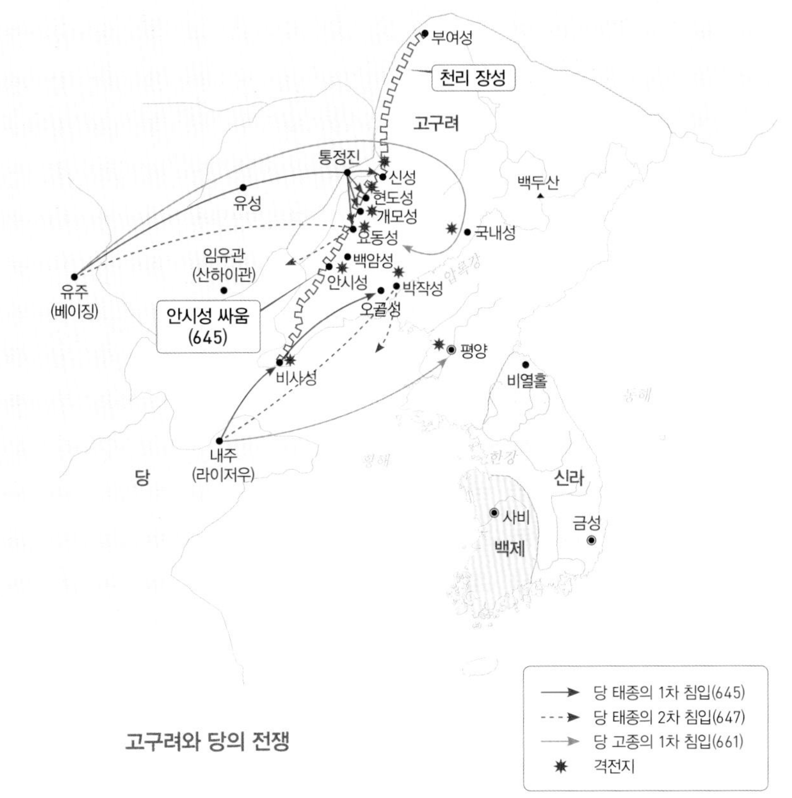

고구려와 당의 전쟁

이에 신라 선덕여왕은 김춘추를 고구려에 보내 구원병을 요청했습니다. 그러나 연개소문은 한강 유역의 반환을 요구하며 거절했습니다. 김춘추는 다시 왜와 당으로 건너가 도움을 요청하였습니다. 당은 고구려를 항복시키기 위해서 신라와의 연합이 필요했기 때문에 김춘추의 제안을 받아들입니다. 이로써 백제와 고구려를 정벌하기 위한 나·당 연합이 결성되었습니다.

신라는 당과 연합하여 먼저 백제를 공격했습니다. 660년 당의 13만 대군이 김유신이 이끄는 5만의 신라군과 함께 백제를 공격해 오자, 백제는 **계백** 장군과 5천 결사대를 보냈습니다. 계백 장군이 이끄는 5천의 결사대가 황산벌 전투에서 신라군의 공격을 여러 차례 막아내며 저항했지만, 수적으로 열세인데다가 계속된 신라의 공격에 지쳐서 끝내 패배하게 됩니다. 이 틈을 타서 신라군은 수도인 사비를 공격하였고, 당군은 금강 하구로 침입해 왔습니다. 결국 사비성이 함락되고 의자왕과 신하 등은 당에 포로로 잡혀 갔습니다. 이로써 백제는 건국한 지 678년 만에 멸망하게 되었습니다(660).

백제 멸망 이후 각 지방에서 여러 세력들이 부흥운동을 전개했습니다. 일본에 머무르고 있던 백제의 왕자 **풍**은 나·당 연합군의 백제 공격 소식을 듣고 급히 귀국했습니다. 왕족 **복신**과 승려 **도침**은 왕자 풍을 받들고 주류성을 근거지로 백제 부흥운동을 펼쳤습니다. 임존성을 근거지로 활동하던 **흑치상지**도 이에 호응했습니다. 백제 부흥군은 200여 성을 회복하고 사비성과 웅진성의 당군을 공격하며 4년간 저항했습니다. 일본에서도 4만의 군대를 보내 백제의 부흥운동을 지원했습니다. 그러나 지도층 내부의 분열과 백촌강 전투에서 일본의 군대마저 나·당 연합군에게 패배하면서 백제의 부흥운동은 실패로 끝났습니다.

백제를 멸망시킨 나·당 연합군은 계획대로 고구려 공격에 나섰습니

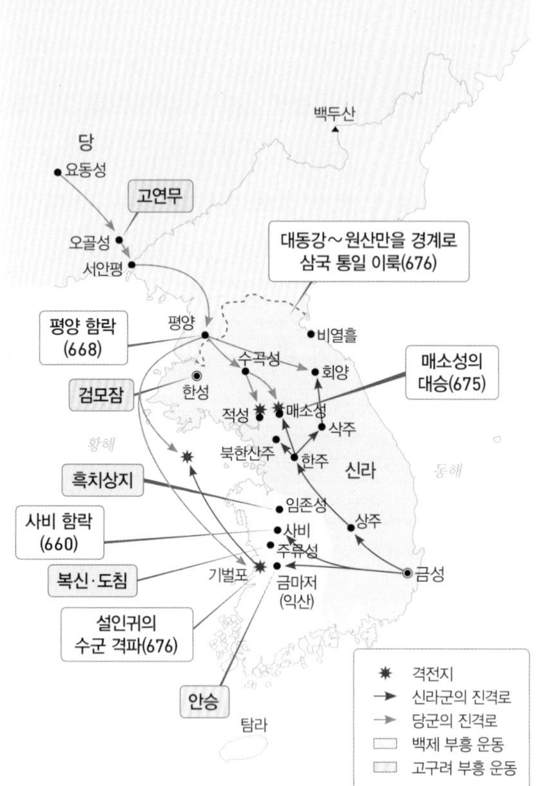

삼국 통일 과정과 고구려·백제의 부흥 운동

다. **소정방**이 이끄는 당나라 군대가 평양성을 공격했지만, 고구려는 이를 잘 방어하고 당나라 군대를 물리쳤습니다. 하지만 연개소문이 갑자기 죽으면서 지배층 내부에서 권력 다툼이 벌어졌습니다. 권력 다툼에서 밀려난 연개소문의 큰아들 남생은 결국 국내성에서 백성 10만여 호를 이끌고 당나라로 투항합니다. 당은 고구려의 내부 사정을 잘 알고 있는 남생을 앞세워 신라군과 함께 고구려를 총공격하였고, 결국 고구려는 수도인 평양성이 함락되어 멸망했습니다(668).

백제와 마찬가지로 고구려에서도 보장왕의 서자인 **안승**을 받든 **고연무·검모잠** 등이 유민을 모아 황해도 재령과 오골성 등을 근거지로 부흥운동을 전개하여 한때 평양성을 탈환하기도 했습니다. 한편, 신라도 한반도 전체를 차지하려는 당의 야욕에 맞서 전쟁을 벌이고 있었기 때문에 고구려 부흥운동을 지원하였습니다. 그러나 고구려 지배층 내부의 분열과 당의 공세 속에서 고구려의 부흥운동 역시 실패로 끝나게 되었습니다. 백제와 고구려의 멸망으로 많은 유이민들이 한반도에서 당과 왜로 건너갔으며, 7세기 말에는 고구려 유민들에 의해 발해가 건국되었습니다.

신라가 삼국통일을 이루다

나·당 동맹을 체결할 당시에 당은 고구려 정벌을 신라가 돕는 대가로 대동강 이남 지역에 대한 신라의 지배권만을 인정했습니다. 그러나 고구려가 멸망하자 당은 고구려 옛 땅에 **안동도호부**를 설치하고, 백제의 옛 땅에 **웅진도독부**를 설치했을 뿐 아니라, 심지어 신라 수도인 경주에 **계림도독부**를 설치했습니다. 도독부와 도호부는 당이 점령한 지역에 설치한 통치기구로, 이는 한반도 전역을 지배하려는 의도를 보인 것입니다.

이에 맞서 신라는 고구려 부흥운동을 지원하여 고구려 유민을 대당 항쟁에 끌어들이는 한편 당과 본격적인 전쟁에 돌입하였습니다. 때마침 당이 서역 방면에서 토번의 침략을 받아 한반도에서 주둔 병력의 일부를 철수시키면서 신라는 좋은 기회를 맞이하게 됩니다. 결국 675년 신라는

매소성에 머무르고 있던 당의 육군 20만을 격파함으로써 승기를 잡습니다. 이듬해에는 서해안 지역으로 들어오는 당의 수군을 **기벌포**에서 섬멸함으로써 당의 세력을 몰아냈습니다. 신라는 당의 안동도호부도 요동 지역으로 몰아내고 대동강 이남 지역에 대한 지배권을 확고히 함으로써 삼국통일을 이룩하게 되었습니다(676).

신라의 삼국통일에 대해서는 다양한 평가가 있습니다(121p 참조). 먼저 통일 과정에서 당의 도움을 받음으로써 외세를 끌어들였다는 점, 광활한 고구려의 영토를 상실하고 대동강 이남 지역에 한정된 통일이라는 점이 한계로 지적됩니다. 반면 마지막에 당을 몰아냄으로써 자주성을 지킨 점, 신라가 삼국을 통일함으로써 고구려와 백제의 문화를 흡수하여 민족문화 발전의 토대를 마련했다는 점에서는 신라의 삼국통일을 긍정적으로 평가하기도 합니다.

남북국시대의 정치

주요 용어

태종 무열왕, 신문왕, 6두품, 집사부, 국학, 9주 5소경, 상수리 제도, 9서당 10정, 녹읍, 관료전

1 통일 신라의 통치 체제 정비

남북국시대

조선 후기의 실학자인 유득공은 《발해고》를 써서, 발해를 우리 역사에 편입시켰다. 그는 《발해고》 서문에서 발해가 고구려를 이어받았기 때문에, 통일 신라와 발해가 공존한 시기를 남북국 시대라고 주장했다.

진골 김춘추, 무열왕이 되다

백제와 고구려를 통일한 신라는 영역이 확대되고 인구가 증가했습니다. 오랜 전쟁을 끝냈기 때문에 이제는 생산력도 증대되었습니다. 이러한 상황 속에서 신라는 왕권을 강화시켜 나갔습니다.

신라의 삼국 통일 발판을 마련한 인물은 김춘추입니다. 김춘추는 진골 출신으로는 처음으로 654년에 왕위에 올라 **태종 무열왕**(654~661, 121p 참조)이 되었습니다. 신라의 신분제인 골품제에 따르면 왕이 될 수 있는 혈통은 성골이었습니다. 그러나 남자 성골의 혈통이 귀해지면서 진덕여왕을 마지막으로 성골의 혈통이 끊어지자, 결국 진골 출신이 왕위에 오르게 된 것입니다. 《삼국사기》는 이때부터를 중대라고 부릅니다. 이후 중대에는 무열왕의 직계 자손들이 왕위에 올랐습니다.

백제 부흥 운동을 진압하는 과정에서 무열왕이 사망하고 그 뒤를 이어, 661년에 **문무왕**(661~681, 121p 참조)이 즉위합니다. 문무왕은 고구려 정벌과 나·당전쟁을 승리로 이끌며 삼국통일을 완성하였습니다. 이 과

신라사의 시대 구분

《삼국사기》는 왕의 혈통을 기준으로 신라사를 상대, 중대, 하대의 세 시기로 구분함.

	재위 왕	혈통
상대	박혁거세 ~ 진덕왕(654)	성골 출신의 왕
중대	무열왕 ~ 혜공왕(780)	무열왕계의 진골 출신 왕
하대	선덕왕 ~ 경순왕(935)	내물왕계, 원성왕계

《삼국유사》는 신라사를 고대라고 하고, 이를 상고, 중고, 하고의 세 시기로 구분함.

	재위 왕	특징
상고	박혁거세 ~ 지증왕(514)	불교식 왕호 이전 시기
중고	법흥왕 ~ 진덕왕(654)	불교식 왕호 시기
하고	무열왕 ~ 경순왕(935)	중국식 시호 시기

6두품
신라의 신분제인 골품제(骨品制) 등급이다. 골품제는 성골(聖骨)·진골(眞骨)의 골족과 6~1 두품의 두품층(頭品層)으로 구성된다. 6두품은 두품층 가운데 가장 높은 등급이었다.

정에서 그는 귀족 세력 상당수를 친당세력으로 몰아 숙청하고 왕권강화 정책을 펼쳤습니다. 기밀 사무를 관장하는 집사부의 장관인 중시의 기능을 강화하고, 귀족 세력의 이익을 대변하던 상대등 세력을 억제하였습니다.

신문왕이 통일 신라의 통치 체제를 마련하다

문무왕의 뒤를 이은 **신문왕**은 즉위 직후인 681년에 장인인 김흠돌이 난을 일으키자, 이를 제압하고 수많은 진골 귀족을 관련자로 몰아 숙청했습니다. 이로써 왕권에 대항할 수 있는 진골 귀족 세력을 약화시킬 수 있었습니다. 김흠돌의 난을 평정한 이후 신문왕은 정치 세력을 재편하고 다방면에 걸쳐 왕권 강화 정책을 추진했습니다.

먼저 신문왕 2년(682)에는 신라의 국립대학 격인 **국학**을 설립하여 관리 양성을 위한 유학 교육에 힘썼습니다. 국학은 진골 귀족을 대신하여 왕권을 지지하는 새로운 관료층을 키워 내기 위한 국립교육 기관이었습니다. 신문왕대에는 강수, 설총 등 **6두품** 세력이 중앙 정계로 진출하여 학문적 식견을 바탕으로 왕에게 정치적 조언을 하며 개혁 정책을 뒷받침했습니다. 신문왕 역시 왕의 비서 기구인 **집사부**를 중심으로 정치 조직을 재편함으로써 귀족을 대표하는 상대등의 힘이 이전보다 약화되었습니다.

통일 신라의 지방 행정 구역 (9주와 5소경)

신문왕은 확대된 영토와 인구를 통치할 목적으로 지방 조직을 정비하여 전국을 **9주**로 재편했습니다(685). 이때 옛 삼국의 땅에 각각 3개의 주를 배치하는 등 삼국을 아우르기 위한 노력을 합니다. 각 주(州)에는 군주(총관으로 개칭)를, 그 아래의 행정 구역인 군(郡)과 현(縣)에는 태수와 현령을 두었습니다. 또한 지방관들을 감찰하기 위한 외사정을 파견했습니다. 군·현 아래의 촌(村)은 촌주가 다스렸으나 현령의 통제를 받았습니다.

수도인 경주가 동남쪽에 치우쳐 있는 것을 보완하기 위해 전국의 주요 지역에 **5소경**을 두었습니다(685). 5소경은 신라의 중앙 귀족과 함께 옛 고구려·백제·가야의 귀족들을 거주시킴으로써 각 지역의 정치와 문화의 주요 거점이 되었습니다. 그리고 지방 세력을 일정 기간 수도에 머무르게 하는 **상수리 제도**를 시행하여 지방 세력을 견제하기도 했습니다.

군사 제도도 개편하였습니다. 기존의 군대에 고구려인, 백제인, 말갈

9서당

통일신라시대의 핵심적인 중앙 군사조직. 국왕에게 직속된 부대로 신라의 삼국 통일 이후 전제왕권을 뒷받침하는 군사조직이었다.

녹읍

귀족 관료에게 '녹(봉급)'으로 지급되는 '읍(토지)'를 말하는데, 한 읍이 녹읍으로 지정되면 그곳의 백성들은 국가를 대신해 귀족 관료에게 조세(조·용·조)를 납부해야 했다. 조세에 노동력이 포함되어 있었기 때문에 귀족들은 녹읍에 대한 수조권뿐만 아니라, 백성들의 노동력을 징발할 수 있어서 상당한 영향력을 행사했다. 또한 유사시에 녹읍의 백성들을 사병으로 동원할 수 있었다.

인 등으로 구성된 군대를 편성해 중앙 군사조직인 **9서당**(九誓幢)을 완성했습니다. 중앙군에 옛 삼국의 백성들을 포함한 것은 통일 후 삼국을 아우르기 위한 신문왕의 노력으로 평가됩니다. 지방군에는 **10정**을 두었는데, 군사 요충지인 한산주(한주)에는 2정을 두고 그 외의 지역인 각 주에는 1정씩 배치하여 국방을 담당하도록 했습니다.

일련의 개혁을 통해 왕권을 강화시킨 신문왕은 689년에 귀족의 경제적 기반인 **녹읍**을 폐지합니다. 신문왕은 귀족 관료들에게 백성의 노동력은 동원하지 못하고 토지에 대한 수조권(收租權)만 가지는 **관료전**을 지급하고(687), 아울러 해마다 관청에서 곡식을 직접 지급하는 녹봉제를 실시하였습니다. 신문왕이 녹읍을 폐지한 것은 진골귀족 세력의 경제적·군사적 기반을 약화시키기 위한 것이었습니다.

통일 신라의 중앙 행정 기구

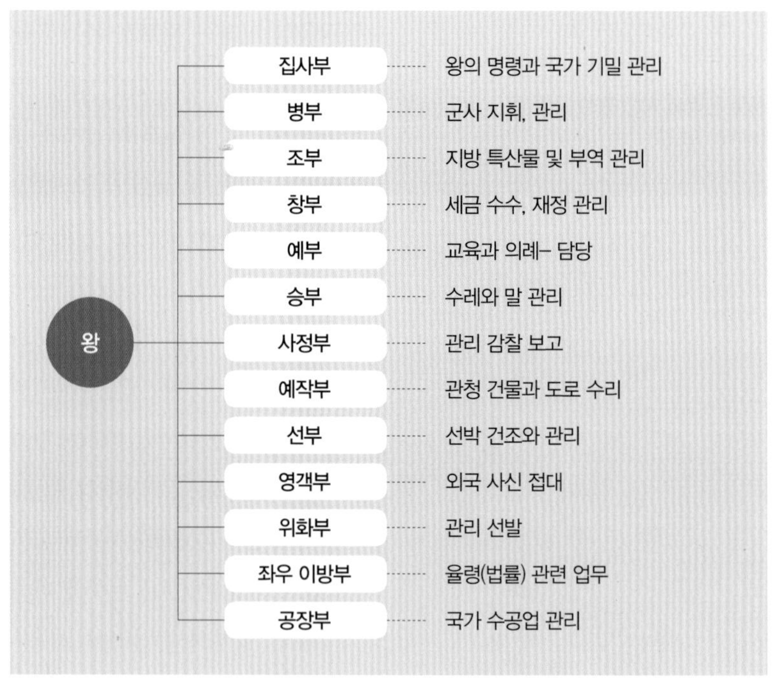

주요 용어

녹읍, 독서삼품과, 김헌창의 난, 김양의 난, 장보고의 난, 호족, 원종과 애노의 난, 풍수지리설, 선종, 견훤, 궁예, 왕건

2 통일 신라의 동요

경덕왕이 녹읍을 부활시키다

신라 중대에는 신문왕 대에 이루어진 일련의 개혁으로 어느 정도 강력한 왕권을 행사할 수 있었습니다. 그러나 왕권을 지지하는 진골 귀족 세력은 한정되어 있었고, 6두품과 같은 새로운 지배층의 성장은 진골 귀족 세력에 의해 제한되었습니다. 오히려 왕과 소수 진골 귀족을 중심으로 한 폐쇄적인 정국 운영은 다른 진골 귀족들과 6두품의 불만을 사게 되었습니다.

다만 통일 이후에 풍부해진 재정을 바탕으로 진골 귀족에게 막대한 양의 녹봉을 지급하면서 한동안 그들의 반발을 피할 수 있었습니다. 그러나 진골 귀족 세력들의 반발로 **경덕왕**(742~765)은 결국 녹읍(본문 050p 참조)을 부활시킵니다. **녹읍**이 부활하고 사원의 면세전도 점차 늘어나면서 국가 재정은 압박을 받게 되었습니다.

신라 중대 후반에는 잦은 자연 재해와 전염병으로 국가 재정이 더욱 악화되고 정치도 불안했습니다. 위기감을 느낀 귀족들의 불만과 갈등이 폭발하면서 잦은 반란이 이어졌습니다. 경덕왕의 뒤를 이어 즉위한 무열왕계의 마지막 왕인 **혜공왕**(765~780)이 피살되고 내물왕의 10세손인 상대등(上大等) 김양상이 **선덕왕**(780~785)으로 즉위함으로써, 무열왕 직계로 이어지던 중대 왕권은 막을 내리게 되었습니다.

상대등
귀족 세력을 대표하는 신라의 최고 관직이다. 왕을 도와 나랏일을 보는 한편 귀족 세력을 대표하면서 화백회의를 이끌었다.

신라 하대, 호족이 등장하다

선덕왕이 즉위하면서 8세기 후반 이후 중앙 귀족들의 왕위 쟁탈을 위한 권력 다툼은 치열해졌습니다. 왕권은 약화되고 집사부의 시중보다 상대등의 권한이 커졌습니다. 선덕왕 사후에 내물왕 12세손인 김경신이 무열왕의 방계인 김주원과의 경쟁에서 승리하면서 **원성왕**(785~798)으로 즉위했습니다. 원성왕은 **독서삼품과**(讀書三品科)를 실시하여 유교적인 소양을 갖춘 관리를 국학 교육 이외의 방법으로 선발하는 등 왕권 강화를 위

독서삼품과
신라의 관리 선발 제도로 독서출신과(讀書出身科)라고도 한다. 국학의 학생들을 독서능력에 따라 상·중·하로 구분하였으며 이를 관리 임용에 참고하였다.

김헌창의 난

김헌창은 원성왕에게 밀려 왕이 되지 못한 김주원의 아들이다. 웅진도독이었던 김헌창은 이에 반란을 일으켰다. 5개주와 3개 소경이 합세하였으나, 관군에 의해 진압되자 김헌창은 스스로 목숨을 끊었다.

한 노력을 기울였습니다. 그래서 원성왕 계열이 안정적으로 왕위를 이어갔으며, 신라 사회의 혼란을 수습하는 듯했습니다.

그러나 **헌덕왕**이 즉위한 이후, 재위 14년(822)에 이르러 자신의 아버지인 김주원이 왕이 되지 못한 것에 불만을 품은 **김헌창이 반란**(122p 참조)을 일으켰습니다. 실패하기는 했지만 김헌창은 국호를 '장안(長安)'이라고 내세우고, 연호를 '경운'이라고 하면서 신라를 전면 부정했습니다. 상당수 지방 세력을 이끌었다는 점에서 중대와는 다른 양상의 대규모 반란이었습니다.

김헌창의 반란이 진압된 이후에도 진골 귀족들 사이에는 왕위를 차지하기 위한 다툼이 치열하게 전개되었고, **김양의 난**(838)과 **장보고의 난**(846) 등 잦은 정변이 일어났습니다. 이러한 과정에서 왕의 권위는 추락하였고, 왕권을 지지했던 6두품 세력 역시 정계에서 밀려나 반신라적인 경향을 보이기 시작했습니다.

중앙에서 치열한 왕위 다툼이 벌어지자 신라 왕실의 지방에 대한 통제력이 점차 약화되었습니다. 지방에서는 군사력과 경제력을 갖춘 호족이 성장했습니다. 토착 세력, 중앙에서 파견된 외관(外官), 특정 지역의 군진 세력 출신 등이 성장하여 호족이 되었습니다. 호족은 자신의 지역에서 성주나 장군으로 불렸습니다.

신라 말기의 사회 혼란

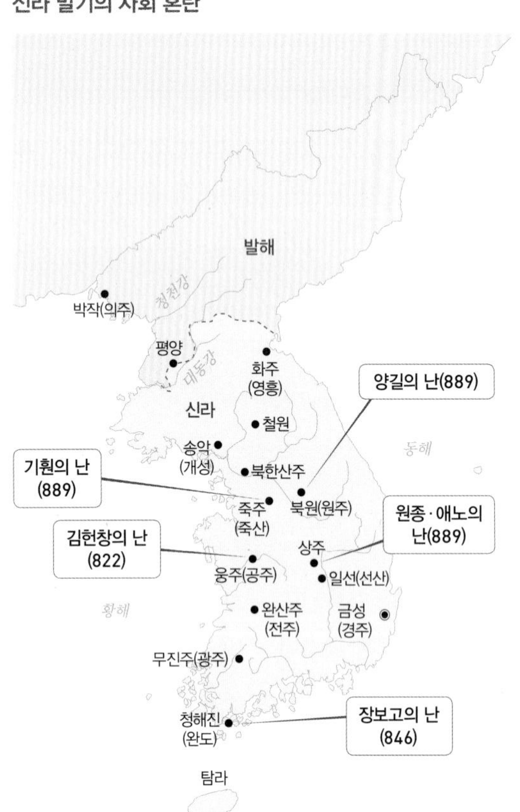

호족은 넓은 토지와 사병을 거느리고 독자적인 세력을 형성하여 중앙정부를 대신해 자신의 지역에서 조세와 부역을 징수했습니다. 지방에서 조세 수취가 이루어지지 못하게 되자, 국가의 재정은 더욱 악화되었고 사회 혼란은 가중되었습니다. 이 때문에 하대 말에 **원종과 애노의 난**(889)을 시작으로 전국적인 농민 반란이 빈번했습니다.

반신라적 경향을 보이던 6두품 세력 역시 신라 왕실을 대신하여 호족 세력을 지지했습니다. 특히 당에서 돌아온 6두품 출신의 유학생들과 선종 승려들은 골품제 사회를 비판하였습니다. 사상적인 면에서도 변화가 나타나 **풍수지리설**이 유행하고, **선종**이 새롭게 전파되어 유행하면서 9산의 선문이 발달하게 됩니다. 선종은 기존 왕실과 귀족의 지원을 받던 교종과 달리 호족의 지지를 받았습니다. 깨달음만 얻으면 누구나 부처가 될 수 있다는 선종사상이 귀족 세력과 대립하고 있던 호족 세력의 입장과 일치했기 때문입니다. 이와 같이 신라 하대에는 호족 세력과 6두품, 선종, 풍수지리설 등이 결합되면서 새로운 시대를 열어 갈 추진 세력과 사상적 기반이 마련되었습니다.

후삼국의 성립

후삼국시대가 도래하다

신라 하대에는 150여 년간 20명의 왕이 바뀔 만큼 진골 귀족들 사이의 왕위 다툼이 치열하게 벌어졌습니다. 신라 하대의 혼란을 틈타 지방에서는 호족들이 성장하였는데, 그 가운데 10세기에 들어서면서는 독자적인 정권을 세우기도 했습니다. 이제 신라의 통치력은 경주 일대로 축소되었고, 다시 삼국이 정립하는 후삼국시대가 되었습니다.

후삼국을 이끈 대표적인 호족은 **견훤**(122p 참조)과 **궁예**(122p 참조)입니다. 견훤은 상주 지방의 호족 출신으로 신라 서남부 지역에서 세력을 키웠습니다. 이후 전라도 지방의 군사력과 호족 세력을 바탕으로 백제 부흥을 기치로 내세우며 완주(지금의 전주)에 도읍을 정하고 후백제를 세웠습니다(900). 후백제는 충청도와 전라도 지역 대부분을 차지하면서 후삼국시대 초반에 군사적인 우위를 보였으며, 이러한 자신감을 바탕으로 후당, 후주 등과 외교관계를 맺었습니다. 견훤이 후당, 후주, 거란, 일본 등에 사신을 파견하여 외교관계를 맺으려고 한 것은 대외적으로 백제의 계승국으로 인정받고자 한 노력이었습니다.

9산선문(九山禪門)
9~10세기에 신라 말 고려 초의 사회변동에 따라 선종(禪宗)을 산골짜기에서 퍼뜨리면서 당대의 사상계를 주도한 아홉 갈래의 대표적 승려 집단.

신라 왕족 출신이라고 전해지는 궁예는 한때 북원(지금의 원주) 지방의 호족 양길의 부하였습니다. 그러나 세력이 커지자 양길을 몰아내고 호족들의 지원을 받아 송악(지금의 개성)에 도읍을 정하고 후고구려를 세웠습니다(901). 궁예는 한강 유역을 차지하고 상주 일대로 세력을 확장하여 영토가 확대되자, 도읍을 송악에서 철원으로 천도하고 국호를 마진으로 바꾸었다가 다시 태봉으로 고쳤습니다.

궁예는 스스로를 '미륵불'로 자처하며 전제 왕권을 추구했습니다. 국정을 총괄하는 광평성을 비롯한 여러 관서를 설치하고 9관등제를 실시하였습니다. 그러나 계속되는 전쟁과 궁예의 실정이 겹치면서 많은 이들이 목숨을 잃게 되자, 신하들이 궁예를 내쫓고 **왕건**을 새로운 국왕으로 추대하였습니다. 송악 출신의 왕건은 궁예의 부하로 후백제의 배후 지역인 금성(나주)을 점령하는 등 큰 두각을 나타낸 인물입니다. 왕건은 즉위 후에 국호를 고려로 고치고, 자신의 근거지인 송악으로 천도하였습니다. 왕건은 후백제와 대립 관계를 지속했지만, 신라에 대해서는 우호적인 정책을 펼쳤습니다.

신라의 **경애왕** 역시 고려를 통해 후백제의 위협에서 신라를 지키고자 했습니다. 그러나 고려와 대립하던 견훤이 신라 경주를 공격하여 경애왕을 죽였습니다(927). 견훤은 회군하는 중 신라를 지원하기 위해 내려오던 왕건의 군대를 공산성 전투에서 물리침으로써 한때 삼국간의 항쟁에서 주도권을 장악하기도 했습니다.

신라의 마지막 왕인 **경순왕**은 결국 후백제를 피해 신라에 우호적이었던 고려에 항복하고 스스로 나라를 넘겨주었습니다(935). 이 와중에 후백제 내부에서는 견훤의 자식들이 왕위 계승을 놓고 내분이 벌어졌습니다. 그 결과 견훤은 아들인 신검에 의해 금산사에 갇히고 왕위를 빼앗깁니다(935). 이에 격분한 견훤은 금산사를 탈출하여 고려 왕건에 투항하고, 왕건은 견훤을 앞세워 후백제에 대대적인 공격을 감행하였습니다. 후백제 신검의 군대를 물리친 왕건은 마침내 후삼국을 통일하게 됩니다(936).

주요 용어

대조영, 남북국, 무왕, 문왕, 선왕, 3성 6부, 5경 15부 62주, 해동성국

3 발해의 건국과 발전

왕호	연호
무왕	인안
문왕	대흥, 보덕
성왕	중흥, 정력
정왕	영덕
희왕	주작
간왕	태시
선왕	건흥
대이진	함화

대조영이 발해를 건국하다

고구려 멸망 후에 고구려 땅이었던 대동강 이북과 요동 지방은 당의 안동도호부가 지배하고 있었기 때문에 고구려 유민들은 요동 지방을 중심으로 당에 대한 저항을 계속했습니다. 이에 당은 포로로 잡혀 온 보장왕을 요동 도독으로 임명하는 회유책을 쓰기도 했습니다. 그리고 반란을 막기 위해 수십만의 고구려 유민들을 요서 지역에 강제로 이주시켰습니다.

7세기 말 당에서 이진충의 난이 벌어지는 등 내부적으로 혼란해지고 지방에 대한 통제력이 약화되자, 고구려 장군 출신인 **대조영**은 고구려 유민과 말갈족을 이끌고 요서 지역을 빠져나옵니다. 추격하는 당의 군대를 물리친 대조영은 길림성 돈화시 동모산 지역에 도읍을 정하고 발해의 전신인 진국을 세웠습니다(698, 123p 참조). 발해는 점차 영역을 확대하여 옛 고구려의 영토를 대부분 차지하였습니다. 발해는 고구려 유민과 말갈족으로 이루어진 국가지만, 고구려 계승 의식을 가진 발해의 건국으로 남쪽의 신라와 북쪽의 발해가 공존하는 **남북국**의 형세를 이루었습니다.

대조영의 뒤를 이은 2대 **무왕**(719~737)은 영토를 더욱 확장하여 동북방의 여러 세력을 진압하고 북만주 일대를 차지하였습니다. 발해는 독자적인 연호인 '인안'을 사용하며 당과 대립하였고, 당 역시 발해의 배후에 있는 흑수부 말갈과 긴밀한 관계를 유지하며 발해를 견제했습니다. 이에 무왕은 흑수부 말갈을 정벌하는 한편 장문휴를 보내 당의 등주를 공격하였습니다. 아울러 고구려를 멸망시킨 신라와도 적대적인 관계를 유지했는데, 신라를 견제하기 위해 돌궐·일본 등과 긴밀한 관계를 맺었습니다. 이렇듯 무왕대에는 영토를 확장하고 대외 관계를 통해 동북아시아의 세력 균형을 유지했습니다.

발해, 해동성국으로 성장하다

무왕의 뒤를 이은 3대 **문왕**(737~793)은 무왕과는 다른 모습을 보입니다.

발해의 최대 영역

문왕은 무왕 대에 이룬 대외적인 팽창을 바탕으로 대내적인 체제 정비를 시작합니다. 비록 '대흥'이라는 독자적인 연호를 사용했지만, 당과 친선 관계를 추진했습니다. 당의 영향을 받아 3성 6부의 중앙 관제를 수용한 것도 바로 문왕 대입니다. 아울러 신라로 통하는 교통로인 신라도를 개설하여 신라와 교류하려고 하였으며, 일본과도 친선 관계를 유지했습니다.

여기서 한 가지 주목할 사실은 발해 문왕이 일본에 보낸 친서에서 발해의 왕을 '고려 국왕'으로 표현했다는 점입니다. 이는 발해가 고구려를 계승했다는 의식을 가지고 있음을 보여 줍니다. 그러나 문왕 사후에 발해는 한동안 왕위를 둘러싼 내분으로 혼란을 겪게 됩니다.

이를 수습하며 등장한 왕이 바로 10대 **선왕**(818~830)입니다. 9세기 전반의 선왕대에 발해는 다시 중흥합니다. 선왕은 대내적인 안정을 바탕으로 활발한 대외 팽창 활동을 전개하여 대부분의 말갈족을 복속시키고 요동 지역에 대한 지배권을 확보했습니다. 그리고 남으로는 대동강 유역까지 진출해서 신라를 압박했습니다.

발해사에서 최대의 영역을 확보한 선왕은 확대된 영토를 통치하기 위해 5경 15부 62주의 지방조직을 완비하였습니다. 당시 발해의 연호가 '건흥'이었던 것도 이러한 선왕의 노력을 잘 보여 줍니다. 중국에서도 이 시기의 발해를 바다 건너 동쪽의 번성한 왕국이라는 의미로 '해동성국'이라 불렀다고 합니다. 이후 발해는 13대 **경왕**(872~893) 대현석(大玄錫)에 이르기까지 한동안 전성기를 유지했습니다.

신라도
발해에는 5개의 교통로가 있었는데 이 가운데 신라로 가는 길을 말한다. 중국 역사책에 의하면, 발해 책성(지금의 훈춘으로 동경 용원부)과 신라 천정군(지금의 함경남도 원산) 사이에 39개의 역이 있었다고 한다.

발해의 통치체제가 정비되다

발해는 왕을 중심으로 하는 집권적인 지배체제를 정비하였습니다. 중앙의 정치 조직은 3성 6부를 근간으로 했습니다. 중앙 관제인 3성 6부는 당의 제도를 일부 변용하여 수용한 것입니다. 당의 경우 상서성, 문하성, 중서성의 3성을 두었는데, 발해는 명칭을 변경하여 정당성, 선조성, 중대성의 3성을 두었습니다. 정당성의 수상은 대내상이었고, 그 하위 기구에

충부, 인부, 의부, 지부, 예부, 신부의 6부를 두었습니다. 이 역시 당의 6부인 이·호·예·병·형·공부를 변용한 것입니다. 발해는 유교적 명칭을 6부의 이름으로 사용했다는 점에서 당과 다릅니다. 이는 체제 정비과정에서 문왕이 주자감(胄子監)을 설치하여 유교 교육을 강화한 것처럼 유교를 중시했던 문왕의 의지를 잘 보여 줍니다. 이외에도 정당성과 6부 사이에 좌사정과 우사정을 두어 충·인·의부와 지·예·신부를 각각 담당하게 하였는데, 이 역시 당과 구별되는 발해 중앙 정치제도의 특징입니다.

3성 6부의 구체적인 운영 원리를 살펴보면 다음과 같습니다. 먼저 중대성이 정책을 입안하면 선조성이 이를 심의합니다. 실제 집행을 맡은 정당성에서는 정책의 종류에 따라 좌사정 혹은 우사정을 거쳐 각 부에 정책을 할당합니다. 그러면 각 부의 주도로 정책이 집행됩니다. 일반적으로 정책을 입안하는 선조성을 제일 중요한 기구로 생각할 수 있지만, 선조성은 정당성의 수상인 대내상의 통제를 받았기 때문에 실질적으로 정당성이 발해의 가장 중요한 기구입니다. 3성 6부 외에도 감찰 기구인 중정대, 서적을 관리하고 외교 문서를 작성하는 문적원, 중앙의 최고 교육기관인 주자감 등이 있었습니다.

군사제도에는 중앙군으로 10위가 있어 왕궁과 수도 경비를 맡았고, 지방군을 편성하여 지방관이 지휘하도록 하였습니다. 국경의 요충지에는 독립된 부대를 따로 두어 방어하였습니다.

발해의 중앙 통치 조직

발해의 지방 행정 조직

발해는 지방조직을 **5경 15부 62주**로 편성하였습니다. 전략적 요충지인 주요 주(州)에는 경(京)을 설치하였는데, 문왕 대에 상경을 비롯한 5경 체제가 완비되었습니다. 지방 행정의 중심인 15부에는 도독을 두어 총괄하게 하고, 15부 아래에는 62주를 설치하여 자사를 파견하였습니다. 주 아래에는 하위 행정 단위인 현(縣)을 설치하고 현승을 두었습니다. 지방 행정의 말단인 촌락은 주로 말갈족으로 구성되었으며 촌장을 매개로 통치하였습니다.

발해는 문왕 대에 중경에서 상경으로, 또 상경에서 동경으로 천도하였습니다. 문왕이 죽은 후에는 다시 상경으로 천도합니다. 이후에는 발해가 멸망할 때까지 상경이 수도로 유지되었습니다. 이와 같이 발해는 수도를 동모산에서 중경으로, 중경에서 상경으로, 상경에서 동경으로, 다시 동경에서 상경으로 하는 등 네 번이나 천도하였습니다.

발해가 멸망하다

10세기 초에 이르러 동아시아 국제 질서가 급변하게 됩니다. 중국에서 당이 멸망하자 혼란을 틈타 요서 지역에 거주하던 거란족이 성장하여 동쪽으로 세력을 확장한 것입니다. 거란의 야율아보기가 흩어져 있던 여러 부족을 통합하고 요를 건국하였습니다.

요는 중국 진출에 앞서 배후의 안정을 도모하기 위해 발해를 공격했습니다. 한 달여 만에 발해의 왕이 거란에 항복함으로써 230년 가까이 지속되어 온 발해가 멸망합니다(926). 한때 **해동성국**이라 불리던 발해가 갑작스럽게 멸망하게 된 원인에 대해서는 다양한 견해가 있습니다. 그중 하나는 거란 침략 당시 발해 내부에서 귀족들의 권력 투쟁이 심해서 발해의 국력이 크게 쇠퇴했다는 것입니다. "발해의 내분으로 군대를 움직이지 않고 이겼다."라는 거란의 기록과 멸망 이전인 925년에 이미 발해 왕족과 귀족들이 고려로 망명했다는 사실이 이를 뒷받침합니다. 이 외에 일본에서 발견된 화산재를 근거로 백두산 폭발을 주장하는 학자들도 있

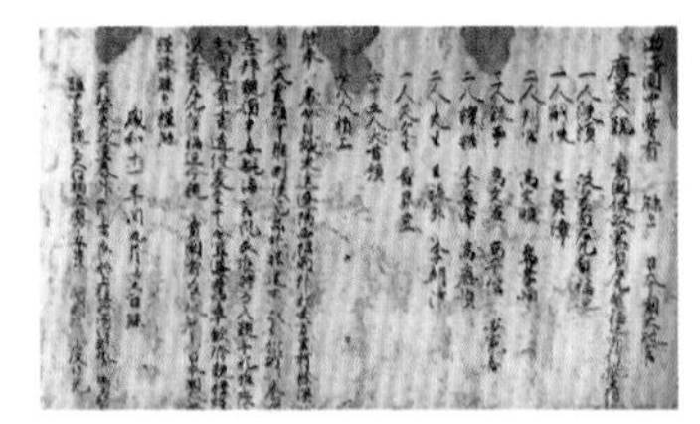

발해의 중대성첩

841년 발해 중대성에서 일본에 보낸 외교 문서이다.

지만, 이에 관한 정확한 기록은 없습니다.

아무튼 698년에 고구려를 이어 세워진 발해는 926년에 거란의 침략으로 멸망하게 됩니다. 이에 발해 유민들은 후발해(929~1003), 정안국(930~990), 흥료국(1029~1030), 대발해국(1116) 등을 세우며 부흥운동을 전개하였으나 실패하였고, 끝내 우리 역사의 주요한 무대인 만주 지방을 상실하게 되었습니다. 그러나 발해 멸망을 전후하여 세자 **대광현**을 비롯한 10만여 명의 유민들이 고려로 망명하면서 발해의 역사와 문화는 고려사를 통해 우리 역사에 계승되었습니다.

발해 유민이 세운 국가

국가	존속 기간	건국 지역	대외 관계
후발해	929～1003년	상경성 일대	후당 및 후주와 교류
정안국	930～990년	압록강 유역	송에 사신 파견
흥료국	1029～1030년	거란 동경의 요양부	고려와 연계
대발해국	1116년	요양 중심의 요동 일대	금에 멸망

경제·사회사로 읽는 고대

삼국시대의 경제 활동

1. 삼국의 경제 정책
2. 삼국의 경제생활

남북국시대의 경제 활동

1. 통일 신라의 경제 정책
2. 통일 신라의 대외 무역
3. 발해의 경제생활

삼국시대의 사회

1. 삼국의 사회 계층과 신분제도

남북국시대의 사회

1. 통일 신라의 사회
2. 발해의 사회

삼국시대의 경제 활동

주요 용어

조·용·조, 수조권, 철제 농기구, 우경, 진대법, 동시전, 관영 수공업, 당항성

1 삼국의 경제 정책

삼국이 수취제도를 마련하다

삼국은 영토를 확장하고 고대 국가로 성장하는 과정에서 **조**(租, 조세)·**용**(庸, 역역(力役))·**조**(調, 공납)의 수취 체제를 마련했습니다. 국가를 운영하려면 재원이 필요하기 때문입니다. 당시 농민은 조세의 원천이었습니다. 토지세의 일종인 조(租)세는 모든 토지가 왕의 소유라는 왕토사상(王土思想)에 기반을 두었습니다. 농민들이 왕의 땅에서 농사짓는 대가로 생산량의 일정 부분을 국가에 세금으로 바쳐야 한다는 것입니다. 대략 1년 생산량의 10분의 1을 국가에 납부했다고 합니다. 하지만 왕이 실제로 모든 토지를 소유하는 것이 아니기 때문에 농민들은 스스로 토지 소유와 경작이 가능했습니다.

국가에서는 관리들에게 직역에 대한 대가로 보수를 지급했는데, 그 방법 중 하나가 토지를 지급하는 것이었습니다. 그 토지는 왕토사상에 따라 관리들에게 토지 소유권이 아니라 세금을 거둘 수 있는 권리인 **수조권**(收租權)을 지급했습니다. 예를 들어 '갑'이라는 관리에게 A 마을의 토지가 지급되면, 갑은 A 마을 사람들에게 세금을 거두어 생활을 유지했습니다. 이는 귀족 관료들의 정치·경제적 기반이 되었습니다.

아울러 당시 수조권에는 조세와 역역이 모두 포함되었기에 관료들은 유사시에 농민들을 동원하여 사병으로 활용할 수 있었습니다. 이는 때때로 왕권에 큰 위협이 되기도 했습니다. 그래서 수조권을 지급하는 방법이 고려 시대에는 전시과(田柴科)로, 조선 시대에는 과전(科田)으로 이어졌습니다. 녹봉이나 고려 시대 이후의 토지제도는 관료들이 공납과 역

(役)은 제외하고, 토지에 대한 조세만 수취할 수 있도록 하였습니다.

국가는 지역 특산물이나 수공업품을 현물로 수취하는 조(調, 공납)를 통해 필요한 물품을 확보할 수 있었습니다. 노동력을 징발하는 역은 '요역(徭役)'과 '군역(軍役)'으로 구분됩니다. 요역은 국가 공사에 노동력을 징발하는 것이고, 군역은 국방을 위해 노동력을 동원하는 것입니다. 일반적으로 고대에는 15~16세 이상의 남자들이 정(丁)으로서 역(役)의 대상자가 되었으며, 국가는 역을 이용하여 왕궁, 성, 저수지 등을 만드는 데 필요한 노동력을 확보할 수 있었습니다. 이렇게 마련된 조·용·조의 수취 체제는 조선 후기 공납의 폐단으로 대동법이 시행되기 전까지 그 틀을 유지하였습니다.

삼국의 수취 체제에 대해서는 자세한 기록이 없습니다. 《수서》에서는 고구려에서 상·중·하의 3등호제를 실시했다고 전합니다. 《삼국사기》 〈도미열전〉에서는 백제에서 고구려로 피난한 도미 부부를 가리켜 백제에서 **편호소민**(編戶小民)이었다고 기록했습니다. 《일본서기》 〈계체기〉 3년조에는 백제의 왕이 가야 지역에 흩어져 있던 백제인에게 "유랑해서 관(貫)에서 끊어진 지 3·4세대 되는 자들을 모두 옮겨서 백제의 관에 붙이도록 하라."는 명령을 내렸다고 적혀 있습니다. '관(貫)'이라고 하는 호구를 기록한 대장이 있었다는 것은 백제에서 **편호제**(編戶制)가 실시되었다는 사실을 알려줍니다. **무령왕** 10년 정월에는 농사를 짓지 않고 특정한 직업 없이 떠도는 사람들(유식자 遊食者)을 귀농시키는 조치를 취하고 있습니다.

편호소민
호적에 소민으로 편제되었다는 것으로 경제력이 열악한 백성을 뜻한다.

편호제
호구를 편제했다는 것으로, 국가에서 조세 수취를 위해 백성들의 가구 규모를 파악하였음을 알 수 있다.

한편 백제 정림사지 5층 석탑의 명문에는 "당이 백제의 땅에 무릇 5도독 37주 250현을 두고 호(戶) 24만과 구(口) 620만을 각각 편호로 정리하여 모두 오랑캐의 풍속을 바꾸게 했다."는 기록이 보입니다. 이는 당나라에 의해 편호제가 처음으로 실시된 것처럼 보이나, 앞서의 사료들을 참고해 본다면 당에 의해 처음으로 만들어진 것이 아니라 백제에서 이미 시행되고 있던 방식을 개편한 것으로 보입니다. 즉, 삼국은 수취 체제를 정비하고자 백성을 파악하기 위해 호적 제도를 시행했을 것으로 파악됩니다.

농민의 생활 안정을 위해 힘쓰다

삼국시대 조세 수취의 주요 대상은 농민들이었기 때문에 국가적 차원에서 농업을 중시했습니다. 농민 생활의 안정을 위해 농사철에는 농민들을 동원하지 못하도록 했으며, 생산력 향상을 위해 **철제 농기구**를 보급했습니다. 또한 저수지와 같은 수리 시설을 정비했고, 소를 이용한 농경인 **우경**(牛耕)을 장려했습니다.《삼국사기》 신라본기에는 신라 지증왕 대에 우경을 장려했다는 기록이 보입니다. 우경을 통해 깊이갈이가 가능해지면서 생산력이 늘어났습니다. 아울러 경작지 확대를 위해 개간을 장려하여 개간지에 대해 일정 기간 세금을 면제해 주기도 했습니다.

유망
농민들이 사회·경제적인 요인과 자연 재해 등으로 인해 생존 기반을 상실하여 현 주거지에서 살 수 없을 때 거주지를 자의적으로 이탈하여 다른 곳으로 옮겨 가는 행위.

그런데 삼국시대에는 농민들이 자연 재해나 전쟁, 높은 고리대로 인해 노비나 유랑민으로 몰락하는 경우가 많았습니다. 재난을 당하거나 땅을 잃으면 백성들은 국가의 테두리를 벗어나 유망(流亡)하여 떠돌이 생활을 할 수밖에 없어서 자연스레 생계 수단이 제한되었습니다. 따라서 유민들은 생계 수단의 변화를 겪게 됩니다. 이전에 그들이 주로 농업에 종사했다면, 유망 후에는 노비나 구걸·도적질 등을 통해 생계를 꾸려야 했으며, 신분이 하락해 천인과 다를 바 없었습니다.

농민들은 국가 재정과 국방의 근간이었고, 몰락 농민들은 귀족의 노예가 되어 사병이 되는 경우가 빈번했기 때문에 국가 입장에서는 이를 막아야 했습니다. 이에 통치자들은 국가의 창고를 열어 곡식을 나누어 주거나, 그해의 세금을 면제해 주는 방법을 썼습니다. 고구려의 경우에는 **고국천왕**이 **을파소**를 등용하여 **진대법**(124p 참조)을 실시했습니다. 진대법(賑貸法)은 빈민 구제를 위해 식량이 부족한 춘궁기에 곡식을 빌려주고, 가을에 약간의 이자를 더하여 수확한 곡식으로 갚게 하는 제도입니다. 최근에는 부여 지역의 백제 목간에서 **좌관대식기**(左官貸食記)가 나오기도 했습니다.

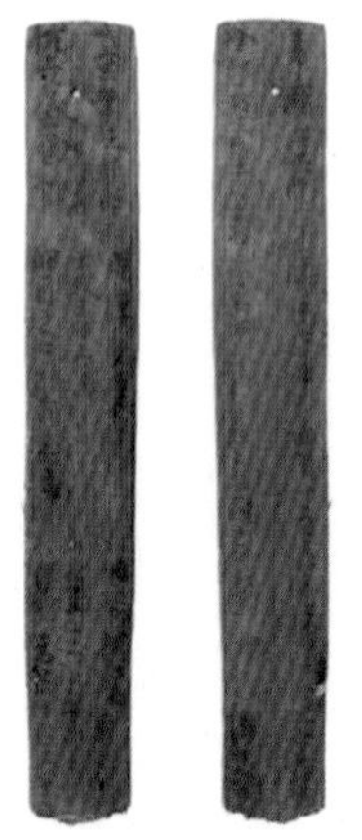
좌관대식기
백제의 도성이었던 부여 쌍부리에서 출토된 목관으로, 백제에서도 춘궁기에 농민에게 곡식을 빌려주는 제도가 있었음을 알려준다. 이 목간에는 좌관이라는 관리가 총 9명에게 빌려준 곡식의 양과 갚은 곡식의 양 그리고 아직 갚지 못한 곡식의 양 등을 정리하여 기록하였다.

왕은 순무(巡撫)를 통관해 민심을 수습하기도 했습니다. 그리고 국가는 천재지변 등 예기치 않은 이변과 재난을 예방하거나 환란에 대비하는 기능의 지방 통치 제도 정비와 구휼 제도 등을 통해 유민을 억제하고, 농민들의 몰락을 막아 국가 재정과 국방의 안정을 꾀했습니다.

시장을 설치하고 경제생활을 하다

일반적으로 농업 생산력의 증가는 상공업의 발전으로 이어집니다. 풍부해진 물자들이 시장에서 활발히 거래되는 과정에서 상공업이 발전하기 때문입니다. 물론 삼국시대에는 이전보다 생산력이 발전하기는 했지만,

상공업을 뒷받침할 만큼 농업이 발전하지는 못했습니다. 그래서 상업 활동은 주로 경제력을 갖춘 귀족들이 거주하는 수도와 큰 도시들에서 제한적으로 이루어졌습니다.

신라의 경우 5세기에 수도인 경주에 시장인 동시가 열리고, 6세기에 동시의 감독관청인 **동시전**이 설치되었습니다. 수공업 역시 주로 왕실과 귀족의 수요를 충당하는 수준에서 이루어졌습니다. 관청에서 수공업자들에게 필요한 물건을 정해진 만큼 만들도록 하는 **관영 수공업**이 대표적인 형태였습니다.

대외 무역은 주로 공무역(公貿易)의 형태로 전개되었습니다. 삼국은 중국의 남북조와 교류했습니다. 특히 고구려는 중국의 북조 및 북방 지역과 교류했고, 백제는 중국 남조 및 왜와 교류했습니다. 신라는 지리적 한계로 초기에는 고구려나 백제를 통해 중국과 교류했으나, 6세기 한강 유역을 차지한 후에는 **당항성**(黨項城)을 통해 중국과 직접 교류하며 공무역을 전개했습니다.

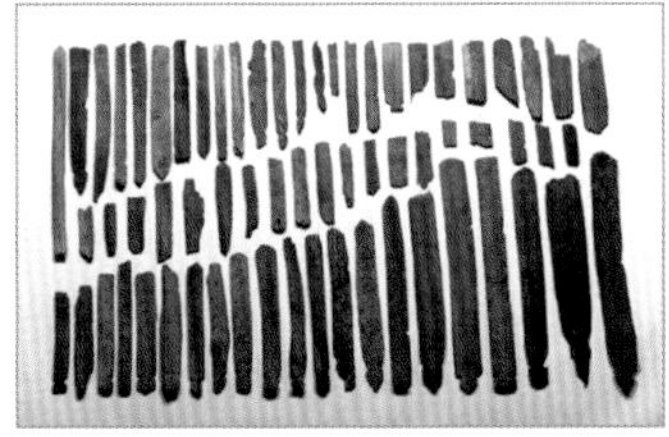

성산산성 목간(木簡)

성산산성(경남 함안)은 신라가 가야를 정복하고 쌓은 낙동강가의 성인데, 이곳에서 6세기 중반에 작성된 신라 목간이 230여 점이나 발견되었다. 이 목간들은 대부분 세금을 바칠 때 짐에 부착한 꼬리표로 어느 지역에서 세금을 얼마나 바쳤는지를 기록하고 있다. 신라가 성산산성을 쌓으면서 낙동강 중상류 지역의 물자와 인력을 동원했음을 알 수 있다.

당항성

경기도 화성시 서신면 상안리 구봉산(九峰山) 위에 있는 삼국시대의 석축 산성으로, 당성(黨城)이라고도 한다. 신라가 황해를 통해 중국과 교통했던 중요한 출입구 구실을 하였으며, 이곳을 통해 원효와 의상 스님이 당나라 유학을 떠났다. 사적 제217호.

주요 용어

귀족, 평민, 천민, 녹읍, 식읍, 고리대

2 삼국의 경제생활

귀족의 경제 기반은 무엇이었나

고대국가의 체제가 정비되면서 삼국은 왕족을 비롯하여 각 부의 지배 세력이 중앙의 귀족으로 재편성되었습니다. 왕족을 비롯한 중앙 **귀족**들은 정치권력과 사회·경제적 특권을 누렸습니다. 삼국시대의 신분제에서 귀족들은 최상층에 위치해 있었으며, 본래 소유한 토지와 노비가 있었습니다.

고대 귀족들의 주요한 경제활동은 관리가 되는 것이었습니다. 관리들은 직역에 대한 대가로 국가에서 토지와 노비를 지급받았습니다. 대표적으로 신라는 직역(職役)의 대가로 귀족 관리들에게 **녹읍**(본문 050p 참조)을, 왕족이나 공신들에게 **식읍**(食邑)을 지급했습니다. 정복 전쟁 과정에서 승리할 경우에는 국가가 새롭게 획득한 영토의 일부와 전쟁 포로를 귀족들에게 지급하기도 했습니다.

식읍
왕족이나 공신 등 큰 공을 세운 귀족들에게 포상의 의미로 지급한 토지이다. 조세뿐만 아니라, 특산물과 노동력을 징수할 수 있었다.

이외에도 귀족들은 자신들이 가지고 있는 재산을 배경으로 고리대를 하였으며, 이를 통해 농민들의 토지를 빼앗거나 농민을 자신의 노비로 삼는 경우도 많았습니다. 이렇듯 귀족들은 다양한 방법을 통해 토지와 노비를 확보했습니다. 그리고 노비와 농민들을 동원하여 자신의 토지를 경작하게 해서 부를 축적할 수 있었습니다.

안악 3호분이나 각저총 등 고구려 고분벽화를 통해 귀족들의 삶의 모습을 엿볼 수 있는데, 귀족들은 기와집, 창고, 마구간, 주방 등을 갖춘 높은 담이 있는 집에서 노비들을 거느리고 풍족하게 사는 모습으로 그려져 있습니다.

평민과 천민의 경제생활은 어떠했을까

삼국시대 **평민**들은 대부분 농민으로서 신분적으로는 자유인이었으나, 귀족층에 비하여 정치적으로나 사회적으로 많은 제약을 받았습니다. 농민들은 자신의 토지에서 농사를 짓고 국가에 세금을 바치거나, 귀족이나 부유한 사람들의 토지를 빌려 농사를 지었습니다. 후자의 경우 농민들은 생산량의 상당 부분을 토지 소유자에게 주어야 했습니다. 따라서 농민들의 삶은 여유롭지 못했습니다.

4~5세기 이후 철제 농기구의 보급과 농업 기술의 발전으로 이전보다 생산력이 향상되었고, 농민들도 개간 등을 통해 꾸준히 경작지를 늘려갔습니다. 그러나 아직 생산력 자체가 높은 편은 아니었습니다. 생산한 곡물이나 삼베, 과실 등을 국가나 귀족 등에게 조세로 내야 했고 잦은 부역에 동원되어야 했기 때문에 농민들의 생활환경은 열악했습니다.

15세 이상의 남자들은 정남(丁男)으로서 궁전 건축이나 성 쌓기, 수리시설 축조 등과 같은 각종 부역에 동원되었습니다. 16년 만에 완성된 고구려의 천리장성이나《삼국사기》에 보이는 많은 축성 사례에서 알 수 있듯이, 농민들은 크고 작은 토목공사에 부역의 명목으로 자주 동원되었습니다. 또한 삼국 사이의 전쟁이 치열해지면서 군대에 동원되어 전쟁에 참여하거나 전쟁 물자를 조달해야 했기 때문에 농민들에게는 큰 부담이 되었습니다. 이 와중에 자연 재해를 당하거나 **고리대**를 갚지 못하면 몰락하여 유랑민이 되거나 귀족의 노비로 전락하기도 했습니다.

삼국시대의 **천민**은 대부분 노비였습니다. 천민과 노비는 피정복민이거나 몰락한 평민이었습니다. 관청에 소속된 노비들은 왕실과 관청에 예속되어 신분이 자유롭지 못했습니다. 사노비의 경우에는 주인의 집에서 시중을 들며 생활하거나 주인 집 밖에서 생활하면서 주인의 땅을 경작하였습니다.

고구려의 법에는 남의 소나 말을 죽인 자를 노비로 삼았습니다. 그리고 빚을 갚지 못한 자가 그 자식들을 노비로 팔아 배상하는 경우도 있었습니다. 삼국시대에는 전쟁이 많았기 때문에 많은 포로들이 노비가 되었습니다. 삼국은 신분제 사회로서 원칙적으로 신분상승이 가능하지 않았기 때문에 천민이나 노비의 삶은 농민의 삶보다도 많이 열악했습니다.

남북국시대의 경제 활동

주요 용어

관료전, 녹봉, 정전, 신라 촌락문서, 왕토사상

1 통일 신라의 경제 정책

통일 후 토지제도를 정비하다

신라는 통일 후에 왕권을 강화하고 귀족 세력을 억제하기 위해 토지 제도를 개혁하고, 수취제도를 정비했습니다. **신문왕** 7년(687)에는 관료들에게 차등있게 **관료전**을 지급했으며, **신문왕** 9년(689)에는 귀족들의 정치·경제적 기반이었던 녹읍을 폐지하고 **녹봉**(祿俸)을 지급했습니다.

그러나 귀족들의 강력한 반발로 **경덕왕** 16년(757)에 녹읍을 부활하면서 농민들에 대한 귀족들의 지배권이 다시 강화됩니다. 이로써 귀족들은 기존의 개인 사유지와 공신이 받는 식읍, 관료가 받는 녹읍 등을 통해 막강한 경제력을 보유하게 되었습니다. 이는 통일 후 약화되었던 귀족의 힘이 다시 커졌음을 보여 주는 것입니다, 또한 신라 하대 진골 귀족 사이의 치열한 왕위 쟁탈전의 원인이 되었습니다.

성덕왕이 정전을 지급하다

통일 신라에서는 귀족뿐만 아니라 농민들에게도 토지를 지급했습니다. 8세기 초인 성덕왕 때에는 왕토사상(王土思想)에 의거하여 농민들에게 **정전**(丁田)을 지급했습니다. 정전의 자세한 내용은 확인되지 않지만, 농민들의 경제생활을 안정시킴으로써 국가의 통제력을 강화하고 귀족들의 기반을 약화시키기 위해 지급한 것으로 보입니다. 아울러 농민에 대한 구휼정책도 마련하였습니다. 성덕왕 6년에 흉년으로 춘궁기에 굶어 죽는 사람들이 많아지자, 백성들에게 곡식과 종자를 나누어 주었습니다.

국가는 농민으로부터 세금 명목으로 조세, 부역, 공물을 거두었습니

왕토사상

모든 토지는 왕의 땅이라고 하는 고대의 토지에 대한 사상. 중국 주(周)나라의 토지 제도에서 비롯된 것으로 천하의 토지는 왕의 토지가 아닌 것이 없고 천하의 신하는 왕의 신하가 아닌 사람이 없다는 《시경(詩經)》의 구절에서 유래하였다.

정전

신라 성덕왕 21년(722년)에 15세 이상의 남자에게 나라에서 나누어 주던 토지. 연수유답(烟受有畓), 연수유전(烟受有田)이 있다.

다. 신라는 통일 이후에 토지에 대한 세금인 조세를 경감해서 10분의 1 정도를 수취하도록 했습니다. 역(役)은 국가를 지키는 군역과 노동력을 제공하는 부역으로 이루어졌는데, 16세에서 60세까지의 남자인 정남(丁男)을 대상으로 부과했습니다. 그리고 공물은 촌락 단위로 그 지역의 특산물을 받았습니다.

향이나 부곡에 사는 사람들은 일반 농민보다 형편이 어려웠습니다. 농민과 신분적으로는 비슷한 처지였지만, 농민보다 더 많은 역역과 공물을 부담해야 했기 때문입니다.

신라 촌락문서

통일신라시대 서원경(청주) 부근의 4개 촌락의 모습이 기록되어 있다. 지방 관청에서 소속 촌락의 경제상황을 조사한 자료로 3년마다 작성하였다. 촌락 규모, 가구 수, 소와 말의 수, 농지 면적, 유실수와 그 변동내용이 기록되어 있다. 사람은 남녀별로 구분했으며, 나이에 따라 6등급으로 가호는 9등급으로 나누어 파악했다. 세금을 거두려는 목적으로 작성된 것으로 보인다. 민정문서라고도 한다.

조세 수취의 근거가 마련되다

1933년 일본 도다이지(東大寺)의 정창원에서 파손된 불경을 수리하던 중에 통일 신라의 경제생활을 알려 주는 **촌락문서**(村落文書)가 발견되었습니다. 당시에는 종이가 귀했기에 불경을 제작할 때 이면지를 활용했는데, 불경을 해체하는 과정에서 촌락문서가 발견된 것입니다.

일본 정창원에서 발견된 신라의 촌락문서를 보면, 신라에서는 촌주가 몇 개의 촌락을 책임지고 관리했음을 알 수 있습니다. 촌락문서는 지방 통제와 세금 수취를 위해 지방 관아에서 소속 촌락의 경제 상황을 조사해서 중앙 정부에 보고한 일종의 호구 조사서입니다. 촌락문서에는 당시 서원경 부근 4개 촌락의 이름과 소속 현, 각 촌락의 토지 수, 호구 수, 기르는 말과 소의 수, 전답의 면적, 뽕나무·잣나무·호두나무 등의 수를 상세하게 기록했습니다.

기록된 4개의 촌은 호구 43개에 노비 25명을 포함하여 총 442명(남자 194명, 여자 248명)이었습니다. 사람은 남녀별로 구분하고, 16세에서 60세의 남자 연령을 정(丁)으로 하되, 나이 등급에 따라 6등급으로 구분하여 기록하였습니다. 그리고 호(戶)는 사람의 많고 적음에 따라 상상호(上上戶)에서 하하호(下下戶)까지 9등급으로 나누어 파악했습니다.

촌락문서를 보면, 촌민들의 연수유답(烟受有畓)에 촌주들에게 주는 촌주위답(村主位畓)이 포함되어 있습니다. 이는 촌주가 국가의 직역을 수행하는 대가로 지급받은 토지로 보입니다. 국가는 해당 지역의 촌주에게 그 지역에 대한 변동사항을 3년 주기로 문서로 작성하여 올리게 하였고, 이를 기초로 세금을 거둔 것으로 보입니다.

주요 용어

신라방, 신라소, 신라원, 당항성, 장보고, 청해진

2 통일 신라의 경제 정책

산둥 지역에 신라방을 두다

통일 후 신라는 이전보다 넓은 영토와 많은 농민을 지배하게 되었고 경제 규모도 확대되었습니다. 이에 따라 수도 경주에 통일 전부터 있었던 동시 외에도 서시와 남시를 두었습니다. 그리고 지방의 중심지나 교통의 요지에도 시장이 생겨 물물교환이 이루어졌습니다.

통일 이후에 당과의 관계가 긴밀해져 **당항성**을 중심으로 교류가 활발히 진행되었습니다. 이때 공무역뿐만 아니라 사무역도 발달하였습니다. 신라의 공식 사절단이 당을 방문했으며, 이들을 통한 조공무역(朝貢貿易) 형태로 당의 비단, 차, 자기, 서적 등이 신라로 들어왔습니다. 해상 무역도 번성했으며 유학생, 승려, 상인 등의 인적 교류도 활발했습니다. 수많은 신라인들이 당으로 건너가면서 당의 산둥 지역에는 신라인 마을인 **신라방**, 감독관청인 **신라소**, 신라인의 사찰인 **신라원** 등이 세워졌습니다.

경주 괘릉의 무인상

무인상에 표현된 서역인의 모습을 통해 당시 신라와 아라비아 지역의 교류를 확인할 수 있다.

이 과정에서 신라인들은 당의 수도 장안을 방문한 서역 상인들을 접하게 됩니다. 양탄자, 낙타, 포도주 등 서역의 문화가 신라에 전해져 사치 풍조를 일으키기도 했습니다. 당이나 아라비아에서 수입한 비단, 양탄자, 유리그릇, 귀금속 등 사치품을 소비한 것은 신라의 귀족들이었습니다. 귀족들은 당의 유행에 따라 옷을 입기도 하였고, 경주 근처에 금입택(金入宅)이라고 하는 좋은 집을 짓고 살았습니다. 한편, 경주 괘릉의 무인석상(武人石像)과 구정동 고분의 네 모서리에 부조된 무인상, 처용 설화 등은 서역인과의 교류 사실을 알려 줍니다.

청해진을 설치하다

통일 후 전개된 당과의 활발한 교류는 9세기 중반에 들어와 위기를 맞게 됩니다. 신라에서 치열한 왕위 쟁탈전이 이어지며 혼란이 거듭되자 당의 해적들이 기승을 부렸고, 이들이 신라인을 납치하는 등 많은 피해를 주었습니다. 이러한 상황에서 어린 나이에 당으로 건너가 군인으로 성공한

장보고 관련 기록

- 장보고의 상단이 가지고 온 물건은 임의로 민간에 맡겨 교역할 수 있게 하라. 다만 백성들이 한도를 어기고 앞 다투어 구매하여 가산을 기울이는 일이 없도록 하라. 《속 일본후기》
- 장보고 대사의 무역선 2척이 산동 지역 적산포에 도착했다고 한다. 《입당구법 순례기》

장보고가 신라로 귀국합니다. 장보고는 **흥덕왕**에게 해적 소탕을 위해 **청해진** 설치를 제안하여 허락을 받습니다. 장보고는 지방민 1만여 명을 규합해서 군대를 양성하고, 지금의 완도에 청해진을 설치했습니다.

장보고는 청해진 대사로서 당의 산둥반도에 법화원을 세우는 한편, 해적들을 소탕하고 서해의 해상권을 장악했습니다. 아울러 무역 활동을 위해 일본 조정에 회역사(廻易使)를 파견하여 공물을 보내고, 당에도 견당매물사(遣唐買物使)를 보내는 등 동북아시아의 해상 왕으로서 위상을 높였습니다. 청해진은 국제 무역의 중계 기지로 번성하였고, 이를 통해 장보고는 막대한 부를 축적하면서 신라 하대의 막강한 군진 세력으로 성장했습니다.

그러나 골품제 사회였던 신라에서 장보고의 활동은 제한적일 수밖에 없었습니다. 신무왕의 왕위 계승에 개입한 장보고는 신무왕 사후에 자신의 딸을 문성왕의 둘째 왕비로 만들려고 하였습니다. 그러나 중앙 귀족들은 장보고가 바닷사람이라며 반대했습니다. 이에 장보고는 반란을 일으켰고, **문성왕**은 재위 8년(846)에 자객인 염장을 보내어 장보고를 죽였습니다. 이에 정부는 문성왕 13년(851)에 청해진을 혁파하고 그곳의 주민들을 지금의 김제인 벽골군으로 이주시켰습니다. 장보고의 죽음으로 청해진은 통일, 신라의 해군 기지 및 무역 거점으로서의 기능을 상실하게 되었습니다.

주요 용어

발해관, 신라도, 일본도, 거란도

3 발해의 경제생활

발해가 당, 신라, 일본, 거란과 무역하다

만주 일대에서 성장한 발해는 밭농사와 수렵, 목축업 등이 경제생활의 중심을 이루었습니다. 9세기에 이르러 사회가 안정되면서 농업, 수공업, 상업 분야에서 발전이 이루어집니다. 농업에서는 밭농사가 주류를 이루었으나, 철제 농기구가 발달하면서 벼농사도 짓게 되었습니다. 목축업과 수렵도 발달하여 돼지, 말, 소, 양 등을 길렀는데, 특히 솔빈부(率賓府)의 말은 발해의 주요한 수출품이었습니다. 이외에도 수렵을 통해 얻은 모피, 녹용 등을 주변국으로 수출했습니다.

수공업은 철, 구리, 금, 은 등 금속 가공업과 삼베, 명주, 비단 같은 직물업, 도자기업 등 다양한 분야에서 발전했습니다. 그리고 수도인 상경 용천부 등 대도시와 교통 요충지에서 상업이 발달했습니다. 상품 매매에는 현물 화폐를 주로 썼으나, 외국과의 교류에서는 외국 화폐도 함께 사용했습니다.

발해는 주요 교통로를 만들어 당, 신라, 일본, 거란 등 주변 여러 지역과 교류했습니다. 당과의 교통로인 '조공도'와 '영주도'를 비롯하여 일본으로 가는 '**일본도**', 신라 사이에 설치된 '**신라도**', 거란과의 교통로인 '**거란도**'가 있었습니다. 그리고 시베리아로 통하는 모피 교역로도 있었습니다.

당나라와는 초기에 다소 갈등이 있었지만, **문왕** 때부터 친선

통일 신라와 발해의 대외 교역로 및 주요 교역품

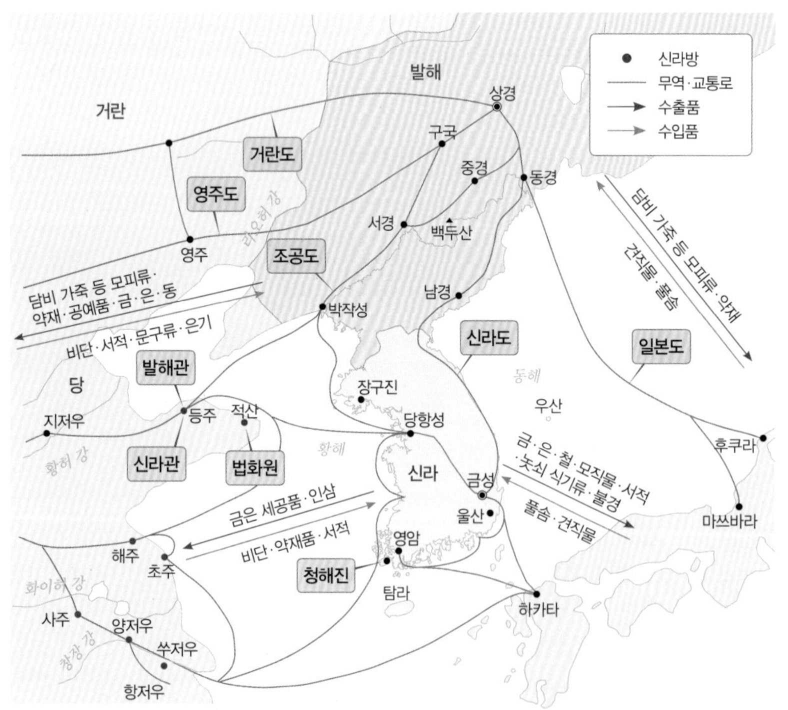

관계를 유지하며 해로와 육로를 통해 활발히 교역했습니다. 귀족들의 수요에 따라 당으로부터는 도자기, 비단, 책 등이 주로 수입되었습니다. 발해의 수출품은 모피, 인삼 등의 토산물과 불상, 자기 등의 수공업품이었습니다. 당은 발해 사신들이 머물던 **발해관**을 산둥반도 덩저우(登州)에 설치하여 발해 사람들이 활용하게 하였습니다.

발해는 일본과도 활발히 교류했습니다. 사신단의 규모가 한 번에 수백 명이 될 정도였습니다. 사신단에는 다수의 상인이 포함되어 있었으며, 발해의 모피 등은 구매 경쟁을 일으킬 정도로 일본 내에서 인기가 좋았습니다. 신라와는 경쟁하는 사이였지만, 발해의 동경에서 신라 천정군 사이에 39개의 역이 설치된 **신라도**를 통해 인적·물적 교류가 이루어졌습니다.

삼국시대의 사회

주요 용어

호민, 하호, 계루부, 상무적 기풍, 제가회의, 부경, 형사취수제, 부여씨, 대성8족, 상좌평, 골품제, 성골, 진골, 6두품, 화백회의, 상대등, 화랑도

1 삼국의 사회 계층과 신분제도

삼국은 엄격한 신분제 사회였다

초기 국가인 부여, 초기 고구려, 삼한의 읍락에는 경제적으로 부유한 **호민**(豪民)과 그 아래에 **하호**(下戶)가 있었습니다. 하호는 농업에 종사하는 평민이었고, 읍락의 최하층에는 주인에 예속되어 생활하는 노비가 있었습니다.

고구려, 백제, 신라의 삼국은 여러 소국을 통합하여 고대국가로 성장하는 과정에서 엄격한 위계질서인 신분제를 확립해 나갔습니다. 고대의 신분은 왕족을 비롯한 귀족으로 구성된 지배층과 평민과 천민의 피지배층으로 구분되었습니다. 개인의 능력보다는 선천적이고 혈연적인 관계에 의해 사회적 지위가 정해졌습니다.

삼국의 지배층 내부에서도 엄격한 신분제도가 적용되었습니다. 신라의 골품제가 이를 보여 주는 사례입니다. 삼국시대 귀족들은 출신 가문에 따라 특권을 누리거나 승진의 제한이 있었으며, 관품에 따라 국가에서 받는 경제적인 혜택도 달랐습니다. 엄격한 신분제 사회로서 반역이나 죄를 범했을 경우에 신분의 하락은 가능하였으나, 원칙적으로 신분의 상승은 어려웠습니다.

고구려는 상무적(尙武的) 기풍이 강하다

압록강 중류 유역에서 국가의 기틀을 마련하고 성장한 고구려는 산간 지역의 특성상 식량 생산이 충분하지 못했습니다. 그래서 일찍부터 대외 정복활동에 적극적이었고, **상무적인 기풍**이 강했습니다.

고구려는 **계루부** 고씨가 왕위를 독점하면서 5부의 대표들이 점차 중앙 귀족으로 편입되어 지배층을 이루었습니다. 당시 부의 장(長)들을 대가(大加)라고 했는데, 왕이나 대가는 선인·사자·조의 등의 관리를 각기 거느렸습니다. 전쟁에 각 5부의 군대가 동원되었기 때문에 국가의 중요한 일들은 '가'들이 모이는 '**제가회의**'에서 합의하고 결정했습니다. 이후 중앙 관제가 정비되면서 대대로를 최고 관직으로 하는 12관등제(본문 036p 참조)를 갖추었습니다. 고구려 후기에는 대막리지가 설치되어 행정권과 군사권을 모두 행사했습니다.

피지배 계층인 평민은 국가의 근간으로서 중요한 수입원이었습니다. 평민들은 조·용·조를 국가에 냈습니다. 하지만 농민들이 몰락하여 귀족의 노예가 되는 경우가 빈번했기 때문에 국가 입장에서는 이를 막아야 했습니다. 통치자들은 국가의 창고를 열어 곡식을 나누어 주거나 그해의 세금을 면제해 주는 방법을 썼는데, 고구려의 경우 고국천왕이 을파소를 등용하여 빈민구제책인 진대법을 실시했습니다.

고구려에서는 통치 질서와 사회 기강을 유지하기 위해 법체계가 엄격하였습니다. 반역자와 살인자는 사형에 처하고 그 가족들을 노비로 삼았습니다. 그리고 도둑질한 자는 12배로 갚게 했습니다. 소나 말을 죽인 자는 노비로 삼았습니다.

고구려인들은 집집마다 '**부경**(桴京)'이라는 식량을 보관하는 창고를 두었습니다. 또한 고구려의 혼인 풍습으로는 **형사취수제**(兄死娶嫂制)와 **서옥제**(본문 026p 참조)가 있었습니다. 평민들은 남녀 간의 자유로운 교제를 통하여 결혼했는데, 남자 집에서 돼지고기와 술을 보낼 뿐 다른 예물은 주지 않았다고 합니다. 신부의 집에서 예물을 받는 경우에는 딸을 팔았다고 여겨서 부끄럽게 생각했기 때문입니다.

부경

고구려 시대의 창고. 고구려는 산이 많고 평야가 적어 식량을 다른 나라로부터 약탈하여 해결하였다. 이때 빼앗아 온 식량을 보관하는 작은 창고를 마을마다 만들었는데, 이를 부경이라고 한다. 이를 통해 고구려의 약탈 경제의 모습을 알 수 있다. 통나무로 엮어 2층으로 만들었다.

형사취수제

남자의 경우 형이 죽은 뒤 동생이 형을 대신해 형수와 부부생활을 계속하는 혼인 풍습. 형사취수혼(兄死娶嫂婚)이라고도 한다.

백제의 사회 모습은 어떠했을까

백제는 부여계 고구려 유이민 계통이 세운 나라여서 초기에는 언어와 풍속, 의복이 고구려와 큰 차이가 없었습니다. 그러나 일찍부터 중국과 교류하여 선진 문화를 수용하면서 점차 세련된 기풍을 유지하게 되었습니다.

삼국 초기에는 백제도 왕권이 미약했기 때문에 귀족 회의체인 정사암

회의(125p 참조), 좌평회의 등이 있었습니다. 그러나 고대 국가체제가 정비되면서 왕을 중심으로 하는 관료 체제가 갖추어졌으며, 왕족인 **부여씨**와 **대성**(大姓) **8족**으로 알려진 귀족이 지배층을 이루었습니다. 백제의 최고 교육 기관으로는 **태학**이 있었으며, 귀족층은 한문을 능숙하게 구사하고 유교적 소양이 있었습니다. 또한 투호와 바둑 및 장기는 고구려와 마찬가지로 백제의 지배층이 즐기던 오락이었습니다.

피지배층인 일반 농민은 매년 세금을 냈으며, 15세 이상이면 군역과 역역(力役)의 의무를 져야 했습니다. 최하층인 노비는 주로 정복 전쟁 과정에서 정복한 지역의 백성이나 포로였습니다.

백제 역시 상무적인 기풍이 강해 말 타기와 활쏘기를 좋아하고, 형법의 적용이 엄격했습니다. 반역한 자나 전쟁에서 후퇴한 자는 사형에 처하고, 도둑질한 자는 귀양을 보냄과 동시에 물건 값의 2배를 갚게 했습니다. 관리가 뇌물을 받거나 국가의 재물을 횡령하면 3배를 배상하게 하고

신라의 골품과 17관등표

		공복	골품			
등급	관등명		진골	6두품	5두품	4두품
1	이벌찬					
2	이찬					
3	잡찬	자색				
4	파진찬					
5	대아찬					
6	아찬					
7	일길찬	비색				
8	사찬					
9	급벌찬					
10	대나마	청색				
11	나마					
12	대사					
13	사지					
14	길사	황색				
15	대오					
16	소오					
17	조위					

금고형에 처했습니다.

골품제가 지배한 신라 사회

신라는 고구려와 백제에 비해 중앙집권 국가로 늦게 발전했습니다. 그래서 6부의 대표들이 모여 국가의 중요한 일들을 합의하는 전통이 오랫동안 유지되었습니다. 이때 열린 귀족 회의를 **화백회의**라고 하는데, 귀족 대표인 **상대등**이 주관했으며 만장일치로 사안을 결정했습니다.

신라에는 혈연에 따라 사회적 신분이 정해지고 제약이 가해지는 **골품제**가 있었습니다. 골품제는 각 지방의 지배 세력들이 중앙 귀족으로 편입하는 과정에서 생겨난 것입니다. 신분에 따라 승진할 수 있는 관등을 비롯하여 집의 규모와 의복, 수레 등 신라인의 일상생활까지 규제하는 등 사회 활동 전반에 영향력을 미친 신분 제도입니다.

골품제 아래에서 **성골**은 왕족에 해당했고, **진골**은 최고 귀족으로 중요한 관직을 독점했습니다. 그러나 진덕여왕 이후 성골의 혈통이 끊기면서 무열왕부터는 진골 귀족에서 왕이 나오게 되었습니다. 진골 아래에 위치한 **6두품**은 아찬까지 진출할 수 있었지만, 주요 관청과 지방의 장관직은 맡을 수 없었습니다. 이것이 신라 하대에 이르러 6두품 세력이 왕실과 진골 귀족에 맞서 **호족**을 지원한 중요한 이유입니다. 5두품과 4두품은 관료로 진출할 수는 있었지만 중하급 관료층에 머물러야 했고, 3·2·1두품은 평민과 다름이 없었습니다.

신라의 **화랑도**는 진흥왕 때 국가 조직으로 재정비되었으며, 원광은 **세속 5계**(世俗伍戒, 125p 참조)를 통해 화랑들의 마음가짐과 행동 규범을 제시했습니다. 화랑도는 귀족 자제 중에서 선발된 화랑과 그를 따르는 낭도들로 구성되었는데, 규모가 큰 경우 수천여 명에 이르렀다고 합니다. 화랑도는 유사시에 군대의 역할을 겸했기 때문에 삼국 통일의 과정에서 큰 역할을 수행했습니다. 김유신, 관창 등이 대표적인 화랑 출신의 인물입니다.

세속 5계

- **사군이충(事君以忠)**
  임금 섬기기를 충으로써 한다.
- **사친이효(事親以孝)**
  부모 섬기기를 효로써 한다.
- **교우이신(交友以信)**
  친구 사귀기를 믿음으로써 한다.
- **임전무퇴(臨戰無退)**
  전쟁에 임하여 물러서지 않는다.
- **살생유택(殺生有擇)**
  생명있는 것을 죽이되 가려서 한다.

남북국시대의 사회

주요 용어

일통삼한, 9주, 9서당, 금입택, 안압지, 포석정, 원종과 애노의 난, 6두품, 호족

1 통일 신라의 사회

통일 신라가 일통삼한(一通三韓)의 이념을 실현하다

신라는 삼국 통일 후에 일통삼한(一通三韓)이라는 이념을 실현하고 혈연적 동질성과 문화적 공통성을 위해 다양한 노력을 전개했습니다. 지방 조직의 정비 과정에서 **9주**를 고구려, 백제, 신라의 땅에 각각 3개씩 배분했으며, 중앙군인 **9서당**에 고구려와 백제의 유민을 편입시킨 것이 대표적인 사례입니다.

통일 신라는 영토와 인구가 늘어나 경제력도 삼국시대보다 증대되었고, 이를 바탕으로 100여 년 동안 안정된 사회를 유지했습니다. 그러나 통일 후에 사회·경제면에서 다양한 변화가 있었습니다.

먼저 도시가 발달했습니다. 통일 신라의 수도인 금성(경주)은 정치와 문화의 중심지로 귀족들이 모여 사는 대도시로 번성하게 되었습니다. 금성은 바둑판처럼 구획된 시가지에 궁궐, 관청, 사원과 귀족들의 저택과 민가가 17만여 호나 있었다고 합니다. 진골 귀족들은 **금입택**(金入宅)에서 중국의 사치품을 사용하며 호사스러운 생활을 했습니다. **안압지**와 **포석정** 등에서 나오는 유물들은 당시 귀족들의 생활을 잘 보여 줍니다. 금성은 전국에서 거두어 들이는 조세와 특산물, 그리고 무역품들이 모여드는 거대한 도시가 되었습니다. 5소경은 신라 수도에서 이주한 귀족들과 고구려, 백제, 가야의 귀족들이 거주하는 중심지가 되어 지방의 문화를 이끌었습니다.

또한 골품제의 변화가 있었습니다. 하급 귀족이었던 1~3두품은 점차 평민과 같은 취급을 받았습니다. 골품제가 해이해지자 원성왕대에는 골

원종·애노의 난

889년(진성여왕 3) 신라 사벌주(沙伐州, 지금의 상주)에서 일어난 농민항쟁. 이 난을 계기로 농민들의 집권층에 대한 저항이 확대되었으며, 중앙정부의 지방 통제력도 약화되었다.

품제를 강화하는 조서를 내리기도 했습니다.

신라 하대로 가면서 정치적으로는 진골 귀족 사이의 권력 다툼이 심해지고, 경제적으로는 귀족들의 사치와 대토지 소유 확대로 신라의 경제 구조에 동요를 가져오게 됩니다. 지방의 토착 세력과 사원들은 대토지를 소유하면서 유력한 세력인 호족으로 성장했습니다.

중앙에서는 재정을 뒷받침하기 위해 과도한 수취가 이어지고, 9세기 이후 자연재해가 자주 발생하면서 농민들의 몰락이 심화됩니다. 결국 신라 하대에 이르러 **원종과 애노의 난**(元宗哀奴-亂)을 비롯하여 전국 각지에서 농민 봉기가 일어났습니다. 이러한 상황에서 중앙 정부는 지방에 대한 통제력을 상실하였고, 골품제의 한계로 능력대로 대우받지 못한 **6두품**은 지방 **호족**들을 지원하여 새로운 왕조의 개창을 도왔습니다.

통일 신라의 행정 조직

9주 5소경				
9주	군의 수	현의 수	현재의 지명	5소경
한주	27	46	서울	중원경(충주)
삭주	11	27	춘천	북원경(원주)
명주	9	25	강릉	
웅주	13	29	공주	서원경(청주)
전주	10	31	전주	남원경(남원)
무주	14	44	광주	
상주	10	30	상주	
강주	11	27	진주	
양주	12	34	양산	금관경(김해)
계	117	294		

주요 용어

대조영, 말갈인, 빈공과

2 발해의 사회

말갈족(靺鞨族)

6~7세기경 한반도 북부와 만주 동북부 지역에 거주했던 종족.

발해의 성(姓)씨

발해의 성씨로 왕족인 대씨, 고구려 왕족이었던 고씨 등 최고위 성씨 6개와 일반 성씨 49개가 확인된다. 고구려 유민계통의 성씨도 많았지만, 중국 성씨나 신라와 관련된 성씨, 말갈 성씨도 있었다.

고구려 유민과 말갈족이 발해 사회를 이루다

발해 사회는 **대조영**을 비롯한 고구려계와 주민의 다수를 차지한 **말갈인**으로 이루어졌습니다. 발해도 귀족, 평민, 천민층으로 구성된 신분제 사회였습니다. 발해의 귀족층은 왕족인 대씨와 귀족인 고씨 등 고구려계가 대부분이었지만, 말갈 출신도 있었습니다. 발해의 귀족층은 당에 유학하기도 했는데, 당에서 외국인을 대상으로 실시하는 과거 시험인 **빈공과**(賓貢科)에 합격하여 신라인과 수석을 다투기도 했습니다. 발해는 당의 제도와 문화를 받아들여 국가체제를 정비해 나갔습니다.

귀족은 최고 지배층으로서 주요 관직을 차지하고 노비 등 많은 예속민을 거느렸습니다. 그러나 귀족 사이에서도 품계의 높낮이에 따라서 지위나 대우 등이 달랐습니다. 귀족들은 치미, 귀면와(鬼面瓦)를 올린 호화로운 집에 거주하며 진기한 사치품을 수입해 사용했다고 합니다.

발해의 피지배층인 평민들은 대부분 성씨가 없었고, 고구려 유민보다는 말갈인이 많았습니다. 말갈인은 만주 일대의 유목 민족이었지만, 고구려 전성기에 복속되어 고구려에 편입된 종족이었습니다. 발해 건국 후에는 이들 가운데 발해의 지배층이 되거나 자신이 거주하는 촌락의 우두머리가 되어 토착세력으로서 발해의 통치에 협조했습니다.

최하층민인 천민은 노비와 예속민이었습니다. 발해의 마을은 대부분 말갈 부락으로 이루어졌으며, 토착민들은 지방관의 통제를 받았지만 대부분 고구려나 말갈 사회의 전통적인 생활 모습을 유지하고 있었습니다.

결혼은 일부일처제였고 여성의 지위가 비교적 높았다고 알려져 있습니다. 남자가 첩이나 몸종을 두는 경우는 없었으며, 여성을 주제로 한 문학 작품이나 여성의 활동을 나타낸 기록 등이 남아 있습니다.

문화사로 읽는 고대

삼국시대의 문화

1. 삼국시대의 사상과 종교
2. 삼국 문화의 발전
3. 삼국이 주변국과 문화를 교류하다

남북국시대의 문화

1. 통일 신라의 사상
2. 통일 신라의 예술
3. 발해의 문화

삼국시대의 문화

주요 용어

태학, 경당, 서기, 국사, 오경박사, 임신서기석, 사택지적비, 호국 불교, 황룡사 9층 목탑, 이차돈, 백제 금동 대향로

1 삼국시대의 사상과 종교

유학이 도입되고 교육기관이 설립되다

향찰

신라 때 한자의 음(音)과 훈(訓)을 빌려 우리말을 표음식(表音式)으로 표기하던 글. 주로 향가(鄕歌)의 표기에 이용되었다.

우리나라는 철기시대부터 일찍이 한자가 들어와 사용되었지만, 이두나 **향찰**(鄕札)을 만들어 한문을 토착화하기 위한 노력을 기울였습니다. 한자의 보급과 함께 유학이 들어오고, 관료체제를 정비하는 과정에서 관리를 양성하기 위한 교육기관이 설립되었습니다.

삼국이 고대국가로 발전하는 과정에서 중국으로부터 불교와 유학이 들어왔습니다. 유학은 오랫동안 중국의 통치이념이었기에 국가 통치제제 정비에 유용했습니다. 중국과 교류가 활발했던 고구려는 4세기 소수림왕 시기에 **태학**을 설립하여 체계적인 유학 교육을 실시하였습니다. 그리고 이후 지방에 **경당**을 설립하여 유학 교육과 무술 교육을 함께 실시했는데, 이는 고구려의 상무적 기풍을 보여 줍니다.

진법자 묘지명

백제 멸망기에 당나라에 투항한 백제의 유민 진법자(陳法子)의 묘지명이 당나라 때 수도인 시안(西安)에서 2013년에 발견되어, 백제 유민의 삶과 교육 제도(태학)에 대한 내용을 알려준다.

백제의 경우는 교육기관에 관한 문헌 기록은 없지만, 백제의 유민인 진법자 묘지명(陳法子墓誌銘)이 발견되어 백제에서도 근초고왕 시기에는 '태학'을 세웠을 것으로 보입니다. 또한 유학 경전에 능숙한 학자에게 '**오경박사**(伍經博士)'라는 관직을 내리고 귀족 자제를 상대로 유학을 가르쳤다는 점에서 유학이 발전했음을 알 수 있습니다. 오경박사 이외에 의박사·역박사 등을 통하여 기술학도 가르쳤으며, 일본에도 이들 박사들을 파견하여 문물을 전해주었습니다.

통일 이전의 신라에서는 교육 기관에 대한 기록을 찾기 어렵습니다.

다만 진흥왕 순수비에 유학의 오경 중 하나인《서경》의 구절이 인용되어 있고, **임신서기석**(壬申誓記石, 126p 참조)에 유학 경전을 3년간 열심히 공부하자는 내용이 새겨져 있는 것으로 보아 신라 역시 유학이 발전했음을 알 수 있습니다. 유학에 대한 이해가 깊어지면서 한문 구사 능력도 높아졌습니다. 고구려의 광개토대왕릉비, 백제의 **사택지적비** 등에 나타난 문장은 지금도 높은 평가를 받고 있습니다. 삼국 통일 과정에서 신라의 외교 문서를 도맡아 작성하며 명문으로 이름을 날린 강수도 일찍이 유학을 배웠다고 전해집니다.

유학의 보급과 학문의 발전은 역사서의 편찬으로 이어집니다. 고구려에서는《유기》100권이 편찬되었고, 태학박사 이문진이 이를 간추려 5권의《신집》을 저술했다고 합니다. 하지만 이 역사서들은 현재 전해지지 않습니다. 백제 역시 고대 국가로 발전하는 과정에서 왕실의 위엄을 기록할 국사 편찬에 힘을 기울입니다. 그 결과 근초고왕 시기에 고흥이《**서기**》를 편찬했습니다. 이는 삼국 가운데 가장 먼저 편찬된 역사서로 기록

임신서기석 | 임신서기석이라는 이름은 비석의 첫머리에 '임신(壬申)'이라는 간지가 새겨져 있고, 비석의 첫머리에 충성을 서약하는 글귀가 있어서 붙여진 것이다. 1934년 경북 월성군 금장리 석장사 터 부근에서 발견되었다. 비석의 길이는 약 30cm, 너비는 윗부분이 약 12cm로 좁아지는 모양을 하고 있다. 신라 청소년들이 유교 경전을 공부하였음을 알 수 있다.

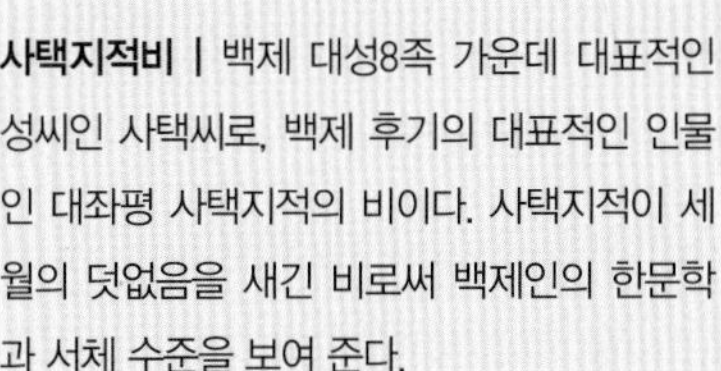

사택지적비 | 백제 대성8족 가운데 대표적인 성씨인 사택씨로, 백제 후기의 대표적인 인물인 대좌평 사택지적의 비이다. 사택지적이 세월의 덧없음을 새긴 비로써 백제인의 한문학과 서체 수준을 보여 준다.

이차돈 순교비(국립중앙박물관) | 이차돈은 법흥왕대 불교의 공인을 주장한 인물이다. 이차돈을 처형하자 '목 가운데에서 흰 피가 나왔고, 하늘에서 꽃비가 내리고 땅이 뒤흔들렸다' 고 전해진다. 순교시의 모습을 담은 비이다.

되어 있지만, 현재는 전해지지 않습니다. 신라는 비교적 늦은 시기인 6세기 진흥왕 대에 거칠부가 《**국사**》를 편찬했습니다.

불교를 공인하다

삼국은 고대 국가체제를 정비하는 과정에서 기존의 다양한 원시종교를 대신할 수 있는 새로운 고등종교가 필요했습니다. 때마침 중국 북조 왕조들이 '왕은 곧 부처'임을 강조하며 왕권 강화의 방편으로 불교를 장려했습니다. 그래서 삼국은 왕실을 중심으로 불교를 받아들였습니다.

불교 수용이 가장 빨랐던 국가는 고구려입니다. 소수림왕 2년(372)에 중국의 전진에서 승려 순도가 불경과 불상을 가져오면서 불교가 전래되었고, 이후 왕실의 지원 속에서 불교가 전파됩니다. 백제 역시 비슷한 시기에 불교가 전해집니다. 침류왕 1년에 중국 동진에서 온 승려 마라난타가 불교를 전했고, 고구려와 마찬가지로 왕실의 지원에 힘입어 불교가 확산되었습니다. 웅진 시기에도 도성에 대통사 등 많은 사찰을 만들었으며, 사비 시기에도 위덕왕, 법왕, 무왕 등이 왕흥사, 미륵사 등 대형 사찰을 만들어 불법을 널리 장려하였습니다.

신라는 눌지마립간 시기에 고구려에서 내려온 승려 묵호자 등에 의해 불교가 전해졌습니다. 그러나 신라에서는 왕권이 약하고 귀족과 토착 신앙과의 유착이 강했기 때문에 귀족들의 반발로 불교를 한동안 공인하지 못했습니다. 6세기에 이르러 왕권이 강화되는 과정에서 법흥왕대에 **이차돈**이 순교(126p 참조)하면서 귀족들의 반대를 누르고 불교를 공인합니다. 이후 불교는 신라 왕실의 권위를 높이는 데 크게 기여했으며, 진흥왕·진평왕·선덕여왕 등은 불교식 왕호를 사용했습니다.

삼국의 불교는 왕실을 중심으로 받아들여졌기 때문에 '불교가 나라를 지킨다.'는 **호국 불교**의 성격을 지니게 되었습니다. 대표적인 예가 황룡사 9층 목탑입니다. 신라의 **황룡사 9층 목탑**은 층마다 주변 나라의 이름을 새겼는데, 이는 주변 9개 나라를 복속시키겠다는 의미를 담고 있습니다. 미륵불이 나타나서 이상적인 불국토를 건설한다는 미륵불 신앙은 진흥왕 대의 화랑도에도 영향을 주었습니다. 진평왕 때 화랑들이 원광법사에게 받은 세속5계에도 호국 불교의 성격이 보입니다. 세속5계 가운데 살생유택(殺生有擇)은 불교에서 금지하는 살인을 나라를 위해 제한적으로 허용하는 것으로, 이는 전쟁이 빈번했던 당시의 상황을 반영하고 있습니다.

도교가 유행하다

삼국에서는 유교·불교와 더불어 도교가 전래되어 산천 숭배 등 토착 신앙과 결합하여 귀족들을 중심으로 유행하였습니다. 도교는 노장사상(老莊思想)과 민간신앙이 결합한 종교로 핵심 교리는 '무위자연(無爲自然)'과 '신선 사상(神仙思想)'이었습니다. 무위자연은 인위적인 것을 배제하고 그대로의 자연을 지향하는 것을 의미하며, 신선 사상은 불로장생하는 신선의 존재를 믿고 신선이 되기를 바라는 사상입니다.

백제의 산수무늬 벽돌 (보물 제343호, 국립중앙박물관)

상단에는 구름이 떠 있는 하늘을, 중앙에는 산악을, 하단에는 수면을 표현한 벽돌로, 백제의 도교를 엿 볼 수 있다.

고구려의 경우, 연개소문이 불교 사찰을 도교 사원으로 바꾸고 도교를 장려했다는 기록이 《삼국사기》에 전해집니다. 무덤 주인의 사후 세계를 지키기 위해 고구려 고분 벽화에 사신(四神)인 청룡(青龍), 백호(白虎), 주작(朱雀), 현무(玄武)의 방위신을 그려 넣은 것도 고구려에서 도교가 성행했음을 보여 줍니다.

백제의 경우에는 고구려와 같은 문헌 기록은 없지만, 자연과 더불어 살고자 하는 염원이 담긴 **산수무늬 벽돌**과 신선들의 이상 세계를 형상화한 금동 대향로가 만들어졌습니다. 부여 능산리 절터에서 발견된 **백제 금동 대향로**(80p 도판 참조)는 신선들이 사는 이상세계를 형상으로 표현했습니다. 불교에서 사용하는 향로의 뚜껑에 신선들의 이상세계가 묘사되었다는 점에서 유교·불교·도교 문화가 융합되어 있음을 잘 보여 줍니다. 또한 사택지적비에서도 도교의 영향을 확인할 수 있습니다.

주요 용어

첨성대, 굴식 돌방무덤, 모줄임천장, 무령왕릉, 천마총, 칠지도, 백제 금동 대향로, 안학궁, 황룡사 9층 목탑, 익산 미륵사지 석탑, 부여 정림사지 5층 석탑, 연가 7년명 금동여래입상, 금동 미륵보살 반가사유상

2 삼국 문화의 발전

천문학과 과학기술이 발달하다

고대 사회에서는 천문 관측을 매우 중시했습니다. 천체 관측과 이를 토대로 한 정확한 달력 제작이 농경에 매우 중요했기 때문입니다. 천문학은 일식이나 혜성 등의 천문 현상을 정확히 예측할 경우 왕의 권위를 높일 수 있었기에 정치적으로도 중요했습니다.《삼국사기》에 일월식, 혜성의 출현, 기상 이변 등에 대한 천문 관측 기록이 다수 존재하는 이유도 바로 이 때문입니다.

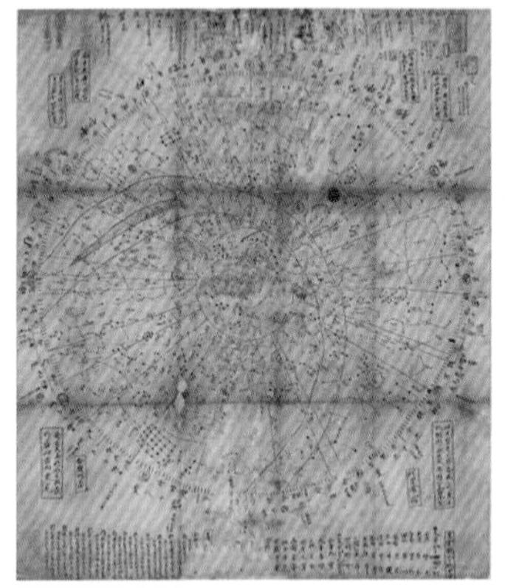
고구려 천문도

고구려에서는 별자리를 그린 천문도를 만들었습니다. 고분벽화에도 천문도를 남겼는데 육안으로 볼 수 있는 1,465개의 별이 그려져 있다고 합니다. 신라에서는 7세기 선덕여왕 시기에 천체 관측을 위해 **첨성대**를 세웁니다. 지금까지 남아 있는 것 가운데 세계에서 가장 오래된 천문대입니다. 천문학은 수학과 밀접한 관련이 있기에 천문학의 발달은 당시 사람들의 수학 수준이 매우 높았음을 보여 줍니다. 실례로 고구려 고분의 석실이나 천장 구조, 백제의 **정림사지 5층 석탑**, 신라의 **황룡사 9층 목탑** 등에 수학적 지식이 활용되었습니다. 백제에 산박사·역박사 등이 있는 것을 통해서도 당시 천문학과 기술학 등이 발달했음을 알 수 있습니다.

첨성대
신라 선덕여왕 시기에 만들어진 천문 관측 시설. 사각형 받침돌 위에 27단의 돌을 쌓아 몸체를 만들고 꼭대기에 다시 사각형 돌을 2단으로 얹었다.

삼국이 고분문화를 만들다

고구려 초기의 무덤 양식은 돌을 쌓아 올려 만든 **돌무지무덤**입니다. 가장 대표적인 것이 **장군총**이며 5세기경까지 주로 돌무지무덤을 만들었습니다. 이후 중국과의 교류가 활발해지면서 **굴식 돌방무덤**이 등장합니다. 굴식 돌방무덤은 돌로 널방을 만들고 그 위에 흙을 덮어 만든 것으로, 5세기 이후 대표적인 무덤 양식으로 자리 잡았습니다. 굴식 돌방무덤의 천장은 **모줄임** 구조로 이루어졌는데, 널방의 벽과 천장에 벽화를 그려 넣기도 했습니다.

고구려 무용총의 무용도

고구려 각저총의 씨름도

고구려 수렵총의 수렵도

초기 무덤의 벽화에는 당시의 풍속을 묘사한 그림이 그려져 있어서 고구려 사회를 이해하는 데 도움을 줍니다. 무용총·각저총·수렵총의 벽화가 이에 해당합니다. 무덤의 명칭도 벽화와 관련이 있는데 무용총에는 사람들이 춤을 추는 모습이, 수렵총에는 사냥하는 모습이, 각저총에는 씨름하는 모습이 그려져 있습니다. 시간이 지나면서 강서대묘의 청룡·백호·주작·현무를 그린 사신도와 같이 도교의 영향을 받은 추상적인 그림이 많아집니다.

부여계 고구려 유이민의 세력이 건국한 백제는 한성시기에 고구려와 같은 계단식 돌무지무덤을 만들었다고 하는데, 대표적인 것이 석촌동 고분군입니다. 원래 89기의 무덤이 있었지만 일제 강점기에 대부분 훼손되어 지금은 8기만 복원되어 남아 있습니다. 웅진 시기에는 중국과의 교류가 활발해지면서 중국 남조 양나라의 영향을 받은 벽돌무덤이 등장하는데, **무령왕릉**이 대표적입니다. 무령왕릉은 1971년 여름에 도굴되지 않은 상태로 발견되어 지석을 통해 고분의 매장자가 무령왕임을 알 수 있었습니다. 왕릉으로서 국보급 유물들이 많이 발견되었습니다. 이곳에서 발견된 유물들은 백제 정치사와 사회사, 그리고 문화사를 알려 주는 귀중한 자료입니다. 이후 백제에서는 돌방무덤이 일반화되었으며, 사비 시기에도 규모는 작지만 세련된 굴식 돌방무덤이 만들어졌습니다.

신라는 고구려·백제와 달리 초기에 돌무지덧널무덤을 만들었습니다. 이는 신라가 고구려, 백제와 계통이 달랐음을 보여 줍니다. 돌무지덧널무덤은 나무널(관)과 껴묻거리 상자를 넣은 나무덧널을 설치하고 돌을 쌓아올린 후 흙으로 덮은 무덤입니다. 구조상 통로와 벽화가 없으며 도굴이 어려워 껴묻거리가 그대로 남아 있는 경우가 많습니다. 대표적인 것이 **천마총**인데, 여기서 천마도를 비롯한 다양한 유물이 발견되어 천마총이라는 이름을 얻었습니다. 신라 역시 시간이 흐르면서 고구려·백제와 같이 굴식 돌방무덤으로 고분 양식이 변화합니다.

금속 기술이 발전하다

철광석이 많이 생산된 고구려에서는 일찍부터 철을 다루는 기술이 발전했습니다. 풍부한 철광석과 발달한 제련 기술은 중국과 맞설 수 있는 고구려의 강력한 무기였습니다. 백제도 금속을 다루는 기술이 발달했습니

백제 금동 대향로(국보 제287호, 국립부여박물관 소장)
뚜껑에 신선이 산다는 삼신산을 조각했다. 악기를 연주하는 사람, 사냥하는 사람 등이 보이며 불교와 유교, 도교적 요소들을 종합하고 있다.

다. 근초고왕 시기에 만들어진 **칠지도**(025p 도판 참조)는 강철로 제작되었는데 그 표면에 글자가 새겨져 있습니다. 표면에 홈을 파고 금을 넣어서 글자를 새기는 상감 기법을 사용한 것인데, 이는 백제인의 수준 높은 제철 기술을 보여 줍니다.

백제 금동 대향로도 백제의 뛰어난 금속 공예 기술을 보여 줍니다. 향로 뚜껑에 도교의 신선들이 사는 봉래산 봉우리 74개를 표현했으며, 봉우리 사이사이마다 선인들과 동물들의 모습을 각기 다르게 표현했습니다.

신라에서도 금세공 기술이 발전했습니다. 이를 잘 보여 주는 것이 고분에서 출토된 금관과 금귀걸이 등입니다. 날카로운 기구로 잔무늬를 새겼으며 얇은 금관에 장식들을 이어 붙이는 등 세공기술이 매우 뛰어났음을 알려 줍니다.

도성을 쌓고 도시를 만들다

고대의 대표적인 건축물은 궁전과 도성입니다. 도성은 왕이 사는 궁궐을 포함한 수도의 제반 시설을 말하는 것으로, 정치·경제·문화의 중심지였습니다. 좁은 의미로는 왕이 사는 궁궐과 종묘, 사직이 있는 곳을 둘러싼 성곽을 가리키지만, 넓은 의미로는 궁궐이 있는 도시 전체를 가리키기도 합니다. 일반적으로 삼국시대 도성의 중심지에는 왕궁이 자리하고 있었고, 그 주위에는 보통 관청과 사찰 그리고 민가 등이 들어서 있었습니다.

궁궐 건축으로 가장 규모가 큰 것은 고구려 장수왕이 평양에 세운 **안학궁**입니다. 안학궁은 현재 터만 남아 있는데 발굴 결과 궁성 한 변의 길이는 622미터이고, 둘레는 2,488미터, 넓이는 약 38만 제곱미터에 달하는 대규모 건축물이었다고 밝혀졌습니다.

백제 한성 시기의 도성은 **풍납토성**과 **몽촌토성**으로 구성되었습니다. 한강변에 위치한 풍납토성은 타원형의 평지 토성으로 둘레는 4킬로미터, 토축의 높이는 8미터 정도입니다. 초기 백제의 토성인데, 지금은 제대로 복원되지 않은데다가 안팎으로 많은 건물이 들어서 성곽다운 면모는 거의 찾아볼 수 없고 제방처럼 보입니다. 한강을 따라 이어졌던 서벽 1.7킬로미터는 1925년 대홍수 때 완전히 파손되었습니다. 4킬로미터 가량으로 추정되는 전체 성벽 가운데 현재 2.3킬로미터만 남아 있습니다.

현재 올림픽 공원으로 조성되어 있는 둘레 2.3킬로미터의 몽촌토성은 백제 한성 시기의 왕성으로 추정되고 있습니다. 토성에서 목책 유구와 토성의 외곽에 물을 끌어 댄 해자의 흔적이 발견되었으며, 성안에서는 초기의 옹관·토기·어망추 등의 다양한 용구와 철제 마구류가 출토되었습니다. 몽촌토성과 풍납토성을 둘러싼 일대가 백제 한성 시기의 도읍지로서 정치·군사·사회적인 중심지 역할을 했습니다.

웅진 시기 백제의 도성 자리는 규모가 작았습니다. 웅진의 공산성은 해발 110미터 정도의 능선에 위치한 산성입니다. 475년 고구려의 공격을 받아 도성이 함락되자 백제 왕실은 급히 웅진으로 천도했고, 이후 공산성은 사비로 천도할 때까지 63년간 도성으로 기능했습니다. 시비 시기 백제의 왕궁 터는 부소산 남쪽 일대로 여겨집니다. 사비 시대 왕도에는 행정구역으로서 5부(部)와 각 부에 5항(巷)이 있었습니다. 또한 남북과 동서로 교차된 도로망의 일부가 확인되어 사비 시기에 도시 계획이 이루어졌음을 알 수 있습니다.

삼국은 국경의 요충지 곳곳에 성곽을 쌓았습니다. 국경뿐 아니라 삼국의 도읍에도 각기 이러한 산성이 있었습니다. 고구려의 도읍이었던 집안의 산성자산성, 백제의 송파에 있는 남한산성, 신라의 경주에 있는 남산성·명활산성·선도산성 등 왕도 주변에 여러 산성이 구축되어 있었습니다. 이들은 모두 도읍을 지키는 산성으로 위급할 때 왕이 피신을 가서 항전하는 곳이기도 했습니다. 삼국시대의 성곽이란 단순한 방어 시설이 아니라 성이 쌓인 지역의 촌락을 포함하는 일정한 공간을 지칭합니다. 따라서 삼국시대에 남아 있는 많은 성들은 지방 통치의 중심지이자 군사적 요충지로서 역할을 하였습니다.

사찰과 불탑을 만들어 불국토를 염원하다

삼국시대에는 국가 차원에서 불교가 장려되었기에 많은 사찰과 불탑, 그리고 불상이 만들어졌습니다. 신라의 황룡사와 백제의 미륵사가 가장 웅장하고 규모가 큰 사찰입니다. 진흥왕 대에 창건된 황룡사에는 7세기에 건립된 거대한 9층 목탑이 세워졌습니다. 그러나 아쉽게도 고려가 몽골의 침략을 받을 당시 황룡사 9층 목탑은 불타 없어졌습니다. 현재 남아 있는 것 중에는 분황사 모전 석탑이 유명합니다. **분황사 모전 석탑**은 석재를 벽돌 모양으로 쌓아 올린 탑으로 현재 3층까지 남아 있습니다.

익산 미륵사지 석탑(백제)

부여 정림사지 5층 석탑(백제)

경주 분황사 모전 석탑(신라)

백제와 신라의 석탑

백제의 불교 건축물로는 **익산 미륵사지 석탑**과 **부여 정림사지 5층 석탑**이 유명합니다. 선화공주 설화로 잘 알려진 미륵사는 백제 무왕 때 창건된 사찰로 중앙에 거대한 목탑과 동서에 석탑을 둔 3원 3탑 형식을 띠었습니다. 지금은 미륵사의 중앙 탑과 동탑은 사라지고 서탑만이 남아 있습니다. 이 시탑은 목조탑을 모방하여 만든 석탑으로 정림사지 5층 석탑과 함께 백제의 대표적인 건축물입니다. 2009년에는 미륵사지 서탑을 보수하던 중 **금제사리봉안기**(金製舍利奉安記)가 발견되었는데, 그 기록에 639년 무왕의 왕후가 가람을 만들었다고 적혀 있었습니다. 이를 계기로 기존에 무왕과 선화공주가 미륵사 탑을 만들었다고 기록한 《삼국유사》의 설화에 의문이 제기되기도 하였습니다.

금제사리봉안기

2009년 미륵사지 서탑에서 발견된 금제사리봉안기에 따르면, 무왕의 왕비인 사택왕후의 발원으로 639년에 가람을 건립했다고 한다. 이로써 선화공주에 의한 미륵사 창건 설화에 대한 논쟁이 야기되었다.

삼국시대에는 불교의 전파와 함께 탑에 부처의 사리를 봉안하여 예배의 대상으로 삼았기 때문에 많은 탑이 건립되었습니다. 백제나 신라에 비해 고구려는 주로 목탑을 건립해 지금은 남아 있는 것이 없습니다.

고구려의 대표적인 불상으로는 **연가 7년명 금동여래입상**이 있습니다. 불상 이름만으로도 대략적인 불상의 모습을 유추할 수 있습니다. 연가 7년은 중국의 연호이며, 명(名)은 이 문구가 새겨져 있다는 말입니다. 금동은 불상의 재질이고, 여래는 부처의 여러 이름 중 하나이며 입상은 서 있는 모습으로 만든 상을 의미합니다. 즉 이 불상은 '연가 7년'이라는 기록이 새겨진 금동으로 만든 여래불이 서 있는 모습을 만든 것입니다.

금동미륵보살 반가사유상 (국보 제83호, 백제, 6세기 후반, 국립중앙박물관 소장)

백제의 대표적인 불상은 서산 용현리 마애여래삼존상입니다. 마애는 자연 암벽에 새겨진 불상이라는 뜻입니다. 삼존은 가운데의 본존불과 양옆의 두 보살을 일컫는 말입니다. 불상의 이름을 통해 세 분의 부처님을 암벽에 새긴 불상임을 알 수 있습니다. 이 불상의 소박한 옷차림과 엷은 미소를 띤 온화한 아름다움은 '백제의 미소'로 널리 알려져 있습니다. 신라에는 경주 배동 석조여래삼존입상이 있습니다. 경주 배동은 지명이고 석조는 돌로 만들었다는 의미입니다. 신라의 남산 골짜기마다 많은 종류의 불상이 남아 있습니다. 신라의 불국토(佛國土)를 실현하려는 듯 소원을 담은 많은 불상을 만들어 놓았습니다.

삼국시대에는 미륵보살 반가사유상이 많이 제작되었습니다. 미륵보살은 미래에 중생을 구원하기 위해 부처가 되기를 미루고 보살에 머물러 있는 구도자인데, 미륵보살이 반가부좌를 하고 생각에 잠겨 있는 모습을 조각한 것이 미륵보살반가사유상입니다. 탑 모양의 관을 쓰고 있는 **금동미륵보살반가사유상**과 삼산관(三山冠)을 쓰고 있는 금동반가사유상이 각각 국보 제78호와 제83호로 지정되었습니다. '미륵보살'이 부기된 것이 78호입니다. 일본의 고류지에도 나무로 만든 미륵보살반가사유상이 국보로 지정되어 있는데, 우리나라의 것과 흡사하여 교류의 흔적을 보여 줍니다.

금동미륵보살반가사유상 (국보 제78호, 삼국시대, 6세기 후반, 국립중앙박물관 소장)

삼국의 불상

연가7년명 금동여래입상(국보 제119호, 고구려, 국립중앙박물관 소장)

서산 용현리 마애여래삼존상(백제)

경주 배동 석조여래삼존입상(신라)

삼국의 예술이 발전하다

삼국시대에는 한문을 사용하면서 한문학과 서예가 발전하였습니다. 고구려 유리왕이 지은 황조가와 을지문덕이 지은 오언시는 현재에도 전해지고 있습니다. 또한 광개토대왕릉비문은 웅건한 서체로 쓰여졌으며, 신라의 김생은 신라의 독자적인 서체를 만들었습니다. 불교가 전래된 이후에는 승려나 화랑들이 지은 향가가 유행하였습니다. 평민들 사이에서는 구지가(龜旨歌)와 같은 무속신앙과 관련된 노래나 회소곡(會蘇曲)과 같은 노동요가 유행하였습니다. 그리고 백성들의 소망을 표현한 백제의 정읍사(井邑詞)도 손꼽힙니다.

천마도(국보 제207호, 국립중앙박물관 소장)
천마총에서 출토된 신라시대의 말 그림. 금관과 천마가 그려 있는 장니(말다래)가 출토되어 천마총이라고 이름짓게 되었다.

그림으로는 천마총에서 발견된 **천마도**가 유명합니다. 천마도는 자작나무 껍질로 만든 장니(말의 배 가리개)에 그려진 그림인데, 현존하는 유일한 신라 회화로 그 가치가 높습니다. 화가로는 신라의 솔거가 유명합니다. 그가 황룡사 벽에 그린 소나무에 새들이 앉으려 했다는 일화가 《삼국유사》에 전하고 있습니다.

음악과 무용은 종교 및 제의, 노동과 밀접한 관련이 있어 삼국에서도 발전하였습니다. 고구려 고분벽화인 무용총에도 춤추는 장면이 그려져 있으며, 유학에서도 예(禮)와 악(樂)을 중요시했습니다, 음악가로는 방아타령을 지은 신라의 **백결 선생**, 거문고를 만든 고구려의 **왕산악**, 가야금을 만든 가야의 **우륵**이 유명합니다. 우륵의 가야금과 그가 만든 12악곡은 신라에 전해져 음악의 발전에 기여했습니다.

주요 용어

칠지도, 아직기, 왕인, 아스카 문화, 스에키 토기, 혜자, 담징

2 삼국이 주변국과 문화를 교류하다

중국과 문화 교류하다

삼국은 치열한 전쟁을 전개하면서도 삼국 사이에 또는 주변국과 활발하게 교류하였습니다. 특히 삼국은 일찍부터 중국의 여러 왕조와 정치·경제·문화 교류를 하면서 다양한 선진문물을 받아들였습니다. 고구려는 중국에 인접해 있어서 일찍부터 남북조와 교류하였습니다. 백제는 바닷길을 통해 근초고왕 27년(372)에 동진에 사신을 파견하여 문물을 주고받았습니다. 풍납토성에서도 동진제 청자가 다수 발견되었습니다. 이후 백제는 주로 중국의 남조와 교류했는데, 벽돌무덤인 무령왕릉과 공주의 대통사 등을 통해 중국 양나라와의 활발한 문화 교류를 확인할 수 있습니다. 개로왕과 위덕왕대에는 중국 북조와도 왕래했습니다.

신라는 처음에 고구려나 백제를 통해 중국 왕조와 교류하다가 6세기 중반에 한강 유역을 차지하면서 중국과 직접 통교했습니다. 가야는 주로 백제를 통해 중국과 교류하였는데, 5세기 후반에는 대가야가 남조에 직접 사신을 파견하기도 했습니다.

양직공도(梁職貢圖)

6세기 양나라에 파견된 백제 사신의 모습과 그것을 해설한 것이다. 백제와 양과의 교류를 알려 준다.

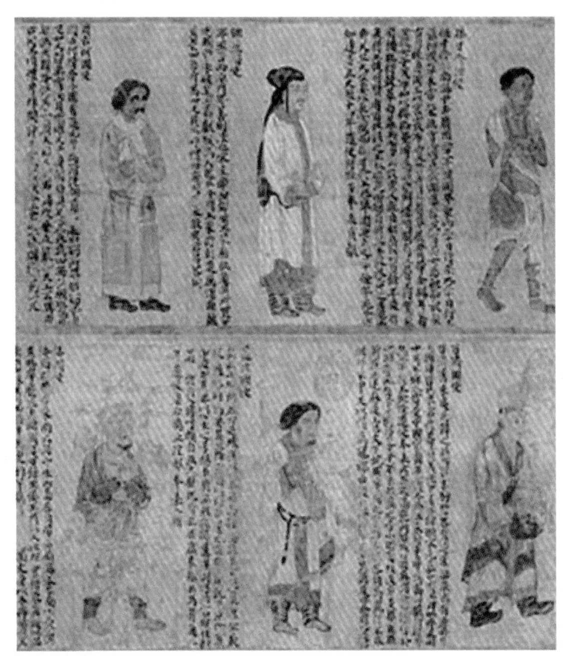

삼국은 중국 외에도 북방의 실크로드를 통해 중앙아시아 및 서아시아와도 교류하였습니다. 고구려는 일찍이 북방의 유목 민족들을 정복 또는 복속시켰으며, 이 과정에서 유목 문화와 더불어 서역문화도 받아들였습니다. 고분 벽화에 보이는 씨름하는 서역인의 모습이나 서역의 악기, 연희 장면 등이 이를 말해 줍니다.

신라 고분에서도 약재, 유리 공예품 등 서역의 물품이 발견되어 교류의 양상을 확인할 수 있습니다. 삼국은 육상의 비단길과 해상의 바닷길을 통해 북방 및 서역과도 교류했던 것입니다.

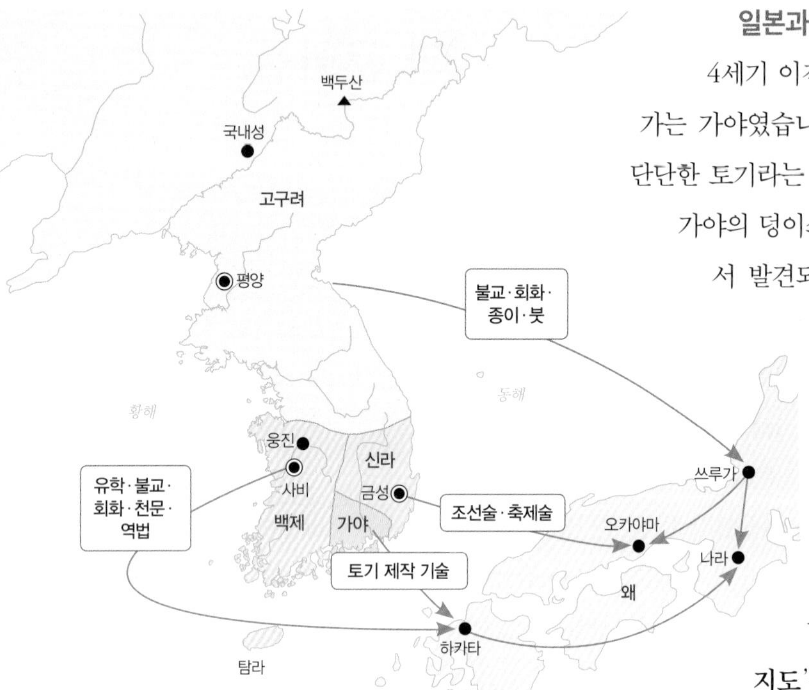

삼국 문화의 일본 전파

일본과 문화 교류를 하다

4세기 이전에 일본(왜)과 교류가 가장 활발한 국가는 가야였습니다. 가야 토기의 영향을 받아 쇠처럼 단단한 토기라는 '**스에키 토기**'가 일본에서 만들어졌고, 가야의 덩이쇠를 비롯하여 다양한 유물들이 일본에서 발견되었습니다. 그러나 4세기 이후 한반도에서 백제의 영향력이 확대되고, 일본 내에서도 중앙집권화가 진행되면서 일본과 가야의 관계도 변화하게 됩니다.

일본은 고대국가인 백제를 통해 선진 문물을 수용하기 시작했습니다. 4세기 근초고왕이 왜왕에게 '**칠지도**'를 보낸 것도 이러한 상황을 배경으로 합니다. 뿐만 아니라 근초고왕 때 **아직기**가 일본에 사신으로 건너가 일본의 태자에게 한자를 가르쳤으며, 박사 **왕인**은 일본에 《논어》와 《천자문》을 전해 주었다고 합니다.

백제는 웅진 천도 후에도 일본과 활발하게 교류합니다. 무령왕은 오경박사를 일본에 파견했고, 성왕도 오경박사, 역박사, 의박사 등을 일본에 보내 유학과 천문과 역법·의술 등 여러 학문을 전했습니다. 또한 승려 **노리사치계**를 통해 일본에 불상과 경전을 보내는데, 이로써 일본에 불교가 공식적으로 전래되었습니다.

일본에서도 불교는 처음에 귀족들의 반발을 샀지만 곧 확산되었고, 쇼토쿠 태자 시기에는 호류지를 비롯하여 40여 개의 사찰이 건립되는 등 불교문화가 융성해졌습니다. 이 시기 일본의 불교문화를 '**아스카 문화**'라고 합니다. 이렇듯 일본의 발전 과정에 백제가 많은 영향을 주었습니다.

백제 중심으로 교류를 펼치던 왜는 가야의 멸망 이후 외교의 다면화를 모색합니다. 그래서 고구려도 일본과 교류하게 되었습니다. 6세기에 승려 **혜자**가 일본에 건너가 쇼토쿠 태자의 스승이 되어 일본 불교에 영향을 주었고, **담징**은 호류지 금당의 벽화를 그린 것으로 알려져 있습니다. 담징은 또한 종이와 먹의 제조법을 전해주었다고 합니다.

일본과의 군사적 대립이 잦았던 신라는 초기에 일본과 교류가 활발한 편은 아니었지만, 다만 배를 만드는 조선술과 제방을 쌓아 연못을 만드는 축제술 등을 전래했습니다. 일본에 있는 '한인의 연못'이 이를 잘 보여 줍니다.

한편, 삼국도 일본으로부터 사람과 다양한 문물을 들여왔는데, 특히 원자재 수입이 많았습니다. 백제의 경우는 일본으로부터 군인, 말이나 무기 등 군사적인 원조도 받았습니다. 일본과의 인적·물적 교류 과정에서 서남 해안 일대에서는 일본 계통의 고분이 발견되고 있으며, 가야의 김해 대성동 고분이나 백제의 서울 풍납토성에서는 일본에서 만들어진 토기와 무기 등이 출토되었습니다.

일본 열도에 전해진 삼국의 문화

삼국 중에서 일본 열도의 왜와 가장 친밀했던 나라는 백제였다. 백제는 4세기 후반 근초고왕 때 왜와 처음으로 통교하였다. 이때 아직기(阿直岐)와 왕인(王仁)이 논어와 천자문을 왜에 전수했다고 하며, 현재 이소노카미(石上) 신궁에 소장되어 있는 칠지도(七支刀)를 왜왕에게 하사하기도 했다. 6세기 중반 성왕 때는 노리사치계(怒利斯致契)를 왜에 보내어 불교를 공식적으로 전해 주었다.

7세기 경 일본 아스카 문화가 크게 꽃피는 데 있어 백제의 역할은 지대했다. 호류지(法隆寺)에는 '백제관음', '몽전(夢殿) 구세관음상' 등 백제인들이 만든 불상이 전해지고 있다.

고구려는 영양왕 때 왜에 건너간 승려 혜자가 쇼토쿠태자(聖德太子)의 스승이 되었으며, 승려 담징은 회화 기법과 종이, 먹, 맷돌의 제조법을 가르쳤다고 한다. 또한 담징은 호류지의 금당 벽화를 그리기도 했다. 한편 다카마쓰 고분(高松塚) 내부의 벽화에는 현무, 백호 등이 그려져 있는데 이러한 현무, 백호, 주작, 청룡 등의 사신도(四神圖)는 고구려 고분벽화에서 많이 확인된다.

신라는 군사적 대립으로 인하여 문화 교류는 활발하지는 않았다. 그러나 신라계 도래인으로 여겨지는 하타씨(秦氏)가 일본 열도에서 양잠과 방직을 통해 크게 성장했으며, 일본 국보 제1호 미륵반가사유상을 안치하고 있는 코류지(廣隆寺)를 창건하기도 했다. 이밖에 배를 만드는 조선술과 제방을 만드는 축제술(築堤術)도 왜에 전하였다.

호류지(法隆寺) 금당벽화

일본 국보
목조미륵반가사유상

국보 제83호
금동미륵보살반가사유상

남북국 시대의 문화

주요 용어

신문왕, 국학, 독서삼품과, 강수, 설총, 김대문, 최치원, 삼대목, 원효, 의상, 혜초, 선종, 풍수지리설

1 통일 신라의 사상

국학을 설치하고 유학 교육을 하다

통일 신라의 중앙집권화를 뒷받침해 준 사상은 유학이었습니다. 신문왕은 즉위 2년에 경주에 **국학**을 세우고 귀족 자제들에게 체계적인 유학 교육을 실시하였습니다. 경덕왕대에는 국학을 태학이라고 고치고, 박사와 조교를 두어《논어》와《효경》등 유교 경전을 가르쳤습니다. 8세기 말에 원성왕은 유교적 소양을 갖춘 관리를 선발하기 위해 **독서삼품과**(127p 참조)를 실시합니다. 독서삼품과는 유교 경전의 독해 능력을 세 단계로 나누고 그에 따라 관직을 수여하는 일종의 관리 선발 제도였습니다. 비록 진골 귀족들의 반발과 골품제의 한계 등으로 제대로 시행되지는 못했지만, 유학을 널리 보급하는 데 큰 역할을 합니다.

유학의 발달과 더불어 한문학에 능통한 뛰어난 학자들이 등장합니다. 대표적인 인물로는 신라 중대의 **강수**, **설총**, **김대문**, **최치원** 등 6두품 학자들이 있었습니다. 강수는 뛰어난 문장 실력으로 무열왕과 문무왕 시기 외교 문서의 작성을 맡았으며, 설총은 **신문왕**에게 〈화왕계〉를 지어 올리고 이두를 정리했습니다. 뛰어난 문장으로 유명한 김대문은《계림잡전》,《화랑세기》,《고승전》,《한산기》등을 저술했습니다. 그러나 현재 전해지는 것은 없습니다.

통일 후 신라와 당의 문화 교류가 활발해지면서 8세기 말부터는 당으로 건너가는 유학생들이 많아졌으며, 9세기 초부터는 당의 빈공과에 합격하는 신라의 유학생들도 있었습니다. 6두품 출신인 최치원(127p 참조)도 12세에 당으로 유학하여 17세에 당의 과거인 빈공과에 합격했습

빈공과(賓貢科)

중국에서 외국인을 상대로 실시한 과거. 당나라 때 처음 실시했으며 원나라 때 제과(制科)로 변경되었다. 신라 말 당나라 유학생이 늘어나면서 빈공과에 합격하는 사람이 많아졌는데, 골품제도로 인해 신분제약을 받은 육두품 출신들이 많이 응시하였다.

니다. 이후 당에서 관직 생활을 하면서 많은 글을 남기고 이를 정선하여 《계원필경》을 편찬했습니다. 《계원필경》에는 황소의 난 당시 지은 〈토황소격문(討黃巢檄文)〉이 실려 있는데, 명문으로 이름이 높습니다. 그는 유학자이면서도 불교와 도교에 조예가 깊었습니다. 당에서 관직 생활을 마치고 신라로 귀국한 최치원은 진성여왕에게 시무책을 올렸으나, 진골 귀족들의 반발로 받아들여지지 않았습니다. 이에 실망한 최치원은 관직을 버리고 해인사 등에서 은둔 생활을 하다가 생을 마칩니다.

통일 신라에서는 화랑과 승려들이 향가를 지어 남겼는데, 《삼국유사》에 〈제망매가〉 등 14수가 전해지고 있습니다. 향가의 내용은 유교와 불교의 내용을 담고 있습니다. 즉 화랑간의 우정, 형제간의 우애, 공덕이나 불교에 대한 신앙심 등입니다. 9세기 후반에는 향가들을 모아 《**삼대목**》이라는 향가집을 편찬하였다고 하나 지금은 전해지지 않습니다. 그래도 《삼국유사》에 14수가 전해지고 있어서 향가 연구의 주요한 작품이 되고 있습니다.

불교 대중화에 힘쓰다

삼국시대에 전래된 불교는 불경을 읽고 부처님의 가르침을 본받는 교종이 중심이 되었기 때문에 한문을 읽을 수 있는 지배층의 전유물이 되었습니다. 신라 불교가 철학적으로 발전한 것은 당나라와 인도, 서역 등으로 가서 직접 불교 이론을 배우고 돌아오는 유학승들이 많아지면서입니다. 통일 이전부터 원광, 자장, 원측, 의상 등이 당나라로 유학갔습니다. 원측은 귀국하지 않고, 그곳에 머물며 불경번역과 저술로 중국 불교 발전에 기여하기도 했습니다. 통일 이후에는 넓어진 영토의 백성들을 다스리기 위해 불교의 대중화와 여러 종파의 통합이 필요했습니다. 이러한 시대적 상황을 배경으로 **원효**와 **의상**과 같이 승려들이 활동합니다.

원효(617~686)
법성종과 화엄사상을 바탕으로, 교학불교의 여러 종파를 통합하여 해동종(海東宗)이라는 독자의 불교사상체계를 세웠다. 불교의 대중화와 토착화를 위해 노력한 승려이다.

원효(127p 참조)는 아미타 신앙이라고 불리는 정토종을 내세웠는데, 누구든지 '나무아미타불'만 외치면 극락에 갈 수 있다는 것이 핵심 내용입니다. 여기서 아미타는 극락인 서방정토를 다스리는 부처이고, 나무아미타불은 '아미타불께 귀의한다.'라는 의미입니다. 원효는 아미타 신앙을 직접 전도하며 불교의 대중화에 힘썼습니다.

원효는 불교 종파 간의 이론적 대립을 해소하기 위해 화엄경·열반경

의상(625~702)

문무왕 원년(661)에 당나라에 가서 화엄종인 지엄으로부터 화엄학을 배우고 귀국하여, 영주에 부석사를 창건하고 해동화엄종의 시조가 되었다.

·무량수경 등 다양한 불교 경전을 섭렵한 후에《대승기신론소》와《십문화쟁론》을 집필했습니다. 여기에서 그는 세상의 시원이자 만물의 발생 근원으로 '일심(一心)'을 상정하고, 각 종파 간의 교리적 대립을 극복할 수 있는 실마리를 마련합니다. 이를 '일심 사상', '화쟁 사상(和諍思想)'이라고 합니다.

의상은 당에 유학하여 화엄종을 공부하고 신라로 돌아옵니다. 의상은 화엄 종단에서 아미타 신앙과 함께 세상 모든 중생의 괴로움을 들어 주고 보살피는 관세음보살을 내세워 관음 신앙을 전파했습니다. 의상이 지은《화엄일승법계도(128p 참조)》는 통합 불교를 지향하던 화엄 사상의 핵심을 함축적으로 보여 줍니다. 그는 신라 귀국 후 해동 화엄종을 개창하고 부석사를 창건하여 근본 도량으로 삼았습니다. 한편, 심상에 의해 통일 신라의 화엄사상이 일본에 전해져서 일본 화엄종 성립에 많은 영향을 주었습니다.

통일 신라에는 또 한 명의 유명한 승려 **혜초**가 있었습니다. 그는 인도를 순례하고 당에 돌아와《왕오천축국전》을 저술했습니다. 이 책은 8세기 인도 및 중앙아시아의 상황을 담은 희소한 기록으로 가치가 매우 높습니다. 하지만 아쉽게도 우리나라에 전해지지 않고, 프랑스 학자들이 중국 둔황석굴에서 발견한 이후 프랑스 국립도서관에 보관하고 있습니다.

신라 하대의 9산 선문

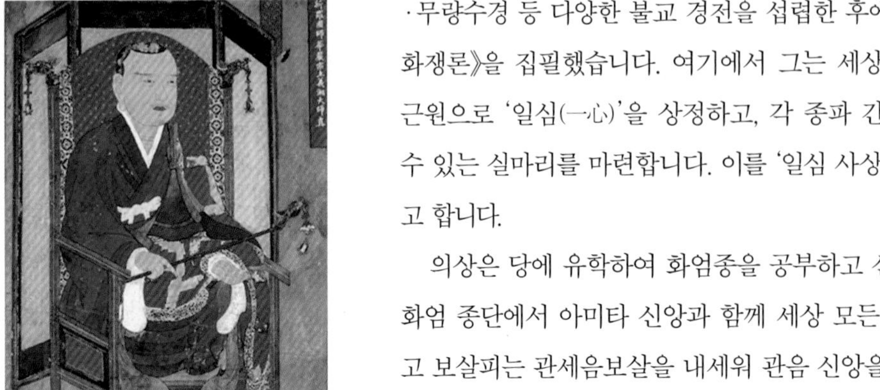

신라 하대 사상계에 변화가 나타나다

신라 하대에는 불교 경전의 이해를 통해 깨달음을 추구하는 **교종**이 아닌, 실천 수행을 통해 마음속의 깨달음을 얻는 **선종**이 확산됩니다. 삼국에 도입된 불교는 모두 교종이었으며 앞서 언급한 원효, 의상, 혜초 등도 모두 교종 승려였습니다. 통일 신라에서도 교종은 여전히 왕실과 귀족의 지원을 받았습니다. 그러나 화엄사상(華嚴思想)을 공부하던 승려들이 중국에서 유학하면서 새로운 선종을 공부하고 이를 신라로 들여왔습니다. 신라 하대에 소개된 선종은 진골 귀족 중심의 전통적인 권위를 부정했으며 지방 호족의 지원 속에 세력을 확대합니다. 그래서 선종 사찰은 경

화엄사상

불교경전 중 하나인 『화엄경』에서 밝히고 있는 사상으로 우주의 모든 사물은 서로 인연이 있어 발생하기도 하고 소멸하며 시간과 공간 속에서 서로 원인이 되기도 하고 하나로 융합되기도 한다는 사상이다.

주 중심의 교종 사찰과는 달리 지방의 산속에 자리합니다. 선종 승려들이 가르침을 설파했던 아홉 곳의 거점을 **9산 선문**이라고 합니다. 선종은 지방을 근거로 성장하여 지방 문화의 발전에 기여했습니다. 또한 사회 변혁을 꿈꾸는 6두품 지식인들에게 사상적 바탕을 제공해 주었습니다.

신라 하대에는 선종의 유행과 더불어 **풍수지리설**도 확산되었습니다. 선종 승려인 도선 대사는 중국에서 유행한 풍수지리설을 들여왔습니다. 풍수지리설은 산세와 수세를 살펴 도읍, 주택, 묘지 등을 선정하는 인문 지리적 학설입니다. 특히 호족들은 풍수지리설을 통해 경주 중심의 인식에서 벗어나 다른 지방의 중요성을 자각하게 되었습니다.

혜초의 이동 경로

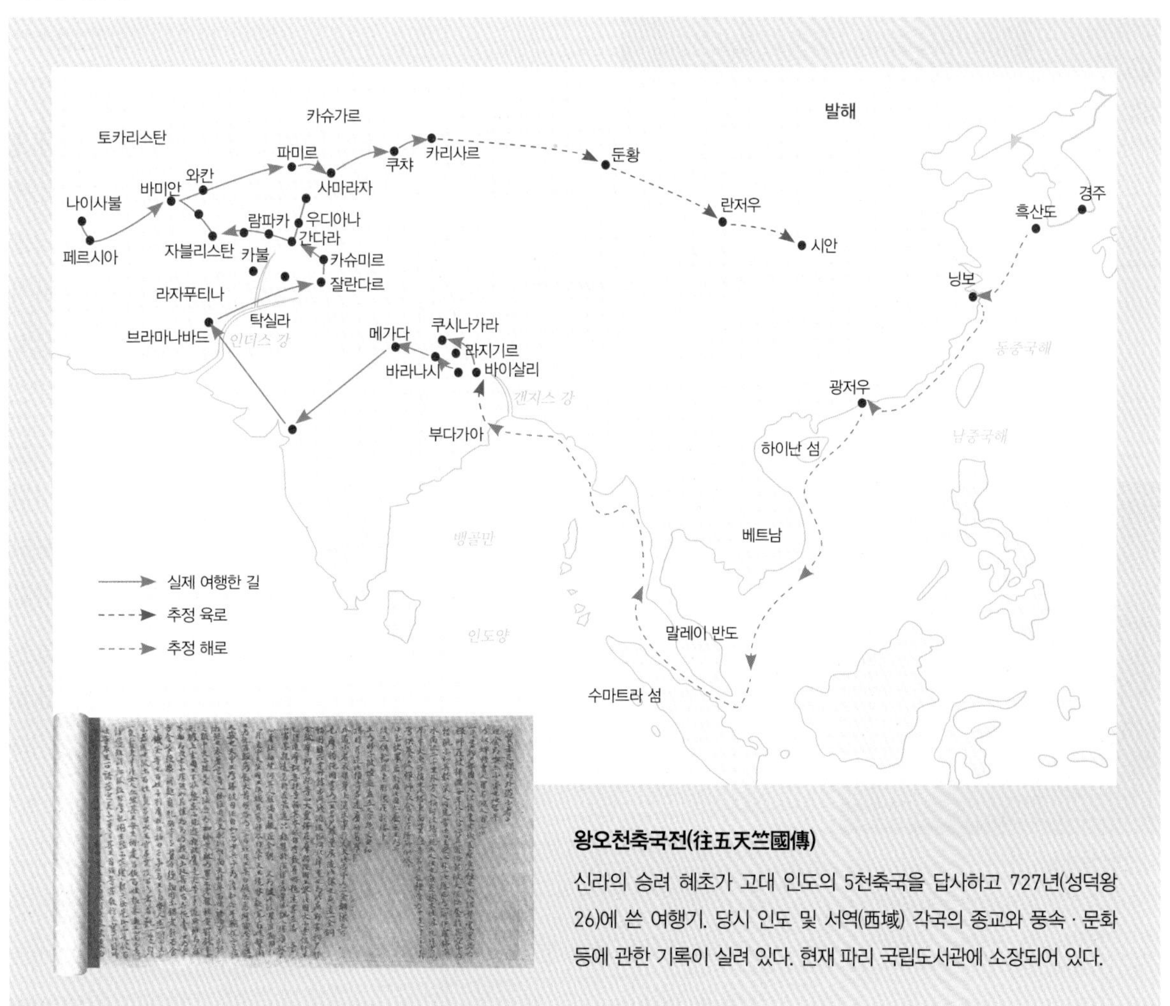

왕오천축국전(往五天竺國傳)

신라의 승려 혜초가 고대 인도의 5천축국을 답사하고 727년(성덕왕 26)에 쓴 여행기. 당시 인도 및 서역(西域) 각국의 종교와 풍속·문화 등에 관한 기록이 실려 있다. 현재 파리 국립도서관에 소장되어 있다.

주요 용어

불국사, 석굴암, 경주 불국사 3층 석탑, 다보탑, 화순 쌍봉사 철감선사 승탑, 성덕대왕 신종, 무구정광대다라니경

2 통일 신라의 예술

불국사 전경

불국사와 석굴암을 만들다

현재 통일 신라의 궁궐과 가옥은 남아 있는 것이 거의 없습니다. **불국사**와 **석굴암**, 월성을 중심으로 **안압지** 등이 남아 있습니다. 안압지는 연못, 인공 섬, 구릉과 건물이 자연스럽게 잘 꾸며져 통일 신라의 뛰어난 조경술을 보여 줍니다.

통일 신라는 불교가 융성하여 많은 사원을 건축했습니다. 8세기 중엽에 만들어진 불국사와 석굴암은 통일 신라의 불교 미술을 대표합니다. 불국사는 불교의 이상 세계인 불국토를 현실에 구현한 건축물입니다. 입구인 일주문을 따라 올라가다 보면 사찰로 올라가는 백운교·청운교와 연화교·칠보교를 만나게 됩니다. 백운교·청운교는 33개의 계단으로 이루어져 있는데, 이는 불교에서 이야기하는 33천에 해당합니다. 즉 백운교·청운교를 오르는 것은 33천을 지나 부처님의 세계로 들어간다는 것을 의미합니다. 그래서 백운교·청운교를 계단이 아닌 다리(교)로 이름 붙인 것입니다.

백운교·청운교를 올라 부처님의 세계로 들어가면 가장 먼저 **석가탑**과 **다보탑**을 만나게 됩니다. 석가탑은 현세의 부처인 석가모니를, 다보탑은 과거의 부처인 다보여래를 형상화한 것입니다. 다보여래는 늘 석가모니의 옆에 있기에 다보탑을 세울 때 석가탑을 함께 세웠다고 합니다. 두 탑의 뒤로 석가모니를 모신 대웅전이 있고, 대웅전 왼편에는 아미타불을 모신 극락전이 있는데 이는 서쪽의 극락세계(서방정토)를 의미합니다. 극락전 앞의 다리가 연화교·칠보교입니다.

석굴암 본존불

경주의 토함산 동쪽에 있는 대표적인 석굴 사원이다. 신라 경덕왕대 김대성이 축조했다고 전해진다. 1955년에 유네스코 세계문화유산으로 지정되었다.

토함산 뒤편에 있는 석굴암은 인공 석굴 사원으로, 20여 톤의 덮개돌을 지탱할 수 있게 설계되어 당시의 뛰어난 과학 기술을 보여 줍니다. 석굴암의 내부는 장방형의 전실과 원형의 후실에 본존불상이 있는 형태로 둘레의 벽에는 11면 관음상, 4보살, 10나한상 등이 조각되어 있습니다.

석굴암 주실의 본존불상은 균형 잡힌 모습과 사실적인 조각으로 평가받고 있으며, 본존불상 주변의 보살상들도 사실적인 모습으로 묘사되어 불교의 이상 세계를 구현하고 있습니다. 전실과 주실 그리고 천정이 이루는 석굴암의 아름다운 비례와 균형미는 건축 분야에서 세계적인 걸작으로 평가받고 있습니다. 석굴암은 일제 강점기 홍수로 우연히 발견되었는데, 일제에 의해 발굴이 진행되는 과정에서 원형이 훼손되었다는 논란이 제기되기도 했습니다.

통일 신라에서는 불교의 영향으로 화장(火葬)이 유행하였습니다. 무덤 양식도 규모가 작은 굴식 돌방무덤으로 바뀌었습니다. 무덤의 봉토 주변에 둘레돌을 두르고, 그 둘레돌에 12지 신상을 조각하는 양식이 유행했습니다.

석탑과 승탑이 유행하다

통일 신라에 들어와서 석탑은 삼국시대 목탑과 전탑 양식을 발전시키고, 이 가운데 기단 위에 3층으로 쌓는 전형적인 석탑 양식을 완성했습니다. 이와 같은 통일 신라의 대표적인 탑으로는 감은사지 3층 석탑, 석가탑과

통일 신라의 석탑

경주 감은사지 3층 석탑(국보 제112호)

경주 불국사 다보탑(국보 제20호)

경주 불국사 3층 석탑(석가탑, 국보 제21호)

성덕대왕 신종(국보 제29호, 국립경주박물관)

경덕왕이 아버지인 성덕왕의 명복을 빌기 위해 만들려다가 뜻을 이루지 못하고 죽자, 그 아들인 혜공왕이 완성하였다. 현재 국내에 남아 있는 종 가운데 가장 크다.

다보탑, 진전사지 3층 석탑이 있습니다. 감은사는 신문왕이 동해의 용왕이 된 문무왕을 위해 지은 사찰인데, 현재는 존재하지 않고 다만 3층 석탑 2개만 남아 있습니다. 두 탑 모두 2개의 기단 위에 3층의 탑신을 올린 석탑으로, 이는 통일 신라의 전형적인 석탑 형태입니다.

불국사의 석가탑 역시 감은사지 3층 석탑과 같은 구조입니다. 진전사지 3층 석탑도 전형적인 신라의 탑 형태이지만, 기단부에 불상을 조각했다는 점이 이전의 석탑들과는 차별성을 가집니다. 이외에도 기단을 4개의 사자로 조각한 화엄사 4사자 3층 석탑, 다보탑 등은 통일 신라의 전형적인 3층 석탑의 형태를 벗어난 독특한 형태를 지니고 있습니다.

통일 신라 후기에 들어가면 승탑과 탑비가 유행합니다. 참선을 중요시하는 선종 승려들이 입적 후에 화장을 하면 구슬 형태의 사리가 나오는데 이를 담기 위해 세운 것이 승탑입니다. 이러한 승탑과 탑비의 유행은 선종의 유행과 관련이 있으며, 지방 호족의 정치적 역량이 성장했음을 보여 줍니다. **화순 쌍봉사 철감선사 승탑**이 대표적인 작품입니다.

목판인쇄술과 제지술 등 과학기술이 발달하다

통일 신라의 뛰어난 과학 기술은 범종의 제작에서도 확인할 수 있습니다. 성덕왕 대에 만들어진 상원사 종은 우리나라에 남아 있는 가장 오래된 범종입니다. 이후 경덕왕은 아버지 성덕왕의 업적을 기리기 위해 12만 근의 구리로 **성덕대왕 신종**(일명 에밀레종)을 만들었습니다. 현존하는 종 가운데 크기가 가장 크며, 종에 새겨진 비천상(飛天像)과 명문은 지금까지 손상되지 않을 만큼 제작 기법이 매우 뛰어납니다. 동북아시아의 다른 종들과 비교했을 때 가장 멀리 그리고 은은하게 소리가 울린다고 평가받고 있어 통일 신라의 금속 주조 기술이 발전했음을 알 수 있습니다.

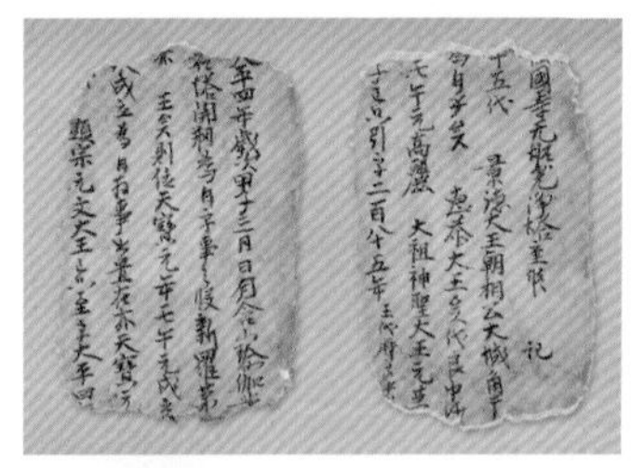

무구정광대다라니경(국보 제126호, 국립중앙박물관)

경주 불국사 3층 석탑에서 발견된 두루마리 형태의 목판 인쇄본으로 너비는 8센티미터, 전체 길이는 620센티미터이다. 세계에서 가장 오래된 목판 인쇄물이다.

한편, 통일 신라에서는 불교문화의 발달에 따라 대량으로 불경을 인쇄하기 위해 목판 인쇄술과 질 좋은 종이를 만드는 제지술이 발달했습니다. 그 중에서도 목판 인쇄술의 발전이 두드러집니다. 불국사의 석가탑을 보수하던 중 탑 안에서 **무구정광대다라니경**을 발견했습니다. 8세기 초에 만들어진 이 두루마리 경전은 지금까지 남아 있는 것으로는 세계에서 가장 오래된 목판 인쇄물로 알려져 있습니다.

무구정광대다라니경이 쓰인 종이는 닥나무로 만든 것으로 품질이 매우 우수합니다. 하지만 아쉽게도 이 경전은 유네스코 세계문화유산에는 등재되지 못했습니다. 중국이 경전에 사용된 한자를 근거로 중국에서 건너간 것으로 주장하고 있기 때문입니다. 이에 우리 학자들은 종이 재질, 사용된 먹 등이 신라의 것임을 내세워 중국의 것이 아님을 밝히고 있습니다. 이러한 목판 인쇄술과 제지술의 발전은 통일 신라의 기록 문화 발전에 크게 기여했습니다.

그리고 통일 신라에서는 당의 새 역법인 인덕력(麟德曆)을 받아들였고, 누각전(漏刻典)을 설치하여 시간을 측정했습니다. 김암은 당에서 음양가법(陰陽家法)을 배워 와서 천문을 담당하는 사천대박사에 임명되기도 했습니다. 통일 신라는 첨성대를 만든 신라시대의 전통을 이어 천문 기술의 발전에 관심을 기울였던 것입니다.

신라의 무덤도 신라 미술의 특색을 잘 보여줍니다. 통일 이전에는 돌무지덧널무덤에 높은 봉분을 덮어 미술적 장식을 하지 않았으나, 통일 이후에는 횡혈식 돌방무덤으로 바뀌고, 봉분 주변에 호석(護石)을 두르기 시작했습니다. 호석은 12지 신상(神像)을 조각한 것이 특색인데, 김유신 묘와 괘릉의 조각이 우수합니다. 신라 말기인 진성여왕 때(888)에는 각간 위홍과 승려 대주에게 명하여 역대 향가들을 모아 《삼대목(三代目, 128p 참조)》이라는 향가집을 만들었으나, 현존하지는 않습니다.

한편, 통일 신라 시기에도 신라와 일본 사이에는 문물 교류가 있었습니다. 통일 신라 문화의 일본 전파는 사신 왕래를 통해 이루어졌습니다. 통일 신라 문화는 일본 하쿠호 문화 성립에 영향을 주었습니다.

주요 용어

주자감, 정혜공주 묘지명, 정효공주 묘지명, 상경 용천부, 주작대로, 석등, 이불병좌상

3 발해의 문화

주자감

발해의 최고 교육 기관으로 각종 유교 경전과 한문학을 교육했으며, 유교 경전의 이해에 따라 관리를 임용했다. 또한 발해에는 도서와 문서를 관장하는 문적원(文籍院)이라는 기관도 두었다.

발해의 문화에는 고구려 계승성이 있다

발해 문화는 고구려를 계승했기 때문에 고구려와 유사한 점이 많습니다. 발해에도 도읍지를 중심으로 많은 무덤이 남아 있습니다. 이 중에서 문왕의 둘째 딸인 정혜공주의 무덤이 대표적입니다. 정혜공주의 무덤은 굴식 돌방무덤인데 천장의 모줄임 구조와 안에서 발견된 돌사자상은 고구려의 것과 유사합니다. 이곳에서 나온 돌사자상은 매우 힘차고 생동감이 있습니다.

한편 발해는 당 문화도 수용했습니다. 유교를 받아들여 최고 교육 기관으로 **주자감**을 두고 체계적인 유교 교육을 실시했습니다. 발해의 많은 사람들이 당에 유학하여 빈공과에 합격하는 등 학문적인 수준도 높았습니다. 오소도는 빈공과에서 1위를 차지하여 신라인과 학문을 경쟁하기도 했습니다. 한문학 역시 발전했는데, 이는 4·6변려체(騈儷體)로 쓰여진 **정혜공주 묘지명**과 정효공주 **묘지명**을 통해 확인할 수 있습니다. 그런데 정혜공주 무덤은 고구려 문화의 영향이 큰데 반해, 정효공주의 무덤은 당 문화의 영향을 받아 벽돌무덤으로 되어 있습니다.

한편, 발해의 시인인 양태사는 사신으로 일본으로 갔을 때 고국을 그리며 〈다듬이 소리(128p 참조)〉라는 작품을 만들었는데 현재까지 남아 전합니다. 발해의 음악은 고구려와 말갈의 음악을 융합하여 발전시켰습니다.

정효공주 묘지명

발해 문왕의 딸인 정효공주와 정혜공주의 무덤이 발견되었다. 정혜공주 무덤은 1949년에 발해의 첫 수도인 돈화 부근에서 발견되었는데, 횡혈식 돌방무덤의 형태를 하고 있고, 돌로 만든 사자상이 나왔다. 정효공주 무덤은 1980년대에 중국 길림성 화룡현 용두산에서 발견되었다. 정효공주 무덤에서는 세련된 문장의 묘지와 벽화가 발굴되어 발해의 수준 높은 한문학 수준을 엿볼 수 있다. 특히 정효공주 묘지명에는 아버지인 문왕을 황상(皇上)으로 부른 표현이 나오고 있다. 이를 통해 발해가 대내적으로 황제국 체제를 지향했음을 알 수 있게 해준다.

돌 사자상(평양 조선중앙역사박물관)
발해 정혜공주 무덤에서 출토되었다. 51센티미터로 8세기 발해의 미술 수준을 보여준다.

이불병좌상(일본 도쿄대학박물관)
고구려의 중요 지역이었던 발해의 동경과 중경에서만 출토되는데, 고구려 후기 법화 사상의 전통을 이은 발해 불상으로 보인다.

발해에서도 불교가 유행하다

발해 수도인 **상경 용천부**는 당 수도인 장안성의 뒤를 이어 동 아시아에서 두 번째로 큰 도시였습니다. 수도의 사방을 두른 성곽은 둘레가 16킬로미터에 달했다고 합니다. 내부 구조를 보면 남북을 가로지르는 **주작대로**를 내고 일정한 크기의 구획으로 나누어 건물을 배치했습니다. 이는 상경 용천부가 당의 장안성을 모방하여 조방제를 시행했음을 보여 줍니다. 하지만 이곳에서 발견된 치미와 온돌 등은 고구려의 영향을 받은 것입니다.

고구려 불교를 계승한 발해 불교는 왕실과 귀족을 중심으로 성행하였습니다. 문왕은 스스로를 전륜성왕(轉輪聖王)으로 일컬으며 각지에 사찰을 만들었습니다. 발해의 수도였던 상경성 유적에서는 절터가 여러 곳 발견되었습니다. 9세기 이후에는 발해의 승려들이 일본이나 당에서 활동하기도 했습니다.

발해의 사찰은 높은 단 위에 금당을 짓고 그 좌우에 건물을 배치하였으며, 그 건물들을 화랑으로 연결했습니다. 상경성 궁궐터에서는 6미터 높이의 거대한 **석등**도 발견되었습니다. 이는 당시 발해에서 불교가 융성했음을 보여 줍니다. 발해에서도 불교가 장려됨에 따라 많은 불상이 제작되었습니다. 상경과 동경의 절터에서는 고구려 양식을 계승한 것으로 보이는 불상이 발견되었습니다. 특히 두 분의 부처님이 나란히 앉은 **이불병좌상**(二佛竝坐像)이 많이 남아 있습니다. 이불병좌상은 옛 고구려 지역인 두만강 유역에서만 발견되고 있습니다.

발해는 공예미술 가운데 자기(瓷器)를 잘 만들었습니다. 발해 자기는 가볍고 광택이 나며, 크기와 형태가 다양하여 당나라에서도 수입해 갔습니다. 발해의 조각은 궁궐터에서 발견되는 유물을 통해 알 수 있습니다. 발해의 벽돌과 기와 무늬는 고구려의 영향을 받아 소박하고 힘찬 모습을 보입니다. 상경에 완전한 모습으로 남아 있는 석등은 발해 석조 미술의 대표적인 예입니다. 발해에서는 자기 공예도 발전했습니다. 발해의 자기는 가볍고 광택이 좋아 당나라 사람들이 우수성을 인정하며 수입해 갔다고 합니다. 발해 문화는 고구려 문화·당 문화·말갈족 전통 문화 등 다양한 문화의 영향을 받아 다원적인 문화 양상을 보여주고 있습니다.

자료집

고대국가

핵심정리로 본 고대사

사료로 읽는 고대사

왕실 세계도

핵심정리로 본 고대사

1 선사시대

구석기시대와 신석기시대의 비교

구분	구석기시대(70만 년 전)	신석기시대(기원전 8,000년 경)
도구	• 뗀석기: 주먹도끼, 찍개, 밀개, 찌르개, 슴베찌르개 등	• 간석기: 갈돌, 갈판 • 토기: 이른민무늬 토기, 덧무늬 토기, 눌러찍기 토기, 빗살무늬 토기
생활	채집, 사냥, 동굴·바위그늘·막집 거주	채집, 사냥, 농경, 목축, 움집, 정착생활
사회	무리 생활, 이동 생활, 평등 사회	씨족사회(부족사회), 평등 사회
신앙		애니미즘, 토테미즘, 샤머니즘

청동기시대의 특징

구분	청동기시대(기원전 2,000년경)
도구	• 청동기: 비파형 동검, 거친무늬 거울 • 석기: 반달 돌칼(벼농사), 바퀴날 도끼, 홈자귀 • 토기: 덧띠새김무늬 토기, 민무늬 토기, 미송리식 토기 등
생활	배산 임수형 취락, 직사각형 집터(화덕이 구석에 위치)
사회	잉여 생산물, 사유 재산 발생 → 계급 출현(지배, 피지배 관계)
유적	• 무덤: 고인돌 • 바위 그림: 울주 반구대, 고령 양전동

고조선을 다룬 역사서

역사서	시기
삼국유사	고려(충렬왕)
제왕운기	
세종실록지리지	조선(단종)
응제시주	조선(세조)
동국여지승람	조선(성종)
동국통감	조선(성종)
동사강목	조선(정조)

초기 철기 여러 나라의 특징

국가	군장	풍속	제천 행사	특징
부여	가(마가, 우가, 저가, 구가)	• 형사취수제 • 우제점복 • 1책12법	영고	• 반농반목 • 사출도
고구려	가	• 서옥제 • 형사취수제	동맹	• 약탈 경제 • 제가회의
옥저	읍군, 삼로	• 민며느리제 • 가족 공동 묘		고구려의 간섭으로 연맹왕국으로 발전 못함
동예		• 책화 • 족외혼	무천	
삼한	신지, 읍차	• 두레묘	계절제(5월, 10월)	• 벼농사 • 제정 분리 • 철 수출(변한)

2 삼국의 정치

신라 왕호의 변천

왕호	의미	시기
거서간	군장	기원전 1세기(혁거세 거서간)
차차웅	제사장	1세기(남해 차차웅)
이사금	연장자	1세기(유리 이사금)~4세기
마립간	대군장	4세기(내물마립간)~6세기
왕	중국식 왕호(무열왕~경순왕)	6세기(법흥왕)~10세기(경순왕)
	불교식 왕호(법흥왕~진덕여왕)	

고대 국가의 발전 과정

국가	국가 체제의 정비			전성기
	건국 시조	율령 반포	불교 수용	
고구려	주몽왕 (기원전 37년)	소수림왕 (4C)	소수림왕 (4C)	광개토대왕, 장수왕(4C말~5C)
백제	온조왕 (기원전 18년)	고이왕 (3C)	침류왕 (4C)	근초고왕 (4C)
신라	박혁거세 (기원전 57년)	법흥왕 (6C)	법흥왕 (6C)	진흥왕 (6C~)

삼국의 통치 체제

국가	수상	관등	귀족 회의	특수 행정 구역
고구려	대대로	10여 관등	제가회의	3경(평양성, 국내성, 한성)
백제	상좌평	16관등	정사암회의	22담로
신라	상대등	17관등	화백회의	소경

신라의 체제 정비와 발전

시기	국왕	내용
4세기	내물왕	• 김씨 왕위 세습 확립 • 고구려의 정치적 간섭(호우명 그릇) • 고구려 광개토대왕의 지원으로 왜의 침입 격퇴
5세기	눌지왕	백제와 나·제 동맹 결성
	소지왕	나·제 동맹 강화(백제와 혼인 동맹 체결)
6세기	지증왕	• 우경 실시, 순장 금지 • 우산국 정벌(이사부) • 국호를 '신라'로 결정, 왕호를 마립간에서 '왕'으로 변경 • 동시 설치
	법흥왕	• 병부 설치 • 율령 반포, 백관 공복 제정 • '건원' 연호 사용 • 불교 공인(이차돈의 순교) • 금관가야 병합
	진흥왕	• 화랑도 정비 • 불교 교단 정비 • 한강 유역 장악, 대가야 정복, 함경도 진출(단양 적성비와 4개 순수비 건립)

가야의 발전과 쇠망

시기	내용
3세기	• 금관가야 중심의 전기 가야 연맹 형성 • 철기 문화 발달(덩이쇠) • 해상 중계무역 발달(왜)
4세기	• 백제와 신라의 압박 → 광개토대왕 공격으로 쇠퇴
5세기	• 대가야 중심의 후기 가야연맹 형성
6세기	• 신라와 결혼 동맹 • 법흥왕에 의해 금관가야 멸망(532) • 진흥왕에 의해 대가야 멸망(562)

각 나라의 주요 비석

국가	비석명	건립 시기	기록 내용
고구려	광개토대왕릉비	장수왕	아버지 광개토대왕의 업적을 기록
	중원고구려비	장수왕 문자왕	고구려 영토의 경계와 신라에 대한 고구려의 영향력 행사를 기록
신라	울진봉평비	지증왕	울진 지역에서 일어난 사건을 해결하기 위해 군사 동원, 사후 처리를 위해 회의를 열고 판결한 내용을 기록
	단양 적성비	진흥왕	적성 점령에 대한 포상과 민심 수습을 기록
	순수비	진흥왕	북한산비, 창녕비, 황초령비, 마운령비 등을 지칭, 진흥왕의 영토 확장과 관련된 비석
	임신서기석	진평왕	두 명의 청년이 맹세한 내용을 기록
백제	사택지적비	의자왕	사택지적이 은퇴한 이후 불탑과 불당을 건립하고 자연을 숭배한 내용을 4·6 변려체로 기록

통일 신라 중대 주요 왕의 업적

국왕	내용
무열왕	• 최초의 진골 출신 왕 • 무열왕 직계 자손의 왕위 계승 시작 • 집사부 시중 세력 강화(상대등 세력 약화) • 사정부 설치
문무왕	• 삼국 통일 완성(나·당 전쟁 승리) • 북원경과 금관경 설치 • 외사정 파견(673)
신문왕	• 김흠돌의 난을 계기로 귀족 세력 숙청 • 중앙 정치 기구(14부)와 군사 제도(9서당 10정) 정비 • 9주 5소경의 지방 행정 조직 완비 • 문무 관리에게 관료전 지급, 녹읍 폐지 • 국학 설립(유교 정치 이념의 강조)
성덕왕	백성에게 정전 지급(722)
경덕왕	내외관의 월봉을 혁파하고 녹읍 부활
혜공왕	김지정의 난을 토벌하는 중 피살

통일 신라 하대 주요 왕의 업적

국왕	내용
선덕왕	김지정의 난을 진압하고 즉위(내물 10세손)
원성왕	독서삼품과 설치
헌덕왕	김헌창의 난(822) 진압
흥덕왕	• 사치 금지령 반포 • 완도에 청해진 설치(장보고)
진성여왕	• 국고 고갈로 조세 독촉 → 원종과 애노의 난(889) • 사회 혼란 속에 경주 일대로 지배 영역 한정 • 최치원의 시무 10조 제시(실패)

남북국의 통치 체제

구분	통일 신라	발해
중앙	위화부 외 13부(집사부 중심)	당의 3성 6부제 도입(명칭과 운영은 독자적)
지방	• 9주 5소경 • 상수리 제도 실시	5경 15부 62주
군사	• 중앙군 : 9서당 (고구려, 백제, 말갈인 포함) • 지방군 : 10정 (9주에 1정씩 설치, 한주에만 2정 설치)	중앙군 : 10위

발해의 발전과 쇠퇴

과정	시기	내용
건국	고왕	• 동모산에서 건국 • 고구려계(지배층)가 말갈족(피지배층)과 결합
발전	무왕	• 장문휴의 수군이 당의 산둥 지역 공격 • 요서 지방 공격, 흑수부 말갈 견제 • 독자적 연호 '인안' 사용
	문왕	• 당의 3성 6부제 수용 • 당의 장안성을 모방하여 상경성 건설 • 신라도 개설 • 독자적 연호 '대흥' 사용
	선왕	• 발해의 전성기, 5경 15부 62주 • '해동성국'이라는 칭호를 얻음
쇠퇴		• 거란의 공격으로 멸망(926) • 발해 부흥 운동의 결과 압록강 유역의 후발해국, 정안국 수립

3 삼국의 경제 · 사회

삼국의 경제 정책

수취 제도	재산에 따라 곡물 · 포 징수, 특산물 수취, 15세 이상 남자 노동력 동원
농업 발전	철제 농기구 보급, 우경 장려(신라), 보 · 저수지 축조
농민 안정책	진대법(고구려) 실시
상공업	• 관영 수공업 위주 • 신라의 상업: 동시전 설치(지증왕)

삼국의 경제생활

귀족의 경제 기반	• 정복 지역에서 공물 수취 • 전쟁 포로 노비화, 녹읍과 식읍
농민의 경제 생활	• 부역에 동원 • 자연재해와 고리대 등으로 유랑민이나 노비로 전락

통일 신라의 경제 정책

민정 문서	• 일본 도다이지 정창원에서 발견 • 대상: 서원경 내 4개 촌락을 대상으로 촌주가 작성(3년마다 수정) • 내용: 촌락 크기, 토지 종류, 면적, 노동력, 말 · 소 · 유실수의 수		
토지 제도	상대	중대	하대
	• 녹읍 지급 • 식읍 지급	• 관료전 지급(신문왕) • 정전 지급(성덕왕)	• 녹읍 부활 • 농장 확대

통일 신라의 대외 무역

당과의 교류	• 신라방: 집단 거주지 • 신라소: 관청 • 신라관: 숙박소 • 신라원: 사원 • 법화원: 장보고가 적산에 세운 사원
대외 무역	• 최대 무역항: 울산항 • 8세기 이후 일본과 무역 • 울산항을 통해 이슬람과 교역

발해의 대외 교류

당과의 교통로	해로 · 육로로 왕래
일본과의 교통로	일본도 설치
신라와의 교통로	신라도 설치
발해의 대외 관계	• 당 : 산둥 반도 덩저우에 발해관 설치 • 신라 : 원만하지 않음, 상설 교통로(신라도) 설치 • 일본 : 통일 신라 견제를 위해 긴밀한 관계 유지

삼국의 신분 제도와 사회 생활

고구려	• 왕족: 계루부 고씨 • 귀족 회의: 제가회의 • 빈민 구휼 정책으로 진대법(고국천왕) 실시
백제	• 왕족: 부여씨 • 귀족 회의: 정사암 회의 • 언어, 의복, 풍습 등이 고구려와 유사
신라	• 귀족 회의: 화백회의(만장일치제) • 화랑도: 진흥왕 때 국가 조직으로 개편, 계층 간의 대립과 갈등 완화, 세속 5계를 행동 지침으로 삼음 • 골품제: 관등 승진 상한선 규정, 일상생활 제한

남북국 시대의 사회

시기	통일 신라	발해
중대	삼한일통 의식 강화: 고구려, 백제 유민을 9서당에 편입	• 지배층: 대씨·고씨, 말갈(촌주) • 피지배층: 대부분 말갈인 • 지식인의 도당 유학(빈공과 응시)
하대	• 귀족의 왕위 쟁탈전 심화 • 민란의 발생: 원종·애노의 난 등	

4 삼국의 문화

삼국시대의 사상과 종교

구분	고구려	백제	신라
불교	372년(소수림왕)에 전진으로부터 수용	384년(침류왕) 동진으로부터 수용	• 457년(눌지왕) 민간 차원에서 전래 • 527년(법흥왕) 공인
		성왕 때 노리사치계가 일본에 불교 전수	• 업설과 왕즉불 사상을 통하여 왕권 강화 • 미륵불 신앙이 화랑 제도와 관련 맺으며 발전
유교	• 중앙 : 태학(소수림왕) • 지방 : 경당(유교 및 활쏘기 교육 등)	박사 제도 운영	• 화랑도 • 임신서기석
도교	사신도	산수무늬 벽돌	

삼국시대의 문화

구분	고구려	백제	신라
고분	돌무지무덤(장군총) → 굴식 돌방무덤	• 돌무지무덤(석촌동 고분) → 굴식 돌방무덤 • 벽돌무덤(무령왕릉)	돌무지덧널무덤(천마총) → 굴식 돌방무덤
탑		• 미륵사지 석탑 • 정림사지 5층 석탑	• 황룡사 9층 목탑 • 분황사 모전석탑
불상	연가 7년명 금동 여래 입상	서산 마애 삼존 불상	경주 배리 석불 입상
건축	안학궁터	미륵사터	황룡사터
공예	제철 기술 발달	• 칠지도 • 금동 대향로	황남대총 금관

삼국 문화의 일본 전파

고구려	• 담징(영양왕): 호류사 금당 벽화 • 혜자(영양왕): 쇼토쿠 태자의 스승 • 다카마쓰 벽화: 고구려 수산리 벽화의 영향
백제	• 아직기(근초고왕): 한자 교육 • 왕인(근초고왕): 논어, 천자문 전파 • 노리사치계(무령왕): 불상, 불경 선래 • 목탑, 백제 가람 양식 전파 • 아스카 문화 형성에 영향 • 고류사 미륵 반가 사유상, 호류사 백제관음상 등
신라	조선술, 축제술(한인의 연못) 전파
가야	토기 기술 전파: 스에키 토기 제작에 영향

통일 신라의 사상

구분	신라 중대	신라 하대
불교	• 원효: 일심 사상, 화쟁 사상, 아미타 신앙 전도(불교 대중화) • 의상: 화엄 사상 정립, 관음 신앙 전파, 부석사 창건	• 선종 불교 유행(참선과 실천 수행 강조) • 9산 선문 성립(지방 문화의 역량 증대)
유교	국학 설립(신문왕)	
풍수지리설		도참 사상과 결합하여 신라 하대에 풍수도참사상이 유행

통일 신라의 예술

석탑	• 특징: 이중 기단, 3층 석탑 • 대표 석탑: 불국사 3층 석탑(석가탑), 화엄사 4사자 3층 석탑, 진전사지 3층 석탑(말기, 기단과 탑신 불상 조각)
승탑	• 선종이 유행하며 승탑 건립 • 쌍봉사 철감선사 승탑(팔각 원당형)
불상	석굴암 본존불
조각	불국사 석등과 법주사 쌍사자 석등
범종	상원사 동종, 성덕대왕 신종

발해의 문화

고구려 요소	온돌 장치, 굴식 돌방무덤 등
당 요소	상경 용천부의 주작대로, 벽돌무덤
불상	이불병좌상
조각	석등(발해의 석조 미술 대표)

사료로 읽는 고대사

1 고조선과 초기 철기 시대의 여러 나라

단군의 건국신화는 우리 민족의 시조 신화로 널리 알려져 있으며, 고조선 건국 당시의 상황을 알려 준다. 천손인 환웅이 강림한 것은 청동기 문화를 가진 북방 유이민의 이주로 고조선 건국이 이루어졌음을 암시한다. 또한 지배를 정당화하기 위한 수단으로 하늘의 자손이라는 선민사상을 앞세웠음을 알 수 있다. 환웅이 풍백, 우사, 운사와 함께 했다는 것은 고조선이 농경 사회의 특성을 가진 국가임을 알려 준다. 당시 곰과 호랑이를 숭배하는 토테미즘 사상이 있었으며, 환웅과 웅녀가 단군왕검을 낳았다는 이야기는 환웅 부족과 웅녀 부족의 연합으로 고조선이 건국되었음을 상징적으로 보여 준다.

단군 신화

하늘의 제왕인 환인에게는 환웅이라는 아들이 있었는데, 환웅은 천하에 뜻을 품고 인간 세상을 다스리고자 하였다. 이에 환인은 아들의 뜻을 알고 삼위태백을 내려다보니 인간을 널리 이롭게 할 만하여 천부인 세 개를 주어 내려보내 인간 세상을 다스리게 하였다. 환웅은 3,000명의 무리를 거느리고 태백산 꼭대기 신단수 아래에 내려와 그곳을 '신시(神市)'라 불렀다. 그때부터 환웅 천왕은 풍백, 우사, 운사를 거느리고 곡식, 수명, 질병, 형벌, 선악 등 360여 가지의 일을 주관하며 인간 세상을 교화하였다.

곰 한 마리와 호랑이 한 마리가 같은 굴에서 살았는데, 환웅에게 사람이 될 수 있게 해 달라고 늘 빌었다. 이에 환웅은 쑥 한 다발과 마늘 스무 개를 주면서 말하였다. "너희들이 이것을 먹고 100일 동안 햇빛을 보지 않는다면 곧 사람이 될 것이다." 곰과 호랑이는 동굴에서 쑥과 마늘만 먹으며 지냈다. 금기를 지키기 시작한 지 삼칠일(21일) 만에 곰은 여자가 되었지만, 호랑이는 금기를 지키지 못하여 사람이 되지 못하였다. 웅녀는 혼인할 상대가 없어 늘 신단수 아래에서 잉태하기를 축원하였다. 이에 환웅은 잠시 사람으로 변하여 웅녀와 사랑을 나누었고, 웅녀는 임신하여 아들을 낳았다. 그가 단군왕검이다. 단군왕검은 요임금이 즉위한 지 50년인 경인년에 평양성에 도읍을 정하고, 국호를 조선이라고 하였다.

《삼국유사》

《삼국지》〈위서〉 동이전과 《후한서》 동이전에는 기자가 조선에 와서 8조의 금법을 만들어 인민을 교화시켰다고 기록되어 있다. 그중에서 3개 조항만이 《한서》 지리지에 전해지고 있다. 남아 있는 법 조항을 통해 고조선에 형벌과 노비가 존재했으며, 노동력을 중시하고 사유재산을 존중했음을 알 수 있다.

8조 금법

대개 사람을 죽인 자는 즉시 죽이고, 남에게 상처를 입힌 자는 곡식으로 배상한다. 도둑질을 한 자가 남자면 그 집의 노(사내종), 여자면 비(계집종)로 삼는다. 단, 스스로 용서받고자 하는 자는 1인당 50만 전을 내야 한다. 비록 용서를 받아 보통 백성이 되어도 이를 수치스럽게 여기는 풍속 때문에 혼인을 하려 해도 짝을 구할 수 없었다. 이로써 그 백성은 끝까지 서로 훔치지 않아 대문을 닫고 사는 일이 없었다. 부인은 곧고 믿음이 있어 음란하지 않았다. 군을 설치하고 초기에는 관리를 요동에서 뽑아 왔는데, 이 관리가 백성이 문단속하지 않는 것을 보았다. 장사하러 온 자들이 밤에 도둑질하니 풍속이 점차 야박해졌다. 지금은 금지하는 법이 많아져 60여 조목이나 된다.

《한서》 지리지

《삼국지》 〈위서〉 동이전에 부여의 법으로 4조목이 전해지고 있는데, 이는 고조선의 8조법과 유사하다. 사람을 죽인 자는 사형에 처하고, 그 가족은 노비로 삼는다는 조항을 통해 부여가 노동력과 생명을 중시했음을 알 수 있다. 아울러 1책 12법(도둑질한 자는 12배로 배상하게 한다.)은 사유재산의 존재를, 투기에 대한 처벌은 가부장적인 가족 제도를 보여 준다.

부여의 법

형벌은 엄하고 각박하여 사람을 죽인 자는 사형에 처하고, 집안사람은 노비로 삼았다. 도둑질을 하면 물건의 12배를 변상하게 하였다. 간음한 자와 투기가 심한 부인은 모두 죽였다. 투기는 더욱 증오해서 죽인 후 시체를 나라의 남산 위에 버려서 썩게 하였다. 친정집에서 시체를 가져가려면 소나 말을 바쳐야 했다.

《삼국지》 〈위서〉 동이전

《삼국지》 〈위서〉 동이전에 기록된 부여와 고구려에 대한 기록이다. 부여의 경우 일찍이 중국과 통교하여 서기 49년에는 후한에 사신을 보내 왕호를 사용하였다. 이후 후한의 광무제는 매년 사신을 보내는 등 친선책을 펼쳤다. 반면 고구려는 한의 군현을 공략하고 요동으로 진출하는 등 중국 왕조들과 대립하는 경우가 많았다. 이로 인해 중국의 사서인 《삼국지》 〈위서〉 동이전에서 부여는 긍정적으로 묘사된 반면, 고구려는 부정적으로 묘사되었다.

중국 사서에 보이는 부여와 고구려에 대한 서술

부여는 구릉과 넓은 못이 많아서 동이 지역 가운데 가장 넓고 평탄한 곳이다. 토질은 오곡을 가꾸기에는 알맞지만 오과는 생산되지 않았다. 사람들의 체격은 매우 크고, 성품이 강직하고 용맹하며, 근엄하고 후덕하여 다른 나라를 노략질하지 않았다. 고구려에는 큰 산과 깊은 골짜기가 많고 평원과 연못이 없어서 사람들은 계곡을 따라 살며, 골짜기 물을 식수로 마셨다. 좋은 밭이 없어서 힘들여 일구어도 배를 채우기에는 부족하였다. 사람들의 성품은 흉악하고 급하여서 노략질하기를 좋아하였다.

《삼국지》 〈위서〉 동이전

고구려의 혼인 풍속으로는 서옥제가 있었다. 어린 신랑이 혼인을 하면 신부 집의 뒤편에 집(서옥)을 짓고 함께 지냈다. 이후 자식을 낳고 장성하면 아내를 데리고 신랑 집으로 돌아갔다. 반면 옥저는 어린 여자를 맞이하여 키운 후 며느리로 삼는 민며느리제 풍습이 있었다.

고구려의 서옥제

고구려는 환도 아래 도읍하였는데, 면적은 사방 2천 리가 되고 호의 수는 3만이다. 큰 산과 깊은 골짜기가 많고 넓은 들이 없어 산골짜기에 살면서 산골 물을 그대로 마신다. 좋은 땅이 없어 부지런히 농사를 지어도 식량이 넉넉하지 못하다. … 부여의 별종이라 하는데 말이나 풍속 따위는 비슷하지만, 기질이나 옷차림이 다르다. 집집이 창고가 있는데 이름을 부경이라 한다. … 길을 걸을 때는 모두 달음박질한다. 10월에 열리는 제천 행사는 동맹이라 한다. … 혼인할 때는 말로 미리 정하고 신부 집 뒤편에 작은 별채를 짓는데 이를 서옥(사위집)이라 한다. 신랑이 신부 부모에게 무릎을 꿇고 결혼을 청하면 이를 허락하고 돈과 폐백은 곁에 쌓아 둔다. 아들을 낳아 장성하면 아내를 집으로 데리고 간다.

《삼국지》 〈위서〉 동이전

옥저의 장례 풍습으로는 골장제가 있었다. 골장제는 가족이 죽으면 시체를 가매장하였다가 나중에 뼈를 추려서 가족 공동 무덤인 목곽에 함께 안치하는 풍습이다. 이는 일종의 가족 공동 묘의 풍습이라 할 수 있다.

옥저의 장례 풍습

그들은 장사를 지낼 적에 큰 나무 곽을 만드는데, 길이가 10여 장(丈)이나 되며 한쪽 머리를 열어 놓아 문을 만든다. 사람이 죽으면 시체는 모두 가매장을 하되, 겨우 형체가 보일 만큼 묻었다가 가죽과 살이 다 썩은 다음에 뼈만 추려 곽 속에 안치한다. 온 집안 식구를 모두 하나의 곽 속에 넣어 두는데, 죽은 사람의 숫자대로 살아 있을 때와 같은 모습으로 나무에 모양을 새긴다.

《삼국지》〈위서〉 동이전

동예는 산천을 경계로 각 부족의 영역을 함부로 침범하지 못하게 했다. 이를 어기면 소, 말 등으로 갚아야 하는데 이를 책화라 했다. 이는 동예에 부족 사회의 전통이 남아 있었음을 보여 준다.

동예의 책화

풍속을 보면 산천을 중요시하여 산과 내마다 각기 구분이 있어 함부로 들어가지 않았다. 동성(同姓)끼리 결혼하지 않는다. 꺼리는 것이 많아서 병을 앓거나 사람이 죽으면 옛집을 버리고 곧 다시 새집을 지어 산다. 마포가 산출되며, 누에를 쳐서 옷감을 만든다. 부락을 함부로 침범하면 노비, 소, 말로 배상하게 하는데, 이를 책화라고 한다.

《삼국지》〈위서〉 동이전

경기, 충청남북도, 전라남북도 지역을 중심으로 성장한 마한은 54개의 소국으로 구성되었다. 군장은 나라의 크기에 따라 대군장인 신지와 소군장인 읍차·부례 등이 있었다. 마한 내에서 목지국 지배자가 진왕 또는 마한왕으로 추대되어 삼한의 주도 세력이 되었다.

삼한의 목지국

(삼한에는) 나라마다 각각 장수가 있어 세력이 강대한 사람은 스스로 신지라고 하고, 다음은 읍차라고 하였다.

《삼국지》〈위서〉 동이전

마한이 가장 강대하여 그 종족들이 함께 왕을 세워 진왕으로 삼았다. (진왕은) 목지국에 도읍하여 전체 삼한 지역의 왕으로 군림하였다.

《후한서》

삼한은 철기 문화를 바탕으로 하는 농경 사회였다. 변한에서는 특히 철이 많이 생산되어 낙랑, 왜 등으로 수출하였고, 교역할 때 철을 화폐처럼 사용하였다.

변한의 철

(진·변한이란) 나라에서 철이 생산되는데 한, 예, 왜에서 모두 와서 가져갔다. 사고팔 때에 모두 철을 사용하였으니, 마치 중국에서 돈을 사용하는 것과 같았다. 또한 그것을 (낙랑과 대방의) 두 군에 공급하였다.

《삼국지》〈위서〉 동이전

2 삼국의 정치

부여에서 이동해 온 주몽은 압록강 유역의 토착 세력인 소서노 집단의 도움으로 기원전 37년 고구려를 건국하였다. 그는 활발한 대외 정벌을 통해 기원전 36년 비류국을 병합하였으며, 기원전 28년에는 북옥저를 멸망시켰다.

주몽의 고구려 건국

주몽이 졸본 부여에 이르렀다. 그 왕에게 아들이 없었는데 주몽을 보고는 범상치 않은 사람인 것을 알고 그 딸을 아내로 삼게 하였다. 왕이 죽자 주몽은 왕위를 이었다. … 왕(주몽)이 비류국에 도착하였다. 그 나라 왕 송양이 보고 말하기를 … "나는 여러 대에 걸쳐 왕 노릇을 하였다. … 그대가 나에게 붙는 것이 어떤가." 하자 왕이 분하게 여겨 말다툼하고 또한 서로 활을 쏘아 재주를 겨루었는데 송양이 대항할 수 없었다. … 36년 여름 6월에 송양이 항복해 왔다.

《삼국사기》

태조왕은 주변 소국의 지배 세력들을 고구려에 복속시켰으며, 통합된 여러 집단은 5부 체제로 발전하였다. 이 과정에서 고구려는 중앙집권적 국가 체제를 정비하여 고대왕국의 기반을 다질 수 있었으며 계루부 고씨에 의한 왕위 계승을 확립하였다.

고구려의 태조왕

(고구려 태조왕은) 동옥저를 정벌하여 그 땅을 취하고 성읍을 만들며 국경을 개척하였는데, 동으로는 창해(동해)에 이르고, 남으로는 살수(청천강)에 이르렀다. … 왕이 군사를 동원하여 요동 서안평을 습격하고, 대방령을 죽이고, 낙랑 태수의 처자를 잡아 왔다. 조내를 정벌하고 그 왕을 사로잡았다. … 주내를 정벌하고 그 왕자 을음을 사로잡아 고추가로 삼았다.

《삼국사기》

3세기 고이왕은 한강 유역을 장악하고 한 군현과 항쟁하였다. 또한, 6좌평·16관등의 관제를 마련하기 시작하였으며, 관복제를 제정하는 등 지배 체제를 정비해 나갔다.

백제의 고이왕

백제 고이왕은 내신좌평을 두어 왕명 출납을, 내두좌평은 물자와 창고를, 내법좌평은 예법과 의식을, 위사좌평은 숙위 병사를, 조정좌평은 형벌과 송사를, 병관좌평은 지방의 군사에 관한 일을 각각 맡게 하였다. … 6개 좌평은 모두 1품, 장덕은 7품, 시덕은 8품 … 극우는 16품이었다. … 왕이 영을 내려 6품 이상은 자줏빛 옷을 입고 은 꽃으로 관을 장식하고, 11품 이상은 붉은 옷을, 16품 이상은 푸른 옷을 입게 하였다.

《삼국사기》

중국의 《송서》와 《양서》 등에는 '중국이 북방 민족의 침입으로 분열된 시기에 백제가 요서 지방으로 진출해 백제군을 설치했다.'는 기록이 전하고 있다. 그러나 중국 북조계 역사서나 우리측 역사서에는 관련 기록이 보이지 않는다. 학계에서는 백제의 요서 경략설에 대해서 요서 지방의 점유라기보다는 백제의 일시적인 진출로 보거나, 요서 진출의 주체를 백제가 아닌 부여 등 다른 세력으로 보고 있다.

백제 요서 진출설

백제국은 본래 고구려와 함께 요동의 동쪽 1,000여 리에 있었다. 그 후 고려가 요동을 차지하니 백제는 요서를 차지하였다. 백제가 통치한 곳을 진평군(진평현)이라고 한다.

《송서》

백제는 … 본래 고구려와 함께 요동의 동쪽에 있었다. 진나라 때 고구려가 이미 요동을 공격하여 차지하자 백제 또한 요서 진평 2군을 점거하고 백제군을 설치하였다.

《양서》

신라의 왕호는 거서간(족장), 차차웅(제사장), 이사금(연장자), 마립간(대수장), 왕 순서로 변화하였다. 이러한 변화는 신라의 발전 과정을 보여 주는 것이다. 족장, 제사장, 연장자라는 의미의 왕호는 내물마립간 때 김씨가 왕위 세습권을 독점하면서 왕권의 강화를 표시하기 위해 대수장이란 의미의 마립간으로 바뀌었다. 이후 지증왕대부터는 마립간 대신 왕이란 칭호를 사용하였다.

신라 왕의 호칭과 국호의 정비

(기원전 57년) 시조 성은 박씨고 이름은 혁거세이다. … 거서간은 진의 말로 왕이며 혹자는 귀인을 부르는 칭호라고도 한다.

(4년) 남해 차차웅이 즉위하다. … 차차웅은 방언으로 무당을 가리킨다. 무당이 귀신을 섬기고 제사를 받들기 때문에 이를 경외하여 부르게 되었다.

(24년) 유리 이사금이 즉위하였다. … (탈해가 말하기를) "내가 들으니 성스럽고 지혜로운 사람은 치아가 많다고 한다. 떡을 물어 시험해 보니 유리의 치아가 많으므로 그를 받들어 이사금이라 하였다. … 연장(年長, 나이)을 기준으로 후계를 이었으므로 이사금이라 칭하였다."

(417년) 눌지마립간이 왕위에 올랐다. 김대문이 말하였다. "마립이란 방언에서 말뚝을 이른다. … 왕의 말뚝은 중심이 되고 신하의 말뚝은 그 아래에 배열되었다. 이로 말미암아 (마립간을 왕의) 이름으로 삼았다."

(503년, 지증왕 4년) '신(新)'은 덕업이 날로 새로워진다는 뜻이고 '라(羅)'는 사방을 망라한다는 뜻이므로 이를 나라 이름으로 … 이제 여러 신하가 한마음으로 삼가 신라국왕이라는 칭호를 올립니다.

《삼국사기》

지증왕은 512년에 이사부로 하여금 우산국을 복속시켰다. 원래 우산국은 지리적으로 험하여 정복하지 못했는데 하슬라주의 군주 이사부가 계략으로 그들의 항복을 받아 냈다.

신라의 우산국 정벌

지증왕 13년(512) 우산국이 항복하여 해마다 토산물을 바쳤다. … 이사부가 하슬라주 군주가 되어 … 우산국을 정벌하였다.

《삼국사기》

기원전 1세기에 이르러 경상남도 해안 지대에 철기 문화가 보급되면서 이 지역에서는 변한 소국들이 나타나기 시작하였다. 이후 소국 간의 통합이 진행되어 3세기경 김해의 금관가야를 중심으로 하는 전기 가야 연맹이 형성되었다. 이후 고구려의 공격으로 전기 가야 연맹이 해체되고, 5세기 후반에는 고령 지방의 대가야를 새로운 맹주로 하는 후기 가야 연맹이 성립되었다.

금관 가야의 건국 설화

천지가 개벽한 뒤로 가야 지방에는 아직 나라가 없고 또한 왕과 신하도 없었는데, 단지 아홉 추장이 각기 백성을 거느리고 농사를 지으며 살았다. … 아홉 추장과 사람들이 노래하고 춤추면서 하늘을 보니 얼마 뒤 자주색 줄이 하늘로부터 내려와서 땅에 닿았다. 줄 끝을 찾아보니 붉은 보자기에 금빛 상자가 싸여 있었다. 상자를 열어 보니 황금색 알 여섯 개가 있었다. … 열 사흘째 날 아침에 다시 모여 상자를 열어 보니 여섯 알이 어린아이가 되어 있었다. 용모가 뛰어나고 바로 앉았다. 아이들은 나날이 자라 십수 일이 지나니 키가 9척이나 되었다. 얼굴은 한고조, 눈썹은 당의 요임금, 눈동자는 우의 순임금과 같았다. 그달 보름에 맏이를 왕위에 추대하고 수로라 하였다. 그가 곧 가락국 또는 가야국왕이며, 나머지 다섯도 각각 다섯 가야의 임금이 되었다.

《삼국유사》

수는 중국을 통일하고 세력을 확대하면서 고구려에 복속을 요구하였다. 하지만 고구려는 영양왕 때 수의 침략에 대비하기 위해 요서 지방을 선제공격하였다(598). 이에 수의 문제는 30만 병력을 동원하여 고구려를 침공했으나 고구려군의 반격으로 패배하였다. 612년에는 수의 양제가 100여 만의 군대를 이끌고 직접 침공했지만 요동 공략에 실패하였고, 평양성을 침공한 우중문의 별동대 역시 을지문덕에 의해 참패를 당하고 말았다. 이를 살수대첩이라고 한다.

고구려와 수의 전쟁

하루에 일곱 번 싸워 모두 이긴 우문술의 군대는 살수(薩水)를 건너 평양 근처까지 들어와 진을 쳤다. 을지문덕이 사신을 보내 거짓으로 항복하자 우문술은 수의 군대가 피로하고 지쳐 평양 함락이 어렵다고 판단하여 철수하고자 하였다. 이때 을지문덕이 군사를 출동시켜 사면에서 들이치니 수 병사들은 살수를 건너지도 못하고 허물어졌다. 처음 수의 군대가 쳐들어올 때는 무릇 30만 5,000명이었는데, 요동성으로 돌아갈 때는 겨우 2,700명뿐이었다.

《삼국사기》

신라의 삼국 통일은 대동강 이남 지역을 확보하는 데 그쳤고 당 세력을 끌어들였다는 점에서 한계를 가진다. 그러나 당을 무력으로 물리친 사실은 삼국 통일의 자주적인 성격을 보여 주며, 아울러 오랜 전쟁을 끝냄으로써 평화를 정착시키고 삼국의 문화를 융합하여 민족 문화의 기틀을 마련했다는 점에서 의의가 있다.

삼국 통일에 대한 평가

긍정적 평가

신라는 두 나라 사이에 끼어서 북쪽은 정벌을 당하고, 서쪽은 침략을 당하여 잠시도 편안한 해가 없었다. … 선왕(김춘추)께서 백성들의 참혹한 죽음을 불쌍히 여겨 임금의 귀중한 몸을 잊고 바다 건너 당에 가서 황제를 뵙고 친히 군사를 청하였다. 그 본의는 두 나라를 평정하여 영구히 전쟁을 없애고, 여러 해 동안 깊이 맺혔던 원한을 갚고, 백성들의 죽게 된 목숨을 보전코자 함이다.

《삼국사기》

부정적 평가

다른 종족을 끌어들여 같은 종족을 멸망시키는 것은 도적을 불러들여 형제를 죽이는 것과 다를 바 없다. 이는 삼척동자라도 알 수 있는 일이거늘, 슬프다! 우리나라 역사가여! 이를 아는 자가 매우 적구나. 앞에서도 말했듯이 역대 왕들이 항상 외세의 도움을 받아 고구려와 백제를 멸망시키고자 하였거니와, 마음은 있되 일을 벌이지 못하였으며 일을 벌이되 이루지 못하였으니, 이것은 살인 미수에 속하는 것이다. 태종대왕 김춘추에 이르러 이 일을 위해 마음과 힘을 다하고 수완을 다하여 마침내 이 일을 이룬 뒤에는 득의양양하였다. 조금이라도 혈기를 가진 자라면 이를 욕하고 꾸짖는 게 옳으며 배척하는 것이 옳거늘, 오늘날 그 본발을 따지지 않고 다만 '우리나라 통일의 실마리를 연 임금이다.'라고 한다. 그가 우리나라뿐 아니라 지나(중국)도 통일하고 기타 동서 여러 나라들을 빠짐없이 통일하였더라도 그 공으로 그 죄를 덮지 못하는데, 하물며 삼국 통일한 공으로 그 죄를 덮을 수 있으리오.

신채호, 《독사신론》

무열왕은 김유신의 지원을 받아 진골 출신으로는 처음으로 왕위에 올랐다. 무열왕은 통일 전쟁을 시작하여 660년에 백제를 멸망시키고 661년에 승하하였다. 그의 아들 문무왕 즉위 시기인 668년에 고구려를 멸망시키고 676년에 나·당 전쟁을 마무리하여 삼국 통일의 결실을 이루게 되었다. 통일 후 신라는 영토가 넓어지고 인구가 늘어나면서 귀족의 경제적 기반이 크게 확대되었고, 오랫동안 전쟁에 시달리던 백성의 생활도 안정을 되찾았다.

무열왕과 문무왕

태종 무열왕

무열왕은 (김)유신공과 함께 삼한(삼국)을 통일하였기에 묘호를 태종이라고 하였다.

《삼국유사》

문무왕의 유언

병기를 녹여 농기구를 만들어 백성으로 하여금 천수를 다하도록 하며, 납세와 부역을 줄여 집집이 넉넉하고 사람마다 풍족하게 해 백성은 자기의 집을 편하게 여기고 나라에는 근심이 사라지게 하라.

《삼국사기》

김헌창의 난은 신라 하대의 상황을 잘 보여 주는 사건이다. 822년 김주원의 아들 웅천주 도독 김헌창은 아버지가 왕위에 오르지 못한 것을 명분으로 난을 일으켰다. 전국적인 규모의 반란이었으나, 중앙에서 파견된 토벌군에게 주요 거점인 웅진성이 함락되고 김헌창이 자결함으로써 반란은 한 달이 못 되어 진압되었다.

김헌창의 난

헌덕왕 14년 3월, 웅천주 도독 헌창은 그 아비 주원이 앞서 왕위에 오르지 못한 것을 이유로 반란을 일으켜 국호를 장안이라 하고 연호를 경운 원년이라 하였다. 무진, 완산, 청주, 사벌주 등 4주의 도독과 국원경, 서원경, 금관경의 사신 및 여러 군현의 수령을 협박하여 자기 소속으로 삼았다.

《삼국사기》

견훤은 상주 출신으로 신라 서남 지역 방위군의 장군으로 나가 세력을 키웠다. 그는 전라도 지방의 군사력과 지방 호족의 지원을 받아 나주와 무진주를 차례로 점령하였다. 900년(신라 효공왕 4)에는 완산주(지금의 전주)에 도읍을 정하고 백제를 계승한다는 의미로 후백제를 세움으로써 후삼국시대를 열었다.

후백제의 견훤

견훤은 상주 가은현 사람으로 본래의 성은 이씨였는데 후에 견으로 성씨를 삼았다. 아버지는 아자개이니 농사로 자활하다가 후에 가업을 일으켜 장군이 되었다. … 한 달 사이에 무리가 5,000명에 이르자 드디어 무진주(광주)를 습격하여 스스로 왕이 되었다. … "지금 내가 도읍을 완산에 정하고 어찌 감히 의자왕의 쌓인 원통함을 씻지 아니하랴." 하고 드디어 후백제왕이라고 스스로 칭하였다.

《삼국사기》

궁예는 신라 왕족 출신으로 도적의 무리 속에서 힘을 길러 강원도, 경기도 일대, 황해도 지역까지 세력을 키웠다. 이후 901년에 송악을 도읍으로 후고구려를 세워, 후백제의 견훤과 함께 후삼국시대를 열었다. 그는 반 신라 정책으로 일관하였으며, 농민에 대한 지나친 조세 부과와 미륵 신앙을 이용한 전제 정치로 호족들의 민심을 잃어 축출되었다.

후고구려의 궁예

궁예가 미륵불을 자칭하고 머리에 금관을 쓰고 몸에 가사를 입었다. 큰아들을 청광보살, 막내아들을 신광보살로 삼아 외출할 때는 항상 흰말을 탔는데 말갈기와 꼬리를 고운 비단으로 장식하였으며 소년 소녀로 하여금 깃발, 일산과 향기 나는 꽃을 들고 앞에서 인도하게 하였고 비구 승려 200여 명을 시켜 범패를 부르며 뒤를 따르게 하였다. 또한 불교 경전 20여 권을 지었는데 그 말이 요망하여 모두 바른말이 아니었으며, 때때로 반듯하게 앉아 불법을 강설하였다. 승려 석총이 이를 평하기를 "모두 사특한 설과 괴이한 말이니 교훈이 될 수 없다."라고 하자 이를 듣고 노하여 철퇴로 쳐 죽였다.

《삼국사기》

696년 거란족의 반란으로 당이 혼란에 빠지자, 고구려 출신인 걸걸중상은 말갈 추장 걸사비우와 함께 그 지역에 억류되어 있던 고구려 유민과 말갈족을 이끌고 동으로 이동하였다. 당은 이해고를 대장으로 하는 추격군을 파견하였고, 걸사비우는 대패하여 전사하였다. 걸걸중상 사후 고구려 유민을 이끌던 대조영은 흩어진 걸사비우 예하의 말갈족 등을 규합한 후 이해고의 당군을 천문령에서 크게 물리쳤다. 이후 대조영은 동만주 쪽으로 이동하여 동모산 기슭에서 698년 발해(처음 이름은 진국)를 건국하였다. 이로써 한반도 남부에는 신라, 북부에는 발해가 존재하게 되었다. 조선의 실학자 유득공은 《발해고》에서 이 시기를 남북국이라고 칭하였다.

발해의 건국과 발전

발해의 건국

대조영은 본래 고구려의 별종이다. 고구려가 멸망하자 대조영은 가족을 이끌고 영주로 옮겨 와 살았다. 696년에 거란 이진충이 반란을 일으켰다. 대조영은 말갈 족장 걸사비우와 함께 각각 무리를 이끌고 동쪽으로 망명하였다. … 당의 측천무후는 장군 이해고를 시켜 대조영과 걸사비우 무리를 토벌하게 하였다. 이해고는 먼저 걸사비우를 무찌르고 대조영을 뒤쫓았다. 이에 대조영은 고구려와 말갈 무리를 연합하여 대항하였다. … 마침내 대조영은 무리를 이끌고 동쪽으로 가서 계루부의 옛 땅을 차지하고 동모산에 성을 쌓고 살았다. 대조영이 굳세고 용맹스러워 말갈 및 고구려 유민들이 점점 모여들었다.

《구당서》

유득공이 말하는 남북국

부여씨와 고씨가 망한 다음에 김씨의 신라가 남에 있고 대씨의 발해가 북에 있으니 이것이 남북국이다. 여기에는 마땅히 남북국사가 있어야 할 터인데 고려가 편찬하지 않은 것은 잘못이다. 저 대씨는 어떤 사람인가. 바로 고구려 사람이다. 그들이 차지하고 있던 땅은 어떤 땅인가. 바로 고구려의 땅이다.

유득공, 《발해고》

압록강 유역을 기반으로 한 후발해국이 발해 부흥 운동으로 큰 성과를 거두었다. 열씨가 왕위를 차지하면서 정안국으로 국호가 바뀐 것으로 여겨지며, 다시 오씨(오현명)로 왕성이 교체되었지만 986년 거란의 대대적 정벌로 멸망하였다.

발해의 부흥 운동, 정안국

981년 정안국의 왕 오현명이 여진의 사신을 통해 표문을 올렸는데, "신은 본래 고구려의 옛 땅에 자리 잡았던 발해의 유민으로서 한쪽 귀퉁이에 웅거하여 … 본성대로 살고 있습니다."라고 하였다.

《송서》

3 삼국의 경제 • 사회

삼국은 재산의 정도에 따라 호를 나누어 곡물과 포를 조세로 거두었으며, 그 지역의 특산물은 촌락을 단위로 하여 공물 형태로 수취하였다. 왕궁이나 성, 저수지 등을 축조하는 데 노동력이 필요한 경우에는 15세 이상의 남자를 동원하였다. 또한, 삼국은 농민 생활 안정과 생산력 증대를 위해 농사철에는 부역 징발을 하지 못하도록 하고, 철제 농기구를 보급하였다.

고구려의 조세 수취

부세(賦稅)는 비단, 베 및 곡물로 내는데 그 가진 바에 따르며, 빈부를 헤아려 차등 있게 내도록 한다.

《주서》

사람에게 매기는 세금은 삼베 5필, 곡식 5석이었다. 유인(遊人)은 3년에 한 번 세금을 내는데, 열 사람이 함께 삼베 1필을 냈다. 집집마다 부과하는 세금은 상호가 1석이고, 그다음 호는 7두, 하호는 5두였다.

《수서》

백성들 대부분은 자영농이었으며 생활이 불안정하여 노비로 전락하는 경우도 있었다. 고국천왕 때에는 농민 몰락 방지를 위하여 진대법을 실시하였다. 진대법은 봄에 곡식을 빌려주었다가 가을에 추수한 것으로 갚게 하는 제도이다. 이는 국가 재정과 국방력을 유지하고 귀족 세력이 커지는 것을 막기 위한 정책이었다.

고구려의 진대법

고국천왕 16년(194) 겨울 10월, 임금이 질양(質陽)으로 사냥을 갔다가 길에 앉아 우는 자를 보았다. 임금이 우는 이유를 물으니, 그가 대답하여 말했다. "저는 가난하여 항상 품팔이로 어머니를 봉양하였습니다. 그런데 올해는 흉년이 들어 품팔이할 곳이 없어, 한 되나 한 말의 곡식도 얻을 수 없기에 우는 것입니다." 임금이 말하였다. "아아! 내가 백성의 부모가 되어 백성들이 이 지경에 이르게 하였으니 나의 죄로다." 임금은 그에게 옷과 음식을 주어 위로하였다. 그러고는 서울과 지방의 해당 관청에 명하여 홀아비와 과부, 고아, 자식 없는 늙은이, 늙고 병들고 가난하여 혼자 힘으로 살 수 없는 자들을 찾아 구휼하게 하였다. 또 관리들에게 명하여 매년 봄 3월부터 가을 7월까지 관청의 곡식을 내어 백성들의 식구 수에 따라 차등 있게 빌려주었다가 겨울 10월에 상환하게 하는 것을 법규로 정하였다. 모든 백성들이 크게 기뻐하였다.

《수서》

당에서 무령군 소장으로 활동하던 장보고(궁복)는 828년 신라로 귀국하여 흥덕왕에게 청해진 설치를 요청하였다. 흥덕왕은 장보고의 요청을 받아들였고, 장보고는 완도에 청해진을 설치하여 남해와 황해의 무역권을 장악하고 당과 일본의 무역을 독점하였다. 그는 당과의 교역을 위해 견당매물사를 파견하였으며, 일본에는 사절단인 회역사를 파견하였다. 하지만 장보고가 진골 귀족들의 정치 분쟁에 관여하자, 이에 위협을 느낀 중앙 귀족들이 염장을 보내 장보고를 살해하였다.

장보고의 몰락

문성왕 8년(846) 봄 청해진에 있던 궁복은 왕이 자신의 딸을 받아들이지 않은 것에 원한을 품고 반란을 일으켰다. … 무주 사람 염장이라는 자가 거짓으로 나라를 배반하는 척하고 청해진에 몸을 의탁하였다. … 궁복이 술에 취하자 그의 칼을 빼앗아 목을 베었다.

《삼국사기》

당은 발해가 산둥 반도를 공격해 오자, 통일 신라와의 관계를 회복하여 통일 신라로 하여금 발해를 견제하도록 하였다. 이후 발해와 통일 신라는 서로 대립하였는데, 때로는 필요에 따라 사신 왕래와 함께 교역을 하기도 했다. 발해의 동경에서 금성에 이르는 '신라도'라는 교역로가 있었다는 사실과 발해가 거란에 공격당하자 통일 신라에 도움을 요청한 점 등은 통일 신라와 발해 사이의 관계가 대립 관계만 있지 않았음을 보여준다.

발해의 경제생활

발해와 통일 신라의 대립

무왕 4년(732), 왕은 장군 장문휴를 보내 당의 등주를 공격하게 하였다. 이에 당 현종은 태복 원외랑 김사란을 신라에 보내 군사를 출동시켜 발해의 남경을 공격하게 하였다. 신라는 군사를 내어 발해의 남쪽 국경선 부근으로 진격하였다. 이에 발해가 군사를 등주에서 철수하였다.

《신당서》

발해와 통일 신라의 교류

원성왕 6년(790) 3월에 일길찬 백어(伯魚)를 북국(발해)에 사신으로 보냈다.
헌덕왕 4년(814) 9월에 급찬 숭정(崇正)을 북국(발해)에 사신으로 보냈다.

《삼국사기》

정사암회의는 백제의 귀족 회의 명칭이다. 《삼국유사》에 따르면, 백제의 귀족들은 호암사(虎巖寺)의 정사암이라는 바위에 모여 투표를 통해 수상인 상좌평을 선출했다고 한다. 이는 삼국시대의 정치가 귀족 연합적인 성격을 가지고 있었음을 보여준다. 비슷한 회의로는 고구려의 제가회의와 신라의 화백회의가 있다.

백제의 정사암회의

나라에서 재상을 뽑을 때 후보 이름을 서너 명 써서 상자에 넣어 봉해서 바위 위에 두었다가 얼마 뒤 열어 보고 이름 위에 인(印)이 찍혀 있는 사람을 재상으로 삼았다. 그래서 정사암이라 하였다.

《삼국유사》

화백회의는 신라시대 씨족사회의 전통을 계승한 회의로, 진골 이상의 귀족들이 참여하여 국가 중대사를 의논하였다. 화백회의의 의장은 상대등이며, 모든 사람들이 찬성해야 결정하는 만장일치 제도였다. 이 회의에서 귀족들이 국왕을 추대하거나 폐위하는 등의 막강한 영향력을 행사하였다.

신라의 화백회의

큰일이 있을 때에는 반드시 여러 사람의 의견을 따른다. 이를 화백이라 하는데 한 사람이라도 이의가 있으면 통과되지 못하였다

《신당서》

진흥왕은 여성 중심의 원화를 폐지하고, 화랑도를 국가적 조직으로 재편하였다. 화랑도의 기본 이념인 세속 5계는 신라 진평왕 대에 원광법사가 사량부에 사는 귀산과 추항에게 가르친 것에서 비롯되었다고 한다. 그 내용은 사군이충, 사친이효, 교우이신, 임전무퇴, 살생유택으로 정리된다.

화랑과 세속 5계

원광 법사가 (귀산과 추항에게) 말하기를, "지금 세속에는 5계가 있으니, 첫째는 충성으로써 임금을 섬기는 것, 둘째는 효도로써 어버이를 섬기는 것, 셋째는 신의로써 벗을 사귀는 것, 넷째는 싸움에 임하여 물러서지 않는 것, 다섯째는 생물을 죽이되 가려서 죽이는 것이니, 그대들은 이를 실행함에 소홀하지 말라."라고 하였다.

《삼국사기》

신라 6두품 출신의 설계두는 골품제의 한계로 인해 대신이나 장군이 될 수 없는 자신의 처지를 한탄하고 당나라로 건너갔다. 645년 당나라 태종과 고구려 사이에 벌어진 전투에 참여하여 격전을 벌이다 전사한 것으로 알려져 있다. 설계두의 이야기는 당시 골품제로 인한 6두품 세력의 불만이 높았음을 보여준다.

설계두와 골품제

설계두는 … "신라는 사람을 쓰는 데 골품을 따져서 그 족속이 아니면 뛰어난 재주와 큰 공이 있어도 한도를 넘지 못한다. 나는 중국에서 … 공을 세워 영화를 누릴 것이다."라고 말하였다. 그는 621년 몰래 배를 타고 당으로 갔다.

《삼국사기》

3 삼국의 문화

임신서기석은 신라시대 두 명의 인물이 나라에 대한 충성을 맹세하는 내용을 새긴 비석이다. 비문의 내용 중에 《시경》·《상서》·《예기》·《춘추좌전》 등을 습득할 것을 맹세한 점으로 보아 당시 신라 사회에 유교가 널리 퍼져 있었음을 알 수 있다.

임신서기석의 내용

임신년 6월 16일에 두 사람이 함께 맹서하고 기록한다. 하늘 앞에 맹서한다. 지금부터 3년 이후 충도(忠道)를 지켜 과실이 없기를 맹서한다. 만약에 맹서를 저버리면 하늘의 큰 벌을 받을 것을 맹서한다. 만약 나라가 불안하고 세상이 크게 어지러워도, 행할 것을 맹서한다. 또 따로 (3년 전인) 신미년 7월 22일에 맹서하였다. 《시경》·《상서》·《예기》·《춘추좌전》 등을 차례로 3년에 습득할 것을 맹서하였다.

임신서기석

신라는 5세기 중엽 눌지마립간 시기에 불교가 전래되었으나 토착 귀족 세력의 반발로 널리 퍼지지는 못하였다. 그래서 불교 공인 과정에서도 불교를 옹호하는 세력과 토착 신앙을 고수하려는 세력과의 갈등이 매우 치열하게 전개되었다. 결국 법흥왕은 527년에 이차돈의 순교를 계기로 반대파를 누르고 불교를 공인할 수 있었다.

이차돈의 순교

조정 신하들은 (법흥왕의) 깊은 뜻을 헤아리지 못하고 … 절을 세우겠다는 왕의 높은 계책을 따르지 않았다. … 이차돈이 왕에게 아뢰기를, "나라를 위하여 몸을 던지는 것은 신하의 큰 절개이며, 임금을 위해 목숨을 바치는 것은 백성의 바른 의리입니다. 신이 거짓으로 왕명을 전하였다고 문책하여 신의 머리를 베시면 만민이 모두 굴복하고 감히 왕명을 어기지 못할 것입니다."라고 하였다. … 옥리가 (이차돈의) 목을 베니 허연 젖이 한 길이나 솟았다.

《삼국유사》

788년 원성왕은 독서삼품과를 설치하였다. 독서삼품과는 유교 경전의 해석 능력에 따라 등급을 나누어 관리로 임용하려는 제도였다. 하지만 얼마 후 진골 귀족들의 반발로 무산되었다.

독서삼품과

처음으로 독서삼품을 정하여 벼슬을 하게 되었는데, 《춘추좌씨전》, 《예기》, 《문선》을 읽고 그 뜻에 능통하고 《논어》, 《효경》에 밝은 사람은 상(上)품, 《곡례》, 《논어》, 《효경》을 읽은 사람은 중(中)품, 《곡례》, 《효경》을 읽은 사람을 하(下)품으로 한다.

《삼국사기》

최치원은 신라 하대 활동했던 대표적인 6두품이다. 그는 당에서 외국인을 대상으로 한 과거인 빈공과에 급제하여 당에서 활동하였다. 이후 신라로 귀국하여 진성여왕에게 개혁안 10여 조를 건의하였지만 받아들여지지는 않았다.

6두품 최치원

최치원이 당에 가서 벼슬을 하다가 고국에 돌아왔는데 전후에 난세를 만나서 처지가 곤란하였으며, 모함을 받아 죄에 걸리겠으므로 스스로 때를 만나지 못한 것을 한탄하고 다시 벼슬할 뜻을 두지 않았다. 그는 세속과 관계를 끊고 자유로운 몸이 되어 숲 속과 강이나 바닷가에 정자를 짓고 소나무와 대나무를 심으며 책을 벗하여 자연을 노래하였다.

《삼국사기》

원효는 귀족 중심의 불교에서 소외되어 있던 백성들을 구제하고자 '불교 대중화 운동'을 벌였다. 그는 모든 중생이 부처의 본성을 가지고 있으므로 성불할 수 있으며, 누구나 '나무아미타불'만 염불하면 서방정토로 가서 다시 태어날 수 있다고 가르쳤다. 또한 화엄경의 이치를 담아 누구나 쉽게 알아들을 수 있는 '무애가'를 지어 널리 알림으로써 부처님의 가르침을 일반대중에게까지 전파하였다.

원효의 불교 대중화 운동

원효는 이미 계를 범하고 설총을 낳은 후로는 속인의 옷을 바꾸어 입고, 스스로 소성거사(小性居士)라 일컬었다. 우연히 광대들이 놀리는 큰 박을 얻었는데, 그 모양이 괴이했다. 성사는 그 모양대로 도구를 만들어 화엄경의 "일체 무애인(無碍人)은 한 길로 생사를 벗어난다."란 문구에서 따서 이름 지어 무애라 하며 이내 노래를 지어 세상에 퍼뜨렸다. 일찍이 이것(도구)을 가지고 많은 촌락에서 노래하고 춤추며 교화하고 음영(吟詠)하여 돌아왔으므로, 가난하고 무지몽매한 무리들까지도 모두 부처님의 호를 알게 되었고, 다 나무아미타불(南無阿彌陀佛)을 부르게 되었으니 원효의 법화는 컸던 것이다.

《삼국유사》

불교에서는 3보인 불·법·승을 강조하였다. 《화엄일승법계도》는 의상의 사상이 압축되어 있는 책이다. '하나 속에 우주 만물을 아우르자'라는 화엄 사상은 통일 직후의 신라 사회를 통합하는 데 기여하였다. 상호 의존성과 조화의 측면을 강조함으로써 신라 주민의 일체감을 높이는 데 효과적이었던 것이다. 또한 '하나'를 왕의 존재로 규정지음으로써 왕권 강화에도 기여하였다.

의상의 《화엄일승법계도》

법성은 원융하여 두 모습이 없으니 제법은 부동하여 본래 고요해 이름도 형상도 없어 일체를 여의었으니 깨달은 그것이지 다른 경지가 아니다. 진성(眞性)은 참으로 깊고도 오묘하니 자성(自性)을 지키지 않고 연을 따라 이룬다. 하나 안에 일체요, 모두 안에 하나하나가 곧 일체요, 모두가 곧 하나이다. 나 속에 모두가 있고 모든 것 속에 하나가 있다. 하나가 곧 모두이며, 모두가 곧 하나이다. 한 작은 티끌 속에 우주 만물을 머금고 모든 티끌 속이 또한 이와 같다.

《화엄일승법계도》

《삼국유사》에 통일신라시대에 화랑과 승려들이 지은 향가 14수가 전해지고 있다. 월명사의 〈제망매가〉도 그 가운데 하나이다. 현재 전해지지는 않지만, 9세기 후반에는 이런 향가들을 모아 《삼대목》이라는 향가집을 편찬했다고 한다.

월명사의 〈제망매가〉

살고 죽는 길이 여기 있기도 두렵고
여기 있고 싶어도 안 되어 간다는 말도 못하고 갔는가
가을바람에 여기저기 떨어지는 잎처럼 한 가지에 나고서도 가는 곳 모르겠구나
아아, 미타찰에서 만나리
나, 도 닦으며 기다리리라

《삼국유사》

발해에서는 한문학도 발달하였다. 발해의 양태사가 일본에 사신으로 갔을 때, 고국을 그리워하며 〈다듬이질 소리〉라는 작품을 남겼다.

양태사의 〈다듬이질 소리〉

서리 기운 가득한 하늘에 달빛 비치니 은하수도 밝은데
나그네 돌아갈 일을 생각하니 감회가 새롭구나
홀로 앉아 지새는 긴긴 밤 근심에 젖어 마음 아픈데
홀연히 이웃집 아낙네 다듬이질 소리 들리는구나
바람결에 그 소리 끊기는 듯 이어지는 듯
밤 깊어 별빛 낮은데 잠시도 쉬지 않네
나라 떠나와서 아무 소식 듣지 못하더니
이제 타향에서 고향 소식 듣는 듯하구나

《경국집》

왕실 세계도

——• 부자 관계
----• 자손 혹은 비혈연 관계
•—• 혼인 관계

고조선(古朝鮮)

환인(桓因) ——• 환웅(桓雄)

환웅(桓雄) •—• 웅녀(雄女) ——• 단군왕검(巫君王儉) ----• 부왕(否王) ——• 준왕(準王)

위만조선(衛滿朝鮮)

위만왕(衛滿王) ----• 우거왕(右渠王) ——• 장로(張路)

부여(夫餘)

----• 시왕(始王) ——• 위구태(尉仇台) ——• 부태왕(夫台王) ——• 위구태왕(尉仇台王)

위구태왕(尉仇台王)
- ——• 간위거왕(簡位居王) ——• 마여왕(麻余王) ——• 의려왕(依慮王) ——• 의라왕(依羅王) ——• 현왕(玄王)
- ----• 위거(位居)
- ----• ?

고구려(高句麗)

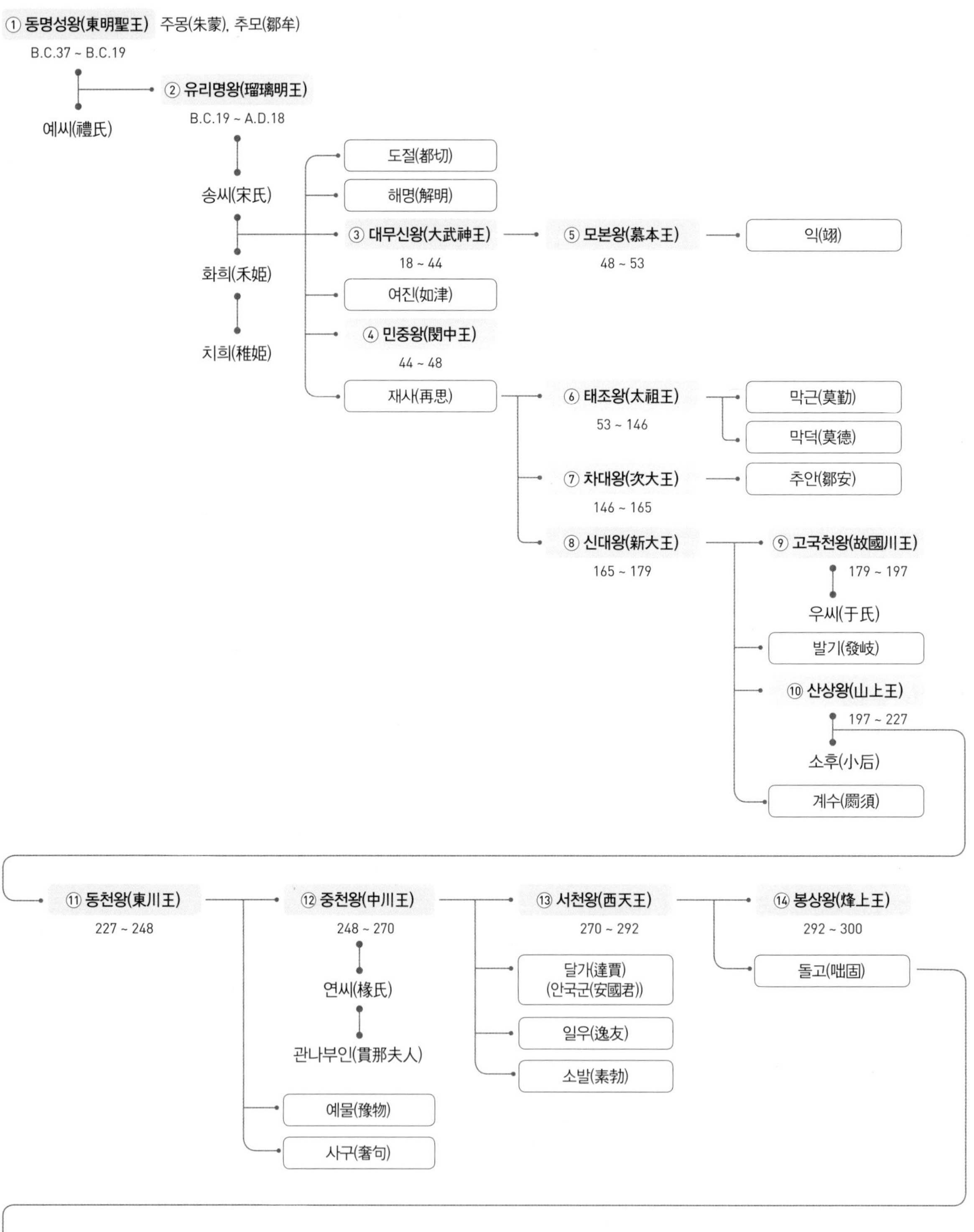

① 동명성왕(東明聖王) 주몽(朱蒙), 추모(鄒牟)
B.C.37 ~ B.C.19
예씨(禮氏)
② 유리명왕(瑠璃明王)
B.C.19 ~ A.D.18
송씨(宋氏)
화희(禾姬)
치희(稚姬)
도절(都切)
해명(解明)
③ 대무신왕(大武神王)
18 ~ 44
여진(如津)
④ 민중왕(閔中王)
44 ~ 48
재사(再思)
⑤ 모본왕(慕本王)
48 ~ 53
익(翊)
⑥ 태조왕(太祖王)
53 ~ 146
막근(莫勤)
막덕(莫德)
⑦ 차대왕(次大王)
146 ~ 165
추안(鄒安)
⑧ 신대왕(新大王)
165 ~ 179
⑨ 고국천왕(故國川王)
179 ~ 197
우씨(于氏)
발기(發岐)
⑩ 산상왕(山上王)
197 ~ 227
소후(小后)
계수(罽須)
⑪ 동천왕(東川王)
227 ~ 248
⑫ 중천왕(中川王)
248 ~ 270
연씨(椽氏)
관나부인(貫那夫人)
예물(預物)
사구(奢句)
⑬ 서천왕(西天王)
270 ~ 292
달가(達賈)
(안국군(安國君))
일우(逸友)
소발(素勃)
⑭ 봉상왕(烽上王)
292 ~ 300
돌고(咄固)

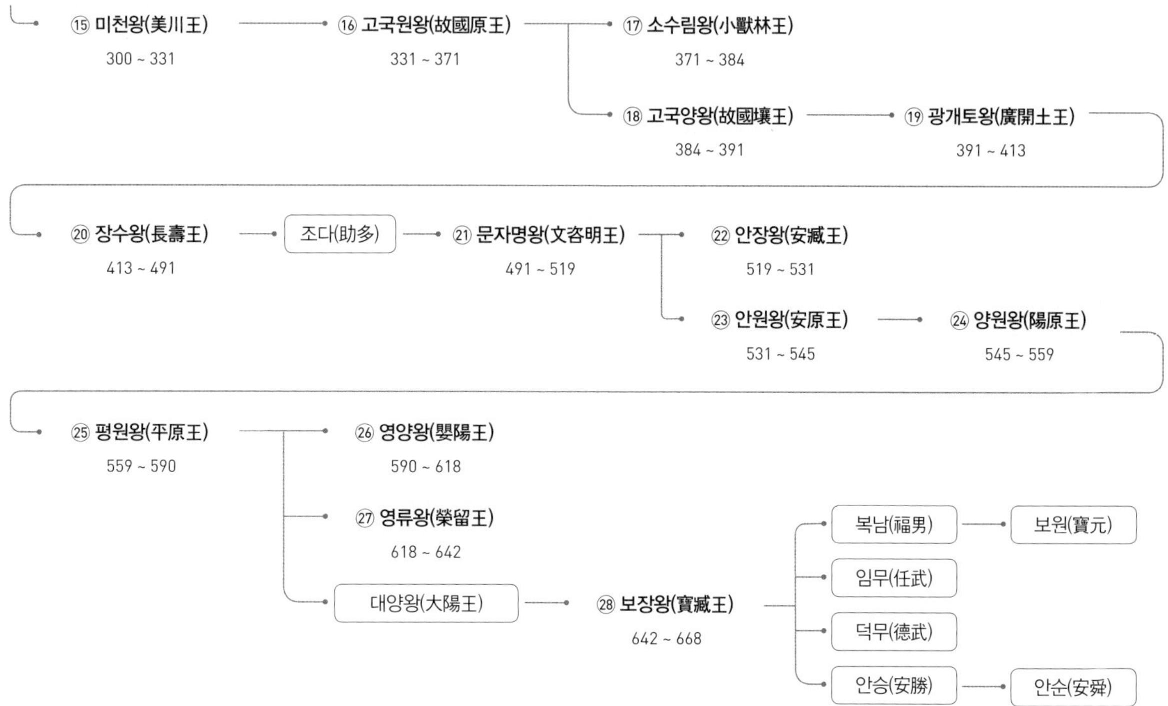
⑮ 미천왕(美川王)
300 ~ 331
⑯ 고국원왕(故國原王)
331 ~ 371
⑰ 소수림왕(小獸林王)
371 ~ 384
⑱ 고국양왕(故國壤王)
384 ~ 391
⑲ 광개토왕(廣開土王)
391 ~ 413
⑳ 장수왕(長壽王)
413 ~ 491
조다(助多)
㉑ 문자명왕(文咨明王)
491 ~ 519
㉒ 안장왕(安臧王)
519 ~ 531
㉓ 안원왕(安原王)
531 ~ 545
㉔ 양원왕(陽原王)
545 ~ 559
㉕ 평원왕(平原王)
559 ~ 590
㉖ 영양왕(嬰陽王)
590 ~ 618
㉗ 영류왕(榮留王)
618 ~ 642
대양왕(大陽王)
㉘ 보장왕(寶臧王)
642 ~ 668
복남(福男)
보원(寶元)
임무(任武)
덕무(德武)
안승(安勝)
안순(安舜)

백제(百濟)

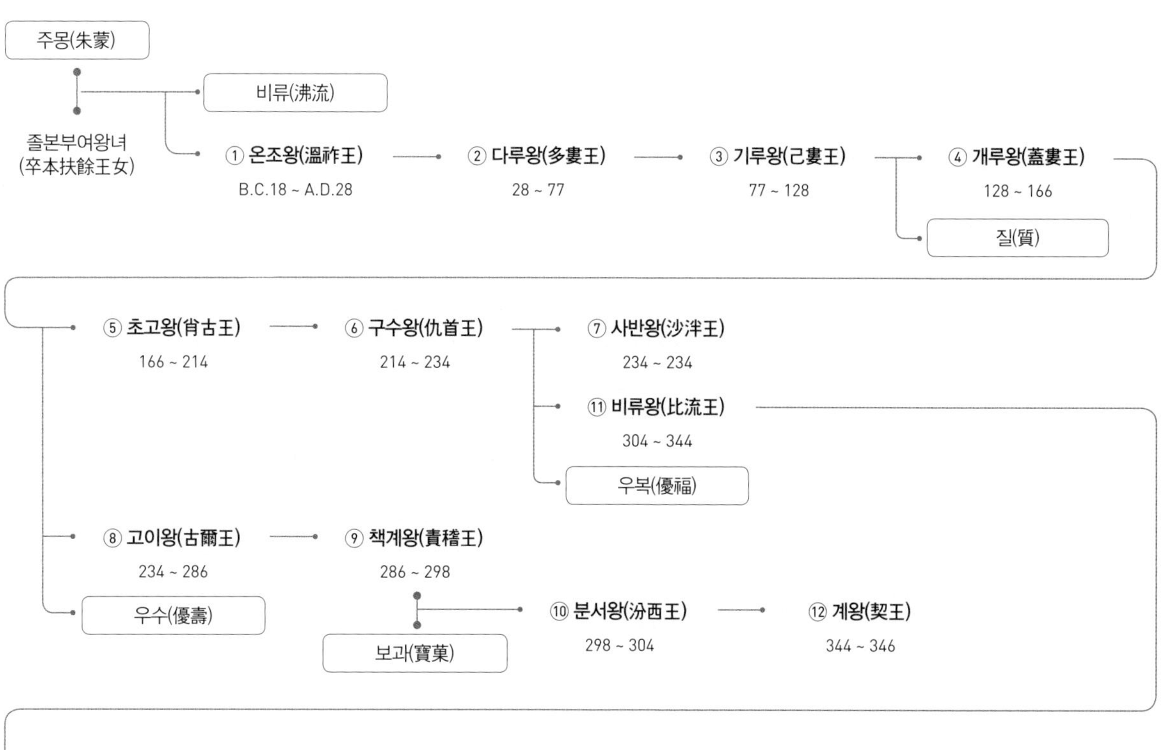
주몽(朱蒙)
졸본부여왕녀
(卒本扶餘王女)
비류(沸流)
① 온조왕(溫祚王)
B.C.18 ~ A.D.28
② 다루왕(多婁王)
28 ~ 77
③ 기루왕(己婁王)
77 ~ 128
④ 개루왕(蓋婁王)
128 ~ 166
질(質)
⑤ 초고왕(肖古王)
166 ~ 214
⑥ 구수왕(仇首王)
214 ~ 234
⑦ 사반왕(沙泮王)
234 ~ 234
⑪ 비류왕(比流王)
304 ~ 344
우복(優福)
⑧ 고이왕(古爾王)
234 ~ 286
⑨ 책계왕(責稽王)
286 ~ 298
우수(優壽)
보과(寶菓)
⑩ 분서왕(汾西王)
298 ~ 304
⑫ 계왕(契王)
344 ~ 346

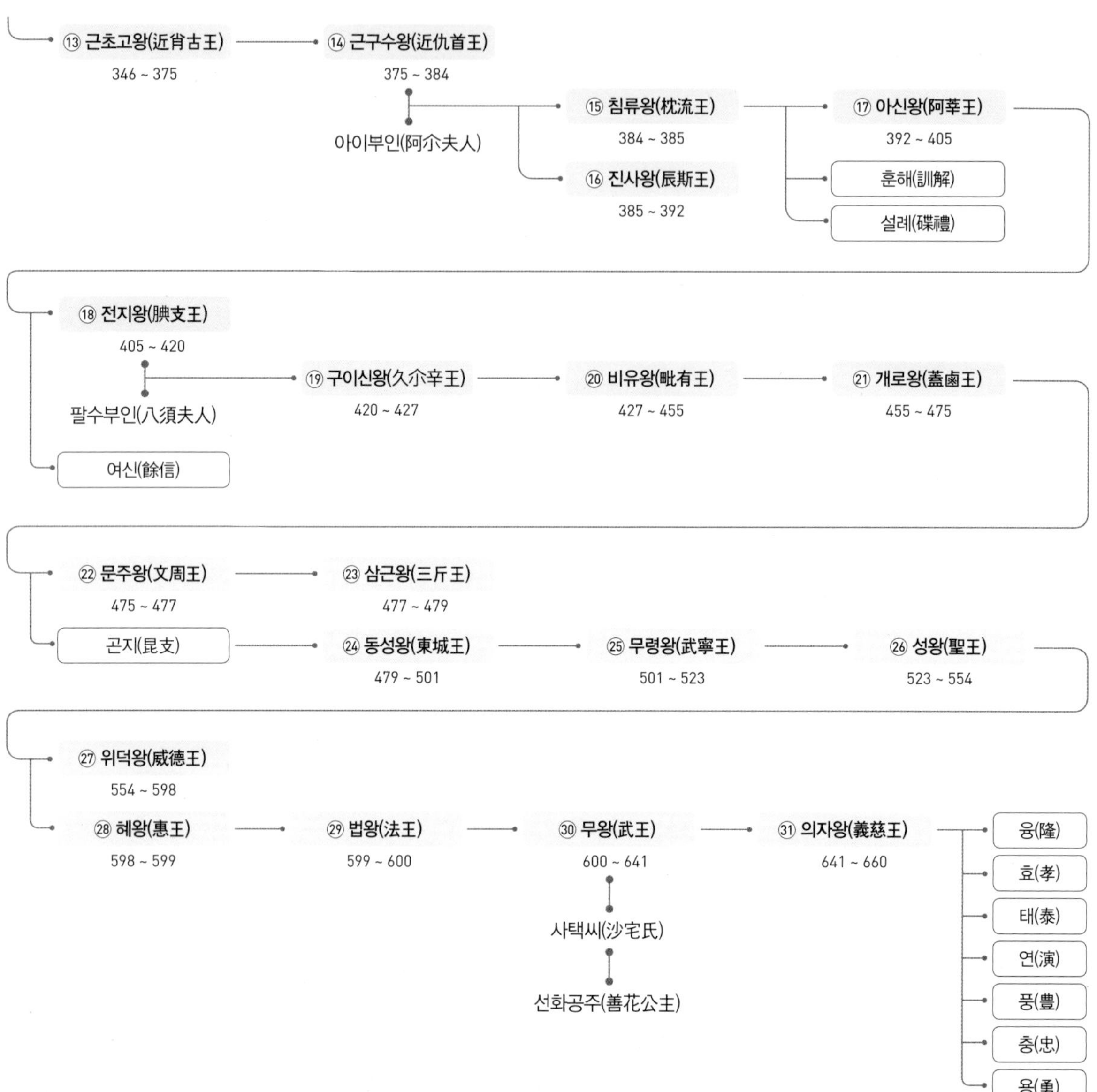
⑬ 근초고왕(近肖古王)
346 ~ 375
⑭ 근구수왕(近仇首王)
375 ~ 384
아이부인(阿尒夫人)
⑮ 침류왕(枕流王)
384 ~ 385
⑯ 진사왕(辰斯王)
385 ~ 392
⑰ 아신왕(阿莘王)
392 ~ 405
훈해(訓解)
설례(碟禮)
⑱ 전지왕(腆支王)
405 ~ 420
팔수부인(八須夫人)
여신(餘信)
⑲ 구이신왕(久尒辛王)
420 ~ 427
⑳ 비유왕(毗有王)
427 ~ 455
㉑ 개로왕(蓋鹵王)
455 ~ 475
㉒ 문주왕(文周王)
475 ~ 477
곤지(昆支)
㉓ 삼근왕(三斤王)
477 ~ 479
㉔ 동성왕(東城王)
479 ~ 501
㉕ 무령왕(武寧王)
501 ~ 523
㉖ 성왕(聖王)
523 ~ 554
㉗ 위덕왕(威德王)
554 ~ 598
㉘ 혜왕(惠王)
598 ~ 599
㉙ 법왕(法王)
599 ~ 600
㉚ 무왕(武王)
600 ~ 641
사택씨(沙宅氏)
선화공주(善花公主)
㉛ 의자왕(義慈王)
641 ~ 660
융(隆)
효(孝)
태(泰)
연(演)
풍(豊)
충(忠)
용(勇)

금관가야(金官伽倻)

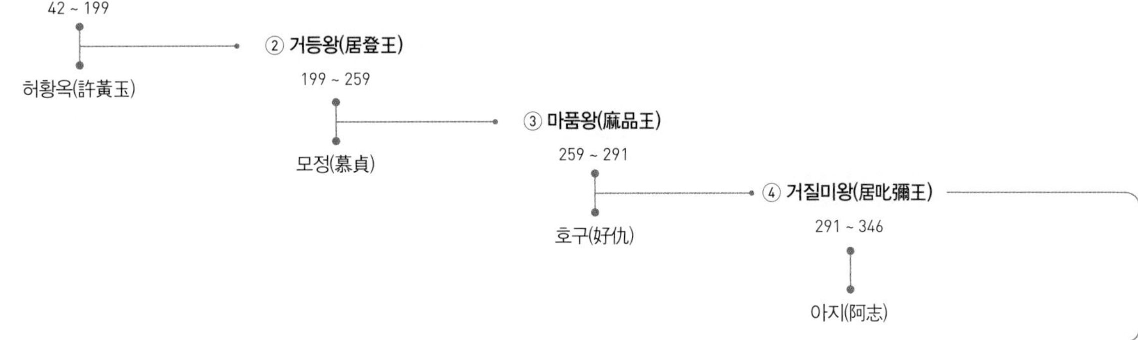

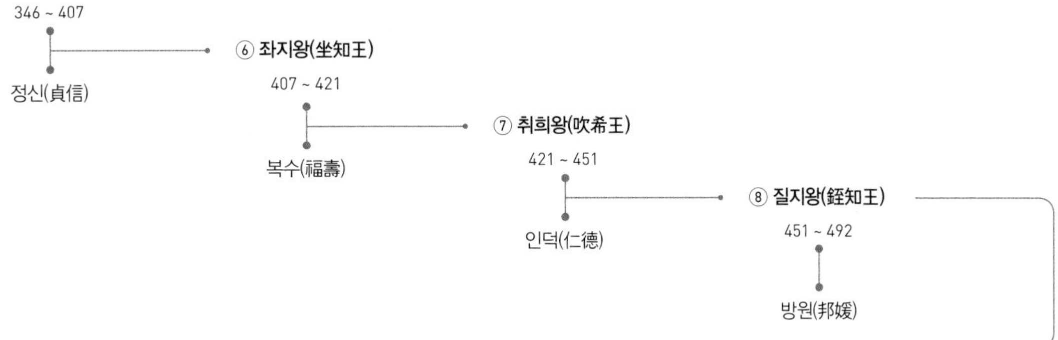

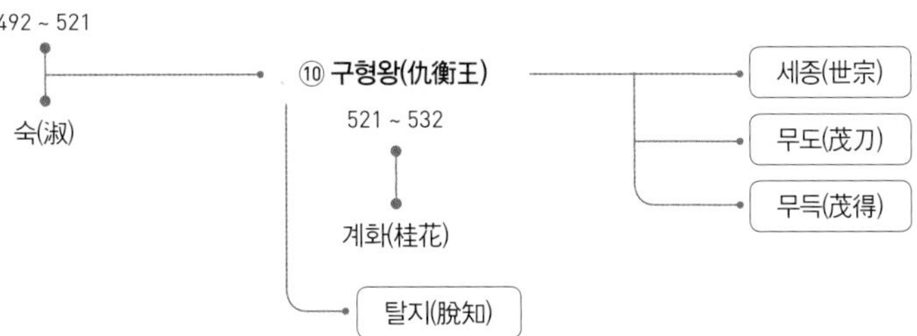

대가야(大伽倻)

① 이진아시왕(伊珍阿豉王) → ② 이뇌왕(異腦王) → 월광태자(月光太子) → ⑯ 도설지왕(道設智王)
? ~ 562

신라(新羅)

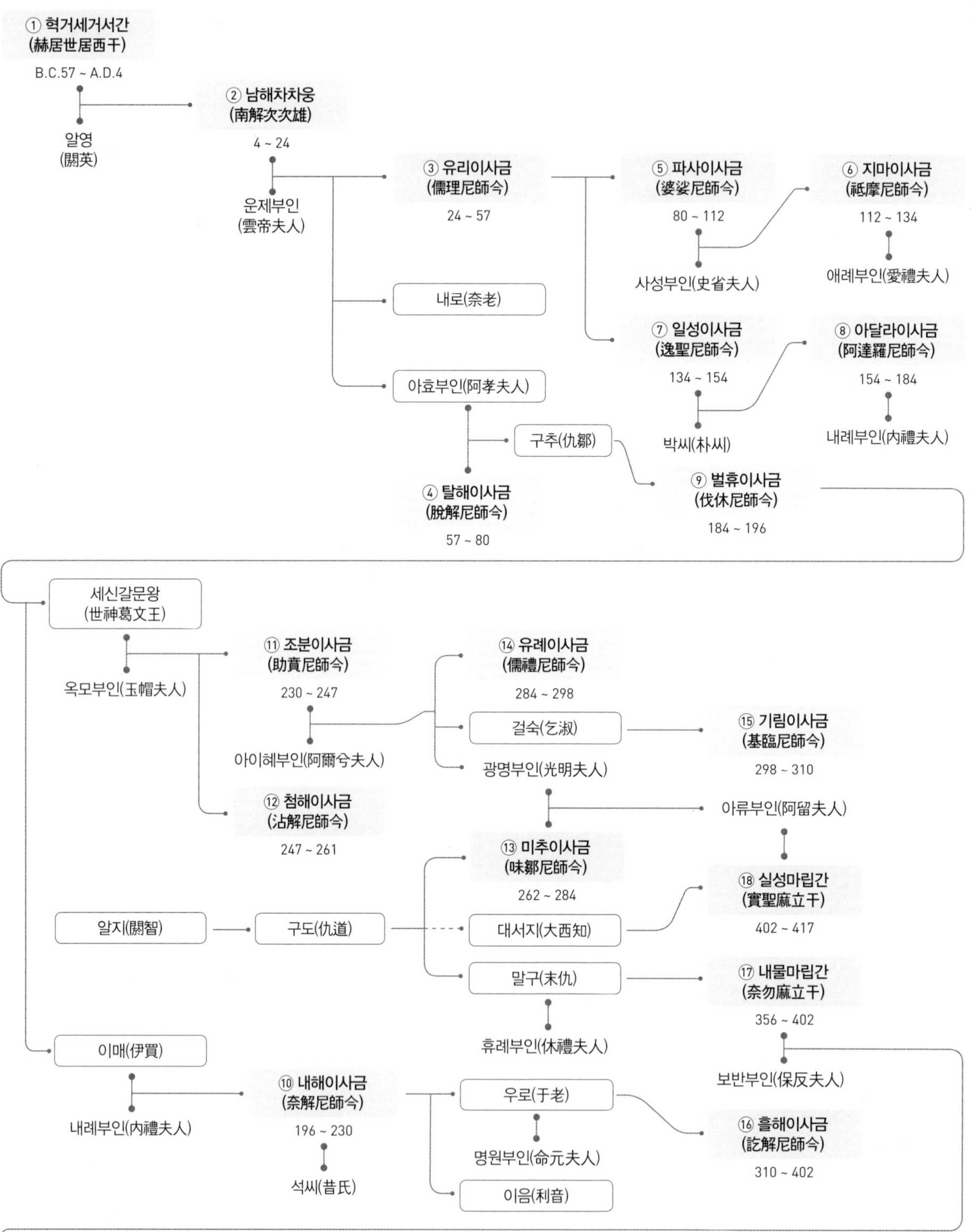
① 혁거세거서간
(赫居世居西干)
B.C.57 ~ A.D.4
알영
(閼英)
② 남해차차웅
(南解次次雄)
4 ~ 24
운제부인
(雲帝夫人)
③ 유리이사금
(儒理尼師今)
24 ~ 57
내로(奈老)
아효부인(阿孝夫人)
구추(仇鄒)
④ 탈해이사금
(脫解尼師今)
57 ~ 80
⑤ 파사이사금
(婆娑尼師今)
80 ~ 112
사성부인(史省夫人)
⑥ 지마이사금
(祗摩尼師今)
112 ~ 134
애례부인(愛禮夫人)
⑦ 일성이사금
(逸聖尼師今)
134 ~ 154
박씨(朴氏)
⑧ 아달라이사금
(阿達羅尼師今)
154 ~ 184
내례부인(內禮夫人)
⑨ 벌휴이사금
(伐休尼師今)
184 ~ 196
세신갈문왕
(世神葛文王)
옥모부인(玉帽夫人)
⑪ 조분이사금
(助賁尼師今)
230 ~ 247
아이혜부인(阿爾兮夫人)
⑫ 첨해이사금
(沾解尼師今)
247 ~ 261
⑭ 유례이사금
(儒禮尼師今)
284 ~ 298
걸숙(乞淑)
광명부인(光明夫人)
⑮ 기림이사금
(基臨尼師今)
298 ~ 310
아류부인(阿留夫人)
⑬ 미추이사금
(味鄒尼師今)
262 ~ 284
알지(閼智)
구도(仇道)
대서지(大西知)
⑱ 실성마립간
(實聖麻立干)
402 ~ 417
말구(末仇)
휴례부인(休禮夫人)
⑰ 내물마립간
(奈勿麻立干)
356 ~ 402
보반부인(保反夫人)
이매(伊買)
내례부인(內禮夫人)
⑩ 내해이사금
(奈解尼師今)
196 ~ 230
석씨(昔氏)
우로(于老)
명원부인(命元夫人)
이음(利音)
⑯ 흘해이사금
(訖解尼師今)
310 ~ 402

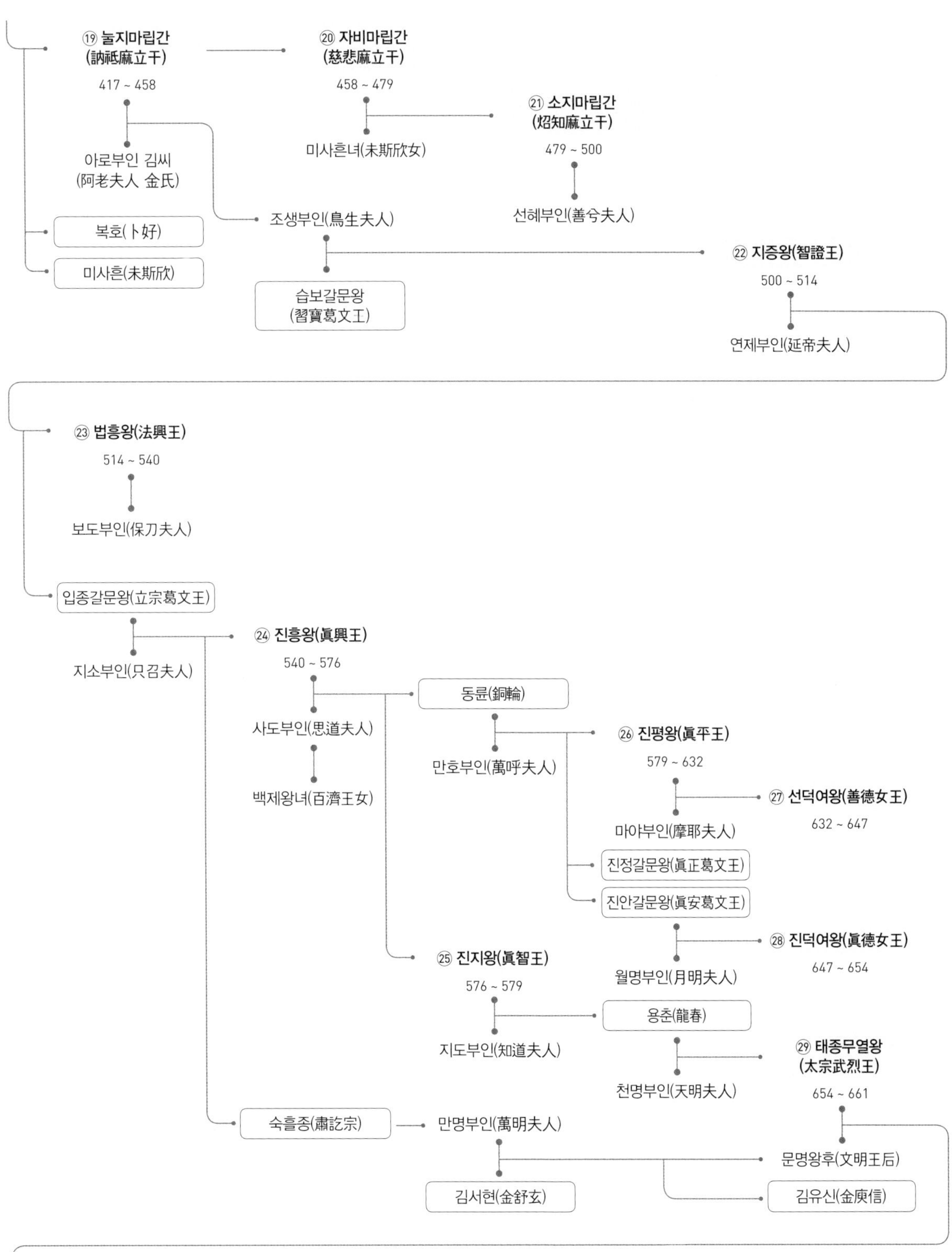

⑲ 눌지마립간
(訥祗麻立干)
417 ~ 458
⑳ 자비마립간
(慈悲麻立干)
458 ~ 479
㉑ 소지마립간
(炤知麻立干)
479 ~ 500
아로부인 김씨
(阿老夫人 金氏)
미사흔녀(未斯欣女)
선혜부인(善兮夫人)
복호(卜好)
조생부인(鳥生夫人)
미사흔(未斯欣)
㉒ 지증왕(智證王)
500 ~ 514
습보갈문왕
(習寶葛文王)
연제부인(延帝夫人)
㉓ 법흥왕(法興王)
514 ~ 540
보도부인(保刀夫人)
입종갈문왕(立宗葛文王)
㉔ 진흥왕(眞興王)
540 ~ 576
지소부인(只召夫人)
동륜(銅輪)
사도부인(思道夫人)
㉖ 진평왕(眞平王)
579 ~ 632
만호부인(萬呼夫人)
백제왕녀(百濟王女)
㉗ 선덕여왕(善德女王)
632 ~ 647
마야부인(摩耶夫人)
진정갈문왕(眞正葛文王)
진안갈문왕(眞安葛文王)
㉘ 진덕여왕(眞德女王)
647 ~ 654
㉕ 진지왕(眞智王)
576 ~ 579
월명부인(月明夫人)
용춘(龍春)
지도부인(知道夫人)
㉙ 태종무열왕
(太宗武烈王)
654 ~ 661
천명부인(天明夫人)
숙흘종(肅訖宗)
만명부인(萬明夫人)
문명왕후(文明王后)
김서현(金舒玄)
김유신(金庾信)

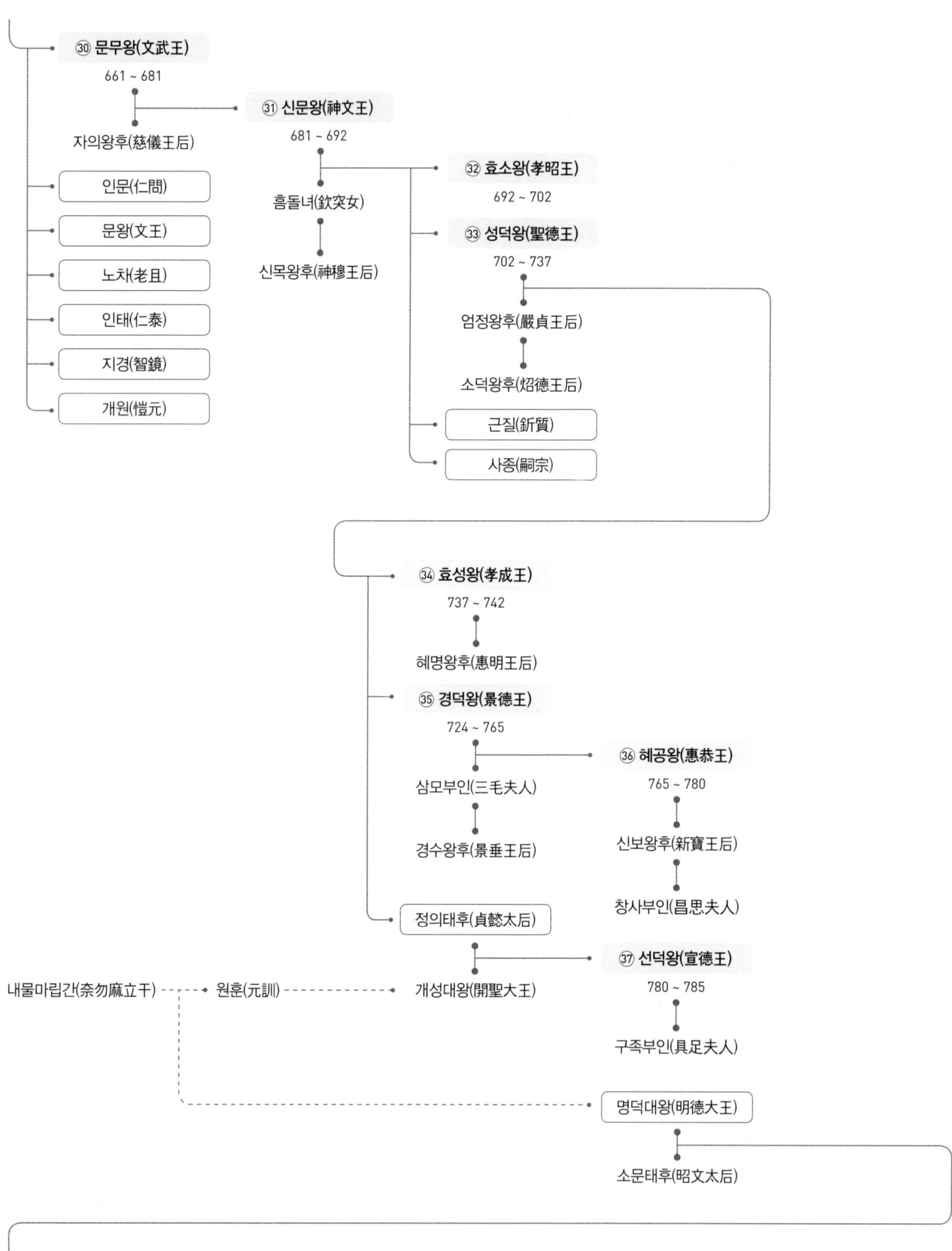

㉚ 문무왕(文武王)
661 ~ 681
자의왕후(慈儀王后)
인문(仁問)
문왕(文王)
노차(老且)
인태(仁泰)
지경(智鏡)
개원(愷元)
㉛ 신문왕(神文王)
681 ~ 692
흠돌녀(欽突女)
신목왕후(神穆王后)
㉜ 효소왕(孝昭王)
692 ~ 702
㉝ 성덕왕(聖德王)
702 ~ 737
엄정왕후(嚴貞王后)
소덕왕후(炤德王后)
근질(釿質)
사종(嗣宗)
㉞ 효성왕(孝成王)
737 ~ 742
혜명왕후(惠明王后)
㉟ 경덕왕(景德王)
724 ~ 765
삼모부인(三毛夫人)
경수왕후(景垂王后)
㊱ 혜공왕(惠恭王)
765 ~ 780
신보왕후(新寶王后)
창사부인(昌思夫人)
정의태후(貞懿太后)
㊲ 선덕왕(宣德王)
780 ~ 785
구족부인(具足夫人)
내물마립간(奈勿麻立干)
원훈(元訓)
개성대왕(開聖大王)
명덕대왕(明德大王)
소문태후(昭文太后)

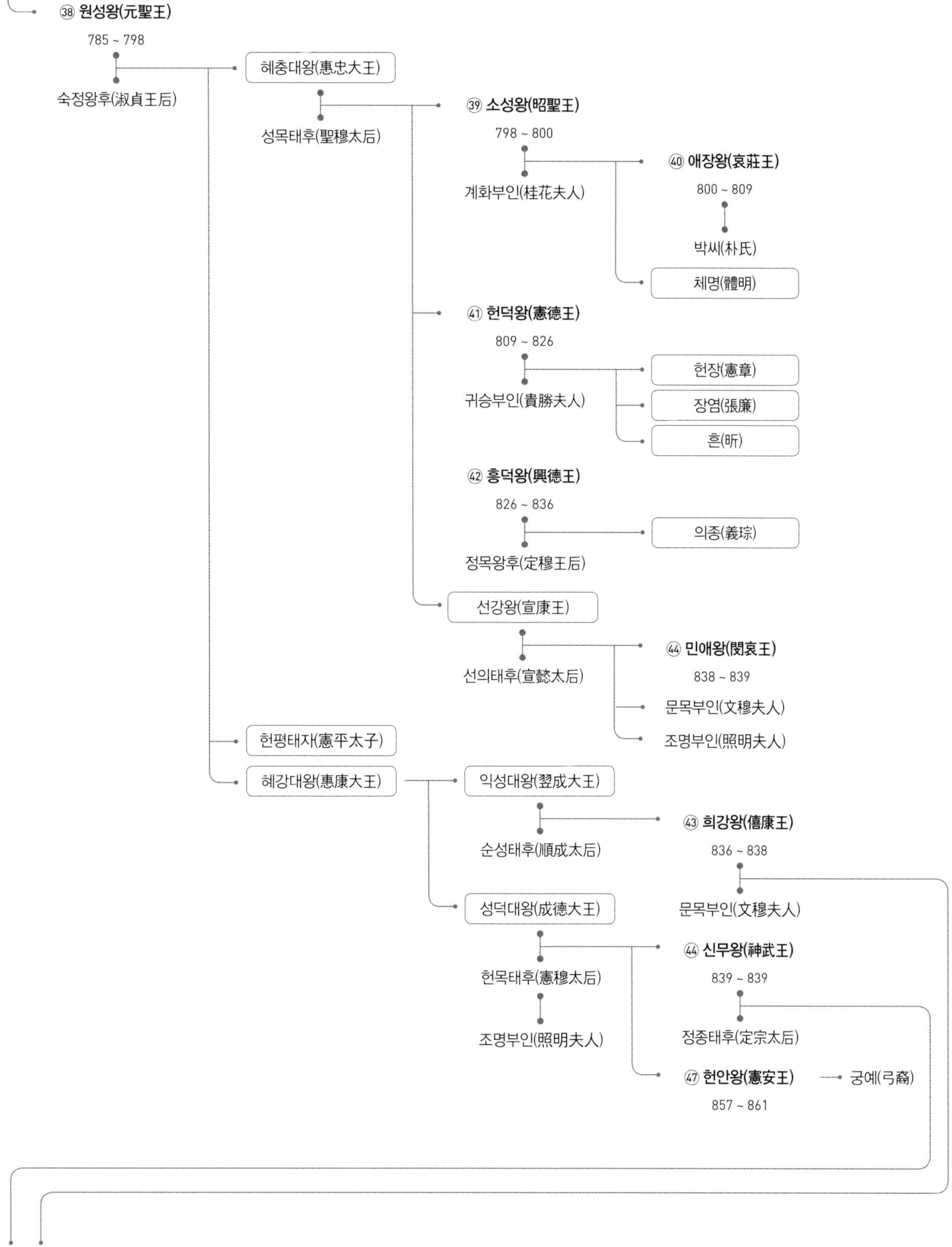

㊳ 원성왕(元聖王)
785 ~ 798
숙정왕후(淑貞王后)
혜충대왕(惠忠大王)
성목태후(聖穆太后)
㊴ 소성왕(昭聖王)
798 ~ 800
계화부인(桂花夫人)
㊵ 애장왕(哀莊王)
800 ~ 809
박씨(朴氏)
체명(體明)
㊶ 헌덕왕(憲德王)
809 ~ 826
귀승부인(貴勝夫人)
헌장(憲章)
장렴(張廉)
흔(昕)
㊷ 흥덕왕(興德王)
826 ~ 836
정목왕후(定穆王后)
의종(義琮)
선강왕(宣康王)
선의태후(宣懿太后)
㊹ 민애왕(閔哀王)
838 ~ 839
문목부인(文穆夫人)
조명부인(照明夫人)
헌평태자(憲平太子)
혜강대왕(惠康大王)
익성대왕(翌成大王)
순성태후(順成太后)
㊸ 희강왕(僖康王)
836 ~ 838
문목부인(文穆夫人)
성덕대왕(成德大王)
헌목태후(憲穆太后)
조명부인(照明夫人)
㊹ 신무왕(神武王)
839 ~ 839
정종태후(定宗太后)
㊼ 헌안왕(憲安王)
857 ~ 861
궁예(弓裔)

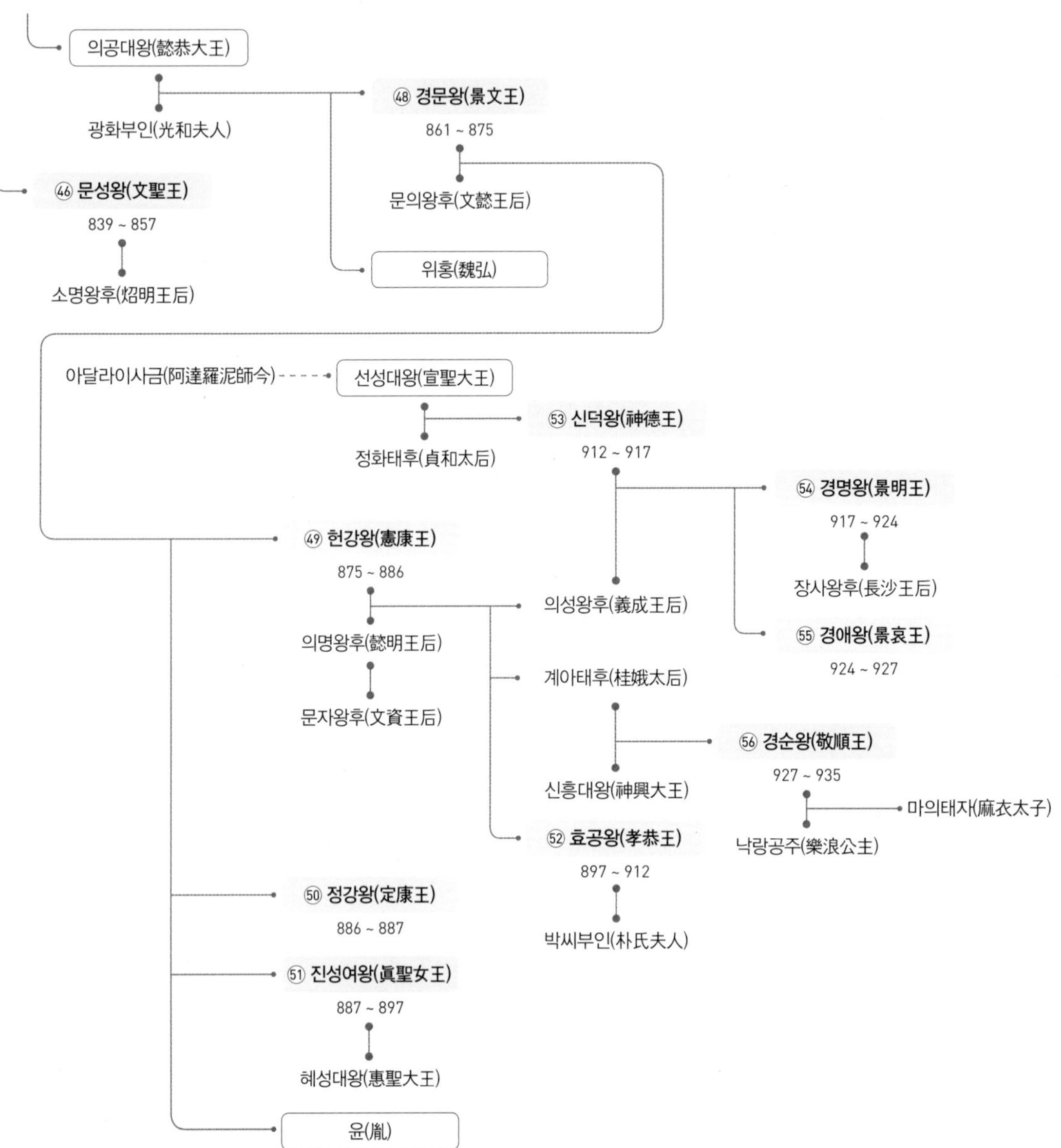

의공대왕(懿恭大王)
광화부인(光和夫人)
㊽ 경문왕(景文王)
861 ~ 875
문의왕후(文懿王后)
위홍(魏弘)
㊻ 문성왕(文聖王)
839 ~ 857
소명왕후(炤明王后)
아달라이사금(阿達羅尼師今)
선성대왕(宣聖大王)
정화태후(貞和太后)
㊼ 신덕왕(神德王)
912 ~ 917
㊾ 경명왕(景明王)
917 ~ 924
장사왕후(長沙王后)
㊾ 헌강왕(憲康王)
875 ~ 886
의명왕후(懿明王后)
문자왕후(文資王后)
의성왕후(義成王后)
계아태후(桂娥太后)
신흥대왕(神興大王)
㊺ 경애왕(景哀王)
924 ~ 927
㊻ 경순왕(敬順王)
927 ~ 935
마의태자(麻衣太子)
낙랑공주(樂浪公主)
㊷ 효공왕(孝恭王)
897 ~ 912
박씨부인(朴氏夫人)
㊿ 정강왕(定康王)
886 ~ 887
51 진성여왕(眞聖女王)
887 ~ 897
혜성대왕(惠聖大王)
윤(胤)

발해(渤海)

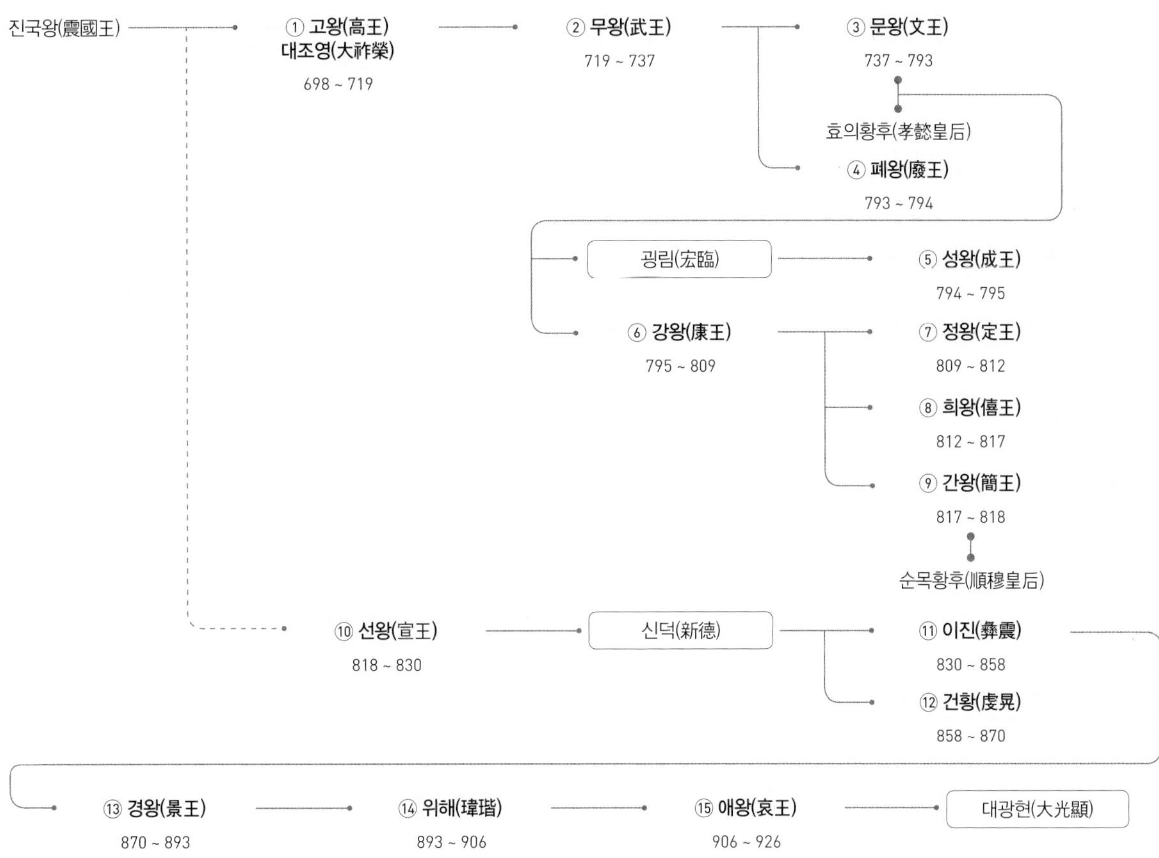

후백제(後百濟)

① 견훤(甄萱)
900 ~ 935

여러명의 처(多妻)

고비(古比)

② 신검(神劍)
935 ~ 936

- 양검(良劍)
- 용검(龍劍)
- 금강(金剛)
- 겸뇌(謙腦)
- 용술(龍述)
- 총지(聰智)
- 종우(宗祐)
- 위흥(位興)
- 청구(靑丘)
- 능예(能乂)

태봉(泰封)

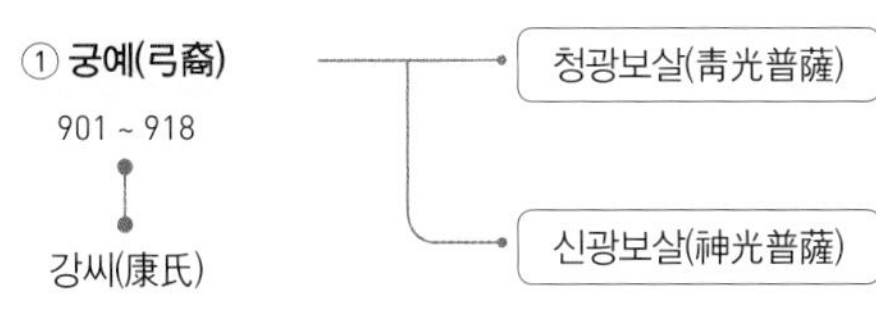

2부

고려

1장

정치사로 읽는 고려

고려시대의 정치와 대외 관계

1. 고려의 건국
2. 통치체제의 정비
3. 거란과 여진의 침입
4. 문벌 귀족 사회의 동요와 몰락
5. 무신들의 세상
6. 몽골의 침입과 고려의 저항
7. 원의 간섭을 받은 고려
8. 공민왕의 개혁정치
9. 신진 사대부와 신흥 무인 세력의 등장

고려시대의 정치와 대외 관계

주요 용어

후삼국, 견훤, 궁예, 왕건, 흑창, 사심관 제도, 기인 제도, 결혼 정책, 사성 정책, 역분전, 북진 정책, 정계, 계백료서, 만부교 사건, 훈요10조, 광종, 노비안검법, 과거제, 주현공부법, 성종, 최승로, 시무 28조, 2성 6부, 12목, 문벌 귀족, 음서, 공음전, 공신전, 향리

1 고려의 건국

왕건이 후삼국을 통일하다

통일 신라 말에 중앙 정부의 통제력이 약화되자, 지방의 호족들은 6두품·선종 세력과 손잡고 독자적인 세력으로 성장했습니다. 호족 세력 가운데에서도 특히 **견훤**과 **궁예**가 이끄는 세력이 강했습니다. 견훤은 세력을 모아 완산주(전주)를 도읍으로 전라도 지역에 후백제를 건국했고(900), 궁예는 송악(개성)을 도읍으로 한반도 중부에 후고구려를 건국했습니다(901).

후백제의 견훤은 건국 후 관직을 정비하는 한편 중국의 후당·거란·일본과 외교 관계를 맺으며 국가를 발전시켰습니다. 또한 강력한 군사력을 기반으로 신라에 대한 적극적인 공세를 지속해서 대야성을 함락시키고(920), 경주에 침입하여 경애왕을 죽였습니다(927). 이로 인해 견훤은 신라인들에게 인심을 잃었습니다.

한편 후고구려의 궁예는 건국 후 국호를 마진으로 바꾼 뒤(연호는 무태, 904) 철원으로 수도를 옮겼고(905), 다시 국호를 태봉으로 바꾸었습니다(연호는 수덕만세, 911). 궁예는 광평성을 최고 기구로 중앙 관제를 정비했으며, 산둥반도를 통해 북중국과 외교 관계를 맺기도 했습니다. 이로써 후고구려와 후백제는 경주에 위치한 신라와 함께 **후삼국** 시대를 열었습니다.

왕건의 가문은 원래 송악·예성강·강화도 일대를 장악했던 해상 호족 세력으로, 후고구려의 궁예에게 귀순하여 호족의

왕건의 후삼국 통일 과정

권력을 유지하고자 했습니다. 왕건의 귀순으로 궁예는 큰 경제적 기반을 얻게 되었습니다. 왕건은 궁예의 신하가 되어 수군을 이끌고 서해안을 돌아 현재 전라도 남쪽인 나주 지역을 차지했습니다. 이에 대한 공로로 왕건은 광평성의 시중이 되어 후고구려의 2인자 자리에 오릅니다.

시간이 흐르면서, 궁예는 스스로를 미륵불이라 칭하며 독단적인 통치를 펼칩니다. 특히 사람의 속마음을 꿰뚫어 본다는 '관심법(觀心法)'으로 의심스러운 신하들을 숙청했고, 자신의 아내와 아들마저 죽였습니다. 당연히 궁예의 지배 아래 있던 호족들은 불안감을 가지게 되었고, 결국 신하들은 왕건을 새로운 왕으로 추대하고 궁예를 몰아냅니다. 왕건은 나라 이름을 고려라 하고(918) 수도를 자신의 기반이었던 송악(개성)으로 다시 옮겼습니다(919).

고려 건국 후 왕건은 궁예와는 다른 정책으로 나라를 이끌어 갔습니다. 중폐비사(重幣卑辭, 선물을 주고 자신을 낮춤)의 자세로 호족들을 대우했으며, 친신라 정책을 추진하여 후백제가 신라를 공격했을 때 원군을 보내 신라를 도왔습니다(927).

왕건은 신라를 도와 후백제군과 대구 공산 지역에서 싸웠습니다(927). 하지만 후백제의 강력한 군사력에 밀려 왕건은 전투에서 크게 패했고 왕건의 많은 신하들이 이곳에서 죽었습니다. 공산 전투로 후삼국의 주도권이 후백제로 넘어가는 듯했으나, 고창(안동) 전투(930)에서 고려군이 큰 승리를 거두었고, 왕건은 경주를 방문하여 신라 사람들을 안심시키고 그들의 환심을 얻었습니다.

한편 후백제에서는 견훤의 아들끼리 왕위 다툼이 일어나 맏아들인 신검이 동생인 금강을 죽이고 견훤을 금산사에 가두었습니다. 결국 견훤은 금산사에서 탈출하여 왕건에게 귀순했고, 견훤이 고려에 귀순하여 극진한 대접을 받는 것을 본 신라 경순왕도 고려에 항복했습니다(935). 이후 왕건은 혼란 상태의 후백제를 제압함으로써 후삼국을 통일하게 되었습니다.

후삼국 통일은 후백제와 신라의 세력뿐만 아니라, 발해와 지방 세력까지 융합하는 민족의 통일로서 의미를 가집니다. 왕건은 발해가 멸망한 후(926) 고려로 귀순한 발해 왕자 대광현에게 왕씨 성을 하사하여 발해 세력을 포섭했으며(934), 각 지역의 호족 세력과 연합하여 민족의 통일을

사성 정책

호족들에게 왕건의 성인 왕씨 성을 하사한 정책이다.

결혼 정책

호족들의 딸들과 결혼하여 혈연 관계를 맺은 정책이다.

사심관 제도

호족을 출신 지역의 사심관으로 임명하여 부호장 이하의 관직 임명과 치안을 담당하도록 한 제도이다.

기인 제도

호족들의 아들을 개경에 머물게 하여 호족을 통제한 일종의 인질적 성격의 제도이다.

이루어 냈습니다.

태조 왕건이 고려의 청사진을 그리다

왕건은 오랜 전쟁에 지친 백성들을 위해 민생을 안정시키려 했습니다. 고구려의 진대법과 같은 성격의 **흑창**(黑倉)을 설치하고, 조세를 크게 인하하는 취민유도(取民有度, 백성으로부터 조세를 거둘 때 법도를 따를 것) 정책을 펼쳤습니다. 백성들의 정신적 안정을 위해 불교를 지원하고 연등회와 팔관회도 성대하게 개최했습니다. 한편 호족들을 회유하여 정치적으로 안정시키기 위해 **사성 정책**(賜姓政策)과 **결혼 정책**을 실시했으며, 역분전이라는 토지를 지급했습니다. 반대로 호족들을 견제할 필요도 있었기 때문에 **사심관**(事審官) **제도**와 **기인**(其人) **제도**를 실시했습니다(226p 참조). 사심관의 대표적인 예로는 고려에 귀순한 경순왕을 경주 지역의 사심관으로 임명하여 그 지역을 책임지도록 한 것입니다.

왕건은 후삼국 통일 후 **북진 정책**을 실시하여 영토를 확장하려고 했습니다. 전진 기지로 서경(평양)을 중요하게 여겼고, 지속적으로 북쪽 지역을 공략하여 고려 초기의 영토를 청천강~영흥만까지 넓혔습니다.

그러나 북진 정책으로 고려는 북쪽의 거란과 충돌하게 되었는데, 이와 관련해 **만부교 사건**(942)이 일어납니다. 발해를 멸망시킨 거란에서 사신을 보내 낙타 50마리를 왕건에게 선물로 주었는데, 왕건은 거란족 사신을 가두고 낙타를 개경의 만부교 밑에 매달아 죽인 사건입니다. 이것은 왕건이 거란에 대해 강경한 정책을 펼쳤음을 보여줍니다.

왕건은 죽기 전에 나라를 걱정하는 마음으로 자신의 뒤를 잇는 왕들이 지켜야 할 규칙인 **훈요 10조**(訓要十條, 226p 참조)를 지었습니다. 훈요 10조에는 불교를 중시할 것, 서경을 중시할 것, 연등회와 팔관회 등의 행사를 중요하게 여길 것 등의 내용이 담겨 있습니다. 왕건은 관리들에 대한 훈계를 적은 **《정계》**와 **《계백료서》**도 남깁니다. 이렇게 해서 후삼국을 통일한 태조 왕건은 새로운 고려 왕조의 기본적인 틀을 갖추어 놓았습니다.

왕건의 북진 정책으로 넓어진 영토

광종이 왕권을 강화하고 성종이 제도를 정비하다

왕건의 **결혼 정책**은 호족들을 회유하는 데는 성공했지만, 3,200명에 달하는 개국공신과 25명이나 되는 아들을 남겨 놓아 왕건의 사후에 혼란스

연등회 · 팔관회(燃燈會 · 八關會)
고려시대의 불교 행사로 태조가 훈요십조(訓要十條)에서 연등회와 팔관회의 실시를 중요시함으로써 국가적 중요 행사가 되었다. 전국 각지에서 등불을 밝히고 부처에게 복을 빌며 국가와 왕실의 태평을 기원하였다.

러운 왕위 다툼이 시작되었습니다. 왕건의 아들들은 대부분 호족의 외손자였고 호족들은 왕자들을 이용해 권력을 장악하려고 했습니다. 그 대표적인 사건이 왕규의 난입니다.

태조 왕건이 승하하자, 왕건과 장화왕후 오씨의 맏아들인 **혜종**이 고려 2대 왕으로 즉위했습니다(943). 그러나 강력한 호족 출신이자 왕실의 외척 세력으로서 권력을 쥐고 있던 왕규는 혜종의 권력을 인정하지 않고, 자신의 외손자인 왕자 광주원군을 왕으로 앉혀 권력을 장악하려고 했습니다. 그래서 왕규는 두 차례나 혜종의 암살을 시도했고, 결국 혜종은 암살의 위협 속에서 불안감을 느끼다가 병을 얻어 재위한 지 얼마 안 되어 죽게 됩니다(945). 기회를 노리던 왕규는 혜종의 사후에 권력을 차지하려 했으나, 혜종의 이복동생인 요(뒷날의 정종)와 결탁해 있던 서경의 왕식렴 세력에게 토벌당합니다.

혜종이 죽자 태조의 둘째 아들인 요가 왕식렴에 의해 추대되어 3대 정종이 되었습니다(945). **정종**은 서경으로 천도하려고 했으나 개경 세력의 반발로 실패합니다. 정종은 불교를 장려할 목적으로 광학보(廣學寶)를 설치했으며, 거란의 침입에 대비하여 광군을 설치하기도 했습니다. 그러나 정치적으로 불안한 상황 속에서 재위 3년 만에 승하합니다(949).

혼란스러운 고려 왕실의 정치 질서는 4대 광종의 왕권강화 정책으로 안정을 찾기 시작했습니다. **광종**은 태조의 세 번째 부인인 신명순성왕후 유씨 소생으로 정종의 친아우였습니다. 충주의 호족인 유긍달의 외손이었던 광종은 강력한 외가의 힘을 바탕으로 안정적으로 국정을 운영할 수 있었습니다. 광종은 먼저 **노비안검법**(奴婢按檢法, 원래 평민이었다가 억울하게 노비가 된 사람들을 풀어 준 제도)을 실시했습니다(956). 이를 통해 호족의 힘을 약화시키고 양민을 늘려 국가 재정을 탄탄하게 할 수 있었습니다. 이후 광종은 후주 출신인 **쌍기**의 건의에 따라 **과거제**(958)를 실시했고, 2년 뒤에 공복제를 실시하여 관료 체제를 정비함으로써 왕권을 강화했습니다. 과거제 이전의 호족 자제들은 집안 배경을 통해 음서(蔭敍)로 관직에 쉽게 진출할 수 있었으나, 과거시험으로 관리를 뽑을 경우 호족의 자제들은 가문적 배경뿐만 아니라, 유교적 소양을 길러야 했습니다. 이에 호족들이 강하게 반발했으나 광종은 역모죄로 호족들을 숙청했습니다. 과거 시험에 합격한 관료들은 왕에게 충성을 맹세하여 왕권을 강

고려 초기의 왕위 계승도

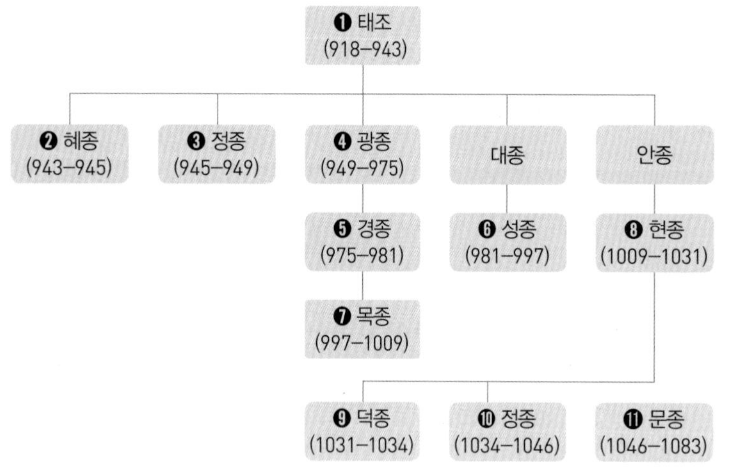

화하는 효과를 가져왔습니다. 한편 광종은 **주현공부법**(州縣貢賦法)을 실시하여, 지방의 주·현에서 거둬들이는 세금의 액수를 일정하게 정해서 재정을 마련했습니다. 이 또한 왕권 강화 정책의 일환이었습니다.

왕권을 강화시킨 광종은 960년에 스스로를 황제라 칭하고 광덕·준풍이라는 연호를 사용했습니다. 당시 중국은 당나라가 멸망한 후에 수십 개의 국가로 분열되어 있던 상황이라, 광종이 중국의 압력 없이 황제에 오르고 연호를 만드는 것이 가능했습니다. 비록 많은 공신과 호족들을 숙청하여 왕권을 강화했지만, 광종은 건국 후 혼란스러웠던 정치 질서를 바로잡아 500년 고려 왕조의 기반을 닦았다는 데 의미를 둘 수 있습니다.

고려의 통치 체제는 6대 왕인 **성종** 대에 이르러 제 모습을 갖추게 됩니다. 5대 왕인 경종이 승하하고, 그의 아들(훗날의 목종)이 2살에 불과해 당시 학덕이 있던 종제(사촌동생)인 성종이 왕위를 물려받습니다. 당시는 혜종·정종·광종·경종 대의 정치적 혼란을 수습하고 국가 체제의 정비가 요구되던 때였습니다. 성종은 즉위와 동시에 유교 사회 건설을 표방했습니다. 성종은 광종과는 다르게 신하들의 의견을 정책에 반영하고자 했고, 새로운 정책을 건의하는 글을 올리라고 명령했습니다. 이에 **최승로**는 이전 5대 왕의 평가와 함께 당시 정치 상황에서 힘써야 할 28조의 건의 사항을 정리한 '**시무**(時務) **28조**'를 올립니다.

최승로의 시무 28조 핵심 내용

❶ 불교와 관련된 행사(연등회와 팔관회 등)·예산을 줄일 것(불교 비판)
❷ 왕권과 신권을 조화시킬 것(광종 비판, 왕권 전제화 반대)
❸ 중국의 제도를 따르되 풍속은 우리 것을 지킬 것(자주적 대외 관계)
❹ 지방관을 파견할 것(지방 통제 강화)
❺ 불교보다는 유교의 이념에 따라 통치한다.

성종은 최승로의 건의 사항을 정책에 반영하여 불교 행사를 억제하고 팔관회를 없앴으며, 당나라의 3성 6부제를 참고하여 고려의 독자적인 중앙 정치 조직인 **2성 6부**제를 완성했습니다. 성종 2년(983)에는 지방의 중심지인 **12목**에 지방관을 파견했고, 중앙의 관계(官階)와 향직(鄕職)을 개정하였습니다. 즉 중앙 문관에게는 문산계(文散階)를 부여하고, 호장·부호장 등 지방 향리의 직제를 마련했습니다. 호족들의 영향력이 강해서 정부가 잘 통제하지 못한 지방의 상황을 바꾸려고 한 것입니다. 이와 같이 성종 대는 내외의 관제가 성립되고 지배 체제가 정비되면서, 고려의 유교적 통치 체제의 근간이 완성되었습니다.

고려 전기 문벌 귀족이 등장하다

고려는 신분제 사회였습니다. 법적으로는 양인과 천인이라는 두 신분층이 있었으나, 세분화하면 더 다양한 신분층이 확인됩니다. 특히 지배층 가운데 왕건을 도와 고려를 건국한 개국공신·호족 세력·6두품이 정치 권력을 장악했는데, 고려 건국 후 이 세력들이 분화됩니다. 이들 가운데 고려 초기 5품 이상 고위 관직을 차지하고 특권을 독점한 새로운 지배층을 문벌 귀족이라고 합니다.

문벌 귀족은 음서(蔭敍)와 **공음전**(功蔭田)을 통해 기득권을 독점하고 세습했습니다. 음서란 5품 이상의 관료의 자손과 왕족 후손 및 공신 자손들에게 과거를 거치지 않고 관리가 될 수 있는 특권을 부여한 것이고, 공음전은 5품 이상의 관료에게 지급한 세습이 가능한 토지입니다. 이처럼 문벌 귀족의 자손들은 과거에 합격하지 않고도 높은 관직에 올라갈 수 있었으며 탄탄한 경제적 기반이 주어졌습니다. 게다가 특별한 공훈이 있는 귀족들이 받는 **공신전** 또한 세습이 가능하여 문벌 귀족의 경제적 기반을 한층 더 튼튼하게 만들었습니다.

한편 중앙 정치 진출에 실패하여 문벌 귀족이 되지 못한 호족들은 **향리**가 되어 지방 사회에서 기득권을 어느 정도 보장받았습니다. 향리는 세습적인 지위가 보장되었고 자신의 지역에서 통치하는 권한이 있었습니다. 이는 고려시대의 지방 제도가 조선만큼 발전하지 않아 모든 곳에 지방관을 보내지 못했기에 발생한 일이었습니다. 그러나 지방 사회에서 향리의 영향력은 시간이 지날수록 줄어들어, 모든 곳에 지방관이 파견되는 조선시대에는 지방관인 수령을 보좌하는 아전으로 격하됩니다.

2 통치체제의 정비

주요 용어

2성 6부, 중서문하성, 상서성, 도병마사, 식목도감, 중추원, 어사대, 삼사, 재신, 추밀, 승선, 낭사, 대간, 5도, 양계, 경기, 3경, 국자감, 12목, 안찰사, 병마사, 주현·속현, 향리, 향·소·부곡, 2군 6위, 중방, 주진군, 주현군, 문과, 제술과, 명경과, 잡과, 승과, 음서, 좌주·문생, 지공거

중앙정치 조직이 정비되다

고려의 통치체제는 태조대부터 그 근간이 마련되었고, 국초의 정치기구가 고려적인 형태로 정비된 것은 **성종**대부터 였습니다. 고려는 당나라의 3성 6부제를 변형한 **2성 6부**제로 정치 조직을 구성했습니다. 2성은 국가 정책의 핵심 기구로, 정책을 심의·결정하는 **중서문하성**(中書門下省)과 정책을 실행하는 **상서성**(尙書省)으로 이루어졌습니다. 최고 정무 기구인 중서문하성은 상층 조직인 재부(宰府)와 하층 조직인 **낭사**(郎舍)로 구성되었습니다. 재부는 2품 이상의 최고 관리인 **재신**으로, 낭사는 3품 이상의 신하들인 간관으로 구성되었습니다. 재신의 대표를 문하시중(門下侍中)이라 했으며, 이는 신하 중에서 가장 높은 관리입니다. 지위가 높은 재신들은 국가의 중요한 정책을 다루었고, 낭사의 관리들은 간쟁(諫諍)·봉박(封駁)·서경(署經)을 담당했습니다. 왕권을 견제하는 낭사의 존재 역시 성종 때 시작된 유교 정치의 산물이라고 할 수 있습니다.

정책을 실행하는 행정실무를 전담한 상서성 아래에도 2품 이상의 상서도성과 3품 이하의 관원으로 구성된 행정 기구인 6부가 있었습니다. **중추원**은 왕과 밀접한 관련이 있는 비서실이라고 볼 수 있는데, 군사 기밀을 담당하는 2품 이상의 **추밀**(樞密)과 왕의 명령을 전달하는 3품의 **승선**(承宣)으로 나뉘어 있었습니다. 이 가운데 추밀은 중서문하성의 재신과 더불어 재추라 불리며 재상으로서 국정을 총괄하였습니다.

어사대는 관리의 잘못을 감시하는 역할을 했는데, 조선시대의 사헌부와 기능이 비슷합니다. 어사대의 **대관**(臺官)과 중서문하성의 **간관**(諫官)을 합쳐 언론 기관의 역할을 하는 관리를 **대간**(臺諫)이라고 했습니다. 이들은 국왕에게 간쟁을 하거나 관리의 비리를 비판하는 역할을 담당했습니다.

삼사(三司)는 세공과 녹봉을 관장하고 출납 회계를 관장하였습니다. 조선시대에도 삼사가 존재했는데 고려와 달리 조선시대의 삼사는 언론기관(사헌부·사간원·홍문관)을 뜻합니다.

간쟁

왕의 잘못을 지적하여 바로잡는 것

봉박

왕의 잘못된 명령을 반박하는 것

서경

관리가 임명될 때 적격 여부를 검토하는 것

대간

고려~조선시대 감찰 임무를 맡은 대관(臺官)과 국왕에 대한 간쟁(諫諍) 임무를 맡은 간관(諫官)의 합칭. 고려시대 대관은 어사대, 간관은 중서문화성의 낭사에 소속되었다. 조선시대 대관은 사헌부, 간관은 사간원에 소속되었다.

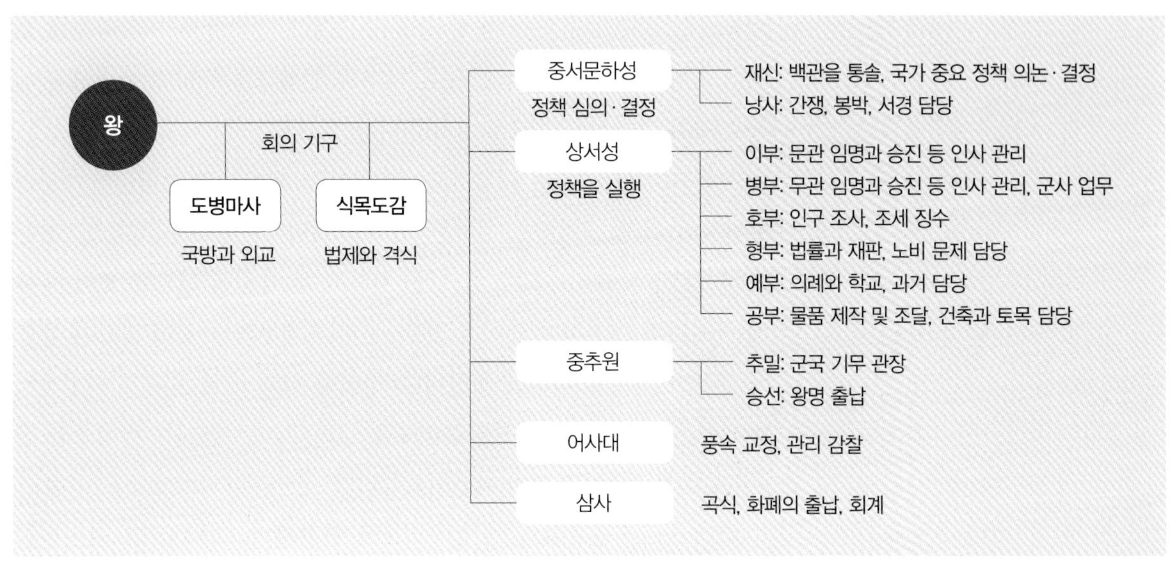

고려의 중앙 관제표

재추

중서문하성의 시중(侍中) 이하 5직 8인과 중추원의 판사(判事) 이하 7직 9인만을 재추(또는 재상)라고 불렀다. 중서문하성의 2품 이상은 재신(宰臣), 중추원의 2품 이상은 추신(樞臣)으로 차별해 불렀다.

국정을 총괄하던 **재추**(宰樞)들은 국가에 중요한 일이 있을 때에 함께 모여 중대사를 의논했는데, 이들이 모인 최고의 회의 기구가 바로 **도병마사**(都兵馬使)와 **식목도감**(式目都監)입니다. '도병'이란 군사 문제를 지휘한다는 뜻으로, 도병마사에서는 국방 문제와 외교 문제를 의논했습니다. '식목'이란 의식의 차례라는 뜻으로, 식목도감에서는 나라 안의 법과 격식에 대해서 의논했습니다. 이 두 기구에서는 재추가 만장일치제를 통해 사안을 결정했습니다. 도병마사와 식목도감은 중국 정치 제도에서 볼 수 없는 것으로 고려에서 독자적으로 만든 것입니다. 이밖에도 문한기구(文翰機構)로서 왕명을 찬술하는 업무를 담당하던 한림원, 역사를 기록하던 사관 등의 기구가 있었습니다.

고려 지방 제도의 특징은 무엇일까

고려의 지방 제도는 매우 복잡하지만, 크게 보면 왕경인 개성부와 경기 및 **5도**와 **양계**로 구성되어 있었습니다. 세부적으로 들어가면 주군·주현/속군·속현의 이원적 구조가 있으며, 이 밖에 향·부곡·소까지 있었습니다.

고려는 건국 초기부터 지방 호족 세력이 강하여 지방 통제가 어려웠고, **광종** 이전까지 왕권이 안정되지 못했던 만큼 치밀한 지방 통치 제도를 만들 여건이 되지 않았습니다. **성종** 2년(983)에 이르러서야 지방의 중심지인 12목에 지방관을 파견하면서 본격적으로 지방 제도를 정비하기 시작했습니다(227p 참조). 또한 성종은 12목에 경학박사·의학박사를 보내어 지방 교육을 담당하게 하고, 12목의 인재들을 중앙에 추천하게 해서 지방과 중앙을 연결해 발전시켜 나갔습니다.

고려의 지방 제도는 차츰 5도·양계(兩界) 체제로 정리되는데, 5도는 일반적인 행정 구역이고 양계는 군사 구역입니다. 5도는 양광도·경상도·전라도·서해도·교주도를 말합니다. 양계 가운데 지도에 보이는 북계는 거란과 여진의 침입이 많았고, 동계는 왜구의 침입이 많았기 때문에 군사 지역으로 지정한 것입니다. 당연히 양계 지역은 군사 책임자인 **병마사**가 지방관으로 파견되었습니다. 그리고 그 아래에는 방어주와 진(鎭)등이 설치되어 관리가 파견되었습니다.

반면 5도는 일반적인 행정 구역으로 **안찰사**가 지방관으로 파견되었습니다. 안찰사는 도내의 주현을 순시하고, 외관을 평가하는 업무를 담당했습니다. 안찰사는 조선시대의 관찰사, 오늘날의 도지사와 비슷하다고 볼 수 있지만, 그 영향력은 약했습니다. 고려시대에는 지방을 통제하는 능력이 강하지 못해 안찰사는 안찰(按察, 어루만지고 살핌)의 역할을 했을 뿐입니다. 안찰사는 상설 행정 기관도 없었고 임기가 6개월 정도로 짧았으며, 관품도 6품 정도로 높지 않아 지방을 통제하는 데 한계가 있었습니다. 참고로 조선시대의 도지사인 관찰사는 임기가 1년이고 관품도 2품이나 되었으며, 감영이라고 하는 자신의 행정 기구에서 행정권·군사권을 독점하여 지방에 막대한 영향력을 행사할 수 있었습니다. 이를 통해 고려는 조선에 비해 지방에 대한 통제력이 약했음을 알 수 있습니다.

5도 아래에는 군과 현이 있었습니다. 고려는 군과 현 가운데 일부에만 직접 지방관을 보냈습니다. 여기서 지방관이 파견된 곳을 **주군·주현**이라고 하고, 지방관이 파견되지 못한 군과 현을 **속군·속현**이라고 합니다. 고려에는 주군·주현보다 속군·속현이 더 많았는데, 이 또한 지방에 대한 통제력이 약했음을 보여줍니다. 지방관이 없는 속군과 속현에서는 고려 초기 호족들의 후예인 **향리**들이 실질적인 지배권을 행사했습니다. 향리들은 형식적으로나마 주군·주현에 위치한 지방관들에게 협조해야 했지

고려의 지방 제도

계수관(界首官)

고려시대에는 경(京)·목(牧)·도호부로 불리는 큰 지역이 있었는데, 이곳은 일반 군현과 구분되는 상급 행정기구로서 이 곳에 취임하는 수령을 계수관이라고 불렀다.

만, 속군·속현에서 그들의 영향력은 지방관과 같은 수준이었습니다.

3경은 지방 중에서도 고려 왕실이 풍수지리적으로 아주 중요하게 생각했던 특별 행정 구역입니다. 고려 왕실은 이곳을 잘 관리하는 것이 나라의 명운을 결정한다고 믿었습니다. 처음의 3경은 개경(개성)·서경(평양)·동경(경주)이었으나, **문종** 대에 동경을 대신하여 남경(서울)이 포함됩니다. 신라가 멸망한 후 동경의 중요성이 상대적으로 약해진 사회·경제적인 배경이 반영된 것이라 할 수 있습니다.

한편 지방 행정구역의 하급 단위로서 특수 행정 구역인 **향·소·부곡**이 있었습니다. 전쟁에서 패하거나 항복한 사람, 반역죄인 집단, 사회적으로 낮은 신분 계층의 사람들이 모여 있던 지역에서 유래된 것으로 보고 있습니다. 이 가운데 향과 부곡은 신라 시대부터 있었던 특수 지방 행정 구역으로 농업을 담당했고, 소는 고려시대에 발생한 특수 행정 구역으로 수공업에 종사하는 사람들이 모인 곳이었습니다. 향·소·부곡에 거주하는 사람들은 신분은 양인이었지만, 일반 양인들에 비해 차별 대우를 받거나 과중한 조세 부담을 져야 했습니다. 이들이 국가에 조세와 역역의 의무를 졌다는 기록이 존재하는 것으로 보아 천민 계급은 아니었지만, 양인 가운데서 열등한 지위에 있었던 것으로 보입니다. 조선시대가 되면 향·소·부곡이 점차 사라지게 됩니다.

고려 군사제도의 특징은 무엇일까

고려의 군사제도는 수도를 지키는 중앙군으로 **2군 6위**가 있었는데 그 병력은 대략 4만 5천명 정도였습니다. 2군은 응양군과 용호군으로 국왕을 호위하는 친위 부대이고, 6위는 전투 부대였습니다. 이들 중앙군은 두 신분층으로 구성되었는데, 하나는 직업 군인인 군반씨족(軍班氏族)이었고 다른 하나는 번상병(番上兵)인 농민군이었습니다. 이들 가운데 직업 군인은 군적(군역을 편성하는 문서)에 기록되어 군인전을 지급받았습니다. 또한 군역을 세습할 수 있어서 어느 정도 지위를 보장받을 수 있었습니다.

2군 6위를 이끄는 중앙군의 지휘자를 상장군·대장군이라고 불렀는데, 이들 장군들의 최고 회의 기구를 **중방**이라고 합니다. 고려는 무신에 대한 차별이 심했기에 중방이 큰 권력을 가지지 못했으나, 무신들이 정변을 일으켜 권력을 장악한 후에는 중방이 막대한 힘을 가지게 됩니다.

고려시대 등장하는 특수 부대

군영	특징
광군	정종 때 거란의 침입에 대비하여 설치한 호족 연합 부대.
별무반	숙종 때 여진족을 토벌하기 위해 윤관의 건의로 설치한 부대, 신보군(보병), 신기군(기병), 항마군(승병)으로 이루어짐
도방	무신 정권 시기 경대승에 의해서 편성된 사병 호위부대
삼별초	무신 정권 시기 최우가 만든 사병적 성격의 부대, 몽골에 끝까지 항전함
연호군	고려 말 왜구의 침입에 대비하여 만든 임시 편성군

이후 최충헌이 무신 정권의 권력을 독점하고 교정도감을 만든 이후 중방의 힘은 다시 약해졌습니다.

지방군은 **주진군**과 **주현군**으로 구성되었습니다. 주진군은 북방의 양계를, 주현군은 5도와 **경기** 지역을 지키는 군대로 대부분 농민으로 구성되어 있었습니다. 이외에도 고려시대에는 각 시기별로 이민족의 침입에 대비하기 위해 특수 부대인 광군·별무반·도방·삼별초·연호군 등을 두었습니다.

과거제도를 실시하다

고려의 주요 교육 기관으로는 **국자감**(國子監)·**사학**(私學) 12도·**향학**(鄕學)이 있었습니다. 성종 11년(992)에 개경에 대학에 해당하는 국자감을 세우고, 인종 대에 경사 6학(京師 6學)이라고 하여 국자감에 6개의 전문 분야를 두었습니다. 국자감은 고려의 국립대학으로 주로 문무 관원의 자손이 입학했습니다.

사학은 관학(官學)인 국자감에 대비되는 사립학교를 말합니다. 11세기 중엽 고려시대 유명한 유학자였던 **최충**이 관직에서 은퇴한 이후 '9재 학당'을 세웠는데, 이후 11개의 사학이 더 생겨나면서 이를 사학 12도라고 했습니다. 국자감과 사학은 수도인 개경에 있었지만 향학은 지방에 세워졌습니다. **성종** 6년(987)에 지방의 **12목**에 경학 박사와 의학박사를 각 1명씩 보내 지방 향리들의 자제들을 교육했고, **인종** 5년(1127)에는 각 주에 향학이라는 학교를 세웠습니다.

경사 6학

- **국자감:** 문무관 3품 이상의 자제가 입학. 5경과 효경·논어를 가르침.
- **태학:** 문무관 5품 이상의 자제가 입학. 5경과 효경·논어를 가르침.
- **사문학:** 문무관 7품 이상의 자제가 입학. 5경과 효경·논어를 가르침.
- **율학:** 문무관 8품 이하의 자제와 서인이 입학. 잡학인 법률을 가르침.
- **서학:** 문무관 8품 이하의 자제와 서인이 입학. 잡학인 글씨를 가르침.
- **산학:** 문무관 8품 이하의 자제와 서인이 입학. 잡학인 산수를 가르침.

고려시대 주요한 관리 임용 방식은 과거와 음서였습니다. 고려의 과거제도(227p 참조)는 **광종** 때 고려로 귀화한 중국인 **쌍기**의 건의로 시작되었고, 고려 전시기(全時期)를 통하여 관리를 선발하는 기본 통로가 되었습니다. 과거 제도에서 가장 중요한 시험은 **문과**로, 시험 과목에 따라 **제술과**(製述科)와 **명경과**(明經科)로 나뉘었습니다. 제술과는 문학적 작문 능력을 평가하고, 명경과는 유교 경전을 외우고 해석하는 능력을 평가합니다. 제술업과 명경업은 문예와 경전에 능한 자들을 뽑는 시험으로 양대업(兩大業)이라고 해 중시되었으나, 그중에서도 제술업을 중요시하여 보통 과거라고 하면 제술업을 뜻했습니다. **잡과**는 법률, 의학, 회계, 지리, 음양 등 실용적인 기술학을 시험 보는 것으로, 문과만큼 높은 대우를 받

복지사업을 위한 기금인 보(寶)

- **학보:** 국자감 학생들의 장학을 위한 기금
- **광학보:** 승려들의 장학을 위한 기금
- **제위보:** 빈민을 위한 구제 기금

지 못했습니다. 과거 제도는 법적으로 양인 이상이면 모두 응시할 수 있었으나, 실제로 문과에는 주로 귀족과 향리의 자제들이 응시했고, 백정(농민)은 주로 잡과에 응시했습니다.

과거 가운데 문과에서 '**좌주**(座主)', '**문생**(門生)'이라는 특이한 관계가 나타납니다. 좌주는 과거의 시험관인 **지공거**(知貢擧)이고, 문생은 해당 시험에 합격한 학생을 말합니다. 문생은 자신을 뽑아 준 좌주를 스승과 같이 여겨 평생 섬기고, 좌주는 관직으로 진출하는 문생의 관직 생활을 도와줍니다. 이는 긍정적 측면도 있었지만, 점차 파벌과 폐쇄적인 학연을 형성하는 부작용이 발생하여 조선시대에는 폐지됩니다.

고려시대 과거제도의 가장 큰 특징은 **승과**(僧科)를 실시한 것입니다. 고려는 불교를 중요시했던 만큼 승려들에게도 시험을 통한 출세의 길을 열어 주었습니다. 승과는 **교종선**(教宗選)과 **선종선**(禪宗選)으로 나뉘었고, 시험에 합격한 승려는 법계가 주어져 여러 혜택을 받았습니다. 높은 법계를 받은 승려는 나중에 국사나 왕사로 추대되어 국왕의 자문 역할을 담당합니다. 또한 고려 과거제도의 특징 중 하나는 무과가 없다는 것입니다. 고려가 문반 중심의 사회였고 무신들을 차별 대우했다는 것을 엿볼 수 있는 부분입니다.

교종선과 선종선

고려시대 교종의 승려 및 선종의 승려를 선발하던 승과의 시험으로 고려 광종 때 과거제도의 시행과 함께 확고한 제도로 성립되었다.

한편 높은 관직에 진출하는 방법으로 문과 합격 외에 **음서**(蔭敍)가 존재했습니다. 음서란 5품 이상 관료의 자제들이 시험을 보지 않고 조상의 음덕(蔭德)으로 관리가 되는 것으로, 고려시대에는 과거보다 음서로 관직에 진출하는 경우가 더 많았습니다. 고려가 관료제 사회이기보다는 혈연을 중요시하는 귀족적 전통이 강한 **문벌 귀족** 사회임을 보여 주는 사례입니다.

고려의 과거제도

주요 용어

거란, 요나라, 북진 정책, 서희, 소손녕, 강동 6주, 강조, 양규, 강감찬, 귀주대첩, 천리장성, 나성, 윤관, 동북 9성, 금나라, 사대 관계

3 거란과 여진의 침입

만부교 사건

942년(태조 25년)에 거란족은 고려에 사신을 보내 낙타 50필을 선물했다. 그러나 왕건은 "거란은 발해를 멸망시킨 무도한 나라"라고 하여 낙타를 개경의 만부교 아래에 매달아 굶어 죽게 하고 거란족의 사신들은 섬으로 귀양 보냈다. 이로써 고려와 거란의 외교 관계는 단절되었고, 고려는 거란에 대한 적대적 관계를 계속 유지하였다.

서희와 강감찬, 거란의 침입을 막다

고려가 건국될 무렵 중국은 5대 10국(907~960)의 혼란기였습니다. 북방의 거란 제국이 성립되기 이전에는 중국 여러 나라들과 자유롭게 교류하였습니다. 이 같은 교류는 태조대부터 광종대까지 지속되었습니다. 그리고 광종 13년(962)에 건국된 송과는 국교를 맺고 우호관계를 맺었습니다.

그러나 고려의 북방 지역인 현재의 몽골과 만주 지방에는 거란족과 여진족이 각각 자리하고 있었습니다. 거란족은 야율아보기가 부족을 통일하면서 국력이 강해져 요나라를 건국하고(916) 발해를 멸망시키면서(926), 동북아시아에서 강력한 군사력을 지닌 나라로 발전하였습니다. 당시 고려는 북진 정책과 **만부교 사건** 등으로 거란과 관계가 좋지 않았습니다. 거란족은 중국의 송나라를 공격하려 했으나, 고려가 광종 때부터 송나라와 국교를 맺고 화친했기에 고려와 거란의 사이는 더욱 악화되었습니다.

거란은 송나라를 공격하기 전에 배후의 위협을 제거하기 위해 발해 유민들이 건국한 정안국(압록강 유역 위치)을 정벌한 후, **성종** 12년에 고려에 대한 1차 침입을 감행했습니다(993). 거란의 장군 **소손녕**은 80만 대군을 이끌고 와서 옛 고구려 땅을 내놓고 송나라와 교류를 끊을 것을 요구했습니다. 거란의 군세가 워낙 강하여 신하들 중에서는 서경 이북의 땅을 거란에게 넘겨주자고 주장하기도 했습니다. 그러나 **서희**는 스스로 거란 진영으로 들어가 소손녕과 담판을 벌여 이 문제를 해결했습니다(228p 참조). 서희는 거란의 가장 큰 목표가 고려가 아니라 송나라임을 파악하고, 거란과 외교 관계를 맺을 것을 약속하고 압록강 남쪽의 **강동 6주**를 얻었습니다.

거란과의 싸움(강동 6주)

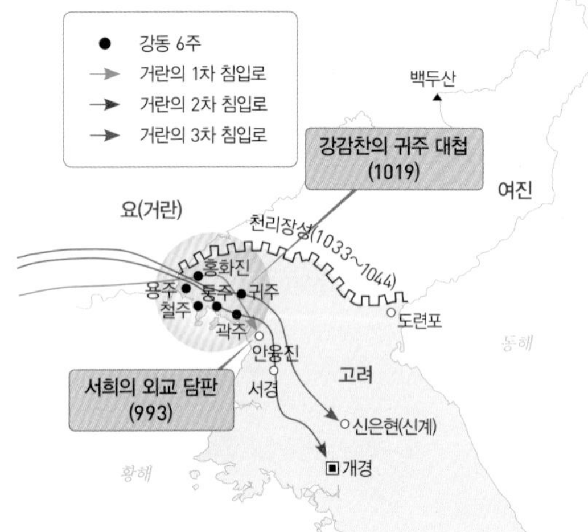

하지만 고려는 계속 송과 친선 관계를 유지했습니다.

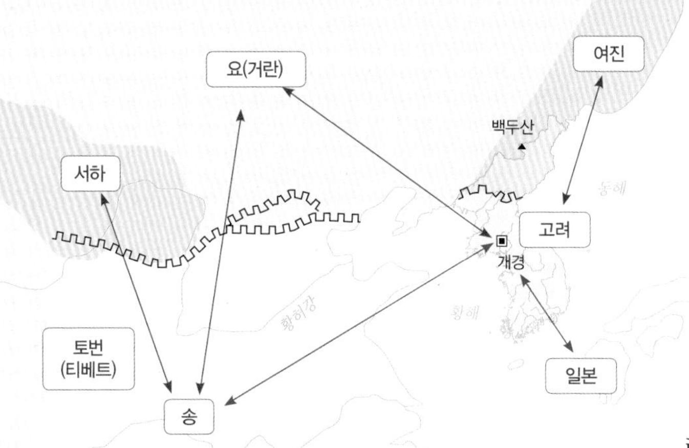

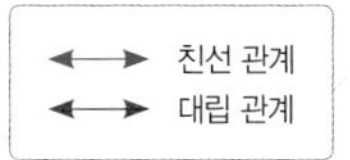

10세기 동북아시아의 정세

이에 불만을 가진 거란은 얼마 지나지 않아 **현종** 1년에 강조의 정변을 핑계로 2차 침입을 감행했습니다(1010). **강조**의 정변은 고려 서북쪽을 지키던 장수 강조가 목종을 폐위하고 현종을 즉위시킨 사건입니다. 거란이 임금을 쫓아낸 강조를 벌하겠다는 명분을 내세웠지만, 실제로 거란이 침입한 목적은 고려에 넘겨준 강동 6주를 탈환하고 고려의 친송 정책을 차단하려는 것이었습니다. 거란이 개경을 함락하자 현종이 나주까지 피신갔지만, 흥화진에서 끝까지 항전하던 장수 **양규**가 통주와 곽주를 탈환하여 거란족의 배후를 공격해 보급로를 차단합니다. 고려가 사신을 보내 화친을 요청하자 보급로가 끊긴 거란은 고려의 왕이 거란의 수도에 방문한다는 조건으로 강화를 맺고 돌아갑니다.

거란의 2차 침입 후에도 고려 현종은 친송 정책을 포기하지 않았고, 거란의 수도에 방문하지도 않았습니다. 거란은 고려에 약속을 지킬 것을 요구하며 현종 9년에 3번째로 침입했습니다(1018). 거란의 소배압은 10만 대군을 이끌고 고려로 들어왔으나, **강감찬** 장군이 귀주에서 거란군을 크게 물리쳐 거란의 침입을 막아냈습니다(**귀주 대첩**).

거란과의 전쟁은 끝이 났으나 고려는 경계심을 유지하며 압록강 하구에서 동해안의 도련포에 이르는 **천리장성**을 쌓았습니다. 그리고 수도인 개경에는 **나성**을 쌓아 외적의 침입에 대비했습니다.

여진에 맞서 동북 9성을 쌓다

여진족은 숙신·말갈 등으로 불린 종족으로 삼국시대에는 고구려와 발해에 복속되어 있었습니다. 발해 멸망 후에 지금의 함경도 일대 및 압록강 남한과 평안북도 지역에 흩어져 살았습니다. 거란족(**요나라**)의 위세에 눌려 있던 여진족은 고려 초기만 해도 고려를 상국(上國)으로 섬겼습니다.

그런데, 12세기 초 완안부가 여진을 통합하면서 고려와 충돌이 일어났습니다. **예종** 2년(1107)에 고려는 **윤관**의 건의로 별무반(228p 참조)을

동북 9성 위치에 대한 학설
고려는 동북 지방을 차지함으로써 여진족을 견제하였으나, 그 규모와 위치에 대해서는 여러 견해가 있다

이끌고 여진을 몰아내고 동북지방에 9성을 두었습니다. 그러나 9성을 어떻게 처리하느냐를 두고 고려 조정에서 의견이 분분하게 되자, 결국 거리가 멀어 방어하기 어렵다는 현실적인 이유로 **동북 9성**을 여진에게 반환합니다. 이후 몇 년간 고려와 갈등을 일으키지 않았던 여진은 힘이 더욱 강대해져 1115년에 **금나라**를 건국했습니다. 금나라는 1122년에는 거란족이 세운 요나라를 멸망시키고, 결국 고려에게 '**사대**(事大)**의 예**(禮)'를 요구해 왔습니다. 고려를 섬기던 여진이 '사대의 예'를 요구하자 신료들은 대부분 반대의사를 표했지만, 고려의 문벌 귀족들은 전쟁으로 자신들의 기득권이 흔들리는 것을 원하지 않았습니다. 특히 **이자겸**을 중심으로 문벌 귀족 세력은 여진에 사대하기로 결정하고 전쟁을 피했습니다. 결국 태조 때부터 이어진 고려의 **북진 정책**이 중단되고 말았습니다.

주요 용어

인종, 이자겸의 난, 척준경, 경원 이씨, 경주 김씨, 김부식, 묘청, 서경 천도 운동, 풍수지리설

4 문벌 귀족 사회의 동요와 몰락

이자겸이 왕보다 강한 권력을 행사하다

12세기까지 고려는 문벌 귀족 사회로 발전했지만, 한편으로는 소수의 문벌 가문이 나라의 정치를 좌우하는 현상이 발생했습니다. 음서와 공음전으로 세력을 키운 문벌 귀족 가운데 왕실과 혼인을 맺어 외척 가문이 됨으로써, 막강한 권력을 가지게 된 가문도 있었습니다. 이와 같은 유력 귀족 가문으로 이자연과 이자겸을 배출한 경원 이씨(인주 이씨), 윤관을 배출한 파평 윤씨, 최충을 배출한 해주 최씨, 김부식을 배출한 경주 김씨 등을 들 수 있습니다.

이 가운데서도 외척인 이자겸의 경원 이씨 가문이 권력의 최정점에 있었습니다. 경원 이씨 가문은 11대 문종 시기 이자연이 세 딸을 문종에게 시집보내면서 막강한 외척이 되었습니다. 이자연의 손자인 이자겸은 16대 예종에게 둘째 딸(문경태후)을 시집보냈고, 17대 **인종**에게 셋째 딸과 넷째 딸을 시집보내 최고의 권력을 누리는 외척이 되었습니다. 족보상으로 이자겸은 인종의 외할아버지이자 장인이 된 것입니다.

최고의 정치 권력을 갖게 된 이자겸은 당시 군권의 중심이었던 척준

고려 왕실 가계도(문종~인종)

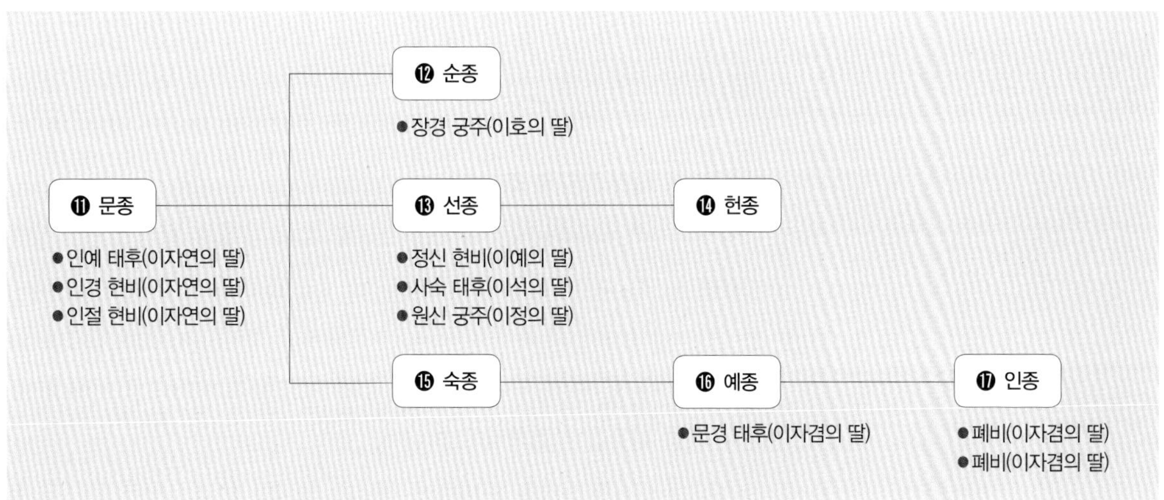

경과 사돈을 맺습니다. 게다가 인종에게 요구하여 조선국공(朝鮮國公)이라는 지위에 올랐으며, 자신의 집을 의친궁이라고 불렀습니다. 또한 자신의 생일을 '인수절(仁壽節)'이라고 부르게 했는데, 당시 생일에 '절'을 붙이는 것은 왕이나 태자에게만 허용된 것이었습니다. 한편, 금나라의 힘이 강해지자 다른 신하들의 의견을 묵살하고 자신의 뜻대로 금나라에 사신을 보내 사대 관계를 맺으며 국왕과 다름없는 권력을 행사했습니다.

이자겸의 전횡이 계속되자 인종은 이자겸을 제거하려고 했습니다. 이자겸은 이를 눈치채고 군권을 쥔 척준경은 궁궐을 불태우고, 인종을 사로잡아 이자겸의 집에 감금했습니다. 이때 인종은 모든 상황을 포기하고 이자겸에게 왕위를 선위하려 했습니다. 이자겸은 반대 세력의 거센 반발을 염려하여 선위는 사양했지만, 인종을 겁박하고 나라의 모든 일을 쥐락펴락 했습니다. 이 사건을 **이자겸의 난**(1126, 228p 참조)이라고 합니다.

영원할 것 같았던 이자겸의 권력은 **척준경**과 사이가 벌어지면서 균열이 생겼습니다. 이자겸의 아들이 척준경이 궁궐을 불태운 일을 비판하면서 둘 사이에 갈등이 생겼는데, 인종은 이 기회를 놓치지 않고 척준경을 비밀리에 설득하여 충성을 약속받았습니다. 인종은 척준경에게 이자겸을 토벌할 것을 명령했고, 그 결과 이자겸은 유배되고 인종의 두 왕비도 폐위되었습니다. 이로써 7대 80여년에 걸친 **경원 이씨**의 권세가 무너졌습니다. 척준경도 이자겸이 몰락한 후, 자신의 권력을 믿고 전횡을 일삼다가 이듬해 탄핵당하여 유배되었습니다. 이렇게 이자겸의 난은 마무리되었지만, 사회적 혼란은 지속되었습니다. 김부식의 **경주 김씨**를 중심으로 하는 문벌 귀족 세력은 여전히 왕권을 위협할 정도로 강력했고, 금나라의 압력도 여전했기 때문입니다.

묘청은 왜 서경 천도를 주장했을까

이자겸의 난 이후 인종은 수도인 개경을 떠나 남경과 서경을 순시하며 마음을 달랬습니다. 인종이 서경(평양)을 방문했을 때 묘청·정지상·백수한 등을 만났는데, 개경 문벌 귀족의 영향에서 벗어나려 했던 인종은 이들을 신임하게 되었습니다. **묘청** 등 인종의 신임을 바탕으로 세력을 형성해 나간 이들을 **서경파**라고 합니다.

서경파는 **풍수지리설**을 내세워 개경의 지덕이 쇠했기 때문에 서경 천

묘청의 서경 천도 운동

도를 해야 한다고 주장했으며, 금나라에 사대하고 있었던 외교 정책도 북진 정책으로 전환할 것을 건의했습니다. 이러한 주장은 개경의 귀족 세력을 견제하려 했던 인종의 관심을 끌었고, 인종은 묘청의 요청에 따라 서경에 대화궁 건설을 명령했습니다. 대화궁이 완성되자 서경파는 인종에게 칭제건원(稱帝建元, 황제의 자리에 오르고 연호를 제정할 것)과 본격적인 금국 정벌을 주장했습니다.

그러나 국제 관계를 고려할 때, 서경파의 주장은 실현 가능성이 적었습니다. 또한 대화궁 건설 후 인종이 서경으로 행차하던 중에 자연 재해가 여러 번 일어나자, 서경 천도에 대한 반대 여론이 강해졌습니다. 서경파에 호의적이었던 인종의 태도도 점차 바뀌어 그들을 멀리하게 되었습니다.

상황이 바뀌자 서경파는 군사를 움직여 반란을 일으켰습니다. 인종 13년(1135)에 묘청은 조광 등과 군사를 일으켜서 서경을 중심으로 나라를 건국하고 국호를 '대위(大爲)', 연호를 '천개(天開)'라 했으며, 자신들의 군대를 '천견충의군(天遣忠義軍, 하늘이 보낸 의로운 군대)'이라고 했습니다(1135). 묘청 세력의 반란은 서북지방 주민의 지지를 받아 그 기세가 만만치 않았습니다. 이에 이들을 진압하고자 인종은 **김부식**을 대장으로 하여 반란 토벌군을 출병시켰고, 서경의 **묘청** 세력은 1년 동안 항전했으나 끝내 진압되었습니다.

이자겸의 난과 묘청의 **서경 천도 운동**(229p 참조)을 통해 고려 문벌 귀족 사회의 모순은 더욱 심화되었습니다. 그러나 모순을 해결하기 위한 개혁은 실시되지 못했고, 그 결과 문벌 귀족 사회를 무너뜨리는 무신 정변(1170)이 일어나게 됩니다.

주요 용어

보현원 사건, 무신 정변, 정중부, 이의방, 김보당의 난, 조위총의 난, 경대승, 이의민, 최충헌, 교정도감, 정방, 도방, 봉사 10조, 서방, 삼별초, 만적의 난, 망이·망소이의 난, 김사미·효심의 난

5 무신들의 세상

무신들은 왜 정변을 일으켰을까

고려 전기에 무신들은 문신인 문벌귀족에 비해 차별 대우를 받았습니다. 원칙적으로 고려의 문신과 무신은 동등한 대우를 받도록 되어 있었으나, 과거 제도와 유교 사상의 영향으로 문신이 국가의 중대사를 맡으면서 무신은 권력의 중심에서 멀어졌습니다. 심지어 큰 전쟁이 일어났을 때에도 군대의 최고 지휘관은 문신이 되었습니다. 거란족을 물리친 강감찬과 동북 9성을 쌓은 윤관 모두 문신 출신이었습니다. 관등에서도 무신의 최고직은 정3품이었고, 토지의 수조권을 지급하는 전시과나 현물을 지급하는 녹봉 체계에서도 무신은 같은 품계의 문신보다 낮은 대우를 받았습니다.

그런데 문벌 귀족 사회의 모순을 드러낸 이자겸의 난과 묘청의 서경천도 운동을 진압하는 과정에서 군사 행동에 참여한 무신들은 영향력이

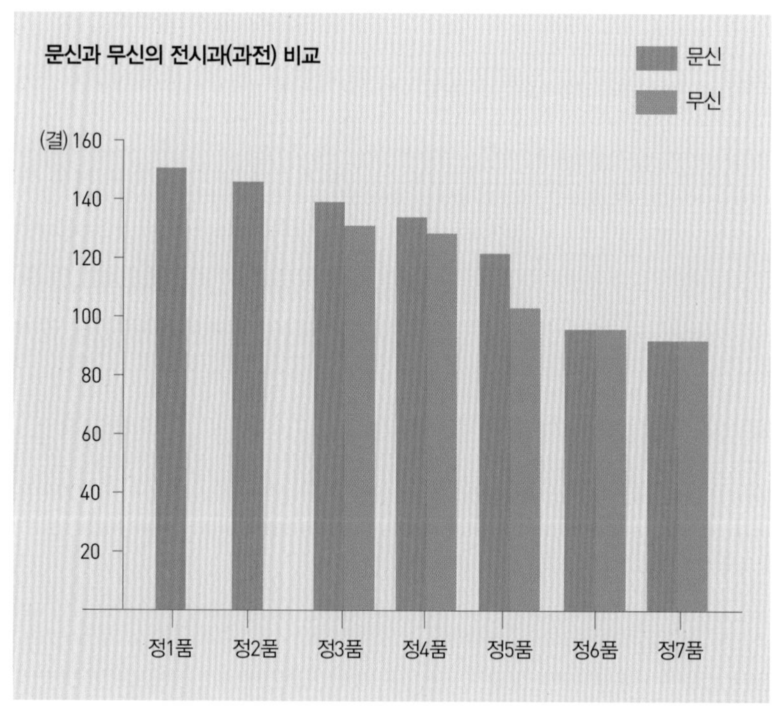

조금씩 성장했으며, 자연스럽게 문신들의 차별 대우에 불만을 가지게 되었습니다. 그러한 가운데 이자겸의 난과 묘청의 서경 천도 운동으로 혼란의 시기를 통치했던 인종의 아들인 18대 **의종**은 실추된 왕권을 회복하기 위해 개혁을 추진하려고 했습니다. 그러나 귀족 세력의 강한 견제로 개혁은 실패했고, 오히려 문벌귀족의 권력이 더욱 강해지자 결국 무신들의 불만이 폭발하게 되었습니다.

의종 재위 24년에 의종이 **보현원**에 행차했을 때, 무신들이 오병수박희(伍兵手搏戱, 일종의 격투기 공연)를 하고 있었습니다. 이때 대장군 이소응이 젊은 병사에게 지자, 젊은 문신인 한뢰가 이소응의 뺨을 때렸습니다. 왕을 호위하던 정중부·이의방·이고 등의 무신들은 이를 보고 분노하여 그 자리에서 문신들을 살해하고, 개경으로 돌아와 많은 문신들을 제거했습니다. 그리고 정중부 등은 의종을 폐위한 뒤 **명종**을 왕위에 앉혔습니다(**무신 정변**, 1170, 229p 참조). 이제 문신이 아닌 무신들이 고려의 권력을 차지하는 시대가 시작되었습니다. 무신 정권의 성립으로 문벌 귀족 사회가 무너졌으므로 일반적으로 무신 정변을 고려 전기와 후기를 나누는 전환점으로 평가합니다.

초기 무신 정권은 갑작스러운 정변에 의해 성립되어 반대 세력도 있었고, 정치권력도 **정중부·이의방·이고** 3명이 나누어 가졌기 때문에 매우 불안정했습니다. 결국 이의방과 이고의 권력 다툼으로 이고가 살해되었고(1171), 무신 정권에 반대한 문신 김보당이 의종을 복위시키기 위해 난을 일으켰습니다(**김보당의 난**, 1173, 230p 참조). 뒤이어 서경의 유수(留守)인 조위총도 반역을 저지른 정중부와 이의방을 토벌한다는 명분으로 난을 일으켰습니다(**조위총의 난**, 1174, 230p 참조). 조위총의 난은 토벌되

무신정권의 전개 과정

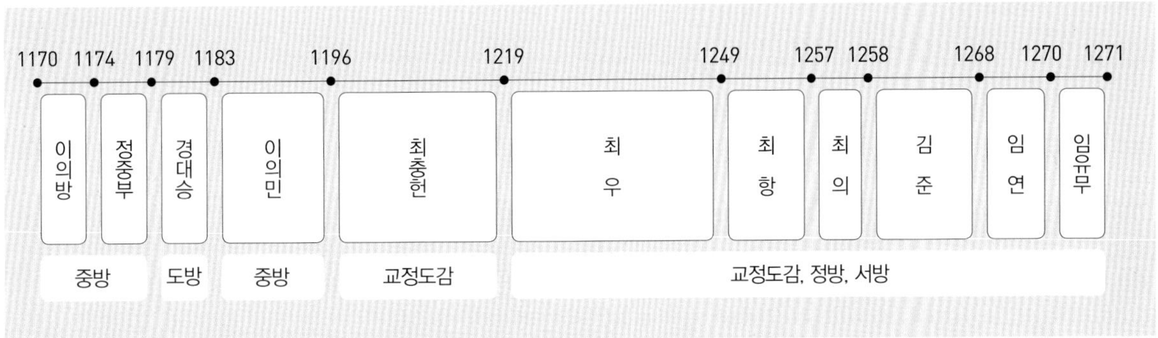

었으나 그 와중에 이의방도 권력 다툼으로 정중부 세력에게 살해당했고, 이후 정중부가 권력을 독점했지만 그 역시 오래가지 못했습니다.

전횡을 일삼던 정중부도 젊은 장군이었던 **경대승**에게 살해당합니다(1179). 경대승은 사병 기관인 **도방**을 만들어 권력을 유지하려고 했으나 4년 만에 병으로 죽습니다(1183). 권력에 공백이 생기자 **이의민**이 중앙 정치계에 다시 등장하여 권력을 장악했습니다. 이의민은 원래 천민 출신의 하급 군인이었는데, 무신 정변이 일어났을 때 큰 공을 세워 권력을 장악했다가 정중부의 피살 소식을 듣고 경대승을 두려워하여 고향인 경주에 내려가 있었습니다. 이의민과 그의 아들들은 권력을 장악한 후 횡포를 일삼았는데, 이에 불만을 가진 **최충헌**이 이의민을 제거하고 집권합니다. 이후 최씨 가문은 4대 60여년에 걸쳐 무신 정권의 권력을 장악합니다.

최충헌의 봉사 10조

명종 26년(1196)에 최충헌이 왕에게 올린 10개조의 글.

- 제1조: 왕은 정전인 연경궁으로 환궁할 것.
- 제2조: 필요 이상의 관원을 쓰지 말 것.
- 제3조: 대토지의 점유를 시정할 것.
- 제4조: 조부를 공평히 할 것.
- 제5조: 왕실에 공상을 금지할 것.
- 제6조: 승려를 단속하고 왕실의 고리대업을 금지할 것.
- 제7조: 청렴한 주·군의 관리를 등용할 것.
- 제8조: 백관으로 하여금 사치를 금하고 검소·절약을 숭상케 할 것.
- 제9조: 비보사찰 이외의 사찰을 없앨 것.
- 제10조: 관리들의 아부를 지적하고, 인물을 가리어 등용할 것.

최씨 정권이 성립하다

이의민을 제거한 뒤 집권한 최충헌은 중방을 없애고 **교정도감**(教定都監)을 만들어 권력을 집중시켰으며, 문신들에게도 관직에 오를 기회를 주어 정치적으로 무신 정권을 안정시켰습니다. 사병 기구인 도방을 확대하여 군권을 더욱 강화했습니다. 또한 최충헌은 왕에게 **봉사 10조**(封事十條, 230p 참조)를 올려 나라의 혼란을 수습하려고 했습니다. 그러나 명종을 폐위하고 신종과 희종을 옹립하였으며, 다시 희종을 폐위한 다음에 강종과 고종을 옹립하는 등 절대적인 권력을 휘둘렀습니다.

아버지의 뒤를 이어 정치를 장악한 최우는 **정방**을 두어 인사권을 장악했고, 명망 높은 문신들을 교대로 숙위(宿衛)시키는 **서방**을 만들어 문신들을 등용하여 권력을 한층 더 강화했습니다. 아울러 야별초인 **좌별초**·**우별초**와 **신의군**을 합하여 사병 기구인 **삼별초**를 만들어 군권도 강하게 유지했습니다. 최우 이후 최항, 최의까지 총 4대 60년간 최씨 가문이 정권을 장악합니다. 그러나 최우 집권기에 시작된 몽골의 침입으로 고려와 무신 정권은 큰 위기에 처하게 됩니다.

농민과 천민들은 왜 봉기를 일으켰을까

문벌 귀족의 지배 아래 있었던 고려 농민들은 귀족들의 토지 겸병과 고리대 등으로 많은 고통을 받았습니다. 농민들의 삶은 더욱 궁핍해졌고

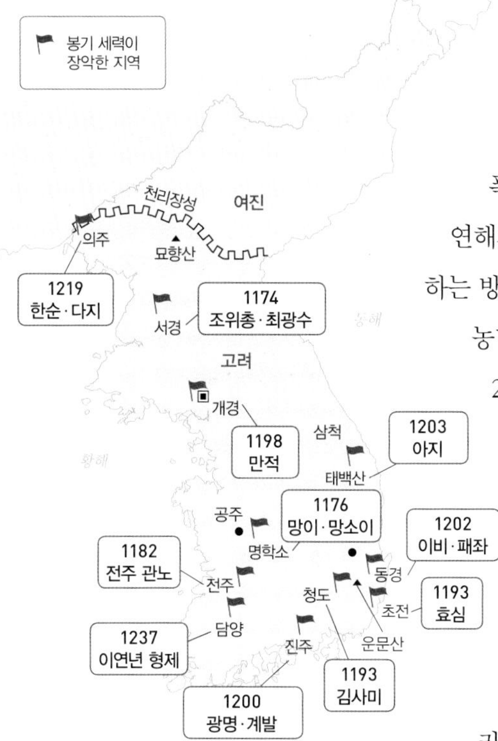

무신 정권 시기 하층민의 봉기

도망하는 자가 늘어나면서 남아 있는 농민들의 세금 부담은 가중되었습니다. 무신 정변으로 권력층이 교체되었으나 상황은 나아지지 않았고, 결국 농민과 천민들의 불만이 폭발하게 되었습니다. 게다가 무신 정권기에 하극상의 풍조가 만연해지면서, 농민들의 불만은 신분제 사회에 대한 모순을 뒤엎고자 하는 방향으로 표출되었습니다.

농민들의 봉기는 주로 수탈이 심했던 지역에서 발생했습니다. 명종 2년(1172)에 서북계의 창주·성주·철주의 주민들이 수령의 수탈에 반발해 처음으로 민란을 일으켰습니다. 그리고 앞서 나온 조위총의 난(1174)에도 서북 지역의 많은 농민들이 참여했으며, 세금 부담이 많았던 공주 명학소에서는 망이와 망소이가 난을 일으켰습니다(1176, 231p 참조). 농민들의 봉기는 전국으로 확대되어 경상도 지역에서는 운문과 초전에서 김사미와 효심이 난을 일으켰으며(1193), 경상도 지역의 반란은 신라 부흥을 주장하는 봉기로 이어졌습니다. 한편 개경에서는 최충헌의 노비였던 만적이 노비 해방을 주장하며 반란을 일으키려다가 계획이 누설되어 실패합니다(1198, 231p 참조). 무신 정권기에 일어난 농민과 천민의 봉기는 비록 정부군에 의해 대부분 진압되었으나, 하층민이 지배층의 부조리에 맞서 싸우고 나아가 신분 해방을 주장했다는 데 역사적 의의가 있습니다.

주요 용어

강동의 역, 저고여, 박서, 다루가치, 강화 천도, 처인성 전투, 김윤후, 다인철소, 초조대장경, 팔만대장경, 황룡사 9층탑, 삼별초, 배중손, 김통정, 항파두리성

6 몽골의 침입과 고려의 저항

몽골은 왜 고려를 침략했을까

이자겸과 김부식 등의 문벌 귀족 세력이 인종 4년(1126)에 금나라에 대한 사대를 결정함으로써 고려는 100여 년간 외부의 침략에 시달리지 않았습니다. 그러나 몽골 제국이 정복 활동을 시작하면서 고려는 큰 위기에 처하게 됩니다. 몽골 제국은 칭기즈칸에 의해 통일된(1206) 후 급속도로 성장하여 금나라를 공격합니다. 이때 금나라의 지배 아래에 있던 거란족이 몽골족의 침입을 피해 고려로 쳐들어옵니다. 이에 고려가 대장군 김취려를 보내 거란족을 공격하자, 수세에 몰린 거란군은 강동성에 들어가 저항합니다. 이때 거란족을 쫓아온 몽골군과 고려가 연합하여 거란족을 물리칩니다(**강동의 역**, 1219).

이후 몽골과 고려는 형제의 맹약을 체결하고 사신을 왕래했으나, 몽골이 고려에 과도한 세공(歲貢)을 요구했고, 이는 고려에게 큰 부담이 되었습니다. 그런데 몽골 사신 **저고여**가 고려에 왔다가 돌아가는 길에 살해되는 사건이 일어났습니다. 몽골은 이를 고려가 불만을 가지고 일으킨 일이라 판단하고 고려를 침입해 왔습니다(1231).

고려의 강화 천도

고려 사람들은 몽골과 어떻게 싸웠을까

당시 몽골군은 세계에서 가장 강력한 군대였고, 고려는 이를 막아낼 힘이 없었습니다. **박서**와 **김경손** 장군이 귀주에서 몽골군을 막아냈지만, 몽골군은 귀주를 우회하여 진격해 수도 개경을 포위했습니다. 고려 조정은 어쩔 수 없이 몽골과 강화 협상을 하게 되었습니다. 몽골은 **고종** 19년(1232)에 고려를 감시하는 **다루가치**(속박하는 사람이라는 뜻의 몽골어) 72명을 남겨 놓고 철수했습니다.

이때 정권을 잡고 있던 최우는 몽골이 무리한 요구를 계속하고 다루가치의 횡포가 심해지자 강화도로 천도한 후 지속적으로 항전했습니다(1232). 항전지로 강화도를 선택한 이유는 평야가 있어 안정적으로 식량

김윤후의 처인성 전투
처인성(지금의 경기도 용인)에서 승려 김윤후와 처인 부곡민이 몽골군을 격퇴하고, 몽골군 사령관 살리타를 사살하였다.

을 조달하면서 수상 교통을 통해 세금을 걷을 수 있는 지리적 요충지였고, 해안가는 갯벌이 발달해서 해전(海戰)에 서투른 몽골군이 쳐들어오기 어려웠기 때문입니다.

강화도로 피신한 고려의 지배층은 자신들의 안위를 지키고 호화로운 생활을 유지했습니다(232p 참조). 반면 육지에 남은 백성들은 몽골군의 침입으로 고통받았으며, 직접 전쟁에 참여하여 몽골군을 격퇴했습니다. **처인성 전투**에서는 몽골군 총사령관 살리타가 공격해 오자, 승려 **김윤후**가 군민(軍民)을 지휘해서 살리타를 죽이고 몽골군을 물리쳤습니다(231p 참조). 당시 처인성(현재의 용인)은 차별받는 행정구역인 부곡이었는데, 부곡민들은 신분이 낮은 위치에 있었음에도 불구하고 몽골에 적극적으로 항전하여 승리를 이끌어냈습니다. 이때의 전공으로 김윤후는 충주성을 방어하는 방호별감(防護別監)에 임명되었습니다. 이후 몽골군이 충주성에 쳐들어왔을 때도 김윤후는 전투에서 승리하면 벼슬을 주겠다고 백성들을 독려하여 이를 격퇴했습니다. 충주성 인근의 **다인철소**(多仁鐵所)에서도 철소민(鐵所民)들이 합심하여 몽골군을 물리친 일이 있었습니다. 알다시피 철소는 철과 관련된 수공업을 담당하는 특수 행정구역으로 다른 지역에 비해 차별이 있었던 곳입니다. 당시 고려 조정에서는 전투의 공을 높게 평가하여 다인철소를 익안현(翼安縣)으로 승격시켰고, 철소민들의 지위도 상승되었습니다.

이처럼 고려의 백성은 곳곳에서 몽골군에 적극적으로 저항했고, 때로는 승리한 전투도 있었습니다. 그러나 무려 40년 동안 몽골군이 각지에서 약탈과 학살을 자행하여 백성들의 삶은 피폐해졌습니다. 심지어 한 해에만 20만 명이 몽골에 잡혀간 적도 있었습니다. 전쟁 중에도 정부의 수탈이 지속되자 백성들이 참다못해 몽골에 협조하여 고려군을 공격하기도 했습니다. 게다가 대구 **부인사**에 있었던 **초조대장경**과 황룡사의 9층탑이 소실되는 등 문화재 피해도 극심했습니다. 하지만 고려는 **팔만대장경**을 만들어 부처의 힘으로 몽골을 격퇴하기를 기원했습니다.

최충헌이 죽은 뒤에 최우·최항·최의로 이어지던 최씨 정권은 권력을 이어 가기 위해 끝까지 몽골의 침입에 대항하려 했습니다. 그러나 **김준**과 **임연** 등이 정변을 일으켜 최의를 살해하면서 최씨 정권은 결국 무너졌습니다. 이후 몽고에 갔다가 돌아와 왕이 된 원종에 의해 임유무가 살해되어, 무신 정권은 와해되고 고려 조정은 개경으로 환도하여 몽골에 항복하게 되었습니다(1270).

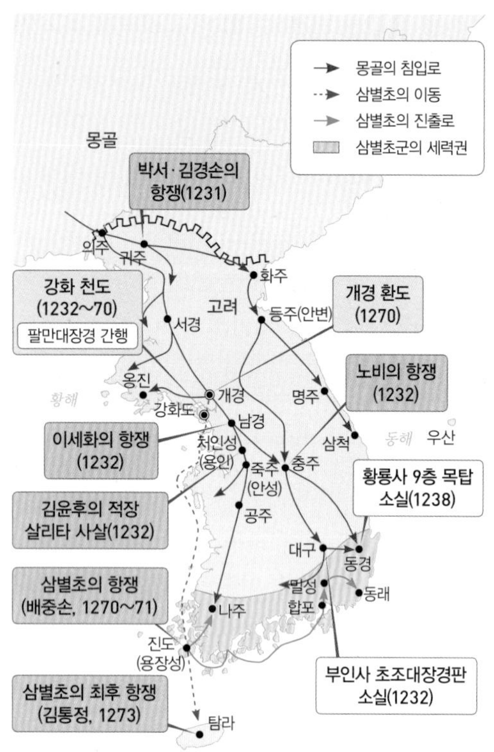

몽골의 침입과 고려의 저항

삼별초, 끝까지 몽골에 맞서 싸우다

삼별초는 무신 정권의 최우가 설치한 야별초(夜別抄)에서 시작되었습니다. 별초란 '따로 뽑힌 특수 부대'라는 뜻입니다. 야별초는 수도 개경의 야간 경비 및 치안을 담당했고 점차 규모가 커지면서 좌별초와 우별초로 나뉘었습니다. 이후 몽골의 침입으로 몽골군의 포로가 되었다가 탈출한 병사들로 신의군(神義軍)을 만들었는데, 좌별초·우별초·신의군 3개의 별초를 합쳐 '**삼별초**'라고 부르게 되었습니다. 삼별초는 몽골군의 군사적 특징을 잘 알고 있었고 이를 바탕으로 몽골과의 전투에서 많은 공을 세웠습니다.

삼별초는 정식 정부군이었으나 최씨 정권이 만들었기 때문에 무신 정권의 사병(私兵)적 성격도 지니고 있었습니다. 무신 정권이 무너진 후 고려 조정은 개경으로 환도하는데, 이때 국왕인 **원종**은 몽골 황제인 쿠빌라이에게 충성할 것을 약속한 상황이었기 때문에 삼별초의 해산 명령을 내립니다. 삼별초를 이끌던 **배중손**은 몽골에 항복하면 자신들의 위치가 위태로울 것이라 판단해 해산 명령을 거부하고 강화도에서 봉기를 일으켰습니다. 이들은 원종 11년(1270)에 왕족인 승화후(承化侯) 왕온을 왕으로 세우고 진도로 본거지를 옮겨 몽골에 계속 항전했습니다(232p 참조). 삼별초는 서남해안의 조세 수송로를 장악하여 경제적 기반을 유지했으며, 내륙을 공격하며 세력을 과시했습니다. 삼별초의 항전을 진압하기 위해 몽골과 고려 정부는 여·몽 연합군을 결성하여 진도를 공격했고, 패배한 삼별초는 **김통정**의 지휘 아래 제주도로 근거지를 옮겨 **항파두리성**에서 저항하다가 진압되었습니다(1273).

이때 결성된 여·몽 연합군은 삼별초를 진압한 후, 원(元)의 요구에 의해 김방경의 지휘로 두 번에 걸쳐 일본 원정을 하였는데(1274, 1281) 악천후와 태풍으로 원정은 실패했고, 이로 인해 많은 사상자가 생겼습니다. 고려 정부가 일본 원정에 필요한 군사와 전함을 준비하고 수많은 사람들을 전쟁에 동원하는 바람에 백성들의 삶은 더욱 피폐해졌습니다.

주요 용어

다루가치, 부마국, 정동행성, 이문소, 권문세족, 1부 4사, 만호부, 동녕부, 탐라총관부, 쌍성총관부, 심양왕, 입성책동, 결혼도감, 공녀, 응방, 해동청, 몽골풍, 고려양, 조혼, 도평의사사, 대농장, 홍다구, 기철

7 원의 간섭을 받은 고려

고려의 왕, 몽골 황제의 부마가 되다

삼별초의 항쟁이 진압되자, 고려는 본격적으로 원나라의 간섭을 받게 됩니다. 몽골은 고려에 **다루가치**를 남겨두어 고려를 감시했으며, 고려의 태자는 몽골의 공주와 결혼해 고려는 원나라의 **부마국**이 되었습니다. 나중에 왕이 될 세자도 원나라에 가서 생활했고, 왕이 되고 나서도 원나라의 황제가 수시로 원의 수도인 연경(베이징)으로 소환했습니다. 고려의 왕들은 원나라 황제의 명령에 의해 수시로 교체되기도 했습니다. 대표적인 사건으로 충렬-충선, 충숙-충혜왕 때 원나라의 명령으로 아버지가 아들에게 왕위를 물려주었다가, 다시 아들이 아버지에게 왕위를 돌려주는 일들이 있었습니다.

몽골이 일본 원정을 준비하던 시기 쿠빌라이는 **정동행성**(征東行省)이라는 기구를 설치했습니다. 정동행성의 정식 명칭은 정동행중서성(征東行中書省)으로, '정동'은 동쪽(일본)을 정벌하는 것이고 '행중서성'은 원나라에서 지방을 통치하기 위해 만든 기관을 뜻했습니다. 원래 정동행성의 역할은 일본 원정을 준비하는 것이었는데, 일본 원정이 태풍으로 실패한 후 형식적인 기구가 되었습니다. 그러나 정동행성은 원나라의 공식 기구로서 고려에 남아 있게 되었고, 행성에 속한 몽골 관리들이 고려 정부에 횡포를 부리고 내정에 간섭했습니다. 정동행성에는 원나라와 관련된 범죄 행위를 단속하는 **이문소**(理問所)라는 부속 기구가 있었는데, 이문소의 관리들이 친원 세력인 **권문세족**의 백성에 대한 수탈을 눈감아 주고 각종 전횡을 일삼는 바람에 고려의 상황을 더욱 혼란스럽게 만들었습니다.

원 간섭기 고려 왕실의 호칭 격하

구분	원 간섭기 이전의 호칭	원 간섭기의 호칭
관제	2성(중서문하성, 상서성)	1부(첨의부)
	6부(이, 병, 호, 형, 예, 공)	4사(전리사, 판도사, 군부사, 전법사)
	중추원(추밀원)	밀직사
	도병마사	도평의사사
왕실의 호칭	조, 종	왕
	짐	고
	폐하	전하
	태자	세자

원 간섭기에는 왕실에서 사용하는 용어들도 바뀌었습니다. 이전 고려의 왕들은 중국과의 외교 관계에서 중국 황제 아래에 있는 왕의 지위에 있었지만, 고려 안에서는

황제가 쓰던 호칭을 사용했습니다. 이것을 외왕내제(外王內帝)라고 합니다. 그러나 이제는 원나라의 부마국이 되었으므로, 고려 왕실에서 사용하던 황제식 칭호들을 한 단계 내려야 했습니다(233p 참조). 고려왕의 칭호는 황제가 쓰던 조·종(태조·성종)을 쓰지 못하고, 충렬왕·충선왕·충숙왕 등 '충○왕'의 형식으로 바뀌었습니다. 2성 6부 안에 존재하는 관부들도 호칭이 변화되고 **1부 4사**의 형태로 축소되었습니다. 군사 제도도 개편되어 원나라식의 만호제를 운영하는 **만호부**가 설치되었습니다.

원나라는 고려 영토의 일부도 빼앗았습니다. 1258년에는 철령 이북의 동북쪽 땅에 쌍성총관부를 설치했고, 1270년에는 서경을 중심으로 하는 서북쪽 땅을 **동녕부**라 하여 자신들이 다스렸습니다. 1273년에는 삼별초 토벌 후 제주도를 빼앗아 **탐라총관부**라 하고, 그곳에서 몽골족에게 필요한 말을 키우기 시작했습니다. 이 가운데 동녕부와 탐라총관부는 충렬왕 때 돌려받게 되지만, **쌍성총관부**는 공민왕 때까지 이어집니다.

몽골은 고려의 땅을 빼앗았을 뿐만 아니라 고려에 공녀를 보내 달라고 했습니다(232p 참조). 고려는 어쩔 수 없이 **결혼도감**을 설치하여 죄 없는 여성들을 강제로 원나라에 보냈고, 백성들의 원성은 극에 달했습니다. 딸을 가진 부모들은 딸을 빼앗기지 않으려고 결혼을 일찍 시켜 **조혼** 풍습이 생겨났습니다. 고려의 자원인 인삼과 약재를 수탈당했으며, 매 사냥을 좋아하던 몽골인들은 고려의 매인 해동청(海東青: 사냥매)을 공물로 보내게 했습니다. 매 사육을 관장하던 관청을 **응방**(鷹坊)이라고 했는데, 응방에서 보낸 **해동청**을 몽골에서는 높게 평가했고, 응방의 관리들은 원나라와 점점 친해져 몽골 세력을 등에 업고 횡포를 부리기도 했습니다. 고려에서는 변발·호복·소주(燒酒)·족두리·태평소 등의 **몽골풍**이 유행한 한편, 고려의 특산물과 문화도 몽골에 전해져 몽골에서는 고려 복식과 만두 등 **고려양**(高麗樣)이 유행했습니다.

고려양
원나라에서 유행된 고려의 풍습. 특히 고려의 복식(의복, 신발, 모자)과 음식(만두, 떡) 등의 생활 방식이 유행했다.

당시 몽골은 유라시아 대륙을 정복한 역사상 최고의 강대국이었습니다. 몽골은 침략한 대부분의 나라를 멸망시키고 그 영토를 직접 다스렸으나, 고려는 예외였습니다. 고려는 형식적으로는 원나라의 간섭을 받았지만, 원나라 영토에 속하지는

원의 고려 간섭

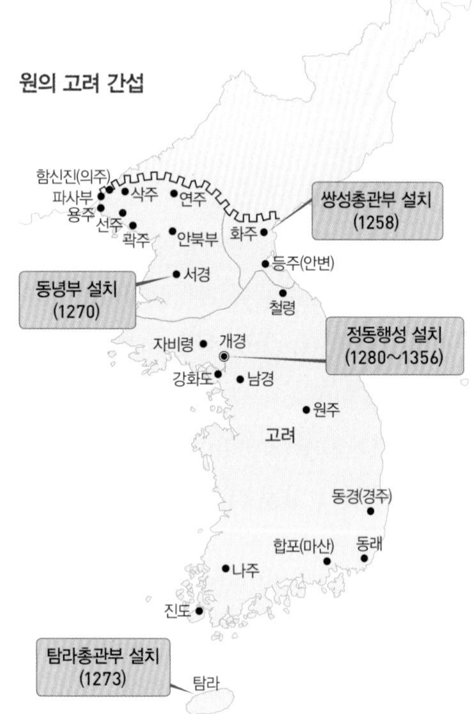

않고 부분적으로 독립된 위치에 있었습니다.

고려가 몽골에 항복하는 과정에서 당시 태자였던 원종이 인질로 원나라에 끌려갔습니다. 이때 원나라는 헌종 사망 이후 후계자를 결정하는 과정에서 쿠빌라이와 아릭부케 세력의 내전이 발생했습니다. 원종은 쿠빌라이를 지지하기로 결정하고 쿠빌라이를 찾아가 충성을 약속했습니다. 쿠빌라이는 당 태종도 굴복시키지 못했던 나라의 태자가 나에게 왔다며 좋아했고, 고려를 침략하지 않을 것이라고 약속했습니다. 쿠빌라이와 친분 관계를 맺은 원종은 왕이 된 후 원나라 황실에 자신의 아들과 원나라 공주를 결혼하게 해 달라고 간청했고, 쿠빌라이가 이를 허락하여 고려의 왕자들이 원나라 공주와 결혼하는 풍습이 생겼습니다.

비록 원나라가 정동행성을 설치하여 고려를 간섭하긴 했으나, 정동행성은 원나라의 지방 제도 안에 속한 기구는 아니었습니다. 그러나 원나라에 가 있던 친원파 고려인들을 중심으로 정동행성을 폐지하고 고려에 새로운 행성을 설치하여 원나라의 한 지방으로 편입시키자는 주장이 등장했습니다. 이러한 주장을 **입성책동**(入省策動)이라고 합니다. 그러나 고려 내부에서 격렬한 반대가 있었고, 이미 원나라는 고려로부터 많은 이득을 취하고 있었기 때문에 이를 실행하지는 않았습니다.

권문세족은 어떻게 성장하게 되었을까

원 간섭기에는 친원 세력이 권력을 장악하게 되었습니다. 특히 몽골어를 익힌 역관, 응방 출신의 관리, 왕이 세자 시절 원나라에 있을 때 함께 생활한 관리, 고려 왕비가 된 원나라 공주의 측근인 겁령구(怯怜口), 원나라에 자주 왕래하는 관리 등이 급속도로 세력을 키웠습니다. 이들은 예전부터 존재했던 문벌 귀족·무신 세력과 더불어 고려를 장악했고, 서로 혼인 관계를 맺으며 권력층을 형성했습니다. 당시에는 이들을 재상지종(宰相之宗)이라고 했고, 오늘날에는 권문세족(權門勢族, 233p 참조)이라고 부릅니다. 권문세족은 왕권이 약화된 원 간섭기에 중심 회의 기구인 **도평의사사**(都評議使司)를 장악하고 국정을 휘어잡았습니다. 이들은 원나라와의 관계를 바탕으로 정동행성과 만호부의 관직에 임명되어 강한 권력을 과시했습니다.

권문세족은 고려 전기의 집권층인 문벌 귀족과는 차이점이 있었습니

심양왕(瀋陽王)

원나라가 고려 사람에게 준 봉작. 원은 요동 지역에 사는 고려인을 통제하기 고려 왕실의 인물을 심양왕으로 임명하였는데, 정치적 필요에 따라 고려왕을 견제하기도 하였다.
1310년에는 심왕으로 개봉하였다.

겁령구

고려 후기에 고려 국왕의 왕비가 된 원나라의 공주를 따라온 공주의 사속인(私屬人). 원의 제국대장 공주가 충렬왕과 혼인 후 고려로 오면서 처음으로 겁령구가 생겨났다. 고려는 이들에게 사전(賜田)을 지급하기도 하고 여러 관직을 제수하기도 하였으나, 공주의 신임을 빙자하여 국정에 관여하기도 하고, 타인의 토지와 재물을 약탈하는 등 그 작폐가 매우 심했다.
겁령구는 '집안 아이'라는 뜻을 지닌 몽고어 게링구의 한자어 표기다.

도평의사사

고려 후기의 최고정무기관. 전기에 설치되었던 도병마사(都兵馬使)의 후신이며 도당(都堂)이라고도 한다. 중앙의 여러 관청을 총괄 관리하고, 지방의 관리에게 공문을 보내며, 또 왕의 교지도 이를 경유해 시행하였다.

다. 문벌 귀족은 **음서**의 혜택을 받긴 했으나 고위 관직에 오르기 위해서는 학문적 소양을 인정받아야 했으므로 과거 시험을 보려 노력했고 학식이 있었습니다. 그러나 권문세족은 원나라를 등에 업고 대부분 음서를 통해 손쉽게 고위 관직에 오르는 경우가 많았습니다. 게다가 백성들의 땅을 불법적으로 빼앗아 **대농장**을 형성하고 무고한 백성들을 노비로 만들었습니다.

권문세족의 가장 대표적인 사람으로 **홍다구**와 **기철** 등이 있었습니다. 홍다구는 몽골의 고려 침략에 길잡이 역할을 했던 홍복원의 아들로서, 원나라에 귀화한 뒤 고려 침입에 참여하여 삼별초의 난을 진압한 인물입니다. 그는 일본 정벌 준비를 위해 고려의 백성을 가혹하게 수탈했고 정동행성의 관리에 임명되기도 했습니다. 홍다구의 아들 홍중희도 원나라를 등에 업고 전횡을 일삼았으며, 입성책동을 주장하기도 했습니다. 기철의 여동생은 공녀로 원나라에 보내졌다가 원나라 혜종의 총애를 받아 황후가 되어 황자를 출산했습니다. 누이가 원나라 황후가 되자 자연스레 기철은 권력이 강해지고 전횡을 일삼게 되었습니다. 이후 기철은 반원 정책을 실시한 공민왕에 의해 처형됩니다.

공민왕의 개혁정치

주요 용어

전민변정도감, 편민18사, 사림원, 의염창, 전농사, 찰리변위도감, 정치도감, 반원 자주 정책, 정동행성 이문소 폐지, 관제 복구, 쌍성총관부 공격, 홍건적, 왜구, 흥왕사의 난, 전민변정도감, 성균관, 신진 사대부, 자제위

원 간섭기에 어떤 개혁을 시도하였을까

원 간섭기는 여러모로 혼란의 시기였습니다. 고려왕은 원나라의 간섭 때문에 제대로 된 정치를 하지 못했으며, 권문세족이 모인 도평의사사에서 대부분의 정책을 결정했습니다. 갑작스럽게 원나라식 정치 체제를 도입했기 때문에 정치적 사안을 결정하는 과정에 많은 혼선이 생겼습니다. 권문세족은 부정부패를 일삼고 땅을 늘려 나갔으며, 권문세족의 농장에서는 세금이 제대로 걷히지 않아 고려 재정은 더욱 악화되었습니다. 이러한 혼란을 극복하기 위해 고려 왕들은 제한된 상황에서나마 개혁을 실시하기 위해 노력했습니다.

고려 최초의 부마왕이었던 충렬왕 때부터 개혁운동이 시작되었습니다. 충렬왕은 원종 때 처음 설치되었던 **전민변정도감**(田民辨整都監)을 복구하여 권문세족이 빼앗은 땅을 주인에게 돌려주고 억울하게 노비가 된 백성들을 풀어 주려 했으나, 권문세족의 반발로 성공하지 못했습니다. 신하 가운데 홍자번은 충렬왕 4년(1278)에 백성을 편하게 하는 18가지 일과 관련된 **편민 18사**(便民十八事)를 충렬왕에게 올려 구휼 정책 등을 통해 백성의 삶을 안정시킬 것을 요청했지만, 권문세족의 권력을 제한하는 본질적인 해결책은 마련하지 못했습니다.

전민변정도감

고려 후기 권세가에게 점탈된 토지나 농민을 되찾아 바로잡기 위하여 설치된 임시 개혁기관. 고려 중기 이후 권신들은 여러 명분으로 토지를 점탈하였고, 농민들은 토지를 잃고 세력가들의 노비로 전락하는 경우가 많았다. 이를 바로잡기 위하여 1269년(원종 10) 최초로 전민변정도감을 설치하였다.

충선왕은 정방을 폐지하고 **사림원**을 설치해 새로운 인재를 등용하여 권문세족의 전횡 문제를 해결하려고 했습니다. **의염창**(義鹽倉)을 설치하여 소금 전매제를 통해 국가 재정을 강화했고, **전농사**(典農司)를 설치하여 농장의 부패를 해결하려 했습니다. 그러나 원나라의 간섭으로 충선왕이 퇴위되고 개혁은 성공하지 못했습니다. 이어 충숙왕은 **찰리변위도감**(拶理辨違都監)을 만들어 권문세족이 불법으로 얻은 토지를 환원하고 노비를 풀어 주려 했으나 반발이 심하여 실패했습니다. 충목왕도 개혁을 위해 **정치도감**을 만들어 권문세족의 권력을 약화시키려 했으나 원나라의 간섭으로 실패했습니다. 이처럼 원 간섭기에 이루어진 개혁의 대부분

공민왕이 수복한 영토

은 원나라의 압력과 권문세족의 반발로 성공하지 못했습니다. 실질적인 개혁은 공민왕 때 다시 시도됩니다.

공민왕, 반원 자주 개혁을 실시하다

몽골 간섭기에 고려의 개혁은 공민왕 때에 본격적으로 시작되었습니다. 이전과는 달리, 공민왕이 즉위한 14세기 중반 원나라의 상황은 위태로웠습니다. 황제 자리를 차지하기 위한 다툼이 일어났고, 자연 재해가 이어진 데다가 몽골인 제일주의에 불만이 많았던 한족들의 반란까지 일어나 원나라는 국력이 매우 쇠퇴했습니다.

공민왕은 원나라의 멸망이 다가오고 있음을 알고, **반원 자주 정책**과 왕권강화 정책을 추진했습니다. 공민왕은 즉위하자마자 몽골의 풍속인 변발과 호복을 없앴고, 원나라의 연호와 관제를 폐지하였습니다. 권문세족이 인사권을 독점해서 정치를 장악했던 정방을 폐지하고, 고려의 정치를 간섭했던 **정동행성의 이문소**를 혁파했습니다. 원나라의 간섭으로 바뀌었던 고려의 관제도 회복했습니다. 한편 인사 개혁을 통해 성리학을 공부한 **신진 사대부**를 등용하여 권문세족을 견제했습니다.

이후 공민왕은 기철과 같은 친원 세력을 제거했고 원나라에 빼앗겼던 **쌍성총관부를 공격**하여 철령 이북의 땅을 회복하면서 원나라의 영향력에서 벗어나는 데 어느 정도 성공했습니다(1356). 그러나 공민왕의 개혁 정치(233p 참조)는 많은 어려움에 직면하게 되었습니다. 나라 밖으로는 **홍건적**과 **왜구**가 침입하여 혼란을 일으켰고, 나라 안에서는 권문세족과 손잡은 김용이 흥왕사에서 왕을 암살하려다가 실패하는 사건이 발생했습니다(1363, **흥왕사의 난**). 게다가 공민왕의 개혁 정책을 지원했던 부인 노국대장공주가 출산 중 사망하면서 개혁 정치에 제동이 걸립니다. 노국대장공주는 몽골 출신이지만 반원 정책을 지지했기 때문에 공민왕이 많이 아끼고 의지했습니다. 부인의 사망으로 상실감이 컸던 공민왕은 정치를 돌보지 않게 되었고, 신돈이라는 새로운 인물을 발탁해서 정치를 맡깁니다. 공민왕은 승려 출신인 신돈이 권문세족과 연결된 사람이 아니었기에 개혁을 담당할 적임자라고 판단해서 개혁을 주도하게 했습니다(1365).

자제위

고려 공민왕 때 궁중에 두었던 관청. 1372년 공민왕은 왕권을 강화하고 신변 호위 및 인재를 양성할 목적으로 자제위를 궁중에 설치하였고, 공신과 고위 관직자의 자제를 선발하여 배속시켰다.

신돈은 충렬왕 때 있었던 **전민변정도감**을 재설치하여 권문세족이 빼앗은 토지를 백성에게 돌려주고 억울하게 노비가 된 사람들을 풀어 주었습니다. 고려의 최고 교육 기관인 국자감은 충선왕 1년(1308)에 **성균관**으로 개칭되었다가 공민왕 때 국자감으로 명칭을 바꾸었는데, 공민왕 11년(1362)에 다시 성균관으로 이름을 바꾸고 중수했습니다. 이를 통해 신진 사대부들이 성장할 수 있는 환경을 만들었습니다.

그러나 시간이 지나면서 권문세족의 반발이 심해졌고, 신돈이 자신의 권력을 이용하여 전횡을 일삼았습니다. 위기감을 느낀 공민왕은 결국 신돈을 제거합니다(1371). 신돈을 스스로 제거하고 권문세족에게도 심한 견제를 당하게 된 공민왕이 불안정한 상황 속에서 자신의 신변 호위를 위해 설치한 **자제위**(子弟衛) 소속의 홍륜 등에 의해 시해당함으로써 개혁은 실패하게 됩니다(1374). 공민왕에 이어 나이 어린 우왕이 즉위하고 권문세족이 다시 권력을 장악하면서 고려의 개혁은 미완성으로 마무리되었습니다.

주요 용어

신진사대부, 성리학, 주희, 안향, 만권당, 이색, 정몽주, 정도전, 신흥 무인 세력, 홍건적, 왜구, 최영, 이성계, 최무선, 박위, 홍산 대첩, 진포 대첩, 황산 대첩, 쓰시마 섬 정벌, 이인임, 철령위, 위화도 회군, 4불가론, 과전법, 급진파 신진 사대부, 온건파 신진 사대부

9 신진 사대부와 신흥 무인 세력의 등장

고려 말, 신진 사대부는 어떻게 성장했을까

신진 사대부(新進士大夫)는 '원 간섭기 이후 새롭게 등장한 학자 출신의 관리'라는 뜻으로, 무신 정권이 무너진 이후 지방에서 권력을 가진 향리·중소 지주의 자제들이 과거 시험을 통해 중앙에 진출하면서 형성된 세력입니다. 이들은 **성리학**(234p 참조)을 바탕으로 유교적 덕목을 강조하며 당시 부패한 권문세족과 불교를 비판했습니다. 또한 권문세족들이 토지 수탈을 확대하면서 정부 소유의 토지가 부족해지자, 신진 사대부들이 수조권(收租權)을 얻지 못하는 일도 발생해 경제적으로도 권문세족과 갈등 관계에 있었습니다. 권문세족의 전횡으로 국가가 혼란스럽고 백성들이 고통스럽던 고려 후기, 신진 사대부들은 국가의 개혁을 주장하기 시작했습니다.

성리학은 원래 송나라 **주희**가 유교 경전들을 재해석하면서 만든 학문이라고 해서 '주자학'으로도 불렸습니다. 우리나라에 성리학을 처음 도입한 **안향**은 원나라를 방문하여 주희가 쓴 책인 주자전서를 직접 필사하고 공자와 주자의 화상을 그려서 고려에 가져왔습니다. 이후 충선왕이 원나라의 명령으로 왕위에서 물러난 후, 원나라 수도 연경에 거주할 때 독서를 위한 **만권당**(萬卷堂)을 설치하면서 본격적인 성리학 연구가 이루어졌습니다. 만권당에서 이제현, 박충좌 등 고려 학자들이 조맹부 등 원나라의 유명한 학자들과 교류하면서 고려 성리학 연구의 수준이 한층 높아졌습니다.

안향(1243~1306)

이후 고려의 성리학은 **이곡**, **이색** 등에 의해 성장했고, 공민왕이 성균관에서 성리학을 연구하게 하면서 성리학의 진흥과 함께 신진 사대부들이 힘을 얻게 되었습니다(1362). 이때 성균관에 있었던 사람들이 바로 **정몽주**·**정도전**·**권근**으로, 이들은 신진 사대부의 중심 세력이 됩니다. 한편 공민왕 때 새로운 세력으로 **신흥 무인 세력**이 등장합니다. 신진 사대부는 권문세족을 물리치고 고려를 개혁하기 위해 신흥 무인세력과 손을 잡았습니다.

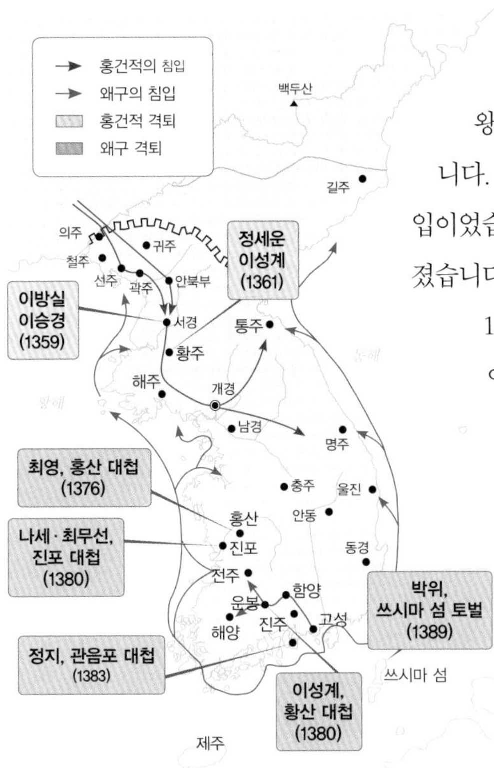

홍건적과 왜구의 침입

신흥 무인세력이 등장하다

원나라의 영향에서 벗어나고 권문세족을 견제하려 했던 공민왕의 개혁은 나라 안팎의 어려움에 직면하면서 성공하지 못했습니다. 그 가운데 공민왕을 가장 어렵게 만든 것은 **홍건적**과 **왜구**의 침입이었습니다. 이때 활약했던 장군들은 자연스레 정치적 영향력이 강해졌습니다. 이들을 가리켜 신흥 무인 세력이라고 부릅니다.

14세기 중반 원나라가 쇠퇴하면서 중국 각 지역에서는 반란이 일어났습니다. 그 중 머리에 붉은 두건을 쓴 홍건적은 원나라에 저항하는 한족이 일으킨 반란군으로, 원나라의 반격에 쫓기자 1359년과 1361년 두 차례에 걸쳐 각각 4만 명과 10만 명의 군사를 이끌고 고려를 침략했습니다(234p 참조). 특히 2차 침략에서는 개경이 함락되고 공민왕이 복주(지금의 안동)까지 피난 갈 정도로 고려를 혼란에 빠뜨렸습니다.

고려는 이방실, 정세운, **최영**, 김득배 등의 활약으로 홍건적을 가까스로 물리쳤고, **이성계**는 개경을 수복하는 전투에서 적장의 목을 베어 중앙 정계의 주목을 받게 되었습니다. 전쟁의 승리로 이들의 영향력이 강해지는 듯했으나, 당시 간신배였던 김용이 이를 시기하여 간계를 꾸며 이방실, 정세운, 김득배를 살해했습니다. 이러한 상황에서 군부 권력의 중심은 **최영**과 **이성계**로 넘어가게 되었습니다.

최영과 이성계는 왜구가 침입했을 때도 맹활약했습니다. 공민왕 때 일본은 가마쿠라 막부에서 무로마치 막부로 정권이 바뀌던 혼란의 시기였는데, 중앙 정부인 막부가 지방 통제력을 상실하자 일본의 백성들은 먹고살기 어려워 왜구가 되는 일이 빈번했습니다. 왜구들은 공민왕 때부터 본격적으로 고려의 해안가를 노략질하며 고려 백성들에게 많은 피해를 주었습니다(234p 참조). 특히 왜구의 침략으로 해상 운송이 힘들어져 수도인 개경으로 세금이 제대로 운반되지 못해 국가의 재정이 악화되었습니다.

왜구는 개경에 가까운 강화도까지 침입했고, 내륙 지방까지 쳐들어왔습니다. 이에 고려 정부는 왜구를 소탕하고자 적극적으로 노력을 기울였습니다. 최영은 홍산(지금의 논산)에서 왜구를 물리쳤고(1376), **최무선**은 왜선이 진포(지금의 군산)에 침입했을 때 화포를 발명하여 물리쳤으며

(1380), 이어서 이성계는 왜구가 내륙까지 쳐들어왔을 때 황산(지금의 지리산 인근)에서 이를 격퇴했습니다(1380). 고려 정부는 쳐들어오는 왜구들을 막는 것으로는 문제를 해결할 수 없다고 판단해서, **박위**에게 함선 100척을 주어 왜구의 본거지인 쓰시마 섬을 정벌하게 했습니다(1389).

이성계의 4불가론

첫째, 작은 나라가 큰 나라를 거역할 수는 없습니다(以小逆大).

둘째, 농사철인 여름에 군대를 동원해서는 안 됩니다(夏月發兵).

셋째, 온 나라를 동원해 원정하면 왜구가 그 틈을 이용할 것입니다(擧國遠征, 倭乘其虛).

넷째, 덥고 비가 많이 오는 장마철이기 때문에 아교가 녹아 활쏘기가 어렵고 병사들이 전염병에 시달릴 수 있습니다(時方暑雨, 弓弩膠解, 大軍疾疫).

개혁이냐, 새 나라의 건설이냐

공민왕이 시해당하고 어린 우왕이 즉위하면서 고려의 개혁은 제동이 걸렸고, **우왕**을 추대한 친원파 권문세족 **이인임**이 정권을 잡게 됩니다. 이인임은 반원 정책을 친원 정책으로 되돌리고 매관매직(賣官賣職) 등 전횡을 일삼으면서 신진 사대부들을 탄압했습니다. 이인임이 지나치게 권력을 남용하자 우왕은 최영에 의지하여 이인임 일파를 처단했습니다.

이때 중국에서는 한족 반란군이 건국한 명나라가 원나라를 북쪽으로 밀어내고 중원 지역을 차지했습니다. 명나라의 **주원장**은 고려가 수복한 철령 이북의 땅(**철령위**, 이전의 쌍성총관부)을 명나라의 영토로 삼아 철령위를 설치하겠다고 통보했습니다. 우왕과 최영은 이에 분개하여 요동 정벌을 계획했는데, 이성계는 '**4불가론**'을 주장하며 원정에 반대했습니다. 그러나 우왕과 최영이 요동 정벌에 적극적인 의지를 보여 요동 정벌군을

이성계(1335~1408)는 누구인가?

이성계의 가문은 원래 전주 지역의 향리 가문이었는데, 이성계의 고조부인 이안사(李安社)가 동북 지역으로 이주하여 원나라의 관리가 되면서 쌍성총관부 지역의 세력 가문이 되었습니다.

반원 정책을 추진하던 공민왕이 철령 이북의 쌍성총관부를 공격했을 때 이성계의 아버지 이자춘은 원나라가 쇠퇴하는 상황을 인지하여 고려에 귀순했으며, 이자춘의 도움으로 공민왕은 쌍성총관부 탈환에 성공했습니다(1356). 공민왕은 이자춘에게 벼슬을 내렸고, 이로써 전주 이씨 가문은 고려 중앙 조정에 진출하게 되었습니다.

이성계의 가문은 중앙의 권문세족에 비하면 한미한 가문이라고 할 수 있으나, 동북 지역에서 키운 강력한 군대를 가지고 있었고 이를 통해 홍건적과 왜구의 침입에서 활약하며 급속도로 성장했습니다. 그뿐만 아니라 이성계가 싸워서 이기지 못한 전투가 거의 없었기 때문에 당시 끊임없는 전쟁과 수탈로 삶이 황폐해진 백성들로부터 영웅으로 추앙받게 되었습니다. 권문세족은 이성계의 성장을 달가워하지 않았으나, 외적이 안팎으로 쳐들어오는 상황이었기에 어쩔 수 없이 이성계에게 중요한 전투들을 맡겼습니다.

이성계가 세력을 확장해 나가자 자연스럽게 그의 주변에는 사람들이 모여 들었고, 그 중에는 이성계와 협력하여 고려를 개혁하고자 하는 정몽주, 정도전과 같은 신진 사대부들도 있었습니다.

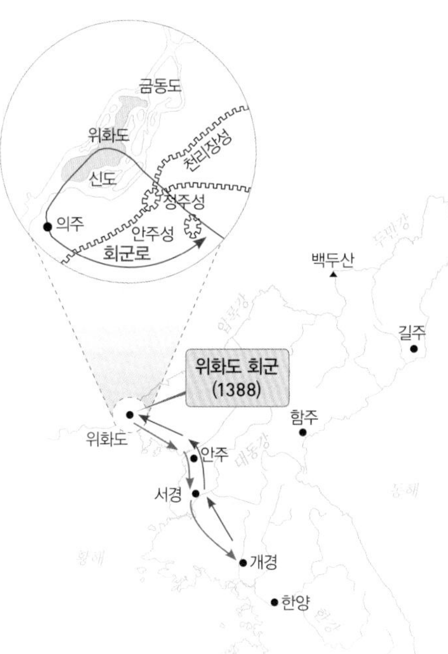

위화도 회군

구성하여 요동 정벌을 단행합니다.

요동 정벌군은 최고 책임자인 팔도도통사에 최영, 좌군도통사에 조민수, 우군도통사에 이성계로 구성되었는데, 최영에 의지했던 우왕이 최영의 출전을 반대하여 최영은 서경에 남은 채 군대가 출발했습니다. 압록강의 위화도에 이른 이성계는 요동을 공격하지 않고 군대를 돌리는 것이 옳다고 생각하여 회군합니다. 이 사건이 바로 **위화도 회군**(1388)입니다. 대부분의 군대를 이성계가 거느리고 있었기 때문에 최영은 회군한 이성계를 막을 수 없었습니다. 결국 이성계는 개경을 점령한 뒤 최영을 유배보내고 모든 권력을 장악하였고, 우왕을 제거하고 **창왕**을 즉위시켰습니다. 하지만 창왕은 즉위한 지 1년 만에 이성계에 의해 폐위되었고, 이어서 고려의 마지막 왕인 **공양왕**이 즉위했습니다(1389).

이성계가 권력을 잡자 이성계 곁에 있었던 신진 사대부들을 중심으로 개혁 정치가 시작되었습니다. 특히 신진 사대부들이 가장 원했던 개혁은 권문세족의 대농장들을 혁파하는 토지 개혁이었습니다. 이들은 **과전법**(科田法)을 실시하여(1391) 권문세족의 땅을 몰수하고 신진 사대부에게 수조권(收租權)을 지급했습니다. 이로써 신진 사대부는 정치권력뿐만 아니라 경제적 기반도 장악하게 되었습니다.

개혁은 순조롭게 진행되는 듯했으나, '고려 왕조의 유지냐, 새로운 왕조의 개창이냐'의 문제를 두고 신진 사대부 사이에 분열이 발생했습니다. **정몽주**와 **권근**을 비롯한 **이색**의 제자들은 고려 왕조의 틀을 유지하는 선에서 개혁을 주장했고(**온건파**), **정도전**과 **조준** 등은 혁명을 통해 새로운 왕조를 개창할 것을 주장했습니다(**급진파**). 급진파는 정몽주를 끝까지 설득했으나, 고려 왕조를 향한 정몽주의 충절을 꺾을 수는 없었습니다. 결국 이방원은 정몽주를 제거했고, **급진파 신진 사대부**의 혁명을 막을 세력은 더 이상 없었습니다. 급진파의 혁명에 실망한 많은 온건파 신진 사대부들은 새로운 왕조를 거부하고 산속에 숨어 살거나 향촌으로 내려가 학문을 연구했습니다. 이들이 조선 성종 때 정계에 등장하는 사림 세력으로 이어집니다. 한편 혁명을 완수한 이성계는 양위(讓位)의 형식으로 공양왕으로부터 왕위를 이어받습니다. 이로써 고려 왕조는 막을 내리고, 새로운 조선 왕조가 시작된 것입니다(1392).

과전법

고려 말 조준 등 신진 사대부가 중심이 되어 추진한 토지 제도. 개인에게 수조권을 주는 사전을 축소하고, 국가가 수조권을 가지는 공전을 크게 확대하였다.
1품으로부터 7품과 산직 관원에 이르기까지 18과로 나누어 등급에 따라 토지를 받도록 하였다. 경기는 전국의 근본되는 땅이므로 여기에 과전을 설치하여 사대부를 우대하게 하였다.

2장

경제사로 읽는 고려

고려시대의 경제

1. 고려의 경제 정책
2. 고려의 경제 활동

고려시대의 경제

주요 용어

수조권, 역분전, 전시과, 공음전, 군인전, 한인전, 녹과전, 과전법, 조세, 공납, 역역, 조운 제도

1 고려의 경제 정책

고려의 토지 제도, 전시과

통일 신라시대의 녹읍이나 관료전과 같이 관리들이 직역의 대가로 나라로부터 지급받은 것은 토지에 대한 수조권이었습니다. 수조권이란 토지를 소유한 백성들로부터 세금을 거둬들일 수 있는 권리를 말합니다. 한국사에 등장하는 토지 제도들은 대부분 **수조권**과 관련되어 있는데, 고려시대에도 마찬가지였습니다.

고려에서 처음 정비된 토지 제도는 **역분전**(役分田)입니다. 역분전의 뜻은 '역할(공로)에 따라 나누어 준 토지'로, 태조 왕건이 후삼국을 통일하는 과정에서 공로를 세운 신하들과 호족들에게 수조권을 분배한 것을 말합니다. 역분전은 논공행상(論功行賞)에 근거한 제도였고, 수조권이 지급되는 토지의 규모 또한 사람의 인품과 같은 주관적 요소에 의해 결정되었기에 체계적인 토지 제도는 아니었습니다.

이후 18개의 관직 등급을 기준으로 수조권을 지급하는 체계적 토지 제도인 **전시과**(田柴科)가 정비됩니다. 전시과의 '전'은 농사지을 땅을, '시'는 땔감을 얻는 임야를 뜻합니다. 즉, 전시과는 관리들에게 전지와 시지의 수조권을 지급한 제도입니다. 전시과 외에도 수조권의 지급 대상에 따라 5품 이상의 관리가 받는 세습 가능한 **공음전**(功蔭田), 직업 군인이 받는 **군인전**, 6품 이상 관리의 자제 중 관직에 나가지 못한 사람이 받는 **한인전**(閑人田) 등이 있었습니다.

최초의 전시과는 **경종** 원년(976)에 실시한 것으로, '처음 정한 전시과'라는 뜻으로 시정전시과(始定田柴科)라고 합니다. 시정전시과는 전·현직

관리에게 수조권을 지급했습니다. 그러나 관품의 높고 낮음과 문반·무반·잡업이라는 관직체계를 고려하면서도 인품(人品)이 수조권을 지급하는 기준이 되었습니다. 이는 역분전과 비슷한 부분인데, 경종 때까지는 아직 호족 세력의 영향력이 남아 있었음을 알 수 있습니다.

시정전시과는 목종 때 개정되어 개정전시과(改定田柴科)가 되었습니다. 개정전시과에서는 시정전시과의 기준이었던 인품이 빠지고, 오로지 관품에 의해서만 '전·현직 관리'에게 수조권을 지급하여 더욱 합리적인 방향으로 토지 제도가 정비되었다고 평가할 수 있습니다. 그러나 개정전시과에서는 문·무반 관직 사이에 차등을 두었으며, 실직(實職)을 중심으로 전시를 지급했습니다. 전반적으로 시정전시과에 비해 전시의 지급 액수가 줄었습니다.

이후 전시과 제도는 **경**종 원년에 처음 만들어진 지 100년 뒤인 **문종** 30년(1076)에 완성되었는데, 이를 경정전시과(更定田柴科)라 합니다. '한 번 더 바꾼 전시과'라는 뜻으로, 관품에 따라 현직 관리에게만 수조권을 지급하였습니다. 말하자면, 개정전시과에서는 관리가 사망할 때 수조권을 국가에 반납했는데, 경정전시과에서는 관리가 은퇴함과 동시에 수조권을 반납하도록 했습니다. 이와 같은 변화가 일어난 이유는 관료 집단이 늘어나 새로운 관리들에게 수조권을 줄 땅이 부족해졌기 때문입니다. 그래서 전체적으로 지급되는 토지의 양도 개정전시과에 비해 줄어들었습니다.

관리들은 전시과와 함께 미곡도 받았는데, 이를 녹봉이라 합니다. 녹봉은 현직과 실직자를 중심으로 지급하였고, **녹봉제도**가 완비된 것도 문종 30년(1076)입니다.

전시과의 지급 액수 변화

시기		등급	1	2	3	4	5	6	7	8	9	10	11	12	13	14	15	16	17	18
경종 (976)	시정 전시과	전지(결)	110	105	100	95	90	85	80	75	70	65	60	55	50	45	42	39	36	33
		시지(결)	110	105	100	95	90	85	80	75	70	65	60	55	50	45	40	35	30	25
목종 (998)	개정 전시과	전지(결)	100	95	90	85	80	75	70	65	60	55	50	45	40	35	30	27	23	20
		시지(결)	70	65	60	55	50	45	40	35	33	30	25	22	20	15	10			
문종 (1076)	경정 전시과	전지(결)	100	90	85	80	75	70	65	60	55	50	45	40	35	30	25	22	20	17
		시지(결)	50	45	40	35	30	27	24	21	18	15	12	10	8	5				

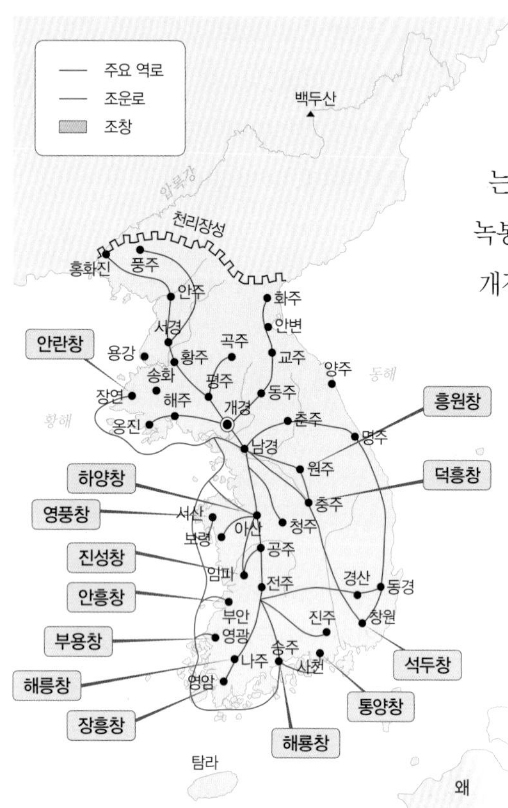

고려시대의 조창과 조운로

무신 정변 이후 무신들이 불법적으로 자신의 토지를 확대하여 농장을 형성하면서 전시과 제도는 붕괴되었습니다. 토지 제도가 붕괴되면서 관리들에게는 녹봉만 지급되었는데, 오랜 기간 몽골과의 항쟁이 지속되면서 재정난이 발생하여 녹봉의 지급도 어려워졌습니다. 몽골에 항복하기로 결정한 원종은 개경으로 환도한 뒤 관리들의 불만을 없애기 위해 경기 지역 8현에 한정하여 관리들에게 수조권을 지급하는 **녹과전**을 실시했으나, 이는 임시방편에 불과한 토지 제도였습니다. 게다가 이어진 원 간섭기에는 권문세족이 더욱 불법적인 방법으로 백성들의 땅을 빼앗아 농장을 형성했기 때문에 고려의 토지 제도인 전시과는 더 이상 의미가 없어졌습니다. 붕괴된 고려의 토지 제도는 이성계가 위화도 회군을 한 후 권문세족의 농장을 몰수하여 신진 사대부들에게 수조권을 지급하는 **과전법**(1391, 공양왕 3년)으로 재정비됩니다.

고려의 수취 제도는 어떻게 운영되었을까

고려시대의 세금은 **조세**(租稅), **공납**(貢納), **역역**(力役) 세 가지로 나뉘었습니다. 먼저 조세는 토지에 부과되는 세금입니다. 후삼국 통일 이후 태조 왕건은 백성의 세금 부담을 줄이기 위해 취민유도(取民有度) 정책(235p 참조)을 펼쳐 조세 비율을 토지 생산량의 10분의 1 정도로 정했습니다. 조세는 원칙상 쌀·보리·조 등 곡물로 납부했으나, 포화(布貨)로 대납하기도 했습니다. 그리고 공부(貢賦)는 가호(家戶)마다 토산물을 징수하는 것으로, 해마다 정기적으로 정해진 공물을 납부하는 상공(常貢)과 국가 행사에 따라 비정기적으로 납부하는 별공(別貢)이 있었습니다. 역역은 16~59세의 성인 남성인 정(丁)을 대상으로 군역과 요역을 부과했습니다. 군역은 국방의 의무를 지는 것이었고, 요역은 성곽이나 저수지 축조와 같은 토목 공사에 동원되어 노동력을 제공하는 것이었습니다. 그러나 국가에서 정해진 역을 하는 양반이나 군인·향리 등은 제외되었습니다.

수취 제도를 관리했던 곳은 바로 **호부**(戶部)와 **삼사**(三司)였습니다. 호부에서는 양안(토지 대장)과 호적을 관리하여 수취의 대상을 파악했고, 삼사에서는 세금의 출납을 중심으로 회계 업무를 담당했습니다. 우리나라는 지형적으로 평야 지대보다 산지가 많아서 세금을 운반할 때 수로 교통을 많이 이용했는데, 이를 **조운**(漕運) **제도**라고 합니다.

고려시대에는 해로나 수로를 이용하기 편리한 각 지역에 13개의 **조창**이 있어서 조세와 공납을 저장하였습니다. 즉 지방에서 거둔 세곡을 먼저 각 지역의 조창으로 옮기면, 조창에 모인 세곡은 강과 바다의 조운을 통해 개경의 좌창(광흥창)과 우창(풍저창)으로 운반되었습니다. 보통 한 해의 세금이 조창에 저장되면 다음 해 2월부터 수송을 시작하는데, 개경에서 가까운 곳은 4월까지, 먼 곳은 5월까지 운반을 완료하도록 했습니다. 지도를 보면 알 수 있듯이, 북계와 동계의 양계 지역에는 조창이 설치되어 있지 않았습니다. 양계는 현지의 세곡을 국방비로 사용했기 때문에 개경으로 운반할 필요가 없었습니다. 조선시대에도 평안도와 함경도는 잉류(仍留) 지역이라 하여 세금이 한양으로 운송되지 않고 그 지역에서 쓰였습니다.

주요 용어

시비법, 2년 3작, 모내기법, 《농상집요》, 목화, 경시서, 상평창, 관청 수공업, 소 수공업, 건원중보, 활구, 벽란도, 팔관회, 이슬람 상인

2 고려의 경제 활동

농업 기술이 발전하다

고려의 가장 중요한 산업은 농업이었고, 그 중심이 되는 작물은 벼입니다. 다른 작물에 비해 벼는 물이 많이 필요하기 때문에 효과적인 수리 시설이 있어야 했습니다. 고려는 삼국시대부터 이어져 온 김제의 벽골제와 밀양의 수산제를 개축하고 저수지를 늘리는 등 농업을 발전시키기 위해 노력했습니다.

또한 삼국시대부터 시작된 우경이 전국적으로 일반화되어 농업 생산량이 늘어났고, **시비법**(施肥法)이 발달했습니다. 고려시대 이전의 농업 기술은 땅의 지력(地力, 비옥도)을 회복시키는 데 취약했기 때문에 연작상경(連作常耕, 토지를 쉬지 않고 연속으로 농사를 지음)이 어려웠습니다. 그런데 거름을 사용하는 시비법이 발전하면서 지력 회복이 수월해지고 휴경지가 사라져 농업 생산력이 증대되었습니다.

농상집요

고려 후기에는 **이암**에 의해 원나라로부터 **《농상집요》**라는 농서가 소개되었는데, 이 책에 등장하는 이앙법(**모내기법**)이 남부 지방 일부에 보급되어 이모작이 가능해졌습니다. 밭농사에서도 **2년 3작**의 윤작법(돌려짓기)이 보급되어 생산량이 늘어났습니다. 고려는 해안가의 저습지를 간척하는 경우도 많았는데, 특히 몽골의 침입으로 강화도로 수도를 천도했던 시기에 강화도의 농지가 부족해 대규모의 간척 사업을 벌였습니다.

강화도 간척 사업

한편 원 간섭기에 원나라 사신으로 갔던 **문익점**은 공민왕 13년(1364)에 원나라의 **목화**를 들여와 재배에 성공했고, 그의 장인인 **정천익**이 물레를 만들어 고려 백성들의 의생활이 크게 개선되었습니다. 그 후 국가에서는 정책적으로 삼남일대(三南一帶)에 목화 재배를 보급하였습니다. 이로써 비싼 명주나 거친 삼베 이외에 무명이 의류의 주류가 되었고 목화 농사는 조선시대에 일반화됩니다.

이와 같이 고려시대에는 농업에 있어서 많은 발전이 있었습니다. 그러나 일반 농민들의 삶은 크게 나아지지 않았습니다. 특권층은 전시과·녹봉·공신전·공음전·민전 등으로 경제적 여유를 누린 반면, 농민들은 소규모의 토지를 경작하는 자영농이거나 타인의 토지를 경작하는 소작농이 대부분이었습니다. 이들이 경작하는 토지는 소규모여서 자연 재해에 쉽게 영향을 받았고, 권세가들의 고리대업이나 토지 겸병으로 인해 많은 피해를 입었습니다. 특히 원 간섭기 이후 등장한 권문세족은 백성의 토지를 빼앗기도 했습니다. 농민들의 생활은 고려 말기로 갈수록 피폐해졌고 홍건적과 왜구의 침입이 겹치면서 상황은 더욱 악화되었습니다.

상업과 수공업이 발전하다

고려의 상공업은 주로 국가가 주도했습니다. 먼저, 도시의 경우에는 수도인 개경에 태조 때부터 시전이 설치되어 지배층의 생활품과 관수품을 조달했습니다. 시전 안에는 서적·약재와 같은 귀중품을 파는 상점들이 있었습니다. 정부에서는 시전(市廛)의 불법 행위를 감독하기 위해 **경시서**(京市署)를 만들었습니다. 이는 신라 시대의 동시전과 비슷한 기구였습니다. 물가를 조절하는 기구로 **상평창**을 만들었는데, '상평'이란 항상 평평하다는 말로 물가를 일정하게 유지한다는 의미였습니다. 한편 고려시대 사원(寺院)에서는 농산물과 수공업품을 생산하여 판매하는 상업에 적극적이었습니다.

수도인 개경뿐만 아니라 지방에도 시장이 존재했습니다. 개경에 비해 소규모였으며, 곳곳을 돌아다니며 상업 활동을 하는 행상들이 주로 담당했습니다. 고려시대 행상들은 훗날 조선시대의 보부상으로 이어집니다. 한편 시간이 지나 경제 규모가 확대되면서 고려 후기로 갈수록 정부가 아닌 민간에서 상업 활동에 참여하는 일들이 빈번해졌습니다.

이는 수공업 분야에서도 마찬가지입니다. 고려 전기에는 나라에서 주도하는 **관청 수공업**과 향·부곡(部曲)·소(所) 중에서 수공업을 담당했던 **소(所) 수공업**이 중심을 이루었습니다. 관청수공업은 관아에서 장인을 전속시켜 물품을 만들게 하였으며 이들에게는 녹봉의 일종인 별사미를 주었습니다. 그러나 후기로 가면서 경제 발전의 영향으로 민간 수공업과 사원 수공업이 발전했습니다. 사원 수공업이란 절에서 여러 가지 물품

부곡
통일 신라·고려시대의 천민 집단 부락. 고려시대에는 이를 특수 지방 행정 단위로 조직화하여 목축·농경·수공업 등에 종사하게 하였으며 양민들과는 한곳에서 살지 못하도록 하였다.

소
고려·조선 초기에 천민들이 집단으로 모여 살며 광물이나 수공품의 생산을 맡아 하던 특수 행정 구역. 생산물의 종류에 따라 금소(金所)·은소(銀所)·자기소(瓷器所)·묵소(墨所)·사소(絲所)·지소(紙所) 등이 있다.

건원중보

은병(활구)

쇄은

을 만드는 수공업입니다. 무신 집권기와 원 간섭기의 고려 불교는 권력과 결탁하여 부패한 모습을 보였는데, 이 시기 사원들은 많은 토지와 노비들을 거느리며 막대한 부를 과시했습니다. 대표적인 예가 '장생고'라고 하는 절에서 운영한 금융 기관이었는데, 백성에게 돈을 빌려주고 높은 이자를 부과하여 부를 축적했습니다. 경제적 영향력이 커진 사원은 수공업을 통해서도 이득을 남겼습니다. 하지만 사원 수공업의 발전은 고려 후기 불교의 폐단을 보여 주는 대표적 사례이기도 합니다. 공민왕 때에 등장한 신진 사대부들은 권문세족과 불교를 비판했고, 정도전은 《불씨잡변》이라는 책을 저술하기도 하였습니다. 이는 조선시대의 숭유억불(崇儒抑佛) 정책과도 연결됩니다.

고려의 상공업이 발전하면서 여러 종류의 화폐가 등장했습니다. **성종** 때 우리나라 최초의 철전인 **건원중보**를 주조했고, **숙종**은 송나라에서 유학하고 돌아온 대각국사 **의천**의 건의를 받아들여 화폐 관리를 담당할 **주전도감**을 설치하고 삼한통보·해동통보·은병(활구)을 발행했습니다. 이 중에서 **은병**(활구)은 은 1근을 가지고 우리나라 지형과 비슷한 모양으로 만든 것으로, 가치가 너무 커서 일상생활에서 사용하기 힘들어지자 충렬왕 때 은을 조각낸 새로운 화폐인 **쇄은**이 등장하기도 했습니다. 한편 원 간섭기에는 주로 원나라의 지폐인 보초를 사용했고, 고려 말 **공양왕** 때는 고려 최초의 지폐인 **저화**(楮貨)가 만들어졌습니다.

이처럼 고려시대에는 많은 화폐가 제작되었으나, 고려의 경제 체제가 자급자족적 형태를 크게 벗어나지 못했기 때문에 화폐 유통에 많은 어려움이 있었습니다. 고려에서 일상생활의 거래는 대부분 곡식이나 삼베 등의 물품화폐를 통해 이루어졌습니다. 우리나라 화폐 가운데 처음으로 전국적으로 유통된 것은 조선 후기 숙종 때 발행한 상평통보라고 할 수 있습니다.

고려, Corea로 세계에 알려지다

고려 태조 왕건은 예성강 일대를 중심으로 해상 무역을 통해 부를 축적한 호족 세력이었습니다. 해상 활동에 능숙했던 왕건은 고려를 건국한 후 중국의 후당(後唐)과 교류했으며, 4대 왕인 광종은 후주(後周)와 교류했을 정도로 고려는 바다를 통한 대외 교류가 활발했습니다. 이를 위해

고려의 대외 무역

팔관회

삼국시대에 시작되어 고려시대 국가 행사로 치러진 종교 행사. 원래는 부처를 믿는 사람들이 지켜야 할 여덟 가지 규칙을 실천하는 의식이었으나 태조 때부터 토속신에 대한 제례를 행하며 나라의 평안과 복을 비는 날로 그 성격이 강해졌다.

서는 발달된 항구가 필수적이었는데, 수도인 개경에서 가깝고 황해안에 위치해 있으면서도 수심이 깊어 배가 드나들기 쉬웠던 예성강 입구의 **벽란도**(235p 참조)가 교통의 중심지가 되었습니다.

고려의 대외무역은 송과의 거래가 가장 활발했는데, 사무역보다는 사신을 통한 공무역이 활발했습니다. 송으로부터 서적이나 지도, 문화재, 약재, 비단 등이 들어오고, 고려에서는 종이, 먹, 인삼 등을 수출했습니다. 거란과 여진은 은을 가지고 와서 농기구나 식량을 바꾸어 갔고, 아라비아 상인들은 수은, 향로, 산호 등을 팔았습니다.

고려는 국가 행사인 **팔관회**(八關會)에 타국의 사신과 상인들을 적극적으로 초대하여 팔관회를 국제적인 행사로 확대했습니다. 팔관회에 참석한 외국인들이 개경의 입구인 벽란도를 통해 고려에 입국했기 때문에 자연스럽게 벽란도는 동아시아를 대표하는 국제 무역항이 되었습니다. 이는 예전에 통일 신라시대 수도인 경주 인근의 울산항이 국제 무역항이 되었던 것과 비슷한 경우입니다. 벽란도에는 송·요·금·일본의 상인뿐만 아니라, 동남아시아의 상인과 서아시아의 **이슬람 상인**들까지 드나들었습니다. 이때 알려진 고려(Corea)가 외국에서 불리는 우리나라의 이름이 되었습니다.

3장

사회사로 읽는 고려

고려시대의 사회

1. 고려의 신분 제도
2. 고려의 사회제도와 풍습

고려시대의 사회

주요 용어

귀족, 음서, 공음전, 중인, 서리, 남반, 향리, 양민, 백정, 향·부곡·소, 천민, 공노비, 사노비

1 고려의 신분 제도

고려의 신분 제도

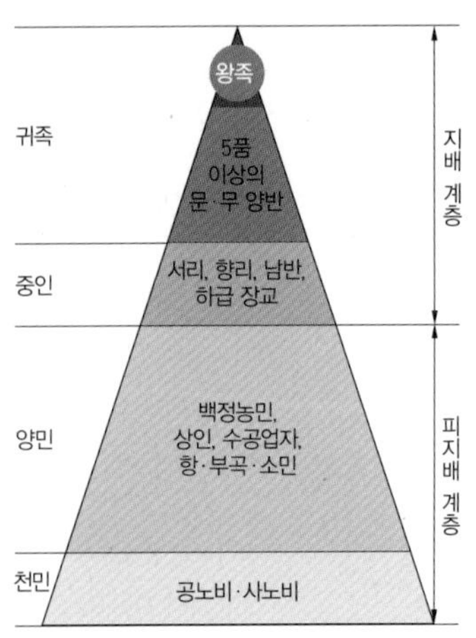

신분별 생활 모습은 어떠했을까

신분제 사회는 혈통에 따라 세습되는 권리와 의무에 의해 사회 구성원을 구분합니다. 대표적으로 신라의 골품 제도는 성골과 진골의 왕족만이 최상위 관직에 진출할 수 있었으며, 출신 성분에 따라 오를 수 있는 관등이 제한되어 있던 폐쇄적인 신분 제도였습니다. 이에 비해 고려의 신분 제도는 좀 더 개방적이었습니다. 가장 대표적인 예가 광종 때 시작된 과거 제도로, 법제적으로는 일반 농민들도 과거 시험에 응시하여 관직에 진출할 수 있었습니다. 그러나 고려 역시 신분제 사회였기 때문에, 출신 가문과 문벌이 우선시된 폐쇄적인 사회였습니다.

고려의 신분 제도는 법적으로는 양인과 천인의 두 신분층이 있었으나, 실제로는 **귀족·중인·양민·천민**의 네 계층으로 구분되었습니다. 최상위 지배 계층인 **귀족**은 왕족과 5품 이상의 관리(문반, 무반)로 이루어졌습니다. 왕족은 왕과 왕후, 왕자와 왕녀 등이 포함됩니다. 이들에게는 그 지위에 맞는 공(公)·후(後)·백(白)과 같은 지위가 주어졌습니다. 고려의 왕족들은 근친혼을 통해 권력과 가문을 유지했으며, 권력을 가진 귀족들은 왕실과의 혼인을 통해 기득권을 유지했습니다.

양반은 본래 문무 관료를 의미하는 용어이지만, 점차 신분층을 의미하게 되었습니다. 그 중 고려 전기에는 5품 이상의 관료들이 사회를 이끌었는데, 이들 지배층을 **문벌 귀족**이라고 합니다. 무신 정변 이후에는 무신들이 지배층을 이루었으며, 원 간섭기에는 무신 세력과 친원 세력 등 재상지종(宰相之宗)이라 불린 **권문세족**이 지배층을 형성합니다. 이들은 **음**

서와 **공음전**을 통해 경제적인 특권을 누렸습니다.

다음으로 중간 지배 계층으로 **중인**이 있었습니다. 중인에는 궁중 실무를 담당한 **남반**, 하급 관리인 **서리**, 지방의 행정을 담당한 **향리**, 군대의 하급 장교, 역(교통)을 담당하는 **역리** 등이 포함되었습니다. 이들 중류층은 지배체제를 보조하면서, 지배 신분층의 말단을 구성하였습니다.

고려시대에는 피지배층인 일반 농민을 '**백정**(白丁)'또는 백정농민이라고 불렀습니다. 그러나 조선시대에 가면 도축업을 담당하는 최하층 천민을 '백정'이라고 부르게 됩니다. 백정 외의 **양민**으로 상인과 수공업자들이 있었는데 사회적으로 낮은 대우를 받았습니다. 또한 천역양인(賤役良人)으로 특수 행정구역에 거주하여 일반 백정들보다 차별받았던 **향·부곡·소민**도 있었습니다. 양민들은 전세·공납·역의 세금을 부담해야 했는데, 원칙적으로는 과거 시험에 응시하여 신분을 상승시킬 수 있었습니다. 물론 농사짓기에 바쁘고 경제적 여유가 없는 일반 농민들이 과거를 준비하고 응시하기는 매우 어려운 일이었습니다. 반면 향·부곡·소민은 과거 시험에 응시 자격이 없었고 거주 이전의 자유도 없었으며, 백정에 비해 세금 부담도 과중했습니다. 그러나 외적의 침입에 맞서 향·부곡·소민들이 전쟁에서 공을 세워 일반 군현으로 승격되는 경우도 있었습니다.

최하층민인 **천민**은 노비가 대다수를 차지했습니다. 노비는 과거 응시는 물론 금지되었고, 양인들과의 결혼도 어려웠습니다. 또한 노비는 매매·상속·증여의 대상이었으며, 부모 가운데 한 명이라도 노비면 자식도 노비가 되는 '**일천즉천법**(一賤則賤法)'이 적용되었습니다. 일천즉천법은 조선 전기까지 대체로 적용되다가 조선 후기에는 '**노비종모법**(奴婢從母法)'이 일반화되어 어머니가 노비일 경우에만 자식이 노비가 되었습니다.

고려의 노비는 관청에 소속된 **공노비**와 개인에게 소속된 **사노비**로 나뉘었습니다. 공노비는 다시 입역(立役) 노비와 외거(外居) 노비로 나뉘었는데, 입역 노비(공역노비)란 관청에서 잡일을 도맡아 했던 노비를 말하고 외거 노비는 국유지를 경작하여 생산물을 국가에 바쳤던 노비를 가리킵니다. 사노비는 주인집에 거주하며 잡일을 도맡아 했던 솔거(率居) 노비와 주인과 따로 살면서 주인의 땅을 경작했던 외거 노비로 나눌 수 있습니다. 공노비와 사노비 모두 외거 노비가 더 자유로운 위치에 있었으며 이들 가운데는 재산을 축적하여 양민이 된 사람도 있었습니다.(097p 참조)

주요 용어

흑창, 제위보, 의창, 상평창, 동·서 대비원, 혜민국, 향약구급방, 관습법, 연등회, 팔관회, 향도, 매향, 종법 제도, 균등 상속, 여성 호주, 일부일처제, 공녀, 조혼

2 고려의 사회제도와 풍습

사회제도와 법률 제도를 마련하다

고려는 불교 국가였지만 이념적으로는 유교적 왕도 정치를 추구했습니다. 백성들이 안정적으로 생활할 수 있는 환경이 마련되어야 수취 체제도 안정되고, 이로써 국가의 재정도 튼튼해질 수 있습니다. 그래서 고려에서는 백성들의 생활 안정을 위해 여러 가지 사회 제도를 실시했습니다.

태조 왕건은 고구려의 진대법을 모방하여 빈민을 구제하는 **흑창**을 설치했고, 조세를 크게 인하하는 취민유도(取民有度) 정책을 펼쳤습니다. 광종은 빈민을 구휼하는 복지 기금 재단이라 할 수 있는 **제위보**를 만들었습니다. 성종은 **의창**과 **상평창**을 설치했는데, 의창은 흑창을 확대한 구휼 기구이고 상평창은 물가를 일정하게 조절하여 농민 생활을 안정시키는 기구였습니다.

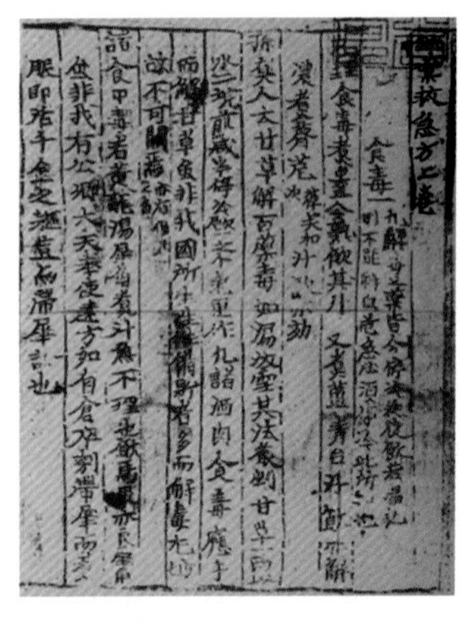
향약구급방

백성들의 의료 복지를 위한 관청도 만들었습니다. 개경에 빈민 환자의 치료와 구휼을 맡은 **동·서 대비원**이 있었고, 서민들에게 약을 제공하고 치료하는 **혜민국**이 있었습니다. 구제도감과 구급도감은 질병이나 악천후로 자연 재해가 발생했을 때 백성들을 구조하는 역할을 했습니다. 또한 중국의 약재가 아닌 우리나라의 약재를 통해 사람을 살리고자 《**향약구급방**》이라는 책을 만들었습니다. 《향약구급방》은 우리나라의 의학을 자주적으로 발전시키려는 노력의 결과물로서, 현존하는 것 중 가장 오래된 의약서입니다.

한편 고려는 사회 안정을 위해 사법 기구도 정비했습니다. 태조 왕건은 중앙 정부의 사법 기구로 의형대를 설치하여 법률과 재판을 담당하도록 했습니다. 그러나 의형대는 2성 6부의 중앙 관제가 정리되면서 소멸되었고, 이후 6부의 형부에서 사법 업무를 담당하게 되었습니다.

고려의 형법은 당나라의 법인 당률을 참고했지만, 일상생활에서 형벌을 내리는 경우에는 예전부터 내려온 **관습법**이 더 큰 영향력을 발휘했습니다. 아무래도 당률은 중국의 문화를 기준으로 한 것이라서 우리나라에

그대로 적용하기에는 무리가 있었을 것입니다. 구체적인 형벌로는 태·장·도·유·사가 있었습니다. 회초리로 볼기를 치는 태형, 곤장을 치는 장형, 감옥에 갇히는 도형, 유배 보내는 유형, 교수형과 참수형으로 대표되는 사형이 그것입니다. 고려는 정치적으로 유교 국가였기 때문에 국가를 거스르는 반역과 부모에 대한 불효를 엄하게 처벌했습니다.

국가적인 불교 행사가 성행하다

고려 사회에서 불교는 호국적 기능을 했습니다. 태조 왕건은 훈요 10조를 통해 불교 행사인 **연등회**와 **팔관회**를 성대하게 치를 것을 강조했습니다. 연등을 켜고 부처님에게 복을 기원하는 연등회는 성종 때 최승로가 건의한 시무 28조의 영향으로 축소되었다가, 현종 때 행사가 재개되어 고려가 멸망할 때까지 지속되었습니다. 《고려사》에 등장하는 연등회의 기록들을 보면, 문종 대에는 4박 5일 동안 진행된 연등회도 있었고, 숙종 대에는 길거리에 수만 개의 등이 달렸다고 합니다. 충렬왕 대에는 옥구슬로 연등을 만들었다는 내용이 있는 것으로 보아 행사의 규모가 매우 크고 화려했음을 짐작할 수 있습니다. 연등회는 수도인 개경뿐만 아니라, 서경 등 전국에서 거행된 고려를 대표하는 국가적인 축제라고 할 수 있습니다.

팔관회는 삼국 시대부터 시작된 행사로, 원래는 인도의 불교 신도들이 여덟 가지의 악행을 하루 동안 금하는 풍습에서 출발한 불교 행사였습니다. 팔관회가 국가적인 행사로 확대되면서 신라 진흥왕 대에는 호국 행사로서 팔관회를 진행했고, 고려 태조 왕건은 훈요 10조에서 팔관회를 '부처를 공양함과 동시에 여러 신을 즐겁게 하는 행사'라고 일컬었습니다. 여기서 여러 신이란 천령과 오악(伍岳), 명산대천, 용신을 말합니다. 즉 고려의 팔관회는 우리 민족의 전통 신앙 의례와 불교 의례가 합쳐진 호국적인 종교 행사이며 축제라고 할 수 있습니다. 팔관회는 보통 11월 15일에 거행되었는데, 신에게 복을 기원하는 제사적 성격 외에도 한 해의 농사를 마무리하며 가무를 즐기는 추수 감사의 성격도 지니고 있었습니다. 기록에 의하면 팔관회 축제 첫날에는 왕이 3,000명이 넘는 호위병들과 음악대를 거느리고 등장했다고 합니다. 연등회와 마찬가지로 행사의 규모가 얼마나 거대했는지를 짐작하게 해 줍니다. 이와 같이 팔관

사천매향비(泗川埋香碑)

경상남도 사천시에 있는 고려시대의 비. 비의 높이는 1.6m, 우왕 13년(1387)에 세워졌다. 내세의 행운을 축원하고, 왕의 만수무강과 국태민안(國泰民安)을 기원한 내용이 기록되어 있다.

회는 연등회와 시기만 다를 뿐, 대체로 비슷한 성격의 행사라고 할 수 있습니다. 연등회와 달리 팔관회는 송·여진·탐라·왜 등 다른 나라의 사절단이 방문하여 선물을 바치고 무역 활동을 하는 등 국제적인 행사의 모습을 보였습니다.

한편 고려 사회에서는 백성들이 자발적으로 결성한 조직이 있었는데, 이를 **향도**(香徒)라고 합니다. 향도는 불교를 믿는 신자들이 모여 만든 공동체로 한자 그대로 '향을 피우는 사람들'이라는 뜻입니다. 향도에 속한 사람들은 구원의 상징인 미륵불을 만나기 위해 바닷가에 향나무를 묻었는데, 향나무가 솟아오르면 미륵불이 세상을 구원할 것이라고 생각했습니다. 이 활동을 **매향**(埋香)이라고 합니다. 향도는 매향 활동 외에도 대규모 인력이 필요한 불사나 석탑 공사에도 적극적으로 참여했습니다. 향도는 고려 전기까지 주로 불교적 성향을 띠었지만, 고려 후기로 가면서 결혼식, 상장례, 저수지 축조와 같은 마을 공동체 생활을 주도하는 조직으로 바뀌었습니다.

고려에서는 여자도 제사를 지냈다

남녀평등이 중시되는 오늘날에도 제사 의례는 남성(큰아들) 중심으로 진행되는 경우가 많습니다. 조상으로부터 전해지는 족보도 부계(父系)를 중심으로 기록된 문서임을 알 수 있습니다. 여성이 혼인할 경우 '출가외인(出嫁外人)'이라고 하여 다른 가문의 사람이 되는 것처럼 생각하는 경우가 많습니다. 이는 성리학적 질서를 강조하여 가부장적 문화가 강해진 조선 중기 이후에 나타난 모습입니다. 하지만 고려시대와 조선 초기까지만 해도 여성은 가정 안에서 크게 차별받지 않았습니다.

고려 사회는 조선시대에 비해 부계 중심의 유교적인 **종법 제도**(宗法制度)에 대한 인식이 약했습니다. 조선시대의 가족은 부계 중심이었지만, 고려시대의 가족은 부계와 모계를 모두 아우릅니다. 고려시대에는 가족 안에서 남성과 여성을 구별해야 한다는 사회적 인식도 약했습니다. 예를 들어, 제사를 지내는 경우에 남녀의 구분 없이 제사를 주관했으며 상속도 아들과 딸이 균등하게 받았습니다. 다만 서리·향리 등에게 국가가 지급한 토지는 직역의 부담을 원칙으로 하였기 때문에 장자가 우선적으로 받도록 했습니다. 호적도 남녀 구분 없이, 태어난 순서대로 등록되었고 여성도 호주가 될 수 있었습니다.

조선시대에 불가능했던 여성의 재혼도 고려시대에는 가능했습니다. 심지어 5품 이상의 관리가 누렸던 음서의 혜택도 부계와 모계의 자손들이 모두 누릴 수 있어, 사위가 5품 이상의 장인을 만나 관직에 진출하는 경우도 있었습니다. 물론 고려시대에도 여성의 사회적 활동은 불가능했지만, 가정 안에서의 지위는 남녀가 거의 동등한 모습을 보였습니다 (236p 참조).

조혼(早婚)의 풍습은 왜 생겼을까

고려시대의 혼인 형태는 원칙적으로 **일부일처제**였고, 혼인을 맺으면 남귀녀가혼(男歸女家婚) 또는 솔서혼(率婿婚)이라고 해서 혼인 초에는 남성이 여성의 집에서 살다가 자녀가 성장하면 독립하는 결혼 형태가 많았습니다. 혼인 시기는 여성은 보통 15~18세, 남성은 20세 정도였습니다.

그러나 원 간섭기 전후에는 혼인 시기가 앞당겨졌는데, 이는 **공녀**(貢女) 문제 때문이었습니다. 고려는 원나라의 공녀 요구를 담당하는 결혼도감을 설치하고, 공녀로 뽑힐 여성들을 각 도별로 구했습니다. 부모들은 딸이 원나라에 끌려가는 것을 막기 위해 딸을 숨기거나 일찍 결혼을 시키는 일이 빈번했고, 이로 인해 **조혼**의 풍습이 유행하였습니다. 원 간섭기 공녀 문제로 시작된 조혼의 풍습은 조선시대에도 이어졌습니다. 조혼은 우리나라 최초의 근대적 개혁인 갑오개혁(1984) 때 공식적으로 폐지됩니다.

4장

문화사로 읽는 고려

고려시대의 문화

1. 귀족 문화의 발달
2. 고려의 교육 제도와 풍습
3. 고려시대 종교와 사상의 발전
4. 건축, 조각, 서예, 그림의 발달
5. 과학 기술의 발달

고려시대의 문화

주요 용어

청자, 상감청자, 분청사기, 청동 은입사 포류수금문 정병, 향가, 균여, 경기체가, 고려 가요, 패관 문학

1 귀족 문화의 발달

청자 가마터(전남 강진)

상감청자는 어떻게 탄생했을까

고려시대를 대표하는 미술은 공예입니다. 문벌 귀족 사회가 발전하면서 귀족들이 좋아하는 자기·나전칠기·금속 공예품 등을 중심으로 공예 산업이 발전했습니다. 그 중 가장 대표적인 것은 고려청자였습니다. 일반적으로 도자기는 토기·도기·자기로 종류가 나뉘는데, 그 가운데 자기는 고령토를 주성분으로 하여 유약을 발라 1,300도 이상의 높은 온도에서 굽는 도자기였기 때문에 수준 높은 제작 기술이 필요했습니다.

처음에는 고려의 자기 제조 기술이 뛰어나지 않아 송나라의 **청자**를 수입해서 사용했는데, 시간이 지나면서 11세기에 이르러서는 고려만의 자기 제작 방식이 발전했습니다. 고려자기의 가장 큰 특징은 바로 '비색(翡色)'이라고 할 수 있습니다. 고려청자의 수준은 당시 자기의 선진국이었던 송나라 사람들의 평가를 보면 알 수 있습니다. 송나라의 태평노인(太平老人)은 《수중금》에서 "고려의 비색이 천하제일이다."라고 서술했고, 송나라 사신으로 고려에 머물렀던 서긍은 《고려도경(237p 참조)》에서 "근래에 들어 고려의 자기 제작 기술이 정교해지고 아름답다."라고 적었습니다.

고려청자는 문벌 귀족 사회가 융성했던 12세기 초에 가장 활발하게 생산되었습니다. 주요 생산지로는 전라남도 강진과 전라북도 부안이 유명했는데, 고령토가 풍부하고 해안가에 위치해 개경으로 청자를 수송하기 편했기 때문입니다. 2007년에 태안 앞바다에서 난파선이 수중에서 발굴된 적이 있는데, 이때 2만 점이 넘는 고려청자 관련 유물이 인양되었

습니다. 이 난파선은 강진에서 출발하여 개경으로 청자를 옮기던 도중에 난파된 것으로 밝혀졌습니다.

12세기 중반 이후부터 고려청자는 **상감청자**(象嵌靑瓷)로 발전했습니다. 상감청자는 한자의 뜻 그대로 모양을 새겨 넣은 청자를 말합니다. 상감청자는 원하는 청자의 모양을 만든 다음 표면에 무늬를 새긴 후 무늬 안을 백토(白土)나 흑토(黑土)로 채우고 초벌구이를 한 뒤, 유약을 다시 발라 재벌구이를 하여 무늬가 표면의 유약 속으로 선명하게 보이도록 하는 기술로 제작되었습니다. 남송의 수도였던 항저우를 중심으로 상감청자가 많이 발굴된 사실이 최근 보고되었는데, 이는 자기 제작의 원조격인

청자의 종류와 발전

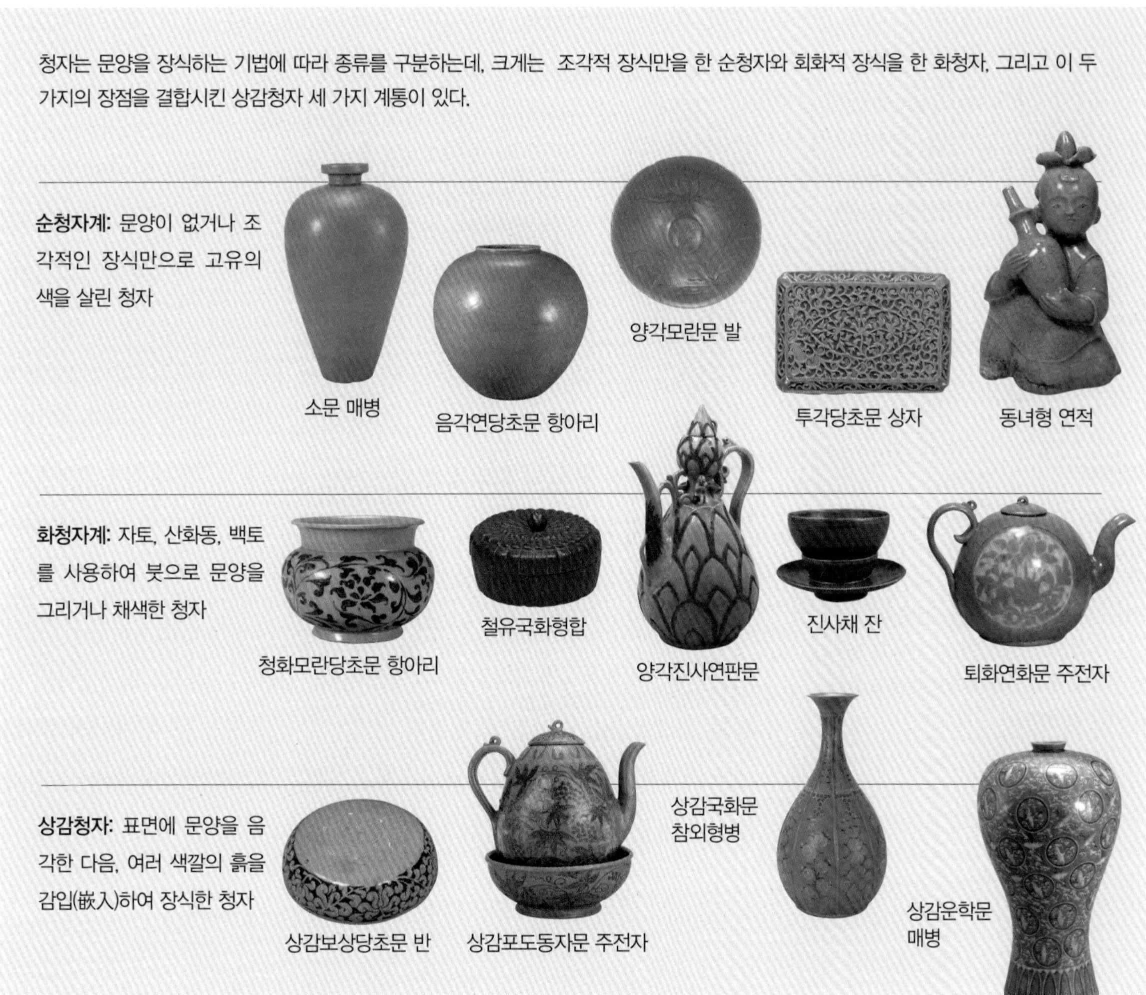

청동 은입사 표류수금문 정병 (국보 제92호, 국립중앙박물관 소장)

고려시대 제작한 각종 정병 중 가장 뛰어난 작품이다. 격조 높은 표현 방법 등에서 장인의 높은 심미안을 볼 수 있는데 특히 주 문양인 표류수금문은 붓으로 그린 그림을 보는 듯 생동감이 있다.

중국의 기술을 뛰어넘어 고려청자가 역수출된 것이라고 볼 수 있습니다.

고려청자 외에 대표적인 예술 작품으로는 금속 공예품인 **청동 은입사 표류수금문 정병**(靑銅 銀入絲 蒲柳 水禽文 淨甁)이 있습니다. 은입사 기술이란 상감청자를 만드는 방법과 유사한데, 청동으로 된 병의 표면을 긁어 모양을 낸 다음에 은실을 붙여 화려하게 장식하는 기술입니다. 강화도로 천도한 대몽 항쟁기에도 상감청자의 모습은 유지되었으나, 원 간섭기 이후 14세기 중후반부터 고려청자는 **분청사기**(粉靑沙器)의 형태로 바뀌었고 이는 조선 초까지 이어졌습니다.

고려의 문학, 청산에 살어리랏다!

농사를 지었던 백정들과 달리 귀족들은 여유로운 생활을 누렸기 때문에 문학 활동에 활발하게 참여할 수 있었습니다. 또한 과거 제도에서도 작문 능력을 중시했기 때문에 문학적 능력이 더욱 강조되었습니다.

고려 전기의 대표적인 문학 작품은 **향가**(鄕歌) 였습니다. 신라 시대부터 내려온 향가는 한글이 없던 시기에 한자의 음을 빌려 표기한 **향찰** 및 **이두**로 제작된 시가(詩歌)로, 고려 전기까지 지배층을 중심으로 창작되었습니다. 대표 작품으로는 광종 때 **균여** 스님이 지은 《보현십원가》가 있습니다.

향가

삼국시대 말엽에 발생하여 통일 신라시대 때 성행하다가 말기부터 쇠퇴하기 시작, 고려 초까지 존재하였던 한국 고유의 정형시가(定型詩歌). 향가는 신라 진평왕 때의 《서동요》에서 고려 광종 때 균여의 《보현십원가》 11수에 이르기까지 약 370여 년 동안 성행한 듯하나, 현존하는 작품으로는 《삼국유사》에 14수, 《균여전》에 11수 도합 25수이다.

독자적 특성을 지니고 있던 고려 전기의 문학은 금나라와 사대 관계를 맺었던 고려 중기부터 보수적인 성격을 보였습니다. 고려 후기에는 신진 사대부들에 의해 전환점을 맞이하면서 다수의 '**경기체가**(景幾體歌)'가 제작되었습니다. 대표 작품으로 무신집권기에 여러 한림들이 지은 《한림별곡》과 충숙왕 때 안축이 지은 《관동별곡》 등이 있습니다.

경기체가

고려 중기에 발생하여 조선 초기까지 이어진 시가 장르. 양반 귀족들의 향락적인 생활 양식과 그들의 심상(心像)을 읊었다. 조선 향가의 전통을 경승(敬承)하면서도 송나라 문학과 음악의 영향을 받아 3·3·4의 음률로 이루어진 한문과 이들을 섞은 시가이다.

백성들 사이에서 널리 퍼졌던 **고려가요** 작품으로는 《동동》·《정읍사》·《청산별곡》·《쌍화점》 등이 있습니다. 임금의 정사를 돕기 위해 거리의 소문을 모아 만든 **패관문학**(稗官文學) 작품으로는 이인로의 《파한집》, 최자의 《보한집》, 이규보의 《백운소설》, 이제현의 《역옹패설》 등이 있습니다.

주요 용어

시무 28조, 경학박사, 의학박사, 국자감, 향교, 최충, 9재 학당, 문헌공도, 사학 12도, 서적포, 7재, 청연각, 보문각, 양현고, 기전체, 편년체, 기사본말체, 강목체, 《삼국사기》, 《동명왕편》, 《삼국유사》, 《제왕운기》

2 고려의 교육 제도와 풍습

관학이 발전하다

최승로는 성종에게 올린 시무 28조에서 "불교는 몸을 다스리는 근본이며, 유교는 나라를 다스리는 근본입니다."라고 했습니다. 고려가 불교를 중심으로 세워진 국가지만, 나라의 정치는 유교적 이념을 바탕으로 이루어져야 함을 강조한 것입니다. 따라서 교육을 통해 유교적 인재를 길러 관리가 되도록 하는 교육 제도의 구축이 필요했습니다.

성종은 최승로가 건의한 **시무 28조**를 받아들여 유교적 이념을 통해 고려를 다스리려 했습니다. 이에 성종 6년(987)에는 지방의 12목에 **경학박사**와 **의학박사**를 보냈고, 성종 11년(992)에는 개경에 고등 교육 기관인 **국자감**을 설치했습니다. 광종 때 시작된 과거는 제술과(製述科)와 명경과(明經科)가 위주였기 때문에 국자감에서 시행하는 교육은 대부분 유교 경전의 5경과 《논어》, 《효경》과 같은 유교 경전을 이해하는 것이었습니다.

국자감에 입학하는 학생들은 아버지의 관품에 따라 다른 교육 과정에 참여했습니다. 우선 국자감의 교육 과정은 크게 유학부(7품 이상)와 기술학부(8품 이하)로 구분됩니다. 유학부는 3품 이상의 자제가 입학하는 국자학, 5품 이상의 자제가 입학하는 태학, 7품 이상의 자제가 입학하는 사문학으로 이루어졌습니다. 기술학부는 율·서·산학을 공부하는 곳으로 8품 이하 관리의 자제 또는 평민들이 입학하는 곳이었습니다. 인종 5년(1127)에는 지방에 중등 교육 기관에 해당하는 향학이 세워져 향리들과 서민 자제들의 교육을 담당했습니다.

지공거

고려 시대의 과거시험관으로 이 명칭은 당(唐) 송(宋)에서 비롯된 것으로 공(貢)은 추천하여 보냄, 거(擧)는 뽑아서 씀, 지(知)는 주관하여 본다는 말로 각 지방에서 추천하여 보낸 선비를 뽑는 임관이라는 뜻이다.

관학이 쇠퇴하고 사학이 등장하다

시간이 지나면서 관학인 국자감이 쇠퇴하고 사학이 성행했습니다. 사학이 성행하게 된 배경은 **지공거**(知貢擧) 출신의 유학자들이 사립학교를 세우자 많은 학생들이 과거 시험에 합격하기 위해 사학으로 몰렸기 때문입니다. 사학을 지은 대표적인 지공거로는 11세기 중엽 높은 학식으로 해

국자감의 7재와 전문강좌

1. 여택재: 주역
2. 대빙재: 상서
3. 경덕재: 모시
4. 구인재: 주례
5. 복응재: 대례
6. 양정재: 춘추
7. 강예재: 무학

동공자(海東孔子)로 불렸던 **최충**이 있었습니다. 최충은 관직에서 물러난 후 학생들의 성적에 따라 9개의 수준별 교육 과정을 운영하였는데, 이를 **9재 학당**(237p 참조)이라고 합니다. 나중에는 최충의 시호를 따서 **문헌공도**(文憲公徒)라고 불렸습니다. 최충의 문헌공도가 많은 인기를 얻자 다른 지공거들도 11개의 사학을 만들었는데, 문헌공도를 포함하여 이들을 **사학 12도**라고 합니다.

사학의 발전은 곧 관학의 쇠퇴를 의미했으며, 고려의 왕들은 관학을 되살리기 위해 노력을 기울였습니다. 숙종은 원활한 책 출판을 위해 국자감에 **서적포**를 설치했습니다. 그리고 12세기 초에 예종은 9재 학당의 수준별 교육 과정과 비슷하게 국자감에 **7재**와 전문 강좌를 설치하여 관학을 살리기 위해 노력했습니다. 또한 예종은 **청연각**과 **보문각**을 지어 신하들과 함께 유교 경전을 강론했고, 장학 기금인 **양현고**를 설치하여 국자감의 학생들을 지원하기도 했습니다. 인종은 향학을 중심으로 지방 교육을 강화했으며, 원 간섭기의 충렬왕은 양현고와 비슷한 섬학전을 만들어 국학(국자감)을 지원했습니다. 공민왕 시기에는 원의 간섭이 약해지자, 신진 세력을 양성하기 위해 성균관(국자감)을 순수 유학 교육 기관으로 개편하고 관학을 발전시키기 위해 노력했습니다.

고려시대에는 어떤 역사서가 편찬되었나

대부분의 역사서에는 시대적인 상황과 저술자의 사관(史觀)이 반영됩니다. 고려 초기에는 자주적인 북진 정책이 진행되던 시기여서 고구려 계승 의식이 강했는데, 이는 고려 건국 초에 삼국시대의 역사를 정리하여 편찬한 《삼국사》에 반영되었습니다. 이 책은 지금 전하지는 않지만 김부식이 **《삼국사기》**를 편찬하면서 참고했던 것으로 알려져 있습니다. 그 외에 고려 초 정부에서 편찬한 역사서로는 태조부터 목종까지의 역사를 정리한 《7대 실록》이 있는데, 거란의 침입 때 소실되어 자세한 내용은 알 수 없습니다.

삼국사기(국보 제322-1호, 경주 옥산서원 소장)

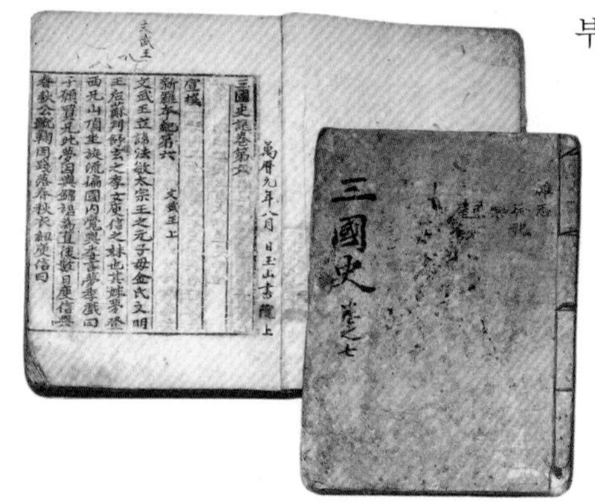

고려 중기에는 문벌 귀족을 중심으로 금나라에 사대하는 외교적 상황이 진행되어 역사서 또한 보수적인 성향으로 바뀝니다. 이 시기의 대표적 역사서인 《삼국사기》는 문벌 귀족이자 유교학자였던 김부식이 인종 23년(1145)에 왕명으로 **기전체**(紀傳體)

삼국유사(국보 제306-2호, 서울대학교 소장)

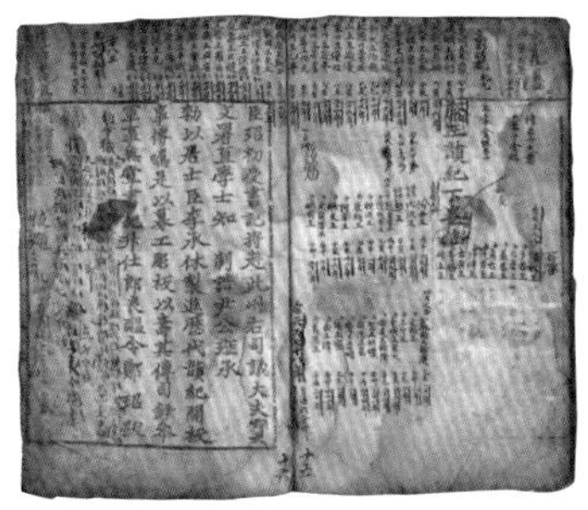

제왕운기

1287년 처음 출간되었고 1360년(공민왕 9), 1413(조선 태종13)에 각각 중간되었다. 몽골의 외압이라는 역사적 배경을 가진 같은 시기 일연의 삼국유사와 같이, 단군을 한국사 속에 포함시키는 선구자적 역사서술을 한 것이다. 제왕운기에서 시작된 단국 기원의 역사의식은 고려말 신진사대부에게 전승되어 조선 개국 후 단군을 국조로 정착시키고 《동국통감》을 비롯한 사서에서도 국조임을 첫머리에 밝혔다. 몽골 간섭하에서 성장한 민족의식에 기인하여 삼국 이전의 상고사를 한국사에 포함시킨 제왕운기는 역사적 의미가 매우 크다.

방식으로 저술한, 현존하는 가장 오래된 역사책입니다. 《삼국사기》는 유교적 합리주의와 객관주의를 반영하여 신화적·설화적 이야기들을 넣지 않았고, 신라 계승 의식을 표방했습니다.

고려의 대몽 항쟁기와 원 간섭기에는 다시 자주적 사관에 입각하여 서술한 역사서들이 등장합니다. 대몽 항쟁기는 외적의 침입에 맞서 싸우는 시기여서 민족정신을 강조하게 되었고, 원나라의 지배를 받게 된 후에는 잃어버린 민족 정체성을 되찾고자 노력했습니다. 그리하여 고조선과 고구려 계승 의식을 되살리고 우리 민족의 역사를 중요시하는 역사서들이 등장했습니다. 대표적인 역사서로는 고구려 건국 설화를 5언시로 재구성한 이규보의 **《동명왕편》**, 불교 사관에 입각하여 서술한 일연의 **《삼국유사》**, 단군 신화를 기록하고 발해 역사를 최초로 우리나라 역사로 연결하여 자주성을 강조한 이승휴의 **《제왕운기**(帝王韻紀)**》**, 우리나라의 유명한 승려들의 이야기를 다룬 각훈의 《해동고승전》 등이 있습니다. 이 중에서 《삼국유사》는 단군 신화와 같은 신화적인 내용이 많이 포함되어 있어 유교적 합리주의에 입각해 서술한 《삼국사기》와 비교가 되며, 현재까지 알려진 25수의 신라 향가 중 14수가 포함되어 있어 문학사적 가치도 뛰어난 작품입니다.

고려 말기에는 성리학을 기반으로 한 신진 사대부들이 등장하여 역사 서술에 영향을 주었는데, 대표적인 역사서로는 이제현의 《사략》이 있습니다. 《사략》은 공민왕 6년(1357)에 고려 태조부터 숙종 때까지의 역대 임금의 치적을 정리한 것으로, 현재는 전해지지 않고, 그 속에 실린 사찬(私撰)만이 지금까지 전하고 있습니다.

역사 서술 방법

서술 방법	특징	대표적인 역사서
기전체	본기(왕조)·세가(제후)·열전(인물)·지(분류사)·표(연표)에 따라 나누어 주제별로 역사를 서술함	《삼국사기》, 《고려사》
편년체	시간의 순서에 따라 서술함	《고려사절요》, 《조선왕조실록》
기사본말체	사건 중심으로 서술함	《연려실기술》
강목체	역사를 시간 순서에 따라 강(綱, 큰 줄거리)과 목(目, 자세한 서술)으로 기록함	《동사강목》

주요 용어

훈요10조, 승과, 의천, 속장경, 천태종, 교관겸수, 지눌, 조계종, 정혜쌍수, 돈오점수, 수선사결사, 혜심, 요세, 백련결사, 도교, 풍수지리설, 서경길지설, 남경길지설

3 고려시대 종교와 사상의 발전

고려의 불교 국교가 되다

고려시대에는 불교가 국교였습니다. 태조 왕건은 **훈요 10조**에서 불교를 중시했으며, 고려 정부에서는 매년 불교 행사인 연등회와 팔관회를 성대하게 개최했습니다. 과거 시험에서도 **승과**가 있어서 승려들에게도 관품을 내렸고, 국사와 왕사는 종교적으로 고려의 왕보다 높은 위치였습니다.

고려 초기 불교의 종파를 크게 교종과 선종으로 나눌 수 있는데, 불교를 개혁한 왕은 광종입니다. 광종은 난립한 교종의 종파를 **화엄종**을 중심으로 정리하고, 선종의 여러 종파는 **법안종**을 중심으로 정리하고자 했습니다. 고려 전기의 대표적인 승려인 대각국사 **의천**이 그 일을 했습니다. 의천은 문종의 넷째 왕자로 태어나 11세에 출가한 후 화엄종(교종)을 배웠고 송나라에 유학하여 심화된 불교 교리를 전수받고 돌아왔습니다. 의천은 선종 8년(1091)에 흥왕사에 교정도감을 설치하고 《**속장경**》을 간행하였습니다. 《속장경》의 간행은 원효사상을 중심으로 한 신라불교의

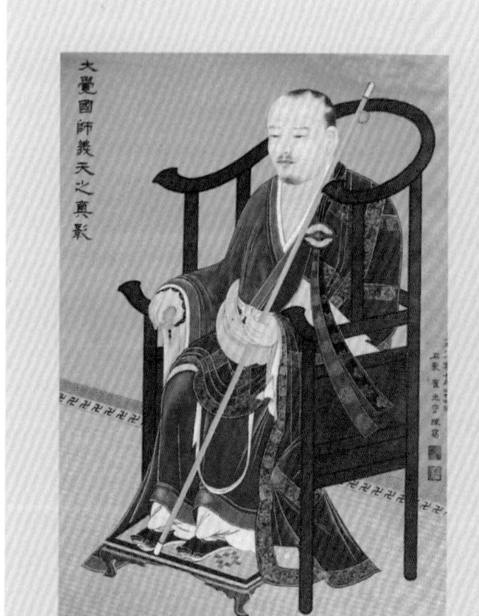

의천(1055~1101)

지눌(1158~1210)

혜심(1178~1234)

대장경(大藏經)은 부처님의 말씀(經, 경) · 말씀의 해설(論, 논) · 수행자의 계율(律, 율)을 모은 불교의 총서라고 할 수 있습니다. 고려는 불교를 국교로 하는 국가답게 세계에서 유일하게 두 번이나 대장경을 조판한 국가였습니다. 대장경의 조판은 부처의 힘을 빌려 외적의 침입을 막기 위해서였습니다.

첫 번째 대장경은 초조대장경으로 거란족의 침입을 막기 위해 조판했습니다(1011, 현종 2년). 초조대장경은 6,000권 정도 되는 불경을 조판한 것인데, 당시 동양에서 가장 큰 규모의 대장경이었습니다. 한편 대각국사 의천은 교장도감을 설치하여 고려 · 송나라 · 거란 · 일본 등지의 불경을 수집하여 정리한 《교장》을 간행했습니다(1090, 선종 7년). 이는 초조대장경의 후속편을 뜻하는 '속장경'으로 불리기도 합니다. 초조대장경의 원본인 판목은 현재 전해지지 않습니다. 몽골의 침입 때 부인사에 보관되어 있던 초조대장경이 소실되었기 때문입니다.

팔만대장경(해인사 장경판고)

이후 고려는 몽골의 침입 때 부처의 힘으로 외적을 물리치고자 두 번째 대장경을 조판합니다. 고종 23년(1236)에 시작하여 16년만에 완성하였습니다. 조판된 경판의 숫자가 8만 1,258개나 되어 팔만대장경이라 부르며, 두 번째로 만든 대장경이라는 뜻에서 재조대장경(再雕: 두 번째 새김)으로도 불립니다. 팔만대장경은 전 세계에서 현존하는 대장경 가운데 가장 오래된 것이며, 규모도 압도적이고 초조대장경에 있는 오류를 수정했기에 완벽에 가까운 대장경이라고 할 수 있습니다. 현재 팔만대장경은 경상남도 합천 해인사의 장경판전에 보관되어 있는데, 장경판전은 조선시대에 건축된 것으로 2007년에는 유네스코 세계문화유산으로 지정되어 있으며, 팔만대장경판이 유네스코 세계기록유산으로 지정되었습니다.

대장경의 편찬

전통을 재확인하고 동아시아 각국의 불교학설을 정리한 것입니다. 또한 의천이 활동하던 시기는 교종 세력과 선종 세력의 갈등이 심했는데, **의천**은 원효의 **화쟁 사상**(和諍思想)을 계승하여 불교 종파를 통일하려 했습니다.

화쟁사상
다양한 종파와 이론적 대립을 소통시키고 더 높은 차원에서 통합하려는 불교 사상으로 신라의 원효(元曉)에서 시작되어 한국 불교의 가장 특징적인 사상으로 계승되었다. 화쟁이란 '다툼을 화해시킨다'는 것으로, 여러 종파의 사상 간의 대립을 지양하고 화해, 화합, 조화로 바꾸는 사상이다.

의천은 교종을 중심으로 선종을 끌어들이는 교선일치를 통해 숙종의 후원을 받아 **해동천태종**이라는 종파를 창시했습니다. 이때 의천이 강조한 수행 방법이 '**교관겸수**(教觀兼修)'입니다. '교'는 교리적인 신앙(교종)을, '관'은 직관적인 신앙(선종)을 뜻하는 것으로 교종을 중심으로 하되 선종의 수행 방법과 병행하자는 것입니다. 불교의 통합이 쉬운 일이 아니었지만, 왕자 출신인 의천의 정치적 권력이 강했기에, 그가 살아 있는 동안에는 교종과 선종의 통합이 형식적으로 이루어졌습니다. 그러나 의천의 사후에는 불교계가 다시 분열되었습니다.

고려 중기에 무신들이 집권하면서 점차 선종이 불교를 주도하게 되었습니다. 고려 후기의 대표적인 승려인 보조국사 **지눌**은 선종을 중심으로 교종을 통합하는 선교 일치를 통해 **조계종**을 창시했습니다. 이때 지눌이

송광사(수선사, 전남 순천)

백련사(전남 강진)

강조한 수행 방법은 '**정혜쌍수**(定慧雙修)'와 '**돈오점수**(頓悟漸修)'입니다. 정혜쌍수의 '정'은 정신적 수행(선종)을, '혜'는 지혜(교종)를 뜻하고, '쌍수'란 이 두 가지를 같이 수행한다는 뜻입니다. 돈오점수의 '돈오'는 갑작스럽게 깨닫는 선종의 수행 방식이고, '점수'는 점진적으로 수행하는 교종의 수행 방식을 말하는데, 이 또한 선교 일치를 의미합니다. 의천의 교선 통합에 비해 지눌의 선교 통합은 궁극적으로는 선과 교에 집착하지 않는 것을 목표로 하여 교리적인 부분까지 통합하는 것이었습니다. 지눌의 조계종은 오늘날에도 우리나라에서 가장 거대한 불교 종파가 되었습니다.

지눌이 활약했던 시기는 사원 수공업과 장생고(長生庫)가 등장하는 등 불교가 정치권력과 결탁하여 상당히 부패했습니다(237p 참조). 불교 사찰들은 무신 정권의 비호를 받으며 토지와 노비 등 재산을 불려 나갔습니다. 지눌은 불교의 타락을 해결하기 위해 뜻이 맞는 승려들과 함께 교리를 공부하고 수행하는 '**수선사**(修禪社)'라는 결사 모임을 만들었습니다. 수선사는 오늘날의 송광사로 이어졌습니다. 이에 지눌이 선종 중심의 수선사를 만들자 당시 유명한 교종 승려었던 원묘국사 **요세**도 자극을 받아 '**백련결사**(白蓮結社)'를 만들었습니다. 요세는 교종 중심의 결사 운동을 진행했고 백련사 역시 오늘날까지 이어지고 있습니다. 지눌과 요세의 결사 운동이 활발하게 진행되었지만, 원 간섭기가 되면서 불교의 모순은 근본적으로 개혁되지 못하고 권문세족과 결탁하여 더욱 심각한 부정부패를 일삼았습니다.

한편 지눌의 제자였던 진각국사 **혜심**은 '유교와 불교의 근본이 같다.'고 주장하는 유불일치설(儒佛一致說)을 주장했습니다. 혜심은 《기세계경》에서 유교의 시조인 공자와 **도교**의 시조인 노자 모두 부처님이 보낸 보살이라고 했습니다. 특히 불교와 유교의 수행 방법이 다를 수 있지만, 본질적인 부분은 같기 때문에 유교를 긍정적으로 보았습니다. 이는 원 간섭기에 성리학이 고려에 전해지고 뿌리내리는 데 긍정적 영향을 미쳤습니다. 그러나 성리학을 기반으로 한 신진 사대부들에 의해 조선 왕조가 건국되면서 불교는 탄압을 받고 쇠퇴하게 되었습니다.

도교와 풍수지리설이 유행하다

도교는 삼국시대부터 들어 왔고 고려시대에도 여전히 유행했습니다. 노자의 무위자연(無爲自然)설이 중심인 도가에서 출발했지만, 발전하는 과정에서 불로장생과 현세적 기복을 추구하는 종교로 변화되었습니다. 도교에는 셀 수 없을 정도로 많은 신들이 있는데, 그들에게 복을 비는 것이 도교의 핵심 활동이라고 할 수 있습니다. 이러한 도교는 우리나라에서 현실 안정을 추구하는 민간 신앙과 결합된 형태로 발전했는데, 외적의 침입이 많고 정치적 혼란이 심했던 고려의 상황과 맞물려 종교적 영향력이 강해졌습니다.

고려 왕조에서는 국가가 주도하는 초제를 통해 도교의 신들에게 제사를 지냈으며, 팔관회 또한 천령과 오악, 명산대천, 용신에게 복을 비는 것이었기에 불교뿐만 아니라 도교의 영향도 받았습니다. **예종** 이후로는 **복원궁**이라는 도교 사원을 세우고 도교를 보급하였으며, 이곳에서 초제를 지냈습니다. 비록 도교가 체계적인 교리나 교단으로 뒷받침되는 종교로까지 발전하지는 못했으나, 고려 사람들의 정신세계에 미친 영향은 매우 크다고 할 수 있습니다.

고려시대에는 통일 신라 말기부터 유행한 **풍수지리설**도 유행하여 고려의 3경 제도에 영향을 주었습니다. 고려 왕실에서는 풍수지리적으로 중요한 곳이라고 생각되는 3경을 지정했는데, 초기에는 개경(개성)·서경(평양)·동경(경주)이었다가, 나중에는 동경이 남경(서울)으로 바뀝니다. 풍수지리설은 정치적 변화와도 밀접하게 관련되어 있습니다. 고려 초기에는 통일 신라가 멸망한 지 얼마 되지 않아 경주의 사회적 영향력이 강했고, 북진 정책이 추진되는 시기여서 서경이 중시되었습니다. 그러나 경주의 영향력이 약해지고 북진 정책이 중단되면서 새로운 지방의 중심지로 남경이 대두되었습니다. 이는 조선 왕조가 수도를 개경에서 한양으로 옮기는 데 영향을 미치기도 했습니다.

주요 용어

주심포, 다포, 봉정사 극락전, 부석사 무량수전, 수덕사 대웅전, 배흘림기둥, 성불사 응진전, 월정사 8각 9층 석탑, 경천사 10층 석탑, 고달사지 승탑, 보제존자석종, 하남 하사창동 철조 석가여래좌상, 관촉사 은진 미륵보살 입상, 안동 이천동 석불, 부석사 소조 아미타여래 좌상, 왕희지체, 구양순체, 송설체, 이령·이광필, 천산대렵도, 수월관음도

4 건축, 조각, 서예, 그림의 발달

주심포는 왜 다포로 바뀌었을까

고려는 국가 주도로 많은 사원을 건설했으며, 규모 또한 거대했습니다. 그래서 현재 남아 있는 고려의 건축물들도 대부분 불교 관련 건축물입니다. 고려 불교 건축의 가장 큰 특징은 전기에는 주로 **주심포** 양식으로 건축되었다가, 후기에는 **다포** 양식의 건축물이 많아졌다는 것입니다.

주심포(柱心包)에서 '주'는 기둥을, '포'는 지붕을 떠받치는 공포를 말하므로, '기둥 위에 공포가 있는 양식'이라는 뜻입니다. 주심포 양식은 주로 규모가 작고 단아한 모양새의 건물에 사용됩니다. 대표적인 건축물로는 **수덕사 대웅전**, **부석사 무량수전**, **봉정사 극락전**이 있습니다. 이상 3개의 건축물에서는 '**배흘림기둥**'이 사용되었는데, 이는 기둥의 중간 부분이 불룩하게 나와 있는 기둥을 말합니다. 건축물에서 무게를 가장 많

주심포와 다포 양식

주심포 양식

공포가 기둥 위에만 있는 양식

다포 양식

공포가 기둥 위 뿐 아니라 기둥과 기둥 사이에도 놓이는 양식

수덕사 대웅전(주심포 양식)

부석사 무량수전(주심포 양식)

봉정사 극락전(주심포 양식)

성불사 응진전(다포 양식)

이 차지하는 지붕을 안정적으로 받치기 위한 장치인데, 물리적인 효과보다는 안정적으로 보이기 위한 시각적인 효과를 위해서 만들어진 것입니다.

한편 후기에 유행한 다포(多包) 양식에서 '다'는 많다는 뜻으로, 공포가 기둥 위뿐만 아니라 기둥과 기둥 사이의 공간에도 여러 개 더 있다는 뜻입니다. 원래 우리나라의 건물들은 대부분 주심포였으나, 원 간섭기에 원나라 건축 양식의 영향을 받아 다포를 사용하게 되었습니다. 다포 양식은 공포가 많아서 큰 지붕의 무게를 견디는 데 용이했고, 주로 규모가 큰 건축물을 만드는 데 사용되었습니다. 대표적 건축물로는 **성불사 응진전**이 있으며, 경천사 10층 석탑도 석탑 형식으로는 보기 드물게 다포 양식의 모습을 보이고 있습니다. 이후 조선시대에는 경복궁 근정전과 같은 규모가 큰 건축물에서 대부분 다포를 사용했습니다.

월정사 8각 9층 석탑

고려시대 조각의 특징은 무엇인가

고려시대의 석탑은 대체로 다각 다층탑이 많아서, 통일 신라시대에 3층 석탑이 많이 만들어진 것과 대비됩니다. 고려 전기의 대표적인 탑으로는 송나라의 영향을 받은 오대산 **월정사 8각 9층 석탑**과 개성 불일사 5층 석탑이 있고, 고려 후기의 대표적인 탑으로는 원나라의 영향을 받은 개풍 **경천사지 10층 석탑**과 묘향사 보현사 13층 석탑 등이 있습니다. 이 가운데 경천사지 10층 석탑은 원래 개풍 인근의 경천사에 있었는데, 1909년 일본에 의해 불법으로 반출되었다가 반환되어 경복궁에 전시되었습니다. 이후 손상된 부분을 해체하고 복원하여 현재는 국립중앙박물관에 옮겨 놓은 상태입니다.

경천사지 10층 석탑

고려의 미술에서는 승려의 무덤인 승탑도 유행했습니다. 승탑은 선종과 관련되어 있는데, 대표적인 승탑으로는 여주 **고달사지 원종국사혜진탑**과 원주 신륵사 **보제존자석종**이 있습니다. 한편 통일 신라시대 불상은 석불과 금동불이 대부분이었으나, 고려 초부터 철불이 많이 늘어납니다. 이는 동의 생산이 줄어들고, 후삼국 통일 이후 철제 무기들이 쓸모가 없어져 철을 재료로 불상을 만들었기 때문입니다. 고려의 대표적인 철불로는 광주 철조 석가불좌상이 있습니다.

한편 고려시대에는 지방색이 강하여 개성이 있고 규모가 아주 큰 석불이 등장했습니다. 대부분 호족들이 만든 불상인데, 호족들은 지역민들에게 자신의 힘을 과시하기 위해 예술적인 수준보다는 규모를 중시하여 불상을 만들었습니다. 그래서 불상들이 거대하고 개성은 있으나 예술적 균형미는 떨어집니다. 대표적인 석불로는 높이가 21미터나 되는 논산 **관촉사 은진 미륵보살 입상**과 **안동 이천동 석불**이 있습니다. 고려 전기에 정치 질서가 문벌 귀족 중심으로 재편되었을 때는 균형미 있고 권위적인 불상도 등장합니다. 대표적인 불상으로 영주 **부석사 소조 아미타여래 좌상**이 있는데, 이는 통일 신라시대 석굴암 본존불처럼 균형 있는 신라시대의 양식을 보여 줍니다.

여주 고달사지 원종국사혜진탑

원주 신륵사 보제존자석종

논산 관촉사 석조 미륵보살 입상

하남 하사창동 철조 석가여래 좌상

영주 부석사 소조 아미타여래 좌상

수월관음도

고려시대 서예, 회화, 음악의 특징은 무엇인가

고려 전기에 유행한 글씨체는 서성(書聖)으로 존경받는 중국의 **왕희지체**와 당나라의 명필로 이름을 날린 **구양순체**였습니다. 고려 후기에는 원나라의 유명한 관료였던 조맹부의 **송설체**가 유행했는데, 서예도 시대적 배경에 영향을 받고 있음을 알 수 있습니다.

고려는 도화원이라는 관청에서 회화를 관장했습니다. 대표적인 화원은 예성강도를 그린 **이령**과 그의 아들 **이광필**이 유명합니다. 고려 후기에는 사군자 중심의 문인화가 유행했으며, 공민왕이 그린 **천산대렵도**가 유명합니다.

한편 고려는 불교 나라답게 불화가 유행했는데, 국가적인 지원을 바탕으로 수준 높은 작품이 많이 등장했습니다. 현재 남아 있는 불화는 160점으로 대부분 원 간섭기에 제작된 것입니다. 고려의 지배층은 자신들의 복을 빌기 위해 불화를 주문하는 경우가 많았으며, 왕실에서도 왕조의 안녕을 위해 불화를 제작하는 경우가 있었습니다. 가장 유명한 불화로는 충선왕비인 숙비의 발원으로 제작된 〈**수월관음도**(水月觀音圖)〉인데, 현존하는 고려 불화 가운데 규모가 가장 큰 것으로, 세로 4미터 가로 2.5미터에 달합니다.

고려 전기의 음악으로는 신라 이래의 전통음악인 향악이 계승되었으며, 대표적인 음악으로는 《동동》, 《한림별곡》, 《정읍사》 등이 있습니다.

주요 용어

금속 활자, 《상정고금예문》, 《직지심체요절》, 사천대, 선명력, 수시력, 대통력, 최무선, 화통도감, 진포 대첩

5 과학 기술의 발달

서양보다 200년이나 빠른 고려의 금속 활자

인쇄술의 발전이 없었다면 인류의 문화는 급속도로 성장할 수 없었을 것입니다. 일반적으로 지식 전달에 가장 좋은 도구는 '책'인데, 인쇄술이 발명되기 전까지 책들은 대부분 필사(筆寫)의 방식으로 만들어져 보급 속도가 매우 느렸습니다. 이와 같은 불편함을 처음으로 없앤 것은 '목판 인쇄술'로, 나무판 전체를 글씨로 조각하여 책을 찍어 내는 기술을 말합니다. 그런데 목판 인쇄는 몇 가지 단점이 있었습니다. 우선 재질이 나무였기 때문에 온도와 습도에 민감하여 목판이 변형될 수 있다는 점과 '판 전체를 조각'하는 것이기에 실용성이 낮다는 점입니다. 예를 들자면, 팔만대장경판은 팔만대장경만 찍어낼 수 있는 것입니다.

이러한 단점을 해결하고자 등장한 것이 **금속 활자**입니다. 금속 활자의 발명은 고려 말기 과학 발전의 큰 성과라고 할 수 있습니다. 목판 인쇄는 '목판'을 만드는 것이지만, 활자는 '활판'을 만드는 것입니다. '활판'이란 한 글자 단위로 금속 활자본을 만드는 것으로, 활판을 제작한 후 글자를 어떻게 조합하느냐에 따라 여러 종류의 책을 인쇄할 수 있었습니다. 또한 금속 활자는 변형되거나 손상될 위험도 적었습니다.

우리나라의 금속 활자는 세계에서 최초로 발명되었고, 심지어 서양의 금속 활자보다도 200년이나 빨랐습니다. 세계 최초의 금속 활자본은 **《상정고금예문》**(1234)이지만, 현재 전해지지 않아서, 현존하는 **《직지심체요절》**(1377)이 가장 오래된 금속 활자본으로 인정받고 있습니다. 《직지심체요절》은 우왕 3년에 청주 흥덕사에서 간행된 책으로, 개항기에 프랑스 공사였던 플랑시가 프랑스로 가져가 현재는 프랑스 국립도서관에 소장되어 있습니다.

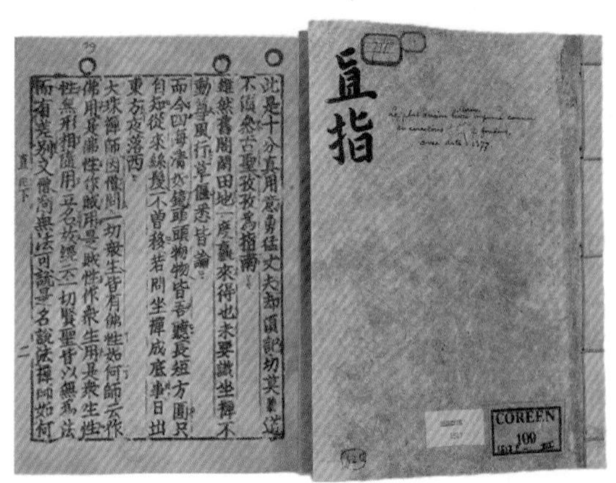

직지심체요절

천문학과 역법은 왜 중요했을까

고대 사회에서 가장 중요한 산업은 농업이었습니다. 작물을 잘 키우기 위해서는 천제를 관측하여 시기를 측정하고 기후를 예측하여 자연 재해에 대비하는 것이 매우 중요했습니다. 고려 정부는 천문 관측을 담당하는 관청인 **사천대**(서운관)를 만들어 역법 활용을 통해 농사에 도움이 되도록 노력했습니다.

고려 초기에는 당나라의 **선명력**을, 후기에는 원나라의 **수시력**을, 공민왕 이후에는 명나라의 **대통력**을 사용했습니다. 이 역법들은 모두 중국의 지리적 위치를 기준으로 만들어졌기 때문에 우리나라에서는 약간의 오차가 있었습니다. 조선 세종 때 이르러 우리나라를 기준으로 한 최초의 역법인 칠정산이 등장하게 됩니다.

최무선(1325~1395)

최무선은 왜 화포를 만들었을까

13~14세기 대몽항쟁기에 과학기술 분야에서도 중요한 발전이 있었습니다. 먼저 일본 왜구의 침략을 막기 위해 화약 무기를 개발했습니다. 일본의 막부가 불안정한 상황이 지속되면서 일본 해적인 왜구가 고려의 해안가를 자주 습격해 백성들이 고통을 받았습니다. 이러한 상황에서 **최무선**은 우리나라 최초로 화약을 발명해 왜구를 물리쳤습니다.

당시까지만 하더라도 화약은 송과 원 등 중국에서만 구할 수 있었던 수입품이었으나, 최무선은 화약의 중요성을 일찍 깨달았고 수차례의 실험을 통해 화약의 국산화에 성공했습니다. 그는 우왕 3년(1377)에 왕에게 **화통도감**의 설치를 건의하여 화포를 제작하기 시작했습니다. 1380년 가을에 왜선 300척이 진포에 침입하자 최무선은 화포를 사용하여 왜구를 격퇴했고(**진포 대첩**), 육지로 도망친 왜구들은 이성계의 공격으로 섬멸되었습니다. 최무선이 발명한 화약과 화포 기술은 조선시대에도 왜적을 물리치는 데 활용되었습니다.

자료집

고려

핵심정리로 본 고려

사료로 읽는 고려

왕실 세계도

핵심정리로 본 고려

1 정치

후고구려의 국호와 연호 변화

국호	후고구려(901)	마진(904)	태봉(911)
연호	없음	무태(904) 성책(905, 철원 천도 후)	수덕만세(911) 정개(915)
수도	송악	송악 → 철원 천도(905)	철원

후삼국 통일의 과정

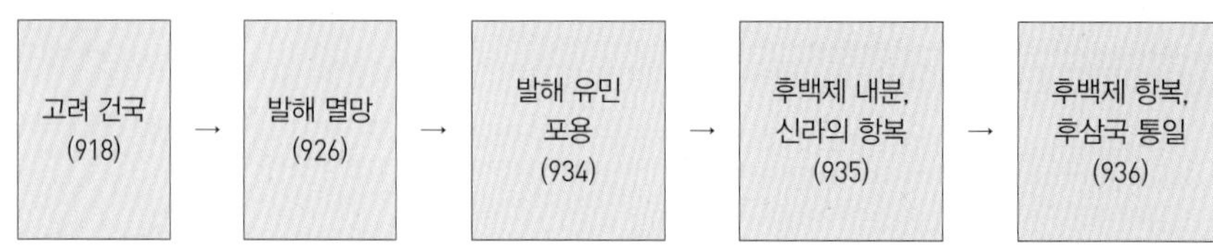

태조 왕건의 정책

정책	내용
민생 안정	세금 비율을 1/10로 낮춤(취민유도), 흑창 설치, 불교 행사 지원
호족 회유·통제	· 회유: 사성 정책, 결혼 정책, 역분전 지급 · 통제: 기인 제도, 사심관 제도
북진 정책	서경을 중시함, 청천강~영흥만까지 영토 확장
왕권 안정	훈요10조, 정계, 계백료서

중앙정치의 발전 과정

왕	정책	내용
광종 (왕권 강화)	노비안검법	억울하게 노비가 된 사람들을 풀어 줌 → 호족 세력 약화, 국가 재정 강화
	과거 제도	새로운 관료를 등용하여 왕권을 강화시킴
	공복 제정	관직의 등급을 정하여 질서 확립
	연호	'광덕', '준풍' 등 연호 사용, 강력한 왕권을 과시
성종 (유교 정치)	시무 28조 채택	시무 28조 채택으로 유교 정치 이념 확립, 불교 행사 억제
	2성 6부제	중앙 통치 기구 정비
	12목 설치	지방관을 파견하여 중앙집권 강화

호족과 문벌 귀족의 비교

구분	호족	문벌 귀족
등장	통일 신라 하대 왕권 약화 → 지방 권력 장악	고려 전기 주로 호족의 후손들이 공신이 되거나 과거 시험 합격을 통해 중앙 권력 장악 → 5품 이상의 관료가 됨
권력 기반	6두품, 선종, 풍수지리설	음서, 공음전

고려와 조선의 통치 기구 비교

기능	고려	조선
회의 기구	도병마사(전기), 도평의사사(후기)	의정부(전기), 비변사(후기)
실무 기구	6부	6조
비서 기구	중추원의 승선	승정원
관리 감찰	어사대	사헌부
간쟁	중서문하성의 낭사	사간원
국립 대학	국자감(전기), 성균관(후기)	성균관
지방 제도	5도 양계	8도
지방관	안찰사(5도), 병마사(양계)	관찰사(도), 수령(군현)
지방관 파견	일부 지역	모든 지역
특수 행정 구역	향·부곡·소	폐지
지방 통제	사심관 제도	경재소·유향소

고려의 삼사는 곡식과 화폐를 담당하는 기관이었으나, 조선의 삼사는 사헌부·사간원·홍문관 3곳(三司)을 합쳐 이르는 말이다.

지방 제도

구분	명칭	특징
광역 행정구역	5도	• 안찰사를 파견하는 일반 행정구역 • 하급 행정구역으로 주·군·현 존재
	양계	• 병마사를 파견하는 군사 행정구역 • 군사적 요충지에 진을 건설
	경기	수도인 개경의 주변 지역
소(小) 행정구역	주군·주현	지방관이 파견된 지방의 소도시
	속군·속현	지방관이 파견되지 않고 향리가 행정을 담당하는 지방의 소도시
특수 행정구역	3경	• 풍수지리적으로 중요한 행정구역 • 초기: 개경(개성), 서경(평양), 동경(경주) • 후기: 개경(개성), 서경(평양), 남경(서울)
	12목	성종 때 지방관을 보낸 지방의 중심지
	향·부곡·소	• 조세와 역역의 부담이 과중했던 특수 행정구역 • 향과 부곡은 농업, 소는 수공업을 담당함 • 양인 중에서 열등한 지위에 있었던 사람들이 거주

과거 제도

문과	제술과(작문)	문학적 능력 평가
	명경과(경전 이해)	유교 경전 해석 능력 평가
잡과		법률, 의학, 회계, 지리, 음양 등 기술관을 뽑음
승과		교종과 선종을 구분하여 시험

※음서 : 공신·5품 이상 관료의 자손은 과거를 거치지 않고 관리가 됨

거란의 침입

침입	사건
1차 침입 (성종 12, 993)	• 소손녕이 침입, 고구려 땅을 넘기고 거란과 화친할 것을 요구 • 서희의 외교 담판으로 거란군 물러감, 강동 6주를 차지함
2차 침입 (현종 1, 1010)	• 강조의 정변을 구실로 거란의 성종이 침입 • 양규의 활약, 고려 왕이 요나라에 방문할 것을 조건으로 물러감
3차 침입 (현종 9, 1018)	• 고려 왕이 거란에 방문하지 않자 강동 6주 반환 요구하며 소배압이 침입 • 강감찬이 귀주에서 거란군을 물리침
전쟁 후 대비	• 천리장성을 쌓음(압록강 하구~도련포) • 개경 주변에 나성을 쌓음

여진족의 성장

구분	사건
여진의 성장	• 고려 초기에는 고려를 상국(上國)으로 섬김 • 12세기 초 완옌부를 중심으로 여진 세력이 통합, 고려 침입
동북 9성 개척	• 윤관의 별무반 편성으로 여진 침략에 대비, 여진 정벌 성공 • 정복한 지역에 동북 9성을 설치했으나 다시 반환
사대 관계 형성	• 여진족이 더욱 성장, 금나라를 건국하고 요나라 멸망시킴 • 이자겸 등의 문벌 귀족 세력이 금의 사대 관계 요구를 수용

개경파와 서경파의 비교

구분	대표 인물	사상	주장
개경파 (기존 세력)	김부식, 김인존	• 유교 사상 • 사대주의 • 신라 계승	• 금나라와 사대 관계를 유지 • 서경 천도에 반대
서경파 (신진 세력)	묘청, 정지상	• 풍수지리설 • 북진 정책 • 고구려 계승	• 금나라 정벌 • 서경 천도, 칭제건원

무신 정권의 전개 과정

시기	대표 인물	특징	권력 기구
초기	정중부	중방을 통해 권력 장악	중방
	경대승	정중부를 제거하고 권력 장악, 도방을 통해 권력 유지	중방+도방
	이의민	천민 출신의 무관으로 경대승 병사(病死) 후 권력 장악	중방
최씨 정권 시기	최충헌	교정도감을 통해 권력 장악, 도방 재건, 봉사 10조	교정도감+도방
	최우	정방(독자적인 인사 기구), 서방(문신 등용 기구) 설치, 몽골의 침입 시, 강화도 천도, 삼별초 설치	교정도감+도방+정방+서방
몰락기	김준, 임연	고려가 몽골에 항복하고 개경으로 환도하면서 와해	

몽골의 침입

과정	특징
배경	강동성의 거란족을 몽골과 고려가 연합하여 소탕(강동의 역) → 몽골과 외교 관계 맺음, 그러나 저고여 피살사건 발생으로 몽골의 침입
전개 과정	• 1차 침입: 박서가 활약했으나 몽골군을 막지 못하고 몽골과 강화 협상, 몽골은 다루가치(감시관)를 고려에 남기고 철수 • 2차~6차 침입: 무신 정권(최우)이 강화도로 천도하고 계속 항전
고려의 항쟁	• 처인성(처인 부곡) 전투: 김윤후와 부곡민의 활약으로 살리타 사살 • 충주성 전투: 김윤후와 노비들의 활약으로 몽골군 격퇴 • 다인철소의 항쟁: 철소민들의 활약으로 몽골군 격퇴 • 삼별초의 항쟁: 고려가 몽골에게 항복하고 개경으로 환도한 이후 배중손을 중심으로 강화도 → 진도(용장성) → 제주도(항파두리성) 옮겨가며 항쟁
결과	초조대장경과 황룡사 9층탑 등 문화재 소실, 막대한 피해

원 간섭기 고려의 변화

구분	특징
부마국 체제	• 고려의 세자는 몽골의 공주와 결혼, 어린 시절은 원나라에서 생활 • 고려 왕이 '조'나 '종'이 아닌 '왕'의 호칭을 사용하게 됨
일본 원정	정동행성 설치 후 김방경의 지휘 아래 여·몽 연합군 결성 → 2차에 걸친 일본 원정 실패, 정동행성은 고려 내정 간섭 기구로 변화
영토 축소	• 쌍성총관부 설치: 철령 이북의 땅을 뺏김 → 공민왕 때 무력으로 탈환 • 동녕부 설치: 서경 주변 지역을 뺏김 → 충렬왕 때 반환받음 • 탐라총관부 설치: 제주도를 뺏김 → 충렬왕 때 반환받음
사회의 변화	• 공녀 피해: 결혼도감을 통해 고려 여성들이 원나라에 끌려감 • 자원 수탈: 인삼과 약재 수탈, 고려의 매인 해동청을 수탈 • 고려에는 몽골풍이, 몽골에서는 고려양이 유행

원 간섭기의 정치 개혁 시도

왕	정책
충렬왕	· 전민변정도감 설치: 권문세족이 빼앗은 땅 되돌려 줌, 노비 해방 · 홍자번의 편민 18사: 백성들의 삶의 안정 건의
충선왕	· 사림원 설치: 새로운 인재를 등용하여 개혁 시도 · 의염창 설치: 소금 전매제를 통해 국가 재정 강화 · 전농사 설치: 권문세족의 농장 부패를 해결하려 함
충숙왕	찰리변위도감 설치: 권문세족이 불법 소유한 땅 돌려주려 함
충목왕	정치도감 설치: 개혁을 실시하나 원나라의 간섭으로 실패

공민왕의 개혁 정치

구분	내용
반원 자주 정책	변발과 호복의 금지, 원나라 연호 사용 금지
	정동행성 이문소, 정방 폐지
	기철과 같은 친원 세력 제거
	쌍성총관부 공격, 철령 이북의 땅 회복
왕권 강화 정책	전민변정도감 설치, 권문세족의 땅 빼앗고 노비 해방
	성균관 중수, 신진 사대부 등용

권문세족과 신진 사대부의 비교

구분	권문세족	신진 사대부
성장 시기	원 간섭기	공민왕 시기
외교	친원 외교	친명 외교
학문	훈고학 중시, 불교와 결탁	성리학(주자학) 중시, 불교 비판
특징	• 음서와 혼인 관계를 통해 권력 장악 • 백성의 땅을 빼앗고 노비로 만듦	과거 시험을 통해 중앙에 진출
경제력	대농장 소유	지방의 중소 지주

2 경제

전시과 제도에서 토지의 종류

종류	내용
과전	• 문무 관리에게 지급된 가장 일반적인 전시과 토지 • 원칙적으로 세습이 불가
공음전	• 5품 이상의 관리에게 따로 지급된 토지 • 세습이 가능하여 문벌 귀족의 경제적 기반이 됨
한인전	6품 이하 하급 관리의 자제 중 관직에 못 나간 사람에게 지급
군인전	2군 6위의 직업 군인들에게 지급되는 세습 가능한 토지
외역전	지방에서 일하는 향리들이 받는 세습 가능한 토지
구분전	죽은 하급 관리 유족들의 생계를 위해 지급한 토지
내장전	왕실의 경비를 충당하기 위해 지정한 토지
공해전	관청의 경비를 충당하기 위해 지정한 토지
사원전	사원(절)의 경비를 충당하기 위해 지정한 토지

토지제도의 변화

구분		내용
역분전 (940, 태조 23)		• 후삼국 통일 후 태조 왕건이 논공행상과 인품을 근거로 수조권을 지급한 토지 • 주관적 기준에 의해 토지가 차등 분배되었기 때문에 체계적이지 않음
전시과	시정전시과 (976, 경종 1)	관품과 인품을 함께 반영하여 전·현직 관료에게 수조권 지급
	개정전시과 (998, 목종 1)	관품만 반영하여 전·현직 관료에게 수조권 지급(인품이 사라짐)
	경정전시과 (1076, 문종 30)	관품만 반영하여 현직 관료에게만 수조권 지급 (수조권을 줄 땅의 여유가 없어져 현직 관료만 지급)
이후 무신 정권 때 농장이 생겨나면서 전시과 제도는 사실상 붕괴되고 녹봉제가 실시됨		
녹과전 (1271, 원종 12)		• 몽골과의 항쟁으로 재정 악화, 관리들에게 줄 녹봉이 없어짐 • 원종이 개경 환도 후 경기 지역 8현의 수조권을 지급
농장(공식적인 토지 제도는 아님)		• 무신 정권, 원 간섭기 때 권력자들이 불법으로 형성한 토지 • 백성들의 토지(소유권)를 빼앗기도 하고 노동력을 부리기도 함
과전법 (1391, 공양왕 3)		위화도 회군 후 이성계가 권문세족의 농장을 몰수하여 신진 사대부들에게 수조권을 지급함

화폐의 종류

시기	내용
성종	건원중보 발행(최초의 철전)
숙종	• 송나라 유학을 마치고 돌아온 의천의 건의로 주전도감 설치 • 삼한통보, 해동통보 발행 • 고려의 지형을 본떠서 만든 은병인 활구 발행
원 간섭기	• 충렬왕 때 쇄은이 제작됨 • 원나라의 지폐인 보초가 사용됨
공양왕	고려 최초의 지폐인 저화 발행

자급자족적 경제 체제에서 크게 벗어나지 못해 화폐 유통에 실패

3 사회

신분의 구성

신분	특징
귀족	• 왕족과 5품 이상의 고위 관료 • 음서·공음전 혜택, 왕실의 근친혼·왕실과 귀족 간의 혼인으로 기득권 유지 • 변화: 문벌 귀족(전기) → 무신(무신 정권기) → 권문세족(원 간섭기)
중인 (중류)	• 남반(궁중 실무)·서리(하급 관리)·향리(지방 행정)·하급 장교·역리(교통 담당) 등 • 각 종류의 직역을 세습하고 토지를 제공받음
양민	• 농민: 백정으로 불리며 양민의 대다수를 구성 • 상인, 수공업자: 상업과 수공업 활동을 담당 • 향·부곡·소민: 일반 백정에 비해 차별받음, 거주 이전의 자유 없음 과거 응시 자격 없음, 세금 부담이 백정에 비해 무거움
천민	• 노비: 매매·상속·증여의 대상, 일천즉천(一賤則賤) 적용 • 공노비: 입역 노비(관청에 소속), 외거노비(국유지를 경작) • 사노비: 솔거노비(주인집에 거주), 외거노비(사유지를 경작)

사회 제도와 풍습

구분	특징
사회 제도	• 빈민 구제: 흑창(태조), 제위보(광종), 의창(성종) • 물가 조정: 상평창(성종) • 의료 기관: 동·서 대비원, 혜민국, 구제도감, 구급도감 • 의약서: 《향약구급방》(현존하는 가장 오래된 의약서)
법률 제도	• 의형대: 태조 왕건이 만든 사법 기구, 형조의 등장으로 소멸 • 형조: 2성 6부 중 사법을 담당하는 곳 • 형벌: 태·장·도·유·사의 5가지 형벌
불교 풍습	• 연등회: 부처님에게 복을 기원하는 행사 • 팔관회: 전통 신앙과 불교 의례가 합쳐진 종교 행사, 국제적 행사로 발전 • 향도: 매향 활동, 불교 관련 일에 적극적으로 참여하는 신앙 조직
가족 제도	• 혼인: 일부일처제가 일반적 • 여성의 지위: 남녀 구분 없이 제사, 남녀 구분 없이 출생순으로 호적에 등록, 여성도 호주 가능, 상속도 남녀 균등, 사위와 외손자도 음서 혜택, 여성의 재혼 가능

4 문화

귀족 문화의 발달

구분	특징
고려 정차	• 12세기 가장 활발하게 생산, 처음에는 비취색의 순청자 발달 • 12세기 중반 이후 순청자에 무늬를 새긴 상감청자 유행 • 원 간섭기 이후 분청사기의 형태로 변화됨
고려의 문학	• 전기 : 신라에서 내려온 향가 유행, 균여의 《보현십원가》 • 중기 : 금나라에 대한 사대로 보수적 경향 • 후기 : 신진 사대부의 영향으로 《한림별곡》, 《관동별곡》 등 '경기체가' 유행 백성들 사이에서 《동동》, 《정읍사》, 《청산별곡》 등 '고려가요' 유행

관학 진흥책

왕	내용
숙종	국자감에 서적포 설치
예종	• 국자감에 전문 강좌인 7재 설치 • 청연각과 보문각을 지어 신하들과 경연 활동을 진행 • 장학 기금인 양현고를 만들어 국자감 학생들을 지원
인종	학교 중심으로 지방 관학 강화
충렬왕	장학 기금인 섬학전을 만들어 국자감 학생들을 지원
공민왕	성균관(국자감)을 순수 유학 교육 기관으로 개편

불교의 발달

승려	특징
의천	• 교선 일치: 교종을 중심으로 선종을 통합 • 천태종 종파를 창시 • 교관겸수: 교리(교종)와 직관(선종)을 통합한 수행 강조
지눌	• 선교 일치: 선종을 중심으로 교종을 통합 • 조계종 종파를 창시 • 정혜쌍수: 정(정신적 수행, 선종)과 혜(지혜, 교종)를 같이 수행할 것을 강조 • 돈오점수: 돈오(갑자기 깨달음, 선종)와 점수(점진적 깨달음, 교종)의 통합을 강조 • 수선사: 지눌이 주도한 승려들의 결사 모임
혜심	유·불 일치설 주장: 불교와 유교의 본질적 부분은 같다고 생각
요세	백련 결사: 교종 중심의 결사 운동

사료로 읽는 고려

1 정치

훈요 10조의 내용을 통해 왕건이 불교를 중요하게 생각했으며, 민생을 안정시키는 한편 서경을 중시하고 거란을 적대시하는 북진 정책을 추진했음을 알 수 있다.

훈요 10조 내용

① 국가의 대업이 제불(諸佛)의 호위와 지덕(地德)에 힘입었으니 불교를 잘 위할 것
② 사사(寺社)의 쟁탈·남조(濫造)를 금할 것
③ 왕위 계승은 적자적손(嫡者嫡孫)을 원칙으로 하되 장자가 불초(不肖)할 때에는 인망 있는 자가 대통을 이을 것
④ 거란과 같은 야만국의 풍속을 배격할 것
⑤ 서경(西京)을 중시할 것
⑥ 연등회(燃燈會)·팔관회(八關會) 등의 중요한 행사를 소홀히 다루지 말 것
⑦ 왕이 된 자는 공평하게 일을 처리하여 민심을 얻을 것
⑧ 차현(車峴) 이남의 공주강외(公州江外)는 산형지세(山形地勢)가 배역(背逆)하니 그 지방의 사람을 등용하지 말 것
⑨ 백관의 기록을 공평히 정해 줄 것
⑩ 널리 경사(經史)를 보아 지금을 경계할 것

《고려사》

태조 왕건이 사심관 제도와 기인제도를 통해 호족들을 통제하려 했음을 알 수 있다.

사심관 제도와 기인 제도

"태조 18년 신라 왕 김부(경순왕)가 항복해 오니 신라국을 없애고 경주라 하였다. (김)부로 하여금 본주(경주)의 사심이 되어 부호장 이하직 등의 일을 맡게 하였다. 이에 모든 공신이 이를 본받아 각기 자기 본주의 사심이 되었다. 사심관은 여기에서 비롯되었다." **《고려사》**

"건국 초에 향리의 자제를 뽑아 서울에 볼모로 삼고, 출신지의 일에 대하여 자문하게 하였는데, 이를 기인이라 한다." **《고려사》**

성종이 지방에 12목을 설치한 후 발표한 조서의 내용이다. 지방을 잘 통제하여 고려를 발전시키고자 했던 성종의 의도가 엿보인다.

성종의 12목 설치

성종 2년 처음으로 12목을 설치하고 조(詔)를 내리기를, "하늘은 높고 크며 해와 달과 별을 나누어 밝음을 나타내고 땅은 두껍고 그 끝이 없으며 산천을 벌려 기운을 퍼트렸도다. 바라건대 하늘 아래 만물은 모두 다 삶을 즐기고 땅을 밟는 무리는 모두 본성을 따라 살게 하기를 바란다. 한 사람이라도 죄를 짓는 것을 보면 마음에서 매우 그 허물을 슬퍼하고 백성들이 가난하게 산다는 것을 들으면 마음 속 깊이 스스로를 책망한다.

비록 몸은 궁궐에 살고 있지만 마음은 항상 백성에게 두루 미쳐 있다. 밤늦게 먹고 날이 새기 전에 일어나 옷을 입으며 항상 충성스런 말을 구하며 낮은 곳의 목소리를 듣고 먼 곳을 보는 데 어질고 착한 이의 힘을 빌리고자 한다. 이에 지방 수령들의 공적을 의지하고 백성들이 바라는 바에 부응하고자 우서(虞書)의 12목(牧)을 본받아 시행하고 주나라가 800년을 이어 갔던 것처럼 우리의 국운도 연장하고자 한다"고 하였다.

《고려사》

중국의 후주에서 온 쌍기의 건의에 따라 광종이 과거 제도를 실시했으며, 과거 제도 이외에 음서(문음)를 통해서도 관직에 나갈 수 있었음을 알 수 있다.

과거 제도

"광종이 한림학사 쌍기를 지공거로 임명하고, 시(詩), 부(賦), 송(頌)과 시무책을 시험하여 진사를 뽑게 하였다. 위봉루에 친히 나가 급제자를 발표하여, 갑과에 최섬 등 2명, 명경 3명, 복업 2명을 합격시켰다."

《고려사절요》

삼국시대 이전에는 과거가 없었고 고려 태조가 학교를 세웠으나 과거 제도로 인재를 뽑지는 않았다. 광종이 쌍기의 의견을 받아들여 과거로 인재를 뽑자, 이때부터 학문을 숭상하는 풍습이 일어나기 시작했다. 과거에 관한 법은 대체로 당나라의 제도를 사용했다. 학교에는 국자학(國子學)·태학(太學)·사문학(四門學)이 있었고 또 9재 학당(九齋學堂)이 있었는데, 율학(律學)·서학(書學)·산학(算學)은 다 국자감에 속하였다. 과거 시험에는 제술(製述)·명경(明經) 두 과가 있었고, 의학과 점복·지리·율학·서학·산학·삼례(三禮)·삼전(三傳)·하론(何論) 등 잡과가 있었는데, 각기 그 과에 맞게 시험을 치고 합격자를 가렸다. 국자감의 승보시 또한 후진을 격려하기 위한 것이었다. 비록 이름 있는 벼슬아치라도 반드시 과거를 통해 벼슬에 나아간 것은 아니었다. 과거에도 인재의 추천이나 문음 등이 있어 벼슬에 나가는 길이 여러 가지였다.

《고려사》

서희는 소손녕과의 담판을 통해 거란과의 화친을 약속하는 한편, 강동 6주를 얻어 냈다.

서희와 소손녕의 담판

소손녕이 서희에게 말하기를, "그대의 나라는 신라 땅에서 일어났고, 고구려의 땅은 우리 것인데 고려가 차지하고 있다. 또 우리와 국경을 접하였는데도 바다 건너 멀리 떨어진 송나라를 섬기니 오늘 출병하였다. 땅을 떼어 바치면 무사할 것이다." 하거늘 서희는 "아니다. 우리가 곧 고구려를 계승하였다. 이로 인해 나라 이름을 고려라 하였고, 평양을 수도로 삼았으니 땅의 경계를 이야기하자면 당신들의 동경도 다 우리 땅이니 어찌 우리가 침략한 것이겠는가? 그리고 압록강의 땅도 우리 것인데 지금 여진이 차지하고 있다. 만일 여진을 쫓고 옛 땅을 돌려준다면 고려와 거란이 교통할 수 있을 것이다."

《고려사》

여진족의 기병대와의 싸움에서 어려움을 겪었던 윤관은 새로운 부대인 별무반을 편성하고 훈련시켜 여진족을 토벌했다.

윤관의 별무반 설치

윤관이 아뢰기를 "신이 적의 기세를 보니 강성함이 헤아리기 어려울 정도니 마땅히 군사를 쉬면서 대비하여 후일을 기다려야 할 것입니다. 또 신이 패한 바는 적은 기병이고 우리는 보병이어서 가히 대적할 수 없었기 때문입니다"라고 하였다. 이에 건의하여 처음으로 별무반(別武班)을 세우고 말을 가진 자는 다 신기군(神騎軍)으로 삼았고, 말이 없는 자는 신보군(神步軍)·도탕군(跳蕩軍)·경궁군(梗弓軍)·정노군(精弩軍)·발화군(發火軍) 등에 속하게 했다. 나이 20세 이상인 남자 가운데 과거 시험을 보는 자가 아니면 다 신보군(神步軍)에 소속시키고, 군인들을 4계절마다 훈련시켰으며, 승려를 뽑아 항마군(降魔軍)으로 삼았다. 마침내 군사를 훈련하며 곡식을 저축하여 다시 군대를 일으킬 것을 도모하였다.

《고려사》

왕과 다름없을 정도의 힘을 가진 이자겸의 정치적 권력을 보여 주는 사료이다.

이자겸의 난

이자겸은 자기에게 속한 관리 소세청(蘇世淸)을 개인적으로 송나라로 보내 표문(表文)과 토산물을 바치면서 지군국사(知軍國事)라고 자칭하였다. 이자겸의 권세와 총애가 나날이 높아져 자기에게 아부하지 않는 자는 온갖 계략으로 헐뜯고 비난하였다. 왕의 아우 대방공(帶方公) 왕보(王俌)는 경산부(京山府)로 추방하였고 평장사 한안인(韓安仁)을 섬으로 귀양 보내 죽게 했다. 또 최홍재(崔弘宰), 문공미(文公美), 이영(李永), 정극영(鄭克永) 등 50여 명을 귀양 보냈다. 자신의 친족을 요직에 배치하고 매관매직하여 자기의 세력을 심었다. 스스로 국공(國公)이 되어 자기의 왕태자와 같은 대우를 받았으며 자기 생일을 인수절(仁壽節)이라 부르고 전국에서 온 축하문을 전(箋)이라고 불렀다.

《고려사》

묘청을 비롯한 서경세력이 풍수지리설에 근거하여 서경천도를 시도했으며, 금나라 정벌을 주장했음을 알 수 있다.

묘청의 서경 천도 운동

묘청이 말하기를, "신(臣) 등이 서경의 임원역 땅을 보니 이는 음양가가 말하는 대화세(大華勢)입니다. 만약 궁궐을 세워 옮기시면 천하를 병합할 수 있을 것이요, 금나라가 폐백을 가지고 스스로 항복할 것이며, 36국이 다 신하가 될 것입니다."라고 하였다.

《고려사》

정지상 등이 왕에게 아뢰기를, "대동강에 상서로운 기운이 있으니 신령스러운 용이 침을 토하는 형국으로, 천년에 한 번 만나기 어려운 일입니다. 천심에 응답하고 백성들의 뜻에 따르시어 금을 제압하소서."라고 하였다.

《고려사절요》

의종의 보현원 행차 때 문신들에게 불만을 품고 있던 무신들에 의해 정변이 발생하여 고려의 지배층이 바뀌게 되었다.

무신 정변

왕이 보현원에 가는 길에 5문 앞에 당도하자 시신들을 불러 술을 돌렸다. 술자리가 무르익자 왕이 좌우를 돌아보며, "이곳은 군사를 훈련시키기에 참으로 적합한 곳이로구나!" 하고 감탄하며 무신들을 시켜 오병수박희를 벌이게 했다. 저물녘 어가가 보현원 가까이 왔을 때, 이고와 이의방이 앞서 가서 왕명을 핑계로 순검군을 집결시켰다. 왕이 막 문을 들어서 신하들이 물러나려 하는 찰나에 이고 등은 임종식·이복기·한뢰 등을 죽였으며 호종한 문관 및 높고 낮은 신하와 환관들도 모조리 살해했다. 또 개경에 있는 문신 50여 명도 살해한 후, 정중부 등은 왕을 궁궐로 도로 데리고 왔다. … 해질 무렵에 왕이 강안전에 들자 정중부 등은 또 수행한 내시 10여 명과 환관 10명을 찾아내어 죽였다. 왕이 수문전에 앉은 채로 평소와 다름없이 술을 마시면서 악공들에게 음악을 연주하게 했으며 한밤중이 되어서야 침소로 들어갔다. 이고와 채원이 왕을 시해하고자 했으나 양숙이 제지했다. 순검군들은 창문과 벽을 뚫어 부순 다음 궁중 창고에 넣어 둔 진귀한 보물들을 훔쳤다. 정중부가 왕을 협박해 군기감으로 처소를 옮기고 태자는 영은관으로 옮겼다.

《고려사》

초기의 무신 정권은 김보당의 난, 조위총의 난과 같은 반란으로 매우 혼란스러운 상황이었음을 알 수 있다.

김보당의 난과 조위총의 난

김보당의 난

명종 3년(1170) 8월에 동북면병마사 김보당이 동계에서 군사를 일으켜 정중부와 이의방을 몰아내고 의종을 복위시키고자 했다. 동북면지병마사 한언국이 군사를 일으켜 여기에 호응하였고 김보당은 장순석을 거제도로 보내 의종을 보필했다. … 계묘일에 안북도호부에서 김보당 등을 잡아 개경으로 보내 왔다. 이의방이 그들을 저잣거리에서 죽였으며 모든 문관을 다 살육하였다.

《고려사》

조위총의 난

명종 4년 9월 서경 유수 조위총이 군사를 일으켜 정중부와 이의방을 토벌하기로 하고 동북 양계의 여러 성들에 격문을 보내 사람들을 모았다. 조정에서는 10월 윤인첨을 시켜 조위총을 공격하게 하였다. … 명종 6년 6월 윤인첨이 서경을 격파하고 조위총을 붙잡아 죽인 다음 사람을 조정에 보내 승전을 보고하였다.

《고려사》

무신 정권 초기에는 권력 다툼과 각 지역의 반란으로 인해 혼란스러운 시기였으나 최씨 정권이 시작되면서 안정기에 접어들었고, 최충헌은 왕에게 봉사10조를 올려 혼란을 수습하려 했다.

최충헌의 봉사 10조

최충헌이 동생과 함께 봉사(封事)를 올리기를 "살펴보건대 적신 이의민은 성품이 사납고 잔인하여 윗사람을 업신여기고 아랫사람을 능멸하여 임금의 자리를 흔들고자 하였습니다. 재앙의 불길이 성하여 백성이 편히 살 수 없었습니다. 신 등이 폐하의 위엄과 정신에 힘입어 일거에 소탕하여 제거하였습니다. 원컨대 폐하께서는 옛 것을 개혁하고 새로운 것을 도모하셔서 태조의 바른 법을 한결 같이 따라 이를 행하여 빛나게 중흥하소서."라고 하였다.

《고려사》

무신 정권 시기 일어난 봉기들은 현실의 어려움에 대한 불만을 표출했을 뿐 아니라, 지배층의 부조리함에 맞서 싸우며 신분 제도의 한계를 극복하려 했다.

무신 정권 시기 봉기의 발생

망이·망소이의 난

공주 명학소 사람 망이·망소이 등이 무리를 모아 산행병마사라 자칭하고 공주를 공격하여 무너뜨렸다. 정부는 채원부와 박강수 등을 보내 달랬으나 적은 이를 거부했고 왕은 신하들을 편전으로 불러 대책을 논의했다. … 망이의 고향인 명학소를 충순현으로 승격시킨 다음 양수탁을 현령으로 김윤실을 현위로 각각 임명해 그 고을 백성을 달래게 했다.

《고려사》

만적의 난

(만적이 말하기를) 정중부와 김보당의 난 이후로 고관이 천민과 노비에서 많이 나왔다. 장군이나 재상이 되는 씨가 어디 따로 있겠는가. 때가 오면 누구나 그 자리에 오를 수 있다. 우리가 어찌 상전의 매질을 받으며 고생만 하고 살아야 하는가. 모두 자신의 주인을 죽이고 천민의 호적을 불살라 삼한 땅에 천인이 없게 만들면 우리가 공경대부가 될 수 있을 것이다.

《고려사》

김윤후의 활약으로 고려군이 처인성과 충주성 전투에서 승리했음을 알 수 있는 사료이다.

김윤후의 활약

김윤후는 고종 때 사람이다. (그는) 일찍이 승려가 되어 백현원에 살았는데 몽골병이 오자 처인성(處仁城)으로 난을 피하였다. 몽골의 장군 살리타(撒禮塔)가 쳐들어와서 처인성을 공격하자 김윤후가 그를 활로 쏴 죽였다. 왕이 그 공을 가상히 여겨 상장군을 제수하였으나, 김윤후는 공을 다른 사람에게 양보하여 말하기를, "싸울 때를 당하여 나는 활과 화살이 없었는데 어찌 감히 헛되이 무거운 상을 받으리오." 하고 굳이 사양하고 받지 않았다. 이에 (훨씬 낮은 계급인) 섭낭장으로 고쳐 제수하였다.
뒤에 (김윤후는) 충주산성 방호별감이 되었다. 몽골병이 와서 성을 포위한 지 무릇 70여 일 만에 군량미가 거의 다 떨어졌다. 김윤후가 군민을 설득하고 독려하여 말하기를, "만일 힘써 싸울 수 있다면 귀천(貴賤)을 가리지 않고 모두 관작을 제수할 것이니 너희들은 불신하지 말라." 하였다. 드디어 관청 소속 노비들의 명부를 가져다 불살라 버리고 또 빼앗은 소와 말을 나누어 주니 사람들이 다 죽음을 무릅쓰고 적진에 나아갔다. 몽골병의 기세가 꺾여 드디어 다시 남쪽으로 내려오지 못하였다.

《고려사》

몽골의 침입으로 백성들의 삶이 피폐해져 가고 있음에도 강화도로 피신한 고려 무신 정권은 호화로운 생활을 지속하였다.

강화 천도 시기 최씨 정권의 호화로운 생활

고종 32년 5월 최우가 재추 대신들을 위해 자신의 집에서 연회를 베풀었다. 이때 채색된 비단으로 산 모양을 만들어 비단 휘장을 치고, 가운데에 무늬 자수와 비단 꽃으로 장식한 그네를 매어두었다. 8면을 은으로 테두리를 두르고 자개로 장식한 큰 동이 4개에 각각 얼음을 산더미처럼 채우고, 또 4개의 큰 통에 붉은 작약과 자줏빛 작약 10여 종을 가득히 꽂으니, 얼음과 꽃이 서로 비치어 안과 밖이 찬란하였다. 그리고 기악과 온갖 잡희를 베풀고, 팔방상(八坊廂, 음악을 담당하던 곳)의 공인(工人) 1,350여 명이 모두 호화롭게 단장하고 뜰에 들어와 풍악을 연주하니, 거문고와 노래와 북과 피리 소리들이 천지를 진동하였다. **《고려사절요》**

무신 정권의 사병 기구였던 삼별초는 고려 조정이 몽골에 항복한 후에도 강화도–진도–제주도로 근거지를 옮기면서 몽골군에 저항했다가 진압되었다.

삼별초의 항전

(강화)성 안 사람들은 놀라서 숲과 풀숲으로 흩어져 숨었으며 아녀자들이 곡하는 소리가 거리에 가득 찼다. 삼별초는 무기고의 병기를 꺼내서 군졸들에게 나누어 주고 성을 굳건히 지켰다. 배중손과 노영희는 삼별초를 이끌고 저잣거리에 모여서 승화후(承化侯) 온(溫)을 협박하여 왕으로 삼고 관부를 설치했는데 대장군 유존혁, 상서좌승 이신손을 좌우 승선으로 임명하였다. … 삼별초는 진도(珍島)로 들어가서 근거지로 삼았고 인근 고을들을 근거지로 삼아서 왕이 김방경에게 명령하여 삼별초를 토벌케 하였는데 이듬해 김방경은 몽골 장군 흔도(忻都) 등과 함께 3군을 통솔하고 삼별초를 토벌하였다. 삼별초는 멀리 도망쳤으며 대장 김통정은 패잔병을 거느리고 탐라(耽羅)로 들어갔다. **《고려사》**

원 간섭기 몽골족이 공녀를 데려가는 일로 인해 고려의 백성들이 큰 피해를 입고 있음을 알 수 있다.

원 간섭기 공녀의 공출

들리는 말에 의하면 고려에서는 딸을 낳으면 곧 비밀로 하고, 오로지 소문이 날까 우려하여 비록 이웃이라도 볼 수 없다 합니다. 매번 중국에서 사신이 오면 얼굴빛을 바꾸면서 서로 돌아보고 말하기를 "왜 왔을까? 공녀를 구하는 것인가? 처첩을 데려가려는 건 아닌가?"라 합니다. 군사들이 사방으로 집집마다 뒤지는데, 혹시 숨기거나 하면 그 이웃들을 잡아 두고 그 친족을 밧줄로 매어 채찍질과 몽둥이질을 하여 숨긴 딸을 찾은 뒤에야 멈춥니다. 한 번 사신이 올 때마다 나라 안이 소란해지니 닭과 개조차도 편안할 수 없습니다. … 공녀의 수는 많게는 40~50명에 이르는데, 선발되면 곧 부모와 친척들이 서로 모여 통곡하며 우는데 밤낮으로 그 소리가 끊이지 않습니다. 도성 문에서 송별할 때는 옷자락을 잡고 쓰러지기도 하고 길을 막고서 호소하며 울기도 합니다. 매우 비통하고 분하여 우물에 몸을 던져 죽기도 하고, 스스로 목을 매는 자도 나오며, 근심 걱정으로 혼절하여 쓰러지는 자도 있고, 피눈물을 쏟다가 실명하는 이도 있다 합니다. **《가정집》**

원 간섭기부터 고려 왕실은 원나라의 권고에 따라 고려 안에서 유효했던 외왕내제(外王內帝) 체제를 버리고 관제를 부마국에 맞게 격하시켰다.

고려 왕실의 관제 격하

경술일에 원나라에서 악탈연(岳脫衍), 강수형(康守衡)을 파견하였는데 왕(충렬왕)이 선의문 밖에 나가서 맞이하였다. 조서에 이르기를 "고려에서는 왕족들이 동성 간에 결혼하는데 이것은 무슨 도리인가? 이미 원나라와 더불어 한 집안이 되었으니 우리와 서로 통혼해야 한다. 만일 그렇게 하지 않는다면 어찌 일가로 된 의리라고 하겠는가? 그리고 또 우리 태조 황제(칭기즈 칸)가 13개국을 정복할 때 그 나라 왕들이 앞을 다투어 아름다운 여인들과 명마와 보물들을 바쳤다는 것을 당신도 들었을 것이다. 왕이 아직 왕으로 되기 전에는 태자라고 하지 않고 세자라고 부르며 국왕의 명령을 그 전에는 성지(聖旨)라고 했던 것을 이제 와서는 선지(宣旨)라고 하니, 관직 칭호로서 우리 조정과 같은 것도 역시 그와 마찬가지로 고쳐야 한다."

《고려사》

친원파, 문벌 귀족, 무신 가문이 포함된 권문세족을 당시에는 '재상재종'이라 불렀다. 이들은 원 간섭기 고려의 권력을 독점하고 전횡을 일삼았다.

권문세족

이제부터는 만약 종친(宗親) 중에서 같은 성과 혼인하는 자는 이는 황제의 명령을 위반하는 것으로 죄를 논할 것이니, 마땅히 대대로 재상을 지낸 가문의 딸과 혼인할 것이며 재상들의 아들이라야 종실의 딸들과 결혼할 수 있을 것이다. 그러나 만약 그 집안이 한미하다면 이 제한에 구애받지 않는다.

신라 왕손 김혼(金琿)의 일가는 역시 순경태후(順敬太后)와 형제 집안이며, 언양 김씨 일가, 정안 임태후의 일족, 경원 이태후와 안산 김태후의 집안, 그리고 철원 최씨, 해주 최씨, 공암 허씨, 평강 채씨, 청주 이씨, 당성 홍씨, 황려 민씨, 횡천 조씨, 파평 윤씨, 평양 조씨는 모두 누대의 공신이요 재상지종(宰相之宗)이니 가히 대대로 혼인하여, 그 아들은 종실의 딸에게 장가들고 그 딸은 왕실의 비(妃)로 삼을 만하다. 문무 양반의 가문에서 동성 간의 혼인을 하지 말 것이나 외가 사촌 간은 구혼하는 것을 허락한다.

《고려사》

공민왕은 권문세족을 견제하여 왕권을 강화시키는 개혁을 추진했다. 당시 권문세족들은 불법으로 토지를 빼앗아 농장을 만들어 경제적 기반을 확충했는데, 공민왕은 이를 원래 주인에게 돌려주고 불법으로 노비가 된 사람을 해방시켜 국가의 재정을 튼튼히 하려 했다.

공민왕의 개혁 정치

신돈이 전민변정도감을 두기를 청하여 스스로 판사가 된 다음, 방을 내려 "요사이 기강이 크게 무너져 사람들의 탐욕스러움이 풍속이 되었다. 종묘, 학교, 창고, 사원 등의 토지, 조상 대대로 내려오는 토지와 노비를 권세가가 거의 다 빼앗아 차지하고 있다. …… 이제 전민변정도감을 두어 이를 바로잡으려 하니, 서울은 15일, 각 도는 40일 이내로 그 잘못을 알고 스스로 고치는 자는 죄를 묻지 않을 것이며, 기한을 지나 일이 발각되는 자는 조사하여 다스리되, 거짓말로 호소하는 사람은 도리어 벌을 줄 것이다."라고 하였다.

《고려사》

성리학의 대가였던 이색이 성균관의 대사성이 되면서 신진 사대부들이 성장했고, 성리학이 더욱 발전하게 되었다.

성리학의 대두

성균관을 다시 짓고 이색을 판개성부사 겸 성균관 대사성으로 삼았다. … 이색이 다시 학칙을 정하고 매일 명륜당에 앉아서 유교 경전을 나누어 수업하고 강의를 마치면 토론하였다. 이에 학자들이 많이 모여 함께 눈으로 보고 마음으로 느끼는 중에 주자 성리학이 비로소 흥기하게 되었다.

《고려사》

원나라가 쇠퇴하면서 중국이 혼란해진 시기에 한족 반란군의 일부였던 홍건적이 고려로 쳐들어왔다. 고려는 수도인 개경이 함락되고 공민왕이 안동까지 피신할 정도로 어려움을 겪었다.

홍건적의 침입

공민왕 10년(1361) 겨울에 홍건적 위평장(僞平章)·반성(潘誠)·사유(沙劉)·관선생(關先生)·주원수(朱元帥)·파두번(破頭潘) 등 20만 군사가 압록강을 건너 서북 변방에 함부로 들어와서 우리에게 글을 보내기를, "군사 110만을 거느리고 동쪽 땅으로 가니 속히 맞아 항복하라."고 하였다. 태조(이성계)가 적의 왕원수(王元帥) 이하 100여 명의 목을 베고 한 명을 사로잡아서 왕에게 바쳤다. 11월에 공민왕이 남쪽으로 피난하자, 홍건적이 개경을 점령하였다.

《태조실록》

우왕 6년 왜구가 쳐들어오자 최무선은 진포에서 화포를 사용하여 물리쳤다. 왜구의 잔당이 육지로 피신하여 노략질을 계속하자 당시 고려의 장수였던 태조(이성계)가 왜구를 섬멸하였다.

왜구의 침입

경신년(1380, 우왕 6) 가을에 왜선 300여 척이 전라도 진포에 침입했을 때 조정에서 최무선의 화약을 시험해 보고자 하였다. 최무선은 부원수에 임명되어 도원수 심덕부(1328~1402)·상원수(上元帥) 나세(1320~1397)와 함께 배를 타고 화구(火具)를 싣고 바로 진포에 이르렀다. 왜구가 화약이 있는 줄 모르고 배를 한 곳에 집결하여 힘을 다하여 싸우려고 하자, 최무선이 화포를 발사해 그 배들을 다 태워 버렸다. 배를 잃은 왜구는 육지에 올라와서 전라도와 경상도까지 노략질하고 다시 운봉(雲峯)에 모였다. 이때 병마도원수(兵馬都元帥)로 있던 태조(太祖)가 여러 장수와 함께 왜구를 빠짐없이 섬멸하였다. 이후 왜구가 점점 줄어들고 항복하는 자가 서로 잇달아 나타나 해안가의 백성들이 생업을 회복하게 되었다. 이는 태조의 덕에 하늘이 응한 덕분이지만, 최무선의 공 역시 작지 않았다.

《태조실록》

2 경제

태조 왕건은 취민유도(取民有度) 정책을 통해 조세의 비율을 1/10로 정했다.

태조 왕건의 취민유도 정책

고려의 태조가 즉위한 지 34일 만에 여러 신하들을 맞아 "근래에 백성들에 대한 수탈이 심해 1결의 조세가 6석이나 되어 백성들의 삶이 너무도 어려우니 나는 이를 매우 안타깝게 생각한다. 지금부터 마땅히 10분의 1로 세금을 거두어 밭 1부의 조를 3되로 하여라."라고 하였다.

《고려사》

고려에 방문했던 송나라의 서긍이 쓴 《고려도경》이라는 책의 일부이다. 벽란도가 개경으로 들어가는 출입 무역항이었음을 알 수 있다.

벽란도

배가 예성항에 도달하고 나서 닻을 내리면 사람들이 배를 가지고 와서 맞이한다. 사자(使者)가 조서를 받들고 상륙하면 벽란정에 들어가서 조서를 봉안하는 일을 끝내고 물러가 숙소에서 쉰다. 이튿날 군대의 의장이 앞에서 인도하는데 여러 의장 가운데서 신기대가 먼저이고, 조서가 당도하는 것을 기다려서 나머지 의장들과 연접하여 성에 들어간다.

《고려도경》

❸ 사회

노비는 매매·상속·증여의 대상인 최하층민이었으나, 사료 안에 등장하는 평량처럼 재산을 축적하여 노비 신분에서 벗어나는 경우도 있었다.

노비의 신분 상승

평량은 평장사 김영관의 노비로 경기도 양주에 살면서 성실하게 농사를 하여 부유하게 되었다. 그는 권세가들에게 뇌물을 바쳐 천인에서 벗어나 산원동정의 벼슬을 얻었다. 그의 처는 소감 왕원지의 집안 노비인데, 왕원지는 집안이 가난하여 가족을 데리고 가서 의탁하고 있었다. 평량이 후하게 위로하여 서울로 돌아가기를 권하고는 길에서 몰래 처남과 함께 원지의 부처와 아들을 죽이고 스스로 그 주인이 없어졌으므로 계속해서 양민으로 행세할 수 있음을 다행으로 여겼다.

《고려사》

제시된 사료에서는 처첩제를 주장하는 박유에 대해 길거리의 여성들이 삿대질을 한다. 또한 재상들도 자신의 아내가 무서워 처첩제에 대한 논의를 하지 못한다. 비록 사회적인 활동들은 남성 중심으로 이루어졌지만, 가정 안에서는 여성의 지위가 남성과 비슷했음을 알 수 있다.

여성의 지위

박유는 충렬왕 때 대부경에 임명되었다. 왕에게 글을 올렸는데, "우리나라는 남자가 적고 여자가 많습니다. (중략) 바라건대 여러 신하들로 하여금 처와 첩을 둘 수 있게 하되, 관품에 따라서 그 수효를 줄여서 평민에 이르면 한 명의 처와 한 명의 첩을 얻을 수 있도록 하소서. 그리고 여러 첩들이 낳은 아들도 본처가 낳은 아들처럼 벼슬을 할 수 있게 한다면, 짝이 없이 원망하는 사람들도 없을 것이고 인구도 점점 늘어날 것입니다."라고 하였다. 부녀자들이 이 소식을 듣고 원망하여 놀라워하지 않는 자가 없었다. 때마침 박유가 왕의 행차를 호위하고 따라갔는데 어떤 노파가 손가락질하며 "첩을 두자고 주장한 자가 바로 저 빌어먹을 놈이다."라고 말했다. 이 말을 들은 사람들이 거리와 골목에서 마구 삿대질을 하였다. 당시 재상들 가운데는 자기 처를 무서워하는 자들이 있어서 더 이상 그 논의를 못하게 하였고, 결국 이 주장은 시행되지 못하였다.

《고려사》

4 문화

송나라 사람 서긍이 쓴 《고려도경》의 일부이다. 원래 고려는 송나라의 청자를 수입하던 나라였으나, 고려 고유의 청자 제작 기술이 발전하면서 송나라 사람들도 고려의 청자를 극찬하게 되었다.

고려청자

도자기의 색이 푸른 것을 고려 사람들은 비색이라고 한다. 근래에 들어와 제작 기술이 정교해지고 광택이 더욱 아름다워졌다. 술항아리의 모양은 참외와 같은데, 위에는 연꽃 위에 오리가 엎드린 모양의 작은 뚜껑이 있다.

《고려도경》

당시 유명한 학자였던 최충이 가르치는 일을 시작하자 많은 학생들이 모여 9재 학당이 형성되었다.

최충의 9재 학당

현종이 중흥한 뒤로 전쟁이 겨우 멈추어 문교에 겨를이 없었는데, 최충이 후진들을 모아서 가르치기를 부지런히 하니, 여러 학생들이 많이 모여들었다. 드디어 낙성, 대중, 성명, 경업, 조도, 솔성, 진덕, 대화, 대빙이라는 9재로 나누었는데, 시중 최공도라고 일렀으며 무릇 과거를 보려는 자는 반드시 그 도에 들어가서 배웠다. 해마다 더운 철이면 귀법사의 승방을 빌려서 여름 공부를 했다. 도 가운데에서 급제한 자로 학문은 우수하나 벼슬하지 않은 자를 골라 교도로 삼아 구경과 삼사를 가르쳤다.

《고려사절요》

고려 후기 불교는 사원 수공업과 장생고를 이용하여 재산을 축적하는 등 많이 부패한 모습을 보였다.

불교의 부패

승려들이 절의 돈과 곡식을 가지고 각 주군에 높은 이자를 놓아서 백성을 괴롭히고 있다. 지금 부역을 피하려는 무리들이 부처의 이름을 걸고 돈놀이를 하거나 농사, 축산을 업으로 삼고 장사를 하는 것이 보통이 되었다. … 어깨를 걸치는 가사는 술 항아리 덮개가 되고, 범패를 부르는 장소는 파와 마늘의 밭이 되었다. 장사꾼과 통하여 팔고 사기도 하며, 손님과 어울려 술 먹고 노래를 불러 절간이 떠들썩하다.

《고려사》

왕실 세계도

— 부자 관계
---- 자손 혹은 비혈연 관계
●—● 혼인 관계

고려

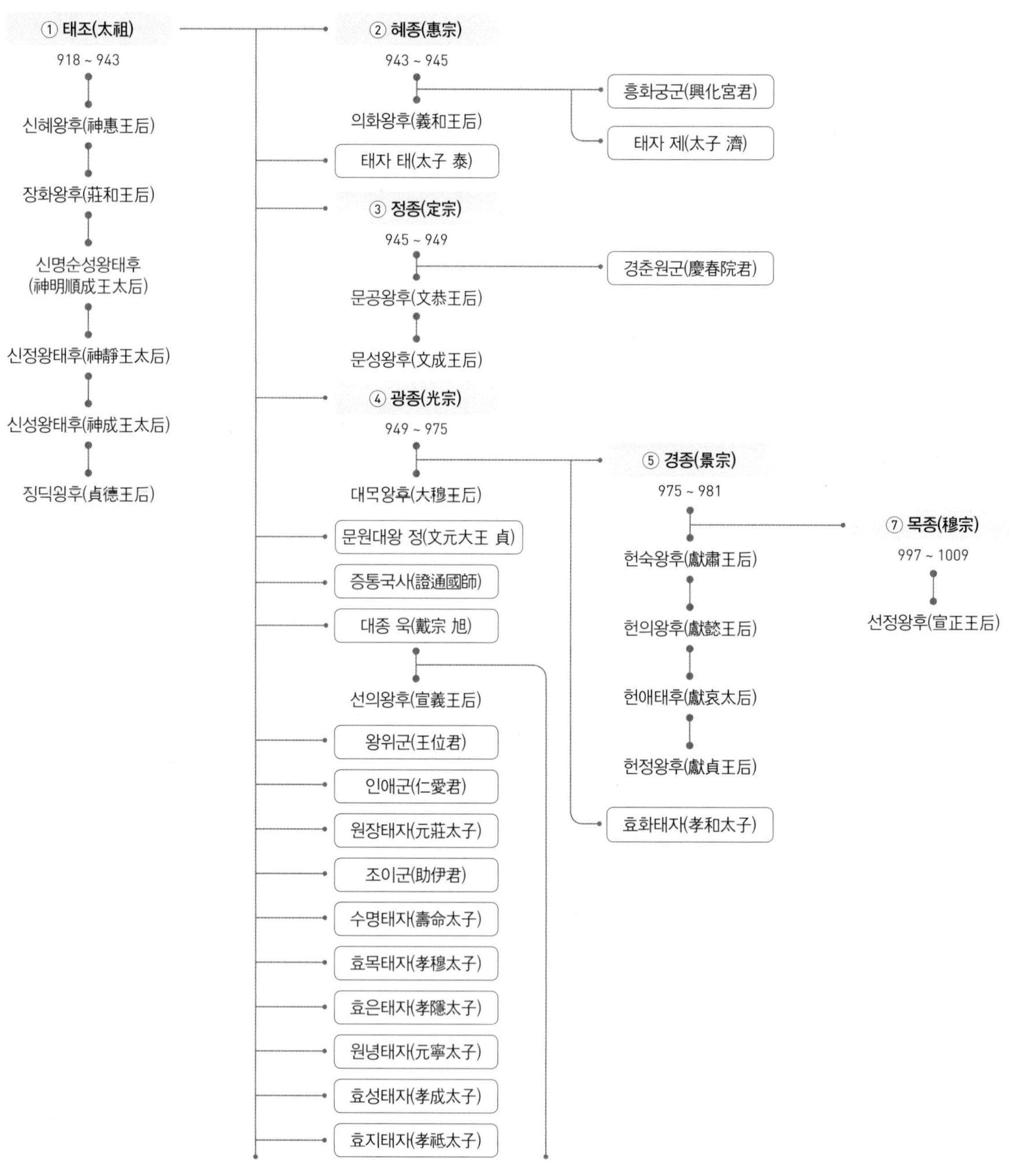

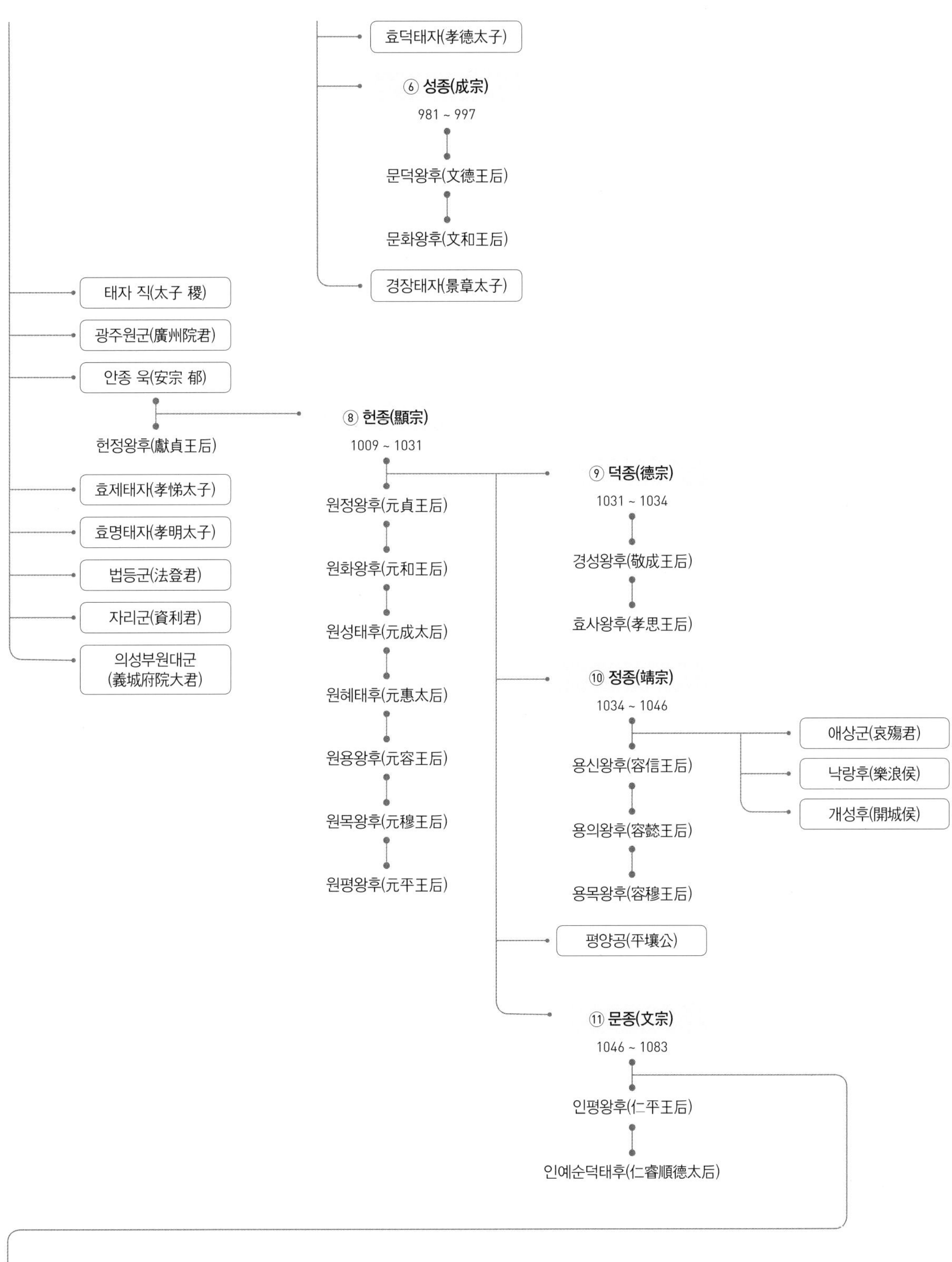
효덕태자(孝德太子)
⑥ 성종(成宗)
981 ~ 997
문덕왕후(文德王后)
문화왕후(文和王后)
경장태자(景章太子)
태자 직(太子 稷)
광주원군(廣州院君)
안종 욱(安宗 郁)
헌정왕후(獻貞王后)
⑧ 헌종(顯宗)
1009 ~ 1031
원정왕후(元貞王后)
원화왕후(元和王后)
원성태후(元成太后)
원혜태후(元惠太后)
원용왕후(元容王后)
원목왕후(元穆王后)
원평왕후(元平王后)
효제태자(孝悌太子)
효명태자(孝明太子)
법등군(法登君)
자리군(資利君)
의성부원대군
(義城府院大君)
⑨ 덕종(德宗)
1031 ~ 1034
경성왕후(敬成王后)
효사왕후(孝思王后)
⑩ 정종(靖宗)
1034 ~ 1046
용신왕후(容信王后)
용의왕후(容懿王后)
용목왕후(容穆王后)
애상군(哀殤君)
낙랑후(樂浪侯)
개성후(開城侯)
평양공(平壤公)
⑪ 문종(文宗)
1046 ~ 1083
인평왕후(仁平王后)
인예순덕태후(仁睿順德太后)

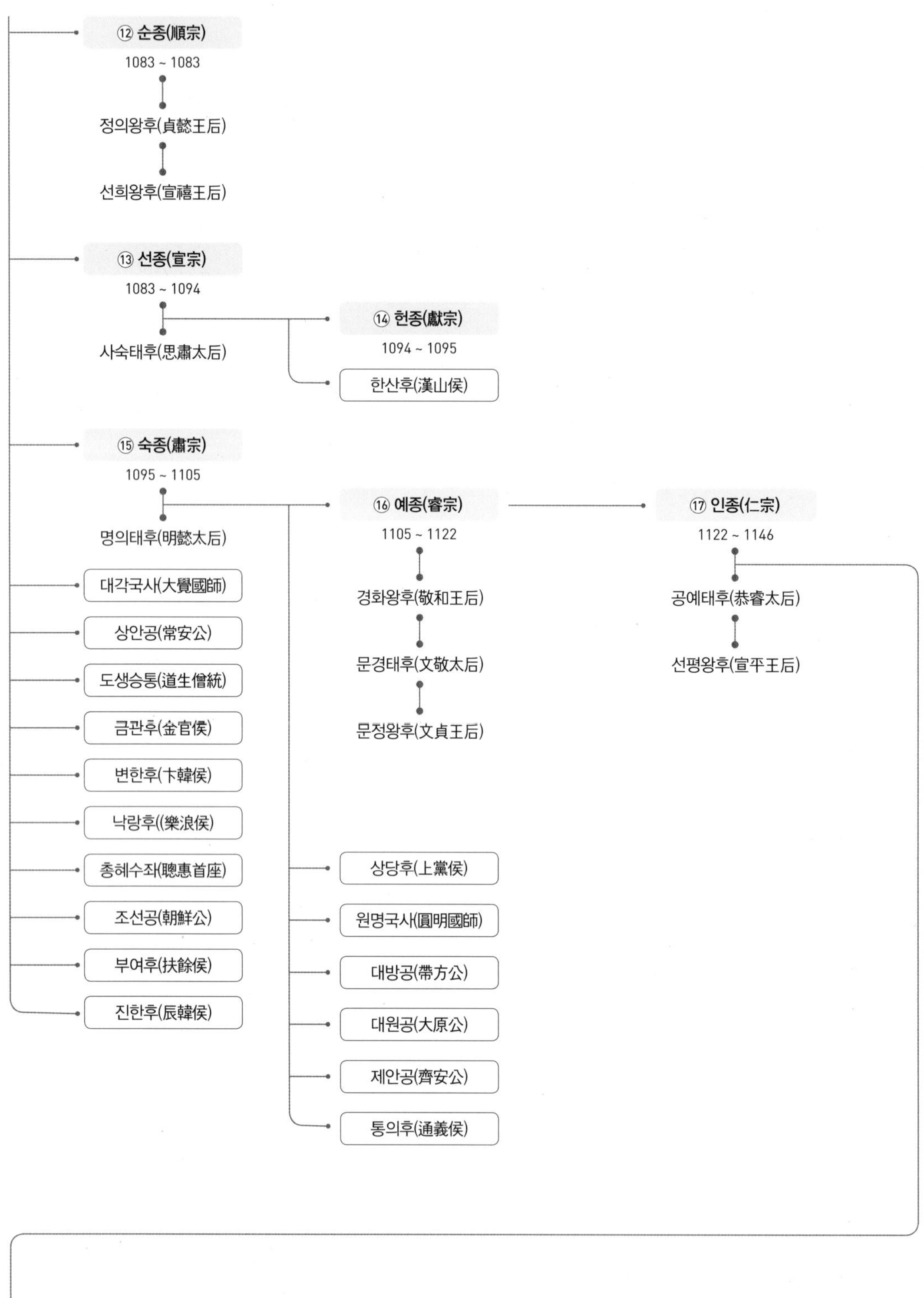
⑫ 순종(順宗)
1083 ~ 1083
정의왕후(貞懿王后)
선희왕후(宣禧王后)
⑬ 선종(宣宗)
1083 ~ 1094
사숙태후(思肅太后)
⑭ 헌종(獻宗)
1094 ~ 1095
한산후(漢山侯)
⑮ 숙종(肅宗)
1095 ~ 1105
명의태후(明懿太后)
⑯ 예종(睿宗)
1105 ~ 1122
경화왕후(敬和王后)
문경태후(文敬太后)
문정왕후(文貞王后)
⑰ 인종(仁宗)
1122 ~ 1146
공예태후(恭睿太后)
선평왕후(宣平王后)
대각국사(大覺國師)
상안공(常安公)
도생승통(道生僧統)
금관후(金官侯)
변한후(卞韓侯)
낙랑후((樂浪侯)
총혜수좌(聰惠首座)
조선공(朝鮮公)
부여후(扶餘侯)
진한후(辰韓侯)
상당후(上黨侯)
원명국사(圓明國師)
대방공(帶方公)
대원공(大原公)
제안공(齊安公)
통의후(通義侯)

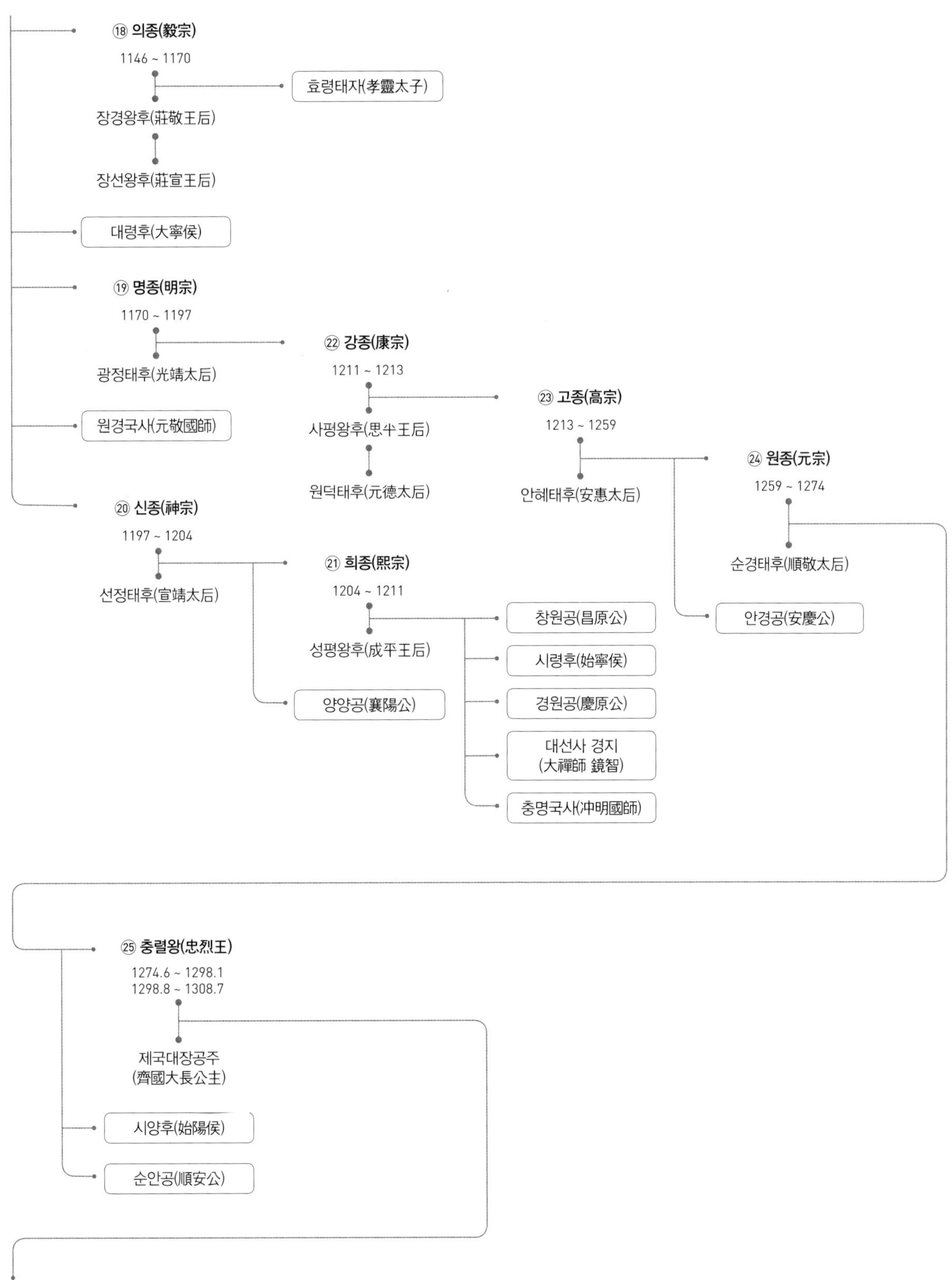
⑱ 의종(毅宗)
1146 ~ 1170
효령태자(孝靈太子)
장경왕후(莊敬王后)
장선왕후(莊宣王后)
대령후(大寧侯)
⑲ 명종(明宗)
1170 ~ 1197
광정태후(光靖太后)
원경국사(元敬國師)
㉒ 강종(康宗)
1211 ~ 1213
사평왕후(思平王后)
원덕태후(元德太后)
㉓ 고종(高宗)
1213 ~ 1259
안혜태후(安惠太后)
㉔ 원종(元宗)
1259 ~ 1274
순경태후(順敬太后)
안경공(安慶公)
⑳ 신종(神宗)
1197 ~ 1204
선정태후(宣靖太后)
㉑ 희종(熙宗)
1204 ~ 1211
성평왕후(成平王后)
양양공(襄陽公)
창원공(昌原公)
시령후(始寧侯)
경원공(慶原公)
대선사 경지
(大禪師 鏡智)
충명국사(冲明國師)
㉕ 충렬왕(忠烈王)
1274.6 ~ 1298.1
1298.8 ~ 1308.7
제국대장공주
(齊國大長公主)
시양후(始陽侯)
순안공(順安公)

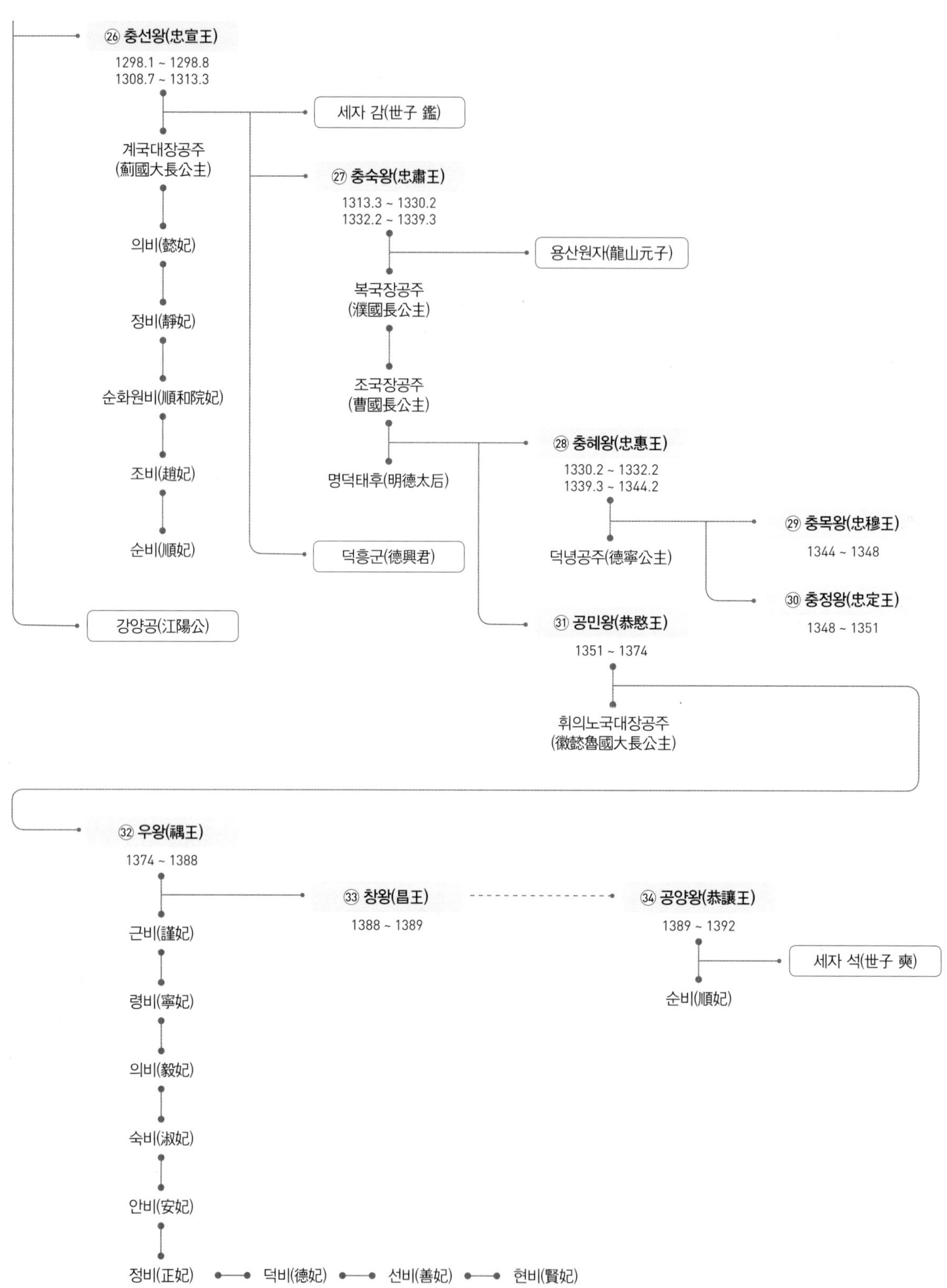

㉖ 충선왕(忠宣王)
1298.1 ~ 1298.8
1308.7 ~ 1313.3
세자 감(世子 鑑)
계국대장공주
(薊國大長公主)
㉗ 충숙왕(忠肅王)
1313.3 ~ 1330.2
1332.2 ~ 1339.3
의비(懿妃)
용산원자(龍山元子)
복국장공주
(濮國長公主)
정비(靜妃)
조국장공주
(曹國長公主)
순화원비(順和院妃)
㉘ 충혜왕(忠惠王)
1330.2 ~ 1332.2
1339.3 ~ 1344.2
조비(趙妃)
명덕태후(明德太后)
㉙ 충목왕(忠穆王)
1344 ~ 1348
순비(順妃)
덕흥군(德興君)
덕녕공주(德寧公主)
㉚ 충정왕(忠定王)
1348 ~ 1351
강양공(江陽公)
㉛ 공민왕(恭愍王)
1351 ~ 1374
휘의노국대장공주
(徽懿魯國大長公主)
㉜ 우왕(禑王)
1374 ~ 1388
㉝ 창왕(昌王)
1388 ~ 1389
㉞ 공양왕(恭讓王)
1389 ~ 1392
근비(謹妃)
세자 석(世子 奭)
순비(順妃)
령비(寧妃)
의비(毅妃)
숙비(淑妃)
안비(安妃)
정비(正妃)
덕비(德妃)
선비(善妃)
현비(賢妃)

3부

조선

1장

정치사로 읽는 조선

조선의 성립과 조선 전기 정치 제도

1. 조선의 건국과 정치 변화
2. 조선 전기 통치 체제의 정비
3. 사림의 성장

왜란과 호란

1. 임진왜란의 전개
2. 정묘호란과 병자호란
3. 양난 이후의 대외관계 변화

조선 후기의 통치 체제와 정치 제도

1. 붕당정치와 환국
2. 탕평정치의 전개
3. 쇄도정치의 폐단

조선의 성립과 조선 전기 정치 제도

주요 용어

위화도 회군, 조선, 한양 천도, 정도전, 경국대전, 과전법, 6조 직계제, 의정부 서사제, 왕도 정치, 호패법, 집현전, 경연, 계유정난

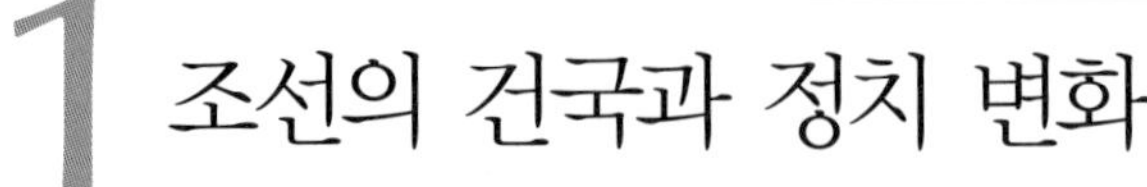

1 조선의 건국과 정치 변화

이성계와 급진파 신진 사대부, 조선을 건국하다

신진 사대부 세력은 이성계와 함께 **위화도 회군**(1388)을 계기로 최영을 몰아내고 고려 조정의 권력을 장악했습니다. 이후 이들은 개혁의 속도와 방향을 놓고 고려 왕조를 유지한 상태에서 점진적인 개혁을 추진하자는 온건파와 새로운 왕조를 세우고 급속한 개혁을 추진하자는 급진파로 나뉩니다.

급진 개혁파는 이성계와 손잡고 정치·경제적 실권을 장악한 후, **과전법**(1391)을 시행하는 등 개혁을 실시합니다. 이 과정에서 정몽주가 이끄는 온건 개혁파와 치열한 정쟁이 일어났습니다. 하지만 이방원(훗날 조선 태종)이 정몽주를 살해하고 온건 개혁파를 제거하면서 급진 개혁파는 이성계를 왕으로 추대하고 **조선**을 건국합니다(1392).

정도전, 조선의 기초를 디자인하다

조선은 건국 초에 있을 혼란을 줄이기 위해 일단 고려 공양왕으로부터 양위를 받는 형식으로 왕조 교체를 단행하면서 고려라는 국호를 유지하고 개경을 수도로 정했습니다. 그러나 새 왕조에 대한 민심을 쇄신하고자 1393년에 국호를 '**조선**'으로 정하고 이듬해에 **한양으로 천도**합니다. 천도 후 나라의 체제를 정비하는 과정에서 주도적인 역할을 한 사람이 정도전입니다.

정도전(1342~1398)

정도전은 먼저 성리학적 통치 이념을 바탕으로 나라를 정비해야 한다고 생각했습니다. 그는 천도 과정에서 수도 건설의 총책임자가 되어 궁

궐의 터를 정하고 경복궁 및 4대문의 이름, 한양 거리의 이름까지 성리학적 이념을 담아 직접 지었습니다. 경복궁을 중심으로 좌측에 종묘를, 우측에 사직을 두는 등 건축에 있어서도 유교적 가치를 실현하려 했습니다. 그가 편찬한 《조선경국전(朝鮮經國典)》(396p 참조)이라는 법전은 훗날 조선의 기본 법전인 《경국대전(經國大典)》에 큰 영향을 줍니다.

또한 **정도전**은 왕이란 천명을 받은 사람이면서 최고 통치자이지만 상징적인 존재여야 하고, 실제 국가의 운영은 재상이 담당해야 한다는 재상 중심 정치를 강조했습니다. 태조 이성계는 정도전의 의견을 받아들여 재상들의 합의 기구인 의정부를 중심으로 정치를 운영했습니다. 그러나 정도전의 국정 철학은 국왕 중심의 정치를 지향하는 이방원(훗날 태종)과 부딪혀 갈등을 빚었고, 결국 제1차 왕자의 난 때 정도전은 이방원에게 숙청당합니다(태조 7, 1398).

태종, 왕권 강화를 추진하다

이방원은 제2차 왕자의 난을 통해 넷째 형 이방간과의 권력 다툼에서 승리한 후에 왕세제(王世弟, 왕의 동생으로 차기 왕위 계승권을 가진 사람)로 책봉되었습니다(1400). 이후 정종이 양위하면서 이방원은 조선 제3대 임금인 태종으로 즉위합니다. 그는 자신이 왕자로 있을 때 정도전이 사병을 혁파하여 자신을 견제하려 하자 반대한 바 있습니다. 그러나 정작 왕세제로 책봉되자 사병 철폐를 실시하면서 왕권을 강화하는 일을 선행하였고, 국왕이 된 후에도 지속적으로 왕권을 강화했습니다. 국왕 중심의 정치를 강화하기 위해 6조가 의정부를 거치지 않고 국왕에게 직접 보고하는 **6조 직계제**(六曹直啓制, 396p 참조)를 시행했습니다. 그리고 **호패법**을 실시하여 전국의 인구 동태를 파악하고 조세 징수 및 요역 부과에 활용하였습니다. 이외에도 왕권을 위협하는 친인척을 제거하는 등 왕권을 크게 강화한 태종은 뒤이어 즉위한 세종에게 안정적인 왕권을 물려주었습니다.

세종, 성리학적 군주의 이상을 추구하다

태종이 왕위를 양위하고 상왕으로 물러나자 셋째 아들인 세종이 즉위했습니다. 세종은 태종과 달리 왕권과 신권의 조화를 이루는 **왕도 정치**를 펼치려 했습니다. 이를 위해 태종 때부터 시행한 6조 직계제 대신 관청

경국대전

조선시대 통치의 기본이 되는 만세불변의(이후에 고칠 수 없는) 법전. 지금 우리나라의 헌법과 유사하다고 보면 된다.
세조 때 육전상정소(六典詳定所)를 설치하고 최항, 노사신, 서거정, 강희맹 등이 집필하기 시작해 세조 6년에 〈호전(戶典)〉이 완성되고 계속적인 보완으로 시행이 미루어졌다. 예종 때에 2차 작업을 하고 성종 때 3·4차 수정 작업을 거쳐 1481년 다시 감교청(勘校廳)을 설치하고 많은 내용을 수정하여 5차 《경국대전》을 완성, 성종 16년(1485)에 최종 수정본이 반포되었다.

호패

호패는 조선시대 16세 이상 모든(양인, 천인 모두) 남자에게 인구 수를 파악하고 신분을 증명하기 위해 발급되었던 신분 증명패이다. 현재의 주민등록증과 유사한 것이다. 호패에는 이름, 출생년도, 직역 등이 기록되었고, 신분에 따라 호패의 재질도 달랐다.

집현전

고려시대에 대궐 안에 서적을 보관하고 임금이 신하들과 학문에 대해 토론하던 연영전(延英殿)을 1136년(고려 인종 14)에 집현전(集賢殿)으로 고쳤고, 이것이 조선시대까지 이어져 왔다.

사가독서

조선시대에 인재를 양성하기 위해 젊은 문신들에게 휴가를 주어 학문에 전념하게 한 제도이다.

경연 제도의 목적

경연은 본래 신하들이 임금과 유학의 경서를 토론식으로 논의하며 유교적 이상 정치를 실현하는 것이 목적이었지만, 실제로는 토론의 형식을 빌려 국가의 중요한 안건을 묻고 답하면서 정책을 협의하는 기능을 가졌다. 특히 조강(아침 경연)에는 의정부, 6조, 승정원, 3사(사헌부, 사간원, 홍문관)의 중요 관직자들이 모두 모였기 때문에 정책을 협의하는 기능이 매우 컸다.

의 중요 업무를 의정부를 거쳐 국왕에게 보고하고 다시 6조에 시행 명령을 내리게 하는 **의정부 서사제**(議政府署事制, 396p 참조)를 시행했습니다(1436). 또한 고려 때부터 있었던 **집현전**을 왕립 학술 기관으로 확장하여 젊은 유학자들을 집현전 관리로 임명하고, 그들에게 승진 특전과 함께 학문에 전념하도록 **사가독서**(賜暇讀書)의 기회를 주면서 인재로 키워 냈습니다. 세종은 집현전의 인재들을 정치 자문, 왕실 교육, 서적 편찬 등의 업무에 활용하면서 한글 창제를 비롯한 많은 업적과 학문 진흥을 일궈 냅니다. **경연**(經筵) **제도**도 활성화하여 신하들의 다양한 의견을 수용하면서 최선의 정책을 결정하려고 노력하였습니다.

세조, 계유정란으로 집권하다

세종 사후 문종이 즉위하였으나 2년 만에 병사하면서 12살의 어린 왕세자가 왕위에 올랐는데 그가 바로 단종입니다. 문종은 죽기 전 황보인·김종서 등에게 어린 단종의 보필을 부탁하였습니다. 그러나 단종의 숙부이자 세종의 둘째 아들인 수양대군은 황보인이나 김종서 같은 신하들이 어린 국왕을 좌지우지하며 왕권을 위협한다는 명분으로 **계유정난**을 일으켜, 김종서 등 문종의 유언을 받든 신하들을 제거하고 권력을 잡습니다(1453). 권력을 잡은 수양대군(세조)은 2년 후 어린 단종을 협박하여 강제로 양위를 받아 왕위에 오릅니다. 그런데 성삼문·박팽년 등 집현전 학사 출신 신하들을 중심으로 단종을 다시 왕위에 올리려는 거사가 계획되었다가 발각되는 사건이 일어납니다(1455). 이를 계기로 세조는 상왕이었던 단종을 노산군으로 강등시키고 연루자들을 처벌하면서 이 사건의 주동자들이 집현전 출신임을 문제 삼아 집현전을 폐지하고 집현전의 중요한 기능인 경연을 중지시킵니다. 경연은 신하들이 왕과 직접 토론하는 장으로 왕권을 견제하는 기능을 하였기 때문에 세조가 왕권 강화의 측면에서 경연을 중지시켰다고 볼 수 있습니다. 세조가 **의정부 서사제** 대

6조 직계제와 의정부 서사제 비교

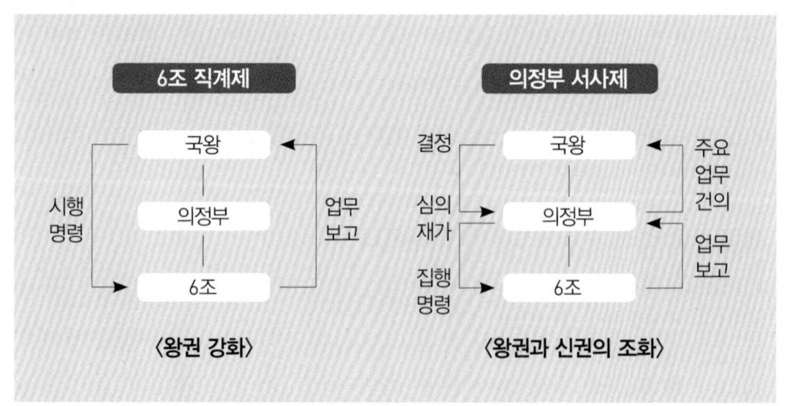

신 다시 **6조 직계제**를 시행한 것도 왕권 강화를 위한 조처라고 볼 수 있습니다. 세조는 통치 기강을 확립하기 위해 법전인 **《경국대전》**을 편찬하기 시작하는데, 이를 완성하지는 못하였고 성종 즉위 후 완성·반포됩니다.

성종, 조선의 통치 질서를 확립하다

세조 사후에 예종이 왕위에 오르지만 즉위 13개월 만에 사망하는 복잡한 정치 상황 속에서 성종이 즉위하게 됩니다. 성종은 재위 후 약 7년간 할머니인 정희왕후가 수렴청정(垂簾聽政)을 하여 제대로 된 왕권을 행사하지 못하다가, 1476년부터 친정을 하면서 실질적인 왕권을 행사합니다. 성종은 자신의 즉위를 도와 권력을 잡은 훈구 대신들을 견제하기 위해 김종직, 김굉필 등 사림 세력을 등용하였습니다. 그리고 집현전을 폐지하고 집현전의 기능을 담당했던 예문관의 부속 기관인 홍문관을 분리시켰습니다. 이후 홍문관은 옛 집현전의 기능을 이양하여 학술과 언론 기관으로서 위상을 갖춥니다. 성종은 경연도 활성화시켰습니다. 또한 사헌부, 사간원, 홍문관 등 3사의 언관직에 주로 사림을 임명하여 훈구 세력을 견제하게 함으로써 왕권을 강화하는 정책을 펼쳤습니다. 성종은 조선 전기의 문물 제도를 완성했다는 평가를 받는데, 주요한 업적은 세조 때부터 편찬해 오던 조선의 헌법이라 할 수 있는《경국대전》을 완성하여 반포한 것입니다.《경국대전》은 조선을 다스리는 최고의 법전으로, 성종 때 완성되어 조선 통치 질서의 기본을 확립했습니다.

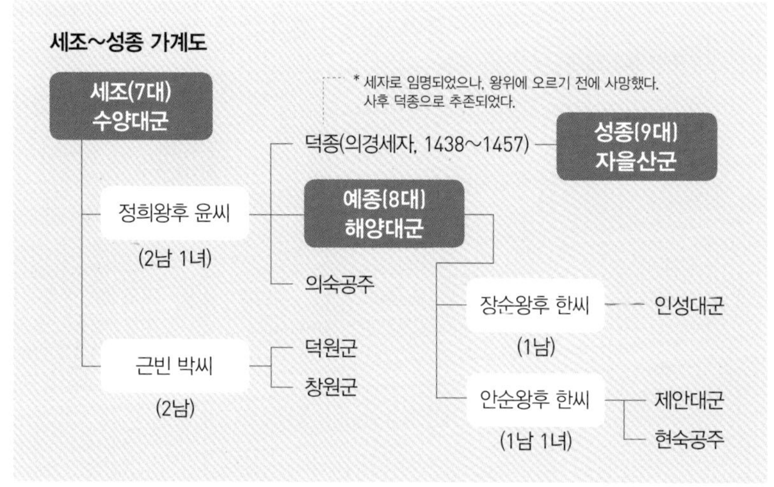

성종의 즉위 과정

예종의 첫째 아들이 사망하여 둘째 아들이었던 4살의 이현(훗날 제안대군)이 왕위 계승 후보 1순위가 되었으나, 세조비였던 정희왕후는 그가 아직 어리고 총명하지 못하다고 반대하였다. 이에 한명회 등의 원로대신들이 의경세자(세조 재위 때 죽은 첫째 아들)의 둘째 아들인 13살의 자을산군을 왕위에 올리는데 그가 성종이다.

수렴청정

어린 왕이 즉위했을 때, 그의 어머니나 할머니가 대신 나랏일을 보던 것을 말한다. 여성의 정치 참여가 제한적이었던 시대였으므로, 왕의 어머니나 할머니는 발을 내리고 얼굴을 가린 채 왕의 뒤에서 신하의 의견을 듣고 정치를 행했기 때문에 '수렴청정'이라고 한다.

《경국대전》 편찬의 의의

조선 초에는 대명률(大明律)을 기본으로 하고 일상생활에서는 관습법을 적용하였다. 그러다 보니 중국의 법이 조선의 실정에 맞지 않는 경우도 많았고, 관습법은 상황마다 법이 다르게 적용되기도 해서 법치주의가 명확히 세워지기 어려웠다.《경국대전》은 대명률을 수용하기는 했으나, 조선의 실정에 맞게 적용하면서 법치에 의한 통치 체제를 안정화시키는 역할을 했다.

경국대전의 구성 및 내용

구분	내용
이전	국가의 통치 기구와 조직 체제 등
호전	재정, 토지, 조세, 녹봉, 부역, 양전 등
예전	교육, 문과와 잡과 시험의 규정 등
병전	군사 기구와 무반직, 무과, 취재 등
형전	형법과 노비 등
공전	도로, 성곽, 다리 등 국가 시설물 관리, 산림 보호, 도량형 등

주요 용어

의정부, 6조, 3사(사헌부, 사간원, 홍문관), 대간, 언관, 승정원, 의금부, 춘추관, 성균관, 한성부, 8도, 관찰사, 수령, 유향소, 경재소, 과거제, 4부 학당, 향교, 서원, 서당, 양인 개병, 정남, 정군, 보인, 5위, 진관 체제, 제승방략 체제, 고명책인, 사대교린, 무역소, 4군 6진, 사민 제도, 토관 제도, 3포 개항, 왜관, 계해약조, 대마도 정벌, 삼포왜란, 을묘왜변

2 조선 전기 통치 체제의 정비

중앙 통치체제를 정비하다

조선 전기 중앙 정치 조직의 핵심 기구는 **의정부**와 **6조**입니다. 의정부는 고려 후기 국정을 총괄하던 도평의사사가 개편된 것으로, 영의정·좌의정·우의정 등 재상들이 합의하여 정책을 심의·결정하는 국정 총괄 기구입니다. 6조는 이조, 호조, 예조, 병조, 형조, 공조로 이루어져 정책을 집행하는 역할을 담당하는데, 고려시대 6부가 맡았던 업무와 유사합니다. 6조의 최고 책임자는 판서로 지금의 장관직과 유사하다 할 수 있습니다.

조선시대 정치를 비판하고 관리의 비리를 감찰하며, 권력의 부정과 독점을 방지한 기구는 **3사**입니다. 3사란 관리의 비리를 감찰하는 **사헌부**, 국왕의 옳지 못한 언행이나 잘못에 대해 비판할 수 있는 간쟁 기능을 행사한 **사간원**, 글 짓는 문한 기능 및 왕의 자문 역할을 맡았던 **홍문관**을 말합니다. 특히 감찰 역할을 담당하는 사헌부 관리들은 '대관', 간쟁의 기능을 맡은 사간원 관리들은 '간관'이라 했는데, 이들을 합쳐 '**대간**(397p 참조)'이라고 불렀습니다. 고려시대에는 어사대와 중서문하성의 낭사가 대간의 역할을 했습니다. 따라서 사헌부와 사간원의 관리들이 이를 계승했다고 볼 수 있습니다. 대간은 국정의 시비를 논하고, 국왕 및 여러 관료의 과실에 대해 간쟁·탄핵하며, 관리의 인사에 서경권(署經權)을 행사했

조선시대 중앙 통치체제

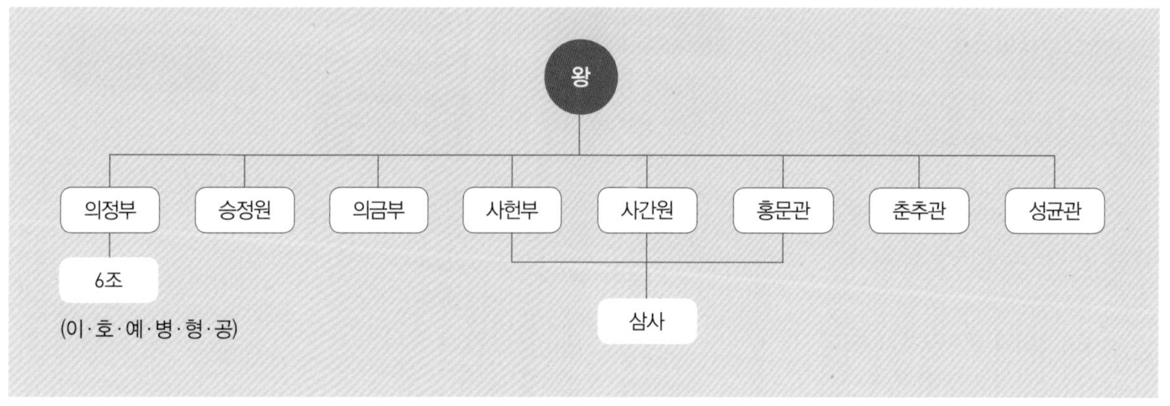

조선 전기의 지방제도

습니다. 국왕의 자문 역할을 맡은 홍문관의 관원들도 국정의 옳고 그름을 논하거나 간언하는 입장에 있었으므로, 대간의 간언이 통하지 않을 때에는 홍문관의 관원이 대간과 함께 간언을 올리기도 했습니다. 그래서 3사의 관직자들이 언론의 역할을 맡는다 하여 **'언관'**이라고 불렸습니다. 3사의 관직은 품계가 높지 않더라도 명망이 없으면 맡을 수 없었기에 자부심도 높았고, 정승·판서 등 고위 관리들은 거의 예외 없이 3사를 거쳐 갔습니다. 그래서 3사의 관직은 누구나 맡고 싶어 했던 관직으로 이른바 '청요직(淸要職)'이라 불렸습니다.

지금으로 따지면 비서실과 같은 역할을 맡아 왕명의 출납을 담당하는 **승정원**, 국왕의 직속 사법 기관으로 왕명에 의해서만 중죄인을 잡아들이던 **의금부**는 국왕의 권한을 강화하는 기능을 담당했습니다. 그 외 중앙 정치 조직에는 역사 편찬을 담당하는 **춘추관**, 최고의 교육 기관인 **성균관**, 수도의 행정과 치안을 담당한 **한성부** 등이 있습니다.

전국에 수령을 파견하여 중앙집권 체제를 강화하다

조선시대의 지방 행정 제도는 고려시대와 달리 군사 행정 구역인 양계가 사라지고 전국을 크게 **8도**로 나누고 그 아래 부·목·군·현을 설치했습니다. 속현과 향·소·부곡과 같은 특수 행정 구역들도 일반 군현으로 바뀌었습니다. 그리고 조선은 전국 모든 행정 구역에 수령(지방관)을 파견했습니다. 도의 하위 행정 단위인 부에는 부사, 목에는 목사, 군에는 군수, 현에는 현령 등 수령이 파견되었는데, 각자 자신이 맡은 지역에서 행정권, 사법권, 군사권을 행사했습니다. 이로 인해 고려시대에 속현이나 특수 행정 구역처럼 지방관이 파견되지 않은 지역의 실세였던 향리들은

조선의 지방 관제

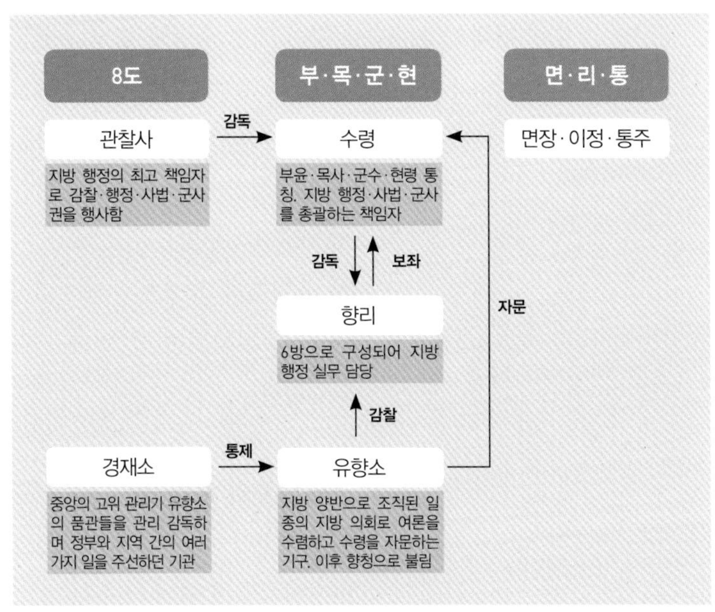

조선시대에 이르러 지방관을 보좌 하는 역할로 지위가 격하됩니다.

각 도의 총책임자인 **관찰사**는 하위 행정 조직의 지방관들을 감찰하는 역할을 맡습니다. 관찰사는 **수령**의 근무 성적을 평가하여 좌천과 승진에 결정적인 역할을 할 뿐만 아니라, 각 도의 행정권·군사권·사법권을 행사했습니다. 관찰사는 고려시대 5도의 장관인 안찰사와 비슷한 역할을 맡은 것처럼 보이지만 실제로는 큰 차이가 있습니다. 안찰사는 5~6품의 낮은 관직자로 임기가 6개월에 그치고 자신의 행정 구역 곳곳을 떠돌며 임무를 맡습니다. 하지만 조선시대 관찰사는 주로 종2품의 고위직으로 임기가 1년이었다가 후에는 2년으로 늘어나고, 감영에 머무르면서 업무를 처리했기에 감사라고 불렸습니다. 즉 관찰사가 더 강력한 권한을 가진 지방 장관이라고 할 수 있습니다. 이러한 모습을 통해 조선의 지방제도는 고려시대에 비해 중앙집권 체제가 한층 강화된 사실을 알 수 있습니다.

조선에서는 각 군현의 지방 양반들이 **유향소**(留鄕所)를 만들어 좌수와 별감을 선출하고, 자치 규약을 만들어 지방 여론을 수렴하여 수령을 보좌했습니다. 수령은 자신의 출신 지역에는 부임하지 않았고(상피제), 보통 임기가 2년을 넘지 않아 부임지의 현황을 정확히 파악하기가 어려웠기에 유향소를 통해 지방 통치의 효율을 높였습니다. 유향소의 양반들은 행정 실무를 담당하는 향리들을 감찰·견제했고 풍속의 교화를 담당했습니다. 그러나 유향소의 권한이 강해지면 수령의 역할을 방해할 수 있기 때문에, 조선은 수도에 **경재소**(京在所)를 두어 지방 출신의 현직 관료들이 출신 지방의 유향소를 통제하게 했습니다. 유향소와 경재소는 향촌 자치와 중앙 집권의 조화를 모색하던 기구였으나, 상황에 따라 유향소와 경재소가 폐지되거나 다시 설치되는 등 변화가 많았습니다.

조선시대 과거제 운영 방식

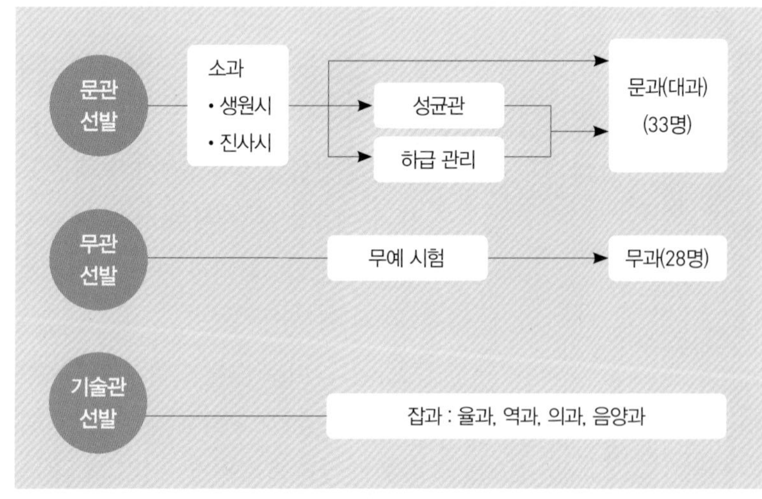

인사 제도와 체계적인 교육 제도를 마련하다

조선시대에는 과거·음서(문음)·

취재·천거 등의 방식으로 관리를 등용했습니다. 그중 가장 중요한 제도는 **과거**입니다. 과거는 고관으로 승진하기 위한 필수 관문으로 인식되었고, 고려시대에 비해 체계적으로 정비되었습니다. 조선의 과거는 문관을 등용하는 문과, 무관을 뽑는 무과, 기술관을 선발하는 잡과로 나뉩니다. 고려시대와 비슷한 점은 법적으로 양인 이상이면 누구나 응시가 가능했다는 것이지만, 가장 큰 차이점은 무과가 정기적으로 시행되었다는 점입니다. 무과가 문과와 마찬가지로 정기적으로 시행되면서 문반과 무반의 양반 제도가 체계화되었습니다.

문과의 경우 지방에서 치르는 '초시', 초시를 통과하거나 성균관의 유생들이 치르는 '복시', 그리고 복시 통과자들이 임금 앞에서 순위를 결정짓는 '전시'의 세 단계로 이루어져 있었습니다. 무과도 비슷한 과정을 거치지만, 문과는 복시에서 33명을 선발하고 무과는 28명을 선발했습니다. 잡과에는 역과, 율과, 음양과, 의과 등 다양한 기술관직을 뽑는 시험이 있

조선시대 과거제 중 문과 운영 방식

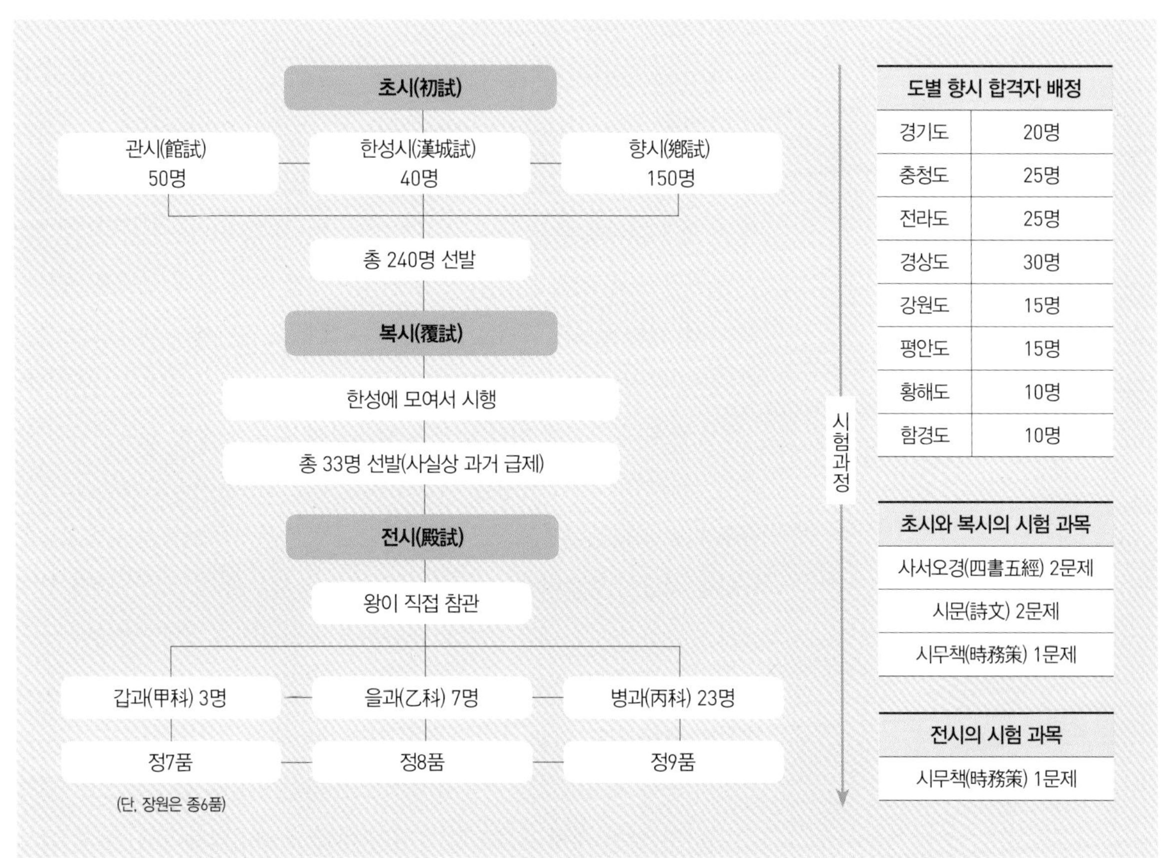

도별 향시 합격자 배정	
경기도	20명
충청도	25명
전라도	25명
경상도	30명
강원도	15명
평안도	15명
황해도	10명
함경도	10명

초시와 복시의 시험 과목
사서오경(四書五經) 2문제
시문(詩文) 2문제
시무책(時務策) 1문제

전시의 시험 과목
시무책(時務策) 1문제

었습니다.

과거 이외의 관리 등용제도로는 간단한 시험을 통해 하급 실무관을 특별 채용하는 '취재(取才)'와 고위 관리의 추천으로 관직에 등용하는 '천거(薦擧)', 고려시대와 마찬가지로 고위 관직의 자손에게 특별히 관직에 나아갈 기회를 준 '음서(蔭敍)'가 있습니다. 특히 음서제는 고려시대에는 5품 이상 관리의 자손들이 대상이었지만, 조선시대에는 2품 이상의 관리 자손에게 가능해지면서 대상이 축소되었습니다. 또한 고려시대에는 음서로 관직에 나아가도 고위 관직 진출에 큰 무리가 없었으나, 조선시대에는 일부 예외의 경우를 제외하고는 음서로 관직에 나아간 사람들도 고위직에 올라가기 위해서는 과거를 응시해야 했습니다. 조선시대는 고려시대에 비해 능력을 더욱 중시한 관리 등용 제도를 마련했다고 볼 수 있습니다.

관리 등용제도만 달라진 것이 아니라 관료 제도를 운영하는 인사 관리 제도도 개편되었습니다. 관직에 임명할 때 가까운 친인척과 같은 부서에 근무하지 않도록 하거나 출신 지역의 지방관으로 부임하지 않게 하는 '상피제(相避制)'와 5품 이하의 관리 등용에 대간(사헌부와 사간원)의 서명을 받는 '서경 제도'를 거치게 했습니다. 또한 고관들이 하급 관리의 근무 성적을 평가하여 승진과 좌천에 반영하는 제도를 시행하여, 부정부패를 막고 능력에 따른 인재 등용을 장려하는 환경을 마련했습니다.

조선의 교육 기관은 설립 주체가 누구냐에 따라 크게 관학과 사학으로 나뉩니다. 국가가 설립한 관학으로는 대학 교육기관에 해당하는 성균관, 한성에 설치한 중등 교육기관인 **4부 학당**(동·서·남·중부), 지방의 부·목·군·현의 크기에 따라 규모를 달리하여 설치한 중등 교육기관인 **향교**가 있습니다. 국가가 아닌 개인이나 조직이 설립한 사학으로는 16세기 이후 지방 사림들이 설립한 **서원**과 향촌에서 한문이나 초보적 유학교육을 담당한 **서당**이 있습니다. 그 외에 기술 교육은 업무를 담당하는 해당 관청에서 담당하였는데, 예를 들어 의학 교육은 전의감에서 담당했습니다.

조선의 군사 제도, 양인 개병의 원칙 아래 운영되다

조선의 군사 제도는 기본적으로 법적으로 양인 신분의 남성은 모두 군역을 진다는 **양인 개병**(良人皆兵)의 원칙 아래 운영되었습니다. 16세 이상

60세 이하의 양인 남자를 **정남**(丁男)이라고 하여 군역 부담을 지게 했습니다. 정남 중에서 실제 군대에서 일정 기간 교대로 복무하는 사람을 **정군**(正軍)이라고 합니다. 정군은 수도와 국방 요충지에서 복무했는데 기간에 따라 품계를 받았습니다. 그러나 정군의 가족은 성인 남성의 노동력을 잃어 생계에 어려움을 겪습니다. 이에 정남 중에서 군대에 복무하지 않는 사람인 **보인**(保人)이 정군 가족의 생계를 경제적으로 지원합니다. 보통 정군 중 육군에 복무하는 자에게는 보인을 2명 붙여 주고, 수군에 복무하는 자에게는 3명을 붙여 주어 생계를 지원합니다. 이는 수군 복무가 더욱 힘들기 때문이라고 보면 됩니다. 그런데 법적 신분이 양인이라고 해서 모든 정남이 정군과 보인으로 군역을 진 것은 아닙니다. 현직 관료와 과거를 준비하는 학생, 향리는 군역을 면제받았고, 왕실의 종친과 외척, 공신이나 고급 관료의 자제는 특수군에 들어갔습니다. 정규군 외에 일종의 예비군으로 평소에는 본업에 종사하다가 유사시에 향토방위에 동원되는 잡색군(雜色軍)이 편성되어 있었습니다. 잡색군에는 정규 군역을 부담하지 않는 학생, 향리, 노비들까지 모두 포함되어 있었으나, 실제로는 제대로 운영되지 않았습니다.

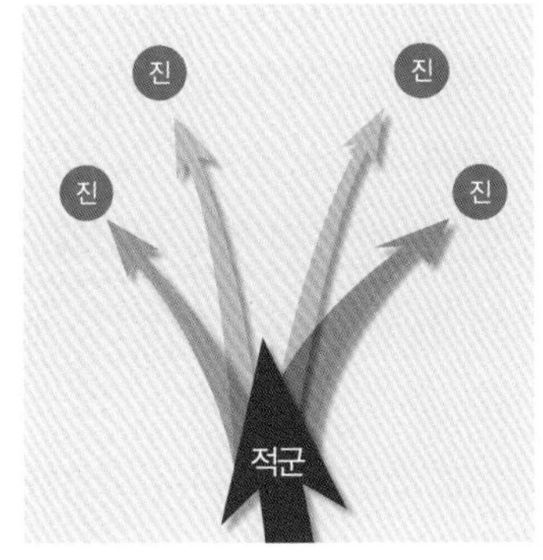

진관 체제

군사 조직은 다른 국가들과 마찬가지로 중앙군과 지방군으로 나뉩니다. 먼저 중앙군으로는 **5위**가 조직되어 궁궐과 수도의 경비를 담당했습니다. 5위는 특수 선발 부대인 갑사(甲士)와 일반 복무 군인으로 구성됩니다. 지방군은 지방의 병영(육군)과 수영(수군), 군사 요충지인 진(鎭)에서 복무하며 지방을 방어했습니다. 그러나 국경과 해안 중요 지역에만 진이 설치되어, 그곳이 무너지면 내륙 방어가 불가능했습니다. 그래서 세조 때에 전국 주요 고을에 여러 개의 거진을 설치하여 각 진의 담당 수령이 지휘권을 행사하는 **진관**(鎭管) **체제**라는 방어 체제를 운영합니다. 진관 체제는 각 지역의 군사 조직이 각자 맡은 구역을 방어하는 체제입니다. 그러나 진관체제는 소규모의 적과 상대할 때는 각 지역을 방어하는 데 장점이 있으나, 대규모 적이 침입했을 때는 비효율적이어서 임진왜란 이전에 제승방략(制勝方略) 체제로 바뀝니다. 제승방략은 외적이 침입할 때 각 지역의 군사를 한군데로 모은 후 중앙에서 파견된 지휘관이 군대를 지휘하여 외적에 대항하는 방어체제입니다. **제승방략 체제**는 대규모 침입에 대항할 수 있으나 외적이 여러 지역을 동시에 침입할 때는 대

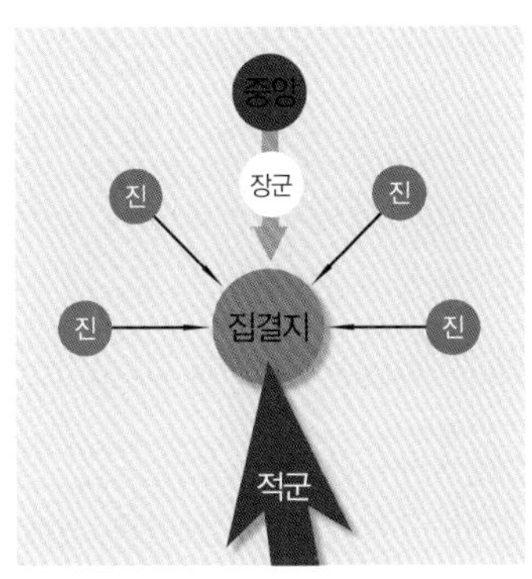

제승방략 체제

응하기 어렵고, 대규모 군대가 격돌해서 패배했을 경우에는 후속 조치를 취하기 어렵다는 단점이 있었습니다. 임진왜란 당시 신립 장군이 탄금대에서 패배하자 일본군이 한양까지 곧바로 진격해 온 것도 바로 제승방략 체제의 단점 때문입니다.

이외에 군사 방어 체제의 일환으로 교통과 통신제도가 정비되었습니다. 높은 산 위에서 불빛과 연기를 통해 위급 사태를 알리는 봉수 제도와 함께 물자 수송과 빠른 정보 전달을 위해 역참이 주요 지역에 설치되었습니다.

고명책인
고대 중국에서 중국을 종주국(宗主國)으로 섬긴 나라가 왕위에 오름을 승인해 달라고 중국에 요청하면, 중국이 즉위를 인정하고 왕으로 책봉한다는 문서와 이를 증명한 금인(金印, 금으로 된 왕의 도장)을 내려준 일.

조선의 사대교린 외교 정책

조선 초기 명과의 대외관계는 우호적이지 않았습니다. 태조 때 정도전이 요동 정벌을 추진하면서 명 황제가 조선 국왕의 즉위를 인정하는 고명책인(誥命冊印)을 내려 주지 않자 명과는 긴장 관계를 유지하게 됩니다. 그러다 정도전을 숙청한 태종이 즉위하면서 명과의 관계가 개선되었고, **고명책인**을 받으며 사대 외교 정책이 안정됩니다. 이러한 사대 외교는 강대국에게 왕권을 인정받아 불필요한 마찰을 피하면서 국가 통치의 안정성을 확보하려는 목적이 있었습니다. 또한 조공 사절과 책봉 사절의 교환을 통해 중국의 선진 문물을 받아들이는 문화 외교인 한편 서로 필요한 물건을 주고받는 실리적인 무역 관계 형성의 바탕이 되기도 합니다.

조선은 명과 **사대 외교**를 했지만 그 외 여진·일본 등의 나라와는 **교린**(交隣) **외교** 정책을 펼쳤습니다. 교린 외교는 원래 이웃 나라와 대등한 입장에서 교류하여 국가의 안정을 도모하는 정책입니다. 그러나 조선은 명 이외의 국가나 세력에게는 스스로 우월하다는 인식을 가지고 외교 정책을 펼쳤습니다. 교린 외교는 회유책과 강경책을 병행하며 시행되었습니다. 여진이나 일본과 불필요한 충돌을 피하고 조선의 피해를 줄이려는 목적에서 회유책을 활용하다가, 이 방법이 여의치 않을 때에는 강경책을 써서 여진과 일본에게 확고한 우위를 확보하고자 했습니다. 조선 동북쪽에 있는 여진에게는 회유책을 실시하여 여진의 부족을 이끄는 지도자 중에 조선에 귀화한 사람에게는 관직과 토지를 지급하거나, 국경 지역인 경성과 경원에 **무역소**를 설치하여 여진에게 필요한 물화를 교역할 수 있게 해 주었습니다. 그럼에도 불구하고 여진이 국경 지역을 침범할 경우에는 **4군 6진**을 개척하여 여진을 공략하기도 했습니다. 조선은 4군 6진

4군 6진
세종 대에 최윤덕이 4군을, 김종서가 6진을 개척함으로써 압록강과 두만강을 경계로 하는 국경선이 형성되었다.

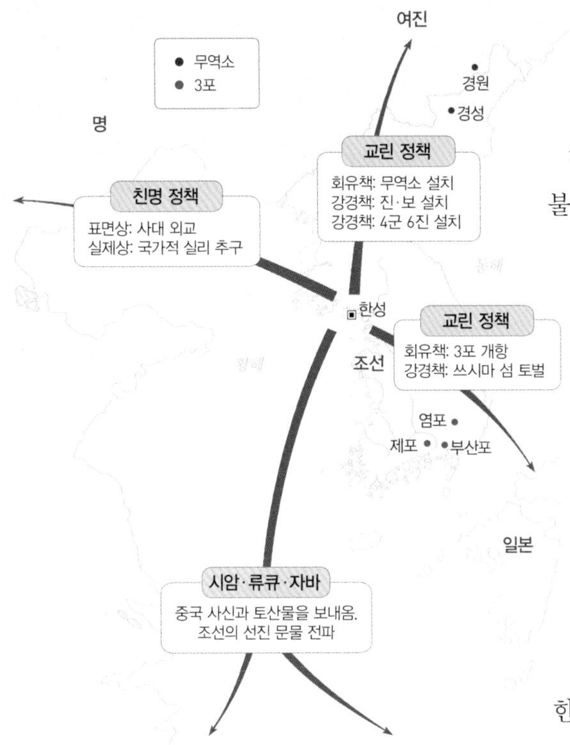

조선 전기 대외 관계

개척 후에 국경 방어와 지역 개발을 위해 삼남 지방(충청도, 경상도, 전라도)의 농민들을 강제로 이주시키는 **사민 정책**(徙民政策, 397p 참조)을 실시했습니다. 이와 더불어 이주한 농민들의 정착을 돕고 지방 통치를 원활하게 하기 위해 개척 지역에 살고 있던 유력 토착민에게 관직과 토지를 수여하는 **토관**(土官) **제도**(397p 참조)를 시행했습니다.

조선 전기에 일본과의 외교 역시 회유책과 강경책을 병행한 교린외교 정책을 시행했습니다. 고려 말에서 조선 초까지 왜구의 피해가 극심했는데, 이 시기에 쓰시마 지역의 왜구가 창궐한 것은 1333~1392년에 일본의 왕조가 남북으로 갈라지고 전란이 지속되어 무로마치 막부의 중앙 권력이 지방을 통제할 수 없었기 때문입니다. 먹고살기 힘든 일본 섬 지역의 주민들 가운데 일부는 해적으로 변해 한반도와 중국의 해안 지역을 노략질했습니다. 이들이 바로 왜구입니다. 왜구는 단순히 해안 마을을 습격한 정도가 아니라, 대규모 선단을 이끌고 내륙 지역까지 대거 약탈하여 국가적인 대응이 필요했습니다. 그래서 조선 정부는 회유책으로 제한된 무역을 통해 일본인들이 필요로 하는 물자 교환을 허용하여 침략을 막으려 했습니다. 부산포, 제포, 염포의 3개 항구를 열어 **왜관**을 설치하고 그 안에서 무역을 허용한 것입니다. 세종 대에는 **계해약조**(397p 참조)를 체결하여 대마도(쓰시마 섬)에서 조선에 수출하는 세견선의 수와 조선이 일본에 내려주는 세사미두의 양을 정해 놓고 물자 교환을 허용했습니다(1443).

왜구의 침략이 해결되지 않으면 태조 때 박위, 세종 때 이종무 등이 군대를 이끌고 왜구의 근거지인 **대마도**를 공격했습니다. 이후 일본 정세가 안정되고 조선의 대응이 효과를 보면서 왜구의 출몰은 잦아듭니다. 그러나 일본이 조선에 무역량의 확대를 요구해도 조선은 받아들이지 않고 일본인들에 대한 통제를 강화했습니다. 이에 국내 거주 왜인들이 난리를 일으키고 왜구가 다시 쳐들어오는 **삼포왜란**(중종 5, 1510)과 **을묘왜변**(명종 10, 1555) 등이 일어나 일본과의 관계가 악화됩니다. 조선은 일본 외에도 류큐(현재 오키나와 지역), 시암(타이 지역), 자와(인도네시아 지역) 등 동남아 국가들과도 문물을 교류했습니다.

주요 용어

관학파, 훈구, 사학파, 사림, 무오사화, 갑자사화, 중종반정, 현량과, 소격서, 기묘사화, 을사사화, 서원, 소학, 위훈 삭제, 향약

사대부

고려·조선 시대 문관 관료의 총칭으로 중국 고대 주(周)나라 시대에 천자(天子)와 제후(諸侯)에게 벼슬한 대부(大夫)와 사(士)에서 비롯된 명칭이다. 조선에서도 문관 관료로서 4품 이상을 대부, 5품 이하를 사(士)라고 하였다. 그러나 사대부는 때로는 문무 양반 관료 전체를 포괄하는 명칭으로도 쓰였다.

3 사림의 성장

사림 세력이 성장하다

고려 말 신진 사대부(士大夫) 세력은 조선 건국 과정에서 급진파와 온건파로 나뉘게 됩니다. 조선 건국을 주도한 급진파 신진 사대부 세력을 계승한 사람들은 주로 성리학을 공부하고 관리로 진출하여 **관학파**를 형성합니다. 이들은 관리로서 중앙 정계에 진출해 현실적인 문제를 해결하며 부국강병과 중앙집권 체제 강화를 위해 노력했습니다. 또한 성리학을 학문적 바탕으로 삼았음에도 다른 사상과 학문이 국가 통치에 도움이 된다면 받아들이려는 자세를 취하여 조선 초 제도와 문물을 정비하는 데 기여합니다. 이들 관학파 중 세조의 집권을 도와준 세력이 공신의 지위를 받아 대토지를 소유하고 권력을 잡게 되는데 이들을 **훈구**(勳舊)라고 부릅니다.

반면 조선 건국에 참여하지 않았던 온건파 신진 사대부를 계승한 세력은 관직에 나아가지 않고 향촌에서 성리학을 공부하며 **사학파**를 형성합니다. 그들은 관직에 얽매이지 않아 부국강병 같은 현실적 문제 해결보다는 성리학 이론을 깊이 있게 연구하였고, 성리학에서 가장 이상적인 정치로 이야기하는 도덕과 의리를 바탕으로 한 왕도 정치(王道政治)를 실현해야 한다고 생각했습니다. 이들은 성리학의 이기론을 발달시켰지만, 훈구와 달리 성리학 이외의 사상과 학문을 배척했습니다. 중앙집권 체제보다는 자신들이 있는 향촌 사회를 중심으로 사대부들이 자치 질서를 강화해야 한다고 생각했습니다. 그러다가 세조 때 김종직을 필두로 점차 관직에 나아가면서 **사림** 세력을 형성하기 시작합니다. 성종이 왕권을 위협할 정도로 세력이 강해진 훈구 세력을 견제하기 위해 사림을 등용하면서 본격적으로 중앙 정계에 진출하기 시작했고, 주로 3사의 언관직에 임명되어 훈구 세력의 비리나 전횡을 비판했습니다.

훈구와 사림의 권력 투쟁, 사화를 일으키다

사화(士禍)란 훈구와 사림의 대립으로 인해 사림 세력이 큰 화를 입은 사

건을 말합니다. 성종 재위 기간에 강력한 훈구 세력을 견제하기 위해 국왕이 사림 세력을 중용하면서, 훈구와 사림 간에 권력이 한쪽으로 크게 기울지 않아 사화가 일어나지 않았습니다. 그러나 성종 사후 연산군이 즉위하면서 상황은 달라집니다. 연산군은 선왕인 성종과 달리 언관들의 비판을 수용하지 않았고 자연스럽게 언관직을 주로 맡았던 사림과 멀어집니다. 이때 훈구 세력은 김종직의 '조의제문(弔義帝文)'을 문제 삼아 자신들을 비판하며 견제했던 사림을 공격합니다. '조의제문'은 연산군의 증조할아버지인 세조를 비판하는 글로 해석되어 연산군의 왕위 정통성을 문제 삼을 여지가 있다 하여, 김종직 문하의 사림 세력이 큰 피해를 입게 됩니다. 이를 **무오사화**라고 합니다(연산군 4, 1498).

조의제문

중국 초나라 의제의 죽음을 추모한 글이다. 세조가 단종을 몰아내고 죽인 것을 항우가 중국 초나라 의제를 죽인 것에 빗대었다고 하여 사화의 배경이 된다.

그 후 연산군이 폐위당하여 죽은 생모 폐비 윤씨의 일을 알게 되면서, 이 사건과 관련된 많은 사람들을 죽이는 사건이 일어납니다. 이때는 훈구와 사림 세력 모두 큰 피해를 입게 됩니다. 이를 **갑자사화**라고 합니다(1504). 이후 연산군이 폭정을 일삼자, 위협을 느낀 훈구 세력이 연산군을 몰아내고 이복동생인 진성대군을 왕으로 추대하는 **중종반정**(1506)을 일으켰습니다. 이후 훈구 세력은 공신으로 권력이 더욱 강해집니다.

중종은 재위 초 자신을 왕으로 세워 준 훈구 세력에 눌려 왕권을 발휘하지 못하자, 훈구 세력을 견제하기 위해 다시 조광조를 비롯한 사림을 등용합니다. 조광조는 왕의 지지를 받으며 학문과 덕행이 뛰어난 인재를 천거한 후 간단한 시험을 통해 등용하는 **현량과**(賢良科)를 실시하여 중앙 정계에 사림들을 등용하였습니다. 또한 성리학적 국가 통치 이념을 강화하기 위해 도교 행사를 주관하는 국가 기구인 **소격서**를 폐지하고, **소학**과 향약을 보급하려 하였습니다. 그리고 공신으로서 권력을 장악한 훈구 세력을 견제하기 위해 중종반정 때 공신의 자격을 다시 판단하여 실제 공이 없는 사람들의 자격을 박탈하는 **위훈 삭제**를 추진합

사림의 계보

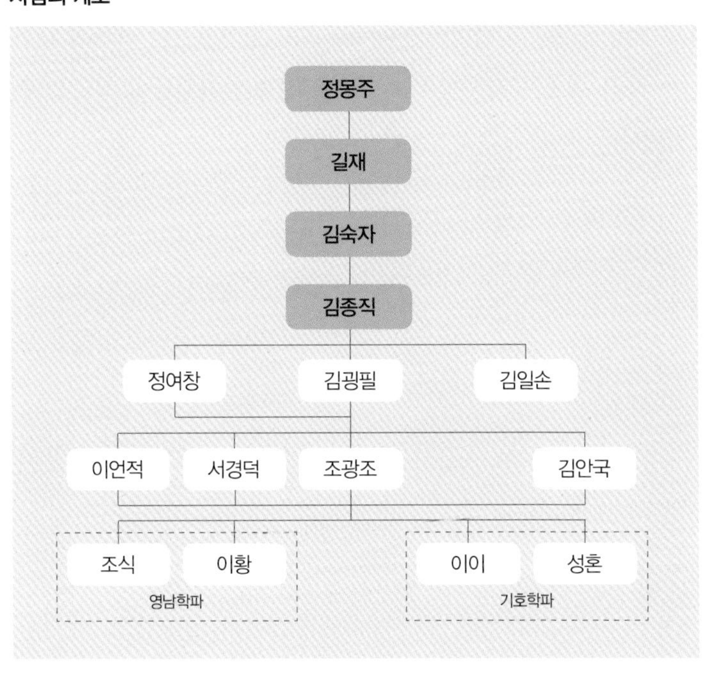

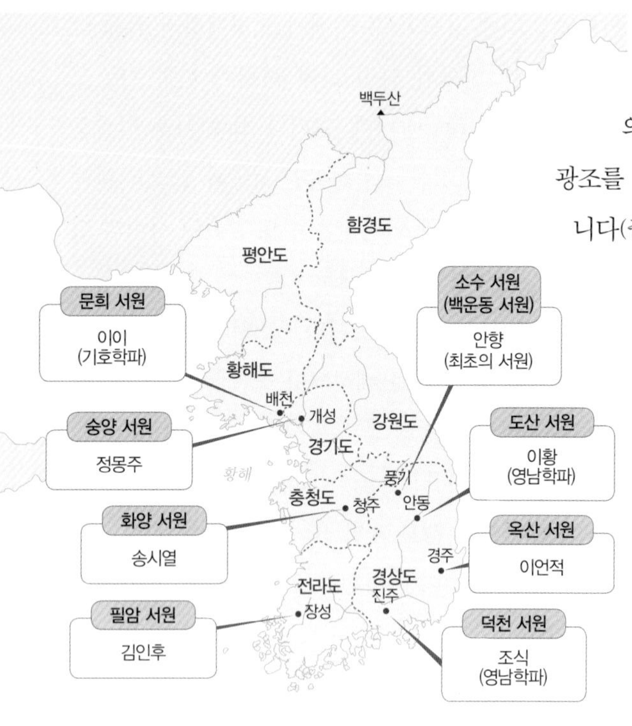

16세기 서원

니다. 이에 위기감을 느낀 훈구 세력이 지속적으로 조광조를 공격하고, 조광조를 비롯한 사림 세력의 급작스러운 성장을 경계하던 중종의 고민이 맞물려 조광조를 비롯한 사림 세력이 큰 피해를 입는 **기묘사화**가 일어납니다(중종 14, 1519).

중종 사후에 큰아들인 인종이 왕위에 오르는데, 이때 외척 윤임의 세력을 '대윤'이라 하고 인종의 배다른 동생인 경원대군(훗날 명종)의 외척인 윤원형의 세력을 '소윤'이라 했습니다. 인종이 재위 1년 만에 후사가 없이 죽자 동생인 명종이 즉위합니다. 이에 따라 소윤 세력이 대윤을 몰아내려 하자, 왕위계승 문제에서 인종을 지지하던 사림이 대윤을 옹호하면서 피해를 입게 되는데 이를 **을사사화**라고 합니다(명종 즉위년, 1545).

그러나 지속적으로 큰 피해를 입었던 사림은 지방에 세운 **서원**을 통해 자신의 자제나 후학들을 계속 관직에 오를 수 있게 하였고, **향약**(鄕約)을 통해 향촌 사회에서 권력을 잡으며 세력을 확대해 나갔습니다. 반면 훈구 세력은 공신으로서 권력을 유지하였으나 점차 외척 세력에게 밀려나기 시작하면서 정치적으로 퇴조해 갔고 결국, 선조 즉위 초에는 지속적으로 정계에 진출한 사림들이 정국을 주도하게 됩니다.

향약

조선시대 향촌사회의 자치규약. 유교적 예절과 풍속을 향촌사회에 보급하여 도덕적 질서를 확립하고 미풍양속을 진작시키며 각종 재난을 당했을 때 상부상조하기 위한 규약이다.

왜란과 호란

주요 용어

임진왜란, 분조, 도요토미 히데요시, 이순신, 수군, 의병, 조·명 연합군, 강화회담, 정유재란, 누르하치, 후금 건국, 에도 막부 성립, 기유약조, 광해군, 강홍립, 중립외교 정책, 동의보감

1 임진왜란의 전개

임진왜란의 배경은 무엇인가?

조선은 건국 후 약 200년간 큰 전쟁을 경험하지 않다가, 선조 25년(1592)에 일본군의 대규모 침략을 받게 됩니다. 그 이전 왜구의 침입과는 다른 정규 일본군의 침략이었고 전 국토가 전쟁터가 될 정도로 큰 전란이었습니다.

일본이 **임진왜란**을 일으킨 데는 여러 가지 배경이 있었습니다. 임진왜란 이전에도 삼포왜란이나 을묘왜변 등 일본은 조선 정부와 지속적인 갈등이 있었습니다. 그러나 임진왜란의 직접적인 배경은 **도요토미 히데요시**가 각지의 다이묘(영주)들이 패권을 놓고 다투었던 센고쿠(전국) 시대를 통일(1590)한 것입니다. 도요토미 히데요시는 일본을 통일한 후 자신을 따르는 다이묘에게 영지를 나누어 주면서 논공행상을 하였는데, 작은 영지를 받은 일부 다이묘들이 불만을 가졌습니다. 그래서 도요토미 히데요시는 조선을 침략하여 그 불만을 밖으로 돌리고, 전쟁을 통해 자신에게 대항할 수 있는 다이묘 세력을 약화시키고자 했습니다. 즉, 일본을 통일한 후에 내부 문제를 해결하고 조선과 명을 침략하여 자신의 업적을 남기려는 도요토미 히데요시의 야망이 전쟁의 중요한 원인이 되었습니다. 또한 일본은 명나라와의 '감합 무역(勘合貿易)'이라고 하는 대외무역이 중단되자, 전쟁을 통해 명을 압박하여 무역을 재개하려는 목적도 있었습니다.

당시 조선의 상황도 임진왜란 발생의 중요한 원인을 제공하였습니다. 국내 정치는 서인과 동인으로 붕당이 나뉘어져 권력을 차지하기 위해 다

투느라 전란에 대한 대비가 충분하지 않았습니다. 조선은 군역이 문란해지면서 국방력이 약화되어 있었습니다. 반면 포르투갈로부터 조총을 받아들인 일본은 조총을 전투에 활용하고 지속적으로 전쟁을 해 왔기 때문에 강한 전투력을 갖추고 있었습니다. 이러한 배경을 바탕으로 도요토미 히데요시는 명나라를 정벌하기 위해 길을 빌려 달라는 구실을 내세워 20만 대군을 이끌고 조선을 침략하였습니다.

제승방략

유사시에 각 고을의 수령이 그 지방에 소속된 군사를 이끌고 본진(本鎭)을 떠나 배정된 방어지역으로 가는 분군법(分軍法). 각 지역의 군사를 요충지에 집결시킨 다음 중앙에서 파견한 장수가 이를 통솔한다.

분조

임진왜란 때 임시로 세운 조정. 선조가 의주 방면으로 피란가면서, 왕세자인 광해군으로 하여금 본국에 남아 나라를 다스리게 하는데 이때 만들어진 소조정을 분조라고 한다.

임진왜란은 어떻게 전개되었나

일본군의 부산 침략으로 임진왜란이 일어나자 조선의 **제승방략**(制勝方略) 체제는 제대로 작동되지 않았고 관군이 연이어 패배하면서, 선조는 전쟁 발발 20일도 되지 않아 수도 한양을 버리고 평양으로 피란가게 되고, 1592년 5월 3일 전쟁이 시작된 지 20일 만에 도성은 함락됩니다. 이후 일본군이 평양성까지 함락시키자 조선은 명에 지원군을 요청하고, 선조는 명과 국경 지역인 의주 방면으로 피란합니다. 이 과정에서 만약의 사태를 대비하여 조정을 둘로 나누어 세자 광해군에게 **분조**(分朝)를 맡기고, 선조는 명으로 망명할 것을 논의하는 등 조선은 건국 이래 최악의 위기에 빠집니다.

승승장구하던 일본군의 기세가 꺾인 것은 **이순신** 등이 지휘한 조선 **수군**의 활약이 계기가 되었습니다. 일본군은 육군이 북상하면 수군이 남해와 서해를 거쳐 육군의 물자와 군사를 보급하려 하였는데, 이순신이 이끄는 조선 수군이 남해의 해상권을 장악하면서 물자 보급에 차질을 빚게 됩니다. 더불어 이순신의 수군과 조선 육군이 곡창 지대인 전라도 지역을 사수하면서 일본군은 식량 보급이 어려워졌습니다. 게다가 자발적으로 일어난 **의병**이 익숙한 지형을 활용해 일본군과 싸웠고, 이 의병들이 점차 관군에 편입되면서 조선의 군사 체계가 정비되기 시작합니다. 수군과 의병의 활약으로 전쟁 초기의 불리한 전세에서 벗어나기 시작한 조선은 **훈련도감**을 신설하여 군사력을 강화합니다(1593). 또한 명이 자

조 · 명 연합군의 평양성 탈환도

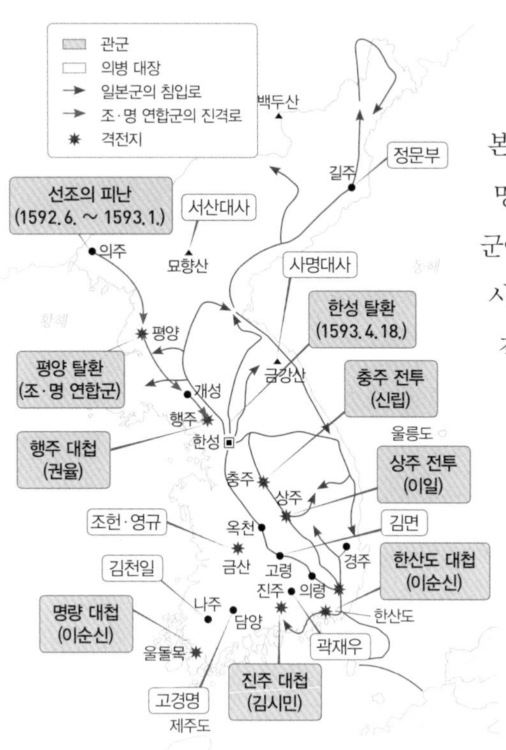

임진왜란의 전개

신의 영토에서 전쟁이 일어나는 것을 막기 위해 조선을 보호한다는 명분을 내세워 원군을 보냅니다(397p 참조). **조·명 연합군**은 일본군에 반격을 가해 평양성을 탈환했습니다. 그러나 자신감을 얻은 명군이 한양을 되찾기 위해 무리하게 진격하다가 벽제관에서 일본군에게 급습을 당해 대패하면서, 이후 명과 일본 사이에 **강화 회담**이 시작됩니다. 당시 명도 국내에서 일어난 반란과 재정 악화로 전쟁이 길어지는 것을 원치 않았고, 일본도 명과 교역을 하고 조선 영토 일부를 차지하는 것만으로도 성과라고 생각해 강화 회담을 진행했습니다. 그러나 조선이 강력하게 반발하고 도요토미 히데요시가 제시한 조건을 명이 받아들이지 않으면서 강화 회담은 결렬됩니다. 강화 회담이 결렬되자 도요토미 히데요시는 다시 전쟁을 지시하여 **정유재란**을 일으켰습니다(선조 30, 1597). 그러나 임진왜란 초기와 달리 일본군은 쉽게 진격하지 못하고 점차 밀려나기 시작합니다. 결국 1598년 도요토미 히데요시가 사망하면서 일본군은 철수하게 되고 기나긴 7년간의 전쟁은 막을 내리게 되었습니다.

일본이 명에 제시한 강화 조건

❶ 명나라의 황녀(皇女)를 후비(後妃)로 보낼 것.
❷ 일본과의 무역을 재개할 것.
❸ 조선 8도 중 4도를 일본에 할양할 것.
❹ 조선의 왕자 및 대신 12명을 인질로 줄 것.

임진왜란, 동아시아 판세를 뒤흔들다

임진왜란은 16세기 말 조선·일본·명이 참전한 국제전이었습니다. 7년간 이어진 전쟁은 참전국에 큰 영향을 주었고, 참전국이 아니더라도 동아시아 정세에 미친 영향은 컸습니다. 먼저 전쟁을 치른 조선은 인적·물적 피해가 매우 컸습니다. 전쟁 중 많은 군인과 민간인이 죽거나 다쳤고, 포로로 일본에 끌려간 사람도 많았습니다. 또한 전염병이나 굶주림으로 인해 조선의 인구가 크게 감소했습니다. 전국의 농토는 황폐화되었고, 국가 재정의 기초 문서인 양안과 호적이 다수 소실되어 재정이 악화되었습니다. 그리고 경복궁을 비롯한 많은 문화재가 소실되고 약탈당했습니다. 이후 조선은 악화된 재정 문제의 해결책으로, 부자에게 재물을 받고 형식상의 관직을 부여하는 임명장인 **공명첩**(空名帖)을 발행했습니다. 이는 후에 신분제를 동요시키는 결과를 가져왔습니다.

명은 임진왜란에서 막대한 군사 비용을 소비하여 국가 재정 상황이 악화되면서 국력이 더욱 약해집니다. 조선과 명의 국력이 약화된 사이에 여진의 **누르하치**가 임진왜란의 혼란을 틈타 흩어진 부족을 통합하고 **후**

금을 건국합니다(1616). 이후 후금은 지속적으로 명과 대립하였고, 훗날 청으로 국호를 바꾼 뒤에 중국 본토를 장악합니다.

일본에서는 도요토미 히데요시 사후에 권력 쟁탈전이 일어나 도요토미 가문이 쇠락하고 **도쿠가와 이에야스**가 일본 전체 다이묘 세력을 통합하면서 **에도 막부가 수립**되었습니다(1603). 일본도 전쟁에 많은 사람이 참전하여 사망하였고, 물자 동원 등으로 농민들도 피해를 입었습니다. 한편 일본은 전쟁 과정에서 조선의 문화재를 약탈하였고, 유학자나 기술자, 특히 이삼평(李參平) 등 많은 도공들을 포로로 데려가 성리학과 도자기 문화가 발전하게 됩니다.

이삼평
일본이 자랑하는 사가현의 아리타(有田) 자기의 시조. 정유재란 당시 사로잡혀 갔다.

왜란의 피해 복구에 최선을 다하다

조선은 전쟁으로 무너진 국가 체제를 복구하기 위해 노력합니다. 북인의 지지를 얻어 즉위한 광해군은 전후 복구에 힘을 쏟았습니다. 특히 황폐화된 농토를 복구하고 농경지를 늘리기 위해 개간을 장려하였으며, 소실된 토지 대장(=양안)과 호적을 다시 작성하여 국가 재정을 확충하려고 했습니다. 방납의 폐단을 시정하기 위해 공납을 쌀로 대신 내게 하는 대동법을 경기도에서 실시하여 농민의 부담을 줄여 주고 국가 재정을 안정시키고자 하였습니다(1608). 그리고 전쟁 후 질병으로 고통 받는 백성들을 돌보고 질병으로 인한 인구 감소에 대비하기 위해, 허준에게 의료 기술을 보급할 **《동의보감》**을 편찬하게 합니다.

《동의보감》(국보 제319호, 국립중앙도서관, 한국학중앙연구원, 서울대학교 규장각 한국학연구원 소장)
1610년(광해군 2년) 허준(1546~1615)이 중국과 우리나라의 의학 서적을 모아 집대성한 의학서이다. 의학 서적으로서의 가치를 높게 평가받아 2009년에 유네스코 세계기록유산에 등재되었으며 2015년 국보로 지정되었다.

조선은 전후 복구를 위해 전쟁은 피하려고 하였습니다. 그래서 광해군은 일본과 **기유약조**를 맺어 남쪽으로 일본의 재침을 차단했습니다(**광해군** 1, 1609). 또한 조선은 북쪽으로 후금의 성장을 주시하였습니다. 광해군 재위 초기 여진족이 후금을 건국하고 명과 대립하자 명은 조선에 임진왜란 때 도와준 것을 명분으로 후금과의 전쟁에 원병을 보내 줄 것을 요청하였습니다. 광해군은 **강홍립**을 도원수로 임명해 명에 원군을 보냈으나, 후금이 승리할 경우에는 후금에 조선의 입장을 잘 설명할 것을 몰래 명령하는 등 **중립외교 정책**(398p 참조)을 추진합니다. 광해군의 중립외교 정책으로 조선은 후금과의 전쟁을 피하고 전후 복구를 진행할 수 있었습니다. 그러나 이러한 외교 정책은 광해군이 국왕 자리에서 쫓겨나는 데 주요한 원인이 되었습니다.

주요 용어

중립외교, 폐모살제, 서인, 인조반정, 친명배금, 이괄의 난, 정묘호란, 병자호란, 남한산성, 삼전도, 삼배구고두

2 정묘호란과 병자호란

정묘호란으로 후금과 형제 관계를 맺다

임진왜란 후에 즉위한 광해군은 전후 복구사업을 추진하였고, 명과 여진 사이에 **중립외교** 정책을 통해 전쟁을 피하고자 하였습니다. 그러나 서인 세력은 임진왜란 때 조선을 도와준 명에 대한 의리를 저버리는 행위라고 비판하면서 선조의 적자인 영창대군을 지지하고, 서자 출신인 광해군을 견제하였습니다. 이에 광해군은 인목대비를 폐위시키고 동생인 영창대군과 형인 임해군을 제거하면서 왕권을 안정시키고자 하였습니다. 광해군의 통치 방식에 불만을 품고 있었던 서인 세력은 광해군이 어머니를 폐위하고 동생을 살해한 것(**폐모살제**, 廢母殺弟)은 유교 윤리에 어긋난다고 비판하면서, 결국 능양군을 내세워 반정을 일으킵니다(광해군 15, 1623).

인조반정 후에 권력을 잡은 **서인**은 대의명분론을 앞세워 후금군에 쫓겨 평안도 가도에 주둔한 명의 모문룡(毛文龍) 군대를 지원하는 등 친명배금 외교 정책을 추진합니다. 이 정책은 명과 대립하고 있던 후금을 자극하였습니다. 이때 **인조반정** 이후의 논공행상과 자신의 아들이 모반죄로 연루된 데 불만을 가진 **이괄**이 **난**을 일으켰지만 실패합니다(인조 2, 1624). 이 사건에서 살아남은 이괄의 부하 중 일부가 후금에 도망가 조선의 국내 상황을 알리며 후금의 조선 공격을 요구합니다. 후금의 태종은 **친명배금** 정책을 취하던 조선을 공격하여 조선과 명의 관계를 끊고 모문룡을 격퇴하기 위해 조선을 침략하는데, 이를 **정묘호란**이라고 합니다(인조 5, 1627). 후금의 공격에 인조는 강화도로 피란합니다. 그러나 정봉수나 이립 등 의병이 각지에서 일어나 후금군의 후방을 교란하였고, 명과 대결해야 하는 후금은 조선에 군대를 오래 주둔시킬 수 없었기에 강화를 청합니다. 후금을 상대하기 버거웠던 조선은 후금과 형제 관계를 맺고, 세폐(歲幣, 예물로 해마다 보내는 물품으로, 화친 정책의 일환)를 바치는 것을 조건으로 강화에 합의하면서 정묘호란은 마무리됩니다.

정묘·병자호란의 전개

삼전도비

인조가 병자호란 때 삼전도에서 청에 항복한 후, 청 태종의 공적을 찬양하는 비석을 세웠다.

병자호란으로 청에 치욕적인 패배를 당하다

조선은 정묘호란 후에도 친명정책을 포기하지 않았습니다. 조선 내부에서는 오랑캐인 후금을 형으로 모시고 세폐를 바치게 된 것을 수치라고 여기며, 어영청·총융청·수어청 등 군대를 신설하여 후금과의 결전을 대비하였습니다. 1636년 후금은 국호를 청으로 바꾸고 조선에 군신 관계를 요구하였습니다. 이는 조선에 명과의 관계를 확실하게 끊을 것을 요구하는 것이었고, 받아들이지 않을 경우 침략하겠다는 경고였습니다. 조선 조정은 청의 요구를 받아들이고 화의하자는 최명길을 위시한 주화파(主和派)와 화의를 배척하고 전쟁을 하자는 김상헌 등의 척화파(斥和派, 주전파)로 세력이 나뉘어 대립하였습니다. 결국 척화파의 주장이 우세하여 조선은 청의 요구를 거부합니다. 이에 명과의 일전을 앞두고 조선을 견제할 필요가 있었던 청은 대군을 이끌고 침입하는데, 이를 **병자호란**(1636)이라고 합니다.

파죽지세로 내려오는 청의 대군을 조선군은 막아 내지 못했습니다. 청은 정묘호란 때 인조가 강화도로 피신한 것을 알고 미리 강화도로 가는 길목을 차단하였습니다. 인조는 **남한산성**으로 피란하여 농성하였으나 식량과 군사 부족으로 승산이 없자, **삼전도**에서 직접 청 태종 앞에 나아가 **삼배구고두**(三拜九叩頭)의 예를 행하며 굴욕적인 항복을 합니다. 항복 후 조선은 청의 군신관계 요구를 받아들이고 청에게 세폐를 바치며, 명을 공격하는 데 필요한 군사와 물자를 지원하였습니다.

병자호란 후에 동아시아 정세가 급변하다

조선은 병자호란 후 강화의 조건으로 인조의 맏아들인 소현세자와 둘째 아들인 봉림대군을 청에 볼모로 보냅니다. 조선은 청이 요구하는 막대한 **세폐**(歲幣)를 바쳤고 수많은 백성이 포로로 끌려갔습니다. 끌려간 포로들은 국가 차원에서 데려오지 못하였습니다. 개인적으로 값을 지불하거나 혹은 도망쳐서 돌아오는 경우가 있었는데, 이런 속환은 계속 사회 문제로 남게 됩니다. 또한 속환인들 가운데 여성의 경우, 정절을 잃었다는 이유로 가문 혹은 지역 사회에서 배척되는 경우도 있었습니다. 이런 여성들은 환향녀(還鄕女, 398p 참조)라 불리며 비참한 대접을 받았습니다.

대외적으로 조선은 친명 외교 관계를 단절합니다. 그리고 청과 군신 관계를 맺어 명과 청이 대립할 때 직접 군사나 식량을 보내 청을 돕기도 합니다. 조선을 제압한 청은 명과의 대결에 집중하면서 점점 명을 몰아붙였습니다. 명은 만리장성을 경계로 청과 치열하게 대립하는 것만으로도 버거운 상황에서 각지에서 농민 반란이 일어나 큰 위기를 맞았습니다. 결국 명은 청과 대립하던 중 농민 출신인 이자성의 난으로 베이징이 함락되어 멸망합니다(1644). 명군을 이끌던 오삼계가 투항하여 청군은 베이징에 거의 무혈 입성하였습니다. 청은 중원 지역을 장악하며 세력을 확장하였고, 19세기 건륭제 때 이르러 영토를 최대로 확보하면서 당대 세계를 주도하는 강국의 위치를 차지합니다.

주요 용어

북벌, 효종, 나선 정벌, 조천사, 연행사, 북학론, 백두산정계비, 에도 막부, 기유약조, 왜관, 쇄환사, 통신사, 안용복

3 양난 이후의 대외관계 변화

북벌론에서 북학론으로

왜란과 호란을 겪고 난 후 조선의 대외 관계에 큰 변화가 나타납니다. 병자호란 후 조선은 표면적으로 청과 군신 관계를 맺고 청을 대국으로 받들게 되었습니다. 그러나 명 멸망 후 조선은 스스로 중화를 이어받은 국가라 여기면서 조선을 도와준 명을 재건하고 호란의 치욕을 되갚기 위해 청을 공격하자는 북벌론이 대두합니다.

특히 효종은 어영청을 비롯한 군사 조직을 강화하고, 화포나 조총 등을 개량하면서 적극적으로 **북벌**을 추진하였습니다. 그리고 당시 청이 러시아와 대립하면서 원병을 청하자 조선은 조총 부대를 원병으로 보내 러시아 군을 공격하면서 강화된 군사력을 시험해 보았습니다(**나선 정벌**, 1654-1차, 1658-2차). **효종** 대에 권력을 잡은 송시열 등 서인 세력도 명분론을 바탕으로 북벌 운동을 지지합니다. 그러나 청은 전성기를 구가하였던 반면 조선은 양난을 겪고 난 후 황폐화된 국가 체제가 정비되지 않은 상황이었습니다. 게다가 서인 세력도 북벌 운동을 실제 행동으로 옮기는 데는 소극적으로 임했기 때문에 북벌이 시행되지는 않았습니다. 결국 효종이 갑자기 승하하면서 북벌은 중단되었다가, 청에서 **삼번**(三藩)의 난이 일어났을 때 윤휴 등이 북벌을 다시 주장하였지만 실제로 시행에 옮기지는 못하였습니다.

조선은 명에 보내는 사절단을 천자를 보러 가는 사절단이라는 의미로 '**조천사**(朝天使)'라고 불렀지만, 청에 보내는 사절은 단지 청의 수도인 연경에 다녀오는 사절단이라는 의미로 '**연행사**(燕行使)'로 불렀습니다. 이러한 명칭에도 명을 더 존중하는 의식이 반영되어 있습니다.

이와 같이 조선은 청을 오랑캐라고 여겼지만 연행사를 통해 날로 발전하는 청의 모습을 전해 듣게 됩니다. 이를 통해 북벌을 당장 시행하기 어렵다는 인식을 갖게 되었고, 18세기 이후 일부 실학자들을 중심으로 청의 발달된 문물을 수용하여 부국강병을 이뤄야 한다는 **북학론**이 대두

효종이 적극 북벌을 추진한 이유

효종은 인조의 둘째 아들인 봉림대군으로, 형인 소현세자와 함께 병자호란 후 볼모로 청에 끌려갔다가 청이 베이징을 점령한 뒤 귀국한다. 소현세자는 청이 명을 공격하여 중원을 차지하는 과정을 볼모 생활 중 직접 보면서 청의 강력한 국력을 인정하게 된다. 그리고 서양 선교사와 만나 선진 문물을 접하면서 호감을 갖는다. 봉림대군은 같이 볼모 생활을 했지만, 형과는 달리 청에게 복수해야 한다는 생각을 갖는다. 그런데 볼모 생활 후 귀국한 소현세자가 갑자기 사망하자, 소현세자의 아들이 있었지만 인조는 봉림대군을 세자로 책봉하였다. 인조 사후 봉림대군이 왕위에 올라 북벌을 실현하고자 했다.

삼번의 난

1673~1681년 오삼계·상지신·경정충 등이 지배하던 삼번이 청나라에 대하여 일으킨 반란이다. 한때 양쯔 강 이남 지역을 삼번 세력이 장악할 정도로 청에게는 큰 위협이 되었다.

중국에 파견된 사신의 명칭 | 기본적으로 명에 보내는 사신단을 '조천사', 청에 보내는 사신단을 '연행사'라 했다. 그리고 어떤 일로 보내는지에 따라 명칭을 달리하여 보냈다.

정기 사행	하정사	정월 초 인사
	성절사	황제 생일
	천추사	황후 및 태자 생일
	동지사	동지에 인사
부정기 사행	주청사	특별한 요청을 할 때
	사은사	황제에 감사를 표할 때
	등극사	황제 등극 시
	진위사	황제 및 황후가 상을 당했을 때

백두산정계비의 위치

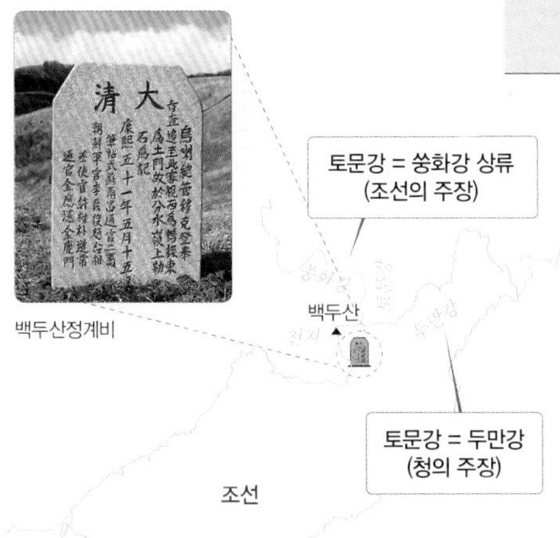

백두산정계비

되었습니다.

청을 세운 여진족은 1635년 정식적으로 여진이라는 부족 명칭 대신 만주족이라는 명칭을 사용했습니다. 만주족은 중국 본토를 차지한 후 중국 본토로 대거 이동했습니다. 그러면서도 그들의 원래 거주지였던 만주 지역을 성역화하고 다른 민족의 출입을 금합니다. 조선인 중에는 경제적인 이유로 국경을 넘어가는 사람들이 많이 생겼습니다. 이 때문에 청과 조선 사이에 분쟁이 발생하자, 청은 사신을 보내 조선과 국경을 정하려 하였습니다. 결국 조선은 청과 국경 문제에 합의하여 압록강과 토문강을 청과 조선의 경계로 확정한다는 **백두산정계비**(399p 참조)를 세웁니다(1712). 그런데 훗날 이 비문에 있는 토문강의 위치에 대해 청은 두만강이라 주장하고, 조선은 쑹화강의 지류라고 주장하면서 간도 영유권 문제가 발생하게 됩니다.

중국 사행로

통신사를 보내 일본과 국교를 재개하다

임진왜란 후 일본은 도요토미 히데요시 가문이 쇠락하고 도쿠가와 이에야스가 권력을 잡으면서 **에도 막부**가 성립합니다. 에도 막부의 통치자 쇼군은 조선과 국교를 회복하여 무역을 재개하고 문물을 받아들이면서 대외적으로 일본의 통치자라는 사실을

조선통신사의 이동 경로

인정받고자 하였습니다. 조선은 북방의 여진이 흥기하고 명이 쇠퇴하는 대외 정세와 전후 황폐해진 국가를 복구해야 하는 내부 상황이 겹쳐 일본과 대립할 수 없었습니다. 이러한 조선과 일본의 입장이 맞아떨어지면서 광해군 대에 **기유약조**가 체결되어 일본과의 국교가 정상화됩니다. 조선 초기에 3포를 개항한 것과 달리, 기유약조에서는 부산포만 개항하였고 부산에 설치된 **왜관**을 통해서만 무역을 할 수 있었으며 무역량도 조선 전기에 비해 크게 제한을 두었습니다.

조선은 임진왜란 전에도 일본에 통신사라는 명칭을 비롯하여 여러 이름으로 일본에 사신을 파견하였습니다. 기유약조로 국교를 재개하기 전에도 1607년부터 쇼군의 국서에 답변을 보내고 일본에 끌려간 포로를 데려오기 위해 '회답 겸 **쇄환사**(回答兼刷還使)'의 명목으로 사절단을 보냈습니다. 이후 두 차례 더 '회답 겸 쇄환사'를 보낸 후 1636년부터는 '**통신사**'라는 명칭으로 일본에 사신단을 파견합니다.

조선 통신사는 에도 막부 성립 후 1811년까지 총 12회(회답 겸 쇄환사 3회 포함)에 걸쳐 파견됩니다. 통신사 파견으로 조선은 일본에 문화를 전파하고 일본의 국내 정보를 수집하여 정치·외교 현안을 해결하였고, 향후 대일 정책을 수립하는 데 활용했습니다. 에도 막부도 주로 쇼군이 교체될 때 통신사 파견을 요청하면서 쇼군의 정치적 지위를 대외적으로 인정받아 권력을 강화하고 조선의 문물을 받아들이는 통로로 활용했습니다. 조선 역시 서양과 일찍 교류하고 경제적으로도 발달한 일본 사회의 현실을 통신사를 통해 확인했으나, 임진왜란 후 일본에 대한 적대감과 멸시감 등이 겹쳐 새로운 문화를 받아들이려는 노력은 미비했습니다. 19세기 들어 일본 측에서 막대한 접대비 및 일본 상류층의 조선 멸시 태도 때문에 무용론이 제기되면서 결국 통신사 파견은 중단되었습니다.

통신사 행렬도

통신사는 일본의 접대를 성대하게 받았다. 통신사 일행 400~500여 명이 일본에 6개월 이상 머무는 동안 교통비, 숙박비, 식사비 등을 포함하여 약 100만 냥의 경비를 사용했다고 한다.

임진왜란 후 일본과의 관계에서 **안용복**(399p 참조)이라는 어민의 역할도 주목할 만합니다. 조선은 울릉도를 영토로 인식하였으나 사실상 방치하고 있었습니다. 국가가 허술하게 관리하자 일본의 어민들은 울릉도 주변 해역까지 와서 어업 활동을 하였고, 이에 조선 어민들은 생활 터전을 두고 일본 어민과 충돌합니다. 이때 동래 출신 안용복이 울릉도에 침입한 일본 어민을 쫓아내고, 훗날에는 일본에 건너가 일본 어민의 울릉도 조업에 항의하며 에도 막부로부터 울릉도와 독도가 조선 영토임을 확인받습니다. 안용복은 비록 관리를 사칭한 것이 밝혀져 투옥되고 사형될 위기에 처하지만, 어민으로서 국토를 지키려 했다는 점을 인정받아 풀려나게 됩니다.

조선 후기의 통치 체제와 정치 제도

주요 용어

비변사, 삼포왜란, 을묘왜변, 훈련도감, 어영청, 총융청, 수어청, 금위영, 5군영, 속오군 체제, 이조전랑, 붕당, 동인, 서인, 정여립 모반 사건, 세자건저의, 북인, 남인, 인조반정, 서인, 예송, 경신환국, 기사환국, 갑술환국, 노론, 소론, 일당 전제화

1 붕당 정치와 환국

비변사, 양난을 거치며 조선 국정을 총괄하다

임진왜란을 겪으면서 조선의 통치 체제는 크게 변화합니다. 기존 통치 체제가 전쟁에 효과적으로 대응하지 못했고, 전쟁 후 이전의 체제로 통치하기가 어려워졌기 때문입니다.

먼저 정치 기구에서는 **비변사**의 기능이 강화됩니다. 비변사는 변란에 대비하기 위해 세워진 임시 관청으로 **삼포왜란**을 계기로 설치됩니다(중종 5, 1510). 여진족이나 왜구의 침입에 대비하여 변란이 일어날 경우 조정의 주요 고관과 군 핵심 지휘관들이 모여 대책을 논의하기 위해 설치한 기구였습니다. 그러다 **을묘왜변**(명종 10, 1555)을 계기로 비변사를 변란이 생기면 그때그때 모이는 임시 기구에서 정식 상설 기구로 격상시켰고 전국의 군사 업무를 주관하게 하여 변란에 상시 대비할 수 있는 체제를 만듭니다.

7년간 이어진 임진왜란 동안 비변사는 지속적으로 운영됩니다. 국가의 모든 행정도 전쟁 수행과 관련되자 대부분의 고관들이 비변사에 참여하여 구성원이 늘어나고 권한도 크게 강화되면서 국정의 주요 사항을 항상 심의 의결하게 되었습니다. 그러다 보니 이전의 국정 운영 핵심 기구였던 의정부와 6조의 기능이 유명무실해집니다. 주요 고관이 비변사에 모여 함께 국정을 논의하여 결정하기 때문에 따로 의정부와 6조에서 결정을 내릴 필요가 없어졌기 때문입니다. 이는 고려 때 도병마사라는 기구가 몽골과의 전쟁 이후 도평의사사로 이름이 바뀌었지만 중서문하성을 대신해 국정을 총괄하는 기구로 변한 것과 유사하다고 볼 수 있습니다.

5군영 설치

군영	설치 시기	특징
훈련도감	1593(선조 26)	삼수병
총융청	1624(인조 2)	북한산성을 중심으로 수도와 경기 북부 방어
어영청	1624(인조 2)	국왕의 호위와 도성 방어. 북벌 추진 시 핵심 부대
수어청	1626(인조 4)	남한산성을 중심으로 수도와 경기 남부 방어
금위영	1682(숙종 8)	국왕 호위

5군영과 속오군 체제로 조선 후기 군사 제도가 정비되다

군사 제도에서도 큰 변화가 나타납니다. 전쟁 이전의 군사 제도는 임진왜란 때 무기력하게 무너지는 모습을 보였기 때문에 수정이 필요했습니다. 먼저 중앙군 제도가 바뀌었습니다. 조선 전기에는 중앙군인 5위가 궁궐과 수도의 수비를 담당했습니다. 그러나 전쟁 중에 유명무실했기 때문에 임진왜란 도중에 별도로 **훈련도감**이 설치되면서 제도에 변화가 나타납니다.

훈련도감의 특징은 첫째, 군인에게 급료를 주어 모병제 형식의 직업적 상비군으로 구성했다는 것입니다. 둘째, 임진왜란 중 일본군에 맞서기 위해 조총으로 무장한 '포수', 활을 쏘는 '사수', 창과 검으로 적을 상대하는 '살수'의 삼수병 체제로 편제되었습니다. 이후 인조 대에 후금과의 전쟁에 대비하여 **어영청**, **총융청**, **수어청**이 추가로 설치되었고, 숙종 대에는 국왕의 친위대로 **금위영**이 설치됩니다. 그리하여 조선 후기에는 훈련도감을 중심으로 어영청, 총융청, 수어청, 금위영으로 이루어진 5개의 군영이 중앙군의 역할을 맡게 됩니다. **5군영**은 설치 과정을 보면 알 수 있듯이 조선 조정에서 꾸준한 계획 하에 구성된 것이 아니라 그때그때의 상황에 맞춰 구성되었습니다.

5군영 설치 당시 상황

훈련도감은 임진왜란 중 관군의 체제 정비 과정에서 등장하였다. 인조 대에 세워지는 어영청, 총융청, 수어청은 명분상으로는 후금의 침략에 대비한 것이지만 정묘호란 당시 효과가 미미했고, 실제로는 인조반정 후 서인 정권이 각 군영의 지휘관을 맡아 권력을 장악하려는 측면도 있었다. 금위영은 숙종이 왕권을 강화하는 과정에서 새로이 편성되었다고 할 수 있다.

중앙군처럼 무기력했던 지방군의 방어 체제도 크게 변화합니다. 조선의 제승방략 체제는 임진왜란 중에 거의 제 역할을 하지 못했습니다. 빠른 속도로 진격하는 일본군의 공격에 조선군은 방어 거점에 제대로 집결조차 하지 못했고, 대규모 병력이 일본군과의 전투에서 크게 패배한 이후 이렇다 할 방어도 못한 채 한양 이북까지 밀리는 단점이 나타났습니다. 따라서 제승방략 체제 이전의 진관 체제를 복구하고 **속오군**(束伍軍) **체제**로 지방군 방어 체제가 새롭게 변하게 됩니다.

속오군

속오군은 양반부터 천인까지 모든 신분이 편제되어 농한기에는 군사 훈련을 받고 평상시에는 향촌을 지키며 생업에 종사하다 유사시에 전투에 참여했다. 그러나 양반들은 하층 신분과 함께 군역을 담당하는 데 불만을 품었고, 이후 점차 여러 가지 사유로 군역을 면제받아 속오군 체제에서 빠져나간다.

사림이 분화하여 붕당 정치가 전개되다

사림은 집권 세력이 된 후 정치적 성향·학문적 성향·지역적 배경 등에 따라 세력이 나뉘었고 각각 당파를 형성했는데, 이를 붕당(朋黨, 399p 참조)이라고 합니다. 선조 시기에 권력을 잡은 사림 내부에서는 척신정치(戚臣政治) 청산에 대한 정치적 입장이 나뉘었습니다. 명종 대 외척 간의 다툼 중에 발생한 을사사화 때 피해를 입고 다시 정계에 진출한 사림들

붕당정치의 전개와 변화

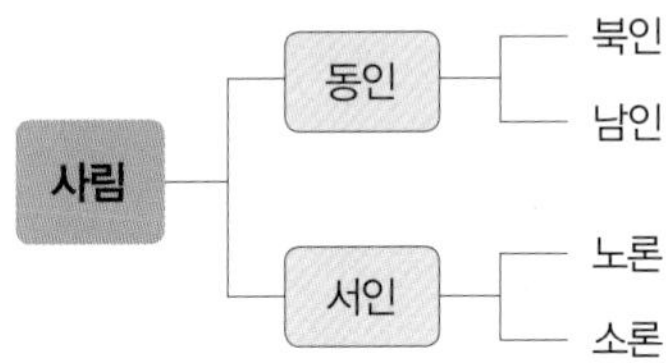

이조 전랑을 놓고 붕당이 나뉜 이유

이조 전랑은 이조의 정랑(정5품)과 좌랑(정6품)을 함께 부르는 말이다. 전랑은 비록 관직은 낮았지만 당하관(堂下官)에 대한 임명 동의권 및 자기 후임자를 천거할 수 있는 권한을 가지고 있었다. 즉 이조 전랑 관직을 차지하는 붕당이 자파 세력을 관원에 임명할 수 있어서 세력 확장에 유리한 자리였다. 이로 인해 이조 전랑 자리는 붕당 간의 경쟁의 대상이 되었다.

정여립 모반 사건(기축옥사)

원래 서인이었던 정여립은 동인이 정권을 잡자 동인으로 붕당을 옮겼는데, 모반을 꾀했다는 혐의를 받아 관군에 쫓기다 자살한다. 이 사건을 수사하게 된 관리가 훗날 서인의 영수가 되는 정철이다. 정철이 사건을 수사하면서 수많은 동인들이 모반에 연루되었다는 이유로 유배를 가거나 사형에 처해진다.

세자건저의 사건

동인과 서인의 영수가 선조에게 세자를 빨리 세워야 한다는 건의를 올렸는데, 서인의 영수였던 정철이 먼저 건의를 올렸다가 선조의 미움을 받았다. 이를 눈치챈 동인 영수 이산해는 침묵하면서 선조의 미움을 피해 자연스럽게 동인이 권력을 잡게 된다.

(신진 사림)은 척신정치 청산에 적극적이었습니다. 반면 을사사화 때에도 관직을 유지했던 기존의 사림들(기성 사림)은 척신이라도 능력이 출중하다면 정치에 참여시킬 수 있다는 입장을 유지했습니다. 이런 상황에서 김효원과 심의겸이 **이조 전랑**이라는 관직을 놓고 대립하면서 동인(신진 사림)과 서인(기성 사림)이라는 **붕당**이 나타나게 되었습니다.

김효원은 당시 신진 사림의 지지를 받던 인물이었고, 심의겸은 왕실의 외척이면서 기성 사림의 지지를 받고 있었습니다. 결국 척신의 정치 참여에 대해 의견을 달리하면서 이조 전랑이라는 관직을 놓고 붕당이 나뉘게 되었습니다. **동인**과 **서인**으로 나뉜 붕당은 단순히 정치적 입장만 다른 것이 아니었습니다. 서로 학파와 지역적 배경도 달랐습니다. 동인은 주로 이황과 조식의 제자들이었고 영남 지역의 사림이 많았습니다(영남학파). 반면 서인은 이이와 성혼의 제자들이 많았고 주로 경기·충청 지역의 사림이 많았습니다(기호학파).

붕당이 나뉜 뒤에 처음 실권을 잡은 세력은 동인이었습니다. 하지만 선조 재위 초 권력을 잡았던 동인이 '**정여립 모반 사건**'(선조 22, 1589) 때문에 권력을 잃고 잠시 서인이 정권을 잡게 됩니다. 기축옥사(己丑獄事)라 불리는 이 사건을 계기로 동인과 서인의 갈등은 심화됩니다. 그런데 중간에 **세자건저의**(世子建儲議)(선조 24, 1591) 문제로 다시 동인이 권력을 잡습니다. 이를 기점으로 '정여립 모반 사건'에 연루되어 피해를 입었던 동인들이 서인을 대거 처벌하자고 주장하는 강경파와 서인들 중 동인의 옥사와 깊이 연관된 몇 사람만을 처벌하자는 온건파로 나뉩니다. 강경파는 주로 조식의 제자들로 **북인**으로 불렸고 온건파는 주로 이황의 제자들로 **남인**이라고 불렸습니다. 즉 동인이 북인과 남인으로 나뉘어지게 된 것입니다.

선조 대에 임진왜란이 일어나고 이를 극복하는 과정에서 적자가 없었던 선조는 서자였던 광해군을 세자로 책봉하여 분조(分朝)를 맡깁니다. 그러나 전쟁이 끝난 후 새로 맞은 왕비(훗날 인목대비)에게서 적자인 영창대군이 태어나면서 정치 상황이 급변합니다. 세자인 광해군을 폐하고 새로 세자 책봉을 준비하려는 세력과 이를 반대하는 세력으로 나뉘게 됩니다. 그 과정에서 북인들은 소북, 대북으로 나뉩니다. 서인과 소북은 영창대군을 지지하고, 북인 가운데 대북은 광해군을 지지하였습니다. 그런데 선조가 갑작스럽게 승하하자, 임진왜란 과정에서 많은 공을 세운 광해군

붕당정치	동인 ↔ 서인	선조	사림 → 동인과 서인 분화(1575) 동인 → 남인과 북인 분화(1591)
	북인 집권	광해군	북인 정권 장악(1608)
	서인 집권 (남인 참여)	인조	서인 정권 장악(1623)
		효종	
	서인 ↔ 남인	현종	1차 예송(1659) → 서인 우세(기해예송) 2차 예송(1674) → 남인 우세(갑인예송)
붕당정치의 변질	일당전제화 노론 ↔ 소론	숙종	경신환국(1680), 기사환국(1689), 갑술환국(1694)
		경종	
탕평정치	노론 집권 (소론 참여)	영조	탕평책 시작(1728)
		정조	탕평책 실시, 노론 → 시파와 벽파로 분화
세도정치	노론 집권	순조	권력 장악: 안동 김씨
		현종	권력 장악: 풍양 조씨
		철종	권력 장악: 안동 김씨

붕당정치 연표

이 대북파의 지지를 받아 1608년에 왕위에 올랐습니다. 광해군이 왕위를 계승하면서 대북 세력은 자연스럽게 집권 세력이 되었습니다.

그러나 광해군 시기의 북인(대북) 정권은 오래가지 못합니다. 권력에서 소외된 서인들이 **인조반정**을 일으켜 권력을 잡았기 때문입니다. 인조반정으로 광해군이 쫓겨나면서 북인도 같이 몰락하고 맙니다. 반정을 주도했던 **서인**들은 광해군 재위 시기 소외당했던 남인의 일부를 받아들여 함께 정국을 이끌어 나갑니다. 이후 인조 대부터 현종 재위 초까지 서인의 주도하에 남인 일부가 참여하는 형태로 붕당 간의 협력과 견제를 통해 국정이 운영되었습니다. 그러나 이러한 상황은 현종 때 **예송** 논쟁이 일어나면서 흔들리기 시작합니다.

예송으로 붕당정치가 흔들리다

현종 대에 나타난 예송(禮訟)은 단순히 상복을 입는 기간만을 놓고 싸운 것이 아닙니다. 예송은 왕조 국가에서 왕위 계승 원칙인 종법 문제를 논하는 것이었고, 이를 통해 왕의 정통성을 확인하는 매우 중요한 사안이었습니다. 1차 예송(기해예송)은 현종 즉위 후 효종의 상을 치르는 과정에서 효종의 의붓어머니인 자의대비(인조 계비)의 복상을 1년복으로 할 것인가, 3년복으로 할 것인가를 두고 일어납니다(현종 즉위년, 1659). 조선시대 사대부가 철저히 지키려 했던 《주자가례》의 예법에 따르면 부모가 살아 있는데 장자가 먼저 죽으면 3년복을, 장자 외의 아들이 죽으면 1년복을 입도록 했습니다. 서인은 기본적으로 왕도 사대부의 예법을 따라야 한다고 생각했습니다. 그래서 효종이 인조의 둘째 아들이므로, 자의대비가 1년복을 입어야 한다고 주장한 것입니다. 반면 남인은 왕과 일반 사대부의 예법은 같을 수 없다는 생각을 갖고 있었습니다. 즉 왕은 특별한 존재이고 장자든 차자든 왕에 오르면 장자로 대우해야 한다고 생각해 3년복을 주장했습니다.

그런데 효종을 인조의 둘째 아들로 인정한다는 것은 위험한 주장이었습니다. 기본적인 왕위 계승을 정하는 종법에서는 장자가 왕위를 계승하고, 장손이 있다면 장손이 계승해야 하는데 효종은 그 계승 원칙을 어기고 왕위에 올랐기 때문입니다. 효종을 둘째 아들로 본다는 것은 '원래 왕위에 오를 수 없는, 정통성이 떨어지는 왕', 즉 '현종 역시 원래는 왕위에 오를 수 없는 사람'이라고 생각할 수 있기 때문입니다. 이런 위험한 이야기를 대놓고 할 수는 없기에 서인은《경국대전》에 근거하여 주장을 펼칩니다.《경국대전》에는 왕의 어머니는 자식인 왕이 죽었을 경우 장자이든 차자이든 1년복을 입는다고 규정되어 있었기 때문입니다. 정국의 주도권도 서인이 잡고 있었고 조선 최고 법전인《경국대전》에 근거한 주장이었으므로, 현종은 서인의 주장을 들어주었고 1차 예송은 서인의 승리로 끝났습니다.

1차 예송 후 현종의 어머니인 인선왕후(효종비)가 죽었는데, 이때에도 자의대비(인조 계비)의 복상을 두고 2차 예송(갑인예송)이 일어났습니다(현종 15, 1674).《주자가례》의 예법에 따르면 부모는 장자의 부인이 죽을 경우 1년복을, 차자 이하의 부인이 죽을 경우 9개월복을 입는다고 했습니다. 그런데《경국대전》에는 이 사례에 대해 장자든 차자든 1년복을 입는다고 하여 문제가 되었습니다. 서인은 9개월복을, 남인은 1년복을 주장했는데, 이때 현종이 1차 예송 때와 반대로 남인의 손을 들어주면서 남인이 권력을 잡게 됩니다. 예송 이전에는 서인과 남인 간의 상호 견제와 협력을 통해 붕당 정치를 전개했습니다. 그러나 이 두 차례의 예송 과정에서 상대 붕당을 권력에서 몰아내려는 움직임이 심화되었고, 공론을 중시하고 상호 견제와 협력을 원칙으로 하는 붕당 정치가 흔들리게 되었습니다.

환국으로 붕당 정치가 변질되다

환국(換局)이란 권력을 잡은 붕당이 몰락하고 이를 견제하던 다른 붕당이 정권을 잡으면서 정국이 급격하게 바뀌는 것을 말합니다. **숙종** 때 이러한 환국이 자주 나타납니다. 14살의 어린 나이로 왕위에 오른 숙종이 왕권을 강화하기 위해 정국을 주도하는 붕당을 자주 교체한 것입니다. 첫 환국이 일어나기 전에는 2차 예송에서 승리한 남인이 권력을 잡고 있

경신환국

남인 출신의 영의정 허적이 숙종의 허락 없이 자신의 집안 잔치에 궁중 천막을 무단으로 사용했다. 이를 계기로 숙종은 군권을 서인에게 넘긴다. 게다가 서인이 허적의 서자 허견이 역모를 꾀했다고 고발해 남인 출신 관료들이 중앙 정계에서 대거 쫓겨난다.

기사환국

숙종의 왕비인 인현왕후는 아들을 낳지 못했는데, 후궁이었던 소의 장씨는 아들을 낳는다. 이에 숙종은 소의 장씨를 희빈으로 격상시키고 태어난 아들을 1년 뒤 원자로 책봉하려 한다. 서인은 송시열을 필두로 원자 책봉을 반대하지만, 숙종은 송시열을 비롯한 서인 세력을 유배 보내거나 관직을 빼앗아 자연스럽게 남인이 권력을 잡게 된다. 기사환국 때 서인의 영수 송시열은 사약을 받아 죽었고, 왕비였던 인현왕후는 폐위된 후 민간인 신분으로 강등되었으며 희빈 장씨는 왕후가 되었다.

갑술환국

폐비되었던 인현왕후를 복위시키려 했던 서인 세력을 남인이 탄압하는 과정에서 이번에는 숙종이 남인을 몰아낸다. 그리고 당시 왕후였던 장씨를 다시 희빈으로 강등시키고 인현왕후를 중전으로 복위시킨다. 이후 남인은 다시는 권력을 잡지 못했고, 희빈 장씨는 사약을 받고 죽게 된다.

었습니다. 현종 사후 숙종이 즉위했을 때에도 남인이 권력을 장악하면서 군권까지 차지했고 서인들은 정계에서 밀려난 상태였습니다. 이에 숙종이 위기감을 느끼고 환국을 일으켜 남인을 주요 관직에서 쫓아내자 서인이 권력을 잡게 되는데, 이를 **경신환국**이라고 합니다(숙종 6, 1680). 이때 권력을 잡은 서인은 자신들을 핍박했던 남인을 몰아내는 과정에서 강경파인 **노론**과 온건파인 **소론**으로 나뉩니다. 하지만 다시 환국이 일어나면서 서인이 쫓겨나고 남인이 권력을 잡게 되는데, 이를 **기사환국**이라 합니다(숙종 15, 1689). 다음 환국에서는 다시 서인이 권력을 잡는데, 이를 **갑술환국**이라 합니다(숙종 20, 1694).

본래 숙종은 인사 관리를 통해 붕당 간의 세력 균형을 유지하려는 탕평책을 실시하려 했습니다. 그러나 이는 명목상의 탕평일 뿐, 실제로는 특정 시점에 특정 붕당의 손을 들어 주면서 잦은 환국이 일어나 붕당 간의 세력 균형이 붕괴되었습니다.

환국으로 인해 왕권이 강화되는 듯했으나, 오히려 국왕 주변에서 정보를 전달하며 왕을 움직이는 몇몇 신하들과 외척의 권력이 확대되는 측면이 있었습니다. 또한 환국은 이전의 붕당 정치에서 볼 수 있었던 공론을 기반으로 한 여러 정치 집단 사이의 상호 비판과 균형이 작동하지 못하는 결과를 빚기도 했습니다. 결국 승리한 붕당이 주축이 되어 비변사와 3사 및 이조 전랑 등 주요 관직을 독점하고 병권까지 장악하게 됩니다. 이로 인해 비변사의 권한이 더욱 강화되고 3사 및 전랑직은 권력에 대한 비판 능력을 상실하여 자기 붕당의 이익만을 대변하기도 했습니다. 갑술환국 후에는 서인 중에서 특히 노론이 권력을 대부분 장악했습니다. 즉 환국으로 인해 한 붕당이 정치권력을 독점하는 **일당 전제화** 추세가 나타나기 시작한 것입니다.

붕당 정치의 전개와 제도 개혁

연대	1608		1635		1708		1725	1750	
연대	경기도 대동법 실시, 영정법 실시				전국에 대동법 실시		탕평책 실시	균역법 실시	
정치변동	선조	광해군	인조	효종	현종	숙종	경종	영조	정조
	동인과 서인의 대결	북인 집권	서인집권		서인과 남인의 대립		서인집권, 노론과 소론의 대립	노론 집권, 소론 참여	
	붕당 정치의 발전				붕당정치의 변질			탕평정책	

주요 용어

영조, 이인좌의 난, 탕평 정치, 탕평파, 서원 정리, 이조 전랑의 임명 동의권 철폐, 산림, 균역법, 삼심제, 신문고, 속대전, 정조, 규장각, 초계문신제, 장용영, 화성, 통공 정책, 대전통편

2 탕평정치의 전개

영조, 탕평책을 통해 왕권을 강화하다

숙종 사후 희빈 장씨의 아들이었던 세자 이윤이 경종으로 즉위합니다. 권력을 장악한 노론은 남인과 연계된 희빈 장씨의 아들인 세자의 즉위를 막으려 했으나, 소론은 세자의 정통성을 내세워 즉위를 지지했습니다. 경종 즉위 후에도 권력을 잡고 있던 노론은 경종의 이복동생인 연잉군(이후 **영조**)을 왕세제로 책봉하도록 만듭니다. 노론은 한 발 더 나아가 왕세제가 임금을 대신하여 국정을 맡을 수 있게 대리청정까지 요구했습니다. 소론은 반대했으나 경종은 노론의 요구를 승낙합니다. 그러나 소론이 계속 반대 상소를 올리자 경종은 노론의 주요 대신들을 처형하고 관련자들을 대거 숙청했습니다. 이를 계기로 소론이 권력을 잡게 됩니다. 한순간에 왕세제 연잉군의 지위도 위험해질 상황이었지만, 경종이 갑자기 사망하면서 우여곡절 끝에 연잉군이 왕위에 올라 영조가 됩니다.

노론이 연잉군을 왕세제로 책봉할 것을 주장한 이유

연잉군의 어머니 숙빈 최씨는 인현왕후를 모시던 궁녀였으며, 서인 권력과 연결되어 갑술환국 때 중요한 역할을 했기에 노론은 연잉군을 왕세제로 밀었다. 그러나 당시 경종이 후사를 이을 아들을 얻지 못했지만 30대의 젊은 나이였고, 왕위에 오른 지 얼마 되지 않은 상황이라 노론의 왕세제 책봉 주장은 왕권에 대한 도전으로 받아들여질 수 있었다.

영조 즉위 후 영조를 지지했던 노론이 다시 권력을 잡았습니다. 그러나 일부 강경파 소론과 남인 세력은 경종의 갑작스러운 죽음과 영조의 즉위 과정에 대한 의문을 제기하며 영조를 국왕으로 인정하지 않으려 합니다. 이와 관련한 대표적인 사건이 소론 강경파가 주축이 되어 일으킨 **'이인좌의 난'**입니다(영조 4, 1728). 영조는 이를 진압한 후 노론 강경파는 배제하고, 노론 온건파를 중심으로 다른 붕당 세력을 등용하는 **탕평 정치**(400p 참조)를 추진했습니다.

탕평 정치는 국왕이 여러 붕당 구성원들을 공평무사하게 기용하여 정국의 주도권을 장악하고 붕당 간의 갈등을 완화시켜 왕권을 강화하려는 정책이라고 할 수 있습니다. 숙종 때도 탕평책을 실시했으나 일방적으로 한 붕당의 손을 들어 주어 잦은 환국만 가져왔습니다. 이와 달리 영조는 탕평 교서를 내린 후 성균관 앞에 탕평비를 세우며 탕평 정치의 실현 의지를 보여 주었습니다. 그는 노론 온건파를 중심으로 소론 온건파 및 남

탕평비

탕평은 유교 경전인 《서경》에서 유래한 말로 '한쪽으로 치우침이 없고 무리를 짓지 아니하면 왕도가 넓고 평평할 것'이라는 뜻이다. 탕평비는 1742년 영조가 성균관 입구에 세웠는데 "두루 사귀고 치우치지 않는 것은 군자의 공평무사한 마음이다."라는 비문이 새겨져 있어 탕평 정치를 실시하려는 영조의 단호한 의지가 엿보인다.

인 일부를 권력에 참여시키며 자신의 정책을 지지할 **탕평파**를 육성합니다.

탕평 정치의 주요 목적 중 하나가 왕권을 강화하는 것이었기 때문에 이를 위한 후속 조치들도 계속 시행됩니다. 환국으로 인한 붕당 정치의 변질이 왕권을 약화시켰다면, 탕평 정치는 반대로 붕당 정치가 변질되는 것을 막거나 붕당의 세력을 약화시키려는 정책으로 볼 수 있습니다. 즉, '서원과 향약을 바탕으로 한 사림의 집권 → 붕당의 형성 → 환국 → 일당 전제화 추세 → 왕권 약화'라는 도식을 거꾸로 생각하여 '사림의 기반인 **서원 정리** → 붕당의 약화 → 붕당이 다투는 이유 제거 및 탕평책 → 일당 전제화 해소 → 왕권 강화'라는 해결책을 제시한 것입니다.

영조는 첫째, 붕당의 근거지인 서원을 대폭 정리하여 사림의 세력을 약화시키고 이를 통해 붕당의 세력도 약화시키려 했습니다. 둘째, 붕당이 나뉜 원인 중 하나이자 갈등의 원인이었던 이조 전랑의 권한을 제한하려 했습니다. 특히 **이조 전랑**의 당하관 **임명에 대한 동의권을 없애** 이조 전랑이라는 관직을 놓고 붕당 간에 싸움이 일어나지 않도록 했습니다. 셋째, 당시 공론을 형성하여 붕당의 배후 세력으로 국정에 크게 관여했던 재야 **산림**(山林)을 인정하지 않았습니다. 산림의 의견을 의도적으로 받아들이지 않으면서 점차 산림의 입지가 좁아져 산림에 의해 움직이던 붕당 세력을 약화시킨 것입니다.

영조는 탕평정치를 통해 국왕의 정국 주도권을 확보했습니다. 이를 통해 당시의 사회 문제를 해결할 제도들을 추진하며 개혁 정치를 펼쳤습니다. 대표적으로 양민들의 군포 부담을 줄이기 위해 **균역법**을 시행했고, 잘못된 재판으로 억울하게 죽는 사람이 없도록 사형수에 대한 **삼심제**(三審制)를 엄격히 시행했습니다. 백성들의 의견을 듣고자 **신문고**도 부활시켰습니다. 또한 《**속대전**》을 편찬하여 법치로 사회 질서를 바로잡고자 했습니다.

산림

산림은 원래 관직에 나아가지 않고 은거한 인물을 상징하는 용어로 사용되었다. 그러나 조선 후기에는 초야의 선비가 아닌 국가적으로 대우받는 사림의 명망가를 일컫는 말로 사용되었다. 산림은 한 지역 사대부의 여론을 주도하고, 지역 사림의 천거권까지 보유하여 국정의 방향과 운영, 특정 붕당이나 정파의 성쇠에 큰 영향을 주었다.

《속대전》을 편찬한 이유

조선의 기본 법전인 《경국대전》은 편찬된 지 200여 년이 흘렀으나 만세 불변의 법전이었으므로 수정을 할 수 없었다. 여러 추가 법안이 만들어졌는데 《경국대전》과 추가 법안 사이에 일관성이 떨어지고 기준이 애매한 점이 있었다. 또한 양난 이후 크게 변한 사회 현상을 법이 쫓아가지 못했기에 법전의 편찬이 필요했다.

정조, 영조보다 적극적인 탕평책을 시행하다

영조가 탕평파를 육성하여 탕평정치를 펼쳤음에도 전반적인 정국은 영조 즉위에 도움을 주었던 노론 세력이 주도했습니다. 그런데 영조의 아들인 사도세자가 노론의 정책에 반대하고 소론의 정치적 입장을 지지하면서 영조 및 노론과 대립하게 되었고, 여러 논란 끝에 뒤주에 갇혀 죽는 비극을 맞습니다. 이때 사도세자의 죽음을 놓고 노론은 사도세자의 죽음은 어쩔 수 없었다는 벽파와 사도세자를 죽음으로 몰아간 노론의 정책이 과했다고 비판하는 시파로 나뉩니다. 영조는 사도세자의 아들인 세손을 폐하지 않고 후계자로 정하여 세손이 영조 사후에 즉위하는데 그가 **정조**입니다. 정조 즉위 당시에는 외척을 포함한 노론 벽파 세력이 정권을 장악했습니다. 정조 역시 권력을 독점한 붕당의 세력을 약화시키지 않고서는 국정을 주도할 수 없었기 때문에 탕평책을 시행합니다.

영조 대의 탕평책은 노론 온건파의 정국 주도 아래 붕당 간의 대립을 막은 온건 탕평책이라고 평가받습니다. 그런데 정조는 득세하던 외척을 제거하고, 노론·소론·남인 등 붕당을 가리지 않고 명분과 옳고 그름을 따져 인재를 등용하는 적극적인 탕평책을 시행합니다. 적극적인 탕평책을 시행하려면 국왕이 정국의 주도권을 잡아야 했으므로 여러 가지 조치를 취합니다. 먼저 왕실 전용 도서관이었던 **규장각**의 기능을 확대하여 비서실의 기능을 더하고, 과거 시험과 관리 교육까지 담당하게 하면서 강력한 정치 기구로 육성했습니다. 규장각은 신하들의 견제를 피해 국왕이 운영할 수 있는 기구였기 때문에 왕권 강화의 수단으로 활용되었습니다. 그리고 **초계문신제**(抄啓文臣制)를 통해 과거에 합격한 지 얼마 되지 않은 관료나 고위 관직에 오르지 않은 젊은 관료들을 규장각에 소속시켜 재교육했습니다. 이를 통해 정조는 자신의 정책을 지지하고 집행할 수 있는 관료를 육성합니다. 불안했던 국왕의 안위를 보호하고 동시에 노론에게 장악당한 5군영의 문제점을 해결하기 위해 친위군으로 **장용영**(壯勇營)이라는 부대를 설치했습니다. 자신의 정치적 이상을 표현하고 개혁 의지를 실현할 수 있는 도시를 세우고 왕권 강화의 거점을 만들기 위해 수원에는 **화성**을 축조했습니다. 이 밖에 영조가 붕당 세력을 약화시키기 위해 서원을 정리한 것과 유사하게 정조는 사림들이 주관하던 향약을 수령이 직접 주관하게 하였습니다. 이를 통해 지방 사족의 향촌 지배력을 억제하고, 왕의 대리인인 수령을 통해 백성에 대한 국가의 통치력을 강화했습니다.

정조는 강력해진 왕권을 바탕으로 여러 개혁 정책을 시도합니다. 먼저 규장각 검서관에 서얼을 등용함으로써, 서얼이 문관에 등용될 수 있는 길을 열어 서얼 차별을 완화했습니다. 자유로운 상행위를 유도하고 상공

수원화성

정조는 아버지 사도세자의 능을 이전하면서 1796년 계획 도시인 화성을 완성했다. 정조는 화성을 통해 붕당정치의 폐단을 근절하고 왕도정치를 실현하려 했다. 화성은 군사적 방어 기능과 상업적 기능을 함께 고려하여 축조되었고, 동서양의 축성 기술이 집약되어 과학적이고 실용적인 구조를 갖추고 있다고 인정받아 1997년 유네스코 세계문화유산으로 등재되었다.

금난전권을 폐지한 이유

당시 사상(私商)의 활동으로 상공업이 발전하는 상황에서 시전에서는 조정으로부터 상행위 허가를 얻은 시전 상인들이 금난전권을 통해 여타 상인의 상행위를 막았다. 시전 상인들은 권력을 잡은 붕당의 유력 세력과 결탁하여 독점적 상행위를 통한 이익을 유지했고, 붕당은 이를 통해 권력을 유지할 수 있는 자금을 얻고 있었다. 이에 정조는 자유로운 상행위를 유도하여 시전 상인들의 독점에 의한 물가 상승을 막으려 했다. 동시에 시전 상인과 붕당 유력 세력의 유착을 끊어 붕당의 세력도 약화시키기 위해 금난전권을 폐지했다.

업을 발전시키기 위해 **통공 정책**(通共政策)을 실시하여 육의전을 제외한 시전 상인들의 금난전권(禁亂廛權)을 폐지했습니다. 또한 영조 때 《속대전》이 편찬되었으나 《경국대전》 등의 법안과 기준이 달라 충돌하는 지점이 있어서, 앞선 법전들을 통합하고 미진한 점을 보완하기 위해 《**대전통편**》을 편찬했습니다.

영조와 정조가 시행한 탕평 정치는 이전의 환국에서 나타난 붕당 간 극렬한 대립을 완화하였고, 일당 전제화의 추세를 막고 인사를 통해 권력을 배분했습니다. 상대적으로 왕권을 강화하고 국왕 주도의 정치 구도를 마련했다는 점에서 긍정적으로 평가할 수 있습니다.

그러나 부정적인 측면도 있습니다. 첫째, 영조와 정조처럼 개인 역량과 개혁 의지가 뛰어난 국왕들이 잠시 붕당 간 갈등을 완화시킨 것일 뿐, 이를 완전하게 해소할 수는 없었습니다. 둘째, 영조와 정조 대 모두 탕평 정치를 시행하는 과정에서 국왕과 그 측근에게 권력이 과도하게 집중되면서 국왕의 잘못을 비판하지 못하거나, 측근의 전횡이 나타나는 문제점이 있었습니다. 셋째, 정조 때 탕평책과 개혁 정치로 인해 국왕의 권력이 강화되었으나, 정조의 갑작스러운 사망과 어린 순조의 즉위로 외척 가문이 권력을 행사하게 됩니다. 그런데 이 외척 가문이 행사하는 권력을 견제할 만한 세력이 존재하지 않아 뒤이어 **세도정치**(勢道政治)가 나타납니다. 정조의 탕평책 이면에서는 몇몇 외척 가문이 권력을 장악하여 국가를 운영하는 세도정치의 싹이 자라고 있었던 것입니다.

주요 용어

세도정치, 안동 김씨, 풍양 조씨, 매관매직, 탐관오리, 삼정의 문란, 홍경래의 난, 임술 농민 봉기, 삼정이정청

3 세도정치의 폐단

세도정치, 조선을 혼란에 빠트리다

정조 사후 1800년 11살의 나이로 순조가 즉위합니다. 순조의 나이가 어려 영조의 계비인 정순왕후가 왕실의 최고 어른으로서 수렴청정을 하게 됩니다. **안동 김씨** 가문 출신으로 노론 벽파를 지지하던 정순왕후는 정조 때 성장한 시파 세력을 제거하고자 했습니다. 1804년 순조가 정순왕후의 수렴청정에서 벗어나 직접 정치를 주관하지만, 이미 정순왕후의 안동 김씨 가문이 비변사 및 주요 관직을 차지하며 권력을 장악했습니다. 이후 순조, 헌종, 철종 3대 60여 년간 안동 김씨, **풍양 조씨** 등 몇몇 외척 가문이 세도 가문으로 권력을 독점하며 정치를 주도하는 **세도정치**가 전개됩니다. 세도정치가 전개된 이유 중 하나는 왕권을 강화했던 정조 사후에 외척 가문이 권력을 장악하면서 다른 붕당과 가문들이 이를 견제

세도정치의 전개

순조(1800~1834)	• 안동 김씨: 순원왕후(김조순의 딸)
익종(순조의 세자)	• 풍양 조씨: 신정왕후(헌종의 어머니, 조만영의 딸)
헌종(1834~1849)	• 풍양 조씨·안동 김씨: 왕대비(조만영의 딸), 효현왕후(김조근의 딸)
철종(1849~1863)	• 안동 김씨: 철인왕후(김문근의 딸)

삼정의 문란

배경	• 세도 정치로 인한 관리들의 부정부패(매관매직 → 탐관오리 출현) • 면리 단위의 공동납제
전정의 문란	각종 부과세의 과도한 징수, 지주가 부담해야 할 조세를 소작농에게 전가, 농사짓지 않는 토지에도 조세 부과 등
군정의 문란	군사 기구의 확대로 군포 징수 기구 증가, 군포 납부 면제자 증가 → 농민의 군포 부담 증가와 회피 → 남은 농민의 부담 증가(백골징포, 황구첨정, 인징, 족징 등)
환정(환곡)의 문란	환곡은 부세가 아니라 본래 빈민 구제가 목적임 → 부세로 변질(강제로 주는 늑대(勒貸), 규정 이상의 이자 수취, 환곡을 받지 않은 농민에게도 이자 납부 강요 등)

할 수 없었기 때문입니다. 더구나 순조 이후에 헌종도 어린 나이에 즉위하고, 철종도 헌종의 후사가 없어 대왕대비가 후계자로 지명하여 왕위에 올랐기 때문에 외척 가문의 권력 독점은 심화되었습니다.

세도정치는 여러 폐단을 불러왔습니다(400p 참조). 국가와 백성보다는 자기 가문의 정치권력과 경제 이권을 우선으로 삼았기 때문입니다. 그 과정에서 과거 시험의 부정과 **매관매직** 현상이 성행하는 등 정치 기강이 문란해지고 **탐관오리**들도 늘어납니다. 이런 탐관오리들은 전정(전세 징수), 군정(군포 징수), 환정(환곡 운영)의 삼정을 문란하게 운영하면서 백성을 지나치게 수탈하여 생활을 궁핍하게 만들었습니다. 궁핍한 농민들 중 일부는 각종 부세의 수취를 피해 도망하기도 했습니다. 하지만 면리 단위로 부세를 공동 납부하는 관행으로 인해, 도망가지 않고 남아 있던 농민들의 부담은 더욱 커졌습니다.

삼정의 문란

조선 재정의 주류를 이루던 전정(田政)·군정(軍政)·환정(還政) 세 가지 수취제가 변질되어 부정부패로 나타난 현상으로 1811년 홍경래의 난이나 1862년 전국적으로 일어난 임술농민항쟁 등 19세기 크고 작은 농민항쟁의 주요한 원인으로 작용하였다.

세도정치의 또 다른 폐단은 정치권력에 참여하는 집단이 줄어들고, 사회 변화에 대응할 수 있는 의견이 국정에 제대로 반영되지 않았다는 점입니다. 세도정치 시기 **삼정의 문란**은 물론 천주교와 동학의 전파, 도참설의 유행 등 국내의 상황은 복잡하게 전개되었습니다. 뿐만 아니라 이양선의 출몰, 서양의 통상 요구 등에도 대응해야 했는데, 세도 정권은 이를 순조롭게 해결할 만한 능력이 없었습니다.

세도정치에 분노한 농민들, 봉기를 일으키다

세도정치의 폐단으로 백성의 생활은 궁핍해지는데, 이에 더해 홍수와 가뭄 등 자연재해가 빈번하게 일어나고 전염병까지 유행하면서 사회 불안이 고조됩니다. 먹고살기 힘든 농민들은 관아에 합법적으로 호소했지만 큰 효과가 없었습니다. 그러다 보니 농민들의 저항은 점차 적극적인 형태로 바뀌어 갔고 집단으로 봉기를 일으키기까지 합니다. 세도정치 시기 대표적인 봉기는 **'홍경래의 난'**(순조 11, 1811)과 전국적으로 확산된 **'임술 농민항쟁'**(철종 13, 1862)을 들 수 있습니다.

평안도 지역의 지배 세력은 중앙 정부의 차별로 관직 진출이 어려웠고 지역 상인들도 정부의 통제 정책에 불만을 가지고 있었습니다. 조선 후기 사회 변화에 적응하지 못한 가난한 농민들의 사회 불만도 컸습니다. 홍경래는 이러한 다양한 계층을 규합하여 봉기를 일으켰고, 다양한 계층의 참여로 봉기 세력의 규모가 커졌습니다. 그들은 정주성을 함락하고 청천강 이북의 군현들을 점령하며 세를 과시했습니다. 그러나 관군의 적극적인 공세를 견디지 못하고 진압당합니다. 홍경래의 난은 비록 실패로 끝났지만 세도 정권의 부패와 무능함을 폭로했으며, 하층민들의 사회의식을 성장시켰습니다. 이는 이후 임술 농민 항쟁이나 동학 농민 운동과 같은 농민들의 적극적인 저항으로 이어집니다.

홍경래의 난 이후에도 세도정치는 지속되었고, 지배층의 수탈로 삼정의 문란이 개선되지 않아 농민들의 생활은 더욱 어려워졌습니다. 결국 1862년 경상도 단성현에서 농민 봉기가 시작되었습니다. 이 봉기가 진주로 번지더니 전국 각지로 퍼져 나갔습니다. 농민 생활의 어려움이 일부 지역이 아닌 전국적인 문제였는데도 불구하고 세도 권력이 전혀 이를 해결하지 못했음을 반증하는 것입니다. 당시 조정은 각지에서 봉기가 걷잡을 수 없이 일어나자 강경하게 대응했습니다. 한편으로는 민심을 달래기 위해 암행어사를 파견하여 탐관오리를 처벌하고, 삼정의 문란을 바로잡기 위해 **삼정이정청**(三政釐整廳)을 설치했지만 큰 성과를 거두지는 못했습니다. 이는 흥선대원군이 집권한 뒤에 사회 개혁 정책을 추진할 수밖에 없는 배경이 되었습니다.

삼정이정청

1862년(철종 13) 5월에 삼정의 폐단을 고치기 위하여 임시로 만든 관청. 삼정이정청이 윤 8월에 철폐된 뒤, 삼정 업무는 비변사에서 관장하였다.

경제사로 읽는 조선

조선 전기의 경제 제도

1. 토지 제도의 변화
2. 수취 체제의 정비
3. 조선 전기의 경제활동

조선 후기 경제의 발달

1. 수취 체제의 변화
2. 조선 후기의 경제활동

조선 전기의 경제 제도

주요 용어

과전법, 수신전, 휼양전, 공신전, 직전법, 관수관급제, 전주-전객제, 지주-전호제

1 토지 제도의 변화

과전법, 조선의 토지제도를 마련하다

고려시대에 수조권을 지급하던 전시과 제도는 고려 말 이전에 이미 무너지기 시작했습니다. 권력자들이 불법적으로 수조지(收租地)를 늘리고, 토지를 빼앗아 대토지를 소유하면서도 여러 사유로 면세 혜택을 받아 국가의 재정은 크게 악화됩니다. 더구나 하나의 토지에 여러 명의 전주들이 수조권을 행사해 농민을 수탈했고, 이 과정에서 농민들은 과중한 조세를 부담하기 어려워 큰 고통을 받았습니다. 권문세족의 농지 수탈과 토지 겸병의 확대로, 고려 말 신진 관료들은 관직 복무의 대가인 수조지조차 지급받지 못하는 경우도 있었습니다. 위화도 회군을 통해 권력을 장악한 신흥 무인 세력과 신진 사대부들은 국가의 재정 기반을 확충하고, 신진 세력의 경제적 기반을 마련하면서 농민의 조세 부담 문제도 해결하고자 했습니다. 그래서 권문세족의 토지 대장을 불살라 버린 후 수조권을 재분배하는 **과전법**(科田法, 401p 참조)을 시행합니다(공양왕 3, 1391).

과전법은 전·현직 관리에게 품계에 따라 수조권을 행사할 수 있는 토지를 나누어 준 것으로 경기 지방의 토지로 한정했습니다. 원칙적으로 관리가 사망한 후에는 국가에 수조권을 반납해야 했습니다. 그러나 과전을 받던 관리가 죽었을 때 재혼하지 않은 부인에게 지급되는 **수신전**, 과전을 받던 관리와 아내까지 모두 죽고 자손이 어린 경우에 지급되는 **휼양전**, 공신에게 지급되는 **공신전** 등의 명목으로 세습이 가능했습니다.

과전법 시행 결과 개인 수조지는 축소되고 국가 수조지가 확대되어 국가의 재정이 확충되었습니다. 그리고 고려 말 권력자의 개인적 지배에

놓여 있던 농민들을 국가가 직접 파악하여 국가의 통치 기능이 회복되었습니다. 지배층 내부에서는 과전 개혁을 통해 광대한 토지를 차지하고 있던 권문세족을 제거하고 개혁파 신진 관료들의 경제 기반을 마련하는 계기가 되었습니다. 하나의 토지에 1명의 수조권자만 존재하여 여러 수조권자에 의한 가혹한 수탈과 무질서한 착취가 어느 정도 제한되었습니다. 따라서 과전법 시행을 통해 급진파 신진 사대부는 농민들의 지지를 얻을 수 있었습니다.

과전 부족 문제를 위해 직전법을 시행하다

조선 초 관료의 증가로 지급해야 할 토지는 늘어나는데 수신전, 휼양전 등의 명목으로 세습되는 토지 때문에 새로 관직에 나선 관리에게 지급할 토지가 부족해집니다. 이에 경기 외에 충청도·경상도·전라도(하삼도) 지방의 토지도 과전으로 지급할 것을 고려하는 등 여러 대안을 마련했습니다. 그러나 국가 수조지 축소로 재정이 악화되었던 고려 전시과 제도의 문제점이 다시 나타날 수 있어 실행에 옮기지는 못했습니다.

그러던 중 세조가 즉위하면서 과전법의 문제를 해결하기 위해 **직전법**(職田法)을 시행했습니다. 전·현직 관리에게 주던 과전을 현직 관리에게만 지급하여 관리가 퇴직하면 토지를 반납하게 했습니다. 또한 수신전, 휼양전을 폐지하여 세습되는 토지를 축소하면서 과전의 부족 문제를 해소하려 했습니다. 한편으로는 세조가 즉위하는 과정에서 세조를 지지하지 않는 이들이 관직에서 물러나기도 했기 때문에, 세조가 자신을 지지하는 관리들에게만 토지를 지급하려 한 측면도 있습니다.

수조권이 사라지고 지주 전호제가 확대되다

과전 부족 문제를 직전법으로 어느 정도 해소했지만 여전히 남은 문제들이 있었습니다. 과전법은 기본적으로 수조권을 지급받은 관리(전주)가 자신의 과전 생산량을 확인하여 조세를 거두었기 때문에 생산량을 부풀리는 경우가 있었습니다. 이런 수취 방식은 직전법으로 바뀌고 나서도 유지되었습니다. 직전법 시행 후에는 관리들이 퇴직하면 과전을 반납해야 하므로, 현직에 있을 때 더 많이 조세를 거두려 하자 농민들의 부담이 커지는 문제가 발생했습니다.

관수관급제

기존에는 수조권을 가진 관리가 직접 토지의 생산량을 확인하여 농민에게 조세를 거두었다. 그러나 관수관급제 시행 후에는 관에서 생산량을 조사하고 농민들이 관아에 조세를 납부하면, 관에서 관리에게 녹봉과 함께 이를 나누어 주었다.

이를 해결하기 위해 성종 때 현직 관리에게만 과전을 지급하는 방식은 유지한 채 수취 방식만 바꿔 **관수관급제**(官收官給制)를 시행합니다. 이는 관리들이 농민들에게 과도하게 수취하는 것을 막기 위해 실시한 제도입니다. 관수관급제의 실시는 수조권을 통한 토지 지배가 약화, 소멸하는 주요한 계기가 되었습니다.

명종 때 관리들에게 토지의 수조권을 지급하던 직전법(職田法)이 사실상 폐지되고 임진왜란 후에는 법적으로 폐지되어 국가가 관리에게 녹봉만 지급했습니다. 이에 대해 당시 양반 관료들이 크게 반대하지 않았는데, 그 이유는 과전을 지급받아 거두는 조세가 그들에게 이미 경제적으로 큰 의미가 없었기 때문입니다.

직전법의 폐지는 고려 이전부터 과전법에 이르기까지 오랜 세월 동안 지속되었던 수조권에 기초한 토지 제도의 소멸을 의미합니다. 이로써 수조권을 행사한 자(전주)에 의한 토지 지배와 그 아래 토지의 실제 소유자가 전객으로 농사를 짓던 **전주-전객제**(田主佃客制)가 해체되었습니다. 토지 제도에서 수조권은 더 이상 의미가 없었고 소유권만 남게 되었습니다. 직전법 폐지 후 국가가 양반 관료들에게 수조권을 지급하지 않자, 이들의 토지 소유 욕구는 더욱 강해집니다. 이제 그들에게 주요 수입원은 자신의 노비를 동원해 농사를 짓거나 토지를 타인에게 빌려주어 지대(소작료)를 받는 것이었습니다. 이에 따라 개인적 토지 소유에 입각해 성장하고 있던 지주와 토지를 빌려 농사짓는 전호(소작농)를 중심으로 한 **지주-전호제**(地主田戶制)가 확대되어 갔습니다.

주요 용어

전세, 전분 6등법, 연분 9등법, 공납, 방납, 수미법, 역, 요역, 군역, 양인개병, 정군, 보인, 대립, 방군수포, 군적수포제

2 수취 체제의 정비

복잡한 전세, 결국 관행적으로 수취하다

조선 전기의 수취 체제는 고려 때와 마찬가지로 **전세**(田稅, 조세)·공납(貢納)·역을 징수하는 것이었습니다. 조선 전기 전세 제도는 고려 말 제정한 과전법에 기반을 두었습니다. 전세는 이상적인 국가 수조율로 인식되었던 생산량의 10분의 1을 거뒀습니다. 과전법에서는 1결을 300두의 생산량이 나오는 토지로 책정했기에 전세는 1결당 30두를 거뒀습니다.

그러다 세종 때 농민의 전세 경감과 공평한 과세를 위해 토지 비옥도에 따라 6등급으로 나누어 차등 있게 수취하는 **전분 6등법**(田分六等法)과 농사짓는 해의 풍흉에 따라 9등급으로 나누어 수취하는 **연분 9등법**(年分九等法)을 시행하면서 변화가 생겼습니다. 당시의 토지 넓이는 결부법을 시행하여 생산량에 따라 1결을 정했기 때문에 실제 전세를 계산하는 데 큰 변동이 없었습니다. 그러나 연분 9등법은 풍흉의 정도에 따라 토지 1결당 최대 20두에서 4두까지 납부하게 했기 때문에 전세 납부 액수에 차이가 났습니다. 또한 납부 방식이 수확량의 10분의 1의 비율로 납부하는 정률제에서 액수를 정해 납부하는 정액제로 바뀌었습니다. 하지만 연분 9등법은 풍흉을 가르는 기준이 너무 모호했고, 유력자보다 힘없는 농민들의 세액이 과다 책정되는 등 운영상의 문제도 생겼습니다. 그 결과 풍흉에 관계없이 1결당 4~6두 정도 거두는 것을 관행으로 하였습니다.

방납, 농민들에게 가혹한 부담을 안기다

조선 전기 **공납**은 국가가 군현마다 토산물(특산물)을 지정하여 물량을 배분하면 그 물량을 가호별로, 즉 집집마다 나누어 납부하게 했습니다. 사실 농민들에게 공납은 가장 큰 고민거리였습니다. 토지가 없는 농민은 원칙적으로 전세는 납부하지 않았지만, 공납의 부과 기준은 가호였기 때문에 토지가 없는 농민 가호들도 공물은 납부해야 했습니다. 더구나 현물 납부 방식 때문에 16세기에는 **방납**(防納)의 폐단이 심했습니다. 방납

방납의 폐단

방납이란 공물 납부를 막는다는 뜻으로, 여러 가지 형태가 있었다. 농민들이 정해진 기일과 물량을 맞추기 어려울 때 상인들을 통해 대납하게 하고 이자를 붙여 받는 형태, 관리들과 방납 상인들이 결탁해 토산물의 규격에 맞지 않는다며 납부를 막고 지정한 상인들에게 비싸게 구매하여 납부하게 하는 형태, 지역에서 나지 않는 토산물이 배정되어 어쩔 수 없이 구매하는 형태 등이다. 방납으로 농민들은 실제 납부해야 하는 비용보다 훨씬 많은 비용을 부담해야 했다.

과 관련된 상인 및 관리들을 방납인이라 불렀는데, 이들로 인해 무거워진 공납은 농민들에게 큰 부담이 되었습니다. 이를테면 흥부는 토지도 없고 가난하지만 장성한 아들들이 여러 가호로 흩어져 있고, 놀부는 토지는 많지만 장성한 사람이 본인밖에 없다고 가정해 봅시다. 그런 경우라면 전세는 놀부가 많이 내지만, 공납은 가난한 흥부네가 더 많이 납부하게 되는 것입니다.

이런 문제 때문에 공납 체제를 개편하려는 움직임이 임진왜란 전부터 여러 차례 있었습니다. 중종 때 조광조는 공물의 폐단을 지적하며 법을 개정하려 했고, 선조 때 이이와 유성룡은 공물을 쌀로 거두는 **수미법**(收米法)을 주장했습니다.

조선시대에도 군역은 기피 대상이었다

조선시대 **역**(役)은 16~60세의 양인 남자인 정남을 대상으로 그들의 노동력을 수취하는 것입니다. 역은 **요역**(徭役)과 **군역**으로 나눌 수 있습니다. 요역은 관아의 건축·성(城)의 보수·도로나 제방의 개수 사업 등 주로 토목 공사에 노동력을 징발하는 것이고, 군역은 군대에 징집하여 군인으로 복무하게 하는 제도였습니다.

조선 전기에는 **양인개병**(良人皆兵)의 원칙에 따라 **정군**과 **보인**으로 나뉘어 군역을 졌습니다. 그런데 점차 모든 양인 정남이 군역에 동원되어 요역을 부담할 정남이 부족해지면서, 군역에 동원된 정남이 요역에도 동원되기 시작했습니다. 군역을 지면 자연스럽게 요역까지 지게 되자 많은 사람들이 군역을 피하려 했습니다. 이에 따라 조선 중기에는 돈으로 다른 사람을 사서 자신의 군역을 대신하게 하는 **대립**(代立)이나, 지방의 영이나 진에서 군사들을 징집하지 않고 그 대가로 베를 받는 **방군수포**(放軍收布)와 같은 폐단이 나타나기 시작했습니다. 이러한 폐단이 일반화되고 국가에서 통제하기 어려운 수준이 되자, 중종 때 군역을 져야 하는 사람들에게 포를 거두어 이 포를 가지고 필요한 군사를 고용하는 **군적수포제**(軍籍收布制)가 시행됩니다.

주요 용어

중농 정책, 농사직설, 금양잡록, 윤작법, 이앙법, 시비법, 중농억상, 저화, 조선통보, 관영수공업, 시전, 시전 상인, 금난전권, 육의전, 장시, 보부상

3 조선 전기의 경제활동

중농 정책에 힘입어 농업 기술이 발달하다

조선은 대다수 백성이 농민이었고 농업이 국가의 기본 산업이었습니다. 농업 발달은 농민들의 생활수준 및 국가 경제력 향상과 밀접히 연관되기에 조선은 농업을 중시하는 **중농정책**(重農政策)을 폈습니다. 국가 주도하에 농경지를 확보하려 했고 농업 생산력을 증대시키기 위해 노력했습니다. 농경지 확보를 위해 개간한 토지에 주인이 없을 경우 토지 소유를 인정하면서 조세를 일정 기간 면제해 주었습니다. 그리고 남의 토지를 개간한 경우에도 일정 기간 소작료를 면제하거나 감해 주어 개간을 장려했습니다.

또한 국가적으로 농업 생산력을 증대시키기 위해 농서를 편찬하고 보급했습니다. 고려 말 원에서 들여온《농상집요》는 조선 초까지 이두로 보급되면서 농업 발전에 도움을 주었지만, 중국의 풍토에 근거한 농서라서 조선에는 적합하지 않았습니다. 이에 세종은 조선 풍토에 맞는 농사법을 정리할 것을 명하여, 정초 등이《**농사직설**》을 편찬해서 보급합니다. 성종 때 강희맹은 관료를 지내다 퇴직한 후, 금양(지금의 과천·시흥 지역)에 내려가 직접 농사를 짓고 농민과 생활하면서《**금양잡록**》을 편찬하여《농사직설》에 없는 농법을 정리했습니다.

농민들도 스스로 농업 기술을 발전시켜 농업 생산력 향상에 힘썼습니다. 조선 초기 밭농사에서는 고려 후기 때부터 실시된 2년 3작의 **윤작법**(輪作法)이 확대되었습니다. 논농사에서는 고려 후기에 나타난 모내기법(**이앙법**)이 일부 지역에 실시되었으나, 전국적으로 확산되지는 못했습니다. 당시 논농사에서는 일반적으로 볍씨를 직접 토지에 파종하는 직파법을 활용했는데, 모내기법에 비해 물이 많이 필요하지 않았고 가뭄에도 어느 정도 수확이 가능했습니다. 반면 볍씨를 따로 심어 모를 키운 뒤 옮겨 심는 모내기법은 논에 물을 채워 땅을 무르게 해야 하기 때문에 물이 많이 필요했습니다. 따라서 물을 이용할 수 있는 저수지와 보 등의 수

리 시설이 필요했는데, 당시에는 이런 시설들이 많지 않았습니다. 모내기를 해야 하는 봄에 가뭄이 들면 그해 농사를 완전히 망쳐 수확을 기대할 수조차 없었습니다. 국가에서는 이러한 위험 부담 때문에 모내기법을 금지했습니다. 그럼에도 불구하고 상대적으로 물을 많이 활용할 수 있었던 일부 지역 농민들은 노동력이 절감되고 이모작이 가능해 생산량을 늘릴 수 있는 모내기법을 받아들였습니다.

고려 후기부터 지속적으로 거름을 만들어 뿌리는 **시비법**의 발달로 휴경지가 차츰 줄면서 매년 농사지을 수 있는 토지가 늘어났고 자연히 농업 생산력도 증가했습니다. 그뿐만 아니라 고려 후기에 수입된 목화의 생산 지역이 늘어나면서 면옷, 솜옷, 솜이불 등이 보급되었고, 백성들의 의복 및 주거 생활에 큰 변화가 나타났습니다. 면포는 화폐로도 사용되어 세금을 내거나 물건을 매매하는 데 널리 활용되었습니다.

중농억상(重農抑商) 정책을 펼치다

농업이 피폐해지면 백성들의 생활이 어려워지고 국가 재정도 악화되므로, 조선 정부는 적극적으로 농업을 장려했습니다. 반면 상공업은 국가 차원에서 엄격하게 통제했습니다. 당시 유학자들은 상품의 생산과 유통을 국가가 통제하지 않을 경우 농민들이 상공업에 종사하여 토지에서 이탈하는 것을 우려하였고, 사치와 낭비 풍조가 유행하며 빈부 격차가 심화될 것으로 보았습니다.

이러한 분위기에서 농업은 본업이고 상업은 말업(末業)이라는 인식이 확산되었고, 사농공상(士農工商)의 계층 차별 의식도 강화되어 상공업자들은 제대로 대우받지 못했습니다. 이러한 경제관념으로 인해 도로와 교통수단의 발달이 더뎠고, **저화**나 **조선통보** 등의 화폐를 발행했지만 널리 유통되지는 못했습니다.

조선 전기의 수공업은 **관영 수공업** 중심이었습니다. 자급자족을 넘어 타인이 생산한 상품을 필요로 하는 사람이 많지 않았고, 대량으로 물건이 필요한 경우는 대부분 관청이었기 때문에 관을 중심으로 수공업이 발전했습니다. 관영 수공업은 관청에서 물건을 만드는 장인들의 명부(공장안)를 두고 물건이 필요할 때, 그들을 동원하여 재료와 품삯을 주고 생산하게 하는 형태입니다. 만약 국가가 신발 100켤레가 필요하다면, 국가는 장인들을 불러 재료와 품삯을 주고 100결레를 만들게 합니다. 100결레 이상 만들면 100결레는 국가가 가져다 쓰고, 나머지는 장인들이 시장에 내다 팔 수 있었습니다. 장인들은 국가에 동원되지 않을 때는 개인적으로 상품을 만들어 팔아서 생활을 유지하고 대신 국가에 장인세를 냈습니다.

조선 전기 상업의 중심지는 수도 한성을 비롯해 개성, 평양, 전주 등 대도시에 설치된 **시전**(市廛)입니다. 시전은 국가가 상점을 설치해 주면, 상인들이 점포 임대료를 내고 들어와 상품을 팔고 이득의 일부를 상세로 납부하는 형태로 운영되었습니다. 또한 **시전 상인**들은 중국에 파견되는 사신이 가져가는 방물을 정기적으로 납부해야 했습니다. 대신 시전에서 자신이 판매하는 품목을 다른 상인들이 팔 수 없게 통제할 수 있는 **금난전권**(禁亂廛權)이라는 독점 판매권을 가지고 있었습니다. 시전 상인들 가운데 한양 시전의 **육의전**(六矣廛)은 조선 말까지 특권적인 지위를 누렸습니다.

육의전

시대에 따라 육의전, 칠의전, 팔의전이라고도 했으며, 육의전이 담당하는 특정 물품도 달랐다. 그러나 일반적으로 각종 비단을 취급하는 선전, 국산 명주를 취급하는 면주전, 무명을 취급하는 면포전, 종이류를 취급하는 지전, 모시를 취급하는 저포전, 각종 어물(魚物)을 취급하는 내외어물전을 육의전이라고 한다.

지방에서는 15세기 후반에 **장시**(場市)가 남부 지방을 중심으로 등장하기 시작하여 16세기 중엽에는 전국 각지로 확대됩니다. 이런 장시는 교통의 요충지와 상업의 중심지 등에서 일정한 간격으로 열리는 정기 시장의 형태로 나타났습니다. 장시는 **보부상**들을 통해 물화가 공급되었는데, 보부상들은 국가에서 정식으로 상품 판매를 인정받은 관허 상인들이었습니다. 시전과 장시를 통해 상업이 전개되었으나, 상품을 매매할 때 곡물(쌀), 면포 등을 화폐로 사용하여 동전과 같은 명목 화폐의 사용은 여전히 부진했습니다.

조선 후기 경제의 발달

주요 용어

영정법, 대동법, 공납, 공인, 상공, 진상, 잉류지역, 군적수포제, 백골징포, 황구첨정, 인징, 족징, 양역변통론, 균역법, 결작, 선무군관포

1 수취 체제의 변화

영정법으로 전세를 정액화하다

임진왜란과 병자호란 후 조선은 이전처럼 전세, 공납, 역을 거두기가 어려워졌습니다. 전후 복구 및 안정을 위해 새로운 수취 체제가 필요했던 것입니다. 수취 체제는 공납, 전세, 역 순서로 변경되지만 먼저 전세부터 살펴보겠습니다.

임진왜란 이전부터 전세는 1결당 4~6두를 납부하는 것이 관행이었습니다. 인조 대에 이르러 관행으로 굳어진 수취 방식을 법으로 정한 것이 **영정법**(永定法)입니다(인조 13, 1635). 하지만 영정법이 사회에 미친 영향은 적었습니다. 이미 관행적으로 4~6두 내던 전세를 법으로 확정한 것이기 때문입니다. 이 제도는 사실 최대 20두까지 낼 수도 있었던 지주들에게 국가가 공식적으로 전세를 감해 준 것이기 때문에 그들에게는 이로웠습니다. 대다수의 농민들은 자신의 토지가 없어 남의 토지를 빌려 농사짓는 소작농이거나, 자기 토지를 가지고 있어도 남의 토지를 빌려서 농사지어야 생계를 유지할 수 있는 자소작농(自小作農)이었으므로 전세를 감해 준 것이 실제로 큰 도움이 되지 않았습니다. 또한 전세를 납부하는 과정에서 운송료, 수수료 등 여러 명목의 각종 부가세가 4~6두를 넘어서게 되어, 실제 토지를 가지고 있는 농민들도 부담이 크게 줄지는 않았습니다. 더욱이 소작농에게 지주가 전세 전부 혹은 일부를 전가하는 방식이 나타나기도 했습니다.

대동법(大同法), 조선 후기 사회를 변화시키다

조선 후기 수취 체제의 변화 가운데 사회에 가장 큰 영향을 미친 것은 바로 공납의 개편입니다. 공납은 현물 납부 방식 때문에 16세기에는 방납의 폐단이 심했습니다. 이에 이이, 유성룡 등은 대안으로 수미법을 주장하기도 했습니다. 하지만 공납의 폐단이 계속되자 임진왜란 이후 전후 복구를 우선시했던 광해군은 해결책으로 **대동법**(401p 참조) 시행을 결정합니다(광해군 즉위년, 1608). 대동법은 경기도에서 처음 시작하여 숙종 때인 1708년 황해도와 함경도를 제외하고 전국적으로 실시하기까지 많은 시간이 걸립니다. 그 이유는 방납으로 이익을 얻었던 사람들(일명 방납인)과 지주층의 반대가 심했기 때문입니다.

기존의 **공납**이 가호를 기준으로 삼은 것과 달리 대동법에서는 토지를 기준으로 하여 토지 1결당 쌀 12두를 내거나, 그와 같은 가치의 면포나 삼베·동전으로 납부할 수 있도록 했습니다. 공납의 부과 기준이 가호에서 토지로 바뀌었기 때문에 토지를 보유하지 않았거나 적게 소유한 대다수 농민들은 부담이 줄어들었습니다. 반면 토지를 많이 소유한 지주층은 부담이 늘었습니다. 또한 토산물 납부에서 쌀이나 면포, 삼베, 동전 등 다양한 방식으로 납부할 수 있게 되면서 농민들은 방납의 폐단에서 벗어날 수 있었습니다. 반면, 방납인들은 토산물 납부 과정에서 얻었던 이득을 상실하게 되었습니다. 하지만 대동법이 농민들에게 완벽한 법은 아니었

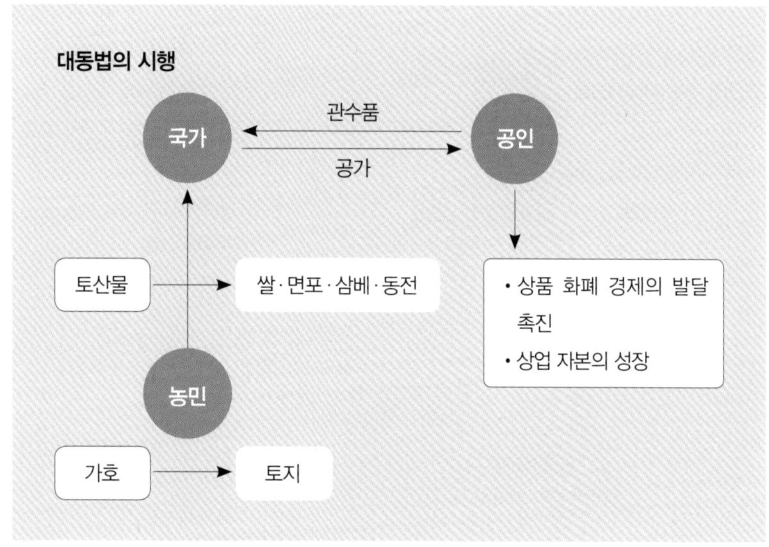

대동세의 징수와 운송

잉류 지역인 평안도나 함경도에서는 수취한 세금을 중앙으로 운송하지 않고 군사비나 사신 접대비로 그 지방에 남겨 두었다. 제주도는 운송이 위험하고 운송비가 많이 들었기 때문에 잉류 지역이 되었다.

습니다. 공납에서 **상공**(常貢, 정기적으로 걷는 공납)은 대동법의 적용으로 변화가 생겼으나, 아직 **진상**(왕실과 국가에 바치는 예물)이나 **별공**(수시로 걷는 공납)은 이전 그대로 토산물을 직접 수취했기 때문입니다. 그럼에도 불구하고 상공에서라도 농민들의 부담이 크게 줄어든 점은 의미 있는 변화였습니다.

대동법이 **공인**(貢人)의 등장과 상품 화폐 경제의 발달에 미친 영향도 주목할 만합니다. 대동법의 시행으로 왕실이나 관청에서는 필요한 물자를 예전처럼 현물(토산물) 형태로 징수할 수 없게 되었습니다. 따라서 대동법으로 거둔 쌀이나 삼베, 면포, 동전을 상인에게 주어 필요한 물건을 구해야 했습니다. 이때 국가가 물건을 구해 올 상인을 지정했는데 그 상인을 공인(貢人)이라고 부릅니다. 공인은 국가로부터 인정받은 관허 상인으로 국가가 필요로 하는 물건을 시장에서 대량 구매하는 큰 상인이었습니다. 공인이 전국에서 물건을 구입하고 생산자가 이를 판매하는 과정에서 자연스럽게 경제 발전이 이루어지고 화폐의 사용도 늘어났습니다.

최선책이 아닌 차선책으로 균역법을 시행하다

조선 후기 수취 체제의 변화는 군역에서도 나타났습니다. 조선 전기 군역의 요역화로 군역 기피가 확산되었고 대립과 방군수포 현상으로 제도 자체가 문란해졌습니다. 중종 대에는 **군적수포제**를 시행하여, 정남은 군

조선의 수취 제도 변화

구분	초기		중기		후기		흥선대원군
조세	**과전법** 1결당 30두	**연분9등법(세종)** 1결당 20–4두 풍흉 기준	1결당 6–4두 최저세율 적용		**영정법(인조)** 1결당 6~4두, 풍흉 무관		
공납	**공납** 상공, 별공, 진상		**방납** 경저리, 서리 등 대납 농민부담 증가	**수미법** (이이, 유성룡)	**대동법(광해군)** 1결당 12두 또는 동전, 포		
역	**군역·요역** 양인개병제, 병농 일치		**방군수포·대립제**	**군적수포제(중종)** 군역 대신 포 납부 제도화, 국방력 약화	**양역변통론** 호포론·결포론 등	**균역법(영조)** 1년 1필 균역청	**호포법** 양반도 군포 징수

대에 가는 대신 2필의 군포를 납부하는 것으로 군역을 대신하게 합니다. 군포는 자신이 소속된 군영에 납부했습니다. 하지만 조선 후기 5군영이나 중앙 관청, 각 병영이나 수영에서 각각 군포를 걷다 보니 관청마다 수취하는 양에서 차이가 났고, 심지어는 1명의 정남에게 여러 기관에서 군포를 징수하기도 했습니다. 원칙적으로 군역은 천인이 아닌 이상 모두 부담해야 했지만, 점차 양반들이 빠져나가면서 양민들의 부담으로 변질되었습니다. 더구나 양난 이후 국가 재정의 악화로 돈이나 곡물을 받고 명예 관직이나 관품을 주는 납속 제도로 인해 군역을 면제받는 사람도 늘어났습니다.

이 과정에서 무거운 군포 부담을 견디지 못한 양민들이 도망하는 현상이 나타났고, 관청에서는 도망간 사람 대신 이웃이나 친척에게 대신 군포를 거두는 **인징**(隣徵)이나 **족징**(族徵)의 방법으로 모자란 액수를 채우기도 했습니다. 더 심하게는 죽은 사람에게 군포를 거두는 **백골징포**(白骨徵布), 군포 대상이 아닌 어린아이에게 군포를 걷는 **황구첨정**(黃口簽丁)과 같은 가혹한 수탈이 이루어지기도 했습니다. 이러한 군역 문제를 해결하기 위해 다양한 **양역변통론**(良役變通論)이 제기되었습니다. 신분과 상관없이 각 가호에 군포를 부과하는 호포론, 토지에 부과하는 결포론 등 적극적인 대안이 나오기도 했지만, 결국 양민의 부담을 줄여 주는 감필론인 **균역법**(401p 참조)이 채택되었습니다(영조 26, 1750).

균역법은 정남 1인이 기관에 따라 1~3필씩 다르게 납부하던 군포를 1필로 정한 제도입니다. 대다수 농민들은 2필 이상 납부하고 있었으므로 부담이 줄어들었습니다. 반면 정부의 입장에서는 수취하는 군포가 크게 줄어 재정이 부족해졌으므로, 별도로 토지 1결당 2두의 세금을 거두는 **결작** 제도를 시행합니다. 일부 부유층에게 **선무군관**(選武軍官)직을 내리고 대신 **선무군관포** 1필을 거두었습니다. 그래도 부족한 양은 왕족이나 궁방에서 징수하던 어염세(魚鹽稅)나 선박세를 국가 재정으로 전환하여 보충했습니다. 그럼에도 불구하고 국가 재정 부족이 해결되거나 군역의 폐단이 완전히 사라지지는 않았습니다. 한편 지주들은 새롭게 만들어진 결작 부담을 소작농에게 전가시켜 농민들의 부담이 늘어나기도 했습니다.

선무군관

조선 후기 양민의 자제 중에서 새로 임명된 군관을 말하는데, 지방의 토호나 부를 축적한 양민의 자제들이 대부분이었다. 이들은 평상시에는 매년 군포 1필을 바쳤으며, 유사시에는 수령의 지휘 아래 군인을 통솔했다.

2 조선 후기의 경제활동

주요 용어

모내기법, 견종법, 광작, 상품 작물, 타조법, 도조법, 민영 수공업, 선대제 수공업, 독립 수공업, 민영 광산, 설점수세제, 덕대, 잠채, 공인, 사상, 통공 정책, 경강상인, 송상, 내상, 만상, 도고, 장시, 보부상, 포구 상업, 객주, 여각, 상평통보, 신용 화폐, 전황, 개시 무역, 후시 무역

원장부 결수와 실제 수세 결수의 변화

원장부 결수는 양안(토지 대장)에 기재되어 국가가 조세를 거두었던 토지를 말한다. 실제 수세 결수는 양안에 등록된 토지 중 실제 조세를 거둔 토지를 말한다. 임진왜란 이후 원장부 및 실제 수세 토지 결수가 급감한 것을 알 수 있다. 특히 왜란으로 양안이 소실되어 원장부 결수가 매우 적었고 따라서 수세 결수도 적었다. 이로 인해 국가의 재정이 악화되었다. 이후 국가의 농지 개간 장려로 원장부 결수는 왜란 이전과 비슷해졌는데 실제 수세 결수는 상대적으로 적었다. 이는 개간에 따른 면세나 감세 혜택을 비롯하여 각종 면세지가 늘어났기 때문이다.

농촌 경제의 변화로 조선 후기의 사회 모습이 바뀌다

조선 후기 농촌 경제는 변화하기 시작했습니다. 변화는 먼저 농경지의 확대·수리 시설의 확대·농업 기술의 발달에서 나타났습니다. 양난 이후 국토는 황폐화되었으나, 국가적 사업으로 토지 개간을 장려하면서 조선 후기의 농지 면적은 양난 이전 수준을 회복했습니다. 새로운 토지를 개간하는 과정에서 양난 이전에 부족했던 수리 시설도 전국 각지에서 확충됩니다.

수리 시설의 확대는 논농사의 **모내기법**(402p 참조)을 전국적으로 확산시키는 데 영향을 주었습니다. 모내기법은 직파법에 비해 잡초 제거(김매기)에 드는 노동력을 절감시키고 생산력을 향상시켰습니다. 여기에 더해 벼-보리의 이모작이 가능해졌기 때문에 곡물 생산량이 늘었습니다. 더구나 농민들은 수확한 보리를 전세나 소작료로 납부하지 않고 가져갈 수 있어서 적극적으로 모내기법을 실시하려 했습니다. 밭농사에서도 이랑에 파종하는 농종법(壟種法) 대신 고랑에 파종하는 **견종법**(畎種法)이 확

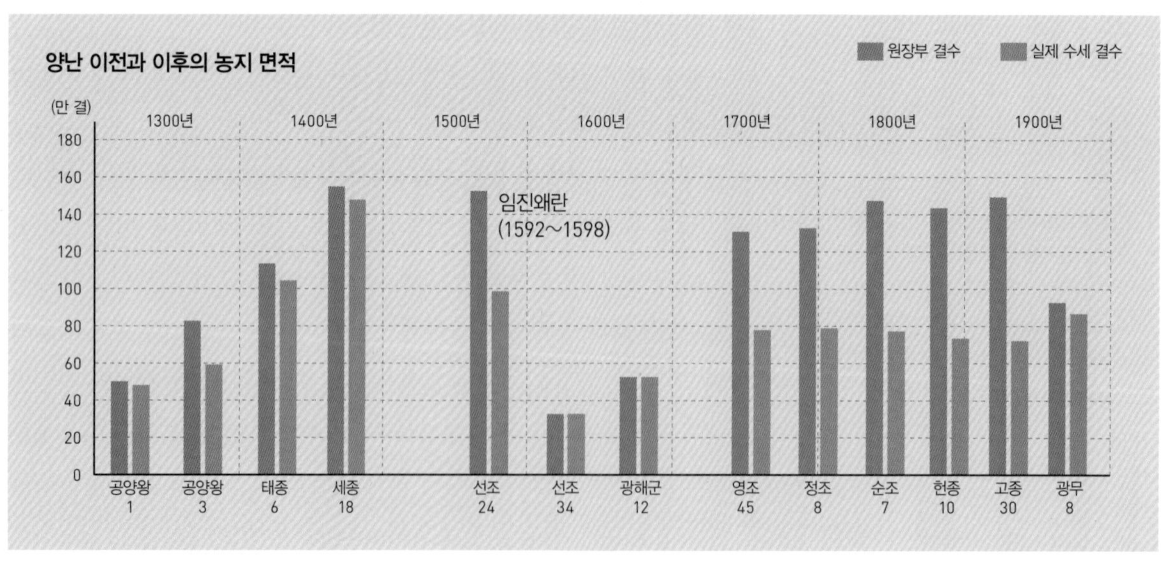

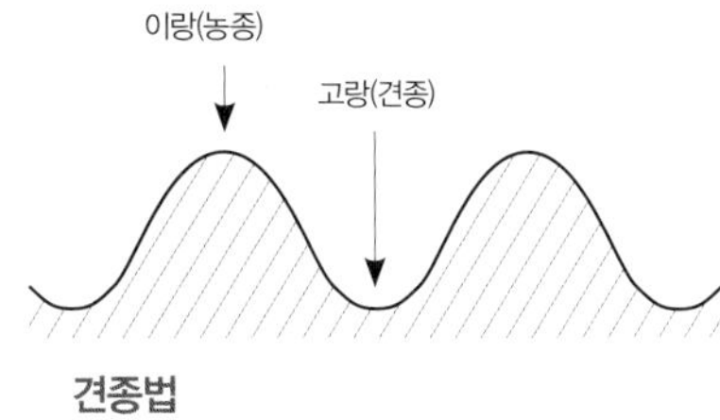

견종법

대되었습니다. 견종법은 제초(김매기)가 쉬워 노동력이 절감되고, 재배 과정에서 냉해의 피해를 줄일 수 있었습니다. 또한 이랑에 비해 고랑은 수분이 많이 보존되어 보습의 효과가 크며, 통풍이 잘되고 거름을 줄 때 낭비가 적은 장점이 있었습니다. 그래서 견종법은 농종법에 비해 노동력은 절감되는 반면 밭작물 생산량 증대에 도움이 되었습니다.

농촌 경제의 변화는 농업 경영 방식의 변화와도 관련이 있습니다. 앞서 설명한 견종법 및 모내기법은 노동력 절감의 효과를 통해 1인당 경작 면적이 확대되는 **광작**(廣作)을 가능하게 했습니다. 그러나 광작이 모든 농민에게 이득을 준 것은 아닙니다. 어떤 농민은 더 많은 토지를 빌려 농사를 짓고 때로는 부농이 될 수도 있었습니다. 하지만 자신의 토지가 없고 소작지도 제대로 확보하지 못한 농민은 더 가난해져 빈농이 되거나 고용되어 품삯을 받고 일하는 고농(雇農, 농업 노동자)이 되기도 합니다. 이마저도 쉽지 않은 농민은 자신이 살던 곳을 떠나 유랑하거나 도시·광산·화전에서 생계를 이어 가기도 했습니다.

담배 썰기

당시 상품 작물로 널리 재배되던 담배를 말린 후 썰고 있는 그림이다. 상품 작물 재배가 확산되고 있는 사회 모습을 잘 보여 주고 있다.

조선 후기에는 상업 발달로 시장이 활성화되자 자급자족의 농업 경영 방식에서 벗어나 **상품 작물**을 재배하여 내다 파는 농민들이 늘어납니다. 쌀은 주식이면서 화폐로도 사용했기 때문에 수요가 많았고 그만큼 상품 가치도 높았습니다. 쌀이 상품화되자 밭을 논으로 바꾸어 경작하는 경우도 늘어났습니다. 이 밖에 인삼, 면화, 담배, 고추, 채소 등의 상품 작물은 다른 작물을 재배하는 것보다 큰 수익이 남아 점차 재배 면적이 확대되었습니다. 이러한 상품 작물 재배에 성공한 농민은 많은 수익을 거두어 부농이 되었습니다.

지대(소작료)는 소작농(전호)이 지주에게 토지를 빌리는 대가를 말합니다. 조선 전기 지대는 생산량의 2분의 1을 지주에게 납부하는 병작반수(竝作半收)의 방식이 일반적이었습니다. 이러한 납부 방식을 **타조법**(打租法)이라 하는데 지대를 정해진 비율에 맞춰 납부하는 정률 지대였습니다. 조선 후기에도 전국의 지대 납부 방식은 대부분 타조법이었습니다. 그러나 일부 지방에서 타조법 대신 **도조법**(賭租法)이라는 새로운 지대 납부 방식이 등장했습니다.

도조법은 소작농이 지주에게 토지를 빌릴 때 미리 계약을 맺어 정해진 액수를 매년 수확량에 관계없이 납부하는 방법입니다. 도조법은 타조법에 비해 지대가 저렴하여 농민들에게 유리한 경우도 있었습니다. 또한 지주의 간섭으로부터 상대적으로 자유로웠고, 생산량이 많을수록 소작농에게 유리하여 열심히 일할 수 있는 동기를 제공하기도 했습니다.

농업 발달이 수공업과 광업 발달에 영향을 미치다

조선 후기에는 농업 생산력이 늘어나면서 상업 발달이 촉진되었고 수공업과 광업도 함께 발달했습니다. 양난 이후 농업 생산력 향상과 의료 기술의 발전으로 인구가 늘어난 것도 수공업 발달의 배경이 되었습니다. 특히 도시의 성장과 도시 인구의 증가로 상품 구매 수요가 늘어나 수공업이 발달할 수 있었습니다. 또한 대동법 시행에 따라 공인들이 관에서 필요한 물건을 대량으로 구매하면서 수공업 발달을 촉진했습니다.

조선 후기에는 관영(官營) 수공업 대신 **민영**(民營) **수공업**이 발달했습니다. 양난 이후 관에서 관리하던 장인의 명부(공장안)가 많이 사라졌고, 장인들도 여기저기 흩어지면서 그들을 불러 모으기가 쉽지 않았습니다. 또한 상업 발달로 인해 개인적으로 물건을 제작해 시장에 내다 팔면 이익을 얻을 수 있었기 때문에 장인들도 관영 수공업에 적극적으로 참여하지 않았습니다. 더구나 늘어난 수요를 관영 수공업 체제에서 모두 공급하기도 어려웠습니다. 결국 장인 등록제가 18세기에 폐지되면서 민영 수공업이 발달하게 된 것입니다.

기존의 가내 수공업 형태의 생산 방식에도 일부 변화가 나타났습니다. 가내 수공업 방식으로는 장인이 생산을 늘리려 해도 자금과 원료를 마련하기가 어려웠기 때문입니다. 그래서 부유한 상인이나 물주가 상품 제작에 필요한 자금과 원료를 장인에게 미리 지급하고, 생산된 상품은 상인이 받아서 시장에 내다 파는 **선대제**(先貸制) **수공업** 방식이 성행하게 됩니다. 선대제 수공업은 상인이나 물주가 생산 과정에 간섭할 수 있었고 제품을 시장에 판매하면서 이익을 얻을 수 있었으므로 상인이나 물주에게 유리한 방식이었습니다. 시간이 흐르면서 유기 공업 같은 분야에서 자금력을 갖춘 수공업자들이 상인이나 물주의 간섭에서 벗어나 독자적으로 제품을 생산하여 판매하는 **독립 수공업**도 등장하게 되었습니다.

한편 조선 초기에는 명의 금, 은 등에 대한 공물 요구가 많았습니다. 조선은 금, 은 등이 잘 생산되지 않는다는 이유를 들어 공물에서 제외했고 더불어 광산 개발을 막거나 통제했습니다. 그러나 조선 후기 수공업의 발달로 원료가 되는 광물의 수요가 증가하였고, 청과의 무역에 필요한 은의 수요도 늘어났습니다. 조선 정부는 양난 이후 국가 재정의 곤란으로 직접 광산을 개발하고 경영하기가 어려워지자 **민영 광산** 개발을 허용하기 시작했습니다. 광산 개발은 많은 자본과 노동력이 필요했지만 개발 후에는 막대한 이익을 얻을 수 있었기 때문에 부유한 민간인들이 광산 개발에 참여했습니다.

조선 후기에는 국가가 광산 개발에 필요한 시설을 민간 개발업자에게 빌려주거나 민간 개발업자가 직접 설치하는 것을 허용해 주고 일정한 세금을 걷는 **설점수세제**(設店收稅制)가 시행됩니다. 민영 광산에서는 물주가 광산 개발에 필요한 자금을 광산을 경영하는 **덕대**에게 지원하고, 덕대는 그 자금으로 채굴 및 제련 노동자를 고용하여 광산을 운영하는 선진적인 방식이 도입되었습니다. 18세기에는 금·은 광산의 수가 급증하여 정부의 통제가 어려워지고 광세 수입도 줄어들자, 정부는 필요에 따라 몇 개의 광산만을 남겨 두는 광업 억제 정책을 시행합니다. 이 때문에 민간에서는 몰래 광산을 개발하는 **잠채**(潛採)가 성행하기도 했습니다.

상업 발달로 사상이 성장하고 도고(都賈)가 등장하다

조선 후기 상업 발달을 주도한 집단 가운데 하나는 대동법의 시행으로 나타난 **공인**(貢人)이었습니다. 공인은 국가가 필요로 하는 물자를 대량으로 납품하면서 상업 발달을 주도했습니다. 공인 외에도 자유로운 상업 활동으로 성장한 **사상**(私商)이 등장해 상업 활동을 주도합니다. 사상들은 종루(종로), 이현(동대문 밖), 칠패(남대문 밖), 송파 등 도성 주변과 개성, 의주, 평양, 동래 등 지방 도시에서 활발하게 활동했습니다. 시전 상인이나 공인·보부상처럼 국가의 허가를 받은 관허 상인들은 국가로부터 일정한 특권을 받았지만, 사상은 국가의 인정을 받은 상인은 아니었으므로 관허 상인에 비해 상대적으로 상행위에 제약을 받았습니다.

그러나 정조의 **통공 정책**(通共政策)으로 상행위의 제약들이 많이 사라지면서 사상의 활동은 더욱 활발해졌습니다. 사상들 중 일부는 활동 지역을 기반으로 큰 세력을 이루기도 했는데, 대표적으로 **경강상인·송상·내상·만상** 등이 있습니다. 경강상인(京江商人)은 대표적인 선상으로 한

정조의 통공정책

시전 상인이 상권을 독점하는 등의 특권을 폐지하고, 자유 상인과 수공업자들도 도성 안에서 자유로이 상행위를 할 수 있도록 조치한 일종의 상공 유통정책이다.

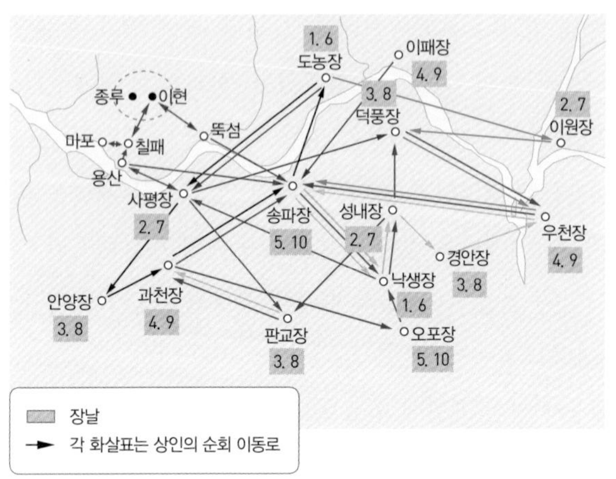

장시 유통망의 발달

송파장의 경우 매월 5일과 10일 한 달에 여섯 차례 장이 서는 5일장이었지만, 18세기 후반에는 관동 지방과 삼남 지방에서 올라온 상품을 도성과 연결해 주면서 점차 상설 시장으로 발전했다.

강 유역의 운송업을 장악하면서 성장했습니다. 송상(松商)은 개성(옛 지명 : 송악) 지역의 상인들로 전국 각지에 송방이라는 지점을 설치하여 유통망을 확보하고, 조선의 주요 수출품인 인삼의 판매권을 장악하여 큰 이익을 얻었습니다. 내상(萊商)은 동래 지역의 상인들로 주로 대일본 무역을 통해 성장했고, 만상(灣商)은 의주 지역의 상인으로 주로 대청 무역을 통해 성장했습니다. 조선후기 상업을 주도했던 공인 및 사상들 중 일부는 대규모의 자본을 바탕으로 상품을 매점매석해 가격 상승과 매매 조작을 노리던 독점적 도매상인으로 성장했는데 이들을 **도고**(都賈)라고 부릅니다.

15세기 말 남부 지역에서 출현한 **장시**(場市)는 16세기 이후 전국적으로 확대되었고 1,000여 개로 늘어났습니다. 장시는 주로 5일장의 정기 시장 형태로 열렸으나, 한 지역의 장시들이 번갈아 열리면서 실제로는 지역 내에서 상설 시장화되는 효과가 나타났습니다. 그리고 교통의 요충지에 있던 장시 중에는 그 자체로 상설 시장화되는 곳도 생겨났습니다. 이처럼 장시가 성장한 데는 국가로부터 상행위를 인정받은 **보부상**(褓負商)의 역할이 컸습니다. 이들이 각 지역의 장시를 이동하며 제품을 유통시키며 상업을 발전시켰습니다.

보부상

봇짐이나 등짐을 지고 돌아다니며 물건을 파는 상인이다. 고대부터 있었으나 조선 시대에 전국적인 조직을 갖추고 발달했다.

상품의 유통이 활발해지면서 유통망의 핵심 지역에는 큰 시장이 열리게 되는데, 대표적인 곳이 바로 포구입니다. 조선은 수로와 육로 교통망이 있었지만, 규모가 큰 유통에서는 주로 수로 교통망을 이용했습니다. 산악 지형에서는 물품을 대량으로 이동시키기 힘들었으며 운송비가 많이 들었고 도로가 정비되지 않은 곳도 많았습니다. 반면 수로는 이러한 제약이 적었습니다. 따라서 배로 물건을 부리는 포구에서는 선상의 활동이 활발했고 많은 물품과 재화가 모여 시장의 규모도 컸습니다. 마산포장, 덕원장, 송파장 등은 **포구 상업**이 활발했던 지역입니다.

장시와 포구에서 상업을 주도했던 대표적인 상인들로 **객주**(客主)와 **여각**(旅閣)이 있었습니다. 이들은 기본적으로 장시와 포구에 들어온 상인들 간의 상품 매매를 중개하면서 성장했던 상인들입니다. 상품 중개 외에 부수적으로 상인들이 머무르고 상품을 보관할 숙박 시설과 창고 시설을 마련하여 숙박업과 보관업도 겸했고, 필요에 따라 다른 지역에 상품을 운송해 주기도 했습니다. 또한 제품을 구매하려는 상인들에게 자금을 빌려주면서 금융업을 담당하기도 했습니다. 장시보다 포구의 시장 규모가 더 컸기 때문에 장시보다는 포구에서 활동한 객주와 여각의 규모가 더 컸습니다.

조선후기의 상업과 대외 무역

상평통보가 발행되고 청·일본과의 대외무역이 발달하다

상업이 발달하면서 상품의 거래량이 크게 늘자 조선 전기까지 유통이 미비했던 화폐가 널리 유통되기 시작합니다. 17세기 **상평통보**가 발행되면서 상품 매매에 쌀, 면포를 대신해 동전 사용이 확대되기 시작했습니다. 정부가 동전 사용을 장려하고 세금도 납부할 수 있게 하면서 동전 이용은 더욱 확대되었습니다. 그리고 지속적으로 상업이 발달하면서 어음이나 환 등의 **신용화폐**도 등장했습니다. 그런데 동전 사용이 일반화되면서 이를 재산 축적이나 고리대의 수단으로 이해하여 동전을 유통시키지 않아 유통되는 동전이 부족해지는 **전황**(錢荒)이 발생하기도 했습니다. 전황이 발생하면 일시적으로 화폐의 가치가 높아지는데, 이 틈을 타서 화폐를 많이 가진 부상대고(富商大賈)들은 일부 상품을 대량 확보하여 큰 이윤을 남기거나, 화폐를 구하고자 하는 사람들을 대상으로 고리대를 행하여 이익을 얻었습니다. 그래서 정부는 전황 발생을 막기 위해 동전을 대량으로 주조하는 등 여러 노력을 기울였습니다.

상평통보

1633년(인조 11) 김육 등의 건의에 따라 동전을 주조하여 유통하려 했으나 중지했다. 그후 1678년(숙종 4) 정월에 다시 상평통보를 주조하여 유통하게 해 점차 전국적으로 확대 유통되었다.

조선 후기에는 국가 공식 사절단이 오가며 진행한 사행 무역(使行貿易), 국가가 공식적으로 인정한 **개시 무역**(開市貿易), 개시 무역 전후로 열린 **후시 무역**(後市貿易)을 통해 대외 무역이 이루어졌습니다. 개시는 국가가 공식적으로 인정한 장소와 기간에 열리는 시장으로 조선 정부는 상인들의 거래를 인정하고 여기에서 세금을 거두었습니다. 청과 거래하는 개시는 중강, 회령, 경원 등에서 열렸고, 일본과 거래하는 개시는 부산포의 왜관에서 열렸습니다.

사상

조선 후기 각 지방 장시를 연결하면서 물품을 교역하고 각지에 지점을 두어 상권을 장악한 상인을 말한다.

그러나 청과의 개시 무역은 교역 조건에서 불리한 조선 상인들이 회피하기도 했습니다. 조선 상인들은 오히려 후시 무역에서 많은 이익을 남기기도 합니다. 정부는 후시를 엄격히 금지했으나 만연해진 후시를 인정하고 세금을 거두는 경우도 있었습니다. 개시와 후시 무역에 적극적으로 참여한 상인들이 바로 사상(私商)이었습니다. 대청 무역을 주도한 상인은 의주에서 활동한 만상이었고, 일본과의 무역에 적극 참여한 상인은 동래의 내상이었습니다. 송상은 청·일본과의 무역에서 조선의 주요 수출품인 인삼의 판매권을 장악하여 국내 상인들에게서도 이득을 얻었고, 때로는 직접 청과 일본 사이를 연결하는 중개 무역을 통해 이윤을 남겼습니다.

조선은 청과의 무역에서 은·인삼·무명 등을 주로 수출했고, 대신 비단·약재·문방구 등을 수입했습니다. 일본과의 무역에서는 인삼과 쌀, 청에서 가져온 물품을 주로 수출하고 은·구리·유황 등을 수입했습니다. 청은 은을 화폐로 사용하면서 당시 은의 가치가 다른 국가에 비해 높았고, 일본은 은의 주요 생산국으로 청에 비해 은의 가치가 낮았습니다. 조선의 상인들은 인삼과 비단 등을 일본에 수출하는 대신 은을 수입하고 그 은이나 인삼으로 청의 물건을 수입했습니다. 조선은 청과 일본을 연결하는 중개 무역으로 많은 이득을 얻었으나, 18세기 들어 일본과 청 사이의 직교역이 활발해지고 일본 은의 수입도 어려워져 중개 무역은 점차 쇠퇴합니다.

사회사로 읽는 조선

조선 전기의 사회

1. 양반 중심의 사회
2. 구휼과 형벌
3. 성리학적 질서의 보급

조선 후기의 사회

1. 조선 후기 신분제의 변화
2. 조선 후기 향촌 질서의 변화
3. 성리학적 질서의 보급
4. 사회 변혁의 움직임

조선 전기의 사회

주요 용어

양천 제도, 4신분 제도, 양반, 중인, 상민, 천민, 음서, 대가제, 신량역천, 일천즉천, 노비종모법

1 양반 중심의 사회

법제적 신분과 현실적 신분은 어떻게 달랐나

조선은 건국의 정당성 확보 및 국가 재정 확충을 위해 신분 제도를 개혁했습니다. 이는 전 왕조의 특권층을 약화시키고 노비 수를 줄이며 복잡한 신분층을 단순화하는 방향으로 이루어졌습니다. 《경국대전》에 의하면 조선의 법제적 신분은 법적인 권리와 의무에 따라 양인과 천민으로 구분되었습니다. 이러한 법제적 신분 제도를 **양천 제도**라고 합니다.

양천제(良賤制)에서 양인은 교육을 받아 과거에 응시하고 벼슬길에 오

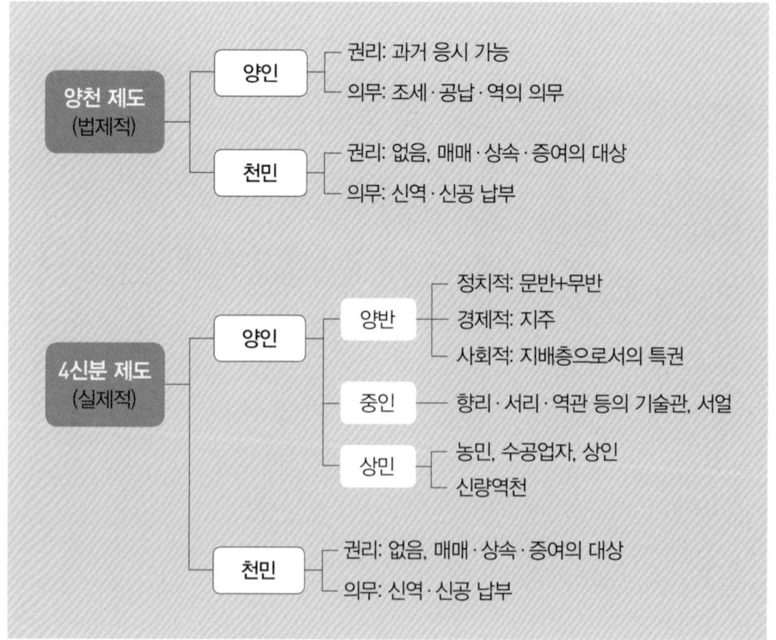

음서
아버지나 조부가 국가에 공훈을 세우거나 정5품 이상이면 그 자손을 과거에 의하지 않고 관직에 특별히 채용하는 제도

대가제
문무관 현직 관료가 자궁(資窮, 당하관의 최고 위계) 이상이 되면 그에게 별도로 부가된 품계를 자식·형제·사위·조카 등에게 줄 수 있는 제도이다.
조선시대에는 국가적 경사나 행사 이후에 관료들에게 별도로 품계를 주는 혜택이 자주 있었는데, 이를 통해 현직 관료의 친족들은 힘들이지 않고 산계(散階)를 받을 수 있었다.

를 수 있는 자유민입니다. 이에 대한 반대급부로 조세, 공납, 역 등의 의무를 지녔습니다. 천민은 비자유민으로, 개인이나 관청에 속해 천역을 담당했습니다. 하지만 현실에서 양인은 경제력과 가문의 차이에 따라 다양한 계층으로 나뉘었습니다.

양인의 최상층은 문무 관원과 그 자손이었습니다. 이들은 문반이나 무반의 관직에 올라 '**양반**'이라고 불렸습니다. 조선시대에는 과거 제도가 강화되어 관료제 사회의 성격이 강해지기는 했지만, **음서**(蔭敍)와 **대가제**(代加制)라는 특권이 있어 양반들이 신분적 지위를 유지하는 데 유리하였습니다. 음서의 경우 고려시대보다는 범위가 축소되었지만, 공신이나 3품 이상 고관의 자손 및 중요 관부의 경력을 거친 관리의 자손에게는 음서의 특권이 있었습니다.

16세기 이후 성리학적 명분론의 확산과 관직의 독점, 지배층의 사회적 특권 확대를 통해 양반은 점차 하나의 신분으로 굳어져 갔습니다. 이 과정에서 양반은 상호 간의 통혼(通婚)과 향안의 작성, 향회의 운영 등을 통해 지배층으로서 뚜렷이 자리매김하게 됩니다. 이와 함께 양반과 **중인**이 명확히 구분되면서 중인도 하나의 신분으로 정착되어 갔습니다. 결국 16세기 이후 조선은 **양반·중인·상민·천민**의 네 신분 사회로 전환되었습니다.

양반의 모습
양반의 기본 소양인 시를 짓는 모습을 묘사하고 있다.

양반, 최고의 신분으로 자리 잡다(404p 참조)

양반은 원래 문반과 무반의 관직자를 부르는 명칭이었습니다. 하지만 시간이 흐르면서 관직자뿐만 아니라 그의 가족이나 친족까지 아우르는 하나의 신분으로 바뀝니다. 중종 대에는 양반과 혼용되었던 사족(士族)의 범주를 '친변·외변 가운데 4조(아버지·할아버지·증조할아버지·외할아버지) 안에 과거나 음서로 문·무반 정직(正職) 6품 이상에 진출한 관료를 배출한 가문의 후손과 생원·진사'로 규정했습니다. 이 범주는 사회적 통념상의 '양반'과 크게 다르지 않았으며 양반과 사족은 이후 동의어로 사용됩니다.

양반은 과거, 음서, 천거 등을 통해 국가의 고위 관직을 독점했고 경제적으로는 토지와 노비를 통해 자신의 삶을 유지했습니다. 따라서 양반은 지주로서의 경제적 지위를 바탕으로 정치적으로는 현직 또는 예비 관료

로 활동하면서, 한편으로 유학자로서의 소양과 자질을 닦는 데 힘썼습니다. 국가는 각종 법률과 제도로 양반의 신분적 특권을 보장했습니다. 대표적으로 양반은 관직 복무에 대한 대가로 각종 국역을 면제받았습니다. 관직에 복무하지 않더라도 향교와 서원에 배속되어 국역을 면제받기도 했습니다.

중인, 양반과 평민의 사이에 서다(404p 참조)

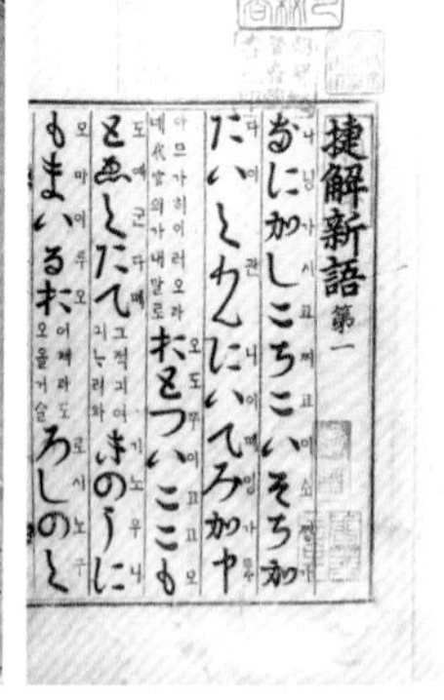

《노걸대언해》와 《첩해신어》

《노걸대언해》는 중국어를 한글로 해설한 것이고, 《첩해신어》는 일본어 학습을 위해 만든 조선의 대표적인 외국어 교재이다. 중인 가운데 역관의 자손들은 대를 이어 역관이 되기 위해 이러한 교재를 통해 외국어를 공부했다.

중인은 넓게는 양반과 상민 사이의 중간 지배층을, 좁게는 기술관을 의미합니다. 즉, 좁게는 중앙의 여러 기술 관청에 소속되어 있는 역관(譯官), 의관(醫官), 율관(律官), 산관(算官), 화원(畵員) 등의 기술관, 넓게는 서리(胥吏), 향리(鄕吏), 그리고 서얼 등이 중인에 해당됩니다. 중앙과 지방 관청의 서리와 향리 및 기술관은 직역을 세습하고 같은 신분 간에 혼인했으며, 관청에서 가까운 곳에 거주했습니다.

양반의 첩에게서 태어난 서얼은 《경국대전》이 반포되면서 문과와 생원 및 진사시 응시가 금지됩니다. 이로 인해 서얼은 무과와 기술관을 뽑는 잡과에만 응시할 수 있었고, 잡과를 통과하면 최고 3품까지 승진할 수 있었습니다. 서얼은 중인과 같은 신분적 처우를 받았으므로 중서라고도 불렸습니다.

중인은 양반에 비해 사회적 신분은 낮았지만 상민보다는 지위가 높았습니다. 예를 들어 향리는 토착 세력으로서 수령을 보좌하면서 지역에서 위세를 부릴 수 있었고, 역관은 사신을 수행하는 역할 외에 무역에 참여하여 많은 부를 축적할 수도 있었습니다.

상민, 생산과 조세 부담을 지다(404p 참조)

상민은 평민이나 양인이라고도 했는데, 여러 신분 중 수적으로 가장 많은 농민·수공업자·상인을 말합니다. 국가의 농본 정책으로 농민이 가장 우대되었고 수공업자·상인의 순으로 대우받았습니다. 상민은 법적으로 과거에 응시하여 관직에 오를 수 있었지만 과거 준비에는 많은 시간과 비용이 들고, 교육의 기회와 과거 시험에 대한 정보 부족으로 과거에 응시하기는 현실적으로 어려웠습니다. 따라서 전쟁이나 비상시에 공을 세우는 경우를 제외하고는 상민의 신분 상승 기회는 그리 많지 않았습니다.

논 가는 모습(농민)

수공업자의 모습(대장간)

상인의 모습(행상)

농민은 상민의 대다수를 차지하며 조세, 공납, 역 등의 의무를 지고 있었습니다. 양인 농민 중에는 지주도 있었지만 그 수는 많지 않았고, 대다수의 농민은 자작농이거나 땅을 빌려서 농사짓는 소작농이었습니다. 농민들 가운데에는 흉년으로 고통받다가 양반 등 경제적으로 여유로운 사람에게 몸을 의탁하여 노비로 전락하는 경우도 있었습니다.

수공업자는 공장(工匠)이라고도 불렀습니다. 이들은 대개 관청 소속으로 공장안(工匠案)에 등록되었고, 일정 기간 부역을 하는 형태로 왕실이나 관청의 필요 물품을 생산하는 관영 수공업자였습니다. 이들은 관청에서 부역하는 나머지 기간에 별도로 물건을 생산하고 판매하여 생활을 영위했습니다.

상인은 국가의 관리 아래 상설 점포를 운영하는 시전 상인과 지방의 행상으로 활동하는 보부상 등이 있었습니다. 조선은 농본억상(農本抑商) 정책을 취했기 때문에 상인은 농민과 수공업자 아래에 위치하였습니다. 상인들은 기본적으로 국가의 감시와 통제 아래에서 상거래에 종사했습니다.

한편 신분은 양인이지만 힘들고 어려운 천역을 담당하여 차별받는 **신량역천**(身良役賤) 층이 있었습니다. 수군, 조례(관청의 잡역), 나장(형사 업무), 일수(지방 고을 잡역), 봉수군(봉수 업무), 역졸(역에 근무), 조졸(조운 업무) 등 힘든 일에 종사한 일곱 가지 직역이 이에 해당되어 **칠반천역**(七般賤役)이라고도 했습니다. 이들이 맡은 역은 가장 고역이었으므로 사회적으로 천시를 받았습니다. 수군은 배를 건조하고 전쟁 시 수몰의 위험을 무릅쓰고 노를 젓는 힘든 노역을 감당해야 했고 조졸은 각지에서 걷은 조세를 한양으로 운반하는 고된 조운 업무를 담당했습니다. 역졸 역시 역에서 말을 관리하고 수시로 공문서를 전달해야 하는 힘든 일을 맡고 있었습니다.

노비, 최하층 천민으로 살아가다

천민은 대부분 노비였습니다. 조선시대 노비는 고려시대와 마찬가지로 국가 소유의 공노비와 개인 소유의 사노비가 있었습니다. 사노비는 주인집의 다양한 일을 하며 주인과 함께 또는 인근에 거주하는 솔거(率居) 노

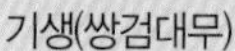

기생(쌍검대무)

무당(무녀신무)

외줄 타는 광대

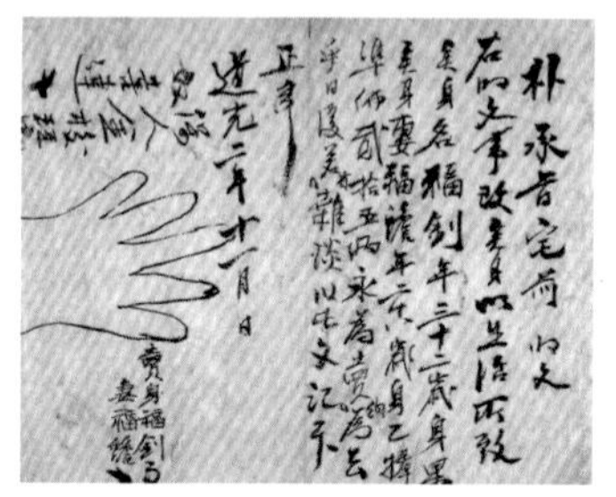

자신을 노비로 파는 문서

1822년 11월 복쇠가 자신과 처 복섬을 박승지에게 노비로 파는 내용의 매매 문서이다.

비와 멀리 떨어져 독립된 가옥에서 사는 외거 노비로 나눌 수 있습니다. 외거 노비는 주인에게 일상적으로 노동력을 제공하는 대신에 면포나 쌀 등을 신공(身貢)으로 바쳤습니다. 외거 노비는 솔거 노비보다 많은 자유를 누리며 재산을 축적할 수 있었고 심지어는 자신의 노비를 소유하기도 했습니다. 공노비 역시 사노비와 마찬가지로 소속 관청에 노동력을 제공하거나 신공을 바쳤습니다.

노비는 재산으로 간주되어 매매, 상속, 증여의 대상이었습니다. 노비는 양반 지배층의 재산 축적 수단이었기 때문에 그 숫자를 유지하기 위해 **일천즉천**(一賤則賤)의 원칙이 적용되었는데, 부모 모두 노비인 경우 그 자녀는 당연히 노비가 되지만 부모 중 한쪽만 노비라도 그 자녀가 노비가 되는 것이 일천즉천의 원칙입니다. 이 원칙은 조선 후기에 세금을 부담할 양인이 부족하여 그 수를 늘리기 위해 남성 노(奴)와 여성 양인 사이에 태어난 자식을 양인으로 삼는 **노비종모법**(奴婢從母法)이 실시될 때까지 지속됩니다.

노비 외에도 천한 일에 종사하는 사람들이 있었습니다. 대표적인 예가 가축을 도살하는 백정입니다. 고려시대 백정(白丁)은 일반 농민을 지칭하는 것과 달리, 조선시대 백정은 가축 도살업자였습니다. 이 밖에 기생·무당·광대 등도 천민의 대우를 받았습니다. 그런데 이들 중에는 천민으로 천시를 받았지만, 법제상으로는 양인인 이들도 포함되어 있었습니다.

주요 용어

의창, 상평창, 환곡 제도, 사창, 오가작통법, 경국대전, 대명률, 태·장·도·유·사, 반역죄, 강상죄, 연좌제

2 구휼과 형벌

의창

고려와 조선시대에 농민 구제를 위하여 각 지방에 설치한 창고이자 구호기관. 평상시에 곡식을 저장하였다가 흉년이 들었을 때 빈민을 구호, 대여해주고 가을에 갚도록 하였다.

상평창

고려와 조선 때의 물가 조절기관. 풍년에 곡가가 떨어지면 시가보다 비싼 값으로 사들여 저축했다가 흉년이 들어 곡가가 오르면 시가보다 싼값으로 내다팔아 가격을 조절하였다.

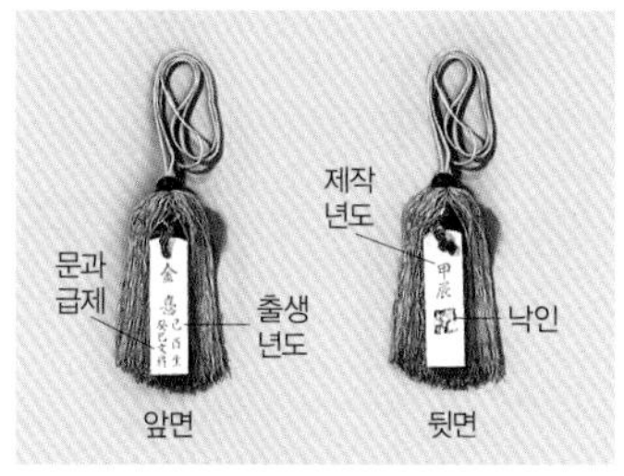

호패(국립중앙박물관 소장)

18세기 문신이었던 김희의 호패이다. 조선시대에 16세 이상의 모든 남자는 오늘날 주민등록증에 해당하는 호패를 가지고 다녔다. 호패에는 성명과 출생 연도 등을 기록했는데 그 재료와 모양 및 기재 내용은 신분에 따라 차이가 있었다.

오가작통법

조선시대 다섯 집을 1통으로 묶은 호적의 보조조직이다.

사회 복지 제도로 농민의 생활을 안정시키다

조선시대에는 사회의 근간인 농민들의 생활을 안정시키기 위해 여러 가지 사회 제도를 운영했습니다(405p 참조). 농업 중심 사회에서 농민 생활의 안정은 양반 지배층의 안정은 물론 부국강병과 직결되었기 때문입니다. 따라서 농번기에 잡역 동원을 금지하여 농사에 전념할 수 있게 하는 한편, 재해를 당한 농민에게는 세금을 감면해 주기도 했습니다. 또한 양반 지주들이 농민들의 토지를 함부로 빼앗지 못하도록 규제하기도 했습니다.

아울러 생활이 어려운 농민들을 구제하기 위해 **의창**(義倉), **상평창**(常平倉) 등을 설치하여 곡식을 빌려주는 **환곡**(還穀) **제도**를 실시했습니다. 환곡 제도는 고구려의 진대법, 고려의 의창과 상평창 제도를 계승하여 국가 차원에서 농민을 구휼하기 위한 제도였습니다. 이와 함께 양반 지주들은 일부 지역에서 자치적으로 **사창**(社倉)과 향약을 설치해 농민 생활의 안정을 꾀하는 한편 양반 중심의 향촌 질서를 유지하려 했습니다.

서민들을 치료하기 위해 다양한 의료 시설도 설치했습니다. 혜민서(惠民署)에서는 서민들의 질병을 치료했고, 동대문과 서소문 밖에 설치된 동서활인서(東西活人署)에서는 도성 내 서민 환자의 치료는 물론 빈민 환자의 수용과 전염병 발생 시 응급 구호 활동을 담당했습니다.

그럼에도 불구하고 흉년이나 자연 재해, 전염병으로 농민들은 굶거나 병들어 죽기도 하고 생활 기반을 잃고 농토에서 유리되어 떠돌아다니기도 했습니다. 정부는 유민(流民)의 확산을 막기 위해 구제책 외에 **호패제**와 **오가작통법**(伍家作統法) 같은 강력한 통제책을 실시하기도 했습니다.

형법이 체계적으로 운영되다

관습법을 중심으로 사회 질서를 유지했던 고려시대와 달리 조선시대에는 《**경국대전**》과 《**대명률**》 등 법전의 규정을 통해 형벌과 민사에 관한 사

항을 처리했습니다. 따라서 조선은 고려보다 법률 운영의 측면에서 진일보한 사회로 발전했다고 할 수 있습니다.

형벌은 기본적으로 **태·장·도·유·사**(笞杖徒流死)의 다섯 가지 종류로 나누어져 있었습니다. 사형은 가장 가혹한 형벌로 보통 교수형과 참형을 실시했지만 죄질이 중한 경우 능지처참을 하기도 했습니다. 범죄 가운데 가장 심각하게 다룬 것은 유교 윤리를 어긴 **반역죄**와 **강상죄**(綱常罪)였습니다. 중대한 범죄의 경우 범인뿐만 아니라 부모·형제·처자식까지 함께 처벌하는 **연좌제**가 적용되기도 했으며, 심한 경우에는 범죄가 발생한 고을의 호칭이 강등되고 수령이 파면되기도 했습니다.

오늘날에는 삼권이 분리되어 있지만 조선시대에는 사법 기관과 행정 기관의 구분이 명확하지 않았습니다. 사법 관련 기구로 중앙에는 형조, 관리들을 감찰하는 사헌부, 국왕 직속의 사법 기관인 의금부, 수도의 치안을 담당하는 한성부, 노비와 관련된 문제를 전담하여 처리하는 장례원이 있었습니다. 지방에서는 각 도의 관찰사와 수령이 관할 구역 내에서 사법권을 행사했습니다.

재판에 불만이 있을 때에는 사건의 내용에 따라 다른 관청이나 상부 관청에 소송을 제기할 수 있었고 많게는 3심까지 진행되기도 했습니다. 또한 대궐 밖의 신문고(406p 참조)를 치거나 왕이 거동할 때 징이나 꽹과리를 치는 격쟁 등을 통해 호소하는 방법도 있었으나 일상적으로 시행되지는 않았습니다.

소송은 원칙적으로 신분에 관계없이 제기할 수 있었습니다. 하지만 동일한 범죄라도 신분에 따라 법의 적용에 차등을 두어 처벌의 내용이 다르기도 했습니다. 예를 들어 왕족이나 공신, 고급 관료는 범죄를 저질러도 형이 감면되거나 면제되었습니다. 반면 천인이 양인에게 범죄를 저질렀을 때는 양인 간의 범죄보다 더욱 엄한 벌을 받았습니다. 노비가 주인에게 범죄를 저지른 경우 패륜 행위로 간주하여 사형에 처하기도 했습니다.

토지나 가옥의 매매와 같은 중요한 거래에서는 계약서를 작성했습니다. 상속의 경우에도 분재기(分財記)라는 문서에 그 내용을 세밀하게 기록하였습니다. 따라서 토지와 노비의 소유권 분쟁은 문건에 의한 증거를 기준으로 엄밀하게 처리되었습니다.

강상죄

강상(綱常)죄는 강상의 윤리를 범한 죄이다. 강상은 삼강오상 즉, 삼강오륜으로 군신, 부자, 부부의 도와 부자, 군신, 부부, 형제, 친구간의 윤리를 말한다. 조선시대 형법의 특징은 신분에 따라 법의 적용이 차등적이었다는 점이다. 즉, 같은 범죄 행위라도 피해자와 범죄자가 어떤 관계인지에 따라 범죄에 대한 형량이 상당한 차이가 있었다. 예를 들어 자식이 부모를, 아내가 남편을, 종이 그 주인을, 백성이 수령을 구타하거나 살해하는 행위는 패륜으로 간주하여 강상죄의 적용을 받아 해당자를 사형에 처했다. 국상 때 기방에 출입하는 경우에도 강상죄의 처벌을 받았다.

형벌 집행 모습 – 난장치는 모습

난장은 장형 중의 하나로 죄수 또는 취조 대상자를 형틀에 묶어놓고 여러 형리들이 매를 들고 신체의 각 부위를 구타하는 방법이다. 이 고문형은 치사율이 높았기 때문에 1511년(중종 6) 금지되었다가 1770년(영조 46)에 영구히 폐지되었다.

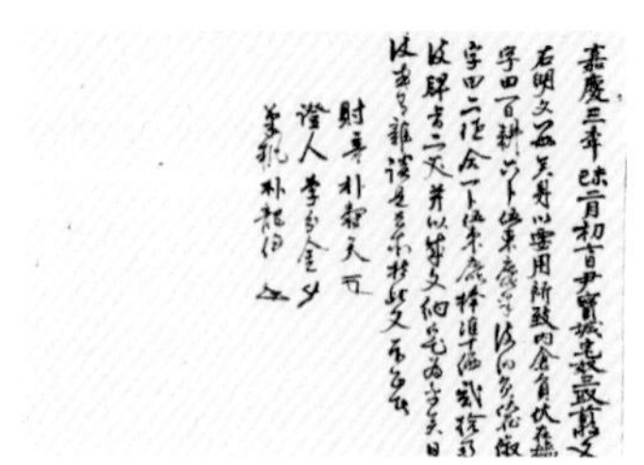

토지 매매 문서(조세 박물관)

주요 용어

수령, 유향소, 경재소, 향안, 향회, 향규, 향도, 계, 두레, 서원, 향약, 소학, 주자가례, 사당, 족보, 향사례, 향음주례

3 성리학적 질서의 보급

백운동 서원 전경과 소수 서원 현판

중종 때 풍기군수 주세붕이 성리학을 도입한 안향을 기리기 위해 세운 백운동 서원은 명종 5년 이황의 건의로 소수 서원이라는 사액을 받았다. 유생들이 강의를 들었던 강학당에는 명종이 친필로 쓴 소수 서원 현판이 걸려 있다.

양반 조직과 농민 조직이 구분되다

고려시대와 달리 조선시대에는 모든 군현에 지방관을 파견했습니다. 지방관인 수령은 조세를 거두고 군역과 요역 대상자를 징발하는 한편, 군현에서 일어나는 크고 작은 송사를 처리했습니다. 지방의 물정을 잘 아는 토착 세력인 **향리**는 고려시대에는 향촌 사회에서 실질적인 지배자 역할을 했지만, 조선시대에는 **수령**(406p 참조)을 통한 지방 지배와 중앙집권화 정책이 강화되면서 6방 체제를 통해 수령을 보좌하는 신세로 전락했습니다.

한편 중앙에서 파견된 수령은 광범위한 임무를 수행하기 위해 지방 양반들의 도움이 반드시 필요했습니다. 지방 양반들의 모임인 **유향소**는 수령을 보좌하고 향리를 감시하며 풍속을 바로잡는 기능을 수행했습니다. 중앙 정부는 중앙과 지방의 연락 업무를 맡은 **경재소**(京在所)를 설치하여, 현직 중앙 관료로 하여금 연고지의 유향소를 통제하도록 했습니다.

지방의 양반들은 유향소 외에도 영향력 있는 양반들의 명단인 **향안**을 작성하고, 회의체인 **향회**와 향회의 운영 규칙인 **향규**를 만들어 결속을 다지는 동시에 지방민들을 통제했습니다. 향안은 임진왜란을 전후하여 여러 군현에서 널리 작성되었습니다. 수령도 지방의 유력자인 이들을 무시할 수 없었고 원활한 지방 지배를 위한 협력의 대상으로 끌어들여야 했습니다.

양반들의 자치 기구와는 별개로 자생적인 촌락 공동체 조직인 **향도**(香徒)와 **계**, **두레** 등이 있었습니다. 향도는 불교와 민간 신앙이 결합된 종교적 성격과 함께 마을 계와 같은 공동체 조직의 성격을 지니고 있었습니다. 주로 촌락민이 상을 당했을 때나 어려운 일이 생겼을 때 서로 돕는 역할을 했습니다. 두레는 바쁜 농사철에 공동으로 노동하는 과정에서 자연스럽게 형성된 농민들의 모임이었습니다.

성리학적 사회 질서가 확산되다

16세기에 사림들은 사화로 인한 피해에도 불구하고 중앙 관직에 활발히

진출했고 향촌 사회에서는 **서원**과 **향약**(406p 참조)을 기반으로 세력을 확장해 나갑니다. 그 과정에서 향촌 사회에 성리학적 질서가 확산되었습니다.

서원은 성리학을 연구하고 훌륭한 유학자를 제사 지내던 사립 교육 기관입니다. 중종 때 풍기 군수 주세붕이 성리학을 도입한 안향을 기리기 위해 세운 백운동 서원이 시초였으며, 사림 세력이 성장함에 따라 그 수가 크게 늘어납니다. 사액 서원(賜額書院) 지정으로 학문 연구를 장려했던 국가의 지원은 서원의 확산을 촉진했습니다. 서원은 지방 문화의 수준을 높이고 성리학적 윤리 확산에도 크게 이바지했습니다. 또한 지방 양반들의 정치 여론 형성과 학문적 기반 형성에도 기여하여 양반 사회의 결집과 권위 강화에 긍정적 역할을 했습니다.

양반들은 향촌 사회를 운영하기 위해 향약을 만들었습니다. 본래 향촌에는 마을 단위로 어려운 일을 당하면 서로 돕는 풍습과 자생적인 공동체 조직이 있었습니다. 그런데 사림들은 유교 의식과 명분에 어긋나는 민간 신앙이나 풍습을 배척했습니다. 따라서 향약은 전통적 미풍양속과 공동체 조직을 계승하면서도 삼강오륜을 중심으로 한 유교 윤리가 결합되어 교화와 질서 유지를 위한 자치 조직의 성격을 띠게 되었습니다. 향약은 중종 때 조광조 등이 중국의 '여씨 향약'을 도입하여 처음 시행한 후 전국적으로 확산되었습니다(407p 참조).

사림 세력은 유교 윤리를 확산하기 위해 다양한 성리학 관련 서적들을 간행합니다. 주자 성리학의 본래 모습을 파악하기 위해 주자의 문집인 《주자대전》을 간행했고, 도덕과 의례의 기본 서적인 《**소학**(小學)》과 관혼상제의 예법서인 《**주자가례**》의 보급과 실천을 위해 노력했습니다. 또한 소학에 대한 연구가 심화됨에 따라 아동용 교육서로 《동몽선습(童蒙先習)》과 《격몽요결(擊蒙要訣)》을 편찬하여 보급했습니다.

양반들은 고려시대의 불교식 장례와 제사 풍습에서 벗어나 유교식 예절과 의례를 중시하면서, 《주자가례》에 따라 집 안에 가묘나 사당을 세우고 조상에게 제사를 지냈습니다. 또한 조상의 업적을 기리고 가문의 내력을 정리하여 **족보**를 편찬했습니다. 족보는 종족의 결속을 다지고, 다른 종족이나 하급 신분에 가문의 권위를 과시하는 역할을 했습니다. 아울러 사림들은 **향사례**(鄕射禮)와 **향음주례**(鄕飮酒禮)와 같은 풍속 교화를 위한 행사를 통해 성리학적 윤리의 확산에 힘썼습니다.

사액 서원

국왕으로부터 편액, 토지, 서적, 노비 등을 하사받아 그 권위를 인정받은 서원이다.

《소학》

아동들을 위한 유교 윤리의 실천서이다. 일상생활의 예의범절부터 개인의 수양을 위한 격언, 본받을 만한 충신과 효자의 행적이 실려 있다.

《동몽선습》

중종 때 박세무가 쓴 책으로, 아동들이 천자문을 공부한 후에 배우는 책이다. 기본 윤리인 오륜을 설명하고 중국의 역사와 우리나라의 역사를 간단히 정리했다.

《격몽요결》

선조 때 율곡 이이가 지은 아동 교육서이다. 사림파의 소학에 대한 관심과 연구에서 한 걸음 더 나아가 이들이 지향했던 성리학 이념을 사회 전반에 확산시키기 위한 노력의 일환으로 저술되었다.

향사례

매년 봄과 가을 두 차례에 걸쳐 지방관이 효(孝)·제(悌)·충(忠)·신(信)·예(禮)에 귀감이 되는 자를 초청하여 술과 음식을 베풀고 연회 후 활쏘기 행사를 거행하도록 한 의식이다.

향음주례

지방관이 학덕과 연륜이 높은 이를 초청하여 주연을 베풀며 어진 이를 존중하고 연장자를 모시도록 한 의식이다.

조선 후기의 사회

주요 용어

군공, 납속책, 공명첩, 족보 매입·위조, 향반, 잔반, 서얼 허통, 소청 운동, 노비 추쇄, 노비종모법, 공노비 해방

1 조선 후기 신분제의 변화

양반 중심의 신분제가 동요하다

조선의 법제적 신분은 양천제였으나, 16세기 이후 4신분제가 자리 잡으면서 각 신분이 고정되었고 차별도 분명해졌습니다. 그러나 엄격하게 작동하던 신분제는 임진왜란을 계기로 동요하기 시작했습니다. 전쟁 중에 수많은 사람이 죽었고 백성들이 떠돌아다니는 가운데 노비들도 잇따라 도망갔습니다. 국가가 세금을 부과하는 근거로 삼았던 호적과 양안(量案, 토지 대장)은 소실되었고 노비 문서가 불타기도 했습니다.

따라서 정부는 전쟁이라는 위기를 극복하는 과정에서 **군공**(軍功)에 따른 신분 상승(407p 참조)을 허용하여 사기를 진작시키는 한편, **납속책**(納粟策)을 실시하여 재물을 바치면 면역(免役) 혹은 면천(免賤)을 허용하거나 관직을 수여하는 방식으로 재정을 조달하기도 했습니다. 또한 정부는 재정난을 해결하기 위해 부유층에게 돈이나 곡식을 받고 명예직 관직 임명장인 **공명첩**(空名帖, 407p 참조)을 발급하기도 했습니다. 이와 같은 시책은 결과적으로 하층민이 자신의 신분을 상승시키는 통로가 되었습니다.

17세기 이후 농업 생산력 발전으로 부유해진 농민들은 납속 등의 합법적인 방법으로 신분 상승을 도모했으며, **족보를 매입·위조**하거나 호적상의 직역을 유학(幼學, 벼슬하지 않은 유생을 일컫던 말)으로 바꾸는 방법을 통해 양반을 사칭하기도 했습니다(408p 참조). 이는 사회적 지위를 향상시키거나 군역 부담을 피하기 위한 방편이었습니다.

조선 후기에는 양반 지배층 사이의 정치적 갈등이 심화되면서, 점차 한 붕당이 권력을 독점하는 일당 전제화 현상이 일어났습니다. 권력을

자리 짜기(김홍도)

조선 후기 풍속화 중의 하나인 〈자리 짜기〉를 보면, 자리 짜는 남자는 선비가 집 안에서 쓰는 '유건'을 쓰고 있다. 생업에 직접 종사해야 하는 몰락한 양반이거나 양반 행세를 하는 상민으로 보인다. 이를 통해서도 조선 후기 신분제 변동을 확인할 수 있다.

잡은 일부 양반을 제외하고 다수의 양반은 권력에서 배제되었고 일부는 몰락했습니다. 중앙 권력에서 밀려나 관직에 등용될 기회를 얻지 못한 양반들은 향촌 사회에서 겨우 위세를 유지하는 **향반**(鄕班)이나 더욱 몰락하여 평민과 다름없는 **잔반**(殘班)이 되었습니다. 잔반은 생계를 위해 소작농이 되거나 상업이나 수공업에 종사하기도 했습니다.

중인은 신분 상승을 위해 어떤 노력을 하였나

조선 후기에 이르러 양반 중심의 신분 질서가 동요하는 가운데 중인들도 신분 상승을 위해 꾸준히 노력했습니다(408p 참조). 우선 **서얼**의 경우 관직 진출이 조금씩 허용되고 있었으나 청요직(淸要職)에는 엄격한 제한이 있었고 등용될 수 있는 관직에도 한계가 많았습니다. 서얼들은 이에 따라 집단적으로 청요직 허용을 요구하는 통청(通淸) 운동을 벌였습니다. 이러한 분위기 속에서 영·정조 대에는 왕권 강화 정책과 함께 학식 있는 서얼의 등용이 늘어났습니다. 특히 정조는 유득공·이덕무·박제가·서이수 등 뛰어난 서얼 출신들을 규장각 검서관으로 등용해 능력을 발휘할 수 있게 했습니다.

서얼들은 이후로도 적극적으로 신분 상승을 꾀했고 수차례에 걸쳐 집단 상소를 올려 관직 진출의 제한을 없앨 것을 요구했습니다. 이에 따라 1823년(순조 23) 관직의 제한이 종2품으로 상향 조정되었고, 1851년(철종 2)에는 지금까지 양반 사족에게만 허용되었던 문반의 청요직인 승문원(承文院)과 무반의 청요직인 선전관(宣傳官) 진출이 허용되어 청요직 **허통**(許通)의 목적을 이룰 수 있게 되었습니다.

서얼의 신분 상승 운동은 기술직 중인에게도 자극을 주었습니다. 기술직 중인들도 1851년 차별 철폐와 청요직 허용의 요구를 담은 대대적인 **소청 운동**(訴請運動)을 계획했으나 현실화하지는 못했습니다. 기술직 중인들은 조직화된 강력한 세력을 형성하지 못했기 때문입니다. 탄탄한 실무 경력을 바탕으로 잡과에 합격하여 세습적으로 전문 기술직에 종사하며 안정된 생활을 했기에 자신의 지위에 안주하는 경향이 강했습니다. 중인 중에서도 역관은 경우 외교 업무에 종사하면서 무역에도 관여하여 큰 부를 축적하기도 했습니다. 박지원의 《허생전》에 등장하는 제일의 부자 변씨도 역관이었습니다.

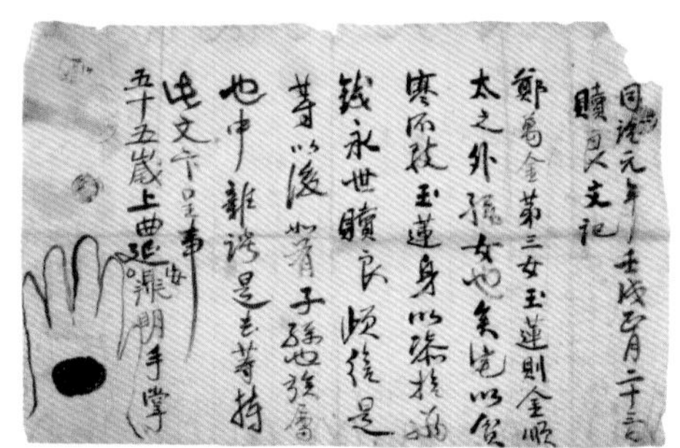

돈을 받고 노비를 양인으로 풀어 준 문서

철종 13년(1862) 돈을 받고 정만금의 셋째 딸 옥련을 양민으로 속량하는 내용의 문서이다. 문서 마지막 부분의 손바닥 모양은 손바닥을 대고 그린 것으로 손도장의 역할을 하였다. 글을 배우지 못한 사람들이 주로 사용했던 서명 방법이다.

중인들은 경제력을 바탕으로 각종 시사(詩社)를 결성하여 문학과 예술 활동에서 두각을 나타내기도 했습니다. 또한 역관 등 중인의 일부는 청과의 외교 업무에 종사하면서 서학과 서양 문물 등 새로운 문화를 수용하는 데 선구적 역할을 수행했습니다.

노비, 천민 신분에서 해방되다

조선 후기 노비들은 신분제에 저항하며 신분 상승을 위해 꾸준히 노력했습니다. 노비들은 전쟁에서 군공을 세우거나 흉년에 납속의 방식으로 국가 재정에 기여하면서 신분을 상승시켜 나갑니다. 공노비의 경우 소속 관청에 노동력을 직접 제공하기보다 정해진 신공(身貢)을 납부하는 방식으로 전환되었습니다. 신공을 바치는 납공 노비는 더 많은 자유를 누렸고 경제력을 확대하여 신분 상승을 도모했습니다.

경제력을 갖추지 못한 노비들은 신분적 속박에서 벗어나기 위해 도망가기도 했습니다. 도망 노비들은 신분을 감추고 소작농이나 임노동자, 행상, 화전민 등 다양한 모습으로 살아갔습니다. 공노비나 사노비의 도망이 일상적으로 일어나자 국가나 노비 주인들은 신공을 줄이기도 하고 강제로 추쇄(推刷)를 하기도 했습니다.

추쇄

부역이나 군역을 기피한 사람 또는 도망친 노비 등을 찾아내어, 본 고장이나 본디의 주인에게 돌려보내던 일이다.

하지만 **노비 추쇄**(推刷)는 공·사 노비를 막론하고 쉽지 않았습니다. 도망간 노비를 찾기도 어려웠을 뿐더러 시간과 노력이 많이 드는 데 비해 성과도 한정적이었습니다. 추쇄에 성공하여 노비를 잡아 오더라도 다시 도망가는 일이 빈번히 일어났습니다. 이에 노비 추쇄를 넘어서 노비제도 자체를 개혁하려는 방안이 강구되었습니다. 공노비를 해방시켜 양인 인구를 늘리고 세수를 증가시키는 방안도 그 가운데 하나였습니다.

영조는 공노비의 추쇄를 지방관에게 맡기는 한편 **노비종모법**(奴婢從母法)을 실시했습니다. 이는 '일천즉천(一賤則賤)'의 원칙과 달리 아버지가 노비더라도 어머니가 양인이면 그 사이에서 태어난 자녀들을 어머니의 신분에 따라 양인으로 삼는 법이있습니다. 종모법은 노비의 신분 상승 추세를 더욱 촉진했습니다. 나아가 정조는 노비 추쇄 자체를 금지했고, 순조는 중앙 관서의 노비 6만 6,000여 명을 해방시켰습니다(1801). 이러한 **공노비 해방**(409p 참조)에 이어 갑오개혁(1894)으로 신분제가 완전히 폐지되면서, 노비제는 법적으로 종말을 고하게 되었습니다.

주요 용어

수령의 권한 강화, 유향소 기능 축소, 향회의 부세 자문 기구화, 암행어사, 면리제, 오가작통제, 이정법, 구향, 신향, 향전

2 조선 후기 향촌 질서의 변화

양반들의 영향력이 줄어들다

조선시대의 지방 통치는 수령과 양반 사족이라는 두 축을 통해 이루어졌습니다. 수령이 효과적으로 지방을 다스리기 위해서는 양반 세력의 협조와 향리의 실무적 도움이 필요했습니다. 조선 중기에는 서원과 향약이 보급되어 향촌 사회의 풍속 교화와 질서 유지에 양반들의 영향력이 커지면서 양반 사족 중심의 향촌 지배 체제가 강화되었습니다.

하지만 조선 후기에 신분제가 흔들리면서 양반들의 영향력은 점차 줄어들었습니다. 더욱이 정부는 수령제 운영을 강화하여 향촌 사회를 통제하고자 했습니다. **수령의 권한**이 커지면서 양반들의 자치 기구인 **유향소의 기능은 축소**되고 **향회**(鄕會)는 **부세 운영을 위한 자문 기구**로 성격이 바뀌었습니다. 이 과정에서 수령을 보좌하면서 행정 실무를 담당하던 향리의 권한은 도리어 커졌습니다. 한편 정부는 수령의 권한 남용을 견제하기 위해 **암행어사**를 꾸준히 파견했습니다.

향촌 사회에서 영향력이 줄어든 양반들은 문중 활동을 강화하여 자신들의 권위를 유지하려 했습니다. 동성 촌락과 문중을 기반으로 친족 간의 결속을 강화했던 것입니다. 이러한 분위기 속에서 부계 친족 질서도 확대되었습니다.

향회

조선시대 지방에 거주하는 사족(士族)이 중심이 되어 운영한 지방자치회의. 향회는 조선 후기 양반체제가 무너지면서 18세기 후반에 이르러 수령의 단순한 **부세**(賦稅, 세금을 매겨서 부과하는 것) **자문 기구**로 성격이 바뀌었다.

마패

관원들이 공무로 지방에 나갈 때 역마를 사용할 수 있는 증빙 수단. 암행어사에게 지급된 마패는 어사의 인장 대용으로 사용되었으며, 출두 시 역졸이 손에 들고 '암행어사 출두'를 크게 외쳤다.

향전이 발생하고 수령의 영향력이 강화되다

조선 후기 지방 통치는 군현-면리-오가통의 계통을 따라 이루어졌습니다. 군현의 하부 조직으로 **면리제**가, 면리의 하부 조직으로 오가작통제가 실시되었습니다. **오가작통제**(伍家作統制, 409p 참조)는 다섯 집을 하나의 단위로 묶어 도망과 이탈을 방지하고 부세 운영의 안정을 꾀한 것입니다. 또한 **이정법**(里定法)을 정비해 양역 부과 단위를 리로 설정하여 군포를 수취함으로써 각 리별로 연대 책임을 지게 했습니다. 이는 국가의 대민 통제 강화와 안정적인 부세 운영

지방 양반의 명부인 '향안'

을 위한 방편이었으며, 결과적으로 지방 양반의 권한을 약화시켰습니다.

이러한 상황에서 양반들은 경제력을 바탕으로 새롭게 성장한 세력의 도전을 받았습니다. 그들은 신향(新鄕)으로 수령, 향리 등 관권과 결탁하여 향안에 이름을 올리는가 하면 향회를 장악하여 영향력을 행사했습니다. 신향은 기존의 지방 양반 세력인 **구향**(舊鄕)이 장악했던 향임직에 진출했으며 부세 운영에도 적극 참여했습니다. 이 과정에서 향권을 둘러싼 구향과 **신향** 사이의 갈등인 **향전**(鄕戰, 409p 참조)이 발생하였습니다.

전통적인 양반 세력의 힘이 약화되고 부농을 중심으로 한 신향 세력이 충분하게 성장하지 못한 가운데 수령을 중심으로 한 관권이 강화되었습니다. 관권의 강화는 세도정치 시기에 정치 기강이 무너지는 상황에서 수령과 향리의 자의적인 농민 수탈을 확대하는 결과를 낳았습니다. 수령의 수탈이 부농층으로까지 확산되면서 향촌 사회 내부의 불만은 갈수록 고조되었습니다.

주요 용어

부계 중심 가족 제도, 서류부가혼, 친영제, 적장자 우대 상속, 양자 제도, 동성촌락, 문중의 발달, 족계, 문집과 족보의 발간, 서원과 사우의 증가

3 성리학적 질서의 보급

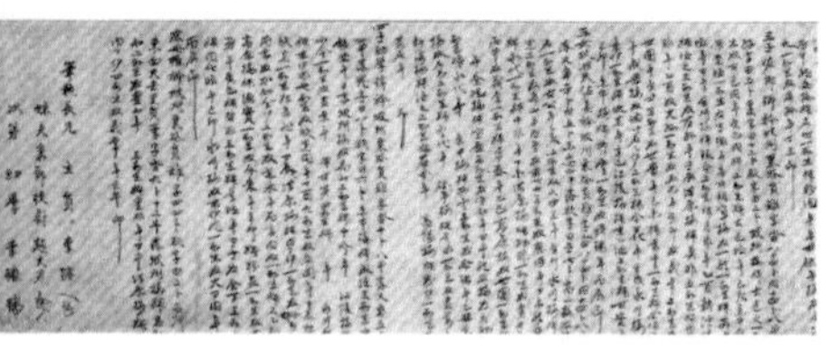

분재기(건국대학교 박물관)

조선시대 재산 상속 문서를 통칭하여 '분재기'라고 한다. 분재기에는 재산의 주인, 재산의 양, 후손들에게 상속한 내용 등이 상세하게 기록되어 있다. 이 분재기는 율곡의 아버지 이원수가 사망한 후 자손들이 모여 유산을 분배하면서 작성한 문서이다. 《경국대전》의 재산 분배 기준에 따라 장남인 율곡의 큰형에게 봉사의 명목으로 일부 몫을 더해 주었고, 나머지 재산은 균분 상속하였다. 하지만 조선 후기가 되면 적장자 우대 상속으로 재산을 차등 분배하였다.

처가살이에서 시집살이로

조선의 가족 제도는 부계와 모계가 모두 중시되었던 양변적 친족에서 **부계 중심의 친족제**로 변화했습니다. 조선 전기에는 고려시대의 전통을 이어받아 처가에서 결혼식을 올리고 그 근방에서 터전을 잡는 **서류부가혼**(壻留婦家婚, 410p 참조)이 지속되었습니다. 상속도 아들과 딸이 부모의 재산을 똑같이 나눠 받는 균분 상속이 일반적이었습니다. 여성은 결혼 뒤에도 자신이 상속받은 재산을 처분할 수 있는 권한이 있었고, 자식이 재산을 상속받을 때에도 아버지와 어머니로부터 물려받은 재산이 구분되었습니다. 균분 상속의 권리에 상응하여 그 의무인 제사도 아들 딸 구별 없이 책임을 분담하거나 돌아가면서 지내는 윤회봉사(輪回奉祀)가 일반적이었습니다. 아들이 없는 경우에는 외손봉사가 이루어지기도 했습니다.

하지만 17세기 중엽 이후 가족이나 친족 관계는 부계 중심으로 변화했습니다. 주자 성리학을 수용하여 조선을 건국한 세력들은 《주자가례》와 종법적(宗法的) 질서를 바탕으로 조선 사회를 재편하려고 노력했는데 그 결실이 17세기 중엽 이후 나타났습니다. 혼인은 **친영**(親迎), 즉 처가살이에서 시집살이로 바뀌었습니다. 이에 따라 처가나 외가와의 유대는 점차 약해진 반면, 부계 친족과의 관계는 더욱 긴밀해졌습니다. 또한 결혼 뒤 처가로의 거주지 이동이 줄어들면서, 부계 친족 구성원들이 동일 촌락에 모여 살기 시작했습니다. 그들은 상호 부조하는 가운데 부계 중심의 친족 체계를 형성해 나갔습니다.

김광려 남매의 연령대별 상속 노비 수 (성종 11, 1480)

	~15세	16~30세	31~45세	46~60세	61세~	불명	합
장남	6	1	2	3	3	–	15
일녀	6	1	1	3	3	1	15
이녀	5	1	2	4	3	–	15
합	17	3	5	10	9	1	45

균분 상속의 지속으로 인한 재산의 축소와 함께 결혼 양식의 변화는 상속의 내용에도 영향을 주었습니다. 딸과 차남 이하의 아들들이 제사나 재산 상속에서 소외되면서 **적장자**(嫡長子) **우대 상속**(410p 참조)의 방식으로 전환되어 갔습니다. 재산 상속이 가계 계승과

연관되면서 제사는 반드시 적자인 큰아들이 지내야 한다는 의식이 확산되었으며 제사 또한 적장자 봉사로 굳어져 갔습니다. 적자인 아들이 없는 집안에서는 **양자**를 들여서 가계를 계승하도록 했습니다.

조선시대의 결혼 형태는 일부일처를 기본으로 했지만, 양반 남성들의 경우 첩을 들일 수 있었습니다. 하지만 태종 때부터 처와 첩을 엄격하게 구별했기 때문에 적서의 구별 또한 엄격했습니다. 서얼의 문과 응시를 한동안 금지했을 뿐 아니라 제사나 재산 상속 등에도 차별을 두었고, 서얼 아들이 존재하더라도 양자를 세워 가계를 계승하도록 했습니다.

조선 후기에 동성촌락이 형성되다

동성촌락이란 한두 개의 지배적인 성씨가 주도권을 가지고 집단적으로 거주하는 마을을 말합니다. 17세기 중반 이후 결혼과 상속 관행의 변화로 가족이나 친족 체계가 부계 중심으로 바뀌면서, 부계 친족 구성원들은 점차 한 마을에 모여 살기 시작했습니다. 그 과정에서 이성 친족이나 방계 친족은 자연스럽게 다른 촌락으로 이주하게 됩니다. 특정 성씨가 촌락을 주도하는 가운데 이들은 종가를 중심으로 결속하여 양반으로서의 사회적 지위를 유지하고자 했습니다.

아울러 부계 중심의 가족 구성원들 사이의 유대와 공동의 이익을 도모하기 위한 조직으로 **문중이 발달**했습니다. 양반들은 **족계**(族契)를 만들어 문중의 대소사를 처리했고, 선조들의 **문집이나 족보를 발간**하여 가문의 지위를 높이기 위해 노력했습니다. 족보는 문중의 형성과 함께 17세기 이후 간행이 크게 늘어났습니다. 전기의 족보는 친손과 외손을 동일하게 기재했지만 후기로 갈수록 외손의 수록 범위는 축소되었습니다. 그리고 자녀의 기록 순서는 출생 순이 아니라, 남녀 순으로 바뀌었으며 항렬자 사용 범위는 확대되었습니다. 이러한 변화는 부계 혈통의 동성 친족을 중심으로 한 동족의식이 강화되고 있었음을 보여 줍니다.

문중이 발달함에 따라 **서원과 사우**(祠宇)가 늘어났습니다. 애초 국가적 도학자나 충절을 지킨 사람을 모셨던 서원이 문중 인물을 경쟁적으로 배향하면서 사회적 문제를 일으킨 것입니다. 이에 세도정치를 종식하며 등장한 홍선대원군은 중요한 47개 이외의 서원을 철폐하며 서원 증가 문제를 해결하고자 하였습니다.

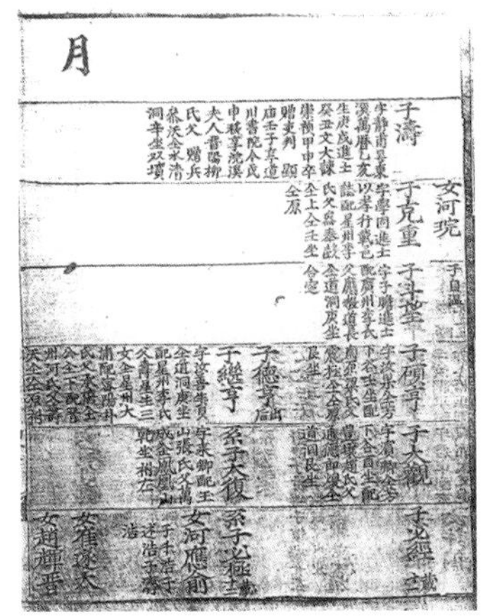

안동권씨 족보 후갑인보(1794) 부분

주요 용어

도참설, 유망, 괘서, 상언, 격쟁, 명화적, 홍경래의 난, 서북 지역 차별, 임술 농민 항쟁, 유계춘, 총액제, 도결, 삼정의 문란, 삼정이정청

4 사회 변혁의 움직임

무장 집단인 명화적(明火賊)이 활동하다

조선 후기 신분제의 동요와 사회·경제적 변화는 양반 중심의 지배 체제에 커다란 위기를 가져왔습니다. 더욱이 19세기 세도정치의 등장으로 탐관오리의 탐학과 횡포는 날로 심해졌고, 재난과 질병이 거듭되면서 농민의 생활은 그만큼 더 어려워졌습니다. 이러한 상황에서 백성 사이에 비기(秘記)와 **도참설**(圖讖說)이 널리 퍼졌고, 서양의 이양선(異樣船)까지 출몰하자 민심은 극도로 흉흉해졌습니다. 사회 불안이 점점 더해지는 분위기 속에서 농민은 비판 의식과 저항 의식이 점차 높아져 다양한 방식으로 항거하기에 이르렀습니다.

우선 개별적으로 조세나 지대 납부를 거부하는 거납(拒納), 수탈을 견디지 못하고 거주지에서 이탈하는 **유망**(流亡), 농민들을 억압하거나 수탈한 관리나 지주를 음해하는 소문을 퍼뜨리는 와언(訛言), 수령이 실정을 하면 산에 올라가 그것을 꾸짖고 욕하는 산호(山呼), 밤에 횃불을 들고 산에 올라 관리들의 부정과 수탈을 폭로하는 거화(擧火), 사람이 많이 다니는 장시와 같은 곳에 글을 붙여 불만을 나타내는 **괘서**(掛書) 등이 있었습니다. 또한 백성들이 자신들의 불만과 요구를 글로 적어 수령·감영·비변사에 올리거나 왕에게 **상언**(上言)·**격쟁**(擊錚)의 형식으로 하소연하기도 했습니다.

격쟁

조선시대에 억울하고 원통한 일을 당한 사람이 궁궐에 난입하거나 국왕이 거동하는 때를 포착하여 징·꽹과리(錚)·북(鼓) 등을 쳐서 이목을 집중시킨 다음 자신의 사연을 국왕에게 직접 호소하는 행위.

유민이나 도적이 무장 집단을 조직하여 지배층을 공격한 **명화적**(明火賊)과 같은 폭력적인 활동도 있었습니다. 흉년에 일시적이고 국지적으로 활동하던 명화적 집단은 1862년 **임술 농민 항쟁** 이후에는 전국에 걸쳐 빈번하게 나타납니다. 명화적은 화적으로 불리기도 했는데, 약탈할 때 주로 횃불을 들고 다녔고 약탈 방법이 대체로 화공이었다는 점과 관련이 있습니다.

명화적이 일반적인 도적과 구별되는 가장 큰 특징은 조직적인 무장 집단을 구성하여 부유층을 약탈했다는 점입니다. 이들은 육지뿐만 아니

〈평양감사 향연도〉 중 〈월야선유도〉
김홍도(국립중앙박물관)

평안도 감사(관찰사)의 부임을 환영하기 위해 화려한 뱃놀이 향연을 벌이고 있는 모습을 그린 그림이다. 농사일에 지친 백성들이 대거 동원되어, 강의 좌우에 횃불을 든 채 밤을 대낮처럼 밝히고 있는 장면이 배 안의 모습과 대조를 이루고 있다. 1811년 '지역 차별'과 '세도정권 타도'를 내세운 홍경래의 난이 일어났을 때, 이에 동조하는 많은 농민들이 참여했다.

라 배를 타고 강이나 바다를 무대로 조운선이나 상선을 약탈하는 해적 활동을 하기도 합니다. 이는 명화적 집단 일부가 여름에는 산에 들어가고, 겨울에는 포구로 나와서 활동하고 있었던 것과 관련이 있습니다. 널리 알려진 명화적으로는 황해도 구월산을 근거지로 활동했던 장길산 집단이 있습니다.

홍경래, 19세기 저항의 시대를 열다

산발적으로 분출되던 백성의 불만은 때로 대규모 저항 형태로 발전했는데, 그 시작은 평안도에서 일어난 **홍경래의 난**(1811~1812, 410p 참조)입니다. 평안도는 지역적으로 청과 가까워 무역이 발달했으나, 세도 정권이 서울 특권 상인의 이권을 비호하여 지역 상인들의 불만이 컸습니다. 또한 중앙 정부는 재정 부족을 이유로 잉류(仍留) 지역이었던 평안도의 전세를 끌어다 쓰면서 지방 재정을 어렵게 했습니다. 더욱이 청을 오가는 길목에 위치하여 이 지방 사람들은 사신 행차의 뒤치다꺼리까지 맡아야 했습니다. 지방 지배 세력의 경우에는 과거에 합격해도 실제 벼슬에 오르지 못하거나 요직에서 배제되는 등 차별을 받았습니다.

지역 차별과 세도 정권에 대한 불만 속에서 평안도민들의 저항 의식은 점점 커져 마침내 '홍경래의 난'으로 이어졌습니다. 홍경래의 난은 몰락 양반인 홍경래와 서얼 출신 우군칙, 곽산의 토호로서 진사 출신인 김창시, 천민 출신의 부유한 상인 이희저 등이 주도했으며 부호와 대상들

19세기 농민항쟁 발생 지역

이 대거 가담했습니다. 땅이 없는 농민이나 임노동자와 같은 빈민들은 광산 노동자로 고용되었다가 이후 군사로 동원되었습니다.

홍경래의 난은 세도 권력 타도라는 뚜렷한 정치적 목적을 가지고 가산군 다복동을 근거지로 장기간의 준비를 거쳐 조직적으로 전개된 무장 봉기입니다. 스스로 평서대원수(平西大元帥)라고 일컬은 홍경래의 지휘 아래 저항 세력은 10여 일 만에 가산·정주·박천 등 청천강 이북의 평안도 서부 일대를 장악했습니다.

하지만 전투가 계속될수록 훈련이 부족한 홍경래 군은 정부군에 밀리기 시작했습니다. 관군이 봉기군과 농민들을 무력으로 진압하자, 수많은 농민들이 봉기군에 호응하여 정주성에서 장기 항전에 들어갔습니다. 봉기군에서 농민이 다수를 차지했으나 지도부는 개혁 강령이나 이념을 현실적 조건과 결부시켜 구체적으로 제시하지 못했습니다.

저항은 4개월 만에 관군이 화약으로 성벽을 폭파하면서 마무리되었고 홍경래를 비롯한 지도부는 전사하거나 체포된 뒤 처형되었습니다. 관군은 성안을 샅샅이 뒤져 여자와 어린아이를 제외한 1,917명 모두를 처형했습니다. 지역 차별이 없는 사회, 세도정치와 부정부패가 없는 사회를 꿈꾸며 일으킨 홍경래의 난은 이렇게 끝나고 말았습니다.

진주 농민 항쟁의 전개

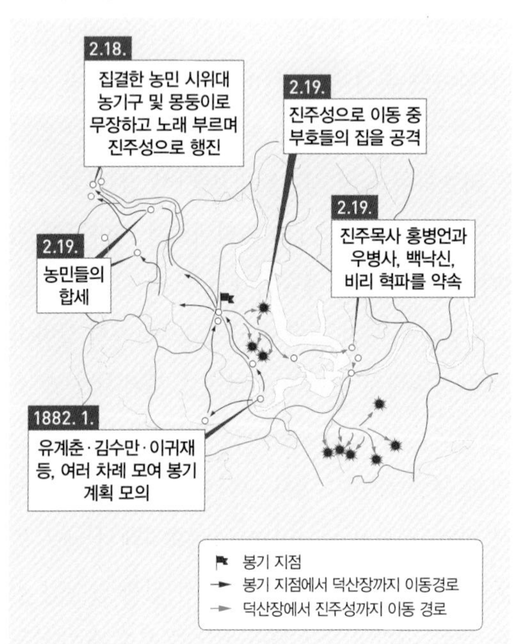

진주에서 일어난 농민 항쟁, 전국을 휩쓸다

홍경래의 난이 일어나고 50여 년이 지난 1862년 2월, 경상도 단성에서 시작하여 진주로 파급된 농민 봉기(411p 참조)가 전국으로 확산되었습니다. 농민들의 항쟁은 삼남 지방을 중심으로 북쪽의 함흥에서 남쪽의 제주까지 전국적으로 퍼져 나갔습니다. 이를 임술년에 일어났다고 하여 임술 농민 항쟁(1862, 411p 참조)이라고 합니다.

19세기의 세도정치 아래 국가 기강이 해이해진 틈을 타 탐관오리의 부정과 탐학은 끝이 없었습니다. **총액제**와 **도결**(都結)의 문제도 심각했습니다. 총액제는 정부가 부세 확보를 쉽게 하기 위해 미리 해당 연도에 거둘 총액을 책정해서 각 군현에 할당한 제도입니다. 총액제 운영은 마을에 남은 사람이 부세 부담을 피해 도망한 사람들의 몫까지 부담해야 하는 구조였습니다. 이 때문에 빈농층뿐만 아니라 부농층까지 몰락시키는 원인이 되었습니다. 도결은 전세·대동세 외에 군역이나 환곡, 그리고 각종 부가세를 토지에 부과하는 제도였습니다. 도결은 빈농의 부담을 줄이고 토지가 많은 부농이나 양반의 부담을 늘렸다는 점에서 진일보한 것이지만 운영 과정에서 탐관오리의 농간이 컸습니다.

이러한 수취 체제의 변화 속에서 전정, 군정, 환곡을 의미하는 **삼정의 문란**은 극에 달했습니다. 수령의 부정은 중앙 권력과도 연계되어 있어서 암행어사의 파견만으로 막을 수 있는 수준이 아니었습니다. 전정인 토지세는 원래 1결당 20두(전세 4두, 대동미 12두, 결작 2두, 삼수미 1.2두) 정도였습니다. 하지만 실제로는 정액을 채우기 위해 갖가지 명목의 이름을 붙여 더 많은 액수를 거뒀습니다. 군정인 군역은 균역법 실시 후 장정마다 1필에 지나지 않았으나, 이 역시 총액을 채우는 과정에서 족징(族徵)이나 인징(隣徵)의 문제가 있었습니다.

환곡은 본래 빈민 구제책으로 춘궁기에 국가의 곡식을 농민에게 빌려주었다가 추수 후에 이자를 가산하여 받았던 제도입니다. 그런데 지방 관아의 재정이 궁핍해지면서 점차 부세의 일부로 바뀌어 갑니다. 이 과정에서 필요 이상의 곡식을 강제로 빌려주기도 하고, 출납을 허위 보고하거나 없는 곡식을 있는 것처럼 장부를 꾸미며 중간에 착복하기도 하는 등 많은 폐단이 나타났습니다.

진주 농민 항쟁의 주요 원인도 도결과 환곡이었습니다. 전국적으로 환곡의 폐단은 심각하기 이를 데 없었지만, 진주는 대표적 곡창 지대인데다가 진주목 외에도 경상우병영이 있어서 운영 경비를 대기 위한 환곡의 부담이 어느 지방보다 무거웠습니다. 진주목과 경상우병영에서 부족한 곡식을 대거 토지와 가호에 부담시키면서 농민들의 불만은 폭발하기에 이릅니다.

1862년 2월 몰락 양반 출신인 **유계춘**을 중심으로 농민들은 스스로 초군(樵軍)이라 부르면서 죽창과 곤봉을 들고 일어났습니다. 가난한 농민들이 농한기에 생계를 위해 공동으로 땔감을 채취하기 위해 만든 '초군'은 향회와 함께 농민 항쟁의 전개 과정에서 중요한 조직 기반 역할을 합니

선무사

재해나 병란이 일어난 지역에 민심을 무마하고 주민을 구제하기 위해 국왕이 임시로 파견하던 관리이다.

안핵사

지방에서 어떤 사건이 일어났을 때 그것을 조사하기 위해 파견하는 임시 관리이다.

다. 농민들은 관아로 몰려가 아전을 구타하거나 살해하고 토호들의 집을 습격한 뒤 스스로 해산했습니다.

진주에 이어 농민들의 봉기는 봇물 터지듯 퍼져 나갔습니다. 3월에는 경상도의 여러 지역을 비롯하여 전라도로, 4월과 5월에는 전라도와 충청도의 여러 지역에 퍼져 나갔습니다. 봉기가 70개 이상의 지역으로 확산되면서 정부는 무력으로 이를 진압하는 한편 회유를 병행하는 양면책을 썼습니다. 선무사(宣武祠), 안핵사(按覈使), 암행어사 등을 파견하여 실정을 파악하고 문제가 되는 수령과 아전을 처벌하여 민심을 진정시켰습니다. 또한 **삼정이정청**이라는 기구를 만들어서 농민의 부담을 완화하는 조치를 취했습니다.

이러한 노력으로 농민 봉기는 진정되었지만, 당시 정부에서 마련한 방안은 근본적인 해결책이 아닌 부세 운영의 개선에 초점을 맞춘 미봉책에 불과했습니다. 삼정이정청도 얼마 지나지 않아 폐지되고 말았습니다. 농민 항쟁은 이후 대원군 집권기에도 지속되었습니다. 이 과정에서 고조된 농민들의 사회의식은 훗날 동학 농민 전쟁으로 연결되었습니다.

문화사로 읽는 조선

조선 전기의 문화

1. 민족 문화의 발달
2. 성리학의 발달
3. 불교와 도교의 양상
4. 과학 기술의 발달
5. 건축과 예술의 발달

조선 후기의 문화

1. 성리학의 변화
2. 실학의 발달
3. 국학 연구와 과학 기술의 발달
4. 문화의 새 경향
5. 조선 후기 새로운 사상의 등장

조선 전기의 문화

주요 용어

《훈민정음》, 《고려국사》, 《고려사》, 《고려사절요》, 《동국통감》, 《동국사략》, 《기자실기》, 《조선왕조실록》, 《승정원일기》, 《의궤》, 〈팔도도〉, 〈동국지도〉, 〈조선방역지도〉, 〈혼일강리역대국도지도〉, 〈혼일역대국도강리지도〉, 《신찬팔도지리지》, 《세종실록지리지》, 《동국여지승람》, 《신증동국여지승람》, 《동국지리지》, 《조선경국전》, 《경제육전》, 《속육전》, 《경국대전》, 《속대전》, 《대전통편》, 《대전회통》

1 민족 문화의 발달

세종대왕은 한글을 왜 만들었을까?

조선 건국 후 민본 사상이 발달하면서 지배층은 백성이 배우기 쉬운 우리의 독자적인 문자를 만들고자 했습니다. 조선은 성리학을 주요 이념으로 건국되었기에 국가의 통치 이념을 백성에게 직접 전달할 필요성도 컸습니다. 이에 따라 세종은 우리말을 소리 나는 대로 적을 수 있는 한글을 만들어 **훈민정음**이라는 이름으로 세상에 반포했습니다(1446).

훈민정음의 창제 동기는 일차적으로 언어와 문자가 일치하지 않는 데서 오는 백성의 불편함을 덜어 주려는 데 있었습니다. 《훈민정음(해례본)》 서문(411p 참조)에서 밝히고 있듯이, 차자(借字) 표기로 인한 불편함이 계속되어 왔기에 누구나 쉽게 읽고 자신의 생각을 글로 표현할 수 있게 한 것입니다. 또한 백성에게 문자를 가르쳐 교화를 쉽게 하려는 목적도 있었습니다.

세종이 설치한 집현전의 학술 연구 활동은 한글 창제의 밑거름이 되었습니다. 세종은 정인지, 신숙주, 성삼문, 최항, 박팽년 등의 집현전 학자들을 동원하여 1443년(세종 25) 훈민정음을 창제하고 1446년에 해설과 함께 반포했습니다(412p 참조). 훈민정음은 현존하는 문자 가운데 창제 연도와 창제자를 알 수 있는 유일한 문자입니다. 세계 문자 역사상 음운 이론을 바탕으로 만들어졌다는 점에서 획기적일 뿐만 아니라, 발음 기관을 본떠 만들어진 소리글자로서 배우기 쉽고 과학적으로도 우수한 글자로 높이 평가받고 있습니다.

한글은 민족 문화를 발전시키는 데도 크게 이바지했습니다. 훈민정음

세종대왕(1397~1450)

조선 왕의 어진은 한국 전쟁 중 태조와 철종 어진의 일부를 제외하고는 모두 사라졌다. 영릉에 있는 세종대왕의 어진은 운보 김기창 화백의 작품이다.

훈민정음 언해본

은 주로 한문을 보조하면서 다음과 같은 기능을 담당하게 됩니다. 첫째, 한문으로 된 책을 풀이하여 널리 보급하는 데 사용되었습니다. 조선 왕조를 찬양하는 《용비어천가》를 만들고, 세종~세조 대에 여러 불경이 번역되었습니다. 16세기에는 사서(四書)를 비롯한 유교 경전과 농업과 관련된 과학 기술 서적들이 번역 출간되기도 했습니다. 집현전 학자들을 제외한 지배층들이 한문을 진짜 글이라는 뜻의 진서(眞書)로 높여 부른 데 반해, 훈민정음을 평민들이 쓰는 말이라는 뜻의 언문(諺文)으로 속되게 낮춰 부른 이유가 여기에 있습니다. 둘째, 행정 실무를 맡은 서리들은 훈민정음을 사용하여 한문을 모르는 일반 백성에게 국가 정책을 이해시킬 수 있었습니다. 셋째, 교육에서 상대적으로 소외된 여성들의 문자 생활이 활발해지는 계기가 되었습니다. 넷째, 시간이 지나면서 평민과 부녀자들은 시와 산문 등 새로운 형식의 문학을 창작하여 우리말을 더욱 세련되고 풍부하게 발전시켰습니다. 다섯째, 한자의 발음을 우리 현실에 맞게 바로잡을 수 있었습니다. 이러한 노력의 결과 신숙주 등이 《동국정운》, 《홍무정운역훈》 등의 음운서를 편찬했습니다.

고려의 역사를 정리하고 조선 왕조의 실록을 만들다

조선은 건국 초기부터 국가 차원에서 새 왕조 건립의 정당성을 확보하고 성리학적 통치 규범을 정착시키기 위해 역사서의 편찬에 힘을 기울입니다. 그 가운데 고려의 역사를 다룬 책으로는 《**고려국사**》와 《**고려사**》, 《**고려사절요**》가 있습니다. 태조 대 정도전은 조선 건국의 정당성을 밝히기 위해 《고려국사》를 편찬하여 고려의 역사를 정리했습니다. 이후 고려의 역사를 정리하려는 노력이 지속되어 마침내 기전체(紀傳體)로 된 《고려사》와 편년체(編年體)의 《고려사절요》가 완성되었습니다.

아울러 우리나라의 전체 역사를 편찬하려는 노력에 따라 성종 대에 《**동국통감**》이 간행되었습니다. 《동국통감》은 고조선부터 고려까지 아우르는 우리나라 최초의 통사로서 편년체로 서술되었습니다. 우리의 유구한 역사를 강조하기 위해 단군을 출발점으로 잡았다는 점에서 15세기 지배층의 자주적인 기풍이 드러나고 있습니다.

16세기의 대표적인 역사서로는 박상의 《**동국사략**》과 이이의 《**기자실**

조선왕조실록

기》가 있습니다. 《동국사략》에서는 정도전을 폄하하고 고려의 이색과 정몽주 등을 높이 칭송하고 있어 당대 사림파의 역사 인식을 확인할 수 있습니다. 《기자실기》에서는 소중화(小中華) 의식에 따라 단군보다 기자(箕子)를 중시합니다. 기자가 선진 문물을 전파한 이래 조선이 높은 문화 수준을 유지했다는 시각입니다.

조선 왕조에서 꽃핀 기록 문화의 최고봉은 **《조선왕조실록》**입니다. 조선시대에는 역사를 후대에 남기기 위해 국가 차원의 실록 편찬을 중시했습니다. 실록 편찬을 담당한 춘추관에서는 왕의 사후 실록청을 설치하고 사초(史草)와 각종 자료를 토대로 실록을 만들었습니다. 사초는 사관(412p 참조)이 왕의 일거수일투족을 기록한 국정 자료입니다. 왕이라도 사초의 기록을 볼 수 없도록 하여 객관성을 유지했습니다.

완성된 실록은 4부를 만들어 서울 춘추관과 전라도 전주, 경상도 성주, 충청도 충주의 사고(史庫)에 분산 보관했습니다. 하지만 임진왜란과 이괄의 난을 거치면서 전주 사고의 실록만 남았습니다. 따라서 전주본 실록을 바탕으로 4부를 더 만들어 태백산, 오대산, 정족산, 적상산 사고 등 깊은 산속에 보관했습니다.

한편 조선시대 각 관청은 업무 일지인 《등록》을 편찬하고, 춘추관은 여러 관청의 《등록》을 모아 해마다 《시정기》를 정기적으로 편찬했습니다. 국왕 비서 기관인 승정원에서는 국왕이 정사를 보는 가운데, 신하와 주고받은 문서와 국왕의 일과를 매일 기록하여 방대한 분량의 **《승정원일기》**를 작성했습니다. 왕실의 주요 행사가 있을 때에는 행사의 주요 장면과 사용된 도구들을 천연색 그림을 통해 사실적으로 묘사했습니다. 행사의 진행 과정과 참가자, 행사 비용 등을 상세하게 기록했는데, 이를 **《의궤》**라고 합니다.

세계 지도를 만들고 지리지를 편찬하다

조선 초기에는 중앙집권 체제와 국방 강화를 위해 전국의 자연과 인문 지식을 모아 지리지와 지도를 편찬했습니다. 중앙집권을 강화하기 위해 지방을 속속들이 파악할 필요가 있었던 것입니다.

동국지도

1463년(세조9) 정척·양성지가 제작한 지도로 영조 대에 만들어진 정상기의 〈동국지도〉의 바탕이 된다.

세종 때에는 새로 편입된 북방 영토를 실측하여 전국 지도로서 〈**팔도도**〉를 만들었습니다. 그 뒤 양성지 등이 주도하여 도, 주, 부, 군, 현별로 실측 지도를 제작하고 이를 모아 1463년(세조 9) 〈**동국지도**〉를 완성했습니다. 이 지도에는 한반도와 함께 만주가 그려져 있고 랴오허 강과 아무르 강이 강조되는 등 만주를 미수복 지역으로 생각하고 있던 당대의 국토 관념이 반영되어 있습니다. 16세기에도 많은 지도가 만들어졌는데 그중 전국 지도인 〈**조선방역지도**〉가 남아 있습니다.

조선이 건국된 지 얼마 되지 않은 1402년(태종2)에 세계 지도인 〈**혼일강리역대국도지도**〉를 만들었습니다. 관찬 세계 지도인 〈혼일강리역대국도지도〉는 구대륙 전체의 영역과 함께 역대 중국 왕조들의 수도를 표시했습니다. 이 지도에는 한반도와 중국 대륙, 일본 등 동아시아 외에 유럽과 아프리카 대륙까지 표현되어 있습니다. 따라서 〈혼일강리역대국도지도〉는 유럽·아프리카까지 지도의 영역으로 포괄한 현존하는 가장 오래된 동양 지도이며, 현재 전하는 당시의 세계 지도 가운데 가장 우수한 것으로 평가받고 있습니다.

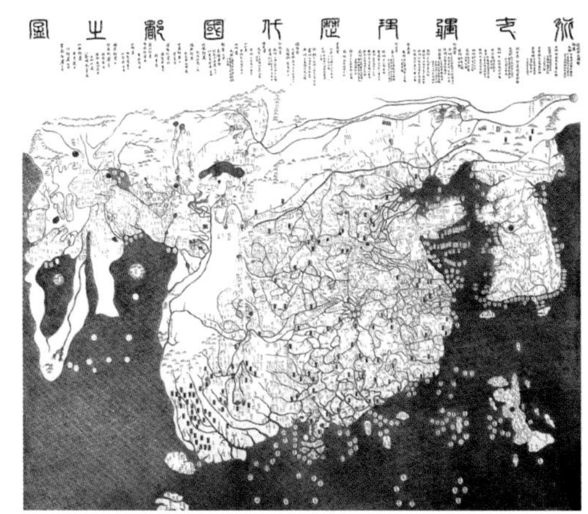

혼일강리역대국도지도
(일본 류코쿠 대학교 소장본)

1402년(태종2)에 좌정승 김사형, 우정승 이무와 이회가 만든 세계지도. 원본은 전하지 않고 모사본이 일본 류코쿠대학 도서관에 소장되어 있으며 이를 다시 필사한 규장각 소장본이 있다. 현존하는 동양 최고의 세계 지도이자 당시로서는 동서양을 막론하고 가장 훌륭한 세계 지도이다.

전체적인 지도의 모습을 보면, 가운데 있는 중국을 중심으로 한반도가 크게 위치해 있고, 일본 열도와 인도·아프리카 등은 축소되거나 왜곡이 심한 편입니다. 지도의 한반도 배치를 통해 15세기 문화를 주도한 건국 세력의 자주 의식을 엿볼 수 있기도 합니다. 16세기에는 〈혼일강리역대국도지도〉와는 다른 계열의 〈**혼일역대국도강리지도**〉를 제작합니다. 16세기 〈혼일역대국도강리지도〉는 15세기의 〈혼일강리역대국도지도〉를 참고한 흔적이 남아 있지만, 중국 중심의 세계관이 강화되어 유럽과 아프리카는 잘려 나가고 중국이 과장되어 있습니다. 한반도 역시 과장되게 표현하여 당시 지배층의 소중화 의식이 드러나 있기도 합니다.

지리지의 편찬은 세종 때 적극적으로 추진되어 1432년(세종 14년)에 《**신찬팔도지리지**》가 완성되었습니다. 이를 축소하여 《세종실록》의 부록으로 넣었는데 이것이 《**세종실록지리지**》입니다. 이 책은 군현 단위로 연혁, 인물, 성씨, 호구, 물산 등 풍부한 내용을 담고 있습니다.

1481년(성종 12)에는 역사서 《동국통감》과 쌍벽을 이루는 《**동국여지**

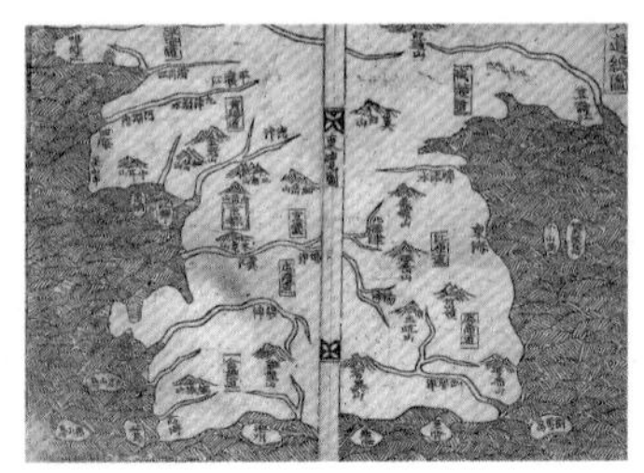

신증동국여지승람 팔도총도

관찬 지리지
관의 주도로 펴낸 지리책. 자연·사회·문화 등 지리적 현상을 연구하여 기록하였다.

승람》이 편찬되었습니다. 《동국여지승람》은 군현의 연혁, 지세, 인물, 풍속, 산물, 교통 등을 자세히 수록한 지리지였습니다. 양성지 등 훈신들이 편찬한 이 책은 반포되지 못하고 이후 김종직 등의 사림들이 다시 개찬하여 《신찬동국여지승람》이라 했습니다. 16세기 중종 때(중종 25, 1530) 이를 보충하여 《**신증동국여지승람**》이 편찬되었습니다.

훈신들이 편찬한 《동국여지승람》은 부국강병 의식이 강하고 만주를 우리 영역으로 간주했으나, 사림이 개찬하면서 국토를 압록강 이남으로 한정했습니다. 당시 편찬자들이 가장 공을 들인 것은 성리학적인 기준에 따라 지방 군현의 역사와 문화를 기록하는 일이었습니다. 《동국여지승람》은 관찬 지리지(官撰地理誌)를 대표하는 저작이었으나 16세기를 지나며 다양한 형식과 내용을 담은 지리지가 등장했습니다. 대표적인 예로 한백겸은 역대의 강역과 그 중심지에 관한 책이 필요하다는 사실을 깨닫고 《**동국지리지**》를 편찬했습니다. 한백겸은 자료를 폭넓게 수집하고 고증하여 위치를 확정하는 새로운 방법론을 제시했습니다. 한백겸의 《동국지리지》는 지리에 기초한 역사 연구라는 점에서 새로운 지리지의 장을 열었습니다.

조선 최고의 법전, 경국대전을 편찬하다

조선은 건국 초부터 유교적 통치 규범을 성문화하기 위한 법전의 편찬에 힘을 기울였습니다. 이에 따라 정도전의 《**조선경국전**》(태조 3, 1394)과 조준 등의 《**경제육전**》(태조 6, 1397)이 편찬된 바 있습니다. 이후 각종 교지·수교·조례 등을 모아 《**속육전**》을 펴냈습니다. 하지만 《속육전》에는 중복되거나 모순된 내용이 많아 혼란을 초래했고 체계를 잡기 어려운 문제점이 있었습니다. 따라서 모든 법령을 전체적으로 조화시키는 종합 법전을 새로 편찬해야 했습니다.

그리하여 세조 때 양성지의 건의로 육전상정소를 설치하고 호전과 형전을 펴냈습니다. 나머지 이·예·병·공의 4전도 편찬이 거의 완료되었으나 세조의 갑작스러운 죽음으로 반포되지 못했습니다. 그 뒤 예종과 성종 때 계속 보완하여 최종적으로 성종 15년(1484) 현존하는 《**경국대전**》이 완성되었고, 이듬해부터 반포되었습니다.

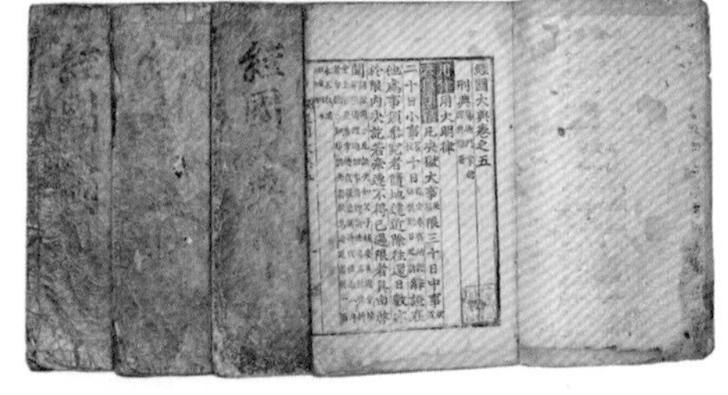

경국대전
조선 왕조의 기본 법전으로서 정치 구조와 운영의 근간을 담고 있다.

《경국대전》 편찬의 역사적 의의는 첫째, 조선 왕조의 기본 법전으로서 통치의 근간이 되었다는 점입니다. 국가 운영을 위한 체계적인 법전을 완성함으로써 조선 왕조는 고려 왕조보다 한 단계 진전된 중앙 집권적 통치 체제를 구축할 수 있었습니다.

둘째, 《경국대전》 편찬은 조선 초기부터 정비된 유교적 통치 질서와 문물 제도가 완성되었음을 의미합니다. 즉, 《경국대전》의 완성으로 법에 입각한 양반 관료 체제의 정비가 일단락되었습니다.

셋째, 여말 선초의 관습법을 성문화하여 중국법의 영향에서 벗어나 고유성을 확보할 수 있었고, 일반적으로 적용되던 《대명률》에 대해 우리 상황에 맞게 시행할 수 있는 특별법인 형전을 갖게 되었다는 점을 들 수 있습니다.

넷째, 《경국대전》은 이전, 호전, 예전, 병전, 형전, 공전의 6전으로 구성된 조선의 기본 법전으로 후기까지 법률 체계의 골격을 이루었습니다. 또한 경국대전의 편찬 과정에서 나타난 '조종성헌준수(祖宗成憲遵守)의 원칙'과 '법전·법령집 구분의 원칙'은 조선시대 법전 편찬의 기본 원칙이 되었습니다.

조종성헌준수의 원칙

원전(元典), 즉 원래 법전의 조문은 그대로 두고 그 조문 밑에 고쳐야 할 내용만을 각주로 명기하는 방식을 뜻한다.

법전·법령집 구분의 원칙

영구히 시행해야 할 법인 전(典), 편의에 따라 시행해야 할 법인 록(錄)으로 구분하는 방식을 말한다.

이후 조선의 법전은 조선 후기의 사회상을 종합하여 영조 대에 《**속대전**》(영조 22, 1746)의 편찬으로 이어졌습니다. 《속대전》은 조선 전기의 《경국대전》과 쌍벽을 이루는 후기의 기본 법전이었습니다. 정조 대에는 변화된 사회상을 반영하여 새로운 내용을 통합한 《**대전통편**》(정조 9, 1785)을 편찬했습니다. 그리고 《대전통편》을 바탕으로 고종 대에 조선시대 마지막 법전인 《**대전회통**》(고종 2, 1865)이 편찬되었습니다. 이와 같이 새로운 법전들이 편찬되었지만, 여전히 《경국대전》은 모법전으로서의 위상을 지니고 있었습니다. 새로운 법전에서 《경국대전》의 법조문은 삭제되지 않고 원형 그대로 존속했던 것입니다.

주요 용어

《삼강행실도》, 《이륜행실도》, 《오륜행실도》, 《의궤》, 《국조오례의》, 《주자가례》, 《소학》, 《동몽수지》, 성리학, 관학파, 사학파, 퇴계 이황, 율곡 이이, 사단칠정 논쟁, 이기호발설, 기발이승설, 영남학파, 기호학파

2 성리학의 발달

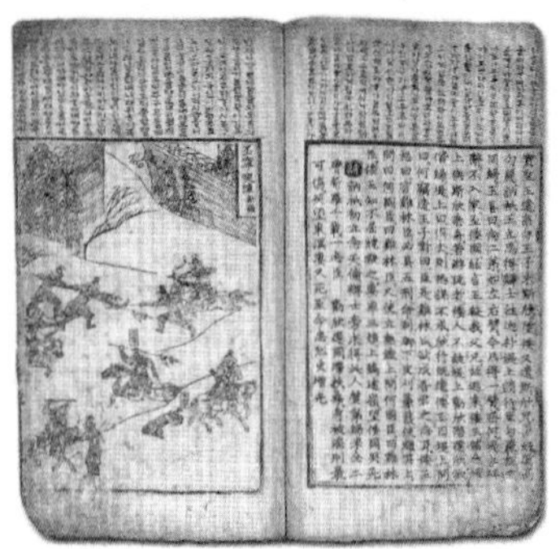

삼강행실도 언해본

삼강행실도를 간행하다

유교 질서 확립을 위해 국가 차원에서 적극적으로 윤리와 의례에 관한 서적을 편찬했습니다. 15세기 윤리서로는 1434년(세종 16)에 간행된 **《삼강행실도》**가 대표적입니다. 일반 백성을 교화하기 위한 윤리서로서, 우리나라와 중국의 충신, 효자, 열녀 등을 선정하여 그 행적을 그림으로 그리고 설명을 덧붙인 책입니다. 《삼강행실도》는 세종 때만이 아니라 성종, 선조, 영조 시대에 거듭 간행되었습니다.

《삼강행실도》를 본받아 16세기인 1518년(중종 13) 왕명으로 **《이륜행실도》**가 간행되었습니다. 《이륜행실도》는 《삼강행실도》에 빠져 있던 윗사람에 대한 예절과 벗 사이의 믿음이라는 이륜에 관한 모범적인 옛사람들의 이야기를 모은 책입니다. 《이륜행실도》의 간행은 《삼강행실도》와 함께 오륜 체계의 완결을 의미했습니다. 1797년(정조 21)에는 《삼강행실도》와 《이륜행실도》를 합하고 수정하여 **《오륜행실도》**를 간행했습니다. 이 책들은 윤리 진작을 위한 국가의 정책적 필요에 의해 여러 번 간행되었습니다.

한편 국가 행사의 규범을 새로이 정비할 필요에서 행사 때마다 **《의궤》**를 편찬했고, 1474년(성종 5)에는 국가의 여러 행사에 필요한 의례를 정비하여 의례 규범서로 **《국조오례의》**를 편찬했습니다. 《국조오례의》는 다섯 가지 중요 의식의 예법과 절차를 다루고 있습니다.

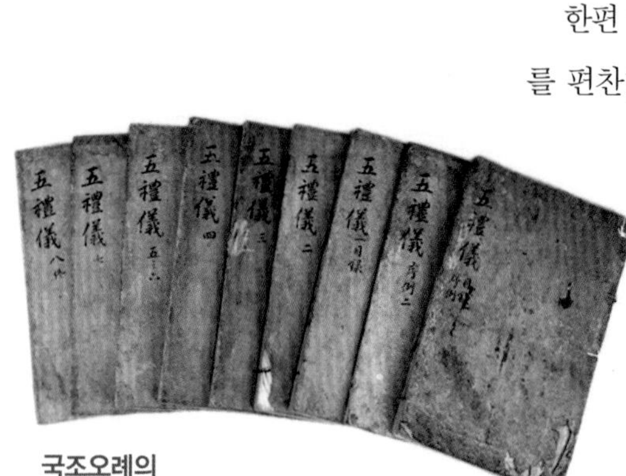

국조오례의

조선시대의 예법과 절차에 관하여 기록한 책. 세종 때 허조 등에 의하여 시작되어 1474년(성종 5) 신숙주 등에 의해 완성되었다.

16세기에는 성리학 이념을 집집마다 보급하기 위한 필요성 때문에 **《주자가례》**가 강조됩니다. 《주자가례》란 성리학을 집대성한 주자가 만든 집안의 예법입니다. 16세기에는 사림들이 **《소학》**과 《주자가례》의 보급과 실천에 힘쓰면서 《이륜행실도》뿐만 아니라 **《동몽수지》** 등을 간행하여 보급하기도 했습니다. 《동몽수지》는 어린이가 지켜야 할 기본 도리와 예절을 적어 놓은 윤리서입니다.

성리학을 수용하다

조선시대의 정치 이념인 **성리학**은 우주 질서와 인간의 심성을 이(理)와 기(氣)로 설명하는 사상입니다. '이'는 모든 사물의 생성 변화를 가능하게 하는 원리로서 보편적이면서 불변적인 반면, '기'는 '이'의 원리가 현실로 구체화되는 데 필요한 현상적 요소로서 가변적인 것으로 보았습니다. 성리학은 고려 말 원나라를 통해 들어왔는데 남송학, 주자학, 주자성리학, 신유학 등 다양한 이름으로 불렸습니다.

조선의 건국과 함께 성리학은 사회 개혁의 사상적 기반이 되었습니다. 하지만 성리학을 수용하는 과정에서 고려 말 신진 사대부는 두 세력으로 나뉘어 정치적 입장을 달리했습니다. 정도전, 권근 등의 급진 개혁파는 고려 말 친원 성향의 권문세족을 비판하며 개혁을 강조했고 역성 혁명(易姓革命)에 적극 참여했습니다. 이들은 **관학파**로 이어졌는데 국가 체제를 정비하고 중앙집권 체제를 강화하면서 성리학뿐만 아니라, 불교·도교·풍수지리설·민간 신앙까지 포용했습니다. 관학파는 주례를 국가의 통치 이념으로 삼고, 중앙집권과 부국강병을 위한 실용적인 학문 및 사장의 학풍을 중시했습니다.

주례
기원전 1046년에서 기원전 256년까지 중국을 지배한 주(周)의 제도를 기록한 유교 경전으로 정도전은 《주례》의 제도를 기본 모델로 하여 조선 왕조의 통치 규범을 정리했다.

반면 정몽주, 길재 등 고려에 대한 충절을 강조하며 조선 건국에 참여하지 않은 온건 개혁파는 현실 정치를 등지고 낙향하여 교육과 교화에 주력했습니다. 이들은 사학파로 이어졌는데 향촌 자치를 주장하고 도덕과 의리에 바탕을 둔 왕도정치의 실현을 강조했습니다. 이런 학풍은 특히 길재의 연고지인 영남 지방에 큰 영향을 주었고, 이후 김종직이 많은 후학을 길러 내며 15세기 말에는 사림이란 정치 세력을 형성합니다. **사학파**의 전통을 이은 사림들은 성종 때부터 본격적으로 중앙 정계로 진출했고, 불교와 도교 등 성리학 이외의 사상을 배척했습니다. 이들은《주자가례》와 경학을 중시했고 실용적인 학문보다는 인간의 심성 문제에 깊은 관심을 두었습니다.

이황과 이이, 조선 성리학을 발전시키다

네 차례의 사화를 거치면서 16세기 사림은 도덕과 수신(修身)을 중시했으며, 인간의 본성을 다루는 심성 문제에 많은 관심을 기울입니다. 주자 등 중국 성리학자들은 우주 질서와 인간의 본성을 '이'와 '기'를 가지고

조선시대의 지역별 학파들

16세기 중반 이후 주자 성리학은 조선의 특색에 맞게 발전되었고, 그에 따라 점차 여러 학파가 형성되었다. 조선 성리학의 학파는 탁월한 학문적 업적을 지닌 인물을 중심으로 지역 기반을 두고 있었기에 정파적 성격도 동시에 지니고 있었다.

대표적 학파로는 개성 지역의 서경덕학파, 안동 지역의 이황 학파, 진주 지역의 조식 학파, 호남 지역의 호남 학파, 경기 지역의 이이 학파 등을 들 수 있다. 호남 학파는 학파로서의 결속력이 크지는 않았고, 이이 학파에는 이이뿐만 아니라 성혼도 중심인물로서 중요한 역할을 하였다.

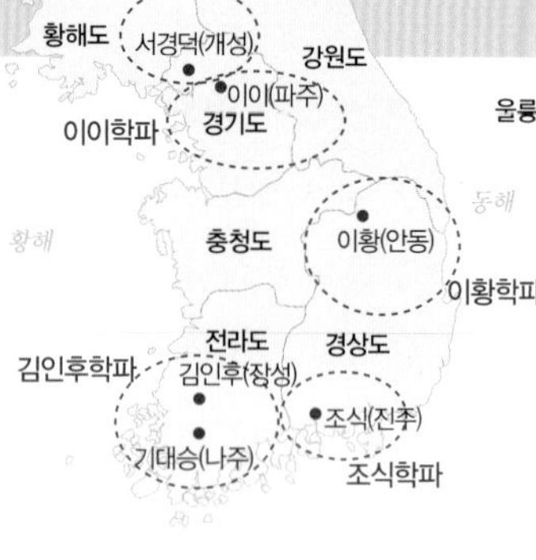

설명했지만, 인간 본성과 직접 관련되는 사단(四端)이나 칠정(七情)과 같은 심성의 문제는 깊이 있게 탐구하지 않았습니다. 사단은 인간의 본성에서 우러나오는 마음으로 선천적이며 도덕적 능력이고, 칠정은 인간의 본성이 사물을 접하면서 표현되는 자연스러운 감정을 말합니다. 이기론을 바탕으로 인간의 심성을 설명하는 과정에서 **사단칠정 논쟁** 등 심오한 철학 논쟁이 전개되었고, 그 과정에서 성리학의 수준이 점차 높아집니다.

성리학 발전에 크게 기여한 두 사람은 **퇴계 이황**(1501~1570)과 **율곡 이이**(1536~1584)입니다. 이황은 이언적의 철학을 발전시켜 주리설을 수립했습니다. 그는 이기이원론에 바탕을 두고 '**이기호발설**(理氣互發說)'을 주장하여 이가 발하면 기가 따른다(理發氣隨) 하여 이의 자율성을 강조합

사단칠정 논쟁

1559년부터 8년 동안 9통의 편지를 통해 이황과 기대승 간에 사단칠정 논쟁이 전개되었다. 이황은 사단이란 이가 움직여서 드러난 것이고 칠정은 기가 움직여서 드러난 것이라고 주장하였다. 즉 사단은 '이가 발함에 기가 따른 것(理發而氣隨之)'이며 칠정은 '기가 발함에 이가 탄 것(氣發而理乘之)'이라 정리하였다.

이에 기대승은 사단과 칠정 모두 감정이기 때문에 칠정 가운데 선한 부분만 뽑아내면 사단이 되며, 두 가지 모두 언제나 이와 기가 함께 있고 사단이든 칠정이든 감정의 움직임은 기가 드러난 것일 뿐 사단을 가리켜 움직일 수 없는 이가 드러난 것으로 볼 수 없다고 하였다. 기대승의 논리를 이이가 발전시켜 사단칠정 모두 '기가 발함에 이가 타는 것(氣發而理乘之)'으로 해석하면서 그 논의가 확대되었다.

사단

사단(四端)이란 맹자가 실천 도덕의 근본으로 삼은 측은지심(惻隱之心), 수오지심(羞惡之心), 사양지심(辭讓之心), 시비지심(是非之心)의 마음으로서 각각 인(仁), 의(義), 예(禮), 지(智)의 착한 본성에서 나오는 감정이다.

칠정

칠정이란 희(喜), 노(怒), 애(哀), 구(懼), 애(愛), 오(惡), 욕(慾)으로서 인간의 본성이 사물에 접하면서 표현되는 감정을 말한다.

이황(1501~1570)과 성학십도

이이(1536~1584)와 성학집요

이통기국

이통기국은 '이는 통하고 기는 국한된다'는 뜻으로 이는 관념적 존재이기 때문에 형상에서 자유롭고 기는 실체적 존재이기 때문에 형상에 구속된다는 것이다.

니다. 사단은 이에서 발생하고 칠정은 기에서 발생한다고 본 그의 사상은 도덕 수양 강조의 이론적 근거가 됩니다.

이황은 개인의 도덕적 능력이나 성품이 발전하면 자연스럽게 현실 정치 문제가 해결된다고 생각했습니다. 그는 주자의 학설을 철학적으로 심화시키고 성리학의 핵심 원리를 10여 개의 그림으로 설명한《성학십도》를 저술하여, 왕이 인격과 학식을 수양하기 위해 부단히 노력해야 한다는 점을 강조하기도 했습니다.

이이는 이기이원론적 일원론(理氣二元論的一元論, 413p 참조)을 주장하여 이와 기의 통합에 초점을 두었습니다. 그는 기가 먼저 발동하면 이가 기에 올라탄다는 '**기발이승설**(氣發理乘說)'을 주장했고, 이와 기의 관계를 물과 그릇에 비유하여 그릇의 모양에 따라 똑같은 물이라도 달라 보이는 현상을 '**이통기국**(理通氣局)'이라 불렀습니다. 또한 그는 사단과 칠정이 서로 대립되는 것이 아니며, 칠정 가운데에 이가 들어 있고 사단 가운데에도 기가 들어 있다고 보았습니다.

이황보다 상대적으로 기의 역할을 중시한 이이의 사상은 현실에서 여러 개혁책의 제시로 구체화되었습니다. 그는 당시의 정치 현실을 문답식으로 정리한《동호문답》을 저술하여 선조에게 바쳤고,《성학집요》에서는 현명한 신하가 왕의 수양을 도와주어야 한다는 주장을 펼치기도 했습니다. 그는 관직을 마다하고 학문 연구에 힘쓴 이황과 달리, 여러 관직을 두루 거치며 적극적으로 성리학의 이상을 현실 정치에 실현하고자 했습니다. 향후 이황의 제자는 **영남학파**를, 이이의 제자는 **기호학파**를 형성했고 정치적으로도 구분되었습니다.

주요 용어

숭유억불 정책, 도첩제, 선교 양종 통합, 간경도감, 원각사지 10층 석탑, 산간 불교, 소격서, 초제, 산송

3 불교와 도교의 양상

도첩제

승려가 출가한 경우 국가에서 허가증을 발급하여 승려의 신분을 공인해 준 제도이다.

조선시대 불교는 탄압받기만 했을까?

고려시대에는 불교가 국가 종교로서 크게 융성했습니다. 반면 성리학을 지배 이념으로 삼았던 조선시대에는 **숭유억불**(崇儒抑佛) **정책**으로 불교계가 크게 위축되었습니다. 건국 초기부터 불교 사원이 소유한 막대한 토지와 노비를 회수하여 국가의 경제적 기반을 확보하려 했고, 태종 대에는 **도첩제**(度牒制)를 실시하여 승려의 수를 제한했습니다. 세종 대에는 불교 교단을 정리하여 선종과 교종으로 통합한 후 36개의 절만 인정했습니다. 불교계의 위상이 낮아지는 가운데, 일본의 집요한 요구를 받아들여 해인사의 대장경판을 일본으로 넘기자는 논의가 조정에서 나오기도 했습니다.

하지만 왕실에서는 불교에 상당히 우호적인 모습을 보이기도 합니다. 세종은 부인인 소헌왕후의 명복을 빌기 위해 아들 수양대군을 시켜 석가의 일대기에 관한《석보상절》을 한글로 간행했습니다. 훗날 세조는 강력한 왕권으로 불교를 진흥시킵니다. **간경도감**(刊經都監)을 설치하여 불교 경전을 한글로 번역하여 보급하고 **원각사에 10층 석탑**을 세웠습니다. 이러한 적극적인 진흥책으로 세조 대 일시적으로 불교가 중흥되기도 했습니다. 아울러 왕실의 안녕을 기원하고 왕족의 명복을 비는 행사가 자주 시행되어, 불교는 명맥을 유지하는 한편 민간에서도 신앙의 대상으로 여전히 영향력을 가지고 있었습니다.

원각사지 10층 석탑

원 간섭기에 제작된 경천사 10층 석탑의 영향을 받은 다각다층탑으로 조선 전기를 대표하는 탑이다.

성종 이후 사림의 적극적인 비판으로 불교는 점차 왕실에서 멀어져 **산간 불교**로 바뀌었습니다. 다만 왕실의 후원이 일시적으로 나타나기도 했습니다. 명종을 대신해 수렴청정을 했던 문정왕후의 지원 아래 일시적인 불교 회복 정책이 펼쳐진 것입니다. 문정왕후의 총애 아래 승려 보우가 중용되고 승과 제도가 부활했으며 불교 행사에 막대한 국가 재정이 쓰였습니다. 하지만 사림파의 비판으로 문정왕후 사후에는 보우가 죽임을 당하고 불교 관련 정책은 다시 폐지되었습니다.

마니산 참성단
하늘에 제를 올리는 참성단은 단군 왕검이 세웠다는 말이 있지만 후대에 만들어졌을 가능성이 크다. 지금도 개천절 행사가 이곳에서 열린다.

소격서
조선시대 하늘과 땅, 별에 지내는 도교의 초제를 맡아보던 예조 산하의 관청이다. 고려시대와 조선 태종 이전에는 소격전이라 불렸으나 세조 12년 소격서로 개칭되었다.

삼신 신앙
원래 삼신이란 환인·환웅·단군으로, 한국 선도의 세 신을 가리킨다. 그러나 민간에서는 아이를 점지하고 산모와 아이를 보호하는 삼신할머니를 의미하였다.

촌락제
촌락의 마을 공동체 안녕을 위해 촌락 구성원 전체가 일심동체로 지내는 제의로서 동제(洞祭)가 대표적이다.

16세기 후반에는 휴정(서산대사)과 같은 고승이 배출되어 교리를 가다듬었고, 임진왜란 때 승병이 크게 활약하면서 불교계의 위상이 새롭게 정립될 수 있었습니다. 유정(사명대사)은 임진왜란 당시 승병으로 활약했고, 전쟁 후에는 선조의 명으로 일본으로 건너가 납치된 조선인을 송환시키는 등 외교적 성과를 거두기도 했습니다.

다양한 신앙이 명맥을 이어 가다

도교 역시 크게 위축되어 사원이 줄어들고 재정 낭비 등을 빌미로 행사도 대폭 축소되었습니다. 하지만 국가의 권위를 높이는 제천 행사의 특수성은 인정되어 예조 산하에 **소격서**(昭格署)를 설치하고, 단군이 하늘에 제사를 지냈다는 마니산 참성단에서 **초제**(醮祭)를 시행했습니다. 소격서는 성리학이 통치 이념으로 정착되는 과정에서 조광조 등 사림파 관료들의 주장에 따라 일시적으로 폐쇄되기도 했습니다.

풍수지리설과 도참사상은 조선 초기부터 중시되어 한양 천도에 반영되었고, 왕실뿐만 아니라 양반 사대부의 묘지 선정에도 영향을 주었습니다. 풍수상의 이유로 왕릉을 이장하기도 했습니다. 주로 조선 후기의 일이기는 하지만, **산송**(山訟)이라 하여 조상의 산소에 관한 다툼이 일어난 것도 그 때문이었습니다. 이 외에도 무격신앙이나 삼신(三神) 신앙, 촌락제(村落祭) 등이 백성들 사이에서 크게 신봉되었습니다.

주요 용어

천상열차분야지도, 혼천의, 앙부일구, 자격루, 측우기, 칠정산, 《향약집성방》, 《의방유취》, 《농상집요》, 《농사직설》, 《금양잡록》, 《농가집성》, 주자소, 계미자, 갑인자, 화차, 신기전, 총통, 거북선, 《총통등록》

4 과학 기술의 발달

과학 기술 발달을 이끈 천문학과 역법

조선은 건국 초기부터 국력을 강화하고 민생을 안정시키기 위해 과학 기술의 발전에 힘을 기울였습니다. 그 과정에서 중국뿐만 아니라 서역의 과학 기술을 수용하여 우리 실정에 맞는 성과들을 이루어 냅니다. 특히 세종 대 과학 기술의 발전은 집현전 학사들의 노력과 장영실 등의 활약이 큰 역할을 했습니다.

조선 초기 과학 기술 발전을 선도한 분야는 천문학입니다. 천재지변과 왕의 부덕을 연관 지어 해석하는 경향으로 인해 국왕은 천문학에 각별히 관심을 기울였습니다. 또한 기상의 변화는 농업에 직접적인 영향을 주었기 때문에 실용적 관점에서도 천문 기상 관측에 관심이 컸습니다. 실제로 《조선왕조실록》에는 일식, 월식, 혜성 출현 등에 관한 기록이 다양하게 수록되어 있습니다.

1395년(태조 4) 왕조의 정통성을 드러내는 방안의 일환으로 고구려의 천문도를 바탕으로 **천상열차분야지도**(天象列次分野之圖)를 돌에 새겨 석각 천문도를 만들었습니다. 천체 관측 기구로는 **혼천의**와 이를 간소화한 간의 등이 있으며 시간 측정 기구로는 해시계인 **앙부일구**를 비롯하여 휴대용 해시계인 현주일구(懸珠日晷)와 천평일구(天平日晷)가 있습니다. 해시계는 구조가 간단하여 널리 보급되었으나, 흐린 날이나 밤에는 쓸모가 없어 물시계가 표준 시계로 자리를 잡았습니다.

천상열차분야지도 각석

자격루는 1434년 장영실과 김빈이 제작한 물시계로, 정밀 기계 장치와 자동 시보 장치를 갖추어 당시 과학 기술의 뛰어난 수준을 보여 줍니다. 자격루는 두 시간에 한 번씩 하루에 열두 번 종이나 북을 쳐서 시간을 알려 주었고, 쥐와 소 등 12지신 모양의 인형이 나와 정확한 시간을 알려 주는 시보 장치가 작동했습니다.

세종 대 당시 세자 신분이었던 문종은 세계 최초로 **측우기**를 만들었습니다. 이에 따라 그동안 빗물이 땅속에 스며들어간 깊이를 가늠하던

간의 | 간의는 오늘날의 각도기와 구조가 비슷하며 혼천의를 간소화한 것이다.

혼천의(복원 모형) | 혼천의는 천체의 운행과 그 위치를 측정하던 천문 관측기이다.

앙부일구 | 앙부일구는 솥이 하늘을 우러러 보고 있는 모양의 해시계를 의미한다.

자격루(덕수궁)

측우기(기상청)

수표(세종대왕기념관)

방식에서 벗어나, 각 지역에 원통형 강우량 측정 기구인 측우기를 보급하였습니다. 그래서 전국 각지의 강우량 측정을 바탕으로 농사의 풍흉을 예측할 수 있게 되었습니다. 측우기 제작과 함께 수위를 측정할 수 있는 수표(水標)를 제작하여 청계천과 한강에 설치하였습니다. 또한 토지 측량 기구인 인지의(印地儀)와 규형(窺衡)을 제작하여 토지 측량과 지도 제작에 활용했습니다.

세종 대에는 천문 관측 연구를 바탕으로 독자적인 역법도 마련하였습니다. **칠정산**(七政算, 413p 참조)은 원의 수시력과 명의 대통력, 아라비아의 회회력을 참고하여 만든 역법서입니다. 우리나라 역사상 최초로 당시

칠정산

조선시대의 달력인 칠정산에서 칠정(七政)은 움직이는 일곱 개의 별, 곧 해, 달, 목성, 화성, 토성, 금성, 수성 등을 말한다. 칠정의 움직임을 관측하고 예상하는 기술은 일식과 월식을 비롯하여 각종 천체의 움직임을 정확하게 예측할 수 있는 차원 높은 천문학의 발달을 의미하였다.

수도였던 한양을 기준으로 천체 운동을 정확하게 계산한 것입니다. 이는 15세기 세계 과학사의 첨단 수준에 도달한 것으로, 1653년 청의 시헌력을 도입할 때까지 우리나라 역법의 기본이 되었습니다.

독자적 의학이 발달하다

조선 전기에는 의학 분야에서도 큰 발전이 있었습니다. 오랫동안 참고했던 중국의 의약서는 풍토가 다르고 약재의 효능에 차이가 있어 우리 실정에 맞는 의약서가 필요했습니다. 1431년(세종 13) 세종은 조선의 독자적인 의학 발전을 위해 약재에 관한 이론서로 《향약채취월령》을 편찬했습니다. 이 책에는 우리나라에서 생산되는 약초 수백 종의 분포 실태와 채취 시기, 방법 등이 소개되어 있습니다. 1433년에는 이를 더욱 발전시킨 《**향약집성방**》이 편찬되었습니다. 이 책은 700여 종의 국산 약재를 소개하고 1,000종에 가까운 병증에 대한 치료와 예방법을 소개하고 있습니다.

1445년에는 당시까지의 동양 의학에 관한 서적과 이론을 집대성한 동양 최대의 의학 백과사전인 《**의방유취**》가 왕명으로 편찬되었습니다. 이 책에는 153종 내외의 의학책들이 분야별로 망라되어 있습니다. 17세기 초 광해군 때 편찬된 허준의 《**동의보감**》은 이러한 의학 지식의 축적을 바탕으로 저술되었습니다.

농부의 경험을 바탕으로 농서를 만들다

고려 말~조선 초기의 농서는 중국의 농서 가운데 특히 《**농상집요**》에 의거했습니다. 《농상집요》는 원대 권농을 위한 국가 정책의 일환으로 편찬되었습니다. 중국의 전통 농서 및 화북 지방의 농업 경험을 정리했고, 면화나 모시 등 중앙아시아에서 들어온 새로운 농작물 정보와 재배 기술을 소개했습니다. 실용적이고 우수한 농서로서 원나라 시기 가장 많이 간행된 서적이기도 했습니다. 하지만 남부 지방을 중심으로 벼농사가 발달하면서 우리 풍토와 농업 전통, 농법 수준에 적합한 농서가 절실해졌습니다.

태종 대에 《농상집요》에서 우리 농업에 필요한 부분을 집중적으로 골라 이두로 번역한 《농서집요》를 편찬하기도 했지만 만족스럽지는 않았

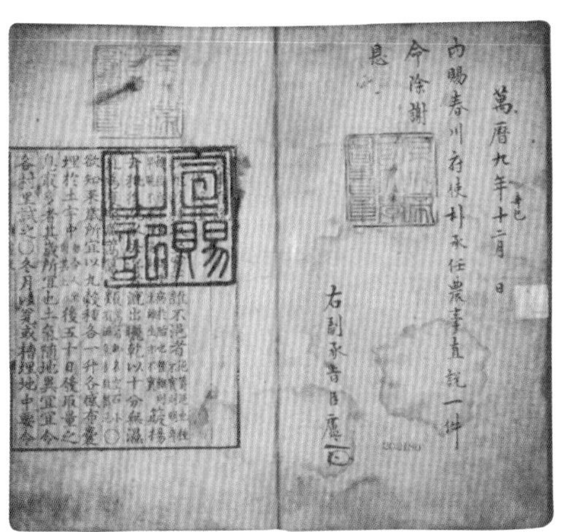
농사직설

습니다. 세종 대 기후와 토양 조건의 차이에 따라 농업 기술도 다를 수밖에 없다고 보고, 우리 실정에 맞는 농서를 다시 만들기로 결정했습니다. 당시 정부는 북방보다는 남방의 농사법이 우수하다고 생각하여 전라·충청·경상도의 나이 든 농부들에게 경험을 물어 농업 기술 발달의 성과를 종합·정리합니다. 이 책이 바로 세종의 명으로 정초 등이 1429년(세종 11)에 간행한 《**농사직설**(413p 참조)》입니다.

《농사직설》은 당시 대표적 농서인 《농상집요》 등을 참고하여 중국의 선진적인 화북 농법을 받아들이면서도, 우리 농부들의 실제 경험을 토대로 국내 실정에 맞는 독자적인 농법을 정리한 책입니다. 우리의 농업 전통과 기술을 정리한 최초의 농서로서 의의가 큽니다. 이 책은 조선 전기 영농의 기본 지침서로 농업 발달에 큰 영향을 미쳤지만 한반도 북부 지방에는 적합하지 않았습니다.

성종 대 강희맹은 고향인 금양(시흥) 지방을 중심으로 경기 지방의 농사 경험에 근거한 《**금양잡록**》을 지었습니다. 이 책은 뒤에 《농사직설》과 함께 한 책으로 간행되었습니다. 이후 1655년 공주목사 신속은 《**농가집성**》이라는 농서를 편찬하면서 《농사직설》의 내용을 크게 증보했습니다. 증보한 내용은 중국 강남의 농법과 당시 경상도 지방에서 사용하는 이앙법 기술 등 농민들이 실제 현장에서 활용하던 농사법이었습니다. 《농가집성》은 국가 편찬 농서와 개인 및 중국의 농서를 한 권에 담은 종합 농서였으며, 조선 후기 영농의 기본 지침서로 큰 영향을 미칩니다.

계미자

1403년(태종 3) 계미년 주자소에서 만든 동활자

경자자

1420년(세종 2) 경자년에 만든 금속활자

갑인자

1420년에 만든 경자자의 자체(字體)가 가늘고 빽빽하여 보기가 어려워 좀더 큰 활자로 1434년(세종 16)에 왕명으로 주조된 활자. 활자 인쇄술은 세종 때 갑인자에 이르러 고도로 발전하였으며 조선 말기에 이르기까지 여섯번이나 개주(改鑄)되었다.

세계적 수준의 인쇄술이 발달하다

인쇄술은 우리나라가 세계적으로 자랑할 만한 분야입니다. 고려시대에 발명된 금속 활자의 전통을 계승하여, 조선시대에는 개량된 금속 활자를 제작했고 인쇄 기술도 더욱 발달했습니다. 특히 조선 초기 교육 진흥정책과 활발한 편찬 사업은 인쇄술의 발달을 촉진했습니다.

태종 대에는 국립 인쇄소인 **주자소**를 설치하고 **계미자**(癸未字, 1403)를 주조했습니다. 세종 대에는 경자자(庚子字, 1420)를 거쳐 **갑인자**(甲寅字, 1434), 병진자(1436)로 이어졌는데, 이 활자들은 글자 모양이 아름답고 인쇄하기에도 편하게 주조되었습니다. 정교하고 유려한 서체를 자랑하는《칠정산 내 · 외편》이 갑인자로 인쇄된 책입니다.

활자는 처음에 구리로 주조하다가 1436년(세종 18)부터는 더 단단한 납을 쓰기 시작했습니다. 종전에 활자를 고정하기 위해 사용하던 밀랍 대신 식자판을 조립하는 방법을 창안하여 이전보다 두 배 정도의 인쇄 능률을 올리게 되었습니다. 갑인자의 경우만 해도 구텐베르크의 인쇄기보다 빠를 뿐만 아니라, 하루에 만드는 활자 주조 수량도 훨씬 많았습니다. 지방 감영이나 사찰, 향교, 개인 집안에서도 목판 인쇄로 출판이 이루어졌습니다. 이러한 선진적인 인쇄술은《조선왕조실록》과 같은 방대한 기록문화유산을 낳는 토양이 되었습니다.

무기 개발로 국방을 강화하다

신기전 화차
고려 말엽(1377~1390) 최무선에 의하여 제조된 주화(走火)가 1448년(세종 30) 개량되어 신기전으로 바뀌었다.

고려 말 최무선이 화약 제조에 성공한 이래 조선 초기에도 화약 무기가 발전했습니다. 수군이 대형 화포를 장착하고 왜구를 격침했지만, 북방 개척에 따라 여진과의 전투에도 화약 무기가 필요했습니다. 태종과 세종 대 최무선의 아들 최해산은 화약 무기 개량에 큰 역할을 했습니다.

세종 대에는 바퀴 달린 수레 위에서 **신기전**(神機箭)이라는 화살 100개를 잇따라 발사할 수 있는 로켓 병기를 개발했습니다. 신기전은 화약 연료로 발사되었기 때문에 보통 활보다 두 배 이상 멀리 날아갔고, 발사체의 앞부분에는 발화통이 붙어 있어서 목표점에 다다르면 폭발하게 되어 있었습니다. 문종이 창안한(1451) 다연발 로켓 발사대에 해당하는 이동식 무기인 **화차**(火車)는 임진왜란과 병자호란 때 큰 위력을 발휘했습니다.

화약을 사용한 대표적인 무기는 **총통**이었습니다. 총통은 화약이 폭발하는 힘을 이용하여 화살을 발사하는 무기로 작은 화살을 쏘는 것부터, 성이나 배를 부수는 데 사용하는 큰 화살을 쏘는 것까지 크기가 다양했습니다. 임진왜란을 거치며 쇠통 안에 화약과 도화선을 넣어 발사 시 불을 붙여 폭발하게 만든 비격진천뢰(飛擊震天雷)라는 작열탄(炸熱彈)이 개발되었습니다. 이후 총통도 화살을 대신하여 탄환을 쏘는 화포로 발전했습니다. 이순신의 수군은 한산 대첩의 학익진 전법에서 볼 수 있듯이, 대형 총통을 잘 활용했습니다.

병선 제조 기술도 발달하여 태종 대에는 돌격선인 **거북선**을 만들었고, 거북선은 이후 임진왜란에서 주함선인 판옥선과 함께 포진하여 큰 승리를 거두었습니다. 또한 비거도선(鼻居刀船)이라는 작고 날쌘 전투선을 만들어 수군의 전투력을 크게 향상시켰습니다.

국방력 강화의 일환으로 병서도 많이 편찬되었습니다. 세종 대에는 《**총통등록**(銃筒謄錄)》을 편찬하여 화약 무기 기술의 성과를 정리했고, 1450년(문종 1)에는 김종서의 주도로 중국과 우리나라의 역대 전쟁사를 정리한 《동국병감》을 간행했습니다. 1492년(성종 23)에는 《병장도설》이 간행되어 군사 훈련의 지침서로 사용되었습니다. 그러나 점차 대외 관계가 안정되고 도덕 정치에 관심이 많은 사림들이 정치를 주도하면서, 국방을 강화하기 위한 노력이 시들해진 가운데 임진왜란을 맞게 됩니다.

《총통등록》

1448년(세종 30)에 간행된 화포 및 화약 사용법에 관한 책으로, 조선시대 화포 제조에 새로운 전기를 마련한 업적으로 높이 평가되고 있다. 이 책의 간행으로 조선의 화포 제조는 이 책을 토대로 계승 발전하게 되었다.

그러나 이 책의 전본(傳本)이 없어 자세한 내용은 알 수 없고 1474년(성종 5)에 편찬된 《국조오례서례, 國朝五禮序例》에서 일부를 엿볼 수 있을 뿐이다.

1813년(순도 13) 간행된 《융원필비》에 의하여 그 전통 내용이 다시 계승되었다.

주요 용어

궁궐 건축, 사원 건축, 서원 건축, 분청사기, 순백자, 청화백자, 강희안의 〈고사관수도〉, 안견의 〈몽유도원도〉

5 건축과 예술의 발달

창경궁 명정전

해인사 장경판전

유교 정신과 실용성, 자연과의 조화를 추구한 건축물

조선의 건국과 함께 궁궐이나 관아·학교 등이 많이 지어졌습니다. 조선 초기의 건축은 고려 말의 건축 양식을 계승하면서도 검소함을 중시하는 유교 정신이 반영되어 실용적이었고, 신분에 따라 건물의 크기와 장식에 제한을 두기도 했습니다.

한양 천도 후 도성을 건설하고 경복궁에 이어 이궁으로 창덕궁과 창경궁을 지었습니다. 창덕궁의 돈화문과 창경궁의 명정전은 당시의 모습을 잘 간직하고 있으며 개성의 남대문과 평양의 보통문 역시 장엄하면서도 단아한 모습을 보여 주고 있습니다. 건축물과 자연스럽게 어우러진 정원 문화도 나타났습니다. 창덕궁 후원은 조선 정원의 특색을 대표합니다.

사원 건축은 고려시대에 비해 전체적으로 쇠퇴했지만, 왕실의 비호를 받은 뛰어난 건축물들도 있었습니다. 강진 무위사의 극락전은 단정하고 소박한 모습이 특징이며, 팔만대장경을 옮기며 이를 보관하기 위해 지은 해인사 장경판전은 대장경 목판을 안전하게 보존할 수 있는 당시 과학 기술의 발달을 보여 줍니다. 세조 대 대리석으로 만든 원각사지 10층 석탑은 고려 후기의 경천사 10층 석탑의 영향을 받은 것으로 당대의 대표적인 석탑입니다.

안동 도산서원

16세기에는 사림의 성장과 함께 서원의 건립이 이루어졌습니다. 서원은 학문에 정진할 수 있도록 산과 하천을 끼고 마을 인근의 한적한 곳에 자리했습니다. **서원 건축**은 사원의 가람 배치 양식과 주택 양식이 실용적으로 결합되어 주위의 자연과 조화를 이루고 있는 것이 특징입니다. 서원은 교육 공간인 강당을 중심으로 양옆으로 기숙 시설인 동재와 서재, 뒤쪽

으로 선현에게 제사를 지내는 사당을 갖추었습니다.

분청사기 철화어문 병

백자, 시대의 분위기를 담다

고려 후기 유행했던 상감청자는 왜구의 침략과 혼란한 정세 속에서 점차 품질이 저하되었습니다. 이후 고려청자의 전통은 **분청사기**로 계승되었습니다. 분청사기는 '분장회청사기'의 준말로, 빛깔이 좋지 않은 청자 표면에 백토를 발라 장식한 데서 유래했습니다. 즉, 분청사기는 '백토로 분장한 회청사기'로서 청자나 이후에 등장하는 백자와 확연히 구분되는 특징을 지닌 자기였습니다. 분청사기는 조선 초기의 활기찬 사회 분위기를 담아낸 듯, 다양하고도 독특한 장식 기법과 개성이 넘치는 표현 방법을 보여 줍니다.

조선 전기 궁중이나 관청에서는 금이나 은으로 만든 그릇 대신 분청사기와 백자를 많이 사용했고, 이때 분청사기와 옹기그릇은 전국의 자기소와 도기소에서 만들어져 관수용이나 민간용으로 보급됩니다. 15세기 전성기를 맞았던 분청사기는 1467년 무렵 경기도 광주에 관요인 사옹원(司饔院) 분원이 설치되어 16세기부터 세련된 백자(414p 참조)가 본격적으로 생산되자 서서히 수요가 줄어들며 사라지게 됩니다.

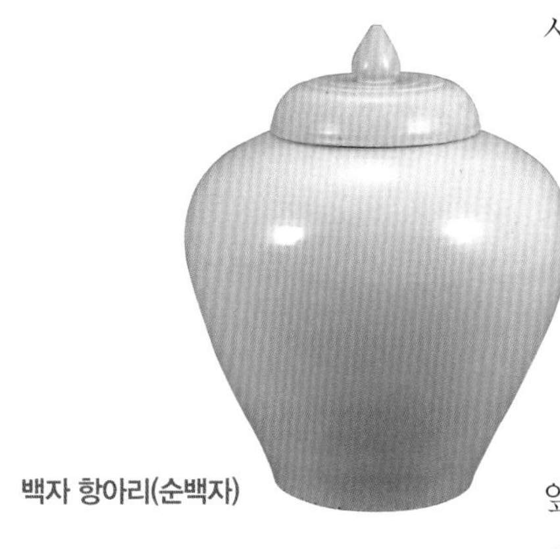

백자 항아리(순백자)

백자는 청자보다 조금 더 높은 온도에서 굽기 때문에 기술적으로 앞선 그릇이었습니다. 백자는 14세기에 중국에서 처음 만들어진 후, 조선에서 이 기술을 받아들여 15세기에는 특유의 백자를 완성하게 되었습니다. 이후 백자는 광주에 세워진 관요를 통해 왕실과 관청이 제작과 생산을 주도하면서 비약적으로 발전했습니다.

그렇다면 백자는 왜 조선 왕조 전 기간 동안 널리 성행했을까요. 백자는 청자보다 담백하고 순백의 고상함을 풍겨 선비의 취향과 잘 어울렸기 때문입니다. 특히 주자 성리학의 발달로 내면의 수양을 중시하면서 소박하고 검소한 삶을 추구했던 시대 분위기와 양반층의 취향이 어우러지며 백자의 유행을 불러왔습니다. 조선의 백자 기술은 임진왜란 후 일본에 전해져 일본의 도자 기술을 발달시켰고, 그들이 생산한 상품은 유럽에 수출되기도 했습니다.

청화백자 운룡문 큰 항아리(청화백자)

그림을 그리지 않은 깨끗한 백자를 **순백자**라고 하는데 16세기에 전

몽유도원도 | 안평대군이 꿈 속에서 선경인 도원을 방문하고 그 내용을 안견에게 설명하여 그리게 한 그림이다. 안견의 그림뿐 아니라 안평대군의 제첨, 발문 그리고 당대 문사들의 찬문 등이 포함되어 있다.

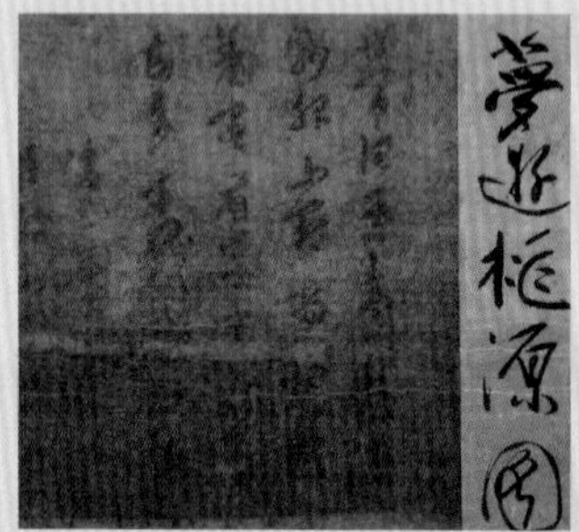

몽유도원도 제첨

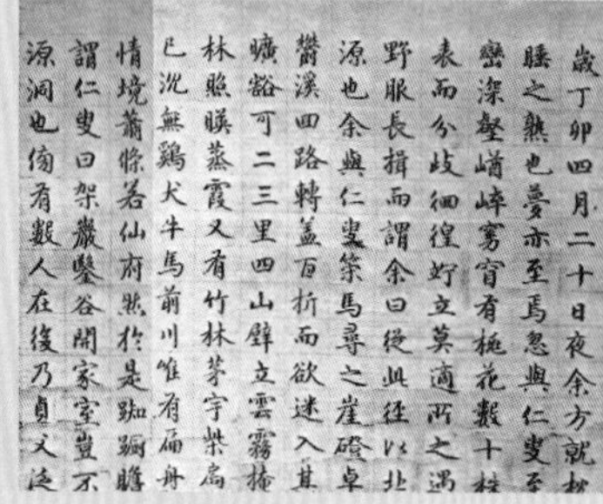

몽유도원도 발문

몽유도원도 중 박팽년의 화시

성기를 맞이했습니다. 17세기 무렵에는 철화 안료를 사용한 철화백자가 널리 성행하다가 18세기 후반에 이르러 중국에서 비싼 값에 수입되던 청화 안료를 자체 생산하게 되면서 **청화백자**가 제작되었습니다. 조선 후기에는 흰 바탕에 푸른 빛깔로 문양을 넣은 다양한 종류의 청화백자가 등장했습니다.

그림과 글이 어우러진 최고의 예술품, 몽유도원도

조선 전기 회화 작품은 크게 도화서에 소속된 전문 화원과 문인 선비의 그림으로 나눌 수 있습니다. 15세기 세종 때의 뛰어난 문인화가인 **강희안**은 시적 정서가 흐르는 낭만적인 그림을 많이 그렸습니다. 대표작인 〈**고사관수도**〉는 간결하고 호방한 필치로 무념무상인 선비의 내면 모습을 잘 묘사한 것으로 평가받습니다. 16세기에는 다양한 화풍이 발달하여 산수화와 선비의 정신세계를 표현한 사군자가 많이 그려졌습니다.

회원들은 국왕이나 세자 등의 초상화와 국가 행사에 관한 기록화를 남기기 위해 국가가 고용한 화가이지만, 양반 사대부들의 감상용 그림을 그리기도 했습니다. 조선 초기 명망 높았던 화원은 **안견**입니다. 대표작인 **〈몽유도원도〉**는 현실 세계와 환상적인 이상 세계를 웅장하게 조화시킨 걸작입니다. 안견은 당대 최고의 예술 애호가였던 세종의 셋째 아들 안평대군의 총애를 받아, 종6품까지 올랐던 다른 도화서 화원들과 달리 정4품 호군에 올랐습니다. 안평대군은 '몽유도원도'라는 제목뿐만 아니라 자신의 꿈에서 비롯된 작품의 제작 과정을 보여 주는 발문을 직접 썼습니다. 당대를 대표하는 문사들에게 찬시와 찬문을 받기도 했습니다. 〈몽유도원도〉는 안견의 그림과 안평대군의 글씨, 당대 최고 문인들의 글이 어우러진 최고의 예술품으로 평가받습니다.

후일 안평대군은 이 작품을 감상하며 다음과 같은 시를 짓습니다.

이 세상 어느 곳을 도원으로 꿈꾸었는가
은자들의 옷차림새 아직도 눈에 선하건만

조선시대의 회화

강희안, 〈고사관수도〉

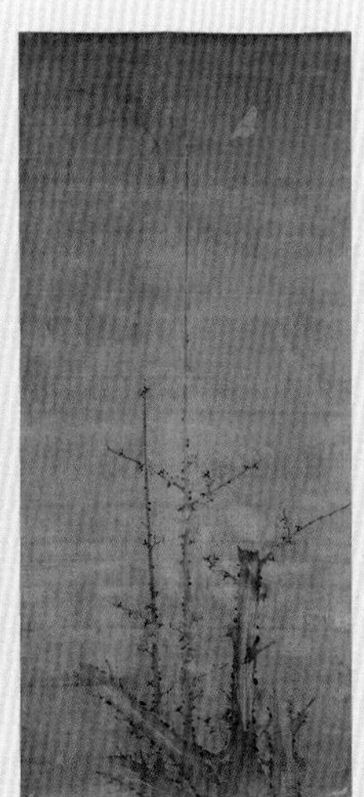
어몽룡, 〈월매도〉

어이암, 〈화조구자도〉

이명욱, 〈어초문답도〉

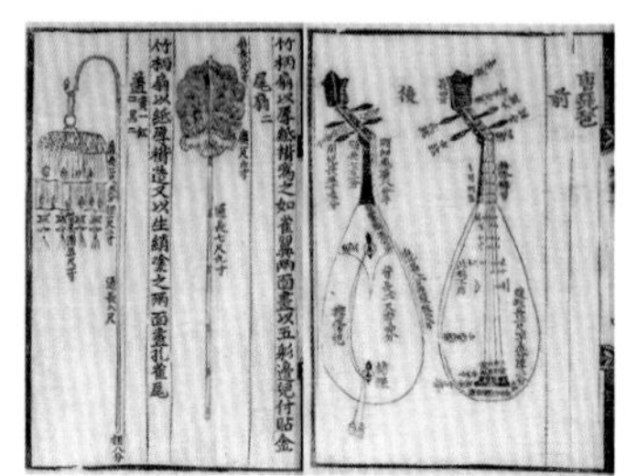
악학궤범

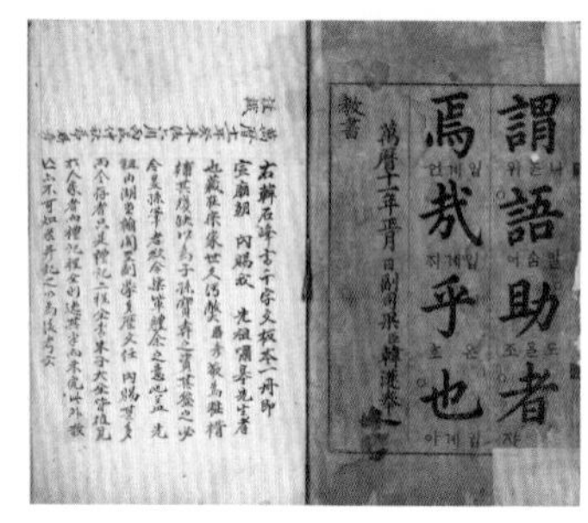
서예 – 한호의 글씨(석봉 천자문)

그림으로 그려 놓으니 참으로 보기 좋구나
천년을 이대로 전하여 봄직하지 않은가
삼 년 뒤 정월 초하룻날 밤에 치지정에서 다시 펼쳐보고서 짓는다.

안평대군과 몽유도원도의 찬문을 지었던 인물들은 대부분 정변의 희생자로 사라졌지만, 안평대군의 이 시처럼 〈몽유도원도〉는 당시의 화려한 예술의 수준을 다각도로 보여 주며 후세에 전하고 있습니다.

조선시대에는 음악을 백성을 교화하는 수단으로 여겼고 국가의 각종 의례와도 밀접히 관련되었기 때문에 중시하였다. 성종 때에 성현은《악학궤범》을 편찬하여 음악의 원리와 역사, 악기, 무용, 의상 및 소도구를 모두 망라해 정리함으로써 음악 발전에 크게 이바지하였다. 악기의 전체 모양을 그리고 악기의 재료, 치수 등을 적어 실제로 악기를 제작할 때 참고할 수 있도록 하였다.

서예는 양반이 갖춰야 하는 필수적인 교양이었다. 안평대군, **양사언**, **한호**는 명필로 유명했다. 한석봉으로 알려지기도 한 한호는 명에 보내는 외교 문서를 써서 중국에서도 명망이 높았다. 그가 쓴 천자문을 통해 **석봉체**가 널리 보급되기도 했다.

조선 후기의 문화

주요 용어

성리학의 절대화, 사문난적, 양명학, 정제두의 강화학파, 호락논쟁, 인물성동이논쟁, 호론, 낙론, 조선 중화론

1 성리학의 변화

보수화된 성리학을 비판하며 새로운 흐름이 나타나다

서인은 인조반정으로 정권을 잡은 뒤 명분론에 바탕을 두고 성리학적 질서를 더욱 공고히 하고자 했습니다. 특히 송시열을 비롯한 노론은 성리학을 집대성한 주자를 성인으로 받들고 주자의 학설만을 절대적인 진리로 받아들였습니다. 이는 성리학이 양난(임진왜란·병자호란) 이후 변화하고 있었던 조선의 사회·경제적 현실을 외면하고 보수적인 학문이 되었음을 의미합니다.

반면 일부 지식인들은 주자 중심의 성리학이 지닌 한계를 지적하면서 사회 모순을 극복하는 새로운 학문적 경향을 보입니다. 대표적인 인물로 **윤휴**(415p 참조)와 **박세당**을 들 수 있습니다. 이들은 주자 중심의 성리학을 비판하며 당시 사회 모순을 해결할 수 있는 실마리를 육경(六經)과 제자백가 등 원시 유학에서 찾으려고 했습니다. 하지만 노론의 중심에 서 있던 송시열은 성리학을 어지럽힌다는 명목으로 이들을 **사문난적**(斯文亂賊)이라고 몰아세웠습니다.

소론은 절충적인 성격을 지닌 **성혼**의 사상을 계승하고, 실천적 측면을 강조한 **양명학**과 유교의 형식화를 비판한 노장 사상까지 수용하여 성리학을 융통성 있게 이해하고자 했습니다. 양명학은 명나라의 새로운 사상 조류로 명의 임진왜란 참전과 사행(使行)을 통해 조선에 들어왔습니다. 양명학은 성리학의 비현실성을 비판하면서 지행합일(知行合一)의 실천성을 강조했는데 조선에서는 성리학자들에 의해 이단으로 배척되었습니다.

육경

시경, 서경, 예기, 악기, 역경, 춘추의 여섯 가지 경서를 말한다.

사문난적

사문(斯文)은 유교를 의미하며, 사문난적(斯文亂賊)은 성리학의 교리를 어지럽히고 여기에 어긋나는 말이나 행동을 하는 사람을 이르는 말이다.

송시열이 윤휴를 사문난적으로 몰았던 것이 대표적인 사례이다. 이는 경전 원전보다 주자가 내린 해석을 더욱 중시하고 맹목적으로 따랐던 경직된 조선 중기의 사상을 보여준다.

양명학

명나라 때의 양명(陽明) 왕수인이 주창한 새로운 유학이다. 명분보다 현실과 실천을 중시하였다.

18세기 초에 **정제두**는 몇몇 소론 학자에 의해 가학(家學)으로 명맥을 이어 가던 양명학을 체계적으로 연구하여 강화도를 중심으로 하는 **강화학파**를 형성했습니다. 조선에서의 양명학 연구는 성리학을 완전히 부정하는 것이 아니라 성리학의 절대주의 경향을 비판하며, 창의적 해석을 강조하는 방향으로 주자학의 한계를 보완하는 차원의 연구였습니다. 따라서 구체적인 현실 개혁의 방안을 제시하지 못한 한계가 있습니다.

호론

인간과 사물의 본성이 다르다고 주장하는 이들. 사람은 오상(인의예지신의 5가지 덕목)의 온전함을 얻었지만 물(物)은 오상의 온전함을 얻은 것이 아니라고 주장한다.

낙론

인간과 사물의 본성이 같다고 주장하며 본성의 선함을 중시한 이들.

인성과 물성은 같은 것인가

18세기에 주요한 사상 논쟁은 노론 성리학자들 사이에서 벌어진 이기(理氣) 논쟁입니다. 원래 이기 논쟁은 16세기에 가장 활발하여 서경덕의 유기론(唯氣論), 이황의 주리론(主理論), 이이의 이기이원론적 일원론(理氣二元論的一元論)이 대립했습니다. 조선 중기의 이기 심성 논쟁은 조선의 성리학자들이 주자 성리학에 대해 거의 완벽한 수준으로 이해할 수 있는 토대를 마련했고, 더 나아가 주자 성리학이 완전히 해결하지 못한 이기론과 심성론의 결합에 대한 연구가 진전될 수 있는 바탕이 되었습니다.

호락논쟁(湖洛論爭)은 **인물성동이논쟁**(人物性同異論爭)이라고도 합니다. 심성론에서 인성과 물성은 본질적으로 다르다는 인물성이론(**호론**·湖論)과 인성과 물성은 같다는 인물성동론(**낙론**·洛論)이 대립한 것입니다. 호론이 이기이원론적 일원론을 따른 것이라면, 낙론은 상대적으로 기의 차별성을 강조했고 동시에 만물의 평등을 강조하는 불교·노장 사상·양명학의 영향을 받았습니다. 이때 인성과 물성이 다르다고 주장한 학자들은 주로 호서 지방에 거주했고, 인성과 물성이 같다고 주장한 학자들은 주로 낙하(落下, 서울)에 거주했기 때문에 호락논쟁이라 불리게 되었습니다.

현실적 측면에서 '호론'은 인성과 물성을 구분하고 이를 화이론(華夷論)으로 연결하여 청을 오랑캐로, 조선을 중화로 보려는 대의명분론으로 이어집니다. 반면 '낙론'은 사람과 모든 우주 만물의 본성이 같다고 보면서 사물에 대한 관심을 높이며 이를 적극적으로 이용후생(利用厚生)에 끌어들이는 실학을 추구하기도 했습니다. 낙론에서 북학파 실학자들이 나타나게 된 이유가 여기에 있습니다.

송시열(1607~1689)

호락논쟁은 구체적으로 송시열 사후 그 제자였던 권상하의 문인인 이

동궐도에 그려진 대보단

임진왜란 때 일본의 침략을 막고자 조선에 군대를 파견했던 명나라 신종의 은혜를 추모하기 위해 창덕궁에 쌓은 제단이다. 일제 강점기 일본인들에 의해 철거된 뒤, 그 자리에 조선 왕 12명의 어진을 모신 전각인 신선원전이 들어섰다.

간과 한원진 사이에서 시작되었으나, 이후 서울·경기와 호서의 학자들이 가담하며 확대되었습니다. 18세기 이후 분화되고 있던 노론의 정치적 동향을 반영한 호락논쟁은 19세기 이후 낙론이 우위를 보였습니다. 이는 영조 대 후반에서 순조 대에 걸쳐 학문과 정치 분야에서 벽파의 일시적 성장과 쇠퇴, 그리고 안동 김씨 등 낙론계인 시파의 점진적인 우세 상황을 반영합니다.

조선이 중화의 정통을 잇다

조선의 집권층은 오랫동안 소중화 의식이 내면되어 있었고 급변하던 대륙의 정세 속에서 임진왜란 당시 조선을 도와준 명의 은혜를 잊지 않으려고 했습니다. 중화의 나라인 명이 청에 의해 무너지면서 조선에서는 반청숭명(反淸崇明)의 북벌 운동이 추진되었습니다. 이와 함께 문화적으로는 **조선 중화론**이 표방됩니다. 명이 멸망한 후 중화의 정통성은 소중화인 조선이 갖게 되었으므로, 현실적으로 중화는 조선밖에 없다고 보는 것이 바로 조선 중화론입니다.

당시 조선의 지식인들은 만주족의 청에게 현실적으로는 패배했지만, 문화적 자존 의식을 바탕으로 조선이 명을 계승하여 중화를 구현할 수 있다고 여겼던 것입니다. 이런 맥락에서 조선과 청의 관계는 중화와 오랑캐의 관계가 되고, 명과 조선은 중화를 공유하는 일종의 문화 공동체가 되어 '반청'과 '숭명'은 동일 맥락에서 함께 등장합니다.

만동묘 묘정비(충청북도 괴산군 소재)

노론의 영수였던 송시열의 유언에 따라, 조선에 구원병을 보내 준 명나라 신종과 마지막 황제 의종을 제사 지내기 위해 만동묘를 세웠다. 유생들의 집합소로 폐단이 심하여 대원군 때 철폐되었고, 총독부에 의해 건물이 완전히 철거되었다.

그러나 조선 중화론은 단순히 멸망한 명을 계승하자는 주장이 아니었습니다. 중화주의로 대표되는 보편주의를 조선이 구현한다는 의미였으며, 이는 곧 문화 자존 의식으로 연결되어 현실에서 우리 문화의 고유성을 탐구하는 새로운 경향이 나타나게 되었습니다. 이러한 경향은 조선 후기 문화의 여러 방면에서 조선의 고유한 특성을 드러내는 방향으로 나타납니다.

주요 용어

실학, 경세치용학파, 균전론, 한전론, 여전론, 정전제, 북학파, 박지원의 《열하일기》, 박제가의 《북학의》

2 실학의 발달

사회 개혁을 위한 실천적 학문, 실학이 등장하다

17세기 일부 유학자들은 성리학의 한계를 극복하고 현실 문제를 해결하려 했습니다. 이들은 사회 모순을 해결하고 민생 인정과 부국강병을 위해 국가 사회 체제 전반을 개혁해야 한다고 주장했습니다. 이러한 학문 경향은 먼저 이수광과 한백겸, 김육 등에 의해 제기되었습니다.

이수광은 《지봉유설》을 저술하여 중국에 다녀온 경험을 바탕으로 다양한 문명권을 소개했습니다. 그는 국부의 증진과 민생 안정에 유용하다면 성리학 이외의 학문도 수용할 수 있다는 유연성과 개방적 태도를 보여 주었습니다. 이수광과 친분이 두터웠던 한백겸은 《동국지리지》를 저술하여 조선의 역사와 지리를 실증적이며 고증적인 방법으로 연구하는 단초를 제공했습니다. 김육은 민생 안정을 위해 대동법을 확대 실시하고자 했고, 선진 과학 기술의 도입과 상공업 진흥을 위해 서양 역법에 기반을 둔 시헌력(時憲曆) 수용과 화폐·수레의 사용을 주장했습니다.

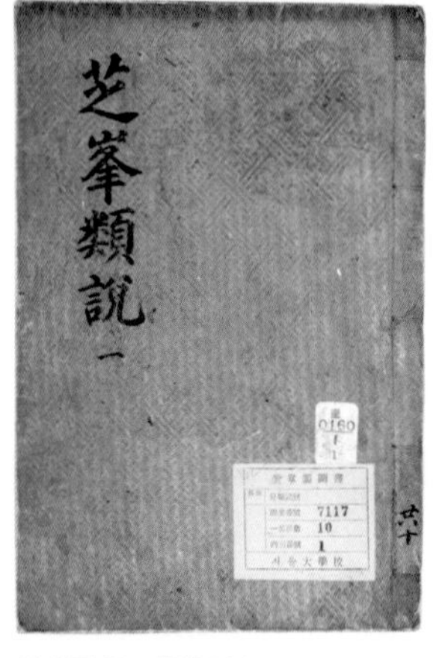

이수광의 지봉유설

이수광은 동대문 밖 지봉(芝峯)에 살았는데, 지봉은 지금의 낙산 기슭 창신동이다.

실용을 중시하는 학문 경향은 새로운 차원의 개혁이 요구되었던 18세기 들어 더욱 확산되었습니다. 민생 안정과 부국강병을 목표로 비판적·실증적인 논리를 펴며 농업과 상공업에 관한 개혁론을 내세웠고, 청의 고증학과 서양 과학 기술의 영향을 받아 국학 연구로 확장되기도 했습니다. 조선 후기에 전개된 현실 비판적이고 개혁적이며 실천적인 학문 경향이자 사회 개혁론을 일컬어 **실학**이라고 합니다.

농민에게 토지를 나눠 주자!

주로 지방에 머물며 농촌 사회의 현실을 직접 체험한 유형원·이익·정약용 등 남인 계열 학자들은 농민 생활의 안정을 우선시하여, 나라의 근본은 농업이고 농업이 발전해야 민생 안정과 부국강병이 이루어진다고 믿었습니다. 농업 중심의 개혁론을 펼친 실학자들을 중농학파(重農學派) 또는 **경세치용학파**(經世致用學派)라고 합니다. 이들은 당시 사회의 모순이 토지 소유의 불균형에서 비롯된다고 생각했습니다. 토지 제도 개혁을 통한 자영농 육성을 바탕으로 조세·행정·법률 제도를 개혁하면 나라를 바로잡을 수 있다고 본 것입니다.

유형원의 반계수록

백성들에게 토지를 지급하여 생활을 안정시키고 이를 바탕으로 여러 제도들을 개혁해야 한다는 내용이 담겨 있다.

농업 중심 개혁론의 선구자는 17세기 후반에 활약한 **유형원**입니다. 그는《반계수록》에서 토지 소유 불균형을 해소하는 방법으로 **균전론**(均田論, 416p 참조)을 제시했습니다. 균전론은 토지를 국유화한 후 관리·선비·농민 등에게 신분에 따라 토지를 차등 지급하여 자영농을 육성하려는 것이었습니다. 그는 자영농을 중심으로 군사와 교육 제도를 재정비하여 농병 일치의 군사 조직을 만들자고 제안했습니다.

성호 이익(1681~1763)

유형원의 개혁 사상을 한층 심화한 사람은 18세기 전반에 활동했던 성호 이익입니다. **이익**은 균전론(均田論)보다 실현 가능성이 높은 토지 개혁론으로 **한전론**(限田論, 416p 참조)을 제시했습니다. 한전론은 한 가정의 생활을 유지하는 데 필요한 최소한의 토지로서 영업전(永業田)을 설정하고 매매를 금지하자고 주장합니다. 이를 통해 이익은 농민의 최저 생활을 보장하고 영업전 외의 토지는 매매를 허용하여 점진적인 토지 소유 균등을 꾀했습니다.

그는 국가를 해치는 여섯 가지 폐단으로 노비 제도, 과거 제도, 양반 문벌제도, 사치와 미신, 승려, 게으름을 들었습니다. 특히 노비 제도에 대해서는 당장 폐지할 수 없다면 노비 매매만이라도 금지해야 한다고 강조했습니다. 그는《성호사설》,《곽우록》등 많은 저술을 남겼고 성호학파라 불리는 많은 실학자를 제자로 길러 냈습니다.

이익의 사상을 계승하여 19세기 전반에 실학을 집대성한 사람은 정약용입니다. 500여 권에 달하는 많은 저술을 남긴 정약용은 정치, 경제, 과학 기술 등 다양한 분야를 연구했고 토지 제도 개혁안으로서 **여전론**(閭田論, 416p 참조)을 제안했습니다. 여(閭)란 마을을 나타내는 단위설이며, 여

실학을 집대성한 정약용(1762~1836)

《여유당전서》는 정약용의 저술을 집대성한 문집으로 그가 유배 기간 중 사회 개혁을 위해 저술한 대표 저작인 '1표 2서', 즉《경세유표》,《흠흠신서》,《목민심서》가 포함되어 있다.《경세유표》에서는 중앙 정치 조직 등 국가 제도 전반에 대한 개혁안을,《흠흠신서》에서는 형벌에 대한 개혁안을,《목민심서》에서는 지방관이 지켜야 할 규범에 대해 제시하였다.

전론은 한 마을을 단위로 여장(閭長)이 중심이 되어 주민들이 토지를 공동으로 소유하고 공동으로 경작하여 노동량에 따라 수확량을 분배하는 일종의 공동 농장 제도였습니다. 하지만 정약용은 이 구상이 당장은 실현되기 어렵다고 보고, 말년에 여전제보다 실현 가능한 개혁 방안으로 **정전제**(井田制)를 내놓았습니다. 또한 《목민심서》와 《경세유표》에서 통치자는 백성을 위해 존재해야 하며 권력은 본래 백성으로부터 나왔다고 주장하기도 했습니다.

정전제

조선시대 정약용(丁若鏞)이 제시한 토지 제도 개혁안이다. 중국 하(夏)·은(殷)·주(周) 삼대(三代)의 유제(遺制)로서, 토지의 한 구역을 '정(井)'자로 9등분하여 8호의 농가가 각각 한 구역씩 경작하고, 가운데 있는 한 구역은 8호가 공동으로 경작하여 그 수확물을 국가에 조세로 바치는 토지 제도이다.

조선에서도 수레를 사용하자

조선 후기 상공업이 발달하면서 일부 지역이기는 하지만 도시도 성장했습니다. 도시 인구 증가와 상업 발전에 주목한 학자들은 부국안민을 위해서는 토지 제도 개혁에서 더 나아가 상공업 진흥과 기술 혁신을 통해 당면한 현실 문제를 해결해야 한다고 보았습니다. 이들은 상공업 발전을 가로막는 요소로 신분제를 비판했으며 기술 문화를 장려하고 수레와 선박을 이용한 유통 경제의 활성화를 강조했습니다.

상공업 중심의 개혁론을 펼친 실학자들을 '중상학파' 또는 '이용후생학파'라고 부릅니다. 이들은 주로 도시에 살면서 청을 방문한 경험이 있

문체반정(文體反正)이란?

박지원의 《열하일기》는 이용후생에 대한 사상과 참신한 문체로 인해 여러 사람들에게 선풍적으로 인기를 얻었다. 《열하일기》는 당대 유행하였던 명말 청초 중국 문인들의 문체에 영향을 받아, 기존 당송고문의 평이한 문체와는 달리, 주제가 예리하게 드러나고 감각적이며 생생하게 현장을 묘사하는 특징을 보여 준다.

정조는 즉위 초부터 과거 시험지를 비롯해 지식인들의 일부 저술에 보이는 이와 같은 새로운 문체의 유행을 비판하고 역대 고문의 문체로 돌아갈 것을 주장하며 문체를 단속하여 기강을 바로잡으려 하였다. 정조 때의 이러한 문예 흐름을 '문체반정'이라고 한다.

열하일기

문체반정이 추진되던 시기 박지원의 《열하일기》는 문체반정의 주 표적이 되었다. 정조는 근래 신기한 것만을 따르는 문체의 주범은 박지원의 《열하일기》라고 하면서 속히 문체의 잘못을 인정하고 순정하게 수정한다면 관직 제수도 마다하지 않겠으나 그렇지 않으면 중죄로 다스릴 것이라 하였다. 이에 박지원은 자신의 문체가 잘못되었다는 속죄의 편지를 보냈고, 이를 받아 본 정조는 그의 문재(文才)를 칭찬하며 더 이상은 문제 삼지 않겠다고 하였다.

문체반정은 표면적으로는 문체를 개혁하여 모범이 되는 고문으로 돌아가고자 한 문예운동이지만, 실상은 정조가 추진하고 있던 개혁 정책에 대한 노론 벽파의 반발을 무마하기 위한 정치적 성격을 지니고 있었다. 이후에 박지원과 박제가 등 문체를 혁신한 인물들을 중용한 데서도 문체반정의 정치적 의도가 엿보인다.

는 집권 노론계 학자들로서 청과의 교류를 확대하고 선진 문물을 적극적으로 수용하려 했기 때문에 **북학파**(北學派)라고도 합니다.

홍대용(1731~1783)

상공업 중심 개혁론의 선구자는 **유수원**입니다. 그는 18세기 전반《우서》를 저술하여 상공업을 '말업'으로 천시하는 생각을 버리고 상공업을 진흥시켜 나라를 부강하게 해야 한다고 주장합니다. 이를 위해 노비제를 비롯한 신분제를 없애고 사농공상의 직업적 평등과 전문화를 이루어야 하며 양반도 상업에 참여해야 한다고 했습니다.

홍대용(415p 참조)은 청은 물론 서양의 선진 문물을 받아들이자고 주장한 북학파 계열 실학자이며 과학 사상의 발전에 선구적 역할을 한 사상가였습니다. 그는 청을 왕래하면서 얻은 경험을 토대로 임하경륜(林下經綸), 의산문답(醫山問答) 등의 저술을 남겼는데 그 내용은《담헌서》에 수록되어 있습니다. 의산문답을 통해 그는 지전설(地轉說)을 주장했고 무한한 우주 속에 중심이 따로 없다는 무한 우주론을 내세워 중국 중심의 세계관에서 탈피하고자 했습니다. 아울러 기술의 혁신과 문벌의 철폐, 성리학의 극복이 부국강병의 요체라고 강조했습니다.

박지원(1737~1805)

상공업 중심 개혁론은 북학파의 중심인물인 **박지원**(417p 참조)에 의해 한층 더 발전했습니다. 그는 사행(使行)의 수행원으로 청에 다녀온 후《**열하일기**》를 저술하여 청의 문물을 소개하며 자신의 주장을 펼쳤습니다. 이 책에서 그는 수레와 선박의 이용, 화폐 유통의 필요성을 강조했습니다. 농업 중심 개혁론자들이 토지 분배에 주로 관심을 가졌던 것과는 달리 박지원은 한전론(限田論)의 중요성을 인정하면서도 영농 방법의 혁신, 농기구 개량, 관개 시설 확충, 상업적 농업 등을 통해 농업 생산력을 향상시키는 데 더 큰 관심을 가졌습니다. 그는《양반전》,《호질》등 한문 소설을 저술하여 양반의 위선과 무능을 비판하기도 했습니다.

박제가(1750~1805)

박지원의 제자인 **박제가**(417p 참조)는 서얼 출신이었으나, 학문이 깊어 정조의 총애를 받아 규장각 검서관이 되었습니다. 1778년(정조 2)에는 사은사(謝恩使) 채제공을 따라 청나라를 다녀온 뒤 심한 문화적 충격을 받고, 청을 인정하고 배우자는 뜻으로《**북학의**》를 저술합니다. 그는 수레와 선박의 이용 확대 및 소비 촉진을 통한 생산력 증대를 강조했고, 청과의 해상 통상을 확대하여 세계 무역에도 참여해야 한다고 주장했습니다. 이러한 북학파의 사상은 19세기 후반 개화 사상에 영향을 주었습니다.

주요 용어

국학, 실증적 연구, 유득공의 《발해고》, 이중환의 《택리지》, 김정호의 〈대동여지도〉, 허준의 《동의보감》, 이제마의 사상 의학, 신속의 《농가집성》, 서유구의 《임원경제지》, 〈곤여만국전도〉, 시헌력, 거중기, 배다리

3 국학 연구와 과학 기술의 발달

다양한 역사서가 편찬되다

실학자들은 사회 개혁안뿐만 아니라 실사구시(實事求是)의 **실증적 연구** 태도로 다양한 분야에 관심을 가졌습니다. 특히 우리 민족의 전통과 현실에 대한 깊은 관심으로 역사·지리·언어 등의 분야에서 많은 성과를 남깁니다. 이러한 학문 연구 경향을 **국학**이라고 합니다. 당시 조선 중화론이 부상하면서 우리 문화에 대한 자부심이 커져 역사와 국토에 대한 관심이 더욱 높아졌습니다.

한백겸은 《동국지리지》에서 삼한의 강역을 고증하고 고조선에서 고구려, 발해로 이어진 북방의 강역에 대한 인식을 요동 지역까지 확대했습니다. **안정복**은 《동사강목》에서 중국 중심의 역사관에서 탈피하여, 고조선부터 고려에 이르는 우리 역사를 독자적인 정통론을 세워 체계화했습니다. **이종휘**는 《동사》를 통해 고구려사에 대한 관심을 고조시켰고, **유득공**은 《**발해고**(418p 참조)》에서 발해를 본격적으로 우리 역사로 다루어 '남북국'이라는 용어를 처음 사용했습니다.

아울러 이 시기 역사 연구에서는 실증적인 연구 태도가 강조되었습니다. **이긍익**은 《연려실기술》을 저술하면서, 400여 종의 책을 참고하여 실증적·객관적인 서술로 조선시대의 정치와 문화를 정리했습니다. **한치윤**은 《해동역사》에서 중국과 일본의 사서까지 참고하여, 고조선부터 고려까지의 역사를 실증적으로 서술했습니다. 역사 연구가 진전되면서 금석문(金石文)에 대한 관심도 높아져 **김정희**는 《금석과안록》을 지어 북한산비가 진흥왕 순수비임을 밝히기도 했습니다.

정상기의 동국지도

최초의 백리 척 지도로 백두산을 기점으로 남쪽으로 뻗어 내린 백두대간을 척추처럼 크게 강조함으로써 국토를 인체로 인식하는 전통적 지리관이 잘 나타나 있다.

지리지에 다양한 정보를 담다

역사와 더불어 국토에 대한 관심이 증대되면서 다양한 지리지가 편찬되었고, 더욱 정밀한 지도들이 만들어졌습니다. 지리지란 한 지역의 지리와 역사·산업·교통·인구 등 다양한 정보를 정리해 놓은 책을 말합니다.

택리지가 본 살기 좋은 곳

조선 후기의 대표적인 인문 지리지인 《택리지》는 다양한 요소를 통해 사람이 살기 좋은 곳을 논하고 있다. 이 책에서는 사람이 살기 좋은 곳으로 안동 하회 마을을 꼽았는데, 2010년 한국을 대표하는 전통 마을로서 안동 하회 마을과 경주 양동 마을은 유네스코 세계문화유산에 등재되었다. 이 책은 남인의 시각에서 국토를 인식했기 때문에 영남을 선비가 살기 가장 좋은 곳으로 보았다.

안동 화회 마을

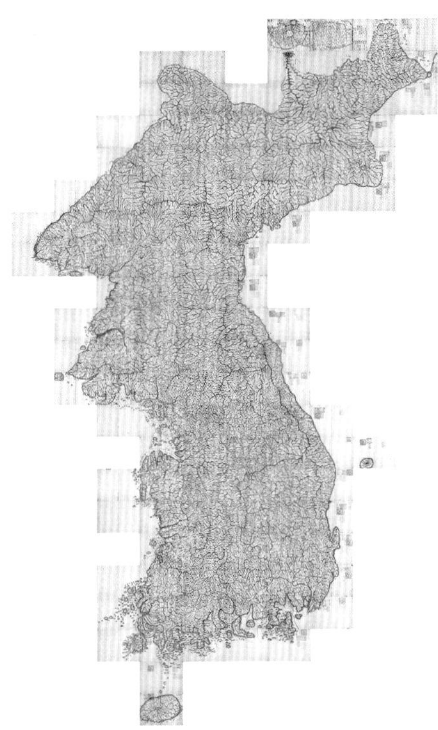

대동여지도(1861년, 보물 제850-1호, 서울역사박물관 · 성신여자대학교 박물관 · 규장각 소장)

역사 지리서로는 **한백겸**의 《동국지리지》, **정약용**의 《아방강역고》 등이 편찬되었습니다. 16세기 이후에는 지방 사회의 발전으로 각 지역의 읍지(邑誌) 편찬이 활발해집니다. 이러한 읍지를 바탕으로 실학자들의 연구 성과가 반영되어 국가 단위의 지리지가 편찬되었습니다. '영조' 대 국가 사업으로 백과사전인 《동국문헌비고》가 편찬되었고, 16세기의 《동국여지승람》을 보완하여 '영조' 대 《여지도서》라는 방대한 진국 지리지가 완성되었습니다. 이 책에는 군현별로 채색 지도가 첨부되어 있습니다.

18세기 중엽 **이중환**은 기존의 지리서를 발전시켜 인문 지리서인 **《택리지》**를 저술했습니다. 이 책은 풍수지리를 바탕으로 국토를 작은 구역으로 나누어 각 지방의 자연환경과 인심·풍속·물산·인물 등을 자세히 소개했습니다. 《택리지》는 그 가운데 가거지(可居地), 즉 어느 곳이 살기 좋은 곳인가를 논하여 자연과 인간 생활을 인과적으로 이해하려고 했습니다.

영조 때 **신경준**이 편찬한 것으로 전하는 《산경표》는 조선의 산맥 체계를 수계와 연결하여 체계적으로 정리한 책입니다. 가장 큰 산맥을 백두대간이라 부르고 여기서 뻗어 나간 13개의 산맥을 정맥으로 불렀습니다. 이 책은 일본인에 의해 만들어져 현재까지 사용되고 있는 산맥 체계 이전의 전통적인 산지 분류 체계를 보여 주는 중요한 자료입니다.

김정호는 정말 전국 방방곡곡을 돌아다녔을까

양난 이후 국방과 국토에 대한 관심이 증대되어 더 정밀하고 실용적인 지도가 많이 제작되었습니다. 조선 후기 지도 제작 수준을 한 단계 높인 것은 정상기의 〈동국지도〉입니다. 이 지도는 100리를 1척으로 나타내는 백리 척을 최초로 사용하여 지도 제작의 과학화에 크게 기여했습니다. 백리 척 지도는 그 후 널리 유행했고, 이후 김정호도 많은 영향을 받습니다.

19세기 중엽 **김정호**가 만든 **〈대동여지도〉**는 조선의 지리학과 지도 제작 기술을 집대성하여 만든 지도의 결정판이었습니다. 김정호는 이전까지 만들어진 여러 지도를 참고하고 종합하여 〈대동여지도〉를 만들었습니다. 직접 답사하며 일일이 측량해서 만든 지도가 아니라, 이전까지의 지도 제작 성과를 집대성하여 만든 것입니다.

대동여지도는 전국을 22개의 첩으로 구성했는데, 각 첩은 펴고 접을 수 있게 하여 휴대하기 편리했습니다. 10리마다 점을 찍어 거리의 정확도를 높였으며 당대의 산업과 문화에 대한 관심을 반영하여, 산맥·하천뿐만 아니라 포구·도로망 등을 자세히 표기했습니다. 또한 역참·봉수 등 주요 시설물을 나타내는 기호를 사용하여 지리 정보 전달의 효율성을 높였습니다. 이 지도는 목판에 새겨 대량 인쇄가 가능하여 많은 사람들이 편리하게 이용하도록 했습니다.

동의보감(국보 제319호, 세계기록유산 등재(2009), 국립중앙도서관 · 규장각 한국학 연구원 소장)

의학을 집대성하고 새로운 농서를 편찬하다

17세기 초에 **허준**의 《**동의보감**》은 임진왜란을 겪고 난 1596년(선조 29)에 왕명으로 시작했고, 1613년(광해군 5) 간행되어 의학 발전에 크게 이바지합니다. 《동의보감》은 질병 치료에 관한 백과사전 성격의 의학 서적으로서, 전통 의학을 체계적으로 정리했을 뿐만 아니라 당시까지 동아시아에서 축적되어 온 의학 지식을 집대성했다고 평가받고 있습니다. 중국과 일본에서도 간행되어 뛰어난 의학서로 인정받았고 현재까지 한의학 발전에 많은 영향을 미치고 있습니다.

허준과 동시대를 살았던 **허임**은 《침구경험방》을 저술하여 침구술을 집대성했습니다. 정약용은 마진(홍역)에 대한 연구를 발전시켜 이 분야의 의서를 종합하여 《마과회통》을 저술했으며, 박제가와 함께 종두법을 연구하여 실험하기도 했습니다. 19세기 **이제마**는 조선 말의 대표적 의학서인 《동의수세보원》을 저술하여 **사상의학**(四象醫學)을 확립했습니다. 사상의학은 사람의 체질을 태양인, 태음인·소양인·소음인으로 구분하여 체질에 맞게 치료하는 의학 이론입니다. 이는 우리나라에서 나온 독창적인 학설로 당시 독자적인 의학 연구의 발전 수준을 잘 보여 줍니다.

한편 농사 기술에 대한 관심이 커지면서 17세기 이후 많은 농서가 편찬되었습니다. **신속**은 《**농가집성**》을 편찬하여 벼농사 중심의 농법을 소개하고 이앙법의 보급에 이바지했습니다. 상업적 농업이 발달하고 원예 작물 재배 등 농업의 영역이 확대됨에 따라 이에 맞는 새로운 농서가 필요해졌습니다. 숙종 때 **박세당**의 《색경》, **홍만선**의 《산림경제》, 영조 때 **박지원**의 《과농소초》, 정조 때 **서호수**의 《해동농서》는 과수·축산·원예·임업·양잠 등 새로운 농업 경영의 필요에서 저술되었습니다. 19세기 순조 때 **서유구**는 《산림경제》를 중심으로 농업과 농촌 생활에 필요한 것들을 종합하여 《**임원경제지**》라는 농업 중심의 백과사전을 저술했습니다.

정약용의 형 **정약전**은 순조 때 《자산어보》를 지어 어류학이라는 새로운 분야를 개척했습니다. 이 책은 정약전이 1801년(순조 1) 신유사옥으로 흑산도에 귀양 가 있는 동안 근해의 생물을 실제 조사하고 채집하여, 155종의 해산물에 대한 명칭·분포·형태·습성 및 이용 등에 관한 사실을 기록한 것입니다.

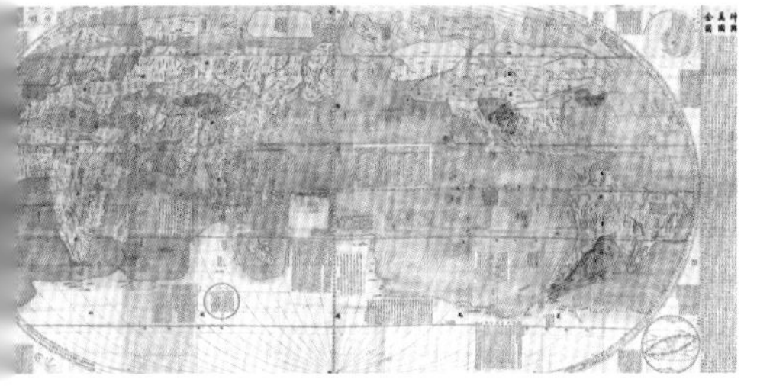
곤여만국전도(경기 남양주 봉선사)

서양 문물의 수용으로 과학 기술이 발전하다

조선 후기 과학 기술은 기존의 전통을 계승·발전시키는 가운데 중국을 통해 서양의 과학 기술을 서학으로 수용하였습니다.

1603년(선조 36)에 마테오 리치가 만든 세계 지도인 〈**곤여만국전도**〉가 수입되어 조선인의 세계관이 확대되었습니다. 세계 지도의 전래로 지리학 분야에서 좀 더 과학적이고 정밀한 지식을 가지게 되었고, 지도 제작에서도 정확성이 더 높아졌습니다.

1613년(인조 9) 명나라에 사신으로 다녀온 **정두원**은 로드리게스로부터 천리경, 자명종, 서양 화포 등과 함께 마테오 리치의 각종 천문서와 《직방외기》, 《서양국풍속기》 등 한역 서학서를 들여오기도 했습니다.

청나라에 볼모로 잡혀 있던 소현세자가 아담 샬과 교류한 후 서양 문물을 가지고 귀국한 일도 있었습니다. 서양 문물이나 한역 서학서들과 함께 천주교 서적도 들어왔는데, 일찍이 **이수광**은 《지봉유설》에서 마테오 리치의 《천주실의》를 소개하기도 했습니다.

1627년(인조 5) 네덜란드인 벨테브레(박연)와 1653년(효종 4) 하멜 일행이 우리나라에 표류해 왔습니다. 벨테브레는 조선에 귀화하고 훈련도감에 소속되어 서양식 대포를 만드는 기술을 소개했습니다. 일본으로 가다가 제주도에 표착한 후 억류 생활을 했던 하멜 일행은 이후 네덜란드로 돌아가 《하멜 표류기》를 지어 조선의 사정을 서양에 전했습니다.

BESCHRYVINGE
Van't Koninghrijck
COEREE,
Met alle hare Rechten, Ordonnantien, ende Maximen, soo inde Politie, als inde Melitie, als vooren verhaelt.
ANNO M.DC.LXVIIJ.

《하멜 표류기》

천문학은 서양 과학의 영향을 받아 크게 발전했습니다. 청에서 사용되던 서양 역법인 **시헌력**이 효종 대 '김육'의 노력으로 도입되었습니다. 시헌력은 서양 선교사인 아담 샬이 만든 역법으로 종전보다 발전한 것이었습니다. **김석문**은 지구가 하루에 한 바퀴 돈다는 지전설을 우리나라에서 처음으로 주장하여 우주관을 크게 전환시켰습니다. 홍대용은 과학 연구에 많은 관심을 기울였고 김석문과 함께 지전설을 주장했습니다. 지전설은 중국 중심의 세계관을 비판하는 근거를 제공했습니다. 홍대용은 여기서 더 나아가 지구가 우주의 중심이 아니라는 무한 우주론을 내놓았고, 인간이 다른 생명보다 더 우월하지 않을 뿐 아니라 우주인이 있을 수 있다는 등 대담한 주장을 펼쳤습니다.

서양 문물의 수용에 특히 관심을 가진 사람들로는 이익과 그의 제자들인 성호학파, 그리고 중국 사행이 잦았던 노·소론계 경화사족(京華士族) 자제들인 북학파 실학자들을 들 수 있습니다. 북학파인 박제가는 정조에게 올린 개혁론에서 중국에 있는 서양 선교사들을 초빙하여 천문학과 이용후생 기술들을 가르치게 하자고 제안하기도 했습니다.

과학 기술의 중요성을 확신했던 정약용은 스스로 많은 기계를 제작하여 현실에 적용했습니다. 특히 정조가 청으로부터 5,000여 권의 《고금도서집성》을 들여오자, 그 속에 실린 테렌츠의 〈기기도설〉을 참고하여 **거중기**(擧重機)를 만들었습니다. 이 거중기는 수원 화성을 쌓을 때 사용되어 공사 기간을 단축하고 공사비를 줄이는 데 크게 이바지했습니다. 또한 정약용은 정조의 화성 행차를 위해 한강에 설치하는 **배다리**를 설계하기도 했습니다.

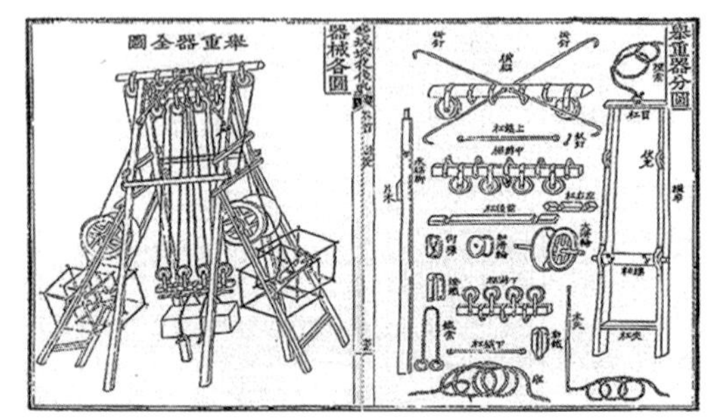

거중기

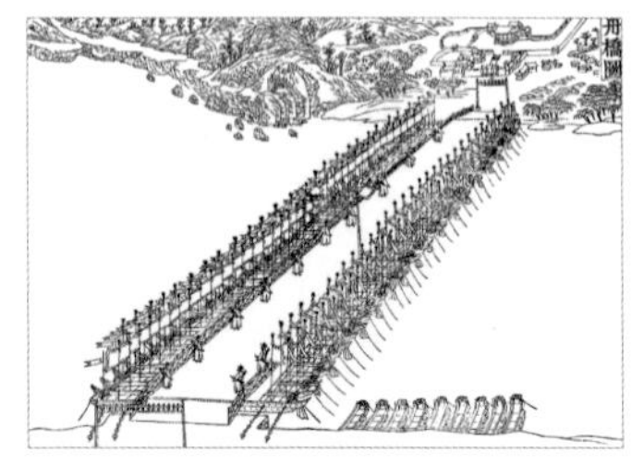

배다리

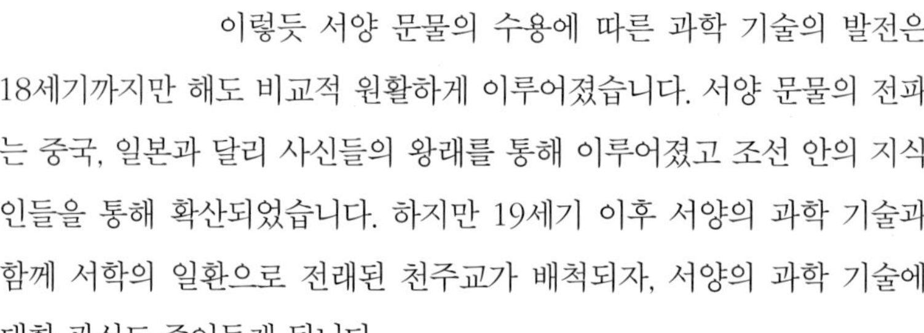

이렇듯 서양 문물의 수용에 따른 과학 기술의 발전은 18세기까지만 해도 비교적 원활하게 이루어졌습니다. 서양 문물의 전파는 중국, 일본과 달리 사신들의 왕래를 통해 이루어졌고 조선 안의 지식인들을 통해 확산되었습니다. 하지만 19세기 이후 서양의 과학 기술과 함께 서학의 일환으로 전래된 천주교가 배척되자, 서양의 과학 기술에 대한 관심도 줄어들게 됩니다.

주요 용어

서민 문화, 한글 소설, 사설시조, 판소리, 탈춤, 진경산수화, 풍속화, 민화, 청화백자, 한문 소설, 문체반정, 동국진체, 추사체, 법주사 팔상전, 수원 화성

4 문화의 새 경향

서민 문화가 발달하다

조선 후기 경제 성장과 서당 교육의 확대 등으로 서민들의 의식 수준이 높아지고 **서민 문화**가 발달했습니다. 서민들은 새로운 문화를 만들어 내거나 향유하면서 문화의 주체로 성장했습니다. 즉 서민이 작품의 주인공으로 등장하고 배경도 현실 세계로 옮겨진 것입니다. 인간의 감정을 솔직하게 표현하는 한편 양반의 위선적인 모습과 비리를 풍자하고 사회 모순을 고발하는 등 사회 비판 의식을 드러내기도 했습니다.

조선 후기 문학의 가장 큰 특징은 **한글 소설**과 **사설시조**가 등장하여 유행했다는 점입니다. 문학의 저변이 서민층으로까지 확대되면서 누구나 쉽게 읽을 수 있는 한글 소설이 점점 인기를 끌었습니다. 한글 소설은 사회 모순과 양반의 비리를 비판하거나 서민의 감정과 남녀 간의 애정을 있는 그대로 표현했습니다.

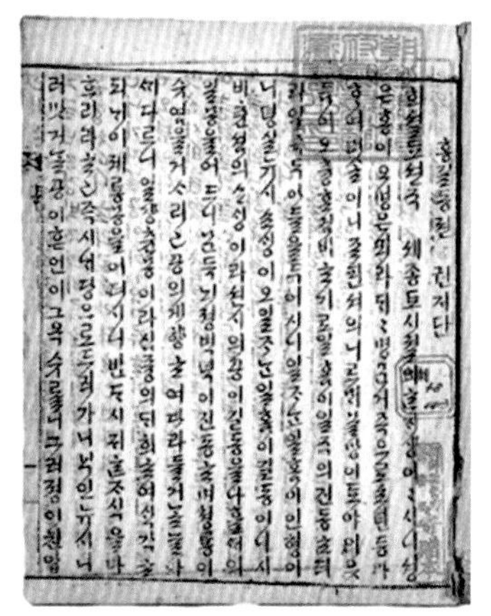
홍길동전

대표적인 한글 소설로 **허균**이 지은 《홍길동전(418p 참조)》과 함께 《춘향전》, 《심청전》, 《흥부전》, 《별주부전》, 《콩쥐팥쥐전》, 《장화홍련전》 등이 있습니다. 《홍길동전》에서는 서얼 출신 홍길동이 이상 세계를 건설하는 과정을 통해 서얼에 대한 차별 철폐와 탐관오리 응징을 주장하고 있습니다. 《춘향전》은 신분의 차이를 극복한 춘향과 이몽룡의 사랑을 다루며 우회적으로 신분제를 비판하고 있습니다. 《장화홍련전》은 계모와 전처 자식, 그리고 무능한 가장을 구성원으로 하는 불합리한 가족 관계를 그렸습니다.

사설시조(418p 참조)는 종전의 **평시조**에서 초장, 중장, 종장 중 어느 한 장 이상이 길어진 경우를 말합니다. 엄격한 형식에 구애받지 않았던 사설시조는 내용과 형식에서 서민들의 감정과 사회에 대한 불만을 거리낌 없이 표현할 수 있었습니다.

조선 후기에는 **판소리**와 **탈춤**이 큰 인기를 얻어 서민 문화의 폭을 확대했습니다. 서민들은 판소리나 탈춤을 통해 애환을 드러내는 한편 저항

봉산탈춤

의 수단으로 삼기도 했습니다. 판소리는 소리꾼인 광대가 북을 치는 고수와 함께 한 편의 이야기를 창과 이야기, 몸짓을 섞어 풀어 가는 형식입니다. 시장에서 흔히 볼 수 있었던 판소리는 상민을 포함한 여러 계층에게 호응을 얻었습니다. 판소리 작품은 열두 마당이 있었지만, 지금은 19세기 후반 신재효가 정리한 춘향가·심청가·흥부가·적벽가·수궁가 등 다섯 마당만 전하고 있습니다.

탈춤(419p 참조)은 얼굴이나 몸 전체를 가리고 춤추며 연기하는 극으로 탈놀이라고도 합니다. 탈춤은 풍년을 기원하는 마을굿이 발전한 것으로, 점차 인기를 얻어 다양한 형태로 전승되었습니다. 산대놀이와 같은 탈놀이는 서민들의 오락으로 정착하여 도시 주변에서 공연이 이루어졌습니다. 상업 도시가 생겨나면서 상인들은 더 많은 물자와 사람을 모으기 위해 이들을 지원하기도 했습니다. 탈춤은 양반의 허세와 승려의 위선을 폭로하고 조롱하는 내용이 주를 이룹니다. 양반들을 직접 비판하기보다는 풍자하는 형식이었는데, 사회적으로 어느 정도 용인이 되었습니다.

음악도 향유 계층에 따라 다양하게 발전하여 양반층은 종래의 가곡과 시조를 애창했지만, 서민들은 민요를 즐겨 불렀습니다.

정선의 〈인왕제색도〉
1751년(영조 27), 국보 제216호, 79.2×138.2cm, 리움미술관 소장
비가 갠 뒤 인왕산의 모습을 사실적으로 묘사하고 있는 그림이다. 비가 온 뒤에 피어오르는 안개와 대비해 물에 젖은 바위의 모습을 검게 표현하여 사실감을 더하고 있다.

풍속화와 민화가 유행하다

조선 전기에는 중국의 작품을 모방하여 이상향을 그리는 관념적인 산수화가 유행했습니다. 그러나 조선 후기에는 우리 문화에 대한 자부심이 높아지며 문화의 고유성을 탐구하는 경향이 강해졌습니다. 그림에서도 우리의 자연을 직접 보고 사실적으로 표현한 **진경산수화**(眞景山水畵)가 유행했습니다. 진경산수화를 개척한 화가는 18세기에 활약한 **겸재 정선**입니다. 그의 대표작으로는 〈인왕제색도〉와 〈금강전도〉가 있습니다.

조선의 개성 있는 화법은 초상화에 잘 드러나 있습니다. 조선 초기에는 왕이나 공신을 중심으로 초상화가 그려졌지만, 중기 이후에는 그 대

윤두서의 자화상(국보 제240호, 20.5×38.5cm, 개인 소장)

조선시대 수많은 초상화 중 가장 대표적인 명작으로 손꼽히는 작품이다. 구체적인 인물의 모습뿐만 아니라 내면의 모습까지 표현하려고 노력하였다.

김홍도의 씨름도

김득신의 파적도

신윤복의 월하정인

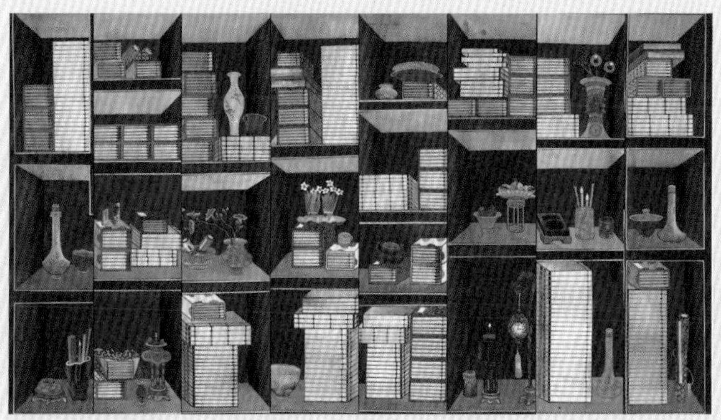

민화 책거리

책거리는 책이 쌓여 있는 사대부의 사랑방을 그린 그림으로 양반의 문화를 모방하려는 취향이 반영되어 있다. 서민들은 이런 민화를 집 안의 벽화나 병풍에 담아 바라는 바를 이루려고 했다.

민화 까치와 호랑이

민화에서 까치는 좋은 소식을 상징하고, 호랑이는 잡귀를 막아 주는 벽사의 의미를 지닌다. 모란은 장수와 부귀영화를 상징하고 물고기는 다산이나 출세를 상징한다.

상이 넓어졌습니다. 이 시기 초상화에서는 인물을 사실대로 정확히 묘사하는 것을 넘어 정신세계까지 표현하려 한 점이 특징입니다. 대표적인 작품으로 **윤두서**의 자화상을 들 수 있습니다.

그림에서 나타난 또 하나의 두드러진 특징은 **풍속화**의 유행입니다. 사람들의 일상을 생동감 있게 표현한 풍속화가 등장한 것입니다. 도화서 화원이었던 **김홍도**는 산수화·문인화·기록화·인물화 등 다양한 그림을 많이 남겼습니다. 특히 서민의 일상생활을 간결하고 익살스럽게 표현한 풍속화로 유명합니다. **김득신**은 서민들의 일상을 소박하게 그렸는데, 김홍도와 구별되는 것은 인물만이 아니라 배경까지 자세히 그려 현실감을 더욱 높였다는 점입니다. 김홍도와 함께 풍속화의 대가로 나란히 거론되는 **신윤복**은 섬세하고 세련된 필치로 양반들의 풍류와 남녀 간의 애정을 표현했습니다.

경제력을 갖춘 서민들이 늘어나며 **민화**도 유행했습니다. 민화는 생활공간을 장식하기 위한 그림으로 대개 이름 없는 화가들이 그렸기 때문에, 이름이나 호를 새긴 낙관이 존재하지 않았습니다. 민화의 소재는 해·달·나무·꽃·동물·물고기 등 다양했고, 부귀영화나 벽사(辟邪) 등 기복적 염원이 잘 표현되어 있었습니다.

조선의 백자는 임진왜란 때 도자기 기술자들이 일본에 많이 끌려가며 생산이 침체되었습니다. 다행히 전란에서 회복되고 경제 성장이 이루어지며 백자 생산이 다시 활기를 띠었습니다. 조선 후기에는 백자가 계속 유행하는 가운데 푸른색으로 그림을 그려 넣은 **청화백자**가 만들어졌

김정희의 추사체 (세한도의 발문 일부)

세한도(歲寒圖, 1844년, 국보 제180호, 23×69.2cm, 국립중앙박물관 소장)
추사체를 이룩한 조선 후기의 서화가 김정희가 그린 문인화이다. 제주도에서 유배 중인 김정희에게 제자 이상적이 청에서 구한 책을 보내준 적이 있는데, 김정희는 그에 대한 보답으로 세한도를 그려 주었다. 소나무와 잣나무는 이상적의 인품과 사제 간의 변치 않는 의리를 표현한 것이다. 그림에는 "날이 차가워진 뒤에야 소나무와 잣나무가 뒤늦게 시드는 것을 알게 된다."는 논어의 글을 발문에 함께 적어 넣었다. 일체의 장식적인 요소를 배제하고 최소한의 먹만으로 빈집과 노송, 세 그루의 잣나무를 그렸다. 이렇듯 극도로 생략되고 절제된 요소들은 모두 문인화의 특징들로, 조선시대 문인화의 가장 대표적인 작품으로 꼽힌다.

습니다. 특히 수입에만 의존해 온 코발트 안료를 국내에서도 생산하면서 청화백자가 크게 유행합니다. 청화백자에는 주로 제기와 문방구 등 생활용품이 많았습니다. 또한 이 시기 우리나라 특유의 살짝 기울어진 달 항아리가 나타나기도 합니다. 18~19세기에 많이 만들어진 백자 달 항아리는 순백색의 빛깔과 모양이 보름달을 연상시켜서 붙여진 이름입니다.

백자 달항아리(보물 제1437호, 국립중앙박물관 소장)

현실을 비판한 문학 작품과 독창적 서법이 등장하다

양반층이 중심이 된 한문학에서도 이전과 다른 형식과 내용의 작품들이 나왔습니다. **한문 소설**에서 두각을 나타낸 인물은 연암 박지원입니다. 박지원은 기존의 중국적 전형성을 탈피하여 과감한 문체 혁신을 보여 주었고 내용에서도 사회 현실을 반영하며 부조리를 예리하게 비판했습니다. 대표적으로 《양반전》, 《허생전》, 《호질》 등의 한문 소설에서 양반의 위선과 무능을 풍자하고 비판했습니다. 박지원의 파격적인 문체는 정조의 노여움을 사서 **문체반정**(文體反正, 본문 358p 참조)을 불러오기도 했습니다.

청화백자 매조죽문 유개항아리(15세기, 국보 제170호, 높이 16.8cm 국립중앙박물관 소장)

한시에서도 현실 사회의 문제점을 예리하게 비판했습니다. 정약용은 오랜 유배 생활을 통해 지배층의 수탈로 고통받는 백성들의 삶을 목격했습니다. 이에 '애절양(哀絶陽)'을 비롯하여 삼정의 문란을 폭로한 한시를 많이 남겼습니다. 김삿갓, 정수동과 같은 풍자 시인들도 권력에 대한 저항 의식을 표출하며 백성들 속에서 활동했습니다. 한편으로 양반 문화를 모방하여 중인층과 서민층의 문학 창작 활동이 활발해졌습니다.

조선 후기에는 서예에서도 중국의 서법을 모방하는 방식에서 벗어나 조선만의 개성을 드러냈습니다. 조선 중기에는 반듯하고 힘이 있는 **한석봉**의 글씨체가 두루 쓰였고, 이후 **송시열**, **송준길**의 서체인 **양송체**(兩宋體)가 유행합니다. 그 뒤 **이서**(李漵)에 의해 우리 고유의 서체가 정립되는데, 이를 **동국진체**(東國眞體)라고 부릅니다. 동국진체는 윤두서, 윤순을 거쳐 이광사에 이르러 절정을 이룹니다.

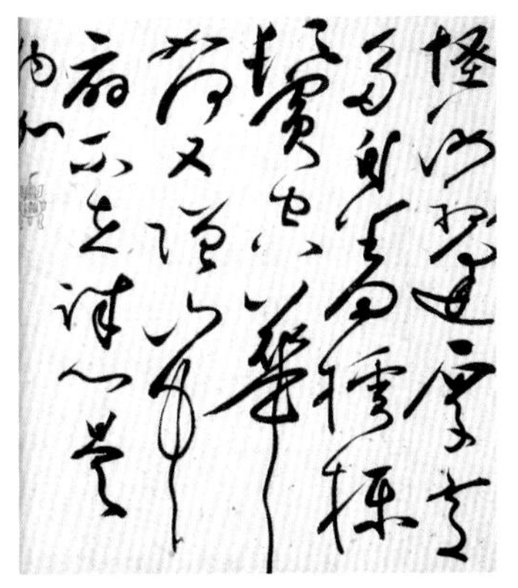

동국진체

19세기에는 김정희의 활동이 두드러졌습니다. 금석학에 조예가 깊었던 김정희는 우리나라와 중국의 비문들을 두루 연구하여 개성 있고 독창적인 **추사체**를 만들었습니다. 박규수는 이를 보고 "여러 대가의 장점을 모아 스스로 일가를 이루게 되니 신(神)이 오듯 기(氣)가 오듯 하며 바다의 조수가 밀려오는 듯하다."라고 평가했습니다.

수원 화성(경기도 수원) 서북공심돈

수원 화성의 독특한 구조물인 공심돈은 적을 감시하는 기능과 함께 공격 기능도 지니고 있다.

화엄사 각황전(전남 구례)

임진왜란 때 소실되었으나 왕실의 후원으로 1702년(숙종 28) 중건되었다. 각황이란 '깨달은 왕'이란 뜻으로 숙종이 직접 이름을 지었다고 한다. 화엄사 각황전은 현존하는 중층 불전 가운데 가장 규모가 크고 웅장하면서도 안정된 균형감과 조화미를 보여 주는 뛰어난 건축물이다.

보은 법주사 팔상전(충북 보은)

팔상전이란 탄생부터 죽음에 이르기까지의 석가모니의 생애를 8개의 그림으로 나눠 표현한 팔상도를 모신 건물이다. 현재 우리나라에 남아 있는 유일한 5층 목탑이다. 정유재란 때 소실된 후 전란 직후의 어려운 상황 속에서 1605년(선조 38)부터 1626년(인조 4)까지 장기간에 걸쳐 복원되었다고 한다.

《화성성역의궤》 | 수원 화성의 건축 보고서로 공사 일정부터 공사에 참여한 장인의 명단, 건물 그림과 건물에 대한 설명 등 화성 축성에 대한 모든 것을 담고 있다.

계획도시 화성이 건립되다

조선 후기에는 건축에서도 새로운 변화가 나타났습니다. 신앙의 대상으로서 불교의 위상이 부분적으로 회복되면서, 왕실과 양반 지주층·부농 및 상인들의 지원으로 불교 사원들이 세워졌습니다. 김제 **금산사 미륵전**과 구례 **화엄사 각황전**, 보은 **법주사 팔상전** 등은 이 시기의 대표적인 사원 건축물입니다. 이 건물들의 외형은 규모가 큰 다층 형상이지만 내부는 하나로 통하는 구조로 되어 있습니다. 이는 불교의 사회적 지위 향상과 양반 지주층의 경제적 성장을 반영한다고 할 수 있습니다.

18세기에 주목할 만한 건축물로는 **수원 화성**을 들 수 있습니다. 정조는 당시의 문화적 역량을 총결집하여 수원 화성을 세웠습니다. 화성은 산성 중심의 성곽과는 달리 일상생활과 경제 활동까지 고려하여 거주용 읍성과 방어용 산성을 결합한 구조로 건설되었습니다. 계획도시로 건설되어 주위 자연환경과 조화를 이루었으며, 전통적 축성 기법에 당대의 과학 기술이 더해져서 다양한 방어 시설을 자랑하고 있습니다. 화성 건축에 관한 모든 과정은 《화성성역의궤》에 잘 기록되어 있습니다.

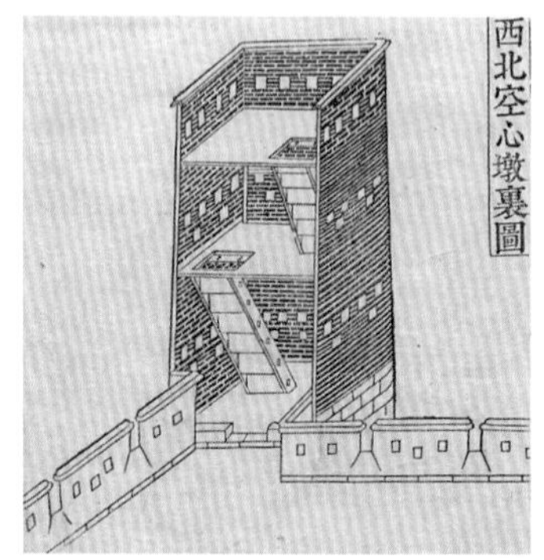

서북공심돈

화성 화서문 옆에 있는 3층 구조의 건물이다. 《화성성역의궤》 도설편에 수록된 서북공심돈리도를 통해 내부의 모습을 확인할 수있다.

주요 용어

정감록, 미륵신앙, 서학, 진산 사건, 신유박해, 백서 사건, 동학, 시천주, 인내천, 보국안민, 후천개벽

5 조선 후기 새로운 사상의 등장

정감록과 미륵신앙이 유행하다

조선 후기에는 정쟁이 격화되고 사회 경제 구조에 변화가 일어나면서 기존의 양반 중심 지배체제가 흔들리게 되었습니다. 세도정치 시기에는 탐관오리의 횡포와 수탈에 잦은 자연 재해와 전염병까지 겹치면서 농민들의 생활고가 극에 달했습니다. 연해에서는 통상을 강요하는 서양의 이양선이 출몰하여 민심이 흉흉해지기도 했습니다. 이러한 분위기 속에서 말세의 도래와 왕조의 교체를 예언하는 사상이 널리 퍼졌습니다.

대표적인 예언서인 **《정감록》**은 고통받는 민중을 구원하고 새로운 세상을 연다는 '진인(眞人)'의 출현을 예고하여 당대에 많은 영향을 끼쳤습니다. 《정감록》의 유행은 그만큼 사회 질서가 흔들리고 있음을 잘 보여주는 예입니다. 지배층은 새로운 세상에 대한 염원이 담긴 예언 사상의 확산을 우려하여 《정감록》을 금서로 취급했습니다. 하지만 일부 몰락 양반들도 《정감록》을 이용하여 변란을 도모하는 등 예언서는 사회 변혁에 대한 희망을 주었습니다. 이 밖에도 **도참설**(圖讖說) 등의 각종 예언 사상과 더불어 미륵이 나타나 중생을 구제한다는 **미륵신앙**도 널리 퍼졌습니다.

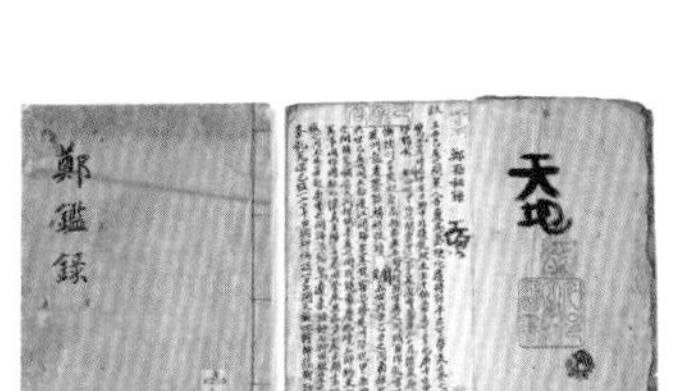

《정감록》

《정감록》은 이씨 조선이 망하고 정씨 왕조가 계룡산에 도읍을 정하여 새로운 세계가 도래한다는 예언서이다.

선운사 동불암지 마애여래좌상(고창)

19세기 백성들 사이에서는 마애여래 배꼽 부위의 감실에 비결이 들어 있는데, 그것이 나오면 한양이 망한다는 이야기가 널리 퍼져 있었다.

서학이 들어오고 천주교가 확산되다

17세기 청나라에 다녀온 사신들을 통해 조선에 서양 문물이 본격적으로 들어오기 시작했습니다. 사신들은 베이징에서 활동하던 서양인 선교사들과 교류하며 서양의 과학 서적과 천리경·자명종 등의 신식 문물을 가져왔습니다. 이 과정에서 사신들이 들여온 서양 관련 서적들이 **서학**(西學, 420p 참조)으로 소개되었습니다. 처음 지식인들은 서학의 실용성을 높이 사서 천문·역법·기술·농경 등 농업 발전과 관련된 분야에 학문적으로 많은 관심을 보였습니다.

천주교 또한 서학의 일부로 이해되다가 18세기 후반에 이르러 남인 계열의 학자들을 중심으로 신앙으로 받아들여지기 시작합니다. 이승훈

이 베이징에 있던 서양인 신부에게 세례를 받고 돌아온 뒤 신앙 활동은 더욱 활발해졌고, 19세기에 외국인 선교사가 국내에서 들어와 선교 활동을 하면서 신자도 크게 늘어납니다. 천주교는 하느님(천주) 앞에서의 인간 평등과 내세에서의 영생을 교리로 내세웠는데, 이는 현실에서 고통받는 사람들에게 큰 위안이 되었습니다. 따라서 천주교는 신분제 아래 차별받던 중인들과 상민, 그리고 부녀자들과 하층민 사이에서 빠르게 전파되었습니다.

정부는 초기에 천주교를 심하게 금지하지 않았습니다. 하지만 교세가 점차 확산되고 천주교도 중에서 신주를 불태우고 제사를 거부하는 **진산 사건**(珍山事件, 419·420p 참조)이 발생하자 사교로 규정하고 탄압하기 시작했습니다. 성리학적 관점에서 보았을 때 내세와 영혼의 존재는 허황된 것이었을 뿐만 아니라, 조상에 대한 제사 거부는 사회 질서를 무너뜨리는 것이었습니다. 나아가 인간 평등사상은 양반 중심의 신분 질서를 정면으로 부정하고 국왕의 권위에 도전하는 용납할 수 없는 일이었습니다.

진산사건

1791년(정조 15) 현재의 충남 금산인 진산에서 서학을 수용한 정약용의 외사촌 윤지충이 모친의 장례 후 종형 권상연과 상의하여 제사를 폐지하고 집안의 신주를 불태웠다. 이 일은 조정에 알려져 정치적 파장을 일으켰고 두 명은 끝내 천주교를 거부하지 않아 처형되었다. 진산 사건 이후 정조는 강상(綱常)의 유지를 위해 사대부의 성리학적 질서의 일탈을 엄중히 경계하였다.

정조 때에는 천주교에 비교적 관대했으나, 순조가 즉위한 후에 노론 강경파인 벽파가 집권하여 남인들을 권력에서 배제하는 과정에서 천주교를 대대적으로 탄압합니다. 이를 **신유박해**(1801)라고 하는데 이때 이승훈을 비롯한 300여 명의 천주교인들이 처형당합니다. 신유박해 과정에서 천주교도였던 황사영이 베이징에 있던 선교사에게 요청하여 프랑스 함대 파견을 요청한 **백서 사건**이 일어납니다. 이 사건을 계기로 천주교가 서양 세력과 연결되어 있다는 의심을 받으며 박해는 더욱 심해집니

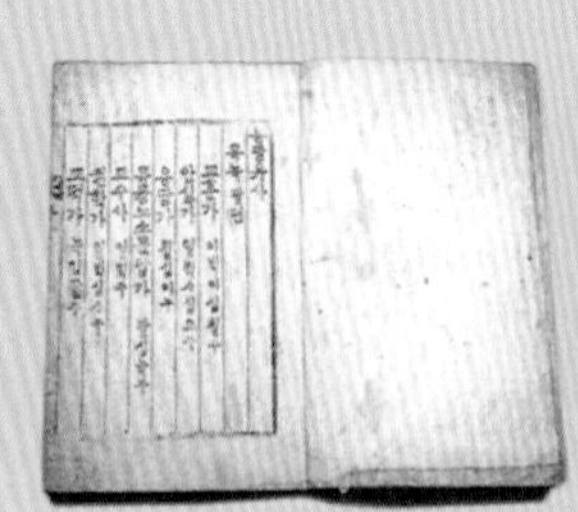

동경대전과 용담유사 | 동학의 2대 교주 최시형이 묶은 책. 《동경대전》은 동학의 기본 교리를 담은 경전이고, 《용담유사》는 포교를 위한 가사집이다. 두 책은 최제우의 사상과 득도의 과정이 쉽게 설명되어 있어 동학이 널리 퍼지는 데 이바지하였다. 최제우는 경주 출신이었는데 경주의 다른 이름이 '동경'이었고, 그가 득도한 곳이 '용담정'이어서 책의 이름을 그렇게 지었다.

다. 하지만 이러한 박해 속에서도 천주교의 교세는 오히려 확장되었습니다.

조선 후기 동학의 발생과 전파

동학, 새로운 세상을 꿈꾸는 농민들 사이에 퍼져 나가다

19세기 들어 세도 정치로 인해 지배 체제의 모순이 심화되고 이양선(異樣船)이 출몰하면서 위기의식이 고조되는 상황에서 **최제우**가 **동학**을 창시했습니다. 최제우는 경주의 몰락 양반 출신으로, 1860년 한울님과 만나는 종교적 체험을 계기로 동학을 창시하여 제1대 교조가 되었습니다.

동학이라는 이름은 서양 세력과 연결된 서학, 즉 천주교를 배격한다는 의미에서 붙여졌습니다. 동학의 교리는 유·불·선의 주요 내용을 바탕으로 주문과 부적 등 민간 신앙의 요소들이 결합되었습니다. 동학은 마음속에 한울님이 모셔져 있다는 **시천주**(侍天主)와 '사람이 곧 하늘'이라는 **인내천**(人乃天) 사상(420p 참조)을 내세우며, 인간의 존엄성과 평등을 주장했습니다. 또한 서양과 일본 세력으로부터 나라를 구하고 백성을 편안하게 한다는 **보국안민**(輔國安民)을 앞세워 서양과 일본 세력의 침략을 배척했습니다. 지금의 세상은 운이 다했고 곧 새로운 세상이 열린다는 **후천개벽**(後天開闢) 사상은 당시 농민들의 사회 변혁 움직임에 혁명적 기운을 불어넣어 주었습니다.

이러한 연유로 동학은 사회 모순에 불만을 품고 있던 농민들에게 큰 영향을 주면서, 삼남 지방을 중심으로 빠르게 확산되었습니다. 정부는 동학을 세상을 어지럽히고 기존 체제를 위협하는 것으로 간주하여 사교로 규정했고, 결국 교조 최제우를 혹세무민(惑世誣民) 혐의로 처형했습니다. 동학은 교조 최제우가 처형당한 뒤 한동안 숨을 죽이고 있었습니다. 그 후 2대 교주 최시형이 《동경대전》과 《용담유사》를 펴내 교리를 정리하고 교단을 정비했습니다(420p 참조). 동학은 교세가 꾸준히 확장되어 삼남 지방은 물론 강원도와 경기도 일대로 퍼져 나갔습니다.

최제우(1824~1864)
동학을 창시한 제1대 교조이다. 개명한 이름인 '제우(濟愚)'는 세상의 어리석은 사람들을 구제한다는 뜻이고 호인 수운(水雲)은 만물을 성장시키는 물을 의미한다.

자료집

조선

핵심정리로 본 조선

사료로 읽는 조선

왕실 세계도

핵심정리로 본 조선

1 정치

조선의 건국 과정

위화도 회군(1388) → 과전법 실시(1391) → 조선 건국(1392)

조선 초 국왕의 정책

국왕	정책
태조	• 국호 '조선'으로 결정 • 한양 천도 • 정도전 중용(재상 중심 정치 강조, 성리학적 통치 이념 확립에 기여)
태종	• 국왕 중심 정치 강화(6조 직계제 실시, 사병 혁파, 호패법 실시 등)
세종	• 왕권과 신권의 조화 강조(의정부 서사제 실시) • 집현전을 왕립 학술 기관으로 확대 개편, 경연 제도 활성화
세조	• 국왕 중심 정치 강화(6조 직계제 실시, 집현전 폐지, 경연 중지 등) • 《경국대전》 편찬 시작
성종	• 홍문관을 학술, 언론 기관으로 확장(집현전의 옛 기능 이양) • 경연 활성화 • 《경국대전》 완성 반포

고려와 조선의 지방 제도 비교

구분	고려	조선
지방 제도	• 일반 행정 구역: 5도–주–군–현 • 군사 행정 구역: 양계–진	8도–부–목–군–현
지방 장관	• 5도–안찰사 • 양계–병마사	관찰사
속현 및 특수 행정구역	존재	소멸(모든 군현에 지방관 파견)

조선의 교육 제도

구분	관학	사학
고등 교육 기관	성균관	
중등 교육 기관	• 4부 학당(한성) • 향교(부·목·군·현)	서원
초등 교육 기관		서당

공통점: 조선의 교육 기관 중 성균관, 향교, 서원은 선현에게 제사 지내는 기능도 담당하였다.

조선 관리 등용 및 인사 제도

관리 등용 제도	과거	• 문과, 무과, 잡과 • 문무 양반 제도 체계화 • 법적으로 누구나 양인 이상이면 응시 가능
	취재	간단한 시험, 하급 실무직
	음서	• 2품 이상 관원의 자제 대상 • 문과에 합격하지 않으면 고관 승직 사실상 불가능
	천거	고관의 추천으로 등용
인사 관리 제도		상피제, 서경제, 인사 고과제 등

관리 등용 제도, 인사 관리 제도의 개편 → 고려 시대에 비해 능력을 중시한 관료제 마련

조선의 군사 제도

군역	• 대상: 16세 이상 60세 이하의 양인 남자(양인 개병제), 병농 일치 • 정군(현역 군인), 보인(정군의 비용 부담)
군사 조직	• 중앙군: 5위(궁궐과 수도 방위) • 지방군: 육군(병영), 수군(수영), 주요 진에 소속되어 방위 → 세조 이후 진관 체제 실시 → 임진왜란 이전 제승방략 체제 • 잡색군: 일종의 예비군
교통과 통신	• 봉수 제도(군사적 위급 사태 전달) • 역참(물자 수송, 정보 전달)

조선의 대외 관계

국가	대외 관계
명	• 태조: 요동 정벌 추진 → 긴장 관계 • 태종 이후 관계 개선, 안정적인 사대 외교 • 사대 외교: 형식적 상하 관계, 실리 외교와 무역
여진	• 회유책: 귀순 장려, 무역소 설치 • 강경책: 4군 6진 개척 • 사민 정책과 토관 제도를 통해 북방 국경 지역 안정
일본	• 회유책: 제한된 무역(3포 개항, 계해약조) • 강경책: 대마도 정벌 • 일본의 무역 확대 요구, 조선의 거절 및 조선 거주 일본인 통제 → 삼포왜란, 을묘왜변 등 발생 → 관계 악화
기타	류큐, 시암, 자와 등과 교역

훈구와 사림의 비교

구분	훈구	사림
출신	• 급진파 신진 사대부(정도전, 조준 등) 계승 → 관학파 • 중앙 정치의 실권을 장악한 대지주층	• 온건파 신진 사대부(정몽주, 길재 등) 계승 → 사학파 • 향촌의 중소 지주 출신
성장	세조 집권 이후 공신으로 성장	세조 때 김종직을 필두로 관직에 진출 → 성종 때 대거 임용, 특히 주로 3사의 언관직에 임명
정치	부국강병, 중앙 집권 체제 추구(현실적)	향촌 자치, 왕도 정치 추구(이상적)
사상	• 성리학 이외의 학문 및 사상에 관대 → 조선 초 문물제도 정비에 기여	성리학 이외의 학문 및 사상 배격 → 사상의 경직성, 성리학의 이기론 발달

조선의 사화

사화	국왕(연도)	핵심 키워드
무오사화	연산군(1498)	김종직의 조의제문
갑자사화	연산군(1504)	폐비 윤씨 사건
기묘사화	중종(1519)	조광조, '위훈 삭제'
을사사화	명종(1545)	대윤과 소윤의 싸움(외척 간의 권력 다툼)

임진왜란의 전개 과정

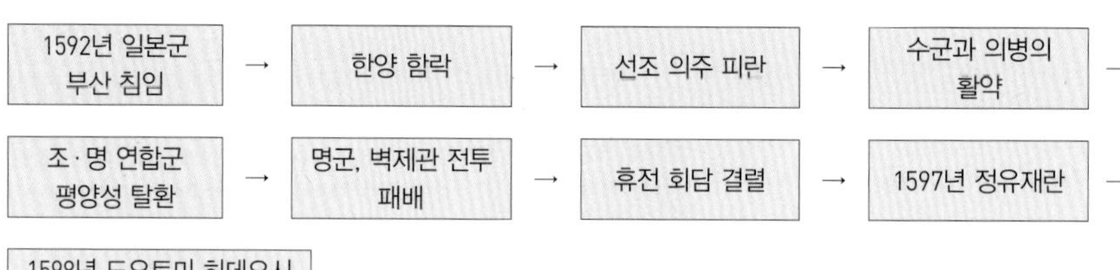

1598년 도요토미 히데요시 사망, 전쟁 종결

임진왜란의 영향

국가 및 세력	임진왜란의 영향
조선	• 인구 감소, 농토 황폐화, 양안 및 호적 소실 → 국가 재정 악화 → 공명첩 발급 등 • 문화재 소실 및 약탈
명	막대한 전쟁 비용 소비 → 국력 쇠퇴
여진	조선과 명의 견제에서 벗어나 성장 → 누르하치의 부족 통합 → 후금 건국
일본	도요토미 정권 붕괴 → 에도 막부 성립, 성리학과 도자기 문화 발전

임진왜란 전후 복구와 실리 외교

전후 복구	농지 개간 장려, 양안·호적 재작성, 경기도에 대동법 실시, 《동의보감》 편찬
외교 정책	광해군 대 명과 후금 사이에서 실리를 추구하는 외교, 일본과 기유약조 체결

정묘호란과 병자호란

정묘호란 (1627)	인조반정(1623) 이후 서인의 친명배금 정책 → 후금 침입 → 형제 관계
병자호란 (1636)	후금이 국호를 청으로 변경한 후 조선에 군신 관계 요구 → 조선 척화파 우세 → 청의 침입 → 인조 남한산성 피란 후 항복(삼전도의 굴욕) → 군신 관계

병자호란 후 조선과 청의 정세

조선	• 친명 관계 단절, 청과 군신 관계 → 청과 명의 전쟁에 청을 지원 • 소현세자, 봉림대군 및 조선인 포로 → 속환 문제, 환향녀
청	1644년 명이 이자성의 난으로 멸망 → 베이징에 청군 입성 후 중원 지역 장악 → 중국 전역 장악

북벌 운동과 북학론

병자호란 → 북벌론 제기 → 효종 중심으로 북벌 준비 → 효종 사후 사실상 북벌 운동 실패 → 북학론 제기

국정 운영과 군사 제도의 변화

내용	개편 전(조선 전기)		개편 후(조선 후기)
국정 운영 총괄 기구	의정부(최고 회의 기구) – 6조	임진왜란	비변사
중앙군	5위		5군영 (훈련도감, 어영청, 총융청, 수어청, 금위영)
지방군	영과 진에 복무 → 진관 체제 → 제승방략 체제		속오군 체제

붕당정치 흐름도

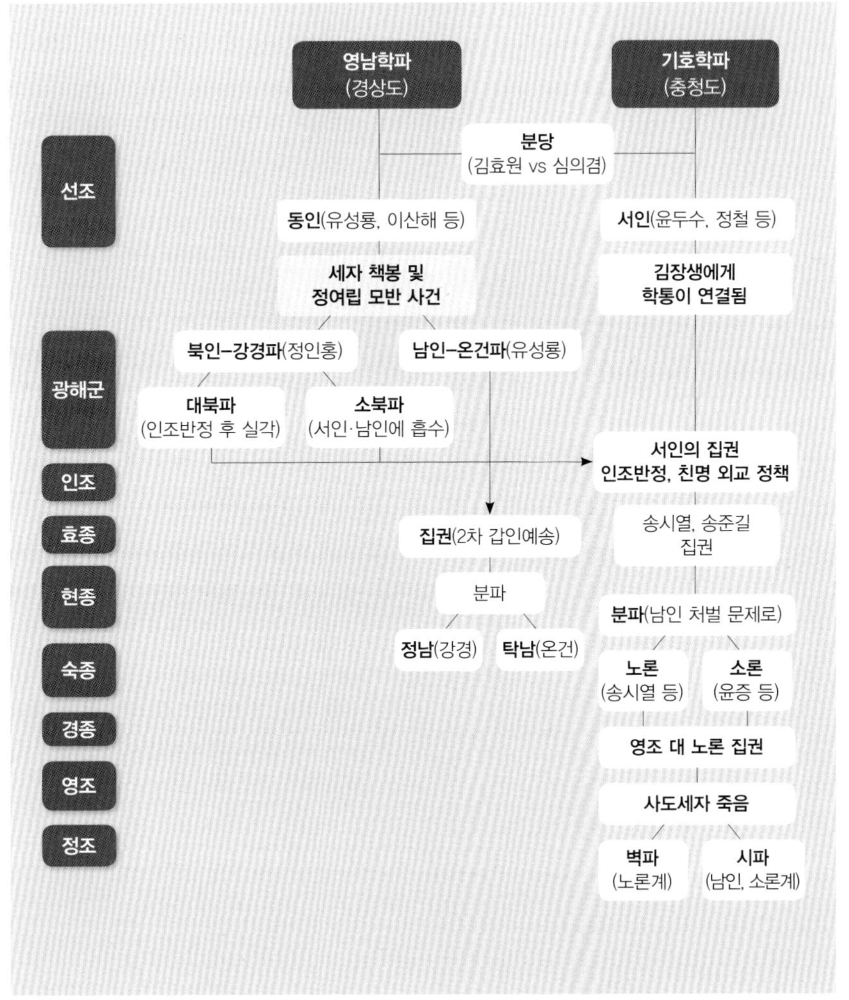

예송

구분	기해예송(1차 예송, 1659)	갑인예송(2차 예송, 1674)
계기	효종 사후	효종비 사후
내용	자의 대비(인조비)의 상복 문제	
서인 (신권 강조)	1년복(기년설) 주장: 효종은 인조의 적장자가 아니라 차자	9개월복(대공설) 주장: 효종비는 차자의 며느리
	예법: 왕과 사대부에게 적용되는 예는 같음	
남인 (왕권 강조)	3년복 주장: 효종은 임금이 되었으므로 적장자	1년복(기년설) 주장: 효종비는 장자의 며느리
	예법: 왕과 사대부에게 적용되는 예는 다름	
결과	서인 승리	남인 승리

붕당정치의 양상

시기	내용
선조	동인과 서인, 남인과 북인 등 붕당 형성
광해군	북인(대북) 집권
인조~현종	• 인조반정으로 서인이 집권하고 일부 남인이 연합한 붕당 정치 전개 • 현종 대에 예송이 일어나면서 상호 협력과 견제의 붕당 정치 균열
숙종~경종	• 환국으로 인한 붕당 정치의 변질(상호 공존의 논리 붕괴) → 일당 전제화 추세 → 왕권 약화 • 경신환국 후 서인은 노론과 소론으로 분화 • 갑술환국 후 점차 노론의 권력 강화

영조의 탕평정치와 개혁

구분	내용
탕평정치	노론 온건파 중심으로 소론 온건파 및 일부 남인을 등용하여 탕평파 육성, 서원 정리, 전랑의 당하관 임명 동의권 철폐, 산림 불인정 등
개혁	균역법 시행, 사형수에 대한 삼심제 시행, 신문고 부활, 《속대전》 편찬 등

정조의 탕평정치와 개혁

구분	내용
탕평정치	• 외척을 제거하고 노론·소론·남인의 세력 균형을 유지한 적극적 탕평 • 국왕의 주도권이 더욱 강화(규장각 육성, 초계문신제 실시, 장용영 설치, 화성 축조, 향약을 수령이 직접 주관→지방 사족의 향촌 지배력 약화)
개혁	서얼 차별 완화(규장각 검서관에 서얼 출신 등용), 통공 정책 실시(금난전권 폐지), 《대전통편》 편찬 등

세도정치와 농민 봉기

구분	내용
세도정치	• 순조~철종 3대 60여 년간 몇몇 세도 가문의 권력 장악 • 과거 부정, 매관매직 등 정치 기강 문란 → 탐관오리의 출현 → 조세 수탈 심화 → 삼정의 문란 → 농민 생활의 어려움
홍경래의 난 (1811)	• 경과: 평안도 지역 차별과 수탈 → 홍경래의 주도하에 신흥 상공업 세력과 빈농, 임노동자 등 참여 → 청천강 이북의 일부 군현 장악 → 관군에 의해 진압됨 • 의의: 하층민들의 사회의식 성장 → 이후 농민들의 적극적 저항에 영향
임술 농민 항쟁 (1862)	• 배경: 지배층의 수탈로 인한 삼정의 문란 • 경과: 경상도 단성현에서 농민 봉기 → 진주로 확산 → 전국 확산 • 정부의 대책: 암행어사 파견, 삼정 이정청 설치 → 큰 성과 없었음

2 경제

과전법과 직전법으로

구분	내용
과전법	• 전·현직 관리에게 경기 지방의 토지 수조권 지급 • 원칙적으로 세습 불가(수신전, 휼양전 등의 명목으로 세습)
직전법	• 세습되는 토지와 관료의 증가로 인해 과전으로 지급할 토지 부족 → 현직 관리에게만 과전 지급, 수신전·휼양전 폐지

관수관급제 시행과 직전법 폐지

구분	내용
직전법 내 관수관급제	• 수조권을 가진 관리들의 수조권 남용 → 관청에서 수확량을 조사한 후 조세를 징수하여 관리들에게 지급
직전법 폐지	• 명종 때 사실상 폐지, 관리에게 녹봉만 지급 • 수조권 지급하는 토제 제도 소멸 → 양반 관료의 토지 소유욕 상승 → 지주와 전호를 통한 토지 관계(지주 전호제) 일반화

조선 전기와 중기의 수취 제도 비교

구분	전세	공납(상공, 별공, 진상)	역(군역)
조선 전기	토지 1결을 기준으로 곡물 수확량의 10분의 1 납부(1결당 30두 가량) → 세종 때 연분 9등법 실시(1결당 4~20두)	가호를 기준으로 토산물(특산물) 부과	양인이 모두 군역을 지는 방식 – 정군(현역 복무) – 보인(경비 부담)
조선 중기	관행적으로 최저율 적용(1결당 4~6두)	방납의 폐단(이이·유성룡 등 수미법 주장)	• 군역의 요역화 • 대립, 방군수포 현상 • 군적수포제 시행

조선 전기의 경제 활동

구분	내용
농업	• 농본주의 → 농경지 확대(개간 장려 등), 농업 생산력 향상(농서 편찬 등) • 밭농사(2년 3작), 논농사(일부 지역에 모내기법 실시), 시비법 발달
수공업	관영 수공업 중심
상업	• 대도시 시전(금난전권으로 인한 독점 판매권, 육의전이 대표적) • 지방 장시(15세기 후반 등장 → 16세기 중엽 전국 확대) • 화폐(저화, 조선통보) 유통 미비

조선 후기의 수취 제도

구분	전세	공납(상공, 별공, 진상)	역(군역)
수취 제도	인조–영정법 (1결당 4두로 고정)	• 대동법 실시 • 토지 기준으로 세금 징수(공납의 전세화) • 토지 1결당 대동미 12두 징수(삼베, 면포, 돈으로 납부 가능) • 공인이 관수품 조달 • 한계: 별공과 진상 존속	• 균역법 시행 • 정남 1인당 1년 2필에서 1필로 감소 • 부족분 보충법 –결작(1인당 2두) –선무군관포 –어염세, 선박세 등 국고 환수
영향	• 전세율 인하 • 대다수가 소작농인 농민에게 큰 도움이 되지 못함 • 각종 부가세 징수 → 농민 부담 증가	• 농민 부담 감소 • 국가 재정 수입 증대 • 화폐 사용 증대, 공인 활동으로 상공업 발달 촉진 • 지주가 소작농에게 대동세 전가 현상 발생	• 농민 부담 절감 • 결작 부담이 소작농에게 전가 • 재정 부족, 군적 문란으로 농민 부담 다시 가중

조선 후기 농촌 경제의 변화

구분	내용
환경 변화	• 농지 개간 장려 → 양난 이전보다 농지 면적 확대 • 수리 시설 전국적 확대 → 모내기법 확대
농업 기술 발달	• 논농사: 전국적으로 모내기법 확대 → 노동력 절감, 생산량 증대, 벼와 보리의 이모작 가능 • 밭농사: 견종법 확대 → 노동력 절감, 생산량 증대
광작	견종법, 모내기법 도입에 따른 노동력 절감 → 1인당 경작 면적 확대 → 농민층 분화(부농, 빈농, 고농 등)
상품 작물 재배	쌀의 상품화(밭을 논으로 바꾸는 현상), 인삼 • 면화 • 담배 • 고추 • 채소 등 고수익 상품 작물 재배 확대
지대 방식 변화	타조법 → 일부 지역 도조법 : 소작농의 부담 감소, 지주의 간섭 약화, 소작농의 생산 의욕 향상

조선 후기 수공업과 광업의 발달

구분	내용
수공업의 발달	• 배경: 도시 인구 증가, 대동법 시행에 따른 제품 수요 증대, 농업 생산력의 향상에 따른 구매력 증가로 상업 발달 등 • 민영 수공업 발달, 선대제 수공업 → 유기 등의 분야에서 독립 수공업 발달
광업의 발달	• 배경: 수공업 발달에 따른 광물 수요 증대, 청과의 무역 증대로 은 수요 증가 등 • 민영 광산의 확대, 물주–덕대–노동자의 선진적인 광산 운영 방식 • 설점수세제 시행 → 광산 개발 억제로 잠채 성행

조선 후기 상업의 발달과 대외 무역

구분	내용
상업의 발달	• 배경: 농업 • 수공업 • 광업의 생산력 증대, 대동법 시행으로 인한 공인의 등장, 도시 인구의 증가 등 • 공인의 주도 → 사상의 활동 증대, 일부는 도고로 성장 • 장시의 전국 확대(보부상의 활동), 포구 상업 발달 - 객주, 여각, 선상 등 • 상평통보의 전국적 유통, 신용 화폐 등장, 전황 발생
대외 무역	• 개시 무역, 후시 무역 발달 (사상의 활동) • 청과 일본을 연결한 조선의 중계 무역 • 대청 무역(만상), 대일 무역(내상), 중계 무역(송상) 등

3 사회

조선의 사회 제도

구분	내용	
구제책	농번 정책	토지 개간 장려, 농번기 잡역 동원 금지, 재해 시 세금 감면 양반 지주들의 토지 겸병 규제
	환곡 제도 운영	• 국가: 의창, 상평창 • 지방 양반: 사창
	의료 시설	혜민서, 동서활인서
통제책	호패제, 오가작통법	

법률 제도

구분	내용
형벌	태 · 장 · 도 · 유 · 사
중죄	반역죄, 강상죄
사법기관	사법 기관과 행정 기관의 구분이 명확하지 않음 • 중앙 – 형조: 법과 형벌을 다룬 중앙 관청 – 사헌부: 관리 감찰 – 의금부: 국왕 직속 사법 기구 – 한성부: 수도의 치안 담당 – 장례원: 노비 문제 처리 • 지방: 관찰사와 수령이 관습법에 따라 처리
특이점	• 연좌제 • 3심제 가능 • 토지와 노비의 소유권 분쟁은 문건에 의한 증거를 기준으로 함 • 신분에 따라 법의 적용이 차등적임

성리학적 사회 질서의 확산

① 서원의 설립
② 향약의 시행
③ 성리학 관련 서적 편찬: 《주자대전》, 《소학》, 《주자가례》, 《동몽선습》, 《격몽요결》
④ 가묘와 사당, 족보 편찬
⑤ 향사례와 향음주례 시행

양반 중심의 신분제 동요의 원인

임진왜란	사망, 유망, 호적·양안·노비 문서 분실 → 정부는 위기 극복을 위해 군공, 납속, 공명첩 활용
농업 생산력의 발전	납속, 족보 매입·위조 → 호적상의 직역을 바꾸어 양반 사칭
일당 전제화 경향	다수의 양반은 권력에서 배제되며 몰락 → 향반, 잔반

중인들의 신분 상승 움직임

서얼	• 청요직 허용을 요구하는 통청 운동 → 수차례에 걸친 집단 상소 → 1851년(철종 2년) 청요직 허통
기술직 중인	• 잡과를 통해 전문 기술직에 종사하며 안정된 생활 → 1851년 차별 철폐와 청요직 허용의 요구를 담은 소청 운동 계획 → 실패 • 각종 시사(詩社)를 결성하여 문학과 예술 활동에서 두각 • 서학과 서양 문물 수용에 선구적 역할

노비들의 신분 상승 움직임

합법적	• 군공, 납속을 통한 신분상승 • 노동력 제공 대신 신공을 납부하며 경제력 확대를 바탕으로 신분상승 도모
비합법적	도망

⇩

도망간 노비 추쇄를 위해 노력

⇩

• 영조: 노비종모법 실시(노비는 어머니의 신분에 따름)
• 정조: 노비 추쇄 금지
• 순조(1801): 공노비 해방

⇩

갑오개혁(1894): 신분제 폐지

조선 후기 향촌 질서의 변화

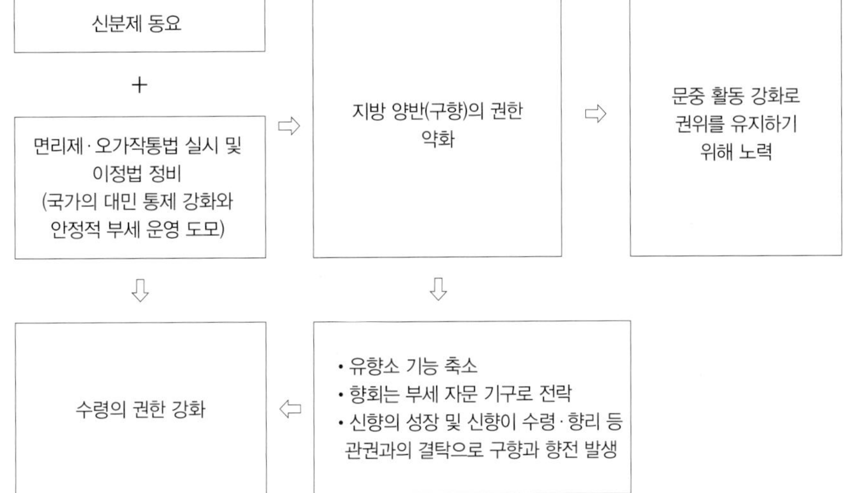

성리학적 질서의 보급에 따른 가족 제도의 변동

	조선 전기	조선 후기(17C 중엽 이후)
가족 제도	양변적 친족제	부계 중심 친족제
혼인	서류부가혼(처가살이)	친영(시집살이)
상속	균분 상속	적장자 우대 상속
제사	윤회 봉사, 아들이 없는 경우 외손 봉사	적장자 봉사 적자인 아들이 없을 경우 양자를 통해 가계 계승

조선 후기 사회 변혁의 움직임

다양한 방식의 항거	• 거납: 조세나 지대 납부 거부 • 유망: 거주지 이탈 • 와언: 관리나 지주에 대한 나쁜 소문 퍼뜨리기 • 산호: 산에 올라가 수령을 꾸짖음 • 거화: 밤에 횃불을 들고 관리의 부정 폭로 • 괘서: 글을 써 붙임 • 상언: 왕에게 글을 올림 • 격쟁: 징·꽹과리로 이목을 집중시킨 후 왕에게 호소
명화적	• 유민이나 도적이 무장 집단을 조직하여 지배층 공격 • 횃불을 들고 공격하여 화적이라 불림 • 육지뿐만 아니라 강이나 바다에서도 해적 활동 • 1862년 임술 농민 봉기 이후에는 전국적으로 나타남
홍경래의 난 (1811~1812)	• 원인: 지역 차별과 세도 정권에 대한 불만 • 과정: 세도 정권 타도를 목표로 가산에서 봉기 → 10여 일 만에 청천강 이북의 평안도 서부 일대 장악 → 정주성에서 장기 항전 → 4개월 만에 진압됨
임술 농민 봉기 (1862)	• 원인: ① 세도 정치하 탐관오리의 부정 ② 바뀐 수취체제인 총액제와 도결의 모순 ③ 전정·군정·환곡의 삼정의 문란 • 과정: 진주의 도결과 환곡의 문제 → 몰락 양반 유계춘을 중심으로 농민 봉기 → 아전을 구타 · 살해하고 토호 습격 뒤 해산 → 70개 이상의 지역으로 봉기 확산 → 정부는 무력으로 진압하며 회유책도 병행하여 실시 (실태 파악, 수령과 아전 처벌, 삼정이정청 설치)

4 문화

한글 창제

한글 창제	동기	• 언어와 문자가 일치하지 않는 데서 오는 백성의 불편함을 해소하기 위함 • 백성에게 문자를 가르쳐 교화를 쉽게 하려는 목적
	의의	음운 이론을 바탕으로 발음 기관을 본떠 만들어진 소리글자로서, 배우기 쉽고 과학적으로도 우수한 글자임
	역할	민족 문화 발전에 크게 이바지 한문을 보조하면서 다양한 기능 담당

조선의 역사서 편찬

역사 정리 및 기록 문화의 발전	조선 건국 초	• 《고려국사》: 정도전이 조선 건국의 정당성을 밝히기 위해 편찬 • 《고려사》: 기전체 역사서 • 《고려사절요》: 편년체 역사서	고려의 역사를 정리
	15C	동국통감: 성종 때 편찬한 고조선~고려까지 아우르는 우리나라 최초의 통사, 편년체 서술	
	16C	• 박상의 《동국사략》: 고려의 이색과 정몽주 등을 칭송하는 등 당대 사림파의 역사 인식을 확인할 수 있음 • 이이의 《기자실기》: 소중화 의식에 따라 단군보다 기자 중시	
	조선왕조 실록	• 조선 왕조 기록 문화의 최고봉 • 조선 태조부터 철종에 이르기까지 25대 472년간의 역사를 편년체로 기록함	
	시정기	각 관청이 편찬한 업무 일지인 등록을 모아 춘추관에서 해마다 시정기를 편찬함	
	승정원 일기	국왕의 비서 기관인 승정원에서 매일 취급하던 문서와 사건을 기록함	
	의궤	왕실이나 국가의 주요 행사 내용을 정리한 기록	

조선의 지리지 편찬

전국 지도	팔도도	• 1402년 태종 대에 제작한 것으로 추정됨 • 새로 편입된 북방 영토를 실측하여 작성된 전국 지도
	동국지도	• 15C에 제작된 것으로, 조선 전기 지도 제작 기술 성과를 종합한 의의가 있음 • 각 지방의 실측 지도를 제작하고 이를 모아 완성한 전국 지도 • 만주를 미수복 지역으로 생각하고 있던 당대의 국토 관념 반영
	조선방역지도	• 16C 전국 지도 중 하나
세계 지도	혼일강리역대국도지도	• 1402년 태종 대에 만들어진 세계 지도 • 유럽, 아프리카까지 지도의 영역으로 포괄한 현존하는 가장 오래된 동양 지도
	혼일역대국도강리지도	• 유럽과 아프리카는 잘려나가고 중국과 한반도가 과장되게 표현되어 당시 지배층의 소중화 의식이 드러남

15C	• 《신찬팔도지리지》: 세종 때 지리지의 편찬을 적극적으로 추진하며 완성됨, 현존하지 않음	관찬 지리지
	• 《세종실록지리지》: 《신찬팔도지리지》를 축소하여 《세종실록》의 부록으로 넣음	
	• 《동국여지승람》: 성종 대 훈신들에 의해 편찬되었으나 반포되지 못함, 군현의 연혁, 지세, 인물, 풍속, 산물, 교통 등을 자세히 수록, 부국강병 의식이 반영되어 만주를 우리 영역으로 간주	
	• 《신찬동국여지승람》: 《동국여지승람》을 김종직 등 사림들이 다시 개찬	
16C	• 《신증동국여지승람》: 16C 중종 때 사림들이 《신찬동국여지승람》을 보충하여 편찬, 국토를 압록강 이남으로 한정, 성리학적 기준에 따라 지방 군현의 역사와 문화를 기록하는 데 공을 들임	
	• 한백겸의 《동국지리지》: 자료를 폭넓게 수집하고 고증하여 위치 비정에 관한 새로운 방법론 제시	16C 이후 다양한 형식과 내용을 가진 지리지 등장

조선 최고의 법전 《경국대전》의 편찬 과정

유교적 통치 규범을 성문화하는 노력

건국 초

- 정도전의 《조선경국전》
- 조준의 《경제육전》
- 《속육전》: 각종 교지, 수교, 조례 모음집

법전의 중복 및 모순된 내용을 정리하여 체계적으로 정리할 필요성 대두

⇩

경국대전

- 세조 대 시작되어 성종 대에 완성
- 조선 왕조의 기본 법전으로서 통치의 근간이 됨
- 조선 후기까지 법률 체계의 골격을 이룸

⇩

속대전

- 조선 후기 사회상을 종합
- 《경국대전》과 쌍벽을 이루는 후기의 기본 법전

⇩

대전통편

정조 대 변화된 사회상을 반영하여 새로운 내용을 통합함

⇩

대전회통

고종 대 편찬된 조선 시대 마지막 법전

《경국대전》의 '조종성헌준수의 원칙'과 '법전 • 법령집 구분의 원칙'은 조선 법전 편찬의 기본 원칙이 됨

지리학의 발달

중앙 집권 국방 강화

전국 지도	
15C	팔도도(세종, 새로 편입된 북방 영토를 실측하여 제작)
15C	동국지도(세조, 각 지역 실측 지도 제작을 바탕으로 이를 모아 제작)
16C	조선방역지도
세계 지도	
15C	혼일강리역대국도지도(태종, 동양 최초의 세계 지도, 중국을 중심으로 한반도를 크게 배치하여 자주 의식이 엿보임)
16C	혼일역대국도강리지도(유럽과 아프리카는 잘려 나가고 중국과 한반도를 크게 배치, 소중화 의식이 잘 드러남)

지리지	
15C	신찬팔도지리지(세종)
15C	세종실록지리지(세종)
15C	동국여지승람(성종, 군현의 연혁, 지세, 인물, 풍속, 산물, 교통 등 수록, 부국강병 의식이 강하고 만주를 우리 영역으로 간주)
16C	신증동국여지승람(중종, 성리학적 기준에 따라 군현의 역사와 문화 기록. 국토를 압록강 이남으로 한정)

주요 법전 편찬

조선경국전(태조3, 1394),
경제육전(태조6, 1397)

⇩

속육전(태종~세종)

⇩

경국대전(성종15, 1484)

⇩

속대전(영조22, 1746)

⇩

대전통편(정조9, 1785)

⇩

대전회통(고종2, 1865)

윤리서와 의례서 편찬

목적	유교 질서 확립
방법	국가 차원에서 적극적으로 서적 편찬
내용	《삼강행실도》, 《이륜행실도》, 《오륜행실도》
	《국조오례의》, 《의궤》
	《주자가례》, 《소학》, 《동몽수지》

급진 개혁파와 온건 개혁파 비교

급진 개혁파	온건 개혁파
조선 건국에 참여	낙향하여 학문연구, 후진 양성
훈구파/ 관학파	사림파/ 사학파
국가체제 정비, 중앙집권 강화	영남 · 기호 지방에 근거하여 세력 형성
중앙집권, 부국강병 중시	도덕과 의리에 바탕을 둔 왕도정치, 향촌 자치 중시
성리학뿐만 아니라 실용학문 중시	인간의 심성 문제에 관심
불교, 도교, 풍수지리설, 민간신앙까지 포용	성리학 이외의 사상 배척
주례 중시	주자가례 중시
사장 중시	경학 중시

이황과 이이의 비교

공통점	
성리학 발달에 크게 기여	
차이점	
이황	**이이**
• 이기이원론에 바탕을 둠 • '이기 호발설' 주장 – 이가 발하면 기가 따른다	• 이기이원론적 일원론을 주장하여 이와 기를 통합하려 함 • '기발이승설' – 기가 먼저 발동하면 이가 올라탄다 • '이통기국' – 이와 기의 관계를 물과 그릇에 비유함
이의 자율성 강조	상대적으로 기의 역할 중시
도덕이 갖추어지면 현실 정치 문제는 자연히 해결됨	현실 개혁에 관심
《성학집도》	《동호문답》, 《성학집요》
영남학파 형성	기호학파 형성

사상과 종교의 양상

구분	내용
불교 (숭유 억불 정책)	• 건국 초: 불교 사원이 소유한 막대한 토지와 노비 회수 • 태종: 도첩제 • 세종: 교단 정리 ⇒ 선종과 교종으로 통합한 후 36개 절만 인정, 《석보상절》 한글 간행 • 세조: 간경도감 설치하여 불교 경전을 한글로 번역 보급, 원각사지 10층 석탑 건립 • 성종 이후 산간 불교로 바뀜 • 명종: 문정왕후의 지원으로 승과 제도 부활 등 일시적으로 발전하였으나 문정왕후 사후 불교 관련 정책 폐지
도교	소격서 → 초제 시행 ⇒ 조광조 폐지 주장
풍수지리설	한양 천도, 묘지 선정에 영향 → 왕릉 이장, 산송 발생
민간신앙	무격신앙, 삼신 신앙, 촌락제

과학 기술의 발달

기구	내용
천상열차분야지도	석각 천문도
혼천의, 간의	천제 관측 기구
앙부일구, 현주일구, 천평일구	해시계
자격루	물시계
측우기	강우량 측정 기구
수표	수위 측정
인지의, 규형	토지 측량 기구
칠정산	우리 나라 최초로 수도인 한양을 기준으로 작성된 역법, 17C 청의 시헌력이 도입될 때까지 우리나라 역법의 기본이 됨

조선 전기 의학의 발달

우리 실정에 맞는 의학서 편찬의 필요성 대두

⇩

세종 대	《향약채취월령》: 약재에 관한 이론서
	《향약집성방》: 국산 약재 소개, 병증에 대한 치료와 예방법 소개
	《의방유취》: 동양 최대의 의학 백과사전

⇩

17C 허준이 저술한 《동의보감》 편찬의 밑바탕이 됨

농서의 간행

고려 말 조선 초	《농상집요》	중국의 농서
태종	《농서집요》	《농상집요》에서 필요한 부분을 골라 이두로 번역
세종	《농사직설》	우리 농부들의 실제 경험을 토대로 국내 실정에 맞는 독자적인 농법을 정리 ⇒ 조선 전기 영농의 지침서
성종	《금양잡록》	강희맹이 경기 지방의 농사 경험에 근거하여 편찬
17C	《농가집성》	《농사직설》의 내용 증보, 조선 후기 영농의 기본 지침서

인쇄술의 발달

<table>
<tr><td rowspan="2">태종</td><td rowspan="5">금속 활자 인쇄</td><td>주자소(국립 인쇄소) 설치</td><td rowspan="4">• 구리로 주조
• 밀랍으로 활자 고정</td><td rowspan="5">목판 인쇄</td><td rowspan="5">지방 감영, 사찰, 향교, 문중 등</td></tr>
<tr><td>계미자 주조(1403)</td></tr>
<tr><td rowspan="3">세종</td><td>경자자(1420)</td></tr>
<tr><td>갑인자(1434)</td></tr>
<tr><td>병진자(1436)</td><td>• 납으로 주조
• 식자판 조립하여 활자 고정</td></tr>
</table>

무기 개발과 병서의 편찬

<table>
<tr><td rowspan="3">화약 무기의 개발</td><td>태종, 세종</td><td>최해산의 화약 무기 개량</td></tr>
<tr><td>문종</td><td>신기전 + 화차 개발</td></tr>
<tr><td>임진왜란</td><td>비격진천뢰 개발
화살을 쏘는 총통이 점차 탄환을 쏘는 화포로 발전</td></tr>
<tr><td>병선 제조 기술의 발달</td><td colspan="2">주함선인 판옥선, 돌격선인 거북선, 작고 날쌘 전투선인 비거도선 개발</td></tr>
<tr><td rowspan="3">병서의 편찬</td><td>세종</td><td>《총통등록》: 화약 무기 성과 정리</td></tr>
<tr><td>문종</td><td>《동국병감》: 중국과 우리나라의 역대 전쟁사 정리(고조선~고려)</td></tr>
<tr><td>성종</td><td>《병장도설》: 군사 훈련의 지침서</td></tr>
</table>

건축과 예술의 발달

	15C	16C
건축	• 궁궐, 관아, 성곽, 학교 중심 • 무위사 극락전 • 해인사 장경판전(팔만대장경 보관) • 원각사지 10층 석탑	서원 건축 중심
공예	분청사기	(순)백자
그림	• 고사관수도(강희안) • 몽유도원도(안견)	산수화와 사군자
음악	• 세종: 아악 체계화 • 성종: 《악학궤범》	속악 발달
무용	• 궁중 무용: 처용무 • 민간 무용: 산대놀이, 꼭두각시 놀음	

성리학을 비판하는 새로운 흐름

서인	인조반정

⇩

집권 노론	주자 성리학의 절대화

⇕

성리학을 비판하는 새로운 흐름	
권력에서 소외된 소론 남인 중심	• 윤휴 · 박세당: 주자 중심의 성리학을 비판하며 원시 유학을 재발견, 노론의 중심인물 송시열은 이를 사문난적으로 비판 • 정제두(18C 初): 양명학을 체계적으로 연구, 강화학파 형성

18세기의 호락 논쟁

공통점	권력을 잡고 있던 노론 성리학자들 사이에서 벌어진 이기(理氣) 논쟁	
차이점	호론	낙론
	주로 호서(충청) 지방에 거주	주로 낙하(落下, 서울) 지방에 거주
	인물성이론: 인성과 물성은 본질적으로 다르다	인물성동론: 인성과 물성은 본질적으로 같다
	이기이원론적 일원론에 근거	• 기의 차별성 강조 • 불교, 노장사상, 양명학의 영향
	화이론 → 대의명분론 (청을 오랑캐, 조선을 중화)	사물에 대한 관심 → 이용후생 → 실학(북학파) 추구
	위정척사 사상으로 이어짐	북학파 → 개화사상으로 이어짐

조선 중화론의 양상

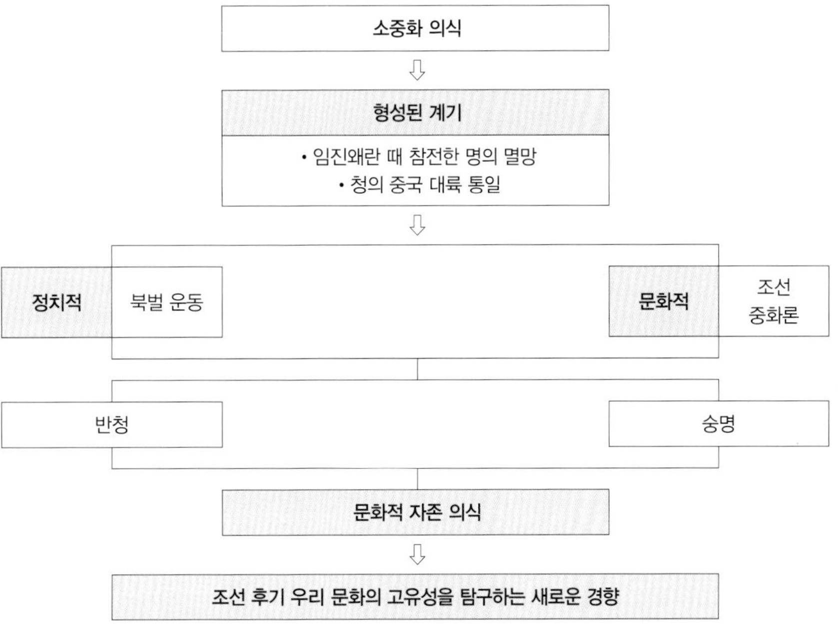

농업 중심 개혁론과 상공업 중심 개혁론의 비교

	중농학파(경세치용 학파)	중상학파(이용후생 학파, 북학파)
붕당	경기 남인	노론 자제들
주장	토지 재분배 → 자영농 육성	생산력 향상, 상공업 진흥, 청 문물 수용 → 부국강병
인물별 개혁안	• 유형원(반계수록): 균전론(신분에 따른 차등) → 농병일치 • 이익(성호사설): ① 한전론(토지 하한제) ② 나라 해치는 여섯 가지 폐단 • 정약용(여유당전서): 여전론 (공동 생산, 공동 분배) → 정전제	• 유수원(우서): 상공업 진흥, 사농공상의 직업적 평등, 노비제 폐지 • 홍대용(담헌서): ① 지전설, 무한 우주론 ② 기술 혁신, 문벌 폐지, 성리학 극복 • 박지원(열하일기): ① 수레, 선박, 화폐의 이용 ② 한전론(토지 상한제)+농업 생산력 향상 ③ 양반을 비판하는 한문소설 ④ 《열하일기》는 정조 때 문체 반정 야기 • 박제가(북학의): ① 수레, 선박 이용 ② 절약보다 소비 주장 ③ 청과의 해상 무역 → 세계 무역 동참
한계	정권에서 밀려난 사람들이 많아 국가 정책으로 실현되지 못함	

토지 제도 개혁론

인물	주장	내용
유형원	균전론	관리, 선비, 농민에게 그 신분에 따라 차등 있게 토지를 분배하고 세금과 군역을 조정하여 농병 일치의 군사 조직을 주장
이익	한전론	생활을 유지하는 데 필요한 토지를 영업전으로 정하여 매매를 금지하고 나머지 토지는 자유롭게 매매할 수 있도록 하여 점진적으로 토지 소유를 균등하게 하자고 주장
정약용	여전론	공동 농장 제도를 운영하여 토지를 공동으로 경작하고 수확은 노동량에 따라 차등 분배하자는 주장
	정전제	중국 주나라의 토지 제도를 수용하여 전국의 토지를 국유화하고 우물 정자 모양의 정전(井田)을 편성한 후 9분의 1은 공전으로서 조세를 충당하고 나머지는 농민에게 분배하자고 주장

조선 후기 국학 연구의 확대

	내용
역사	• 안정복의 《동사강목》: 고조선~고려까지 정통론 체계화 • 이종휘의 《동사》: 고구려 연구 • 유득공의 《발해고》: 발해 연구를 바탕으로 남북국 용어 처음 사용 • 이긍익의 《연려실기술》: 실증적으로 조선 정치, 문화 정리 • 한치윤의 《해동역사》: 외국 자료 인용
지리	• 지리서 ① 개인 ㄱ. 역사: 한백겸의 《동국지리지》, 정약용의 《아방강역고》 ㄴ. 인문: 이중환의 《택리지》 ㄷ. 자연: 신경준의 《산경표》 ② 국가: 각 지역의 읍지 편찬 → 《동국문헌비고》 중 《여지고》 → 《여지도서》(영조, 방대한 전국 지리지) • 지도 ① 정상기의 《동국지도》: 최초로 백리 척 사용 ② 김정호의 《대동여지도》: 지도 제작 성과 집대성
국어	• 우리말 음운 연구 ① 신경준의 《훈민정음운해》 ② 유희의 《언문지》 • 우리 방언과 해외 언어 정리: 이의봉의 《고금석림》
백과사전	• 개인: 이수광의 《지봉유설》, 이익의 《성호사설》, 이덕무의 《청장관전서》, 서유구의 《임원경제지》, 이규경의 《오주연문장전산고》 • 국가: 《동국문헌비고》(1770, 영조 46)

조선 후기 과학 기술의 발달

	내용
의학	• 허준의 《동의보감》: 전통 한의학 정리 및 동아시아 의학 집대성 • 허임의 《침구경험방》: 침구술 집대성 • 정약용의 《마과회통》: 홍역, 종두법 연구 • 이제마의 《동의수세보원》: 사상의학 확립
농서	• 신속의 《농가집성》: 벼농사 중심 농법 소개 및 이앙법 보급 • 《색경》, 《산림경제》, 《과농소초》, 《해동농서》: 상품작물 재배 • 서유구 《임원경제지》: 농업 중심의 백과사전
서양 문물	곤여만국전도(세계 지도), 천리경, 자명종, 서양 화포, 각종 한역 서학서
천문학	• 시헌력 도입: 김육의 노력 • 지전설(김석문, 홍대용): 중국 중심 세계관 비판
그 외	• 정약용: 화성 축조(거중기 이용), 배다리 설계

조선 후기 문화의 새 경향

특징	• 서민 문화의 발달 • 우리 문화의 고유성을 탐구
문학	• 한글 소설(홍길동전, 춘향전) • 사설시조와 사회 비판적 성향의 한시 • 박지원의 한문 소설(양반전, 허생전) → 문체 반정
판소리	신재효가 정리한 다섯 마당이 전함
탈춤	사회 비판적, 풍자적 성격
음악	가곡, 시조(양반), 민요(서민)
회화	• 진경산수화: 정선의 '인왕제색도', '금강전도' • 초상화: 윤두서의 '자화상' • 풍속화: 김홍도, 신윤복 • 민화: 기복적 염원 표현
도자기	청화백자, 달항아리
서예	• 동국진체(이광사) • 추사체(김정희)
건축	• 17C: 왕실, 양반 지주, 부유한 상인들의 사찰 지원(김제 금산사 미륵전, 구례 화엄사 각황전, 보은 법주사 팔상전) • 18C: 부농과 상인들의 사찰 지원(논산 쌍계사, 부안 개암사, 안성 석남사), 왕실의 필요(수원 화성)

조선 후기의 새로운 종교

정감록과 미륵 신앙	말세의 도래와 왕조의 교체를 예언
천주교	17C 초 《천주실의》: 서학으로서 전래 → 18C 후반 남인들을 중심으로 신앙으로 수용 → 교세의 확장 (평등·영생 사상) → 진산 사건(1791) 이후 탄압 → 신유박해(1801) → 백서 사건(1801) 이후 탄압이 더 심해짐
동학	최제우의 동학 창시(1780) → 삼남 지방 중심으로 교세 확장(인내천, 보국안민, 후천개벽 사상) → 사교로 규정, 최제우 처형(1864) → 최시형의 교리 및 교단 정비

사료로 읽는 조선

1 정치

재상, 총재라는 단어와 총재의 역할을 강조한 내용이다. 출처 《조선경국전》을 통해 정두전의 재상 정치론과 관련된 사류임을 파악할 수 있다.

정도전의 재상 정치론(총재론)

임금의 직책은 한 사람의 재상을 논정하는 데 있다 하였으니, 바로 총재(冢宰)를 두고 한 말이다. 총재는 위로는 임금을 받들고 밑으로는 백관을 통솔하여 만민을 다스리는 것이니 직책이 매우 크다. 또 임금의 자질에는 어리석음과 현명함이 있고 강함과 유약함에 차이가 있으니, 옳은 일은 아뢰고 옳지 않은 일은 막아서, 임금으로 하여금 대중의 경지에 들게 해야 한다.

《조선경국전》

의정부의 일을 나누어 6조에 귀속시켰다는 내용을 통해 6조 직계제와 관련된 사료임을 파악할 수 있다.

6조 직계제

처음으로 의정부의 서사를 나누어 6조에 귀속시켰다. … 처음에 왕은 의정부의 권한이 막강함을 염려하여 이를 혁파할 생각이 있었지만, 신중하게 여겨 서두르지 않다가 이때에 이르러 단행하였다. 의정부가 관장한 것은 사대 문서와 중죄수의 심의뿐이었다.

《태종실록》

의정부가 6조로부터 보고 받고 왕명을 받은 후 심의하여 6조에 내려보낸다는 내용을 통해 의정부 서사제를 설명하는 사료임을 알 수 있다.

의정부 서사제

6조는 각기 모든 직무를 먼저 의정부에 보고하고, 의정부는 가부를 헤아린 뒤에 왕에게 재가를 받아 6조에 내려보내어 시행한다. 다만, 이조와 병조의 관리 임명, 병조의 군사 업무, 형조의 사형수를 제외한 판결 등은 종래와 같이 각 조에서 직접 아뢰어 시행하고 곧바로 의정부에 보고한다.

《세종실록》

대간에 임명되어야 하는 사람의 특징, 간관의 중요성을 설명하는 사료로 파악할 수 있다. 또한 재상의 역할을 강조하는 내용과 출처 《삼봉집》에서 삼봉(三峯)은 정도전의 호(號)이므로 재상 중심의 정치를 강조하는 사료로도 해석할 수 있다.

대간의 역할

대간은 마땅히 위엄과 명망이 우선되어야 하고 탄핵은 뒤에 해야 한다. 왜냐하면 위엄과 명망이 있는 자는 비록 종일토록 말하지 않더라도 사람들이 스스로 두려워 복종할 것이요, 이것이 없는 사는 날마다 수많은 글을 올린다 하더라도 사람들이 두려워하지 않기 때문이다. … 천하의 득실과 백성을 이해하고 사직의 모든 일을 간섭하고 일정한 직책에 매이지 않는 것은 홀로 재상만이 행할 수 있으며, 간관만이 말할 수 있을 뿐이니, 간관의 지위는 비록 낮지만 직무는 재상과 대등하다.

《삼봉집》

밑줄 친 부분에서 사민 정책과 토관 제도의 실시를 확인할 수 있다.

사민 정책과 토관 제도

세종 16년 옛 땅을 되찾기로 하였다. 소다로의 땅이 넓고 기름지며 적들이 오가는 요충지이기 때문에 옛 터전 북쪽인 회질가에 성을 설치하였다. 남도 백성을 이주시켜 채우고 부를 옮기고 판관과 토관을 두었다. 그 뒤에 석성으로 고쳐 쌓았다.

《세종실록지리지》

세종 대 세사미두와 세견선에 대한 약조를 맺었다는 내용을 통해 계해약조임을 확인할 수 있다.

계해약조

세종 25년(1443) 계해에 세사미두(歲賜米豆)와 세견선(歲遣船)에 대한 약조를 정하였다. (대마도) 도주(島主)에게는 해마다 쌀과 콩을 합하여 200섬을 주기로 하였다. 세견선은 50척으로 하고 만일 부득이하게 보고할 일이 있으면 이 숫자 이외에 특송선을 보내도록 하였다.

《증정교린지》 권4, 약조

명의 대신이었던 왕재진이 쓴 《해방찬요》의 일부분이다. 밑줄 친 내용에서 명이 임진왜란에 참전한 현실적인 이유가 나타난다.

명이 임진왜란에 참전한 이유

조선은 동쪽 변방에 끼어 있어 우리(명)의 왼쪽 겨드랑이에 가깝습니다. 평양은 서쪽으로 압록강과 인접하고, 진주는 직접 등주와 내주를 맞대고 있습니다. 만일 일본이 조선을 빼앗아 차지하고 요동을 엿본다면 1년도 안 되어 베이징이 위험해질 것입니다. 그러므로 조선을 지켜야만 요동을 보호할 수 있습니다.

《해방찬요》

사료를 통해 후금과 적대 관계를 피하려 하는 광해군의 실리 외교(중립 외교) 정책을 이해할 수 있다.

광해군의 실리 외교

요즘 서쪽 변장의 보고를 보건대, 서쪽 변경의 장수와 군사들이 다 적을 격멸하려고 한다니 그들의 의리는 가상하나 먼 앞날에 대한 생각은 없는 것 같다. 여기에 온 적을 쳐서 얼마간 이긴다 하더라도 후금의 군대 3만을 우리나라의 힘 없는 군사로써 어떻게 당해 낼 것인가. 더군다나 한번 서로 싸우게 되면 광녕(廣寧)으로 향하던 적이 반드시 먼저 우리나라로 향할 것이다. 옛사람들이 경솔히 행동하지 않은 것은 다 이유가 있는 것이다. 일의 변화란 무궁한 것이니, 만일 적이 먼저 성을 공격하여 어지럽힌다면 어찌 다른 것을 생각할 수 있을 것인가. 정세를 살펴 잘 처리하는 것이 옳을 것이다.

《광해군일기》

첫 번째 사료는 주화파의 주장, 두 번째 사료는 척화파의 주장임을 알 수 있다.

주화와 척화

- 주화(主和) 두 글자가 신의 일평생에 허물이 될 줄 압니다. 그러나 신은 아직도 오늘날 화친하려는 일이 그르다고 생각하지 않습니다.

《지천집》

- 화의가 나라를 망친 것은 어제 오늘의 일이 아닙니다. 옛날부터 그러하였으나 오늘날처럼 심한 적은 없었습니다. 명은 우리나라에는 부모의 나라입니다.

《인조실록》

첫 번째 밑줄 친 부분은 시아버지인 장유가 속환되어 돌아온 며느리에 대해 절개를 잃었으니 이혼시켜 달라고 인조에게 주청하는 내용이다. 당시 일부 사대부들은 속환되어 돌아온 여인들이 유교적 관점에서 절개를 잃었으니 받아들일 수 없다고 생각하였다. 두 번째 밑줄 친 부분에서도 속환되어 돌아온 여인들에 대한 사대부들의 인식을 알 수 있다.

속환되어 돌아온 여인들에 대한 당시 일부 사대부의 인식

- 신풍 부원군(新豐府院君) 장유(張維)가 예조에 단자를 올리기를 "외아들 장선징(張善澂)이 있는데 강도(江都)의 변에 그의 처가 잡혀 갔다가 속환(贖還)되어 와 지금은 친정 부모집에 가 있다. 그대로 배필로 삼아 함께 선조의 제사를 받들 수 없으니, 이혼하고 새로 장가들도록 허락해 달라."고 하였다. … 사신은 논한다. 충신은 두 임금을 섬기지 않고 열녀는 두 남편을 섬기지 않으니, 이는 절의가 국가에 관계되고 우주의 동량(棟樑)이 되기 때문이다. 사로잡혀 갔던 부녀들은, 비록 그녀들의 본심은 아니었다고 하더라도 변을 만나 죽지 않았으니, 절의를 잃지 않았다고 할 수 있겠는가. 절개를 잃었으면 남편의 집과는 의리가 이미 끊어진 것이니, 억지로 다시 합하게 해서 사대부의 가풍을 더럽힐 수는 절대로 없는 것이다.

《인조실록》

토문강을 어디로 볼 것인가의 문제로 조선과 청 사이에 간도 분쟁이 일어난다.

백두산 정계비

오라총관 목극등이 황제의 뜻을 받들어 국경을 답사하면서 여기에 와서 살펴보니, 서쪽은 압록이 되고, 동쪽은 토문이 되므로 분수령 위 돌에 새겨 기록한다.

《인조실록》

1696년(숙종 22) 안용복은 어부들과 함께 울릉도에 나갔다가 또다시 고기잡이를 하는 일본 어선을 발견한다. 안용복은 이들을 송도(松島)까지 추격하여 문책하고, 스스로 '울릉우산양도감세관(鬱陵于山兩島監稅官)'이라 자칭하며 일본 백기주(伯耆州, 호키 주)의 태수에게 항의하고 사과를 받아 돌아왔다. 안용복의 이러한 활동은 나중에 조선 조정에 알려진다. 조정에서는 허락 없이 사적으로 외교 활동을 펼친 것으로 여겨 그를 사형에 처하려 하였으나 당시 영의정 남구만이 이를 간곡하게 만류하여 대신 귀양을 가게 된다.

안용복

… 을해(1695, 숙종 21) 여름에 안용복이 울분을 참을 수 없어 떠돌이 중 5인과 사공(沙工) 4인과 배를 타고 다시 울릉도에 이르니, 우리나라 상선 3척이 먼저 와서 정박하고 고기를 잡으며 대나무를 벌채하고 있었는데, 왜선이 마침 당도하였다. 안용복이 여러 사람을 시켜 왜인들을 포박하려 했으나 여러 사람이 두려워하여 따르지 않았으며, 왜인들이 "우리들은 송도에서 고기잡이를 하다가 우연히 이곳에 왔을 뿐이다." 하고 곧 물러갔다. 안용복이, "송도도 원래 우리 우산도다."라 하고 다음 날 우산도로 달려가니, 왜인들이 돛을 달고 달아나거늘 안용복이 뒤쫓아 옥기도(玉岐島)로 갔다가 백기주에까지 이르렀다. 이에 백기도 도주가 나와 환영하거늘, 안용복이 울릉도 수포장(搜捕將)이라 자칭하고 교자를 타고 들어가 도주와 대등한 예로 대하고 전후의 일을 소상히 말하였다.

《성호사설》

동인과 서인으로 붕당이 나뉘게 된 이유가 외척의 정치 참여(척신 정치)에 대한 정치적 견해 차이와 현실적으로 권력을 이어갈 수 있는 이조 전랑이라는 관직 때문이었음을 사료를 통해 알 수 있다.

사림의 분화, 붕당의 탄생

김효원이 과거에 장원으로 합격하여 (이조) 전랑의 물망에 올랐으나, 그가 윤형원의 문객이었다 하여 심의겸이 반대하였다. 그 후에 심충겸(심의겸의 동생)이 장원 급제를 하자 이조 전랑으로 천거되었으나, 외척이라 하여 김효원이 반대하였다. 이에 양편 친지들이 각기 다른 주장을 내세우며 서로 배척하여 동인, 서인이라는 말이 여기에서 비롯되었다. 효원의 집은 동쪽 건천동에 있었고, 의겸의 집은 서쪽 정릉동에 있었기 때문이다. … 동인의 생각은 결코 외척을 등용할 수 없다는 것이었고, 서인 쪽에서는 심의겸이 공로가 많은 선비인데 어찌 앞길을 막을 수 있겠느냐는 것이었다.

《연려실기술》

붕당을 밥그릇 싸움에 비유하여, 관직을 놓고 붕당 간에 다툼이 벌어진다는 것을 설명하고 있다.

붕당 정치의 문제점

붕당은 싸움에서 생기고 싸움은 이해관계에서 생긴다. 이해관계가 절실하면 붕당이 깊어지고, 이해관계가 오래될수록 붕당이 견고해진다. 이렇게 되는 이유는 무엇인가? 지금 열 사람이 함께 굶주리고 있는데 한 그릇 밥을 같이 먹게 되면 그 밥을 다 먹기도 전에 싸움이 일어날 것이다. … 조정의 붕당도 이와 다르지 않다. … 과거를 자주 보아 인재를 너무 많이 뽑았고, 총애하고 미워함이 치우쳐서 승진과 퇴진이 일정하지 못했기 때문이다. … 이 밖에도 벼슬에 드는 길이 어지럽게 많으니, 이것이 이른바 관직은 적은데 써야 할 사람은 많아서 모두 조처할 수 없다는 것이다.

이익, 《곽우록》

영조는 환국으로 인한 폐해를 비판하고 관직에 여러 붕당을 골고루 임명하여 탕평 정치를 행하려는 의지를 보이고 있다.

탕평 정책

붕당의 폐단이 요즈음보다 심한 적이 없었다. 처음에는 유학에 소란을 일으키더니, 이제는 한쪽 사람을 모조리 역적으로 몰고 있다. … 우리나라는 본래 치우쳐 있고 작아서 사람을 쓰는 방법 역시 넓지 못한데, 요즈음에 이르러서는 그 사람을 임용하는 것이 모두 같은 붕당의 인사들만 등용하고자 한다. … 한 조정 가운데서 공격을 일삼고 한 집안에서 싸움만을 서로 계속하고 있으니, 이러면 나라가 장차 어떻게 되겠는가? … 저 귀양을 간 사람들은 그 경중을 참작하여 대신과 더불어 다시 살피도록 하고, 관리의 임용을 담당한 부서에서는 탕평하게 거두어 쓰도록 하라.

『영조실록』

정약용이 세도정치의 폐단을 지적한 글이다. 세도 가문이 국가와 백성을 위한 정책을 고민하지 않고 뇌물을 받아 매관매직이나 부정을 저지르니 이에 수령들이 걷는 세금이 늘어날 것이라고 한 점에서 당시 세도정치의 폐단을 잘 알 수 있다.

세도정치의 폐단

가을에 한 늙은 아전이 대궐에서 돌아와 처와 자식에게 "요즘 이름 있는 관리들이 모여서 온종일 이야기를 하여도 나랏일에 대한 계획이나 백성을 위한 걱정은 전혀 하지 않는다. 오로지 각 고을에서 보내오는 뇌물의 많고 적음과 좋고 나쁨에만 관심을 가지고 어느 고을의 수령이 보낸 물건은 극히 정묘하고, 또 어느 고을의 수령이 보낸 물건은 매우 넉넉하다고 말한다. 이름 있는 관리들이 말하는 것이 이러하다면, 지방에서 거둬들이는 것이 반드시 늘어날 것이다. 나라가 어찌 망하지 않겠는가?"라고 한탄하면서 눈물을 흘려 마지않았다.

정약용, 《목민심서》

2 경제

고려 말 제정되어 조선 초까지 이어진 과전법의 내용을 확인할 수 있는 자료이다.

과전법

경기는 사방의 근본이니 마땅히 과전을 설치하여 사대부를 우대한다. 무릇 경성에 거주하여 왕실을 시위하는 자는 직위의 고하에 따라 과전을 받는다. 토지를 받은 자가 죽은 후, 그의 아내가 자식이 있고 수신(재혼하지 않고 수절하는 것)하는 자는 남편의 과전을 모두 물려받고, 자식이 없이 수신하는 자의 경우는 반을 물려받는다. 부모가 모두 사망하고 그 자손이 유약한 자는 휼양전으로 아버지의 과전을 전부 물려받고, 20세가 되면 본인의 과에 따라 받는다.

《고려사》

대동법 초창기의 주장으로 토지 1결에 16두씩 거두어 방납인(상인)에게 주고 관청에 필요한 물건을 납부받는 형식이다. 추후 법이 시행되면서 토지 1결당 쌀 12두 혹은 쌀 12두와 같은 가치의 면포나 삼베, 동전을 토산물 대신 거뒀다.

대동법

각 고을에서 진상하는 공물이 각급 관청의 방납인에 의해 중간에서 막혀 한 물건의 값이 서너 배 혹은 수십, 수백 배까지 되어 그 폐해가 극심하고 특히 경기 지방은 더욱 그러하다. 지금 마땅히 별도로 하나의 청을 설치하여 매년 봄가을로 백성에게서 쌀을 거두되, 토지 1결마다 두 번에 걸쳐 8두씩 거두어 본청에 수납하게 하고 본청은 그때의 물가 시세를 보아 쌀로 방납인에게 지급하여 수시로 구입해서 납부하게 하소서.

《광해군일기》

백골징포나 황구첨정의 폐단을 보여 주는 자료이다. 이런 문제를 해결하기 위해 여러 개혁 방안이 논의되었고 그 결과 실현된 것이 균역법이었다.

균역법의 배경

현재 10여만 호로써 50만 호가 져야 할 양역을 감당해야 합니다. 한 집안에 비록 남자가 4, 5명 있어도 모두 군역에서 벗어나지 못합니다. 군포를 마련할 길이 없어 마침내 죽거나 도망을 가게 되고 이러한 자의 몫을 채우기 위해 백골징포, 황구첨정의 폐단이 생겨나는 것입니다.

《영조실록》

모내기법의 장점을 설명하는 자료이다.

모내기법의 효과

이앙(모내기)을 하는 것은 세 가지 이유가 있다. 김매기의 노력을 더는 것이 첫째, 두 땅의 힘으로 하나의 모를 기르는 것이 둘째, 좋지 않은 것은 솎아 내고 싱싱하고 튼튼한 것을 고를 수 있는 것이 셋째이다. 어떤 사람은 큰 가뭄을 만나면 모든 노력이 헛되니 이를 위험하다고 하나 그렇지 않다. 벼를 심는 논은 반드시 하천이 있어 물을 끌어들일 수가 있으며, 하천이 없다면 논이 아니다. 논이 아니더라도 가뭄을 우려하는데 어찌 이앙만 그렇다고 하는가?

서유구, 《임원경제지》

농민층의 분화 모습이 자료에서 잘 드러난다.

농민층의 분화

부농층은 땅이 넓어서 가난한 사람을 농사에 고용함으로써 직접 농사를 짓지 않고서도 향락을 누릴 수 있으며, 빈농층 중의 어떤 농민은 지주의 농지를 빌려 경작함으로써 살아갈 수 있으며, 그들 가운데 어떤 자는 농지를 얻을 수 없으므로 고농으로 타인에게 고용됨으로써 생계를 유지한다.

정상기, 《농포문답》

전정의 문란을 보여 주는 자료로 농민들이 규정된 전세의 5배 이상을 내고 있어 부담이 컸음을 알 수 있다.

전정의 문란

법전에 규정된 세금은 농토 1결에 대략 쌀 20두와 돈 5전에 불과하다. 그러나 농민이 내는 것은 1년에 쌀 40두 이상, 돈 3~4냥 이상이나 된다. 여기에 아전들이 여러 가지로 농간을 부려 30~40두를 더 거둔다. 이리하여 10년 전에는 대략 농토 1결에 100두를 내면 되었으나, 지금은 100두로는 어림도 없다.

정약용, 《경세유표》

환정의 문란을 보여 주는 자료로 곡식을 빌리지도 않은 농민에게 이자를 받아 세금처럼 징수하고 있음을 알 수 있다.

환정의 문란

내가 다산에 살면서 … 시골 백성이 곡식을 받아 짊어지고 지나가는 자를 일찍이 본 일이 없다. 한 톨의 곡식도 받아 온 일이 없는데도 겨울이 되면 집집마다 곡식 5~7석을 내어 관청의 창고에 바치는데 … 무릇 '환'이라는 것은 되돌린다는 뜻이며, 갚는다는 뜻이다. 가져가지 않으면 되돌려 줄 것이 없고, 베풀지 않으면 갚는 것도 없는 법이다. 무엇 때문에 '환' 자를 쓰는가?

정약용, 《목민심서》

당시 군정의 문란상을 보여 주는 '애절양'이라는 시로 백골징포와 황구첨정의 문제가 드러나 있다. 군포의 부담이 심해 남편이 자신의 성기를 잘라 아이를 낳지 않겠다는 것에 부인이 한탄하는 모습을 시로 표현하였다.

군정의 문란

갈밭 마을 젊은 아낙 길게 길게 우는 소리
관문 앞 달려가 통곡하다 하늘 보고 울부짖네
출정 나가 지아비 돌아오지 못하는 일 있다 해도
사내가 제 양물 잘랐단 소리 들어본 적 없네
시아버지 삼년상 벌써 지났고, 갓난아인 배냇물도 안 말랐는데
이 집 삼대 이름 군적에 모두 실렸네
억울한 하소연 하려 해도 관가 문지기는 호랑이 같고
이정은 으르렁대며 외양간 소마저 끌고 갔다네
남편이 칼 들고 들어가더니 피가 방에 흥건하네
스스로 부르짖기를, "아이 낳은 죄로구나!"

정약용, 《목민심서》

당시 상품 작물 재배가 확산된 이유는 많은 이익을 얻을 수 있었기 때문이다.

상품 작물 재배

밭에 모든 곡식을 심는 것은 오직 그 땅에 알맞아야 한다. … 대개 그 종류는 9가지 곡식뿐만은 아니다. 모시·삼·참외·오이와 온갖 채소, 온갖 약초를 심어 농사를 잘 지으면 한 이랑 밭에서 얻는 이익은 헤아릴 수 없이 크다. 서울 안팎과 번화한 큰 도시에 파·마늘·배추·오이 밭 따위는 10묘의 땅에서 얻은 수확이 돈 수만을 헤아리게 된다. 서도 지방의 담배 밭, 북도 지방의 삼밭, 한산의 모시밭, 전주의 생강 밭, 강진의 고구마 밭, 황주의 지황 밭에서의 수확은 모두 상상등전(上上等田)의 논에서 나는 수확보다 그 이익이 10배에 이른다. 그리고 근년에는 인삼을 또 밭에 심어서 그 남는 이익이 혹 천만이나 되는데, 이것은 전지 등급으로 말할 수 없다. 비록 항상 심는 것으로 말하더라도 잇꽃과 대청은 그 이익이 매우 많아 … 오직 목화밭이 아니더라도 이익이 5곡보다 배가 된다.

정약용, 《경세유표》

도고는 상품을 매점매석하는 상행위나 혹은 그러한 상행위를 하는 상인을 말한다. 이 사료를 통해 허생도 도고 활동을 했음을 알 수 있다. 도고 행위는 가격을 폭등시켜 영세 상인이나 제품 생산자들에게 큰 손해를 끼치기도 했다.

허생전에 나타난 도고의 모습

"내 조금 시험해 볼 일이 있어 그대에게 돈 일만 금을 빌리러 왔소." 하였다. 변씨는 "그러시오." 하고 곧 만금을 내주었다. …… 허생은 돈을 빌려 생각하기를 "안성은 경기와 충청을 어우르며 삼남의 어귀이다." 하고는 이에 머물러 살았다. 그리하여 대추, 밤, 감, 배, 석류, 귤, 유자 등의 과실을 모두 두 배 값으로 사서 저장하였다. 허생이 과실을 몽땅 사들이자 온 나라가 잔치나 제사를 치르지 못하게 되었다. 그런 지 얼마 아니 되어서 두 배 값을 받은 장사꾼들이 도리어 열 배의 값을 치렀다.

박지원, 《허생전》

3 사회

조선의 지배층인 양반의 지위를 잘 보여주는 내용이다.

양반의 지위

하늘이 백성을 낳았는데 그 백성이 넷이다. 그중 가장 귀한 것이 선비인데, 양반이라고 불리며 그 이익도 막대하다. 농사짓지 않고 장사도 하지 않으며, 문사(文史)를 대강 섭렵하면 크게는 문과에 급제하고 적어도 진사가 된다.

박지원, 《양반전》

조선의 중간 지배층인 중인의 지위를 잘 보여주는 내용이다. 전문 기술을 가지고 재주가 능하더라도 양반의 대접을 받을 수 없었던 한계가 잘 드러난다.

중인의 지위

성종 13년 사헌부 대사헌 채수가 상소문을 올리기를 "어제 역관과 의관을 권장하고 장려하고자 하여, 그 능통하고 재주가 있는 자는 동·서반(東西班)에 발탁하여 쓰라고 특별히 명하셨으니, 신 등이 듣고 더욱 놀랐습니다. 대저 벼슬에는 높고 낮은 것이 있고 직책과 임무에는 가볍고 무거운 것이 있습니다. 의사와 약사, 역관은 이 사대부의 반열에는 끼지 못하나 국가에서 이 무리를 권장하고 장려함이 지극하지 않다고 할 수 없습니다. 왜냐하면 의관과 역관의 무리는 모두 미천한 계급의 출신으로 사족이 아닙니다. 그런데 특별히 그 업으로써 간혹 당상관에 임명되고, 혹은 2품에 임명되기도 합니다. … 대저 동서 양반은 모두 삼한세족(三韓世族)입니다. 그 사이에는 간혹 한미한 자도 있으나 모두 과거를 거쳐서 오른 것입니다. 어찌 역관과 의관으로 하여금 그 사이에 섞여 있게 하여 조정을 낮추고 군자를 욕되게 할 수 있겠습니까? 대저 역관과 의사, 약사 등의 무리는 나라에 없을 수 없는 자이지만, 맡은 일은 각기 분수에 마땅하게 해야 할 것입니다. …"

《성종실록》

조선 전기 인구 분포에서 가장 많은 수를 차지하는 사람들은 상민이다. 위 사료는 상민들의 지위를 잘 보여 주고 있다.

상민의 지위

오늘날 양인이라는 자들의 등급은 하나가 아니다. 비록 신분이 높아 공이 많고 벼슬을 많이 지낸 집안 후손이 아니라 하더라도 상하와 내외의 구별이 있는 자가 있는가 하면, 상하·내외의 구별은 없으나 대대로 평민인 자가 있으며, 몸은 천인이 아니나 천인과 다름이 없는 자(신량역천)도 있다.

《세종실록》

양반의 딸로 부모가 모두 죽어 시집을 못 가고 있는 경우와 부모가 있더라도 빈곤하여 혼사를 치르지 못할 때 국가에서 혼수를 보조하여 혼사를 치를 수 있도록 하고 있다.

조선시대의 복지 제도

양반의 딸로서 부모를 여의고 혼사를 주관할 사람이 없어 나이가 차도록 시집을 가지 못한 자에게는 정부가 혼수를 장만해 주도록 명하였다. … 부모 형제가 있더라도 가난하여 혼수를 마련할 수 없기 때문에 때를 놓치는 자도 있으니, 부모 형제의 있고 없음을 따지지 말고, 그 집안의 높고 낮음과 빈곤 여부를 따져 국고에서 쌀을 내주어 혼수를 마련하게 하였다.

《세종실록》

굶주린 백성을 구제하기 위해 국가에서 관리를 파견하며 여러 가지 방법을 제시하였다.

조선시대의 구휼제도

군기 부정(軍器副正) 권준을 경기도의 굶주린 백성들을 구제할 경차관으로 삼고 시행 사목(事目)을 내려 주었다.

1. 굶주린 백성 가운데 나이가 많거나 병이 있어서 관청에 왕래하여 환곡이나 진휼곡을 받을 수 없는 자는 자세하게 조사하여 수령에게 몸소 직접 가서 구휼하도록 할 것
1. 각 고을 수령들이 지난해의 환곡에서 헛 수량을 문서에 기록하고 그 수량을 채우려고 음모하여 지금 진휼곡을 지급해 줄 때에 조금씩이라도 감하려는 폐단이 없지 않을 것이니 백성들이 받는 수량을 자세하게 물어서 사실을 조사할 것
1. 푸성귀는 겨울철에 벌써 다 먹고 지금 해가 긴 때를 맞아 단지 진휼하는 곳의 미곡만으로는 필시 굶주린 배를 채울 수가 없을 것이지만, 그렇다고 한정이 있는 쌀을 더 주기도 역시 어려우니 더덕·도라지 등 산나물을 많이 캐어서 섞어 먹게 할 것
1. 여러 날 굶어서 지쳐서 쓰러진 백성은 좁쌀죽을 먹이면 즉시 죽는 법이니, 먼저 흰 죽물을 식혀 가지고 서서히 삼켜서 점차 주린 배를 축인 뒤에 먹을 것을 줄 것

《세종실록》

1402년 태종 때 백성들의 억울한 일을 풀어 줄 목적으로 궁궐 앞에 북을 매달아 두고 치게 한 신문고 제도에 관한 사료이다.

신문고 제도

말할 데가 없는 백성으로서 원통하고 억울한 일을 품은 자는 나와서 등문고(登聞鼓)를 치라고 명하였다. 의정부에서 상소하기를 "서울과 외방의 말할 데가 없는 백성이 억울한 일을 소재지의 관청에 고발하여도 소재지의 관청에서 이를 처리해 주지 않는 경우에는 등문고를 치도록 허락하소서. 법을 맡은 관청에서는 등문한 일을 추궁해 밝혀 내고 판결 처리하여 억울한 일을 밝히게 하소서. 그중에서 사사로이 남에게 원망을 품어서 감히 무고를 행하는 자는 반좌율(反坐律)을 적용하여 거짓으로 헐뜯는 일을 막으소서." 하니 그대로 따르고, 등문고를 고쳐 신문고(申聞鼓)라 하였다.

《태종실록》

중앙 정부에서 지방에 파견한 관리를 수령이라고 한다. 수령의 임무는 중앙 정부의 뜻에 따라 지방을 다스리는 일이었다. 농사와 양잠이 잘 되도록 하고, 인구가 늘도록 하며, 학교를 늘려서 백성들을 교육하고, 세금과 부역을 공평하게 부과하는 등 지방 행정에 관한 모든 것이 수령의 책임이었다. 게다가 수령은 재판관의 역할도 맡고 있었다. 마을 주민들 사이에 갈등이 생기거나 범죄 행위가 일어났을 때 관아에서 재판을 열어 사건을 해결하였다. 지방의 군사를 관리하며 지역을 방어할 의무도 있었다.

수령의 일곱 가지 임무

첫째, 농사와 양잠을 발전시킨다.
둘째, 가호와 인구를 늘린다.
셋째, 학교를 크게 일으킨다.
넷째, 군사 관련 업무를 잘 다스린다.
다섯째, 세금과 부역을 고르게 한다.
여섯째, 소송을 간소·공정하게 한다.
일곱째, 간사함과 교활함이 없게 한다.

《경국대전》

《주자증손여씨향약》은 남송의 주희가 주석한 《여씨향약》을 1518년(중종13) 김안국이 언해하여 간행한 책으로, 우리나라 향약 시행에 큰 영향을 미쳤다. 향촌의 자치 규약인 향약은 상부상조를 강조하며 조선의 현실에 맞게 유교 덕목을 결합하여 만든 공동체 윤리이지만, 현실에서는 사림의 농민 통제 수단으로 작용하였다.

향약의 4대 규약

향촌의 규약에는 4가지가 있다. 덕업상권(德業相勸), 과실상규(過失相規), 예속상교(禮俗相交), 환난상휼(患難相恤)이 그것이다. … 덕업상권은 덕과 업으로 서로 권함이라. 과실상규는 허물을 서로 경계함이라. 예속상규는 예의 풍속으로 서로 사귐이라. 환난상휼은 환난을 당했을 때 서로 구휼함이라.

《주자증손여씨향약》

율곡 이이는 자신의 지역에서 '여씨 향약'을 도입하여 실천한 경험을 바탕으로, 1577년(선조 10) 《해주향약》을 편찬하여 우리나라 향약의 모범을 마련하였다. 향약 실시와 관련한 내용이 《율곡전서》에 실려 있다.

해주향약 입약 범례문

무릇 뒤에 향약에 가입하기를 원하는 자에게는 반드시 먼저 규약문을 보여 몇 달 동안 실행할 수 있는가를 스스로 헤아려 본 뒤에 가입하기를 청하게 한다. 가입을 청하는 자는 반드시 단자에 참가하기를 원하는 뜻을 자세히 적어서 모임이 있을 때에 진술하고 사람을 시켜 약정(約定)에게 바치면 약정은 여러 사람에게 물어서 좋다고 한 다음에야 글로 답하고 다음 모임에 참여하게 한다.

《율곡전서》

엄격하게 작동하던 사신분제는 임진왜란을 계기로 동요하기 시작했다. 정부는 국가적 위기를 극복하기 위해 군공을 세운 자에게 신분 상승의 기회를 주었고, 납속책을 실시하거나 이름이 빈 관직 임명장인 공명첩을 발급하여 재정의 문제를 해결하였다. 시간이 지남에 따라 호적상의 직역을 유학으로 바꿔 양반을 사칭하는 등 양반 중심의 신분제는 동요되었다.

신분 상승의 움직임 1

군공 세우기

군공청(軍功廳: 조선 선조 때 군공을 조사하기 위해 임시로 둔 관청)에서 아뢰었다. "공노비, 사노비가 적 1명의 목을 베면 면천시키고, 2명의 목을 베면 우림위(羽林衛: 왕의 신변 보호를 맡아보던 금군의 하나)를 시키고, 3명이면 허통(許通: 벼슬아치가 되는 길을 허락하여 벼슬길을 열어 주는 것)시키고, 4명이면 수문장에 제수하는 것은 이미 규례로 되어 있습니다. 그리고 이미 허통되어 관직이 제수되었으면 응당 사족과 다름이 없게 됩니다. 그러나 적을 참수한 수급이 10~20명에 이르는 경우도 있는데, 사목대로 상을 주면 사노비 같은 천인이라도 반드시 동반의 정직에 이르게 되니 관작의 외람됨이 이보다 더 심한 경우가 없습니다. 이뿐만이 아니라 재인·백정·장인·산척 등의 천류까지도 신분을 뛰어넘어 높은 관직에 오르고 있습니다."

《선조실록》

공명첩 발급

이때(임진왜란) 적을 죽이거나 곡식을 납부하거나 미세한 공로가 있는 자들에게 모두 고신(告身: 벼슬아치로 제수되는 사람에게 주는 임명장)과 면천·면역 등의 첩(帖)으로 상을 주었고, 병사나 곡식을 모집하는 관리 역시 이 첩으로 상을 주었는데, 이름을 비워 두었다가 응모하는 자가 있으면 그때마다 이름을 써서 주었다.

《선조실록》

신분 상승의 움직임 2

양반 사칭

근래 세상의 도리가 점차 썩어 돈 많고 힘 있는 백성들이 군역을 피하고자 한다. 간사한 아전, 호적 담당자와 한통속이 되어 뇌물을 쓰고 호적을 위조하여 '유학'이라고 거짓으로 올리고 역에서 빠지거나 다른 고을로 옮겨 가서 스스로 양반 행세를 한다. 호적이 밝지 못하고 명분이 문란함이 지금보다 심한 적이 없었다.

《일성록》

옷차림은 신분의 귀천을 나타내는 것이다. 그런데 어찌 된 까닭인지 근래 이것이 문란해져 상민과 천민이 갓을 쓰고 도포를 입는 것이 마치 조정의 관리나 선비 같이 한다. 진실로 한심스럽기 짝이 없다. 심지어 시전 상인이나 군역을 지는 상민까지도 서로 양반이라 부른다.

《일성록》

근래 아전의 풍속이 나날이 변하여 하찮은 아전이 길에서 양반을 만나도 절을 하지 않으려 한다. 아전의 아들, 손자로서 아전의 역을 맡지 않은 자가 고을 안의 양반을 대할 때 맞먹듯이 너 나 하며 자(字)를 부르고 예의를 차리지 않는다.

《목민심서》

양반 중심의 신분 질서가 동요하는 가운데 중인들은 신분 상승을 위해 지속적으로 노력하였다. 위의 첫 번째 사료는 서얼 허통을 위한 움직임을 잘 보여 주고 있고, 두 번째 사료는 기술직 중인들의 소청 운동 움직임을 잘 보여 주고 있다.

중인들의 신분 상승 움직임

영조 45년(1769) 이수득이 상소를 올려 서얼 허통(서얼에게 과거에 응시하도록 허락하는 제도)을 청하였다. "옛날에는 융숭한 예와 폐백으로 이웃 나라 선비를 대우하였습니다. 그러고도 그들이 오지 않을까 걱정하였습니다. 지금은 법으로 나라 안의 인재를 묶었습니다. 그런데도 이들이 등용되면 어떻게 할까 염려합니다. … 시골 천인의 자식은 때때로 훌륭한 벼슬을 하는 경우도 있으나 세족, 명가의 서얼들은 자자손손 영원히 묶여 있습니다. 인재를 버리고 등용하는 것이 너무나 앞뒤가 맞지 않습니다."

《규사》

오래된 울컥함은 반드시 터놓아야 하고 원한이 쌓이면 풀어야 하는 것이 천리의 법도다. 중서(中庶)에게 벼슬길에 막히게 된 것은 우리나라에만 있는 일로 답답하여 원한을 이루게 된 것이 지금 몇백 년이 되었다. 서얼은 다행히 조정의 큰 성덕을 받아서 문관은 승문원, 무관은 선전관에 임명되는 데 장애가 없다. 그러나 허울뿐인 우리 중인은 이 은택이 넘치는 시기에도 홀로 그와 같은 은혜를 입지 못하니 한탄하지 않을 수 있겠는가. 바야흐로 의논하고 글을 써서 호소하고자 한다. 이에 먼저 통문을 보내니 이번 달 29일 마동(麻洞) 홍현보의 집에서 모여 호소할 곳을 상의하고자 한다.

《상원과방》

노비들의 신분 상승 움직임 속에서 정부는 노비 제도 자체를 개혁하려는 방안을 강구한다. 1801년 순조는 중앙 관서의 노비, 즉 공노비를 모두 해방시켰다. 위의 사료는 공노비를 해방시키는 내용이다.

공노비 해방

왕이 윤음을 내리셨다. " … 우리나라의 내시(內侍: 왕실의 재정을 담당하는 관청인 내수사와 각 궁방) 및 각 아문에서 노비를 소유하여 전해 내려오는 것이 기자에서 비롯되었다고 하나 나는 그렇지 않다고 본다. … 귀천과 내외의 구별 없이 모두 나의 백성인데 '노'다 '비'다 하며 구분하는 것이 어찌 백성을 한결같이 보는 뜻이겠는가? 내노비(內奴婢) 3만 6,974명과 시노비(寺奴婢) 2만 9,093명을 모두 양인으로 삼고 승정원에 명하여 노비안(奴婢案)을 모아 돈화문 밖에서 불태우도록 하라. 국가 경비에 쓰이는 노비의 신공액은 대신 장용영이 지급하는 방식을 정식으로 삼도록 하라."

《순조실록》

조선 후기에는 군현의 하부 조직으로 면리제가, 면리의 하부 조직으로 오가작통제가 실시되었다. 오가작통제는 다섯 집을 하나의 단위로 묶어 도망과 이탈을 방지하고 부세 운영의 안정을 꾀한 것이다. 또한, 이정법(里定法)을 정비해 양역 부과 단위를 리로 설정하여 군포를 수취함으로써 각 리별로 연대 책임을 지게 했다. 이러한 조치는 국가의 대민 통제 강화와 안정적인 부세 운영을 위한 방편이었다.

오가작통법과 이정법의 실시

좌의정 이태좌가 아뢰기를, "이정법(里定法)을 오랫동안 준행하지 않았고 호적법도 근래 엄격히 하지 못하였습니다. 이제 식년(式年: 자, 묘, 오, 유의 간지가 들어 있는 해. 3년에 한 번씩 돌아오는데 이해에 과거를 실시하거나 호적을 조사하였다.)을 맞아 호적법을 엄히 시행하여 반드시 가좌(家坐: 집의 앉은 위치나 순서)에 따라 5가로 통을 만들고 통 내에 만일 1정(丁)이 도피했을 경우에는 나머지 4호에게 죄를 물은 뒤에 본 마을로 하여금 국역에 임하지 않은 장정 몫을 대납하게 하소서. … 이에 면임으로 하여금 매달 말일에 고을에 보고하게 한다면 군역을 도피하는 분류들이 거의 숨을 일이 없게 될 것입니다."라고 하였다. 임금이 이르기를, "오가작통과 이정법은 지금 새로 만든 것이 아니라 바로 옛 제도이니 엄격하게 시행하도록 하라." 하였다.

《영조실록》

기존 양반들(구향)은 경제력을 바탕으로 새롭게 성장한 세력들(신향)의 도전을 받았다. 그 과정에서 향권을 둘러싼 구향과 신향 사이의 갈등인 향전이 발생했다. 위의 사료는 지방에서 일어난 향전의 모습을 잘 보여 주고 있다.

향전의 발생

영덕(盈德)의 여러 대에 걸친 세도 집안은 모두 남인(南人)이며, 소위 신향은 모두 이서와 품관의 자식이고 자칭 서인(西人)이라고 하는 자들입니다. 근래 서인이 향교를 주관하면서 구향들과 마찰을 빚었습니다. 주자의 초상화가 비에 손상되자 신향의 무리들이 구향들의 성토를 두려워하여 남인들을 얽을 계획을 세워 주자와 송시열의 초상화를 은닉하고 말하기를, "남인들이 송시열을 받들지 않은 까닭에 야음을 틈타 초상화를 훔쳐갔다."라고 하였습니다.

《승정원일기》

조선 전기 사회에서 서류부가혼(처가살이) 풍속이 일반적이었음을 잘 보여 주는 사료이다.

서류부가혼(처가살이)의 풍속

… 손순효는 의논하기를, "강상과 풍속은 무너뜨릴 수가 없는 것이니 한 번 무너지면 인류가 절멸하게 됩니다. 우리나라는 중국과 같이 친영하는 식이 없으므로 모두 처가를 내 집으로 삼아 처의 아비를 아비라 부르고, 처의 어미를 어미라고 부르며 평소에 부모의 일로 여기니 이 또한 강상입니다." …

《성종실록》 성종 21년 6월 27일

재산의 영세화와 결혼 양식의 변화는 상속 제도와 봉사 방식에도 변화를 가져왔다. 《부안 김씨 고문서》를 통해서 딸을 제사 윤행에서 제외하면서 재산 상속분 역시 감하는 사회적 변화를 살펴볼 수 있다.

17C 중엽 이후 적장자 우대 상속

우리 집안은 일찍이 선인들께 아뢰어 우리 형제들이 제사의 기본 방침을 정한 지 오래되었고, 사위와 외손의 집에는 제사를 윤행하지 않는 것을 정식으로 삼아 대대로 이를 따르도록 하였다. 부자간의 정리로 보면 아들과 딸이 차이가 없으나 딸은 살아서는 봉양할 이치가 없고 죽어서는 제사 지내는 예가 없으니 어찌 재산에 있어서만 아들과 똑같이 나누어 줄 수 있겠는가. 딸은 3분의 1만 주어도 정의에 비추어 보면 조금도 불가할 것이 없으니 딸과 외손들이 어찌 감히 이를 어기고 서로 다투는 마음이 생기겠는가.

《부안 김씨 고문서》

홍경래의 난은 평안도 지역 차별과 세도 정권에 대한 불만 속에서 일어났다. 평서대원군이라고 일컬은 홍경래의 지휘 아래 저항군은 평안도 가산에서 봉기하여 10여 일 만에 청천강 이북의 평안도 서부 일대를 장악하였다. 홍경래의 난이 일어난 원인이 잘 드러난 사료이다.

홍경래의 난

평서대원수는 급히 격문을 띄우노라. 우리 평안도의 부로자제(父老子弟)와 공사 천민은 모두 이 격문을 들으시라. 무릇 관서는 기자의 옛터요, 단군 시조의 옛 근거지로서 훌륭한 인물이 넘치고 문물이 번창한 곳이다. … 그러나 조정에서는 서쪽 땅을 버림이 더러운 흙과 다름없이 하였다. 심지어 권세 있는 집의 노비들도 서쪽 사람들을 보면 반드시 '평안도 놈'이라 일컫는다. 서쪽 땅에 있는 자로서 어찌 억울하고 원통하지 않겠는가. … 보건대 지금 나이 어린 임금이 위에 있어서 권세 있는 간신배가 날로 치성해지고 김조순과 박종경 같은 무리들이 국가의 권력을 갖고 노니 어진 하늘이 재앙을 내려 겨울 번개와 지진이 일어나고 재앙별과 바람과 우박이 없는 해가 없다. 이 때문에 큰 흉년이 거듭 이르고 굶어 부황 든 무리가 길에 널려 늙은이와 어린이가 구렁에 빠져 산 사람이 거의 죽는 상황에 임박하였다. … 이제 격문을 먼저 띄워 여러 고을 수령에게 알리노니 절대로 동요하지 말고 성문을 활짝 열어 우리 군대를 맞으라.

《패림》

임술 농민 봉기는 1862년 2월 경상도 단성에서 시작하여 곧이어 진주로 파급되며 전국적으로 확산된 농민 봉기이다. 이 사료는 진주 민란 직후 정부가 안핵사 박규수를 파견하여 농민 봉기의 진상을 파악한 내용으로, 진주 민란의 원인이 잘 나타나 있다.

진주 민란

경상도 안핵사 박규수가 관리들의 환곡 횡령과 난민에 대한 조사를 마치고 나서 장계를 올리기를, "금번 진주의 난민들이 소동을 일으킨 것은 오로지 전 우병사 백낙신이 탐욕을 부려 포악한 행동을 했기 때문입니다. 병영의 관리들이 횡령한 환곡의 액수를 진주목의 도결(都結)을 틈타 메우고자 총 6만 냥의 돈을 관내의 각 호에서 억지로 징수하려 하였고, 이 때문에 백성들의 민심이 들끓고 노여움이 일제히 폭발해서 드디어 이것이 전에 듣지 못하던 변란으로 나타난 것입니다."라고 하였다.

《철종실록》

임술 농민 봉기가 일어난 원인이 잘 나타나 있는 사료이다.

임술 농민 봉기

대개 난민들이 처음 모인 것은 본디 소란을 피우려는 까닭이 아니라 (향회를 통해) 관청에 호소하여 폐단을 고치고자 한 것입니다. 그러나 무리가 점점 커져 수백, 수천이 되면서 그중 한두 사람이 나서 선동하여 난이 벌어지게 되는 것입니다.

《승정원일기》

4 문화

세종의 명을 받아 신숙주, 정인지 등의 집현전 학자들이 훈민정음 창제에 참여했다. 위의 사료는 훈민정음을 완성하여 책으로 펴내면서, 세종이 서문에 쓴 내용이다.

훈민정음 서문

나라 말이 중국과 달라서 문자로는 서로 통하지 않는데 이런 이유로 어리석은 백성이 말하고 싶은 바가 있어도 제 뜻을 나타내지 못하는 사람이 많다. 내 이를 불쌍하게 여겨 새로 스물여덟 자를 만드니 사람들로 하여금 쉽게 익혀서 날마다 쓰기에 편하게 하고자 할 따름이니라.

위의 상소문은 세종 26년 2월 20일에 최만리를 중심으로 신석조, 김문, 정창손, 하위지, 송처검, 조근 등의 집현전 학자들이 세종에게 올린 글이다. 이들은 당시 집현전을 대표하던 쟁쟁한 학자들로 당대의 학풍을 주도하던 사람들로서, 한글 사용을 둘러싸고 반대 의견이 만만치 않았음을 짐작하게 해 준다.

최만리 등의 훈민정음 반대 상소문

조선 건국 이래로, 정성을 다해 중국을 큰 나라로서 섬기고, 항상 중국과 같은 문자를 사용하고, 중국과 같은 법률 제도를 시행하였는데, 언문(한글)을 만드신 것을 보면서 이상히 여길 사람이 있을 것입니다. … 글자 모양이 비록 옛글자를 모방하였더라도, 언문의 소리를 내는 규칙과 표기법이 옛것과 반대되며, 중국 문자와는 전혀 다릅니다. 만약 이러한 언문에 대한 이야기가 중국에 흘러가서 혹시 중국 사람 가운데 언문을 만든 것이 옳지 못하다고 하는 사람이 있으면 큰 나라를 섬기고 중국을 따르는 나라로서 부끄럽지 않겠습니까?

둘째, 예로부터 우리나라의 여러 지역이 풍토가 다르나, 사투리 때문에 따로 문자를 만든 일은 없었습니다. 다만 몽고, 서하, 여진, 일본 서번의 무리들이 각각 문자를 가지고 있으니 문자를 따로 쓰는 것은 오랑캐들이나 하는 일에 불과합니다. …

셋째, … 이두가 수천 년 동안 관청의 문서 등에 아무 문제없이 사용되어 왔는데 왜 … 이익이 되지 않는 문자(한글)를 창작하고자 하시나이까.

만약에 언문을 사용하게 되면 관리된 자는 오로지 언문(한글)만 익히고 학문을 돌아보지 않게 되어 … 스물일곱 자의 언문만으로도 능히 출세할 수 있다 생각할 것이므로 성리학을 공부하려고 하지 않을 것입니다. 이렇게 수십 년이 지나면 한자를 아는 사람이 적을 것입니다. …

역사를 기록하는 사관은 국가의 모든 회의에 참가하고 국왕의 일거수일투족을 지켜보며 자신이 보고 들은 내용을 사실 그대로 기록하기 위해 노력하였다. 정확히 쓰는 직필을 중요시한 이유는 사람의 생명은 유한하지만 기록은 남아서 계승될 수 있기 때문이다. 이러한 정확한 기록은 정치를 하는 왕에게 부담으로 작용하여 사관의 행동을 제한하려 하기도 하였으나 점차 왕의 언행에 대해 기록을 남기는 것은 관례가 되었다. 사관의 직필은 자연스럽게 왕권을 견제하는 역할을 하였다.

사관의 역할

"임금이 두려워할 것은 하늘이요, 사필(史筆, 사관이 역사를 적던 필법)입니다. 하늘은 푸르고 높은 것을 말하는 것이 아니라 천리를 말하는 것뿐입니다. 사관은 인군(人君)의 착하고 악한 것을 기록하여 만세에 남기니 두렵지 않습니까?" 임금이 그렇게 여겼다.

《정종실록》

친히 활과 화살을 기지고 말을 달려 노루를 쏘다가 말이 거꾸러짐으로 인하여 말에서 떨어졌으나 상하지는 않았다. 좌우를 돌아보며 말하기를, "사관이 알게 하지 말라."

《태종실록》

이황은 이기이원론을 주장한 데 반해, 이이는 이기이원론적 일원론(理氣二元論的一元論)을 주장하며 이와 기의 통합에 초점을 두었다. 이황보다 상대적으로 기의 역할을 중시한 이이의 사상은 현실 개혁적 성향을 띠었다.

이이의 이기이원론적 일원론(理氣二元論的一元論)

이와 기는 서로 떨어지지 아니하여 일물(一物)인 것 같지만 다른 점은 이는 형체가 없고 기는 형체가 있으며, 이는 작용이 없고 기는 작용이 있는 것으로 구별됩니다. 형체가 없고 작용이 없으면서 형체가 있고 작용이 있는 것의 주재가 되는 것은 이고, 형체가 있고 작용이 있으면서 형체가 없고 작용이 없는 것의 기(器)가 되는 것은 기입니다. 이는 형체가 없고 기는 형체가 있기 때문에 이는 두루 통하고 기는 국한되며(理通氣局), 이는 작용이 없고 기는 작용이 있기 때문에 기가 발하며 이가 타는(氣發理乘) 것입니다.

《율곡전서》

역대 왕들은 천재지변을 예측하고 농업을 진흥하기 위해 천문학에 큰 관심을 보였다. 칠정산은 천문 관측 연구를 바탕으로 세종 대에 만들어진 우리나라의 독자적인 역법이다. 원의 수시력과 명의 대통력, 아라비아의 회회력을 참고하여, 우리나라 역사상 최초로 당시 수도였던 한양을 기준으로 천체 운동을 정확하게 계산하여 만들었다.

칠정산

임금이 말하기를, "일력의 계산법은 예로부터 이를 신중히 여기지 않는 제왕이 없었다. 이에 앞서 우리나라가 추보(역법에 따라 여러 가지 사항을 계산한 것)하는 법이 정밀하지 못하더니, 역법을 교정한 이후로는 일식·월식과 절기의 일정함이 중국에서 반포한 역서와 비교할 때 털끝만큼도 틀리지 아니하므로, 내가 매우 기쁘다. 이제 만일 교정하는 일을 그만두게 된다면 20년 동안 강구한 공적이 중도에 없어지게 되므로, 다시 정력을 더하여 역서를 완성하여 후세로 하여금 오늘날 조선이 이전에 없던 일을 세웠음을 알게 하고자 한다. 그 역법을 다스리는 사람들 가운데 역술에 정밀한 자는 자급을 뛰어 올려 관직을 주어 권면하게 하라." 하고, 강이 파하였다.

《세종실록》

《농사직설》은 우리 농부들의 실제 경험을 토대로 국내 실정에 맞는 독자적인 농법을 정리한 책으로서, 우리의 농업 전통과 기술을 정리한 최초의 농서이다.

농사직설

충청, 전라도 감사에게 명령했다. 평안, 함길도는 농사가 매우 거칠어 땅의 힘을 다하고 있지 못하다. 지금 행할 수 있는 기술을 채취해서 전해 익히게 하려고 한다. 무릇 오곡과 땅의 성질과의 관계, 밭 갈고 심고 김매고 수확하는 법, 잡곡을 섞어 뿌리는 방법에 대해 여러 고을의 노농을 찾아 듣고 중요한 내용을 뽑아 책으로 써서 올려라.

《세종실록》

조선시대 백자의 유행을 잘 보여 주는 사료이다. 지배층은 백자를 사용하고, 일반 서민들은 옹기를 주로 사용하였다. 조선 후기에는 국내에서 푸른색의 코발트 안료를 생산할 수 있게 되면서 청화백자가 유행하였다.

조선 전기의 백자

사람이 사용하는 것 중에 질그릇이 가장 긴요하다. 지금의 마포와 노량진 등은 모두 진흙 굽는 것을 업으로 삼으니, 이는 모두 질그릇·항아리·독의 종류이다. 자기의 경우 백토를 써서 정밀하게 구워 만들어야 사용하기가 좋다. 외방 각 도(道)에 만드는 사람이 많이 있으나, 다만 고령에서 만드는 것이 가장 정교하다. 그러나 그것도 광주(廣州)에서 만든 것만큼 정묘하진 못하다. 해마다 사옹원 관리를 우편으로 나누어 각각 서리를 인솔하고 봄부터 가을까지 만드는 것을 감독하여 어부(御府, 임금의 물건을 넣어 두는 곳)에 보내어 바치게 하였는데 그 공로를 기록하여 등급의 차례를 정하여 뛰어난 사람에게는 물건을 하사하였다. 세종 때에 임금이 사용하는 그릇은 오로지 백자기를 썼는데, 세조 때에 이르러서는 채색한 자기를 섞어서 썼다. 회회청(回回靑, 아라비아 상인을 통해 얻은 푸른색 코발트 안료)을 중국에서 구하여 술병과 술잔에 그림을 그렸는데, 중국과 다르지 않았다. 그러나 회청이 드물고 귀하여 중국에서도 많이 얻을 수 없었다. 조정에서 의논하기를, "중국에서는 비록 궁벽한 촌의 조그만 오막살이 술집에서도 모두 그림을 그린 그릇을 사용하는데, 어찌 다 회청으로 그린 것이리오. 응당 다른 물건으로 그릴 만한 것이 있을 것이다." 하였다. 중국에 가서 물으니 모두 말하기를, "이는 토청(土靑, 나라 안에서 생산된 푸른색 코발트 안료)이다." 하였으나, 토청 역시 구할 수가 없었다. 이런 이유로 우리나라에서는 그림 그린 사기 그릇이 매우 적다.

성현, 『용재총화』

유교에서는 질서와 안정을 위해 예(禮)와 악(樂)을 매우 중요하게 생각하였다. 예는 자신의 신분과 위치에 따라 사람으로서 마땅히 지켜야 할 도리이고, 악은 예를 지킬 수 있도록 사람의 마음을 순화하는 역할을 한다고 보았다. 이에 따라 악에 대한 연구가 진행되었고 성종 때 《악학궤범》으로 결실을 맺게 된다.

음악으로 백성을 다스리다

(음악은) 마음을 움직이고 맥박을 뛰게 하며 정신을 맑게 해 준다. 느낌에 따라 소리도 같지 않다. … 이렇듯 같지 않은 소리를 합하여 하나로 만드는 것은 왕이 위에서 어떻게 이끄느냐에 달려 있다. 바르게 이끄는 것과 거짓되게 이끄는 것에 따라 커다란 차이가 나며, 풍속이 번영하고 쇠퇴한 것도 모두 여기에 달려 있다. 따라서 악(음악)이야말로 백성을 다스리고 교화하는 데 크게 관계있는 것이다.

《악학궤범》

남인 출신 윤휴는 노론 중심의 현실 권력 구도 속에서 주자의 학설을 절대적인 진리로 받아들이는 당대의 경직된 학문 풍토를 비판하였다. 이에 노론의 중심인물 송시열은 주자의 학설을 비판한 윤휴를 사문난적으로 규정하였다.

윤휴의 사상

나(윤휴)의 저술 의도는 주자의 해석과 다른 설을 제기하는 것이 아니고 의문 나는 점을 기록했을 뿐이다. 설사 내가 주자의 시대에 태어나 제자의 예를 갖추었더라도 구차하게 뇌동하여 의문점을 해소하고자 전혀 노력하지 않고 찬탄만 늘어놓는 그런 행위는 감히 하지 않았을 것이다. 반드시 반복하여 어려운 것을 묻고 여러 번 생각하여 분명하게 이해하기를 기약했으리라. 만약 전혀 의심치 않고 모호한 것을 놓아 둔 채 뇌동한다면 그 존신하는 것이 허위에 돌아갈 것이다. 주자가 어찌 이와 같았겠는가?

《도학원류찬언속》

국가와 사회 체제를 전면적으로 개혁하여 백성의 의사가 정치에 반영되는 사회를 만들어야 한다고 주장하고 있다. 이 글에는 군주는 하늘에서 내리는 것이 아니고 군주의 권력은 본래 백성으로부터 나왔기 때문에 백성의 뜻에 어긋나면 군주를 바꿀 수 있다는 내용이다.

정약용의 군주론

대체 천자는 어찌하여 있게 되었는가? … 다섯 가(家)가 하나의 인(隣)이 되는데, 다섯 가의 추대를 받은 자가 인장(隣長)이 될 것이며, 다섯 인이 일 리(一理)가 되는데 다섯 인의 추대를 받은 자가 이장(里長)이 될 것이며, … 여러 현 우두머리의 공동 추대를 받은 자가 제후가 될 것이며, 제후의 공동 추대를 받은 자가 천자가 될 것이므로, 천자란 무릇 군중이 밀어서 그 자리에 오른 것이다. 무릇 군중이 밀어서 이룬 것이라면 또한 군중이 밀지 아니하면 천자가 될 수 없는 것이다.

정약용, 《탕론》

홍대용은 청을 왕래하면서 얻은 경험을 바탕으로 과학 연구에도 많은 관심을 기울였다. 그는 지전설과 함께 무한한 우주 속에 중심이 따로 없다는 무한 우주론을 주장하며 중국 중심의 세계관에서 탈피하고자 했다.

홍대용의 사상

중국인은 중국을 중심으로 삼고 서양을 변두리로 삼으며, 서양인은 서양을 중심으로 삼고 중국을 변두리로 삼는다. 그러나 실제로는 하늘을 이고 땅을 밟는 사람은 땅에 따라서 모두 그러한 것이니 중심도 변두리도 없이 모두가 중심인 것이다.

《담헌서》

유형원은 《반계수록》에서 균전론을 제시하였다. 먼저 토지를 국유화한 후 관리, 선비, 농민 등에게 신분에 따라 토지를 차등 지급하여 자영농을 중심으로 군사와 교육 제도를 재정비하여 농병 일치의 군사 조직을 만들자고 제안하였다.

유형원의 균전론

토지 경영이 바로잡히면 모든 일이 제대로 될 것이다. 백성은 일정한 직업을 갖게 되고 군사 행정에도 도피자를 찾는 폐단이 없어지며 귀천상하가 모두 자기 직책을 갖게 될 것이므로 민심이 안정되고 풍속이 도타워질 것이다. … 농부 한 사람이 토지 1경을 받아 법에 따라 조세를 낸다. 4경마다 군인 1인을 낸다. 사대부로서 처음 학교에 입학한 자는 2경을 받는다. 내사에 들어간 사람은 4경을 받고 병역 의무를 면제한다. … 토지를 받은 자가 죽으면 반납한다.

《반계수록》

이익이 주장한 한전론은 한 가정의 생활을 유지하는 데 필요한 최소한의 토지로서 영업전을 설정하고 매매를 금지하자는 주장이다. 이를 통해 이익은 농민의 최저 생활을 보장하고 영업전 외의 토지는 매매를 허용하여 점진적인 토지 소유 균등을 꾀하였다.

이익의 한전론

국가는 마땅히 한 집의 생활에 맞추어 재산을 계산해서 토지 몇 부를 한 집의 영업전으로 하여 당나라의 제도처럼 한다. 땅이 많은 자는 빼앗아 줄이지 않고 모자라는 자도 더 주지 않는다. 돈이 있어 사고자 하는 자는 비록 1,000결이라도 허락해 준다. …오직 영업전 몇 부 안에서 사고파는 것만을 철저히 살핀다.

《곽우록》

정약용은 여전론을 주장하였는데, 여(閭)라는 한 마을을 단위로 여장이 중심이 되어 주민들이 토지를 공동으로 소유하고 공동으로 경작하여 노동량에 따라 수확량을 분배하는 일종의 공동 농장 제도를 말한다.

정약용의 여전론

이제 농사를 짓는 사람에게는 토지를 갖게 하고, 농사짓지 않는 사람에게는 토지를 갖지 못하게 하려면 여전제를 실시해야 한다. … 1여(閭)에는 여장을 두며, 무릇 1여의 토지는 여민이 공동으로 경작하도록 하고, 내 땅 네 땅의 구별을 없게 하며, 오직 여장의 명령에만 따른다. 여민들이 농경하는 경우 여장은 매일 개개인의 노동량을 장부에 기록해 두었다가 가을이 되면 오곡의 수확물을 모두 여장의 집에 가져온 다음 분배한다. 이때 국가에 바치는 세를 먼저 제하고, 다음에는 여장의 봉급을 제하며, 그 나머지를 가지고 노동량에 따라 여민에게 분배한다.

《여유당전서》

북학파의 중심인물인 박지원은 《열하일기》에서 발전된 청의 문물을 소개하며 수레와 선박의 이용, 화폐 유통의 필요성을 강조하였다.

박지원의 사상

이제 사람들이 진실로 오랑캐를 물리치려면 중화의 제도를 모조리 배워야 한다. 먼저 우리나라의 유치한 문화를 고쳐서 밭갈이부터 공업과 상업에 이르기까지 배우지 않음이 없어야 하고, 남이 열을 한다면 우리는 백을 하여 먼저 우리 인민들에게 이롭게 한 다음에 … 비로소 '중국에는 아무것도 볼 것이 없다.'라고 말해도 좋을 것이다.

박지원, 《열하일기》

중국이 재산이 풍족할뿐더러 한곳에 지체되지 않고 골고루 유통함은 모두 수레를 사용한 덕분이다. … 서북 사람들은 감과 귤을 구분하지 못하며, 바닷가 사람들은 생선 창자를 밭의 거름으로 쓰고 있지만 서울에서는 한 움큼에 한 푼을 하니 … 사방이 겨우 몇 천리밖에 안 되는 나라에 백성의 살림살이가 이렇게 가난한 것은 국내에 수레가 다니지 못하는 까닭이다.

박지원, 《열하일기》

박제가는 《북학의》에서 상공업 진흥을 위하여 소비 촉진을 통한 생산력 증대를 강조하였다. 당시의 근검절약을 강조하는 성리학적 세계관 속에서 그의 견해는 매우 파격적인 주장이라고 할 수 있다.

박제가의 사상

대체로 재물은 비유하건대 샘과 같은 것이다. 퍼내면 차고, 버려 두면 말라 버린다. 그러므로 비단 옷을 입지 않아서 나라에 비단 짜는 사람이 없게 되면 여공이 쇠퇴하고, 쭈그러진 그릇을 싫어하지 않고 기교를 숭상하지 않아서 나라에 공장(工匠: 수공업자)의 도야(陶冶: 기술을 익힘)하는 일이 없게 되면 기예가 망하게 되며 농사가 황폐해져서 그 법을 잃게 되므로 … 사농공상의 사민이 모두 곤궁하여 서로 구제할 수 없게 된다.

박제가, 《북학의》

안정복은 《동사강목》을 저술하여 중국 중심의 역사관에서 탈피하여 고조선부터 고려에 이르는 우리 역사를 독자적인 정통론을 세워 체계화했다. 성호 이익은 고대사의 정통성을 밝히는 과정에서 위만은 권력을 찬탈하였으므로 기자 조선의 계승자는 마한으로 이어진다는 삼한정통론을 주장하였다. 안정복은 스승이었던 이익의 영향을 받아, 삼한정통론을 보다 체계화하여 풍부한 자료 수집과 철저한 역사 고증을 바탕으로 우리 역사의 정통론을 세웠다. 《동사강목》은 성리학적 정통론에 입각한 한계점이 있지만, 자주성을 바탕으로 우리 나름의 독자적인 역사관을 제시하였다는 데 큰 의의가 있다.

삼한정통론

정통은 단군·기자·마한·신라 문무왕(9년 이후)·고려 태조(19년 이후)이다. 신라는 고구려에 대해 합병한 예에 따랐으므로 통일한 이듬해에 정통을 이은 것이다. 고려는 견훤에 대해 도적을 평정한 예에 따랐으므로 통합한 해에 정통을 이은 것이다.

안정복, 《동사강목》

유득공은 《발해고》에서 그동안 관심 밖에 있었던 발해를 본격적으로 우리 역사로 다루며 '남북국'이라는 용어를 처음 사용하였다.

'남북국' 용어의 등장

부여가 망하고 고씨가 망한 다음 김씨가 남방을 차지하고 대씨가 북방을 차지하고는 발해라 했으니 이것을 남북국이라 한다. 남북국에는 남북국의 사서가 있었을 텐데 고려가 편찬하지 않은 것은 잘못이다. 저 대씨가 어떤 사람인가? 바로 고구려 사람이다. 그들이 차지하고 있던 땅은 어떤 땅인가? 바로 고구려 땅이다.

유득공, 《발해고》

대표적인 한글 소설인 허균의 《홍길동전》에서는 홍길동이라는 인물을 통하여 서얼 제도와 탐관오리를 비판하고 있다.

한글 소설 《홍길동전》

"소인은 대감의 정기를 타고나 당당한 남자로 태어났으니 이만한 즐거운 일이 없습니다. 평생 서럽기를 아비를 아비라 부르지 못하옵고, 형을 형이라 못하여 상하노복이 다 천하게 보고, 친척 고두도 손으로 가리키며 아무개의 천한 소생이라 이르오니 이런 원통한 일이 어디에 있습니까?" 길동이 대성통곡하니 대감이 마음에 측은하게 여기시나 만일 그 마음을 위로하면 조금이라도 방자할까 하여 꾸짖어 말하였다. "재상의 천비 소생이 너뿐만이 아니다. 자못 방자한 마음을 두지 말라. 이후에 다시 그런 말을 하면 눈앞에 용납하지 않으리라." 하시니 길동은 한갓 눈물을 흘릴 뿐이었다.

허균, 《홍길동전》

사설시조는 엄격한 형식에 구애받지 않아 내용과 형식에서 서민들의 감정과 사회에 대한 불만을 거리낌 없이 표현할 수 있었다.

사설시조

바람도 쉬어 넘는 고개 구름도 쉬어 넘는 고개
산진이 수진이 해동청 보라매라도 다 쉬어 넘는 고봉 장성령 고개
그 넘어 님이 왔다 하면 나는 아니 한 번도 쉬어 넘어 가리라

작자 미상

탈춤은 서민들의 오락으로 정착하여 상인들의 지원을 받아 도시 주변에서 공연이 이루어졌다. 양반의 허세와 승려의 위선을 폭로하거나 조롱하는 내용이 주가 되었다.

하회 탈춤

양반: 나는 사대부의 자손일세.
선비: 아니 뭐라꼬, 사대부? 나는 팔대부의 자손일세.
양반: 아니, 팔대부? 그래, 팔대부는 뭐야?
선비: 팔대부는 사대부의 갑절이지.
양반: 학식이 있어야지, 학식이. 나는 사서삼경을 다 읽었다네.
선비: 뭐 그까이 사서삼경 가지고. 어흠, 나는 팔서육경을 다 읽었네.
양반: 아니, 뭐? 팔서육경? 도대체 팔서는 어디에 있으며 그래 대관절 육경은 또 뭔가.
초랭이: 헤헤헤, 나도 아는 육경 그것도 모르니껴. 팔만대장경, 중의 바라경, 봉사의 안경, 약국의 길경(도라지), 처녀의 월경, 머슴의 세경(품삯) 말이시더.

'하회 탈춤'의 한 장면

박지원은 당시 사회 현실을 반영한 《양반전》에서 양반의 위선과 무능을 풍자하고 예리하게 비판하였다.

박지원의 《양반전》

그의 아내가 비난하였다. "평생 독서만 좋아했으나 환곡에는 아무 소용이 없구려. 어이구 양반! 양반(兩半:한 냥 반, 兩班과 兩半은 동음)은커녕 한 푼 어치도 안 되는구려!" … 그 마을의 한 부자가 이 소문을 듣고 가족들과 상의하였다. "양반은 가난하여도 언제나 존경받고 영광스럽다. 나는 비록 부자이지만 늘 비천하여 감히 말을 탈 수 없고 양반을 보기만 하면 몸을 구부려 어찌할 줄을 모른다. … 이제 저 양반이 환곡을 갚을 길이 없어서 그 양반 자리를 더 유지할 수 없을 것이다. 우리가 그걸 사서 가지도록 하자."라고 하였다.

박지원, 《양반전》

천주교 신자의 수가 늘어나는 가운데, 천주교 신자가 제사를 거부하고 사당 등에 모셔 두는 죽은 사람의 위패인 신주를 없애는 사건이 일어나기도 하였다. 이 사료에는 천주교 신자들이 제사를 거부하는 이유가 잘 나타나 있다.

제사에 대한 천주교의 입장

죽은 사람 앞에 술과 음식을 차려 놓은 것은 천주교에서 금하는 바입니다. 살아 있을 동안에도 영혼은 술과 밥을 받아먹을 수 없거늘, 하물며 죽은 뒤에 영혼이 어떻게 하겠습니까? 먹고 마시는 것은 육신의 입에 공급하는 것이요, 도리와 덕행은 영혼의 양식입니다. 비록 지극한 효자라 할지라도 맛 좋은 것이라 하여 부모가 잠들어 있는 앞에 차려 드릴 수 없는 것은 잠들었을 동안에도 먹고 마시는 때가 아닌 까닭입니다. … 사람의 자식이 되어 어찌 허위와 가식의 예로써 돌아가신 부모님을 섬기겠습니까?

《상제상서》

처음 서학이 전래되던 당시의 상황을 잘 보여 주는 사료이다. 많은 관리와 학자들이 서학에 관심을 보였으나 이는 종교로서가 아닌 천문·역법 등의 서양학문에 대한 관심에서 비롯된 것이었다.

학문으로 도입된 서학

서양서는 선조 말년에 이미 우리나라에 들어왔다. 저명한 관리와 학자들 중에 보지 않은 사람이 없다. 서양서 보기를 제자도불(諸子道佛, 제자백가의 사상과 도교, 불교를 일컬음) 같이 하여 서가에 두고 읽었다. 그러나 취한 것은 천문·역법이었을 뿐이다. 여러 해 이래 사인(士人)들이 사신을 따라 연경에 가서 그 책을 구입해 와 젊은 사람 중에 재기가 있는 자들이 천학지설(天學之說)을 주장하였다.

이기경, 《벽위편》

하느님(천주)을 유일신으로 믿는 천주교도들은 교리에 따라 조상에 대한 제사를 거부하였다. 성리학적 관점에서 조상에 대한 제사 거부는 사회 질서의 근간을 무너뜨리는 것이었으므로, 정조 대에 큰 정치적 파장을 일으켰다.

천주교의 제사 거부

천주를 부모로 삼았으므로 천주의 명을 따르지 않을 수 없습니다. 사대부 집안의 신주는 천주교에서 금하는 것이므로 결국 신주를 묻었습니다. 죽은 자에게 술과 음식을 올리는 것도 천주교에서 금하는 것입니다. 또한 서민들이 신주를 세우지 않는 것을 나라에서 엄히 금지하지 않고 가난한 선비가 제사를 올리지 못한다 해서 그것을 막는 예법이 있는 것도 아닙니다. 때문에 신주도 세우지 않고 제사도 올리지 않았던 것이니 이는 단지 천주의 가르침을 따른 것일 뿐 나라의 법을 어긴 것도 아닌 듯합니다.

《정조실록》

동학을 창시한 최제우는 '사람이 곧 하늘'이라는 인내천(人乃天) 사상을 내세우며 인간의 존엄성과 평등을 주장했다.

인내천 사상

사람이 곧 하늘이라. 그러므로 사람은 평등하며 차별이 없나니 사람이 마음대로 귀천을 나눔은 하늘을 거스르는 것이다. 우리 도인은 차별을 없애고 선사의 뜻을 받들어 생활하기를 바라노라.

최시형의 최초 설법(1865년 10월)

동학이라는 이름은 서양 세력과 연결된 서학, 즉 천주교를 배격한다는 의미에서 붙여졌다. 교조 최제우가 혹세무민(惑世誣民) 혐의로 처형된 후, 2대 교주 최시형은 《동경대전》과 《용담유사》를 펴내 교리와 교단을 정비하였고, 이후 동학은 교세가 꾸준히 확장되어 나갔다.

최시형의 교리 정리

내가 또한 동방에 태어나서 동방의 가르침을 받았으니 도는 비록 천도이나 학은 동학이니라. 하물며 땅이 동과 서로 구분되어 있으니 서쪽이 어찌 동쪽이 되고 동쪽이 어찌 서쪽이 될 수 있겠는가? … 우리 도는 이 땅에서 받았으니 이 땅에서 먼저 펴 나가면 자연히 온 세계로 퍼져 나갈 것이니 어찌 이것을 서학의 이름으로 말할 수 있겠는가?

《동경대전》

왕실 세계도

조선(朝鮮)

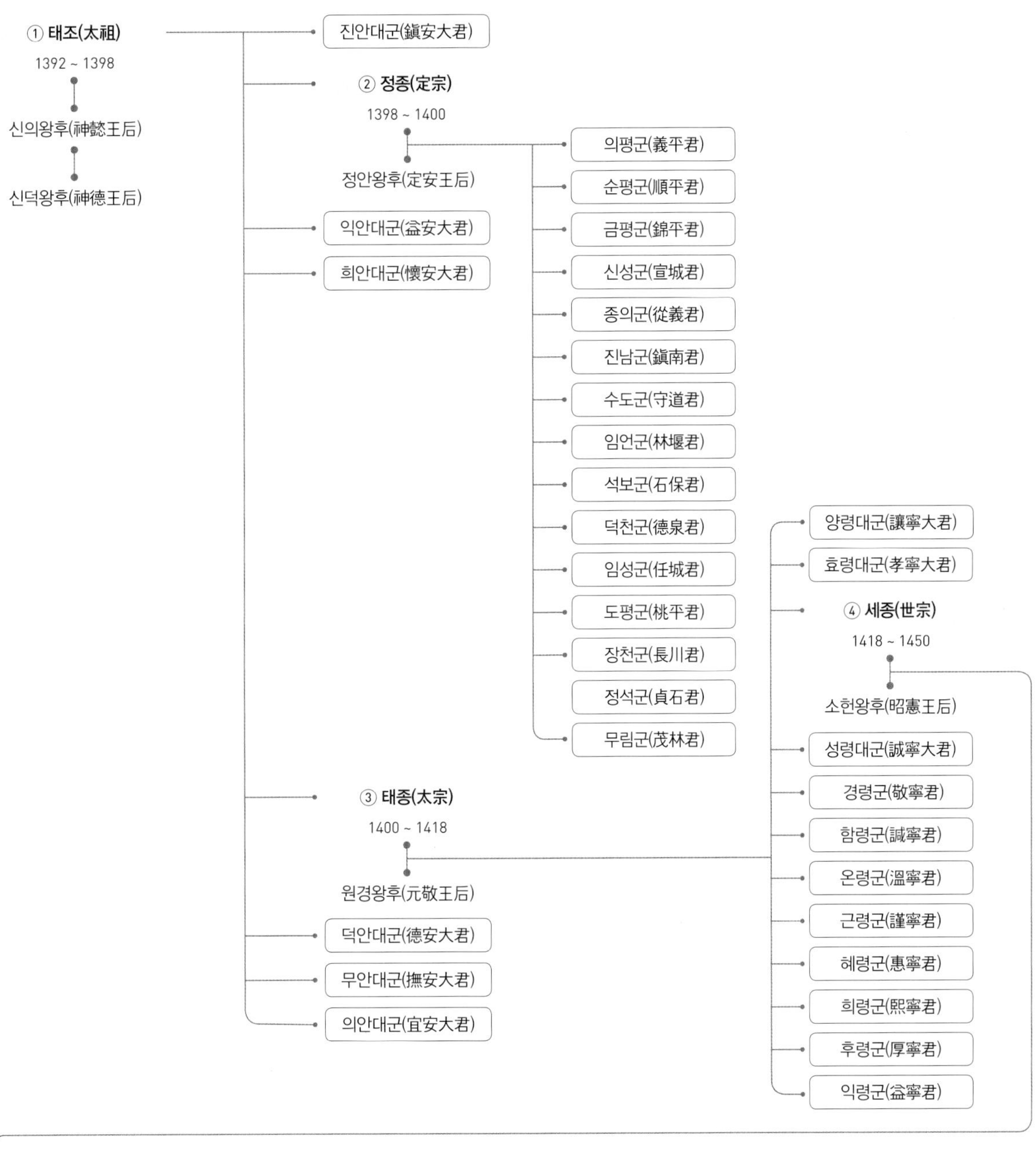

부자 관계
자손 혹은 비혈연 관계
혼인 관계
① 태조(太祖)
1392 ~ 1398
신의왕후(神懿王后)
신덕왕후(神德王后)
진안대군(鎭安大君)
② 정종(定宗)
1398 ~ 1400
정안왕후(定安王后)
익안대군(益安大君)
회안대군(懷安大君)
③ 태종(太宗)
1400 ~ 1418
원경왕후(元敬王后)
덕안대군(德安大君)
무안대군(撫安大君)
의안대군(宜安大君)
의평군(義平君)
순평군(順平君)
금평군(錦平君)
선성군(宣城君)
종의군(從義君)
진남군(鎭南君)
수도군(守道君)
임언군(林堰君)
석보군(石保君)
덕천군(德泉君)
임성군(任城君)
도평군(桃平君)
장천군(長川君)
정석군(貞石君)
무림군(茂林君)
양령대군(讓寧大君)
효령대군(孝寧大君)
④ 세종(世宗)
1418 ~ 1450
소헌왕후(昭憲王后)
성령대군(誠寧大君)
경령군(敬寧君)
함령군(諴寧君)
온령군(溫寧君)
근령군(謹寧君)
혜령군(惠寧君)
희령군(熙寧君)
후령군(厚寧君)
익령군(益寧君)

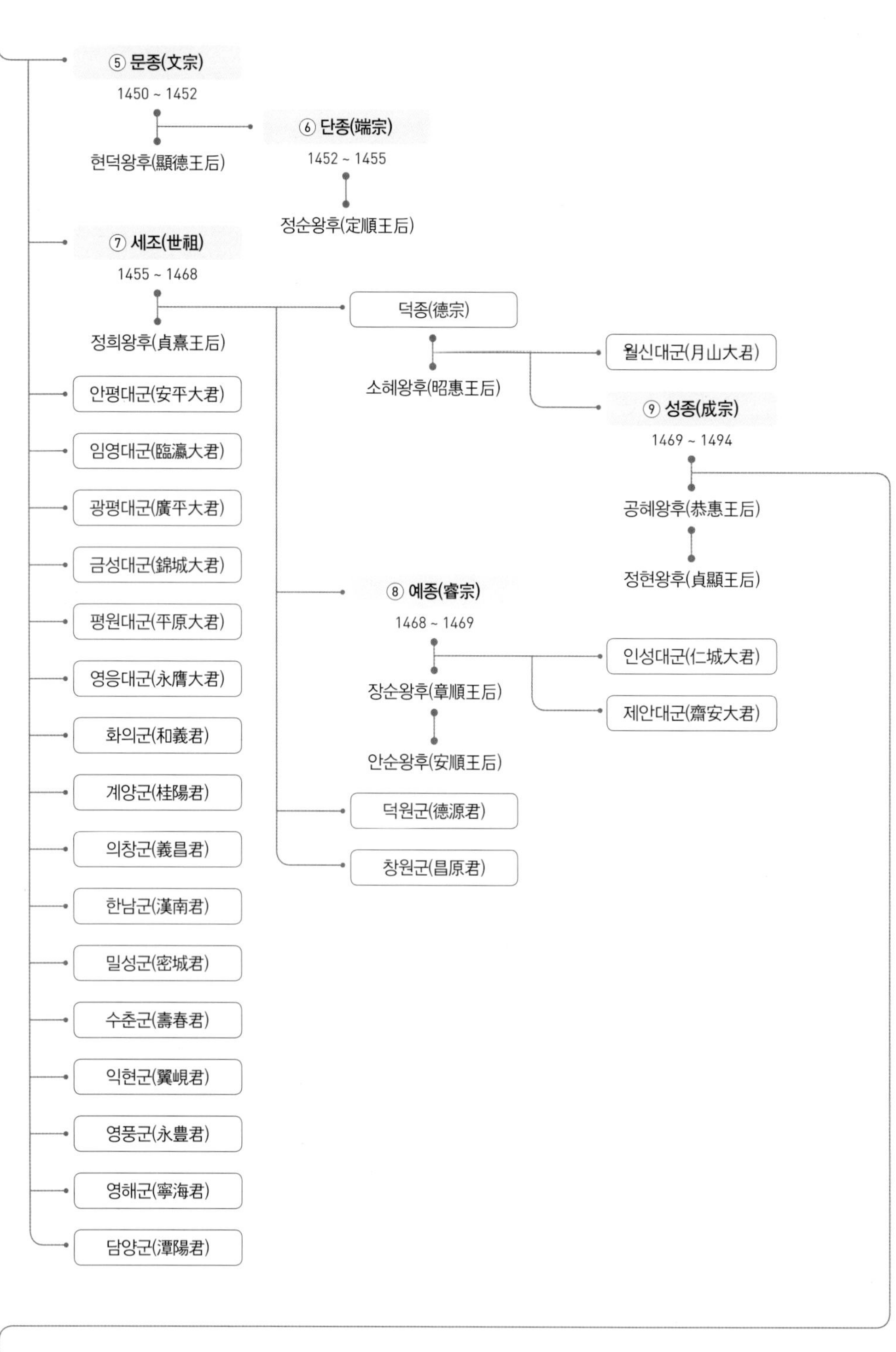
⑤ 문종(文宗)
1450 ~ 1452
현덕왕후(顯德王后)
⑥ 단종(端宗)
1452 ~ 1455
정순왕후(定順王后)
⑦ 세조(世祖)
1455 ~ 1468
정희왕후(貞熹王后)
덕종(德宗)
소혜왕후(昭惠王后)
월산대군(月山大君)
⑨ 성종(成宗)
1469 ~ 1494
공혜왕후(恭惠王后)
정현왕후(貞顯王后)
⑧ 예종(睿宗)
1468 ~ 1469
장순왕후(章順王后)
안순왕후(安順王后)
인성대군(仁城大君)
제안대군(齋安大君)
덕원군(德源君)
창원군(昌原君)
안평대군(安平大君)
임영대군(臨瀛大君)
광평대군(廣平大君)
금성대군(錦城大君)
평원대군(平原大君)
영응대군(永膺大君)
화의군(和義君)
계양군(桂陽君)
의창군(義昌君)
한남군(漢南君)
밀성군(密城君)
수춘군(壽春君)
익현군(翼峴君)
영풍군(永豊君)
영해군(寧海君)
담양군(潭陽君)

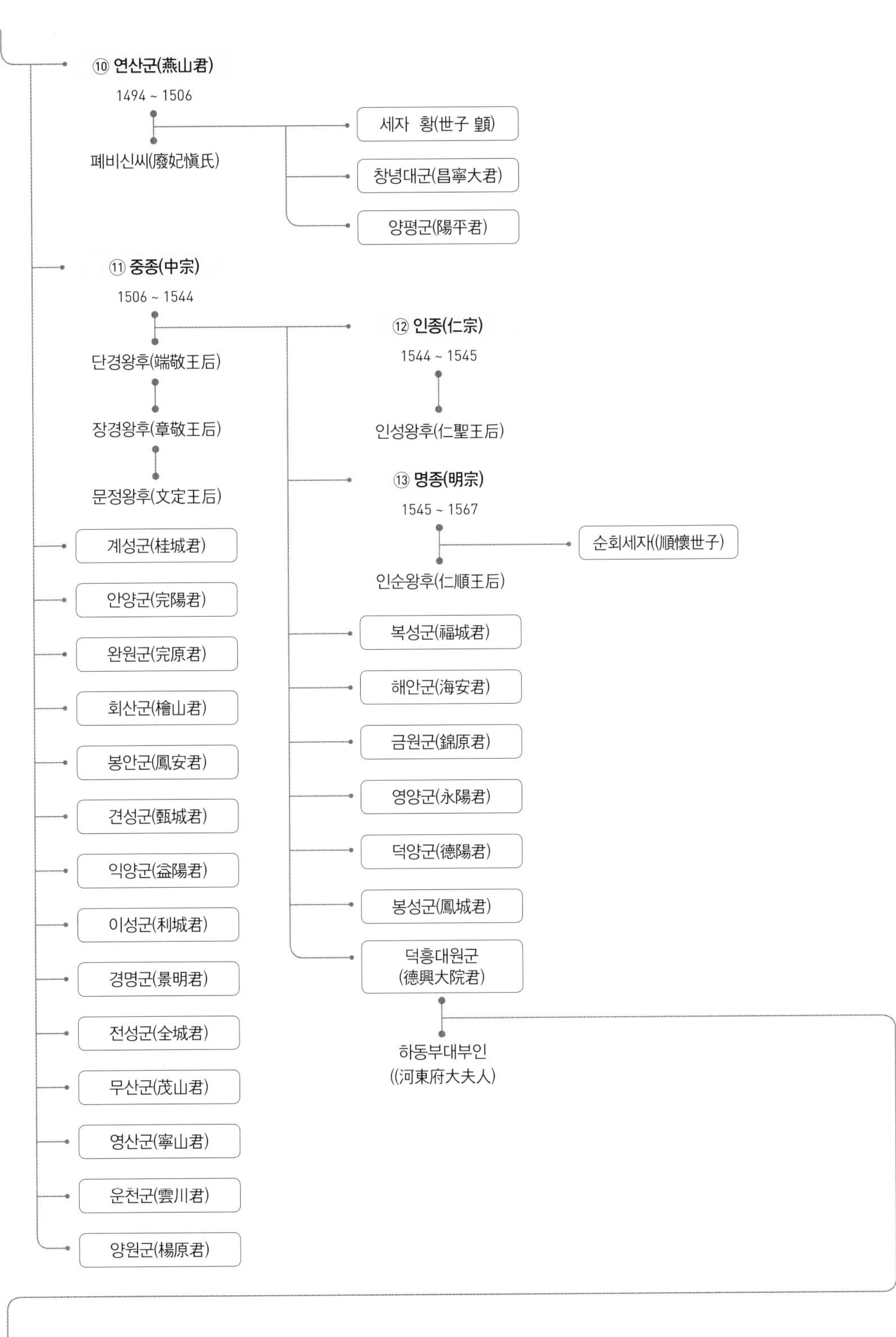

⑩ 연산군(燕山君)
1494 ~ 1506
폐비신씨(廢妃愼氏)
세자 황(世子 顗)
창녕대군(昌寧大君)
양평군(陽平君)
⑪ 중종(中宗)
1506 ~ 1544
단경왕후(端敬王后)
장경왕후(章敬王后)
문정왕후(文定王后)
⑫ 인종(仁宗)
1544 ~ 1545
인성왕후(仁聖王后)
⑬ 명종(明宗)
1545 ~ 1567
인순왕후(仁順王后)
순회세자(順懷世子)
계성군(桂城君)
안양군(安陽君)
완원군(完原君)
회산군(檜山君)
봉안군(鳳安君)
견성군(甄城君)
익양군(益陽君)
이성군(利城君)
경명군(景明君)
전성군(全城君)
무산군(茂山君)
영산군(寧山君)
운천군(雲川君)
양원군(楊原君)
복성군(福城君)
해안군(海安君)
금원군(錦原君)
영양군(永陽君)
덕양군(德陽君)
봉성군(鳳城君)
덕흥대원군
(德興大院君)
하동부대부인
(河東府大夫人)

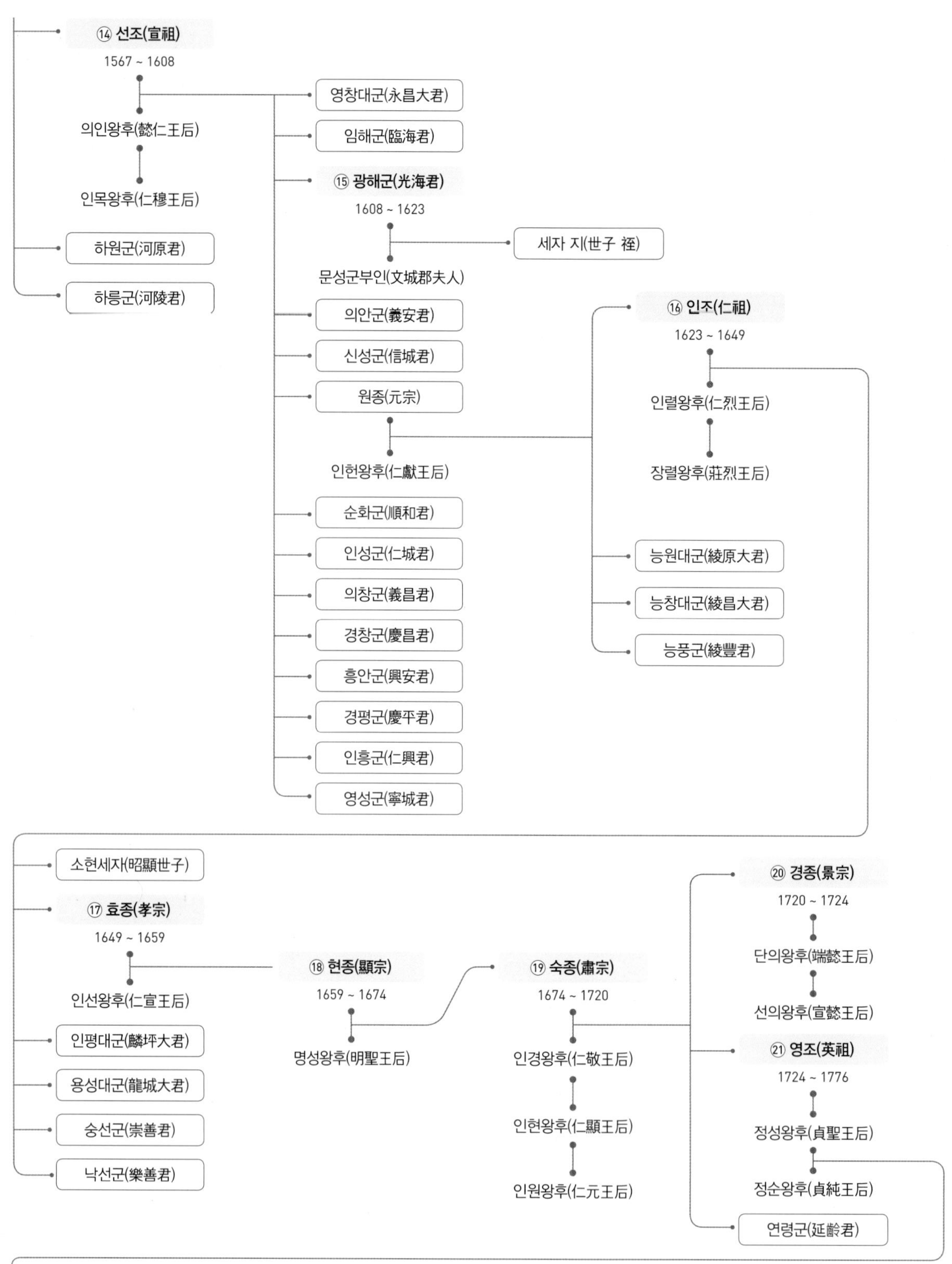
⑭ 선조(宣祖)
1567 ~ 1608
의인왕후(懿仁王后)
인목왕후(仁穆王后)
하원군(河原君)
하릉군(河陵君)
영창대군(永昌大君)
임해군(臨海君)
⑮ 광해군(光海君)
1608 ~ 1623
세자 지(世子 祬)
문성군부인(文城郡夫人)
의안군(義安君)
신성군(信城君)
원종(元宗)
인헌왕후(仁獻王后)
순화군(順和君)
인성군(仁城君)
의창군(義昌君)
경창군(慶昌君)
흥안군(興安君)
경평군(慶平君)
인흥군(仁興君)
영성군(寧城君)
⑯ 인조(仁祖)
1623 ~ 1649
인렬왕후(仁烈王后)
장렬왕후(莊烈王后)
능원대군(綾原大君)
능창대군(綾昌大君)
능풍군(綾豐君)
소현세자(昭顯世子)
⑰ 효종(孝宗)
1649 ~ 1659
인선왕후(仁宣王后)
인평대군(麟坪大君)
용성대군(龍城大君)
숭선군(崇善君)
낙선군(樂善君)
⑱ 현종(顯宗)
1659 ~ 1674
명성왕후(明聖王后)
⑲ 숙종(肅宗)
1674 ~ 1720
인경왕후(仁敬王后)
인현왕후(仁顯王后)
인원왕후(仁元王后)
⑳ 경종(景宗)
1720 ~ 1724
단의왕후(端懿王后)
선의왕후(宣懿王后)
㉑ 영조(英祖)
1724 ~ 1776
정성왕후(貞聖王后)
정순왕후(貞純王后)
연령군(延齡君)

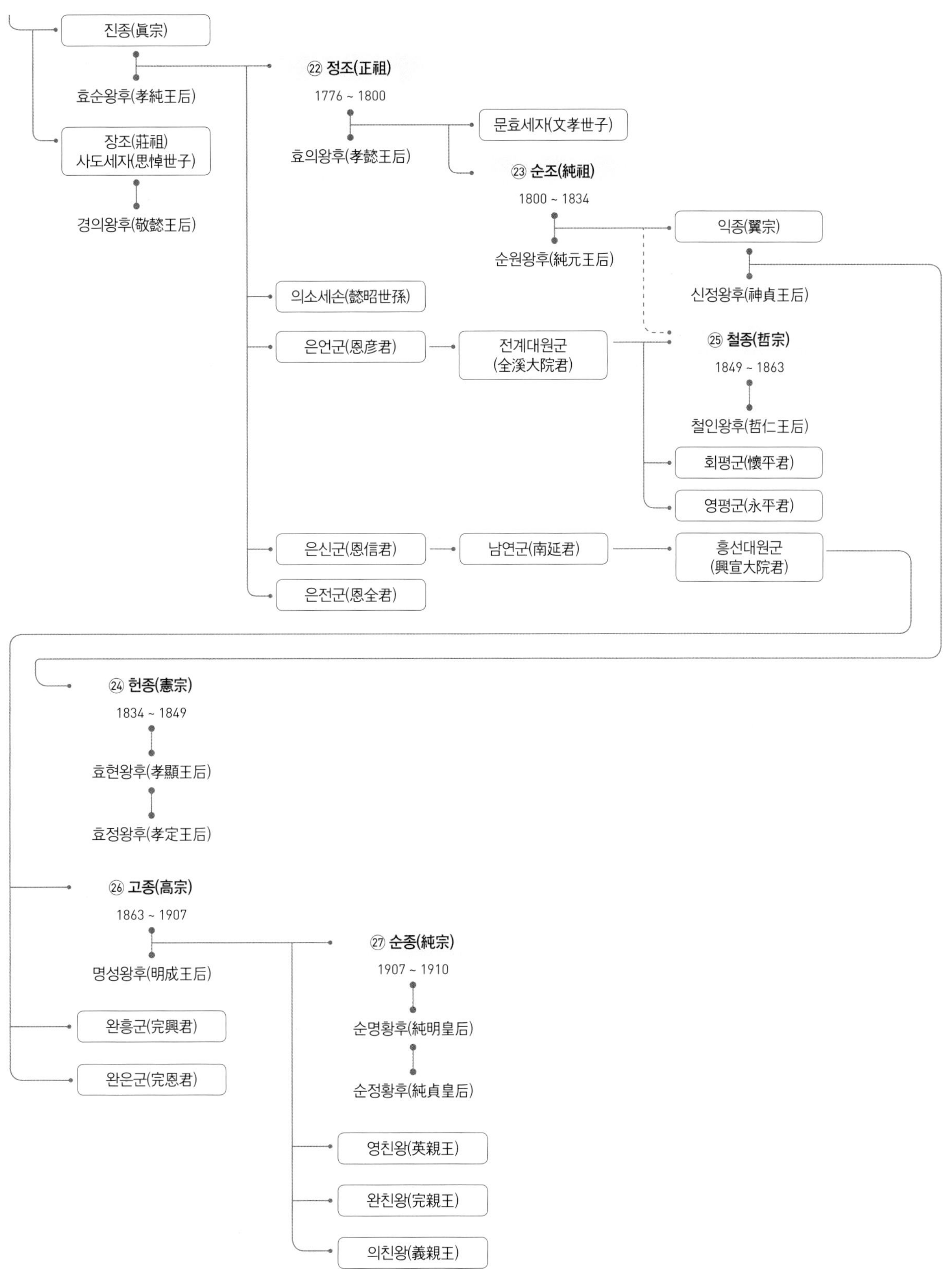
진종(眞宗)
효순왕후(孝純王后)
장조(莊祖)
사도세자(思悼世子)
경의왕후(敬懿王后)
㉒ 정조(正祖)
1776 ~ 1800
효의왕후(孝懿王后)
문효세자(文孝世子)
㉓ 순조(純祖)
1800 ~ 1834
순원왕후(純元王后)
익종(翼宗)
신정왕후(神貞王后)
의소세손(懿昭世孫)
은언군(恩彦君)
전계대원군
(全溪大院君)
㉕ 철종(哲宗)
1849 ~ 1863
철인왕후(哲仁王后)
회평군(懷平君)
영평군(永平君)
은신군(恩信君)
남연군(南延君)
흥선대원군
(興宣大院君)
은전군(恩全君)
㉔ 헌종(憲宗)
1834 ~ 1849
효현왕후(孝顯王后)
효정왕후(孝定王后)
㉖ 고종(高宗)
1863 ~ 1907
명성왕후(明成王后)
㉗ 순종(純宗)
1907 ~ 1910
순명황후(純明皇后)
순정황후(純貞皇后)
완흥군(完興君)
완은군(完恩君)
영친왕(英親王)
완친왕(完親王)
의친왕(義親王)

4부

개항기

정치·경제사로 읽는 개항기

개항기의 정치와 대외 관계

1. 외세의 침략적 접근과 개항
2. 개화 정책의 추진과 반발
3. 근대 국가 건설을 위한 노력
4. 국권 피탈과 구국 민족 운동의 전개

개항기의 경제 변화

1. 열강의 경제적 침탈
2. 근대적 경제 성장을 위한 노력

개항기의 정치와 대외 관계

주요 용어

세도정치, 비변사 폐지, 서원 정리, 양전 사업, 호포제, 사장제, 경복궁 중건, 제너럴셔먼호 사건, 병인양요, 오페르트 도굴 사건, 신미양요, 척화비, 운요호 사건, 강화도 조약, 《조선책략》, 조·미 수호 통상 조약

1 외세의 침략적 접근과 개항

흥선대원군, 경복궁을 중건하다

19세기 중반 조선의 상황은 점점 혼란해졌습니다. 정치적으로는 **세도정치**에 의해 부정부패가 만연했고, 경제적으로는 삼정이 문란해져 농민들이 늘어난 부담을 견디지 못하고 전국 각지에서 봉기를 일으켰습니다. 뿐만 아니라 국제적으로는 서양세력이 동쪽으로 밀고 들어오는 서세동점(서세동점)의 시대가 시작되었습니다. 서양 열강의 이양선이 자주 나타나 조선의 해안을 측량하고 통상을 요구했습니다. 1860년 영국과 프랑스 연합군이 청의 수도인 베이징을 함락했다는 소식이 전해지자 조선 사람들은 큰 충격을 받았습니다. 나라 안팎에서 어려움이 닥치자 개혁의 필요성을 느끼는 사람도 많아졌습니다. 이런 가운데 철종이 죽고 어린 고종이 즉위하자, 국왕의 생부인 흥선군 이하응이 대원군이 되어 정권을 잡았습니다(1863).

흥선대원군(1820~1898)

조선 제26대 왕 고종의 아버지이다. 대원군은 조선시대에 왕이 형제나 자손 등 후사가 없이 죽고 종친 중에서 왕위를 계승하는 경우, 새로운 왕의 생부에게 주던 존호를 말한다.

흥선대원군은 왕권 강화와 민생 안정이라는 목표를 가지고 개혁을 단행했습니다. 먼저 정치적으로는 세도 정권을 무너뜨리고 당파와 신분을 가리지 않고 능력에 따라 인재를 등용합니다. 그리고 그동안 세도 가문들의 핵심 기구로 활용되던 비변사를 폐지시킵니다. 의정부의 권한을 회복하고 삼군부를 부활시켜, 비변사의 역할 중 행정은 의정부에서, 군사는 삼군부가 담당하게 합니다. 또한 《대전회통》, 《육전조례》 등의 법전을 편찬하여 통치 체제도 재정비했습니다.

비변사 폐지와 법전 편찬 등이 중앙에서 왕권 강화를 위한 개혁이었다면, 지방을 개혁하기 위해 대원군은 **서원 정리**(493p 참조)를 단행했습

양전 사업

백성들에게 조세를 징수하여 국가 재정을 확보할 목적으로 토지의 실제 경작 상황을 파악하기 위해 실시한 토지측량 제도이다.

은결

조선시대 부정한 방법으로 조세부과 대상에서 누락시킨 토지로 전주(田主)나 전호(佃戶) 그리고 지방 관서 관리의 부정 수단으로 발생하는 탈세전(脫稅田)이다.

사창제

조선시대 양반 지주들이 자치적으로 곡식을 저장해 두고 백성들에게 대여해 주던 제도. 관에서 관리하는 백성구휼 기구인 환곡제와 다른 점은 민간에서 관리한 기구라는 점이다.

흥선대원군이 삼정의 문란 중 가장 극심했던 환곡의 폐단을 개혁하기 위해 설치한 것으로 리(里)를 단위로 보릿고개 때 곡식을 빌려주는 사창을 설치하여 운영한 제도다. 추수기에 이자를 조금씩 붙여서 돌려받았다.

니다. 대원군은 정쟁의 원인이자 농민 수탈의 근거지였던 서원 중 47개의 사액 서원을 제외하고 나머지를 모두 철폐했습니다. 더 나아가 명나라 신종을 모시던 사당인 만동묘도 폐지했습니다. 그러나 성리학을 전파하는 중요 교육 기관인 서원을 폐지하자, 많은 유생들은 대원군에게서 등을 돌리게 됩니다.

흥선대원군은 삼정의 문란을 해결하고자 경제적으로도 개혁을 추진합니다. 우선 전정을 바로잡기 위해 왕실과 양반 토호의 면세전을 정부에 반납하고, **양전 사업**(量田事業)을 실시하여 은결(隱結)을 찾아냈습니다. 이를 통해 국가의 조세 수입이 증대되었습니다. 군정을 개혁하여 마을에 대해 포(옷감)를 부과하는 동포제(洞布制)를 실시함으로써 양반도 포를 내도록 합니다. 하지만 동포제가 제대로 시행되지 않자, 더 강력한 조치로 집집마다 포를 부과하는 **호포제**(493p 참조)를 실시하여 조세 부담이 공평하게 이루어지게 했습니다. 또한 당시에 조세와 다름없던 환곡을 폐지하고, 지역 단위로 향촌 주민들이 자치적으로 운영하는 **사창제**(社倉制)를 실시하여 농민 경제를 안정시키려고 했습니다.

흥선대원군은 정치·경제적 개혁이 성공하려면 우선 왕실이 위엄을 되찾아야 한다고 판단했습니다. 그 일환으로 실추된 왕실의 위엄을 회복하기 위해 임진왜란 때 불타버린 **경복궁 중건**(493p 참조)을 시행했습니다. 막대한 공사비를 마련하기 위해 **원납전**을 강제로 징수했고, 원납전만으로 부족하자 당시 화폐 가치의 100배에 해당하는 **당백전**을 발행합니다. 하지만 이로 인해 물가가 폭등하고 화폐 제도가 문란해졌습니다. 더불어 공사를 위해 양반의 묘지림을 벌채하고 백성들을 강제로 공사에 동원하자 원성이 높아졌습니다. 결국 최익현 등 유생들이 흥선대원군 하야를 요구하는 상소를 올려 흥선대원군은 물러나고, 고종의 친정(親政)이 시작되었습니다(고종 10, 1873).

서양과의 통상 거부, 옳은 판단이었을까

서양 열강은 조선 정부에게 지속적으로 통상 수교를 요구했습니다. 하지만 조선 정부는 서양의 요구를 경제적 교류를 내세운 침략으로 판단하고 통상 수교 거부 정책으로 일관합니다. 한때 프랑스를 이용해 러시아를 견제하던 대원군도 여론에 따라 서양의 통상 요구를 거부합니다. 그리고

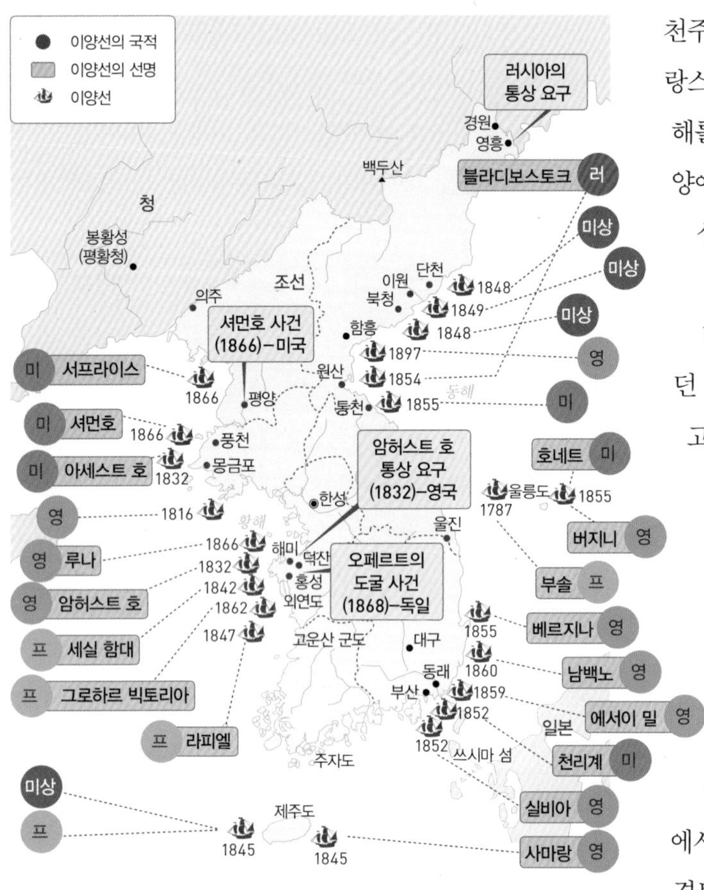

서양 세력의 통상 요구

천주교에 대한 대대적인 탄압을 하여, 9명의 프랑스 신부와 수천 명의 신도를 처형하는 병인박해를 일으켰습니다(1866). 같은 해 7월에는 평양에서 **제너럴셔먼호 사건**이 일어납니다. 미국 상선 제너럴셔먼호는 대동강을 통해 평양에 들어와 통상을 요구하며 난동을 피웠습니다. 분노한 평양 군민들은 당시 평안 감사였던 박규수의 지휘 아래 배를 불태워 침몰시키고 선원들을 살해했습니다. 이 두 사건은 각각 프랑스와 미국에 알려졌고, 이는 두 나라가 조선을 침략하는 계기가 됩니다.

프랑스는 병인박해를 구실로 로즈 제독이 이끄는 군함 7척을 파견하여 강화읍을 점령하고 통상을 요구합니다. 조선 정부는 이에 맞서 군대를 재편성하고 방비를 강화했습니다. 한성근 부대는 문수산성에서, 양헌수 부대는 정족산성에서 프랑스군을 격퇴합니다. 이 사건을 **병인양요**라고 합니다(1866). 조선군의 완강한 저항에 부딪힌 프랑스군은 강화도에서 철수하였는데, 이때 외규장각에 불을 지르고 의궤류와 고문서 등 각종 문화재를 약탈해 갔습니다.

제국주의 열강의 조선 침입

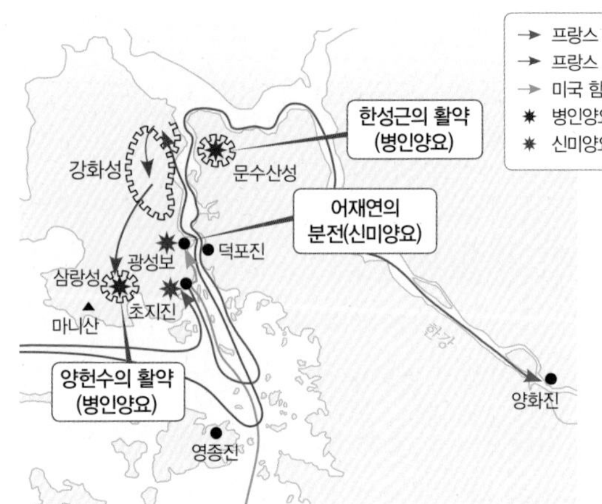

병인양요 이후에는 미국이 조선을 넘보기 시작했습니다. 1868년 미국은 독일 상인 오페르트를 내세워 통상을 요구했지만 조선 정부로부터 통상을 거절당했습니다. 그러자 오페르트는 충청도 덕산에 있는 흥선대원군의 아버지 남연군의 무덤을 도굴했습니다. 남연군의 유해를 미끼로 삼아 통상 조약을 체결하려던 오페르트의 계획은 결국 지역 주민들의 저항으로 실패했습니다(**오페르트 도굴 사건**). 이 사건으로 서양 열강의 침략에 대한 경계심이 높아졌으며, 조선의 통상 수교 거부 정책은 더욱 강

외규장각 의궤

1866년 병인양요 때 프랑스군이 약탈해 간 의궤이다. 의궤는 왕실이나 국가 행사의 전 과정을 보고서 형식으로 기록한 책이다. 1975년 프랑스 국립도서관 사서로 일하던 박병선 박사가 처음으로 발견하면서 세상에 알려졌으며, 반환 요구를 꾸준히 전개한 끝에 5년마다 대여를 갱신하는 조건으로 2011년 296권을 모두 반환받았다.

척화비

양이침범 비전즉화 주화매국(洋夷侵犯非戰則和 主和賣國). 흥선대원군은 "서양 오랑캐가 침입하는데 싸우지 않는 것은 곧 화친하는 것이요, 화친을 주장하는 것은 곧 나라를 파는 것이다."라는 뜻을 담은 척화비를 전국에 세웠다.

화됩니다.

이후에도 미국은 제너럴셔먼호 사건을 구실로 조선에 배상금 지불과 통상 조약의 체결을 계속해서 요구했습니다. 흥선대원군이 이를 거절하자, 미국은 마침내 군함 5척과 1,200여 명의 병력으로 조선을 침략했습니다. 이 사건을 **신미양요**라고 합니다(1871). 강화도 초지진을 함락시킨 미군이 광성보를 공격해 오자 **어재연** 부대는 이를 맞아 격전을 벌였고, 조선군은 어재연을 비롯해 거의 전원이 전사할 때까지 항거했습니다. 조선 정부의 단호한 의지와 조선군의 거센 저항에 부딪힌 미군은 개항을 요구하는 서한을 남긴 채 어재연 장군의 '수(帥)'자기를 가지고 철수했습니다.

신미양요 이후에 흥선대원군은 서울 종로 거리와 전국 각지에 **척화비**를 세우고 통상 수교 거부 의지를 분명히 합니다(1871). 하지만 이러한 조선의 정책은 세계 정세를 제대로 인식하지 못하여 서구 열강의 침략에 대한 적절한 대책을 세우지 못했고, 결국 조선의 근대화를 지연시키는 결과를 가져왔습니다.

운요호 사건

조선의 문호를 개방하기 위해 일본 정부가 1875년 9월 일본 군함 운요호를 파견하여 무력시위를 벌인 사건이다.

조선, 문호를 개방하다

최익현을 필두로 한 유생들이 흥선대원군의 무리한 토목사업과 서원 철폐를 공격하며 주청한 대원군의 하야를 고종이 받아들임으로써 10년 동안 집권했던 흥선대원군이 물러나고 고종의 친정 체제가 수립되자 정치 세력도 큰 변화를 맞이합니다. 고종은 흥선대원군이 임명한 관리들을 대거 몰아내고 그 빈자리에 개화를 추진하려는 명성황후 세력으로 채웠습니다(고종 10, 1873). 이 무렵 **박규수·오경석·유홍기** 등의 통상 개화론자들이 부국강병을 위해 문호 개방의 필요성을 주장하기 시작했고, 명성황후 세력이 이를 수용하면서 조선 정부의 대외 정책이 조금씩 변화하기 시작했습니다.

조선의 새로운 움직임을 간파한 일본은 1875년 **운요호 사건**을 일으켜 조선에 군사적 압력을 가하며 문호 개방을 요구했습니다. 조선 정부의 관리들은 통상에 대한 찬반 논의를 벌였고, 최익현 등 양반 유학자들을 중심으로 개항 반대 운동이 크게 일어났습니다. 하지만 정부는 전쟁을 피하기 위해 조약 체결이 필요하다는 결론을 내렸습니다. 결국 1876년 조선 측 대표 **신헌**과 일본 측 대표 **구로다 기요타카**가 만나 **강화도 조약**(조·일 수호 조규)을 체결했습니다. 12개의 조항으로 구성된 강화도 조약은 조선이 근대 국제법에 따라 외국과 처음 체결한 조약으로, 조약의 결과 부산·원산·인천의 3개 항구를 개항(제4조)하고 일본에 문호를 개방했습니다. 하지만 해안 측량권(제7조), 치외 법권(제10조) 등을 인정한 불평등 조약이었습니다.

치외 법권
외국인이 현재 거주하는 나라의 법률에 적용받지 않는 특권을 말한다.

조선은 강화도 조약에 이어 일본과 조·일 수호 조규 부록(부속 조약, 1876)과 조·일 무역 규칙(1876)을 잇달아 체결했습니다. 조·일 수호 조규 부록에서는 개항장에서 일본 거주민의 거주 지역 설정과 일본 화폐 유통, 일본 외교관의 자유로운 여행이 인정되었습니다. 그리고 조·일 무역 규칙에서는 일본 수출입 상품에 대한 무관세 적용, 양곡의 무제한 유출, 선박의 무항세를 허용했습니다. 이 조약들 또한 일본의 입장만 고려된 불평등 조약이었고, 그 결과 일본은 조선을 경제적으로 침략할 수 있는 발판을 마련하게 되었습니다.

미국은 조선이 일본과 강화도 조약을 맺는 것을 보고 다시 조선과 통

강화도 조약의 주요 내용과 일본의 의도

조항	내용	일본의 의도
제1조	조선국은 자주국으로 일본국과 똑같은 권리를 갖는다.	조선에 대한 청의 종주권을 부인함으로써, 조선 침략 시 청의 간섭을 배제하려고 하였다.
제4조	조선국은 부산 외에 두 곳의 항구를 개항하고 일본인이 와서 통상을 하도록 허가한다.	경제적(부산, 1876), 군사적(원산, 1880), 정치적(인천, 1883) 침략 거점을 확보하려고 하였다.
제7조	조선국 연해의 도서와 암초를 조사하지 않아 위험하다. 일본국 항해자가 자유롭게 해안을 측량하도록 허가한다.	연안 자원과 항로를 확보하며, 군사 작전 시 상륙 지점의 정탐이 가능해졌다.
제10조	일본국 인민이 조선국 항구에서 죄를 지었거나 조선국 인민에게 관계되는 사건은 모두 일본국 관원이 심판한다.	조선에 거주하는 일본인의 불법 행위에 대한 조선의 사법권을 배제하였다.

조선책략

개항기 조선이 당면한 국제적 지위를 논하고 그 대비책을 제시한 외교 의견서로 주일 청국 외교관 황쭌셴(黃遵憲)이 저술했다.

거중 조정

국제 분쟁을 제3자의 권고로 평화적으로 해결하는 것을 말한다. 조·미 수호 통상 조약에서는 조선과 미국 중 한 나라가 제3국과 분쟁하는 경우, 다른 한 나라가 원만한 타결을 위해 분쟁을 조정하도록 했다.

최혜국 대우

한 나라가 어떤 외국에 부여하고 있는 가장 유리한 대우를 상대국에도 부여하는 것이다.

상 수교를 추진하기 시작합니다. 먼저 일본에 조선과 수교 교섭을 알선해 줄 것을 요청했지만 거절당하자 청에 기대를 걸었습니다. 청 정부는 조선에 미국과 수교할 것을 권유하고 교섭 과정에 적극적으로 개입했습니다. 이 무렵 일본에 파견되었던 김홍집이 《**조선책략**(494p 참조)》을 조선에 가져와 유포했습니다(1880). 《조선책략》에서는 러시아를 막기 위해 조선이 중국과 친하게 지내고 일본과 결합하고, 미국과 손잡아야 한다고 주장했습니다. 이에 따라 미국과의 수교 필요성이 조선 정부 내에서도 대두되었습니다.

결국 1882년 제물포에서 **조·미 수호 통상 조약**(494p 참조)이 체결되었습니다. 조·미 수호 통상 조약은 조선이 서양 세력과 체결한 최초의 근대적 조약이었지만, 강화도 조약과 같은 불평등 조약이었습니다. 치외 법권뿐만 아니라 거중 조정(居中調整), 최혜국(最惠) 대우까지 규정되어 있었습니다. 다만 강화도 조약과는 달리 비록 비율은 낮았지만 수출입 상품에 대한 관세 조항이 들어 있었습니다. 이후 조선 정부는 이를 근거로 일본과 다시 교섭해, 이미 맺은 조·일 무역 규칙에 관세 조항을 추가한 조·일 통상 장정을 체결할 수 있었습니다(1883).

조선 정부는 미국과 조약을 맺은 후 영국(1883), 독일, 러시아, 프랑스 등과도 차례로 수교를 합니다. 특히 임오군란 후 심해진 청의 내정 간섭을 견제하기 위해 러시아와는 청의 알선 없이 직접 수교를 진행했고(1884), 프랑스와의 수교(1886)를 통해 천주교 신앙과 포교의 자유를 허락했습니다. 이렇듯 조선은 다른 나라들과 통상 수교를 함으로써 근대 사상·문물·제도 등을 수용했고, 국제 사회의 일원으로 참여하게 되었습니다. 하지만 서양 각 나라와 맺은 조약들은 조·미 수호 통상 조약과 큰 차이가 없는 불평등 조약이었으며, 이로 인해 조선에 대한 서양 열강의 침략은 점차 가속화되었습니다.

주요 용어

수신사, 조사시찰단, 영선사, 보빙사, 통리기무아문, 별기군, 위정척사 운동, 척화주전론, 최익현, 왜양일체론, 영남 만인소, 임오군란, 조·청 상민 수륙 무역 장정, 제물포 조약, 김옥균, 우정총국, 갑신정변, 14개조 개혁 정강, 한성 조약, 톈진 조약, 거문도 사건, 한반도 중립화론, 유길준

2 개화 정책의 추진과 반발

서양 문물을 배우자

19세기 중반 변화된 세계 정세에 발맞추어 조선도 서양 열강과 통상해야 한다고 주장하는 개화 사상가들이 등장했습니다. 조선 후기 북학 사상과 서양 근대 사상의 영향을 받은 개화 사상가들은 조선이 서양 열강에 자주적으로 문호를 개방하여, 문물과 제도를 받아들이고 근대적 개혁을 이루어야 한다고 주장했습니다.

연암 박지원의 손자인 양반 출신의 박규수, 중인 출신인 오경석과 유홍기로 대표되는 초기 개화 사상가들은 김옥균·박영효·홍영식·서광범·김윤식·유길준 등 젊은 양반 자제들에게 세계 정세와 서양 문물을 전파했으며, 이들은 이후 정치 세력으로 성장하여 개화파를 형성합니다. 개화파는 청과 일본의 근대화 과정을 주의 깊게 관찰하고, 나라가 부강해야 서양 열강의 침략을 막을 수 있다고 판단했습니다. 그래서 새로운 문물과 제도를 받아들이려는 정부의 개화 정책을 적극적으로 뒷받침합니다.

조선 정부는 개항 이후 우선 일본에 김기수를 대표로 하는 1차 **수신사**를 파견합니다(1876). 수신사 일행은 일본의 근대 문물을 시찰하고 선진 문물을 배워 왔으며, 김기수는 일본에 다녀온 후 《일동기유》를 저술하여 시찰 활동을 보고했습니다. 4년 뒤 김홍집을 대표로 하는 2차 수신사가 파견되었습니다(1880). 이들은 일본의 군사·교육·산업 시설들을 시찰하

개화파의 형성

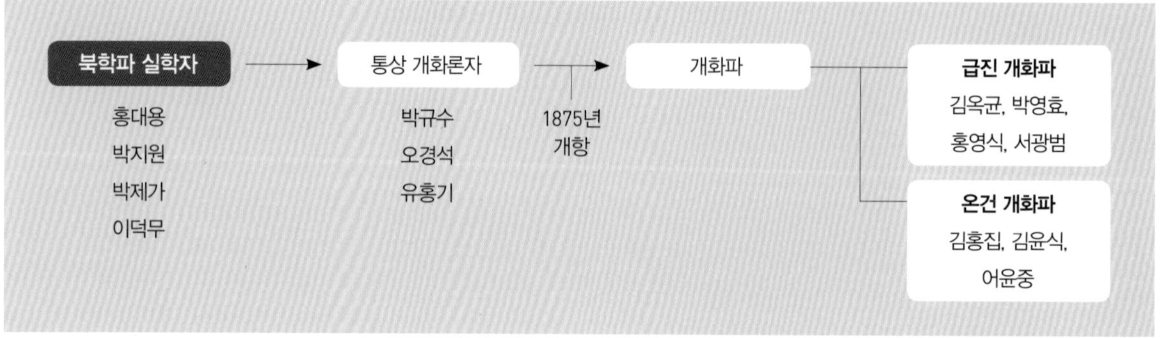

《조선책략》

청국인 황준헌(黃遵憲)이 러시아의 남하 정책에 대비하기 위해 조선, 일본, 청국 등 동양 3국의 외교정책에 대해 서술한 책. 1880년 5월 28일 제2차 수신사로 일본에 파견된 예조참의 김홍집(金弘集)은 일본에 약 1개월간 머무는 동안 국제정세 탐문 및 국제법과 관련하여 활동을 전개했는데, 귀국하는 길에 황준헌이 지은 《사의조선책략 私擬朝鮮策略》을 얻어와 고종에게 바쳤다.

조사시찰단

1881년 일본에 파견한 시찰단. 당시 조선 내에서 외래 문물 수용에 대해 부정적인 목소리가 높았기 때문에 이를 숨기기 위해 '신사 유람단'이라는 명칭을 사용하기도 했다.

영선사

조선 말기 개화기에 중국의 선진 문물(무기 제조법)을 견학하기 위해 젊은 유학생들을 거느리고 건너가 청나라의 무기제조법 등을 배워오고, 미국과의 수교문제(聯美論)에 관하여 사전 조율하기 위해 중국을 다녀온 사신이다.

1883년 미국에 파견한 보빙사

며 당시 현안이었던 관세 개정, 쌀 수출 금지 등의 문제를 일본과 협의하기도 합니다. 또한 김홍집은 귀국할 때《조선책략》을 가지고 들어와 조선 정부에 신문물 수입과 외교 정책을 건의했습니다.

근대적 문물과 제도를 경험한 조선 정부는 본격적으로 개화 정책을 추진합니다.

먼저 청의 제도를 모방한 **통리기무아문**(統理機務衙門)을 설치하여 모든 개화 정책을 총괄하도록 하고, 그 아래에 12사를 두어 외교, 군사, 산업 등 실무를 담당하게 했습니다(1880). 군사 제도 면에서는 5군영을 무위영과 장어영의 2영으로 개편하고, 신식 군대 별기군을 창설하여 일본인 교관에게 근대식 군사 훈련을 맡겼습니다(1881).

또한 행정과 군사 개혁 등에 필요한 정보와 자료를 좀 더 체계적으로 수집하기 위해 일본과 청에 사절단을 파견했습니다. 1881년 박정양·어윤중·홍영식 등으로 구성된 **조사시찰단**은 일본에 건너가 약 3개월 동안 정부 기관과 산업 시설을 시찰한 뒤 보고서를 제출했습니다. 같은 해 청나라에는 **영선사**로 임명된 김윤식의 인솔하에 유학생과 기술자를 파견하여, 톈진의 기기국에서 무기 제조법, 군사 훈련, 외국어를 배우게 했습니다. 이들은 정부의 재정 지원 부족 등 여러 가지 사정으로 조기 귀국했지만, 서양식 기계와 다양한 과학 기술 서적을 가지고 돌아왔습니다. 이러한 경험은 조선에 기기창(근대 무기 제조 공장, 1883)을 설립할 때 큰 도움이 되었습니다.

서양 국가로는 처음 통상 수교를 했던 미국에도 **보빙사**가 파견되었습니다(1883). 미국 측의 공사 파견에 대한 답례로 민영익·홍영식·서광범·유길준 등이 최초로 서양 문명을 접하고 돌아왔습니다. 이들에 의해 조선에는 우정총국이 설립되어 우편 업무가 시작되었고 전기도 도입됩니다. 이처럼 여러 분야에 걸쳐 새로운 문물을 받아들여 부강한 나라를 만들려는 정부의 개화 정책이 계속 추진되었고, 한편으로는 이에 대한 반대 움직임도 점점 커져 갔습니다.

위정척사(衛正斥邪) 운동은 어떻게 전개되었을까

서양 열강의 침략과 개항을 전후하여 개화의 물결이 높아지자, 이에 맞선 격렬한 저항이 일어났습니다. 보수 유생들이 일으킨 이러한 움직임을

최익현(1833~1906)

1868년 경복궁 중건과 당백전 발행에 따르는 재정 파탄 등을 들어 흥선대원군의 실정(失政)을 상소하여 관직을 삭탈당했다. 이후 일본과의 통상 조약과 단발령에 격렬하게 반대하였다. 1905년에는 을사조약이 체결되자 항일 의병 운동을 하다 유배되었다.

지부복궐척화의소

최익현이 도끼를 가지고 대궐문 앞에 엎드려 개항에 반대한다고 주장하며 올린 상소이다.

개화를 반대하는 상소

홍재학의 상소가 대표적이다. 그는 당시 개화 정책에 앞장섰던 김홍집 등을 규탄했을 뿐만 아니라 국왕까지도 비판했다. 국왕이 국정을 보살핀 이래 위정척사에 대한 태도가 애매했을 뿐만 아니라 사학의 무리를 방치한 실정을 지적하고, 나아가 국민을 우롱하는 처사라 극언하며 그 기만함을 비판했다.

위정척사 운동이라고 합니다. '위정척사'란 정학인 성리학을 지키고 다른 모든 종교와 사상을 배격해야 한다는 뜻입니다.

먼저 1860년대 점차 심화되는 서양 열강의 통상 요구에 대해 기정진과 이항로 등은 통상 반대 운동을 전개합니다. 서양의 통상 요구가 양요 등 무력 침략으로 이어지자, 이들은 나라를 지키기 위해 서양과 화친하지 말고 싸워야 한다는 **척화주전론**(斥和主戰論)을 강력히 주장합니다. 그리고 이들의 주장은 흥선대원군의 통상 수교 거부 정책을 뒷받침합니다. 1876년 강화도 조약을 맺을 무렵 개항 반대 운동을 전개하는데, 이때 대표적인 인물이 **최익현**입니다. 최익현은 일본과 서양이 같다는 **왜양일체론**(494p 참조)을 내세우며 개항이 불가하다고 주장했습니다. 그는 개항에 반대하기 위해 지부복궐척화의소(持斧伏闕斥和議疏)를 올리기도 했습니다. 하지만 이러한 위정척사파의 노력에도 불구하고 조선은 일본을 시작으로 개항을 하였고, 정부는 개화 정책을 점차 추진해 나갑니다.

이후 위정척사 운동은 《조선책략》이 소개되면서 더 격렬해집니다. 이 책의 영향으로 조선 정부가 미국을 포함한 서구 열강들과 통상 수교를 하려 하자, 이에 대해 유생들이 거세게 반발했습니다. 그리고 《조선책략》과 이 책을 들여온 김홍집을 비판하고, 서양과의 통상 수교를 반대한다는 내용이 담긴 상소를 올립니다. 대표적인 상소가 이만손과 강진규 등이 중심이 되어 만여 명의 영남 유림들이 집단적으로 올린 **영남 만인소**(1880, 495p 참조)입니다. 이러한 상소 행렬은 경기도와 충청도, 강원도의 유림들에 의해 계속됩니다. 급기야 당시 왕이었던 고종을 정면으로 공격하며 개화를 반대하는 상소도 등장했습니다.

이러한 운동은 서양 열강과 통상 수교하고 개화를 통해 서구 문물이 유입된다면, 성리학 체제가 무너지고 나라가 망할 것이라는 우려 때문에 일어난 것이었습니다. 하지만 위정척사파의 주장은 받아들여지지 않았고, 정부는 서양의 각 나라들과 통상 수교를 진행하면서 계속해서 개화 정책을 추진합니다. 1890년대에 들어서자 일본은 위정척사파가 전부터 우려했던 대로 조선에 대한 정치적·경제적 간섭을 노골적으로 드러냅니다. 위정척사파는 국왕에게 상소를 올리는 방식으로는 일본을 막을 수 없다고 판단하고 결국 직접적인 항쟁에 나섰습니다. 이에 따라 위정척사 운동은 일본의 침략에 저항하는 항일 의병 운동으로 계승됩니다.

위정척사 운동은 조선에 대한제국주의 국가들의 침략성을 예견하고 이를 막으려고 했던 반침략·반외세적 자주 운동이라는 점에서 긍정적인 측면이 있습니다. 하지만 조선 왕조의 전통적인 봉건 체제 및 성리학적 질서를 유지하려는 목적이 더 컸으며, 시대적 변화에 적합한 정책 대안을 제시하지 못했다는 점에서 시간이 지날수록 한계를 드러냈습니다. 이에 따라 재야 유생들 사이에서는 서양 기술 문명과 정치사상을 받아들이면서 전통 문화를 발전적으로 계승하고, 백성과 함께 국권 회복에 나서야 한다는 새로운 움직임이 등장하기 시작합니다.

별기군

별기군은 기존 구식군대에 비해 급료나 피복 등 모든 대우가 좋았다. 이러한 차별은 이후 1882년 임오군란의 원인 중 하나로 작용하였다.

구식 군인들이 불만을 가지다

정부가 추진한 개화 정책에 대해 보수 유생들만 저항한 것은 아니었습니다. 구식 군인과 도시 하층민들 사이에서도 정부에 대한 불만이 높아져 갔습니다. 개항 이후 양곡의 무제한 유출이라는 조·일 무역 규칙에 따라 쌀·콩 등 곡물이 일본에 유출되자 조선 내의 곡물이 부족해졌고, 이에 따라 곡물 가격이 폭등했습니다. 이러한 상황에서 조선 정부는 새로 신설된 신식 군대인 **별기군**(別技軍)을 우대하고, 구식 군인들에게는 재정 부족을 이유로 월급도 제대로 주지 않았습니다. 사태가 심각해진 데에는 급료 지급을 담당하던 **선혜청** 당상 **민겸호**의 부정부패도 한몫했습니다.

1882년 6월에 구식 군인들은 밀린 월급을 13개월 만에 받았지만, 월급으로 받은 쌀에는 모래와 겨가 절반 이상 뒤섞여 있었습니다. 이에 불만을 품은 구식 군인들이 폭동을 일으켰는데, 이를 **임오군란**(壬吾軍亂)이라고 합니다. 그들은 선혜청을 습격하고, 책임자인 민겸호의 집에 불을 질렀습니다. 또한 별기군 부대로 쳐들어가 일본인 교관 호리모토를 죽이고 일본 공사관을 습격했습니다. 그리고 흥선대원군을 찾아가 잘못된 정책을 고쳐 줄 것을 요청했습니다. 이후 도시 하층민까지 가담하면서 군란의 규모는 걷잡을 수 없이 커졌습니다. 이들은 창덕궁에도 몰려 들어가 선혜청 당상 민겸호와 경기 관찰사 김보현 등 부패한 정부 관리들을 살해했으며, 심지어 왕비까지 제거하려 했습니다. 하지만 왕비는 이미 궁궐을 빠져나가 충주 장호원 민응식의 집으로 피신한 뒤였습니다. 상황이 점점 심각해지자 고종은 흥선대원군을 궁궐로 불러 사태의 수습을 맡겼습니다. 다시 집권한 흥선대원군은 왕비가 죽었다고 발표하여 군중들을

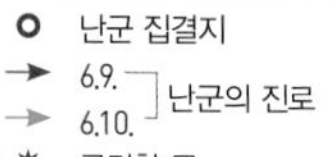

임오군란의 진행 경로

진정시키는 한편, 명성황후 정권이 그동안 추진해 왔던 개화 정책을 중단시켰습니다. 무위영과 장어영을 없애는 대신 5군영을 부활시켰으며, 별기군과 **통리기무아문**을 폐지했습니다. 이로써 사태는 점차 수습되어 가는 듯했습니다.

그러나 청의 개입으로 상황은 급격히 바뀝니다. 명성황후 정권의 파병 요청을 받은 청은 조선에 신속히 청군 3,000명을 파견하여 군란을 진압하고, 흥선대원군을 이번 사태의 책임자로 지목해 청으로 압송했습니다. 충주에 피신해 있던 왕비도 환궁하고 명성황후 세력도 재집권하게 되었습니다. 하지만 군란이 모두 수습된 후에도 청은 '위안스카이'가 지휘하는 군대를 상주시켜 조선 군대를 훈련시키고, 정치 고문인 마젠창과 외교 고문인 묄렌도르프를 조선 정부에 파견하는 등 조선 내정에 적극적으로 간섭했습니다. 또한 **조·청 상민 수륙 무역 장정 체결**(1882)을 강요하여 청 상인들이 조선 내륙에서 자유롭게 무역 활동을 할 수 있게 했습니다. 그 결과 조선에 대한 청의 영향력은 점점 커져 갔습니다.

위안스카이

1882년 조선에서 임오군란이 일어나자 조선의 정세를 안정시킨다는 빌미로 오장경을 따라 조선에 부임하였다. 1885년에는 이홍장의 명을 받아 조선 주재 총리교섭통상대신에 취임하여 서울에 주재하면서, 조선의 내정과 외교를 간섭하고 청나라 세력을 부식시켰다.

일본도 순순히 물러서지는 않았습니다. 임오군란으로 공사관이 불타고 일본인이 살해당하는 등 직접적인 피해를 입은 일본은 조선 정부에 피해 보상과 책임자 처벌을 주장했습니다. 더 나아가 일본 공사관과 거류민 보호라는 구실로 일본 군대의 조선 주둔을 요구했는데, 실제로는 조선에 주둔하는 청군을 견제하려는 속셈이었습니다. 일본의 지속적인 요구에 조선 정부는 응하지 않을 수 없었습니다. 결국 조선은 일본과 **제물포 조약**(495p 참조)을 체결하여 배상금을 물고, 일본 공사관의 경비병 주둔을 인정했습니다(1882). 이후 임오군란 관련 사죄 사절로 일본에 **박영효**와 **김옥균** 등의 3차 수신사가 파견되었는데, 이때 박영효가 태극기를 처음 사용했습니다.

임오군란은 개항 후 최초로 일어난 반정부·반외세 운동이었습니다. 이 사건을 계기로 청과 일본은 조선에 대한 영향력 강화를 노리며 본격적으로 대립했고, 조선은 청과 일본 두 나라의 군대가 동시에 주둔하여 팽팽하게 맞서는 긴장 상태에 놓이게 되었습니다.

김옥균(1851~1894)

급진 개화파, 새로운 나라를 꿈꾸다

1870년대에 형성된 개화파는 임오군란(1882)을 전후하여 개화 방법과 속도 및 외교 정책 등을 둘러싼 갈등으로 온건 개화파와 급진 개화파로 나뉩니다. 김홍집·어윤중·김윤식 등의 **온건 개화파**(495p 참조)는 청의 양무운동(洋務運動)을 본받아 점진적인 개혁을 추진하자고 주장합니다. 즉 동양의 유교 사상을 지키면서 서양의 과학과 기술을 수용하여 부국강병을 이루자는 동도서기론(東道西器論)이 기초가 되었습니다. 이들은 청과의 전통적인 외교 관계를 중시하여 반일 친청 정책을 추구했으며, 명성황후 정권과도 결탁했습니다. 온건 개화파의 주장은 고종을 비롯한 왕실과 정부의 공식 개화 정책이 되었으며, 이를 통해 온건 개화파는 조선의 개화 정책을 주도하게 되었습니다.

반면에 김옥균·박영효·서광범 등의 **급진 개화파**(495p 참조)는 일본의 메이지 유신을 본받아 급진적인 개혁을 추진하고자 했습니다. 문명개화론에 영향을 받은 이들은 서양 과학과 기술뿐만 아니라 사상과 제도까지 적극적으로 받아들여야 한다고 주장하며, 조선 정부의 개혁이 너무 소극적이라고 비판했습니다. 특히 임오군란을 수습하는 과정에서 명성황후 정권이 청에 원병을 청함으로써 청의 내정 간섭이 심해지자, 급진 개화파는 청과의 사대 관계를 청산할 것을 주장하면서 명성황후 정권의 친청 정책을 강력히 반대했습니다. 결국 이를 계기로 개화 정책을 함께 추구해 왔던 온건 개화파와 급진 개화파는 결별하게 됩니다.

한편 개화파는 개화 정책을 위한 재정 문제 해결책을 둘러싸고도 첨예하게 대립했습니다. 명성황후 정권을 대변하던 외교 고문 묄렌도르프는 당오전을 주조하자고 주장했고, 김옥균은 차관을 들여오자고 주장했

개화파의 분화

	온건 개화파(사대당, 수구당)	급진 개화파(독립당, 개화당)
중심 인물	김홍집, 김윤식, 어윤중 등	김옥균, 박영효, 홍영식, 서광범 등
개혁 모델	청의 양무운동	일본의 메이지 유신
방법론	점진적 개혁	급진적 개혁
이념	동도서기론	문명개화론
성격	명성황후 정권에 적극 참여, 개화 정책 주도	명성황후 정권의 친청 정책 비판
대청 외교	친청 사대 정책 유지	청의 간섭과 청에 대한 사대 외교 반대

우정총국(서울 종로)

한국 최초의 우편행정관서로 고종21년(1884)에 종래 역참제에서 탈피하여 근대적 통신제도를 도입하여 설치하였다. 11월 17일에 근대적 우편제도의 사무를 개시하였다. 그러나 12월 4일 우정총국 청사의 개업축하연에서 벌어진 갑신정변으로 12월 9일에 폐쇄되었다.

습니다. 이후 김옥균은 일본에 건너가 차관을 도입하여 개혁 자금을 마련하려 했습니다. 하지만 일본 정부가 통상 장정 체결 등 현안 해결을 위해 조선 정부와 우호적 관계를 맺고 있었기 때문에 김옥균은 뜻을 이루지 못했습니다. 그리고 이로 인해 급진 개화파의 입지는 더욱 좁아졌습니다.

결국 급진 개화파는 극단적인 방법을 써서라도 명성황후 정권을 무너뜨리고 자신들이 생각하는 방향으로 개화 정책을 추진해야 한다고 판단합니다. 마침 1884년 베트남에서 청나라와 프랑스 사이에서 전쟁이 발생하자, 청은 조선에 주둔하고 있던 3,000명의 청나라 군대 중 1,500명을 철수시킵니다. 이를 기회라고 판단한 급진 개화파는 일본 공사관에 지원 병력을 요청하고 정변을 계획했습니다. 일본도 이를 기회 삼아 청과 명성황후 정권을 몰아내고 조선에서 우위를 차지하기 위해 급진 개화파에 대한 지원을 약속합니다.

1884년 10월 17일 밤, 급진 개화파는 **우정총국**(郵征總局) 개국 축하연을 이용하여 **갑신정변**(甲申政變)을 일으켰습니다. 정변 세력 중 일부는 우정총국 밖에 불을 지르고, 이를 피해 밖으로 뛰쳐나온 명성황후 세력을 차례로 제거합니다. 그와 동시에 다른 일부는 창덕궁에 가서 왕과 왕비를 경우궁(景祐宮)으로 옮기고 새로운 정부를 수립합니다. 그리고 **14개조 개혁 정강**(496p 참조)을 마련하여 대외적으로는 청에 대한 사대 관계 청산(제1조), 조세제도 개혁(제3조) 및 재정 일원화(제12조), 인민평등권 제정(제2조), 능력에 따른 인재 등용(제4조)을 주장하는 등 일본의 메이지 유신을 본보기로 하여 근대 국가를 건설하고자 했습니다.

갑신정변 상황도

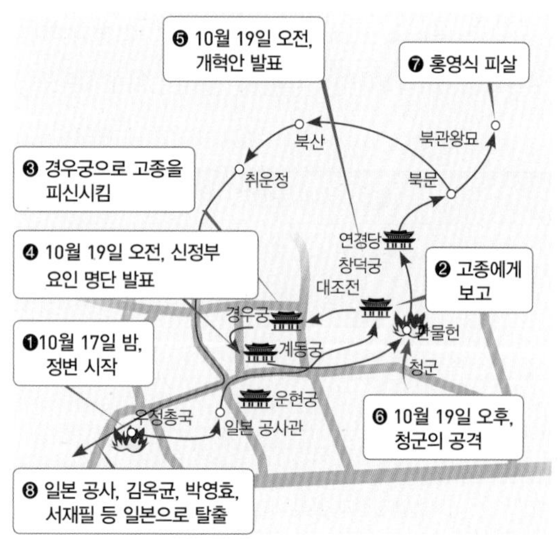

하지만 갑신정변은 청나라 군대의 개입으로 3일 만에 실패로 끝났습니다. 19일 오후 청나라 군대가 공격해 오자 지원을 약속했던 일본군은 철수해 버렸으며, 백성들도 일본과 손잡으려 한 급진 개화파를 지지하지 않았습니다. 결국 홍영식과 박영교 등은 청군에게 살해되고, 김옥균·박영효·서재필 등 나머지 급진 개화파는 일본으로 망명함으로써 갑신정변은 3일 천하로 끝나게 됩니다.

정변이 끝나자 청은 조선의 내정을 더욱 심하게 간섭

합니다. 이와 더불어 명성황후 세력이 재집권함에 따라 개화 세력과 개화 운동은 크게 위축됩니다. 한편 정변이 일어났을 때 또 한 번 일본 공사관이 불탔는데, 일본은 이를 구실로 조선 정부와 **한성 조약**(1884)을 체결하여 조선이 일본에 배상금을 지불하고 일본 공사관 신축 비용을 부담하도록 했습니다. 또한 일본은 조선에 대한 침략의 발판을 잃지 않기 위해 **이토 히로부미**를 청에 전권대신으로 파견하여 청의 북양대신 **리홍장**(李鴻章)과 회담을 벌였습니다. 그 결과 조선에서 청·일 양국 군대가 동시에 철수할 것과, 이후 조선에 군대를 파병할 경우 서로 통고할 것을 내용으로 하는 **톈진 조약**(1885)을 체결했습니다.

갑신정변은 근대 국가 건설을 위한 우리나라 최초의 정치·사회 개혁 운동이라는 점에서 큰 의의가 있습니다. 정변 세력이 주장했던 정강의 내용들은 이후 갑오개혁의 밑바탕이 되었습니다. 그러나 일본의 무력 지원을 받아 정변을 일으킴으로써 오히려 외세의 조선 침략을 가속화하는 결과를 가져왔습니다. 또한 대다수 관료와 민중의 지지가 뒷받침되지 않은 가운데 일부 양반 지주 출신의 개화 세력이 일으킨 위로부터의 개혁이었기 때문에, 농민들의 바람이었던 토지 개혁에 소극적이었던 부분에서 한계가 있습니다.

조선을 둘러싼 열강의 대립이 격화되다

한반도를 둘러싼 열강 세력

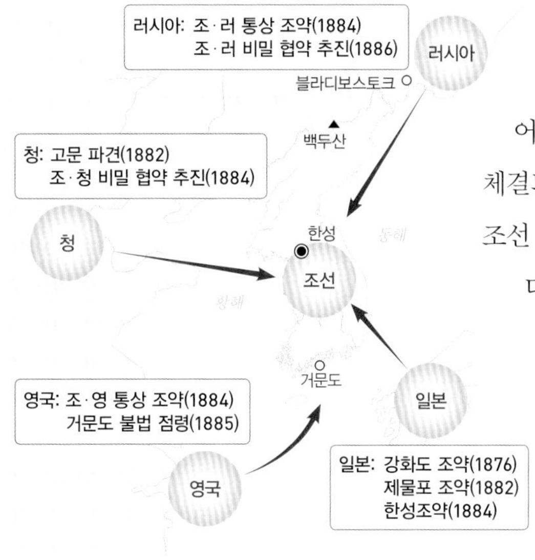

러시아: 조·러 통상 조약(1884)
조·러 비밀 협약 추진(1886)
러시아
블라디보스토크
백두산
청: 고문 파견(1882)
조·청 비밀 협약 추진(1884)
청
한성
동해
조선
황해
거문도
일본
영국: 조·영 통상 조약(1884)
거문도 불법 점령(1885)
영국
일본: 강화도 조약(1876)
제물포 조약(1882)
한성조약(1884)

갑신정변 이후 청은 조선에 대한 내정 간섭을 더욱 심화했고, 일본도 물러서지 않았습니다. 이러한 성세에서 조선 정부는 개혁을 추진하기보다는 러시아 세력을 끌어들여 상황을 극복하려 했습니다. 1884년 조·러 통상 조약이 체결되었고, 이듬해 청 톈진 주재 러시아 영사로 있던 베베르가 조선 주재 대리공사로 부임하여 고종 내외와 빈번히 접촉했습니다. 이러한 분위기 속에서 조·러 비밀 협약이 추진되었으나, 결국 청의 방해로 실패하게 되었습니다. 하지만 이후에도 조선 정부는 서양 고문관을 초빙하고, 미국에 전권 공사를 파견하는 등 자주 외교 정책을 꾸준하게 추진합니다.

한편 조선을 두고 청과 일본이 대립한다는 소식을 들은 서구 열강들도 점차 한반도 문제에 관심을 가지기 시

유길준(1856~1914)

조선 말기의 개화사상가. 1870년 박규수의 문하에서 김옥균·박영호 등과 실학사상을 배웠다. 1881년 어윤중의 수행원으로 조사시찰단(신사유람단)에 참가해 우리나라 최초의 일본 유학생이 되었다. 1883년 7월에는 보빙사 민영익의 수행원으로 미국으로 갔다.

작했습니다. 특히 영국은 조·러 밀약설을 듣고, 러시아의 남하에 대비한다는 핑계로 조선에 군대를 이끌고 와서 거문도를 불법으로 점령했습니다(1885). 거문도에 상륙한 영국군은 섬 안에 포대를 구축하고 병영을 건설한 후 영국 국기를 게양하고 자기들 마음대로 그곳을 포트 해밀턴(Port Hamilton)이라고 불렀습니다.

이후 청의 중재로 러시아로부터 조선을 침략하지 않는다는 확약을 받고 1887년 2월 영국군이 철수할 때까지 거문도는 영국 동양 함대의 기지 역할을 했습니다. 이러한 상황에서 1885년 두 사람이 각기 다른 두 개의 중립화 방안을 구상하여 내놓았습니다. 조선 주재 독일 부영사 부들러는 **한반도의 중립화안**(496p 참조)을 조선 정부에 건의했습니다. 부들러는 해양 세력인 일본과 대륙 세력인 청 사이의 충돌을 방지하기 위해 조선이 중립을 선택할 것을 권유합니다.

그러나 조선 정부는 톈진 조약이 조선의 안전을 보장하고 있다고 주장하면서 부들러의 제안에 관심을 보이지 않았습니다. 같은 해 미국 유학에서 돌아온 유길준도 한반도의 중립화 지대를 주장하는 〈중립론〉을 썼습니다. **유길준**은 조선의 안전이 어느 특정한 강대국의 보장만으로는 지켜지지 않으며, 청·러시아·미국·일본 등 여러 나라의 국제 제약이 있어야 가능하다고 보았습니다. 하지만 그의 〈중립론〉도 명성황후 정권이 유길준을 급진 개화파로 여겨 배척함으로써 받아들여지지 않았습니다. 결국 조선은 자주적 근대 국가로 성장하지 못한 채, 열강의 대립으로 인한 국제 분쟁에 휩쓸리며 외세의 치열한 경쟁터가 되어 갔습니다.

주요 용어

최제우, 고부 농민 봉기, 전봉준, 전주 화약, 집강소, 폐정 개혁안, 우금치 전투, 교정청, 군국기무처, 홍범 14조, 시모노세키 조약, 삼국 간섭, 을미사변, 아관 파천, 독립신문, 독립 협회, 독립문, 만민 공동회, 관민 공동회, 헌의 6조, 황국 협회, 대한제국, 대한국 국제, 광무개혁, 원수부, 양전 사업, 지계, 백두산정계비, 간도 협약, 대한제국 칙령 제41호

3 근대 국가 건설을 위한 노력

농민들, 반봉건과 반외세를 외치며 일어나다

1880년대에 들어서면서 전국 각지에서 다시 민란이 일어났습니다. 정부의 조세 개혁이 제대로 이루어지지 않아 삼정 문란이 더욱 심해졌고, 개화 정책을 위한 각종 경비와 일본에게 지불할 배상금을 농민에게 전가한 것이 원인이었습니다. 더불어 개항 이후 일본으로부터 면직물이 들어오면서 국내 수공업이 위축된 가운데, 대량의 곡물이 일본으로 반출되어 곡물 값이 폭등하고 식량이 부족해졌습니다. 이로 인해 농촌 경제는 몰락했고, 백성들의 삶은 점점 어려워져 갔습니다. 하지만 지주와 대상인 등은 오히려 이를 기회 삼아 부를 쌓았고 토지를 더 늘려 갔습니다.

정부의 조세 수탈과 지주층의 지대 수탈 및 외세의 경제 침탈에 불만이 쌓인 백성들은 결국 전국 각지에서 봉기를 일으켰으며, 백성들의 사회 비판 의식 또한 점차 높아져 참여 계층도 확대되어 갔습니다. 민란은 항상 군현 단위에서 소규모로 이루어져 서로 연결되지 못한 채 일회성으로 끝나고 말았지만, 여건만 조성된다면 언제든지 전국적인 규모로 확대될 가능성이 있었습니다.

이러한 상황에서 농민들을 모으고 연결하는 역할을 했던 것이 동학이었습니다. 동학은 경주 지방의 몰락한 양반 출신인 **최제우**가 1860년에 창시한 종교로, 서학(천주교)에 반대한다는 의미에서 붙여진 명칭입니다. 보국안민(輔國安民)과 제폭구민(除暴救民)에 뜻을 둔 동학은 경상도를 중심으로 전파되었고, 사회 변혁을 주장하는 지식인과 많은 농민들이 조직에 참여했습니다. 하지만 동학의 교세가 점점 커지자 조선 정부는 세상을 어지럽히고 백성을 속인다는 혹세무민의 죄로 교조인 최제우를 처형하고 동학을 탄압했습니다.

이후 잠시 위축되었던 동학은 2대 교주인 최시형을 중심으로 다시 교단을 재정비하고 포접제를 이용하여 삼남 지방을 중심으로 교세를 더욱 확장시켜 나갑니다. 동학교도들은 전라도의 삼례 집회(1892), 서울의 복

보국안민

'나라를 돕고 백성을 편안하게 한다'는 뜻이다.

제폭구민

'폭정을 제거하고 백성을 구한다'는 뜻이다.

포접제

동학이 확산되면서 교주를 중심으로 그 아래 조직을 이루는 제도. 교주 아래에 몇십 개의 포를 두고, 각 포 아래에는 수십 개의 접을 두는 형태이다. 포의 책임자를 포주 혹은 대접주라 하고 접의 책임자를 접주라고 하였다.

교조 신원 운동

1892~1893년에 동학교도들이 벌인 운동이다. 1864년에 처형된 동학의 창시자 최제우의 억울함을 풀고 조정으로부터 포교의 자유를 인정받는 것을 내세웠으나, 서인주, 전봉준 등에 의해 '척왜양(斥倭洋)'의 정치운동으로 발전하였다.

척왜양창의

'왜놈과 양놈들을 배척하고 의를 내세운다'는 뜻이다.

합 상소(1893) 등을 통해 교조 신원 운동을 펼쳤습니다. 교조 신원 운동이란 처형당한 교조 최제우의 억울한 누명을 풀고 정부로부터 동학을 인정받아 포교의 자유를 얻고자 한 운동입니다. 특히 1893년 충청도의 보은 집회와 전라도의 금구 집회에서는 교조 신원 운동(敎祖伸冤運動)에 척왜양창의(斥倭洋倡義) 및 탐관오리 숙청이라는 정치적인 구호를 더해 전국적인 봉기를 꾀했습니다. 이렇듯 동학의 움직임은 점차 종교적 운동에서 정치적·사회적 운동으로 발전해 나갔습니다.

개항 이후 농민 수탈은 전국에서 일어나는 일이었지만, 특히 전라도 중에서 으뜸가는 곡창 지대인 고부에서는 군수 조병갑이 만석보라는 새로운 저수지를 만들어서, 물을 사용하는 농민들로부터 세금을 걷는 등 갖은 수탈을 자행했습니다. 조병갑의 학정을 참다못해 전봉준 등의 농민들은 사발통문(沙鉢通文)을 돌려 봉기를 호소했고, 결국 1894년 1월 고부 관아를 점령하고 만석보를 파괴하는 고부 농민 운동을 일으킵니다. 하지만 농민들은 이후 상황에 대해 구체적으로 준비하지 못한 상태에서, 신임 군수 박원명이 온건한 무마책을 펴며 회유하자 스스로 해산합니다.

하지만 **고부 농민 봉기**를 수습하기 위해 안핵사로 내려온 이용태가 오히려 봉기 참가자와 주모자를 색출하고 탄압하면서 상황은 다시 바뀌었습니다. 1894년 3월에 **전봉준**·손화중·김개남 등 농민 지도자들은 무장에서 농민군을 재조직하고, 보국안민과 제폭구민의 구호를 외치며 다시 농민 운동을 일으켰습니다(제1차 농민 운동). 고부를 다시 점령한 다음 백산에 집결하여 4대 강령과 농민 운동을 알리는 격문을 발표했습니다. 농민군은 전라도의 여러 고을을 차례로 점령하면서 세력을 키웠는데, 동

사발통문

통문이란 여러 사람에게 알리는 글을 뜻한다. 사발통문은 주모자가 드러나지 않도록 참가자의 이름을 사발 모양으로 빙 둘러 가며 적은 것이다. 동학농민운동 때 사용하였다. 사발통문 봉기 계획은 다음 내용을 담고 있다.

하나, 고부성을 격파하고, 군수 조병갑을 효수할 것.
하나, 군기창과 화약고를 점령할 것.
하나, 군수에게 아부하여 인민을 침어한 탐학한 관리를 경징할 것.
하나, 전주영을 함락하고 서울로 직향할 것.

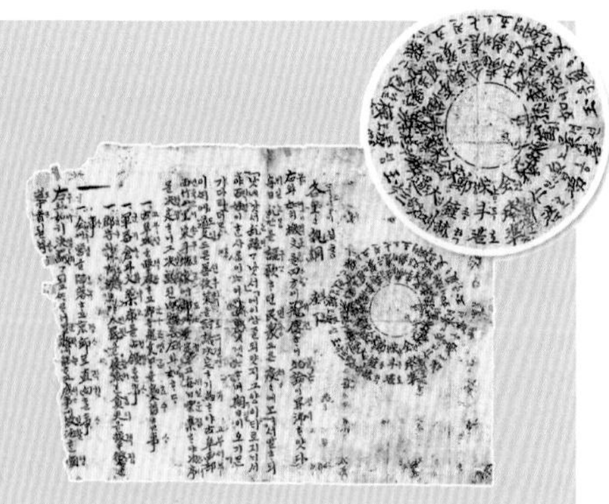

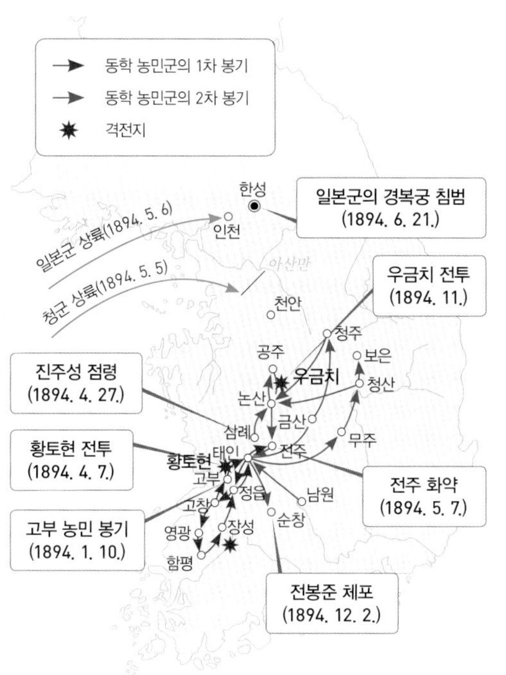

동학 농민 운동의 전개

학교도보다 일반 농민들의 참여가 많아졌습니다. 이들은 탐관오리 제거, 조세 운반을 담당하던 전운사의 폐단 제거, 중앙에서 파견된 균전사의 수탈 시정, 여러 잡세의 혁파 등을 조선 정부에 요구했습니다. 이후 고부 황토현과 장성 황룡촌 전투에서 정ㄹ부군을 격파하고 크게 승리한 농민군은 1894년 4월 마침내 전주성을 점령하였습니다.

이 소식이 전해지자 당황한 조선 정부는 농민군을 진압하기 위해 청에 군대를 파견해 달라고 요청했습니다. 이에 5월 5일 청군 2,500명이 아산만에 상륙합니다. 그런데 청군이 상륙한 다음 날인 5월 6일 일본군 7,000명도 인천에 상륙합니다. 조선에 군대 파병 시 상대 국가에 통보하기로 약속한 텐진 조약에 따라 청나라가 일본에 파병 사실을 알렸기 때문입니다. 조선에 개입할 기회를 노리고 있던 일본은 청나라의 통보를 받자마자 군대를 조선에 파병했고, 이에 따라 한반도의 정세는 새로운 국면을 맞이했습니다. 뜻하지 않게 청군과 일본군이 한꺼번에 들어오자 양국 군대의 충돌을 우려한 조선 정부는 청·일 양군의 철병을 요구하는 한편, 농민군과 타협을 모색합니다. 정부군과 힘겹게 싸우던 농민군도 불리해지는 전세를 돌이키기 위해 정부군에 휴전을 제의했습니다.

결국 5월 8일, 조선 정부와 농민군 사이에 **전주 화약**(全州和約)이 맺어졌습니다. 농민군은 정부로부터 농민들이 요구한 여러 개혁안 중 일부를 받아들이고, 신변을 보장하겠다는 약속까지 받고 전주성에서 철수했습니다. 그리고 전라도 각지로 흩어져 각 군현(郡縣)에 **집강소**라는 농민 자치 기구를 설치하여 **폐정 개혁안**(弊政改革案, 497p 참조)을 실시합니다. 폐정 개혁안 12개조의 주요 내용은 신분제 폐지, 토지 균등 분배, 조세 제도 개혁, 과부의 재가 허용 등이었습니다. 농민군은 군수와 함께 각종 제도를 개혁하고, 수탈에 앞장섰던 지주와 부호들을 처벌하는 등 양반 중심의 신분 질서를 개혁하고 새로운 사회로 나아가려는 움직임을 보였습니다.

조선 정부는 농민군과 전주 화약을 체결한 뒤, 국내에 들어와 있던 청과 일본에게 군대를 철수할 것을 요청합니다. 청은 이에 응하겠다는 의

12개조 폐정개혁안

1894년 6월, 전주(全州)를 점령한 동학농민군의 지도자 전봉준(全琫準)이 관군과의 휴전조건으로 제시한 12개 조항의 정치개혁안이다. 동학은 이를 실시하기 위하여 전라도 53개군에 집강소(執綱所)라는 일종의 민정기관을 설치하였으며, 갑오경장을 통하여 계급 타파, 인재 등용, 과부 재혼, 노예 폐지, 탐관오리의 처벌, 천민 차별의 철폐 등 그 일부가 수용되었다.

사를 표시한 반면, 일본은 응하지 않고 오히려 6월 21일에 병력을 동원하여 경복궁을 점령한 뒤 청·일 전쟁을 일으켰습니다. 일본은 처음부터 청군을 물리치고 조선을 점령할 계획으로 군대를 파병했던 것입니다. 전쟁이 시작된 후 일본군은 청군에 연전연승을 거뒀습니다. 9월에 평양과 압록강 입구에서 일본군이 크게 승리한 후 전장은 압록강 너머 청의 영토로 옮겨 갔으며, 일본의 승리는 시간문제였습니다.

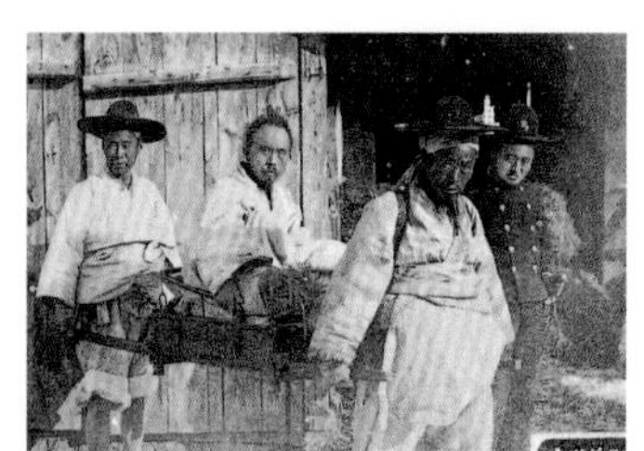
재판을 받기 위해 이송 중인 전봉준

한편 일본군이 경복궁을 점령했다는 소식에 농민군은 위기의식을 느끼고, 9월에 전라도 삼례에서 다시 농민 운동을 일으켰습니다(제2차 농민 운동). 동학 조직은 농민군이 중심이 되는 **남접**과 교단 지도부가 중심이 되는 **북접**으로 이루어졌는데, 1차 농민 봉기 때는 북접 세력이 참여하지 않았습니다. 하지만 2차 농민 운동 때는 전봉준이 이끄는 남접이 삼례 집회를 주도하면서 전라도 농민군을 결집하고, 이어서 충청도와 경상도 지역에 기반을 둔 북접과도 충청도 논산에서 연합함으로써 대규모 조직을 형성했습니다. 반면, 일본은 개화파를 중심으로 새로운 내각을 구성하고 동학 농민군을 진압하려 했습니다. 일본군을 물리치기 위해 서울로 진격하던 농민군은 1894년 11월에 공주 우금치에서 일본군과 관군 연합군에 맞서 치열한 전투를 벌였습니다. 그러나 결국 화력의 열세로 패배하고 말았습니다. 전봉준 등 농민군 지도자는 체포되었으며, 전라도 각지의 잔여 세력도 진압되었습니다.

동학 농민 운동은 지배층의 수탈을 타파하고 신분제 개혁 등을 요구한 반봉건 운동이자 일본의 침략과 내정 간섭에 반대한 반외세 운동이었습니다. 이들의 움직임은 전통적 봉건 질서의 붕괴를 촉진하여 갑오·을미개혁에 영향을 끼쳤고, 나아가 잔여 세력이 의병 운동에 참여함으로써 반침략 항일 투쟁의 기반이 되었다는 점에서 큰 의의가 있습니다.

조선 정부, 근대적 개혁을 추진하다

갑신정변이 실패하면서 개혁을 주장하던 세력은 큰 타격을 받았습니다. 정치는 명성황후 세력이 장악했고, 새로운 문물의 도입도 청이 인정하는 범위 안에서 소극적으로 이루어졌습니다. 그러던 중 1894년 전라도에서 시작된 동학 농민 운동과 농민들의 개혁 요구는 개혁 세력이 본격적으로 움직이는 계기가 되었습니다. 특히 조선에 들어와 있던 일본군이 조선의 내정 개혁을 명분으로 철병 요구를 거부하자, 조선 정부는 일본의 내정 간섭에 대항하기 위해 1894년 6월 **교정청**을 설치한 뒤 농민군의 요구를 일부 받아들여 자주적인 개혁을 추진하기 시작했습니다. 하지만 이 무렵 일본은 조선에 대한 지배권을 차지하기 위해 군대를 동원하여 경복궁을 점령한 뒤에 청·일 전쟁을 일으켰습니다. 그리고 친청 정책을 추구하던 명성황후 일파를 몰아내고 흥선대원군을 섭정으로 세웠으며, 김홍집과 유길준 등을 중심으로 하는 친일 성격의 제1차 김홍집 내각을 구성합니다. 김홍집 내각은 교정청을 폐지하고 정부의 특별 개혁 기구로 **군국기무처**(軍國機務處)를 설치하였으며, 1894년 7월부터 갑오개혁을 추진해 나갔습니다.

제1차 개혁은 먼저 왕권을 약화시키고 내각의 권한을 강화하는 방향으로 이루어졌습니다. 정치적으로는 청의 종주권을 부인하고, 지금까지 사용했던 청의 연호가 아닌 조선의 개국 연도 1392년을 기준으로 하는 개국 기년을 사용했습니다. 정부 기구는 의정부와 궁내부로 나누어 의정부에서는 행정을, 궁내부에서는 왕실과 관련된 업무를 담당하게 했습니다. 6조는 **8아문**으로 바꾸고 과거제를 폐지하여 새로운 관리 임용 제도를 마련하는 한편, 경무청을 신설하여 순검 제도(지금의 경찰 제도)를 만듭니다. 경제적으로는 재정 기관을 탁지아문으로 일원화하고 조세의 금납화를 실시했습니다. 더불어 도량형(度量衡)을 통일하고 **은본위제**를 실시하여 상품 유통을 원활히 하도록 했습니다. 사회적으로는 공·사 노비제를 없애는 등 신분제를 폐지했으며, 조혼을 금지하고 과부 재가를 허용하여 봉건적 악습을 타파하고자 했습니다. 고문과 연좌제도 폐지합니다. 이렇듯 제1차 개혁안은 갑신정변의 정강이나 동학 농민 운동의 폐정 개혁안을 상당히 많이 받아들인 근대적 개혁안이었습니다. 당시 청·일 전쟁이 발발한 직후라 일본의 간섭이 약한 상황에서 진행되었기 때문에 제2차 개혁에 비해 자주적인 성격을 지니고 있었습니다.

1894년 11월 청·일 전쟁에서 승기를 잡은 일본은 드디어 조선에 대한 내정 간섭을 본격화하기 시작했습니다. 우선 흥선대원군과 그의 세력을 배제하는 한편, 갑신정변의 주역이었던 박영효를 내무대신으로 임명하고 제2차 김홍집 내각(김홍집·박영효 연립 내각)을 구성했습니다. 그리고 군국기무처를 폐지하고 조선 정부에 일본인 고문관을 채용하도록 강

김홍집(1842~1896)

조선 말기의 정치가. 1894년에 군국기무처가 신설되자, 총재관에 임명되었다. 그 뒤 1894년 12월 군국기무처가 해체될 때까지 제1차 갑오개혁을 추진하였다. 이후 제2차·제3차 갑오개혁을 추진하였다. 1896년 2월 아관파천으로 김홍집 내각은 붕괴되었다.

군국기무처

갑오개혁의 중추적 역할을 한 기관으로, 정치·군사에 관한 일체의 사무를 관장하였다. 일본은 1894년(고종 31) 6월 1일 내정개혁안 5개조를 제시하고 이를 시한부로 시행할 것을 촉구하였다. 고종은 이를 거부하고 교정청(校正廳)을 설치하여 자주적인 내정개혁을 시도하였다. 이에 일본공사는 6월 21일 1개 연대 이상의 일본군대를 동원하여 경복궁을 포위하고 고종을 협박하였으므로, 마침내 내정개혁을 의결하는 기관으로 군국기무처를 설치하였다.

도량형

길이 부피 무게 및 이를 재고 다는 기구나 그 단위법을 말한다.

8아문

갑오개혁 때의 중앙 관제로 의정부에 딸린 8부의 중앙 관청. 내무·외무·탁지·군무·법무·학무·공무·농상무의 8개 부처로 이루어져 있다.

은본위제

일정량의 은을 본위 화폐로 하는 제도이다. 본위 화폐가 은이라는 점 외에는 금본위제와 동일하다.

요함으로써 본격적으로 조선 정치에 개입했습니다. 일본은 제2차 개혁을 진행하기에 앞서 고종으로 하여금 종묘에 나아가 독립서고문(국왕의 자주 독립 선언)을 바치고 **홍범 14조**(국정 개혁의 기본 강령, 498p 참조)를 반포하도록 하여 청의 간섭과 왕실의 정치 개입을 철저히 배제했습니다.

이러한 상황에서 제2차 개혁은 일본인 고문관의 통제 아래 여러 방면으로 실시되었습니다. 정치적으로는 의정부를 폐지하고 내각 제도를 실시했으며, 8아문도 7부로 바꾸었습니다. 지방에 대한 개혁도 단행되어 기존의 8도는 23부로 개편되었고, 각 지방에 재판소를 설치하여 사법권을 행정 기관으로부터 분리시켰습니다. 경찰권은 일원화하여 서울의 치안을 담당하게 했습니다. 사회적인 개혁은 주로 교육 부문에서 이루어졌는데 교육입국 조서(1895)를 반포했으며, 한성 사범학교를 설립하고 외국어 학교 관제도 발표합니다.

이와 같은 제2차 개혁을 단행하던 중, 1895년 4월 마침내 청·일 전쟁에서 일본이 승리하고 **시모노세키 조약**을 체결합니다. 시모노세키 조약의 내용에 따라 일본은 전쟁 배상금과 함께 랴오둥(요동) 반도와 타이완(대만)을 차지하게 되었습니다. 하지만 일본의 중국 침략과 만주의 이권 획득을 우려하던 러시아가 프랑스와 독일을 끌어들여 일본을 압박한 **삼국 간섭**이 일어났고, 결국 일본은 랴오둥 반도를 청에 반환했습니다. 조선에서도 일본의 영향력이 약화되고 박영효도 쿠데타 혐의로 일본으로 망명하자, 일본이 추진했던 조선 보호국화 작업은 수포로 돌아가게 되었습니다.

삼국 간섭 후 조선에서는 일본보다 러시아의 영향력이 점차 커졌습니다. 국내외 정세가 바뀌자 왕실은 러시아와 미국의 힘을 빌려 일본의 내정 간섭을 물리치려 했습니다. 온건 개화파를 중심으로 성립된 제3차 김홍집 내각도 친일 개화파보다 친러파가 더 우세했습니다. 고종도 친러파 인사들을 적극적으로 등용하고, 친미·친러 정책 및 배일 정책을 표방했습니다. 이에 위기의식을 느낀 일본은 이 상황을 만회하기 위해 주한 공사인 미우라의 주도 아래 명성황후를 시해하는 **을미사변**을 일으켰습니다(1895). 이를 계기로 조선 내 일본의 영향력이 다시 강화되어 친일적인 성격을 지닌 제4차 김홍집 내각이 들어서고 제3차 개혁인 을미개혁을 단행합니다.

을미개혁을 통해 건양이라는 연호를 사용하고, 군제를 변경하여 중앙에는 친위대, 지방에는 진위대를 각각 두었습니다. 소학교령을 제정하여 소학교를 설치하고, 우편 사무도 시작했습니다. 그리고 처음으로 태양력을 사용했으며, 종두법과 단발령도 시행했습니다. 이러한 개혁 중 특히 단발령은 보수적인 유생들과 일반 백성들의 거센 반발을 불러일으켰으며, 을미사변으로 이미 격앙되어 있던 반일·반정부 감정이 폭발하여 전국 각지에서 의병 봉기가 일어났습니다(을미의병). 을미의병은 친일 지방관을 처단하고 정부와 일본군을 공격하기에 이르렀습니다.

아관 파천 당시 (구)러시아 공사관

1896년 2월 을미사변 이후 신변에 불안을 느끼던 고종은 중앙의 일본군 주력 부대가 의병 진압을 위해 지방으로 파견된 틈을 타서 러시아 공사관으로 거처를 옮기는 **아관 파천**을 단행합니다. 그 결과 김홍집 내각은 무너지고 국왕의 측근 인물로 구성된 친러 성격의 이범진·이완용 내각이 출범했습니다. 고종은 의정부를 부활시키고 단발령을 철회하는 등 일부 개혁 사항들에 대해 무효 선언을 합니다. 한편 의병 해산 권고 조칙을 내려 이에 따라 을미의병은 결국 자진 해산하게 됩니다.

약 2년간 진행되었던 갑오·을미개혁은 갑신정변과 동학 농민 운동에서 제기된 개혁 요구를 일부 수용한 자주적 개혁이자, 정치·경제·사회·문화 전 분야에 걸친 근대적 개혁으로 조선이 근대 국가로 나아가는 데 기여했다는 점에서 큰 의의가 있습니다. 하지만 일본의 강요에 의해 추진되어 일본이 조선을 침략하는 발판을 마련해 주었습니다. 그리고 민중의 지지 기반이 없었다는 점, 토지 제도 개혁 및 상공업 신흥, 국방력 강화를 위한 개혁에는 소홀하여 자주 국가 수립을 위한 기반을 제대로 마련하지 못했다는 점에서는 한계가 있습니다.

독립 협회가 조직되다

아관 파천 이후 러시아의 영향력이 크게 증대되어 러시아와 일본 사이에 세력 균형이 이루어졌습니다. 이러한 가운데 러시아 등 서구 열강의 이권 침탈이 본격화되자, 조선에서는 자주 독립을 지키려는 운동이 활발해졌습니다. 조선 정부는 근대 문물을 수용하여 나라를 부강하게 만들어야 할 필요성을 느꼈고, 이를 위해 서양 문물에 밝은 서재필을 미국에서 초빙하여 중추원 고문으로 임명했습니다. 서재필은 무엇보다도 민중 계몽

서재필(1864~1951)

독립신문

독립문과 영은문 주춧돌

이 우선되어야 한다고 판단하고, 우선 정부의 지원을 받아 1896년 4월 〈**독립신문**〉을 창간합니다. 〈독립신문〉은 한글판과 영문판으로 발행되어 서양 제도와 문물을 소개하고, 시국 사정을 민중에게 널리 알리는 매체로 활용되었습니다. 이어서 서재필 등 개화 지식층은 청의 간섭에서 벗어난 것을 기념하는 독립문을 건립하고 독립공원을 조성하기 위해 1896년 7월 **독립 협회**를 조직합니다. 독립 협회에는 개화 지식인들과 함께 정부 고위 관료들이 참여했으며, 일반 민중들도 회원으로 가입해 기금을 내거나 강연회 및 토론회에 적극 참여했습니다. 1897년 11월 드디어 중국 사신을 맞이하던 영은문을 헐고 청으로부터의 독립을 상징하는 **독립문**과 독립관, 독립공원을 세웠습니다.

1898년 정부가 러시아인 알렉세예프를 고문으로 초빙하자 독립 협회는 이를 비난하고, 그해 3월 종로에서 **만민 공동회**를 개최합니다. 만민 공동회에서는 정부의 방침을 정면으로 반박하고 러시아의 군사·재정 고문을 철수시킬 것을 주장했습니다. 한·러 은행 폐쇄, 절영도(지금의 영도) 조차(租借) 요구를 좌절시키는 등 러시아의 내정 간섭 및 이권 침탈을 저지시켰습니다. 정부 대신의 부정부패를 규탄하는 상소 운동도 전개하여 보수 정권을 무너뜨리고 **박정양** 내각을 수립시키는 데 영향을 끼치기도 하였습니다. 만민 공동회는 개화 세력과 민중이 결합한 우리나라 최초의 근대적 민중 집회였습니다.

같은 해 10월에는 일반 민중뿐만 아니라 정부 고관들까지 참석한 **관민 공동회**가 개최되었습니다. 관민 공동회에서는 **헌의 6조**가 채택되었고, 고종은 이를 받아들여 중추원 구성과 재정 개혁 등을 약속했습니다.

관민 공동회의 헌의 6조

제1조: 외국인에게 기대하지 말고 관민이 동심 협력하여 전제 황권을 공고히 할 것.

제2조: 외국과 이권에 관한 계약과 조약은 각 대신과 중추원 의장이 합동 날인하여 시행할 것.

제3조: 국가 재정은 탁지부에서 모두 관리하고 예산, 결산을 국민에게 공포할 것.

제4조: 중대 범죄를 공판하되 피고의 인권을 존중할 것.

제5조: 지방관을 임명할 때에는 정부에 그 뜻을 물어 중의에 따를 것.

제6조: 장정을 실천할 것.

의회식 중추원 관제

중추원 의관은 관선 25명과 민선 25명으로 했으며, 민선 의관을 독립 협회에서 선출하도록 했다. 이것은 제한된 의미에서 최초로 국민 참정권을 공인했다는 점에서 역사적 의미가 있다.

이후 의회 설립 운동이 전개되어 정부 관료와 독립 협회 인사가 각각 절반씩 구성된 의회식 중추원 관제가 반포되었습니다. 하지만 이러한 독립 협회의 적극적인 정치 활동에 위기의식을 느끼고, 독립 협회가 공화정을 추진한다고 고종에게 모함을 했습니다. 이에 고종은 독립 협회 해산 및 간부를 체포하라는 명령을 내렸고, 1898년 12월에는 전국의 보부상들로 조직되어 독립 협회 활동에 대항하기 위해 만들어진 어용 단체인 **황국 협회**를 동원하여 만민 공동회를 공격했습니다. 결국 만민 공동회는 강제 해산되었고, 독립 협회도 해산하게 됩니다.

독립 협회는 열강의 침략으로부터 국권을 수호하려고 노력했고, 자주 국권·자유 민권·자강 개혁의 사상을 가지고 근대화 운동을 추진했습니다. 이러한 독립 협회의 움직임은 이후, 일제의 주권 침탈과 식민 통치 체제하에서 항일 독립운동의 내적 추진력이 되었습니다. 하지만 주로 러시아를 대상으로 외세 배척 운동을 전개하고 일본 등 다른 열강에 대해서는 우호적인 입장을 지니고 있었다는 점, 열강의 침략적 의도를 제대로 파악하지 못한 점 등에 한계가 있습니다.

서양식 군복을 입은 고종
(1852~1919)

고종, 대한제국의 황제가 되다

아관 파천 후 러시아의 내정 간섭 및 서구 열강의 이권 침탈 등으로 국내 여론이 악화되고 고종의 환궁을 요구하는 목소리가 높아지자, 1897년 2월 고종은 1년 만에 경운궁(이후 덕수궁)으로 환궁합니다. 고종이 돌아오자 국가의 위상을 다시 높여야 한다는 분위기가 조성되었고, 황제 칭호를 사용하자는 관리들의 상소가 잇달았습니다. 이에 고종은 자주 독립을 강화하는 방안으로 칭제건원(稱帝建元)을 추진하였습니다. 그래서 연호를 광무, 국호를 대한제국이라 정하고, 환구단(원구단)에서 황제로 즉위했습니다. **대한제국**의 성립은 중국 중심의 동아시아 체제를 최종적으로 청산하고, 일본과 서구 열강에 자주 독립 의지를 표명하는 것이었습니다. 아울러 정부는 1899년 **대한국 국제**(大韓國國制, 498p 참조)를 반포하여, 황제에게 모든 권한을 집중시키며 전제 황권 강화를 표방했습니다. 이어서 청국과 호혜 평등 원칙에 입각한 한·청 통상 조약을 양국 황제의 이름으로 새로 체결하여 근대적 외교 관계를 정립했습니다.

대한제국은 국가의 자주성을 뒷받침하려면 대내적으로 개혁이 이루

양지아문

1898년 전국의 토지를 측량하기 위해 설치했던 관청. 1901년 지계아문(地契衙門)에 병합되었다.

지계아문

1901년 대한제국 정부가 토지소유자의 권리를 법적으로 증명하는 지계를 발급할 목적으로 설립한 부서.

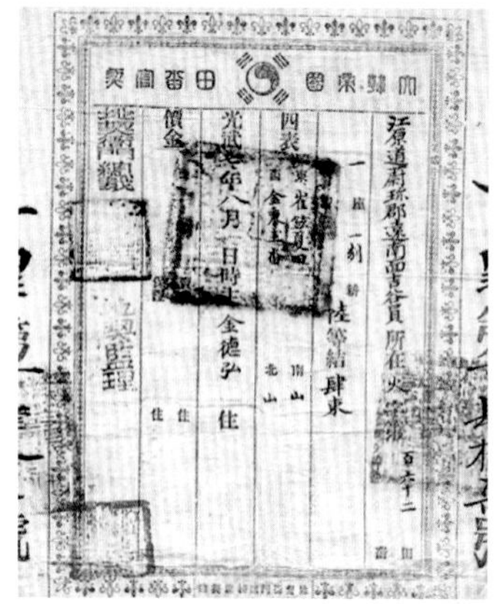

지계(토지 문서)

백두산정계비(1712)

어져야 한다고 판단했습니다. 이렇게 추진된 개혁을 **광무개혁**(光武改革)이라고 합니다. 광무개혁은 옛것을 근본으로 삼고 새것을 참고한다는 구본신참(舊本新參)의 원칙 아래 부분적으로 서양의 제도를 받아들여 나라를 발전시키고자 했습니다. 고종은 정치적으로 대한제국이 안정을 이루려면 무엇보다도 황제가 군권을 확실하게 장악해야 한다고 판단했습니다. 따라서 황제 직속으로 **원수부**를 설치하고 황제가 육해군을 통솔했습니다. 그 밑에 시위대(황실 호위 부대)·친위대(중앙군)·진위대(지방군)를 소속시키고 군대를 증강했으며, 장교 육성을 위한 무관 학교도 세웠습니다. 정부의 재정을 담당하는 탁지부와는 별도로 황실의 재정을 담당하는 내장원을 만들었으며, 황실 재산의 수입은 황제가 내탕금(임금이 개인적으로 사용하는 돈)으로 사용하도록 했습니다.

경제적으로 **양전 사업**을 실시하여 재정 수입을 늘리는 한편 근대적인 토지 소유권 확립을 위해 양지아문(量地衙門) 및 지계아문(地契衙門)을 설치했으며, 일부 지역에서 토지 조사 및 **지계**(토지 문서) 발급 사업을 실시했습니다. 더불어 상공업 진흥책을 장려하여 섬유·광업·금융 등의 분야에서 근대적 공장과 회사가 설립되었으며, 전화·전차·철도 부설 등 통신 및 교통 시설도 확충했습니다. 교육 부문에서는 중학교 관제를 공포하여 한성 중학교를 세웠으며, 기술·실업 교육을 강조하여 상공학교와 농림학교 등을 세우고 외국에 유학생을 파견하기도 했습니다.

광무개혁은 짧은 기간 안에 국방·산업·교육·기술 등 다양한 분야에서 성과를 거두었으며, 외세의 간섭을 배제하고 근대 주권 국가를 지향한 자주적 개혁이었습니다. 그러나 광무개혁은 황실과 정부 위주로 추진되었고, 광무개혁 이후에도 대한제국은 여전히 열강의 영향력에서 벗어나지 못했습니다.

간도와 독도 문제

간도는 두만강과 쑹화강(松花江) 사이에 있는 지역으로, 숙종 38년(1712)에 청과 조선은 그 전까지 모호했던 국가의 경계를 정하기 위해 양국 간 합의에 따라 **백두산정계비**를 세웠습니다. 양국의 국경을 서쪽으로는 압록강, 동쪽으로는 토문강을 경계로 한다는 내용이었습니다. 하지만 19세기 중엽 이래 정계비에 적혀 있는 토문강에 대한 해석 문제로 청나라와 영유권 분쟁이 일어났습니다. 이후 두 나라는 여러 차례 교섭했으나 번번이 협상이 무산되고 말았습니다.

1897년 수립된 대한제국 정부는 간도 문제 해결에 적극적으로 나섰습니다. 1902년 이범윤을 간도 시찰원으로 파견해 상세하게 답사하고 보고하도록 했고, 1903년에는 이범윤을 간도 관리사로 임명해 간도를 함경도로 편입하고 관할권을 행사하도록 했습니다. 그러나 일본은 러·일 전쟁의 승리 이후 대한제국의 외교권을 빼앗고, 1907년 조선 통감부 간도 파출소를 설치했습니다. 마침내 1909년 9월에 대한제국을 배제한 채 일본과 청이 **간도 협약**을 체결했습니다. 간도 협약은 일본이 청나라로부터 남만주 철도 부설권을 얻는 대신에 간도를 청의 영토로 인정한다는 내용이었으며, 그 결과 청은 간도에 대한 통치권을 장악하게 되었습니다.

독도는 동해 최동단에 있는 울릉도의 부속 도서로 신라의 이사부가 우산국(울릉도)을 정복한 이래 우리의 영토로 인식된 곳입니다. 17세기 말 숙종 대에 **안용복**은 울릉도와 독도에 와서 어업 활동을 벌이던 일본 어민들을 축출하고 일본에 가서 울릉도와 독도가 조선의 영토임을 확인하기도 했습니다. 19세기 중엽 무렵 일본 어민들이 불법으로 침범하는 일이 늘어나자 조선 정부는 이에 항의했고, 1881년 울릉도 및 부속 도서에 대해 섬의 주민을 육지로 옮기는 **공도**(空島) **정책**을 중단했습니다. 1884년에는 육지 주민을 이주시키고 관리를 파견했으며, 1900년 10월 25일에는 **대한제국 칙령 제41호**(499p 참조)로 울릉도를 울릉도군으로 개칭하고, 도감을 군수로 개정하고 반포했으며 독도를 울릉도군 소속으로 선포했습니다.

그러나 일본은 러·일 전쟁 중 대한제국에 알리지 않은 채 독도를 다케시마로 명명했으며 일본 시마네현에 편입시켰습니다. 이 결정은 시마네현 고시 제40호에 기록되었습니다. 하지만 이는 국제법상 명백한 불법 영토 침탈 행위이며, 이후 가장 중요한 한·일 외교 쟁점 중 하나로 남아 있습니다.

공도 정책

고려 말~조선 전기에 왜구의 약탈로부터 섬 주민들을 보호하기 위해 본토로 이주시킨 정책을 말한다.

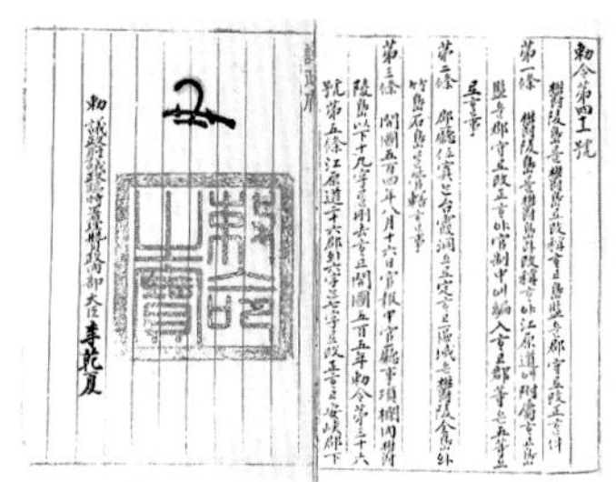

대한제국 칙령 제41호

주요 용어

한·일 의정서, 제1차 한·일 협약, 을사조약(제2차 한·일 협약), 헤이그 특사, 한·일 신협약 (정미 7조약), 기유각서, 한·일 병합 조약, 을미의병, 을사의병, 정미의병, 서울 진공 작전, 13도 창의군, 남한 대토벌 작전, 애국 계몽 운동, 보안회, 헌정 연구회, 대한 자강회, 신민회, 105인 사건

4 국권 피탈과 구국 민족 운동의 전개

경술국치, 나라를 잃다

삼국 간섭(1895) 이후 한반도를 둘러싼 러시아와 일본의 대립이 심화되었습니다. 러시아는 한반도 쪽에 한겨울에도 얼지 않는 부동항을 확보해 남진 정책의 기지로 삼기를 원했고, 일본은 대륙 진출의 야욕을 품고 한반도를 점령하고자 했습니다. 이러한 상황에서 1902년 일본은 러시아와 대립하던 영국과 제1차 영·일 동맹을 맺었습니다. 러시아를 견제하고 국제적 지위를 강화하려는 목적이었습니다. 한반도를 둘러싸고 치열한 세력 다툼을 벌이던 러시아와 일본은 1904년 2월 일본 해군이 랴오둥반도의 뤼순 항에 있던 러시아 함대를 기습 공격함으로써 러·일 전쟁에 돌입했습니다. 러시아와 일본 사이에 전운이 감돌기 시작하자, 고종 황제와 대한제국 정부는 전쟁 발발 직전인 1904년 1월 23일에 국외 중립을 선언했지만 소용이 없었습니다. 일본은 전쟁을 시작하면서 곧바로 일본군을 서울에 진주시켰고, 전쟁을 일으킨 지 보름 만에 대한제국 정부에 강제로 **한·일 의정서**(499p 참조)를 체결하도록 강요했습니다. 한·일 의정서의 주된 내용은 일본군이 러·일 전쟁을 위해 한반도에서 전략상 필요한 지역을 군사적 요충지로 마음대로 사용할 수 있도록 한 것입니다.

러·일 전쟁에서 전세가 유리해지자 일본은 그해 8월 **제1차 한·일 협약**(499p 참조) 체결을 요구합니다. 제1차 한·일 협약은 내정 간섭을 위해 대한제국의 외교와 재정 분야에 외국인 고문을 두도록 했습니다. 이에 따라 외교 고문에는 친일 미국인 스티븐스를, 재정 고문에는 일본인 메가타를 임명했습니다. 이어서 군부, 내부, 학부, 궁내부 등 각 부에도 일본인 고문을 두어 대한제국의 내정을 간섭하는 고문 정치를 실시했습니다.

한편 러·일 전쟁을 지켜보고 있던 미국과 영국은 전쟁이 일본에게 유리하게 전개되자 일본과 각각 협약을 맺었습니다. 1905년 7월 일본과 미국이 맺은 **가쓰라·태프트 밀약**에서, 일본은 미국의 필리핀 지배를 인정

을사조약

을사조약은 황제의 동의 없이 강제로 체결되었다. 따라서 조약 체결 과정의 강압성을 비판하는 뜻에서 '을사늑약'이라고도 한다. 형식적으로 조약의 명칭이 빠져 있을 뿐만 아니라, 고종의 정식 위임장을 받지 못한 외부대신의 도장이 찍혀 있다. 고종이 비준 서명을 하지 않았기 때문에 을사조약은 국제법상 효력이 없다.

보호국

대내외적으로 완전한 주권을 가지지 못하고, 그 통치권의 일부가 타국에 의해 행사되는 불완전한 독립국을 가리킨다.

헐버트

1886년 내한하여 육영공원에서 외국어를 가르쳤다. 을사조약 후에는 고종의 밀서를 가지고 미국에 돌아가 국무장관과 대통령을 면담하려 했으나 실패했다. 고종에게 헤이그 특사 파견을 건의하는 등 대한제국의 국권 회복 운동에 적극 협력했다.

하고 미국은 일본의 한반도 지배를 승인한다는 내용을 담았습니다. 이렇게 미국과 영국의 지원을 받은 일본은 결국 1905년 9월 러·일 전쟁에서 승리하였고, 전후 상황을 정리하기 위해 러시아와 포츠머스 조약을 체결했습니다. 이 조약을 통해 러시아는 한반도에서의 이권을 포기하고 대한제국에 대한 일본의 독점적 지배를 인정해야 했습니다.

일본은 여세를 몰아 1905년 11월, 군대를 동원하여 궁궐을 포위한 뒤 고종과 대신들을 위협하여 강제로 **을사조약**(**제2차 한·일 협약**, 499p 참조)을 체결하고 대한제국을 사실상 보호국으로 만들었습니다. 을사조약에 따라 대한제국은 외교권을 일본에 박탈당하고 한반도에는 통감부가 설치되었으며, 이토 히로부미가 통감으로 파견됩니다. 통감부는 조약에 규정된 외교권뿐만 아니라 대한제국의 내정 전반에 관여하려 했습니다. 이에 고종 황제는 조약을 부정하기 위해 조약 무효 선언을 하고, **헐버트**를 미국에 특사로 파견해 일본의 불법성을 알리려 했습니다. 1907년에는 네덜란드 헤이그에서 열린 만국평화회의에 이준·이상설·이위종을 특사로 파견했습니다. 하지만 **헤이그 특사**의 활동은 일본의 방해로 성과를 거두지 못했고, 일본은 헤이그 특사 사건을 빌미로 그해 7월 고종 황제를 강제로 퇴위시켰습니다.

고종 황제의 퇴위 후 일본은 대한제국을 식민지로 만들기 위한 작업을 진행합니다. 1907년 **한·일 신협약**(**정미 7조약**, 500p 참조)을 체결해 행정 각 부에 일본인 차관을 임명하여 내정을 완벽하게 장악하는 차관 정

중명전 | 경운궁(덕수궁)에 속한 서양식 건물로, 이곳에서 을사조약이 체결되었다.

근정전 앞에 걸린 일장기

헤이그 특사(이준, 이상설, 이위종)

치를 실시합니다. 나아가 경비를 절감한다는 이유로 대한제국의 군대를 해산하고, 이어서 언론 탄압을 위한 신문지법과 집회·결사의 자유를 박탈하기 위한 보안법을 공포했습니다. 더불어 1909년 체결한 **기유각서**를 통해 사법권과 경찰권도 박탈합니다. 그리고 나서 일본은 1910년 8월 29일 **한·일 병합 조약**(500p 참조)을 강제로 체결하고 조선 총독부를 설치했습니다. 이로써 대한제국은 국권을 상실하고 일본 제국에 완전히 편입되었으며, 35년에 걸친 기나긴 일제 강점기가 시작되었습니다.

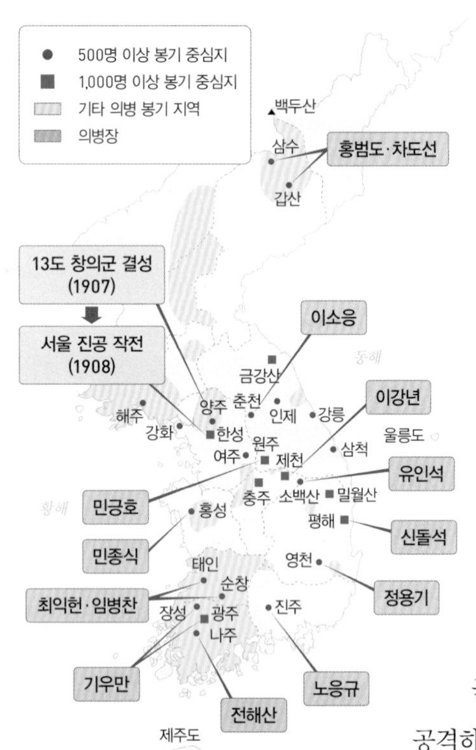

의병 부대의 활동

일본을 몰아내기 위해 의병이 일어서다

19세기 말 한반도에 대한 외세의 간섭이 심화되고 차츰 식민지로 전락하는 상황이 벌어지자 이를 두고만 볼 수 없었던 지식인과 민중들은 국권 회복 운동을 전개했습니다. 직접 외세에 맞서 싸웠던 것이 의병 운동입니다. 의병 운동은 1895년 을미사변과 단발령이 직접적인 계기가 되어 벌어진 **을미의병**에서 본격적으로 시작되었습니다.

을미의병은 **위정척사**(衛正斥邪) 운동의 영향을 받은 보수적인 유생층이 주도하여 일어났으며, 대표적인 인물로 유인석과 이소응이 있습니다. 최익현도 이때 활약하면서 의병의 정신적 지주 역할을 합니다. 유생 의병장들은 왕실을 높이고 오랑캐를 물리친다는 존왕양이(尊王攘夷)의 명분으로 거사했습니다. 여기에 반일·반침략을 외치던 일반 농민과 동학 농민군의 잔여 세력이 가담했습니다. 의병 부대들은 지방 주요 도시를 공격하고 친일 관리와 일본인들을 처단했습니다. 하지만 아관 파천 후 단발령이 철회되고 고종이 의병 해산을 권고하자 유생 의병장들은 자진해서 부대를 해산합니다. 반면, 의병 운동에 가담한 농민들 중 일부가 이후 활빈당이라는 농민 무장 조직을 만들어 반봉건·반외세 운동을 계속 전개했으며, 관리·부호·일본 상인 등을 공격하여 빼앗은 재물의 일부를 빈민에게 나눠 주었습니다.

1905년 일본에 의해 강제로 을사조약이 체결되자 의병 운동은 크게 확대됩니다. **을사의병**도 민종식·정용기·최익현 등 주로 유생 의병장이 주도했으나, 의병 운동이 본격화되면서 신돌석으로 대표되는 평민 의병

정미의병의 모습

장도 등장하기 시작합니다. 평민 의병장이 이끄는 부대는 동학 농민 운동과 활빈당 등의 무장 투쟁 경험을 바탕으로, 산악 지대에 근거지를 두고 소규모 부대 형태로 일본군과 치열한 전투를 벌였습니다. 이처럼 의병 운동은 점점 참여 계층이 확대되었고, 반침략 항쟁의 성격을 강하게 띠었습니다.

1907년 일본이 고종을 강제로 퇴위시키고 대한제국 군대를 강제로 해산시키자 의병 운동은 더욱 거세졌습니다. 군대 해산 조치를 거부한 시위 제1연대 제1대대장 박승환이 자결하자 소식을 들은 서울 시위대가 봉기를 일으켰으며, 이어서 지방 진위대도 동조했습니다. 해산당한 많은 군인들이 의병에 합류하여, 의병 부대는 사기와 전투력이 향상되었는데, 이 시기의 의병을 **정미의병**이라고 합니다. 해산 군인들이 참여하면서 의병 운동은 전국적으로 확산되었으며, 친일 관리와 일본인들을 주요 공격 대상으로 삼는 항일 의병 전쟁으로 발전했습니다. 아울러 유생과 농민·해산 군인뿐만 아니라 노동자·소상인·지식인·승려 등 다양한 계층이 의병 부대에 참여했습니다.

민중의 참여와 지지로 의병 전쟁이 확산되는 가운데 양반 유생 의병장들은 1907년 12월 이인영을 총대장으로 하는 **13도 창의군**(13도 연합 의병)을 결성합니다. 이들은 각국 공사관에 의병을 국제법상의 교전 단체로 인정할 것을 요구하는 한편, 1908년 1월 서울을 공격하는 **서울 진공 작전**(500p 참조)을 실시했습니다. 하지만 이 작전은 실패로 끝나고, 유생 의병장들은 의병 대열에서 떠났습니다. 평민 의병장과 일부 혁신 유생들만이 소규모 부대로 계속 유격 활동을 전개했습니다.

정미의병 이후 호남 지역을 중심으로 의병이 일어났습니다. 호남 의병이 일본에 대항해 끝까지 저항하자, 일본은 1909년 9월부터 2개월 동안 호남 지방을 해안과 육지에서 완전히 봉쇄한 뒤 **남한 대토벌 작전**을 벌여 대규모 의병 토벌을 단행합니다. 남한 대토벌 작전 후 의병 세력은 크게 위축되었습니다. 1910년 대한제국이 일제에 완전히 병합되고 나서는 국내에서 의병 운동을 더 이상 진행하는 것이 어려워졌습니다. 이에 따라 대부분의 의병 부대는 만주와 연해주 지방으로 건너가 그곳에 독립 운동의 새로운 근거지를 마련했습니다. 바로 이들이 이후에 독립군 세력

을사5적

을사조약 체결에 찬성한 외부대신 박제순, 내부대신 이지용, 군부대신 이근택, 학부대신 이완용, 농상대신 권중현을 말한다.

안중근(1879~1910)

한말의 독립운동가로 삼흥학교를 세우는 등 인재양성에 힘썼다. 1909년 10월 26일에는 만주 하얼빈에서 이토 히로부미를 사살하고 체포되어 순국하였다. 1962년 건국훈장 대한민국장이 추서되었다.

사회 진화론

18세기 찰스 다윈이 주장한 생물 진화론에 근거하여 사회의 변화를 해석하려는 견해로 허버트 스펜서가 처음 제기한 뒤 19세기부터 20세기 초까지 유행한 이론이다. 이에 따르면 생물학적 생존경쟁과 마찬가지로 인간 사회도 단순한 형태에서 복잡한 형태로 발전하며, 각 사회는 치열한 경쟁 속에서 강력한 사회만이 살아남고 열등한 사회는 도태된다고 보았다.

을 형성하게 됩니다.

직접 저항을 통해 일제의 침략을 저지하고 국권을 회복하려 했던 의병 운동은 일제의 강점 정책에 큰 타격을 주었습니다. 비록 유생 의병장들의 봉건적 의식과 의병 부대의 조직력 및 화력 열세 등 한계가 있었지만 민족의 강인한 독립 정신을 표출한 의병 운동이 있었기에 여러 해 동안 일제의 강점을 지연시킬 수 있었으며, 이후 항일 무장 독립 투쟁의 기반이 되었습니다.

의병 전쟁과 함께 일본의 침략에 저항한 의사와 열사들의 항일 투쟁도 잇달아 일어났습니다. 1905년 을사조약이 강제로 체결되자 이에 대한 반발로 민영환이 자결했습니다. 장지연은 〈황성신문〉에 '시일야방성대곡(是日也放聲大哭)'을 발표했고, 〈대한매일신보〉는 황제가 을사조약에 서명하지 않았다는 황제의 친서를 보도했습니다. 나철과 오기호는 매국 을사5적(乙巳條約)을 처형하기 위한 5적 암살단을 조직했고, 장인환과 전명운은 일본의 강점을 노골적으로 지지하던 대한제국 외교 고문 미국인 스티븐스를 1908년 미국 샌프란시스코에서 사살합니다. 스티븐스는 1882년 주일 미국 공사관에 근무하며 일본을 두둔해 왔으며, 피격 당시에는 한국 통감부 외교 고문으로 활동하고 있었습니다. 전명운이 쏜 총알은 빗나갔지만, 장인환이 쏜 총알 두 발이 스티븐스에게 치명상을 입혀 사망했습니다. 1909년에는 이재명이 친일파 이완용을 칼로 찔러 죽이려 했으나 성공하지 못했습니다. 같은 해 연해주에서 의병 활동을 하던 안중근은 만주 하얼빈에서 이토 히로부미를 사살했습니다. 안중근은 자신의 행위를 한국의 독립 주권을 침탈하고 동양 평화를 교란시킨 자를 처형한 것이라고 밝혔습니다. 이러한 의열 투쟁은 일제의 침략을 국내외에 알리고 애국심을 높이는 계기가 되었으며, 일제 강점기 때 의열단과 한인 애국단 활동으로 이어졌습니다.

실력을 양성하여 일본을 몰아내자

을사조약 체결을 전후하여 교육과 산업을 일으켜 실력을 양성함으로써 국권을 회복하자는 **애국 계몽 운동**이 일어났습니다. **사회 진화론**의 영향을 받은 애국 계몽 운동가들은 당시 국제 관계를 약육강식과 적자생존의 원리가 지배하는 힘의 각축장으로 인식했습니다. 그래서 국가 간의 생존

경쟁이 치열하게 전개되는 상황에서 살아남으려면 실력 양성이 시급하다고 판단했습니다. 이에 따라 애국 계몽 운동은 직접 저항을 주장한 의병 운동과 달리 주로 교육·언론·식산흥업(殖産興業) 활동을 통해 점진적으로 국권을 회복하자고 주장합니다.

우선 애국 계몽 운동가들은 서북학회·기호흥학회 등의 학회나 사립학교를 각지에 설립하여 대중을 계몽하고 애국심을 고취하는 활동을 벌였습니다. 이들은 〈황성신문〉, 〈대한매일신보〉 등의 신문을 통해 일본의 침략을 규탄하고 민중을 계몽하는 데 앞장섰습니다. 특히 《황성신문》은 장지연의 항일 논설인 '시일야방성대곡(500p 참조)'을 실었고, 《대한매일신보》도 국채 보상 운동을 홍보하여 항일 의식을 전파했습니다. 민중의 애국심을 높이기 위해 《을지문덕전》, 《이순신전》 등의 위인전과 조선의 역사·지리·국어 책도 간행했습니다.

양기탁(1871~1938)

1904년에 영국인 베델과 영자신문인 코리아타임즈를 발간하였다. 같은 해에 국한문으로 대한매일신보를 창간, 주필이 되어 항일사상을 고취하였다. 1921년 미국의회의원단이 내한하였을때 독립진정서를 제출한 사건으로 투옥되었다.

안창호(1878~1938)

독립협회, 신민회, 흥사단 등에서 활발하게 독립운동을 하였다. 1962년에 건국훈장 대한민국장이 추서되었다.

애국 계몽 운동가들이 처음 만든 단체는 1904년 송수만, 심상진 등이 설립한 **보안회**입니다. 보안회는 일본의 황무지 개간권 요구 반대 운동을 전개하여 일본의 요구를 좌절시켰습니다. 이후 애국 계몽 운동가들은 1905년 보안회를 계승한 **헌정 연구회**를 창설합니다. 헌정 연구회는 민족의 정치의식 고취와 입헌 군주제 수립을 목적으로 설립되었으며, 친일단체였던 일진회의 반민족적 행위를 규탄했습니다. 하지만 을사조약 체결 후 정치 활동이 어려워지자, 애국 계몽 운동가들은 1906년 헌정 연구회를 **대한 자강회**로 개편했습니다. 교육과 산업의 진흥을 통한 실력 양성을 주된 목표로 했던 대한 자강회는 전국에 25개 지회를 두고 〈대한 자강회 월보〉를 간행하는 한편, 정기적인 연설회를 열며 활동 영역을 넓혀 갔습니다. 하지만 대한 자강회가 고종 황제 강제 퇴위 반대 운동을 펼치자, 일본은 집회와 언론의 자유를 제한하는 보안법을 제정하여 대한 자강회를 강제로 해산시켰습니다. 1907년 대한 자강회를 재정비하여 대한 협회가 조직되었지만, 대한 협회는 정당 정치와 일본이 주도하는 '동양 평화론' 등에 관심을 쏟으며 친일적으로 변해 갔습니다.

1907년 들어 일본은 반일적 성격을 띤 모든 움직임을 탄압하기 시작합니다. 이에 양기탁과 안창호 등을 중심으로 한 애국 계몽 운동가들은 비밀 결사 단체인 **신민회**(501p 참조)를 조직했고, 언론인·종교인·교사·학생 등 사회 각계각층의 인사가 여기에 참여합니다. 신민회는 국권 회복과 공화정체의 근대 국민 국가 건설을 목표로 삼았고, 점차 전국적 규모의 단체로 성장했습니다. 가장 활발한 활동을 벌인 분야는 교육 운동입니다. 안창호가 세운 평양의 대성 학교, 이승훈이 세운 정주의 오산 학교 등 학교 설립을 통해 청소년들에게 신교육과 신사상을 보급했습니다. 또한 경제 자립을 주장하면서 평양에 자기 회사를 세웠고, 평양·서울·대구에는 출판사인 태극 서관을 세워 운영했습니다.

일제의 탄압으로 합법적 활동이 어려워지자 신민회는 새로운 길을 모색합니다. 양기탁·이동휘·신채호 등은 애국 계몽 운동의 한계를 인식하고 해외 독립군 기지를 만들어 독립 전쟁을 준비해야 한다고 주장했습니다. 이에 따라 서간도 삼원보에 신흥 무관 학교를 세웠고, 이후 항일 무장 투쟁을 준비해 나갔습니다. 그러나 1911년 일제가 국내의 애국 인사를 탄압하려고 조작한 **'105인 사건'**을 계기로 조직이 드러났고, 결국 신민회는 해체되었습니다.

105인 사건

1910년 조선 총독부가 신민회를 탄압하기 위해 조작한 사건. 1910년 평안북도 선천에서 안명근이 데라우치 총독을 암살하려다 실패한 사건이 일어나자, 안명근 사건을 신민회가 조종한 것으로 조작하여 신민회 간부 등 105명을 구속하였다.

애국 계몽 운동은 진보적 지식인을 중심으로 언론·학회·교육 활동을 통해 민중을 계몽하고 애국심을 고취하는 방향으로 전개되었습니다. 하지만 일제의 탄압으로 제대로 활동하기 어려웠고, 사회 진화론을 수용함에 따라 일본의 제국주의 침략을 수용하고 타협하는 경향도 나타났습니다. 또한 지식인으로서 민중을 무시하고 의병 운동에 비판적이었습니다. 이러한 한계는 신민회가 무장 독립 전쟁 노선을 채택하고 국외에 독립운동 기지를 건설함으로써 일부 극복할 수 있었습니다. 신민회의 활동은 독립 전쟁의 장기적 기반을 마련했을 뿐만 아니라, 독립 국가의 방향을 **공화정제**로 제시하였다는 점에서 큰 의의가 있습니다.

개항기의 경제 변화

주요 용어

강화도 조약, 조·일 수호 조규 부록, 조·일 무역 규칙, 조·청 상민 수륙 무역 장정, 방곡령, 삼림 채벌권, 철도 부설권, 광산 채굴권, 어업권, 동양 척식 주식회사, 화폐 정리 사업, 메가타, 일본 제일 은행권

미·면 교환 체제

18세기 말 서양에서 산업 혁명이 일어나 공업화가 급속히 발달했고, 서양 열강들은 산업의 원자재와 판매처를 얻기 위해 식민지를 넓혀 나갔다. 미국에 의해 강제로 문호를 개방한 일본은 서양에서 들여온 산업 물품 중에서 면직물을 조선에 가져와 판매했고, 조선의 쌀을 대량으로 일본에 가져갔는데 이를 미·면 교환 체제라고 한다.

1 열강의 경제적 침탈

조선 시장을 장악하기 위해 청과 일본이 싸우다

1876년 조선은 일본과 **강화도 조약**(조·일 수호 조규)을 체결하고, 부산·원산·인천의 3개 항구를 개항합니다. 이어서 강화도 조약을 뒷받침하는 **조·일 수호 조규 부록**(부속 조약, 501p 참조)과 조·일 무역 규칙도 체결했습니다. 조·일 수호 조규 부록에서는 개항장에서 일본인 거류지 및 간행이정(間行里程)을 10리로 설정하고, 일본 화폐 유통 및 일본 외교관의 자유로운 여행을 인정했습니다. **조·일 무역 규칙**(501p 참조)에서는 일본 수출입 상품에 대한 무관세 적용, 양곡의 무제한 유출, 선박의 무항세를 허용했습니다. 그 결과 일본은 조선을 경제적으로 침략할 수 있는 발판을 마련했으며, 개항 후 일본의 경제 침탈은 본격화되었습니다.

개항 초기에는 일본 상인의 활동 범위가 개항장 10리 이내로 제한되었기 때문에 객주·여각·보부상 등 조선 상인을 매개로 하는 거류지 무역이 이루어졌고, 국내의 중개 상인 일부는 부를 쌓게 되었습니다. 하지만 일본 상인의 상권이 확대됨에 따라 대다수 국내 상인들의 상권은 위협을 받았습니다. 뿐만 아니라 일본 상인들은 주로 영국에서 수입한 서양 면직물을 들여와서 팔고, 대표적으로 쌀과 그밖에 콩, 쇠가죽, 금 등을 일본으로 가져갔습니다. 이와 같은 미·면 교환 체제로 인해 대량의 조선 곡물이 일본으로 유출됨에 따라, 국내 곡식 가격이 올랐고 민중들은 식량 부족에 시달리게 되었습니다. 또한 서양 면직물의 수입으로 국내 면

한성의 청 상인과 일본 상인 거류지

거중 조정

국제분쟁을 국제기구나 국가·개인 등 제3자의 권고로 평화적으로 해결하는 것을 말한다.

방곡령

조선 고종 때 식량난을 해소하기 위해 곡물의 수출을 금지한 명령. 1876년 강화도 조약 이래 일본상인들은 우리 농촌에 침투하여 갖은 방법으로 곡물을 매점해서 이를 일본으로 반출하였다. 이 때문에 식량난이 가중되었고, 1888년(고종 25) 흉년이 들자 전국에서 연달아 폭동이 일어났다. 이에 곡물수출항인 원산(元山)을 관장하던 함경도관찰사 조병식(趙秉式)은 해외로 반출되는 콩의 유출을 금지하는 방곡령을 발포하였다.

직물 공업은 큰 타격을 받았습니다.

개항 후 일본 상인들이 독점하고 있던 조선 무역은 1882년 변화를 맞이했습니다. 조선에 대한 일본의 영향력이 강화되는 것에 위기의식을 느낀 청나라는 조선과 미국을 중재하였고, 그 결과 1882년 5월 조선은 서양 세력 가운데 최초로 미국과 조·미 수호 통상 조약을 맺게 됩니다. 이 조약에는 거중 조정(居中調整), 최혜국 대우, 관세 설정 등의 조항이 포함되었습니다. 그해 발생한 임오군란을 진압한 청은 조선과 **조·청 상민 수륙 무역 장정**(501p 참조)을 체결합니다(1882). 조·청 상민 수륙 무역 장정은 양화진과 한성에 청 상인의 상점 개설을 허용했으며, 치외법권 및 내지 통상권을 인정했습니다. 특히 청 상인의 내륙 진출이 가능해지자, 최혜국 대우 조약을 체결한 다른 나라의 상인들도 내지 통상권을 요구했습니다. 이에 따라 거류지 무역으로 수출입 상품을 중개하던 국내 상인들은 큰 피해를 보았습니다.

청 상인의 세력이 확대되는 것을 지켜보던 일본도 가만히 있지 않았습니다. 임오군란 이후 제물포 조약을 맺은 일본은 부속적 경제 조약으로 1882년 8월 조·일 수호 조규 속약을 체결합니다. 이 속약으로 간행이정이 10리에서 50리로 확대되고, 2년 뒤에는 다시 100리로 늘어났습니다. 그리고 이듬해인 1883년, 일본과 또 다른 조약인 조·일 통상 장정을 맺습니다. 조·일 통상 장정은 1876년에 맺었던 조·일 무역 규칙이 개정

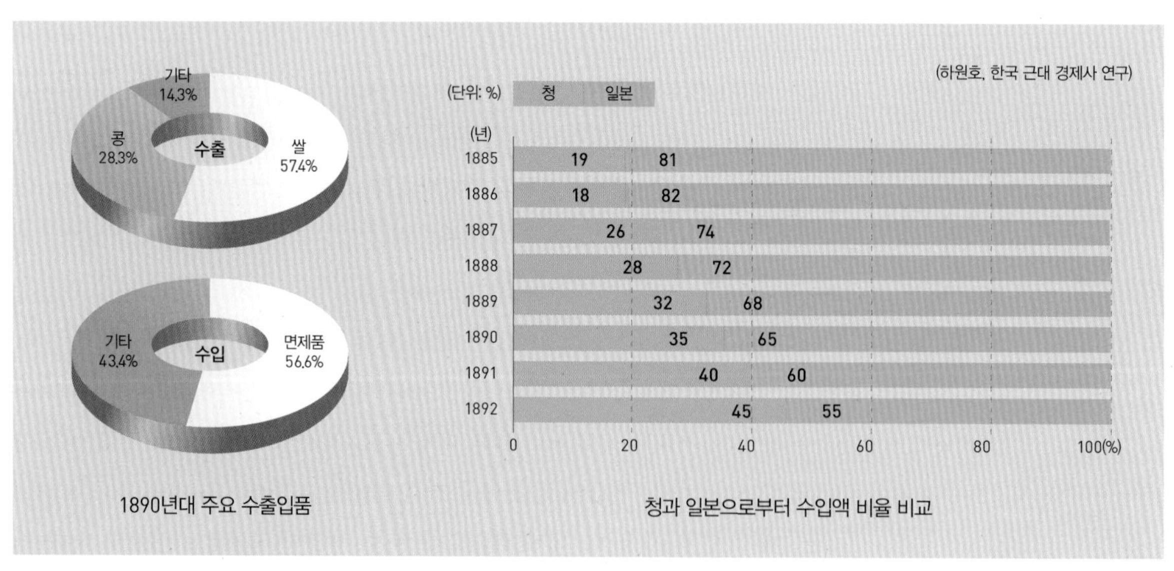

1890년대 주요 수출입품

청과 일본으로부터 수입액 비율 비교

절영도 조차

1898년 제정러시아는 부동항을 얻기 위해 대한제국에게 절영도(현재 부산 영도)를 자국 해군의 석탄고 기지로 조차하겠다며 대한제국에게 압박을 넣었다. 대한제국은 이에 동의하여 승인 절차를 밟던 중, 독립협회가 대규모 만민공동회를 열어 러시아의 침략 정책에 격렬하게 반대한다. 그 후 마산항 조차, 영일동맹, 영암포 사건을 거쳐 러일전쟁으로 치닫는다.

된 것으로, 이 조약에서는 조선 측이 요구한 관세 조항과 **방곡령** 조항이 추가되기도 했습니다. 대신 일본에 대한 최혜국 대우도 적용되어, 이를 근거로 일본 상인들의 내륙 진출이 가능해졌습니다.

이렇듯 개항 초기 일본 상인이 독점했던 조선의 무역 구조가 청과 일본 상인들의 경쟁이 심화되는 형태로 바뀌었습니다. 그 결과 1892년까지 해마다 조선을 상대로 한 청나라의 무역량 비율은 늘어났고 일본의 비율은 줄어들어, 청과 일본의 대조선 수출액은 대등해져 갔습니다. 두 나라의 경제적 대립은 결국 청·일 전쟁이 일어나는 원인 중 하나가 되었습니다. 그리고 청·일 전쟁에서 일본이 승리함으로써 일본 상인들이 조선 시장을 독점적으로 지배하게 되었습니다.

제국주의 열강은 조선에서 어떤 이익을 얻었을까

아관 파천 이후 러시아를 비롯한 일본·미국·프랑스·독일 등 제국주의 열강들은 최혜국 대우 규정을 이용하여 조선의 광산·산림·철도 등 주요 이권을 침탈해 갔습니다. 우선 러시아는 압록강과 두만강, 울릉도의 **삼림 채벌권**을 독점합니다. 1897년에는 절영도(絶影島, 지금의 부산 영도) 조차(租借, 조약에 의해 타국으로부터 유상 또는 무상으로 영토를 차용하는 행위)를, 1903년에는 용암포 조차를 요구합니다. 이어서 한·러 은행 설립도 요구했는데, 이후 독립 협회의 이권 수호 운동으로 한·러 은행은 폐쇄되고 절영도 조차 요구도 좌절됩니다. 삼림 채벌권은 러·일 전쟁 이후 일본이 차지하게 되었습니다.

열강의 이권 침탈

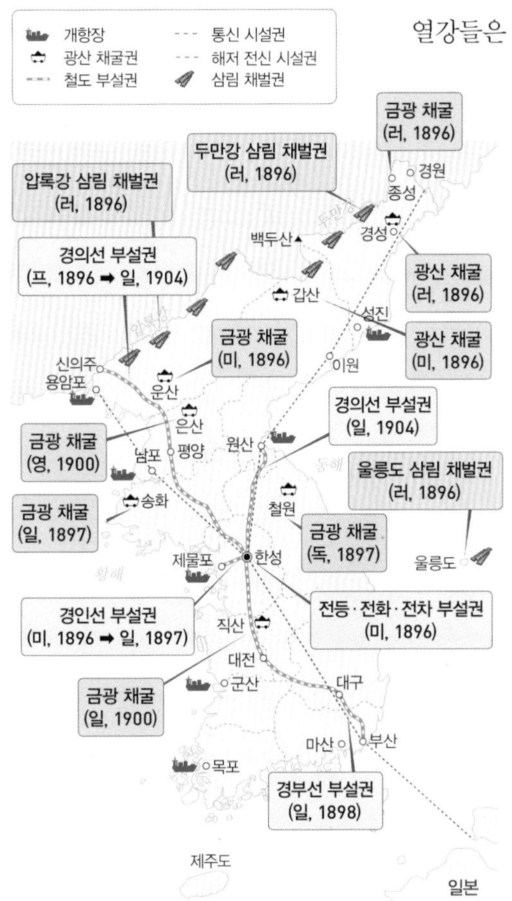

일본은 **철도 부설권**을 독점했습니다. 일본은 원래 경부선 부설권만 가지고 있었는데, 이후 미국의 경인선 부설권과 프랑스의 경의선 부설권도 넘겨받습니다. 철도 부설권을 독점한 일본에 의해 1899년 경인선이, 1905년에는 경부선이, 1906년에는 경의선이 차례로 개통되었습니다. 일본은 철도 부지와 군용지 확보를 명목으로 대한제국이 가지고 있던 국유지와 역둔토(역의 경비를 충당하기 위한 역 주변의 토지)도 빼앗았습니다. 민간인이 소유하던 농토를 철도 부지에 편입시키고 농민들을 강제로 철도 부역에 동원했습

동양척식주식회사
1908년 일제가 대한제국의 토지와 자원을 수탈할 목적으로 설치한 식민지 착취 기관이다.

니다. 1908년에 ᄅ는 **동양 척식 주식회사**를 세워 약탈한 토지를 관리하는 한편, 조선에 이주한 일본인에게 이를 매매하거나 양도했습니다.

청이 차지하고 있던 **어업권**은 청·일 전쟁 이후 일본이 차지하게 되었습니다. **광산 채굴권**은 미국·러시아·일본·독일 등이 나누어 가졌고, 특히 미국은 운산 금광 채굴권을 가져갔습니다. 이렇듯 조선의 각종 이권을 제국주의 열강이 챙겨 갔지만, 조선은 이러한 상황에 적절히 대응하지 못했습니다.

대한제국의 화폐 발행권을 박탈당하다

아관 파천 이후 러시아와 일본 간의 세력 균형이 이루어졌지만, 러·일 전쟁에서 일본이 승리하자 조선에 대한 일본의 내정 간섭이 크게 심화되었습니다. 일본은 특히 대한제국의 금융과 재정 부문을 장악하는 일에 힘을 기울였습니다. 우선 일본은 각종 개혁 및 시설 개선 등의 명목으로 대한제국에 차관을 제공해 대한제국 재정이 일본에 예속되길 바랐습니다. 서울·인천 등 주요 대도시에는 일본 제일 은행 지점을 설치하여 일반 은행 업무뿐 아니라 대한제국 정부의 세관 업무 및 국고 처리 업무를 위탁하여 관리하도록 했고 일본 제일 은행권을 유통시켰습니다.

제1차 한·일 협약(1904)에 따라 재정 고문으로 파견된 일본인 **메가타**는 1905년 본격적으로 대한제국의 재정을 장악하기 위해 **화폐 정리 사업**을 단행했습니다. 우선 황실 재정을 해체하고 국고를 자신들의 편의에 따라 이용했으며, 징세 기구를 개편했습니다. 현행 각종 조세를 늘려 징수하는 한편, 새로운 세원을 찾는 데도 집중했습니다. 기존에 사용하던 화폐인 백동화는 **일본 제일 은행권**으로 교환하도록 하고, 새로운 보조화폐를 발행하여 대한제국의 화폐 발행권을 빼앗았습니다. 1883년에 세워져 백동화를 발행해 왔던 **전환국**도 이 시기에 폐지했습니다.

개항기의 화폐(백동화)

백동화는 상평통보에 이어서 갑오개혁 이후 조선에서 사용하던 화폐였습니다. 그런데 일본은 구리로 만든 백동화의 상태가 일정하지 않다는 이유로, 백동화를 제일 은행권으로 교환할 때 화폐가치를 제대로 인정하지 않았습니다. 개항장에서 활동하던 일본인은 대부분 갑종을 소유하고 있었습니다. 또한 그들은 화폐정리사업 소식을 일찍 접하고 미리 악화를 양화로 바꾸어 큰 이익을 얻기도 했습니다. 그러나 국내 상공업자들은

개항기의 화폐(당오전)

일본 제일 은행권

을종·병종 판정에 따른 손해를 입었고, 모든 돈이 일본인에게 집중되었기 때문에 돈줄이 말라 도산하는 사태가 벌어졌습니다. 소액을 가진 농민들은 아예 교환 대상에서 제외되는 경우도 많았습니다.

화폐 정리 사업 이후 교역은 일본 제일 은행권으로 진행하면서 일본은 대한제국의 금융과 재정 부문을 대부분 장악했습니다. 화폐 정리 사업은 일본이 조선을 경제적으로 굴복시키고, 조선에서 활동하던 일본인의 자본 축적을 절대적으로 도와주었습니다. 그러나 국내 상공업자의 성장은 철저하게 봉쇄되었습니다.

주요 용어

방곡령, 황국 중앙 총상회, 상회사, 이권 수호 운동, 농광회사, 보안회, 양기탁, 국채 보상 운동, 〈대한매일신보〉, 〈황성신문〉

2 근대적 경제 성장을 위한 노력

근대적 민족 자본이 성장하다

개항 이후 일본을 비롯한 외세의 경제 침탈이 심화되자 사회 각계각층에서 다양한 저항 운동이 일어났습니다. 우선 강화도 조약 이후 일본으로 곡물 유출이 많아지자 국내에서 곡물 부족 현상이 일어나면서 곡물 가격도 폭등했습니다. 여기에 흉년까지 겹치자 사태를 수습하기 위해 지방관들은 **방곡령**(防穀令)을 선포했습니다. 방곡령이란 그 지방에서 생산된 곡물이 다른 지방이나 다른 나라로 유출되는 것을 금지하는 조치로, 대표적인 것이 1889년 함경도와 1890년 황해도의 방곡령이었습니다. 하지만 일본은 방곡령을 선포하기 1개월 전에 미리 통보해야 한다는 **조·일 통상 장정**(1883, 502p 참조)의 규정을 구실로 방곡령 철회를 요구했습니다. 결국 방곡령은 실패로 돌아가고 오히려 일본에 배상금을 지불하는 결과를 초래했습니다.

방곡령 선포

조·청 상민 수륙 무역 장정(1882)이 체결된 후에는 개항 초기 거류지 내에서만 무역했던 외국 상인들이 내륙까지 들어와 상권을 장악합니다. 그뿐만 아니라 일본인은 증기선을 이용하여 세곡 운반도 독점합니다. 이에 저항하여 서울의 시전 상인들은 상권을 지키기 위해 청 상인과 일본 상인의 점포 철수를 요구하는 시위와 상가 문을 닫는 철시를 단행했습니다. 1898년에는 **황국 중앙 총상회**를 조직하여 외국 상인들의 불법적인 내륙 상업 활동을 금지할 것을 요구하며 상권 수호 운동을 펼칩니다. 경강상인들도 증기선을 구입하여 일본 상인에 맞섰고, 개성상인도 활동 영역을 수출입 유통업으로 확대하여 서울 이북 지방의 상권을 유지했습니다. 특히 객주와 보부상들은 평양의 대동 상회와 서울의 장통 회사 등의 **상회사**나 동업 조합을 설립하여 활동하는 등 자신들의 권익을 보호하기 위해 근대적 상인 단체를 구성했습니다.

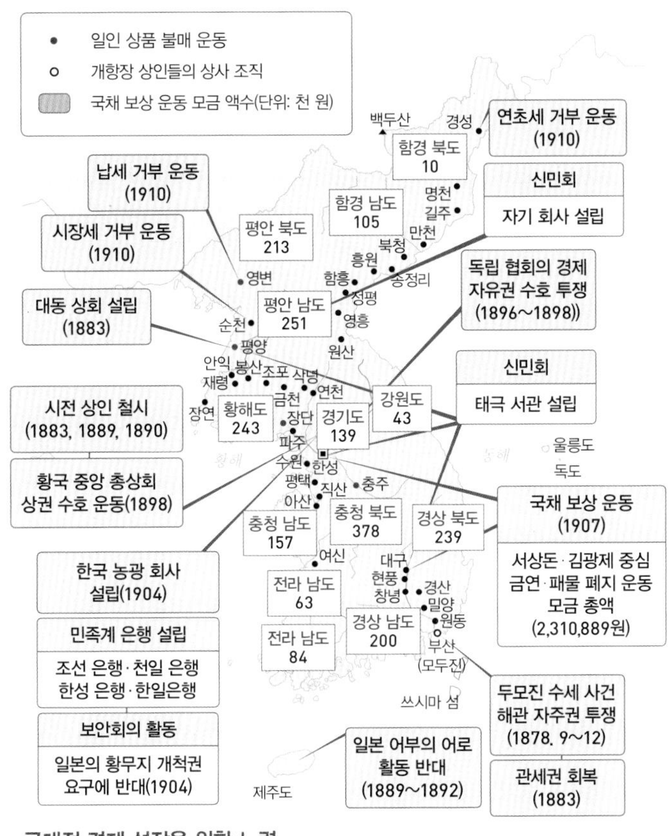

근대적 경제 성장을 위한 노력

1896년 아관파천이 일어나자 러시아를 중심으로 열강의 이권 침탈은 절정에 다다랐습니다. 이를 막기 위해 독립 협회는 만민 공동회를 개최하고 **이권 수호 운동**을 벌입니다. 그 결과 러시아의 절영도 조차 요구를 막아 낼 수 있었고, 한·러 은행을 폐쇄시켰으며 프랑스와 독일의 광산 채굴권 요구도 저지했습니다.

러·일 전쟁 중 일본이 일본인의 이주를 뒷받침하기 위해 막대한 황무지 개간권을 요구하자, 이를 반대하는 운동이 펼쳐졌습니다. 이도재·김종한 등은 **농광 회사**를 설립하여 황무지를 우리가 직접 개간할 것을 주장했습니다. 또한 황무지 개간권 반대 운동에 참여한 사람들은 1904년 **보안회**를 조직하기도 했습니다. 이에 호응하여 전국 각지로 반대 운동이 번지자 결국 일본은 황무지 개간권 요구를 철회했습니다.

정부도 열강의 경제적 침탈을 저지하기 위해 1883년 혜상공국을 설치하여 보부상을 보호하였고, 해운 회사와 철도 회사 등 운수 회사를 설립했습니다. 이러한 정부의 상공업 육성 정책과 민중의 경제 자주권 수호 운동을 바탕으로 산업 자본은 점차 성장하게 되었습니다. 조선 유기 상회·대한 직조 공장·종로 직조사 등이 설립되었습니다.

더불어 금융업에서도 변화가 일어났습니다. 일본 금융 기관과 일본 상인들의 경제적 침투에 맞서 조선인 관료들이 중심이 되어 세운 최초의 민간 은행인 조선은행과 한성은행, 천일은행 등이 설립되었습니다. 하지만 상회사를 비롯한 근대적 민족 자본 대부분은 자금과 기술·운영 경험 등이 부족했고, 일본의 정치적 방해와 외국 상인들의 상권 잠식으로 오래 존속되지 못한 채 결국 몰락하거나 일본인의 손에 넘어가고 말았습니다.

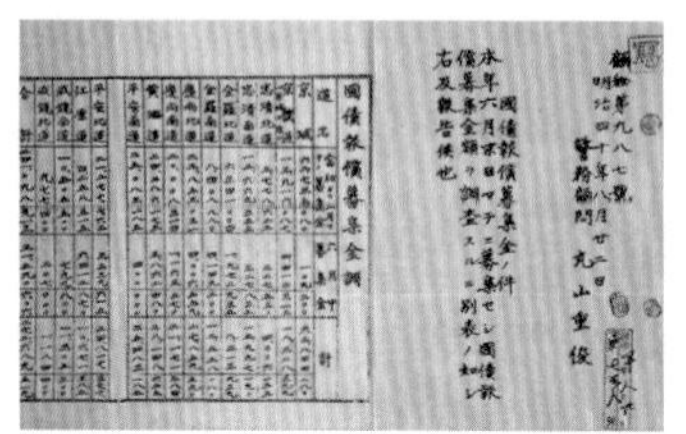

국채 보상금 모집 금액표

국채 보상 운동은 어떻게 전개되었을까

1905년 을사조약 체결 후, 통감부가 설치되면서 일본은 대한제국에 막대한 차관을 제공했습니다. 그 금액은 1907년까지 대한제국의 1년 예산과 맞먹는 약 1,300만 원에 이르렀습니다. 일본의 차관 제공은 대한제국의 재정을 일본 재정에 완전히 예속시키고, 차관으로 식민지 건설 작업을 진행하기 위한 것이었습니다. 차관으로 인한 일본의 침탈이 심해질 것을 우려한 지식인들은 경제적 예속화에서 벗어날 수 있도록 차관을 갚자는 **국채 보상 운동**(502p 참조)을 일으킵니다. 국채 보상 운동은 1907년 대구에서 **김광제**, **서상돈** 등을 중심으로 국채 보상 취지서를 발표하면서 시작되었으며, 이후 서울에서 국채 보상 기성회가 조직됩니다. 이 국채 보상 운동은 〈**대한매일신보**〉와 〈**황성신문**〉, 〈제국신문〉 등 언론 기관의 호응에 힘입어 전국으로 확대되었고, 국채 보상을 위한 모금 운동이 전개되었습니다.

국채 보상 운동 성과에 위기의식을 느낀 일본은 일진회를 이용하여 국채 보상 운동을 방해하고, 그 지도자인 **양기탁**에게 누명을 씌워 구속하는 등 탄압을 가했습니다. 양기탁은 무죄로 석방되었으나 일본의 계속된 방해로 국채 보상 운동은 위축되었고, 운동 주도층이 분열되어 결국 실패로 끝나고 말았습니다.

일진회

1904년 결성된 단체. 회장 이용구와 송병준의 주도하에 1910년 대한제국이 일제에 강제 병합될 때까지 일제의 군부나 통감부의 배후 조종을 받으며 친일 행각을 벌였다.

국채 보상 운동은 나라를 위해 빚을 갚자는 순수한 마음에서 자발적으로 일어났기 때문에 전국적으로 통일된 지휘 체제하에 진행된 것은 아니었습니다. 따라서 일본의 방해와 탄압에 효과적으로 대응하지 못하고 끝내 실패하고 말았습니다. 하지만 국채 보상 운동은 국권 회복을 위해 각계 각층이 참여한 경제적 구국 운동이었으며, 남녀노소가 한 민족임을 자각하는 계기가 되었다는 점에서 큰 의미가 있습니다.

사회·문화사로 읽는 개항기

개항기의 사회 변화

1. 평등 사회로의 변화
2. 개항기의 생활 모습

개항기의 문화 변화

1. 근대 문물의 수용
2. 근대 문화의 형성

개항기의 사회 변화

주요 용어

공노비 해방, 신분제 폐지, 갑신정변, 동학 농민 운동, 갑오개혁, 광무개혁, 폐정 개혁안, 소학교령

1 평등 사회로의 변화

신분 제도가 폐지되다

조선 후기 상품 화폐 경제의 발달로 농민층이 성장하고 양반 인구가 증가하자 조선의 양반 중심 신분 질서가 크게 흔들렸습니다. 조선 정부는 더 이상 신분제를 유지할 수 없다고 판단하고 점차 폐지하는 방향으로 정책을 추진합니다. 1801년 **공노비 해방**을 시작으로, 1882년에는 서얼과 중인을 비롯한 모든 계층에게 관직 진출을 허용합니다. **갑신정변** 때는 14개조 개혁 정강에서 문벌 폐지 및 인민 평등권이 선언되는 등 신분 제도를 폐지하자는 주장이 나왔으며, 1886년에는 노비 세습제가 철폐되기도 합니다.

농민들도 신분제를 폐지하고 인권이 존중되는 새로운 사회를 만들려고 했습니다. 이러한 요구를 반영하여 **동학 농민 운동**의 주도 세력은 1894년 폐정 개혁안을 통해 **신분제 폐지**를 주장했습니다. 동학 농민 운동은 일본의 무력 개입으로 실패로 끝났지만, 양반 중심의 신분제 사회를 붕괴시키는 데 결정적인 역할을 했습니다. 그 결과 1894년 **갑오개혁** 때 문벌 및 양반, 평민의 등급이 없어지고, 천민 신분과 공·사 노비 제도가 법률적으로 철폐되는 등 마침내 신분제가 폐지되었습니다. 또한 과거제를 폐지했으며, 연좌제와 고문 등 봉건적인 악습과 인신매매가 금지되고 근대적 평등 사회의 제도적 기틀이 마련되었습니다.

나아가 대한제국의 **광무개혁** 당시 호적 제도가 개편되어, 호적에 신분 대신 직업을 기재하게 했습니다. 그리고 1898년 독립 협회의 **관민 공동회**에서는 백정 박성춘이 연사(502p 참조)로 등장해 연설을 했으며, 시

전 상인이 만민 공동회 의장으로 선출되기도 했습니다. 이렇듯 평민과 천민의 활발한 사회 활동을 통해 신분제 폐지 후에도 여전히 존재하던 신분 차별 의식까지 점점 극복되어 갔습니다. 또한 이들은 근대적 정치 의식과 민족의식이 성장하여 이후 국채 보상 운동에 가담하고 의병 운동에 참가하여 국권을 회복하고자 노력했습니다.

세브란스 간호학교 졸업생들

1906년 세브란스 병원 안에 한국 최초의 간호학과가 세워져 1910년 첫 졸업생을 배출했다. 사진은 1916년 졸업생들이다.

여성도 사회 활동에 참여했을까

조선 후기 신분제를 폐지하자는 움직임이 등장할 무렵 여성에 대한 관심과 인식 변화도 함께 일어났습니다. 우선 동학 농민 운동 당시 농민들은 **폐정 개혁안**을 통해 젊은 과부의 재가를 허용해야 한다고 주장합니다. 폐정 개혁안은 비록 동학 농민 운동이 실패로 끝나서 실현되지 못했으나 이후 갑오개혁에 영향을 끼칩니다. 갑오개혁을 통해 신분제가 철폐됨과 동시에 조혼이 금지되고, 과부 재가가 허용됨으로써 여성의 지위가 향상되었습니다.

1895년 **소학교령**이 반포됨으로써 여성의 인권은 더욱 신장되었습니다. 소학교령에서는 남녀 교육의 기회 균등을 법으로 규정해 그동안 교육받을 권리가 보장되지 못했던 여성들에게 교육의 문이 열렸습니다. 더불어 독립 협회 활동 및 애국 계몽 운동을 통해 민중의 근대의식과 민족의식이 고취되면서 여성의 사회 진출도 활발해져 갔습니다. 여성 단체와 교육 분야, 의료계와 종교계, 그리고 기계 생산직 공장과 회사 등의 새로운 업종에 여성의 진출이 늘어났습니다. 이에 따라 여성들도 스스로 사회의 구성원이라는 자각을 갖게 되었습니다.

2 개항기의 생활 모습

서양식 물건 광고

개항기 의식주는 어떻게 바뀌었을까

제도와 의식의 변화는 사람들이 입는 옷도 바꾸어 놓습니다. 갑오·을미 개혁으로 신분제가 폐지되고 단발령 시행으로 머리가 짧아지자, 의복에서도 커다란 변화가 일어납니다. 관복이 대폭 간소화되고 서양식 복제가 도입됨에 따라 관리와 백성이 입고 다니는 옷의 차별이 점차 사라졌으며, **양복**을 입는 사람이 늘어나기 시작했습니다.

전통 음식 문화와 예절도 서양의 영향을 받기 시작했습니다. 전근대 사회에서는 기본적으로 독상을 받았으나, 시간이 흐를수록 겸상·두레상이 늘어나 가족이 함께 식사하는 모습으로 변화했습니다. 또한 1876년 개항 이전에는 고추와 후추, 개항 이후에는 **커피**, 홍차, 양과자, 오뎅(어묵), 호떡 등의 음식이 들어왔습니다. 특히 커피는 고종 황제의 기호품으로도 잘 알려져 있습니다.

해외 이주 상황(1890-1930년대)

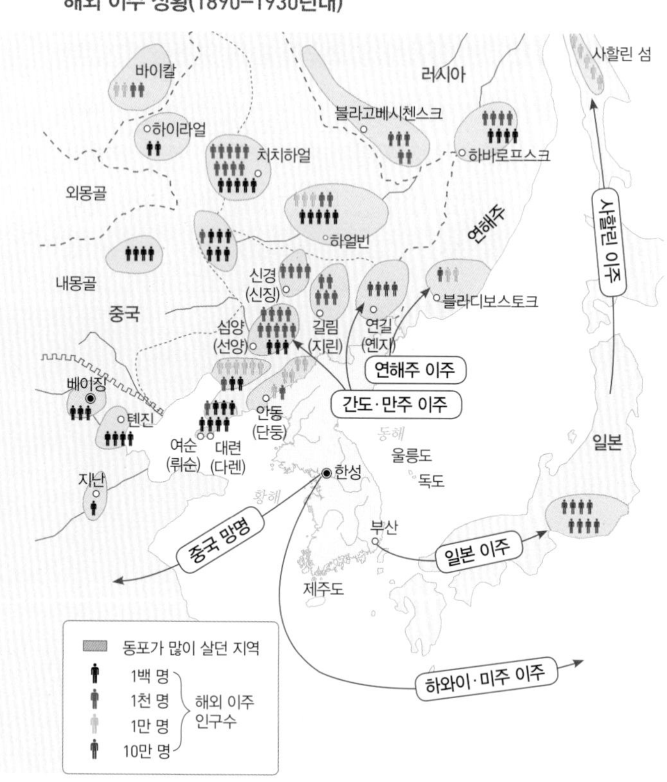

신분제가 폐지됨에 따라 주거 문화도 변화했습니다. 신분에 따라 주택의 규모와 형태, 집을 짓는 데 사용하는 재료를 제한했던 규정이 갑오개혁 때 없어져 누구나 자유롭게 주택을 지을 수 있었습니다. **서양식 건물**들도 세워지기 시작했는데, 독립문(1896)과 명동 성당(1898), 덕수궁 석조전(1910)이 대표적인 서양식 건물들입니다. 특히 1890년대에는 민간에서도 서양식 건물의 이점을 살려 한옥과 양옥을 절충한 건물을 짓기 시작했습니다.

조선인들의 해외 이주가 늘어나다

열강의 침략이 본격화되면서 농민들의 해외 이주가 조금씩 늘어났습니다. 처음에 이주민이 택

하와이 사탕수수밭에서 일하는 한인들

한 지역은 조선과 지리적으로 가까운 **간도**(502p 참조)와 **연해주**였습니다. 간도는 청과 조선 사이에서 영유권 분쟁이 일어나던 지역입니다. 특히 청나라 정부는 간도를 청나라의 발흥지라고 하면서 아무도 들어가지 못하게 봉금(封禁) 지역으로 설정해 놓았기 때문에 사람들이 별로 살고 있지 않았습니다. 하지만 조선인들은 그곳을 개척해서 농사를 짓거나 상업에 종사하면서 어렵게 생활을 꾸려 나갔습니다.

반면 러시아에 속해 있던 연해주로 간 사람들은 러시아의 귀화 정책에 따라 토지를 지급받아 정착했습니다. 한인들끼리 마을을 만들고 **신한촌**이라고 이름을 붙였습니다. 이렇게 이주민들이 정착한 간도와 연해주 지역은 일제 강점기가 눈앞에 다가오면서 일본의 압박에서 벗어날 수 있는 피난처가 되었으며, 조선인의 독립 운동 기지로 변해 갔습니다.

이외에도 **미주** 지역으로 건너가는 사람들도 생겨났습니다. 최초의 이민은 1902년 하와이 사탕수수 농장 이민이었습니다. **노동 이민**은 이후 멕시코와 남미로도 확대됩니다. 이들은 열악한 환경에서 노예처럼 혹사당하며 일했지만, 어려운 조건에서도 꿋꿋하게 한인 사회를 일궈 나갔습니다. 이후 미주에서 일어난 독립 운동에도 지원을 아끼지 않았습니다.

개항기의 문화 변화

1 근대 문물의 수용

주요 용어

기기창, 전환국, 박문국, 우정총국, 전신, 전화, 전등, 전차, 철도, 광혜원, 제중원, 세브란스 병원, 광제원, 독립문, 명동 성당, 손탁 호텔, 덕수궁 석조전, 원산 학사, 동문학, 육영 공원, 교육입국 조서, 배재 학당, 이화 학당, 오산 학교, 대성 학교, 사립 학교령

조선에도 전기가 들어오다

1883년 통리기무아문(統理機務衙門)을 설치하면서 근대 문물이 본격적으로 수용되기 시작했습니다. 우선 청에 파견된 영선사가 중심이 되어 1883년 무기를 제조하는 공장인 **기기창**을 만들었습니다. 같은 해 화폐를 주조하는 **전환국**이 설립되어 백동화를 발행했습니다. 이후 1905년 메가타에 의해 화폐 정리 사업이 실시될 때 백동화를 일본 제일 은행권으로 바꾸도록 하면서 전환국은 없어졌습니다. 1883년에 신문을 발간하는 **박문국**도 설립됩니다. 박문국에서는 정부의 개화 내용을 홍보하기 위해 만든 관보인 〈한성순보〉를 발행했습니다.

통신 및 교통 시설도 큰 변화를 맞이했습니다. 1884년 부산과 일본 나가사키 사이에 전선이 가설됩니다. 이후 서울과 인천, 서울과 부산 사이에도 전선이 가설되고 한성 전보 총국이 설립되면서 **전신** 업무가 본격적으로 시작됩니다. 인천과 청나라 사이에도 전신이 가설됨으로써 중국과 일본을 잇는 국제 통신망이 갖추어집니다. **전화**는 1898년 처음 경운궁(덕수궁) 안에 가설되고, 이어서 서울 시내 민간까지 확대되었습니다. 1902년 서울과 인천 사이에 전화가 개설된 후에는 각 지방으로 퍼져 나갔습니다.

1884년에 우편 업무를 담당하기 위해 설립된 **우정총국**은 갑신정변으로 파괴되었으나, 이후 을미개혁(1895) 때 우체사라는 이름으로 개편되어 우편 업무를 개시합니다. 대한제국이 1900년 만국 우편 연합에 가입함으로써 국외에도 우편을 보낼 수 있게 되었습니다. **전등**도 1887년 경

한성 전기 회사

경인선 개통식

복궁 내 건청궁에 처음으로 설치되어 불을 밝힙니다. 1898년에는 황실이 미국인 콜브란과 합자로 한성 전기 회사를 설립하여 발전소를 건설했고, 점차 전기 사용이 확대되면서 서울 시내 일부에도 전등을 가설했습니다.

정부는 근대 산업의 근간이라고 할 수 있는 교통 분야에도 많은 관심을 두었습니다. 1899년 서대문에서 청량리까지 **전차**가 최초로 운행됩니다. 전차는 한성 전기 회사가 운영을 맡았으며, 운영에 거금을 투자한 고종도 자주 황실 전용 전차를 타고 청량리에서 내려 왕비가 잠들어 있는 홍릉에 방문하기도 했습니다. 하지만 근대화의 상징으로 많은 사람들에게 환영을 받았던 전차가 등장한 지 일주일 만에 어린아이가 치여 죽는 교통사고가 일어났고, 이를 본 군중이 전차를 불태우는 사건이 발생하기도 했습니다.

철도는 서울 노량진과 인천 제물포 사이에 경인선(1899, 503p 참조)이 개통된 후 전국으로 확대됩니다. 경인선은 미국인 모스에 의해 착공되었지만, 이후 일본 회사에 이권이 전매되어 일본에 의해 완공되었습니다. 경인선을 비롯하여 제국주의 열강이 차지했던 철도 부설권은 일본이 모두 가져갔고, 결국 러·일 전쟁 중 일본에 의해 경부선(1905)과 경의선(1906)이 차례로 개통되었습니다.

각 분야에 근대 시설이 도입되면서 조선도 근대화를 향해 나아갔으며, 근대 시설은 국민 생활의 편리와 생활 개선에 기여했습니다. 하지만 서양 근대 문물의 기술과 관리는 아직 외국인에게 의존해야 했기 때문에 경영상 많은 부담이 있었습니다. 한편, 근대 시설을 도입하는 과정에서 제국주의 열강이 영향력을 행사하여 각종 이권을 챙기기도 했습니다. 대표적으로 철도 시설은 일제의 한반도 침략과 대륙 침략을 위한 수단으로 사용되었다는 한계가 있습니다.

광혜원 복원 모습

개항기 서울에도 커피 전문점이 있었다

개항 후 정부는 서양 근대 문물을 수용하기 위해 선교사들을 적극적으로 지원하여 근대식 병원을 설립하고 운영하도록 했습니다. 갑신정변(1884) 때 미국인 의사 알렌이 외과 수술로 민영익을 치료하는 것을 본 중전 민씨는 알렌에게 병원을 지어 줍니다. 그 병원이 1885년 정부가 설립한 최

광제원

약현 성당

명동 성당

손탁 호텔 커피숍

덕수궁 석조전

1900년(광무 4)에 착공하여 1910년(융희 3)에 완공하였다. 3층 석조 건물로 18세기 유럽 궁전건축양식을 따른 것으로, 당시 우리나라에 건축된 서양식 건물 가운데 규모가 가장 큰 건물이다.

초의 근대식 병원인 **광혜원**(廣惠院)입니다. 광혜원은 곧 **제중원**(濟衆院)이라고 이름을 바꿉니다. 이후 제중원은 국가의 재정 부족으로 지원을 제대로 받지 못해 문을 닫았다가, 미국인 부호 세브란스의 기부를 받은 선교사 애비슨에 의해 1904년 **세브란스**라는 이름의 개인 병원으로 바뀌었습니다. 한편 광혜원이 재정 부족으로 문을 닫자 정부는 1899년 **광제원**이라는 병원을 다시 설립합니다. 지석영이 보급한 종두법(천연두를 막기 위해 백신을 주사하는 일종의 예방 접종법)을 실시했던 광제원은 1904년 대한 의원으로 이어져 근대 의료인을 양성했고, 이후 경성대 의대를 거쳐 서울대 병원이 되었습니다. 지방에는 1910년 자혜 의원이 설립되어 서양 의료 기술을 보급했습니다.

건축 분야에도 서양 건축 양식이 도입되어 서양식 건물들이 들어서기 시작합니다. 서양식 건물은 처음에는 외국인을 위한 외교나 종교·상업 시설이 주류를 이루었으나, 점차 서양식 공공건물이 나타나게 됩니다. 우선 1888년 최초의 서구식 건물인 관문각이 경복궁 내에 지어졌으며, 1892년에는 최초의 고딕식 벽돌 건축물이자 천주교 성당인 약현 성당이 건축됩니다. 1896년에는 독립 협회에 의해 프랑스의 개선문을 모방한 **독립문**이 세워졌으며, 1897년 대한제국이 수립될 당시 황제국임을 선포하기 위해 환구단(圜丘壇)과 황궁우가 건축됩니다.

이듬해인 1898년에는 고딕 양식의 **명동 성당**이 완공되었고, 1902년에는 정동에 우리나라 최초의 서양식 호텔인 **손탁 호텔**이 세워집니다. 독일인이자 러시아 베베르 공사의 친척인 손탁이 경영했던 손탁 호텔에는 우리나라 최초로 커피숍이 있었으며, 이곳은 열강들이 대한제국을 놓고 각축전을 벌이던 외교의 현장이 되기도 했습니다. 1910년 **덕수궁**에는 르네상스식 **석조전**이 착공한 지 10년 만에 완성됩니다.

근대 교육이 보급되다

개항 후 개화 운동의 일환으로 근대 교육이 도입되면서, 일부 관리와 지식인은 근대식 학교를 설립했습니다. 우리나라 최초의 근대식 교육 기관은 1883년에 개화 관리와 덕원부의 상인들이 세운 **원산 학사**입니다. 당시 원산은 개항과 동시에 일본인 거류지가 만들어졌으며, 서양 문물이 빠르게 들어온 지역이었습니다. 이에 자극을 받은 덕원부민의 자발적인

원산 학사

외국어 수업 모습

참여로 원산 학사가 설립되었습니다. 최초의 근대식 사립 학교인 원산 학사에서는 근대 학문뿐만 아니라 문예와 무술 교육도 실시했습니다. 같은 해 정부는 **동문학**이라는 외국어 전문가 양성 기관을 설립하여 영어·일본어 등 외국어 교육을 실시했습니다. 또한 보빙사로 미국에 다녀온 민영익 등의 건의로 1886년 최초의 관립 학교인 **육영 공원**도 설립됩니다. 육영 공원에서는 헐버트와 길모어 등 외국인 교사를 초빙하여 양반 자제와 관리를 대상으로 영어 및 근대 학문을 교육했습니다.

1894년 갑오개혁이 실시되면서 과거제가 폐지되고 교육 행정 기구로 학무아문이 설치되었습니다. 1895년에 **교육입국조서**(503p 참조)가 발표되면서 근대식 교육 제도가 만들어졌습니다. 이에 따라 정부는 지방 각지에 여러 소학교를 세우고 한성 사범학교와 외국어 학교 등 각종 관립 학교를 설립합니다. 1899년에는 경성 의학교와 상공학교, 1900년에는 최초의 중등 교육 기관인 한성 중학교도 만들었습니다. 또한《국민소학독본》,《조선역사》,《사민필지》등 근대적 교과서를 편찬하기도 합니다.

정부뿐만 아니라 개신교 선교사와 애국 계몽 운동가 및 일반인들도 학교 설립에 참여했습니다. 개신교 선교사들이 세운 대표적인 학교가 **배재 학당**(1885)과 **이화 학당**(1886)입니다. 이 학교들은 신학과 함께 근대 학문을 가르침으로써 조선인들이 서구 사회를 이해하는 데 큰 영향을 끼쳤습니다. 특히 이화 학당은 여성 교육을 담당하는 교육 기관으로 여성의 권위 신장에 크게 기여했습니다.

교육입국조서 반포 후에는 애국 계몽 운동가들이 중심이 되어 학교를 세웁니다. 국내에서는 1907년 이승훈이 정주에 **오산 학교**를, 1908년 안창호가 평양에 **대성 학교**를 세웠고, 이외에도 수많은 사립 초·중등학교가 설립됩니다. 국외에서는 1906년에 서전서숙이, 1908년에 명동 학교가 만주의 룽징(龍井)에 세워졌습니다. 이렇듯 애국 계몽 운동가들에 의해 나라 안팎에서 사립 학교들이 세워지자, 일본은 1908년 **사립 학교령**을 제정하여 사립 학교 설립과 운영을 통제했습니다.

교육입국조서

고종이 1895년 2월 2일에 조칙으로 발표한 교육에 관한 특별 조서다. 교육에 의한 입국의 의지를 천명한 것으로 근대식 학제를 성립시킬 수 있는 근거를 마련하였다. 1895년 4월에는 교사양성을 목적으로 〈한성사범학교관제〉를 공포하였으며, 계속해서 〈외국어학교관제〉와 〈소학교령〉 등의 학교 법제와 법칙을 제정하였다.

주요 용어

〈한성순보〉, 〈독립신문〉, 〈황성신문〉, 〈제국신문〉, 〈대한매일신보〉, 〈만세보〉, 신문지법, 국문 연구소, 신채호, 독사신론, 박은식, 조선광문회, 출판법, 신소설, 《혈의 누》, 《금수회의록》, 신체시, 창가, 원각사, 판소리, 천주교, 개신교, 유교 구신론, 조선불교유신론, 천도교, 대종교

2 근대 문화의 형성

근대적 언론 활동이 시작되다

개항 후 정부는 1883년에 박문국을 설립하고 정부의 개화 정책을 홍보하기 위해 관보인 **〈한성순보〉**를 발행합니다. 순 한문으로 쓰인 〈한성순보〉는 10일에 한 번씩 간행되었으며, 국내 소식과 함께 외국 사건들을 번역하여 소개함으로써 정부의 개화 정책에 대한 여론의 지지를 끌어내고자 했습니다. 하지만 갑신정변 이후 박문국이 폐쇄되자 〈한성순보〉도 자연스럽게 폐간됩니다. 나중에 박문국이 다시 운영되면서 발행한 신문이 1886년 〈한성주보〉로, 이 신문은 매주 한 번씩 간행되었습니다. 〈한성주보〉는 국한문 혼용체를 사용했고, 우리나라 최초로 상업 광고를 싣기도 했습니다. 하지만 재정난으로 인해 1888년에 폐간됩니다.

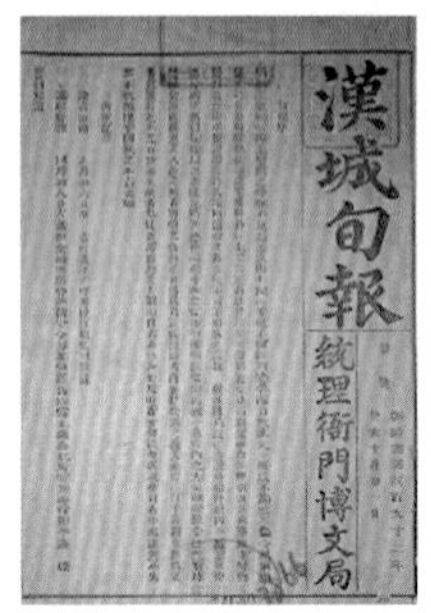
漢城旬報
統理衙門博文局

〈한성순보〉

최초의 민간 신문은 1896년 서재필 등이 발행한 **〈독립신문**(503p 참조)〉으로, 이 신문은 정부의 개혁 정책을 널리 알리며, 자주 독립 정신과 근대적 민권 의식을 고취하고자 노력했습니다. 한글판과 영문판으로 간행되었는데, 한글판은 순 한글과 띄어쓰기를 사용하여 국문 보급에 크게 기여했습니다. 하지만 독립 협회가 해산되면서 〈독립신문〉도 점점 쇠퇴의 길을 걷다가 1899년에 폐간됩니다.

독닙신문

〈독립신문〉

대한제국이 수립된 후에는 다양한 신문들이 발행됩니다. 1898년 남궁억 등이 발행한 **〈황성신문〉**은 국한문 혼용 신문으로 주로 유림층을 대상으로 삼았습니다. 〈황성신문〉은 광무개혁의 기본 원칙인 구본신참(舊本新參)에 따라 온건하고 점진적인 개혁을 제시했습니다. 을사조약 체결 이후에는 장지연의 '시일야방성대곡'이라는 논설을 게재했습니다. 1898년 이종일이 발행한 **〈제국신문〉**은 순 한글 신문으로, 주로 하층민과 부녀자를 독자로 삼았습니다. 〈제국신문〉은 한글의 중요성과 국민의 지식을 일깨우는 한편, 신교육과 실업 발달을 강조하기도 했습니다.

大韓每日申報
대한매일신보

베델과 〈대한매일신보〉

1904년에 발간된 **〈대한매일신보〉**는 영국인 베델과 양기탁이 협력하여 창간한 신문으로, 영국인이 사장이었기 때문에 영·일 동맹에 의한 치

외 법권 조항을 적용하여 일본의 검열로부터 비교적 자유로웠습니다. 따라서 기존의 신문들 중 가장 강력한 반일 논조를 띠었고 의병 투쟁에 호의적이었으며, 국채 보상 운동을 확산하는 데 결정적인 역할을 했습니다. 이에 위기의식을 느낀 일본은 베델을 추방하는 한편 양기탁을 국채 보상금 횡령 혐의로 구속하는 등 갖은 탄압을 자행했습니다. 이외에도 종교 단체가 중심이 되어 만든 신문도 있었습니다. 1906년에 발행된 **〈만세보〉**는 천도교 기관지였으며, 같은 해 발행된 〈**경향신문**〉도 천주교 계통의 신문이었습니다.

이처럼 많은 신문들이 국민을 계몽하고 민족의식을 고취하자, 일본은 1907년에 **신문지법**을 제정하여 언론을 탄압하고 반일 논조를 억압했습니다. 결국 1910년에 국권이 피탈되면서 대부분의 민족 신문은 폐간되었고, 총독부는 〈대한매일신보〉를 〈매일신보〉로 이름을 바꿔 기관지로 삼았습니다.

주시경(1876~1914)

국문 연구소
훈민정음 창제 시 설치된 정음청 이후 최초로 한글을 연구하는 국가기관으로 학부 내에 설치되었다.

국학 연구는 어떻게 시작되었을까

을사조약 이후 국권 상실의 위기 속에서 민족 문화를 지키려는 목적으로 국어와 국사 연구가 활발하게 진행되었습니다. 국어 분야에서는 언문 운동이 일어났습니다. 전통적인 한문체에서 벗어나 〈독립신문〉과 〈**제국신문**〉, 〈**대한매일신보**〉 등에서 순 한글을 사용했고, 그 외 신문들은 국한문 혼용체를 사용했습니다. 문체의 변화에 따라 우리말 표기법 통일의 필요성이 높아지면서 국어 연구가 활발해졌고, 1907년에는 **지석영**·**주시경** 등이 중심이 되어 **국문 연구소**를 세우고 문법과 맞춤법 등을 연구했습니다.

역사 연구도 활발해지면서 근대 계몽 사학이 등장했습니다. 역사책으로는 《을지문덕전》, 《강감찬전》, 《이순신전》 등 민족 영웅의 전기를 간행하여 애국심을 고취했습니다. 그리고 《미국독립사》, 《월남망국사》 등 외국의 건국·망국사를 번역하여 소개함으로써 국가 위기에 대한 경각심을 일깨웠습니다. 아동용 국사 교과서도 간행되었는데, 현채의 《동국사략》(1906)과 《유년필독》(1907)이 대표적이었습니다.

신채호(1880~1936)

1908년 **신채호**는 〈대한매일신보〉를 통해 **독사신론**(讀史新論)을 발표했는데, 이 글은 역사 서술의 주체를 민족으로 설정하고 왕조 중심의 전통 사관을 극복하는 데 중요한 역할을 했습니다. 또한 일제의 식민주의

조선광문회

조선광문회는 《삼국사기》·《삼국유사》·《발해고》 등의 역사류, 《택리지》·《산수경》 등의 지리류, 《용비어천가》·《성호사설》·《열하일기》 등의 고전, 《율곡전서》·《이충무공전서》 등의 전집류를 간행하였다.

사학에 대응하는 민족주의 사학의 연구 방향을 제시했다는 면에서 큰 의의가 있습니다. **박은식**은 국권을 상실한 상황 속에서도 국혼을 중시했고, 황현의 《**매천야록**》, 정교의 《대한계년사》 등의 글에서는 일제의 침략을 비판함과 동시에 조국의 독립을 강조했습니다. 1910년 **박은식**과 **최남선**이 설립한 **조선광문회**는 민족의 고전을 정리하여 간행합니다. 이 같은 국학 운동은 민족의식과 독립 의지를 심어주는 데 크게 기여했습니다. 하지만 일본은 이러한 국학 운동을 억압하기 위해 1909년 **출판법**을 반포하여 교과서와 일반 서적의 발행과 내용을 검열했습니다.

문예에 새로운 흐름이 나타나다

개항 이후에는 서양 문화가 들어오면서 이전과는 다른 새로운 형태의 문학이 등장했습니다. 문예의 내용은 일제의 국권 상실과 근대사상의 도입에 따른 시대상이 담겨 있습니다. 순 한글로 된 **신소설**은 자주독립·신식교육·여권 신장·신분 타파·자유 결혼 등을 주제로 삼으면서 국민을 계몽하고자 했습니다. 대표적으로 이인직의 《**혈의 누**》(1906), 안국선의 《**금수회의록**》(1908), 이해조의 《**자유종**》(1910) 등이 있습니다. 시에서도 **신체시**(新體詩)라는 새로운 형식이 등장했는데, 최남선이 쓴 '해에게서 소년에게'가 최초의 신체시였습니다. 이 밖에도 서구의 종교와 문물을 소개하는 외국 문학 작품들이 우리말로 번역되었습니다. 《성경》과 《천로역정》 등 크리스트교 계통의 책과 《이솝 이야기》·《로빈슨 표류기》 등이 소개되었습니다. 이러한 작품들은 서구 문화 인식에 큰 영향을 끼쳤습니다.

《금수회의록》

예술계에서도 새로운 변화가 일어납니다. 음악 부문에서는 선교사들이 들어와 찬송가를 보급했고, 서양식 악곡에 맞춰 부르는 **창가**가 유행했습니다. 대표적인 창가에는 〈애국가〉·〈학도가〉·〈권학가〉·〈독립가〉 등이 있었습니다. 또한 서양 음악과 악기가 대량으로 유입되어 7음계의 음악 체계가 알려졌습니다.

미술 부문에서는 전통적인 회화와 민화가 주종을 이루었으나, 1906년을 전후로 서양 화풍이 들어왔습니다. 개항기의 대표적인 화가는 장승업, 안중식, 이도영 등이 있습니다. 연극 부문에서는 **판소리**의 변형된 형태인 창극이 나타났습니다. 또한 신극 운동이 일어나, 조선 최초의 서양식 극장인 **원각사**에서 〈은세계(銀世界)〉와 〈치악산〉 등이 공연되었습니다.

창가

창가라는 명칭은 개항과 함께 한국 사회에 수용된 서구의 악곡에 맞추어 제작된 노래가사의 뜻을 지닌다. 바꾸어 말하면, 시가 형식으로 창가는 서구의 곡조에 맞추어 지어진 가사 형식에 해당된다.

은세계

이인직의 신소설로, 연극 「은세계」는 판소리 광대가 출연하는 창극 공연으로 '최병도 타령'이라고도 불렸으며 원각사에서 공연되었다.

원각사

한국 신극운동의 요람으로 1908년에 창설되었다.

일진회

대한제국 말기에 친일에 앞장선 단체. 1904년 8월 송병준과 독립협회 출신 윤시병, 유학주, 이용구 등이 조직했다. 1910년 대한제국이 일제에 강제 병탄될 때까지 일제의 군부나 통감부의 배후조종하에 침략과 병탄의 앞잡이 행각을 벌였다.

朝鮮佛敎維新論

韓龍雲君著

石顚山人題

한용운의 《조선불교유신론》

손병희(1861~1922)

개항기에는 어떤 종교들이 있었을까

개항기에는 서양 열국과의 수교 이후 조선 정부가 신앙의 자유를 허용하고, 선교활동을 묵인하는 정책을 폈습니다. 그래서 조선 후기에 이미 소개된 **천주교**를 시작으로 개항 후에는 서양의 종교가 빠르게 보급되었습니다. 우선 천주교는 1886년 조·프 통상 조약 체결로 포교와 신앙의 자유를 획득합니다. 이후 고아원과 양로원을 운영하고 교육 기관들을 설립하면서 포교 활동을 벌였습니다. 더불어 〈경향신문〉을 통해 애국 계몽 운동을 전개하고 국채 보상 운동에 적극적으로 참여하기도 했습니다. 1880년대 선교사들의 포교 활동을 통해 **개신교**는 서북 지방을 중심으로 교세를 확장했습니다. 개신교는 서양 의술을 보급하고 학교를 설립하는 데 이바지했습니다. 이러한 서양의 종교는 평등사상을 전파함으로써 기존의 전통적 가치관과 크게 충돌하기도 했으며, 일부 선교사들이 지나치게 복음을 강조하여 민족 운동을 약화시키기도 했습니다.

개항기의 유교는 위정척사운동의 중심 사상으로 강한 반침략성을 띠었습니다. 박은식과 신채호 등은 혁신을 주장하면서 새로운 방향을 제시했습니다. 대표적으로 박은식이 **유교 구신론**을 발표하여 양명학에 토대를 둔 개혁과 유교의 실천적 측면을 강조했습니다.

불교계에서도 **한용운**이 《**조선불교유신론**》을 저술하고 불교의 쇄신과 자주성 회복 및 근대적 개혁을 추진했습니다. 또한 《님의 침묵》을 출판하여 저항문학에 앞장섰고, 불교를 통한 청년 운동을 강조했습니다.

동학은 1894년에 동학 농민 운동이 실패한 후, 이용구 등 친일파 세력들은 일진회를 조직하고 동학 조직을 흡수하려고 했습니다. 이에 동학의 정통성을 지키기 위해 **손병희**는 1905년에 동학을 **천도교**로 개칭했습니다. 그리고 보성 학교·동덕 여학교 등의 학교를 세우고, 민족 신문인 〈**만세보**〉를 발간하여 계몽 운동에 참여하는 등 민족 종교로서 본격적으로 활동합니다. 1909년에는 새로운 종교가 창시되었는데, 단군 신앙을 근간으로 나철이 창시한 **대종교**입니다. 대종교는 민족주의적 성향을 띠었으며, 국권이 피탈되자 교단의 총본사를 간도 지방으로 옮겨 간도·연해주 등지에서 활발하게 독립 운동을 전개했습니다.

자료집

개항기

핵심정리로 본 개항기

1 정치

흥선대원군의 정책

왕권 강화책	
인재 등용	세도 정권 축출
비변사 폐지	의정부(정치)와 삼군부(군사) 기능 부활
법전 편찬	《대전회통》, 《육전조례》 간행
서원 정리	47개의 사액 서원만 존속, 만동묘 폐지
경복궁 중건	원납전 징수, 당백전 발행

민생 안정책	
전정	양전 실시, 은결 색출
군정	호포제 실시 : 양반에게도 군포 부과
환곡	사창제 실시 : 민간 자치 형태의 구휼 제도

통상수교 거부정책 과정

시기	서양 열강의 침략과 조선의 대응	양요의 원인과 결과	
1866	병인박해	병인양요	병인박해를 구실로 프랑스군이 강화도 침략, 문수산성(한성근)과 정족산성(양헌수)에서 프랑스군 격퇴 → 외규장각 도서 약탈
	제너럴셔먼호 사건		
	병인양요		
1868	오페르트 도굴사건	신미양요	제너럴셔먼호 사건을 구실로 미군이 강화도 침략, 어재연 부대가 광성보에서 격전을 벌임 → 어재연의 '수'자기 약탈
1871	신미양요		
	전국에 척화비 건립		

각국과 맺은 조약의 주요 내용

시기	조선이 각국과 맺은 조약	
1876	일본	강화도 조약
1882	미국	조·미 수호 통상 조약
1882	청	조·청 상민 수륙 무역 장정
1883	영국	조·영 통상 조약
1884	러시아	조·러 통상 조약
1886	프랑스	조·프 통상 조약

조약의 주요 내용	
강화도 조약 (조·일 수호 조규)	• 조선은 자주국 • 3개 항구 개항(부산, 원산, 인천) • 해안 측량권 • 치외 법권
조·일 수호 조규 부록 (부속 조약)	• 개항장 거류지 설정 • 일본 화폐 유통 • 일본 외교관 여행 자유
조·일 무역 규칙	• 무관세 • 양곡 무제한 유출 • 무항세
조·미 수호 통상 조약	• 거중 조정 • 치외 법권 • 최혜국 대우 • 관세 설정(협정 관세)

각국에 파견된 사절단과 조선 정부의 개화 정책

국가	사절단 파견	분야	조선 정부의 개화 정책
일본	1차 수신사(1876) : 김기수 일행, 《일동기유》 저술	관제 개편	• 통리기무아문 설치(1881) : 개화 정책 추진 총괄 기구 • 12사 설치 : 개화 정책 실무 담당
	2차 수신사(1880) : 김홍집 일행, 《조선책략》 유포		
	조사 시찰단(1881) : 박정양 일행, 각 분야 보고서 제출		
청	영선사(1881) : 김윤식 일행, 근대 무기 제조 기술 습득	군제 개편	• 구식 군대 개편 : 5군영 → 2영(무위영, 장어영) • 신식 군대 설치 : 별기군(일본인 교관의 근대식 군사 훈련)
미국	보빙사(1883) : 민영익 일행, 우리나라 최초의 구미 사절단		

위정척사 운동의 전개

시기	배경	활동 내용	주요 인물
1860년대	서양의 통상 요구 (병인양요, 신미양요)	• 통상 반대 운동, 척화 주전론 • 흥선대원군의 통상 수교 거부 정책 뒷받침	기정진, 이항로
1870년대	강화도 조약 체결	• 개항 반대 운동, 왜양일체론, 개항 불가론	최익현
1880년대	정부의 개화 정책 추진, 《조선책략》 유포	• 개화 정책 반대, 서양 열강과의 수교 반대 • 유생들의 집단적 상소 운동 • 영남 만인소(이만손), 홍재학의 상소	이만손, 홍재학
1890년대	을미사변, 단발령	항일 의병 운동, 일본의 침략에 저항	유인석, 이소응

임오군란

배경	개화 정책 추진에 대한 반발, 구식 군인에 대한 차별 대우, 민씨 정부의 부정부패, 일본의 경제 침탈에 따른 민중 생활 악화
전개	구식 군인과 도시 빈민의 봉기 → 일본 공사관과 궁궐 습격 → 대원군의 재집권 → 청군의 개입 → 임오군란 진압 및 대원군 청으로 납치 → 민씨 세력의 재집권
결과	• 청의 내정간섭 : 위안스카이가 지휘하는 청군 주둔, 마젠창(정치)과 묄렌도르프(외교) 파견 • 조·청 상민 수륙 무역 장정 체결(조선–청) : 청 상인의 내륙 진출 허용 • 제물포 조약 체결(조선–일본) : 배상금 지불, 일본군 주둔 허용

갑신정변

배경	청의 내정 간섭, 급진 개화파의 입지 약화, 청군의 일부 철수 및 일본의 지원 약속
전개	급진 개화파가 우정총국 개국 축하연에서 정변을 일으킴 → 개화당 정부 수립 → 14개조 개혁 정강 발표 → 청군의 개입으로 실패(삼일천하) → 정변 세력 일본으로 망명
결과	• 청의 내정 간섭 심화 • 한성 조약 체결(조선–일본, 1884): 배상금 지불, 일본 공사관 신축 비용 부담 • 톈진 조약 체결(청–일본, 1885): 청·일 군대 동시 철수, 조선 파병 시 사전 통보

갑신정변 후 국내외 정세

거문도 사건 (1885~1887)	영국이 러시아의 남하 정책 견제를 구실로 거문도 점령 → 청의 중재로 철수
한반도 중립화론	부들러: 청·일본의 충돌을 막기 위해 조선의 중립화를 조선 정부에 건의
	유길준: 조선의 안전을 강대국에게 보장받기 위한 중립화론 구상

동학 농민 운동의 전개

고부 농민 봉기 (1894. 1)	• 원인: 고부 군수 조병갑의 수탈 • 전개: 전봉준과 농민들이 고부 관아 점령 • 결과: 후임 군수 박원명의 회유로 농민들 자진 해산
제1차 농민 봉기 (1894. 3)	• 원인: 안핵사 이용태의 탄압 • 전개: 무장 봉기 → 백산 집결(4대 강령과 격문 발표) → 황토현 전투·황룡촌 전투 승리 • 결과: 전주성 점령(1894. 4)
전주 화약 (1894. 5)	• 원인: 농민군 진압 위해 정부가 청에 원병 요청 • 전개: 청군(아산만)과 일본군(인천)의 조선 출병 • 결과: 정부와 농민군의 화의, 농민군이 전라도 일대에 집강소를 설치하고 폐정 개혁 실시
제2차 농민 봉기 (1894. 9)	• 원인: 일본군의 경복궁 무력 점령 • 전개: 재봉기 → 공주 우금치 전투에서 농민군 패배(1894. 11) • 결과: 전봉준 등 농민군 지도자 체포

갑오·을미개혁의 내용

제1차 갑오개혁	• 개국 기년 사용(조선의 건국 연도인 1392년을 기준으로 삼아 표기) • 의정부(행정)와 궁내부(왕실 업무) 분리, 6조를 8아문으로 개편 • 과거제 폐지, 경무청 신설 • 탁지아문으로 재정 일원화, 조세 금납화, 도량형 통일, 은본위제 • 신분제 폐지, 조혼 금지, 과부 재가 허용, 고문 및 연좌제 폐지
제2차 갑오개혁	• 군국기무처 폐지, 독립서고문 및 홍범 14조 반포 • 내각 제도 실시, 8아문을 7부로 개편, 8도를 23부로 개편 • 재판소 설치, 지방관의 사법권과 군사권 폐지 • 교육입국 조서 발표, 한성 사범학교 설립, 외국어 학교 관제 발표
제3차 개혁(을미개혁)	• 연호(건양) 사용, 친위대·진위대 설치 • 소학교령 반포, 우편 사무 재개, 태양력 사용, 단발령·종두법 실시

독립 협회의 주요 활동

자주 국권 운동	• 〈독립신문〉 발간, 독립문과 독립관 건설 • 고종의 환궁 요구, 강연회 및 토론회 개최 • 러시아의 이권 침탈 저지
자유 민권 운동	• 법률과 재판에 의한 신체의 자유권 보호 운동 전개 • 언론·출판·집회·결사의 자유 확보 노력
자강 개혁 운동	• 관민 공동회 개최, 헌의 6조 결의 • 의회 설립 운동, 중추원 관제 반포 • 신교육과 근대적 산업 개발 주장

광무개혁의 내용

정치·군사	• 대한국제 선포, 내장원이 황실 재정 담당 • 원수부 설치, 친위대(중앙)·진위대(지방) 수 증가, 무관 학교 설립
경제	• 양전 사업 실시, 지계 발급 • 상공업 진흥책 장려, 회사와 공장 설립, 통신·교통 시설 확충
교육	• 중학교 관제 공포, 한성 중학교 설립 • 기술·실업 교육 강조

간도와 독도

간도	• 간도 귀속 분쟁: 백두산정계비 해석 문제(토문강 위치 논란) • 대한제국의 정책: 간도 관리사(이범윤) 파견, 간도를 함경도로 편입 • 간도 협약(1909): 일제가 남만주 철도 부설권 획득 대가로 간도를 청의 영토로 인정
독도	• 독도 귀속 분쟁 • 대한제국의 정책: 칙령 제41호를 공포하여 울릉도를 군으로 승격 • 일제의 독도 강탈(1905): 러·일 전쟁 중 일본이 독도를 시마네현에 편입

일제의 국권 침탈 과정

러·일 전쟁(1904~1905)	동아시아의 패권을 장악하기 위해 러시아와 일본이 대립
한·일 의정서(1904. 2)	일본군이 한반도에서 전략상 필요 지역을 군사적 요충지로 사용 가능
제1차 한·일 협약(1904. 8)	외국인 고문 임용 (외교 고문 스티븐스, 재정 고문 메가타) → 고문 정치
을사조약(제2차 한·일 협약)(1905. 11)	외교권 박탈, 통감부 설치(통감으로 이토 히로부미 파견)
한·일 신협약(정미 7조약)(1907. 7)	행정 각 부에 일본인 차관 임명 → 차관 정치
기유각서(1909. 7)	대한제국의 사법권 박탈
한·일 병합 조약(1910. 8)	대한제국의 국권 피탈

항일 의병 항쟁의 전개

을미의병(1895)	• 을미사변과 단발령이 계기 • 유생 의병장이 주도 • 고종의 해산 권고 조칙으로 자진 해산
을사의병(1905)	• 을사조약 체결이 계기 • 신돌석 등 평민 의병장 등장
정미의병(1907)	• 고종의 강제 퇴위와 군대 해산이 계기 • 해산 군인 합류로 전투력 강화, 의병 전쟁으로 발전 • 13도 창의군 결성(총대장 이인영) → 서울 진공 작전 실시(1908, 실패) • 남한 대토벌 작전(1909) 후 만주·연해주로 근거지 이동(독립군 활동)

애국 계몽 운동

보안회(1904)	일본의 황무지 개간권 요구 반대 운동 전개 → 철회 성공
헌정 연구회(1905)	입헌 군주제 수립 추구 → 일제 탄압으로 활동 중단
대한 자강회(1906)	교육 진흥과 산업 육성을 통한 국권 수호 운동 전개 → 고종 강제 퇴위 반대 운동을 펼치다가 일제 탄압으로 해산
신민회(1907)	• 비밀 결사 단체, 국권 회복과 공화정체의 근대 국가 건설 목표 • 대중 계몽 활동(강연회·학회 활동), 교육 운동(대성 학교, 오산 학교 설립) • 민족 산업 육성(태극 서관, 자기 회사), 국외 독립 운동 기지 건설 → 105인 사건으로 해산

2 경제

일본과 청의 무역 경쟁

강화도 조약(조·일 수호 조규, 1876)	조선은 자주국, 3개 항구 개항(부산, 원산, 인천), 해안 측량권, 치외 법권 인정
조·일 수호 조규 부록(1876)	개항장 거류지 설정(간행이정 10리), 일본 화폐 유통, 일본 외교관의 여행 자유 인정
조·일 무역 규칙(1876)	무관세, 양곡 무제한 유출, 무항세
조·청 상민 수륙 무역 장정(1882)	양화진과 한성에 상점 개설 허용, 치외 법권, 내지 통상권 인정
조·일 수호 조규 속약(1882)	간행이정 50리로 확대(2년 뒤에는 100리로 확대)
조·일 통상 장정(1883)	관세 부과, 방곡령 조항, 최혜국 대우 적용

열강의 이권 침탈

삼림	러시아가 압록강, 두만강, 울릉도 삼림 채벌권 획득 → 러·일 전쟁 후 일본이 차지함
철도	일본이 경인선·경부선·경의선 철도 부설권 획득
광산	미국(운산 금광), 러시아, 일본, 독일 등이 광산 채굴권 획득
어장	청이 황해도·평안도 연안 어업권 획득 → 청·일 전쟁 후 일본이 차지함

화폐 정리 사업

화폐 정리 사업(1905)	일본인 재정 고문 메가타 주도로 상평통보·백동화 등을 일본 제일 은행권으로 교환 추진 → 한국인 설립 은행과 상공업자의 몰락 초래

경제적 구국 운동

방곡령 선포	일본으로의 곡물 유출을 막기 위해 함경도, 황해도 등에서 선포 → 1개월 전 통보 규정 위반을 이유로 일본이 방곡령 철회 요구
조선 상인의 대응	• 시전 상인: 황국 중앙 총상회 조직하여 상권 수호 운동 전개 • 경강상인: 증기선 구입하여 일본 상인에 대응 • 객주·보부상: 상회사(대동 상회, 장통 상회)와 동업 조합 설립하여 대응
독립 협회의 이권 수호 운동	러시아의 절영도 조차 요구 저지, 한·러 은행 폐쇄, 프랑스·독일 광산 채굴권 요구 저지
황무지 개간권 반대 운동	일제의 황무지 개간권 요구에 대항해 농광 회사 설립 및 보안회 조직

국채 보상 운동

국채 보상 운동 (1907)	• 대구에서 김광제, 서상돈 등이 시작, 서울에서 국채 보상 기성회 조직 • 〈대한매일신보〉, 〈황성신문〉, 〈제국신문〉, 〈만세보〉 등 언론 기관 모금 운동참여 → 통감부의 탄압으로 실패

3 사회

평등 사회로의 이행

갑신정변(1884)	14개조 개혁 정강: 문벌 폐지, 인민 평등권 주장 → 실패
동학 농민 운동(1894)	폐정개혁안: 신분제 폐지 주장 → 실패
갑오개혁(1894)	신분제 폐지(반상 제도, 천민 신분, 공·사 노비제 폐지), 과거제 폐지, 연좌제·고문 폐지, 인신매매 금지
광무개혁(1896~1904)	호적 제도 개편(신분 대신 직업 기재)

여성의 지위 향상

동학 농민 운동(1894)	폐정개혁안: 젊은 과부재가 허용 주장 → 실패
갑오개혁(1894)	조혼 금지, 과부 재가 허용
소학교령(1895)	남녀 교육의 기회 균등

개항기의 의식주

의	관복 간소화, 두루마기와 양복 착용
식	커피 등 서양식 음식과 예절 도입
주	주택 제한 규정 없어짐, 서양식 건물 건축(독립문, 명동성당, 덕수궁 석조전)

해외 이주민

간도	청과 영유권 분쟁 발생, 개간하여 농사 활동
연해주	신한촌(한인 마을) 형성
미주	최초 공식 이민(하와이 사탕수수 노동자), 한인 사회 형성

4 문화

통신·교통 시설

근대 시설	기기창(1883, 무기 제조), 전환국(1883, 화폐 주조), 박문국(1883, 〈한성순보〉 발행)
통신	• 전신: 부산 – 일본 나가사키에 최초 개통, 서울 – 인천, 서울 – 부산 가설 • 전화: 경운궁(덕수궁) 안에 최초로 가설(1898) • 우편: 우정총국 설치(1884), 만국 우편 연합 가입(1900)
전등	경복궁 안 건천궁에 전등 설치(1887), 한성 전기 회사 설립(1898)
교통	• 철도: 경인선(1899), 경부선(1905), 경의선(1906) 개통 • 전차: 서대문 – 청량리 노선 개통(1899)

의료 시설·건축

의료	• 광혜원(1885): 최초의 근대식 병원, 제중원으로 개칭 → 세브란스 병원(1904) • 광제원(1899): 국립 병원 → 대한 의원(중앙, 1907, 이후 경성대 의대로 이어짐), 자혜 의원(지방, 1910)
건축	독립문(1896), 환구단·황궁우(1897), 명동성당(1898), 손탁 호텔(1902), 덕수궁 석조전(1910)

근대 교육의 전개

1880년대	• 원산 학사(1883): 최초의 근대적 사립 학교 • 동문학(1883): 외국어 전문가 양성 기관 • 육영 공원(1886): 최초의 관립 학교 • 배재 학당(1885), 이화 학당(1886): 개신교 선교사들이 설립한 사립 학교
1890년대	• 갑오개혁(1894) 때 과거제 폐지, 학무아문 설치 • 교육 입국 조서 반포(1895), 근대식 학교 법령 제정 • 한성 사범학교(1895), 경성 의학교(1899), 한성 중학교(1900) 설립
1900년대	• 국내: 오산 학교(1907, 정주), 대성 학교(1908, 평양) 설립 • 국외: 룽징에 서전서숙(1906), 명동 학교(1908) 설립 • 사립 학교령(1908) 제정: 사립 학교 설립과 운영 통제

언론 기관

한성순보(1883~1884)	최초의 신문, 박문국에서 발행, 순 한문, 관보 → 갑신정변 후 폐간
한성주보(1886~1888)	국한문 혼용체, 최초로 상업 광고 게재
독립신문(1896~1899)	서재필이 정부 지원으로 발행, 최초의 민간 신문, 한글판·영문판, 순 한글·띄어쓰기 사용(국문 보급에 기여)
황성신문(1898~1910)	남궁억이 발행, 국한문 혼용체, 유림층 대상
제국신문(1898~1910)	이종일이 발행, 순 한글, 서민층과 부녀자 대상
대한매일신보(1904~1910)	영국인 베델과 양기탁이 발행, 순 한글·국한문·영문판 발행, 강한 항일 논조, 의병 투쟁에 호의적, 국채 보상 운동 지원
만세보(1906~1907)	천교도 기관지, 국한문 혼용체
경향신문(1906~1910)	천주교 기관지, 순 한글
신문지법 제정(1907)	언론 탄압 및 반일 논조 억압

국학 연구

국어	국한문체 보급, 국문 연구소 설립(1907)
국사	위인전 보급, 외국 흥망사 번역, 신채호의 〈독사신론〉, 조선 광문회 설립(1910)

문예의 새 경향

문학	• 신소설: 순 한글, 이인직의 《혈의 누》, 이해조의 《자유종》, 안국선의 《금수회의록》 • 신체시: 최남선의 〈해에게서 소년에게〉 • 외국 문학 번역: 《성경》, 《천로역경》, 《이솝 이야기》, 《로빈슨 표류기》
예술	• 음악: 창가 유행(〈애국가〉, 〈권학가〉) • 미술: 원근법 도입 • 연극: 신극 운동

종교의 새 경향

천주교	조·프 통상 조약(1886)으로 포교 자유 인정, 고아원과 양로원 설립
개신교	서양 의술 보급, 학교 설립
유교	박은식의 유교 구신론
불교	한용운의 《조선 불교 유신론》
천도교	동학에서 천도교로 개칭(1905), 〈만세보〉 발간
대종교	나철 등이 단군 신앙을 바탕으로 창시(1909), 국외 무장 독립 투쟁

사료로 읽는 개항기

1 정치

서원은 선현에 대한 제사와 교육을 목적으로 세워졌으나, 양반이 붕당을 결성하여 세력을 확대하는 근거지로 변질되었다. 또한 면세·면역의 혜택을 누려 국가 재정을 악화시키고 제사 비용 등의 명목으로 백성을 수탈했다. 흥선대원군은 이러한 문제점을 해결하고자 서원을 철폐했고 왕권을 강화했다.

서원 철폐

홍선대원군이 크게 노하여 말하기를, "진실로 백성에게 해가 되는 것이 있으면, 비록 공자가 다시 살아난다 하더라도 나는 용서하지 않겠다. 하물며 서원은 우리나라에서 선유를 제사하는 곳인데 지금은 도둑의 소굴로 되었음에랴."라고 하였다. 드디어 형조와 한성부 나졸들을 풀어서 대궐 문 앞에서 호소하려는 선비들을 강 건너로 몰아내 버렸다.

박제형, 《근세조선정감》

흥선대원군은 군정의 문제점을 고치기 위해 개인이 아닌 호(집) 단위로 군포를 부과하는 호포제를 시행하여 양반에게도 징수하였다. 하지만 양반들은 상민과의 구별이 없어진다는 이유로 호포제를 강력하게 반대하였다.

호포제 실시

나라 제도로서 인정(人丁)에 대한 세를 신포라 하였는데, 충신과 공신의 자손에게는 모두 신포가 면제되어 있었다. 대원군은 이를 수정하고자 동포라는 법을 제정하였다. … 이 때문에 예전에는 면제되던 자라도 신포를 바치지 않을 수 없게 되었다. 조정의 관리들이 반대하자, 대원군은 "충신과 공신이 이룩한 사업도 종사와 백성을 위한 것이었다. 지금 그 후손이 면세를 받기 때문에 일반 평민이 법에 정한 세금보다 무거운 부담을 지게 된다면 충신의 본뜻이 아닐 것이다." 하여 단연 그 법을 시행하였다.

박제형, 《근세조선정감》

흥선대원군은 왕실의 위엄을 회복한다는 명목으로 임진왜란 때 불탄 후 방치되었던 경복궁을 중건한다. 이 과정에서 많은 백성들이 공사에 동원되고, 경비를 마련하기 위해 강제로 원납전을 거두었다. 또한 새로 발행한 당백전으로 인해 물가가 폭등하자, 양반과 백성 모두의 불만이 높아졌다.

경복궁 타령

우광쿵쾅 소리가 웬 소리냐 경복궁 짓는데 회방아 소리다
조선 여덟도 유명한 돌은 경복궁 짓는 데 주춧돌감이로다
우리나라 좋은 나무는 경복궁 중건에 다 들어간다
근정전을 드높게 짓고 만조백관이 조하(朝賀)를 드리네
경복궁 역사가 언제나 끝나 그리던 가속(家屬)을 만나나 볼까

일본에 있던 청의 외교관 황쭌셴이 저술한 《조선책략》은 러시아의 남하를 저지하기 위해 조선이 중국, 일본, 미국과 우호 관계를 맺어야 한다고 주장한다. 이미 중국·일본과는 통상 수교를 하고 있었던 조선은 이 책의 영향을 받아 청의 관리 이홍장의 주선으로 미국과 조·미 수호 통상 조약을 체결하게 된다.

조선책략

조선 땅은 실로 아시아의 요충을 차지하고 있어 열강들이 서로 차지하려고 할 것이다. 조선이 위태로우면 중국도 위급해진다. 러시아가 영토를 넓히려고 한다면 반드시 조선이 첫 번째 대상이 될 것이다. … 그렇다면 오늘날 조선이 세워야 할 책략으로 러시아를 막는 것보다 더 급한 일이 없다. 러시아를 막는 책략은 무엇인가? 중국과 친하고, 일본과 맺고, 미국과 이어짐으로써 자강을 도모할 뿐이다.

황쭌셴, 《조선책략》

조·미 수호 통상 조약은 조선이 서양 국가와 맺은 최초의 조약으로 거중 조정(제1관), 관세 부과 조항이 포함되어 있었다. 하지만 치외 법권, 최혜국 대우(제14관)가 포함된 불평등 조약이었다.

조·미 수호 통상 조약

제1관. 조선국 군주와 미국 대통령 및 그 인민들은 각각 모두 영원히 화평하고 우애 있게 지낸다. 만약 타국이 어떤 불공평하고 경멸하는 일을 일으켰을 때는 일단 확인하고 서로 도와주며, 중간에서 잘 조정하여 두터운 우의를 보여 준다.
제14관. 조약을 체결한 뒤에 통상, 무역, 상호 교류 등에서 본 조약에 부여되지 않은 어떠한 권리나 특혜를 다른 나라에 허가할 때에는 자동적으로 미국 관민에게도 똑같이 주어진다.

최익현은 왜양일체론을 주장하며, 일본의 정치적·경제적 침략을 예견한다. 특히 일본의 물화와 서양의 종교가 유입되는 것에 반대하고, 조선의 유교 문화와 전통적인 제도를 지키자고 주장한다. 하지만 최익현의 주장은 받아들여지지 않았고, '지부복궐척화의소'를 이유로 흑산도에 유배된다.

최익현의 왜양일체론

일단 강화를 맺고 나면 저들의 욕심은 물화를 교역하는 데 있습니다. 저들의 물화는 모두 지나치게 사치하고 기이한 노리개이고 공산품이며 그 양이 무궁합니다. 우리의 물화는 모두가 백성들의 생명이 달린 것이고 땅에서 나는 것으로 한정이 있는 것입니다. … 저들이 비록 왜인이라고 하나 실은 양적입니다. 강화가 한번 이루어지면 사학 서적과 천주의 초상화가 교역하는 속에 들어올 것입니다.

최익현, 《면암집》

황쭌셴이 저술한 《조선책략》이 조선에 유포되자 위정척사 사상을 가진 보수 유생들이 거세게 반발했다. 이들은 상소를 올려 책의 내용을 비판하고, 서양과의 통상 수교 및 정부의 개화 정책에 반대했다.

영남 만인소

수신사 김홍집이 가지고 온 황쭌셴의 책을 보노라면 어느새 털끝이 일어서고 쓸개가 떨리며 울음이 북받치고 눈물이 흐릅니다. … 미국은 우리가 본래 모르던 나라입니다. 잘 알지 못하는데 공연히 타인의 권유로 불러들였다가 그들이 재물을 요구하고 우리의 약점을 알아차려 어려운 청을 하거나 과도한 경우를 떠맡긴다면 장차 이에 어떻게 응할 것입니까? 러시아는 본래 우리와 혐의가 없는 나라입니다. … 하물며 러시아, 미국, 일본은 같은 오랑캐입니다. 그들 사이에 누구는 후하게 대하고 누구는 박하게 대하기는 어려운 일입니다. **《일성록》**

임오군란 이후 체결된 제물포 조약의 주요 내용은 군란의 주모자 처벌, 조선 측의 배상, 일본 경비병의 주둔이었다. 이 조약에 따라 일본은 실제 1개 대대의 병력을 주둔시키고 그 비용을 조선이 부담하게 했다.

제물포 조약

제1조. 금일부터 20일 안에 조선국은 흉도를 체포하고 그 괴수를 엄중히 취조하여 중죄에 처한다. 일본국은 관리를 보내 입회 처단케 한다. 만일 그 기일 안에 체포하지 못할 때는 응당 일본국이 처리한다.

제3조. 조선국은 5만 원을 내어 해를 당한 일본 관리들의 유족 및 부상자에게 주도록 한다.

제4조. 흉도들의 포악한 행동으로 인하여 일본국이 입은 손해와 공사를 호위한 육해군 경비 중에서 50만 원을 조선국에서 부담한다.

제5조. 일본 공사관에 군사 약간을 두어 경비를 서게 한다. 병영을 설치하거나 수리하는 일은 조선국이 맡는다.

제6조. 조선국은 사신을 특파하여 국서를 가지고 일본국에 사과한다.

윤선학 등 온건 개화파는 청과 관계를 중시하며 유교적 질서를 유지하되 서양의 발달된 기술만을 수용하자는 동도서기론을 주장했고, 서재필 등 급진개화파는 일본의 문명개화론의 영향을 받아 서양 과학 기술뿐만 아니라 사상과 제도까지 적극적으로 도입해야 한다고 주장했다.

온건 개화파와 급진 개화파의 주장

군신, 부자, 부부, 장유, 붕우 간의 윤리는 하늘로부터 얻어서 본성에 부여된 것인데, 천지에 통하고 만고에 뻗치도록 변하지 않는 이치로서 도(道)가 되었습니다. 수레, 배, 군사, 농업, 기계 등은 백성에게 편리하고 이로운 것으로 밖에 드러나 기(器)가 되니 제가 바꾸고자 하는 것은 기(器)이지 도(道)가 아닙니다.

윤선학의 상소

그(김옥균)는 구미 문명이 하룻저녁에 이루어진 것이 아니라 열국이 서로 경쟁을 벌여 점진적으로 이룩해 낸 것으로서 수세기나 필요하였으나, 일본은 일대 만에 속성하였다고 이해하였다. 그리하여 스스로 일본을 본보기 삼고자 백방으로 분주하였다.

서재필, 〈회고 갑신정변〉

급진 개화파는 청의 내정 간섭과 조선 정부의 친청 정책에 반대하면서, 조세 제도 개혁 및 호조로의 재정 일원화, 인민 평등권 제정과 능력에 따른 인재 등용 등을 주장한다. 특히 급진 개화파는 일본 메이지 유신의 산물이자 법에 의해 왕의 권한이 제한되는 입헌 군주제적 근대 국가를 건설하고자 하였다.

14개조 개혁 정강

제1조. 대원군을 가까운 시일 안에 돌아오게 하고 청에 조공하는 허례의 행사를 폐지할 것

제2조. 문벌을 폐지하여 인민 평등의 권리를 제정하고 능력에 따라 관리를 등용할 것

제3조. 지조법을 개혁하여 간사한 관리를 뿌리 뽑고 백성의 곤란을 구제하며 국가 재정을 넉넉하게 할 것

제4조. 내시부를 없애고 그 가운데 재능이 있는 자는 등용할 것

제5조. 국가에 해독을 끼친 탐관오리를 처벌할 것

제6조. 각 도의 환곡을 영구히 폐지할 것

제7조. 규장각을 폐지할 것

제8조. 급히 순사를 두어 도둑을 막을 것

제9조. 혜상공국(보부상 조직)을 폐지할 것

제10조. 그 전에 유배, 금고된 사람들을 사정을 참작하여 석방할 것

제11조. 4영을 합쳐 1영으로 하고 영 중에서 장정을 뽑아 근위대를 설치할 것, 육군 대장은 세자를 추대할 것

제12조. 재정은 모두 호조에서 관할케 하고 그 밖의 재무 관청은 폐지할 것

제13조. 대신과 참찬은 합문 안의 의정부에서 회의 결정하고 정령을 공포해서 시행할 것

제14조. 정부는 6조 외 불필요한 관청은 모두 없애고 대신과 참찬이 협의해서 처리케 할 것

유길준은 조선에 관심을 가지고 있는 청·일·러와 서구 열강의 침략 의도를 정확히 인식하고, 조선의 영구 중립을 국제적으로 보장하는 조약 체결이 필요하다고 판단한다. 이러한 조약 체결은 청이 주도하고 서구 열강의 합의를 거쳐 러·일 양국도 이에 따르도록 해야 한다고 주장했다.

유길준의 한반도 중립화론

대저 우리나라가 아시아의 중립국이 된다면 러시아를 방어하는 큰 기틀이 될 것이고, 또한 아시아의 여러 대국들이 서로 보전하는 정략도 될 것이다. 오직 중립만이 우리나라를 지키는 방책인데 우리 스스로가 제창할 수 없으니 중국에 청하여 처리해야 할 것이다. 중국이 맹주가 되어 영국, 프랑스, 일본, 러시아 같은 아시아에 관계 있는 여러 나라들과 화합하고 우리나라를 참석시켜 중립 조약을 체결토록 해야 할 것이다. 이것은 비단 우리나라만을 위한 것이 아니라 중국의 이익도 될 것이고, 여러 나라가 서로 보전하는 계책도 될 것이니 무엇이 괴로워서 하지 않겠는가.

유길준, 《서유견문》

동학 농민 운동은 지배층의 수탈을 없애고 신분 제도 개혁 등을 요구한 반봉건 운동임과 동시에 외세의 침략과 내정 간섭에 저항한 반외세 운동이었다. 하지만 근대 국가 건설을 위한 구체적 방안이 제시되지 못했다는 점에서 한계가 있다.

동학 농민 운동

농민군 4대 강령

1. 사람을 죽이지 말고 가축을 잡아먹지 말라.
2. 충효를 다하여 세상을 구하고 백성을 평안하게 하라.
3. 일본 오랑캐를 몰아내고 나라의 정치를 깨끗이 한다.
4. 군대를 몰고 서울로 들어가 권세가와 귀족을 모두 없앤다.

정교, 《대한계년사》

폐정 개혁안

제1조. 동학도는 정부와 원한을 씻어 버리고 모든 행정에 협력할 것
제2조. 탐관오리는 그 죄목을 조사하여 엄징할 것
제3조. 횡포한 부호들을 엄징할 것
제4조. 불량한 유림과 양반을 징벌할 것
제5조. 노비 문서는 불태워 버릴 것
제6조. 칠반천인(백정·장인, 기생, 노비, 승려, 무당, 점쟁이, 광대)의 대우를 개선하고 백정이 쓰는 평량갓을 없애 버릴 것
제7조. 청춘 과부의 재가를 허락할 것
제8조. 규정 이외의 모든 세금을 폐지할 것
제9조. 관리의 채용은 지벌을 타파하고 인재를 등용할 것
제10조. 왜적과 몰래 통하는 자는 엄징할 것
제11조. 공사채는 물론하고 기왕의 것은 무효로 돌릴 것
제12조. 토지는 평균으로 분작하게 할 것

오지영, 《동학사》

헌의 6조

1. 외국인에게 의지하지 아니하고 관민이 합심하여 전제 황권을 공고히 할 것
2. 외국과의 이권에 관한 계약과 조약은 각 대신과 중추원 의장이 함께 서명할 것
3. 재정은 탁지부에서 모두 관리하고 예산, 결산을 국민에게 공포할 것
4. 중대한 범죄는 반드시 재판하되, 피고의 인권을 존중할 것
5. 칙임관은 정부에 그 뜻을 물어 과반수가 동의하면 임명할 것
6. 정해진 규정을 실천할 것

홍범 14조는 근대적 개혁을 위한 기본 강령을 밝힌 문서로 고종이 종묘에서 반포하였다. 고종은 홍범 14조를 통해 청에 대한 의존 관계를 청산하고 자주 독립의 의지를 밝혔지만, 이는 일본의 요구에 의한 것이었으며 실질적으로는 청의 간섭 및 왕실의 정치 개입을 배제하고 일본의 영향력을 강화한 것이었다.

홍범 14조

1. 청국에 의존하려는 마음을 버리고 자주 독립의 기초를 세운다.
2. 왕실 전범을 제정하여 왕위 계승의 법칙과 종친·외척과의 구별을 명확히 한다.
3. 임금은 각 대신과 의논하여 정사를 행하고, 종실·외척의 내정 간섭을 용납하지 않는다.
4. 왕실 사무와 국정 사무를 나누어 서로 혼동하지 않는다.
5. 의정부 및 각 아문의 직무 권한을 명백히 규정한다.
6. 납세는 법으로 정하고 함부로 세금을 징수하지 아니한다.
7. 조세의 징수와 경비 지출은 모두 탁지아문에서 관할한다.
8. 왕실의 경비는 솔선하여 절약하고, 이로써 각 아문과 지방관의 모범이 되게 한다.
9. 왕실과 관부의 1년 회계를 예정하여 재정의 기초를 확립한다.
10. 지방 제도를 개정하여 지방 관리의 직권을 제한한다.
11. 총명한 젊은이들을 파견하여 외국의 학술, 기예를 견습시킨다.
12. 장교를 교육하고 징병을 실시하여 군제의 근본을 확립한다.
13. 민법, 형법을 제정하여 인민의 생명과 재산을 보전한다.
14. 문벌을 가리지 않고 인재 등용의 길을 넓힌다.

〈관보〉, 1894년 12월 12일

대한제국은 국가 운영의 기본 원칙을 담은 9개조의 대한국 국제를 제정·공포했다. 대한제국의 헌법이라 할 수 있는 대한국 국제는 대외적으로 대한제국이 외국의 간섭을 받지 않는 자주 독립국이며, 대내적으로 황제의 무한한 권리가 강조된 전제 군주 국가임을 천명했다.

대한국 국제

제1조 대한국은 세계 만국이 공인한 자주 독립 제국이다.
제2조 대한국의 정치는 만세 불변의 전제 정치이다.
제3조 대한국 대황제는 무한한 군주권을 누린다.
제4조 대한국 신민이 군권을 침해하면 신민의 도리를 잃은 자로 간주한다.
제5조 대한국 대황제는 육·해군을 통솔하고 군대의 편제를 정하고 계엄을 명한다.
제6조 대한국 대황제는 법률의 제정·반포·집행을 명하고, 특사·감형·복권을 명한다.
제7조 대한국 대황제는 행정 각 부의 관제를 정하며, 행정상 필요한 칙령을 공포한다.
제8조 대한국 대황제는 문무 관리의 출척(등용과 축출) 및 임면권을 가진다.
제9조 대한국 대황제는 각 조약국에 사신을 파견하고, 선전·강화·제반 조약을 체결한다.

일본은 독도가 주인 없는 땅이므로 일본 시마네현 소속 도서로 편입시켰다고 하며, 이에 대한 근거로 1905년 시마네현 고시 제40호를 들고 있다. 하지만 대한제국 정부는 이미 1900년에 칙령을 발표하여 울릉도를 다스리는 행정관을 도감에서 군수로 바꾸고, 관할 구역을 울릉도와 그 옆에 있는 죽도 및 석도(독도)로 한다고 규정했다. 그리고 이를 국가 공식 기관지인 관보(제1716호)에 실었다. 따라서 독도는 시마네현 고시 이전부터 우리 영토였으며, 일본의 독도 편입은 불법이다.

대한제국 칙령 제41호

제1조. 울릉도를 울도로 개칭하여 강원도에 부속하고 도감을 군수로 개정하여 관제 중에 편입하고 군등은 5등으로 할 것

제2조. 군청 위치는 태하동으로 정하고 구역은 울릉 전도와 죽도와 석도(독도)를 관할할 것

미국, 영국, 러시아로부터 한반도에 대한 독점적 지배권을 인정받은 일본은 군대를 동원하고 고종과 대신들을 위협하여 을사조약을 강요했다. 을사조약에 따라 일본은 대한제국의 외교권을 박탈했으며, 통감부를 설치하고 통감을 파견한다. 이후 여러 조약을 통해 대한제국의 권리를 빼앗은 일본은 1910년 한·일 병합 조약을 강제로 체결했다. 이로써 대한제국의 국권은 완전히 박탈당했고, 총독부가 설치되었으며, 일제 강점기가 시작되었다.

일제의 국권 침탈 1

한·일 의정서

제4조. 제3국의 침략으로 대한제국에 위험 사태가 발생할 경우 일본 제국은 이에 신속히 대처하며, 대한제국 정부는 이와 같은 일본 제국의 행동을 용이하게 하기 위하여 충분한 편의를 제공할 것. 일본 제국 정부는 목적을 달성하기 위해 전략상 필요한 지역을 언제나 사용할 수 있도록 할 것.

제1차 한·일 협약

제1조. 대한제국 정부는 대일본 제국 정부가 초청한 일본인 1명을 재정 고문에 초빙하여 재무에 관한 사항은 모두 그의 의견을 들어 시행할 것.

제2조. 대한제국 정부는 대일본 제국 정부가 추천한 외국인 1명을 외교 고문으로 외부에서 초빙하여 외교에 관한 중요한 업무는 모두 그의 의견을 들어 시행할 것.

을사조약(제2차 한·일 협약)

제2조. 대일본 제국 정부는 대한제국과 타국 사이에 현존하는 조약의 실행을 완수하는 임무를 담당하고 대한제국 정부는 지금부터 일본국 정부의 중개를 거치지 않고서는 국제적 성질을 가진 어떤 조약이나 약속을 맺지 않을 것을 서로 약속한다.

제3조. 대일본 제국 정부는 그 대표자로 하여금 대한제국 황제 폐하 밑에 1명의 통감을 두되 통감은 오로지 외교에 관한 사항을 관리하기 위하여 경성에 주재하고 친히 대한 제국 황제 폐하를 만날 수 있는 권리를 가진다.

일제의 국권 침탈 2

한·일 신협약(정미 7조약)

제1조. 한국 정부는 시정 개선에 관하여 통감의 지도를 받을 것.

제2조. 한국 정부의 법령 제정 및 중요한 행정상의 처분은 미리 통감의 승인을 거칠 것.

제4조. 한국 고등 관리의 임명은 통감의 동의로써 이를 행할 것.

제5조. 한국 정부는 통감이 추천한 일본인을 한국 관리로 용빙할 것.

한·일 병합 조약

제1조. 대한제국 황제 폐하는 대한제국 전부에 관한 모든 통치권을 완전 또는 영구히 대일본 제국 황제 폐하에게 양여한다.

제2조. 대일본 제국 황제 폐하는 전조에 기재한 양여를 수락하고 완전히 대한제국을 대일본 제국에 병합함을 승낙한다.

정미의병은 해산 군인의 합세로 사기와 전투력이 향상되었고, 이후 의병 운동은 항일 의병 전쟁의 양상을 띠면서 전국으로 확산되었다. 이 시기 이인영을 총대장으로 전국 의병 부대가 연합해서 13도 창의군을 결성하고, 1908년 1월 서울 진공 작전을 전개했다. 13도 창의군 중 300명의 선발대는 동대문 부근까지 진격했지만, 후속 부대와 연결되지 않았고 사전에 정보를 입수한 일본군이 반격해 오자 제대로 싸워 보지도 못하고 후퇴하였다. 또한 총대장 이인영이 부친상을 당하여 귀향하면서 지도부가 혼란해졌고, 결국 서울 진공 작전은 실패하고 의병 부대는 전국 각지로 흩어졌다.

서울 진공 작전

군사장(허위)은 미리 군비를 신속히 정돈하여 철통과 같이 함에 한 방울의 물도 샐 틈이 없는지라. 이에 전군에 전령하여 일제히 진군을 재촉하여 동대문 밖으로 진군하였다. … (허위가) 300명을 인솔하고 선두에 서서 동대문 밖 삼십 리 부근에 나아가고, 전군이 모이기를 기다려 일거에 서울을 공격하여 들어오기로 계획하였다. **〈대한매일신보〉**

13도 창의군의 총대장이었던 이인영은 거사를 앞두고 부친상을 당하자, 다음과 같은 글을 남기고 고향으로 되돌아갔다. "나라에 대한 불충은 어버이에 대한 불효요, 어버이에 대한 불효는 나라에 대한 불충이다. 그러므로 나는 3년상을 치른 뒤 다시 의병을 일으켜 일본을 소탕하고 대한을 회복하겠다." **〈대한매일신보〉**

을사조약이 일본의 강요로 체결되자 전국적으로 항일 운동이 일어났다. 당시 〈황성신문〉 사장이었던 장지연은 '시일야방성대곡(이 날에 목 놓아 통곡하노라)'이라는 글을 〈황성신문〉에 실어 을사조약 체결에 협력한 을사 5적을 비난하고 일제의 침략을 규탄하였다. 이로 인해 〈황성신문〉은 무기정간 처분을 받았다.

시일야방성대곡

슬프다. 저 개돼지보다 못한 소위 우리 정부의 대신이라는 자들이 출세와 부귀를 바라고 거짓 위협에 겁을 먹어 뒤로 물러나 벌벌 떨며 매국의 역적이 되기를 달게 받아들였다. 4천 년 강토와 5백 년 종사를 남에게 바치고 2천만 국민을 남의 노예로 만드니 아 원통하고 아 분하도다. 우리 2천만 남의 노예가 된 동포여. 살았는가, 죽었는가. 단군, 기자 이래 4천 년 국민정신이 하룻밤 사이에 갑자기 멸망하고 말 것인가. 원통하고 원통하다. 동포여, 동포여. **〈황성신문〉**

신민회는 사회 각계각층의 인사가 참여한 비밀 결사 단체였다. 신민회는 국권 회복과 공화정체의 근대 국가 건설을 목표로 삼고, 실력 양성을 추진했다. 이후 1909년 무렵 양기탁, 신채호 등 독립 전쟁을 주장하는 세력과 안창호 등 실력 양성을 주장하는 세력으로 분화되었다. 독립 전쟁 주장 세력은 애국 계몽 운동의 한계를 인식하고 해외에 독립운동 기지를 건설할 것을 주장하였으며, 이후 서간도 지역으로 진출하여 삼원보를 조성하고 경학사를 통해 신흥 무관 학교를 설립하였다. 반면 실력 양성을 주장한 안창호는 105인 사건 이후 탄압을 피해 미국으로 망명하여 흥사단을 만들고 실력 양성 운동을 지속하였다.

신민회 취지서

신민회의 목적은 한국인의 부패한 사상과 관습을 혁신하여 국민을 유신케 하며, 쇠퇴한 산업을 개량하여 산업을 유신케 하며, 유신한 국민이 통일 연합하여 유신한 자유 문명국을 성립케 한다고 말하는 것으로서 그 깊은 뜻은 열국 보호하에 공화정체의 독립국으로 함에 목적이 있다고 함.

일본 헌병대 기밀 보고(1909)

2 경제

개항 초기 일본 상인이 독점하고 있던 조선 무역은 거류지 무역 형태로 이루어졌으며, 조선과 일본의 무역은 미·면 교환 체제 형태를 띠었다. 1882년 조선과 청 사이에 조·청 상민 수륙 무역 장정이 체결되어 청 상인의 개항장 밖 내륙 진출이 허용되자, 그 결과 일본이 독점하고 있던 조선 무역 구조가 청과 일본의 경쟁 구도로 변해 갔다. 그리고 청·일 전쟁에서 승리한 후 일본은 조선 무역을 독점하게 되었다.

일본과 청의 무역 조약

조·일 수호 조규 부록

제7관. 일본국 인민은 일본국의 여러 화폐로 조선국 인민의 소유물과 교환할 수 있고, 조선국 인민은 교환한 일본국 여러 화폐로 일본에서 나는 여러 화물을 살 수 있으니, 이로써 조선국이 지정한 여러 항구에서 일본 화폐를 인민 상호 간에 통용할 수 있다.

조·일 무역 규칙

제6칙. 조선국 항구에 거주하는 일본인은 쌀과 잡곡을 무제한 수출할 수 있다.
제7칙. 일본국 정부에 소속된 선박들은 항세를 납부하지 않으며, 수출입 상품에도 관세를 부과하지 않는다.
※ 1883년 조·일 통상 장정으로 개정: 관세권 설정, 방곡령 선포 추가

조·청 상민 수륙 무역 장정

제4조. 청의 상인은 조선의 양화진과 서울에 들어가 상점을 열거나 영업소를 개설할 수 있도록 하되, 여러 물건을 내륙 지방에 운반하여 점포를 차려 놓는 것을 금지한다. 양국 상인이 내지로 들어가 여행하거나 토산물을 구입하려고 할 경우에는 지방관의 허가증인 호조를 받아야 한다.

개항 이후 일본으로 곡물이 유출되면서 조선의 곡물이 부족해지고 곡물 가격이 폭등하자, 조선은 일본과 교섭을 통해 조·일 무역 규칙을 개정한 조·일 통상 장정에 방곡령을 선포할 수 있는 규정을 넣었다. 하지만 방곡령을 내릴 때 1개월 전에 일본 측에 통보해야 한다는 단서 조항을 구실로 삼아 일본은 조선이 내린 방곡령의 철회를 요구하였다.

조·일 통상 장정

제37관. 만약 조선국이 자연 재해나 변란 등으로 인하여 국내의 양곡이 부족해질 염려가 있어 조선 정부가 잠정적으로 양곡 수출을 금지하려고 할 때에는 그 시기보다 1개월 앞서 지방관이 일본 영사관에 알린다.

1907년 대구에서 시작된 국채 보상 운동은 각종 계몽 단체와 언론 기관의 호응에 힘입어 전국으로 확산되었다. 남자는 담배를 끊고 절약한 돈으로 모금에 참여하고, 부녀자들은 비녀와 가락지를 냈으며, 해외에 있는 유학생들도 국채 보상 운동에 참여했다.

국채 보상 운동 취지서

지금은 우리들이 정신을 새로이 하고 충의를 떨칠 때이니 국채 1,300만 원은 바로 우리 대한제국의 존망에 직결된 것이라. 갚아 버리면 나라가 존재하고 갚지 못하면 나라가 망하는 것은 대세가 반드시 그렇게 이르는 것이다. 현재 국고에서는 이 국채를 갚아 버리기가 어려운즉 장차 3천 리 강토는 우리나라와 백성의 것이 아닌 것으로 될 위험이 있다. 2천만 인이 3개월 동안 흡연을 금지하고 그 대금으로 한 사람에게 매달 20전씩 거둔다면 1천 3백만 원을 모을 수 있다.

〈대한매일신보〉

3 사회

갑오개혁 때 신분제는 법제상으로 폐지되었으나 신분 차별 의식은 여전히 존재하였다. 이러한 차별 의식은 평민과 천민들의 사회 활동을 통해 점차 극복되었다. 독립협회는 근대적 지식과 국권·민권 사상으로 민중을 계몽하고자 하였고, 이러한 활동에 참여한 평민과 천민들은 점차 민족의식을 가진 사회적 존재로 성장하였다.

백정 박성춘의 관민공동회 연설문

나는 대한의 가장 천한 사람이고 무지몰각합니다. 그러나 충군애국의 뜻은 대강 알고 있습니다. 이에, 이국편민의 길인즉, 관민이 합심한 연후에야 가하다고 생각합니다. 저 차일에 비유하건대, 한 개의 장대로 받친즉 역부족이나, 많은 장대를 합한즉 그 힘이 공고합니다. 원컨대, 관민이 합심하여 우리 황제의 성덕에 보답하고, 국운이 만만세 이어지게 합시다.

외세의 침략으로 인해 삶이 피폐해진 조선인들은 더 나은 살길을 찾아서 해외로 떠났다. 조선인이 가장 많이 이주한 지역은 지리적으로 가까웠던 간도였다. 간도로 이주한 조선인들은 열악한 생활환경과 청나라 군사들의 수탈로 괴로운 나날을 보냈다.

조선인들의 간도 이주

북간도 관리 이범윤 씨가 내부에 보고하되, 청나라 군사 4~5백 명이 우리 조선인 30명을 묶어서 몽둥이로 두들겨 패고 수탈하며, 재산을 빼앗고 하는 말이 조선 사람일망정 청나라 땅에서 갈고 먹으면서 어찌 한복을 입을 수 있냐 하면서 흰 초립을 쓴 자는 빼앗아 찢어 없애고 12명을 붙잡아 가서 머리를 깎고 매사에 협박과 공갈을 하니, 간도의 조선인 민심이 떠들썩합니다.

〈황성신문〉

4 문화

1895년 2월 고종이 발표한 교육에 관한 조칙으로 교육은 국가 보존의 근본이며, 신교육은 과학적 지식과 실용을 추구하고, 교육의 3대 강령으로 덕·체·지를 제시하고 있다. 또한 교육입국의 정신을 들어 학교를 많이 설립하고 인재를 길러 내는 것이 국가 중흥과 직결된다고 주장한다.

교육 입국 조서

세계의 정세를 보면 부강하고 독립하여 사는 모든 나라는 다 국민의 지식이 밝기 때문이다. … 이제 짐은 정부에 명하여 널리 학교를 세우고 인재를 길러 새로운 신민의 학식으로 국가 중흥의 큰 공을 세우고자 하니 신민들은 나라를 위하는 마음으로 덕·체·지를 기를지어다. 왕실의 안전이 신민들의 교육에 있고 국가의 부강도 국민들의 교육에 있도다.

근대 문물 중 가장 대표적인 것은 철도였다. 가장 처음 완성된 철도 노선은 서울과 인천을 연결하는 경인선이었는데, 이 기사를 쓴 신문기자가 철도를 처음 이용하면서 얼마나 놀라워했는지 알 수 있다.

경인선 부설

경인 철도 회사에서 어저께 개업 예식을 거행하는데, 인천에서 화륜거(火輪車)가 떠나 삼개 건너 영등포로 와서 경성에 내외국 빈객들을 수레에 영접해 앉히고 오전 9시에 떠나 인천으로 향하는데, 화륜거 구르는 소리는 우레 같아 천지가 진동하고 기관차의 굴뚝 연기는 반공에 솟아 오르더라. … 수레 속에 앉아 영창(映窓)으로 내다보니 산천초목이 모두 활동하여 달리는 것 같고 나는 새도 미처 따르지 못하더라.

〈독립신문〉

근대에 〈독립신문〉과 같은 신문이 등장하여 활발한 계몽 활동을 전개했음을 알 수 있다.

근대적 언론 활동

우리 〈독립신문〉이 생긴 이후로 한 가지 개명된 것은 인민들이 차차 신문이 긴요한 물건인 줄을 알아 이전에는 신문이 무엇인지도 몰라 덮어놓고 시비하는 자도 있고 비웃는 자도 있고 당초에 볼 생각을 아니하는 자가 많이 있더니, 근일에는 그런 사람들도 차차 신문이 없어서는 세상이 캄캄하여 견딜 수 없다고 하는 이가 많이 있으니, 이걸 보면 다른 것을 그만두고 우선 그만큼 사람들이 열리어 신문 없으면 못쓰겠다는 생각이 나게 되었으니, 이것은 우리가 우리를 칭찬하는 것이 동양 풍속으로 말하면 도저히 우스운 일이나 실상을 말하거니와 인민이 이만큼 열린 것은 〈독립신문〉의 효험이라 할 수 있겠다.

〈독립신문〉

5부

근현대

1장

정치사로 읽는 근현대

일제 강점기의 정치

1. 일제 식민 통치의 전개와 민족의 수난
2. 1910년대 국내외 민족 운동
3. 3·1 운동
4. 대한민국 임시 정부의 수립과 활동
5. 1920년대 무장 독립 투쟁
6. 1930년대 무장 독립 투쟁
7. 의열 투쟁
8. 일제 강점기 국외 이주 동포의 삶
9. 새로운 국가 건설의 준비

현대의 정치

1. 8·15 광복과 좌우 세력의 대립
2. 통일 정부 수립의 좌절과 대한민국 정부 수립
3. 6·25 전쟁
4. 민주주의 시련과 발전
5. 북한 사회의 변화와 통일을 위한 노력
6. 대한민국과 관련된 동북아 영토 분쟁과 역사 갈등

1 일제 식민 통치의 전개와 민족의 수난

주요 용어

조선 총독부, 헌병 경찰 제도, 무단 통치, 범죄즉결례, 조선 태형령, 제1차 조선 교육령, 사립학교 규칙, 서당 규칙, 문화 통치, 보통 경찰 제도, 치안 유지법, 조선일보, 동아일보, 제2차 조선 교육령, 기만 통치, 민족 분열 통치, 세계 대공황, 만주 사변, 중·일 전쟁, 태평양 전쟁, 민족 말살 통치, 황국 신민화 정책, 내선일체, 일선동조론, 황국 신민 서사, 창씨개명, 신사 참배, 궁성 요배, 제3차 조선 교육령, 국민학교령, 제4차 조선 교육령, 조선 사상범 보호 관찰령, 조선 사상범 예방 구금령, 국가 총동원법, 지원병제, 학도 지원병제, 징병제, '일본군 위안부'

조선 총독부를 설치하다

우리나라의 국권을 빼앗은 일제는 식민 통치의 최고 기구로 **조선 총독부**를 설치했습니다(1910). 이 기관의 수장인 조선 총독은 입법, 사법, 행정권을 행사할 뿐만 아니라 군통수권까지 장악하고 있어 그 권한이 막강했습니다. 조선 총독은 일본 육·해군 대장 중에서 임명되었는데, 총독을 일본 국왕에 직속시킴으로써 일본 의회와 내각의 통제를 거의 받지 않고 식민 통치에 전권을 행사하게 했습니다.

제1대 조선 총독으로는 통감이었던 데라우치 마사타케가 임명되었습니다. 조선 총독 아래에는 정무총감과 경무총감을 두어 각각 행정 사무와 치안 업무를 맡겼습니다. 조선 총독의 자문 기구로 중추원을 두었는데, 이를 통해 한국인을 정치에 참여시킨다고 선전했지만, 실질적인 정책 심의·의결 기능은 없었기 때문에 친일파를 우대하거나 친일 유지들을 회유할 목적으로 만들어진 기구에 불과했습니다.

무력을 동원해 강압적으로 지배하다

1910년대 일제는 **헌병 경찰 제도**를 통해 무력을 앞세운 강압적인 통치를 실시했기 때문에 '**무단 통치**(武斷統治)' 시기라고도 부릅니다. 일반적으로 군인들은 민간인들에 비해 강력한 법으로 규제를 받는데, 군대의 경찰 업무를 맡아보는 헌병 경찰을 앞세워 통치한다는 것은 조선을 지배할 때 민간인을 군인처럼 강력하게 통제하겠다는 것을 의미합니다.

이 시기 헌병 경찰 제도는 헌병 사령관이 조선 총독 아래 치안 전반을 담당하는 경무총감을 겸임했고, 전국에 헌병 분대와 파출소, 경찰서와 주재소를 두어 한국인을 감시했습니다. 헌병은 **범죄즉결례**(1910, 632p 참조)에 따라 정식 재판 없이 즉결 처분할 수 있는 권한을 가졌습니다. 이와 함께 헌병 경찰은 의병 토벌, 첩보 수집과 같은 일반 경찰 업무뿐 아니라 징세 사무 협조, 납세 독촉, 산림 감시, 법령 보급 등 행정 업무에도 관여하면서 한국인의 일상생활을 깊숙이 감시했습니다. 그렇기 때문에 1910년대 한국인들은 헌병 경찰의 등장만으로도 공포를 느끼고 눈치를 보면서 생활할 수밖에 없었습니다. 여기에 한국인에게만 적용되는 **조선 태형령**(笞刑令, 1912, 632p 참조)을 제정해 한국인들을 가혹하게 다스렸습니다.

조선 태형령

태형이란 매로 볼기를 치는 형벌이다. 헌병 경찰에 잡혀 와서 매로 태형을 당하는 경우에는 불구가 되거나 사망할 수도 있기에 한국인들에게는 공포의 대상이었다. 관공서와 학교에서는 일반 관리와 교원들까지 제복과 칼을 착용해 사회적으로 공포 분위기를 조성했다. 위협적인 분위기를 만들어 일제 식민 지배에 저항하려는 움직임을 막고자 한 것이다.

강압적인 통치는 한국인의 기본권을 박탈하는 방식으로도 진행되었습니다. 일제는 한국인의 언론·출판·집회·결사의 자유 등 기본권을 박탈했습니다. 병합 이전에 애국 계몽 운동이 활발하게 전개되면서 학회와 각종 단체들이 조직되고 이들이 항일 운동을 펼쳐 나가자 일제는 이를 탄압할 목적으로 잇따라 신문지법(1907), 보안법(1907), 출판법(1909)을 공포했습니다. 이러한 법들은 일제가 대한제국을 병합한 이후에도 효력을 발휘해 언론·출판·집회·결사의 자유와 기본권을 박탈하는 배경으로 작용했습니다. 일제는 신문지법을 이용해 황성신문, 제국신문, 대한매일신보 등을 폐간했고, 보안법을 이용해 서북학회, 대한협회 등 각종 계몽 단체를 해산시켰습니다.

이 시기 일제는 **제1차 조선 교육령**(1911, 633p 참조)을 제정해 한국인과 일본인의 차별 교육을 실시했습니다. 조선 교육령의 핵심은 우민화(愚

조선 총독부

1926년에 경복궁 흥례문 구역을 철거하고 세운 조선 총독부 청사의 모습이다. 총독부는 강제 병합 이후 1907년 건립된 남산 왜성대의 통감부 청사를 이용했으나, 공간의 부족으로 경복궁 흥례문 구역을 철거한 터에 1916년 신청사를 건립하기 시작해 1926년 완공했다. 이 조선 총독부 건물은 광복 이후에 대한민국 정부의 청사로도 사용된 바 있으며, 국립 중앙 박물관으로도 오랫동안 사용되었다. 그러나 약탈과 민족 탄압의 상징이었던 이 건물은 1995년 김영삼 정부 때 철거되어, 현재 첨탑 등 그 부재 일부만이 독립기념관에 옮겨져 전시되고 있다.

民化) 교육으로 한국인들의 교육 과정을 보통교육과 실업교육 위주로 편성해 초보적인 기술과 실무적인 내용만 가르쳤습니다. 또 한국인들에게는 대학 진학과 같은 고등 교육의 기회를 제한했고, 제대로 된 과학 교육을 받을 수 없게 했습니다. 일본어 교육을 중시해 수업을 일본어로 진행했습니다. 일제는 우민화 교육 정책을 통해 한국인의 의식 성장을 막아 식민지 지배 체제에 순응시키는 한편, 적당히 일할 수 있는 기술들을 가르쳐 노동력을 활용하고자 한 것입니다.

이와 함께 **사립학교 규칙**(1911)을 제정해 민족 교육을 실시하여 학생들에게 애국심과 국권 회복 의식을 고양시키는 사립학교를 통제했습니다. 그 결과 사립학교는 1908년 2,000여 개에서 1919년 700여 개로 줄어들었습니다. 이처럼 사립학교 폐쇄가 강요되자 이를 대신할 개량 서당이 전국적으로 확산되었는데, 일제는 **서당 규칙**(1918)을 만들어 개량 서당의 설립을 방해하는 등 민족 교육 기관을 탄압했습니다.

개량 서당
근대식 학문을 가르치는 서당을 말한다.

문화 통치로 민족을 분열시키다

3·1 운동(1919)이라는 민족적 저항에 부딪힌 일제는 폭력적이고 억압적인 무단 통치의 한계를 인식하게 됩니다. 게다가 일제가 3·1 운동을 야만적으로 탄압하는 것이 세계에 알려지면서 일본의 식민 통치에 대한 국제 여론이 악화되었습니다. 한편 일본 내의 민주주의 바람인 다이쇼 데모크라시도 영향을 주었습니다. 결국 일제는 한국에 대한 통치 방식을 무단 통치에서 이른바 **문화 통치**(633p 참조)로 바꾸었습니다.

다이쇼 데모크라시
1904년 러·일전쟁 때부터 다이쇼 천황 재위 시기(1912~1926)까지 일본에서 일어났던 민주주의적 개혁을 요구하는 운동을 일컫는 말이다.

3·1 운동 이후 제3대 조선 총독으로 부임한 사이토 마코토는 "조선인의 문화를 창달하고 민력을 증진하겠다."는 시정 방침을 내세웠습니다. 이에 따라 일제는 '문화 통치'라는 이름 아래 총독에 문관도 임명 가능하도록 했으며, 헌병 경찰 제도를 **보통 경찰 제도**로 바꾸었습니다. 한국인에게만 적용해 가혹한 무단 통치를 보여 주던 조선 태형령도 폐지했습니다(1920). 그러나 유화적으로 보이는 문화 통치의 실상을 자세히 들여다보면 식민 지배의 근본적인 목표는 한국인을 위한 것이 아니라, 한국인의 반발을 무마하고 친일파 양성을 통해 식민 통치를 원활하게 하면서 민족의 분열을 도모하기 위한 기만적인 정치임을 알 수 있습니다.

실제 문화 통치가 표방한 내용과 실상을 비교해 보면, 먼저 조선 총독

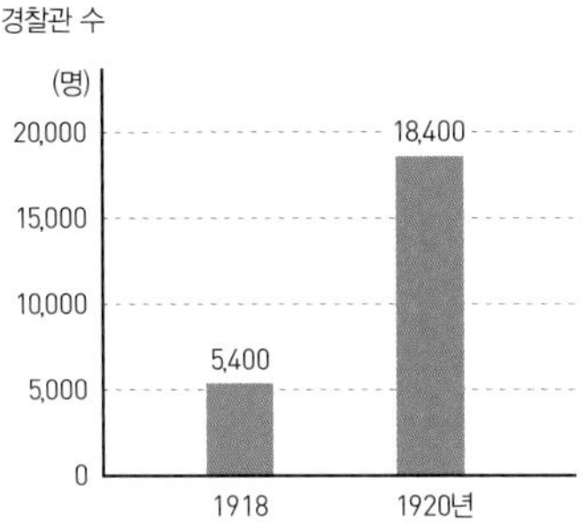

경찰 인원과 비용의 증가

1918년에서 1920년 사이 경찰 인원이 3배 정도 늘어난 것에서 볼 수 있듯이, 한국인에 대한 감시와 탄압이 오히려 강화되었다.
(강만길, 《고쳐 쓴 한국 현대사》)

에 육해군 대장 출신만이 아니라 문관도 임명 가능하다고 표방했습니다. 그러나 실제로는 1945년에 일제가 패망하기 전까지 조선 총독으로 임명된 8명 모두 현역 육군과 해군 대장 출신의 군인으로 문관은 한 명도 임명된 적이 없었습니다. 헌병 경찰 제도를 폐지하고 보통 경찰 제도를 실시한다고 밝혔지만, 실제로는 경찰 관서·인원·예산 등을 대폭 늘리고 1군 1경찰서, 1면 1주재소 제도를 만들어 감시를 더욱 철저히 했습니다. 그리고 고등 경찰제를 실시하면서 전국 각 경찰관서에 고등 경찰계를 두어, 사상·정치활동·언론·출판을 감시하고 독립운동가를 적발하는 등 공포정치의 도구로 이용했습니다. 특히 **치안 유지법**(1925)을 만들어 식민 통치에 저항하는 어떠한 결사나 운동도 철저히 탄압했습니다.

일제는 한국인의 기본권을 보장한다면서 언론·집회·출판·결사의 자유를 일부 허용했습니다. 그 이전까지 서울(경성)에서 발간되는 한국어 신문은 조선총독부의 기관지인 〈매일신보〉뿐이었으나 민간지가 허용되면서 1920년부터 〈**조선일보**〉, 〈**동아일보**〉 등 민족계 신문들이 발행되었습니다. 그러나 신문 발행을 일정 부분 허가해 주긴 했지만 실제로는 식민 지배를 인정하는 범위 내에서만 언론의 자유를 허용했을 뿐입니다. 총독부는 인쇄된 신문을 먼저 총독부 경무국 도서과에 납본하도록 해 사전 검열을 통해 식민 지배에 비판적이거나 민족의식을 고취하는 기사는 게재하지 못하도록 했습니다. 이미 제작된 신문에 대해서는 사후에 기사를 삭제하도록 하거나 신문을 정간(발행 정지)·폐간(발행 금지)시키기도 했습니다. 심한 경우에는 문제가 되는 기사를 집필한 필자와 제작 책임

조선총독부의 기사 검열 신문

(삭제 지시에 의해 절반 가까운 지면이 빈 채 발행된 신문)

총독부는 조선인들에게 신문 발행을 일정 부분 허가해 주긴 했지만 언론의 자유는 허용하지 않았다. 신문에 대한 통제는 크게 신문을 제작하기 전 단계의 사전통제와 제작된 신문에 대한 사후 통제로 나뉜다. 이런 검열의 법적인 근거는 1907년 7월 24일 공포된 신문지법이었다. 이 법에서는 내부대신의 허가를 받아야 신문을 발행할 수 있도록 했고, 발매 반포의 금지, 압수, 발행 정지 등의 행정 처분과 사법 처분으로 이루어진 처벌 조항을 담고 있다. 또한 신문지법은 신문발행에 앞서 내부(內部) 또는 그 관할 관청에 각 2부를 미리 납부하도록 규정해 사전 검열을 실시할 수 있는 법적인 장치를 마련했다.

자에게 벌금 또는 체형을 가하는 사법 처분을 병행하기도 했습니다. 출판·집회·결사의 자유도 앞서 설명한 고등 경찰 제도와 치안 유지법의 시행으로 언론의 자유와 마찬가지로 식민 통치를 인정하는 범위 내에서만 허용되었습니다.

문화 통치를 표방한 일제는 한국인들에게도 참정권과 자치권을 주고 지방자치제를 실시하겠다고 선전하며 도 평의회, 부·면 협의회를 설치했습니다. 그러나 이 기구들은 의결권이 없는 자문 기구에 불과해 참정권과 자치권은 허용되지 않았고, 이마저도 대부분 일본인과 친일 인사만 참여할 수 있었기 때문에 일제는 이 기구들을 통해 친일파를 육성하고자 했습니다.

교육 정책면에서는 조선인을 일본인과 동등하게 교육시킨다는 선전 아래 **제2차 조선 교육령**(1922, 634p 참조)을 발표하고 교육 제도도 바꾸었습니다. 이에 따라 보통학교의 수업 연한을 4년에서 6년으로 늘리고, 대학 설립을 가능하게 만들어 한국인에게도 교육받을 기회를 평등하게 제공하는 것처럼 보였습니다. 그러나 보통학교의 조선인 취학률은 일본인의 1/6에 불과했고, 실제 한국인들이 대학을 설립하려는 민립 대학 설립 운동도 탄압하면서 교육 기회의 평등은 이루어지지 않았습니다.

이렇듯 소위 '문화 통치'는 겉으로는 조선인을 위한 정책이라는 점을 표방했지만 실제로는 식민 통치 체제를 더욱 강화하는 데 목적을 둔 기만적인 일제의 통치였기에 **'기만 통치'**라고도 합니다. 그리고 한국인의 반일 투쟁을 약화시키기 위해 한국인의 민심 동향을 깊숙이 감시하고 친일 세력을 대량 양성해 교묘히 민족 내부의 분열을 조장하려고 했기 때문에 **'민족 분열 통치'**라고도 부릅니다. 친일파를 양성하고자 한 일제의 민족 분열 통치는 상당한 성과를 거두었습니다. 영향을 받은 일부 한국의 지식인들이 독립을 우선하기보다는 민족 개조론, 자치론을 주장하거나 아예 친일파로 변절했기 때문입니다. 친일파들은 우리 민족을 분열·약화시키는 일제의 정책과 연결되어 독립운동가 적발과 정보 수집, 독립운동가 포섭과 설득 등 여러 방면으로 이용되었습니다. 이들을 통해 친일 단체가 설치되고 친일 여론이 확산되었고, 한편으로는 자산가와 노동자, 지주와 소작농 등 계층·계급 간의 분열을 조장해 민족 운동을 약화시킬 수 있었습니다.

내선일체 엽서

'내선일체'란 일본 본토를 지칭하는 '내지(內地)'의 첫 자와 '조선(朝鮮)'의 '선(鮮)'자에서 따온 것으로 '일본과 조선은 일체'라는 말이다. 이는 조선인도 일제 신민의 한 사람으로서 식민 지배에 적극 협조하라는 뜻으로, 일본어의 사용·신사 참배·창씨개명 등을 모두 내선일체론에 입각해 설명할 수 있다.

천황에게 충성하는 백성을 만드는 정책을 추진하다

1929년 세계 금융의 중심지였던 미국 월가의 주가가 폭락하면서 **세계 대공황**이 시작됩니다. 미국의 경기 침체가 세계 경제에도 타격을 주면서 세계 경제가 급격하게 하락한 것입니다. 미국은 뉴딜 정책을 펼쳐 재정을 투입하고 노동자를 고용하는 개발 사업과 복지를 확대하는 정책을 통해 대공황을 극복하고자 했습니다. 영국과 프랑스는 본국과 식민지를 하나로 묶는 블록 경제를 만들어 초과 공급을 해결하고자 했습니다. 일본의 경우에는 초과 생산한 물건을 소비할 경제력이 부족했기 때문에 전쟁을 통해 문제를 해결하고자 했습니다. 이에 조선에 대한 식민지 정책도 변화하게 됩니다.

일제는 **만주 사변**(1931)을 일으켜 만주를 점령하고 1937년에는 **중·일 전쟁**을 도발해 본격적으로 중국 본토 침략을 확대해 나갔습니다. 1941년에는 미국에 선전 포고를 하면서 **태평양 전쟁**을 일으켜 전쟁을 확대시켰습니다. 이렇게 일본이 대륙 침략을 감행한 만주 사변 시기부터 패전해 우리나라가 광복을 맞이하는 시기까지를 **민족 말살 통치** 시기라고 합니다.

일제는 중국, 미국과 전쟁을 치르기 위해 한국인들의 동원이 필요했습니다. 그래서 먼저 한국인을 일본인으로 동화시키는 정책을 추진합니다. 한국인의 민족의식을 말살해 한국인을 일본인으로 만들어 침략 전쟁에 동원하고자 했던 것입니다. 이에 따라 우리 민족의 문화와 전통을 완전히 말살시키고 일본인으로 동화시켜 일본 천황에게 충성하는 신민으로 만들려는 **황국 신민화 정책**이 실시되었습니다. 정책이 실시되면서 일본과 조선은 하나라는 **내선일체**(內鮮一體)가 강조되었고, 일본과 조선은 조상이 같다는 **일선동조론**(日鮮同祖論)도 주장되었습니다. 그리고 한국인들은 일본 천황의 신민임을 세뇌시키는 **황국 신민 서사**를 학생들은 물론 일반인들도 강제로 외우게 했고, 성과 이름을 일본식으로 바꾸는 **창씨개명**(633p 참조)도 실시했습니다. 창씨개명을 하지 않으면 자녀를 학교에 보낼 수 없었고 식량 배급도 받을 수 없는 등 불이익을 받게 해 사실상 강제했습니다. 일제는 서울 남산에 조선 신궁을 짓고 전국의 각 읍과 면에 신사를 세워 매월 1일에 참배하는 **신사 참배**를 강요했고, 정해진 시간이 되면 천황이 있는 일본 궁성을 향해 절을 하는 **궁성 요배**도 강요했습

창씨개명을 위해 줄을 선 사람들

황국 신민의 서사(소학교용)

1. 우리들은 대일본제국의 신민(臣民)입니다.
2. 우리들은 마음을 합해 천황 폐하에게 충의를 다합니다.
3. 우리들은 인고단련하고 훌륭하고 강한 국민이 되겠습니다.

일제는 황국 신민 서사를 학생은 물론 일반인에게도 강제로 외우게 했다. 각종 행사를 진행할 때 제창했고, 모든 출판물에 황국 신민 서사의 내용이 게재되었다.

일본어 사용을 강요하는 포스터

1930년대 일본이 식민지에서 황국 신민화 정책을 왜 실시하고 있는지를 알려 주는 포스터이다. '훌륭한 병사를 배출하기 위해 국어(일본어) 생활을 실행합시다.'라고 쓰여 있다.

국민학교

'황국 신민 학교'의 줄임말로, 명칭에서 천황에게 충성을 다하는 신민을 양성하겠다는 뜻이 드러난다.

니다.

황국 신민화 정책은 교육 분야에서도 추진되었습니다. 일제는 **제3차 조선 교육령**(1938, 634p 참조)을 발표해 학교에서 한국어와 한국사 교육을 사실상 금지했고, 일본어 사용을 강조했습니다. 한국어 사용을 막아 한국인의 말과 의식을 흐리게 만들겠다는 것이었습니다. 한국인들이 다녔던 보통학교를 일본인이 다녔던 소학교로 명칭을 통일해 겉으로는 내선일체에 따라 한국인과 일본인이 동질한 교육을 받는 것처럼 만들었습니다. **국민학교령**(1941, 635p 참조)을 발표해 소학교의 명칭을 모두 국민학교로 개칭하고, 일종의 도덕·윤리 교육인 수신 교육을 강화해 천황에게 충성을 다하는 신민을 만들려고 했습니다. 그리고 **제4차 조선 교육령**(1943, 634p 참조)을 발표해 교육 기관의 수업 연한을 단축하고 군사 훈련을 실시하면서, 한국인들을 전쟁에 동원하기 위한 전시 교육을 강화했습니다.

한편 **조선 사상범 보호 관찰령**(1936), **조선 사상범 예방 구금령**(1941)을 통과시켜 사회주의자나 독립운동가에 대한 감시와 탄압을 강화했고, 〈조선일보〉, 〈동아일보〉와 같은 한국인 발행 신문을 폐간(1940)시키면서 억압적인 통치 체제를 강화했습니다.

1937년 중·일 전쟁이 발발한 이후에는 **국가 총동원법**(1938)을 제정해 인력과 물자를 수탈해갔습니다. 청년들을 **지원병제**(1938), **학도 지원병제**(1943), **징병제**(1944)를 통해 침략 전쟁에 동원하고, 여성들은 **'일본군 위안부'**로 강제 동원했습니다. 징용이라는 이름으로 탄광·군수공장 등에 강제 노역에 동원하는 등 노동력을 수탈하기도 했습니다.

주요 용어

채응언, 독립 의군부, 대한 광복회, 송죽회, 조선 국민회, 신민회, 삼원보, 국외 독립운동 기지, 만주(간도) 지역, 신흥 강습소(신흥 무관 학교), 서로군정서, 용정촌, 명동촌, 서전서숙, 명동학교, 간민회, 북로군정서, 한흥동, 신한촌, 권업회, 대한 광복군 정부, 대한 국민 의회, 대한민국 임시 정부, 동제사, 신한 청년당, 대한인 국민회, 흥사단, 대조선 국민군단

2 1910년대 국내의 민족 운동

1910년대 일제의 가혹한 통치에도 국내 민족 운동이 일어나다

의병 항쟁은 일제의 탄압으로 크게 위축되었지만 국권이 피탈된 후에도 소규모의 형태로 계속되었습니다. 대표적인 의병장 **채응언**은 함경도와 평안도 등에서 일본 헌병 분견소와 파출소를 습격하는 등 유격전을 전개하며 항전했습니다. 그러나 채응언이 1915년 일제에 체포된 이후에는 사실상 국내 대부분의 의병 활동이 중단되었습니다.

일제의 무단 통치 시기 헌병 경찰의 감시에 의해 민족 운동 단체들이 강제로 해산당하자 국내 항일 투쟁은 대부분 비밀 결사로 진행될 수밖에 없었습니다. 1910년대 비밀 결사는 주로 군자금 모집과 민족 운동의 거점 확보를 위해 활동했는데, 대표적인 비밀 결사 단체로는 **독립 의군부**(1912)와 **대한 광복회**(1915, 635p 참조)가 있었습니다. 전라도 지역에서 활동한 독립 의군부는 의병장 출신 임병찬이 고종의 비밀 지시를 받고 의병을 규합해 조직했습니다. 독립 의군부는 국내에 흩어진 의병들을 모아 의병 전쟁을 계획했고, 국권 회복과 고종의 황제 복위를 표방(복벽주의)하면서 일본 내각 총리대신과 조선 총독에게 국권 반환을 요구하는 서신을 보내려고 하던 중에 조직이 발각되어 1914년에 해체되었습니다.

대한 광복회는 경상북도 풍기에서 채기중이 조직한 광복단과 대구에서 박상진이 조직한 조선 국권 회복단의 일부 인사가 모여 결성했습니다. 박상진이 총사령을 맡고 김좌진이 부사령을 맡아 독립 전쟁을 통한 국권 회복을 목표로 군사 조직을 갖추었고 친일 부호를 처단했으며 만주에 무관학교 설립을 위한 군자금을 모금해 독립군 양성을 추진하며 독립 전쟁을 계획했습니다. 대한 광복회는 독립 의군부와 달리 공화정 형태의 근대 국가 건설을 목표로 했습니다. 하지만 1918년 군자금을 마련하던 중 조직이 드러나 사실상

1910년대의 독립운동 기지

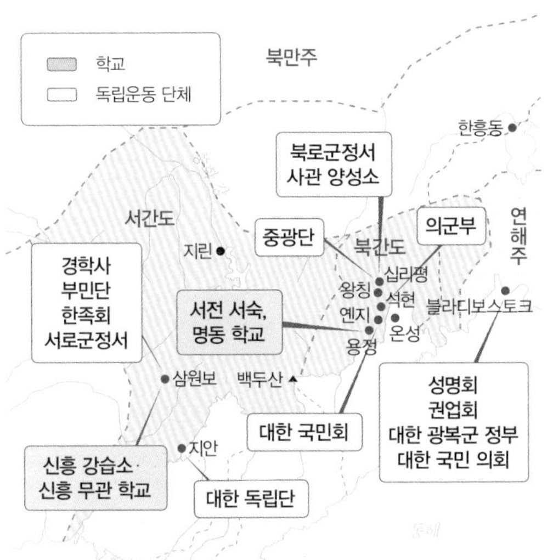

해체되었고, 일부 회원은 만주로 망명해 항쟁을 이어 나갔습니다. 이 밖에도 평양 숭의여학교 교사와 학생들이 주축이 되어 조직한 **송죽회**(1913), 평양 숭실학교 학생들과 졸업생을 중심으로 결성한 **조선 국민회**(1917) 등과 같은 비밀 결사가 조직되어 국내에서 민족 운동을 전개했습니다.

신흥 강습소

신흥 강습소는 신민회의 '신(新)'과 구국 투쟁이 왕성하게 일어난다는 뜻의 '흥(興)'이 합쳐진 '신흥'이라는 명칭을 붙인 민족 교육 기관이다. 이는 무장 투쟁이라는 신민회의 조직적 결의를 바탕으로 하는 독립운동을 목표로 설립되었음을 보여 준다.

1910년대 국외에서 독립운동 기지를 건설하다

1910년대 일제 헌병 경찰의 가혹한 탄압으로 국내에서 독립운동을 전개하기 어려워지자 독립운동가들은 만주, 연해주 등 국외로 근거지를 옮겨 장기적인 독립운동의 거점을 만들고자 했습니다. 특히 항일 비밀 조직인 **신민회**는 국권 강탈 이전부터 국외에 독립 운동 기지 건설을 협의하다가 1910년 국권을 빼앗기자 항일 무장 투쟁을 공식 노선으로 채택하고 만주에 무관학교를 설립해 독립운동 기지를 건설할 것을 결의했습니다. 그 해 12월 이회영, 이시영 형제를 시작으로 이듬해에는 이상룡, 김동삼 등이 가산을 정리하고 서간도(남만주) 지역의 **삼원보**로 집단 이주하면서 **국외 독립운동 기지** 건설이 본격적으로 시작됩니다. **만주(간도) 지역**은 일찍이 일제의 침탈에 항거하는 한국인들이 다수 이주해 한인 마을이 형성되어 있었기 때문에 독립운동의 거점 기지로 건설되는 데 유리한 조건을 지니고 있었습니다.

압록강 북부의 서간도 지역에서는 삼원보를 중심으로 신한민촌을 건설하고 독립운동의 기지로 삼았습니다. 신민회 임원을 주축으로 한 독립운동가들은 삼원보에 민족 운동 단체인 경학사(1911)를 조직하고, 민족 교육과 군사 교육을 통한 독립군 양성을 위해 **신흥 강습소**(1911)를 설립

이회영(1867~1932)

한말 교육인이자 사상가로서, 아나키스트 계열의 항일 독립운동가인 우당 이회영의 사진이다. 그는 안창호, 양기탁 등과 함께 신민회를 결성했고, 1906년 이상설과 함께 서전 서숙을 세웠다. 1910년 한·일 병합 조약이 체결되자 그해 12월에 전 재산을 처분한 뒤 온 가족을 데리고 만주로 망명해 경학사, 신흥 강습소 등을 설립했다.

이후 중국에서 독립운동을 활발히 전개했는데, 1924년에는 재중국 조선 무정부주의자 연맹을 조직했고, 1931년에는 항일 구국 연맹의 의장에 추대되기도 했다. 그러나 1932년 상하이에서 다롄으로 향하던 도중 일본 경찰에 붙잡혀 결국 독립된 조국을 보지 못하고 옥사하고 말았다.

했습니다. 경학사는 후에 부민단(1912), 한족회(1919)로 개편하며 발전했고, 임시군정부를 설립해 독립군을 조직했습니다. 이 독립군 부대는 대한민국 임시 정부가 수립된 이후 임시 정부 관할하의 군사 조직인 '서로군정서'로 재편되었고, 국내 및 서간도 지역의 일제 통치 기관을 습격하고 민족반역자와 친일파를 처단하는 활동을 전개했습니다. 신흥 강습소는 3·1 운동 이후 수많은 청년들이 찾아오면서 명칭을 **신흥 무관 학교**(1919)로 바꾸고 여러 분교를 두어 대표적인 독립군 양성 기관으로 자리매김했습니다. 1920년 8월 폐교될 때까지 약 3,000여 명의 졸업생을 배출했는데, 이들은 **서로군정서**를 포함해 홍범도의 **대한독립군**, 김좌진의 **북로군정서** 등 여러 독립군 부대의 중심적인 역할을 하게 됩니다.

북간도 지역은 현재 중국의 옌지(연길), 왕칭(왕청), 룽징(용정) 지역을 중심으로 두만강과 마주한 간도 지역의 동부를 말합니다. 특히 이 지역에는 일찍부터 **용정촌**, **명동촌** 등 한인 집단촌이 형성되어 있었습니다. 독립운동가들은 북간도 지역에 **서전서숙**(1906)과 **명동학교**(1908) 등을 세워 민족 교육을 실시했고, **간민회**(1913) 등 민족 운동 단체를 결성했습니다. 그리고 대종교 세력이 중심이 되어 중광단이라는 무장 조직이 결성되어 활동했습니다. 중광단은 여러 단체와 통합을 거쳐 대한민국 임시 정부 수립 이후 임시 정부 관할하의 부대로 편성되었는데, 서간도 지역의 '서로군정서'란 명칭처럼 북간도 지역에서 활동해 '북로군정서'란 명칭으로 불리우게 되었습니다. 러시아와 북만주의 접경 도시인 밀산에서도 이상설 등에 의해 독립운동 기지인 **한흥동**이 건설되었습니다.

서전 서숙
이상설이 1906년 북간도 용정촌에 설립한 서전 서숙의 전경이다. 서전 서숙은 비록 1년 여만에 폐교되었지만, 민족 교육 기관으로서 위상을 지녔고, 그 뒤 북간도와 만주 일대뿐만 아니라 한국 내에서도 민족 교육이 항일 운동으로 발전해 가는 데 큰 영향을 끼쳤다.

만주뿐만 아니라 러시아 연해주에도 19세기 말부터 가난에서 벗어나기 위해 많은 동포들이 이주해 살고 있었습니다. 특히 러시아는 연해주 및 시베리아 지역의 개발을 위해 외국인에게 국적을 변경하는 대신 토지를 나누어 주며 이주를 장려했기 때문에 많은 한국인들이 넘어와 살고 있었습니다. 이런 상황에서 대표적으로 블라디보스토크 교외의 **신한촌**을 중심으로 독립운동 기지가 건설되었습니다. 신한촌에서 성명회(1910)라는 민족 운동 단체가 조직되었다가 **권업회**(1911)로 발전해 동포 사회를 이끌었습니다. 권업회는 기관지로 〈권업신문〉을 발간했는데, 이 신문은 연해주 교포의 대변지 역할을 했습니다. 1914년 러시아 내에서 러·일 전쟁 10주년을 맞아 러시아인들의 반일 감정이 고조되자, 이상설과

스티븐스
1904년 8월 제1차 한·일 협약 체결 이후 대한제국의 외교 고문으로 활동한 인물이다. 1905년 을사늑약을 체결하는 데 중요한 역할을 맡아 민족 운동가들의 표적이 되었다.

대한인국민회
1913년경 안창호가 대한인국민회 중앙총회장 당시 샌프란시스코 본부 앞에서 회원들과 찍은 사진이다. 1908년 재미 한인 단체 통합 운동의 결과로, 미국 샌프란시스코의 대한인공립협회와 하와이의 한인 합성협회가 1909년 2월 국민회로 통합·결성되었다. 이듬해인 1910년 5월 대동보국회가 국민회에 흡수됨으로써 대한인국민회로 개칭되었다.

흥사단
1918년 샌프란시스코에서 개최한 흥사단 5회 대회 이후 흥사단 건물 앞에서 안창호와 흥사단원들이 함께 찍은 사진이다. 흥사단은 도산 안창호가 1913년 5월 13일 미국 샌프란시스코에서 창립한 민족운동단체로 미국 내에서 국권 회복에 기여할 인물을 양성하는데 주력하면서, 상하이 임시 정부의 운영 자금을 조달하는 등 독립 운동을 적극 지원했다.

이동휘를 정·부통령으로 하는 **대한 광복군 정부**(1914)가 조직되었습니다. 그러나 1914년 제1차 세계 대전이 일어나자 일본과 충돌을 피하려는 러시아 정부가 한국인들의 무장 투쟁을 금지하면서 대한 광복군 정부도 해산당했습니다. 그 뒤 연해주에 있던 각종 한인 단체들을 망라해 전로 한족회 중앙총회(1917, 636p 참조)가 결성되었다가 **대한 국민 의회**(1919. 3.)로 개편되었습니다. 대한 국민 의회는 행정부를 조직해 손병희를 대통령에, 이승만을 국무총리에 추대하여 임시 정부로서 구성을 갖추어 나가다가 후에 다른 임시 정부들과 함께 **대한민국 임시 정부**(1919. 9.)로 통합했습니다.

만주나 연해주뿐 아니라 중국 본토와 미주(아메리카) 지역에서도 민족 운동이 나타났습니다. 중국 상하이에는 신규식을 중심으로 독립운동 단체인 **동제사**(1912)가 결성되었습니다. 이어 동제사의 젊은 활동가들이었던 김규식·여운형 등이 중심이 되어 신한 청년단(1918)을 조직했습니다. 동제사는 청년 교육과 군사 교육을 강조한 독립운동 단체였으며, **신한 청년단**은 1919년 제1차 세계 대전을 마무리 짓는 파리 강화 회의에 한국 대표로 김규식을 파견해 한국의 독립 의지를 보였습니다. 이들 신한 청년단 단원들 중 김규식 등 일부는 대한민국 임시 정부의 중요 보직을 맡아 활동했습니다. 미국에서는 일본의 한국 침략을 정당화하는 발언을 했던 미국인 스티븐스를 저격한 장인환과 전명운의 의거(1908)를 계기로 동포 사회에 애국심이 고조되면서 **대한인 국민회**(1910)라는 한인 단체가 결성되었습니다. 대한인 국민회는 북미, 하와이, 멕시코, 만주, 시베리아까지 지부를 둔 미주 지역 최대 규모의 독립운동 단체였습니다. 안창호는 105인 사건(1911)으로 신민회가 해체되자 미국 샌프란시스코에서 민족 운동 단체인 **흥사단**(1913)을 창립해 국민 교육과 계몽에 힘썼습니다. 이밖에도 하와이에서는 박용만의 주도하에 항일 무력 투쟁에 대비한 독립군 양성을 목적으로 **대조선 국민군단**(1914)이 조직되어 군사 훈련을 전개하기도 했습니다.

이렇게 1910년대 건설된 독립운동 기지를 중심으로 국외로 이주한 동포 사회가 조직·규합되었고, 항일 무장 투쟁을 위한 독립군이 양성되었으며, 여러 학교에서 민족의식 고취를 위한 교육이 실시되었습니다. 이러한 기반 위에서 양성된 독립군이 이후 1920년대부터 항일 무장 투쟁의 주축으로 활약하면서 무장 독립 전쟁이 활발하게 전개될 수 있었습니다.

주요 용어

민족 자결주의, 대한 독립 선언, 2·8 독립 선언, 3·1 운동, 제암리 학살 사건, 대한민국 임시 정부

3 3·1 운동

민족 자결주의

제1차 세계 대전이 끝나고 전후 처리를 논의하는 파리 평화 회의에서 미국 대통령 윌슨이 민족 자결주의를 주장한다. 민족 자결주의는 타 국가의 간섭은 인정하지 않고 각 민족 집단이 스스로의 의지에 따라 정치적인 운명을 결정할 권리가 있으며 다른 민족의 간섭을 받을 수 없다는 논리이다. 즉 피지배 민족에게 자유롭고 동등하게 자신들의 정치적 미래를 결정할 수 있는 자결권을 인정해야 한다는 것이다.

이에 따라 식민지 상태의 약소민족들이 독립을 쟁취하기 위한 기본권과 정당성을 주장하는 데 사상적인 근거가 되었다. 그러나 민족 자결주의는 제1차 세계 대전 패전국의 식민지에만 적용되었고, 승전국의 식민지에는 적용되지 않았다. 일본은 승전국이었기 때문에 한국의 독립은 허용되지 않았다.

대한 독립 선언

이 선언은 음력으로는 1918년(무오년)에 발표되어 '무오 독립 선언'이라고도 불린다.

거족적인 민족운동의 상황이 마련되다

일본에게 국권을 빼앗긴 이후 조선 민중은 일제의 가혹한 무단 통치와 수탈로 기본적인 자유를 누리지 못하는 삶을 살아가게 되면서 일본의 식민지 지배에 대한 저항 의지가 커져 가고 있었습니다. 게다가 1919년 1월 21일 고종의 급작스러운 서거를 둘러싸고 일본이 독살했다는 소문이 퍼지자 일본의 식민 통치에 대한 한국인의 분노가 폭발하게 되었습니다. 이러한 가운데 제1차 세계 대전을 정리하는 파리 강화 회의에서 미국의 윌슨 대통령이 제창한 **민족 자결주의**는 우리 민족의 의지에 따라 스스로 정치적 운명을 결정할 수 있다는 희망과 의지를 심어 주는 계기가 되었습니다.

한편 1917년 러시아에서 혁명이 일어나 최초의 사회주의 국가가 탄생하는데, 이 혁명을 이끌었던 지도자 레닌이 약소국 민족의 해방 운동을 지원하겠다는 선언을 하면서 세계 약소민족의 독립에 희망을 주었고, 우리나라의 독립운동가들도 희망을 갖게 되었습니다.

해외에서 활동하던 민족 운동가들도 독립을 위해 활발한 활동을 했습니다. 상하이에서 결성된 신한 청년단은 김규식을 파리 강화 회의에 민족 대표로 파견해 한국의 독립을 호소했습니다.

1919년 2월 1일에는 국내외 변화된 상황에 자극받은 만주와 연해주의 독립운동가 39인은 만주 지린(길림)에 모여 무장 투쟁으로 독립을 쟁취하겠다는 의지를 보여 주는 '**대한 독립 선언**(636p 참조)'을 발표합니다. 일본 도쿄에서는 일본 유학생들로 구성된 조선 청년 독립단이 일본과 국제 사회에 우리나라의 독립을 청원할 것을 결의하고 독립선언을 발표하는데, 이를 **2·8 독립 선언**(1919. 2. 8, 636p 참조)이라고 합니다. 이렇게 중국과 일본에서 들려온 대한 독립 선언과 2·8 독립 선언은 국내에서 독립 선언이 일어나는 기폭제가 되었습니다.

3·1 운동 당시의 봉기 지역

전국 218개 군 중 211개 군에서 1,500여 건의 시위가 일어났다.

3·1 운동이 전개되다

국내에서는 천도교·기독교·불교의 종교계와 학생들이 중심이 되어 독립 선언을 준비하고 있었습니다. 그러던 중 국외에서 독립 선언 발표 소식이 전해지면서 독립 선언 준비가 보다 활발해지기 시작했습니다. 각기 다양하게 운동을 준비하다가 손병희를 중심으로 하는 천도교계와 이승훈을 중심으로 하는 기독교계가 연합하고, 여기에 독자적으로 준비하던 학생들과 한용운 등 불교계가 연합하면서 본격적으로 독립운동이 진행됩니다. 이들은 33인의 민족 대표를 구성하고 독립 선언서를 작성하면서 고종의 인산일에 맞춰 주요 도시에서 진행할 만세 시위를 준비했습니다. 인쇄된 독립선언서(637p 참조)는 1919년 2월 27일 각 종교의 교단 조직을 통해 배포되었고, 학생들은 군중 동원과 시위 및 독립선언서 배포 등의 계획을 준비했습니다. 이와 함께 지도부는 대중화와 비폭력을 만세 시위의 원칙으로 정하고 3월 1일을 맞이합니다.

1919년 3월 1일, 사전에 계획했던 대로 서울·평양·의주·선천·안주·원산·진남포 등 6개 도시에서 독립 만세 운동이 일어났습니다(3·1 운동). 33인의 민족 대표는 민중이 흥분해 폭력 사태가 일어날 경우 독립을 청원하기 어려워질 것이라 생각하고, 예정되었던 탑골공원 대신 서울 인사동의 태화관이라는 음식점에서 독립 선언을 낭독한 뒤 일본 경찰에게 스스로 체포되었습니다. 하지만 탑골공원에 모여 있던 학생들은 민족 대표들과는 따로 독립 선언서를 낭독하고 태극기를 꺼내 대한 독립 만세를 외치며 비폭력 만세 시위를 벌였습니다.

3·1 운동은 참여자의 성격과 만세 운동의 변화 양상에 따라 시기를 구분합니다. 첫째 시기는 서울 등 주요 도시에서 비폭력 평화 운동을 벌이는 점화 시기입니다. 둘째 시기는 3월 10일을 전후로 해 전라도·경상도·강원도·충청도 등 전국의 주요 도시로 만세 운동이 확산되는 도시 확산기입니다. 도시 확산기를 거치면서 시위가 청년과 학생들을 중심으로 전국적인 규모로 확대되었습니다. 학생들은 독립 선언서를 각 지역에 배포하고 비밀결사를 조직해 운동을 주도하면서 동맹 휴학을 이끌었습니다. 상인들은 철시로, 노동자들은 파업의 형식으로 투쟁에 참여하며

인산일

조선시대 태상왕과 태상왕비, 상왕과 상왕비, 왕과 왕비, 세자와 세자빈, 세손과 세손빈 등의 장례를 일컫는 말이다.

덕수궁 앞 만세 시위

1919년 3월 1일 당일 덕수궁 앞에 모인 시민들이 만세 시위를 하고 있는 모습이다.

제암리 학살 사건

1919년 4월 15일 일본군이 15세 이상의 남자들을 제암리 교회에 모이라 하고, 만세 시위 당시 일본군이 주민들에게 행한 만행에 대해 사과할 것처럼 하였다. 하지만 총격과 함께 교회당 문을 걸어 잠그고 불을 지르며 밖으로 빠져나오려는 사람들에게 무차별 사격을 가했다. 또한 제암리 마을 32가구에 불을 지르는 만행을 저질렀다. 이 사건은 외국인 선교사들에 의해 해외에 알려지게 되었다. 선교사 언더우드는 참사 현장을 돌아보고 보고서를 작성해 미국으로 보냈으며, 선교사 스코필드는 일본 헌병 몰래 현장 사진을 찍어 미국으로 보내 일제의 야만 행위를 국제사회에 여론화시켰다.

3·1 운동의 분위기는 크게 고조되었습니다. 셋째 시기는 3월 중순 이후 도시뿐 아니라 농촌 각지로 운동이 확산되는 농촌 확산기입니다. 시위가 전국의 농촌으로 확산되면서 1910년대 토지 조사 사업으로 인한 수탈로 피해를 입은 농민들이 운동에 적극 참여하게 되었고, 시위의 규모도 커졌을 뿐 아니라 그 양상 또한 면사무소와 헌병주재소 등을 습격하는 등 무력을 행사하며 저항하기 시작했습니다. 비폭력 투쟁에서 무력 저항으로 변한 이유는 일제의 무단 통치 시기 농민들이 도시민들에 비해 가혹한 수탈을 당해 불만이 더욱 컸고, 일제가 3·1 운동을 경찰과 군인을 동원해 무자비하게 탄압하자 이에 대한 반발이 일어났기 때문입니다. 3·1 운동은 국외로도 확산되어 중국의 만주·상하이·연해주·시베리아와 미주 지역 등 조선인 이주민이 거주하는 지역에서는 대부분 만세 운동이 전개되었습니다.

3월 1일에 전국적으로 시작된 만세 운동은 1919년에만 약 200만 명의 조선인들이 참여하면서 거국적인 운동으로 발전했습니다. 시간이 지날수록 비폭력 만세 시위 운동에서 폭력적인 투쟁으로 변화되었습니다. 시위가 전국적으로 확산되고 규모도 커지자, 이에 놀란 일제는 군대와 경찰을 동원해 무력으로 진압했습니다. 경기도 화성에서 일어난 **제암리 학살 사건**은 일본군의 무자비한 탄압과 학살을 보여 주는 대표적인 사건입니다.

3·1 운동, 일제의 식민 통치와 우리의 독립 운동에 변화를 주다

일제의 무자비한 탄압으로 3·1 운동이 목표했던 독립은 이루지 못했습니다. 그러나 일제 강점기 가장 큰 규모로 전개된 3·1 운동은 한국인의 독립 의지를 세계에 알렸습니다. 일제는 3·1 운동을 무력을 동원해 진압하는 과정에서 세계 여론이 좋지 않게 돌아가고, 더 이상 강압적으로 통치하는 것보다는 부분적으로 회유할 수 있는 방법을 모색하면서 식민지 통치 방식을 문화 통치로 바꾸었습니다.

3·1 운동의 전개 과정에서 비폭력 만세 시위가 국내를 넘어 해외까지 확산되었지만 이후 어떻게 나아가야 할지 방향을 잡지 못하면서 독립 운동가들은 조직적이고 체계적으로 독립운동을 지도할 수 있는 구심점의 필요성을 느끼게 되었습니다. 이에 여러 독립운동가들이 국내와 해외

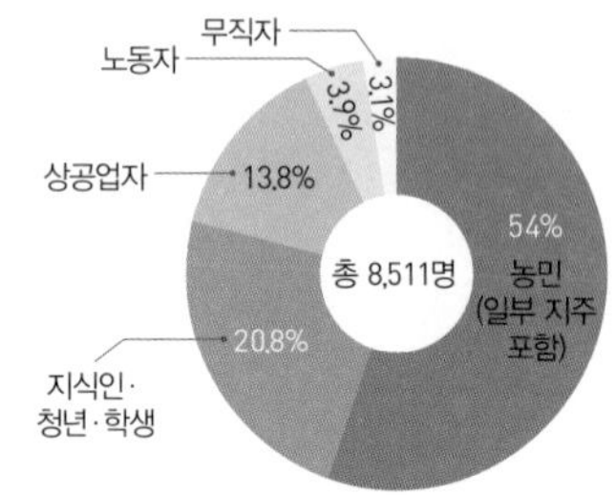

3·1 운동 수감자의 계층별 분포

3·1 운동 때 일제에 의해 수감된 계층들을 보면, 농민·지식인·청년·노동자·상공업자 등 다양한 계층이 시위에 참여했다는 것을 알 수 있다.

에서 임시 정부의 성격을 띤 조직들을 만들었고, 후에 이러한 조직들이 하나로 통합되면서 중국 상하이에 **대한민국 임시 정부**(1919. 9.)가 수립되었습니다. 한편, 노동자와 농민·학생·도시민 등 다양한 계층들이 3·1 운동에 적극적으로 참여하면서 이들의 사회의식도 성장했습니다. 게다가 러시아 혁명 이후 사회주의 사상이 국내에 유입되면서 각계각층의 사회 운동이 활발하게 진행되었습니다.

3·1 운동은 독립 운동의 방법 및 이념에 따라 독립 운동 세력이 나뉘어지는 계기도 되었습니다. 3·1 운동의 전개 과정에서 국내에서 비폭력 투쟁에 한계를 느낀 독립 운동 세력은 만주나 연해주 등지에서 무장 투쟁론을 강조하거나, 개별적 혹은 조직적인 폭력 투쟁의 노선을 주장했습니다. 한편 열강들의 지지 없이는 독립을 인정받기 힘들다고 판단한 독립 운동 세력은 외교론을 강조하며 활발한 외교 활동을 추진했습니다.

지금은 민족의 역량이 독립을 쟁취하기에는 부족하므로 독립을 쟁취하기 위한 실력 양성이 먼저라고 주장하는 실력 양성론자들도 있었습니다. 그리고 약소 민족의 독립을 지원한다고 선언한 사회주의 국가 소련의 영향 아래 사회주의가 널리 확산되면서 민족 운동 세력이 이념적으로도 자본주의 계열(민족주의)과 사회주의 계열로 나뉘었습니다.

3·1 운동은 우리나라를 넘어 제국주의 침략에 고통받는 국가들에 영향을 미쳐서 중국의 5·4 운동, 인도의 비폭력·불복종 운동, 베트남의 독립운동과 같은 반(反)제국주의 민족 해방 운동을 확산시키는 데 영향을 주었습니다.

주요 용어

대한 국민 의회, 대한민국 임시 정부, 한성 정부, 대한민국 임시 헌장, 연통제, 교통국, 이륭양행, 백산상회, 파리 위원부, 구미위원부, 육군주만 참의부, 〈독립신문〉, 《한·일 관계 사료집》, 국민 대표 회의, 위임 통치 청원

4 대한민국 임시 정부의 수립과 활동

대한민국 임시정부가 수립되다

3·1 운동을 계기로 조직적이고 체계적으로 독립 운동을 이끌 구심점의 필요성을 느끼게 되면서 임시 정부 수립이 논의되기 시작했습니다. 3·1 운동 이후 국내와 국외 각지에서 6개 이상의 임시 정부가 구성되었지만 이 중 실질적인 정부의 형태로 조직되었던 것은 3개 정도였습니다. 러시아 연해주의 블라디보스토크에서 손병희를 대통령으로, 이승만을 국무총리로 추대한 **대한 국민 의회**(1919. 3.)가 수립되었습니다. 중국 상하이에서 신한 청년단을 중심으로 여러 세력이 참여해 이승만을 국무총리로 하는 **대한민국 임시 정부**(1919. 4.)가 수립되었습니다. 서울에서는 국내 13도 대표 24명이 국민대회를 개최해 이승만을 집정관 총재로 하는 **한성 정부**(1919. 4.)를 수립했습니다.

임시 정부가 여러 곳에서 수립되자 이들을 하나로 통합해 항일 투쟁의 역량을 결집해야 한다는 공감대가 형성되었습니다. 통합 논의 과정에서 통합된 임시 정부의 위치를 대한 국민 의회는 만주나 연해주에, 상하이 임시 정부는 중국 상하이에 두자고 주장하면서 문제가 되었습니다. 만주나 연해주는 독립 운동 기지가 많이 건설되어 무장 독립 전쟁에 유리한 지역이었고, 상하이는 서양 열강의 조계 지역이 많아서 외교 활동을 펴기에 유리한 지역이었기 때문에, 위치에 대한 문제는 통합될 임시 정부가 무장 투쟁론과 외교론 중 어떤 방법으로 독립 운동을 전개할 것인지에 대한 독립 운동 방법론과 연결되어 있었습니다. 논의 끝에 민족 지도자들은 국내 13도 대표들이 국내에서 수립한 한성 정부가 대표성을 가지고 있다고 판단해, 통합 정부는 한성 정부의 법통을 계승하면서 외교 활동

대한민국 임시 정부 수립 과정

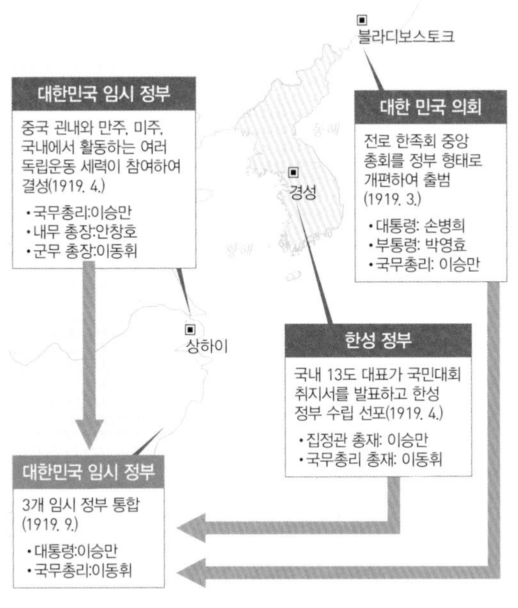

상하이 임시 정부 청사 전경
상하이 프랑스 조계지에 있었던 대한민국 임시 정부의 첫 번째 청사로서, 안창호가 미국의 대한인 국민회로부터 자금을 지원받아 마련한 곳이다.

대한민국 임시의정원
1921년 대한민국 임시의정원의 신년 축하회 기념 사진이다. 임시 정부는 3권 분립의 원칙에 따라 입법 기관인 임시 의정원과 행정 기관인 국무원, 사법 기관인 법원으로 중앙 조직을 구성하였다.

이륭양행
이륭양행은 아일랜드계 영국인 조지 루이스 쇼가 1919년 5월 중국 단둥에 설립한 무역 선박 회사였는데, 비밀리에 대한민국 임시 정부의 교통국의 역할을 수행했다.

백산상회
백산 안희제 선생 등이 독립운동 자금을 지원하기 위해 1914년 부산에 세운 회사이다. 일제는 이와 같은 활동을 눈치채고 계속 수색하여 관련자들을 감금하고, 회사의 장부를 검열하는 등 끈질기게 탄압해 결국 1927년 해산되었다.

이 유리한 상하이에 두기로 합의했습니다. 이는 통합된 임시 정부 내에서 외교론이 우세한 입장이었다는 사실을 보여 줍니다. 통합 논의가 마무리된 후, 상하이에 수립된 대한민국 임시 정부는 공화주의와 삼권분립의 원칙에 기초해 마련한 **대한민국 임시 헌장**(637p 참조)을 바탕으로 임시의정원(입법), 국무원(행정), 법원(사법)을 조직했습니다. 그리고 대통령 중심제를 채택해 이승만을 대통령, 이동휘를 국무총리로 선출해 통합된 대한민국 임시 정부(1919. 9.)를 수립했습니다.

대한민국 임시 정부가 조직적으로 활동하다

대한민국 임시 정부는 독립 운동 자금을 모으고 국내외 독립 운동을 지도하기 위해 **연통제**와 **교통국**을 조직했습니다. 연통제는 국내의 도·군·면에 설치되어 독립 자금 모금, 명령 전달·정보 보고 등을 담당했던 비밀 행정 조직망입니다. 서울에 총판을 두고 국내 각 도에 독판을 두었으며 간도에도 독판부를 설치했습니다. 연통제는 임시 정부의 업무 수행을 위해 국내외를 연결해 시행한 지방 행정 제도인 동시에 국내를 지휘·감독하기 위한 기본 조직으로 기능했습니다.

임시 정부의 통신 기관으로는 교통국이 있었습니다. 교통국은 만주 단둥에 지부를 두고 국내 각 군과 면에 연락처를 두어 국내외의 정보를 수집·분석한 기구입니다. 대한민국 임시 정부는 이들 연통제와 교통국을 통해 일제의 통치를 받는 국내의 상황을 이해하고 상하이에서 지시를 내려 국내에 전달하며 독립운동을 이끌어 나갔습니다. 임시 정부의 활동에 필요한 자금은 연통제와 교통국을 통해 국내에서 독립운동 자금을 모아 만주의 **이륭양행**, 부산의 **백산상회**를 이용해 전달받았습니다. 또한 독립 공채(애국 공채)를 발행해 국내뿐 아니라 해외에서도 많은 동포가 독립 공채를 구입해 줌으로써 독립운동 자금을 조성할 수 있었습니다. 여기에 임시 정부의 활동을 지원하기 위해 각지의 동포들이 의연금을 보내 준 것도 임시 정부의 재원 조달에 큰 도움이 되었습니다.

임시 정부는 활발한 외교 활동을 통해 독립 운동을 전개했는데 **신한청년당**의 일원으로 파리 강화 회의에서 민족 대표로 파견되었던 김규식을 임시 정부의 외무총장으로 임명하고 **파리위원부**를 설치했습니다. 이를 통해 독립 청원서를 파리 강화 회의에 제출하고 각국 대표들에게 일

독립공채(애국공채)

대한민국 임시 정부가 독립운동 자금을 마련하기 위해 발행한 독립 공채이다. 구미위원부는 1919년 9월 1일부터 10, 25, 50, 100, 1,000 달러 5종으로, 연리 6퍼센트에 미국이 한국 정부를 승인한 1년 뒤에 상환한다는 조건으로 공채를 발행했다. 임시 정부의 활동을 위해서는 자금 조달이 매우 중요했기에 임시 정부는 중국과 미국에서 독립공채를 발행해 독립운동 자금을 확보했다. 독립공채의 발행 조례를 보면, 외국인도 응모할 수 있었으며 그 상환 기간은 대한민국이 완전히 독립한 후 만 5개년으로부터 30개년 이내에 수시로 상환할 수 있도록 하였다.

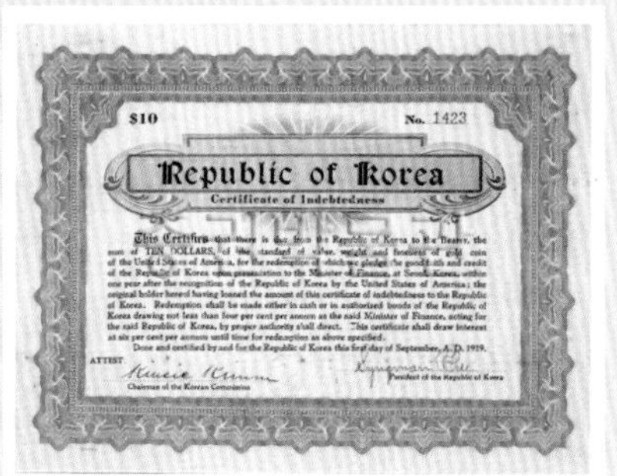

제의 침략상과 한민족의 독립에 대한 당위성을 널리 홍보했습니다. 비록 일본의 방해와 강대국들의 무관심 때문에 구체적인 성과를 거둘 수는 없었지만, 한국 문제가 국제사회에 널리 알려지게 되었습니다.

임시 정부는 미국 워싱턴에 **구미위원부**(1919)를 두고 대통령 이승만을 중심으로 해 미국 정부를 상대로 외교 활동을 벌이고, 한국의 독립 문제를 국제 여론에 알리는 데 주력하면서 외교론을 바탕으로 한 독립운동과 무장 독립 투쟁을 함께 추진했습니다.

임시 정부는 국무원 산하에 군무부를 설치하고 상하이에 육군 무관학교를 설립했습니다. 그리고 만주 지역에 임시 정부 직할 군단으로 **육군주만 참의부**·광복군 사령부·광복군 총영 등을 설치했고, 이미 조직되어 활동하던 여러 독립군들을 서로군정서, 북로군정서 등 군무부 산하 부대로 편입하는 노력을 기울이며 무장 투쟁을 지원했습니다. 그 외에도 **〈독립신문〉**을 발행해 독립운동 소식을 국내외에 전했으며, 임시 사료 편찬위원회를 두고 일제의 침략과 학정과 우리 민족의 독립운동과 관련된 사료를 모아 **《한·일 관계 사료집》**을 간행했습니다.

국민 대표 회의를 개최하다

1920~1921년경 연통제와 교통국은 일제에 발각되고 탄압을 받아 사실상 마비되었습니다. 제1차 세계 대전 이후 강대국이 개최한 국제회의에서 일본이 전승국으로 참여하고 있었고 강대국들은 임시 정부의 외교 활동을 외면했기 때문에 임시 정부의 외교 독립론의 성과는 미흡했습니다. 이런 상황 속에서 독립 운동의 새로운 방향을 모색하기 위해 민족 대표

들이 모여 **국민 대표 회의**(1923, 638p 참조)를 개최하였습니다. 국민 대표 회의에서 임시 정부를 해체하고 새로운 정부를 만주나 연해주에 수립하자는 창조파와 상하이에 있는 임시 정부의 체제나 조직만 바꾸자는 개조파의 갈등으로 결국 회의는 결렬되었습니다. 국민 대표 회의 결렬 이후, 상하이에 있는 임시 정부의 활동에 비판적이었던 무장 투쟁론자를 중심으로 민족 운동가들이 임시 정부에서 이탈하면서 임시 정부의 활동은 침체되었습니다.

위임 통치 청원

1919년 외교론을 주창한 이승만, 김규식 등은 한국을 일본의 지배에서 해방시켜 당분간 국제연맹의 위임 통치 아래 둘 것을 당시 미국의 우드로 윌슨 대통령에게 청원했다. 그러나 이 청원은 독립을 주창한 것이 아니라 일본의 통치에서 국제 연맹의 통치로 바뀌는 것뿐이라며 비판을 받았다.

대한민국 임시 정부, 체제를 변화시켜 독립 운동의 명맥을 이어 가다

임시 정부의 대통령 이승만은 임시 의정원을 무시한 채 독선적인 태도로 대통령직을 수행하고, 급기야 국제연맹에 **위임 통치 청원**(1919)을 제기하였습니다. 이 문제가 크게 비판을 받자 대통령 이승만은 탄핵되었고, 박은식이 제2대 임시 대통령으로 선출되었습니다(1925). 박은식은 대통령에 취임하자마자 대통령제를 폐지하고 국무령을 중심으로 하는 내각 책임제의 헌법 개정안을 의정원에 제출해 헌법을 개정했습니다. 이후 이상룡을 국무령으로 선출하고 스스로 대통령직을 사임했습니다(1925). 이 헌법 개정으로 임시 정부의 위기를 수습하려고 노력했지만 임시 정부의 세력은 계속 약화되었습니다.

국민 대표 회의 이후 침체에 빠진 당시 임시 정부는 국무령 중심제로는 내각 구성조차 어려워 국무위원 중심의 집단 지도 체제로 개편했고, 김구가 국무위원 겸 주석으로 취임해 임시 정부를 이끌어 갑니다(1927). 중·일 전쟁 이후 중국 국민당 정부와 함께 옮겨 다니며 중국 충칭에 정착한 임시 정부는 민족주의 계열 독립운동가들을 통합했습니다. 그리고 임시 정부를 강력한 지도력으로 이끌어 갈 수 있게 주석 중심제 체제로 개헌하고, 김구가 주석으로 다시 취임했습니다(1940). 이후 임시 정부는 사회주의 계열의 김원봉 세력 등을 받아들여 좌우 통합 체제를 구축했고(1942), 주석·부주석제 체제로 개편하며 활동을 지속해 나갔습니다(1944).

주요 용어

천마산대, 보합단, 구월산대, 서로군정서, 광복군사령부, 김좌진, 북로군정서, 홍범도, 대한독립군, 봉오동 전투, 청산리 대첩, 간도 참변, 자유시 참변, 참의부, 정의부, 신민부, 미쓰야 협정, 민족 협동 전선, 국민부, 혁신 의회, 조선 혁명당, 조선 혁명군, 한국 독립당, 한국 독립군

5 1920년대 무장 독립 투쟁

만주에 독립군이 조직되다

3·1 운동 이후 다양한 방법의 독립 운동이 모색되는데, 비폭력 시위의 한계를 느낀 일부 민족 운동 세력은 조직적인 무장 투쟁이 독립을 쟁취할 수 있는 핵심이라고 여겼습니다. 3·1 운동 이후 국내에서는 **천마산대**, **보합단**, **구월산대** 등 독립군이 조직되어 일제 군경과 전투를 벌였습니다. 만주 지역에서는 이미 1910년대에 건설된 독립 운동 기지를 중심으로 항일 무장 투쟁을 위한 독립군 부대가 조직되어 있었기 때문에 1920년대에는 무장 독립 전쟁을 활발히 전개할 수 있었습니다.

서간도 지역 삼원보에 설립된 신흥 무관 학교에서는 지청천 등을 교관으로 해 독립군 양성에 주력했습니다. 여기서 양성된 졸업생들을 중심으로 **서로군정서**가 조직되었습니다. 대한민국 임시 정부는 서간도 지역에 **광복군사령부** 등 직할 부대를 편제하면서 독립 전쟁을 준비했습니다. 북간도에서는 대종교도들이 중심이 되어 중광단(1911)이라는 독립군을 조직했고, 이후 임시 정부 산하 조직으로 편제되면서 서일을 총재로, **김좌진**을 군사령관으로 하는 **북로군정서**(1919)로 개편되었습니다. 북간도 지역에는 이외에도 **홍범도**가 이끄는 대한 독립군 등의 여러 독립군 부대들이 활동했습니다. 이들 만주 지역에서 활동하던 독립군 부대들은 주로 압록강이나 두만강을 건너 국내로 진입해 일본군에 기습을 가하고, 일본

홍범도(1868~1943)

홍범도는 평안북도 양덕 출신으로 1907년에 처음으로 의병에 가담한 이래 만주와 간도 지방에서 독립군을 양성하며 일본군과 싸웠던 독립운동가이다. 대한독립군의 총사령관이 되어 봉오동 전투에서 승전을 기록했으며, 청산리 전투에서는 제1연대장으로 참가해 승리에 기여했다. 그 후 대한 독립군단의 부총재를 역임했고 고려혁명군관학교를 설립하는 등 독립군 양성에 노력했다. 1937년 스탈린의 한인 강제 이주 정책에 의해 카자흐스탄으로 강제 이주되어, 이곳에서 극장 야간 수위, 정미소 노동자로 일하다가 1943년 76세로 사망했다.

경찰이 지키고 있는 주재소 등을 공격했습니다.

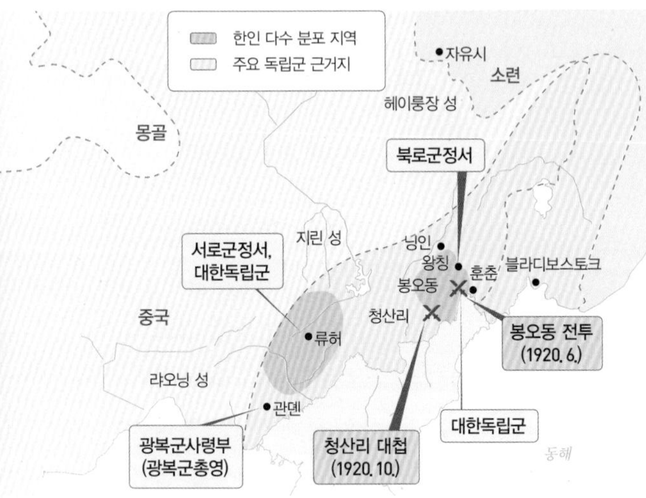

1920년대 만주 지역 독립군 부대와 주요 격전지

봉오동과 청산리에서 독립군이 승전보를 울리다

1920년 6월 독립군의 일부 병력이 국내 진입 작전을 벌여 두만강을 건너가 일본군을 기습했습니다. 독립군의 국내 진입 작전에 계속 시달리던 일본군은 1개 대대 병력으로 두만강을 건너 독립군의 근거지를 공격했습니다. 이에 홍범도의 **대한독립군**, 안무의 국민회군, 최진동의 군무 도독부군 등 독립군 연합 부대는 독립군을 추격해 오는 일본군을 봉오동으로 유인한 후 매복하고 있다가 역습을 가했습니다. 독립군의 전사자는 4명뿐이었으나 일본군은 전사자 157명, 부상자 300여명의 피해를 입히는 승전을 올렸는데, 이 전투를 **봉오동 전투**라고 합니다. 봉오동 전투는 독립군이 일본 정규군을 상대로 한 첫 번째 대규모 승리였기에 큰 의미가 있었습니다. 이에 대한민국 임시 정부는 이 전투를 '독립 전쟁의 제1회전'이라고 선언하기도 했습니다.

독립군의 국내 진입 작전에 시달리고, 봉오동 전투에서 대패한 일제는 만주 지역에 대규모 일본군을 파견해 독립군에 대한 본격적인 토벌을 계획했습니다. 그런데 만주 지역이 당시 중국의 영토였으므로, 일제는 대규모 일본군을 명분 없이 출병시키면 중국과 전쟁을 해야 하는 부담이 있었습니다. 이를 해결하기 위해 일제는 만주 일대에서 활동하는 중국 마적단을 고용해 고의로 만주 훈춘에 있는 일본의 영사관과 일본인을 습격하게 하는 훈춘 사건을 일으켰습니다. 일제는 훈춘 사건을 독립군의 소행으로 몰아 만주 지역 일본인을 보호하기 위해 만주 지역의 독립군을 토벌하겠다고 밝히면서 대규모의 일본군을 동원해 독립군의 근거지를 공격했습니다.

김좌진과 북로군정서

김좌진은 자신의 가산을 정리해 학교를 짓고 인재를 양성하는 한편, 1910년대부터는 북간도 등지에서 독립군을 양성하는 데 힘을 기울였다. 그 후, 1919년 북로군정서의 총사령관에 추대되었고 청산리 대첩을 주도했다.

대규모 일본군의 토벌 계획에 정면 승부로는 승산이 없다고 판단한 만주 지역의 여러 독립군 부대는 근거지를 떠나 이동하면서 연합 부대를 편성했습니다. 김좌진이 이끄는 북로군정서와 홍범도의 대한독립군을 비롯한 여러 독립군 연합 부대는 청산리 백운평 고지에 매복해 일본군을 기다렸습니다. 1920년 10월 21일 일본군이 청산리 지역으로 진격해 오자 매복해 있던 독립군이 공격을 시작하여 6일 동안 10여 차례의 크고 작은 전투 끝에 일본군을 크게 격파했는데, 이를 **청산리 대첩**이라고 합니다. 청산리 계곡은 나무들이 빽빽이 들어서 있는 울창한 삼림지대였는데, 독립군은 이러한 청산리의 지형을 유리하게 이용해 기습 작전을 펼쳐 대승을 거둘 수 있었습니다. 청산리 전투에서 독립군의 사상자는 전사 60명, 부상자 90명에 지나지 않았으나, 일본군은 연대장 1명을 비롯해 1,200여 명이 사상하는 큰 패배를 당했습니다. 청산리 전투의 승리로 독립군은 일제의 공격을 저지하고 주력을 보존할 수 있었습니다.

간도 참변

조선인 1만 명이 죽고 민가 2500여 채, 학교 30여 채가 불태워졌다.

독립군 부대가 근거지를 잃고 시련을 겪다

한편, 대규모 부대를 파견하고도 청산리 전투에서 패배한 일제는 소규모의 독립군을 추격하며 소탕하는 작전에서 독립 운동의 근거지를 초토화하는 작전으로 계획을 변경했습니다. 그 과정에서 일본군은 봉오동 및 청산리 전투의 패배에 대한 보복으로 간도의 한인 마을, 학교, 교회 등을 불태우고 무차별 학살을 자행했습니다. 이 사건을 **간도 참변**(=경신 참변, 1920)이라고 합니다.

청산리 전투에서 일본군을 격퇴한 독립군 연합 부대는 일본군의 추격을 피해 러시아와 만주 국경 지대인 밀산부에 집결해 **서일**을 총재로 하는 **대한독립군단**을 조직하며 재정비합니다. 그러나 간도 참변에 의해 간도 지역 한인들의 피해가 늘어났고 독립군의 근거지까지 파괴되었습니다. 일본군의 대규모 공세가 지속되자 대한독립군단은 러시아의 자유시(스보보드니)로 이동했습니다. 당시 러시아의 혁명을 주도한 레닌은 약소국의 민족 운동은 지원하겠다고 약속했습니다. 그러나 러시아가 혁명 이후 적군(혁명파)과 백군(반혁명파)으로 나뉘어 내전이 일어나서 일본군이 백군을 지원하자, 연해주와 만주의 독립군들은 반일 투쟁의 성격으로 적군을 지원하기 위해 러시아의 자유시로 이동했던 것입니다.

그러나 자유시에 모인 독립군의 통합 과정에서 이르쿠츠크파 고려 공산당과 상하이파 고려 공산당간에 지휘권 분쟁이 일어나게 되었습니다. 이에 러시아 혁명 군대인 적군이 개입해 독립군의 지휘권 양도를 요구했는데, 이를 거부하는 일부 독립군 부대를 강제로 무장 해제시키는 과정

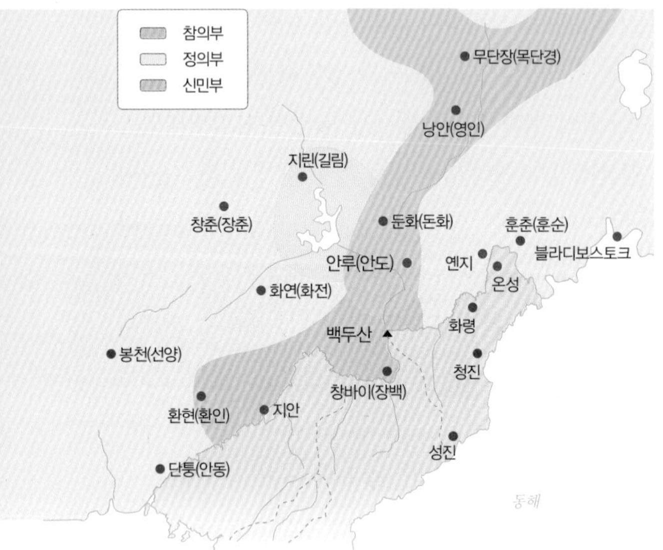

3부의 성립과 관할 구역

에서 총격을 가했습니다. 결국 수백 명의 독립군이 희생되고 860여 명이 러시아 적군의 포로가 되었는데, 이 사건을 **자유시 참변**(1921)이라고 합니다. 이 사건으로 독립군 부대들은 큰 타격을 입었고, 참변을 벗어나 생존한 독립군들은 다시 만주로 돌아오게 되었습니다.

독립군 부대를 재정비하다

만주로 돌아온 독립군은 자유시 참변으로 인한 피해와 일본군·만주 군벌의 탄압 속에서도 조직을 재건해 나갔습니다. 독립 전쟁을 효율적으로 수행하기 위해 1922년부터 여러 독립 운동 단체들이 통합하는 과정에서 **참의부**(1923), **정의부**(1924), **신민부**(1925) 등 세 개의 독립군 정부가 만들어졌습니다. 대한민국 임시 정부 직속의 참의부는 중국 지안(집안)현을 중심으로 압록강 주변에서 활동했고, 정의부는 하얼빈 이남 지역의 남만주 일대를 관할했습니다. 자유시 참변 이후 귀환한 독립군들이 중심이 되어 조직한 신민부는 북만주 지역을 담당했습니다. 참의부, 정의부, 신민부 등 3부는 독립군을 양성·훈련시키고 부대를 지휘하는 군정 기관이면서, 만주 지역의 조선인 동포 사회를 이끌어 가는 민정 기관의 성격을 모두 갖춘 일종의 공화정 형태의 자치 정부였습니다.

간도 참변 이후 일제는 만주 지역의 독립군 기지를 소탕했다고 생각했는데, 1923년 이후 다시 3부가 수립되면서 독립군 기지가 건설되고 독립군 부대가 활동하자 이를 탄압할 방책을 세웁니다. 그래서 일제는 조선 총독부의 경무국장 미쓰야 미야마쓰를 당시 만주 지역을 차지한 중국 군벌 세력의 지도자인 장쭤린에게 보내 **미쓰야 협정**(1925, 638p 참조)을 체결했습니다. 이 조약의 결과 중국의 만주 군벌이 만주 지역에서 활동하는 독립군을 체포하고 인도하면, 일제는 그 대가로 현상금을 지급하기로 하면서 독립군의 활동이 위축되었습니다. 이런 상황에서 국내외적으로 이념을 떠나 독립이라는 목표 아래 독립 운동 세력이 하나로 뭉쳐야 한다는 **민족 협동 전선** 운동이 전개되었고, 미쓰야 협정으로 위축된 만주 지역의 3부는 독립 운동의 활성화를 위해 통합해야 한다는 인식이 확

이당치국

한 정당이 나라를 다스린다는 원칙이다. 중국의 경우 중국공산당이 국가의 정책을 계획하고 결정하며 정부의 주요 직책을 독점하여 지배하고 있다. 인민해방군이라는 군사 조직 역시 공산당의 지휘를 받는다.

산되었습니다.

3부는 1920년대 말 통합 운동을 전개했지만, 독립 운동 세력 사이에 이념과 운동 방법의 갈등 때문에 남만주에서 **국민부**(1929), 북만주에서 **혁신 의회**(1928)의 두 세력으로 나뉘어 통합되었습니다. 이 두 정부는 이당치국(以黨治國)의 원칙하에 남만주에서는 국민부라는 정부가 수립되어 정당의 성격을 띤 **조선 혁명당**(1929)을 결성하고, 그 아래에 군사 조직인 **조선 혁명군**(1929)을 두었습니다. 북만주에서는 혁신 의회라는 정부가 성립되었다가 한족 총연합회로 개편되었는데 정당으로는 **한국 독립당**(1930)이, 군대로는 **한국 독립군**(1930)이 조직되었습니다. 이후 1930년대 초반 만주의 항일 독립 전쟁은 남만주의 조선 혁명군과 북만주의 한국 독립군이 중국의 군사 조직과 연합하여 활동하게 됩니다.

주요 용어

만주 사변, 만주국, 양세봉, 조선 혁명군, 영릉가 전투, 흥경성 전투, 지청천, 한국 독립군, 쌍성보 전투, 동경성 전투, 대전자령 전투, 사도하자 전투, 한국 광복군, 동북 인민 혁명군, 동북 항일 연군, 조국 광복회, 보천보 전투, 민족 혁명당, 김원봉, 조선 민족 전선 연맹, 조선 의용대, 조선 혁명 간부 학교, 조선 의용대 화북 지대, 조선 독립 동맹, 김두봉, 조선 의용군

6 1930년대 무장 독립 투쟁

독립군, 만주 지역에서 중국 군대와 연합 작전을 펼치다

일제는 만주를 침략하는 **만주 사변**(1931)을 일으켜서 만주 지역을 차지한 이후 **만주국**(1932)을 세웁니다. 만주국의 집정으로는 중국 청 왕조의 마지막 황제였던 푸이를 내세웠으나 실제로는 일제의 꼭두각시 국가에 불과했고, 실제 만주 지역은 일본이 지배했습니다. 이에 중국 내에서 항일 감정이 고조되었고, 공통된 적인 일제에 대해 독립군과 항일 중국군이 연합해 일본군에 대항했습니다(638p 참조).

남만주에서는 **양세봉**이 이끄는 **조선 혁명군**(638p 참조)이 중국 의용군과 연합 작전을 펼쳐 **영릉가 전투**(1932), **흥경성 전투**(1933) 등에서 승리를 거두었습니다. 북만주에서는 **지청천**이 이끄는 **한국 독립군**이 중국 호로군과 함께 **쌍성보 전투**(1932), **동경성 전투**(1933), **사도하자 전투**(1933), **대전자령 전투**(1933) 등에서 일본군을 격파했습니다. 그러나 일본군의 대규모 공격에 독립군과 중국군의 활동이 위축되었고, 한·중 양국 군대가 의견이 대립되면서 점차 연합 작전은 힘을 잃어갔습니다.

1930년대 만주 지역의 무장 독립 전쟁

이런 와중에 1934년 9월 총사령 양세봉이 일제에 의해 살해당한 뒤 조선 혁명군의 세력은 크게 약화되었습니다. 대전자령 전투 당시 노획한 전리품 배분 문제로 중국군과 갈등이 생겨 연합 작전이 와해되었던 한국 독립군은 임시 정부가 합류하기를 요청하자, 지청천 등 지도부가 중국 관내로 이동하면서 지청천을 따르던 독립군도 함께 이동했습니다. 이때 임시 정부에 합류한 지청천은 임시 정부가 **한국 광복군**(1940)을 창설하는 데 중심 역할을 했습니다.

1930년대 중반에는 만주 지역에서 활동하던 조

보천보 전투
1937년 6월 4일 김일성이 이끄는 동북 항일 연군의 일부 병력이 함경북도 갑산군 혜산진에 있는 일제의 관공서를 습격하고 보천보 일대를 일시 점령한 사건이다. 이 사건은 〈동아일보〉·〈조선일보〉를 비롯한 국내의 각 신문에 크게 보도되어 조선인의 사기를 크게 진작시켰다. 그리고 무명의 청년에 불과하던 김일성의 이름이 국내에 널리 알려지는 계기가 되었다.

선 혁명군의 세력도 약화되고, 한국 독립군의 일부도 중국 관내로 이동하면서 만주 지역의 항일 투쟁은 잠시 소강상태에 빠졌습니다. 그러나 만주 지역에서는 주로 사회주의자들이 남아서 해방 직전까지 무장 투쟁을 이어갔습니다. 중국 공산당은 만주 지역에 **동북 인민 혁명군**(1933)을 창설해 항일 유격전을 펼쳤는데, 만주에 남아 있던 다수의 한국 사회주의자들이 참여했습니다.

이후 중국 공산당은 기존의 동북 인민 혁명군만이 아니라, 그 밖의 만주 지역에서 활동하는 모든 항일 무장 조직을 반일 구국의 기치 아래 단결시켜 **동북 항일 연군**(1936)을 조직했습니다. 여기에도 한인 사회주의자들이 참여해 항일 유격 투쟁을 전개했습니다. 동북 항일 연군에 참여했던 한인 사회주의자들은 **조국 광복회**(1936)를 결성했고, 이들은 동북 항일 연군의 부대와 1937년 국내 진입 작전을 시도해 **보천보 전투**(1937)를 펼치고, 국내 일제의 식민 통치 기관을 공격하기도 했습니다. 그러나 조국 광복회 조직원들이 함경도 혜산에 잠입했다가 체포된 것이 단서가 되어 1937년 국내 조직이 큰 타격을 입었습니다. 1940년 9월 일제의 대대적인 토벌작전이 시작되자 지도 세력이 소련의 하바로프스크로 퇴각함으로써 더 이상 활동을 전개하지 못했습니다.

중국 관내에서도 독립군이 활동하다

중국 관내의 항일 운동은 민족 운동 세력을 결집하기 위해 민족주의 계열(우파)과 사회주의 계열(좌파)이 민족 협동 전선을 형성하기 위해 노력했던 것이 특징입니다. 이러한 움직임은 1920년대 중반부터 이어져 1930년대에도 지속적으로 추진되었고, **민족 혁명당**(1935)이 결성되는 성과를 거두었습니다. 사회주의 계열의 **김원봉**, 민족주의 계열의 조소앙, 지청천 등 좌우 세력이 결성한 민족 혁명당은 지속적으로 좌우 세력의 결집과 함께 민족 운동의 활성화를 위해 노력했습니다.

그러나 민족 혁명당을 주도한 김원봉에게 불만을 품은 조소앙, 지청천 등 민족주의 계열의 운동가들이 이탈하면서 사실상 사회주의 계열의 김원봉이 이끌어 가는 조직으로 개편되었습니다. 중·일 전쟁이 발발하자 민족 혁명당은 관내의 사회주의 계열의 단체를 모아 **조선 민족 전선 연맹**(1937)을 결성하고, 그 군사 조직으로 **조선 의용대**(1938)를 창설했습

조선 의용대
1937년 7월 일제의 중국 침략으로 중·일 전쟁이 일어났다. 중국 내 한국 독립운동 세력들은 이를 한국 독립을 위한 적극적 투쟁의 기회로 인식했다. 김원봉은 조선 민족 전선 연맹의 대표로서 무장 부대 창설을 적극 추진했다.
중국 국민당 정부 군사위원회의 지원을 이끌어 내 1938년 10월 한커우에서 무장 독립 부대인 조선의용대를 결성했다.

조선 혁명 간부 학교

1932년 김원봉이 민족 해방 운동에 필요한 전위 혁명가를 양성하기 위해 중국 국민당 정부의 지원을 받아 중국 난징에 설립한 군사 정치 교육 기관이다.

팔로군(八路軍)

중국 공산당의 무력 부대로, 홍군으로 불리다가 1937년 중·일 전쟁으로 제2차 국·공 합작이 성립하자 국민 혁명군 제8로군으로 개편되었다. 화북 지역에서 항일전을 수행했으며, 1947년 중국 인민 혁명군으로 재편되었다.

니다. 조선 의용대는 **조선 혁명 간부 학교** 졸업생이 중심이 된 중국 관내 최초의 한인 군사 조직으로, 중국 국민당 정부의 지원을 받으면서 일본군에 대한 심리전, 일본군 포로 심문 및 정보 수집, 후방 교란 등의 활동을 벌였습니다.

그러나 대부분이 사회주의 계열(좌파)인 조선 의용대원들은 중국 국민당군(우파)의 지원 부대로서 소극적인 활동을 하는 것에서 벗어나 더 적극적인 항일 투쟁을 원했습니다. 의용대원들 중 약 80퍼센트 가량은 중국 공산당 세력이 대일 항전을 벌이고 있던 화북지방으로 이동해 **조선 의용대 화북 지대**(1941)를 결성했습니다. 조선 의용대 화북 지대는 중국 공산당의 팔로군과 함께 일본군의 공격에 맞서 호가장 전투(1941), 반소탕전(1942) 등에서 큰 전과를 올렸습니다.

화북의 조선 의용대 화북 지대 구성원과 중국 공산당에서 활동하고 있던 한인 및 화북의 사회주의 계열 독립 운동가들과 함께 중국 옌안에서 **조선 독립 동맹**(1942)을 결성하고 위원장으로 **김두봉**을 선출했습니다. 조선 의용대 화북 지대도 조선 독립 동맹의 군사 조직인 **조선 의용군**(1942)으로 개편되었습니다. 조선 의용군은 화북 각지에서 중국 공산당의 팔로군과 함께 대일 항전을 수행했습니다. 그러나 화북으로 이동하지 않은 조선 의용대원들은 김원봉의 지휘 아래 1942년 한국광복군으로 합류했습니다.

주요 용어

의열단, 조선 혁명 선언, 박재혁, 김익상, 김상옥, 김지섭, 나석주, 조선 혁명 간부 학교, 민족 혁명당, 한인 애국단, 이봉창, 윤봉길

7 의열 투쟁

천하의 의로운 일을 맹렬히 실행하다

의열단(1919)은 김원봉, 윤세주 등의 주도로 만주 지린(길림)에서 비밀 결사로 조직되었습니다. 의열단은 신채호가 작성한 '**조선 혁명 선언**'(1923, 639p 참조)을 활동 지침으로 삼아 활동했는데, 일제의 식민 통치 기구 파괴, 일본군과 행정 관료·친일파·밀정의 처단, 반민족적 지주 제거 등을 목표로 폭력 투쟁을 전개했습니다. 이러한 목표 아래에서 활동했던 의열단원들의 대표적인 의거로는 **박재혁**의 부산 경찰서 폭탄 투척(1920), **김익상**의 조선 총독부 폭탄 투척(1921), **김상옥**의 종로 경찰서 폭탄 투척(1923), **김지섭**의 도쿄 궁성 폭탄 투척(1924), **나석주**의 동양 척식 주식회사 및 식산 은행 폭탄 투척(1926) 등이 있습니다.

그러나 개별적인 폭력 투쟁의 한계를 인식한 의열단은 조직적이고 대중적인 무장 투쟁으로 노선을 전환했습니다. 이를 위해 김원봉을 비롯한 의열단의 지도부는 중국 황푸 군관 학교에 입교(1926)해 체계적인 군사 교육을 받았습니다. 그리고 중국 국민당 정부의 지원으로 **조선 혁명 간부 학교**(1932)를 설립해 독립군을 지휘할 간부를 양성하고자 했습니다. 의열단을 이끌던 김원봉은 **민족 혁명당** 결성을 주도하며 민족 연합 전선 운동에 앞장섰습니다.

한인 애국단, 대한민국 임시 정부의 활로를 열어주다

대한민국 임시 정부는 1923년 국민 대표 회의가 결렬된 이후 독립 운동에서 중추 역할을 수행하지 못하고 있었습니다. 임시 정부를 이끌었던 김구는 임시 정부의 침체를 극복하기 위해 상하이에서 **한인 애국단**(1931)을 조직했습니다. 한인 애국단의 첫 거사로 **이봉창**이 도쿄에서 히로히토 일왕을 향해 폭살을 시도했지만 실패했습니다(1932. 1.). 이봉창의 의거에 대해 중국의 신문은 거사가 성공하지 못한 것을 아쉬워하는 보도를 냈고, 일제는 이 기사 내용과 상하이에서 일본 승려가 저격당한

사건을 빌미로 상하이 사변을 일으켰습니다. 상하이 사변은 일제가 중국의 반일적인 태도를 트집 잡아 침략한 것이지만, 한편으로는 만주 사변에 대한 세계 여론의 비판을 다른 곳으로 돌리기 위한 목적도 있었습니다. 일제는 상하이 사변을 일으켜서 승리했고, 상하이의 홍커우 공원에서 일왕의 생일과 상하이 사변 승리를 축하하는 전승 축하식을 열었습니다. 이때 한인 애국단원인 **윤봉길**이 단상에 폭탄을 던져 시라카와 대장 등 일본군 장성과 고관 10여 명을 죽이거나 부상을 입혔습니다(1932. 4.). 중국 국민당 정부의 주석 장제스는 윤봉길의 의거를 두고 "중국의 100만 대군도 해내지 못한 일을 한국 용사가 단행했다."라고 높이 평가했고, 이후 중국 국민당 정부가 대한민국 임시 정부를 인정하고 한국의 독립 운동을 적극적으로 지원하는 계기가 되었습니다.

김원봉(1898~1958)

약산 김원봉은 군인이자 독립운동가로서 의열단과 조선 의용대 등을 이끌었고, 해방 이후 정치가로서 활동한 인물이다. 1948년 월북해 최고 인민 회의 상임 위원회 부위원장에도 선임되는 등 활발한 활동을 벌였으나, 1958년 김일성을 비판한 연안파(延安派)가 숙청되면서 같이 숙청당했다. 남한에서 월북한 사회주의 독립운동가인 김원봉의 업적은 제대로 평가받지 못했고, 북한에서도 숙청당하며 제대로 평가받지 못한 독립운동가가 되었다.

이봉창(1900~1932)

이봉창은 서울에서 일본인이 경영하는 상점 점원과 용산역 역부를 지낸 평범한 사람이었다. 심지어 일본인의 양자가 되어 기노시타라는 일본 이름을 쓰기도 해 독립 운동과는 거리가 멀었다. 그러나 독립 운동에 투신할 것을 맹세한 후, 1930년 12월에 중국 상해로 가서 김구를 만나 한인 애국단에 가입했다. 그는 1932년 1월 8일, 관병식을 마치고 경시청 앞을 지나가는 일왕 히로히토를 향해 수류탄을 던졌으나 실패했고, 체포된 이봉창은 그해 10월 사형 선고를 받고 순국했다.

윤봉길(1908~1932)

윤봉길은 국내에서 농민 계몽과 민족 정신 함양 등을 위한 독립 운동에 매진하다가 대한민국 임시 정부에 가야 성공적인 독립운동을 추진할 수 있을 것으로 판단하고, 상하이를 향해 갔다. 그곳에서 김구를 만나 한인 애국단에 가입하였고, 상하이 훙커우 공원에서 일본의 상하이 사변 전승축하식이 진행되고 있을 때 단상 위에 폭탄을 던졌다. 그로 인해 상해 파견군 사령관이었던 시라카와가 즉사하고 주요 장성과 요인들이 중상을 입었다. 윤봉길은 거사 직후 체포되어 사형선고를 받고, 그해 12월 일본의 형무소에서 순국했다.

주요 용어

간도 참변, 신한촌, 고려인(까레이스키), 관동 대지진, 관동 대학살, 노동 이민, 대한인 국민회

8 일제 강점기 국외 이주 동포의 삶

만주와 연해주의 이주 동포, 무장 독립 전쟁을 뒷받침하다

19세기 후반부터 우리 동포들이 가장 많이 이주한 지역은 만주입니다. 우리나라에서 가장 가까운 국경 지대였기 때문에 먹고살기 어려웠던 사람들부터 일세의 탄압에서 벗어나 독립 운동을 준비한 사람들까지 많은 사람들이 이주했습니다. 남만주부터 북만주까지 여러 독립 운동 기지가 건설되었고, 여러 독립군 부대들이 독립 운동 기지를 근거지로 삼아 무장 투쟁을 활발하게 전개했습니다.

그러나 독립 운동의 근거지를 소탕하고자 한 일제의 공격으로 인해 **간도 참변**(1920)을 겪으며 많은 동포들이 학살당하고 삶의 근거지를 빼앗기는 희생을 치렀습니다. 그 이후에도 만주 지역의 중국인에게 멸시를 당하고 일제의 탄압을 받았지만, 그럼에도 불구하고 한국인 동포들은 다시 삶의 근거지를 마련했습니다. 그리고 일제가 1931년 만주 사변을 일

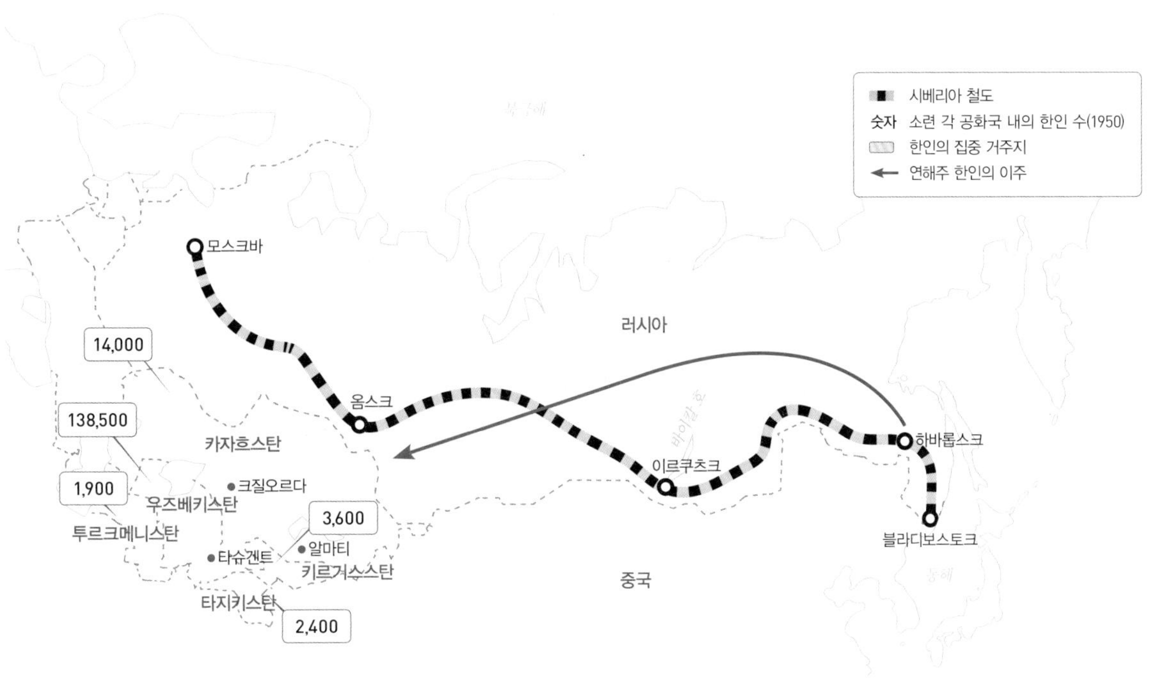

연해주 한인의 중앙아시아 강제 이주
연해주에 살고 있던 한인들은 스탈린의 소수민족 분리 차별 정책에 휘말려 1937년 9월 9일부터 10월 말까지 중앙아시아로 강제 이주되었다. 당시 고려인 수는 17만 5,000여 명으로, 이 가운데 1만 1,000여 명이 강제 이주 도중에 숨졌다. 그러나 한인들은 강한 생명력을 바탕으로 중앙아시아의 황무지를 개척하고 한인 집단 농장을 경영하는 등 소련 내 소수민족 가운데서도 가장 잘사는 민족으로 뿌리를 내리며 성공적으로 정착했다.

으킨 후 만주 지역을 차지하고 이 지역의 황무지를 개간하고자 이민 개척단 등을 모집하면서 만주 지역에 거주하는 한국인의 수는 크게 늘어났습니다.

1860년 연해주를 차지한 러시아는 이 지역을 개발하기 위해 한국인이 러시아 국적으로 귀화한다면 토지를 제공하는 등 편의를 제공했기 때문에, 가난한 농민들이 연해주로 많이 이주했습니다. 이 지역에도 많은 한국인들이 거주하면서 자연스럽게 **신한촌**과 같은 한국인 집단촌이 형성되었고, 독립 운동의 중심지로서 대한 광복군 정부와 같은 독립 운동 단체가 조직되었습니다. 그러나 러시아가 일본과 무력 대결을 피하고자 한국인들의 무장 독립 운동을 허용하지 않아 독립군을 양성해 무장 투쟁에 나서는 데는 한계가 있었습니다.

1937년 중·일 전쟁이 발발하자 소련의 지도자 스탈린은 소련과 일본 간에 전쟁이 발발하면 한국인이 일본을 지원할 것이라는 명분과 러시아 내 소수민족 차별 정책을 내세워 연해주 지역에 살던 한국인 17만 여 명을 중앙아시아로 강제 이주시켰습니다. 이렇게 중앙아시아로 강제로 이동해 정착한 한국인을 '**고려인(까레이스키)**'이라고 부릅니다. 이들은 당시 불모지와 같은 중앙아시아 지역에 추위와 굶주림을 이겨 내며 삶을 이어나갔습니다.

일본과 미주 지역에서 시련을 이기고 정착하다

일제 강점기 일본으로 건너간 한국인들도 많았습니다. 식민 통치 초기에는 일제가 한국인들의 이주를 허용하지 않았기 때문에 일본으로 건너간 한국인들은 주로 일본의 선진 문물을 배우려는 유학생들이 많았습니다. 제1차 세계 대전 이후 일본의 산업이 급속도로 발전하는 과정에서 많은 노동력이 필요하자, 저임금으로 고용할 수 있는 한국인들의 노동 이민을 허용하면서 한국인들의 이주가 늘어났습니다.

그러나 이주한 한국인 노동자들은 저임금·열악한 노동 환경·일본인들의 멸시와 차별 대우 속에서 곤궁한 삶을 살아야 했습니다. 1923년에는 일본에 **관동 대지진**이 일어나 이주 한국인들이 큰 시련을 겪었습니다. 지진으로 일어난 혼란을 수습하기 위해 일제는 혼란의 원인을 한국인들이 식수에 독을 타거나 민가에 불을 지르는 것 때문이라며 누명

관동 대학살(1923)

관동 대지진 후 일본 자경단원들이 한국인들을 학살하고 있는 사진이다.
당시 살해당한 조선인과 사회주의자들의 수는 6,000여 명을 넘어섰다고 조사되었지만, 이보다 더 많은 희생자가 있었을 것으로 추정된다.

을 씌웠습니다. 이에 분노한 일본인들은 자경단을 만들어 한국인들을 학살했는데, 이를 **관동 대학살**이라고 합니다. 중·일 전쟁 이후에는 일제가 징용령(1939)을 내려 일본에 강제로 끌려온 한국인들이 탄광이나 군수 공장 등에서 강제 노역을 하게 되면서, 이주 한국인의 수는 더욱 늘어났습니다. 일제가 미국과 전쟁을 벌이다 1945년 히로시마와 나가사키에 원자폭탄이 투하되어 원폭 피해를 입었는데, 이때 일본인뿐만 아니라 수많은 이주 한국인들도 피해를 입었습니다.

미주 지역에 한국인 이주는 1900년대 초 하와이에 농민들이 사탕수수 농장으로 **노동 이민**을 가면서 시작되었습니다. 이후 미국 본토·멕시코·쿠바 등지의 농장으로 노동 이민을 떠난 한인들은 저임금에 척박한 노동 환경에서도 한인 사회를 형성했고, 넉넉하지 않은 삶에도 임시 정부의 독립 공채를 구매해 주거나 자금을 모아 독립운동을 지원했습니다. 또한 **대한인 국민회**(1910) 등 한인 단체를 조직해 동포 사회의 권익 옹호나 외교 독립운동에 많은 노력을 기울였습니다.

주요 용어

한국 독립당, 대한민국 건국 강령, 삼균주의, 한국 광복군, 국내 진공 작전, 조선 독립 동맹, 조선 의용군, 조선 건국 동맹, 조선 건국 준비 위원회, 카이로 회담, 얄타 회담, 포츠담 회담

9 새로운 국가 건설의 준비

각 지역의 독립 운동 단체, 새로운 국가 건설을 준비하다

1937년 중·일 전쟁이 일어나 일제의 중국 본토 침략이 본격화되자, 임시 정부는 중국 국민당의 장제스 정부를 따라 중국 각지를 옮겨 다니다가 1940년 충칭에 정착했습니다. 그해 5월 김구가 이끄는 한국 국민당, 조소앙의 한국 독립당, 지청천의 조선 혁명당 등 민족주의 계열의 3당은 합당해 **한국 독립당**(1940)을 만들고 단결을 강화했습니다. 한국 독립당은 이당치국(以黨治國)의 원리에 따라 임시 정부를 주도했습니다.

임시 정부는 1940년 주석 중심의 단일 지도 체제를 마련하고 김구를 주석으로 선출했고, 일제의 패망에 대비해 **대한민국 건국 강령**(1941, 640p 참조)을 발표했습니다. 조소앙의 **삼균주의**(640p 참조)를 받아들인 건국 강령에서는 해방 후 수립되는 새로운 국가가 민주 공화국 체제임을 밝혔습니다. 특히 삼균주의 중 국가 경제 운영에서 국유제를 실시한다는 내용은 사회주의 이념을 수용한 것으로, 임시 정부가 좌우 세력을 통합해 민족 협동 전선을 형성할 수 있는 기반을 마련해 주었습니다. 1942년에는 김원봉이 이끄는 민족 혁명당이 임시 정부에 합류함으로써 좌우 세력이 통합된 임시 정부가 구성되었습니다. 좌우 세력이

조선 혁명당

1929년 남만주 지역의 국민부를 이끌던 조선 혁명당이 있었다. 지청천이 결성한 조선 혁명당은 앞서 1937년 민족 혁명당에서 지청천이 이탈하면서 결성한 정당이다.

삼균주의

대한민국 임시정부의 조소앙이 독립운동 내부의 좌우익사상을 지양, 종합하여 독립운동의 기본방향 및 미래 조국건설의 지침으로 삼기 위해 체계화한 민족주의적 정치사상. '개인과 개인, 민족과 민족, 국가와 국가 간에 균등생활을 실시하려는 주의'이다.

한국 독립당

1940년 5월 대한민국 임시 정부의 여당인 한국 독립당의 창당 기념 사진이다.

1930년 북만주 지역의 혁신 의회를 이끌던 한국 독립당이 있었고, 같은 해 상하이 지역에서 김구, 조소앙 등 임시 정부의 주요 요인이 결성해 임시 정부를 이끌던 한국 독립당도 있었다. 임시 정부의 한국 독립당은 1935년 민족 혁명당 결성 과정에서 김구가 한국 국민당을 창설해 불참하면서, 조소앙이 중심이 되어 민족 혁명당에 참여했다. 그러나 1937년 조소앙이 이끄는 한국 독립당은 민족 혁명당에서 이탈해 한국 광복 운동 단체 연합회에 참가했다가, 1940년 민족주의 계열 3당이 합당하면서 김구가 집행위원장이 되어 새로운 한국 독립당을 결성하게 된다.

한국광복군

1940년 9월 17일 충칭에서 촬영한 한국광복군 총사령부 창설 기념 사진이다. 한국광복군은 대한민국 임시 정부의 정규군이었으며, 해방 후 대한민국 국군의 모체가 되었다.

통합된 임시 정부를 효율적으로 운영하기 위해 1944년 주석·부주석제로 체제를 개편하면서 김구를 주석, 김규식을 부주석으로 선출해 독립 운동과 건국 준비를 병행했습니다.

대한민국 임시 정부는 중국 국민당 정부의 지원을 받아 지청천을 총사령관으로 하는 **한국 광복군**(1940)을 창설했습니다. 1942년 5월에는 김원봉이 이끄는 민족 혁명당 산하 군사 조직인 조선 의용대의 일부가 합류해 전력이 강화되었습니다. 초기에 중국 국민당의 군사 원조를 받고 국민당 정부와 맺은 '한국광복군 행동 준승 9개항'으로 인해 중국 국민당 정부 군사 위원회의 지휘를 받았습니다. 그러나 1944년 8월 준승이 폐기되고 임시 정부가 한국 광복군의 지휘권을 가지면서 독자적인 군사 활동을 전개하여 적극적으로 항일 투쟁을 전개했습니다.

1941년 일제가 태평양 전쟁을 일으키자 대한민국 임시 정부는 일본에 정식으로 선전 포고를 하고 한국 광복군과 연합군의 합동 작전을 전개했습니다. 임시 정부는 1943년 영국군의 요청에 따라 미얀마·인도 전선에 한국 광복군을 파견했고, 한국 광복군은 일본군을 상대로 포로 심문, 정보 수집, 선전 활동 등을 담당했습니다. 또한 임시 정부는 미국 전략 정보처(OSS)와 합작해 특수 훈련을 받은 한국 광복군을 국내에 침투시키는 **국내 진공 작전**을 계획했습니다. 그러나 일본이 작전 개시 이전인 1945년 8월 무조건 항복하면서 계획은 실행되지 못했습니다.

대한민국 임시 정부의 이동

대한민국 임시 정부는 1932년 일본이 상하이를 점령한 이후, 중국 국민당 정부와 함께 이동했고 1940년 충칭에 정착했다.

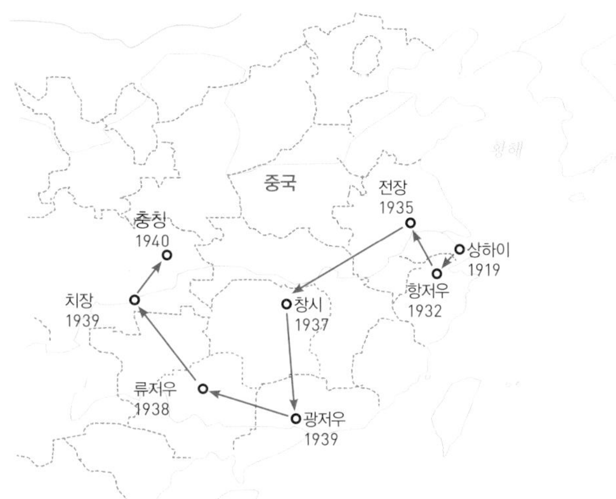

앞서 언급했듯이 중국 화북 지역의 옌안에서는 조선 의용대 화북 지대의 구성원과 사회주의 계열의 운동가들이 중심이 되어 **조선 독립 동맹**(1942, 641p 참조)을 결성했습니다. 조선 독립 동맹은 김두봉을 주석으로 선출하고, 전 국민이 참여하는 보통 선거를 통해 민주 정권인 민주 공화국 수립을 목표로 했습니다. 또한, 대기업 국유화·토지 분배·8시간 노동제·국민 의무 교육·남녀 평등 등을 주장했습니다. 사회주의자(좌파)들이 중심이 된 단체였지만 임시 정부의 삼균주의와 같은 내용을 주장한 면도 많

조선 의용군

평북 유격구에서 '중한 두 민족은 연합해 일본강도를 타도하자!'라는 선전 표어를 쓰고 있는 조선 의용군 대원들의 사진이다. 해방 후 조선 의용군의 일부는 북한으로 이동했고, 일부는 만주에 남아 중국 공산당에 협력하며 국공 내전에 참가했다.

왔고, 민족 연합 전선의 구축을 중시했기 때문에 대한민국 임시 정부와 조선 건국 동맹 등 국내외 민족 운동 단체들과 연계하기 위해 노력했습니다. 조선 독립 동맹은 산하의 군사 조직으로 조선 의용대 화북 지대를 개편해 **조선 의용군**(1942)을 창설했고, 이 부대는 중국 공산당의 팔로군과 연합해 항일 무장 투쟁을 활발하게 전개했습니다. 이후 일본이 패망하고 한국이 해방되면서 김두봉을 비롯한 조선 독립 동맹의 핵심 인물들이 북한 정권 수립에 참여했고, 조선 의용군의 대부분은 북한의 인민군으로 편입되었습니다.

국내에서는 중도 좌파의 정치적 성향을 가진 여운형이 중심이 되어 국내의 좌우 세력을 모아 **조선 건국 동맹**(1944)을 비밀리에 결성했습니다. 조선 건국 동맹은 조선 독립 동맹 등 국외 독립운동 단체와 연계를 모색했고, 나라 안팎에서 무장 봉기 계획을 수립하며 일본 패망 후 새로운 국가 건설을 준비했습니다. 조선 건국 동맹도 민주 공화국 체제의 새로운 국가를 지향했습니다. 조선 건국 동맹은 해방 직후 **조선 건국 준비 위원회**(1945, 줄여서 건준)로 계승되었습니다.

국제 사회, 한국의 독립을 약속하다

1943년 11월 이집트 카이로에 미국·영국·중국의 지도자가 모여 제2차 세계 대전과 관련해 노르망디 상륙 작전 및 종전 후 연합국이 일본 영토 문제에 관해 어떻게 처리할 것인지 논의했습니다(**카이로 회담**, 641p 참조). 이 회담의 결과 연합국의 지도자들이 '적당한 시기에 적절한 절차를 걸쳐 한국을 독립시키겠다'고 한국의 독립 보장을 최초로 선언했습니다. 1945년 2월에는 크림 반도에 있는 얄타라는 도시에 미국·영국·소련의 지도자가 참여해 제2차 세계 대전 종전 후의 국제 문제에 대해 논의했습니다(**얄타 회담**, 642p 참조). 이 회담에서는 특히 독일 항복 후 3개월 이내에 소련이 대일본전에 참전할 것 등을 비밀리에 합의했습니다. 실제로 이 합의에 근거해 일본이 항복하기 전 소련이 대일본전에 참전하게 되면서 한반도에 미국과 소련이라는 강대국이 주둔하게 되는 결과를 가져왔습니다. 또한 패전국과 새롭게 해방된 나라는 모든 민주 세력을 대표하는 인사들로 임시 정부를 구성하고, 빠른 시일 안에 자유로운 선거를 통

얄타 회담에 모인 미·영·소 지도자들

우크라이나 얄타의 리바디아 궁전에서 회담이 열렸다. 왼쪽부터 영국 처칠 수상, 미국 루스벨트 대통령, 소련의 스탈린 최고 인민 위원이다.

해 책임 있는 정부를 수립하게 한다는 방침도 합의되었습니다. 우리나라의 독립 운동 단체들이 새로운 국가 건설을 위해 임시 정부를 어떻게 구성할 것인지 논의하는 중요한 계기가 되었습니다.

1945년 7월에는 미국·영국·중국·소련의 지도자들이 독일의 포츠담에 모여 독일의 처리와 대일전에 대해 논의했습니다(**포츠담 회담,** 642p 참조). 참가한 각국의 지도자들이 모두 서명한 포츠담 선언이 발표되었습니다. 일본의 무조건 항복을 요구하고 한국의 독립을 보장하는 카이로 선언의 내용을 재확인했다는 점에서 큰 의미가 있는 선언이었습니다.

이처럼 연합국의 회담을 통해 한국의 독립 문제가 보장되었고 실제로 독립을 할 수 있었지만, 독립 이후 새로운 국가 건설은 미국과 소련 등 연합국의 영향을 크게 받을 수밖에 없었습니다.

1 8·15 광복과 좌우 세력의 대립

주요 용어

광복, 북위 38도선, 미군정, 소련 군정, 조선 건국 준비 위원회, 조선 인민 공화국, 인민 위원회, 한국 민주당, 독립 촉성 중앙 협의회, 한국 독립당, 조선 공산당, 조선 인민당, 모스크바 3국 외상(외무 장관) 회의, 미·소 공동 위원회, 신탁 통치

8·15 광복과 동시에 미·소 양군이 주둔하다

1945년 8월 15일 우리는 일본의 지배에서 해방되었습니다. 8월 15일 정오부터 히로히토 일왕의 항복 연설이 라디오로 방송되었고, 우리는 **광복**의 기쁨을 담아 전국에서 만세를 외쳤습니다. 광복은 일제의 식민 지배에서 벗어나기 위해 우리 민족이 여러 방면으로 끈질기게 투쟁한 결과였습니다. 그러나 외부적으로는 제2차 세계 대전에서 연합국이 승리하고 일본이 패전하면서 주어진 결과였기 때문에 이후 우리나라에 미국과 소련 등의 이해관계가 깊이 작용하는 원인이 되었습니다.

히로시마에 원폭 피해를 받아 거의 패전이 확실시되는 일본을 상대로 소련은 얄타 회담의 비밀 합의를 근거로 선전 포고를 하고, 1945년 8월 9일 한반도에 들어와 일본군의 무장을 해제시키면서 빠르게 한반도 북부 지역을 점령해 나갔습니다. 미국은 아직 일본 점령을 완결하지 못한 상태에서 소련의 남하 속도가 예상보다 빨라 한반도를 소련이 단독 점령할 것을 우려했습니다. 미국은 한반도를 자신의 영향권으로 두고 동아시아 전략을 구상했는데 자칫 한반도 전역을 소련의 영향권으로 넘겨주어 전략에 차질이 생길 것이라 판단한 것입니다. 그래서 미국은 소련에 북위 38도선을 기준하는 분할 점령을 제안했습니다. 소련은 일본군을 무장 해제시키는 과정에서 피해를 줄일 필요도 있었고, 미국과 갈등을 피하기 위해서 이 제안을 수용했습니다. 그 결과 **북위 38도선**을 기준으로 이북 지역에는 소련군이, 이남 지역에는 미군이 각각 주둔하게 되었습니다.

광복(光復)을 기뻐하는 사람들

1945년 8월 16일 오전 9시, 마포형무소에서 풀려난 독립운동가들과 함께 환호하는 사람들의 모습이다. 기본적으로 식민지 상태에서 벗어나는 것을 '해방'으로 부르는데, 여기서 '빛을 되찾았다'는 의미를 더해 광복(光復)이라고 한다.

남한 지역에 주둔한 미군은 북위 38도선 이남 지역에 대해 직접 통치

국토를 남북으로 나눈 38도선

8·15 광복 직후 미국과 소련의 분할 점령선으로 그어진 38도의 한 지점의 사진이다. 38도선은 분할 당시만 하더라도 미군과 소련군의 점령 한계선으로 설정되었기 때문에 남한과 북한 주민이 모두 왕래가 가능했다. 그러나 남과 북에서 각각 독자적인 정부를 수립하고자 했고, 남북 간의 대립이 심화되면서 왕래가 금지되었다.

의 방식을 취해 군정을 선포했습니다. **미군정**은 한국인들이 만든 대한민국 임시 정부, 조선 인민 공화국 등을 한반도 내 정치에 관여할 수 있는 단체로 인정하지 않았습니다. 이 때문에 대한민국 임시 정부 요인들은 개인 자격으로 귀국해야 했습니다. 미군정은 그 대신에 일제 시기 조선 총독부의 관료와 경찰 조직을 활용하며 군정을 실시하다가, 점차 미국과 직·간접적으로 연관성이 있는 한국인 관리들을 내세워 군정을 운영했습니다.

한편 **소련 군정**은 당시 38도선 이북 지역 각지에 세워진 인민 위원회에 행정권을 이양해 간접적으로 통치했습니다. 그러면서 사회주의 세력이 정권을 장악할 수 있도록 적극 뒷받침했습니다. 이러한 차이는 당시 우리나라의 민중들의 이념 지지도가 보다 적극적인 항일 투쟁에 나선 사회주의 계열이 우세했기 때문에, 한반도에 자본주의 체제 정부 수립을 원하는 미국의 입장에서는 직접 개입해 사회주의 체제 정부 수립을 막으려 했고, 소련의 경우에는 간접 통치의 형식으로 사회주의 계열을 지원만 해 줘도 알아서 사회주의 체제의 정부가 수립될 것으로 판단했습니다.

광복 직후, 다양한 정치 세력이 움직이다

갑작스러운 일본의 항복 소식으로 인한 사회 혼란을 막기 위해 조선 건국 동맹의 여운형은 광복 직전 조선 총독을 만나 일본인의 무사 귀환을 보장하는 대가로 5개 조항을 요구했습니다. 첫째 전국적으로 정치범과 경제범을 즉시 석방할 것, 둘째 서울의 3개월분 식량을 확보할 것, 셋째 치안 유지와 건국 운동을 위한 정치 운동에 절대로 간섭하지 말 것, 넷째 학생과 청년을 조직·훈련하는 데 간섭하지 말 것, 다섯째 노동자와 농민을 건국 사업에 동원하는 데 절대로 간섭하지 말 것이었습니다. 총독부로부터 5개 조항을 포함한 치안 유지권을 건국 동맹을 모체로 좌우 세력을 연합한 **조선 건국 준비 위원회**(1945. 8. 이하 건준, 642p 참조)를 조직했습니다. 건준은 완전한 독립과 민주주의 확립을 목표로 전국에 145개 지부를 세우고 각 지역에 치안대를 조직해 치안과 행정을 담당했습니다.

건준이 조직된 후 초기에는 좌우익의 지식인이 광범위하게 참여하며 순조롭게 운영되었습니다. 그러나 조직이 활동하는 과정 중에 조선 공산당 등 좌익 세력이 위원회의 주도권을 장악하자 이에 불만을 품은 일부 우익 세력이 이탈하게 됩니다. 1945년 9월 미군의 한반도 진주 소식이 알려지자, 건준은 미군이 진주하기 전에 미리 국내외 진보적 정치 세력을 망라한 정권을 수립해 놓음으로써 장차 미군이 진주한 이후에 정식 정부로 인정받으려 했습니다. 그래서 조직을 정부 형태로 개편해 1945년 9월 6일 **조선 인민 공화국** 수립을 선포하고 각 지부도 **인민 위원회**로 바꾸었습니다. 주석에 이승만, 부주석에 여운형, 내무부장에 김구 등 좌우익의 독립 운동가를 포함한 중앙 정부 조직의 각료 명단을 발표했습니다. 그러나 좌익 세력이 주도해 수립한 조선 인민 공화국에 민족주의 세력 대부분은 참여하지 않았고, 특히 주석으로 추대된 이승만은 주석 취임을 거부했습니다. 조선 인민 공화국은 처음부터 민족주의 세력의 소극적인 반응과 후에 남한에 진주한 미군정이 그들의 실체를 부인함으로써 제 기능을 발휘하지도 못한 채 소멸되었습니다. 하지만 좌우익 세력을 통합해 새로운 정부를 세우려는 노력은 후에 좌우 합작 운동으로 이어집니다.

한편 민족주의(우파) 세력은 분화해 여러 정치 조직이 나타났습니다. 송진우·김성수 등은 국내 자본가 및 지주 출신 중심으로 조직되어 주로 이들의 입장을 대변한 **한국 민주당**(1945. 9.)을 조직했습니다. 한국 민주당은 대한민국 임시 정부 지지를 선언했으며, 미군정청과 긴밀한 관계를 유지하면서 군정청 조직 내에서 활발히 활동했습니다. 미국에서 돌아온 이승만은 **독립 촉성 중앙 협의회**(1945. 10.)를 결성해 자신의 입지를 다졌고, 김구 등 대한민국 임시 정부 인사들은 개인 자격으로 귀국한 후 **한국 독립당**을 바탕으로 활동하며 세력을 넓혔습니다. 사회주의(좌파) 세력은 박헌영 등이 **조선 공산당**을 재건하며 사회주의 세력을 결집시켰습니다(1945. 9.). 여기에 중도 좌파의 여운형 등은 **조선 인민당**(1945. 11.)을 결성하며 지속적으로 좌우 합작을 시도하는 등 광복 직후 다양한 정치 세력들이 남한 사회에 등장하며 각축을 벌였습니다.

조선 공산당

1925년 처음 조직된 조선공산당은 일제가 치안 유지법을 제정하며 탄압해 해체와 재건이 반복되었다. 광복 직후에는 박헌영 등 국내 사회주의 세력이 중심이 되어 재건했다.

신탁 통치 결정으로 좌우 대립이 심화되다

1945년 12월 미국·소련·영국의 외무 장관이 모스크바에 모여 제2차 세계 대전의 종전 이후 문제의 처리에 대해 논의하는 **모스크바 3국 외상(외무 장관) 회의**(643p 참조)가 열렸습니다. 모스크바 3국 외상 회의의 논제 중에는 전후 한반도 문제의 처리도 있었습니다. 이 회의에서 한반도 내

1945~1949년 주요 정당

한민당 중심의 우파와 조선 공산당–남로당 중심의 좌파, 사상과 이념의 차이를 뛰어넘어 단결하자는 중도파로 나눌 수 있다. 좌파는 왼쪽에 우파는 오른쪽에 있으며, 가운데는 중도파인데 가운데서도 왼쪽은 중도좌파, 오른쪽은 중도우파로 볼 수 있다. 그러나 실제 정당에는 각계각층의 인물이 모여 반드시 부합하지는 않는다.

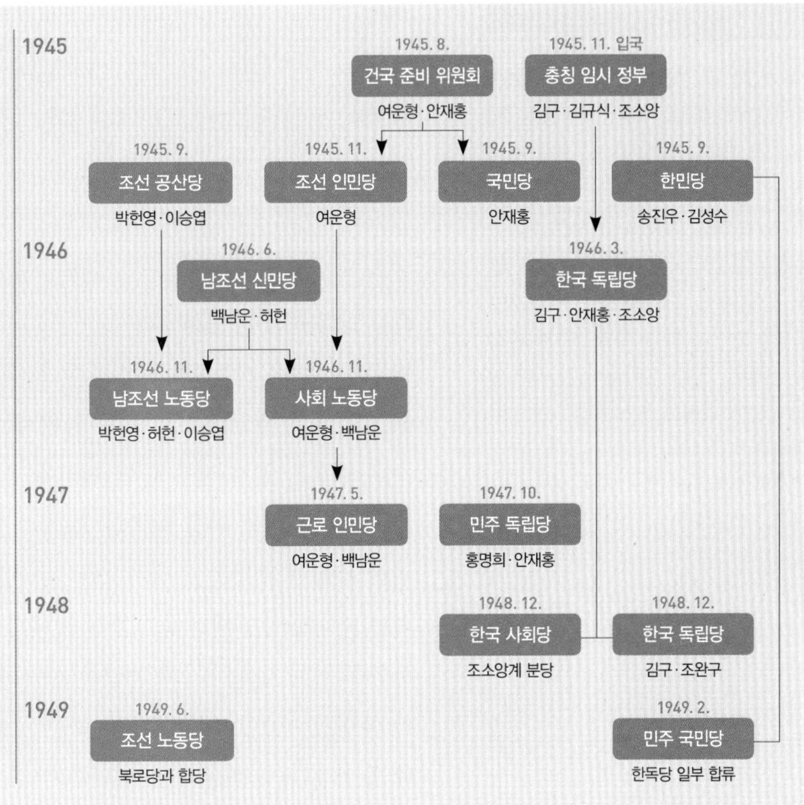

임시 민주 정부 수립과 이를 위한 **미·소 공동 위원회** 설치, 미·영·중·소 4개국에 의한 최고 5년간의 **신탁 통치** 실시 등이 합의되었습니다. 국내에는 언론을 통해 모스크바 3국 외상 회의의 결정 사항이 알려졌습니다. 하지만, 회의의 결과로 '신탁 통치 실시'만 부각되고, 소련이 신탁 통치 결정을 주도한 것으로 잘못 알려지면서 신탁 통치 찬반에 따라 국내의 좌우 세력들이 대립하게 되었습니다.

모스크바 3국 외상 회의 결정 사항에 대해 김구와 이승만 등 우익 세력은 신탁 통치를 식민 통치의 연장이라고 주장하며 신탁 통치 반대 운동(643p 참조)을 전개했습니다. **조선 공산당** 등 좌익 세력도 초기에는 반대했지만, 회의 결정의 핵심은 신탁 통치 실시가 아니라 임시 정부 수립에 있다고 판단해 회의 결정에 대해 찬성(644p 참조)으로 입장을 바꾸었습니다. 이렇게 신탁 통치에 대해 국내 세력의 입장 차이가 나타나면서 좌우익 세력의 찬탁과 반탁 대립이 격화되었습니다.

신탁 통치

신탁통치는 특정 국가 혹은 국가 연합 등이 통치 권력을 위임받아 일정한 지역을 일정 기간 동안 통치하는 것을 말한다.

주요 용어

제1차 미·소 공동 위원회, 정읍 발언, 좌우 합작 위원회, 좌우 합작 운동, 좌우 합작 7원칙, 제2차 미·소 공동 위원회, 유엔 한국 임시 위원단, 5·10 총선거, 남북 협상, 제주 4·3 사건, 여수·순천 10·19 사건, 제헌 헌법, 대한민국 정부 수립, 반민족 행위 처벌법(반민법), 반민족 행위 특별 조사위원회(반민특위), 국회 프락치 사건, 북조선 임시 인민 위원회, 조선 민주주의 인민 공화국

2 통일 정부 수립의 좌절과 대한민국 정부 수립

좌우 합작 운동이 전개되다

미국과 소련은 모스크바 3국 외상 회의의 결정 사항을 실행에 옮기기 위해 서울에서 **제1차 미·소 공동 위원회**(1946. 3.)를 열었습니다. 위원회의 주요 안건은 임시 정부 수립 협의에 참여할 단체 선정이었습니다. 소련은 모스크바 3국 외상 회의의 결정 중 하나인 신탁 통치를 지지하는 단체만 참여시킬 것을 주장했으나, 미국은 표현의 자유를 내세워 신탁 통치를 반대하는 단체까지 포함해 국내의 모든 단체를 참여시킬 것을 주장하였습니다. 소련은 좌파 세력이 신탁 통치를 지지하므로 사회주의 정부가 수립될 것으로 판단했고, 미국은 사회주의 정부 수립을 막기 위해 신탁 통치에 반대하는 우파 세력까지도 임시 정부 구성에 참여시키려 한 것입니다. 양측이 대립하면서 논의는 결렬되었고 위원회는 무기한 휴회되었습니다.

제1차 미·소 공동 위원회가 개최되기 이전에 북한에서는 북조선 임시 인민 위원회(1946. 2.)가 수립되어 실질적인 정부의 역할을 담당했습니다. 한편 제1차 미·소 공동 위원회가 무기한 휴회되자, 이승만은 정읍에서 남한만이라도 임시 정부 혹은 위원회를 조직해야 한다는 발언을 하며 단독 정부 수립에 본격적으로 나섰습니다(**정읍 발언**, 1946. 6.). 이렇게 남한과 북한에서 독자적인 정부 수립의 움직임이 나타나면서 남북 분단의 가능성이 높아지자, 여운형과 김규식을 비롯한 중도 세력들은 미군정의 지원 아래 **좌우 합작 위원회**(1946. 7.)를 결성하며 **좌우 합작 운동**을 전개했습니다. 좌우 합작 위원회는 좌익이 제시한 5원칙과 우익이 제시한 8원칙을 절충해 모스크바 3국 외상 회의의 결정에 따라 남북의 좌우 합작으로 민주주의 임시 정부를 수립할 것, 미·소 공동 위원회의 속개 요청, 유상 매상·무상 분배의 원칙에 의한 토지 개혁, 중요 산업 국유화, 친일파 처리를 위한 조례 제정 등의 내용이 들어간 **좌우 합작 7원칙**

냉전

제2차 세계 대전 후, 미국과 소련 및 그들의 동맹국들 사이에서 공공연하게 전개된 제한적 대결 상태를 말한다. 제2차 세계 대전 후 미국은 동유럽 국가들이 공산화되면서, 사회주의가 확산되는 것에 불안함을 느꼈다. 1947년 3월 미국의 트루먼 대통령이 사회주의 확산을 막기 위한 조치를 선언하면서 미국과 소련을 중심으로 냉전이 격화되었다.

(1946. 10. 644p 참조)을 발표했습니다. 그러나 신탁 통치, 토지 개혁, 친일과 처벌 문제 등에서 좌익과 우익이 반대 의견을 내며 모두에게 반발을 사게 되었습니다. 한편 미군정은 소련과의 냉전이 격화되자 좌우 합작 운동에 대한 지원을 철회했습니다. 힘들게 재개된 **제2차 미·소 공동 위원회**(1947. 5.)가 성과를 내지 못하고 있을 때 좌우 합작 운동을 주도하던 여운형이 1947년 7월에 암살되면서 사실상 1년 여간 이어지던 좌우 합작 운동은 좌절되었습니다.

통일 정부 수립을 위해 남북 협상을 개최하다

제2차 미·소 공동 위원회(1947. 5.)가 열려 임시 정부 수립 문제가 재논의되었지만, 협의 대상 단체의 선정 문제와 미군정의 남한 내 좌익 세력 탄압 문제로 다시 결렬되었습니다. 그러자 미국은 한국 문제를 유엔(UN, 국제 연합)에 상정했습니다(1947. 9.). 유엔에서 한국 문제를 논의했지만 한반도에 자신들에게 우호적인 정부를 세우려고 했던 미국은 총선거 실시를 주장했고, 소련은 외국군 동시 철수를 주장하면서 한반도 내 통일 정부 수립이 어렵게 되었습니다.

결국 유엔 총회에서 미국이 제안한 인구 비례에 의한 남북한 총선거를 통해 한국에 정부를 수립하기로 결정했습니다(1947. 11.). 그리고 총선거를 감독하기 위해 **유엔 한국 임시 위원단**을 파견했습니다(1948. 1.). 그러나 소련과 북한은 유엔의 결정에 반발해 유엔 한국 임시 위원단의 입북을 거부했습니다. 결국 1948년 2월에 개최된 유엔 소총회에서 '위원단이 접근 가능한 지역'에서 총선거를 실시하는 것으로 결의하면서, 1948년 5월 10일 남한 지역에서 단독 총선거(**5·10 총선거**)를 실시하게 되었습니다.

유엔 소총회에서 결정한 남한만의 단독 선거 실시로 인해 분단의 가능성이 높아지자, 김구 등의 우익 세력·중도 세력·좌익 세력은 이를 반대하며 남한 정부 수립을 저지하기 위한 투쟁을 벌였습니다. 그리고 김구와 김규식 등 우익·중도 세력은 북한과의 협상을 통해 남북 분단을 막고 통일된 정부를 수립하고자 북측의 지도자 김일성, 김두봉에게 남북 지도자 회의를 제안했습니다. 이에 북측이 남북 제정당 사회단체 대표자 연석회의를 제안함에 따라 김구, 김규식 등이 평양으로 건너가 평양에서

소련과 북한이 유엔의 결정에 반발한 이유

유엔에서 가결한 남북한 총선거는 당시 인구 비례에 의한 총선거를 실시한다는 내용 때문이다. 당시 남한의 인구가 북한 인구의 2배가량 되었기 때문에 300명 정원의 국회의원을 선출할 때, 남한 지역에 배정된 국회의원은 200명, 북한 지역에 배정된 국회의원은 100명이었다. 이렇게 국회의원을 선출하여 정부를 수립할 경우 우익 세력의 국회의원이 다수를 차지하게 되어 자본주의 체제의 통합 정부가 수립될 것을 소련과 북한은 우려했던 것이다.

남북 협상을 위해 평양으로 가는 김구

북한으로 향하기 전 김구는 '삼천만 동포에게 읍고함(645p 참조)'이라는 연설을 통해 "통일된 조국을 건설하려다가 38선을 베고 쓰러질지언정, 일신에 구차한 안일을 위해 단독 정부를 세우는 데는 협력하지 아니하겠다"는 말을 남기며 남북 통일 정부 수립에 대한 확고한 의지를 보였다.

남북한 사회단체와 정당 대표들이 모인 연석회의가 개최되었습니다(**남북 협상**, 1948.4). 이 회의에서 단독 정부 수립 반대(645p 참조), 미소 양군 즉시 철수 등에 의견을 모아 결의문까지 채택했지만 이미 북한에는 실질적인 정부가 수립된 상태에서 명분을 쌓기 위해 협상에 참여한 것이기 때문에 채택한 결의문으로 남한에서 열리는 5·10 총선거 실시를 막을 수 없었습니다. 이에 실망한 김구와 김규식은 1948년 5월 10일 실시된 총선거에 불참했고, 김구는 이승만 정부 수립 후에도 지속적으로 통일 운동을 전개하다가 1949년 9월 육군소위 안두희에게 암살당하면서 남북통일 정부 수립을 위한 운동은 사실상 좌절되었습니다.

제주 4·3 사건

1948년 4월 3일 무장봉기가 일어난 시점 때문에 4·3 사건으로 불리운다. 이 사건은 1947년 3월 1일에 일어난 제주도민의 시위를 배경으로 해 1948년 4월 3일 발생한 무장봉기 및 1954년 9월 21일까지 제주도에서 발생한 무력 충돌과 진압 과정에서 주민들이 희생당한 사건 전체를 말한다. 6·25 전쟁 이후 남북 대립이 심화되면서 이 사건은 국가적으로 금기시되었다가, 2000년 1월 국회에서 '제주 4·3 진상규명 및 희생자 명예회복에 관한 특별법'이 제정되면서 피해자 접수 신고 및 정부차원의 진상조사를 실시하게 되었다. 현재는 국가가 공식 기념일로 지정해 추모행사를 진행하고 있다.

북위 38도선 이남에 대한민국 정부가 수립되다

유엔에서 남한만의 단독 선거를 통한 정부 수립 결정을 발표하자, 반대의 움직임이 거세게 일어났습니다. 1948년 4월 3일 제주도의 사회주의자와 일부 주민이 남한 단독 정부 수립 반대와 미군의 즉시 철수 등을 주장하며 무장 봉기를 일으켰습니다. 이로 인해 제주도 3개 선거구 중 2곳에서는 총선거를 치르지 못해 2곳 선거구의 투표는 무효화되었습니다. 사건 초기에는 미군정이 경찰을 동원해 진압하려 했고, 사태가 진정되지 않자 1948년 8월 15일 새로 들어선 이승만 정부는 군인과 경찰, 우익 청년 단체를 동원해 진압했습니다. 이 과정에서 당시 제주도민의 10퍼센트 정도인 약 3만여 명이 희생되었는데, 이 비극적인 사건을 **제주 4·3 사건**이라 합니다.

또한 이승만 정부가 제주 4·3 사건을 진압하기 위해 여수에 주둔하고 있던 국군에 출동 명령을 내리자, 1948년 10월 19일 출동 명령을 받은 국군 제14연대 소속 군인 중 좌익 세력이 반발해 통일 정부 수립을 요구하며 여수와 순천 일대를 점령하는 **여수·순천 10·19 사건**이 일어났습니다. 이승만 정부는 미국 군사고문단의 협조와 화력을 지원받아 신속하게 사건을 진압하고, 군 내부의 좌익 세력을 색출해 제거하는 숙군 사업을 벌였습니다. 그러나 사건 진압 후에도 항명했던 군인들의 잔여 세력은 지리산 등지에서 게릴라 활동을 전개했습니다. 제주 4·3 사건과 여수·순천 10·19 사건을 진압하는 과정에서 국가 공권력에 의한 대규모 민간인 학살이 일어났지만, 6·25 전쟁을 거쳐 남북 분단이 심화되면서

5·10 총선거

1948년에 실시된 5·10 총선거 당시의 투표하는 모습이다. 사진 하단, 선거 후보자의 이름 위에 적힌 막대 표기가 보이는데, 당시에는 문맹률이 높았기 때문에 후보자의 기호를 아라비아 숫자 대신 막대 수로 표기했다.

한국 사회에서는 이 사건들을 언급하는 것 자체가 금기시되었습니다. 그러나 1990년대 들어 한국 내 민주화의 진전과 남북 화해 분위기가 조성되면서 학계와 지역 주민에 의한 역사적 재조명 작업이 활발히 이루어지기 시작습니다.

남한 단독 정부 수립에 반대하던 움직임이 있었음에도 불구하고, 1948년 5월 10일 남한만의 단독 정부를 세우기 위한 총선거가 실시되었습니다. 21세 이상 모든 국민에게 투표권이 부여되고, 보통·평등·비밀·직접 선거의 원칙에 따라 치러진 우리나라 최초의 민주 선거였습니다. 김구와 김규식 등 남북 협상파와 중도계 인사, 좌익 세력은 5·10 총선거에 불참했습니다. 총선거를 통해 선출된 임기 2년의 국회의원들이 제헌 국회를 구성했고, 국호를 대한민국으로 정하고 헌법을 제정했습니다.

1948년 7월 17일 선포된 **제헌 헌법**(645p 참조)에서 대한민국은 3·1 운동의 정신과 대한민국 임시 정부의 법통을 계승한 민주 공화국임을 선언했습니다. 그리고 3권 분립과 대통령 중심제를 채택했으며, 국회 간접 선거를 통한 임기 4년의 대통령·부통령 선출, 대통령 1차례 중임 가능 등의 내용을 담았습니다. 제헌 헌법에 따라 국회에서 대통령에 이승만, 부통령에 이시영을 선출했고, 1948년 8월 15일에 정식으로 **대한민국 정부가 수립**되었습니다. 대한민국 정부는 같은 해 12월, 파리에서 개최된 유엔 총회에서 한반도 유일의 합법 정부로 승인받았습니다.

반민특위, 친일파 청산에 실패하다

광복 직후 새로운 국가 건설 과정에서 가장 중요한 문제 중의 하나는 일제 강점기에 일제에 적극 협력해 같은 민족을 억압하며 부귀영화를 누리던 친일파들을 청산하는 것이었습니다. 북한은 소련 군정하에 간접적으로 통치권을 허가받으며 친일파들을 적극 청산할 수 있었습니다. 반면 남한에서는 미군정이 직접 통치하면서 조선 총독부 행정 체제를 유지하고 일제 강점기 관리들과 경찰 등을 그대로 기용하면서 친일파 청산의 기회를 놓쳤습니다.

제헌 국회는 1948년 9월 국민과 여러 정당 및 단체의 민족 반역자, 친일파 처벌 요구에 따라 일제 강점기 때 반민족 행위자를 처벌하거나 재산을 몰수했습니다. 그리고 공민권을 제한할 수 있는 **반민족 행위 처벌**

반민특위 활동 결과

취급 건수	682건
영장 발부	408건
기수	221건
재판 종결	38건
사형	1건
징역	6건
집행 유예	5건
공민권 정지	18건
무죄	6건
형 면제	2건

이승만 정부가 친일파 처벌에 비협조적인 태도를 보인 이유

이승만은 임시 정부 활동 중 탄핵당하고 적극적인 반공의 입장을 내세우면서 사회주의 세력 및 일부 독립 운동 세력으로부터 지지를 받지 못했다. 그래서 사회주의 세력까지 포함한 남북 통합 정부가 세워지면 자신이 권력을 잡을 가능성이 적어지기에 남한 단독 정부 수립을 주장했다. 당시 친일파들은 통합 정부가 세워지면 사회주의 세력이나 독립 운동 세력이 권력을 잡아 적극적인 친일 청산에 나설 것으로 파악했고, 이에 남한 단독 정부 수립을 주장하는 이승만 세력과 손을 잡았다. 이승만 역시 남한 단독 정부 수립 후 권력을 장악하기 위해서는 독자적인 세력을 확보해야 했기에 친일 정치 세력을 끌어안았고, 따라서 친일 세력을 제대로 청산하지 못했다.

국회 프락치사건

1949년 5월부터 8월까지 남조선노동당의 프락치 활동을 했다는 혐의로 현역 국회의원 10여 명이 검거되고 기소된 사건. 이승만 정권에 대해 비판적인 '소장파' 국회의원들 10여 명이 검거되었는데, 그들이 기소된 이유는 국제연합 한국위원단에 외국군 철퇴와 군사고문단 설치에 반대하는 진언서를 제출한 행위가 남조선노동당 국회프락치부의 지시에 의한 것이라는 혐의를 받았기 때문이다. 재판 과정에서 피고인 모두는 혐의사실을 부인했으나, 재판부는 고문으로 인한 허위진술의 자백 내용과 신빙성이 검증이 되지 않은 암호문서를 근거로 1950년 3월 14일에 국회의원 13명에게 모두 유죄를 선고했다.

법(**반민법**, 646p 참조)을 제정하고, 이 법에 의거해 **반민족 행위 특별 조사 위원회**(**반민특위**)를 설치했습니다. 반민특위에서는 박흥식, 노덕술, 최린, 최남선, 이광수 등 반민족 행위자를 조사하고 체포했습니다. 국민들은 밤을 새우며 활동하는 반민특위에 음식을 보내는 등 적극적인 지지를 보냈습니다.

그러나 이승만 정부는 친일파 청산보다는 반공을 우선시해서, 반민특위 활동을 공개적으로 반대하면서 친일파 처벌에 비협조적 태도를 보였고, 미군정 시기부터 정부와 경찰 요직에 있던 친일파들의 방해 공작으로 반민특위 활동은 어려움을 겪었습니다.

대표적인 방해 공작으로는 반민 특위 소속 국회의원들 중 일부를 남조선 노동당(공산주의 세력)과 접촉했다는 구실로 간첩으로 몰아 구속하는 **국회 프락치 사건**(1949. 4.)과 친일 경찰을 반민 특위에서 구속하자 경찰이 반민특위 사무실을 습격하는 사건(1949. 6.)이 있었습니다. 결국 국회에서 반민족 행위자의 범위를 좁히면서 조사받던 대부분의 사람들이 풀려났고, 반민법의 시효도 1950년 6월에서 1949년 8월로 단축시키면서 반민특위가 사실상 활동을 중단하게 되어 친일파 청산이 제대로 이루어지지 못했습니다.

북한에도 정부가 수립되다

광복 직후 평양에서는 조만식을 중심으로 평안남도 건국 준비 위원회가 조직되었습니다. 처음에 소련 군정은 조만식을 통해 북한을 간접 통치하려고 했는데, 광복 직후 김일성이 평양에 들어오면서 상황이 바뀌기 시작합니다.

소련 군정의 입장에서는 조만식이 민족주의 계열(우파)이면서 반공의 입장을 취하며 소련의 통제를 순순히 따르지 않자, 소련에서 활동한 사회주의 계열의 김일성이 소련의 통치에 협력할 수 있는 지도자로서 적합하다고 생각했던 것입니다. 소련 군정은 사회주의 세력이 실권을 장악할 수 있도록 지원했고, 사회주의 세력은 실질적인 북한의 정부 역할을 담당한 **북조선 임시 인민 위원회**(1946. 2.)를 수립했습니다.

북조선 임시 인민 위원회에서는 1946년 3월부터 친일파 처단 및 친일파와 일제 소유 토지를 몰수하고, 5정보 이상 소유한 지주의 토지를 모두 무상 몰수해서 농민에게 가족 수와 노동력에 따라 토지를 무상 분배하는 토지 개혁을 실시했습니다. 또한 중요 산업을 국유화하는 정책도 전격적으로 실시했습니다. 이때 무상 몰수와 무상 분배의 방식으로 실시된 토지 개혁으로 땅을 빼앗긴 지주들과 공장이나 기업이 국유화되어 자산을 상실하게 된 자본가들이 대거 남한으로 내려왔습니다. 북조선 임시 인민 위원회는 **북조선 인민 위원회**(1947. 2.)로 개편되어 실질적인 정부 역할을 계속 담당했습니다.

1948년 8월 15일 남한에서 대한민국 정부가 정식으로 수립되자, 10일 후 북한에서는 최고 인민 회의 대의원을 선출하는 총선거를 실시해 의회의 역할을 맡는 최고 인민 회의를 구성했습니다. 최고 인민 회의에서 헌법을 제정하고 초대 수상으로 김일성을 선출하면서, 북위 38선 이북에 **조선 민주주의 인민 공화국**을 수립했습니다(1948. 9. 9.). 결국 이념을 달리하는 두 정부가 각각 수립되면서 한반도는 남과 북으로 분단되고 말았습니다.

주요 용어

애치슨 선언, 6·25 전쟁, 유엔 안전 보장 이사회, 인천 상륙 작전, 1·4 후퇴, 휴전 회담, 포로 송환, 국민 보도 연맹, 한·미 상호 방위 조약

3 6·25 전쟁

6·25 전쟁이 발발하다

38도선 이남에 대한민국 정부가 수립되고 이북에 조선 민주주의 인민 공화국이 수립되면서 군정을 실시하던 미군과 소련군은 철수했습니다. 남과 북에 각각 정부가 수립된 이후에는 38도선 부근에서 소규모지만 잦은 군사적 충돌이 발생하였고, 지리산이나 태백산 등지에서는 좌익 무장 유격대의 게릴라전이 계속되고 있었습니다.

북한은 소련과 군사 협정을 체결해 전차, 탱크, 비행기 등 신무기의 지원을 받고, 1949년 중국의 공산화 이후 중국 내전에 참여했던 조선 의용군을 인민군에 편입시켜 군사적 지원을 받는 등 남침 준비를 하고 있었습니다. 뿐만 아니라, 소련으로부터 남침 계획을 승인받고 미국이 전쟁에 개입할 경우에는 중국이 참전하는 것을 약속받기도 했습니다. 한편, 미국 국무장관 애치슨은 대한민국과 타이완이 미국의 태평양 방위선에서 제외되었다는 내용의 **애치슨 선언**(1950. 1.)을 발표했습니다. 이 발표는 미국이 한반도에서 전쟁이 일어났을 때 개입하지 않는다는 해석의 여지를 남겨 북한이 전쟁을 벌이는 데 중요한 영향을 미쳤습니다.

1950년 6월 25일 새벽 4시 북한군의 전면적인 기습 남침으로 **6·25 전쟁**이 시작되었습니다. 국군은 3일 만에 서울을 빼앗기고 낙동강 유역까지 후퇴했습니다. 한반도에 전쟁이 일어나면 관망할 것 같았던 미국은 전쟁이 일어나자마자 미군을 파병해 북한의 침략을 저지하려 했고, 유엔 안전 보장 이사회 소집을 요구했습니다. 1950년 7월 7일 **유엔 안전 보장 이사회**에서 북한의 남침을 침략 행위로 규정하고 미국을 주축으로 16개국이 참여한 군사 지원을 결의해 유엔 창설 이후 최초로 유엔군 파병이 이루어졌습니다. 국군과 유엔군은 낙동강에 방어선을 구축하고 반격을 개시했습니

애치슨 라인(1950. 1.)

6·25 전쟁과 포로 송환 문제

제네바 협정에 따르면 국제 전쟁 후 포로는 상대 국가에 송환해야 한다. 그러나 6·25 전쟁은 국제 전쟁이면서 국내 동족 간의 전쟁이었기에 미묘한 점이 있었다. 예를 들어 남한 사람이 북한 인민군에 징집되었다가 국군의 포로가 된 경우나, 반대로 북한 사람이 국군에 징집되었다가 인민군의 포로가 된 경우 상대 국가에 송환하면 원래 자신이 있었던 국가로 돌아갈 수 없게 된다. 공산측은 제네바 협정 제118조에 따른 '전원 자동 송환'을 주장한 반면, UN측은 개인 권리 불가침을 내세워 '개별 자원 송환'을 주장했다.

다. 1950년 9월 15일 **인천 상륙 작전**으로 전세를 역전시킨 국군과 유엔군은 9월 28일 서울을 되찾은 후 10월 1일 38도선을 돌파했습니다. 국군과 유엔군은 계속 북쪽으로 진격해 10월 말에는 압록강 유역까지 진출했습니다. 그러나 중국이 북한을 돕기 위해 군대를 파병했고, 중국군의 역공에 밀린 국군과 유엔군은 1951년 1월 4일 다시 서울을 빼앗겼습니다(**1·4 후퇴**). 전열을 가다듬은 국군과 유엔군은 총공세를 가해 다시 서울을 되찾고 38도선 일대까지 진격했습니다. 이후 전투는 38도선 부근에서 국군·유엔군과 북한군·중국군의 일진일퇴의 공방전이 지속되며 전선이 교착상태에 빠졌습니다. 처음에는 남북한의 내전 형태로 시작된 전쟁은 미군, 유엔군, 중국군의 참전과 소련 공군의 부분적 참전으로 국제전으로 확대되었습니다.

1951년 6월 소련이 유엔에 휴전을 제의하자 미국이 받아들여 유엔군과 중국 및 북한의 공산군 사이에 **휴전 회담**이 시작되었습니다. 휴전 협상은 군사 분계선의 설정, **포로 송환** 등 여러 문제를 둘러싸고 서로 이견

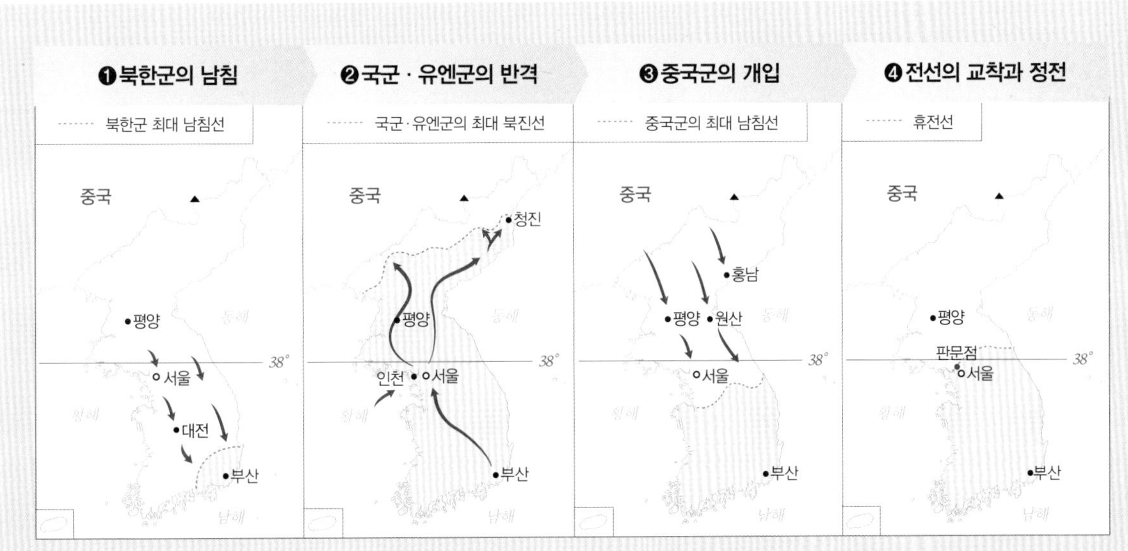

6·25 전쟁의 전개 지도

① 북한군의 남침(1950. 6. 25.~1950. 9.): 낙동강 방어선 구축

② 국군·유엔군의 반격: 인천상륙작전(1950. 9. 15.)~국군 압록강 부근까지 진출(1950. 10.)

③ 중국군의 개입(1950. 10. 25.~1951. 1. 4.)

④ 전선의 교착과 정전: 국군 및 유엔군 서울 재수복(1951. 3. 18.)~휴전(1953. 7. 27.)

을 좁히지 못하면서 장기화되었습니다. 휴전 협정 체결이 지연되면서 38도선 근처에서는 하나의 고지라도 더 차지하기 위한 치열한 전투가 벌어져 많은 희생자가 발생했습니다. 휴전을 반대하면서 북진 통일을 주장했던 이승만 대통령이 1953년 6월 거제도 포로수용소에서 반공 포로를 석방해 휴전 협상은 지연되었지만, 결국 휴전선 확정, 비무장 지대 설치, 군사 정전 위원회와 중립국 감시 위원단 설치 등을 합의한 정전 협정이 1953년 7월 27일에 체결되어 남과 북은 휴전 상태가 되었습니다. 한국 정부는 휴전에 반대해 휴전 조약에는 끝까지 서명하지는 않았지만 협정을 준수하겠다고 발표했습니다.

국민 보도 연맹

1949년 좌익 전향자들로 구성된 조직이다. 1949년 말까지 이 단체의 가입자 수는 약 30만 명에 달했으나, 6·25 전쟁이 일어나자 일부 위장 전향자들과 북한에 동조할 가능성이 있는 세력을 뿌리 뽑는다는 이승만 정부 방침에 의해 즉결 처분이 이루어지면서, 다수가 학살되었다.

씻을 수 없는 상처를 남긴 6·25 전쟁

3년 여 동안 계속된 전쟁은 한반도 전체를 폐허로 만들었습니다. 남한과 북한의 산업시설 대다수가 파괴되었는데, 특히 북한의 경우 유엔군에게 제공권을 빼앗겨 주요 산업 시설이 폭격으로 큰 피해를 입었습니다. 전쟁은 또한 막대한 인적·물적 피해를 남겼습니다. 남북한 포함해 약 500만여 명의 사람들이 죽거나 다치고 행방불명되었고 1,000만 명 이상의 이산가족과 수많은 전쟁고아들이 발생했습니다. 전쟁의 과정에서 국군과 북한군의 점령 지역이 수시로 바뀌면서 상대방의 편을 들거나 협력했다는 이유로 서로 간에 보복이 일어나며 학살이 잇달았습니다. 북한군은 함경남도 함흥 지역과 전라남도 영광 지역에서 민간인을 학살했고, 국군과 미군에 의해서는 **국민 보도 연맹**원들에 대한 처형, 경남 거창과 충북 노근리 등에서 주민들이 적으로 몰려 죽임을 당하는 학살 사건이 일어났습니다.

전쟁의 상처로 남북 간 대결 의식과 적대 감정이 높아졌습니다. 그리고 수많은 사람들이 고향을 잃고 피난하면서 각 지역의 전통 문화가 파괴되었고, 그 빈자리에 미군을 통해 미국 문화가 빠르게 유입되었습니다. 6·25 전쟁은 남북한의 독재 체제를 강화시켰는데, 이승만 정부는 반대파들을 공산주의자로 몰아 탄압하며 독재 체제를 구축했습니다. 그리고 **한·미 상호 방위 조약**(1953. 10, 646p 참조)을 체결해 한·미 동맹을 강화하면서 북한과의 군사적 대결에서 밀리지 않기 위한 조치를 취했습니다. 북한의 김일성도 박헌영, 무정 등 정치적 라이벌에게 6·25 전쟁 패전의 책임을 물어 숙청하고 김일성 유일 체제의 기반을 구축하면서 남과 북의 분단이 더욱 굳어졌고, 전쟁의 상흔은 아직까지 계속되고 있습니다.

6·25 전쟁은 국제전이었기 때문에 다른 나라에도 영향을 끼쳤습니다. 미국은 한국과 일본, 타이완의 공산화를 막아 내면서 동북아시아에서 영향력이 한층 강화되었습니다. 한편, 결정적인 순간 대규모 군대를 파견해 북한을 구원한 중국은 북한에 대한 영향력이 소련보다 한층 커졌습니다. 중국은 미국이라는 강대국과 맞상대할 수 있는 국가로서 동아시아에서 위상이 높아졌습니다. 소련은 북한에서의 위상이 예전보다는 약해지기는 했지만, 미국과 대립이 격화되면서 냉전 체제를 심화시켰습니다. 전쟁에 직접 참여하지 않았던 일본은 6·25 전쟁 특수로 경제가 발전함으로써 제2차 세계 대전 패망 이전의 경제 수준을 회복했고, 아시아의 반공 거점 국가로 위상이 높아졌습니다.

6·25전쟁의 경과

❶ 1950년 6월 28일 서울 시내에 진입한 북한 인민군 탱크

❷ 1950년 6월 28일 폭파된 한강 인도교와 철교

❸ 1950년 8월, 낙동강 전선을 사수하기 위해 방어선을 펼치고 있는 국군

❹ 1950년 9월 17일, 인천 상륙 작전을 지시하고 있는 맥아더 장군

❺ 1950년 9월 28일, 서울을 수복한 국군이 중앙청에 태극기를 게양하고 있는 모습

❻ 압록강을 건너는 중국 인민 지원군의 승리를 기원하는 중국 인민 지원군 군악대

❼ 1951년 11월 27일, 휴전선 구획에 대해 논의하고 있는 유엔군과 인민군 대표

❽ 1953년 7월 27일, 판문점에서 진행된 휴전 협정 체결 당시의 모습

주요 용어

발췌 개헌, 사사오입 개헌, 조봉암, 진보당 사건, 국가 보안법, 경향신문 폐간, 3·15 부정 선거, 김주열, 4·19 혁명, 장면 정부, 경제 개발 5개년 계획안, 5·16 군사 정변, 국가 재건 최고 회의, 중앙정보부, 경제 개발 5개년 계획, 경제 베트남 파병, 김종필·오히라 비밀 회담, 6·3 시위, 한·일 기본 조약, 브라운 각서, 3선 개헌, 닉슨 독트린, 유신 헌법, 통일 주체 국민 회의, 개헌 청원 100만인 서명 운동, 3·1 민주 구국 선언, 민청학련 사건, YH 무역 사건, 부마 민주화 운동, 10·26 사태, 12·12 사태, 서울의 봄, 5·18 민주화 운동, 국가 보위 비상 대책 위원회, 박종철 고문 치사 사건, 4·13 호헌 조치, 이한열, 6월 민주 항쟁, 6·29 민주화 선언

4 민주주의의 시련과 발전

이승만, 독재 체제를 강화하다

이승만 정부는 집권 후 부패 척결, 친일파 청산 등 사회적 요구에는 소극적이었습니다. 대신 북한과의 대결 상황을 이용해 반공 체제를 확립하면서 장기 집권을 꾀했습니다. 6·25 전쟁 직전인 1950년 5월 치러진 제2대 국회의원 선거에서 이승만 정부에 비판적인 후보들이 대거 당선되어 국회에서 대통령을 뽑는 간접 선거 방식의 제헌 헌법 아래서는 이승만의 대통령 당선이 어려워졌습니다.

6·25 전쟁이 발발하자 이승만은 1951년 12월 임시 수도인 부산에서 자신에게 불리한 정국을 타개하기 위해 자유당을 창당합니다. 자유당은 국회 바깥에서 개헌 운동을 벌였고, 1952년 1월 정부가 이승만 대통령의 재선을 위해 대통령 직선제와 국회 양원제를 골자로 하는 개헌안을 국회에 상정했으나 부결되었습니다. 부결 이후 국회 내에서는 오히려 대통령의 권한을 축소시키는 내각제 개헌을 추진했습니다. 그러자 이승만 정부는 임시 수도 부산에서 계엄령을 선포하고 경찰과 군대, 폭력 단체를 동원해 정부의 개헌안에 반대하는 야당 의원들을 설득하거나 협박했습니다. 심지어 일부 야당 의원들을 국제 공산당과 내통했다는 간첩 혐의를 씌워 연행했습니다.

결국 이승만 정부는 경찰과 군대가 국회 의사당을 포위해 공포 분위기를 조성한 가운데 정부의 대통령 직선제, 양원제 국회 구성 등을 핵심으로 하는 개헌안에 야당이 제시한 내각 책임제 개헌안을 절충하여 불법적인 기립 표결 방식을 통해 국회에서 통과시켰습니다. 바로 이 제1차 개헌을 **발췌 개헌**(1952. 7.)이라고 합니다. 바뀐 헌법에 의거해 1952년 8월 제2대 정·부통령 선거가 직선제로 실시되었고, 6·25 전쟁 중이라는 특수 상황에서 국민들은 이승만을 다시 대통령으로 선출했습니다.

1954년 열린 국회의원 선거에서 자유당이 다수 의석을 차지하자, 자유당 정권은 이승만의 장기 집권을 시도하고자 합니다. 1956년에 제3대

대통령 선거가 열리는데 기존의 헌법에서는 대통령은 1회만 중임이 가능해 이승만은 출마할 수 없었습니다. 그래서 자유당은 다시 헌법을 바꾸어 초대 대통령에 한해 중임 제한 규정을 철폐하는 내용의 개헌안을 마련해 국회 표결에 부쳤습니다. 당시 개헌안 통과를 위해서는 국회 재적 의원 203명 중 2/3 이상의 찬성표(135.333… 이상의 표, 즉 136표)가 필요했는데, 실제 투표에서는 135명이 찬성해 1표 차이로 부결되었습니다. 그러나 자유당은 표결 다음날 사사오입(수학적으로 반올림)의 논리를 내세워 개헌안을 통과시켰습니다. 제2차 개헌을 **사사오입 개헌**(1954. 11, 647p 참조)이라고 하는데, 절차상 정족수에 미달한 불법적인 개헌이었고, 초대 대통령에 한해 중임 제한 규정을 철폐하는 개헌이었다는 점에서 헌법에서 정한 평등의 원칙마저 위배되었습니다.

억지로 고친 헌법을 바탕으로 1956년 5월 치러진 제3대 정·부통령 선거에 자유당은 대통령 후보로 이승만을, 부통령 후보로 이기붕을 내세웠습니다. 당시 야당인 민주당은 신익희와 장면을 각각 대통령, 부통령 후보로 내세웠습니다. 민주당의 신익희 후보가 선거를 며칠 앞두고 갑자기 사망하면서 이승만이 무난하게 제3대 대통령으로 당선되었습니다. 그러나 부통령에는 자유당의 이기붕이 낙선하고 민주당의 장면이 당선되었습니다. 게다가 이승만이 대통령으로 당선되었지만, 무소속으로 출마했던 진보 성향의 **조봉암**이 유효 투표의 30퍼센트인 200만 표 이상을 얻어 이승만을 견제할 수 있는 정치인으로 등장하자 자유당 정권은 위기감을 느끼게 되었습니다. 이에 이승만의 자유당 정권은 1958년 1월 조봉암이 창당해 위원장을 맡고 있던 진보당을 탄압했습니다. 위원장 조봉암을 비롯한 진보당의 전 간부들이 북한의 간첩들과 접선하고 북한의 통일

재판받는 조봉암(1898~1959)

1958년 10월 25일 진보당 사건 2심 공판을 받고 있는 조봉암의 모습이다. 1958년 1월 조봉암은 진보당 사건으로 체포되어 기소되었다. 1959년 2월 대법원에서는 평화 통일 주장은 합법이지만 조봉암은 간첩죄를 적용, 사형을 선고했다. 조봉암은 재심을 청구했으나 7월 30일에 기각되어 다음날인 7월 31일 오전 11시 3분에 사형이 바로 집행되었다. 이후 2011년 1월 20일, 대법원은 조봉암에 대한 무죄를 선고했고 조봉암은 사형당한 지 52년 만에 복권되었다.

경향신문 폐간

당시 경향신문을 폐간할 수 있는 근거가 되는 법령이 없자, 이승만 정부는 미군정 법령 88호(신문과 정기간행물 허가에 관한 조항)를 근거로 폐간했다. 이에 관해 대한민국 정부가 수립된 이후 자체적인 헌법이 마련되고 미군정이 사라졌음에도 이 조항을 근거로 폐간을 했다는 사실에 위법 논란이 일어났다.

방안을 주장했다는 혐의로 누명을 씌워 구속·기소했고, 결국 조봉암을 사형에 처했습니다(**진보당 사건**). 또한 반공 체제를 강화하며 **국가 보안법**을 개정(1958)하고, 정부에 비판적인 기사를 내던 **경향신문을 폐간**(1959)했습니다.

이승만 정권을 무너뜨린 4·19 혁명이 일어나다

이승만과 자유당 정권은 발췌 개헌과 사사오입 개헌처럼 불법적으로 헌법을 개정해 권력을 이어나가려고 했고, 반공 사상을 내세워 반대 세력을 탄압하면서 독재 체제를 구축했습니다. 자유당 정부가 10년 넘게 장기 집권하면서 정부의 주요 실세들은 여러 부정부패 사건에 연루되어 국민들의 비판을 받았습니다. 게다가 1950년대 말부터 미국의 원조가 줄어들면서 경기가 침체되어 정부에 대한 지지도는 크게 떨어졌습니다.

3·15 부정 선거

당시 마산 시민들이 두 차례에 걸쳐 부정 선거를 규탄하는 시위 모습이다.

이러한 상황에서 1960년 3월 제4대 정·부통령 선거가 다가왔습니다. 자유당은 이승만을 대통령 후보로, 이기붕을 부통령 후보로 내세웠습니다. 선거를 앞두고 야당인 민주당의 조병옥 대통령 후보가 사망하면서 이승만의 대통령 당선은 거의 확정적이었는데, 당시 이승만이 80이 넘는 고령이어서 대통령 당선 후 사망했을 시 부통령이 대통령직을 계승하므로 부통령에 이기붕이 당선되지 않으면 정권이 교체될 수 있었기에 자유당은 이기붕의 부통령 당선에 크게 신경을 썼습니다. 그러나 당시 여론상 민주당의 부통령 후보였던 장면에게 이기붕이 밀리면서 이기붕의 당선이 불확실하자, 자유당은 이기붕의 부통령 당선을 위해 선거 1년 전부터 부정 선거를 계획했습니다. 선거 이전부터 자유당은 공무원, 마을 이장, 경찰, 정치 깡패 등을 여당 후보 유세에 동원하거나 야당 후보의 선거 유세를 방해했습니다.

김주열 학생의 시신

4·19 혁명을 전국적으로 확산시킨 김주열 학생의 시신이 발견된 당시의 모습이다.

1960년 3월 15일 선거 당일 자유당 정부는 사전 투표, 3인조 또는 9인조 공개 투표, 투표소 앞 완장 부대 활용, 투표함 바꿔치기 등 대대적인 부정 선거를 자행했습니다(**3·15 부정 선거**). 너무나 눈에 띄게 부정 선거를 저지르자 선거 당일부터 마산, 광주, 서울 등에서 부정 선거 규탄 시위가 벌어졌습니다. 특히 마산에서는 시위 진압 과정에서 수십 명이 죽거나 다쳤는데, 시위 도중 실종되었던 **김주열** 학생이 4월 11일 최루탄을 맞고 숨진 채로 마산 앞바다에서 발견되자 시민들과 학생들의 분노가 폭

4·19 혁명 당시 거리로 나선 학생들의 모습

고려대학교 학생들의 피습 모습

1960년 4월 18일, 종로에서 시위하고 돌아가던 중 피습 당했다.

1960년 4월 25일 대학 교수들의 시위 모습

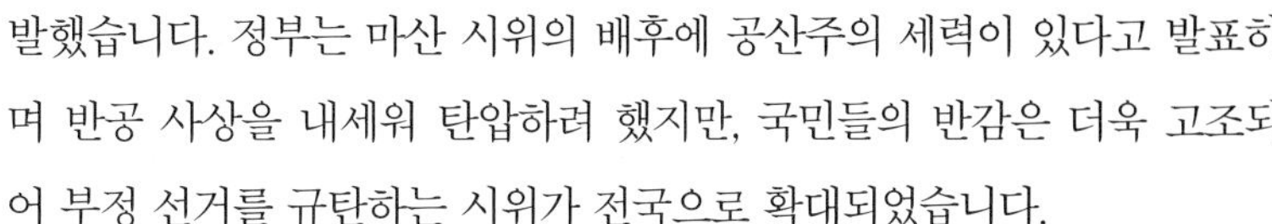

발했습니다. 정부는 마산 시위의 배후에 공산주의 세력이 있다고 발표하며 반공 사상을 내세워 탄압하려 했지만, 국민들의 반감은 더욱 고조되어 부정 선거를 규탄하는 시위가 전국으로 확대되었습니다.

4월 18일 고려대학교 학생들이 종로에서 시위를 벌인 후 학교로 돌아가던 중 이승만 정부가 동원한 폭력배들에게 피습을 당했는데, 이에 분노한 시민들이 4월 19일 대규모 시위를 전개했습니다(647p 참조). 서울에 모인 시위대가 대통령 집무실이 있던 경무대로 진출하자 경찰이 발포해 많은 사상자가 발생했고, 이승만 정부는 시위 확산을 막기 위해 전국 대도시에 계엄령을 선포하며 군대까지 동원했습니다. 그러나 계엄군은 경찰과 달리 물리력 사용을 자제하며 최대한 중립을 지켰고, 미국 역시 민주화를 촉구하며 이승만에 대한 지지를 철회했습니다. 시민들의 시위는 더욱 거세져 부정 선거 규탄뿐 아니라 이승만 대통령의 퇴진을 요구했습니다. 4월 25일 서울 시내 대학 교수 200여 명이 정·부통령 선거 재실시, 이승만 정부 퇴진 등을 요구하는 시국 선언(648p 참조)을 하고 가두시위를 벌이자, 결국 4월 26일 이승만 대통령은 하야 성명을 발표하고 미국 하와이로 망명했습니다(**4·19 혁명**). 이승만이 하야한 이후 외무장관 허정이 과도 정부의 수반이 되었습니다. 허정 과도 정부 수립 이후 곧바로 내각 책임제와 국회 양원제를 근간으로 하는 헌법 개정이 이루어졌습니다(제3차 개헌, 1960. 6.). 4·19 혁명은 학생과 시민이 적극 참여해 독재 정권을 타도한 역사적 사건으로 현행 헌법에서도 '불의에 대항한 4·19 혁명의 민주 이념을 계승'한다고 전문에 기록되어 있을 정도로 우리나라 민주주의 발전에 큰 영향을 미쳤습니다.

이승만 대통령 하야

1960년 4월 26일 대통령의 하야 소식이 전해지자 계엄군의 탱크 위에 올라가 기뻐하며 환호하는 시민들의 모습이다.

짧았던 장면 정부, 4·19 혁명 미완의 혁명이 되다

이승만 대통령이 물러난 뒤에 허정이 이끄는 과도 정부가 수립된 이후 양원제 국회와 내각 책임제를 골자로 하는 개헌안이 통과되었습니다. 개정된 헌법에 따라 제5대 총선이 실시되어 민주당이 국회의 다수를 장악하며 승리했습니다. 개정 헌법에 따라 국회에서 대통령에 윤보선을 선출했고, 윤보선 대통령이 지명한 장면이 국회의 동의를 얻어 국무총리에 취임했습니다. 그리고 내각 책임제하에서 실권을 장악한 국무총리 장면이 내각을 조직해 **장면 정부**가 출범했습니다(1960. 8.).

장면 정부(제2공화국) 출범

1960년 10월 1일에 진행된 제2공화국 출범 경축식이다. 사진 왼쪽은 제2공화국 대통령 윤보선, 오른쪽은 국무총리 장면의 모습이다.

장면 정부는 민주화와 경제 제일주의를 내세웠습니다. 이에 따라 도로, 교량 등 국토 개발 사업에 착수했고 **경제 개발 5개년 계획안**을 마련했습니다. 장면 정부 시기는 이승만 정부 시기에 비해 언론이 활성화되었고 4·19 혁명 후 사회 각층에서 나타나던 민주화 움직임, 노동 운동, 학생 운동, 통일 운동 등이 전개되면서 민주주의가 진전되었습니다. 그러나 장면 정부는 학생들의 통일 운동에 부정적이었고, 사회 각계각층의 다양한 요구를 적극적으로 수용하지 못했습니다. 그리고 3·15 부정 선거 책임자나 이승만 정부 당시 부정 축재자에 대한 처벌에 소극적으로 대처해 국민들에게 불만을 샀습니다. 게다가 윤보선 대통령을 중심으로 한 구파와 장면 국무총리를 중심으로 한 신파의 권력 다툼으로 민주당이 분열되면서 정치적 혼란이 가중되었습니다. 결국 4·19 혁명으로 탄생한 장면 정부는 **5·16 군사 정변**(1961)으로 출범 9개월 만에 붕괴되었고, 이후 군사 정권이 들어서면서 4·19 혁명은 미완의 혁명으로 남게 되었습니다.

5·16 군사 정변

5·16 군사 정변 직후 시청 앞 광장에서 군인들을 지휘하는 박정희 소장(가운데)과 휘하 군인들의 모습이다. 박정희 소장의 왼쪽은 훗날 대통령 경호실장이자 국회의원을 역임한 박종규 소령이고, 오른쪽은 박정희 대통령의 마지막 경호실장을 역임하게 되는 차지철 대위이다.

5·16 군사 정변, 군인이 권력을 장악하다

6·25 전쟁 이후 사회적 영향력이 강해진 군부 내부에서는 늘어난 군 장성으로 인해 승진이 적체되어 있는 등 내부적 위기가 강해지면서 정치권력을 장악하고자 하는 세력이 나타났습니다. 결국 1961년 5월 16일 새벽, 당시 제2군 부사령관 소장 박정희와 중령 김종필을 중심으로 육사 8기생들은 장면 정부의 정치력 부재와 사회 혼란을 일소하겠다는 명분을 내세워, 장교 250여 명 및 사병 3,500여 명을 동원해 서울의 주요 국가기관을 점령했습니다. 그리고 군사 혁명 위원회를 조직해 전권을 장악하면서 6개항의 혁명 공약(648p 참조)을 발표했습니다.

잠시 미국의 반대가 있었지만 곧 장면 내각의 총사퇴와 윤보선 대통령의 묵인으로 정변은 성공했습니다. 군부 세력은 군사 혁명 위원회를 곧 **국가 재건 최고 회의**로 재편해 군정을 실시했습니다. 국가 재건 최고 회의는 군정에 반대하는 정치인들의 활동을 금지시키고 불법적인 군사 정변에 의한 집권에 반대하는 국민들을 무시하고 자신들의 집권을 정당화시키려 했습니다. 군부가 모든 분야에 실질적인 통치력을 행사할 수 있도록 핵심 정보 권력 기관으로 **중앙정보부**를 설치하여 정권 유지를 위

한·미·일 삼각 안보 체제

제2차 세계 대전 직후부터 미국은 한국, 미국, 일본을 단일한 정치·군사 동맹체로 묶는 전략을 달성해 당시 동아시아에서 성장하는 사회주의 국가들을 견제하고 자본주의 진영을 확산시키려 했다. 그런 의미에서 1965년 한·일 국교 정상화는 미국의 이러한 입장이 박정희 정부 때 성사된 것으로 볼 수 있다.

한 준비를 마쳤습니다.

1962년부터 군정은 정변의 정당성을 확보하려는 목적에서 **제1차 경제 개발 5개년 계획**(1962~66)을 추진했습니다. 이를 위해 많은 자금이 필요했는데 당시 국가 재정 적자가 심해 어려움을 겪자 같은 해 화폐 개혁(제3차 통화 조치, 1962)을 추진했습니다. 화폐 개혁을 통해 국가 재정 적자를 해소하고 지하경제 양성화를 통해 경제 활성화를 추진하려 했지만, 졸속으로 추진하는 바람에 경제적 혼란만 가중시켰습니다.

군정은 1962년 12월 제5차 개헌을 통해 대통령 중심제와 단원제 국회를 핵심으로 하는 헌법을 제정하였습니다. 이 헌법은 1963년 12월부터 적용하기로 결정되었는데, 이에 맞추어 박정희와 일부 군 핵심 세력은 1963년 군복을 벗고 민주 공화당을 창설하여 권력을 이어 나갈 준비를 합니다. 결국 1963년 열린 5대 대선에서 박정희가 당선되면서 박정희 정부가 정식으로 출범했습니다.

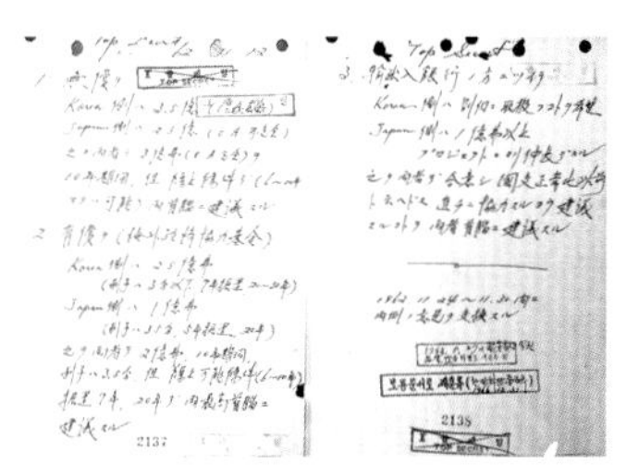

김종필·오히라 비밀 메모

국교 정상화를 위한 한·일 회담 준비 과정에서 1962년 김종필 중앙정부부장과 일본의 오히라 외상이 비밀 회담을 가졌다. 회담 내용을 김종필이 메모로 남겨놓은 것이다. 이 메모의 주요 내용은 일본이 한국에 무상 3억 달러, 유상 2억 달러 외에 수출입은행 차관 1억 달러, 도합 6억 달러를 준다는 것이다. 1965년 한·일 기본 조약이 이 메모와 거의 차이가 없이 이루어져 김종필과 오히라 간의 회담에서 사실상 협정이 타결되었다고 말할 수 있다.

반공과 경제 제일주의를 내세운 박정희 정부가 출범하다

1963년 대선에서 반공과 경제 발전을 내세운 박정희는 상대 후보 윤보선을 15만여 표 차이로 가까스로 이기고 대통령에 당선되었습니다. 대선에 나서고 승리하기까지 민주적 정당성에 대한 비판이 가해졌기 때문에 박정희 대통령은 공약처럼 반공과 경제 발전을 앞세워 자신의 집권을 정당화시켜야 했습니다. 경제 개발을 추진하려면 막대한 자본이 필요했는데, 당시 이를 추진할 자본이 부족했던 박정희 정부는 자본을 외국에서 끌어오는 정책을 구상했습니다. 대표적인 정책이 한·일 국교 정상화와 **베트남 파병**입니다.

1960년대 초 대한민국은 경제 개발을 추진할 자본이 필요했고, 미국은 동아시아에서 사회주의 국가인 중국과 북한을 견제하기 위해서 한·미·일 안보 체제 강화가 필요했습니다. 그리고 일본은 1950년대 급속한 성장을 바탕으로 이 시기에 이미 2차 세계 대전의 피해를 복구하여 세계 경제 대국으로 발전했고, 이 과정에서 자본과 기술을 수출할 시장을 확보할 필요가 있었습니다. 한국은 일본 입장에서 괜찮은 시장이었습니다. 이러한 요건들이 잘 들어맞아 박정희 정부가 출범하기 전부터 한·일 국교를 정상화하려는 시도가 있었습니다. 대표적인 것이 **김종필·오히라 비**

한·일 협정 반대 운동

1964년부터 격화된 이 운동에는 학생과 야당 외에도 대학교수, 개신교 목사, 예비역 장성, 법조인, 여성계 인사들이 참여했다.

밀 회담(1962)이었습니다.

그러나 일본의 식민 지배에서 해방된 지 20년도 채 지나지 않은 시점이었기 때문에 한국 국민들의 반발은 심했습니다. 그럼에도 박정희 정부가 출범 후 적극적으로 국교 정상화를 추진하자, 대학생과 시민들이 굴욕적인 대일 외교를 반대하며 **6·3 시위**(1964)를 벌였습니다. 박정희 정부는 계엄령을 선포하며 시위를 진압했고, 결국 **한·일 기본 조약**(한·일 협정, 1965, 649p 참조)을 체결해 일본과 국교를 정상화하게 되었습니다. 한·일 협정 체결에 따라 박정희 정부는 경제개발을 추진할 수 있는 자본을 확보할 수 있었습니다. 그러나 일본의 식민지배에 대한 사과와 배상이 미흡했다는 비판을 받았고, 오늘날까지도 일본의 식민지배 배상 문제와 관련한 논쟁을 불러일으키고 있습니다.

한편 1960년부터 제2차 베트남 전쟁이 발발하게 되는데, 사회주의를 추구하는 북베트남의 남베트남 공격으로 베트남 전역이 공산화될 위기에 처하게 됩니다. 이에 미국은 1964년 통킹만 사건을 조작하여 남베트남 지원의 명분을 쌓고 직접 전쟁에 개입했습니다. 우방인 미국의 원군 요청으로 처음에는 한국도 비전투 요원들을 베트남 전쟁에 파견했고 이후에는 전투 요원까지 파병하게 됩니다. 그런데 미국이 원하는 만큼 파병이 이루어지지 않자, 1966년 미국 대사 브라운은 파병 대가로 박정희 정부에 경제 개발을 지원하는 각서를 제공합니다(**브라운 각서**, 649·650p 참조). 각서를 받은 뒤 박정희 정부는 야당의 반대에도 불구하고 전투 요원들을 대대적으로 파병하게 됩니다. 이 파병으로 한국은 미국의 경제적 지원을 받고 전쟁 특수로 경제가 성장했습니다. 그러나 전쟁 과정에서 파병된 군인들 및 현지 베트남 주민들이 입은 고엽제 피해가 막심하였고, 한국 군인과 베트남 여성 사이에서 낳은 라이따이한 문제가 발생하는 등 전쟁의 후유증을 남겼습니다.

박정희 정부는 한·일 협정과 베트남 파병으로 인해 경제 개발에 필요한 자금을 확보하였고, 이를 통해 제1차 경제 개발 5개년 계획(1962~1966)을 추진하였습니다. 이 계획으로 경제 발전 효과를 이루어 낸 박정희는 1967년에 치러진 대선에서 이전보다 손쉽게 당선됩니다. 그러나 5차 개헌으로 공포된 헌법에서 대통령의 임기는 4년 중임제로 규정되어 있었기 때문에, 박정희는 1971년 대선에 나갈 수 없었습니다. 장

改憲案 共和 전격變則處理

14日새벽 極秘裡에 第三別館

一二二명全員可票 國民投票

嶺湖南暴雨 死亡一八五

3선 개헌안 보도

3선 개헌안 전격 변칙 처리를 보도한 〈동아일보〉 1969년 9월 15일자 1면 사진이다. 박정희는 1967년에 재차 대통령으로 당선되자 국가 안보와 경제 성장을 내세우며 3선 개헌을 통해 장기 집권의 길로 나아가고자 했다. 이에 대해 사회적 반대 여론이 고조되고 야당 의원들이 국회 본회의장을 점거하자, 공화당을 비롯한 개헌안 지지 세력은 별관에서 개헌안을 변칙적으로 통과시켰고, 박정희는 1971년 대선에 재출마할 수 있게 되었다.

기 집권을 희망한 박정희는 결국 1969년 6차 개헌, 이른바 **3선 개헌**을 추진합니다. 그리고 안보와 경제 성장을 내세워 결국 대통령의 3회 연임을 허용하는 개헌안을 통과시킵니다. 이후 박정희는 1971년 대통령 선거에 다시 나와 김대중 후보를 힘겹게 이기고 3선에 성공합니다.

닉슨 독트린

독트린이란 국제 사회에서 한 나라가 공식적으로 표방하는 정책상의 원칙을 뜻한다. 닉슨 독트린은 미국 대통령 닉슨이 1969년 괌에서 발표한 대아시아 외교 정책으로 아시아 방위 책임을 일차적으로 아시아 국가들 자체가 지게 하고, 미국은 핵우산을 제공함으로써 대소 봉쇄 전략을 추구한다는 것이 핵심 내용이다. 아시아 각국에 보다 축소된 역할만 수행하려는 미국의 전략은 한국에서도 미군 철수 및 감축으로 추진되어 미국과 한국 정부 간 갈등의 주요 원인이 되었다.

유신 체제, 독재 체제를 강화하다!

닉슨 독트린(1969)이 발표되고 1971년 닉슨 미국 대통령이 사회주의 국가인 중국을 방문하면서 냉전 체제가 완화되기 시작했습니다. 이런 흐름은 국내에서 강력한 반공 정책을 내세우던 박정희 정부에게는 부담으로 다가왔습니다. 또한 장기 집권에 대한 거부감에 더해 경기가 침체되면서 국민들의 불만도 고조되었습니다. 이런 와중에 1972년 10월 박정희 대통령은 특별 선언(10월 유신)을 발표해 헌법 개정안을 발표했고, 비상계엄령을 선포해 국회를 해산시켰습니다. 어어 비상 국무 회의를 열어 헌법 개정안을 의결·공고한 후, 12월 국민투표를 강행해 개헌을 성사시켰습니다. 이 7차 개헌으로 제정된 헌법을 일명 '**유신 헌법**(650p 참조)'이라고 부릅니다. 이 유신 헌법에 의거해 **통일 주체 국민 회의**가 조직되어 박정희는 1972년에 다시 대통령에 취임했습니다.

한국식 민주주의를 표방한 유신 헌법에 따라 대통령 선출은 통일 주체 국민 회의에서 임기 6년의 대통령을 토론 없이 무기명으로 선출하는 간선제로 바뀌었습니다. 대통령은 통일 주체 국민 회의의 의장을 맡았는데, 대통령이 국회의원 정원의 1/3을 추천을 하면 이 기구에서 해당 인원을 승인·선출할 수 있었기 때문에 사실상 대통령이 국회의원 1/3을 미리 뽑아놓고 국정을 운영한다고 볼 수 있습니다. 또한 유신 헌법에는 대통령에게 긴급 조치권, 국회 해산권, 법관 임명권을 부여한다는 내용이 있어서 국민의 기본권과 자유를 제한하고, 대통령이 사법권과 입법권을 장악해 민주주의에서 중요한 삼권분립의 원칙이 무너졌습니다. 이 헌법을 통해 박정희는 장기 집권이 가능해져 독재 체제를 구축했습니다.

유신 헌법이 제정되자 이에 대한 반대 운동들이 지속적으로 나타납니다. 대표적으로 1973년 **개헌 청원 100만인 서명 운동**이나 1976년 **3·1 민주 구국 선언** 등이 있었습니다. 이외에 대학가에서 학생들이 데모를 벌이며 반대하였습니다. 그러나 박정희 정부는 긴급 조치권을 선포하고,

朝鮮日報

憲法비방·改廢선전 禁止

國家安全·公共질서 수호 緊急조치 9號 선포

流言비어·學生 政治관여 不容

違反내용 報道하면 停·廢刊도

公務員收賄 加重처벌

모든國力 總集結해야

週刊朝鮮 復刊

高大

긴급조치

긴급조치 9호 공포를 알리는 1975년 5월 14일 조선일보 1면 기사이다. 유신 헌법에 의거해 대통령의 판단에 따라 '긴급조치권'이 발동되면 헌법상의 국민의 자유와 권리는 잠정적으로 정지될 수 있었다. 박정희 정부는 총 9차례의 긴급조치권을 발동했고 긴급조치 9호가 해제될 때까지 4년간 800여 명의 구속자가 발생했다.

민청학련 사건
1974년 4월 전국민주청년학생총연맹(약칭 민청학련)을 중심으로 180명이 구속·기소된 사건으로 구속된 180명은 비상군법회의에서 인혁당계 23명 중 8명이 사형을, 민청학련 주모자급은 무기징역을, 그리고 나머지 피고인들은 최고 징역 20년에서 집행유예까지 각각 선고받았다. 이 조작 사건은 2009년 사법부가 재심을 통해 무죄를 선고하였고, 2010년 피해자들에게 국가가 배상하라고 판결하였다.

YH 무역 사건
가발 제조 업체인 YH 무역이 부당한 폐업을 공고하자 회사 여성 노동조합원들이 회사 정상화와 노동자의 생존권 보장을 요구하며 1979년 8월 신민당 당사에서 농성을 벌인 사건이다. 박정희 정부는 이를 강제로 진압하였는데, 그 과정에서 노조 집행위원장인 김경숙이 사망했다.

10·26사태
1979년 10월 26일 박정희 대통령의 서거로 18년 간의 박정희 장기 집권 체제가 끝났다.

12·12 사태의 주역들
군부 내 비밀 사조직인 하나회 회원의 모습이다. 사진 맨 앞줄 왼쪽 네 번째가 노태우이고, 다섯 번째가 전두환이다.

민청학련 사건 등을 조작하여 공포 분위기를 조성하면서 유신 체제에 대한 반대 운동을 탄압하였습니다. 유신 체제는 1978년 크게 흔들리기 시작합니다. 1978년에는 대선과 총선이 동시에 열렸는데 대선은 간선제였기 때문에 박정희가 다시 대통령에 당선되었습니다. 하지만 박정희 정부에 대한 불신이 쌓여 국민 직접투표로 선출하는 국회의원 선거에서 야당이 여당보다 총 득표수에서 앞섭니다. 또 제2차 석유 파동 때문에 우리나라의 경제가 크게 타격을 입어 불황에 빠지게 됩니다. 박정희 정부의 독재에도 경제 성장 때문에 참고 있던 국민들의 불만이 경제 불황을 맞아 점차 표출되기 시작합니다.

이런 상황에서 유신 체제를 붕괴시키는 단초가 된 **YH 무역 사건**이 일어났습니다(1979). 사건 직후 폭력 진압과 강제 연행에 반대하는 시위가 곳곳에서 일어나고 유신 체제에 대한 비판이 거세집니다. 게다가 당시 박정희 정부를 정면 비판하던 신민당 총재 김영삼이 의원직에서 제명되는 사건이 일어나자 김영삼 총재의 지지기반이던 부산과 마산에서 시민들의 항쟁이 일어납니다(**부마 민주화 운동**=부마 민주 항쟁, 1979). 이 항쟁을 군대를 동원하여 강제로 진압하려는 박정희와 이에 부담을 느끼고 말리려는 김재규 중앙정보부장 사이에 갈등이 생기게 되었고, 이는 1979년 **10·26 사태**로 이어집니다. 박정희 대통령이 서거하면서 유신 체제는 사실상 붕괴되고 말았습니다.

군사 정권에 저항하여 5·18민주화 운동이 일어나다

10·26 사태로 박정희 대통령이 서거한 후 많은 국민들은 군부 정권이 무너지고, 민간에 의한 새로운 민주 정부가 세워질 것으로 기대했습니다. 그러나 1979년 12월 12일 당시 보안사령관 전두환을 중심으로 '하나회'라고 불리는 신군부 세력이 쿠데타를 일으켜 군사권을 장악하게 됩니다(**12·12 사태**, 1979). 이후 새로운 군사 정권이 수립될 가능성이 커지자, 1980년 봄에 민주주의를 열망하는 많은 시민들과 학생들이 신군부 퇴진과 유신 헌법 폐지를 주장하며 거리에 나와 대규모 시위를 벌였습니다(**서울의 봄**, 1980). 결국 1980년 5월 민주화 시위가 계속 과열되자, 신군부는 5월 17일 전국에 계엄령을 선포하고 신군부에 대한 반대 운동을 벌였던 김대중을 비롯한 정치인들의 활동을 금지시킵니다.

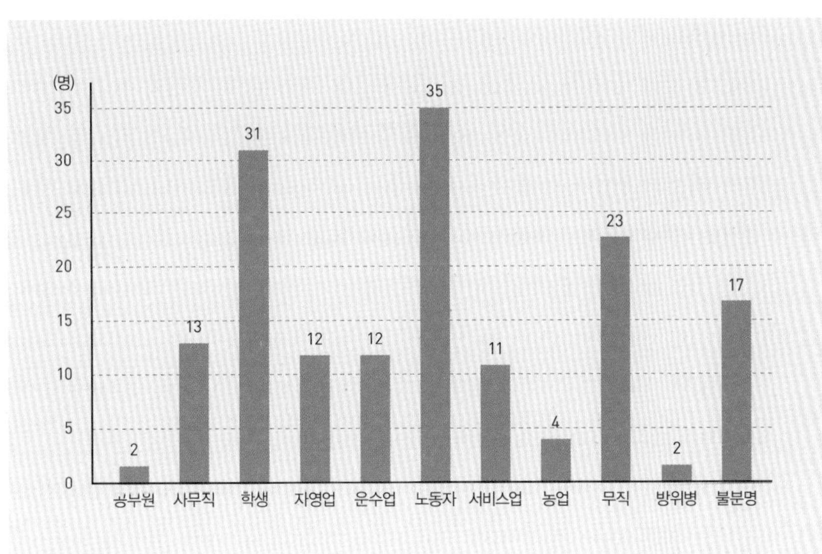

5·18 민주화 운동 희생자 직업 분포도

그러나 계엄령 선포에도 불구하고 광주에서는 전남대 학생 200여 명이 시위를 지속하였고, 군부는 이 시위 학생들을 강경 진압했습니다. 강경 진압에 분노한 광주 시민들이 시위대에 합세하면서 시위는 커져 갔습니다. 계엄군은 공수부대까지 두입하여 시위대에 총을 쏘아 수많은 시민들이 희생당하였습니다. 이에 더욱 분노한 시민들은 지역 파출소와 예비군 훈련장 등의 무기를 빼앗아 시민군을 결성하여 계엄군에 저항하였습니다. 시민군은 전남도청을 장악하고 계엄군을 광주에서 몰아내며 자체적으로 치안을 유지하였습니다(650p 참조). 그러나 계엄군이 탱크와 헬기까지 동원하여 시민군을 무력 진압하여 광주에서 일어난 민주화 운동은 끝나게 됩니다(**5·18 민주화 운동**, 1980).

서울의 봄

1980년 5월 15일 '서울의 봄' 당시 민주화를 열망하며 서울역에 모인 10만 여 명의 대학생과 시민들의 모습이다.

5·18 민주화 운동은 비록 무력으로 진압되었지만, 1980년대 이후 전개된 민주화 운동의 기반이 되었습니다. 군사 정권에 저항하여 민주주의 쟁취를 위해 시민군을 결성하고 자체적으로 치안을 유지했던 성숙한 시민 의식은 독재를 경험한 다른 나라의 시민운동에 큰 영향을 주었습니다. 그래서 5·18 민주화 운동과 관련된 기록물들은 세계 민주주의 발전에 큰 발자취를 남긴 점을 인정받아, 2011년 유네스코 세계 기록 유산으로 등재되었습니다.

전두환 정부의 독재, 6월 항쟁으로 무너지다

5·18 민주화 운동을 무력으로 진압한 신군부는 입법·사법·행정을 총괄하는 **국가 보위 비상 대책 위원회**(약칭 국보위)라는 기구를 설치합니다. 이 기구의 상임위원장으로 취임한 전두환은 당시 대통령 최규하를 허수아비로 만들고 국가권력을 장악했습니다. 국보위는 지배 구조를 재편하였고 쿠데타를 통한 집권의 정당성을 위해 기존 유신 체제하의 공무원들

국가 보위 비상 대책 위원회

1980년 6월 5일에 진행된 '국가 보위 비상 대책 위원회'의 발족식 당시 현판 앞에서 악수하고 있는 사람 중 왼쪽의 인물이 전두환이다. 국가 보위 비상 대책 위원회는 신군부 세력의 집권 기반을 마련하기 위한 기구로, 결국 1980년 8월 27일 '통일 주체 국민 회의'를 통해 신군부를 이끌었던 전두환이 대통령에 당선되었다.

1987년 1월 20일 진행된 박종철의 추모제

1987년 1월 14일 경찰이 서울대학교 학생 박종철을 불법 체포하여 고문하다가 사망하게 한 사건이다. 이 사건은 경찰과 정부의 조직적인 은폐 시도에도 불구하고 그 진실이 폭로되어 1987년 6월 민주 항쟁의 주요한 원인이 되었다.

6월 민주 항쟁

1987년 7월 9일 경찰이 쏜 최루탄에 맞고 사망한 이한열의 노제(路祭)에 참석하기 위해 서울 시청 앞에 운집한 학생과 시민들의 모습이다.

의 비리를 색출하여 바로잡았으며, 당시 경제 위기를 극복하기 위해 중복된 중화학 공업의 투자를 재조정하였습니다. 입학 정원을 늘려 대입에 대한 욕구를 해소시키면서 대신 졸업정원제를 실시하였고, 과도한 사교육을 해소하겠다는 목표하에 과외 금지 조치를 시행합니다. 그리고 사회 정의를 실현한다는 명분으로 삼청교육대를 설치하였으며, 정부에 반대하는 내용을 담은 출판물 및 인쇄물 등을 제한할 수 있는 조치를 시행합니다.

국보위 설치 이후 당시 대통령 최규하는 사임하고 통일 주체 국민 회의에서 간선제로 전두환을 제11대 대통령으로 선출합니다(1980. 8.). 이후 대통령 간선제와 7년 단임제를 핵심으로 하는 8차 개헌을 단행하였고, 전두환은 민주 정의당이라는 정당을 창설한 후 바뀐 헌법에 따라 장충 체육관에서 대통령 선거인단이 모여 실시한 간접 선거에서 다시 당선되어 제12대 대통령에 취임했습니다(1981. 2.).

전두환 정부는 민주화 운동과 노동 운동을 강력히 탄압하고, 정부 정책에 비판적인 언론을 통폐합하여 통제하면서 민주주의의 발전을 억압했습니다. 한편 민주주의 억압에 대한 불만을 잠재우기 위해 야간 통행금지 해제, 두발과 교복 자율화, 해외여행 자유화, 프로 스포츠 산업 육성 등 유화책을 실시하기도 합니다. 그러나 전두환 대통령의 임기 말부터는 정부의 강압 통치에 대한 불만이 고조되고, 민주화에 대한 열망이 커지면서 점차 시민들의 정치 시위가 늘어 갔습니다. 특히 국민 다수가 대통령을 직접 선거로 선출하기를 희망하면서 개헌을 요구하기 시작했습니다.

이런 상황에서 1986년 부천 여대생 성고문 사건, 1987년 **박종철 고문치사 사건**이 일어나면서 정부에 대한 국민들의 분노가 나날이 고조되었습니다. 그런데 전두환 대통령이 1987년 4월 13일 기존 헌법을 그대로 유지하겠다는 '호헌 조치'를 발표함으로써 대통령 직선제를 통해 민주화를 열망하던 국민들의 분노가 폭발합니다. 국민들은 대대적으로 거리에 나와 시위를 진행했는데, 같은 해 6월 9일 시위에 나섰던 연세대 **이한열** 학생이 경찰이 쏜 최루탄에 맞아 의식 불명 상태에 빠지자 6월 10일 국민 대회(651p 참조) 이후 전국적으로 시위가 확산되었습니다(**6월 민주 항쟁**, 1987).

盧대표, 直選改憲 선언

地自制·言論등 民主

受諾안되면 후보·代表

오늘 青瓦臺방문 향후

党改憲案 내주末화

중립 擧国内閣 구성

6·29 민주화 선언

1987년 6월 29일 당시 대통령 후보였던 노태우 민주 정의당 대표 위원이 시국 수습을 위한 특별 선언을 하는 장면이 1면 기사에 게재되었다.

시위에 참가한 시민들은 군부 정권 퇴진과 함께 **4·13 호헌 조치** 철폐를 통한 직선제 개헌을 요구하였습니다. 100만에 가까운 인파가 서울 시내에서 시위를 진행하는 등 날로 항쟁이 거세어지자 당시 여당인 민주 정의당 대통령 후보 노태우가 6월 29일 국민의 요구를 수용하여 대통령 직선제 개헌 추진과 민주화 조치를 약속합니다(**6·29 민주화 선언**). 결국 같은 해 10월 9차 개헌을 통해 대통령 임기 5년 단임제, 대통령 직선제를 골자로 하는 헌법이 제정되었고, 이 헌법에 의거하여 대선이 열립니다. 그러나 김대중과 김영삼 두 야당 후보의 분열로 당시 여당 후보인 노태우가 최소 득표율로 대통령에 당선되면서 6월 민주 항쟁으로 인한 직선제 선거에서 다시 군시 정권이 연장되는 결과가 되고 말았습니다.

1987년 직선제 개헌 체제가 현재까지 이어지다

야당의 분열로 1988년 노태우 정부가 들어섰습니다. 그러나 1988년 4월 치러진 총선에 노태우 대통령이 속한 민주 정의당(민정당)이 과반 의석을 차지하지 못해 여소야대의 정국이 진개됩니다. 과반 이상을 차지한 야당들의 주도로 전두환 정부에 대한 일명 '5공 청문회'가 열려 5·18 민주화 운동을 비롯한 민주화 탄압 사건, 정경 유착 등 권력형 비리에 대한 진상을 규명합니다. 결국 전두환 전 대통령은 대국민 사죄를 하고 재산을 국가에 헌납하겠다고 발표를 한 후 백담사에 은둔했고, 비리를 저지른 전두환 전 대통령의 측근과 친인척은 사법 처리됩니다.

그러나 여소야대의 형국에서 정국을 주도하기 힘들다고 판단한 노태우 정부는 여당인 민주 정의당, 제2야당인 통일 민주당(김영삼), 제3야당인 신민주 공화당(김종필)의 합당을 추진하였습니다(3당 합당, 1990). 3당 합당을 통해 노태우 정부는 여대야소의 체제하에서 의회의 지지 기반을

1990년 1월 22일 3당 합당을 선언

13대 국회의원 선거 결과 여당이던 민주 정의당은 총 299석의 국회의석 중 125석을 차지해 과반에 미달하며 여소야대 정국을 만들었다. 이 상황을 타개하기 위해 노태우 정부는 1990년 3당 합당을 추진했고, 3당 합당에 찬성하거나 반대하는 의원들이 당을 옮기며 변동이 있기는 했으나 통합된 민주 자유당이 218석을 차지하며 여대야소 정국으로 전환되었다.

3당 합당으로 인한 여소야대의 변화

정당	1987년 13대 국회의원 의석수	통합 정당	3당 합당 후 국회의원 의석수
민주 정의당(여당)	125	민주 자유당 (여당)	218
통일 민주당(김영삼)	59		
신민주 공화당(김종필)	35		

바탕으로 정책을 추진할 수 있었습니다. 그러나 3당 합당에서 호남을 기반으로 한 평화 민주당이 배제되면서, 기존의 지역주의는 더욱 심해졌습니다.

노태우 정부는 1988년 서울 올림픽을 개최하여 국가 이미지 제고 및 경제 성장의 동력을 얻었습니다. 사회주의 국가들이 개혁·개방 정책을 추진하는 시점에 맞추어 북방 외교 정책을 펼쳐 소련, 중국 등 공산권 국가와 수교를 맺기도 했습니다. 이 외교 정책을 통해 사회주의 국가와 관계 개선을 도모하고 시장을 개척하여 정치·경제적 이익을 얻으면서 동시에 북한 정세에 영향을 미쳐 북한이 개방화 정책을 펼치는 데 영향을 미쳤습니다.

3당 합당으로 여당 후보가 된 김영삼은 1992년에 치러진 14대 대선에서 정치적 라이벌 김대중을 누르고 대통령에 당선됩니다. 이로써 박정희 대통령 이후 처음으로 민간인 출신 대통령이 된 김영삼은 자신이 이끄는 정부를 '문민 정부'라고 칭했습니다. 김영삼 정부 시절에는 '역사 바로 세우기'를 내세우며 1995년 5·18 특별법을 국회에서 통과시키고 전두환, 노태우 두 전직 대통령을 포함한 12·12 사태, 5·18 민주화 운동 진압 관련자들을 처벌합니다.

노태우 정부 때 부분적으로 실시되던 지방자치제를 전면 실시하였고, 고위 공직자들의 재산 공개를 의무화하는 조치들을 시행합니다. 또한 금융실명제를 전격 실시하여 금융 거래의 정상화와 함께 숨겨진 은닉 자산을 찾아내고, 합리적 과세의 기반을 마련합니다. 1996년에는 경제 개발 협력 기구(OECD)에 가입하여 대한민국의 국제적 위상을 높이는 데 성공합니다. 그러나 임기 말년인 1997년 외환 위기 사태를 막지 못해 국제 통화 기금(IMF)의 구제 금융을 요청하면서 큰 경제 위기를 겪습니다.

금융實名制 전격 단행

金대통령 긴급命令權 발동

임시국회 5일간 소집요

民自 大邱서 패배

徐勳(二)당선 · 春川선 柳鍾洙

금융실명제

1993년 8월 13일 금융실명제 전격 실시를 보도한 경향신문 1면 기사이다. 금융실명제는 김영삼 정부 시기인 1993년 8월 12일 대통령의 긴급 명령권으로 실시되었다. 금융실명제의 실시로 투기성 자금과 부정부패 자금 등의 유통 경로 추적이 보다 용이해졌으며, 금융 자산 소득의 흐름이 투명하게 파악되면서 세수가 증대되었고 국가재정이 늘었다.

1997년 대선에 다시 한 번 후보로 나선 김대중은 대통령에 당선됨으로써 대한민국 역사상 최초로 선거를 통한 평화적인 여야 정권 교체를 이뤄 냅니다. 대통령에 당선 된 직후부터 외환 위기를 극복하기 위해 IMF의 관리 체제하에서 강도 높은 구조 조정을 단행하고, 시장을 개방하는 조치를 취합니다. 그 과정에서 많은 노동자들이 실직하였고, 기업들의 연쇄 부도로 큰 혼란을 겪었습니다. 그러나 '금 모으기 운동' 및 IMF 관리 체제하 조치들을 통해서 2001년 IMF 구제 금융의 채무를 모두 상환

2000년 6월 13일 평양에서 만난 김대중 대통령(오른쪽)과 김정일 국방위원장(왼쪽)의 모습이다.

친일 문제 등 과거사에 대한 특별법

2004년에는 '일제 강점하 친일반민족행위 진상규명에 관한 특별법'을 제정하였고, 2005년에는 진상 규명 위원회가 출범하여 4년간 조사 끝에 1006명의 친일파를 확정했습니다. 2005년 '친일반민족행위자 재산의 국가귀속에 관한 특별법'도 제정해 친일파 168명의 약 8만여 필지에 대해 국고 귀속 결정을 내렸습니다.

하면서 외환 위기를 극복합니다. 김대중 정부는 특히 대북 화해 협력 정책, 일명 햇볕 정책을 추진하고 남북 관계를 개선하여 교류를 증대시키려 하였습니다. 그 노력의 결과 최초로 남북 정상 회담이 성사되어(2000. 6.) 김대중 대통령이 직접 평양으로 가서 북한의 김정일 위원장을 만납니다. 이 회담 이후 금강산 관광 사업 확대, 개성 공단 설치 등 남북한 교류가 활성화됩니다. 김대중 대통령은 이 공로를 세계적으로 인정받아 2000년 노벨 평화상을 수상합니다.

2002년 대선에서는 노무현 후보가 돌풍을 일으키며 대통령에 당선되었습니다. 노무현 대통령은 권위주의 청산을 지향하며 국민의 참여를 바탕으로 하는 행정부를 표방했습니다. 그리고 친일 문제 등 과거사에 대한 특별법들을 제정하여 진상을 규명하려고 노력하였습니다. 김대중 정부의 대북 정책(햇볕 정책)을 계승하면서 2007년에는 판문점을 거쳐 직접 육로로 평양을 방문하여 제2차 남북 정상 회담을 성사시켰습니다.

2007년 대선에서는 세계적 경제 위기 상황에서 경제 발전 구호를 내세운 이명박 후보가 당선되었습니다. 이명박 정부는 실용적인 정책을 지향하였고, '녹색 성장'을 내세우며 경제 개발에 힘썼습니다. 특히 2010년 서울에서 G20 정상 회담을 개최하여 의장국으로서 국제적 위상을 높였습니다.

주요 용어

주체 사상, 8월 종파 사건, 선군 정치, 7·4 남북 공동 성명, 남북 기본 합의서, 햇볕 정책, 6·15 남북 공동 선언, 10·4 남북 공동 선언

5 북한 사회의 변화와 통일을 위한 노력

북한의 정권 분류

파벌	주요 인물	주요 활동지
갑산파	김일성, 김책	함경도 갑산, 만주
연안파	김두봉, 무정	중국 옌안
소련파	허가이	소련 출신
남로당(남조선 노동당) 계열	박헌영	남한

주체 사상

정치 면에서의 자주, 경제 면에서의 자립, 국방 면에서의 자위(自衛)를 중심 내용으로 하는데, 이를 통하여 김일성의 지배 체제가 한층 강화되었다.

선군 정치

군대가 국가의 기본이라는 북한의 정치사상을 바탕으로 북한에서 군을 우선하는 통치 방식이다.

김일성이 구축한 독재 체제, 3대 세습으로 이어지다

6·25 전쟁을 계기로 김일성은 정치적 라이벌들을 제거하면서 독재 체제를 구축하려고 하였습니다. 당시의 북한은 김일성이 수상으로 권력 1인자의 자리를 차지하고 있었지만, 갑산파, 연안파, 소련파, 남로당 계열의 연합 정권이라고 볼 수 있습니다. 그러나 6·25 전쟁 중 북한이 패전을 거듭하는 과정에서 김일성은 각 계열의 지도자들을 숙청하면서 권력을 장악하기 시작합니다. 6·25 전쟁 이후 경제 개발 3개년 계획을 실시하여 가시적인 성과가 나타나고, 국제적으로 소련과 중국이 공산주의 국가의 주도권을 놓고 대립하는 과정에서 김일성은 **주체 사상**을 내세워 반대파를 숙청하고 개인 숭배를 강화하면서 독재 체제를 강화하려 합니다.

특히 1958년 8월 당대회에서 연안파, 소련파가 김일성의 독재 체제를 비판하면서 집단 지도 체제를 주장하였는데, 김일성은 이를 탄압하면서 권력을 더욱 공고하게 장악합니다(**8월 종파 사건**). 이후 1972년 남한에서 박정희 대통령이 유신 헌법을 제정하였는데, 북한도 공교롭게 같은 해 사회주의 헌법을 제정하여 헌법에 주체 사상을 공식적인 통치 이데올로기로 규정하면서 김일성의 독재 체제를 완성하였습니다. 1994년에는 김일성이 사망하자 그의 아들인 김정일이 국방위원장의 자격으로 권력을 세습합니다. 김정일은 '**선군 정치**'를 내세워 북한을 통치합니다. 2011년 김정일이 사망하자 그의 3남인 김정은이 권력을 세습하여 현재까지 북한을 통치하고 있습니다.

통일을 위해 노력하다

6·25 전쟁 직후 남북한의 대립 관계는 극으로 치달았습니다. 이승만 정부는 강력한 반공 정책과 북진 통일론을 내세워 북한을 무력으로 통일하겠다는 의지를 밝혔습니다. 이러한 정책은 이승만 정권의 독재 체제를

강화시켰고, 마찬가지로 북한의 김일성도 적화 통일의 야욕을 드러내면서 자신의 권력 체제를 강화시키는 데 활용하였습니다. 이승만 정부 이후 들어선 장면 정부는 유엔 감시하의 남북한 총선거를 제안하면서 남북 간 새로운 관계를 모색하고자 하였습니다. 민간에서는 여러 단체가 통일 운동을 벌이면서 남북 통일을 위한 새로운 장이 열리는 듯 하였지만 큰 성과는 없었습니다. 5·16 군사 정변이 터지면서 반공을 국시로 하는 군사 정부가 들어서고 박정희 정부 역시 반공을 최우선 국정 과제로 내세우면서 다시 남북 간의 체제 경쟁은 심화되었습니다. 북한이 여러 차례 무장 간첩을 남파하고 군사적 도발을 감행하면서, 남북의 긴장 관계는 지금까지도 이어져 오고 있습니다. 특히 2002년 연평 해전, 2010년 연평도 포격 사건, 현재까지 진행되고 있는 미사일 발사 및 핵 실험 등은 남북의 긴장 관계뿐만 아니라 동아시아를 포함한 국제 사회의 군비 경쟁을 가속화시키며 군사적 위기를 초래하고 있습니다.

그러나 남북이 계속 대립하기만 한 것은 아닙니다. 박정희 정부부터 현재까지 대립 관계 속에서도 평화 통일을 위한 노력을 지속적으로 시도해 왔습니다. 박정희 정부 때는 1972년 **7·4 남북 공동 성명**(651p 참조)을 평양과 서울에서 공동으로 발표하면서 자주, 평화, 민족적 대단결이라는 통일의 원칙에 합의하였고, 남북 조절 위원회를 설치하여 긴장 관계를 풀려고 하였습니다. 하지만 7·4 남북 공동 성명 이후 남한에서는 10월 유신 헌법이, 북한에서는 사회주의 헌법이 제정되면서 다시 대립적인 긴장 관계로 돌아서게 됩니다.

7·4 남북 공동 성명

1972년 7월 4일 당시의 중앙정보부장 이후락이 남북 공동 성명 내용을 발표하고 있다.

전두환 정부 때는 1983년 아웅산 테러 사건, 1987년 KAL기 폭파 사건 등 북한의 도발로 긴장이 고조되기도 하였습니다. 그렇지만 전두환 정부 역시 1985년 이산가족 고향 방문단과 예술 공연단을 교환하면서 평화적 통일의 분위기를 조성하려 하였습니다. 노태우 정부는 북방 외교 정책을 통해 북한의 개방화를 유도하면서 1991년 남북한의 유엔(UN) 동시 가입을 이끌었고, 같은 해 **남북 기본 합의서**(651p 참조)를 발표하여 특수한 상황 속에서 상대방의 체제를 인정하고 상호 불가침을 확인하면서 화해 분위기를 높였습니다.

남북 기본 합의서 채택

1991년 12월 13일 서울에서 열린 남북 고위급 회담에서, 남북 기본 합의서를 교환하는 모습이다.

김영삼 정부 때는 북한에 경수로 원자로 발전소 건설 사업을 지원하면서 북한이 핵 개발을 포기하도록 유도하였습니다. 김대중 정부 때는 **햇**

별 정책을 통해 남북한의 평화적 분위기가 가장 고조된 시기로 1998년 금강산 해로 관광이 시작되었고, 2000년에는 분단 이후 처음으로 평양에서 남북한 정상이 만나 정상 회담을 하여 통일 방안과 이산가족 문제 해결 방안, 남북한 교류 활성화 방안 등을 합의한 **6·15 남북 공동 선언** (652p 참조)을 발표하였습니다. 6·15 남북 공동 선언 이후 경의선 복구 사업이 추진되었고, 개성 공단이 건설되었습니다. 또한 이산가족 상봉이 추진되고 2003년에는 금강산 육로 관광이 실시되기도 하였습니다.

10·4 남북 공동 선언 합의

2007년 10월 4일 평양에서 노무현 대통령(왼쪽)과 김정일 국방위원장(오른쪽)이 남북 정상 선언 내용에 합의하는데 서명을 하고 있는 모습입니다.

노무현 정부는 김대중 정부의 '햇별 정책'을 계승하면서 2007년 제2차 남북 정상 회담을 성사시켜 **10·4 남북 공동 선언**(652p 참조)을 발표합니다. 그러나 이명박 정부 이후 금강산 관광객 피살 사건, 천안함 사건, 연평도 포격 사건 등이 겹치면서 남북 관계가 악화되었고, 박근혜 정부 때는 북한에 제재를 가하는 대북 강경책을 추진하면서 개성 공단이 폐쇄되는 등 남북 관계가 대결 양상으로 치달았습니다.

그러나 문재인 정부가 되면서 남북관계는 다시 평화의 분위기가 조성되었습니다. 2018년 4월 27일 제1차 남북정상회담이 이루어졌으며, 2018년 9월 18일부터 2박 3일간 평양에서 뜻 깊은 제3차 남북정상회담이 이루어졌습니다. 앞으로 한반도의 평화 정착을 위해 남과 북의 더욱 적극적인 교류를 추진하고 있습니다.

주요 용어

연합군 최고 사령관 각서 제677호, 인접 해양에 대한 주권에 관한 선언(일명 평화선), 동북공정

6 대한민국과 관련된 동북아 영토 분쟁과 역사 갈등

한국, 독도가 고유 영토임을 밝히다

일본은 지속적으로 독도를 자국의 영토로 규정하고 국제적 분쟁 지역으로 만들려 하고 있습니다. 이러한 움직임은 2012년 일본의 아베 신조가 이끄는 자민당 정부가 재집권한 이후 더욱 확고하게 나타나고 있습니다. 단순히 일본의 몇몇 우익 정치인들의 주장으로 그치지 않고, 정부가 나서서 시마네 현의 '다케시마의 날'을 공식적으로 인정하고 검정 교과서 지도 요령에 독도가 일본의 영토임을 주장하고 있습니다. 그에 비해 우리나라는 외교적 대응을 자제하면서 일본이 분쟁 지역화하려는 의도를 무마하고, 역사적으로 독도가 우리 영토임을 밝히면서 실효 지배권을 강화하고 있습니다.

우리나라가 일본 식민지에서 벗어난 1945년 이후의 역사적 근거만 보더라도 1946년 일본을 통치했던 연합군이 '**연합군 최고 사령관 각서**

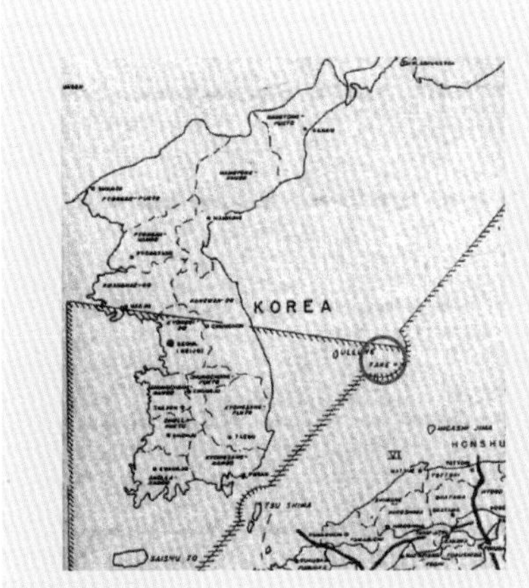

연합국 최고 사령관 각서(SCAPIN) 제677호

연합군 총사령부는 1945년 9월 2일 서명된 일본의 항복 문서를 준수하기 위해 연합국 최고 사령관 각서(scapin) 제677호를 발표했다. 이 각서에는 독도가 일본에서 분리된 한국 영토라고 정확히 언급되어 있다.

인접 해양에 대한 주권에 관한 선언 (국무원 고시 제14호)

1952년 1월 18일 이승만 대통령이 한국 연안 수역 보호를 위해 선언한 해양 주권선을 일명 '평화선'이라고 한다. 관보에 실린 평화선을 보면, 독도를 분명히 대한민국의 영토로 규정하고 있다.

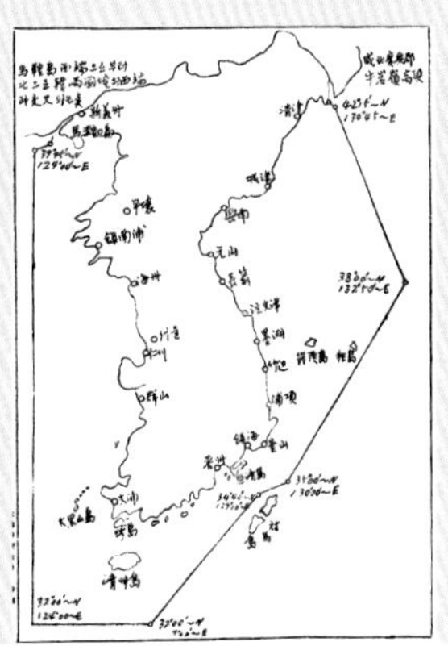

(SCAPIN) **제677호**' 등에서 독도를 일본 영토에서 제외했고, 1952년 이승만 정부가 '**인접 해양에 대한 주권에 관한 선언**(**일명 평화선**)'을 발표하면서 역사적·국제법적으로 독도가 대한민국 영토임을 분명히 밝혔습니다.

동북공정
중국 국경 안에서 전개된 모든 역사를 중국 역사로 만들기 위해 2002년부터 중국이 추진한 동북쪽 변경지역의 역사와 현상에 관한 연구 프로젝트. 궁극적 목적은 중국의 전략지역인 동북지역, 특히 고구려·발해 등 한반도와 관련된 역사를 중국의 역사로 만들어 한반도가 통일되었을 때 일어날 가능성이 있는 영토 분쟁을 미연에 방지하는 데 있다.

역사 갈등, 한·중·일 국제협력 관계 개선에 걸림돌이 되다

일본은 보수 우익 세력이 권력을 장악하면서 과거 일본의 침략으로 주변국에 피해를 주었던 역사적 사실을 은폐하거나 왜곡하며 역사 갈등을 부추기고 있습니다. 특히 일본의 우익 정치인들 중 일부는 대한민국에 대한 식민 지배를 미화하거나 당연시하는 망언을 되풀이하면서 한·일 관계 개선을 어렵게 합니다. 일본 정부도 독도를 일본의 영토로 규정하고 교과서 수록을 주도하는가 하면, 일제 강점기 '일본군 위안부'나 강제 징용 등에 대해서도 사과를 표하지 않고 적절한 배상을 하지 않으면서 갈등을 격화시키고 있습니다. 중국 또한 '**동북공정**'을 통해 한국의 고조선, 부여, 고구려, 발해사를 중국 역사에 편입시키려는 시도를 하면서 한국과 역사 갈등을 빚고 있습니다.

이에 대해 한국은 외교적으로 역사 왜곡에 항의하고, 다른 나라에 한국의 입장을 설명하는 노력을 하고 있습니다. 또한 '동북아역사재단'을 설립하여 일본과 중국의 역사 왜곡에 학문적으로 대응하고 있습니다.

경제사로 읽는 근현대

일제 강점기의 경제

1. 일제 강점기 경제 수탈 정책

현대의 경제

1. 6·25 전쟁 전후의 경제 상황
2. 1960~70년대 '한강의 기적'
3. 전두환 정부에서 김대중 정부까지의 경제 발전

일제 강점기의 경제

주요 용어

토지 조사 사업, 토지 조사령, 회사령, 산미 증식 계획, 신은행령, 전체주의, 군국주의, 만주 사변, 중·일 전쟁, 태평양 전쟁, 병참 기지화 정책, 식민지 공업화 정책, 농공 병진 정책, 남면북양 정책, 농촌 진흥 운동, 조선 농지령, 국가 총동원법, '일본군 위안부'

1 일제 강점기 경제 수탈 정책

1910년대 식민지 경제 체제의 기초를 마련하다

일본은 대한제국을 강점한 1910년 임시 토지 조사국을 설치하고 1912년 **토지 조사령**(652p 참조)을 발표하여 본격적으로 **토지 조사 사업**을 실시합니다. 토지 조사 사업은 지세를 공정하게 부과하고 근대적 토지 소유권 제도를 마련한다는 명분으로 시행되었습니다. 그러나 실제 목적은 식민 지배에 필요한 재정을 확보하기 위해 지세 수입을 늘리고 방대한 토지를 약탈하는 것이었습니다.

토지 조사 사업은 신고주의의 원칙에 따라 토지 실소유자가 필요한 서류를 구비해 정해진 기일 내에 신고하는 방법으로 진행했습니다. 그런데 필요한 서류가 많고 준비할 수 있는 기일이 짧아서 제때 신고하지 못해 총독부에 토지를 빼앗기는 경우가 많았습니다. 총독부의 정책에 반발한 일부 지주는 저항의 의미로 신고하지 않으면서 토지를 빼앗기기도 했습니다. 게다가 궁방전(대한제국 황실 소유지), 역둔토(관유지)는 대한제국의 병합과 함께 총독부 소유의 토지로 넘어갔고, 실 소유자를 명확하게 증명하기 힘든 마을이나 문중의 공유지 등도 총독부 소유의 토지로 편입되었습니다. 이 사업을 진행하는 과정에서 기존 소작 농민들이 관습적으로 인정받던 경작권은 인정되지 않았고, 지주의 소유권만 인정하면서 경작 토지를 상실하는 농민들이 다수 발생했습니다.

토지 조사 사업의 결과 총독부는 토지 소유를 늘리고 지세 수입을 증가시켜 재정을 확보하는 데 성공했습니다. 또한 약탈한 토지는 **동양 척식**

주식회사를 통해 일본인들에게 헐값에 불하함으로써 일본 농업회사와 일본 지주들이 대거 조선에 진출하게 되었습니다. 토지를 빼앗기거나 관습적 경작권을 부정당한 농민들은 기한부 계약에 의한 소작농으로 전락하면서 소작농의 수는 늘어나고 자작농의 수는 줄어들었으며, 농민의 삶은 더욱 열악해졌습니다. 일부 농민들은 화전민이 되었고, 국내에서 살기가 어렵다고 판단한 농민들은 만주나 연해주 등지로 이주해 새로운 삶을 개척했습니다.

총독부는 농업뿐만 아니라 다른 산업에서도 식민지 경제 체제를 위해 여러 가지 법령을 제정했습니다. 그중 대표적인 법령이 **회사령**(1910, 653p 참조)입니다. 회사령의 핵심은 조선 총독에게 회사 설립에 대한 허가와 해산 권한을 부여한 것입니다. 이를 통해 일제는 한국인의 기업 설립과 민족 자본 성장을 억제하려 했습니다. 또한 당시 일본 본토의 자본가들이 노동력이 값싼 식민지인 한국에 자본을 투자하려 했는데, 회사령으로 이를 통제해 일본의 자본가들이 본토에 먼저 투자하게 해 본토의 경제 성장을 유도하려는 의도도 있었습니다. 이후 어업령(1911), 삼림령(1911), 은행령(1912), 광업령(1915) 등을 연이어 시행해 모든 산업을 총독의 허가를 받아 운영하도록 통제해 식민지 경제 체제의 기틀을 마련했습니다.

그 외에 인삼, 담배, 소금 전매제를 실시해 조선 총독부의 수입을 증대시켰습니다. 호남선, 경원선 등 철로를 추가로 부설하고, 도로를 확장하고, 항만을 건설해 식민지 조선에서 생산한 식량 및 자원을 일본 본토로 반출하였고, 일본 상품의 수입을 원활하게 하려 했습니다. 이러한 정책들을 통해 식민지 조선의 경제를 총독부가 통제하면서 수탈을 원활하게 하기 위한 기반을 닦았다고 볼 수 있습니다.

1920년대 식량을 수탈하고 일본 자본을 진출시키다

1918년 일본에서 쌀 소동이 일어났습니다. 1910년대 일본은 급격한 산업화를 추진하면서 농촌의 노동 인구가 도시로 몰려들었고, 농경지의 일부가 공장이나 주택 부지 등으로 변화되었지만 식량 생산량은 크게 늘지 않았습니다. 반면 이 시기 일본의 인구는 크게 늘어나면서 식량 공급이 부족해졌고, 이를 틈타 쌀 도매상들이 담합하여 쌀 가격을 올리자 분노

산미 증식 계획

산미 증식 계획은 1921부터 1935년까지 10개년 계획을 세워 진행되었으나 1934년에 중단되었다. 이는 조선에서 쌀이 일본으로 유입되어 일본 농민들의 경제 생활이 어려워졌기 때문이다. 중단된 이후 1937년 중·일 전쟁이 발발하여 군량미 수탈을 위해 1940년 다시 계획을 수립하여 진행하려 하였으나 일본이 태평양 전쟁에 돌입하면서 1941년에 중단되었다. 그래서 일반적으로 산미 증식 계획은 1920년~1934년까지 진행된 것으로 알려져 있다.

일본으로 가져갈 쌀가마니

일제는 최대 곡창지대인 호남평야의 미곡을 가까운 군산항을 이용해 일본으로 유출했다. 군산항은 미곡을 목포나 부산까지 육로로 수송하는 것보다 훨씬 경제적이었고 시간도 단축되었기 때문에 호남의 미곡은 이곳으로 옮겨졌다.

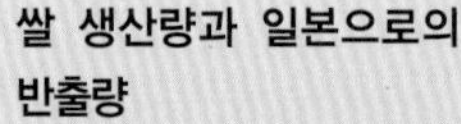

한 일본 서민들이 쌀 가게를 습격하는 소동이 일어났습니다. 이 사건을 계기로 일본에서는 식량을 안정적으로 공급할 대책을 준비하였고, 그 대책 중 하나가 **산미 증식 계획**(1920~1934, 653p 참조)입니다. 산미 증식 계획의 목적은 일본의 부족한 쌀을 식민지 조선으로부터 반출하는 것이었습니다. 이를 위해 조선의 밭을 논으로 바꾸고, 생산성이 높은 벼 품종을 보급하고, 대규모 간척 및 개간 사업을 통해 농경지를 늘리고, 수리 조합을 세워 수리 시설을 확충하였습니다.

결과적으로 식량은 계획 이전보다 많이 생산되었지만 계획만큼 증산하지는 못하였습니다. 그럼에도 불구하고 계획을 그대로 시행하여 실제로 증산량 이상의 쌀을 반출해 갔습니다. 그러자 한국인의 1인당 쌀 소비량은 감소하여 국내의 식량 사정은 악화되었습니다. 이에 총독부는 식민지의 식량 문제를 해결하고자 만주 지역에서 생산된 값싼 잡곡을 들여왔습니다. 계획을 실행하는 과정에서 수리 조합비 등 식량 증산 비용을 지주들이 소작농에게 전가하는 경우도 있었고, 자작농의 경우에도 그 비용을 부담하기가 어려워 몰락하는 농민들이 늘어나게 되었습니다. 그 결과 1910년대에 이어 소작농의 수는 늘어나고 자작농의 수는 줄어들면서 지주의 권한이 크게 강화된 식민지 지주제가 더욱 일반화되었습니다.

1910년대 일본은 급격한 산업화를 추진하였습니다. 이때 성장한 일본 자본가들은 식민지에도 투자하여 이윤을 얻을 수 있기를 희망하였습니다. 이에 일본은 1920년 회사령을 폐지하여 식민지 조선에서 회사를 세

쌀 생산량과 일본으로의 반출량

산미 증식 계획으로 쌀 생산량은 늘었지만, 일제는 증산된 양보다 더 많은 쌀을 일본으로 가져갔다. 이에 한국인의 1인당 쌀 소비량은 감소했다.

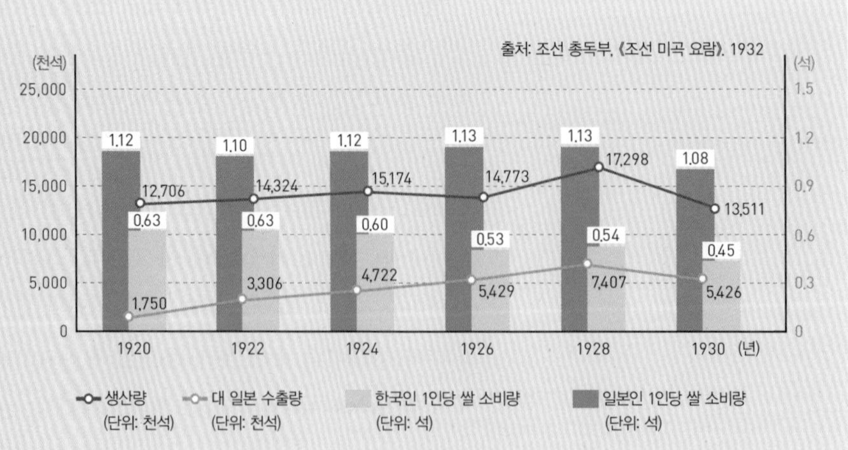

울 때 총독의 허가를 받지 않고 신고만으로도 가능하게 만들어 주었습니다. 1923년 일본 상품이 식민지 한국에 넘어올 때 부과하던 관세도 폐지되자 일본 대기업과 자본가들은 식민지에 본격적으로 진출하여 경제 영역을 넓혀나갔습니다. 그리고 1928년 총독부는 **신은행령**을 제정하여 조선인 소유의 은행들을 강제 합병하면서 일본 자본이 금융 부분도 장악하게 되었습니다. 이러한 정책들로 인해 국내 민족 자본은 몇몇 사례를 제외하고는 몰락하게 되었습니다.

1930년대, 한반도를 전쟁의 보급 기지로 만들다

1929년 미국에서 시작된 세계 대공황으로 전 세계가 경제 위기에 빠졌습니다. 경제 위기를 극복하기 위해 각 국가들은 해결책을 마련했습니다. 경제 위기에 빠지기 전 엄청난 경제 호황으로 자본을 축적한 미국은 국가가 시장 경제에 직접 개입하여 통제하면서 일자리를 마련하려는 이른바 뉴딜 정책을 통해 위기를 극복하려고 했습니다. 자본은 충분하지 않았지만 식민지를 많이 보유했던 영국과 프랑스의 경우는 식민지와 본국을 하나의 경제권으로 묶는 블록 경제를 통해 위기를 극복하고자 했습니다. 자본도 식민지도 많지 않았던 독일, 이탈리아, 일본 등은 침략을 통해 식민지를 확보하여 경제 위기를 돌파하고자 하였고, 그 과정에서 **전체주의**가 팽배해지면서 독일에서는 나치즘, 이탈리아에서는 파시즘, 일본에서는 **군국주의**가 등장했습니다.

일본은 군부 세력이 우익 자본가 세력과 손을 잡고 집권한 후 1931년에 **만주 사변**을 일으켜 대륙 침략을 본격화합니다. 1937년에는 중국 본토를 본격적으로 침략하는 **중·일 전쟁**을 일으키고 1941년에는 미국과 **태평양 전쟁**을 벌이면서 날로 전쟁이 확대되었습니다. 이 과정에서 일본은 한반도에서 **병참 기지화 정책**을 실시하여 침략 전쟁에 군수 물자를 보급하는 기지로 만들고자 하였습니다.

일본은 1930년대부터 한반도에 **식민지 공업화 정책**을 추진합니다. 한반도를 1931년 만주 사변 이후 확대되는 전쟁에 필요한 군수 물자를 공급하는 병참 기지로 만들고, 일본-한국-만주를 경제 블록화하여 영국과 프랑스처럼 경제 위기를 극복하고자 한 것입니다. 이를 위해 일본은 1920년대부터 시행해 오던 산미 증식 계획을 중단하고 농업과 공업을

뉴딜 정책

대공황에는 여러 가지 원인이 있지만 기본적으로는 경제 호황기에 미국의 과잉 투자로 인한 과잉 생산이 중요 원인이 되었다. 이를 개선하고자 국가가 개입하여 일자리를 만들고 노동자를 보호하여 시장의 구매력을 상승시켜 경제 위기를 개선하고자 한 정책이 뉴딜 정책이다.

블록 경제

세계적 경제 위기로 본국에서 생산된 제품을 판매할 곳이 없어지면서 경제 위기가 심해진 영국과 프랑스는 식민지를 판매 시장 및 원료 수급지로 삼아 과잉생산된 제품을 판매하였다. 그리고 식민지에서 원료를 값싸게 수입해 제품을 생산하여 기업을 경제 위기에서 보호하고, 기업들이 노동자 고용을 유지하면서 경제 위기를 극복하고자 하였다.

전체주의

개인의 모든 활동은 전체, 즉 민족, 국가의 존립과 발전을 위해 바쳐져야 한다는 이념 아래 국민의 자유를 억압하는 사상을 말한다.

파시즘

이탈리아는 제1차 세계대전 후 경제 위기를 겪으면서 1922년에 무솔리니가 이끄는 파시스트당이 집권하여 파시즘이 나타났다.

군국주의

군대의 힘으로 나라의 권력을 유지하며 군사적으로 다른 나라들을 위협하고 침략하는 정치 행태를 말한다.

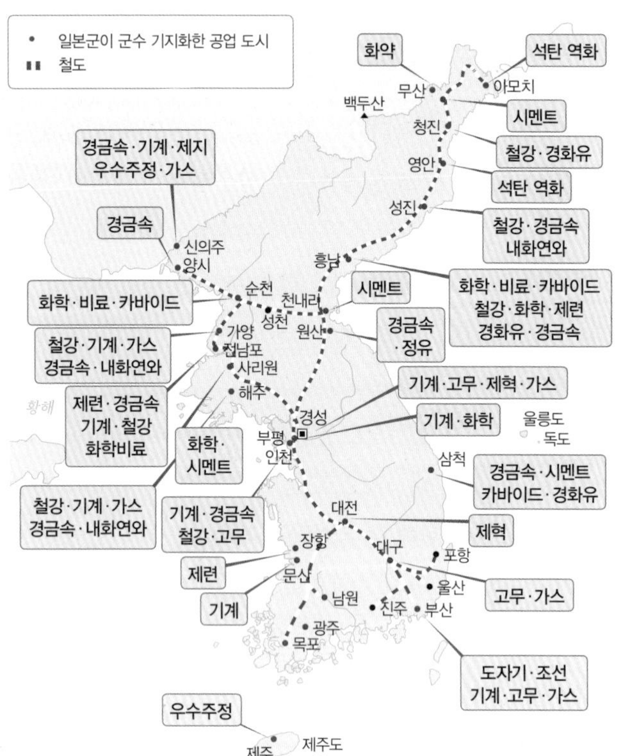

일제 시대 주요 공장 분포

일제가 부설한 철로를 바탕으로 공업 도시들이 분포하는데, 특히 지하자원이 풍부한 한반도 북부 지역에 많은 공장들이 세워졌다.

함께 발전시키는 **농공 병진 정책**을 추진합니다. 특히 1937년 중·일 전쟁 발발 후 농공 병진 정책은 본격화되었고, 이에 따라 군수 물품 생산에 필요한 중화학 공업이 지리적으로 중국과 가깝고 지하자원이 풍부한 한반도 북부 지방에 집중적으로 육성되었습니다.

그러나 이러한 정책으로 소비재 생산은 위축되고, 군수 산업으로 대표되는 중화학 공업 위주로 생산이 증대되면서 산업 간 불균형이 심화되었습니다. 공업 생산이 북부 지방에 주로 편중되다 보니 남부와 북부의 산업 격차도 커졌습니다. 이 문제는 훗날 일제가 패망하고 해방된 한반도에서 남·북간 산업 격차가 나타나는 원인이 되기도 했습니다. 일본은 한반도 남부 지방의 농민에게는 목화를 재배하도록 하고, 북부 지방의 농민에게는 양을 기르도록 하는 **남면북양 정책**도 실시하여 한반도에서 방직업에 필요한 원료를 생산하게 한 후 이를 일본에 값싸게 공급하여 일본의 방직업을 보호하고자 하였습니다.

농촌 부녀자들의 목화 고르기 작업

일제의 남면북양 정책에 의해 농촌 부녀자들이 목화 고르기 작업을 하고 있는 모습이다.

대공황의 여파로 농촌 경제가 피폐해지면서 농민들의 삶이 궁핍해지지자 전국 각지에서 소작 쟁의가 확산되었습니다. 그러자 일제는 소작 쟁의를 억제하여 식민지 지배 체제의 안정을 기하기 위해서 **농촌 진흥 운동**을 전개하였습니다(1932~1940). 한편 소작농의 부담을 줄이고 처우 개선을 위해 소작 쟁의가 일어나면 이를 중재하고 고율의 소작료를 제한하는 **조선 농지령**(653p 참조)을 1934년 제정했습니다. 토지를 빌리지 못한 소작농에게는 토지 구입 자금을 대여해 주는 정책도 시행합니다. 농민의 자력 갱생을 강조하여 봄철 농가의 식량난을 해결하고 농가 부채를 근절하기 위해 농가 갱생 계획을 운영하였습니다. 그러나 이러한 정책들은 당시 농촌 경제가 어려워진 원인을 농민의 게으름이나 낭비 습관 때문이라는 전제하에 수립되어 근원적 농촌의 경제 문제를 해결하는 데 실패했습니다.

중·일 전쟁 후 전쟁에 필요한 물자가 늘어나면서 1938년 일본은 본

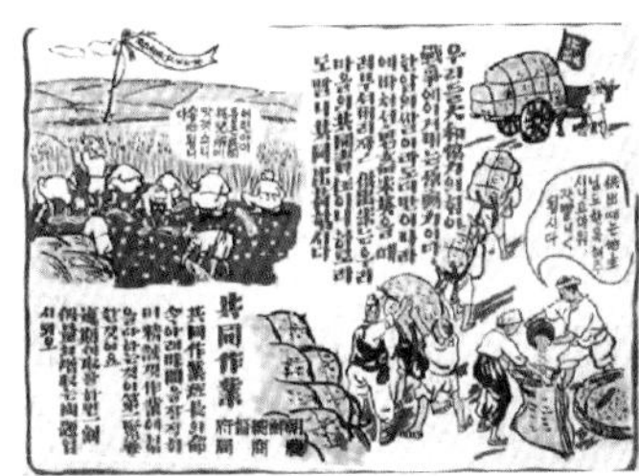

미곡 공출 포스터

일제가 전쟁에 쓸 군량미를 확보하기 위해 선전용으로 내놓은 쌀 공출 포스터이다. 포스터에는 '한 알의 쌀이라도 더 많이 나라에 바쳐 미·영을 때려 부숴 버리자.'고 쓰여 있다.

국과 식민지 전체에 **국가 총동원법**(654p 참조)을 실시합니다. 이 법을 바탕으로 일본은 한반도에서 전쟁에 필요한 인적·물적 자원을 수탈하였습니다. 먼저 전투 병력의 부족을 해소하기 위해 1938년 사실상 강제 동원된 지원병 제도를 실시하였습니다. 이후에도 지속적으로 병력이 부족하자 1943년에는 학생들을 군대에 끌고 가는 학도 지원병 제도를 실시하였고, 1944년에는 징병제를 실시하여 만 20세 이상의 조선 청년들을 전쟁에 투입하였습니다. 군수 산업에 종사할 노동력이 부족하자 1939년에는 국민 징용령을 실시하여 한국인들을 홋카이도, 사할린, 남양 군도 등지의 탄광, 군수 공장, 철도 공사장 등에 강제로 끌고 가서 가혹한 중노동에 시달리게 하였습니다.

인적 자원의 수탈은 남성에만 그치지 않았습니다. 부족한 노동력을 대체하기 위해 여성들도 동원했습니다. 1944년에는 여자 정신 근로령을 공포하여 12세 이상 40세 미만의 여성들을 정신대라는 이름으로 징발하여 후방의 병참 지원 인력으로 군수 공장 등에서 중노동을 시켰습니다. 전쟁터에는 군 위안소를 운영하면서 일본이 점령한 한반도, 중국, 동남아 각지에서 여성들을 강제로 끌고 가 일본 군인들의 성노리개로 삼았습니다. 여기에는 정신대로 끌려간 여성들 중 일부도 포함되어 있었습니다.

'일본군 위안부'

일제는 전쟁 동원을 위한 인력 조직으로 '어떤 목적을 위해 솔선해서 몸을 바치는 부대'라는 뜻의 '정신대'라는 용어를 사용했다. 정신대는 남녀 모두 대상이 되었는데, 이 중에서 여성으로만 구성된 경우를 여성 정신대라고 불렀다. 그런데 여성 정신대의 일부가 일본군 위안소로 연행됨에 따라 정신대라는 말이 '일본군 위안부'를 지칭하는 용어로 굳어졌으나 정신대와 '일본군 위안부'는 같은 의미가 아니다. 여성 정신대의 목적은 전시에 부족한 노동력을 보완하는 것이었고, 위안부는 전시 일본 군인의 성욕구 해소를 위해 계획된 것이기 때문이다.

과거에는 정신대를 '종군'위안부라 표현하기도 했다. 그러나 종군위안부라는 말에는 '종군기자'처럼 자발적으로 군을 따라갔다는 의미가 담겨 있고, 나아가 일본 정부가 자신들의 책임을 회피하기 위한 정치적인 목적도 함께 숨겨져 있어서 이 용어를 사용하지 않는다.

현재 한국 관계 법령에서 공식 명칭은 '일본군 위안부'이다. 최근 유엔 인권 위원회에서는 위안부라는 용어 대신에 '일본군 성노예'라는 표현을 사용함으로써 일본군의 조직적이고도 강제적인 동원 사실을 더욱 명확히 드러내고 있다. 다만 생존 '위안부' 피해 할머니들 중 일부는 자신을 '성노예'로 지칭하는 것에 거부감을 느끼고 있어서 국제적으로 용어를 통일하는 데 어려움이 있다.

이렇게 끌려간 여성들을 '**일본군 위안부**'라고 부릅니다.

물적 수탈도 심각했습니다. 쌀과 같은 곡물부터 군수용 산업에 필요한 철, 석탄 등 광물 및 지하자원을 약탈했습니다. 일본은 전쟁이 진행될수록 물자 부족이 심해지자, 식량 배급 제도와 금속 및 미곡을 민간에게 강제적으로 바치게 하는 공출 제도를 시행했습니다. 전쟁 막바지에 이르러서는 전쟁에 쓰일 금속이 매우 부족해지자 농기구, 놋그릇, 수저, 솥은 물론이고 교회와 사찰의 종까지 징발할 정도였습니다. 중단되었던 산미 증식 계획도 재개하고 위문 금품 모금, 국방 헌금 등을 강요하면서 물적 수탈을 강화하였습니다.

총독부는 일본의 대륙 침략에 인적·물적 자원을 동원하기 위해 정책에 협력하는 민간단체들을 조직하여 1938년 국민 정신 총동원 조선 연맹을 창설하였습니다. 이를 통해 직장과 마을 단위에서 조직을 만들었는데 특히 10호 단위 애국반을 통해 인적·물적 자원을 동원하는 데 적극 활용하였습니다. 그리고 마을마다 반상회를 열어서 애국 저금, 황국 신민 서사 낭독, 신사 참배, 일장기 게양 등을 시행하도록 강요하였습니다.

현대의 경제

주요 용어

귀속 재산, 신한 공사, 농지 개혁법, 삼백 산업

1 6·25 전쟁 전후의 경제 상황

해방 후 새로운 경제 질서를 정비하다

일제 강점기에 일제가 시행한 토지 조사 사업, 산미 증식 계획, 농촌 진흥 운동 등 여러 정책들의 결과 지주제가 강화되어 해방 후 전체 경작지의 60퍼센드 이상이 소작지였습니다. 해방 후 1948년 대한민국 정부가 수립되기 전까지 남한을 관할하던 미군정은 일제가 남기고 떠난 동양 척식 주식회사와 일본인이 남기고 간 건물이나 공장 같은 **귀속 재산**을 접수하고 이를 관리하기 위해 **신한 공사**를 설립했습니다. 신한 공사는 귀속 재산을 헐값에 민간에 불하했는데, 이때 귀속 재산을 불하받은 사람들은 큰 이윤을 남기게 되었고 이윤을 남긴 사람들 중에서 일부는 산업 자본가로 성장했습니다.

미군정은 높은 소작료에 힘들어 하는 소작 농민들을 보호하기 위해 소작료가 수확량의 1/3을 넘지 못하게 규제하는 정책을 시행했습니다. 그러나 미군정하에서는 일본 자본으로 운영되던 많은 기업들이 파산했

남한의 농지 개혁과 북한의 토지 개혁

	남한	북한
법령	농지 개혁법 (1949년 제정, 1950년 시행)	토지 개혁법 (1946년)
방법	유상 매수, 유상 분배	무상 몰수, 무상 분배
토지 최대 소유 상한	3정보	5정보

무상 몰수, 무상 분배의 토지 개혁

북한은 무상 몰수, 무상 분배의 원칙 하에 농민 1인당 5정보 이내로 토지를 분배했다. 이 과정에서 토지가 없거나 부족한 농민들에게 지지를 받았으나, 토지를 강제로 몰수당하게 된 지주들과 자본가들 및 강압적 제도 실시에 반발한 지식인들 중 일부가 북위 38도선 이남으로 내려오기도 했다.

삼백 산업

밀, 사탕수수, 면화를 원료로 제품을 만드는 산업으로, 이 원료들이 모두 백색(흰색)이어서 붙여진 이름이다. 이 원료들이 처음에는 무상으로 제공되었기 때문에 밀가루, 설탕, 면제품을 생산하는 기업들은 큰 이익을 얻으며 성장했다.

고, 이에 따라 공급되는 물자가 부족해지는 데다 해외에 나갔던 동포들이 국내로 돌아오면서 인구가 늘어나 물자가 더욱 부족해졌습니다. 그로 인해 물가는 급격하게 상승해 경제가 어려워졌습니다.

한편 일제가 중화학 공업 시설들을 북한 지역에 배치하면서 전력 공급 시설 역시 대부분 북한 지역에 몰려 있었는데, 북한이 남한에 전력 공급을 중단하면서 경공업 중심의 경제가 큰 타격을 입게 되었습니다.

이승만 정부 수립 후 1949년 6월 **농지 개혁법**(654p 참조)을 제정했습니다. 이를 통해 경작자(耕作者) 유전의 원칙을 내세워 농민들에게 토지를 분배하고자 했습니다. 또한 1946년에 북한이 먼저 무상 몰수, 무상 분배의 토지 개혁을 실시했기 때문에 동요하는 남한 농민들의 민심을 달래기 위한 측면도 있었습니다. 이승만 정부의 농지 개혁법은 유상 매수, 유상 분배의 원칙하에 한 가구당 3정보를 최대 상한으로 하여 그 이상을 소유한 자의 토지는 국가가 지주에게 지가 증권을 발급해 매수하고, 경작자 유전의 원칙에 따라 농사짓지 않는 사람의 농지도 정부가 사들였습니다. 이렇게 매수한 토지를 소작농에게 3정보 이내로 분배하고, 매년 평균 생산량의 30퍼센트씩 5년 동안 현물로 상환하게 했습니다.

이러한 농지 개혁의 결과 자작농이 증가하고 소작농이 줄어들면서 전근대적인 지주제가 소멸하게 되었습니다. 그러나 토지를 분배받은 상당수의 농민들이 상환액이 부담스러워서 다시 토지를 팔고 소작하는 경우가 나타났고, 지주들은 이 법이 1950년 3월에 시행되었으므로 토지를 그 전에 미리 처분했습니다. 또한 시행 후 지주들은 6·25 전쟁 당시 국가로부터 지급받은 지가 증권을 헐값에 처분해 몰락하면서 산업 자본가로 전환하는 데 실패했습니다.

6·25 전쟁으로 무너진 경제, 미국의 경제 원조를 받다

6·25 전쟁으로 인해 대부분의 생산 시설이 파괴되어 생필품은 부족해지고 물가는 더욱 폭등했습니다. 6·25 전쟁 직후 남한의 경제 상황은 거의 마비 상태에 빠졌습니다. 하지만 미국의 경제적 지원으로 점차 경제 상황이 나아지게 됩니다. 미국의 원조는 대부분 농산물과 소비재 물품에 집중되었고, 이를 바탕으로 **삼백 산업**이 발전했습니다. 미국의 원조로 식량 부족 문제는 다소 해결될 수 있었지만, 미국의 값싼 잉여 농산물이 대

차관
정부나 기업·은행 등이 외국 정부나 국제 기구에서 자금을 빌리는 것을 말한다.

1950년대 후반 경제 불황
처음에는 미국의 무상 원조로 제품을 생산할 때 원료 값이 들지 않았지만, 미국의 원조가 유상 차관의 형식으로 바뀌면서 사실상 원료 값을 지불하게 되어 기업들이 제품을 생산할 때 비용이 상승하면서 어려움을 겪었다.

량으로 국내에 들어와 국내의 농산물 가격이 폭락하면서 농민들은 손해를 입게 되었습니다. 미국의 원조는 처음에 무상 원조의 형식으로 지원되다가 1950년대 후반부터는 점차 유상 차관(借款)의 형식으로 바뀌면서, 1950년대 후반 경제 불황이 찾아옵니다.

미군정이 신한 공사를 세워 관리하던 귀속 재산은 대한민국 정부가 수립된 이후에는 정부가 직접 관할했습니다. 이승만 정부는 귀속 재산을 민간에 낮은 가격으로 불하하는데 이때 불하를 받기 위해 뛰어든 기업이나 사람들이 불하를 주관하는 관리와 결탁해 특정 기업에 혜택이 편중되었고, 혜택을 받은 기업들 중 일부는 재벌로 성장할 수 있었습니다.

주요 용어

경제 개발 5개년 계획, 경부 고속 국도 개통, 제1차 석유 파동, 제2차 석유 파동

2 1960~70년대 '한강의 기적'

제1·2차 경제 개발 5개년 계획으로 경제 개발의 기초를 다지다

1961년 5·16 군사 정변으로 권력을 잡은 박정희는 불법적으로 차지한 권력을 정당화하고 국민들의 지지를 이끌어 내기 위해 경제 개발에 관심을 기울였습니다. 그래서 장면 정부 때 준비한 경제 개발 계획을 바탕으로 **경제 개발 5개년 계획**을 수립해 1962년부터 전면적으로 추진했습니다. 제1차 경제 개발 5개년 계획(1962~1966)과 제2차 경제 개발 5개년 계획(1967~1971)은 경공업을 집중적으로 육성하고, 노동 집약적 산업을 중심으로 추진되었습니다. 그리고 도로, 항만, 제철 산업 시설 등 사회 간접 자본을 확충해 경제 개발의 기초를 튼튼하게 만들려고 했고, 그 결과 **경부 고속 국도가 개통**(1970)되는 등 사회 간접 자본이 확충되었습니다.

박정희 정부의 이러한 계획을 시행하는 데 필요한 막대한 개발 자금을 한·일 국교 정상화, 베트남 전쟁 파병, 서독 광부 및 간호사 파견 등을 통해 마련했습니다. 이 당시 경제 개발 5개년 계획은 베트남 전쟁 특수 등과 겹치며 크게 성공했고, 이는 1967년 박정희가 대통령 선거에서 재

경부 고속 국도 준공

대한민국 고속 국도 제1호인 경부 고속 국도는 수도권과 영남 지역을 잇는 주요 도로로서, 전국 1일 생활권을 실현시킨 기반이 되었다. 경부 고속 국도는 1968년 2월 1일에 기공식을 갖고 2년 2개월만인 1970년 7월 7일 준공되었다. 공사에 필요한 경비는 1965년의 한·일 기본 조약으로 얻은 차관과 베트남 전쟁 파병 자금이 사용되었다.

서독에 파견된 한국 광부들

1966년 한국과 서독은 특별 고용 계약을 체결해 한국 정부는 광부와 간호사를 서독에 파견했다. 서독 정부는 이들에게 일자리를 주었고, 이들의 노동력과 노임을 담보로 한국 정부에 1억 5천만 마르크의 상업 차관을 제공하기로 했다. 한국 정부는 1966년부터 1977년까지 12년간 7,932명의 광부와 10,226명의 간호사를 서독으로 파견하였다.

선에 성공하는 데 큰 원인이 되었습니다. 그러나 1960년대 말 외국에서 들여온 부채를 상환해야 하는 시기를 맞이하면서 경제적 위기를 맞게 되었습니다.

경제 개발 5개년 계획 포스터

제 3 · 4차 경제 개발 5개년 계획으로 중화학 공업을 육성하다

1960년대 말의 경제 위기 상황과 억지로 밀어 붙인 3선 개헌 후 치러진 1971년 대선에서 박정희는 김대중 후보를 힘겹게 제치고 다시 대통령에 당선됩니다. 박정희 정부는 경제 개발을 통해 지지율을 확보하려 하였고 제1 · 2차 경제 개발 5개년 계획의 성공을 이어 가기 위해 제3 · 4차 경제 개발 5개년 계획을 시행합니다. 제3차 경제 개발 5개년 계획(1972~76)과 제4차 경제 개발 5개년 계획(1977~1981)의 핵심은 중화학 공업을 육성하고 노동 집약적 산업 중심에서 자본 집약적 산업 중심으로 산업 구조를 바꾸는 것이었습니다. 1973년 **제1차 석유 파동**(오일 쇼크)이 일어나 세계적 경제 위기 상황이 벌어졌는데, 석유의 주 생산지인 중동(서아시아) 지역의 건설 산업에 우리나라 기업들이 진출하여 중동의 산유국이 챙긴 막대한 오일 달러의 일부를 우리가 벌어들이면서 위기를 극복할 수 있었습니다. 아직 중화학 공업으로 완전히 산업 구조가 바뀌지 않은 상황에서 다른 선진국에 비해 석유가 많이 필요하지 않았던 점도 위기를 극복하는 원인 중 하나였습니다.

100억 불 수출 기념 아치

1977년 12월 22일 목요일 서울 장충 체육관에서 진행된 '100억 불 수출 기념식'을 알리고자 광화문 사거리에 설치된 아치이다.

1970년대부터 제3차, 제4차 경제 개발 5개년 계획의 추진에 따라 경공업 중심의 공업 구조에서 점차 중화학 공업 중심의 구조로 바뀌는 것을 도표로 확인할 수 있다. 더불어 경제 개발 5개년 계획이 추진되면서 1인당 국민 소득이 가파르게 상승할 정도의 급속한 경제 성장을 수치로 확인할 수 있다.

(한국개발연구원, "한국 경제 반세기 정책 자료집")

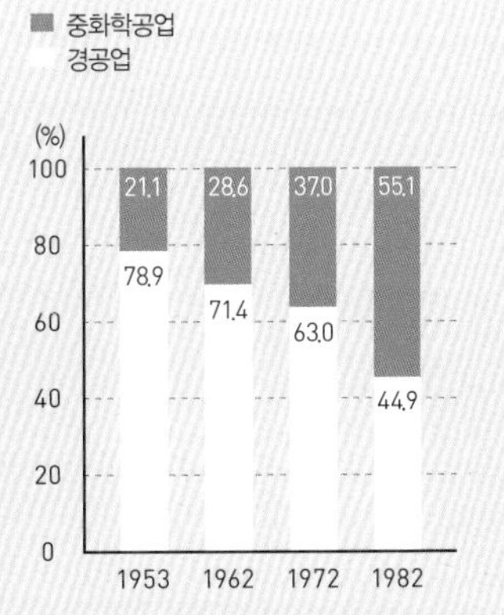

경제 개발 5개년 계획를 통한 공업 구조의 변화

1인당 국민 소득의 변화

1950년 한강의 모습

제1차 석유 파동의 경제 위기를 넘어선 대한민국 경제는 발전을 이룩하면서 1977년에는 수출액 100억 달러를 달성하였습니다. 그러나 1978년 이란 혁명을 계기로 다시 석유 값이 오르는 **제2차 석유 파동**이 일어나 세계 경제가 불황에 빠지는데 이번에는 대한민국의 경제도 침체에 빠집니다. 이미 중화학 공업 중심으로 산업 구조가 개편되어 원유 소비량이 늘어나 있었고, 국가가 중화학 공업 육성을 주도하는 과정에서 중복 투자 문제가 나타나 경제 위기는 더욱 심화되었습니다. 결국 이때의 경제 위기는 경제 개발로 인해 지지율을 확보하던 박정희 정부에게 큰 타격을 주면서 유신 체제가 붕괴하는 주요한 원인이 되었습니다.

1960년대 추진한 제1·2차 경제 개발 5개년 계획과 1970년대 추진된 제3·4차 경제 개발 5개년 계획으로 인해 대한민국은 일명 '한강의 기적'이라고 불리는 급속한 경제 성장을 이룩하였습니다. 이를 통해 1인당 국민 소득(GNP)도 1954년 70달러에서 1978년에는 1,443달러로 향상되었습니다. 그러나 경제 성장의 이면에는 도시와 농촌 간 소득 격차가 커진 것, 노동자들에게 저임금과 농민들에게 저곡가를 강요한 것, 미국과 일본에 대한 경제 의존도가 심화된 것, 국가 주도의 경제 개발 과정에서 정경 유착이 심화된 것 등 많은 문제들이 있었습니다.

주요 용어

3저 호황, 우루과이 라운드(UR), 세계 무역 기구(WTO), 경제 개발 협력 기구(OECD), 외환 위기, 국제 통화 기금(IMF), 금 모으기 운동

3저 호황

1. **저유가:** 당시 원유 생산국이 생산량을 늘려 가격이 낮아지면서 원유를 활용하여 생산하는 공업에서는 원자재 가격 부담이 줄어들어 호황을 맞이한다.
2. **저금리:** 세계적으로 저금리 시대를 맞아 자본이 은행으로 들어가기보다는 기업들에 투자하여 수익을 창출하고자 하면서 경기가 살아났다.
3. **저달러:** 1986년 플라자 협정으로 엔화의 가치가 높게 평가되면서 상대적으로 달러의 가치가 낮게 평가되었다. 이때 엔화의 가치가 우리나라의 원화 가치보다 훨씬 높게 평가되어 상대적으로 우리나라 기업 제품을 수출할 때 일본 제품에 비해 가격 경쟁력이 높아지면서 호황을 맞게 된다.

2 1910년대 국내외 민족 운동

1980년대 처음으로 무역 흑자를 달성하다

1980년대 초반 강도 높은 산업 구조 조정이 시행되었습니다. 1970년대 말 제2차 석유 파동과 중화학 공업에 대한 중복 투자로 인해 경영에 어려움을 겪는 부실 기업들을 정리하여 경기 불황에서 벗어나고자 한 것입니다. 1980년대 중반 이후에는 저유가·저금리·저달러의 **3저 호황**을 맞아 자동차, 기계, 철강 산업 등이 급속도로 발전하면서 고도의 경제 성장을 이룩하게 되었고, 이 시기에 처음으로 무역 흑자를 달성하였습니다. 여기에 1986년 아시안게임, 1988년 서울올림픽 등을 개최하면서 국가 이미지도 향상되어 경제 호황을 이어 갔습니다.

IMF 외환 위기를 이겨냈지만, 경제 양극화가 심화되다

1992년 김영삼 정부가 들어선 후에도 1980년대 중후반부터 나타난 경제 호황은 지속되었습니다. 김영삼 정부 시기에는 겉으로는 경제 성장이 이어져 왔고, 이를 바탕으로 1992년 **우루과이라운드**(UR) 체제나 **세계 무역 기구**(WTO) 체제에 편승하여 시장 개방 정책을 확대하였습니다. 1996년에는 **경제 개발 협력 기구**(OECD)에 가입하여 경제 선진국에 합류하였음을 국내외에 과시하였습니다. 그러나 겉으로 드러난 수치의 이면에 있던 대기업의 무차별적인 확장 경영으로 인한 운영 부실, 금융권의 과도한 부채, 외환 부족 등의 문제는 심각하게 여기지 않았습니다.

결국 1997년 말 한 순간에 모든 문제들이 드러나면서 경제 위기를 불러옵니다. 우리나라는 1990년대 시장 개방을 하는 과정에서 금융 시장도 개방하여 국내 시장에서 외국 자본 비율이 빠르게 늘어났습니다. 금융 기관들은 외국 자본을 빌려 기업이 발행한 어음을 사들였고, 기업은 어음을 발행한 자금으로 기업을 운영하였습니다. 이 과정에서 국내 금융권은 자연스럽게 외국 자본에 대한 부채가 늘어났습니다. 그런데 1997년 동남아시아 국가들의 경제가 어려워지면서 그 여파가 한국 시장을 강

타해 어음을 발행한 기업이 부도가 나자, 그 어음을 사들인 금융 기관들도 어려움을 겪게 되었습니다. 여기에 국내에 투자한 외국 자본들이 우리나라의 경제에 불안감을 느껴 투자한 자본을 회수하면서 국내에 국제 통화인 달러가 부족해지고 이에 우리나라 원화의 가치가 급락해버리는 **외환 위기**를 겪게 된 것입니다. 이 과정에서 기업은 도산하고 기업의 어음을 사들인 금융권도 도산하면서 자금 융통이 어려운 기업들이 또 파산하는 악순환이 나타나자, 결국 김영삼 정부는 어쩔 수 없이 **국제 통화 기금**(IMF)에 긴급 자금을 요청했습니다.

IMF에 긴급 자금을 빌린 대가는 혹독했습니다. IMF는 한국에 지원을 해 주는 대신, 기업의 구조 조정과 공기업의 민영화, 자본 시장의 추가 개방, 기업의 인수 합병 간소화 등 여러 조건들을 내걸었습니다. 경제 위기 상황에서 정권을 이양 받은 김대중 정부는 김영삼 정부가 IMF와 맺은 협정 조건을 이행하면서 독점 재벌의 해체, 공기업의 민영화, 부실기업 정리, 노동자 정리 해고의 간편화, 소비 촉진 등 경제 구조를 개편하고 경제 정책도 크게 바꾸었습니다. 국내에서는 국제적으로 달러처럼 사용되는 금을 모아 경제 위기를 극복하자는 '**금 모으기 운동**'이 일어났고, 국민들이 장롱 속에 보관한 금을 은행에 내놓으면서 단시간에 적지 않은 외환을 확보할 수 있었습니다. 그 결과 무역 수지는 흑자를 기록하고, 빠져나갔던 외국 자본이 다시 국내에 투자되면서 경제는 빠르게 정상화되기 시작하였습니다. 그리고 2001년 8월에 IMF로부터 빌린 돈을 모두 갚아 IMF 관리 체제를 예정보다 일찍 끝낼 수 있었습니다.

그러나 경제 위기 상황에서 중산층은 급격히 무너지고 서민 경제는 치명상을 입었습니다. 한 번 무너진 서민 경제는 구매력을 크게 상실하여 국내 소비를 약화시키고, 성장 잠재력을 갉아먹음으로써 다시 다른 문제를 가져왔습니다. 반면 부유층은 경제 위기 속에서 중산층이 처분한 재산을 헐값에 사들이고 서민층에 자금을 빌려주며 이윤을 얻으면서 더욱 성장하였습니다. 이는 기업에서도 마찬가지로 나타났고, 가계나 기업 등 사회 전체에서 '양극화', '20 대 80의 사회'라는 문제가 등장했습니다. 그리고 경제 위기를 극복하는 과정에서 수많은 실업자가 나타나 가정이 붕괴되고, 비정규직 노동자가 늘어나면서 노동자의 노동 조건은 더욱 열악해지는 등 현재까지도 문제가 되고 있습니다.

사회·문화사로 읽는 근현대

일제 강점기의 사회

주요 용어

실력 양성 운동, 물산 장려 운동, 민립 대학 설립 운동, 문자 보급 운동, 브나로드 운동

1 실력 양성 운동의 대두

'우리가 만든 것 우리가 쓰자' - 민족 기업 육성을 주장하다

3·1 운동 이후 일본의 식민 통치 방식이 무단 통치에서 문화 통치로 변하면서 국내에서 조선인의 활동 범위가 조금이나마 넓어졌습니다. 이에 국내 민족주의 계열은 독립을 위해서 산업과 교육 및 문화면에서 실력을 양성해야 한다는 주장을 펼치며 **실력 양성 운동**을 추진합니다.

1920년 총독부가 회사령을 폐지하면서 총독부의 허가를 받지 않고 신고만으로도 회사 설립이 가능해졌습니다. 민족 자본가들은 기업을 설립하였고, 경성 방직 주식회사나 평양의 메리야스 공장 및 고무신 공장 등이 성장하였습니다. 그런데 일본이 일본 본토에서 조선에 들여오던 물품에 부과하던 관세를 폐지하려는 움직임을 보였습니다. 이는 1910년대 일본 본토의 자본주의 체제가 어느 정도 성장하였다고 판단한 일본이 거대 자본의 식민지 투자를 장려하려는 의도가 담긴 것이었습니다. 일본 기업들은 본격적으로 한국에 공장을 세우기 시작했고 일본 상품이 대량으로 수입되면서 일본 자본에 의한 경제 침탈이 본격화되었습니다. 하지만 일본에 비해 소규모 자본과 부족한 기술력으로 제품을 생산하던 민족 기업들에게는 위기를 불러일으켰습니다. 이러한 상황에서 민족 자본으로 세운 기업을 보호하고 육성하여 일본 자본의 종속에서 벗어나 경제적 자립을 실현하자는 목적으로 **물산 장려 운동**(655p 참조)이 전개되었습니다.

조선 물산 장려회 선전지

물산 장려 운동은 1920년 평양에서 조만식 등이 조선 물산 장려회를

조직하면서 시작되었습니다. 이후 자작회, 토산 애용 부인회 등의 단체가 운동에 동참했고 1923년 실제로 관세가 폐지되면서 전국적인 운동으로 발전하였습니다. 물산 장려 운동은 일본 상품을 배격하고 국내 민족 자본 기업이 생산한 토산물을 애용하자고 주장하며, '내 살림 내 것으로', '조선 사람 조선 것으로' 등의 구호를 외쳤습니다. 여기에 금주·단연, 근검 절약 등의 구호도 동시에 주장하면서 생활 개선을 추진하였습니다. 그러나 일제는 이 운동을 탄압하였습니다. 게다가 일부 민족 기업가가 토산물 가격을 올리자 물산 장려 운동이 자본가와 일부 상인에게만 이득이 되고 물품을 구매하는 노동자와 농민이 피해를 본다며 사회주의 계열에서 비판하기 시작하였습니다(655p 참조). 결국 물산 장려 운동은 초기에 활발한 모습을 잃고 침체되었습니다.

'한민족 1천만이 한 사람이 1원씩' 모아 대학을 세우려 노력하다

1910년대 일제 교육 정책의 핵심은 우민화 교육이었습니다. 조선인들에게 일을 부려먹을 수 있을 정도로만 교육시키겠다는 것이었습니다. 그래서 기초적 지식을 전달하는 보통 교육과 노동에 필요한 기초를 닦을 실업 교육만 강조하였습니다. 그러나 3·1 운동 이후 일본이 문화 통치를 표방하면서 1922년 제2차 조선 교육령을 통해 조선인들도 고등 교육을 받을 수 있게 하겠다고 발표하였고, 이에 교육에 관심이 많았던 민족 운동가들은 민족의 자본을 통해 대학을 설립하여 조선인들에게 고등 교육의 기회를 제공하고, 능력 있는 인재를 양성하여 독립의 기초를 닦고자 **민립 대학 설립 운동**(656p 참조)을 전개하였습니다.

이 운동은 1923년 이상재·이승훈 등이 조선 민립 대학 기성회를 조직하면서 시작되었습니다. 국내외에 적극적인 홍보를 통해 운동이 확산되었고, '한민족 1천만이 한 사람이 1원씩'이라는 구호를 제시하며 모금 운동을 진행하였습니다. 그러나 1923~24년 자연 재해로 조선인들의 삶이 어려워지면서 모금 운동의 성과가 저조하였고, 일제의 방해로 인해 결국 민립 대학 설립 운동은 실패하게 됩니다.

그러나 일본은 이 운동을 계기로 조선인들의 고등 교육에 대한 열망과 차별 교육에 대한 불만을 무마하고 조선으로 이주한 일본인들의 고등 교육 기회를 제공하고자 1924년 경성 제국 대학을 설립하였습니다. 그

한글 원본

이 책은 조선일보가 주도한 문자 보급 운동의 교재로 사용되었다.

브나로드 운동 포스터

1932년 동아일보에 실린 브나로드 운동 포스터이다. 브나로드 운동의 구호인 "배우자! 가르키자! 다 함께"라는 구호가 적혀 있다.

V narod 운동

1870년대 러시아에서 청년 귀족과 학생들이 농민을 대상으로 사회 개혁을 이루고자 일으킨 계몽 운동. '민중 속으로'라는 뜻이다.

러나 이 학교에는 조선인의 독립의식을 고양시킬 수 있는 정치·경제·이공 등의 학부는 설치되지 않았고, 일제의 식민통치에 효과적으로 이용할 수 있는 법문학부·의학부만 설치하였습니다. 나중에 1941년이 되어서야 이공학부를 추가했습니다. 교수와 학생의 구성에서도 민족적 차별이 이어져, 1926년 당시의 교수는 전체 57명 중 5명, 학생은 150명 중 47명에 불과할 정도로 조선인이 이 학교에 들어가 공부하는 것은 어려운 일이었습니다.

배우고 가르쳐 문맹을 줄이자

3·1 운동 이후 일제는 제2차 교육령을 발표하며 한국인들에게 교육의 기회를 확대하는 태도를 보였으나, 실제로는 일본인과 한국인의 차별 교육은 사라지지 않았고 학교 내에서 우민화 정책은 지속되었습니다. 한국인들은 제대로 된 교육을 받지 못해 문맹자들이 계속 늘어났습니다. 글을 모르는 사람들은 정책의 시행을 제대로 이해하지 못해 불이익을 받거나 일제나 지주들의 수탈에 대해서 자신의 의견을 주장하지 못하여 손해를 감수하는 경우가 많았습니다. 그래서 민중에게 문자를 가르쳐 의식을 계몽하고 나아가 생활을 개선하고자 문맹 퇴치 운동이 전개되었습니다. 문맹 퇴치 운동은 다양한 모습으로 나타났는데, 먼저 글을 깨우친 지식인들이 주로 노동자나 농민들을 대상으로 문자를 가르치는 야학 운동이 일어났습니다.

1920년대 조선어 연구회나 1930년대 조선어 학회 등의 후원을 통해 전국에 한글 보급을 위한 강습회가 개최되기도 했습니다. 이러한 움직임에 언론도 동참하였는데, 1929년 조선일보는 《한글 원본》이라는 교재를 보급하면서 '아는 것이 힘, 배워야 산다.'라는 구호 아래 **문자 보급 운동**을 전개하였습니다. 1931년부터 1934년까지 동아일보는 방학을 맞이한 학생들을 농촌에 파견하여 '배우자, 가르치자, 다함께'라는 구호 아래 농민들에게 한글과 위생 의식, 근검 절약, 미신 타파 등을 깨우치게 하는 **브나로드 운동**(V narod 運動)을 전개하였습니다. 브나로드 운동을 소재로 작가 심훈은 〈상록수〉라는 소설을 저술하기도 하였습니다. 그러나 문맹 퇴치 운동은 1934년 이후 일제의 탄압을 받아 더 이상 지속되지 못하였습니다.

주요 용어

사회주의, 치안 유지법, 민족주의, 타협적 민족주의, 6·10 만세 운동, 민족 유일당 운동, 정우회 선언, 신간회, 광주 학생 항일 운동

2 민족 협동 전선 운동을 위한 노력

독립 운동 세력이 분열되다

1917년 러시아 혁명이 일어나 소비에트 정부가 수립되어 최초의 **사회주의** 국가가 나타났습니다. 소비에트 정부를 이끌던 레닌은 반제국주의 정책을 주장하며 제국주의 국가에 의해 식민 지배를 당하고 있는 약소 국가의 민족 운동을 지원하겠다고 약속하였습니다. 이 약속으로 인해 식민지로 전락한 수많은 약소 국가의 민족 운동이 사회주의 사상에 영향을 받았고, 우리나라의 민족 운동가들도 큰 관심을 가지게 되었습니다. 그래서 3·1 운동 이후 청년 및 지식인층을 중심으로 사회주의 사상이 확산되었고, 1925년 **조선 공산당**이 결성되었습니다. 일제는 일본 본토 및 식민지에서 사회주의 사상이 퍼져 나가자 이를 탄압하기 위해 1925년 **치안 유지법**을 제정하였습니다.

조선 공산당

1925년 김재봉, 김약수, 유진희 등이 서울에서 조직한 공산주의 단체로 일본 경찰의 탄압으로 와해된 후 광복 후 부활되어 조선인민당·남조선 신민당과 함께 남조선 노동당(약칭 남로당)으로 통합되었다.

사회주의 사상이 확산되면서 민족 운동 세력이 자본주의 체제에 우호적인 **민족주의** 계열과 **사회주의** 계열로 나뉘게 되었고, 이들 간에 이념 대립이 심화되면서 갈등이 발생하였습니다. 게다가 1920년대 일제의 문화 통치에 영향을 받은 일부 민족주의 운동 세력 중에서 일제의 통치를 인정하고 독립을 이루기 이전에 먼저 자치권을 획득하자는 **타협적 민족주의**(657p 참조) 세력이 나타나 민족 운동 세력의 분열 및 갈등은 더욱 심화되었습니다.

6·10 만세 운동, 민족 협동 전선 운동을 촉진하다

1919년 3·1 운동 이후 중국 상하이에 대한민국 임시 정부가 세워지고, 만주에서 독립군이 무장 독립 투쟁을 적극적으로 전개하고, 국내에서는 물산 장려 운동이나 민립 대학 설립 운동이 전개되는 등 민족 운동이 활발해지는 것처럼 보였습니다. 그러나 대한민국 임시 정부는 1921년부터 침체기를 겪었고 내부적으로 이념 갈등, 노선 갈등이 겹쳐 사실상 활동을 멈추었습니다. 만주의 독립군도 일본군의 대대적인 공격을 받아 만주

6·10 만세 운동 당시 순종의 인산 행렬
1926년 6월 10일 순종의 인산(장례) 행렬이 창덕궁 돈화문을 출발하여 도심을 지나고 있는 모습이다. 말 타고 있는 일본 경찰이 행렬을 감시하는 모습을 볼 수 있다.

를 떠나 자유시로 이동하고 결국 자유시 참변(본문 530p 참조)으로 독립군의 세력도 약해졌습니다. 국내의 실력 양성 운동도 일본 문화 통치 체제에서 탄압과 회유, 사회주의 세력의 비판을 받으며 힘을 잃어 갔습니다. 사회주의 운동 세력 역시 1920년대 초 크게 성장하였다가 1925년 일제가 제정한 **치안 유지법**(656p 참조)에 의해 억압받으며 독자적인 운동 역량이 약해져 총체적으로 민족 운동의 침체기가 찾아왔습니다.

1926년 4월 26일 대한제국 마지막 황제 순종이 서거하였습니다. 순종의 죽음에 조선인들은 크게 애도하였는데 여기에는 나라 잃은 망국민들의 설움이 담겨 있었습니다. 일제는 고종의 서거를 계기로 3·1 운동이 일어났듯이, 순종의 서거가 또 다른 민족 운동의 계기가 될 것이라 여기고 경찰 병력과 육해군을 동원하여 경계 태세를 강화하였습니다. 민족 운동 세력은 순종의 서거를 계기로 침체되었던 민족 운동을 활성화시킬 수 있다고 생각하고 만세 운동을 기획하였습니다.

사회주의 계열과 천도교 계통의 민족주의 계열, 3·1 운동 이후 민족 운동의 핵심 세력으로 떠오른 학생 단체 계열 등은 순종의 인산일에 맞추어 대규모 만세 운동을 준비했습니다. 그러나 경계를 강화한 일제의 감시에 사회주의 계열 세력과 천도교 계통의 지도부가 발각되어 사전 검거되면서 만세 운동은 실패로 돌아갈 위기에 처합니다. 하지만 발각되지 않았던 조선 학생 과학 연구회 등 학생 단체 중심으로 1926년 6월 10일 순종의 인산 행렬 속에서 격문을 살포하고 **6·10 만세 운동**(657p 참조)을 전개하였습니다. 이 운동에 군중들도 합세하여 제2의 3·1 운동과 같은 상황이 전개되었으나, 이에 대비하고 있었던 일제에 의해 금세 저지당하여 실패하였습니다.

비록 6·10 만세 운동은 실패하였지만 3·1 운동 이후 성장하였던 학생 운동 세력이 민족 운동의 구심체로 부상하였다는 점에서 큰 성과였습니다. 그리고 6·10 만세 운동은 사회주의 계열과 민족주의 계열 간 연대의 계기가 되었습니다. 즉, 1925년 치안 유지법 제정 이후 독자적으로 활동하기 어려워진 사회주의 계열은 민족 운동을 같이 이끌어 갈 세력을 찾았습니다. 민족주의 계열 역시 내부에서 자치론이나 참정론을 주장하는 타협적 민족주의 세력이 등장하면서 분열되었고, 비타협적 민족주의 세력은 민족 운동의 강화를 위해서 이념이 다른 세력과도 손을 잡아야겠다는 의식이 생겼습니다. 이러한 상황은 민족 협동 전선 운동으로 이어져 좌우 합작 단체들이 조직되기 시작하였습니다.

제1차 국·공 합작(1924~1927)

중국 국민당과 중국 공산당이 공통의 목적을 위해 협력한 것을 말하는데, 제1차 국공 합작은 당시 중국에 난립한 군벌을 제거하여 중국의 혼란을 잠재우고 제국주의 세력을 타도하기 위해 성사되었다.

민족유일당 운동

1920년대 대한민국 임시정부를 중심으로 상하이, 베이징, 만주 등 중국 본토에서 추진된 독립 운동 단체들의 통합 운동이다.

좌우 세력이 모여 신간회를 결성하다

6·10 만세 운동은 사회주의 계열과 민족주의 계열이 이념과 노선을 초월하여 연대를 모색하는 계기가 되었습니다. 게다가 중국에서 1924년 제1차 국·공 합작이 성립되면서 국내외 민족 운동 세력이 통합되어야 한다는 의식을 촉진하였습니다. 특히 중국 북경이나 상하이에서 **민족 유일당 운동**을 주장하는 **촉성회**(658p 참조) 등이 열리면서 이러한 분위기를 고조시켰습니다.

이때 사회주의 계열과 민족주의 계열 세력이 1926년 조선 민흥회라는 조직을 결성하여 연대 움직임의 시작을 알렸습니다. 그리고 사회주의 단체였던 정우회가 1926년 12월 타협적 민족주의자를 제외하고 민족 운동의 단합을 위해 연대할 수 있다는 선언을 하여 적극적인 협동을 시도하게 되었습니다(**정우회 선언**, 658p 참조). 결국 1927년 비타협적 민족주의 세력과 사회주의 세력이 연합하여 **신간회**(658p 참조)라는 단체를 결성하였습니다.

회장에는 민족주의 계열의 이상재를, 부회장에는 중도 사회주의 계열의 홍명희를 선출하였고, 전국에 지회를 설치하면서 조직을 정비하였습니다. 정치·경제적 각성, 민족의 단결, 기회주의 배격을 강령으로 삼아 타협적 민족주의 계열을 제외한 민족 운동 세력의 단결을 강조하였습니다. 신간회는 전국 순회 강연회나 연설회를 개최하여 일제의 잘못된 정책을 비판하고 조선인들을 계몽시키려 하였습니다. 사회주의의 영향을 받아 활성화되고 있는 농민·노동·여성·형평 운동 등 다양한 사회 운동도 지원하였습니다. 그러면서 점차 국내를 넘어 일본이나 만주 등 국외 지역에 지부를 설치하며 조직을 확대하였습니다. 1929년에는 **광주 학생 항일 운동**이 일어나자 이를 지원하기 위해 광주 학생 항일 운동 조사단을 파견하고, 대규모 민중 대회를 계획하였습니다.

신간회의 활동을 주시하고 있던 일제는 신간회의 규모가 확대되고 광주 학생 항일 운동을 계기로 항일 운동으로 발전해 나가자 탄압을 가하기 시작하였고, 신간회의 지도부를 대거 검거하였습니다. 기존 지도부가

코민테른

공산주의 인터내셔널(Communist International)의 약칭으로 전세계 노동자들의 국제적 조직이다. 제3인터내셔널이라고도 한다. 레닌의 지도하에 1919년 모스크바에서 창립되었고 마르크스·레닌주의에 기초하여 각국의 공산당에 그 지부를 두고 혁명 운동을 지도·지원했다. 중국 공산당이나 조선 공산당도 코민테른의 지도에 따라 혁명 운동을 추진하였다.

탄압을 받고 난 후 민족주의 계열 위주의 새로운 지도부가 수립되었는데, 이 지도부가 탄압에 눌려 일제가 허용한 범위 내에서만 민족 운동을 벌이려 하는 등 우경화되자 이를 못마땅하게 여긴 사회주의 계열이 비판하기 시작하며 내부 분열이 일어났습니다. 그리고 전세계 사회주의 운동을 지도하던 코민테른이 기존의 민족 내부의 단결을 강화하는 노선에서 사회주의 계열이 독자적으로 세력화하여 노동자·농민 중심의 사회 운동을 강조하는 노선으로 변화하는 지령을 내렸습니다. 지도부의 우경화와 코민테른의 노선 변화에 영향을 받은 사회주의 계열이 신간회를 이탈하고자 하여 1931년에 신간회는 해체되었습니다.

3·1 운동 이후 광주 학생 항일운동이 일어나다

1920년대 일제는 문화 통치를 표방하면서 1922년 제2차 조선교육령을 발표하여 일본인과 조선인 간의 교육 차별을 완화하는 모습을 보였습니다. 그러나 실제로는 학교 현장에서 일본어 교육이 강화되고, 조선어나 조선사 교육은 무시당하는 등 식민지 차별 교육 현실은 달라지지 않았습니다. 조선인 학생들은 앞서 6·10 만세 운동 때에도 식민지 차별 교육 철폐를 주장하며 저항하기 시작하였습니다. 학생 운동은 3·1 운동 이후 성장하였고, 사회주의 사상의 영향을 받으며 활성화되기 시작했습니다. 6·10 만세 운동 때 운동을 주도했던 학생 운동 세력은 지역별·학교별로 독서회 등의 모임을 만들며 조직화하였고, 조직의 숫자나 세력의 크기도 확대되었습니다.

이런 와중에 1929년 10월 30일 광주에서 나주로 가는 통학 열차 안에서 광주 중학교 3학년인 후쿠다 슈조 등의 일본인 학생이 광주 여자 고등 보통학교 3학년인 박기옥 등을 희롱하였고 이를 목격한 광주 고등 보통학교(광주고보)를 다니던 박기옥의 사촌 동생 박준채 등과 싸움이 벌어졌습니다. 싸움은 광주고보와 광주중학교 학생들의 패싸움으로 확산되었고, 일본 경찰은 일방적으로 일본인 학생을 편들며 조선인 학생들을 구타하였습니다. 이 소식이 알려지자 광주고보 학생들은 11월 3일 광주에서 가두시위를 벌였고, 여기에 한국인이 다니는 다른 학교 학생들이 가담하면서 시위가 커졌습니다. 당시 이 시위에 신간회가 관심을 가지고 진상 조사단을 파견하고 대규모 민중 대회를 추진하는 등 지원에 나서자 전국적인 규모의 항일 운동으로 발전하였는데, 이를 광주 학생 항일 운동(659p 참조)이라고 합니다. 이 운동이 전국적으로 확산되자 일제는 신간회 지도부와 학생 운동 주도자를 구속하는 한편, 학생들이 운동에 가담하지 못하게 휴교령을 내리고 학교에서 퇴학과 정학 등의 처분을 내리는 등 탄압을 가하였습니다.

광주 학생 항일 운동은 5개월여 진행되다가 세력이 점차 위축되었지만, 3·1 운동 이후 최대 규모의 항일 민족 운동이라는 의의를 지니고 있습니다. 뿐만 아니라 1920년대 초반 학생들의 요구는 학교 내 교육 환경 개선이나 일본 교사 배척 등 학내 문제에 머물러 있었는데, 6·10 만세 운동 즈음부터는 '일제 식민지 교육 반대', '조선인 본위의 교육' 등 사회 구조적인 문제로 투쟁의 내용을 발전시켜가다가, 광주 학생 항일 운동에서는 일제 타도와 민족 해방이라는 '항일'을 직접 제기하기에 이르렀습니다. 무엇보다 학생들의 사회의식이 발전한 것을 목격할 수 있다는 점에서 큰 의의를 찾을 수 있습니다.

광주학생 항일운동 당시 격문(1929.11)

학생, 대중이여 궐기하라! 우리의 슬로건 아래로!

검거된 학생들을 즉시 우리 손으로 탈환하자.

경찰의 교내 침입을 절대 반대한다.

언론-출판·집회·결사·시위의 자유를 획득하자.

식민지적 노예 교육 제도를 철폐하라.

사회 과학 연구의 자유를 획득하자.

전국 학생 대표자 회의를 개최하라.

주요 용어

암태도 소작 쟁의, 조선 농민 총동맹, 조선 노동 총동맹, 원산 노동자 총파업, 소년 운동, 방정환, 천도교 소년회, 조선 소년 연합회, 청년 운동, 조선 청년 총동맹, 여성 운동, 근우회, 조선 형평사, 형평 운동

3 사회·경제적 민족 운동의 활성화

생존권 투쟁에서 항일 투쟁으로 나아가다

1910년대 토지 조사 사업과 1920년대 산미 증식 계획 등을 통해 대다수 조선인 농민들은 소작농으로 전락하여 지주들에게 고율의 소작료를 납부할 뿐만 아니라, 지주가 부담해야 할 세금, 비료 대금, 수리 조합비 등 여러 비용도 부담하면서 생활이 곤궁해져 갔습니다. 그러던 중 1920년대 들어 사회주의 사상이 수용되면서 노동 운동뿐 아니라 농민 운동도 영향을 끼치며 농민들의 사회의식이 성장합니다.

1920년대 농민 운동의 특징은 고율의 소작료 인하, 소작권 이동 반대 등 주로 농민들의 생존권과 관련된 투쟁이었습니다. 대표적인 농민 운동은 1923년 **암태도 소작 쟁의**입니다. 전라남도 신안군 암태도라는 작은

소작 쟁의와 노동 쟁의 발생 건수

1920년대 초반부터 1920년대 후반까지 소작 쟁의와 노동 쟁의 발생 건수는 꾸준히 늘어난다. 1930년대 이후에는 일본이 전시 체제에 들어가면서 농민 운동과 노동 운동을 비롯해 각종 운동을 강력하게 탄압하다 보니, 쟁의 건수와 참가 인원은 줄었지만 생존권 투쟁을 넘어 항일 투쟁의 성격으로 나아갔다.

출처: 조선 총독부 경무국 "최근 조선의 치안 상황" 1938

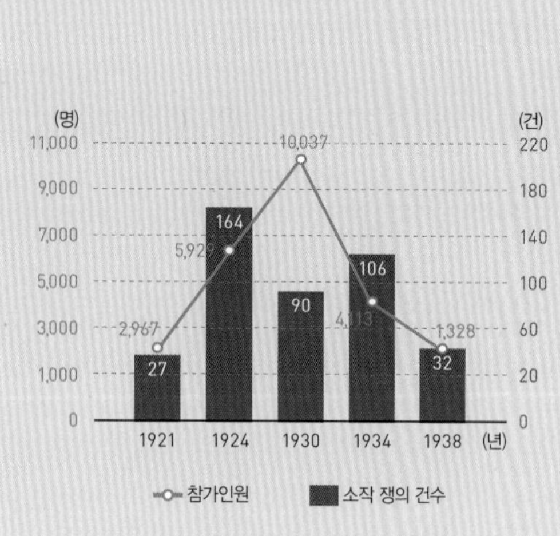

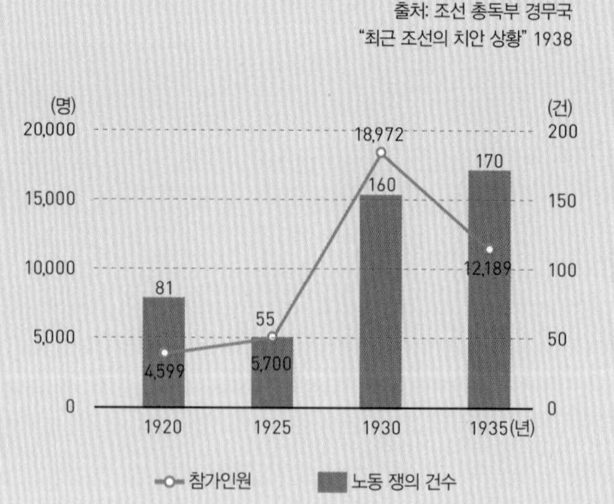

암태도 소작 쟁의

1923년부터 1년여 간 전개되었던 암태도 소작 쟁의에 참가한 농민들의 모습이다.

섬에서 지주들의 고액 소작료 수취에 저항하는 쟁의가 일어났는데, 일제 경찰들이 지주들의 입장을 대변하며 농민들을 구속하자 쟁의는 목포를 거쳐 점차 확산되어 갔습니다. 이에 여러 민족 운동 세력이 암태도 소작 쟁의 소식을 듣고 이를 지원하기 위해 가세하면서 점차 규모가 커졌고, 일제는 지주와 소작인 사이에 중재를 서며 사실상 소작농에게 유리한 합의를 성사시킵니다.

암태도 소작 쟁의는 이후 1920년대 다른 농민 운동이 일어나는 데 영향을 미쳤습니다. 그리고 1927년 **조선 농민 총동맹**이라는 조직이 결성되면서 농민 운동은 조직화되었습니다.

노동 운동 역시 1920년대에 활성화되었습니다. 1920년 회사령 철폐로 민족 기업들이 성장하고 일본 자본 역시 식민지 조선에 투자하면서 많은 공장이 들어서자 취업한 노동자들의 수도 급격하게 늘어났습니다. 그런데 일제 강점기 농촌의 경제 상황이 어려워지자 농촌을 떠나 도시의 노동자가 된 사람들이 많아지면서 일하고자 하는 잉여 노동자가 많다 보니 기업은 저임금 정책을 유지할 수 있었고, 노동자들에게 하루 10~16시간 정도 장시간 노동을 하도록 강요하였습니다. 이처럼 노동 현장의 환경이 매우 열악하였기 때문에 노동자들의 불만은 커져 갔습니다. 여기에 1920년대 사회주의 사상이 유입되어 노동자들의 권리 의식도 자라면서, 1927년 **조선 노동 총동맹**이라는 전국적 조직이 결성되는 등 노동 운동은 점차 성장했습니다.

1920년대 노동 운동의 특징은 임금 인상, 노동 시간 단축, 열악한 노동 환경 개선 등 농민 운동처럼 생존권과 관련된 투쟁이었습니다. 대표적인 노동 운동은 1929년 일어난 **원산 노동자 총파업**입니다. 이 운동은 1928년 9월 8일 지금의 원산(당시는 함경북도 덕원군)에 있던 라이징 선(Rising Sun)이라는 석유 회사의 일본인 감독이 한국인 노동자를 구타하자, 한국인 노동사 120명이 일본인 감독 파면과 처우 개선을 요구하며 파업한 데서 시작되었습니다. 조선인 노동자들이 장기 파업에 들어가려 하자 회사 측이 노동자들의 요구를 들어주며 일단락되는 것처럼 보였습니다.

원산 노동자 총파업

1929년에 일어난 원산 총파업 당시 원산 노동 연합회의 시위 행렬 모습이다.

그러나 1929년 1월 회사 측이 협정을 파기하고 더 낮은 최저 임금을 책정하자 라이징 선의 조선인 노동자들을 비롯한 원산 지역의 다른 노동

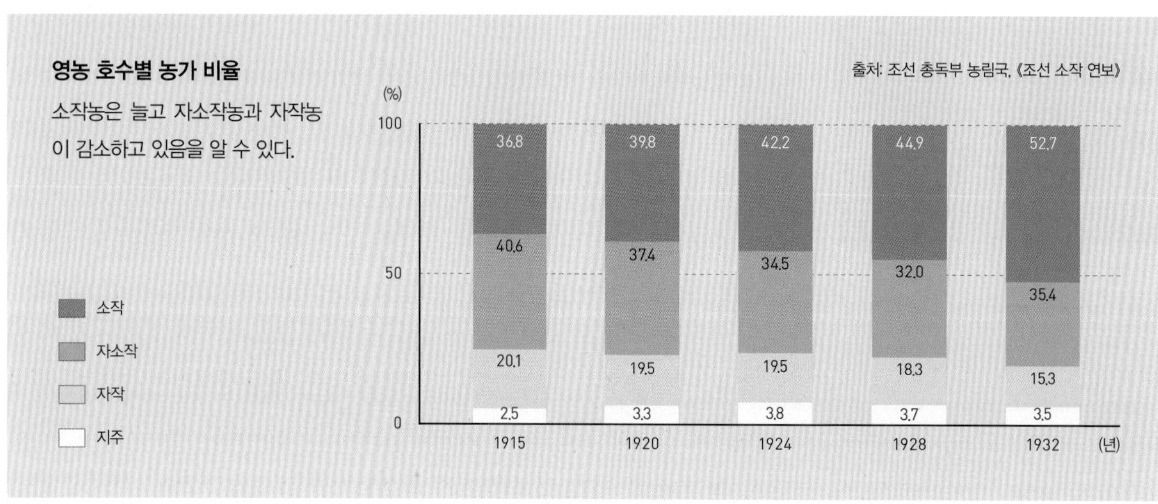

조합에서도 줄줄이 파업을 결정하며 원산 지역 일본인 자본가와 조선인 노동자의 대결로 사태는 커져 갔습니다. 사태가 점차 확산되자 자본가 세력은 파업 기간 동안 임금을 지불하지 않으며 노동자들의 생계를 곤란에 빠트려 운동을 약화시키려 하였습니다. 여기에 일본 경찰들은 노동 운동을 주도한 운동가들을 체포하며 이 사건을 진압하는 데 동조하였습니다.

원산 총파업의 소식이 알려지면서 전국 각지의 노동조합·청년 단체·농민 단체 등의 후원과 일본·중국·프랑스·소련의 노동 단체의 격려가 잇따랐음에도 불구하고, 원산 총파업은 생계 유지에 위협을 느낀 노동자들이 파업을 중단하면서 실패로 끝나게 됩니다. 그러나 이 파업은 일제

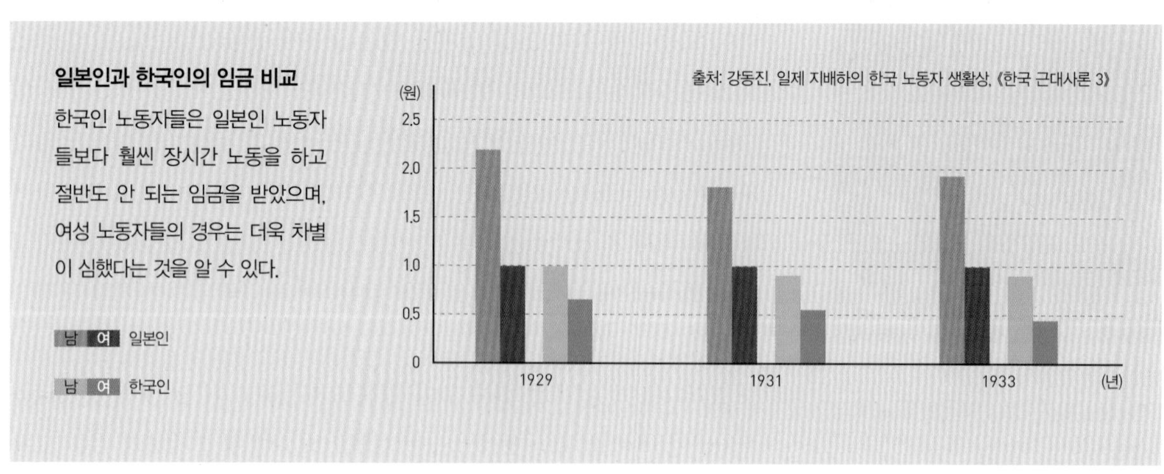

강점기 노동 운동에서 가장 큰 규모의 파업이었습니다. 일제가 폭압적으로 탄압하는 상황에서 노동자들은 조직적으로 파업을 진행하면서 투쟁하였고, 이후 노동자 파업이 전국 각지로 확산되었다는 점에서 민족 해방을 위한 활동으로도 높이 평가받아야 할 사건이었습니다.

1920년대 농민 운동과 노동 운동은 주로 생존권 투쟁의 측면이 강하였다면, 1930년대에는 독자적 운동을 강화하려는 사회주의 세력과 연계되어 일제가 인정하지 않는 비합법 혁명적 조합을 통한 항일 투쟁의 성격이 두드러집니다. 그러면서 일본 제국주의 타도, 토지 개혁 등의 사회 구조적 변혁을 주장하자 일제는 이를 용납하지 않고 적극적인 탄압에 나섰습니다.

어린이날 포스터

1920년대 발행된 어린이날 포스터들이다. 처음 어린이날이 제정된 날은 지금처럼 5월 5일이 아닌 5월 1일이었다.

소년, 청년, 여성, 형평 운동 등 사회 운동이 다양하게 일어나다

1920년대 일제가 이른바 문화 통치를 실시하면서 1910년대 강력하게 억압하였던 집회·결사의 자유를 일부 허용하기 시작하였습니다. 민족 운동 세력은 이를 이용하여 민족 운동을 확대하여 나갔고, 여기에 1920년대 사회주의 사상도 소개되면서 소년, 청년, 여성, 형평 운동 등 각 계층의 운동이 활발해졌습니다. **소년 운동**은 **방정환**이 주도한 **천도교 소년회**를 중심으로 일어났는데, 여기서 1922년 어린이날을 제정하고, 잡지 《어린이》를 발간합니다. 이후 소년 운동은 방정환 등 민족주의 계열이 주도한 소년운동협회와 사회주의 계열 운동 지도자들이 주도한 오월회로 나뉘어 활동하다가 민족 협동 전선 운동의 영향을 받아 1927년 **조선 소년 연합회**로 통합되어 활동하게 됩니다. **청년 운동**은 1924년 전국 단위의 청년 운동 단체인 **조선 청년 총동맹**이 결성되면서 조직화되었습니다. 이 단체는 대중 중심의 새로운 사회를 건설하고 조선 민중 해방 운동의 선구자가 되겠다는 강령을 내걸고 활동하였는데, 광주 학생 항일 운동 때 이를 지원하다가 중앙 간부들이 대거 검거되면서 활동이 점차 우경화되었습니다. 이에 사회주의 세력이 조직을 비판하는 등 내부 분열이 나타나다가 1931년에 해산되었습니다.

형평 운동 포스터

조선 형평사가 형평 대회를 알리는 포스터이다. 형평(衡平)은 백정이 사용하는 저울로, 백정들은 모든 사람이 '저울처럼 평등한 사회를 만들자'는 형평 운동을 전개하였다.

3·1 운동 이후 여성이 민족 운동 및 사회 활동에 적극 참여하게 되면서 **여성 운동**도 활성화되었습니다. 여성 운동도 사회주의 계열과 민족주의 계열로 분열되어 있었으나 1927년 좌우 합작 단체인 신간회가 결성

되자 여성계도 좌우 계열이 통합을 추진하여 신간회의 자매 단체로 **근우회**(659p 참조)를 결성합니다. 근우회는 여성의 공고한 단결과 지위향상을 강령으로 내걸고 봉건적 굴레와 일제 침략으로부터의 해방을 목표로 제시하면서 전국 각지에서 강연회 등을 통해 여성 계몽 운동을 펼치고 기관지 《근우》를 발행하였습니다. 그러나 1931년 신간회가 해소하는 시점을 전후하여 근우회도 함께 해소하였습니다.

도한

짐승 잡을 도(屠), 사나이 한(漢) 즉, 소나 개, 돼지 따위를 잡는 일을 직업으로 하는 사람을 말한다. 백정을 부르는 동의어라고 보면 된다.

법적으로 신분제는 1894년 제1차 갑오개혁 때 폐지되었습니다. 그러나 조선시대 천민 대우를 받던 백정에 대한 사회적 차별은 여전히 존재하였습니다. 당시 백정은 자신의 신분을 호적상 도한(屠漢)으로 기재하거나 붉은 점으로 표시했으며, 백정의 자제들은 다른 학부모들에 의해 학교에서 쫓겨나기도 했습니다. 결국 1923년 진주에서 이학찬, 장지필 등 백정들이 모여 **조선 형평사**라는 조직을 설립하였고, 평등 사회의 실현을 추구하면서 백정들의 인권을 보장해 줄 것을 요구하는 **형평 운동**(660p 참조)을 전개하였습니다. 진주에서 출발한 형평 운동은 전국 각지에 형평사 지부가 설치되면서 확산되었습니다. 처음에는 단순히 백정들의 사회적 차별을 해소하는 신분 해방 운동의 성격으로 출발하였지만, 점차 청년·노동·농민 운동 단체 등과 연대하여 민족 해방 운동의 역할도 담당하였습니다.

현대의 사회

주요 용어

도시화, 광주 대단지 사건, 이촌향도, 새마을 운동, 전태일 분신 사건

1 현대 사회의 변화

급격한 도시화, 도시 문제와 농촌 문제를 일으키다

현대 사회의 가장 급격한 변화는 도시와 농촌에서 일어났습니다. 8·15 해방과 6·25 전쟁을 겪은 뒤 농촌에서 먹고살 길을 찾기 어려운 사람들이 조금씩 이주하면서 도시 인구는 늘어나기 시작했습니다. 1960년대 이후 경제 개발 5개년 계획이 추진되면서 도시를 중심으로 공업단지가 형성되고, 이로 인해 사람들이 농촌으로부터 일자리를 찾아 도시로 모여드는 **도시화**가 급속히 진행되었습니다.

그러나 너무 빠르게 진행된 도시화는 여러 가지 부작용을 낳았습니다. 이주자들이 살 주택이 부족했고 교통편과 도로도 많은 사람을 감당할 만큼 충분하지 않았습니다. 대도시의 변두리나 높은 지대에는 이른바 '달

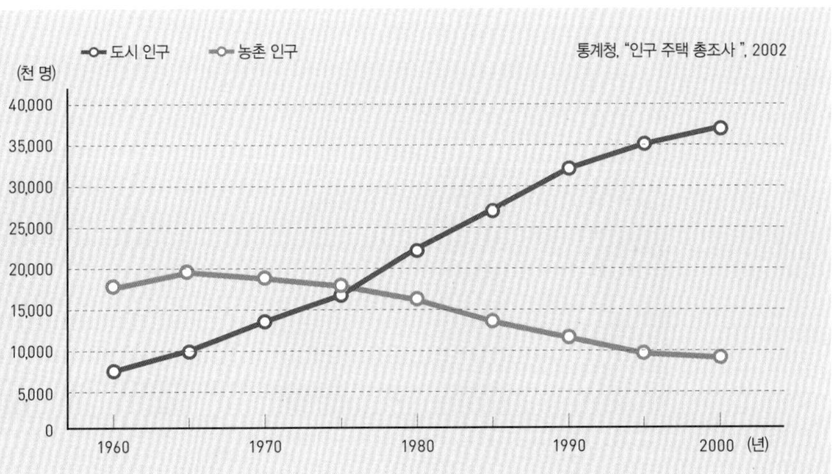

도시와 농촌의 인구 변화

농촌의 인구는 1960~70년대 정체되다가 점차 줄어들기 시작했다. 도시의 인구는 1960년대부터 지속적으로 증가해 1970년대 중반에는 전체 인구 중 도시 거주 비율이 50퍼센트를 넘어서게 되었다. 2000년대 이후에는 농촌 인구의 3배 이상으로 늘어났다.

동네', '판자촌'이라 불리는 빈민촌이 등장했습니다. 주택, 교통, 빈곤 등 다양한 도시 문제들이 나타나게 된 것입니다. 특히 도시 개발과 미화를 명분으로 빈민들을 쫓아내고 생존권을 위협하는 사건이 발생했습니다.

1970년대에는 **광주 대단지 사건**(1971)과 같은 대표적인 빈민들의 저항 운동이 나타났고, 1980년대 이후에는 도심 재개발과 관련해 철거민 문제가 겹치면서 철거 반대 투쟁이 나타났습니다. 그리고 2000년대에도 용산 참사(2009)가 일어났듯이, 도시 개발과 관련한 빈민·철거민 문제는 아직까지도 해결해야 할 과제로 남아 있습니다.

한편 농촌도 크게 변했습니다. 경제 구조가 1차 산업인 농업 중심에서 2차 산업인 공업 중심으로 고도화되면서, 농업은 점점 위축되었습니다. 게다가 정부의 지원도 미약했습니다. 산업화 과정에서 많은 노동자들은 저임금을 강요받았고, 저임금을 유지하기 위해 정부는 저곡가 정책을 시행했습니다. 따라서 대다수 농민들은 경제적 어려움을 겪었고, 도시와 농촌의 소득 격차도 커졌습니다. 농촌 인구가 도시로 이동하는 **이촌향도**(離村向都)현상도 두드러졌습니다.

농촌 인구는 점차 감소했으며 그나마 남은 인구의 평균 연령이 아주 높은 고령화 현상이 나타났습니다. 1990년대 이후에는 자유 무역 체제 강화에 따라 농축산물 시장 개방이 강화되면서 값싼 외국산 농산물이 국내에 수입되었고 농촌 경제는 더욱 어려워졌습니다. 이에 농민들은 농민 단체를 중심으로 시장 개방 반대 운동을 펼치면서 내부적으로는 영농의

광주 대단지 사건

서울 도심을 정비하기 위해 1970년 서울의 무허가 판자촌에 거주하던 도시 빈민 약 10만여 명을 반강제적으로 당시 경기도 광주(현재 성남시)의 구릉지대에 천막만 설치해 놓고 이주시켰다. 이처럼 아무런 생활 기반이 없는 상황에 주택 부지 분양과 관련된 서울시의 정책 혼선까지 겹쳐 이주민의 분노가 폭발하면서, 1971년 8월 10일 도시 점거 투쟁이 일어났다. 이 사건은 급속한 산업화의 어두운 그늘을 드러냈을 뿐만 아니라, 도시 빈곤층이 생존권을 지키기 위해 싸운 빈민 운동의 전환점으로 평가된다.

용산 참사

2009년 1월 20일 서울시 용산 재개발 보상 대책에 반발하던 철거민과 경찰이 대치하던 중 화재가 발생해 철거민 5명과 경찰 1명이 사망한 사건이다.

산업 구조의 변화

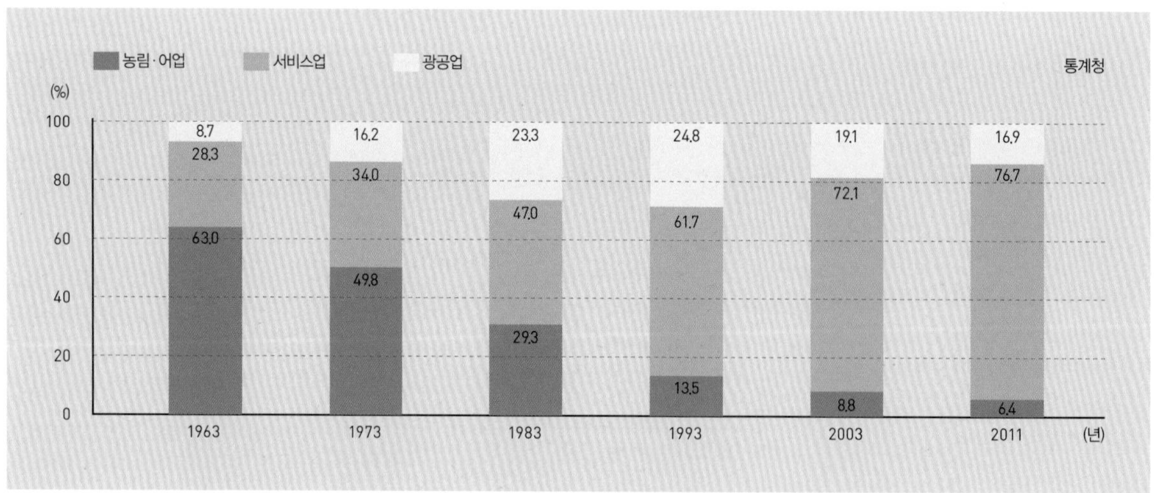

다각화, 현대화를 꾀하고 품질을 높여 대응하고 있습니다. 또한 정부도 농촌을 지원하기 위해 농어촌 특별세 등의 세제·예산 지원과 영농의 기계화, 각종 시설 개선 정책을 펴고 있습니다. 그렇지만 도시와 농촌 간 소득 격차, 농가 부채 증가, 농촌 인구 고령화 등은 여전히 중요한 사회 문제로 남아 있습니다.

새마을 운동을 추진하다

산업화의 영향으로 도시와 농촌의 소득 격차가 커지자 농촌의 인구가 일자리를 찾아 점차 도시로 이동하면서 농촌의 인구는 지속적으로 줄어들었습니다. 그러자 농촌의 경제, 문화적 환경은 점점 더 낙후되어 갔습니다. 이런 현상은 특히 경제 개발 5개년 계획이 적극적으로 추진되던 1960~70년대 두드러지게 나타났고, 이를 개선하기 위해 박정희 정부는 1970년부터 '근면·자조·협동'을 표어로 내걸고 **새마을 운동**(660p 참조)을 시행했습니다.

새마을 운동은 초기에는 가난한 농촌의 소득을 높이고 낙후한 농촌 환경을 개선하는 데 집중했습니다. 농촌의 마을 길을 넓히면서 흙길을 콘크리트 길로 바꾸고, 볏집 초가 지붕을 슬레이트 지붕으로 고쳐 집을 현대식으로 바꾸었습니다. 또한 통일벼 재배와 가축 사육, 특용작물 재배 등의 변화를 시도했습니다. 그 결과 농가 소득이 증대되었고 농어촌의 근대화가 이루어졌습니다. 농어촌에서 시행한 새마을 운동이 성과를 보였다고 생각한 박정희 정부는 도시에도 새마을 운동을 적용해 소비 절약의 실천, 준법 질서의 정착, 새마을 청소의 일상화, 도시 녹화, 뒷골목 정비, 도시환경 정비, 생활 오물 분리수거 등을 시행했습니다.

새마을 운동은 정부가 주도해 전국적으로 전개된 근대화 운동으로 소득 증대와 생활환경 개선 측면에서 긍정적인 평가를 받기도 했습니다. 그러나 이 운동은 박정희 정부가 국민들의 동의를 얻어 시행한 것이 아니라, 일방적으로 국민에게 사업을 하달하는 강압적 방식으로 진행된 측면이 있었습니다. 게다가 농어촌과 도시가 경제적으로 낙후된 원인을 사회 구조적, 제도상의 문제로 보기보다 국민들의 나태한 의식으로 파악했습니다. 따라서 국민 의식 개선에 중점을 두게 되었고, 이로 인해 정부가 국민에게 책임을 전가했다는 비판을 받기도 했습니다. 또한 정부가 새마을 운동을 비민주적인 유신 체제를 합리화하는 데 이용했다는 지적도 받고 있습니다.

전태일 열사의 장례식

근로기준법 준수를 외치며 분신한 노동자 전태일의 장례식에서 영정을 안고 오열하는 어머니 이소선 여사의 모습이다. 1970년 11월 13일 평화 시장의 재단사 전태일은 "우리는 기계가 아니다", "근로기준법을 준수하라"고 외치며 분신했다. 이 사건은 한국의 많은 노동자들이 부당한 처우를 받고 있음을 세상에 알리고 노동운동이 활성화되는 계기가 되었다.

일하는 사람이 사람답게 사는 세상을 위해 노동권을 부르짖다

1960~70년대 이후 급속한 산업화로 노동자의 수는 폭발적으로 늘어났습니다. 그러나 국가적으로 수출 주도형 산업을 육성하려다 보니 기업들이 해외에 상품을 판매할 때 가격면에서 경쟁력을 얻기 위해 노동자들에게 저임금 정책을 강요했습니다. 게다가 대다수 기업들은 노동자들에게 장시간 노동을 요구하고 돈이 많이 드는 노동 환경 개선에 투자하기를 꺼려했습니다. 그래서 노동자들의 삶은 피폐해져 갔습니다.

노동 문제에 사회적 관심을 고조시킨 사건은 동대문 평화 시장에서 재단사로 일하던 **전태일의 분신 사건**(1970, 661p 참조)이었습니다. 전태일은 평화 시장에서 재단사로 일하면서 먼지 날리는 비좁은 다락방에서 하루 10~14시간 정도 일하는 여공들의 삶을 보았습니다. 근로기준법에는 하루 8시간 노동을 준수하라고 되어 있지만, 지켜지지 않는 현실에 관련 관서를 돌아다니며 개선을 요구했습니다. 그러나 상황은 나아지지 않았고, 결국 근로기준법 등을 준수하라고 요구하며 분신했습니다.

이 사건 이후 많은 사람들이 노동 문제에 관심을 갖게 되었고 노동운동이 본격화되었습니다. 노동운동은 YH 무역 여공 사건(1979)처럼 사회적 변화를 가져왔고, 박정희 정부와 전두환 정부의 탄압에도 지속되었습니다. 1987년 6월 민주 항쟁 이후 형식적인 민주화가 이뤄진 후에는 노동운동이 더욱 활성화되었습니다.

일제 강점기의 문화

주요 용어

국문 연구소, 조선어 연구회, 조선어 학회, 조선어 학회 사건, 식민 사관, 정체성론, 당파성론, 타율성론, 조선사 편수회, 민족주의 사학, 신채호, 박은식, 정인보, 문일평, 안재홍, 사회 경제 사학, 백남운, 실증주의 사학, 이병도, 손진태, 진단 학회

학부

조선 말기 학무 행정을 관장하던 중앙관청을 칭한다.

1 민족 문화 수호 운동

우리 말, 우리 문자를 지키기 위해 노력하다

대한제국 시기 주시경, 지석영 등은 **학부**(學部) 아래 **국문 연구소**를 설립하여 한글을 체계화하고자 하였습니다. 그러나 대한제국이 일제에 병합되고 난 후 1910년대 무단 통치 시기에는 한글을 공식적으로 사용하기 어려웠고 체계적으로 정리하기도 힘들었습니다.

1920년대 일제의 식민 지배 방식이 문화 통치로 변하면서 한글 신문이 제작되고, 한국어 사용에 대한 제재가 일부 풀리면서 장지연, 이윤재, 최현배 등이 옛 국문 연구소의 전통을 이어 받아 **조선어 연구회**를 창립했습니다(1921). 조선어 연구회는 1926년 가갸날을 제성하고 기념 행사를 개최했습니다. 이듬해에는 잡지 《한글》을 발간하고 조선일보사가 주도한 문맹 퇴치 운동에 맞춰 《한글원본》 교재를 발간하는 등 한글 연구와 보급 활동을 전개해 나갔습니다.

조선어 학회 회원들

조선어 학회 사건으로 옥고를 치른 생존자들이 1946년에 모여서 찍은 사진이다. 조선어 학회 사건으로 체포된 인사들은 혹독한 고문을 받았으며, 이들 중 이윤재, 한징은 옥사하고 말았다.

조선어 연구회는 1931년 **조선어 학회**로 이름을 변경하고 한글 맞춤법 통일안과 표준어를 제정하였고, 외래어 표기법 통일안을 작성하였습니다. 《우리말 큰 사전》 편찬 사업을 시도하였는데, 일제는 1942년 치안유지법을 적용해 조선어 학회 회원 30여 명을 가뒀습니다. 그리고 조선어 학회를 강제로 해산시켰습니다. 해방 이후 1949년 조선어 학회의 참여 인사들이 모여 **한글 학회**를 세워 한글 연구 단체의 맥을 계승하였고, 1957년 일제 강점기 완성하지 못했던 《우리말 큰 사전》을 발간하였습니다.

일제의 역사 왜곡에 저항하다

일제는 식민지를 통치하면서 내내 한국의 역사를 왜곡하였습니다. 일제는 역사 왜곡을 통해 한반도의 식민 통치를 정당화하려 하였고, 한민족의 자긍심을 억눌러 독립 의지를 약화시키려 했습니다. 이렇게 일제가 한국 역사를 왜곡한 역사관을 **식민 사관**이라고 합니다. 일제는 **정체성론**, **당파성론**, **타율성론**을 바탕으로 식민 사관을 구체화시켰고, 1925년 조선 총독부 직할 기구로 만든 **조선사 편수회**를 통해 식민 사관을 적극적으로 유포시켰습니다.

식민 사관의 바탕이 된 정체성론은 세계의 보편적인 역사는 '고대 노예제-중세 봉건제-근대 자본주의'의 순으로 발전하는데 한국의 역사는 봉건제 단계에 이르지 못하고 고대 노예제 사회에 머물러 있다는 이론이었습니다. 당파성론은 한국인들에게는 당파 싸움의 분열적인 기질이 있어 결국 갈등만 반복하다 나라가 망하였다는 이론입니다. 타율성론은 한국의 역사는 자율적으로 발전하지 못하고 반도적 지리의 특성상 대륙의 중국이나 해양의 일본의 영향을 받아 타율적으로 발전했다고 설명하는 것입니다.

신채호(1880~1936)

대한제국 시기와 일제 강점기에 활동한 독립운동가이자 언론인 • 역사가. 일제 강점 이전의 신채호는 주로 언론 활동을 하며 민족의식의 고취와 계몽 운동에 힘을 기울였다. 일제 강점기 이후에는 의열단의 강령이 된 「조선 혁명 선언」을 통해 '폭력'에 의한 민중 직접 혁명을 주장했고, 1925년에 무정부주의 동방 연맹에 가입했다. 그러나 1928년 무정부주의 동방 연맹 국제 위폐 사건에 연루되어 일본 경찰에게 체포되었고, 여순 감옥에서 1936년 2월 18일 뇌일혈로 쓰러져 57세의 나이로 순국했다.

박은식(1858~1925)

대한제국 시기와 일제 강점기에 활동한 박은식은 일제 강점기 이전에는 애국 계몽 운동을 전개했다. 일제 강점 이후에는 주로 중국에서 활동하며 동지들과 동제사를 조직했고, 총재에 선출되었다. 임시 정부에 참여해 1925년에는 2대 임시 대통령으로 선출되기도 했다.

이러한 식민 사관의 이론에 맞서 한국사를 새롭게 연구하는 학자들이 나타났고, 새로운 사학 이론의 틀이 만들어졌습니다. 먼저 식민 사관의 타율성론에 반박하며 나타난 **민족주의 사학**이 있습니다. 민족주의 사학은 한국사의 독자성, 주체성을 강조하였는데 이를 위해 관념적인 민족정신을 강조하였으며, 역사 연구를 독립운동의 일환으로 여겼습니다.

민족주의 사학의 기초를 다졌던 학자로는 **신채호**와 **박은식**이 있습니다. 신채호는 일제 강점기 이전에 이미 역사를 통해 애국심을 고취하려 노력한 학자였습니다. 특히 1908년 〈대한 매일 신보〉에 '독사신론(讀史新論)'을 연재하였는데 이 논설에서 기자·위만으로 이어지는 기존의 역사 인식 체계를 거부하고 단군에서 부여·고구려로 계승되는 고대사 인식 체계를 제시하였습니다. 이 논설은 처음으로 왕조 중심에서 벗어나 민족 중심으로 역사를 서술하여 민족주의 사학의 효시로 평가받습니다. 신채호는 일제 강점기에 만주로 떠나 계속 역사 연구를 진행하면서 독립운동에 참여했습니다.

그는 1924년 〈동아일보〉에 '조선사 연구초'를 게재하였는데, 여기서 묘청의 서경 천도 운동을 '조선 역사상 일천년래 제일대 사건'이라 평하며 운동 실패 이후 한국의 역사가 사대적이고 외세의 영향을 벗어나지 못했다고 주장하였습니다. 또한 우리 민족의 고유한 정신 체계로 낭가 사상(郎家思想)을 언급하면서 이를 회복하여 강건한 국권을 되찾아야 한다고 주장하였습니다. 1931년에는 〈조선일보〉에 '조선상고사(662p 참조)'를 연재하면서 역사의 발전은 '아(我)와 비아(非我)의 투쟁'이라는 이론을 전개하여 역사 발전의 원동력을 갈등 관계에서 파악하였습니다. 이 글을 통해 고조선(단군조선)·부여·고구려 중심의 역사 인식 체계를 확고하게 정립하였습니다.

박은식 역시 1915년 《한국통사(662p 참조)》를 저술하여 식민지로 전락한 한국의 아픈 역사를 정리하였고, 1920년 《한국독립운동지혈사》를 통해 일제 강점기 독립 운동의 역사를 기록하였습니다. 특히 그는 《한국통사》 서문에서 국체(國體, 나라의 형체)는 잃어도 국혼(國魂, 민족의 혼, 역사, 언어, 문화 등)을 잃지 않으면 나라를 되찾을 수 있기에 국사 연구를 통해 국혼을 보존해야 한다며 '국혼'의 개념을 강조하였습니다.

신채호와 박은식이 민족주의 사학의 기초를 다졌다면, 1930년대 이후

정인보는 민족 정신으로 '얼'이라는 개념을 들어 민족의 '얼'을 지켜야 한다고 주장하였고, **문일평**은 비슷한 개념으로 조선인의 마음 즉 '조선심'을 강조하였습니다. **안재홍**은 신민족주의를 제시하면서 민족주의 사학을 계승하며 발전시켰습니다.

일제의 정체성론에 대해 반박하는 사류도 있었습니다. 대표적인 것이 학자 백남운으로 대표되는 **사회 경제 사학**입니다. **백남운**은《조선사회경제사》(1933),《조선봉건사회경제사 상》(1937) 등의 저술을 통해 한국사 역시 마르크스와 엥겔스가 주장한 유물사관을 바탕으로 세계사의 보편적 발전 법칙에 따라 발전하였음을 밝히며 식민 사관의 정체성론을 정면으로 비판하였습니다. 즉 식민 사관의 정체성론에서 한국에는 중세 봉건제 사회로의 이행이 없었다는 주장에 대해 신라 하대 호족의 등장, 고려와 조선에서 실제로 지방을 당시 귀족이나 양반들이 통제하였던 점을 부각시키면서 봉건제 사회가 존재했었다는 것을 주장함으로써 정체성론을 반박하였습니다.

식민 사관에 대해 증거와 문헌 고증을 통해 객관적인 역사적 사실을 밝혀 이를 비판하려 하였던 **실증주의 사학**도 있었습니다. 실증주의 사학은 사료 비판과 해석을 통해 역사와 문화를 연구할 것을 강조하였고, 관념적인 민족 정신을 강조한 민족주의 사학을 비판하기도 하였습니다. 실증주의 사학을 대표하였던 학자는 **이병도**와 **손진태** 등이 있습니다. 이들은 1934년 실증주의 사학을 추구한 **진단 학회**를 창립하고 기관지로서《진단 학보》를 발간하며 자신들의 연구 성과를 발표하며 식민 사관을 반박하기도 하였습니다. 그러나 실증주의 사학을 추구하였던 이병도는 실제로 식민 사관을 형성하고 보급한 조선사 편수회에 참여하였다는 비판을 받기도 했습니다.

주요 용어

천도교, 대종교, 사찰령, 《조선불교유신론》, 원불교, 새생활 운동, 개신교, 신사 참배 거부 운동, 천주교, 《창조》, 《폐허》, 신경향파 문학, 프로 문학, 카프, 저항 문학, 순수 문학, 친일 문학, 나운규, 아리랑, 토월회, 극예술 연구회

동학에서 천도교로 명칭을 변경한 이유

동학 내에 지도자였던 이용구가 친일 조직이었던 일진회와 합동하여 노골적인 친일 행동을 보이자 1905년 당시 동학 3대 교주였던 손병희는 동학의 명칭을 천도교로 개칭하였고, 1906년 친일 행적에 참여한 이용구와 신도 95명을 출교 조치한다. 이에 이용구는 자신을 따르던 교도들을 바탕으로 시천교라는 종교를 세우며 대립하였다.

2 일제 강점기 종교와 문화 운동

종교계, 탄압 속에서도 민족 운동의 일익을 담당하다

일제 강점기 이전에도 민족 운동에 참여하였던 종교계는 일제 강점기에도 민족 운동의 중요한 역할을 담당하였습니다. 먼저 동학으로부터 명칭을 변경한 **천도교**는 3·1 운동 이후 1922년 제2의 독립 선언 운동을 계획하였으나 성공하지는 못하였습니다. 그러나 방정환이 주도한 천도교 소년회를 통해 소년 운동을 활성화하였고, 시사 비평 잡지의 성격을 띤 《개벽》을 발간하면서 일제의 정책을 비판하였습니다.

1909년 나철은 단군을 숭배하는 단군교를 창시합니다. 1년 만에 교도의 수가 급증하자 단군교는 **대종교**로 이름을 바꾸었습니다. 그러나 일제 강점 이후 한반도 내에서 활동하기 어려워지자 만주로 본사를 옮겼습니다. 대종교는 북간도 지역에서 1911년 중광단이라는 무장 투쟁 조직을 결성하였고, **중광단**은 대한민국 임시 정부 산하의 조직으로 편입되어 **북로군정서**로 계승되었습니다. 추후 김좌진이 이끄는 북로군정서는 청산리 전투 등을 펼치며 독립군 투쟁을 주도하였습니다.

1911년 일제가 한국 불교를 억압하고 민족정신을 말살하기 위해 제정한 **사찰령**으로 인해 조선 불교는 조선총독부 감독하에 예속되었고, 사찰의 모든 권한이 침해를 받게 되었습니다. 이러한 상황에서도 한용운은 **《조선불교유신론》**을 저술하며 민족 불교의 전통을 지키기 위해 노력하

나철(1863~1916)

독립운동가이자 대종교를 창시한 나철의 사진이다. 그는 을사늑약 이후 을사오적을 비롯한 매국노들을 처단하기 위해 자신회(自新會, 5적 암살단)를 결성하고 거사를 준비했으나, 사전에 발각되어 10년의 유배형을 받고 무안군 지도로 유배되기도 했다. 일제가 1915년 「종교통제안」을 공포하면서 본격적으로 민족 종교를 탄압하자 이에 따라 대종교도 존폐 위기에 처하게 되었고, 이에 분노한 나철은 1916년 8월 구월산 삼성사에서 일제에 항의하는 유서를 남기고 자결했다.

였습니다. 1916년 **박중빈**은 기존의 불교에서 벗어난 새로운 종교로 **원불교**를 창시하였습니다. 원불교는 개간 사업, 저축 운동 등 **새생활 운동**을 전개하여 조선인의 자립 정신을 고취하려 하였습니다.

개신교는 일제 강점기에도 선교의 측면에서 사립학교를 설립하며 교육 운동을 전개하였고 이 학교들에서 많은 조선인들이 새로운 학문과 사상을 받아들일 수 있었습니다. 또한 병원을 건립하며 의료 시설을 보급하는 데 기여하였습니다. 개신교는 1930년대 일제가 황국 신민화 정책을 추진하면서 신사 참배를 강요하자 종교적으로 우상 숭배를 할 수 없다고 주장하면서 **신사 참배 거부 운동**을 벌이기도 하였습니다. 한편 **천주교**는 주로 고아원 및 양로원 등을 설립하는 등 사회 사업에 적극적으로 나섰고《경향》이라는 잡지를 발간하는 등 민중 계몽 활동도 전개하였습니다.

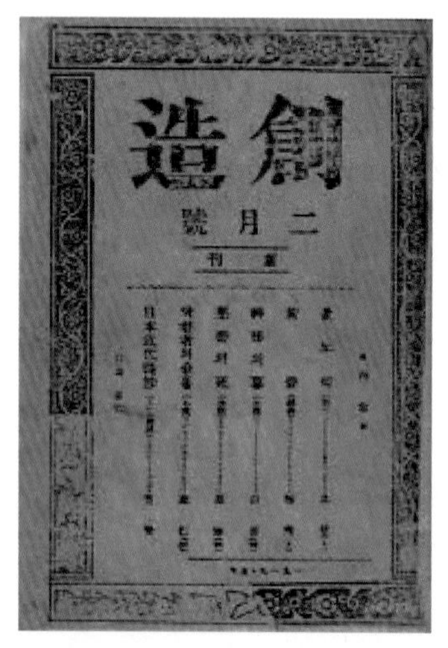

우리나라 최초 문예 동인지 '창조'

식민지 시기에도 문예 창작 활동은 이어지다

1920년대 일제의 문화 통치 방침에 제한적이나마 조선어 사용이 허용되고 출판에 대한 규제가 이전보다 약해지면서 문예활동이 활발해질 수 있는 계기가 마련되었습니다. 여기에 사회주의 사상이 유입되면서 이전과 다른 새로운 문예 사조를 발전시키게 되었습니다.

1920년대 초반 문학 활동은《**창조**》,《**폐허**》 등의 동인지가 주도하였습니다.《창조》는 1919년 2월 창간된 우리나라 최초의 문학 동인지로 당시 유학생이던 김동인, 주요한, 전영택 등이 중심이 되어 일본에서 인쇄·발간하였습니다.《창조》는 1900년대 초기 유행하던 계몽주의적 성격의 문학 대신 구어체의 문장을 쓰면서 현대 문학사조의 새로운 영역인 사실주의 및 자연주의 문학을 개척하는 데 크게 공헌한 것으로 평가되고 있습니다. 1920년 김억, 염상섭 등 문인이 참여하여 창간한《폐허》는 이상주의, 낭만주의 등 다양한 사조가 포함된 작품을 담았지만 퇴폐주의적 성향이 강하다는 평가를 받습니다.

1920년대 중반에는 사회주의 사상의 영향을 받은 문학 사조로 인해 **신경향파 문학**이 등장하였습니다. 신경향파 문학은 1920년대 초『창조』, 『폐허』 등의 동인지를 통해 유행했던 감상적 낭만주의, 자연주의 등 이전의 문학 경향을 부정적으로 보고, 식민지 시대의 빈곤과 계급 차별을

영화 '아리랑' 출연진

1926년 제작된 흑백 무성영화인 '아리랑' 출연진의 기념 촬영 사진이다. '아리랑'은 항일 민족정신을 살리면서 일제 지배하 망국의 슬픔을 표현하고, 항일 의식과 애국심을 일깨워 준 작품이다. 1926년 10월 1일 단성사에서 개봉되어 선풍적인 인기를 끌었다.

폭로하였습니다. 이는 사회주의 사상에 강하게 영향을 받은 무산 계급인 프롤레타리아의 계급성을 강조하고, 프롤레타리아의 생활을 반영하는 **프로 문학**으로 발전했습니다. 프로 문학은 1925년 결성된 **카프**(KAPF, Korea Artista Proleta Federatio)를 중심으로, 박영희, 김기진, 이상화 등이 작품 활동을 전개하였습니다.

1930년대 들어서는 이육사, 윤동주와 같이 일제에 저항했던 문인들이 **저항 문학**을 이끌었던 반면, 문학이 사상과 이념의 대립장이 되는 것에 반대하면서 문학의 예술성을 강조하는 **순수 문학**도 유행하였습니다. 또한 일부 문인들이 일제의 강압과 회유를 이기지 못하거나 스스로 일제에 전향적인 모습을 보이며 일본을 찬양하거나 일제의 정책에 동참을 격려하는 **친일 문학**도 1930년대 이후부터 해방 전까지 나타났습니다.

1926년 **나운규**는 영화 '**아리랑**'을 통해 나라 잃은 민족의 설움을 표현하여 큰 반향을 일으켰습니다. 그 외 연극 부문에서는 박승희 등이 주도하여 1923년 **토월회**가 조직되어 기존의 신파극을 대체하여 새로운 근대 연극을 선보였습니다. 그러나 토월회는 회원의 변화와 연극을 통한 수익성을 고려하는 등 여러 이유로 기존의 통속극과 신파극을 재탕하다가 1931년 해산됩니다. 하지만 1931년 진정한 의미의 신극 수립을 목표로 서울에서 서항석, 유치진 등을 중심으로 **극예술 연구회**가 창설되어 근대 연극을 연구하고 발전시키려는 움직임은 지속되었습니다. 그러나 극예술 연구회는 일제가 사상단체로 지목하여 탄압을 가하면서 1938년 해산되고 말았습니다.

현대의 문화

주요 용어

중학교 무시험 진학 제도, 고교 평준화 정책, 학벌 사회, 대중문화, 한류

1 교육 기회의 확대와 대중문화의 성장

높은 교육열과 산적한 교육 문제

6·25 전쟁의 폐허에서 세계 10위 내외의 경제력을 가진 나라로 성장한 요인은 여러 가지가 있겠지만, 빼놓을 수 없는 것이 바로 다른 나라 사람들도 놀라워하는 엄청난 교육열입니다. 교육을 가난으로부터 벗어날 수 있는 사다리로 여긴 국민들은 자녀 교육에 열성을 기울였습니다. 국가적으로도 변변한 지하자원이 없는 상황에서 교육을 통해 우수한 인재를 양성하여 인적 자원을 통해 국가 발전을 시켜야 한다고 느꼈습니다.

그러나 초등학교(당시에는 국민학교)부터 중학교·고등학교·대학교에 이르기까지 상급학교로 진학하려면 시험을 통과해야 했고 경쟁이 치열해지면서 각종 문제점들이 나타났습니다. 결국 1969년 서울을 시작으로 1971년에는 전국 시도에서 **중학교 무시험 진학 제도**가 시행되었습니다. 그러자 중학교로 진학하는 학생들이 늘어나 고등학교 입시가 치열해졌고, 1973년 **고교 평준화 정책**이 시행되었습니다. 그러나 이에 대한 찬반 양론이 나타나면서, 지금은 지역마다 고교 평준화 정책이 달리 적용되어 고등학교 평준화 지역과 비평준화 지역으로 나뉘었습니다.

중학교 무시험 진학

1969년 이후 진행된 중학교 무시험 진학을 위해 추첨하는 모습이다. 학생의 추첨 번호를 넣은 추첨기를 수동으로 돌리는 탓에 "뺑뺑이"라는 신조어가 생겨났다.

1980년대 이후에는 우리나라의 대학 진학률이 급격하게 증가하면서 현재도 대학 진학률이 90%를 상회하는 세계 최고 수준의 교육열을 보이고 있습니다. 그러나 경제력이 향상되면서 빈부격차가 커져 갔고, 이는 교육에서도 소득 격차에 따라 계층별 교육 격차가 확산되는 문제로 나타났습니다. 그리고 대학이 서열화되고 사회에서 학벌이 중요해지면서 대

학 입시가 교육 문제에서 매우 중요하게 여겨지게 되었습니다. 뿌리 깊은 대학의 서열화와 **학벌 사회**를 변화시키려 대입 제도 개선 및 사회적 제도 개선 등이 여러 차례 시행되었으나, 현재까지도 교육 분야에 가장 큰 문제점으로 남아 있습니다.

한류 열풍
2011년 6월 파리 제니트 공연장 앞에서 한국 가수들의 공연을 보러 온 팬들이 태극기 등을 들고 입장을 기다리고 있다.

커져 가는 경제력만큼 대중문화가 성장하다

오늘날 문화는 이전 시대 소수의 기득권층이 향유하던 문화와는 달리, 특정 사회나 계층을 넘어 대중이 공통으로 쉽게 접하고 즐기는 **대중문화** 형태로 발달하고 있습니다. 근대 사회에 접어들면서 신분 제도가 붕괴되고 산업화와 도시화가 진행되면서 대중이 경제·사회·정치·문화의 주체로 중요한 역할을 담당하게 되었습니다. 여기에 교육 기회가 확대되고 다양한 대중 매체가 발달하면서 서구 문화도 급속도로 유입되었고, 대중이 즐길 수 있는 문화의 폭이 확대되었습니다.

대중들은 방송·라디오·신문·인터넷 등을 포함한 각종 매체를 통해 문화를 흡수하고 소비하였습니다. 특히 2000년대 들어 우리의 대중문화가 세계 각지에 퍼져 나가며 **한류**(韓流) 열풍이 불었는데, 이를 통해 우리나라가 미국이나 일본, 유럽의 대중문화를 수입하던 것에서 우리의 대중문화를 세계에 수출하는 계기가 마련되었습니다.

자료집

근현대

핵심정리로 본 근현대

사료로 읽는 근현대

핵심정리로 본 근현대

1 정치

일제의 식민지 지배 정책

1910년대 무단 통치 시기	1920년대 문화 통치 (기만통치, 민족 분열 통치) 시기	1930~40년대 민족 말살 통치 시기
• 헌병 경찰 제도 • 범죄즉결례(1910) • 조선 태형령 제정(1912) 일반 관리와 교원들 제복 및 칼 착용 • 언론, 출판, 집회, 결사의 자유 억압 • 제1차 조선 교육령(1911)	• 헌병 경찰 제도 → 보통 경찰 제도(경찰 인원, 장비, 예산 등 증가) 및 고등 경찰제 실시 • 언론, 출판, 집회, 결사의 자유 부분 허용 → 조선·동아일보 발행 허용 → 검열 강화(기사 삭제, 정간·폐간) • 도 평의회, 부·면 협의회 설치(자치권, 의결권 없음) • 치안 유지법 제정(1925) • 제2차 조선교육령(1922)	• 황국 신민화 정책 → 황국 신민 서사 암송, 신사 참배, 궁성 요배, 창씨 개명 강요 • 조선 사상범 보호 관찰령(1936), 조선 사상범 예방 구금령(1941) • 제3차 조선 교육령(1938), 국민학교령(1941), 제4차 조선 교육령(1943) • 국가총동원법 제정(1938)

1910년대 국내외 민족 운동

장소	핵심 내용
국내	• 독립 의군부 – 결성: 고종의 밀지를 받아 임병찬이 조직(1912) – 주요 활동: 의병을 규합하여 의병 전쟁 준비, 일제에 국권 반환 요구 추진 – 특징: 복벽주의 • 대한 광복회 – 결성: 광복단+조건 국권 회복단 → 박상진 등이 군대식 조직으로 결성(1915) – 주요 활동: 친일파 처단, 군자금 모금 및 무관 학교 설립을 추진하며 독립군 양성 계획 – 특징: 국권 회복 후 공화정 형태의 국가 건설 추구 • 기타: 송죽회, 조선 국민회 등
국외	• 만주 – 서간도(남만주): 신민회가 삼원보를 중심으로 개척, 경학사 → 부민단 → 한족회, 신흥 강습소 → 신흥 무관 학교, 서로 군정서 – 북간도: 서전서숙, 명동학교 등 민족 학교, 간민회, 중광단 → 북로 군정서 – 밀산: 한흥동 • 연해주: 블라디보스토크의 신한촌, 권업회(권업신문 발간), 대한 광복군 정부 수립(1914) → 전로중앙회 한족 총회(1917) → 대한 국민 의회(1919.2) • 상하이: 동제사(1912), 신한 청년당(1918) • 미주 지역: 대한인 국민회(1910), 흥사단(1913), 대조선 국민군단(1914)

3.1 운동의 전개

구분		내용
배경	국내	• 일제의 잔혹한 식민 통치와 고종의 죽음에 대한 한국인의 분노
	국외	• 민족 자결주의 대두 • 러시아의 약소국 민족 운동 지원 선언 • 국외 민족 운동 – 해외 독립 선언(대한 독립 선언, 2.8 독립 선언) – 신한 청년당: 김규식을 파리 강화 회의에 대표로 파견하여 독립 요구
전개		• 종교계와 학생들의 준비 • 독립 선언서 낭독(민족 대표 33인–태화관 / 학생·시민–탑골공원) • 점화기(1단계) → 도시 확산기(2단계) → 농촌 확산기(3단계, 비폭력 → 무력 저항) • 국외 확산: 간도, 연해주, 일본, 미주 등 한인 사회
일제의 탄압		• 군대와 경찰을 동원하여 비폭력 시위를 무차별적으로 진압(ex 제암리 사건)
의의	국내	• 일제강점기 최대 규모의 민족 운동 → 독립 의지와 열망 전세계에 표출 • 일제 통치 방식 변화의 계기(무단 통치→문화 통치) • 대한민국 임시 정부 수립의 계기 • 민족 운동의 활성화(이념 및 노선 다양화): 무장 투쟁론, 외교론, 민족주의 및 사회주의 계열 분화, 청년·학생·농민·노동 운동 등 성장
	국외	• 세계 민족 해방 운동에 영향 (중국의 5·4 운동, 인도의 반영 운동, 필리핀·베트남 독립 운동 등)

대한민국 임시 정부 수립과 활동

	내용
수립	• 3·1 운동 이후 수립된 대한 국민 의회(연해주), 대한민국 임시 정부(상하이), 한성 정부의 통합 → 1919년 9월 상하이에 대한민국 임시 정부 수립
활동	• 공화정, 삼권 분립 체제, 대통령 중심제 • 연통제·교통국 조직, 독립공채 발행 및 의연금 모금 등 • 구미 위원부 설치(외교 독립론) → 국제 사회에 독립 호소 • 군무부 및 직할 부대 설치(무장 투쟁론) → 만주 지역 독립군 창설 및 편입, 무장 독립 전쟁 지휘 • 독립신문 발간, 한·일 사료 관계집 발간 등 • 국민 대표 회의(1923)이후 다수의 민족 운동가 이탈로 침체
체제 개편	• 대통령제(1919) → 국무령 중심 내각 책임제(1925) → 국무위원 중심의 집단 지도 체제(1927) → 주석 중심제(1940) → 주석·부주석제(1944)

1920년대 무장 투쟁 전개

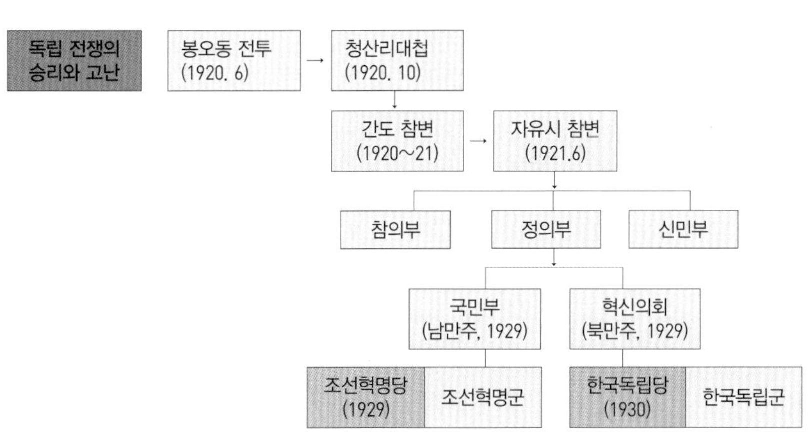

의열단과 한인 애국단

단체	내용
의열단	• 1919년 김원봉, 윤세주 등을 중심으로 만주 지린(길림)에서 중심으로 비밀 결사로 조직 • 목표: 조선 혁명 선언 → 식민 통치 기관 파괴, 일제 요인 암살 등 → 민중의 폭력 혁명을 통한 독립 • 활동 – 박재혁: 1920년 부산 경찰서 폭탄 투척 – 최수봉: 1920년 밀양 경찰서 폭탄 투척 – 김익상: 1921년 조선 총독부 폭탄 투척,1922년 황푸탄 일본 대장 암살 기도 – 김상옥: 1923년 종로 경찰서 폭탄 투척 – 김지섭: 1924년 일본 도쿄 궁성 폭탄 투척 – 나석주: 1926년 동양 척식 주식 회사 및 식산 은행 폭탄 투척 1920년 중후반 개별적 폭력 투쟁 → 조직적 무장 투쟁으로 노선 변화(황푸 군관 학교 입교, 조선 혁명 간부 학교 설립 등)
한인 애국단	• 1931년 김구가 상하이에서 조직 • 목표: '한국인에게 희망을 일제에게는 공포를' → 대한민국 임시 정부의 침체 탈피 • 활동 – 이봉창: 1932년 1월 일왕 폭살 시도 – 윤봉길: 1932년 4월 상하이 훙커우 공원 의거 → 중국 국민당 정부가 대한민국 임시 정부 지원

이주 한국인들의 활동

지역	활동
만주	• 19세기 후반 한국인 본격 이주 → 독립 운동 기지 건설, 무장 투쟁의 중심지 • 시련: 1920년 간도 참변 등
연해주	• 러시아의 연해주 개척 필요성으로 한국인의 이주 권장 → 한인 집단촌 형성 → 독립 운동 중심지 역할 • 러시아가 일본과 무력 대결을 피하기 위해 한국인들의 무장 독립 투쟁 금지로 만주 지역에 비해 무장 투쟁에는 한계 • 시련: 1937년 중·일 전쟁 발발 이후 소련에 의해 17만여 명의 한국인이 중앙아시아로 강제 이주(고려인)
일본	• 식민 통치 초기 주로 유학생 중심 → 일본의 산업화로 인해 노동 이민 증가 • 1939년 징용령 이후 강제로 끌려온 한국인들로 인해 이주 한국인 수 증가 • 시련: 1923년 관동 대학살, 1945년 히로시마 나가사키 원폭 피해
미주 지역	• 1900년대 초 하와이 사탕수수 농장에 노동 이민 시작 • 독립운동 재정 지원, 대한인 국민회 등 한인 조직을 결성

건국 준비 활동

단체	활동
대한민국 임시 정부	• 1940년 충칭 정착 → 주석 중심제 개헌 → 1941년 대한민국 건국 강령 반포, 대일 선전 포고 → 1942년 좌우 통합 임시 정부(김원봉의 민족 혁명당 합류) → 1944년 주석·부주석제 개헌(주석: 김구, 부주석: 김규식) • 한국 광복군 창설(1940): 영국군과 연합 작전, 미국 전략 정보처(OSS)와 합작하여 국내 진공 작전 계획 • 1941년 일본에 선전포고, 연합군과 합동작전
조선 독립 동맹	• 1942년 화북 지역 옌안에서 조선 의용대 화북 지대 구성원 및 한국인 사회주의자 중심이 되어 결성, 김두봉을 주석으로 선출 • 산하 군사 조직으로 조선 의용군이 활동함
조선 건국 동맹	• 1944년 국내에서 여운형을 중심으로 좌우 인사들을 모아 비밀리에 결성 • 국내외 무장 봉기 계획, 조선 독립 동맹 등 독립운동 단체와 연계 모색 • 해방 이후 조선 건국 준비 위원회로 계승(1945, 줄여서 '건준')
공통점	새로운 국가는 민주 공화국 체제임을 밝힘

연합국의 한국 독립 약속

회담	활동
카이로 회담 (1943.11.)	• 미국, 영국, 중국 지도자 참여 • 적당한 시기에 적절한 절차를 거쳐 한국 독립을 약속
얄타 회담 (1945.2.)	• 미국, 영국, 소련 지도자 참여 • 비밀리에 소련의 대일전 참전 결의, 임시 정부 구성 후 자유 선거를 통한 정부 수립 약속
포츠담 회담 (1945.7.)	• 미국, 영국, 중국, 소련 지도자가 모두 서명한 포츠담 선언 발표 • 일본의 무조건 항복 요구, 카이로 선언 재확인(한국 독립 재확인)

광복 직후 ~ 모스크바 3국 외상 회의

광복(1945. 8. 15.) → 미·소 양군 북위 38도선 기점으로 한반도 분할 점령(남한-미군정, 직접 통치 / 북한-소련군정, 간접 통치) → 모스크바 3국(미·영·소) 외상 회의(1945. 12. 신탁통치 합의) → 찬·반탁 운동

대한민국 정부 수립 과정

제1차 미·소 공동 위원회 개최(1946. 3.) → 이승만의 정읍 발언(1946. 6.) → 여운형 등 중도세력 좌우 합작 위원회 조직(1946. 7.) → 좌우 합작 7원칙 발표(1946. 10.) → 트루먼 독트린(1947. 3.) → 제2차 미·소 공동 위원회 개최(1947. 5.) → 여운형 암살(1947. 7.) → 미국, 한반도 문제를 유엔에 이관(1947.9.) → 유엔 총회, 한반도에서 인구 비례에 따른 총선거 실시 결정(1947. 11) → 유엔 한국 임시 위원단 파견(1948. 1.) → 북한, 유엔 한국 임시 위원단 입국 거부 → 유엔 소총회, 위원단이 접근 가능한 지역(남한)의 총선거 결의(1948. 2.) → 남북 협상(1948. 4.) → 제주 4·3 사건(1948.4.) → 5·10 총선거(1948. 5. 10.) → 제헌 헌법 반포(1948. 7. 17.) → 대한민국 정부 수립(1948. 8. 15.) → 여수·순천 10·19 사건(1948. 10. 19.) → 유엔, 한반도에서 대한민국 정부를 유일한 합법 정부로 승인(1948. 12.)

조선 민주주의 인민 공화국 정부 수립 과정

북조선 임시 인민 위원회(1946. 2.) → 북조선 인민 위원회(1947.2.) → 최고 인민 회의 구성(1948. 8. 25.) → 조선 민주주의 인민 공화국 정부 수립(1948. 9. 9.)

6·25 전쟁의 경과

북한군의 무력 남침(1950. 6. 25.) → 서울 함락(1950. 6. 28.) → 유엔 안전 보장 이사회 유엔군 파견 결정(1950. 7. 7.) → 국군과 유엔군 낙동강 방어선 사수 → 인천 상륙 작전(1950. 9. 15.) → 서울 수복(1950. 9. 28.) → 국군, 38도선 돌파(1950. 10. 1.) → 국군, 압록강 유역까지 진출 → 중국군 개입 → 흥남 철수(1950. 12.) → 1·4 후퇴, 서울 재함락(1951. 1. 4.) → 국군과 유엔군, 서울 재수복(1951. 3. 18.) → 38도선 중심으로 전선 교착 → 소련군, 휴전 제의(1951. 6.) → 이승만 정부, 반공 포로 석방(1953. 6. 18.) → 휴전 협정 조인(1953. 7. 27.) → 한·미 상호 방위 조약 체결(1953. 10. 1.)

민주주의의 시련과 발전

주요 사건	내용
4·19혁명 (1960)	• 계기: 3·15부정선거 • 결과: 이승만 하야 → 허정 과도 정부 수립 → 3차 개헌(내각 책임제, 양원제 국회) → 장면 내각 수립
5·16군사 정변(1961)	• 군정(1961~1963) 이후 박정희 정부 출범(1963~1979)의 계기 • 5차 개헌(1962): 대통령 직선제, 단원제 국회
박정희 정부 (1963~1979)	• 3선 개헌(6차 개헌, 1969) • 유신 헌법 제정(7차 개헌, 1972) → 유신 체제 확립 – 배경: 닉슨독트린으로 인한 냉전 체제 완화 → 박정희 정부의 반공 정책 추진 어려움, 1960년대 말 경기 침체 – 내용: 대통령 간선제(통일 주체 국민 회의에서 선출), 대통령 임기 6년, 대통령 중임제한 철폐, 대통령에게 긴급 조치권, 국회 해산권, 법관 임명권, 국회의원 1/3 추천권 • 10·26 사태(1979)로 박정희 정권 붕괴
전두환 정부 (1980~1987)	• 12·12 군사 쿠데타로 전두환이 이끄는 신군부 권력 장악 → 민주화를 열망하는 민주화의 봄(1980) → 계엄령 선포 – 5·18 민주화 운동 계기: 신군부의 계엄령 전국 확대 결과: 계엄군이 광주의 시민군 무력 진압, 전두환 정부 수립의 발판 마련(국가 보위 비상 대책 위원회 창설) 의의: 1980년대 이후 민주화 운동의 기반 • 8차 개헌(1980): 대통령 간선제, 임기 7년 단임 • 민주화 운동 및 노동 운동 탄압, 언론 통제 등 6월 민주 항쟁(1987년) 배경: 전두환 정부의 강압 통치, 국민들의 대통령 직선제 요구 전개: 박종철 고문치사 사건 → 4·13 호헌 조치 → 6·10 국민 대회 → 6·29 민주화 선언 결과: 9차 개헌(1987): 대통령 직선제, 임기 5년 단임

헌법 개정 정리

헌법 개정	계기	핵심 개정 내용
제헌 헌법(1948)	제헌 국회	• 대통령 간선제(국회) • 임기 4년, 1회 중임 가능
제1차 개헌(1952) (일명 발췌 개헌)	이승만의 집권 연장 시도	• 대통령 직선제 • 국회 양원제
제2차 개헌(1954) (일명 사사오입 개헌)	이승만의 장기 집권 연장	초대 대통령 이승만에 한하여 중임 제한 규정 철폐
제3차 개헌(1960.6)	4·19 혁명	• 내각 책임제 • 국회 양원제(참의원, 민의원)
제4차 개헌(1960.11)	3·15 부정선거 관련자 처벌	반민주 행위자 처벌에 대한 부칙 조항 삽입(소급입법)
제5차 개헌(1962)	5·16 군사 정변	• 대통령 중심제 • 임기 4년, 1회 중임 가능 • 국회 단원제
제6차 개헌(1969) (일명 3선 개헌)	박정희 장기 집권 시도	• 대통령 3선 허용
제7차 개헌(1972) (일명 유신 헌법)	박정희 종신 집권 시도	• 대통령 간선제(통일 주체 국민 회의) • 임기 6년, 중임 제한 없음. • 대통령의 권한: 긴급 조치권, 국회의원 1/3 임명권, 국회 해산권, 법관 임명권 등
제8차 개헌(1980)	5·17 비상 조치	• 대통령 간선제(대통령 선거인단) • 임기 7년, 단임제
제9차 개헌(1987~현재)	6월 민주 항쟁	• 대통령 직선제 • 임기 5년, 단임제

4·19 혁명

	내용
배경	• 자유당 정부의 장기 집권 시도 및 독재, 부정부패 • 1950년대 말 미국의 경제 원조 축소로 인한 경제 위기 • 1960년 3 · 15 부정 선거
전개	선거 당일 전국적인 부정 선거 규탄 시위 → 마산에서 김주열 학생의 시신 발견(1960. 4. 11.) → 고려대 학생 시위 후 귀교 중 정치 깡패에게 피습(4.18.) → 전국적 대규모 시위, 경무대로 나아가는 시위대에 경찰이 발포하여 다수의 사상자 발생, 비상 계엄령 선포(4.19.) → 대학 교수단 시국 선언문 발표(4. 25.) → 이승만 대통령 하야(4. 26.)
결과	• 허정 과도 정부 수립 → 내각 책임제, 양원제 국회 구성 등을 포함한 헌법 개정(제3차 개헌, 1960.6.) → 장면 정부 수립(1960.8.)

북한의 실상과 변화

시기	내용
1950~1960년대	6·25 전쟁 후 김일성 정적 숙청(8월 종파 사건)
1970년대	• 김일성 독재 체제 제도화 • 사회주의 헌법 공포(1972)
1980년대	김일성의 후계자로 김정일 공식화(1980)
1990~2000년대	김일성 사망(1994), 김정일 국방 위원장 권력 세습
2010년 이후	김정은 3대 권력 세습 체제 수립

시기별 정부의 주요 사건 및 통일 정책

정부	주요 사건	통일 정책
이승만 정부	6·25 전쟁(1950~1953)	반공 정책, 북진 통일론
장면 정부	4·19 혁명(1960)	평화 통일 운동, 중립화 통일론
박정희 정부	7·4 남북 공동 성명(1972)	반공 정책, 남북 대결 태세 지속
전두환 정부	이산가족 고향 방문(1985)	비정치적 교류
노태우 정부	UN 동시 가입(1991), 남북 기본 합의서(1991)	국제 정세 변화 → 정치 교류 활성화
김영삼 정부	경수로 원자로 발전소 건설 사업 지원	
김대중 정부	제1차 남북 정상 회담, 6·15 남북 공동 선언(2000)	대북 화해 협력 정책(햇볕 정책)
노무현 정부	제2차 남북 정상 회담, 10·4 남북 정상 선언(2007)	

남북 통일을 위한 합의

합의	내용
7·4 남북 공동 성명 (1972)	• 자주, 평화, 민족 대단결의 통일 원칙 • 남북 조절 위원회 설치
남북 기본 합의서 (1991)	• 남북한 상호 체제 인정 • 상호 불가침
6·15 남북 공동 선언 (2000)	• 통일 원칙(남한의 연합 체제와 북한의 낮은 단계의 연방 체제의 공통성 확인) • 이산 가족 문제 해결 방안, 남북 간 교류 활성화 방안 등
10·4 남북 공동 선언 (2007)	• 6 · 15 공동 선언 재확인 • 서해 평화 수역 조성 등 한반도 군사적 긴장 완화와 북핵 문제 해결을 통한 항구적 한반도 평화 체제 구축 • 남북한 교류·협력 강화를 통한 공동 번영과 균형적 발전 협력

2 경제

일제 강점기 경제 수탈 정책

시기	핵심 내용
무단 통치 시기 (1910년대)	• 토지 조사 사업(1910~1918) – 조선 총독부의 토지 소유 및 지세 수입 증가 – 일본의 농업 회사·지주들의 조선 진출 – 많은 농민들이 기한부 소작농으로 전락, 화전민이 되거나 만주나 연해주 등지로 이주 • 회사령 제정(1910): 허가제 – 조선 총독에게 회사 설립 허가 및 해산 권한 → 민족 자본의 성장 억제 • 기타 – 어업령, 산림령, 광업령, 은행령(허가제) – 인삼·소금·담배 전매제 실시 – 철도·도로·항만 건설 → 식량 및 자원 일본 반출, 일본 상품의 수입 판매 목적
문화 통치 시기 (1920년대)	• 산미 증식 계획(1920~1934) – 증산량 이상의 쌀 유출 → 국내 식량 사정 악화, 만주에서 잡곡 수입 – 증산 비용 농민에게 전가 → 몰락 농민 증가, 소작농 수가 늘고 자작농의 수는 줄어듦 • 회사령 폐지(1920, 허가제 → 신고제), 관세 폐지(1923) → 일본 자본 본격적으로 한반도 진출
민족 말살 통치 시기 (1930년대 이후)	• 식민지 공업화 정책 – 농공 병진 정책 추진 – 북부 지방에 중화학 공업 집중 육성 • 남면북양 정책 • 농촌 진흥 운동(1932~1940) – 소작 조건 개선, 농가 갱생 계획 등 • 전시 동원 체제 강화(국가 총동원법) – 인적 수탈: 징용제, 지원병제, 징병제, 정신대, '일본군 위안부' – 물적 수탈: 미곡 및 금속 공출, 식량 배급제 등

해방~1950년대 경제 발전

시기	핵심 내용
1945~ 1950년대	• 농지 개혁법 제정(1949.6.) 및 시행(1950.3.) • 원조 경제, 삼백 산업(제분, 제당, 면방직 산업) 발달

1960년대~1970년대 경제 발전

시기	핵심 내용
1960년대	• 제1차 경제 개발 5개년 계획(1962~1966), 제2차 경제 개발 5개년 계획(1967~1971) → 노동 집약적 산업 중심의 경공업 육성 • 한·일 국교 정상화, 베트남 파병, 서독 광부 및 간호사 파견 등으로 경제 개발에 필요한 자금 마련
1970년대	• 제3차 경제 개발 5개년 계획(1972~1976), 제4차 경제 개발 5개년 계획(1977~1981) → 중화학 공업 육성 • 경부 고속 국도 완공(1970), 수출 100억 불 달성(1977) • 제1차 석유 파동(1972) → 중동 지역 건설 사업에 국내 기업 진출하여 오일 달러 마련하면서 위기 극복 • 제2차 석유 파동(1978) → 중화학 공업 중복 투자 등으로 경제 위기 초래

1980년대 이후 경제 발전

시기	핵심 내용
1980년대	산업 구조 조정 및 3저 호황 → 1980년대 중반 이후 최초로 무역 흑자 기록
1990년대	• 경제 개발 협력 기구(OECD) 가입(1996) • 국제 통화 기금(IMF) 구제 금융 신청(1997) → IMF 관리 체제 → 금 모으기 운동 및 신자유주의 정책 수용, 구조 조정
2000년대 이후	IMF 관리 체제 극복 → 빈부격차 심화 및 비정규직 문제 등 다수의 사회 갈등 요소 잔존

3 사회

실력 양성 운동

운동	핵심 내용
물산 장려 운동	• 배경: 회사령 철폐(1920), 관세 철폐 움직임 → 민족 기업의 위기 • 전개: 1920년 평양에서 조만식 등에 조선 물산 장려회 조직되어 시작 → 1923년 관세 철폐와 함께 전국적으로 확산 • 주장: 일본 상품 배격 및 국산품 애용 • 결과: 일본의 탄압, 토산물 가격 상승, 사회주의자들의 비판 등으로 동력을 잃어버림.
민립 대학 설립 운동	• 배경: 제2차 조선 교육령(1922) → 대학 설립 가능 • 전개: 이상재 등이 조선 민립 대학 설립 기성회 조직(1922) • 주장: 대학 설립을 통한 고등 교육 실현 추구 • 결과: 일제의 방해, 모금 부진 등으로 실패 → 일제가 무마하기 위해 경성 제국 대학 설립(1924)
문맹 퇴치 운동	• 조선일보: 문자 보급 운동(1929~) • 동아일보: 브나로드 운동(1931~35)

민족 협동 전선 운동

운동	핵심 내용
6·10 만세 운동 (1926)	• 배경: 사회주의 세력 성장, 일제의 수탈과 식민지 교육 체제에 대한 반발, 순종 서거 등 • 전개: 순종 인산일에 이전 민족주의 계열 및 사회주의 계열 지도부 검거 → 학생 계열 주도로 순종 인산일에 만세 운동 전개 • 의의: 학생 운동이 민족 운동 구심으로 성장, 사회주의 세력과 민족주의 세력 연대 계기
신간회 (1927~1931)	• 배경: 사회주의 세력 및 비타협적 민족주의 세력 연대 필요성 절감, 정우회 선언(1926) • 활동: 전국 강연회 및 연설회 개최, 지부 설치, 광주 학생 항일 운동 지원 등 • 해소: 일제 탄압, 내부 노선 갈등, 코민테른의 지시 → 사회주의자들 이탈하며 해소(1931) • 의의: 일제 강점기 국내 최대 민족 운동 단체
광주 학생 항일 운동(1929)	• 배경: 학생 운동의 조직화, 일제의 차별적인 식민지 교육 체제, 한·일 학생 간 충돌 • 전개: 광주 지역 학생 총궐기 → 신간회 지원으로 전국적 규모의 항일 운동으로 확산 • 의의: 3·1운동 이후 최대 규모의 민족 운동

농민 운동과 노동 운동

	농민 운동	노동 운동
배경	고율의 소작료, 농민의 삶 궁핍	저임금, 장시간 노동, 노동 환경 열악
조직	조선 농민 총동맹(1927)	조선 노동 총동맹(1927)
1920년대	소작료 인하, 소작권 이동 반대(생존권 투쟁) ex) 암태도 소작 쟁의(1923)	임금 인상, 노동 조건 개선(생존권 투쟁) ex) 원산 노동자 총파업(1929)
1930년대	사회주의와 연계된 항일 투쟁(비합법 혁명 조합 결성): 일본 제국주의 타도, 토지 개혁, 계급 해방 등 주장	

사회·경제적 민족 운동

운동	핵심 내용
소년 운동	• 방정환 등 천도교 소년회: 어린이날 제정(1922), 잡지 〈어린이〉 발간(1923)
청년 운동	• 조선 청년 총동맹(1924)
여성 운동	• 근우회(1927~1931) – 신간회의 자매 단체 – 사회주의 계열 및 민족주의 계열 여성 운동 계열 연대
형평 운동	• 조선 형평사 결성(1923): 백정에 대한 사회적 차별 철폐 요구

현대 사회의 변화

사회 변화	내용 정리
급격한 도시화와 농촌	• 급격한 도시화 → 주택, 교통, 빈곤 등 다양한 도시 문제 발생 • 농촌의 변화: 도시와 농촌의 소득 격차 심화 → 이촌향도 현상 → 농촌 인구의 감소와 고령화
새마을 운동	• 1970년부터 박정희 정부가 적극적으로 추진 • 농촌 환경의 개선과 소득 증대 목표, 근면·자조·협동 강조 → 농가의 소득 증대, 농어촌 환경 개선 성공 → 새마을 운동 도시로 확산 • 한계점: 일방적 추진, 유신 체제 합리화에 이용
노동 운동의 발전	• 배경: 산업화로 노동자 급증, 노동 환경 열악(저임금, 장시간 노동, 비위생적인 작업 환경 등) • 전태일 분신 사건(1970) 이후 노동 운동 활발 → YH무역 여공사건(1979) → 1987년 6월 민주 항쟁 이후 노동 운동 활성화

4 문화

일제 강점기 한글 연구

시기	활동
대한제국 시기	국문연구소 설립(1907): 주시경, 지석영 등 국문 문법 정리 등 체계화 노력
1920년대	조선어 연구회 조직(1921): 가갸날 제정(1926), 잡지 『한글』 발간, 문자 보급 운동을 지원하며 한글 교재 발간
1930년대 이후	조선어 학회(1931~1942): 한글 맞춤법 통일안·표준어·외래어 표기법 제정, 우리말 큰사전 제작 시도 → 조선어 학회 사건(1942)으로 해산 → 해방 후 한글 학회로 계승

식민사관과 민족주의 사학

이론	내용
식민 사관	• 목적: 식민 통치의 정당성 선전, 민족의 독립 의지 약화 • 조선사 편수회(1925)를 통해 정체성론, 타율성론, 당파성론, 일선동조론의 내용을 체계화하여 우리 역사를 왜곡
민족주의 사학	• 특징: 한국사의 독자성 및 주체성 강조(식민 사관의 타율성론 비판), 관념적인 민족 정신 강조, 역사 연구를 독립 운동의 한 방식으로 간주함 • 신채호 《조선사연구초》: 묘청의 서경 천도 운동을 조선 역사상 일천년래 제일대 사건으로 평가 《조선상고사》: 역사란 아와 비아의 투쟁 고대사 및 낭가 사상 강조 • 박은식 《한국통사》, 《한국독립운동지혈사》: 국혼 강조 • 계승: 정인보(얼), 문일평(조선 심), 안재홍(신민족주의)
사회 경제 사학	• 특징: 마르크스의 유물 사관 수용 • 백남운 《조선사회경제사》, 《조선봉건사회경제사》 세계사의 보편적 발전 법칙에 따라 한국사를 체계화(식민 사관의 정체성론 비판)
실증 사학	• 특징: 랑케 사학 등의 영향으로 객관적 사실 강조, 사료 비판과 해석을 통한 역사 연구 • 이병도, 손진태 등: 진단학회 조직, 《진단학보》 발간

식민지 시기 종교 활동

종교	활동
천도교	• 제2의 독립 운동 계획(1922) • 천도교 소년회를 통해 소년 운동 전개, 잡지 『개벽』 발간
대종교	• 나철 창시(1909), 단군 숭배(단군교→대종교 개칭) • 만주에서 무장 투쟁 조직 중광단 결성 → 북로 군정서로 개편
불교	일제 사찰령 제정(1911) → 한용운 《조선불교유신론》 저술, 민족 불교 수호 노력
원불교	박중빈 창시(1916), 개간·저축 등 새생활 운동 전개
개신교	사립 학교 및 병원 설립, 신사 참배 거부 운동
천주교	고아원, 양로원 등 설립, 잡지 《경향》 발간

식민지 시기 문예 활동

분야	활동
문학	• 1920년대 문화 통치 → 출판에 대한 규제 약화 → 《폐허》, 《창조》 등 동인지 사회주의 영향 → 신경향파, 프로 문학(카프 결성) • 1930년대 이후: 저항 문학(이육사, 윤동주 등), 순수 문학, 친일 문학 등 다양
영화	나운규: 민족의 아픔을 보여주는 《아리랑》제작(1926)
연극	근대 연극 단체: 토월회(1923), 극예술 연구회(1931)

교육 기회의 확대와 대중문화의 성장

교육 기회의 확대	• 중학교 무시험 진학(1969), 고교 평준화 정책 시행(1973) • 1980년대 이후 대학 진학률 증가, 소득 격차에 따라 계층별 교육 격차가 확산, 대학 서열화 및 학벌 사회 문제 등
대중문화의 성장	• 서구 문화 유입 및 다양한 매체를 통한 대중문화 확산 • 2000년대 이후 한류 열풍 전 세계 확산

사료로 읽는 근현대

1 정치

3개월 이하의 징역 또는 100원 이하의 벌금이나 과료의 형에 처할 경우 경찰서장이나 헌병 분대장이 정식 재판 없이 즉결 언도할 수 있게 한 법령이었다.

범죄즉결례

제1조 경찰서장 또 그 직무를 취급하는 사람은 관할구역 안에서 아래의 범죄를 즉결할 수 있다.

1. 구류, 태형 또는 과료형에 해당할 만한 죄
2. 3개월 이하의 징역 또는 백원 이하의 벌금 혹은 과료형에 처할 만한 도박죄 및 구류 또는 과료형에 처할 만한 형법 208조의 죄
3. 구(區)재판소 재판권에 속하는 사건으로서 3개월 이하의 징역형에 처할 만한 형법대전 제5편 제9장 제17절 및 제20절의 죄
4. 구재판소의 재판권에 속하는 사건으로서 3개월 이하의 징역, 금고, 금옥 혹은 구류, 태형 또는 백원 이하의 벌금 혹은 과료형에 처할 만한 행정 법규 위반죄

일제가 조선인에게만 징역·구류 및 벌금형 대신에 태형을 가하게 한 법률로 그 잔혹함으로 인해 폐지 여론이 자주 일어났으나, 일제는 무단 통치 시기 내내 태형 제도를 계속 유지했다. 3·1 운동 이후 일제의 무단 통치 방식을 비판하는 여론과 사이토 마코토 총독의 기만적인 문화 통치의 일환으로 1920년 4월 1일 법적으로 태형은 폐지되었다. 그러나 폐지 이후에도 식민지 시기 내내 조선인에 대한 태형은 지속적으로 행해졌다.

조선 태형령과 시행규칙(1912)

제11조 태형은 감옥 또는 즉결 관서에서 비밀리에 행한다.

제13조 본령은 조선인에 한하여 적용한다.

시행 규칙 1조 태형은 수형자를 형판 위에 엎드리게 하고 그 자의 양팔을 좌우로 벌리게 하여 형판에 묶고 양다리도 같이 묶은 후 볼기 부분을 노출시켜 태로 친다.

3·1 운동 이후 부임한 총독 사이토 마코토는 문화 통치를 실시하며, 그 핵심이 친일파 양성임을 강조하였다.

조선 민족 운동에 대한 대책(1920)

첫째, 일본에게 절대 충성을 다하는 자로서 관리를 임명한다.

둘째, 핵심적 친일 인물을 골라 그 인물로 하여금 귀족, 양반, 유생, 부호, 교육가, 종교가에 침투하여 계급과 사정을 참작하여 각종 친일 단체를 조직하게 한다.

…(중략)…

넷째, 조선 문제 해결의 성공 여부는 친일 인물을 많이 얻는 데에 있으므로 친일 민간인에게 편의와 원조를 주어 수재 교육의 이름 아래 많은 친일 지식인을 긴 안목으로 키운다.

다섯째, 양반 유생 가운데 직업이 없는 자에게 생활 방도를 주는 대가로 이들을 온갖 선전과 민정 염탐에 이용한다.

일제는 행정 기관, 경찰, 학교를 총동원하여 창씨개명을 장려하는 형식을 취했지만, 창씨개명을 하지 않을 경우 진학, 취업 등 일상생활에서 불이익을 받았기 때문에 사실상 강제적으로 추진한 정책이었다.

창씨개명 강요를 위한 방침

1. 창씨하지 않은 사람의 자녀에 대해서는 각급 학교의 입학과 전학을 거부한다.
2. 창씨하지 않은 아동에 대해서는 교사가 질책, 구타할 수 있다.
4. 창씨하지 않은 사람은 공사 기관을 불문하고 일체 채용하지 않는다.
5. 창씨하지 않은 사람은 경찰 수첩에 기록하여 사찰·미행 등을 철저히 하고, 혹은 우선적인 노무 징용 대상자로 만들고, 혹은 식량, 기타 물자의 배급 대상에서 제외한다.

일제는 제1차 조선 교육령을 통해 조선인을 일제의 통치에 순응하는 충량한 국민으로 육성하고자 하였다. 구체적으로는 일본어 보급을 위한 보통교육을 실시하고, 일본의 경제적 요구에 부응하는 저급한 기술을 가진 노동자를 양성하는 실업교육을 강조하였다.

제1차 조선 교육령(1911)

제1조 조선에 있는 조선인의 교육은 본령에 따른다.

제2조 교육은 교육에 관한 칙어에 입각하여 충량한 국민을 육성하는 것을 본의로 한다.

…(중략)…

제4조 교육은 크게 보통교육·실업교육 및 전문교육으로 나눈다.

제2차 조선 교육령은 형식상 일본 학제와 동일하게 융화 정책을 사용하였다. 대신 특정한 중등 교육 기관의 교육 대상으로 "국어(일본어)를 상용(常用)하는 자"라는 구절을 명시했을 뿐만 아니라, 제25조에서는 "특별한 사정이 있는 상황에는 조선 총독이 정한 바에 따라 국어를 상용(常用)하는 자는 소학교·중학교 또는 고등여학교에 입학할 수 있다"라고 규정하여 한국인들 중에서도 일본어를 사용하는 학생은 일본인이 다니는 소학교나 중학교, 고등여학교에 입학할 수 있었다. 이를 통해 일본어 보급을 확산시키려는 일제의 교육 정책의 목적을 볼 수 있다.

제2차 조선 교육령(1922)

제1조 조선에서의 교육은 본령에 따른다.

제2조 국어를 상용(常用)하는 자의 보통교육은 소학교령·중학교령 및 고등여학교령에 따른다. 단, 이들 칙령 중 문부대신의 직무는 조선 총독이 이를 행한다.

…(중략)…

제5조 보통학교의 수업 연한은 6년으로 한다. 단 지역의 정황에 따라 5년 또는 4년으로 할 수 있다.

제25조 특별한 사정이 있는 상황에는 조선 총독이 정한 바에 따라 국어를 상용(常用)하는 자는 보통학교·고등보통학교 또는 여자고등보통학교에,

제25조 국어를 상용하지 않는 자는 소학교·중학교 또는 고등여학교에 입학할 수 있다.

중요한 점을 살펴보면 교명에서부터 조선인 학교와 일본인 학교가 동일해져 교육 제도상으로 한국인과 일본인 간에 차별이 철폐된 대신 내선일체를 강조하는 당시의 정책 목표와 관련해 교육 내용으로 일본어·일본사·수신·체육 등의 교과가 강화된 것을 들 수 있다. 반면 조선어와 조선사는 수의과목, 즉 선택과목으로 두어 사실상 교육을 금지하였다.

제3차 조선 교육령(1938)

제13조 심상소학교의 교과목은 수신, 국어(일본어), 산술, 국사(일본사), 지리, 이과, 직업, 도화, 수공, 창가, 체조이다. 조선어는 수의과목으로 한다.

…(중략)…

부칙

본령 시행 시 조선에 존재하는 보통학교·고등보통학교 및 여자고등보통학교는 각각 이를 본령에 의해 수립된 소학교·중학교 및 고등여학교로 한다.

1943년 '제4차 조선 교육령'에 의해 모든 학교의 수업 연한이 단축되었음을 알 수 있다. 일제는 전시 체제에 맞춰 학생들의 교육 기간을 줄이고 이들을 전쟁에 동원하려 하였다.

제4차 조선 교육령(1943)

제2조 보통교육은 초등학교령 및 중등학교령 가운데 중학교 및 고등여학교에 관한 부분에 의한다. 단 초등학교령 중 문부대신의 직무 및 중등학교령 중 중학교 및 고등여학교에 관한 부분의 문부대신의 직무는 조선 총독이 이를 행한다.

1941년 일제 칙령 제148호 '국민학교령'에 의해 학교의 명칭이 국민학교(國民學校)로 명칭이 변경되었는데, 이는 '황국신민(皇國臣民)을 양성한다.' 는 일제 강점기의 초등교육정책을 반영한 것이다. 이는 '충량한 일본국의 신민(臣民), 곧 국민(國民)'을 만들려 했던 일제강점기의 일관된 초등교육정책이 드러난 것이다.

국민학교령

제1조 국민학교는 황국의 길을 따라서 초등 보통교육을 실시하며 국민의 기초적 연성을 행하는 것을 목적으로 한다.

제4조 초등학교의 교과는 초등과 및 고등과를 통틀어 국민과, 이수과, 체련과 및 예능과로 하며, 고등과에 아래와 같이 실업과를 더한다.

1. 국민과는 이를 나누어 수신, 국어(일본어), 국사(일본사) 및 지리의 과목으로 한다. …(중략)…

부칙

제48조 본령 시행 시 현재에 존재하는 심상소학교, 고등소학교 및 심상고등소학교는 각각 본령에 의한 초등과만을 둔 국민학교, 고등과만을 둔 국민학교 또는 초등과 및 고등과를 둔 국민학교로 한다.

대한 광복회는 강령을 통해 무관을 양성하고 독립군을 양성하여 무력 투쟁을 준비하였다. 또한 행형부를 부어 침략에 앞장선 일본 고위 관료와 친일파 한국인을 처단하고자 하였다.

대한 광복회 강령

1. 무력 준비. 일반 부호로부터 기부를 받는 한편 일본인이 불법으로 징수한 세금을 압수하여 이로써 무장을 준비한다.
2. 무관 양성. 남북 만주에 사관학교를 설치하고 인재를 길러 무관으로 채용한다.
3. 군인 양성. 우리 대한의 전 의병, 해산된 군인 및 남북 만주 이주민들을 소집 훈련하여 군인으로 채용한다.
4. 무기 구입. 중국과 러시아에 의뢰하여 구입한다.
5. 기관 설치. 대한·만주·베이징·상하이 등 중요한 곳에 기관을 설치하되 대구에 상덕태(尙德泰)라는 상회를 본점으로 두고 각지에 지점 및 여관 또는 광무소(鑛務所)를 두어 이로써 본 광복회의 군사 행동 집중, 왕래 등 모든 연락을 위한 기관으로 한다.
6. 행형부(行刑部). 우리 광복회는 행형부(行刑部)를 조직하여 일본인 고등관과 우리 한인(韓人) 중 반역분자를 때와 장소에 상관없이 총살한다.
7. 무력전. 무력이 완비되는 대로 일본인 섬멸전을 단행하여 최후 목적 완성을 기한다.

1917년 7월 중국 상하이에서 동제사의 신규식 등 14인의 명의로 발표된 선언이다. 나라의 주권은 민족 내부에서만 주고받는다는 민족사의 불문율에 근거하여, 이민족인 일본에게 주권 양여를 규정한 '한국 병합 조약'이 무효임을 천명하였다. 여기서 융희는 대한 제국의 마지막 황제 순종의 연호이다. 즉 순종이 포기한 주권은 2,000만 국민(동지)들에게 주어졌고, 우리 국민들이 한반도를 다스려야 한다는 것이다. 이 선언은 임시 정부 수립의 당위성을 밝히고, 새로 수립되는 국가는 민주 공화국임을 밝혔다는 데서 큰 의미가 있다.

대동 단결 선언(1917)

융희황제가 삼보(三寶, 토지·인민·정치)를 포기한 8월 29일은 즉 우리 동지가 삼보를 계승한 8월 29일이니, 그간에 한 순간도 숨을 멈춘 적이 없음이라. 우리 동지는 완전한 상속자니 저 황제권 소멸의 때가 곧 민권 발생의 때요, 구한국 최후의 날은 곧 신한국 최초의 날이니, … 한국인간의 주권을 주고받는 것은 역사상 불문법의 국헌(國憲)이오, 비한국인에게 주권을 양여하는 것은 근본적으로 무효요, 한국의 국민성이 절대 불허하는 바이라. 고로 경술년 융희황제의 주권 포기는 즉 우리 국민 동지에 대한 묵시적 선위(禪位)니 우리 동지는 당연히 삼보를 계승하여 통치할 특권이 있고, 또 대통을 상속할 의무가 있도다.

양력으로 1919년 2월에 만주 길림에서 발표한 대한 독립 선언은 '육탄 혈전으로 독립을 완성하자'라는 문구에서 알 수 있듯이 무장 투쟁을 통한 독립 쟁취가 목표임을 밝혔다.

대한 독립 선언

우리 대한 동족의 남매 및 세계 우방의 동포여! 우리 대한은 완전한 자주독립과 평등 복리를 대대로 자손만민에게 전하기 위하여 이에 이민족 전제의 학대와 압박을 해탈하고 대한 민주의 자립을 선포한다.

…(중략)…

우리 같은 마음, 같은 덕망의 2천만 형제자매여! 국민의 본령을 자각한 독립임을 기억하고 동양의 평화를 보장하고 인류의 평등을 실시하기 위한 자립임을 명심하여 황천(皇天)의 명명(明命)을 받들고 일체의 못된 굴레에서 해탈하는 건국임을 확신하여 육탄 혈전으로 독립을 완성하자. **단군 기원 4252년 2월 일**

이 사료는 1919년 2월 8일 일본 도쿄에서 재일 조선인 유학생을 중심으로 조직된 전조선청년독립단이 도쿄 조선 YMCA 회관에서 발표한 선언서로 흔히 2·8 독립 선언이라고 부른다. 조선청년독립단원들은 윌슨의 민족 자결주의가 승전국의 식민지, 즉 조선에는 적용되지 않는다는 것은 알고 있었지만, 파리 강화 회의를 앞두고 한국민의 주체적 노력으로 독립을 위한 국제적 원조를 이끌어 내야 한다고 생각하였다.

2·8 독립 선언

전조선청년독립단(全朝鮮青年獨立團)은 우리 2,000만 조선 민족을 대표하여 정의와 자유의 승리를 얻은 세계 만국 앞에 독립을 기성(期成)하기를 선언하노라.

…(중략)…

결의문

1. 본단(本團)은 일한 합병이 우리 민족의 자유의사에서 나온 것이 아니며 우리 민족의 생존과 발전을 위협하고 또 동양의 평화를 교란하는 원인이 된다는 이유로 독립을 주장함.
2. 본단은 일본 의회 및 정부에 조선 민족 대회를 소집하여 해당 회의 결의로 우리 민족의 운명을 결정할 기회를 줄 것을 요구함.
3. 본단은 만국 강화 회의에 민족 자결주의를 우리 민족에게도 적용할 것을 청구함. 이 목적을 달성하기 위하여 일본 주재 각국 대사, 공사에게 본단의 주의(主義)를 각각 그 정부에 전달하기를 의뢰함 동시에 위원 2인을 만국 강화 회의에 파견함. 이 위원은 이미 파견한 우리 민족의 위원과 일치 행동을 취함.
4. 전항(前項)의 요구가 실패할 때에는 우리 민족은 일본에 대하여 영원한 혈전(血戰)을 선언함. 이로써 생기는 참화는 그 책임이 우리 민족에게 있지 아니함.

1919년 3월 1일, 민족 대표 33인이 인사동 태화관에서 한국의 독립을 선언한 「독립 선언서」이다. 「기미 독립 선언서」, 「3·1 독립 선언서」라고도 부른다. 공약 3장에는 3·1 운동의 대중화, 비폭력의 원칙이 잘 드러나 있다.

기미 독립 선언서(1919)

오등은 자에 아 조선의 독립국임과 조선인의 자주민임을 선언하노라. 이로써 세계만방에 고하여 인류 평등의 대의를 극명하며, 이로써 자손만대에 고하여 민족 자존의 정권을 영유케 하노라.

…(중략)…

공약 3장

1.오늘날 우리의 이 거사는 정의, 인도, 생존, 존영을 위하는 민족적 요구이니, 오직 자유로운 정신을 발휘할 것이요, 결코 배타적 감정으로 치닫지 마라.

1.최후의 1인까지, 최후의 일각까지 민족의 정당한 의사를 쾌히 발표하라.

1.일체의 행동은 가장 질서를 존중하여, 우리의 주장과 태도로 하여금 어디까지든지 광명정대하게 하라.

조선 건국 4252년 3월 일

조선 민족 대표

대한민국 임시 헌장은 민주주의의 원리에 입각한 우리나라 최초의 기본 성문법이다. 전문에는 기미 독립 선언문을 옮겨 3·1 운동의 정신을 계승하였음을 밝히고 있다. 이 임시 헌장의 내용들은 현행 헌법 전문에도 담겨 3·1 운동의 역사적 산물인 대한민국 임시 정부와 그 헌법이 오늘날 대한민국의 정신적 기원임을 입증하고 있다.

대한민국 임시 헌장

오제1조 대한민국은 민주공화제로 한다.

제2조 대한민국은 임시 정부가 임시 의정원의 결의에 따라 통치한다.

제3조 대한민국의 인민은 남녀의 귀천(貴賤) 및 빈부의 계급(階級)이 없고, 일체 평등하다.

제4조 대한민국의 인민은 종교, 언론, 저작, 출판, 결사, 집회, 신서(信書), 주소, 이전, 신체 및 소유의 자유를 향유한다.

제5조 대한민국의 인민으로 공민(公民) 자격이 있는 사람은 선거권 및 피선거권을 가진다.

제6조 대한민국의 인민은 교육, 납세 및 병역의 의무를 가진다.

…(중략)…

민국 원년 3월 1일 우리 대한민족이 독립을 선언한 뒤부터 남녀노소와 모든 계급과 모든 종파를 물론하고 일치단결하여 동양의 독일인 일본의 비인도적 폭행하에 극히 공명하게, 극히 인욕(忍辱)하게 우리 민족의 독립과 자유를 갈망하는 실사(實思)와 정의와 인도를 애호(愛好)하는 국민성을 표현한지라.

임시 정부의 외교 활동의 성과가 미흡하고, 임시 의정원의 법정 인원수가 소집된 적이 없을 정도로 내부 분열이 심화된 상태에서 독립 운동의 새로운 방향을 모색해 보고자 국민 대표 회의 소집을 원하고 있음을 알 수 있다.

국민 대표 회의 개최 요구

이제 국민 대표회를 소집할 필요를 말하면, 첫째 … 통합을 이루지 못함에 공적으로나 사적으로 많이 힘써 보았으나 잘 되지 않았으니 다수 국민을 모아 볼 필요가 있는 것이고, 둘째는 현재의 어려운 상태를 고치기 위함이니, 임시 의정원이 성립된 이래로 법정 인원수가 되어 본 때가 없고 ….

독립신문, 1922. 6.

조선 총독부 경무국장 미쓰야는 만주 군벌 장쭤린과 협정을 체결하여 만주의 한인 독립 운동가를 일제에 넘기면 그 대가로 현상금을 지급하기로 하였다. 이후 만주의 중국 관리들은 독립군 적발에 혈안이 되었으며, 그 결과 일반 한국인 농민들까지도 많은 피해를 입었으며, 독립군의 기세는 약화되었다.

미쓰야 협정(1925)

1. 한국인의 무기 휴대와 한국 내 침입을 엄금하며, 위반자는 검거하여 일본 경찰에 인도한다.
2. 재만 한인 단체를 해산시키고 무장을 해제하며 무기와 탄약을 몰수한다.
3. 일제가 지명하는 독립운동 지도자를 체포하여 일본 경찰에 인도한다.
4. 한국인 취체의 실황을 상호 통보한다.

한국 독립군과 항일 중국군의 합의 내용(1931)

1. 한·중 양군은 최악의 상황이 오는 경우에도 장기간 항전할 것을 맹세한다.
2. 중동 철도를 경계선으로 서부 전선은 중국이 맡고, 동부 전선은 한국이 맡는다.
3. 전시의 후방 전투 훈련은 한국 장교가 맡고, 한국군에 필요한 군수품 등은 중국군이 공급한다.

한국광복군 사령부, 《광복》 제2권

만주사변 직후 중국 내에서 항일 감정이 고조되자 공통된 적을 맞이한 한국인과 중국인의 항일 연대 의식이 형성되었다. 이러한 상황에서 만주 일대에서는 한·중 연합 작전에 의해 항일 투쟁이 전개되었다. 위의 사료들은 지청천이 이끄는 한국 독립군이 중국 호로군과, 양세봉이 이끄는 조선 혁명군이 중국 의용군과 연합 작전을 펼치기로 합의한 내용이다.

조선 혁명군과 항일 중국군의 합의 내용(1932)

중국과 한국 양국의 군민은 한마음 한뜻으로 일제에 대항하여 싸우고, 인력과 물자는 서로 나누어 쓰며, 합작의 원칙하에 국적에 관계없이 그 능력에 따라 항일 공작을 나누어 맡는다.

한국광복군 사령부, 《광복》 제4권

신채호는 김원봉의 요청으로 조선 혁명 선언을 작성하였다. 이 선언에서 신채호는 자치론, 외교론, 준비론 등을 비판하면서 "우리는 민중 속으로 가서 민중과 손을 맞잡아 끊임없는 폭력 -암살, 파괴, 폭동-으로써 강도 일본의 통치를 타도" 한다는 주장에서 보이듯 민중 직접 혁명의 필요성을 강조하였다.

신채호의 조선 혁명 선언(1923)

내정 독립이나 참정권이나 자치를 운동하는 자 누구이냐? … 너희들이 '동양 평화', '한국 독립 보전' 등을 담보한 맹약이 먹도 마르지 아니하여 삼천리 강토를 집어먹힌 역사를 잊었느냐?

…(중략)…

일본 강도 정치하에서 문화 운동을 부르는 자 누구이냐? …… 검열·압수 중에 몇몇 신문·잡지를 가지고 '문화 운동'의 목탁으로 떠들며, 강도의 비위에 거스르지 아니할 만한 언론이나 주창하여 이를 문화 발전의 과정으로 본다면, 그 문화 발전이 도리어 조선인의 불행인가 하노라.

…(중략)…

강도 일본의 구축(驅逐)을 주장하는 가운데 또 다음과 같은 논자들이 있으니, 첫째는 외교론이니, … 망국 이후 해외로 나가는 아무 아무개 지사들의 사상이 무엇보다 먼저 '외교'가 제1장 제1조가 되며, … 최근 3·1 운동에 일반 인사의 '평화 회의, 국제 연맹'에 대한 과신의 선전이 이천만 민중의 힘있는 전진의 기운을 없애 버리는 계기가 될 뿐이었도다.

…(중략)…

둘째는 준비론이니, 을사조약 당시에 여러 나라 공관에 빗발치듯하던 종이쪽지로 넘어가는 국권을 붙잡지 못하며, 정미년의 헤이그 특사도 독립 회복의 복음을 안고 오지 못하매, 이에 차차 외교에 대하여 의문이 되고 전쟁 아니면 안 되겠다는 판단이 생겼다. 그러나 군인도 없고 무기도 없이 무엇으로써 전쟁을 하겠느냐?

…(중략)…

이상의 이유에 의하여 우리는 '외교', '준비' 등의 미몽을 버리고, 민중 직접 혁명의 수단을 취함을 선언하노라.

조선 민족의 생존을 유지하자면 강도 일본을 구축(驅逐)할지며, 강도 일본을 구축하자면 오직 혁명으로 할 뿐이니, 혁명이 아니고는 강도 일본을 구축할 방법이 없는 바이다.

…(중략)…

민중은 우리 혁명의 대본영(大本營)이다.

폭력은 우리 혁명의 유일한 무기이다.

우리는 민중 속으로 가서 민중과 손을 맞잡아 끊임없는 폭력 - 암살, 파괴, 폭동 - 으로써 강도 일본의 통치를 타도하고, 우리 생활에 불합리한 일체의 제도를 개조하여, 인류로써 인류를 압박하지 못하며, 사회로써 사회를 박탈하지 못하는 이상적 조선을 건설할지니라.

대한민국 임시정부는 조소앙이 제시한 삼균제도에 따른 건국 원칙을 내세웠습니다. 삼균제도는 개인과 개인, 민족과 민족, 국가와 국가 간에 균등을 실현하기 위해서는 정치, 경제, 교육적 균등을 실현해야 한다는 내용입니다. 이것을 구체화한 것이 대한민국 건국 강령입니다.

조소앙의 삼균주의

독립당이 표시하는 바의 주의는 과연 어떤 것인가. 그것은 개인과 개인, 민족과 민족, 국가와 국가가 균등한 생활을 하게 하는 주의이다. 개인과 개인이 균등되게 하는 길은 무엇인가. 그것은 정치의 균등화요 경제의 균등화요 교육의 균등화이다. 보통 선거제를 실시하여 정권에의 참여를 고르게 하고 국유제를 실시하여 경제 조건을 고르게 하며 국비에 의한 의무 교육제를 실시하여 교육 기회를 고르게 함으로써 국내에서의 개인과 개인 사이의 균등 생활을 실현하는 것이다. 민족과 민족이 균등 되게 하는 길은 무엇인가. 그것은 '민족자결'을 자기 민족과 또 다른 민족에게도 적용시킴으로써 소수 민족과 약소민족이 압박받고 통치받는 지위로 떨어지지 않게 하는 것이다. 국가와 국가가 균등되게 하는 길은 무엇인가. 그것은 식민 정책과 자본 제국주의를 무너뜨리고 전쟁 행위를 금지시킴으로써 모든 국가가 서로 침략하지 않고 국제 생활에 있어서 전혀 평등한 지위를 가지고 나아가서 사해일가(四海一家)와 세계일원(世界一元)이 되게 하는 것이 삼균주의의 궁극적인 목적이다.

『조소앙 선생 문집』

삼균주의는 개인 사이의 균등은 정치·경제·교육의 균등으로, 민족 사이의 균등은 민족자결로, 국가 사이의 균등은 식민 정책과 자본 제국주의를 부정하고 침략 전쟁을 막아야 이룰 수 있다고 주장하였다. 이 삼균주의는 한국 독립당의 이념이 되었고, 1941년 대한민국 임시 정부가 주창한 건국 강령의 바탕이 되었다.

대한민국 건국 강령 (1941)

제3장 건 국

1.적의 일체 통치 기구를 국내에서 완전히 박멸하고 국가의 수도를 정하고 중앙 정부와 중앙 의회의 정식 활동으로 주권을 행사하며 선거와 입법과 임관(任官)과 군사와 외교와 경제 등에 관한 국가의 정령이 자유로 행사되어 삼균 제도의 강령과 정책을 국내에 시행하기 시작하는 과정을 건국의 제1기라 함

2.삼균 제도를 골자로 한 헌법을 실시하여 정치와 경제와 교육의 민주적 시설로 실제상 균형을 도모하며 전국의 토지와 대생산기관의 국유가 완성되고 전국 학령 아동의 전체가 고급 교육의 무료 수학이 완성되고 보통선거제도가 구속 없이 완전히 실시되어 전국 각 리(里) 동(洞) 촌(村)과 면(面) 읍(邑)과 도(島) 군(郡) 부(府)와 도(道)의 자치 조직과 행정 조직과 민중 단체와 민중 조직이 완비되어 삼균 제도와 배합 실시되고 경향 각층의 극빈 계급의 물질과 정신상 생활 정도와 문화 수준이 제고 보장되는 과정을 건국의 제2기라 함

임시 정부의 건국 강령과 조선 독립 동맹의 강령을 살펴보면 두 조직이 이념적 성향에서 차이가 있기는 하였지만, 강령에서는 크게 차이가 나지 않는다는 것을 볼 수 있다. 두 조직 모두 새로운 독립 국가는 민주 공화정을 모체로 한다는 것, 인권을 보호하는 것, 토지와 대규모 기업의 국유화, 의무교육 제도 실시 등은 공통적으로 나타나는데 이는 이 당시 대다수의 독립 운동 세력이 이러한 인식을 공유하고 있었음을 보여준다.

조선 독립 동맹 강령

1. 본 동맹은 일본 제국주의의 조선 통치를 전복하고, 독립 자유의 조선 민주 공화국 건립을 목적으로 하여 아래의 제 임무를 규정한다.

① 국민 일반의 직접선거에 의거하여 민주 정권을 수립한다.
② 언론·출판·집회·결사의 자유 및 신앙·사상·파업의 자유를 확보한다.
③ 국민 인권을 존중하는 사회제도를 실현한다.
④ 법률적·사회 생활적 남녀평등을 실현한다.
⑤ 자주 평등의 원칙 아래 세계 각국 및 민족 간에 우호 관계를 건립한다.
⑥ 조선 내 일본 제국주의자의 모든 재산과 토지를 몰수하고, 대규모 기업을 국영화하며, 농민에게 토지를 나누어 준다.
⑦ 8시간 노동제를 실시하고 노동의 사회 보호 제도를 실시한다.
⑧ 각종 부역 및 잡세를 폐지하고 단일한 누진세 제도를 수립한다.
⑨ 국민의 의무교육 제도를 실시하고 국가가 교육비를 부담한다.
⑩ 조선 문화를 발전시키고 연구하며 국민 문화를 보급한다.
…(하략)…

카이로 선언은 연합국의 지도자들이 최초로 한국의 독립을 언급한 선언이다.

카이로 선언(1943. 12.)

수 명으로 구성된 군사 분야의 사절단은 일본에 대한 향후의 군사 작전에 관해 합의했다. 3대 연합국은 육해공의 군사력을 동원하여 잔인무도한 적군에 대해 가차 없이 압박을 가하기로 각자 자국의 결의를 표명했다. 3대 연합국은 일본의 침략을 저지하고 응징하기 위해 현재의 전쟁을 수행하고 있다. 3대 연합국은 각자 자국의 야욕을 추구하거나 영토를 확장할 의도가 전혀 없다. 3대 연합국의 목적은 일본이 제1차 세계 대전 이후로 탈취했거나 점령했던 태평양의 모든 섬들을 탈환함과 동시에, 일본이 중국으로부터 탈취했던 모든 영토, 즉 만주와 타이완과 평후 제도가 중국에 반환되도록 하는 데 있다. 또한 일본은 폭력과 탐욕에 사로잡혀 점령해 온 나머지 모든 영토에서 축출되어야 한다. 앞서 언급한 3대 연합국은 노예 상태에 처한 한국 인민을 감안하여 한국이 적절한 절차를 밟아 자유로운 독립 국가가 되어야 한다고 결의한다.
이러한 목적을 실현하기 위해, 3대 연합국은 일본과 전쟁을 치르고 있는 연합국의 목적에 따라 일본의 무조건적 항복을 강제하는 데 필요한 중대하고도 장기적인 군사 작전을 지속적으로 펼칠 것이다.

소련이 대일전에 참전할 것을 비밀리에 협정하였고, 이 내용을 근거로 실제로 1945년 8월 종전 직전에 소련이 대일전에 참전하였다. 소련의 대일전 참전은 해방 이후 한반도가 분단되는 중요한 계기가 되었다.

얄타 선언(1945. 2.)

3강 대국의 지도자들 - 소련, 미국 그리고 영국은 독일이 항복하고 유럽에서 전쟁이 종결된 2, 3개월 후에, 소련이 다음과 같은 조건하에서 연합국의 편에 서서 대일전에 참전할 것을 협정했다.

1. 외몽고(몽고 인민 공화국)의 현상을 유지한다.
2. 1904년의 일본의 배신적 공격에 의하여 침해된 소련의 제 권리를 다음과 같이 회복한다.
   ① 사할린 남부 및 이에 인접하는 도서를 소련에 반환한다.

…(중략)…

3. 쿠릴 열도를 소련에 양도한다.

모두 13개 항목으로 된 포츠담 선언은 "일본이 항복하지 않는다면, 즉각적이고 완전한 파멸"에 직면하게 될 것을 경고하다. 포츠담 회담에서는 한국 문제가 거의 논의되지 않았지만 포츠담 선언에서 "카이로 선언의 모든 조항은 이행되어야 한다"며 한국이 '적당한 시기'에 독립해야 한다는 것을 명확히 밝혔다.

포츠담 선언(1945. 7.)

8. 〈카이로 선언〉의 조건은 이행되어야 하고, 일본의 주권은 혼슈 섬과 홋카이도 섬과 규슈 섬과 시코쿠 섬과 우리가 이미 결의한 바와 같은 소규모 섬들로 제한되어야 한다.

…(중략)…

13. 우리는 이제 일본 정부가 모든 일본 군사력의 무조건적 항복을 선언하고 그러한 조치를 확실하게 믿을 수 있도록 타당하고도 적절한 방안을 보장할 것을 요구한다. 그렇게 하지 않을 경우, 일본은 지금 당장 전멸을 파괴당할 따름이다.

해방 직후인 1945년 9월 2일 조선 건국 준비 위원회가 발표한 선언과 강령이다. 좌우가 연합한 통일 전선 세력의 건국 준비 조직으로 출발한 건준은 1945년 8월 16일 발족한 이후 같은 해 9월 6일 인공이 출범된 뒤 해소될 때까지 치안을 담당하는 등 실질적인 정부의 기능을 하려고 노력하였다. 그리하여 미군정이 자리 잡기 전까지 전국 각 도·시·군·읍·면 단위에서 결성된 지역 인민 위원회는 각 지역의 치안과 행정을 담당하였다. 그러나 미군정은 미군정 외 어떤 형태의 정부도 인정할 수 없으며, 미군정에 도전하는 어떤 세력이나 행위도 용납하지 않을 것이라고 선언하며 건준을 인정하지 않았다.

건국 준비 위원회 강령

우리는 완전한 독립 국가의 건설을 기함
우리는 전 민족의 정치적 경제적 사회적 기본 요구를 실현할 수 있는 민주주의적 정권의 수립을 기함
우리는 일시적 과도기에 있어서 국내 질서를 자주적으로 유지하며 대중 생활의 확보를 기함

모스크바 3상 회의 결정의 핵심은 한국에 "임시 정부를 수립한다"는 것이었지만, 국내에는 모스크바 협정 내용이 정확히 알려지지 않고 소련이 신탁 통치를 주장한 것처럼 왜곡되었다. 이후 신탁 통치 문제 때문에 이념 간, 정당 간 분열이 확대되었고, 민족 반역자·친일파·친일 잔재 청산 등 해방 후 한국 사회의 당면 과제가 외면당하였다.

모스크바 3국 외상 회의 결정서

1. 조선을 독립국으로 부흥시키고 조선이 민주주의 원칙 위에서 발전하게 하며 장기간에 걸친 일본 통치의 악독한 결과를 신속히 청산할 조건들을 창조할 목적으로 '조선 민주주의 임시 정부'를 창설한다. 임시 정부는 조선의 산업, 운수, 농촌 경제 및 조선 인민의 민족문화의 발전을 위하여 모든 필요한 방책을 강구할 것이다.
2. 조선 임시 정부 조직에 협력하며 이에 적응한 방책들을 예비 작성하기 위하여 남조선 미군 사령부 대표들과 북조선 소련군 사령부 대표들로써 공동 위원회를 조직한다. 위원회는 자기의 제안을 작성할 때에 조선의 민주주의 정당들, 사회단체들과 반드시 협의할 것이다. 위원회가 작성한 건의문은 공동 위원회 대표로 되어 있는 양국 정부의 최종적 결정이 있기 전에 미·소·영·중 각국 정부의 심의를 받아야 된다.
3. 공동 위원회는 조선 민주주의 임시 정부를 참가시키고 조선 민주주의 단체들을 끌어들여 조선 인민의 정치적, 경제적, 사회적 진보와 민주주의적 자치 발전과 또는 조선 국가 독립의 확립을 원조 협력(후견)하는 방책들도 작성할 것이다. 공동 위원회의 제안은 조선 임시 정부와 협의 후 5년 이내를 기한으로 하는 조선에 대한 4개국 신탁 통치(후견)의 협정을 작성하기 위하여 미·소·영·중 각국 정부의 공동 심의를 받아야 한다.

신탁 통치 문제는 한반도의 독립을 위한 수단이자 과정으로 선택되었는데, 국내에서는 '신탁 통치 실시'만 알려지면서 우익에서는 즉각 반탁 운동을 전개하였다. 당시 〈동아일보〉는 "소련은 신탁 통치 주장, 미국은 즉시 독립 주장, 소련의 구실은 38선 분할 점령"이라고 왜곡 보도하여 반탁 운동에 불을 붙였다.

신탁 통치 반대 선언문

선언문

카이로, 포츠담 선언과 국제 헌장으로 세계에 공약한 한국의 독립 부여는 금번 모스크바에서 개최한 3상 회의의 신탁 관리 결의로서 수포로 돌아갔으니 다시 우리 3천만은 영예로운 피로써 자주독립을 획득치 아니하면 아니 될 단계에 들어섰다. 동포여! 8·15 이전과 이후 피차의 과오와 마찰을 청산하고서 우리 정부 밑에 뭉치자. 그리하여 그 지도하에 3천만의 총역량을 발휘하여서 신탁 관리제를 배격하는 국민 운동을 전개하여 자주독립을 완전히 획취하기까지 3천만 전 민족의 최후의 피 한 방울까지라도 흘려서 싸우는 항쟁 개시를 선언함

조선 공산당은 이 지지 담화문에서 모스크바 3상 회의 결정의 핵심은 조선에서 "임시 정부 수립"을 통한 민주주의 국가를 수립하는 것이기 때문에 신탁 통치는 제국주의적 위임 통치가 아니라고 주장하고 있다. 또한 신탁 통치 기간 5년 동안 우리가 할 일은 친일파 · 민족 반역자 · 국수주의자를 제외한, '민주주의 원칙'에 근거한 조선 민족 통일 전선의 완성이며 이를 통해 신탁 통치 기간도 줄일 수 있다고 보았다.

신탁 통치 찬성 선언문

우리는 이번 삼국 회의의 본질적 진보성을 널리 해석 설명하여 조선 민족의 나갈 길을 옳게 보여 주어야 한다. 세계 평화와 민주주의와 국제 협동의 정신 하에서만 조선 문제가 해결되어야 한다. 카이로 회담은 조선 독립을 적당한 시기에 준다는 것인데 이 적당한 시기라는 것이 이번 회담에서 5년 이내로 결정된 것이다. 이것을 우리가 5년 이내에 통일이 되고 우리 발전이 상당한 때에는 그 기한은 단축될 수 있는 것이니 이것은 오직 우리 역량 발전 여하에 있는 것이다. 그러므로 이번 모스크바 결정은 카이로 결정을 더욱 발전 구체화시킨 것이다. 그러므로 우리의 할 일은 무엇보다도 먼저 통일의 실현에 있다. 민족의 통일 – 이것이 우리의 가장 급무임을 이해하고 속히 민주주의 원칙(친일파, 민족 반역자, 국수주의자를 제외한)을 내세우고 이것을 중심으로 조선 민족 통일 전선을 완성함에 전력을 집중하여야 한다.

1946년 1일 2일 조선 공산당 중앙 위원회

1946년 10월 7일 좌익의 5원칙과 우익의 8원칙을 절충하여 결정한 〈좌우 합작 7원칙〉이다. 좌익과 우익은 주로 토지 개혁과 주요 산업의 처리, 친일파 청산, 신탁 통치 문제, 인민 위원회와 입법 의원 문제 등에서 차이를 보였다. 좌익 측은 '무상 몰수, 무상 분배에 입각한 토지 개혁과 친일 민족 반역자 제거, 정권을 인민 위원회로 넘길 것' 등을 주장하였고, 우익 측은 '임시 정부 수립 후 친일파 처리, 신탁 통치 반대 및 유상 몰수, 유상 분배의 토지 개혁' 등을 주장하였는데 이를 절충하여 "7원칙"을 발표하였다. 그러나 이러한 노력에도 불구하고 "7원칙"이 결정될 무렵 이미 좌익과 우익의 사이가 크게 벌어져 결국 좌우 합작 운동은 실패하였다.

좌우 합작 7원칙(1946. 10)

1) 조선의 민주 독립을 보장한 삼상 회의 결정에 의하여 남북을 통한 좌우 합작으로 민주주의 임시 정부를 수립할 것
2) 미소 공동 위원회 속개를 요청하는 공동 성명을 발표할 것
3) 토지 개혁에 있어서 몰수, 유조건 몰수, 체감매상(遞減買上) 등으로 토지를 농민에게 무상으로 나누어 주며, 시가지의 기지와 큰 건물을 적정 처리하며, 중요 산업을 국유화하며, 사회 노동 법령과 정치적 자유를 기본으로 지방 자치제의 확립을 속히 실시하며, 통화와 민생 문제 등등을 급속히 처리하여 민주주의 건국 과업 완수에 매진할 것
4) 친일파 민족 반역자를 처리할 조례를 본 합작 위원회에서 입법 기구에 제안하여 입법 기구로 하여금 심리 결정하여 실시케 할 것
5) 남북을 통하여 현 정권하에 검거된 정치 운동가의 석방에 노력하고 아울러 남북 좌우의 테러 행동을 일절 즉시로 제지토록 노력할 것
6) 입법 기구에 있어서는 일체 그 권능과 구성 방법 운영에 관한 대안을 본 합작 위원회에서 작성하여 적극적으로 실행을 기도할 것
7) 전국적으로 언론, 집회, 결사, 출판, 교통, 투표 등 자유를 절대 보장되도록 노력할 것

이 사료는 1948년 2월 10일 김구(金九, 1876~1949)가 발표한 〈삼천만 동포에게 읍고함〉이라는 성명서로, 단독정부 수립에 반대하는 내용을 담고 있다. 김구는 1948년 1월 28일 한국의 총선거를 위하여 남쪽과 북쪽을 점령하고 있는 미군과 소련군이 동시에 철수하고, 선거를 통한 통일 정부가 세워지기 전까지 UN이 임시로 치안을 담당해야 한다고 주장하였다. 이에 남한만의 단독 선거와 단독정부 수립을 주장하던 이승만 측은 김구의 방안이 소련의 입장에 동조하는 것이라고 비난하였고 김구는 1948년 2월 10일 자신의 생각을 절절히 드러내는 〈삼천만 동포에게 읍고함〉을 발표하였다.

삼천만 동포에게 읍고함

…(전략)…

지금 이때 나의 단일한 염원은 3천만 동포와 손을 잡고 통일된 조국, 독립된 조국의 달성을 위하여 공동 분투하는 것뿐이다. 이 육신을 조국이 요구한다면 당장에라도 제단에 바치겠다. 나는 통일된 조국을 건설하려다가 38선을 베고 쓰러질지언정 일신에 구차한 안일을 취하여 단독 정부를 세우는 데는 협력하지 아니하겠다. 나는 내 생전에 38 이북에 가고 싶다. 그쪽 동포들도 제 집을 찾아 가는 것을 보고서 죽고 싶다. 궂은 날을 당할 때마다 38선을 싸고 도는 원귀의 곡성이 내 귀에 들리는 것도 같았다. 고요한 밤에 홀로 앉으면 남북에서 헐벗고 굶주리는 동포들의 원망스런 용모가 내 앞에 나타나는 것도 같았다.

3천만 형제 자매여!

붓이 이에 이르매 가슴이 눌러 막히고 눈물이 앞을 가리어 말을 더 이루지 못하겠다. 바라건대 나의 애달픈 고충을 명확히 살피고 내일의 건전한 조국을 위하여 한 번 더 심사하라.

대통령제와 단원제 국회를 주요 골자로 하여 전문, 10장, 부칙으로 구성된 우리나라 최초의 헌법으로 이를 "제헌헌법"이라고 한다. 이 헌법은 3·1 운동으로 대한민국이 건립되었음을 전문에 밝혔고, 대한민국은 민주공화국임을 확고히 하였다. 그리고 이 헌법에 따라 국회의원들의 투표로 이승만이 대통령에 선출되었고, 1948년 8월 15일 대한민국 정부가 수립되다.

제헌 헌법

전문

유구한 역사와 전통에 빛나는 우리들 대한국민은 기미 삼일운동으로 대한민국을 건립하여 세계에 선포한 위대한 독립 정신을 계승하여 이제 민주 독립 국가를 재건함에 있어서 정의 인도와 동포애로써 민족의 단결을 공고히 하며 모든 사회적 폐습을 타파하고 민주주의 제제도(諸制度)를 수립하여 정치, 경제, 사회, 문화의 모든 영역에 있어서 각인의 기회를 균등히 하고 능력을 최고도로 발휘케 하며 각인의 책임과 의무를 완수케 하여 안으로는 국민 생활의 균등한 향상을 기하고 밖으로는 항구적인 국제평화의 유지에 노력하여 우리들과 우리들의 자손의 안전과 자유와 행복을 영원히 확보할 것을 결의하고 우리들의 정상 또는 자유로히 선거된 대표로서 구성된 국회에서 단기 4281년 7월 12일 이 헌법을 제정한다.

제1장 총강

제1조 대한민국은 민주공화국이다.

제2조 대한민국의 주권은 국민에게 있고 모든 권력은 국민으로부터 나온다.

…(중략)…

제53조 대통령과 부통령은 국회에서 무기명투표로써 각각 선거한다.

…(중략)…

제55조 대통령과 부통령의 임기는 4년으로 한다. 단, 재선에 의하여 1차 중임할 수 있다. 부통령은 대통령 재임 중 재임한다.

1948년 7월 17일 제정된 제헌 헌법 제101조 "국회는 1945년 8월 15일 이전의 악질적인 반민족 행위를 처벌하는 특별법을 제정할 수 있다."는 조항에 의거하여 소급입법의 기반이 마련되었고, 1948년 9월 22일 국회에서 친일파를 처단하기위해 〈반민족행위처벌법〉을 제정하였다.

반민족 행위 처벌법

제1장 죄

제1조 일본 정부와 통모하여 한일합병에 적극 협력한 자, 한국의 주권을 침해하는 조약 또는 문서에 조인한 자와 모의한 자는 사형 또는 무기징역에

제1조 처하고 그 재산과 유산의 전부 혹은 2분의 1 이상을 몰수한다.

제2조 일본 정부로부터 작위를 받은 자 또는 일본 제국 의회의 의원이 되었던 자는 무기 또는 5년 이상의 징역에 처하고 그 재산과 유산의 전부 혹은

제1조 2분의 1 이상을 몰수한다.

제3조 일본 치하 독립운동자나 그 가족을 악의로 살상, 박해한 자 또는 이를 지휘한 자는 사형, 무기 또는 5년 이상의 징역에 처하고 그 재산의 전부 혹은

제1조 일부를 몰수한다.

…(하략)…

1953년 10월 1일 조인된 한미상호방위조약은 한국의 방위를 위하여 외국과 맺은 최초이자 현재까지 유일한 군사 동맹으로서 이 조약으로 한국의 영토 내와 그 주변에서 무력충돌이 발생할 경우 미국은 국제연합의 토의와 결정을 거치지 않고 곧바로 개입할 수 있게 되었다.

한·미 상호 방위 조약

제2조

당사국 중 어느 1국의 정치적 독립 또는 안전이 외부로부터의 무력 공격에 의하여 위협을 받고 있다고 어느 당사국이든지 인정할 때에는 언제든지 당사국은 서로 협의한다.

당사국은 단독적으로나 공동으로나 자조와 상호 원조에 의하여 무력 공격을 저지하기 위한 적절한 수단을 지속하며 강화시킬 것이며 본 조약을 이행하고 그 목적을 추진할 적절한 조치를 협의와 합의하에 취할 것이다.

제3조

각 당사국은 타 당사국의 행정 지배하에 있는 영토와 각 당사국이 타 당사국의 행정 지배하에 합법적으로 들어갔다고 인정하는 금후의 영토에 있어서 타 당사국에 대한 태평양 지역에 있어서의 무력 공격을 자국의 평화와 안전을 위태롭게 하는 것이라고 인정하고 공통한 위험에 대처하기 위하여 각자의 헌법상의 수속에 따라 행동할 것을 선언한다.

제4조

상호적 합의에 의하여 미합중국의 육군 해군과 공군을 대한민국의 영토 내와 그 부근에 배치하는 권리를 대한민국은 이를 허여하고 미합중국은 이를 수락한다.

제55조에 대통령은 1차 중임할 수 있지만 부칙에 의거하여 당시 대통령인 이승만은 중임 제한 규정을 받지 않아 계속 대선에 나올 수 있게 되었다. 또한 이 헌법에 제55조에 의해 대통령의 궐위 시 부통령이 대통령을 승계하기 때문에 1960년 대선 당시 자유당은 이기붕을 부통령으로 만들기 위해 부정선거를 자행하였다.

사사오입 개헌 (출처: 법제처)

제55조 대통령과 부통령의 임기는 4년으로 한다. 단, 재선에 의하여 1차 중임할 수 있다. 대통령이 궐위된 때에는 부통령이 대통령이 되고 잔임기간 중

제55조 재임한다. 부통령이 궐위된 때에는 즉시 그 후임자를 선거하되 잔임기간 중 재임한다. 대통령, 부통령이 모두 궐위된 때에는 제52조에 의한 법률이

제55조 규정한 순위에 따라 국무위원이 대통령의 권한을 대행하되 궐위된 날로부터 3개월 이내에 대통령과 부통령을 선거하여야 한다.

…(중략)…

부칙

이 헌법은 공포한 날부터 시행한다.

이 헌법이 시행된 후 처음으로 선거된 참의원 의원은 각 선거구마다 그 득표수의 순차에 따라 제1부, 제2부로 균분하고 제1부의 의원의 임기는 6년, 제2부의 의원의 임기는 3년으로 한다.

득표수가 같은 때에는 연령순에 의한다.

이 헌법 공포 당시의 대통령에 대하여는 제55조 제1항 단서의 제한을 적용하지 아니한다.

1960년 4월 19일 서울대학교 학생들이 발표한 〈4·19선언문〉이다. 이 선언문의 밑줄 친 내용을 통해 4·19 혁명과 관련된 선언문임을 유추할 수 있다.

서울대 문리대 시국 선언문

상아의 진리 탑을 박차고 거리에 나선 우리는 질풍과 같은 역사의 조류에 자신을 참여시킴으로써 이성과 진리, 그리고 자유의 대학 정신을 현실의 참담한 박토(薄土)에 뿌리려 하는 바이다.

…(중략)…

민주주의와 민중의 공복(公僕)이며 중립적 권력체인 관료와 경찰은 민주를 위장한 가부장적 전제 권력의 하수인으로 발 벗었다. 민주주의 이념에서 가장 기본적인 공리인 선거권마저 권력의 마수 앞에 농단되었다. 언론·출판·집회·결사 및 사상의 자유의 불빛은 무식한 전제 권력의 악랄한 발악으로 하여 깜박이던 빛조차 사라졌다. 긴 칠흑 같은 밤의 계속이다.

나이 어린 학생 김주열의 참혹한 시신을 보라! 그것은 가식 없는 전제주의 전횡의 발가벗은 나상(裸像)밖에 아무것도 아니다.

저들을 보라! 비굴하게도 위하(威嚇)와 폭력으로써 우리들을 대하려 한다. 우리는 백보를 양보하고라도 인간적으로 부르짖어야 할 같은 학생의 양심을 느낀다.

…(중략)…

나가자! 자유의 비결은 용기일 뿐이다. 우리의 대열은 이성과 양심과 평화, 그리고 자유에의 열렬한 사랑의 대열이다. 모든 법은 우리를 보장한다.

4월 25일 서울대학교 의과대학을 비롯한 각 대학 교수 300여 명이 모여 시국 선언문을 채택하였습니다. 교수들은 시국 선언문에서 학생 데모를 불의에 항거한 민족정기의 발로로 규정하며 '학생들의 피에 보답하라'고 쓰인 플래카드를 들고 시위에 나섰고, 학생들도 이에 동참하였습니다.

대학 교수단의 시국 선언문

우리 전국 대학교 교수들은 이 비상시국에 대처하여 양심의 호소로서 다음과 같이 우리의 소신을 선언한다.

1. 마산 서울 기타 각지의 데모는 주권을 빼앗긴 국민의 울분을 대신하여 궐기한 학생들의 순수한 정의감의 발로이며 불의에는 언제나 항거하는 민족정기의 표현이다.

…(중략)…

5. 3·15 선거는 부정선거다. 공명선거에 의하여 정부통령을 재선거하라.
6. 3·15 부정선거를 조작한 자는 중형에 처하여야 한다.

…(중략)…

구호

이 대통령은 즉시 물러가라.
부정선거 다시 하라.
살인귀 처단하라!

단기 4293년 4월 25일 대학교수단

반공과 경제 발전이라는 명분을 내세워 군사 정변을 일으켰으며, 사회 질서 정립 후 민간에 정권을 이양한다고 선언하였지만 실상은 군사 정권이 유지되면서 박정희 정부가 수립되었습니다.

5·16 군사 정변 시 발표한 '혁명공약'

1. 반공을 국시의 제일의로 삼고 지금까지 형식적이고 구호에만 그친 반공 태세를 재정비 강화한다.

…(중략)…

3. 이 나라 사회의 모든 부패와 구악을 일소하고 퇴폐한 국민도의와 민족정기를 다시 바로 잡기 위하여 청신한 기풍을 진작시킨다.
4. 절망과 기아선상에서 허덕이는 민생고를 시급히 해결하고 국가 자주 경제 재건에 총력을 경주한다.

…(중략)…

6. (군인) 이와 같은 우리의 과업이 성취되면 참신하고도 양심적인 정치인들에게 언제든지 정권을 이양하고 우리들 본연의 임무에 복귀할 준비를 갖춘다.
6. (민간) 이와 같은 우리의 과업을 조속히 성취하고 새로운 민주공화국의 굳건한 토대를 이룩하기 위하여 우리는 몸과 마음을 바쳐 최선의 노력을 경주한다.

국가재건최고회의 한국군사혁명사 편찬위원회 편, 《한국군사혁명사》 제1집 상, 1963

제2조는 일제 강점기 이전부터 일본이 강압적으로 맺었던 조약은 지금부터 무효임을 선언하고, 제3조는 일본이 북한을 한반도 내 공식 정부로 인정하지 않고 대한민국 정부만을 인정한다는 내용입니다. 그리고 한·일 협정에서는 일본에게 유상, 무상의 차관을 지원받는 내용이 포함되어 이 자금이 경제 발전 자금으로 사용되게 됩니다.

한·일 기본 조약과 부속 협정

한·일 기본 조약

제2조 1910년 8월 22일 및 그 이전에 대한제국과 일본제국 간에 체결된 모든 조약 및 협정이 이미 무효임을 확인한다.

제3조 대한민국 정부가 국제연합총회의 결의 제195호(Ⅲ)에서 명시된 바와 같이 한반도에 있어서의 유일한 합법정부임을 확인한다.

한·일 재산 및 청구권 문제 해결과 경제 협력에 관한 결정

제1조

1. 일본국은 대한민국에 대하여 현재의 1080억원(108,000,000,000円)으로 환산되는 3억 아메리카합중국불($300,000,000)과 동등한 가치를 가지는 일본국의 생산물 및 일본인의 용역을 본 협정의 효력 발생일로부터 10년간의 기간에 걸쳐 무상으로 제공한다.

제1조

1. 매년의 생산물 및 용역의 제공은 108억 일본원(10,800,000,000円)으로 환산되는 3000만 아메리카합중국불($30,000,000)과 동등한 일본원(圓)의 액수를 한도로 하고 매년의 제공이 본 액수에 미달되었을 때에는 그 잔액은 차년(此年) 이후의 제공액에 가산된다. 단 매년의 제공 한도액은 양 체약국 정부의 합의에 의하여 증액될 수 있다.

동아일보사 편집부, 『동아연감』, 동아일보사, 1967

대한민국의 베트남 파병은 미국의 안보 동맹 체결 요구와 경제적 지원을 대가로 군인들을 전쟁터에 보낸 것이다. 이로 인해 미국으로부터 군사적 지원을 받았고, 경제 개발 계획에 필요한 자금을 확보하게 되었다.

브라운 각서

미국 정부는 월남에서 싸우고 있는 자유세계 군대에 대한 고도로 효과적인 기여를 다시 증강하려는 대한민국 정부의 결정을 충심으로 환영합니다. 본인은 한국의 안전과 발전에 대한 우리의 공동 이익에 비추어 미국은 한국 방위와 경제적 발전이 더욱 증진되기 위하여 다음의 조치를 취할 용의가 있음을말씀드릴 권한을 받았습니다.

A.군사원조

1.한국에 있는 한국군의 현대화 계획을 위하여 앞으로 수년 동안에 걸쳐 상당량의 장비를 제공한다.

2.월남에 파견되는 추가 증파 병력에 필요한 장비를 제공하는 한편, 증파에 따른 모든 추가적 「원」화 경비를 부담한다.

3.월남에 파견되는 추가 병력을 완전히 대치하게 될 보충 병력을 장비하고 훈련하며 이에 따른 재정을 부담한다.

…(중략)…

B.경제원조

…(중략)…

4.수출을 진흥시키기 위한 모든 분야에서 한국에 대한 기술 원조를 강화한다.

5.1965년 5월에 한국에 대해 약속했던 1억 5천만 달러 규모의 차관에 덧붙여 미국 정부는 적절한 사업이 개발됨에 따라 1억 5천만 달러 제공 약속에 적용되는 같은 정신과 고려 밑에 한국의 경제 발전을 돕기 위한 추가 AID 차관을 제공한다. …(중략)…

윈드롭 G 브라운

유신헌법은 삼권분립, 견제와 균형이란 의회 민주주의의 기본 원칙을 완전히 부정하고 대통령에게 권력을 집중하고 있다. 특히 대통령 선출 방식과 국회의원 선출 방식을 변경하여 실질적으로 국민의 주권을 대통령에게 이전하였다. 이 헌법으로 인해 대통령은 입법권과 법의 적용, 그리고 법의 해석권을 독점할 수 있었고 언제든 원하는 법을 제정할 수 있었다. 또한 긴급조치를 선포하여 국민의 기본권을 억제할 수 있으면서 어떠한 견제도 받지 않게 되었다.

유신헌법의 주요 내용

제36조 ③ 대통령은 통일주체국민회의의 의장이 된다.

제39조 ① 대통령은 통일주체국민회의에서 토론 없이 무기명투표로 선거한다.

제40조 ① 통일주체국민회의는 국회의원 정수의 3분의 1에 해당하는 수의 국회의원을 선거한다.

제40조 ② 제1항의 국회의원의 후보자는 대통령이 일괄 추천하며, 후보자 전체에 대한 찬반을 투표에 붙여 재적대의원 과반수의 출석과 출석대의원

제40조 ② 과반수의 찬성으로 당선을 결정한다.

제47조 대통령의 임기는 6년으로 한다.

제53조 ① 대통령은 천재·지변 또는 중대한 재정·경제상의 위기에 처하거나, 국가의 안전 보장 또는 공공의 안녕질서가 중대한 위협을 받거나 받을 우려가

제40조 ② 있어, 신속한 조치를 할 필요가 있다고 판단할 때에는 내정 · 외교 · 국방 · 경제 · 재정 · 사법 등 국정 전반에 걸쳐 필요한 긴급조치를 할 수 있다.

제59조 ① 대통령은 국회를 해산할 수 있다.

대한민국 『관보』 제6337호, 1972년 12월 27일

1980년 5월 25일 발표된 궐기문으로 정부가 언론을 통해 광주 시민들을 폭도로 몰아가자, 광주 시민들이 왜 총을 들고 저항할 수밖에 없었는지를 밝히고 있습니다.

광주 시민 궐기문

우리는 왜 총을 들 수 밖에 없었는가? 그 대답은 너무 간단합니다. 너무나 무자비한 만행을 더 이상 보고 있을 수만은 없어서 너도나도 총을 들고 일어선 것입니다. … 정부 당국에서는 17일 야간에 계엄령을 확대 선포하고 일부 학생과 민주 인사, 정치인을 도무지 믿을 수 없는 구실로 불법 연행했습니다.

… 18일 아침에 각 학교에 공수 부대를 투입하고 …(중략)… 이에 우리 학생들은 다시 거리로 뛰쳐나와 정부 당국의 불법 처사를 규탄하였던 것입니다.

1980년 5월 25일

사료에서 박종철 고문 사건 및 4·13 호헌 조치에 대한 국민들의 분노가 드러난다.

6·10 국민 대회 선언

오늘 우리는 전 세계 이목이 우리를 주시하는 가운데 40년 독재정치를 청산하고 희망찬 민주국가를 건설하기 위한 거보를 전 국민과 함께 내딛는다. 국가의 미래요 소망인 꽃다운 젊은이를 야만적인 고문으로 죽여 놓고 그것도 모자라 뻔뻔스럽게 국민을 속이려 했던 현 정권에게 국민의 분노가 무엇인지를 분명히 보여 주고, 국민적 여망인 개헌을 일방적으로 파기한 4·13 폭거를 철회시키기 위한 민주장정을 시작한다.

1972년 발표된 7·4 남북 공동 성명은 자주적, 평화적, 민족적 대단결의 통일 원칙에 합의하였고, 남북 조절 위원회를 구성하기로 합의하였다. 그러나 남한에서 유신헌법이, 북한에서는 사회주의 헌법이 제정되어 독재 체제로 들어가면서 합의는 사실상 성과를 보지 못했다. 그러나 통일의 3대 원칙을 수립하여 앞으로 남북 관계 합의의 기초를 마련했다는 데 큰 의의가 있다.

7·4 남북 공동 성명(1972. 7. 4)

1. 쌍방은 다음과 같은 조국 통일 원칙들에 합의를 보았다.
   첫째, 통일은 외세에 의존하거나 외세의 간섭을 받음이 없이 자주적으로 해결하여야 한다.
   둘째, 통일은 서로 상대방을 반대하는 무력행사에 의거하지 않고 평화적 방법으로 실현하여야 한다.
   셋째, 사상과 이념·제도의 차이를 초월하여 우선 하나의 민족으로서 민족적 대단결을 도모하여야 한다.

…(중략)…

6. 쌍방은 이러한 합의 사항을 추진시킴과 함께 남북 사이의 제반 문제를 개선 해결하며 또 합의된 조국 통일 원칙에 기초하여 나라의 통일 문제를 해결할 목적으로 이후락 부장과 김영주 부장을 공동위원장으로 하는 남북 조절 위원회를 구성·운영하기로 합의하였다.

1991년 12월 13일 체결한 남북 기본 합의서에서 상대방의 체제를 존중하고 상대방을 무력으로 침략하지 않겠다는 것을 명시하였다.

남북 사이의 화해와 불가침 및 교류 협력에 관한 합의서 (일명 남북 기본 합의서, 1991. 12. 31)

제1장 남북 화해

제1조, 남과 북은 서로 상대방의 체제를 인정하고 존중한다.
제2조, 남과 북은 상대방의 내부 문제에 간섭하지 아니한다.
제3조, 남과 북은 상대방에 대한 비방 중상을 하지 아니한다.
제4조, 남과 북은 상대방을 파괴 전복하려는 일체 행위를 하지 아니한다.
…(중략)…

제2장 남북 불가침

제9조, 남과 북은 상대방에 대하여 무력을 사용하지 않으며 상대방을 무력으로 침략하지 아니한다.
제10조, 남과 북은 의견 대립과 분쟁 문제들을 대화와 협상을 통하여 평화적으로 해결한다.

2000년 6월 15일 발표한 남북 공동 선언을 통해 통일 방안, 이산가족 해결 방안, 남북 간 교류 활성화 방안 등을 제시하였다. 특히 남측이 주장하는 연합제 안과 북측의 낮은 단계의 연방제 안의 공통성을 확인하고 이 방향에서 남북한이 공통된 통일 방안을 마련하기로 한 점에서 의미가 있다.

6·15 남북 공동 선언(2000. 6. 15)

남북 정상들은 분단 역사상 처음으로 열린 이번 상봉과 회담이 서로 이해를 증진시키고 남북 관계를 발전시키며 평화통일을 실현하는 데 중대한 의의를 가진다고 평가하고 다음과 같이 선언한다.

1. 남과 북은 나라의 통일 문제를 그 주인인 우리 민족끼리 서로 힘을 합쳐 자주적으로 해결해 나가기로 하였다.
2. 남과 북은 나라의 통일을 위한 남측의 연합제 안과 북측의 낮은 단계의 연방제 안이 서로 공통성이 있다고 인정하고 앞으로 이 방향에서 통일을 지향시켜 나가기로 하였다.
3. 남과 북은 올해 8·15에 즈음하여 흩어진 가족, 친척 방문단을 교환하며, 비전향 장기수 문제를 해결하는 등 인도적 문제를 조속히 풀어 나가기로 하였다.

노무현 정부는 2007년 10월 4일 정상선언(남북공동선언)을 통해 김대중 정부의 햇볕 정책을 계승하고 남북한의 군사적 긴장 관계를 완화시키기 위해 노력하였다.

10·4 남북공동선언(2007. 10. 4)

1. 남과 북은 6·15 남북 공동 선언을 고수하고 적극 구현해 나간다.
2. 남과 북은 사상과 제도의 차이를 초월하여 남북 관계를 상호 존중과 신뢰 관계로 확고히 전환시켜 나가기로 하였다.
3. 남과 북은 군사적 적대 관계를 종식시키고 한반도에서 긴장 완화와 평화를 보장하기 위해 긴밀히 협력하기로 하였다.

2 경제

토지 조사 사업의 결과 대부분의 농민들은 땅을 잃고 생활이 피폐해졌으며, 토막민이 되거나 소작농으로 전락하였다. 많은 토지가 동양 척식 주식회사 등 일제가 만든 회사나 일본 회사에 헐값으로 매각되었는데, 이러한 토지는 조선으로 건너온 일본인들에게 나눠 줌으로써 일본인 지주가 성장하는 배경이 되었다.

토지 조사령

제1조 토지의 조사 및 측량은 본령에 의한다.

제4조 토지 소유자는 조선 총독이 정하는 기간 내에 주소, 씨명·명칭 및 소유지의 소재, 지목, 자번호(字番號), 사표(四標), 등급, 지적(地積), 결수(結數)를

제4조 임시 토지 조사국장에게 신고해야 한다. 단 국유지는 보관 관청이 임시 토지 국장에게 통지해야 한다.

《조선 총독부 관보》 제12호, 1912년 8월 13일

회사령은 1911년 1월 1일부터 시행되어 1920년 3월 31일까지 유지되었다.

회사령

제1조 회사의 설립은 조선 총독의 허가를 받아야 한다.

제5조 회사가 본령 혹은 본령에 기초해 발표된 명령 및 허가의 조건을 위반하거나 또는 공공의 질서 및 선량한 풍속에 반하는 행위를 했을 때에는 조선

제5조 총독은 사업의 정지·금지, 지점의 폐쇄 또는 회사의 해산을 명령할 수 있다.

『조선 총독부 관보』 호외, 1910년 12월 30일

산미 증식 계획의 목적이 일본의 식량 부족 문제를 해결하기 위한 것임을 밝히고 있다.

조선 산미 증식 계획 요강

일본의 쌀 소비는 연간 약 6,500만 석인데 생산은 약 5,800만 석을 넘지 못한다. 부족분은 제국의 반도 및 외국의 공급에 의지하고 있다. 일본 인구는 해마다 약 70만 명씩 늘어나고 국민 생활이 향상되어 1인당 쌀 소비량도 점차 늘어나게 될 것이므로 앞으로 쌀은 모자랄 것이다. 따라서 지금 미곡 증식 계획을 수립하여 일본 제국의 식량 문제를 해결하는 데 도움을 주는 것이 나라의 정책상 시급한 일이라고 믿는다.

조선 총독부 농림국, 1926

일제 강점기 이후 식민지 지주제가 형성됨에 따라 1920년 이후 소작 쟁의가 자주 일어났다. 조선 총독부는 이에 소작 제도 개선에 필요한 사항을 조사하고 소작 관행의 폐해를 제거하면서 효과적으로 농민 수탈 체제를 유지하고자 조선 농지령을 제정하였다.

조선 농지령

제1조 본령은 경작을 목적으로 하는 토지의 임대차에 적용한다.

제1조 본령에서 소작지라고 부르는 것은 전항의 임대차를 목적으로 하는 토지를 말한다.

…(중략)…

제3조 임대인이 마름이나 기타 소작지의 관리자를 둘 때에는 조선 총독이 정한 바에 따르며, 이를 부윤·군수 또는 도사(島司)에 신고해야 한다.

제4조 부윤·군수 또는 도사가 마름이나 기타 소작지의 관리자를 부적당하다고 인정할 때에는 부군도(府郡島) 소작위원회의 의견을 듣고 임대인에 대해

제1조 그 변경을 명령할 수 있다.

…(중략)…

제7조 소작지의 임대차 기간은 3년 이상으로 해야 한다. 단, 다년생 작물의 재배를 목적으로 하는 임대차는 7년 이상으로 해야 한다.

조선 총독부, 『조선법령집람』 17집 산업, 1938

중·일 전쟁을 일으킨 일제는 1938년 물자와 노동력을 동원할 수 있는 국가 총동원법을 제정하였고, 이를 일본 본토뿐만 아니라, 식민지였던 타이완, 한국에도 적용하여 인력과 물자를 수탈하였다.

국가 총동원법

제1조 국가 총동원이란 전시(전시에 준할 경우도 포함)에 국방의 목적을 달성하기 위해 국가의 전력(全力)을 가장 유효하게 발휘하도록 인적 및 물적

제1조 자원을 통제 운용하는 것을 말한다.

제2조 정부는 전시에 국가 총동원상 필요한 때에는 칙령이 정하는 바에 따라 제국 신민을 징용하여 총동원 업무에 종사하게 할 수 있다.

제14조 정부는 전시에 국가 총동원상 필요한 때에는 칙령이 정하는 바에 따라 물자의 생산·수리·배급·양도 기타의 처분, 사용·소비·소지 및 이동에 관해

제14조 필요한 명령을 내릴 수 있다.

농지 개혁이 시행되면서 토지는 경작자 농민의 수중으로 옮겨졌으며, 3정보 이상의 농경지를 소유할 수 없게 되면서 지주 계급은 점차 위축·소멸되어 갔다.

농지 개혁법

제5조 정부는 아래에 의하여 농지를 취득한다.

1. 아래의 농지는 정부에 귀속한다.
   (가) 법령 내지 조약에 의하여 몰수 또는 국유로 된 농지
   (나) 소유권의 명의가 불명치 않은 농지
2. 아래의 농지는 적당한 보상으로 정부가 매수한다.
   (가) 농가 아닌 자의 농지
   (나) 자경(自耕)하지 않는 자의 농지, 단 질병, 공무, 취학 등 사유로 인하여 일시 이농한 자의 농지는 소재지 위원회의 동의로써 도지사가 일정 기한까지 보유를 인허(認許)한다.
   (다) 본법 규정의 한도를 초과하는 부분의 농지

…(중략)…

제12조 농지의 분배는 농지의 종목, 등급 및 농가의 능력 기타에 기준한 점수제에 의거하되 1가 당 총 경영면적 3정보를 초과하지 못한다.

제13조 분배받은 농지에 대한 상환액 및 상환방법은 다음에 의한다.

1. 상환액은 당해 농지의 주 생산물 생산량의 12할 5푼을 5년간 납입케 한다.
2. 상환은 5년간 균분 연부로 하여 매년 주 생산물에 해당하는 현곡 또는 대금을 정부에 납입함으로써 한다.

3 사회

민족의 산업적 기초를 상실하면 부유층과 빈곤층을 막론하고 멸망의 길을 걷게 될 것이라는 계몽적 취지를 담고 있다. 조선 사람은 조선 사람이 지은 것을 사용하자는 주장을 하고 있다.

조선 물산 장려회 취지서

우리에게 먹을 것이 없고 입을 것이 없고 의지해 살 것이 없으면 우리 생활은 파괴될 것이다. 우리가 무슨 권리와 자유, 행복을 기대할 수 있으며 또 사람다운 발전을 희망할 수 있겠는가. 우리 생활의 제1조건은 곧 의식주의 문제이며 이는 산업의 기초다. 산업의 기초가 파괴되어 우리에게 남은 것이 없으면, 우리가 사람다운 생활을 하지 못하고 사람다운 발전을 하지 못할 것은 당연하지 않은가. 그러므로 우리에게 가장 긴급한 문제가 되는 것은 이 의식주의 문제, 즉 산업 문제다.

…(중략)…

부유한 자와 가난한 자 모두, 우리가 우리의 손에 산업의 권리, 생활의 제1조건을 장악하지 않으면 우리는 도저히 우리의 생명, 인격, 사회의 발전을 기대하지 못할 것이다. 우리는 이와 같은 견지에서 우리 조선 사람의 물산을 장려하기 위해 조선 사람은 조선 사람 지은 것을 사 쓰도록 하고, 조선 사람은 단결하여 그 쓰는 물건을 스스로 제작하여 공급하는 것을 목적으로 한다. 이와 같은 각오와 노력이 없이 어찌 조선 사람이 그 생활을 유지하고 그 사회를 발전시킬 수 있겠는가.

《산업계》 1923년 11월

사회주의자의 입장에서 물산 장려 운동의 한계를 지적한 대표적인 사료이다. 이 글의 필자인 이성태는 물산 장려 운동을 '중산계급'이 주도하고 있음을 전제하고, 민족주의라는 미사여구 속에서 중산계급이 자신의 계급적 이익을 유지하기 위해 국내 노동 계급을 이용하려는 시도에 불과하다고 설명하며 비판적으로 바라보고 있다.

물산 장려 운동에 대한 비판

이 문제는 근일 우리 조선에서 일어난 상당한 규모의 운동으로 보인다. 게다가 소위 지식층 중산 계급은 이 운동만이 외래 침입자에 대한 방어책이 되고, 그래서 조선인 생활의 유일한 구제 방법이라고 떠든다. 그러나 우리는 언제든지 저 자본계급, 중산계급적 운동의 표리를 감시하고 비판할 의무와 계급 투쟁의 전략상 절실한 필요를 느낀다.

…(중략)…

실상 저들 자본가 중산 계급은 외래의 자본주의적 침략에 위협을 당하고 착취당하고 있기 때문에 어쩔 수 없이 민족적이라는 미사여구로 동족 안에 있는 상반적인 양극단의 계급적 의식을 가려 버리고 일면으로는 애국적이라는 의미에서 외화(外貨) 배척을 말하는 것이며, 그 이면에는 외래의 경제적 정복 계급을 축출하여 새로운 착취 계급으로서 자신들이 그 자리를 대신하려는 것이다. 이래서 저들은 민족적·애국적인 척하는 감상적 미사여구로 눈물을 흘리며 저들과 이해관계가 전혀 다른 노동 계급의 후원을 갈구하는 것이다.

〈동아일보〉, 1923년 3월 20일

1923년 조선 민립 대학 설립 기성회 발기 총회에서 발표된 취지서이다. 고등교육을 통해 문화민족이 되는 것이 곧 민족의 생존, 독립을 위한 길임을 제시하고 있다.

민립 대학 설립 기성회의 발기 취지서

우리들의 운명을 어떻게 개척할까? 정치냐, 외교냐, 산업이냐? 물론 이러한 사업들이 모두 다 필요하도다. 그러나 그 기초가 되고 요건이 되며 가장 급무가 되고 가장 선결의 필요가 있으며 가장 힘있고 가장 필요한 수단은 교육이 아니면 불능하도다. 왜냐하면 알고야 움식일 것이요, 알고야 일할 것이며, 안 이후에야 정치나 외교도 가히 발달케 할 것이기 때문이다. 정치나 외교도 교육이 있어야 비로소 빛을 발할 것이니 교육은 우리의 진로를 개척함에 있어 유일한 방편이요, 수단임이 분명하다.

그러므로 이제 우리 조선인도 세계 속에서 문화 민족의 일원으로 다른 나라 사람과 어깨를 나란히 하여 우리들의 생존을 유지하며 문화의 창조와 향상을 기도하려면, 대학의 설립을 빼고는 다시 다른 길이 없도다. 그런데 수삼 년 이래 각지에서 향학열이 힘차게 일어나 학교의 설립과 교육 시설을 설치할 것을 요구함이 많은 것은 실로 우리의 고귀한 자각에서 나온 것이다. 모두가 경하할 일이나 우리에게 아직도 대학이 없다. 그러므로 우리는 감히 만천하 동포에게 향하여 민립 대학 설립을 제창하노니, 자매 형제로 모두 와서 성원하라.

민립 대학 설립 취지서

일본 본국에서는 이 법을 통해 주로 공산주의 운동과 그 영향하에 있던 노동 운동, 사회 운동을 처벌하였고, 식민지였던 조선에서는 이와 더불어 독립운동을 탄압하는 법률로도 기능하였다.

치안 유지법

제1조 국체를 변혁하거나 사유 재산제도를 부인하는 것을 목적으로 결사를 조직하거나 또는 사정을 알고 이에 가입한 자는 10년 이하의 징역 또는 금고에 처한다.

…(중략)…

제7조 이 법은 누구를 막론하고 이 법의 시행 구역 외에서 죄를 범한 자에게도 적용한다.

《조선 총독부 관보》 제3807호, 1925년 4월 27일

1924년 1월 2일부터 6일까지 5일간에 걸쳐 이광수는 〈동아일보〉에 「민족적 경륜」을 연재하였다. 그는 '조선 내에서 허하는 범위 내에서 일대 정치적 결사를 조직'하고 정치적 결사는 '전 조선 민족의 중심 세력'이 되어야 한다고 주장하였다. 이는 일제가 허용하는 범위 내에서 합법적 정치 활동을 하자는 것이었다. 이러한 주장은 일제의 식민 통치를 인정하고 그 안에서 자치권이나 참정권을 얻어 내자라는 의견으로 받아들여졌고, 이에 대해 사회주의자들과 비타협적 민족주의자들이 맹렬하게 비판을 가하였다. 이런 이광수의 의견에 동조하는 자들이 나타나자 민족주의자는 타협적 민족주의자와 비타협적 민족주의자로 점차 갈리게 되었다.

이광수의 민족적 경륜

그러면 왜 지금에 조선 민족에게는 정치적 생활이 없나. 그 대답은 가장 단순하다. 일본이 한국을 병합한 이래로 조선인에게는 모든 정치적 활동을 금지한 것이 첫째 원인이요 병합 이래로 조선인은 일본의 통치권을 승인하는 조건 밑에서 하는 모든 정치적 활동, 즉 참정권·자치권의 운동 같은 것은 물론이요 일본 정부를 적수로 하는 독립운동조차도 원치 아니하는 강렬한 절개 의식이 있었던 것이 두 번째 원인이다.

이 두 가지 원인으로 지금까지 하여 온 정치적 운동은 전혀 일본을 적국시하는 운동뿐이었다. 그러므로 이런 종류의 정치 운동은 해외에서나 만일 국내에서 한다 하면 비밀결사적일 수밖에 없었다.

…(중략)…

그러나 우리는 무슨 방법으로나 조선 내에서 전 민족적인 정치 운동을 하도록 신생면(新生面)을 타개할 필요가 있다. 우리는 조선 내에서 허하는 범위 내에서 일대 정치적 결사를 조직하여야 한다는 것이 우리의 주장이다. 그러면 그 이유는 어디 있는가. 우리는 두 가지를 들려고 한다.

〈동아일보〉, 1924년 1월 3일

격문을 보면 '납세 거부', '노동자 총파업', '소작료 납부 거부' 등 경제 투쟁의 지침이 등장하는데 이러한 내용은 사회주의 운동의 확산과도 관련이 깊다. 전반적으로 1920년대 중반 당시 식민지 체제 사회 문제로 인식하고 있던 것들을 규탄하고 있다.

6·10 만세 운동 격문

대한 독립 만세! 대한 독립운동자여 단결하라!
일체 납세를 거부하자!
일본 물자를 배척하자!
조선인 관리는 일체 퇴직하라!
일본인 공장의 직공은 총파업하라!
일본인 지주에게 소작료를 바치지 말라!
일본인 교원에게는 배우지 말자!
일본 상인과의 관계를 단절하자!
언론, 출판, 집회의 자유를!
군대와 헌병을 철거하라!
투옥 혁명수를 석방하라!
보통교육은 의무교육으로!
교육 용어는 조선어로!
동양 척식 주식회사는 철폐하라!
일본 이민제를 철폐하라!

이념 노선 갈등으로 독립 운동 세력이 나뉘게 되자 중국의 제1차 국·공 합작을 바라본 국내외 독립운동가들은 노선이 다르더라도 독립을 위해서라면 중국처럼 하나의 정치 조직으로 합쳐야 한다고 주장하였다.

한국 독립 유일당 북경 촉성회 선언서

동일한 목적과 동일한 성공을 위해 운동하고 투쟁하는 혁명자들은 반드시 하나의 기치 아래 모여 하나의 호령 아래 단결해야만 비로소 상당한 효과를 거둘 수 있다는 것은 말할 필요도 없다. … 바란다! 일반 동지는 깊이 양해하라! 일본 제국주의를 타도하라! 한국의 절대 독립을 주장하라! 민족 혁명의 유일한 전선을 만들라! 전 세계 피압박 민중은 단결하라!

사회주의 단체인 정우회는 1925년 치안유지법이 제정된 이래 사회주의 계열만으로 민족 운동을 벌이기가 힘들다고 판단하였다. 그래서 자치론이나 참정론을 주장하는 타협적 민족주의 세력(사료에서는 타락한 민족주의 세력)을 제외하고 비타협적 민족주의 계열과 제휴하여 민족운동을 벌일 것을 선언하였다. 이 선언이 중요한 계기가 되어 사회주의 세력과 비타협적 민족주의 세력이 연대하여 신간회가 창설되었다.

정우회 선언

우리 운동은 현재 부진한 상태에 빠져 있고 위태로운 때를 당했다. 그러므로 확고한 정책을 세우지 않으면 안 된다. … 민족주의적 세력의 대두로 인해 전개되는 정치적 운동의 경향에 대해서는, 그것이 하나의 필연적 과정인 이상 우리는 냉정하게 강 건너 불 보듯 할 수 없다. 그것보다 우리 운동 자체가 경제적 투쟁에 국한되어 있던 과거의 한계에서 벗어나 한층 계급적이고 대중적이며 의식적인 정치적 형태로 비약해야 할 전환기에 도달한 것이다.

… 따라서 민족주의적 세력에 대해서는 그 부르주아 민주주의적 성질을 명백하게 인식하는 한편 우리와 과정적 동맹을 맺을 수 있음을 충분히 인정하여, 그것이 타락한 형태로 나타나지 않는 것을 전제로 해서 적극적으로 제휴하여 대중의 개량적인 이익을 위해서도 이전의 소극적인 태도를 버리고 분연히 싸워야 할 것이다.

〈조선일보〉, 1926년 11월 17일

1927년 신간회가 조직되면서 만든 강령이다. 여기서 기회주의는 자치론, 참정론을 주장하는 타협적 민족주의 세력을 뜻한다.

신간회 강령

우리는 정치적·경제적 각성을 촉진한다.
우리는 단결을 공고히 한다.
우리는 기회주의를 일체 부인한다.

〈동아일보〉, 1927년 1월 20일

1929년 광주 학생 운동 당시 뿌려진 격문이다. 밑줄 친 내용 중 검거자 석방은 11월 3일 가두 시위 도중 잡혀간 학생들을 석방하라는 내용이다. 학생들의 의견 중에 조선인 본위의 교육 제도 확립이라는 것은 이 당시 일본인과 조선인을 차별하는 교육 제도가 만연했음을 뜻한다.

광주 학생 항일 운동 격문

학생 대중아 궐기하자!
검거자를 즉시 우리들이 탈환하자!
검거자를 즉시 석방하라!
교내에 경찰권 침입을 절대 반대하자!
교우회 자치권을 획득하자!
직원회에 생도 대표자를 참석시켜라!
조선인 본위의 교육 제도를 확립시켜라!
민족 문화와 사회과학 연구의 자유를 획득하자!
전국학생대표자회의를 개최하라!
조선 민중아 궐기하자!
청년 대중아, 죽음을 초월하여 투쟁하자.

1927년 5월 27일 사회주의 및 민족주의 여성계가 연대하여 창설된 근우회는 활동 중 사회주의 세력이 주도권을 잡자 민족주의 계열 일부가 탈퇴하여 위기를 맞게 된다. 근우회는 조직을 재정비하기 위해 1929년 7월 25일 7개 행동 강령을 제시하고 다시 한 번 여성과 민족의 해방이라는 목표를 상기시킨다.

근우회 행동강령

1. 여성에 대한 사회적·법률적 일체 차별 철폐
2. 일체 봉건적 인습과 미신 타파
3. 조혼 폐지 및 결혼의 자유
4. 인신매매 및 공창 폐지
5. 농민부인의 경제적 이익 옹호
6. 부인 노동의 임금 차별 철폐 및 산전산후 임금 지불
7. 부인 및 소년공의 위험 노동 및 야업 폐지

〈동아일보〉 1929년 7월 25일

취지서에서는 백정에 대한 차별이 여전히 행해지고 있음을 지적하면서 모든 직업에 귀천이 없다는 원칙은 백정에게도 동일하게 적용되어야 함을 밝히고 있다.

형평 운동 취지문

공평은 사회의 근본이고 애정은 인류의 근본 강령이다. 그런 고로 우리는 계급을 타파하고 모욕적 칭호를 폐지하여 교육을 장려하며, 우리도 참다운 인간이 되는 것을 기대하는 것이 본사의 큰 뜻이다. 지금까지 조선의 백정은 어떠한 지위와 어떠한 압박을 받아 왔던가? 과거를 회상하면 종일토록 통곡하여도 피눈물을 금할 길이 없다. 여기에 지위와 조건 문제 등을 제기할 여유도 없이 일전의 압박에 대해 절규하는 것이 우리의 실정이다 이 문제를 선결하는 것이야말로 우리의 급무이다. 비천하고 가난하고 열악하고 약하여 굴종한 자는 누구였던가? 아아 그것은 우리의 백정이 아니었던가? 그런데 이러한 비극에 대한 이 사회의 태도는 어떠한가? 소위 지식계급에서는 압박과 멸시만 하였다. 직업의 구별이 있다고 하면 금수의 생명을 빼앗는 것은 우리 백정밖에 없다. 본사는 시대의 요구보다도 사회의 실정에 응하여 창립되었을 뿐 아니라 우리도 조선 민족 이천만의 일원이라. 애정으로써 상호부조하며 생명의 안정을 도모하고 공동의 번영을 도모하려 한다. 이에 40여 만의 단결로써 본사(本社)의 목적을 선명하게 표방하고자 하는 바이다.

박정희 대통령이 작사, 작곡했다고 알려진 새마을 노래의 가사다. 가사 곳곳에 새마을 운동의 기조인 근면, 자조, 협동의 내용이 담겨 있으며 마을 환경 개선, 소득 증대 등의 목표가 드러나 있다.

새마을 노래

새벽 종이 울렸네 새 아침이 밝았네
너도 나도 일어나 새 마을을 가꾸세
살기 좋은 내 마을 우리 힘으로 만드세

초가집도 없애고 마을 길도 넓히고
푸른 동산 만들어 알뜰살뜰 다듬세
살기 좋은 내 마을 우리 힘으로 만드세

서로서로 도와서 땀흘려서 일하고
소득 증대 힘써서 부자 마을 만드세
살기 좋은 내 마을 우리 힘으로 만드세

1970년 11월 13일 분신자살한 전태일이 당시 박정희 대통령에게 근로조건 개선과 임금 인상들을 요구하며 보낸 편지다. 편지 곳곳에서 열악한 노동 환경이 나타나있으며, 이를 개선해주기를 요구하는 내용이 담겨 있다.

박정희 대통령에게 노동 조건 개선을 요구하는 전태일의 편지

존경하시는 대통령 각하

…(중략)…

저는 서울특별시 성북구 쌍문동 208번지 2통 5반에 거주하는 22살 된 청년입니다. 직업은 의류계통의 재단사로서 5년의 경력을 가지고 있습니다. 저의 직장은 시내 동대문구 평화시장으로써 의류전문 계통으로썬 동양 최대를 자랑하는 것으로 종업원은 2만여 명이 됩니다.

…(중략)…

그러나 저희들은 근로기준법의 혜택을 조금도 못 받으며 더구나 2만여 명을 넘는 종업원의 90% 이상이 평균 연령 18세의 여성입니다. 기준법이 없다고 하더라도 인간으로써 어떻게 여자에게 하루 15시간의 작업을 강요합니까? 미싱사의 노동이라면 모든 노동 중에서 제일 힘든(정신적으로, 육체적으로) 노동으로 여성들은 견뎌내지 못합니다.

…(중략)…

저희들의 요구는

1일 14시간의 작업시간을 단축하십시오. 1일 10시간 - 12시간으로, 1개월 휴일 2일을 일요일마다 휴일로 쉬기를 희망합니다.

건강진단을 정확하게 하여 주십시오.

시다공의 수당 현 70원 내지 100원을 50% 이상 인상하십시오.

절대로 무리한 요구가 아님을 맹세합니다.

인간으로서의 최소한의 요구입니다.

기업주 측에서도 충분히 지킬 수 있는 사항입니다.

4 문화

『조선상고사』는 독립운동으로 10년 실형을 받고 뤼순감옥에서 투옥 중이었던 신채호가 1931년 6월부터 10월까지 《조선일보》에 '조선사'라는 제목으로 연재한 글을 엮은 책이다. 그는 이 책의 총론에서 역사를 '아와 비아의 투쟁'으로 정의하며 역사는 끊임없이 변화하고 동시에 그 변화는 그치지 않는 투쟁을 통해 이루어진다는 것을 주장하였다. 이는 당시 일제 강점의 우리 역사도 투쟁을 통해 변화(독립)시킬 수 있다고 생각한 것과 이어진다고 할 수 있다.

조선상고사 총론

역사란 무엇인가? 역사는 아(我)와 비아(非我)의 투쟁이 시간적으로 전개되고 공간적으로 펼쳐지는 정신적[心的] 활동 상태에 관한 기록이다. 세계사는 세계 인류가 그렇게 되어온 상태에 관한 기록이고, 조선사는 조선 민족이 그렇게 되어온 상태에 관한 기록이다.

…(중략)…

'비아'를 정복하여 '아'를 드높이면 투쟁의 승자로서 미래 역사의 주도권을 잡게 된다. 반면에 '아'가 파멸되어 '아'가 '비아'에게 바쳐지면 투쟁의 패자로서 역사의 흔적 정도로 그치고 만다. 이는 동서고금의 역사에서 변함없는 이치다.

박은식 선생은 국가는 멸할 수 있어도 역사는 멸할 수 없다고 주장하면서 역사란 국혼(國魂)과 국백(國魄)의 결합이라고 주장하였다. 여기서 국혼이란 국어, 국사, 국교 등의 정신적 요소를 말하며, 국백이란 경제, 군사, 기계 등 물질적 요소를 말하는데 역사 연구를 통해 독립투쟁의 필연성을 강조하였다고 볼 수 있다.

한국통사 서문

오호라! 천지가 있은 이래로 생물의 종류와 혈기의 종속이 경쟁이 없는 때가 없었으니, 승자는 주인이 되고 패자는 노예가 되었으며, 승자는 영예를 차지하고 패자는 굴욕을 당했으며, 승자는 쾌락을 즐기고 패자는 고통을 받았으며, 승자는 존재하고 패자는 멸망하였으니, 그 경쟁의 시대에 처하여 무릇 지각과 운동성질이 있는 자중 타인에게 승리할 것을 구하지 않은 자가 있겠는가?

…(중략)…

옛사람이 이르기를 나라를 멸할 수는 있으나 역사는 멸할 수 없다고 하였으니 그것은 나라의 형체이고 역사는 정신이기 때문이다. 이제 한국의 형체는 허물어졌으나 정신은 홀로 존재할 수 없는 것인가? 이것이 통사(痛史)를 짓는 까닭이다. 정신이 보존되어 멸하지 아니하면 형체는 부활할 때가 있을 것이다.

부록 •

주요 연표 • 찾아 보기 • 참고 문헌

주요 연표

한국사

기원전

약 70만년 전	구석기 문화
8000년경	신석기 문화
6000년경	빗살무늬 토기 제작
2333	고조선 건국
2000~1500년경	청동기 문화의 보급
400년경	철기 문화의 보급
194	위만, 고조선의 왕이 됨
108	고조선 멸망, 한 군현 설치
57	신라 건국
37	고구려 건국
18	백제 건국

기원후

42	김수로 왕, 금관가야 건국
53	고구려, 동옥저 정복
194	고구려, 진대법 실시
260	백제(고이왕), 16관등과 공복 제정
313	고구려, 낙랑군 멸망시킴
372	고구려, 불교 전래·태학 설치
	백제, 동진에 사절 파견
384	백제, 불교 전래
400	고구려, 왜군을 막기 위해 신라에 5만 군사 파견
405	백제, 일본에 한학 전파
414	고구려, 광개토대왕비 건립
427	고구려, 평양 천도
433	나·제 동맹 성립
475	백제, 웅진성 천도
494	부여, 고구려에 복속

세계사

기원전

1만년전	신석기 시대의 시작
8000년경	최초의 도시 예리코의 등장
4000~3500년경	메소포타미아 문명 시작
3000년경	이집트 문명 시작
2500년경	중국 문명·인더스 문명 시작
1800년경	함무라비 왕, 메소포타미아 통일
6세기경	석가모니 탄생
551년경	공자 탄생
334	알렉산드로스, 동방 원정
264	포에니 전쟁
221	진(秦)의 중국 통일
202	한 제국의 건국
27	로마, 제정 시작
4	예수 탄생

기원후

25	후한의 건국
105	채륜의 종이 개발
166	로마 사절 중국에 옴
184	황건적의 난
220	후한 멸망, 삼국 시대 시작
280	진(晋), 중국 통일
304	5호 16국 시대(~439)
313	로마, 크리스트교 공인·밀라노 칙령 발표
317	동진의 성립
325	니케아 공의회
375	게르만 족, 대이동 개시
392	로마, 크리스트교를 국교로 선포
395	로마 제국, 동서로 분리
439	중국, 남북조 성립
476	서로마 제국 멸망
486	프랑크 왕국 건국

한국사			세계사	
		500		
502	신라, 우경 실시		500	힌두교 창시
503	신라, 국호와 왕호를 정함		529	유스티니아누스 법전 편찬. 몬테카시노 수도원 창설
520	신라, 율령 반포. 백관의 공복 제정		537	콘스탄티노폴리스의 성 소피아 성당 건립
527	신라 법흥왕, 불교 공인		570	무함마드 탄생
532	금관가야 멸망		589	수, 중국 통일
536	신라, 연호 사용			
538	백제 성왕, 사비로 천도			
545	신라, 국사 편찬			
552	백제, 일본에 불교 전함			
562	신라, 대가야 병합			
563	신라, 한강 유역 차지			
		600		
612	고구려, 살수 대첩		608	수양제, 대운하 건설
624	고구려, 당으로부터 도교 전래		610	무함마드, 최초의 쿠란 계시 받음. 이슬람교 창시
645	고구려, 안시성 싸움 승리		618	당의 건국
647	신라, 첨성대 건립		622	헤지라(이슬람력 기원 원년)
660	백제 멸망		629	현장의 인도 여행
668	고구려 멸망		630	일본, 견당사 파견
676	신라, 삼국 통일		632	정통 칼리프 시대의 개막
682	통일신라, 국학을 세움		642	사산 왕조 페르시아 멸망
685	9주 5소경 설치		645	일본, 다이카 개신
698	발해 건국		646	현장, 대당서역기를 씀
			661	우마이야 왕조의 시작
			671	당의 의정, 불경을 구하러 인도 여행
		700		
722	신라, 정전 지급		712	당, 현종 즉위
751	불국사 중창 시작		750	아바스 왕조 시작
780	선덕왕 즉위, 신라 하대의 시작		751	탈라스 전투. 제지술 전래. 카롤링거 왕조의 성립
788	신라 원성왕, 독서삼품과 설치		755	당, 안·사의 난
			771	카롤루스 대제, 프랑크 왕국 통일
			794	일본, 헤이안 시대의 시작
		800		
822	김헌창의 난		829	잉글랜드 왕국 성립
828	장보고, 청해진 설치		843	베르됭 조약 체결
834	백관의 복색 제도 공포		862	러시아, 노브고로드 공국 건국
888	신라, 삼대목 편찬		875	황소의 난(~884)
889	신라, 초적의 반란들			
		900		
900	견훤, 후백제 건국		907	당 멸망. 5대 10국의 시작
901	궁예, 후고구려 건국		910	클뤼니 수도원 설립

한국사		세계사	
918	왕건, 고려 건국	911	노르망디 공국 성립
926	발해 멸망	916	거란 건국
935	신라 멸망	939	중국으로부터 베트남 독립
936	고려, 후삼국 통일	946	거란, 국호를 요라 칭함
956	노비안검법 실시	960	중국, 송 건국
958	과거제 실시	962	오토 1세, 신성 로마 황제 대관
976	전시과 실시	987	프랑스, 카페 왕조 시작
983	전국에 12목 설치	996	이집트, 파티마 왕조의 성립
992	국자감 설치		
993	거란의 1차 침입		
	1000		
1009	강조의 정변	1000	송, 나침반과 화약 발명
1010	거란의 2차 침입	1037	셀주크 튀르크 건국
1018	거란의 3차 침입	1038	서하의 건국
1019	귀주 대첩	1054	크리스트교 동서로 분열
1033	천리장성 축조 시작	1066	노르망디 공 윌리엄, 잉글랜드 정복
1055	최충, 사학 설치	1069	왕안석 신법 제정
1076	전시과 개정, 관제 개혁	1077	카노사의 굴욕
1086	의천, 교장도감 두고 교장 조판	1095	클레르몽 공의회 개최
1097	주전도감 설치	1096	십자군 전쟁(~1270)
	1100		
1102	해동통보 주조	1115	여진족, 금 건국
1107	윤관, 여진 정벌과 9성 축조	1122	보름스 협약 체결
1126	이자겸의 난	1125	금, 요를 멸망시킴
1135	묘청의 난	1127	북송 멸망, 남송 시작
1145	김부식, 삼국사기 편찬	1163	프랑스, 노트르담 성당 건축 시작
1170	무신 정변	1169	영국, 아일랜드 정복
1174	정중부, 중방 정치	1170	영국, 옥스퍼드 대학 성립
1176	망이, 망소이의 난	1187	예루살렘 왕국 멸망
1196	최충헌 집권(최씨 무신 정권 수립)	1192	일본, 가마쿠라 막부 세움
1198	만적의 난		
	1200		
1219	몽골과 통교	1204	제4차 십자군(콘스탄티노플 약탈)
1231	몽골의 제1차 침입	1206	칭기즈 칸, 몽골 통일
1232	강화 천도	1215	영국, 대헌장 제정
1234	금속 활자로 상정고금예문 간행	1234	금의 멸망
1236	고려 대장경 새김(~1251)	1241	한자(Hansa) 동맹 성립
1258	최씨 정권의 몰락	1243	킵차크한국 건설
1270	개경으로 환도, 삼별초의 대몽 항쟁	1258	아바스 왕조 몽골에 의해 멸망
		1271	원 제국 성립
1274	여·원의 제1차 일본 정벌	1279	남송 멸망

한국사		세계사	
		1299	마르코 폴로, 동방견문록 저술
			오스만 제국 건설
1300			
1304	안향의 주장으로 국학에 대성전 세움	1302	프랑스, 삼부회(삼신부회) 성립
1314	만권당 설치	1309	교황, 아비뇽 유수(~1377)
1359	홍건적 침입(~1361)	1321	단테, 신곡 완성
1363	문익점, 원에서 목화씨 가져옴	1328	발루아 왕조 성립
1376	최영, 왜구 정벌	1336	일본, 무로마치 막부 성립(~1573)
1377	최무선의 건의로 화약 무기 제조(화통도감 설치).	1337	영국·프랑스, 백년 전쟁(~1453)
	직지심체요절 인쇄	1348	흑사병 대유행
1388	위화도 회군	1356	황금문서 발표
1389	박위, 쓰시마 섬 토벌	1368	원 제국 멸망, 몽골 초원으로 이동, 명 건국
1392	고려 멸망, 조선 건국	1369	티무르 제국 성립
1394	조선, 한양 천도	1381	와트 타일러의 난
1400			
1402	호패법 실시	1405	정화의 항해(~1433)
1403	주자소 설치	1408	명, 영락 대전 완성
1411	한양에 5부 학당 설치	1414	콘스탄츠 공의회
1413	조선, 8도의 지방 행정 조직 완성. 태조 실록 편찬	1419	후스 종교 전쟁(~1434)
1416	4군 설치(~1443)	1429	잔 다르크, 영국군 격파
1418	세종 즉위	1450	구텐베르크, 활판 인쇄술 발명
1420	집현전 확장	1453	비잔티움 제국(동로마 제국) 멸망
1434	6진 설치(~1449)	1455	장미 전쟁(~1485)
1441	측우기 제작	1479	이사벨 1세, 에스파냐 왕국 성립
1443	훈민정음 창제	1480	에스파냐 왕국 성립
1446	훈민정음 반포	1492	콜럼버스, 아메리카 항로 발견
1453	계유정난	1498	바스쿠 다가마, 인도 항로 발견
1466	직전법 실시		
1485	경국대전 완성		
1498	무오사화		
1500			
1504	갑자사화	1502	사파비 왕조 건립
1506	중종반정	1517	루터의 종교 개혁
1510	3포 왜란. 비변사 설치	1519	마젤란, 세계 일주(~1522)
1512	임신약조	1521	아즈텍 문명의 멸망
1519	기묘사화	1524	독일의 농민 전쟁
1543	백운동 서원 세움	1526	무굴제국의 탄생
1545	을사사화	1533	잉카 제국의 멸망
1555	을묘왜변	1534	영국 국교회의 성립
1559	임꺽정의 난	1541	칼뱅의 종교 개혁
1592	임진왜란. 한산도 대첩	1543	코페르니쿠스의 지동설

한국사

1593 행주대첩
1597 정유재란

1600

1608 경기도에 대동법 실시
1609 일본과 기유약조 체결
1610 동의보감 완성
1623 인조반정
1624 이괄의 난
1627 정묘호란
1628 벨테브레이, 제주도 표착
1631 정두원이 명에서 천리경, 자명종, 화포 등 수입
1636 병자호란
1645 소현 세자가 청에서 과학 서적, 천주교 서적 등을 수입
1653 하멜, 제주도 표착, 시헌력 채택
1654 제1차 나선 정벌
1658 제2차 나선 정벌
1659 호서 지방에 대동법 실시
1662 제언사 설치
1678 상평통보 주조
1680 경신환국
1689 기사환국
1694 갑술환국
1696 안용복, 독도에서 일본인 쫓아냄

1700

1708 전국적으로 대동법 실시
1712 백두산정계비 건립
1725 탕평책 실시
1750 균역법 실시
1763 고구마 전래
1776 규장각 실시
1784 이승훈, 천주교 전도
1785 대전통편 완성
1786 서학을 금함
1791 신해통공 시행

1800

1801 신유박해·공노비 해방
1811 홍경래의 난
1831 전주교 조선 교구 설치

세계사

1562 위그노 전쟁(~1598)
1588 영국, 무적 함대 격파
1590 도요토미 히데요시 일본 전국 통일
1598 낭트 칙령 발표

1600

1600 영국, 동인도 회사 성립
1603 에도 막부 성립
1609 갈릴레이, 망원경 발명
1616 후금 건국
1618 신·구교의 30년 종교 전쟁(~1648)
1625 흐로티위스, 전쟁과 평화의 법 지음
1628 영국, 권리 청원 제출
1632 타지마할 건립.
갈릴레이 지동설 주장
1642 청교도 혁명(~1649)
1644 이자성의 난.
청, 중국 정복
1648 베스트팔렌 조약 체결
1651 크롬웰, 항해 조례 발표
1666 뉴턴, 만유인력 발견
1688 명예혁명
1689 청·러시아, 네르친스크 조약 체결
영국, 권리 장전 발표
1694 잉글랜드 은행 설립

1700

1700 북방 전쟁
1710 베르사유 궁전 완성
1727 카흐타 조약 체결
1740 오스트리아 왕위 계승 전쟁
1748 몽테스키외, 법의 정신 출판
1762 루소, 사회 계약론 발표
1765 와트, 증기 기관 완성
1773 보스턴 차 사건
1776 미국, 독립 선언
1789 프랑스 대혁명, 인권 선언
1792 프랑스, 제1 공화정 시작

1800

1801 영국, 아일랜드 병합
1804 나폴레옹 황제 즉위
1805 트라팔가르 해전

한국사

1839	기해박해
1860	최제우, 동학 창시
1861	김정호, 대동여지도 만듦
1862	임술 농민 봉기
1863	고종 즉위, 흥선 대원군 집권
1865	경복궁 증건(~1872)
1866	병인박해. 병인양요. 제너럴 셔먼호 사건
1868	오페르트 도굴 사건
1871	신미양요
1873	흥선대원군 하야
1875	운요호 사건
1876	강화도 조약 체결
1879	지석영, 종두법 실시
1880	김홍집 「조선책략」 들여옴. 통리기무아문 설치
1881	조사 시찰단 및 영선사 파견
1882	임오군란, 미국과 통상 조약 체결
1883	한성순보 발간. 전환국 설치. 원산 학사 설립. 보빙사 파견(~1884). 태극기 사용. 영국·독일 등과 통상 조약 체결
1884	우정총국 설치. 갑신정변
1885	거문도 사건, 배재 학당 설립 서울·인천 간 전신 개통. 광혜원 설립
1886	육영 공원, 이화 학당 설립
1889	함경도에 방곡령 실시
1894	동학 농민 운동. 갑오개혁
1895	을미사변. 단발령 공포
1896	아관 파천. 독립신문 발간. 독립 협회 설립
1897	대한 제국 성립
1898	만민 공동회 개최. 「여권통문」 발표
1899	경인선 개통

세계사

1814	빈 회의(~1815)
1821	그리스 독립 전쟁·멕시코의 독립
1830	프랑스, 7월 혁명
1832	영국, 제1차 선거법 개정
1833	영국, 공장법 제정
1834	독일, 관세동맹 체결
1840	청·영국, 아편 전쟁(~1842)
1842	난징조약 체결
1848	프랑스, 2월 혁명. 마르크스 「공산당 선언」 출간
1851	청, 태평천국 운동(~1864)
1853	크림전쟁(~1856)
1854	미일화친조약 체결
1856	애로호 사건(~1860)
1857	인도 세포이 항쟁
1858	무굴 제국 멸망
1860	베이징 조약
1861	미국, 남북 전쟁(~1865). 이탈리아 왕국 설립
1862	청, 양무운동 시작(~1894)
1863	링컨, 노예 해방 선언
1868	일본, 메이지 유신
1869	수에즈 운하 개통
1871	독일 제국 성립. 프랑스, 파리 코뮌 성립
1877	인도 제국 성립. 러시아, 투르크 전쟁(~1878)
1878	베를린 회의
1882	독일, 오스트리아, 이탈리아 삼국 동맹 성립
1884	청·프랑스 전쟁(~1885). 이집트, 영국의 보호령 베를린 서아프리카 회의
1885	청·일 텐진 조약 체결. 인도 국민 회의파 창립
1889	에펠탑 건설
1894	청·일 전쟁(~1895)
1895	삼국간섭 단행
1896	제1회 올림픽 대회
1898	청, 무술변법. 미서 전쟁. 퀴리 부부, 라듐 발견
1899	헤이그 만국 평화 회의. 청, 의화단 운동(~1901) 남아프리카 전쟁(보어 전쟁)

1900

한국사

1900	만국 우편 연합 가입
1902	서울·인천 간 장거리 전화 개통
1903	YMCA 발족
1904	한·일 의정서 맺음. 제1차 한일협약 체결
1905	경부선 개통. 을사조약. 천도교 성립. 일제 독도 강탈

세계사

1902	제1차 영·일 동맹(~1905)
1904	러·일 전쟁(~1905)
1905	제1차 모로코 사건. 러시아, 피의 일요일 사건 가쓰라 테프트 밀약. 포츠머스 조약 체결
1906	인도, 스와데시·스와라지 운동

한국사

1906	통감부 설치
1907	헤이그 특사 파견. 고종 황제 퇴위. 한일 신협약(정미7조약) 조인. 군대 해산. 신민회 결성 국채 보상 운동
1908	의병, 서울 진공 작전 전명운·장인환 스티븐슨 저격
1909	일본, 청과 간도 협약 체결 안중근, 이토 히로부미 처단 나인영(나철), 단군교(대종교) 창시
1910	국권 피탈. 토지 조사 사업 조사. 회사령 공포
1914	대한 광복군 정부 수립
1915	대한 광복회 결성
1916	박중빈, 원불교 창시
1918	무오독립선언서·신한청년당 창당
1919	3·1 운동, 대한민국 임시 정부 수립, 의열단 조직
1920	산미증식 계획 수립(~1934). 봉오동 전투. 청산리 전투. 간도 참변. 조선일보·동아일보 창간
1922	어린이날 제정. 민립 대학 설립 운동
1923	암태도 소작 쟁의. 조선형평사 조직
1925	조선공산당 창당
1926	6·10 만세 운동
1927	신간회 조직
1929	광주 학생 항일 운동. 조선혁명군 조직
1932	이봉창·윤봉길 의거
1933	한글 맞춤법 통일안 제정
1934	진단 학회 조직
1936	손기정, 베를린 올림픽 대회 마라톤 우승
1938	민족 말살 정책 강화. 조선의용대 창설
1940	한국광복군 결성
1942	조선어 학회 사건. 조선 독립 동맹과 조선의용군 창설
1945	8·15 광복. 조선건국준비위원회 발족. 38도선으로 남북 분단. 미군정 시작(~1948)
1946	제1차 미·소 공동 위원회 개최. 좌우합작위원회 발족
1947	유엔 한국 임시 위원단 구성. 제2차 미·소 공동위원회 개최
1948	남북 협상 단행. 5·10 총선거 실시. 대한민국 정부 수립. 조선 민주주의 인민공화국 수립 여수·순천 10.19 사건
1949	백범 김구 암살. 반민족 행위 특별조사위원회 출범

세계사

1907	삼국 협상 성립
1911	신해혁명. 제2차 모로코 사건
1912	중화민국의 성립
1914	사라예보 사건. 제1차 세계 대전(~1918). 파나마 운하 개통
1915	중국, 신문화 운동. 맥마흔 협정 체결
1917	러시아 혁명
1918	윌슨 대통령, 14개조의 평화 원칙 발표 독일, 11월 혁명
1919	베르사이유 조약. 중국, 5·4 운동
1920	국제 연맹 성립
1921	워싱턴 회의
1922	소련 성립. 터키 혁명. 아일랜드 독립
1923	인도, 모헨조다로 유적 발굴. 간토 대지진과 한국인 학살 사건
1924	중국, 제1차 국공합작
1926	중국, 북벌 시작
1927	중국, 난징에 국민 정부 수립
1929	세계 경제 대공황
1931	만주 사변
1933	미국, 뉴딜정책 실시
1934	중국, 공산당 대장정 시작
1935	독일, 재군비 선언
1937	중·일 전쟁(~1945). 난징 대학살
1938	뮌헨 회담 개최
1939	제2차 세계 대전(~1945)
1941	독일, 소련 침공. 대서양 헌장 발표 태평양 전쟁(~1945)
1943	연합군 이탈리아 상륙. 카이로 회담. 테헤란 회담. 모스크바 3상 회의
1944	노르망디 상륙 작전
1945	얄타 회담. 포츠담 회담. 독일·일본 항복. 유엔 창립
1946	파리 강화 회의
1947	트루먼 독트린 발표. 마셜 플랜 발표
1948	이스라엘 공화국 성립. 세계 인권 선언
1949	NATO 성립 중화 인민 공화국 성립

한국사		세계사	
	1950 ↗		
1950	국민 보도연맹원 학살 사건.	1950	에치슨 선언 발표.
	6·25 전쟁. 노근리 양민 학살 사건		유엔, 한국 파병 결의
1951	거창 양민 학살 사건	1951	샌프란시스코 강화 조약
1952	발췌 개헌안 통과	1952	미국, 수소 폭탄 실험 성공
1953	반공포로 석방. 휴전 협정 조인.	1954	인도차이나 휴전 성립.
	제1차 통화 개혁 실시		베트남 남북으로 분단
1954	사사오입 개헌안 통과	1955	반둥회의 개최
1957	우리말 큰사전 완간	1956	이집트, 수에즈 운하 접수
1960	3·15 부정 선거. 4·19 혁명. 제2공화국 수립		헝가리·폴란드, 반공 의거
1961	5·16 군사 정변	1957	유럽 경제 공동체 탄생
1962	제1차 경제 개발 5개년 계획(~1966)	1959	카스트로, 쿠바 혁명
1963	박정희 정부 성립(제3공화국 수립). 서독 광부 파견	1961	소련, 유인 인공위성 발사.
1964	미터법 실시. 6·3 항쟁. 베트남 파병		베를린 장벽 축조. 알제리 독립
1965	한·일 협정 조인	1962	미국, 쿠바 봉쇄
1966	한·미 행정 협정 조인	1963	핵 실험 금지 협정
1967	5·3 대통령 선거, 6·8 국회 의원 선거	1964	미국, 레인저 7호로 달 표면 촬영 성공.
	제2차 경제 개발 5개년 계획(~1971)		베트남 전쟁(~1973)
1968	1·21 사태, 국민 교육 헌장 선포. 향토예비군 창설	1966	중국, 문화 대혁명 시작
1969	조선 개헌 단행	1967	제3차 중동 전쟁
1970	새마을 운동, 경부 고속 국도 개통. 전태일 분신 자살	1968	체코슬로바키아 민주화 선언에 소련, 프라하 침공
1971	4·27 대통령 선거.	1969	아폴로 11호 달 착륙
	남북 적십자 회담과 남북 이산가족 상봉 시작	1971	중국, 국제 연합(UN) 가입
1972	제3차 경제 개발 5개년 계획(~1976)	1972	닉슨, 중국 방문(미국과 중국, 정상 회담)
	7·4 남북 공동 성명. 10월 유신과 제4공화국 출범	1973	제4차 중동 전쟁.
1973	6·23 평화 통일 선언		전 세계 제1차 유류 파동
1974	인혁당 사건	1975	베트남 전쟁 종식
1975	대통령 긴급 조치 9호 발표	1976	UN, 팔레스타인 건국 승인안 채택
1976	판문점 도끼 만행 사건	1977	동남아시아 조약 기구 해체
1977	기능 올림픽 세계 제패, 수출 100억 달러 달성	1978	요한 바오로 2세, 교황에 즉위
	제4차 경제 개발 5개년 계획(~1981)		미국·중국, 국교 정상화
1978	동일방직 사태. 통일 주체 국민회의.	1979	이란의 이슬람 혁명
	제9대 박정희 대통령 선출		중동 평화 조약 조인
1979	YH 사건. 부마 민주화 운동.		소련, 아프가니스탄 침공
	10·26 사태(박정희 대통령 피살). 12·12 군사 정변	1980	이란·이라크 전쟁
1980	5·18 광주 민주화 운동. 삼청교육대 설치	1981	미국, 왕복 우주선 컬럼비아호 발사
1981	제5공화국 수립(전두환 정부). 수출 200억 달러 달성	1982	제1회 뉴델리 회의
1982	정부, 일본에 역사 교과서 왜곡 내용 시정 요구	1983	국제 조종사 협회 연맹,
1983	KAL기 피격 참사, 아웅산 사건		60일간 소련 취항 중단 결정
1984	L.A. 올림픽에서 종합 순위 10위 차지	1984	영국·중국, 홍콩 반환 협정 조인
1985	남북 고향 방문단 상호 교류	1985	멕시코시티 대지진

한국사		세계사	
1986	서울 아시아 경기 대회. 평화의 댐 건설	1986	필리핀, 민주 혁명. 소련, 체르노빌 원전 사고
1987	박종철 고문 치사 사건. 4·13 호헌 조치 발표. 이한열 죽음과 6월 민주 항쟁. 6·29 민주화 선언	1987	미·소 INF 폐기 협정 조인
1988	한글 맞춤법 고시. 제6공화국 출범(노태우 정부). 7·7 선언 발표. 제24회 서울 올림픽 대회	1988	이란·이라크 전쟁 종결
1989	동구권 국가와 수교	1989	베를린 장벽 붕괴. 루마니아 공산 독재 정권 붕괴
1990	소련과 국교 수립. 남북 고위급 회담 개최	1990	독일 통일
1991	남북한 유엔 동시 가입	1991	발트 3국 독립, 걸프 전쟁
1992	중국과 국교 수립	1992	소연방 해체. 독립 국가 연합(CIS) 탄생
1993	김영삼 정부 성립. 금융 실명제 실시. 대전 엑스포 개최	1993	우루과이 라운드 타결. 북미 자유 무역 협정 체결
1994	북한, 김일성 사망	1994	이스라엘과 요르단, 평화 협정 체결
1995	지방 자치제 실시, 구총독부 건물 해체(~1996)	1995	세계 무역 기구 출범
1996	OECD 가입	1997	영국, 홍콩을 중국에 반환
1997	IMF 외환의기 시작		
1998	김대중 정부 성립. 한국, 유엔 안보리 비상임 이사국 피선		

2000

한국사		세계사	
2000	남북 정상 회담. 6·15 남북 공동 선언 아시아·유럽 정상 회의(ASEM) 개최	2001	아프가니스탄 전쟁. 미국, 뉴욕 세계 무역 센터 피폭(9·11 테러)
2002	한·일 월드컵 대회 개최 제14회 아시아 경기 대회 개최	2003	이라크 전쟁
2003	노무현 정부 성립	2004	남아시아 대지진 발생
2005	아시아·태평양 경제 협력체(APEC) 정상 회의 개최	2008	미국 최초 흑인 대통령 오바마 당선
2006	수출 3000억 달러 돌파	2009	오바마, 미국 최초의 흑인 대통령 취임
2008	이명박 정부 성립	2011	일본 동부 지역 대지진 발생
2010	천안함 사건	2014	러시아 크림반도 합병 IS 국가 선포
2013	박근혜 정부 성립		
2014	세월호 참사		
2017	박근혜 대통령 탄핵. 문재인 정부 성립		

찾아 보기

● ㄴ

● ㄷ

● ㅁ

● ㅂ

● ㅅ

● ㅇ

• ㅈ

● ㅊ

● ㅋ

● ㅌ

● ㅍ

● ㅎ

참고 문헌

고대

강봉룡, 《뿌리 깊은 한국사 샘이 깊은 이야기 2: 통일신라 · 발해》, 가람기획, 2016.

고구려연구재단, 《중국 소재 고구려 관련 금석문 자료집》, 고구려연구재단, 2005.

권태원, 《고대한민족문화사연구》, 일조각, 2000.

김기흥, 《고구려 건국사》, 창작과 비평사, 2002.

김기흥, 《천년의 왕국 신라》, 창작과비평사, 2000.

노중국 외, 《금석문으로 백제를 읽다: 돌, 흙, 쇠에 새겨진 백제이야기》, 학연문화사, 2014.

노태돈, 《고구려사 연구》, 사계절, 1999.

노태돈, 《삼국통일전쟁사》, 서울대학교출판부, 2009.

박현숙, 《백제의 중앙과 지방》, 주류성, 2005.

서의식, 《뿌리 깊은 한국사 샘이 깊은 이야기 1: 고조선 · 삼국》, 가람기획, 2015.

송기호, 《발해정치사연구》, 일조각, 1995.

신용하, 《고조선 국가 형성의 사회사》, 지식산업사, 2010.

신형식, 《통일신라사연구》, 삼지원, 1990.

신형식, 《고구려사》, 이화여자대학교출판부, 2003.

이기동, 《백제사연구》, 일조각, 1997.

이명식, 《신라정치사연구》, 형설출판사, 1992.

이형구, 《발해연안에서 찾은 한국고대문화의 비밀》, 김영사, 2004.

전덕재, 《신라6부체제연구》, 일조각, 1996.

한영우, 《한국선비지성사》, 지식산업사, 2010.

혜초 저 · 정수일 역, 《혜초의 왕오천축국전》, 학고재, 2004.

고려

노명호, 《고려국가와 집단의식》, 서울대학교출판문화원, 2009.

박용운, 《고려시대사》, 일지사, 2008.

박재우, 《고려 국정운영의 체계와 왕권》, 신구문화사, 2005.

박종진, 《고려시기 재정운영과 조세제도》, 서울대학교출판부, 2000.

안병우, 《고려전기의 재정구조》, 서울대학교 출판부, 2002.

안지원, 《고려의 국가 불교의례와 문화》, 서울대학교출판부, 2005.

이병희, 《뿌리 깊은 한국사 샘이 깊은 이야기 3: 고려》, 가람기획, 2014.

한국정신문화연구원 편, 《고려시대 연구 1, 2》, 한국정신문화연구원, 2000.

허흥식, 《고려의 문화전통과 사회사상》, 집문당, 2004.

조선

고동환, 《조선시대 서울도시사》, 태학사, 2007.
권내현, 《노비에서 양반으로, 그 머나먼 여정》, 역사비평사, 2014.
구만옥, 《조선후기 과학사상사 연구》, 혜안, 2004.
김경수, 《조선시대의 사관연구》, 국학자료원, 1998.
김돈, 《뿌리 깊은 한국사 샘이 깊은 이야기 4: 조선 전기》, 가람기획, 2014.
김동욱, 《실학 정신으로 세운 조선의 신도시 수원화성》, 돌베개, 2002.
박평식·이재윤·최성환, 《뿌리 깊은 한국사 샘이 깊은 이야기 5: 조선 후기》, 가람기획, 2015.
이경구, 《17세기 조선 지식인 지도》, 푸른역사, 2009.
이경식, 《조선 전기 토지제도 연구 2》, 지식산업사, 1998.
이원명, 《조선시대 문과급제자 연구》, 국학자료원, 2004.
이존희, 《조선시대지방행정제도연구》, 일지사, 1990.
조원래, 《새로운 관점의 임진왜란사 연구》, 아세아문화사, 2005.
한영우, 《조선시대 신분사연구》, 집문당, 1997.
한영우, 《한국선비지성사》, 지식산업사, 2010.
한영우, 《과거, 출세의 사다리 1: 태조~선조 대》, 지식산업사, 2013.
한형주, 《조선초기 국가제례 연구》, 일조각, 2002.

개항기·근현대

강만길, 《통일 지향 우리 민족해방운동사》, 역사비평사, 2000.
강창일, 《근대 일본의 조선침략과 대아시아주의》, 역사비평사, 2002.
김연철, 《협상의 전략: 세계를 바꾼 협상의 힘》, 휴머니스트, 2016.
김영범, 《한국 근대민족운동과 의열단》, 창작과비평사, 1997.
김태웅, 《뿌리 깊은 한국사 샘이 깊은 이야기 6: 근대》, 가람기획, 2013.
김호경·권기석·우성규, 《일제 강제동원, 그 알려지지 않은 역사》, 돌베개, 2010.
김희곤, 《대한민국임시정부 연구》, 지식산업사, 2004.
류승렬, 《뿌리 깊은 한국사 샘이 깊은 이야기 7: 현대》, 가람기획, 2016.
박명림, 《한국 1950 전쟁과 평화》, 나남, 2002.
박찬승, 《민족주의의 시대: 일제하의 한국민족주의》, 경인문화사, 2007.
양영조, 《한국전쟁과 동북아 국가 정책》, 선인, 2007.
서중석, 《조봉암과 1950년대 (상), (하)》, 역사비평사, 1999.
신용하, 《일제강점기 한국민족사 (중)》, 서울대학교출판부, 2002.
신용하, 《3.1운동과 독립운동의 사회사》, 서울대학교출판부, 2001.
연갑수, 《고종대 정치변동 연구》, 일지사, 2008.
정근식·이호룡 편, 《4월혁명과 한국 민주주의》, 선인, 2010.
정병준, 《한국전쟁: 38선 충돌과 전쟁의 형성》, 돌베개, 2006.
정용욱, 《해방 전후 미국의 대한정책》, 서울대학교출판문화원, 2013.

정재정, 《일제침략과 한국철도》, 서울대학교출판부, 1999.
한국근현대사학회, 《한국 독립운동사 강의》, 한울아카데미, 2016.
한홍구, 《대한민국사 1》, 한겨레출판사, 2003.
한홍구, 《대한민국사 2》, 한겨레출판사, 2003.
한홍구, 《대한민국사 3》, 한겨레출판사, 2005.
한홍구, 《대한민국사 4》, 한겨레출판사, 2006.
홍성찬 외, 《해방 후 사회경제의 변동과 일상생활》, 혜안, 2009.

개론서

강준만, 《한국 근대사 산책 1~5》, 인물과사상사, 2007.
강준만, 《한국 근대사 산책 6~10》, 인물과사상사, 2008.
고려대학교 한국사연구소, 《한국사》, 새문사, 2017.
변태섭, 《한국사통론》, 삼영사, 2006.
신형식, 《한국사의 새로운 이해》, 이화여자대학교출판부, 1997.
신형식, 《한국사 입문》, 이화여자대학교출판부, 2005.
역사문제연구소, 《우리 역사의 7가지 풍경》, 역사비평사, 1999.
이이화, 《한국사 이야기 1~22》, 한길사, 2015.
한국근현대사학회 편, 《한국근대사강의》, 한울아카데미, 2014.
한우근, 《한국통사》, 을유문화사, 2001.

교과서

제7차 교육과정

국사편찬위원회 · 국정도서편찬위원회, 《중학교 국사》, 교육인적자원부, 2002.
국사편찬위원회 · 국정도서편찬위원회, 《고등학교 국사》, 교육인적자원부, 2002.
김광남 외, 《고등학교 한국 근 · 현대사》, ㈜두산, 2003.
김종수 외, 《고등학교 한국 근 · 현대사》, ㈜법문사, 2003.
김한종 외, 《고등학교 한국 근 · 현대사》, ㈜금성출판사, 2003.
김흥수 외, 《고등학교 한국 근 · 현대사》, ㈜천재교육, 2003.
주진오 외, 《고등학교 한국 근 · 현대사》, ㈜중앙교육진흥연구소, 2003.
한철호 외, 《고등학교 한국 근 · 현대사》, 대한교과서㈜, 2003.
최완기 외, 《고등학교 역사부도》, ㈜교학사, 2002.
신형식 외, 《고등학교 역사부도》, ㈜성지문화사, 2003.
신채식 외, 《고등학교 역사부도》, ㈜보진재, 2002.
최용규 외, 《고등학교 역사부도》, 도서출판 신유, 2002.

2009 개정 교육과정

김덕수 외,《중학교 역사 ①》, ㈜천재교과서, 2013.
김형종 외,《중학교 역사 ①》, ㈜금성출판사, 2013.
양호환 외,《중학교 역사 ①》, ㈜교학사, 2013.
이문기 외,《중학교 역사 ①》, 동아출판㈜, 2013.
정선영 외,《중학교 역사 ①》, ㈜미래엔, 2013.
정재정 외,《중학교 역사 ①》, ㈜지학사, 2013.
조한욱 외,《중학교 역사 ①》, ㈜비상교육, 2013.
주진오 외,《중학교 역사 ①》, ㈜천재교육, 2013.
한철호 외,《중학교 역사 ①》, ㈜좋은책신사고, 2013.
김덕수 외,《중학교 역사 ②》, ㈜천재교과서, 2013.
김형종 외,《중학교 역사 ②》, ㈜금성출판사, 2013.
양호환 외,《중학교 역사 ②》, ㈜교학사, 2013.
이문기 외,《중학교 역사 ②》, 동아출판㈜, 2013.
정선영 외,《중학교 역사 ②》, ㈜미래엔, 2013.
정재정 외,《중학교 역사 ②》, ㈜지학사, 2013.
조한욱 외,《중학교 역사 ②》, ㈜비상교육, 2013.
주진오 외,《중학교 역사 ②》, ㈜천재교육, 2013.
한철호 외,《중학교 역사 ②》, ㈜좋은책신사고, 2013.
김덕수 외,《중학교 역사부도》, ㈜천재교과서, 2013.
김은숙 외,《중학교 역사부도》, ㈜교학사, 2014.
이병희 외,《중학교 역사부도》, ㈜금성출판사, 2013.
이우태 외,《중학교 역사부도》, ㈜천재교과서, 2013.
조한욱 외,《중학교 역사부도》, ㈜비상교육, 2013.
권희영 외,《고등학교 한국사》, ㈜교학사, 2014.
김종수 외,《고등학교 한국사》, ㈜금성출판사, 2014.
도면회 외,《고등학교 한국사》, ㈜비상교육, 2014.
왕현종 외,《고등학교 한국사》, 동아출판㈜, 2014.
정재정 외,《고등학교 한국사》, ㈜지학사, 2014.
주진오 외,《고등학교 한국사》, ㈜천재교육, 2014.
최준채 외,《고등학교 한국사》, ㈜리베르스쿨, 2014.
한철호 외,《고등학교 한국사》, ㈜미래엔, 2014.
김은숙 외,《고등학교 역사부도》, ㈜교학사, 2014.
박근칠 외,《고등학교 역사부도》, ㈜지학사, 2014.
이근명 외,《고등학교 역사부도》, ㈜천재교과서, 2014.
이병희 외,《고등학교 역사부도》, ㈜금성출판사, 2014.
이우태 외,《고등학교 역사부도》, ㈜천재교육, 2014.

집필진

박현숙

고려대학교 역사교육과 교수.
고려대학교 역사교육과를 졸업하고, 동 대학원 사학과에서 문학석사학위와 문학박사학위를 받았다. 현재 한국역사교육학회 회장, 고려대학교 동아시아문화교류연구소 소장, 백제학회 총무이사를 맡고 있으며, 문화재청 문화재 전문위원, 한국사연구회와 한국고대사학회 편집이사 등 여러 학회와 단체의 임원을 역임하였다.
저서로《백제 이야기》,《백제의 중앙과 지방》, 공저로《백제의 정치제도와 군사》,《이야기 한국고대사》,《금석문으로 백제를 읽다》등 다수의 논저가 있다.

권내현

고려대학교 역사교육과 교수.
고려대학교 사학과를 졸업하고 동 대학원 사학과에서 문학석사학위와 문학박사학위를 받았다. 계간《역사비평》편집위원, 한국역사연구회 연구위원장, 남북역사학자협의회 기획총괄위원 등 여러 학회와 단체의 임원을 역임하거나 맡고 있다.
저서로《조선 후기 평안도 재정 연구》,《미래를 여는 한국의 역사》,《노비에서 양반으로, 그 머나먼 여정》등 다수의 논저가 있다.

조형렬

고려대학교 강사.
한국근현대사 전공(문학박사). 고려대 BK21플러스 한국사학미래인재양성사업단 연구교수, 인천대, 순천향대 강사를 역임했다. 〈1930년대 조선의 '역사과학'에 대한 학술문화운동론적 분석〉 등 근현대 지식인의 사상과 운동에 대한 다수의 연구논문이 있다.

장수민

경기도교육청 상현고등학교 역사 교사.
EBS 교재 검토, 경기도중등독서토론연구회 활동, 성남형교육 북극성 사업 현장 실무단 활동, 〈KBS 독서야 놀자〉 프로그램 문제 출제위원을 맡은 바 있다.

조상혁

서울 중앙여자고등학교 역사 교사.
《2017 EBS 수능 완성》 집필, 교육청 및 평가원 출제위원을 맡았다.

주은구

서울 태릉고등학교 역사 교사.
고려대학교 대학원 교과교육학과 교육학석사(역사교육), 교육과학기술부 주관 사이버 학습 평가 문항 사업 등 다수의 국가시험 출제위원을 맡은 바 있다.

오성찬

서울 상원중학교 역사 교사.
교육과학기술부 주관 사이버 학습 평가 문항 사업 출제위원, 청심 역사학대회 출제위원, 초·중등 독서 교육 매뉴얼 개발 사업에 참여했다. 저서로《카스트로와 쿠바혁명》이 있다.

김소연

의정부 동암중학교 역사 교사.
고려대학교 사범대학 역사교육과를 졸업했다.

이아름

대한민국역사박물관 학예연구사.
고려대학교 대학원 교과교육학과 박사과정. 청심 역사학대회 출제위원을 맡았다.